增補版

漢字指導師 · 級數受驗者를 위한

漢字學全書

文學博士 陳泰夏 著編

梨否文化出版社

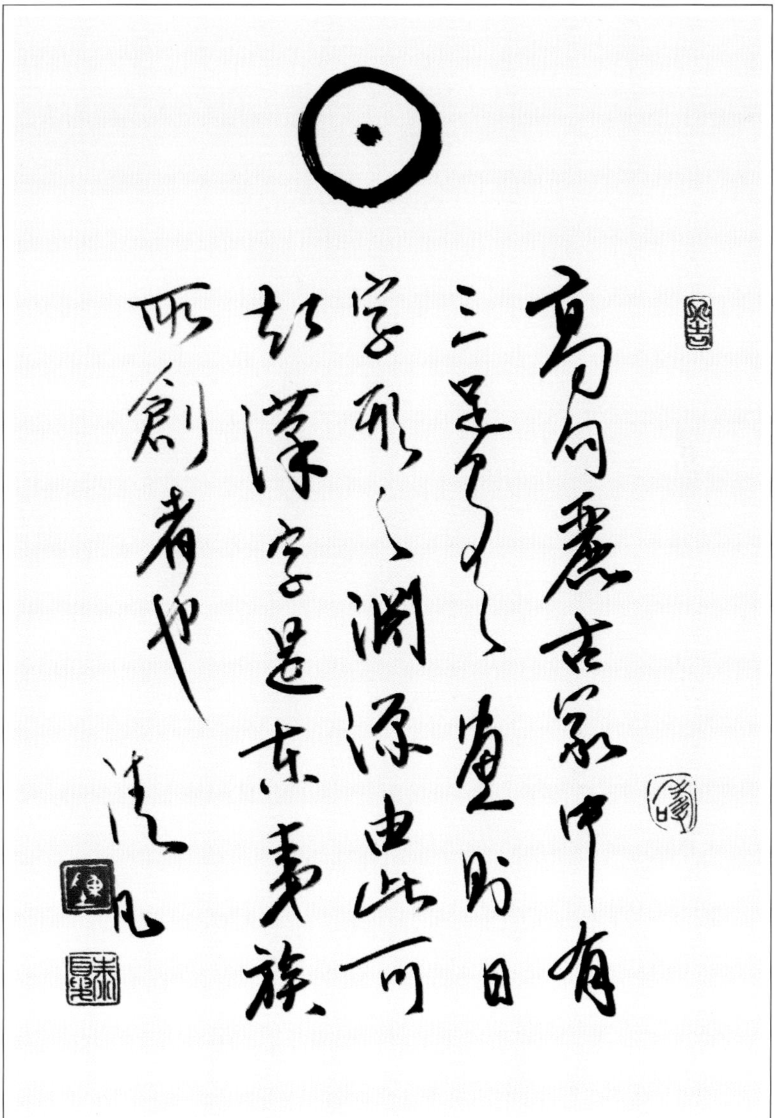

高句麗古家中　有三足烏之畫　則日字形之
淵源　由此可知　漢字是東夷族所創者也

<清凡陳 泰 夏 書>

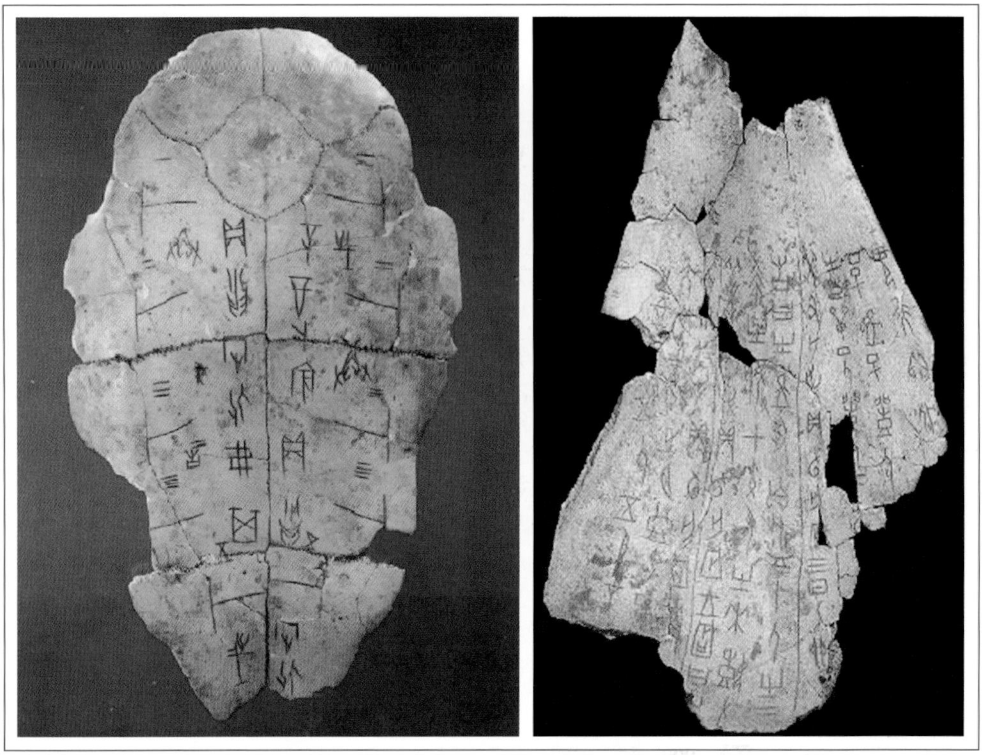

▲ 거북 腹甲(左)과 소의 어깨뼈(右)에 새긴 甲骨文

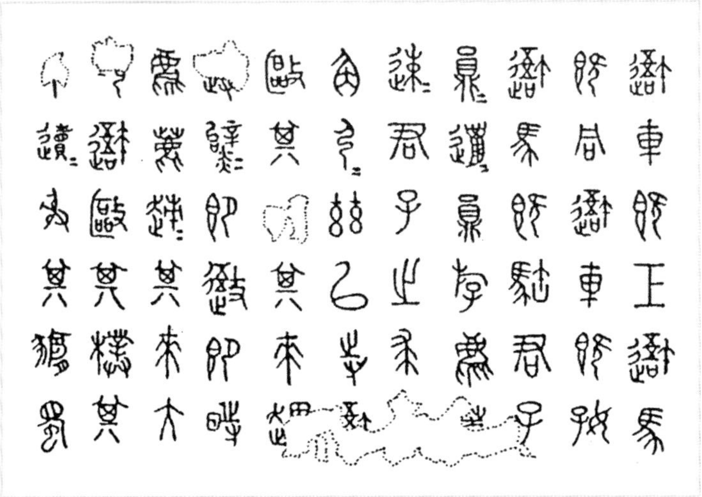

▲ 十鼓의 형태와 石鼓文

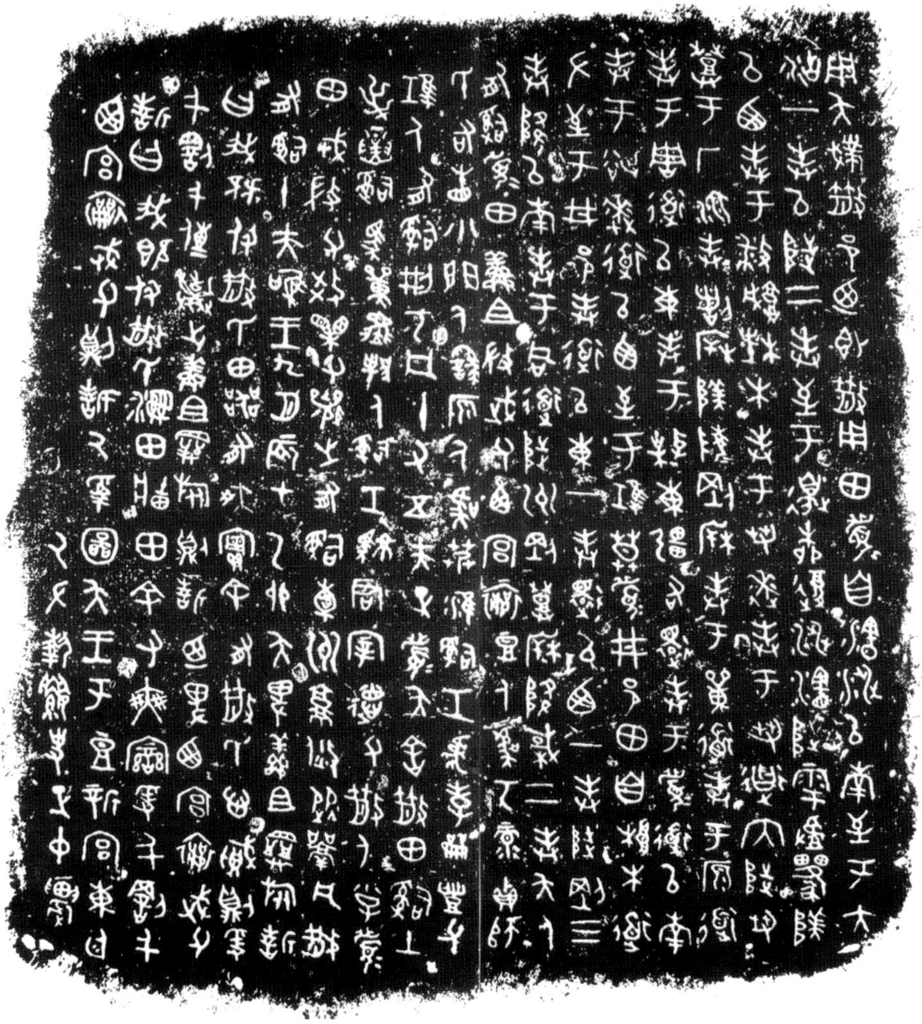

◀▲ 散氏盤에 새긴 金文과 그 탁본

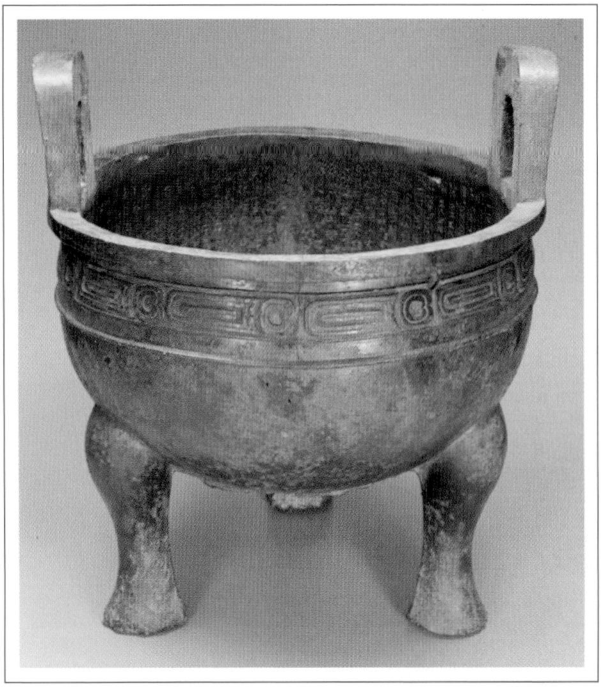

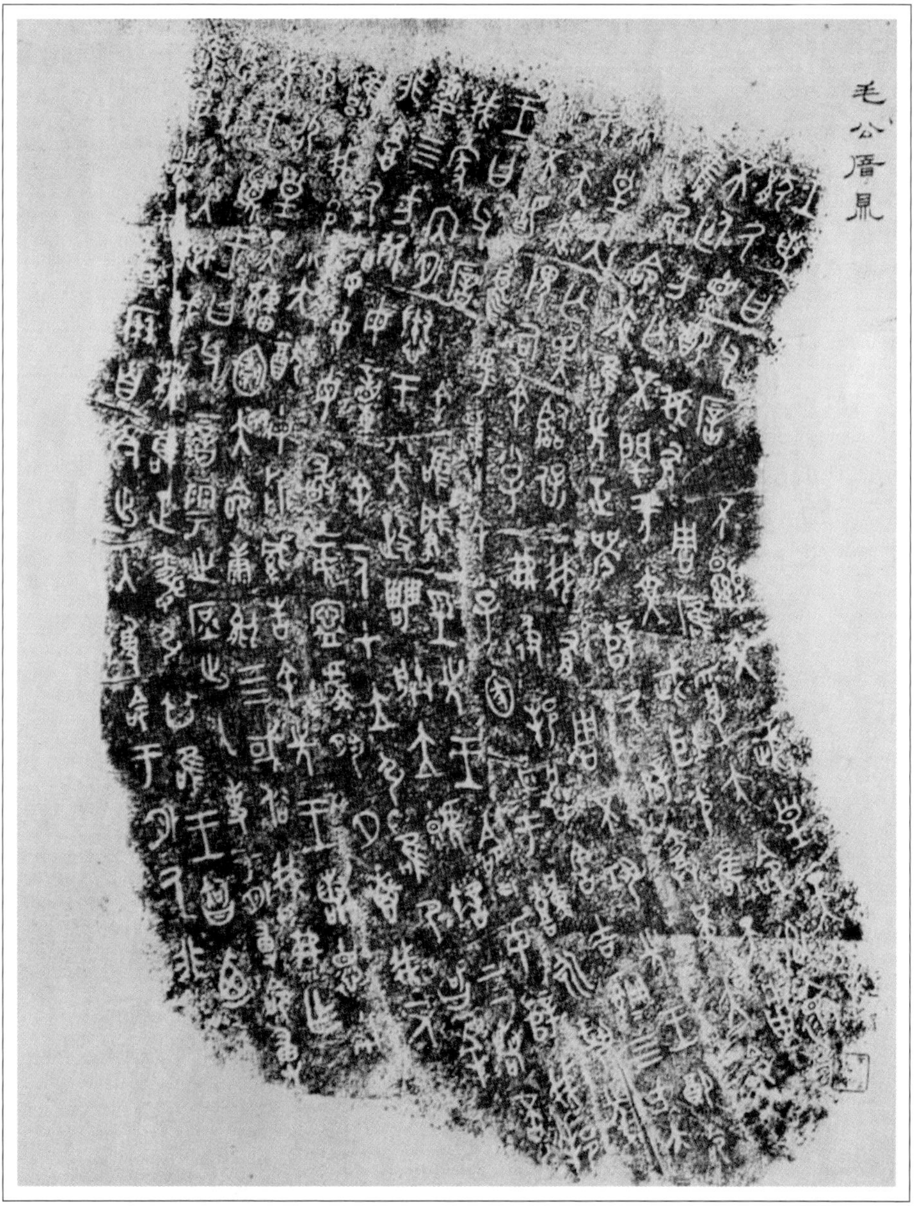

◀▲毛公鼎에 새긴 金文과 그 탁본

著者가 所藏한 名人 遺墨

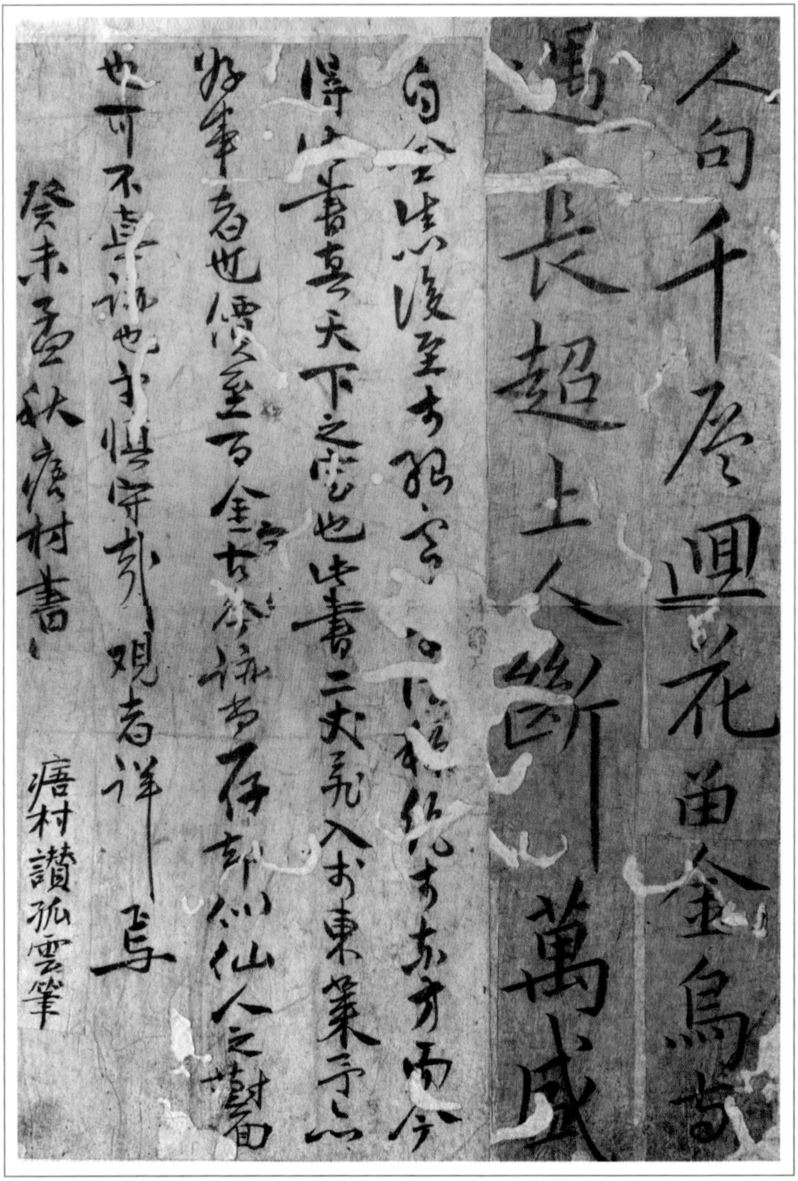

▲ 傳 孤雲 崔致遠(857~?) 遺墨

▲ 傳 圃隱 鄭夢周(1337～1392) 遺墨

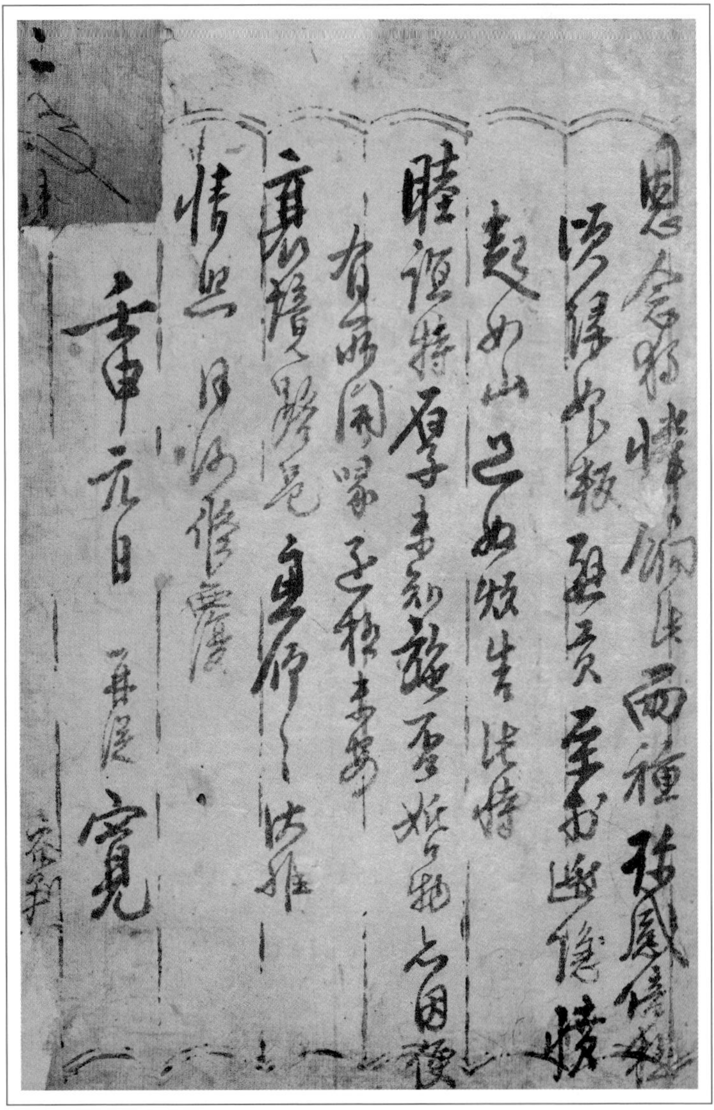

▲ 夏亭 柳 寬(1346~1433) 遺墨

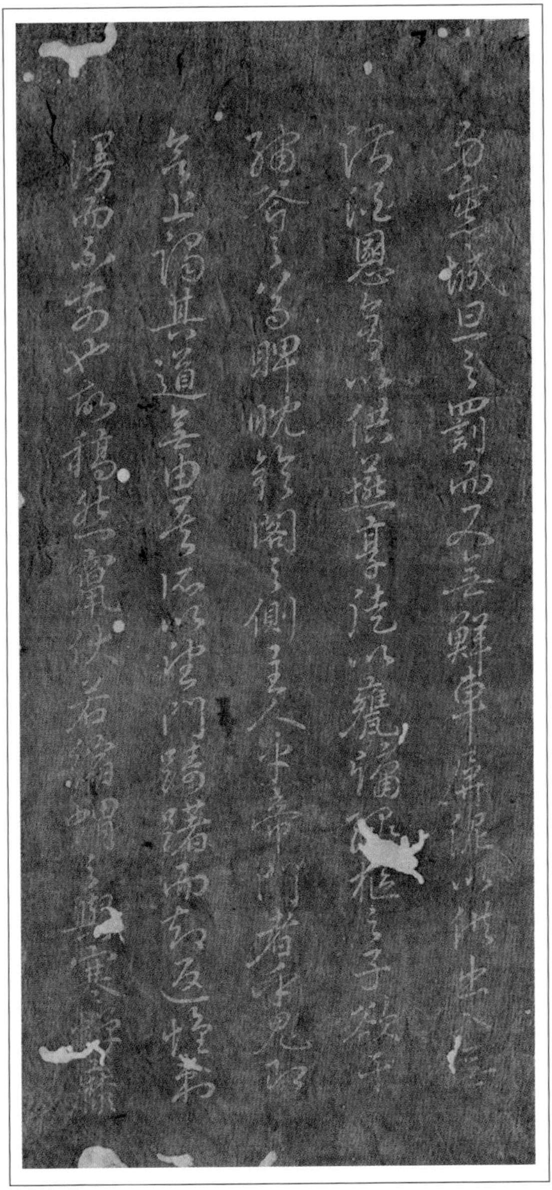

▲ 傳 安平大君(1418~1453, 號 匪懈堂) 遺墨 (金泥)

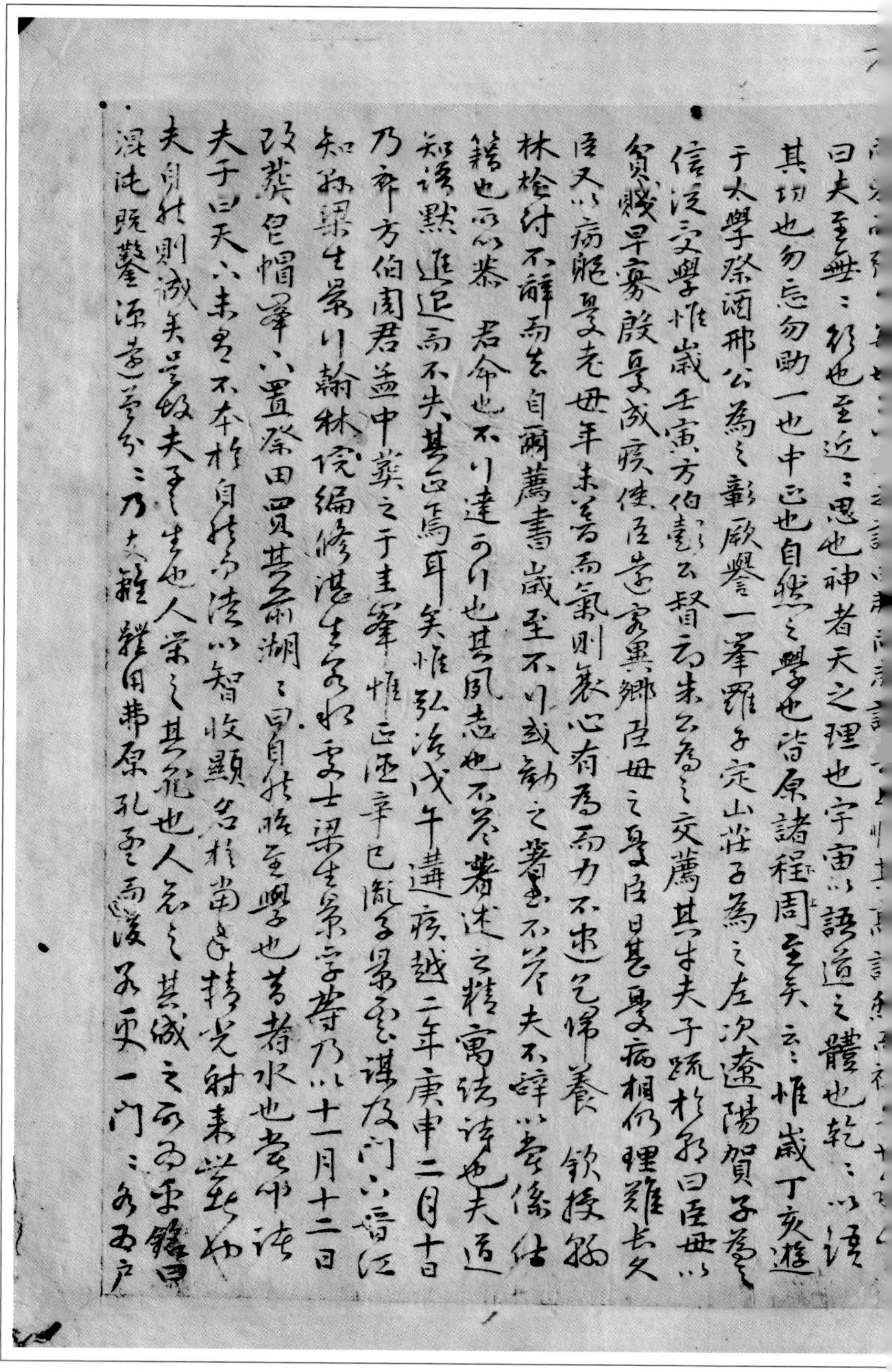

▲ 退溪 李 滉(1501～1570) 遺墨

明故翰林院檢討白沙陳先生改葬墓誌銘

惟明宣德戊申歲十月廿一日白沙陳夫子公甫誕于新會惟育成于[illegible]

旌節林氏惟生于孝琮樂芸之既卒樂芸生于渭川[illegible]〻生于東原〻〻生于[illegible]

鄉惟乃高祖惟夫子乃生有異始讀孟子志于天民二十年舉于鄉二十

有七年罷于禮闈從學于吳聘君溯伊洛之緒既博記于群籍三載罔

攸得又習靜于春陽臺十載罔協于一乃喟然嘆曰惟道何間于動靜勿忘

勿助何容力惟仁與物同體惟誠敬斯存惟定性無內外惟一無欲惟元

公淳公其至矣故語東白張子曰夫學至無而動至近而神藏而後發形而斯

存知至無于至近則何動而非神故藏而後發明其幾矣形而斯存道在我矣

夫動已形者也形斯實矣其未形者虛而已矣虛其本也致虛所以立本也

語南川林生曰（林光字緝熙）夫斯理無終（下）始無內（上）外無一處不到無一息不運會此

則天地我立萬物我出而宇宙在我矣得此欛柄更有何事上下四方往古來

今渾是一片自茲以往更有分殊終日乾乾存此而已甘泉湛生（名若水字澤民）

曰天壺梁生以見語之曰噫吾（久矣）之不講於此學也惟至虛受道然而虛實一體

矣惟休乃得然而休而非休矣惟勿忘勿助學其自然矣惟無在不在心其無

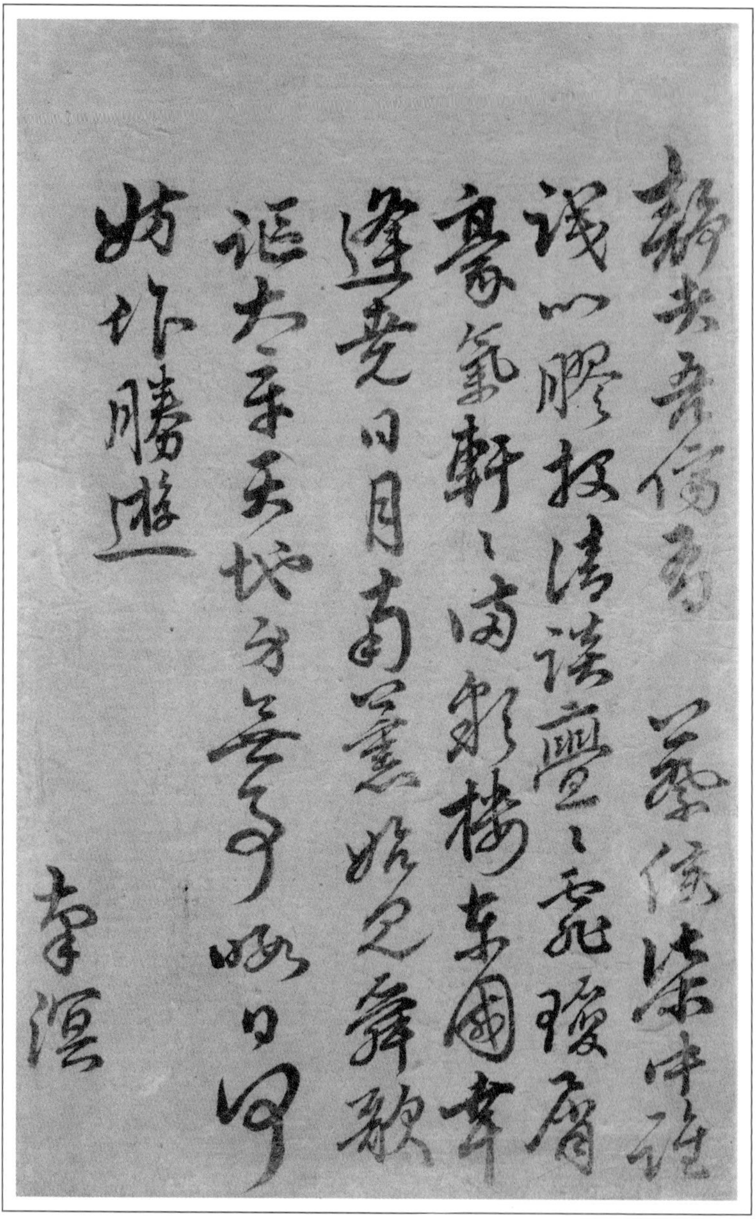

▲ 南冥 曺植(1501～1572) 遺墨

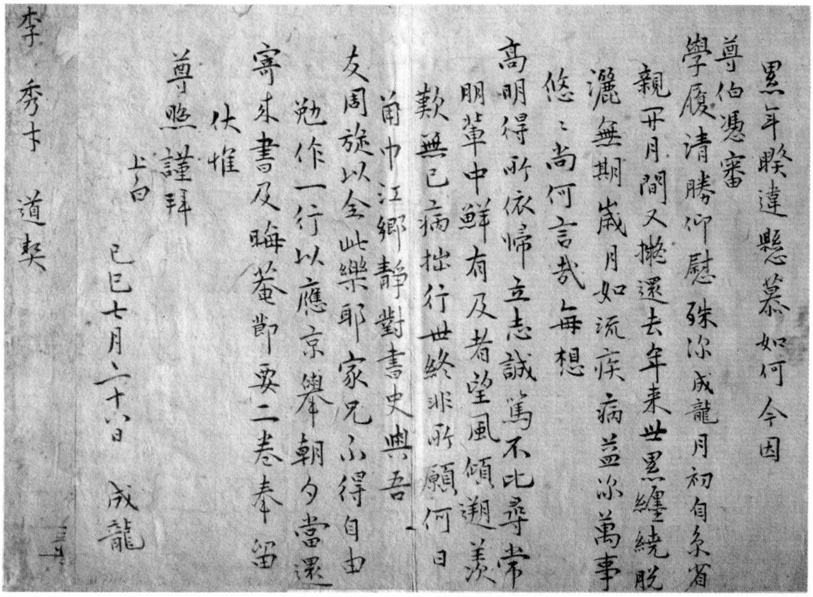
累年睽違懸慕如何今因
尊伯憑審
學履清勝仰慰殊深成龍月初自京省
親开月間又擬還去年來世累纏繞脫
灑無期歲月如流疾病益深萬事
悠悠尚何言哉每想
高明得所依歸立志誠篤不比尋常
朋輩中鮮有及者望風傾遡羨
歎無已病拙行世終非所願何日
角巾江鄉靜對書史與吾
友周旋以全此樂耶家兄亦得自由
勉作一行以應京舉朝夕當還
寄來書及晦菴節要二卷奉留
伏惟
尊照謹拜
上白
己巳七月二十八日 成龍
李秀才道契

▲ 西厓 柳成龍(1542～1607) 遺墨

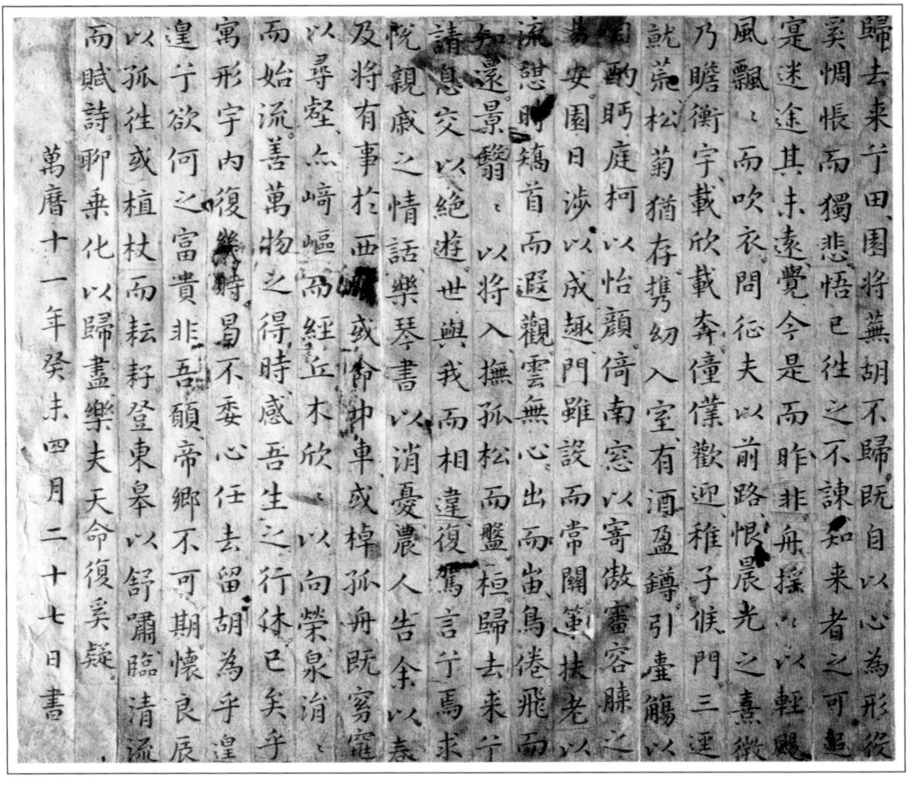
歸去来兮田園将蕪胡不歸既自以心為形役
奚惆悵而獨悲悟已往之不諫知来者之可追
寔迷途其未遠覺今是而昨非舟揺〻以輕颺
風飄〻而吹衣問征夫以前路恨晨光之熹微
乃瞻衡宇載欣載奔僮僕歡迎稚子候門三逕
就荒松菊猶存携幼入室有酒盈罇引壺觴以
自酌眄庭柯以怡顔倚南窓以寄傲審容膝之
易安園日渉以成趣門雖設而常關策扶老以
流憩時矯首而遐觀雲無心出而峀鳥倦飛而
知還景翳〻以将入撫孤松而盤桓歸去来兮
請息交以絶遊世與我而相違復駕言兮焉求
悦親戚之情話樂琴書以消憂農人告余以春
及将有事於西疇或命巾車或棹孤舟既窈窕
以尋壑亦崎嶇而經丘木欣〻以向榮泉涓〻
而始流善萬物之得時感吾生之行休已矣乎
寓形宇内復幾時曷不委心任去留胡為乎遑
遑兮欲何之富貴非吾願帝郷不可期懷良辰
以孤往或植杖而耘耔登東皐以舒嘯臨清流
而賦詩聊乗化以歸盡樂夫天命復奚疑
萬曆十一年癸未四月二十七日書

▲ 石峰 韓濩(1543～1605) 遺墨

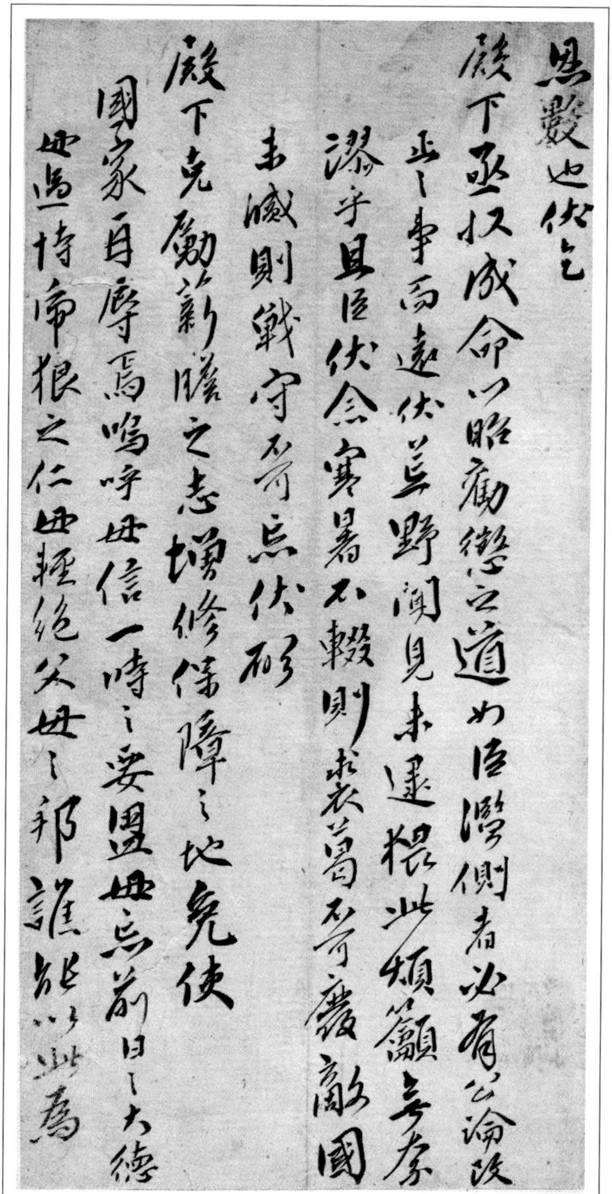

▲ 淸陰 金尙憲(1570～1652) 遺墨

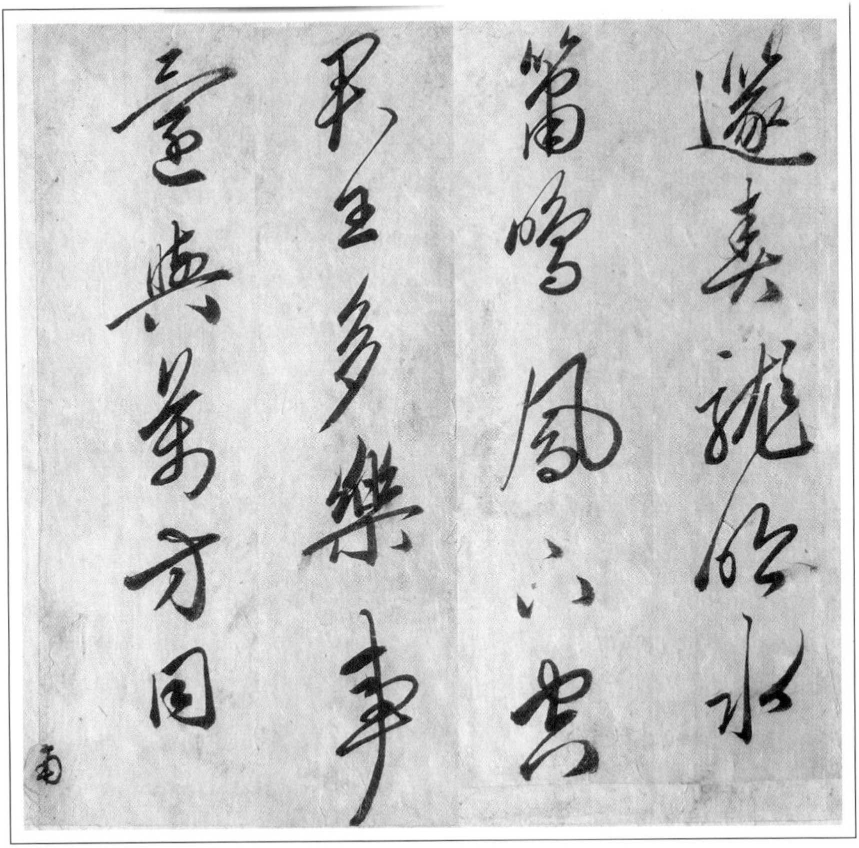

▲ 南窓 金玄成(1542～1621) 遺墨

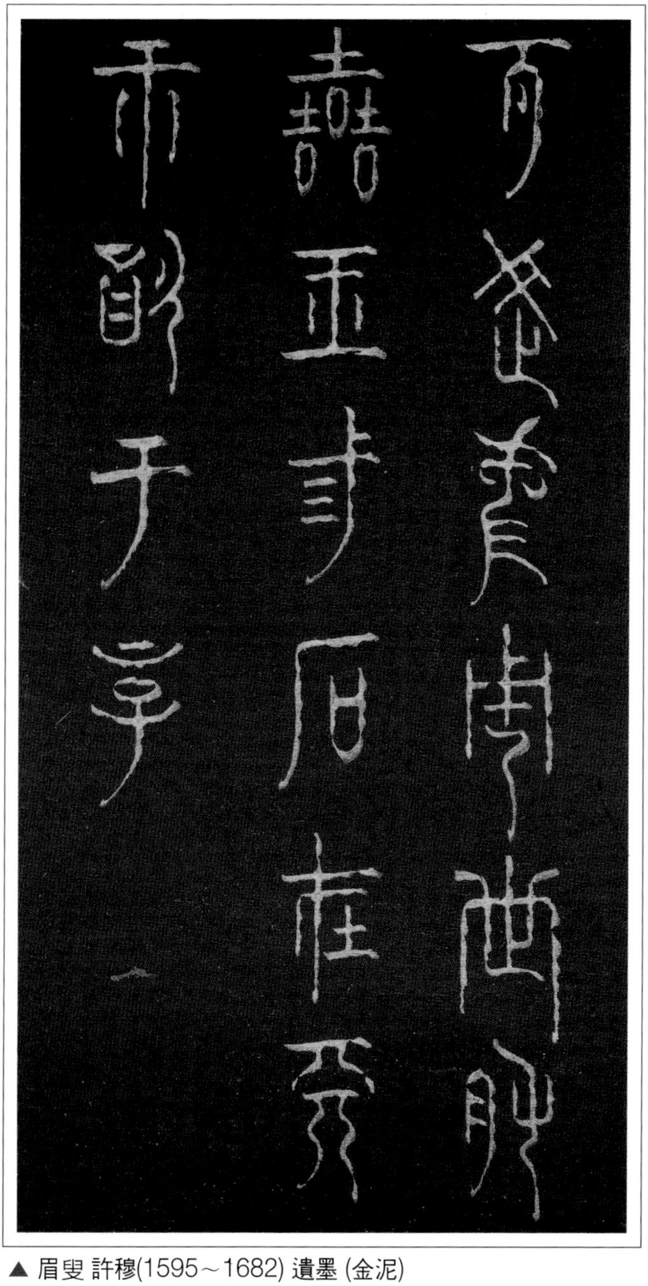

▲ 眉叟 許穆(1595~1682) 遺墨 (金泥)

▲ 尤庵 宋時烈(1607～1689) 遺墨

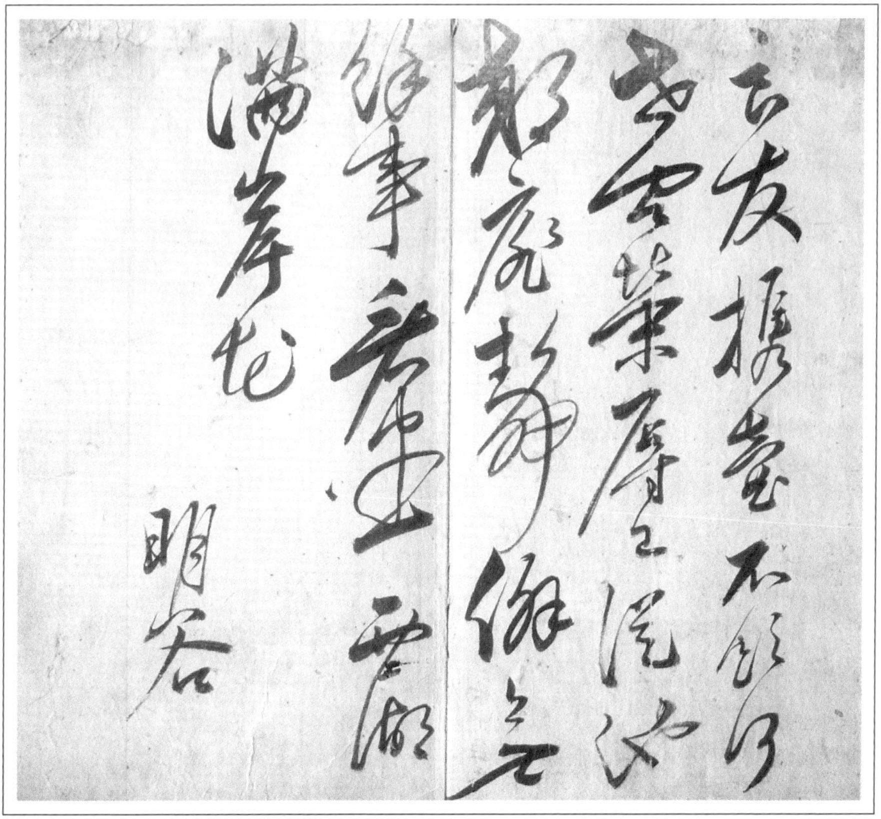

▲ 明谷 崔錫鼎(1646~ 1715) 遺墨

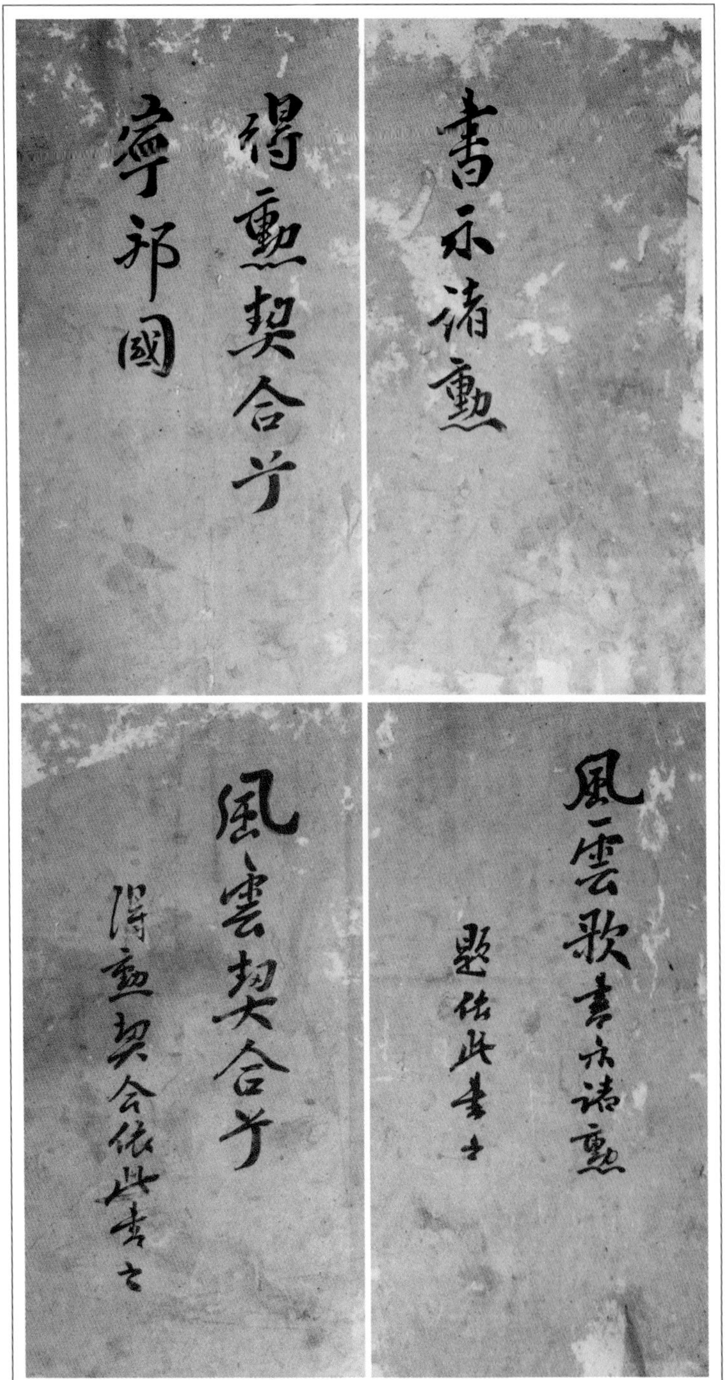

▲ 英 祖(1694~1776) 御筆

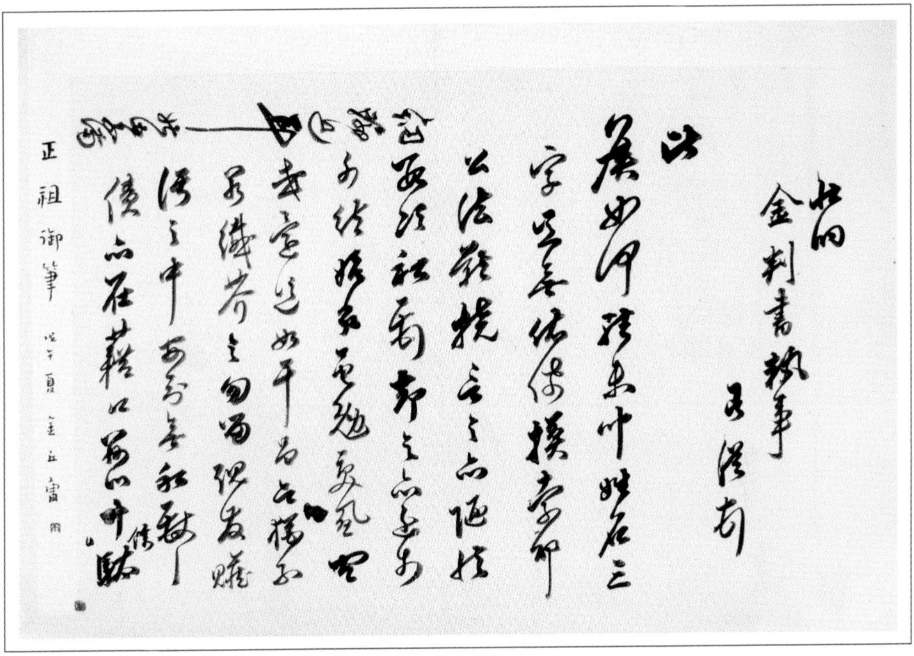
金判書執事
正祖御筆

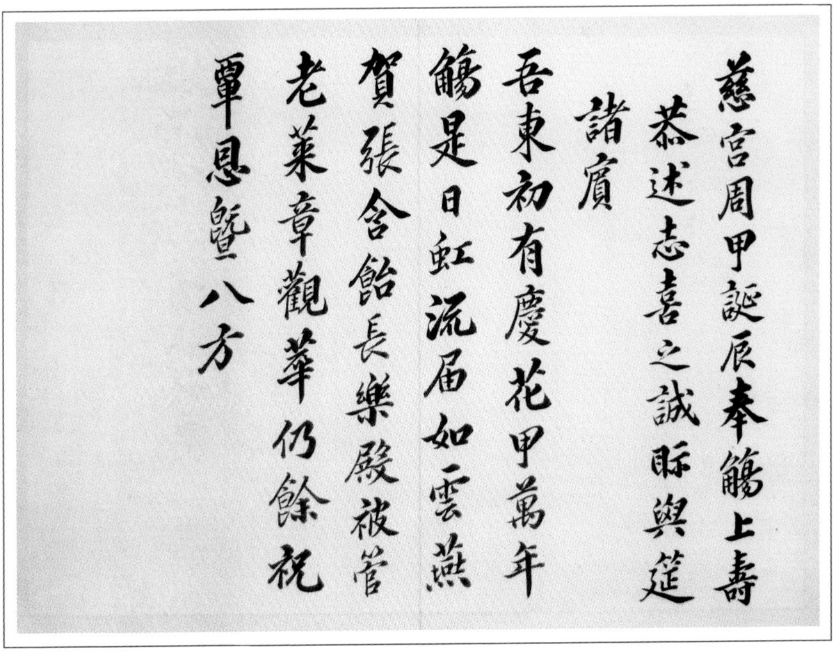
慈宮周甲誕辰奉觴上壽
恭述志喜之誠賦與筵
諸賓
吾東初有慶花甲萬年
觴是日虹流届如雲燕
賀張含飴長樂殿祓管
老萊章觀華仍餘祝
覃恩暨八方

▲ 正 祖(1752～1800) 御筆

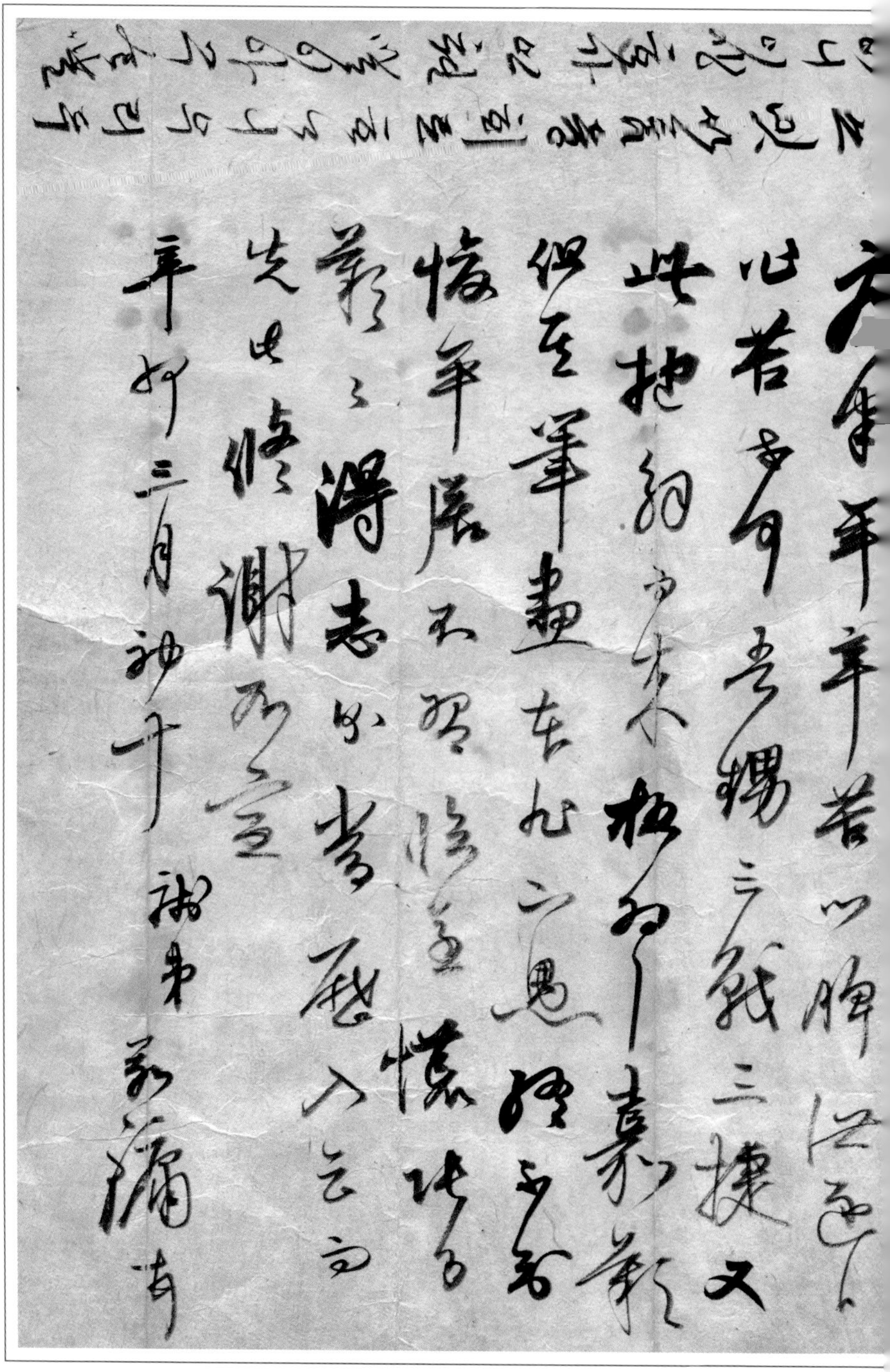

▲ 茶山 丁若鏞(1762～1836) 遺墨

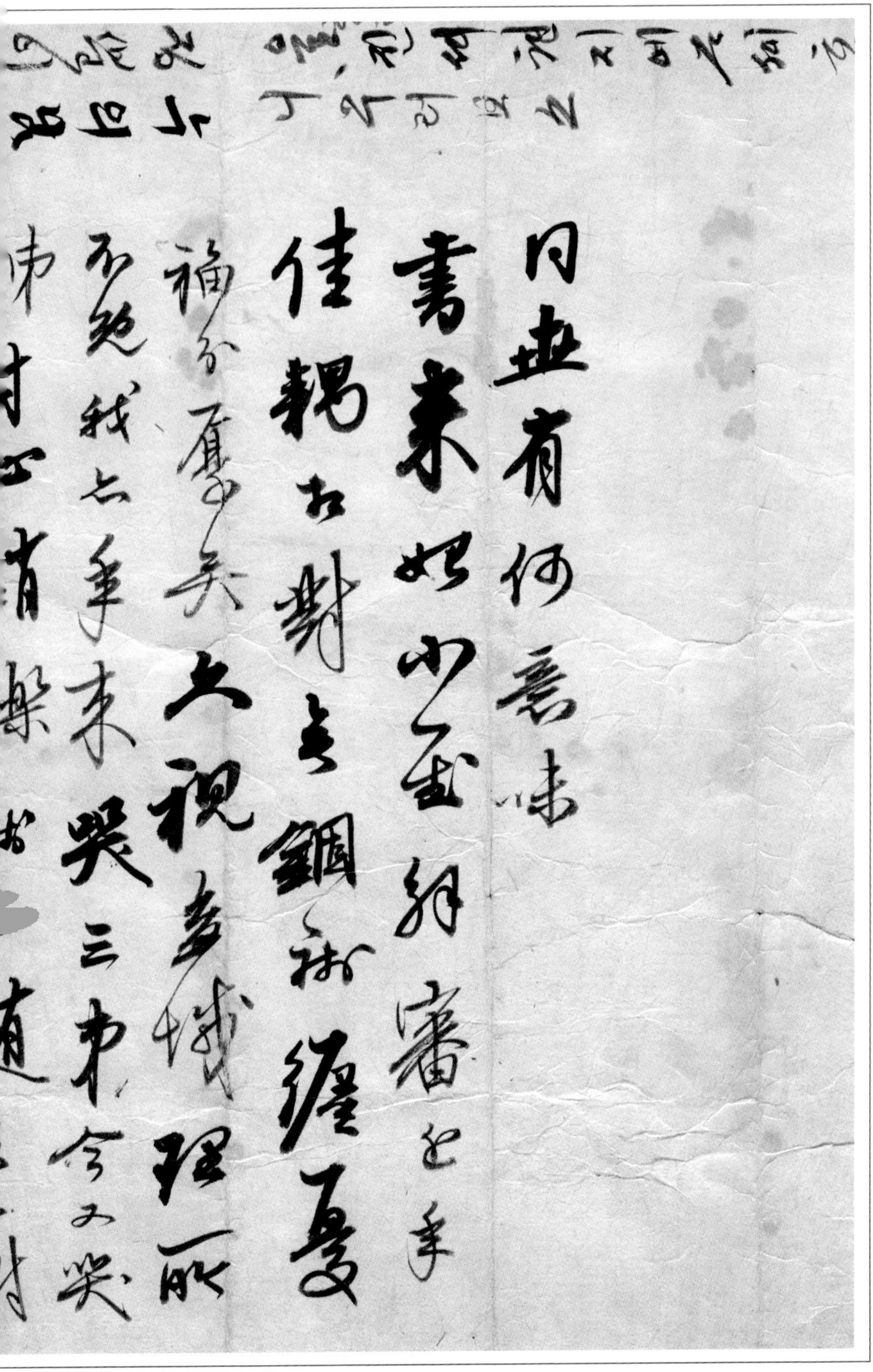

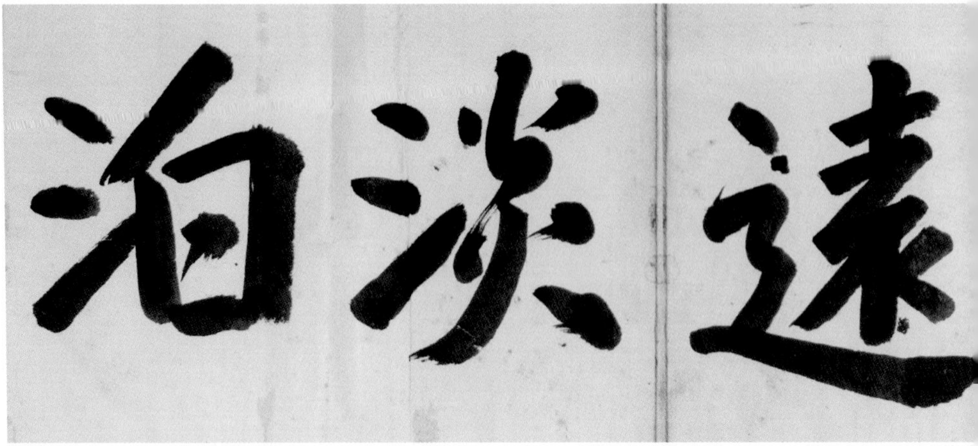

▲ 高　宗(1852～1919) 御筆

靜中致

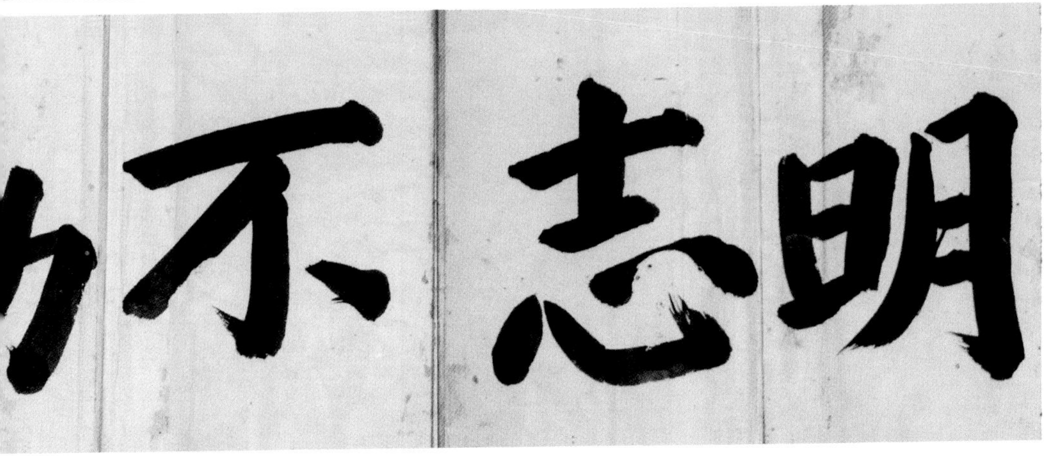
明志不

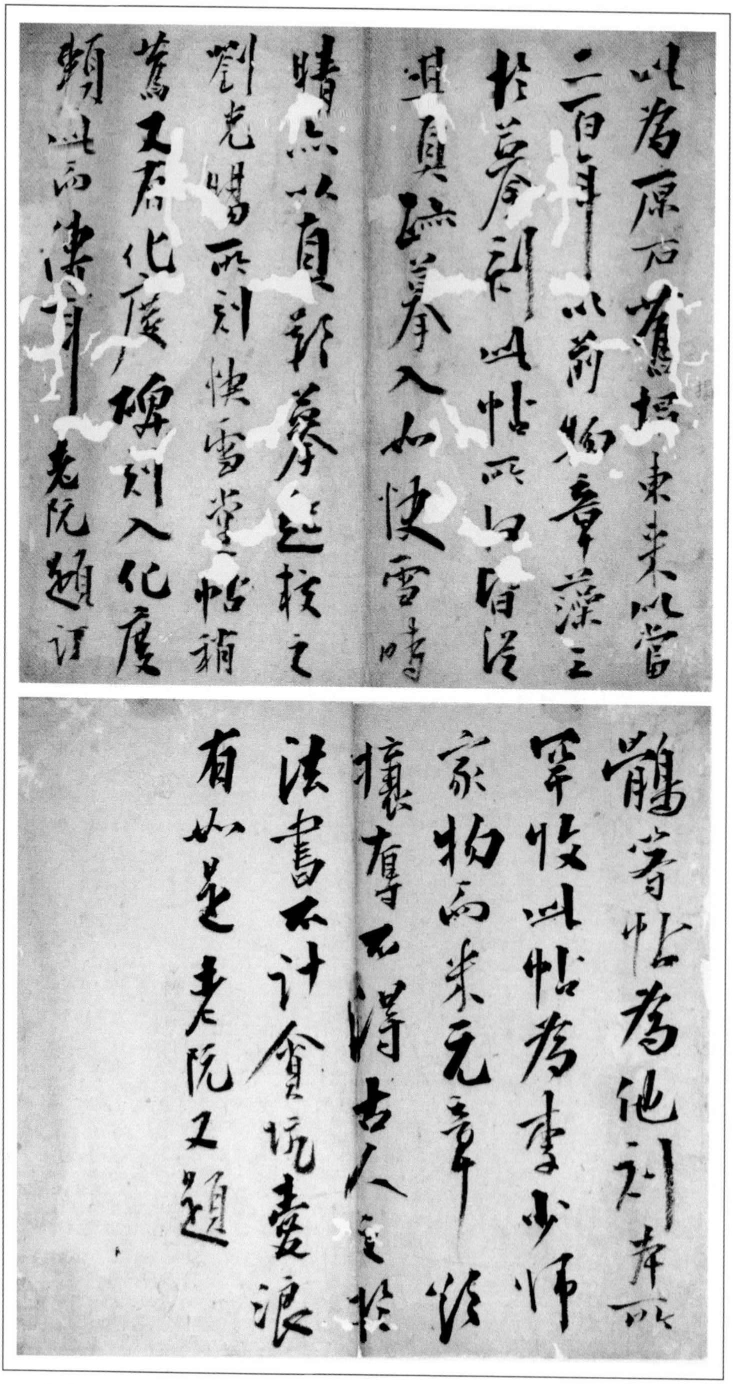

▲ 秋史 金正喜(1786～1856) 遺墨

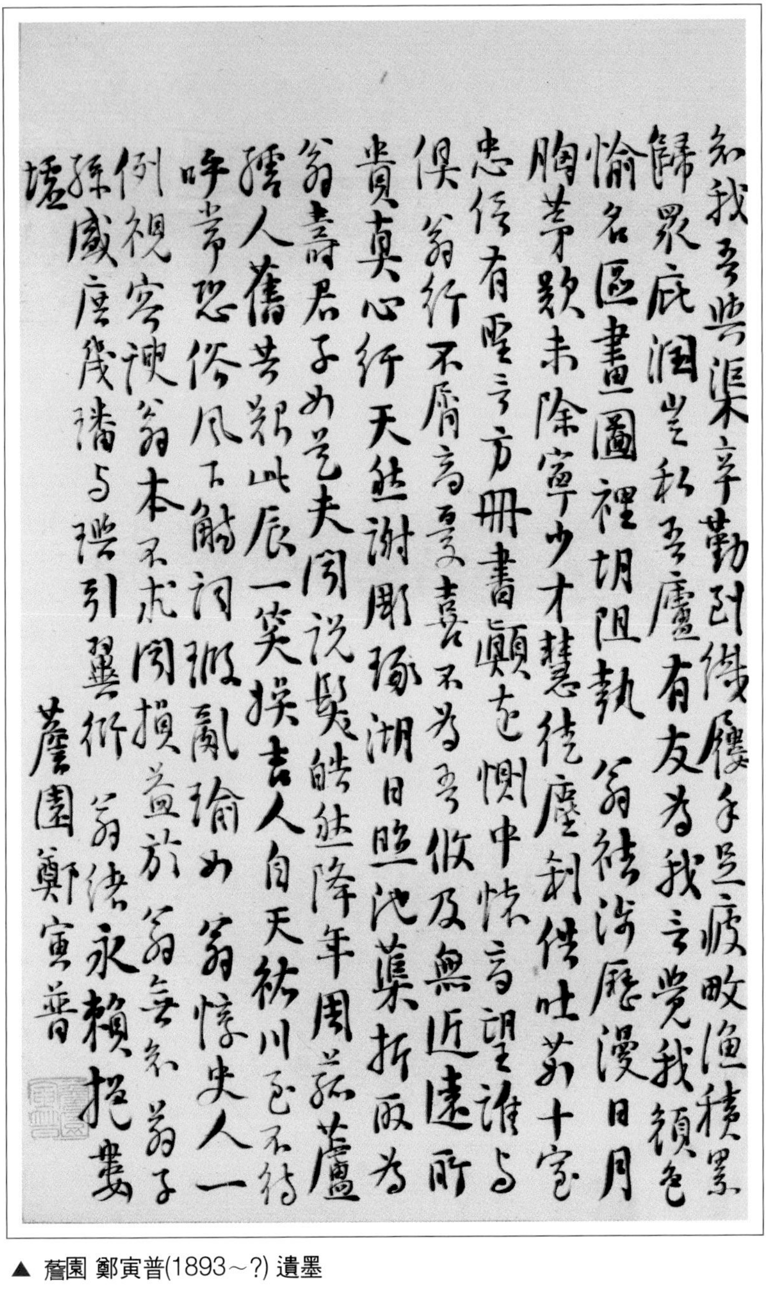

▲ 蒼園 鄭寅普(1893～?) 遺墨

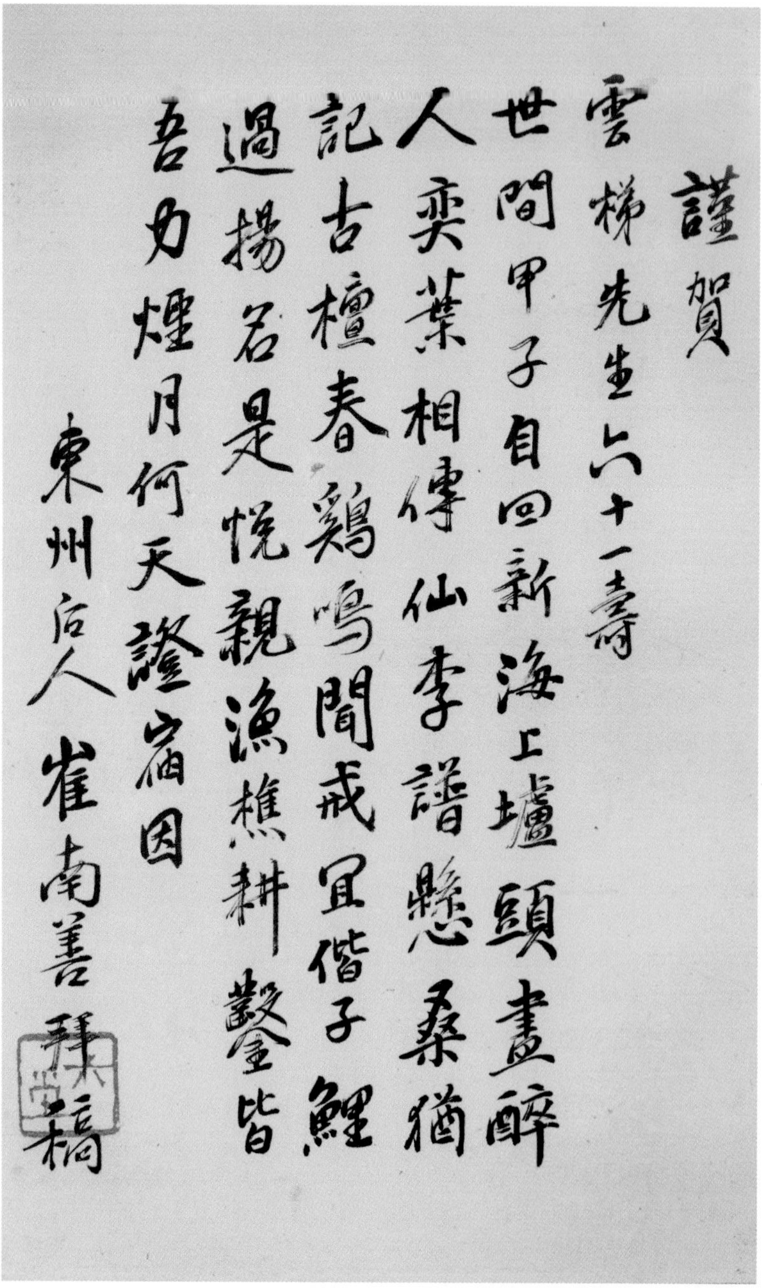
謹賀
雲梯先生六十一壽
世間甲子自回新海上壚頭晝醉
人奕葉相傳仙李譜懸桑猶
記古檀春鷄鳴聞戒宜偕子鯉
過揚君是悅親漁樵耕鑿皆
吾力煙月何天證宿因
東州后人崔南善拜稿

▲ 六堂 崔南善(1890～1957) 遺墨

序 文

今年으로 著者의 講壇生活도 어언 50周年이 된다. 본래 國語學專攻으로 학문의 길을 택하였으나, 臺灣·香港에서 약 10년 동안 敎授生活을 하다보니 韓·中 言語를 比較硏究하게 되었고, 따라서 漢字에 대하여 더욱 硏鑽하자니 文字學·聲韻學·訓詁學을 하지 않을 수 없었다.

그 結果로 얻은 所得이 있다면, 高麗時 우리말을 살필 수 있는 唯一無二한 寶典인 『鷄林類事』를 연구하여 高麗朝語 연구에 一助한 것이다.

臺灣에서 敎授生活을 마치고 歸國하여 4년 여 中語中文學科 교수로도 있었으나, 다시 國語國文學科로 돌아와 國語學 분야의 강의를 하면서도 國內 漢字敎育을 여하히 회복시킬 수 있을까를 늘 苦心하고 硏究하였다.

당시 우리 나라 政府에서 '한글專用' 정책을 指向하다 보니 한글專用主義者들이 한 때 得勢하여 가혹하리 만큼 '漢字廢止' 운동이 일어났다.

그 結果 中高等學生은 물론 大學生들까지도 國漢文混用 敎材를 읽지 못하여, 講義時間中에 漢文이 아니라 漢字를 가르쳐 주느라고 進度를 나아갈 수 없었다. 그러니 內容의 把握은 기대하기 어려웠다. 이때 나로서 解決策을 찾은 것이 初等學校 때부터 단계별로 우선 漢字를 敎育하는 것이 急先務라고 생각하였다.

그리하여 1997년부터 1년여의 물밑 作業을 하여 1998년 11月 「全國漢字敎育推進總聯合會」를 結成하였다.

本聯合會는 일반 단체와는 달리 약 9,700여명의 當代 最高知性으로서 發起하여, 對政府 救國運動 團體로서 出發한 것이다. 歷代 어느 政黨도 이러한 質·量의 人的構成은 없었을 것이다.

對政府運動을 적극적으로 전개하기 위하여 당대 最高의 演士를 초빙하여 대대적인 學術大會를 거의 每月 開催하고, 各言論에서는 적극적인 報道가 있었다.

그러나 이것으로는 本聯合會의 目的을 달성하기 어렵다고 생각되어, 赤手空拳으로 月刊誌 『한글+漢字문화』를 발간하여 各界에 弘報하기로 결정하고, 1999년 8월 드디어 創刊하였다. 月刊誌의 執筆陣은 당대 最高의 知性들이 참여하여 創刊號부터 國內外로 呼應度가 대단하였다.

著者는 이 月刊誌에 漢字學習에 대하여 재미있고도 쉽게 익힐 수 있도록 每月 數篇의 글을 執筆하다 보니, 10년 동안 모인 것이 한 권의 책을 이루게 되어 이번에 『漢字學全書』를 上梓하게 되었다.

아직도 우리 나라에는 한글로 쓸 수 있는 말만이 '우리말'이라고 여기는 이들이 있다. 따라서 漢字는 中國에서 빌려 쓰는 借用文字로 誤認하는 이가 적지 않다. 우리말은 '아버지, 나라, 푸른 하늘'만이 아니라, '부친, 국가, 청천'도 中國語가 아니라 우리말이다. 國語辭典에 실려 있는 20여종의 '사기'의 뜻을 구별하려면 '詐欺, 士氣, 史記, 社旗…' 등과 같이 반드시 漢字로 써야 한다. 한글로 '사기'라고 썼을 때는 碩學도 도저히 그 뜻을 구별할 수 없다. 따라서 國字는 한글만이 아니라, 漢字도 당연히 포함되어야 한다. 다시 말해서 '父親'을 '부친'이라고 발음하고 그 뜻이 '아버지'라고 서로 疏通하는 나라는 韓國뿐이 없다. 그렇다면 '부친'은 우리말이지 中國語일 수 없음은 명확한 사실이다. 어떤 이는 漢字를 '準國字'라고 칭하는데, 國語에서 차지하는 漢字語(70%)의 비중과 漢字의 올바른 淵源을 잘 모르고 말하는 것이다.

著者가 本書中에 詳細히 考證하였지만, 이제라도 漢字는 본래 우리의 祖上인 東夷族이 만들었다는 것을 올바로 認識해야 한다. 東夷族이 殷契(은글) 곧 漢字를 創制하였다는 역사적인 사실은 中國의 古文字學者 李敬齋를 비롯하여 많은 학자들이 주장하고 있다. 漢字를 東夷族이 만들었다는 것을 구체적으로 考證한 硏究論文은

머지 않아 單行本으로 出刊하게 될 것이다.

本書는 漢字를 각 방면으로 분석 연구하여, 종래의 漢字는 무조건 어렵다는 先入見을 버리고, 어떤 文字보다도 재미있고 쉽게 익힐 수 있도록 條理있게 엮으려 最善을 다하였다.

또한 初學者뿐만 아니라, 漢字指導師나 專門硏究人들의 必讀書로서 漢字를 학습할 수 있도록 參考資料까지 거의 網羅하였다.

漢字는 正體字를 위주로 學習해야 하지만, 현재 약 13억 人口가 쓰고 있는 中國의 '簡化字'도 관심을 가지고 알아두어야 하기 때문에, 簡化字를 쉽게 효과적으로 익힐 수 있는 방법도 분석하여 실어 놓았다.

우리말의 構造 자체가 한글과 더불어 漢字를 알아야 理想的으로 文字生活을 할 수 있게 되어 있으므로 우리 나라 사람은 누구나 漢字를 生活化하여 國字로서 학습해야 한다. 재강조하지만 우리의 國字는 漢字와 한글 두 가지다.

21세기를 맞이하여 浮上하는 漢字文化圈에 있어서 우리 나라 次世代들이 리더가 되는 捷徑은 同輩의 中國이나 日本의 젊은이들보다 漢字를 더 많이 學習하여 앞서가는 것이다. 또한 이렇게 漢字를 많이 알면, 中國語도 日本語도 잘 할 수 있으며, 그것이 國家競爭力을 提高할 수 있는 무엇보다도 强力한 武器가 될 것이다.

이 책은 '知性人이 되는 길잡이'로서 著者가 30여년의 心血을 기울인 硏究 結果를 綜合 編纂한 것이다. 斯界 大方家의 叱正을 바라 마지 않는다.

끝으로 이 冊이 上梓되기까지 精誠을 다하여 協助한 本聯合會 編輯局長 田光培 君과 梨花出版社 李洪淵 社長을 비롯하여 實務陣에 마음 깊이 感謝하는 바이다.

2009년 6월 10일

陳 泰 夏 識

目 次

序 文 • 33

Ⅰ. 緖 論 • 43

1. 漢字의 起源 ········ 45
   (1) 半坡遺跡址의 位置와 時代 / 45
   (2) 半坡遺跡址의 人種과 生活 / 48
   (3) 半坡遺跡址의 陶器上 刻劃符號 / 54
   (4) 半坡陶符와 他遺跡址의 陶符 比較 / 58
   (5) 結言 / 68

2. 漢字에 대한 새로운 認識 ········ 71
   (1) 漢字는 어떤 文字인가? / 71
   (2) 漢字의 名稱 再考 / 74
   (3) 表意文字와 表音文字의 差異點 / 78
   (4) 漢字(古韓契)의 特性과 學習方法 / 80
   (5) 漢字(古韓契)의 造字方法과 過程 / 84

Ⅱ. 漢字의 變遷 • 87

1. 漢字 書體의 變遷 ········ 89
   (1) 甲骨文 / 93

(2) 古籒 / 96
(3) 金文 / 99
(4) 篆書 / 102
(5) 隷書 / 105
(6) 楷書 / 109
(7) 行書 / 112
(8) 草書 / 114

2. 中國 簡化字의 硏究와 受容 ………………………………………… 116
(1) 序　言 / 116
(2) 中國의 文字改革 原因 / 118
(3)「文革」이전의 漢字 改革運動 / 120
(4)「文革」이후의 漢字 改革運動 / 121
(5) 中國文字 精簡化의 實體 / 122
(6) 簡化의 方法 / 124
(7) 結　言 / 132

Ⅲ. 六 書 • 135

1. 六書의 槪略 ………………………………………………………… 137

2. 象形字 ……………………………………………………………… 145
(1) 純體象形 / 158
1) 天體에 대한 象形字 / 158
2) 地理에 대한 象形字 / 162
3) 人稱에 대한 象形字 / 166
4) 人體에 대한 象形字 / 170
5) 動物에 대한 象形字 / 176

6) 植物에 대한 象形字 / 185
7) 家屋에 대한 象形字 / 187
8) 衣服에 대한 象形字 / 188
9) 道具에 대한 象形字 / 188
(2) 增體象形 ······ 194
(3) 省體象形 ······ 198

3. 指事字 ······ 204
(1) 純體指事 / 216
(2) 增體指事 / 224
(3) 省體指事 / 247
(4) 變體指事 / 249

4. 會意字 ······ 251
(1) 會意字의 構成要素 / 253
(2) 會意字의 構成方式 / 254
(3) 增體象形字와 會意字의 區別法 / 256
(4) 會意字와 生活·意識의 反映 / 257
(5) 重疊繁體字의 發生 / 258
(6) 異體繁體字의 特徵 / 293
(7) 異體會意字의 學習方法 / 300

5. 形聲字 ······ 306
(1) 形聲字의 定義 / 308
(2) 形符의 特徵과 機能 / 311
(3) 聲符의 特徵과 機能 / 312
(4) 形聲字와 聲符의 聲韻關係 / 315
(5) 形聲字의 結構 分析 / 317

(6) 形聲字의 形符와 聲符의 位置 / 319
(7) 形聲字의 假借 聲符 / 321
(8) 形聲字의 擬聲 聲符字 / 322
(9) 形聲字中 兼義聲符字 / 326
(10) 不成字 聲符考 / 349

6. 轉注·假借字 ········ 414

Ⅳ. 部首에 대한 올바른 學習 • 417

1. 올바로 알아야 할 部首 名稱 ········ 418
2. 214 部首의 字源 풀이 ········ 436
3. 部首字 使用頻度表 ········ 474
4. 部首를 알기 어려운 漢字 ········ 476

Ⅴ. 新千字文 • 481

1. 新千字文 序(陳泰夏) ········ 482
2. 敬賀를 넘어 快擧인 『新千字文』(辛奉承) ········ 483
3. 新千字文(陳泰夏) ········ 484
4. 傳統的 美德과 現代的 意識을 確立한 『新千字文』 (李潤新) ········ 515
5. 新千字文贊(沈在箕) ········ 522

Ⅵ. 漢字의 빠른 學習을 위한 分析 • 527

1. 落款을 정확히 ········ 528

2. 잘못 쓰기 쉬운 漢字 ······ 548
3. 一字多音字(破音字) ······ 560
4. 漢字 어휘중 通用되는 글자 ······ 568
5. 漢字의 字數 增加 一覧表 ······ 589
6. 本訓과 달리 쓰이는 漢字 ······ 590
7. 區別이 아리송한 漢字 ······ 600
8. 字形이 混同되기 쉬운 漢字 ······ 612
9. 部首의 位置가 바뀌어도 通用되는 漢字 ······ 628
10. 部首의 位置가 바뀌면 뜻이 달라지는 漢字 ······ 634
11. 象形字에서 파생된 글자 ······ 637
12. 漢字語中 疊語의 用例 ······ 642
13. 三字同形 會意字 ······ 646
14. 固有語로 알기 쉬운 漢字語 ······ 648
15. 漢字로는 어떻게 쓰나? ······ 668
16. 漢字中 累增字에 대하여 ······ 680
17. 簡化字諷謠 ······ 712
18. 『千字文』의 訓音中 問題點 ······ 718
19. 손(手)과 팔(臂)의 異形字 ······ 722
20. 발(足)과 다리(股)의 異形字 ······ 728
21. 甲骨文으로 본 짐승의 종류 ······ 736
22. 甲骨文으로 본 穀食의 종류 ······ 741
23. 甲骨文에 「竹」字가 있는가? ······ 745
24. 同音異形 連義字 ······ 749
25. 韓國의 姓氏 四字成語 ······ 754
26. 同音異字 四字成語 ······ 758
27. 『東』字로 본 漢字의 神祕 ······ 760

Ⅶ. 漢字 學習 資料 • 767

1. 漢字의 筆順 ······ 768
2. 類義 結合字 ······ 770
3. 反意·對稱 結合字 ······ 774
4. 反對의 뜻을 가진 漢字 ······ 776
5. 잘못읽기 쉬운 漢字語 ······ 784
6. 業務用漢字 ······ 790
7. 漢字 俗談 ······ 798
8. 漢字 成語 ······ 804
9. 同訓異字一覧表 ······ 834
10. 簡化漢字(略字)表 ······ 854
11. 漢字中의 長音字 ······ 862
12. 日本 가나(假名)의 起源 ······ 867
13. 中國 簡化字의 劃數 索引表 ······ 868
14. 中國 簡化字의 同形字 一覧表 ······ 896
15. 中國의 省·自治區·直轄市의 略稱 ······ 901
16. 中國 簡化字와 正體字 對比表 ······ 902
17. 韓·中·日의 書體 比較 ······ 918
18. ㅁ訣表 ······ 931
19. 教育漢字(1,800字)의 代表訓音 ······ 932
20. 宗族 系譜圖 ······ 955
21. 北韓의 教育漢字 3,000字 一覧表 ······ 956
22. 二十四節氣와 七十二候 ······ 982
23. 數字로 시작하는 單語 ······ 984
24. 日本의 常用漢字 2,136字 ······ 992
25. 日本 漢字使用頻度 上位 1,000字 ······ 1012
26. 日本 略字(新字體) 일람표 ······ 1019
27. 中國에서 가장 많이 쓰이는 500字 ······ 1020

28. 數의 單位 …… 1025
29. 中國의 外來語 表記 …… 1026
30. 中國料理에 쓰이는 漢字表記 …… 1028
31. 化學 元素 韓·中 對比表 …… 1030
32. 韓·中 컴퓨터用語 …… 1032
33. 韓國 歷代王朝年表 …… 1034
34. 中國 歷代王朝의 皇帝 謚號 및 이름 …… 1038
35. 中國 歷代年號 索引 …… 1044
36. 月의 別稱 …… 1049
37. 世界 各國名의 漢字表記 …… 1050
38. 韓國 大學校名의 漢字·英文 表記 …… 1054
39. 六十甲子年表 …… 1060

附錄. 韓國 漢字地名 總覽 • 1063

索 引 …… 1163

I

緖　論

1. 漢字의 起源

2. 漢字에 대한 새로운 認識

1 漢字의 起源

西安半坡陶符와 漢字(東方文字)의 起源[1)]

(1) 半坡 遺跡址의 位置와 時代

半坡遺跡址는 中國 陝西省의 西安市 동쪽 郊外로 약 6km를 향하여 長樂路를 거쳐 지금은 매몰되어 거의 江의 모습을 찾기 어려운 滻河를 건너가면, 滻河東路와 半坡路가 만나는 位置에 半坡博物館이 建立되어 있는 곳이다. 筆者가 1989년 8월 12일에 探訪한 바 있다.

西安은 黃河의 支流인 渭河 流域에 位置하고 있는, 周代로부터 秦·漢·隋·唐에 이르기까지 약 1,500年의 古都로서 古跡이 풍부하기로 유명할 뿐만 아니라, 「실크로드」의 出發地로도 유명하다.

渭河流域은 이른바 中國의 關中地區로서 東西狹長의 盆地이다. 이곳 地形은 東쪽이 넓고, 西쪽이 좁으며, 盆地 전체의 길이는 약

---

1) <書通 第37號, 東方研書會, 1993.8>

300km이며, 面積은 약 21,000㎢이다.

關中渭河流域이 곧 世界 四大 人類文明發祥地의 하나로서 이른바 「黃河文明發祥地」中에서도 原始文明이 현재로서는 가장 이른 시기에 最高로 발달한 遺跡址이다.

渭河는 黃土層으로 되어 있는 關中盆地를 橫貫하는 江으로서 南쪽으로는 禮河 · 滻河 · 灞河 등 50km 이내의 支流가 있고, 北쪽으로는 汧河 · 金陵河 · 漆河 · 涇河 · 石川河 · 洛河 등 數百km의 支流들이 있다.

半坡遺跡址는 곧 渭河의 南쪽 支流인 滻河와 灞河가 合流되는 三角地帶로서 滻河의 東岸에 位置하고 있다.

關中地域의 原始文化도 黃河中下流 原始文化의 일부분으로서 二段階로 나눌 수 있다. 곧 早期는 仰韶文化期[2]로 母系氏族 社會時期이고, 後期는 龍山文化期[3]로 父系氏族社會 時期이다.

半坡遺跡址는 곧 仰韶文化時期로서 母系氏族社會 時期에 속한다. 人類文化 發展過程으로 보면, 新石器時代에 속하며, 지금으로부터 약 6000年前[4]의 聚落遺跡址이다.

---

2) 仰韶文化期는 1921년 스웨덴의 地質學者이며 考古學者인 J. Gunnar Andersson이 中國 河南省 澠池縣 仰韶村에서 新石器時代母系氏族社會의 紅陶黑彩土器, 有孔石斧 등을 발굴한데서 붙여진 遺跡址 명칭이다. 仰韶文化期에 속하는 지역은 西安 半坡를 비롯하여 臨潼姜寨 · 零口 · 垣頭 · 長安五樓 · 郃陽莘野 · 銅川李家溝 · 寶鷄北首嶺과 河南 · 山西 · 甘肅 · 新疆省에서 발굴된 1,000여 개 이상의 유적지이다.

3) 龍山文化期는 中國 新石器時代 後期에 黃河의 中下流地域에서 仰韶文化期에 이어 발달한 父系氏族社會 초기의 文化. 黑陶가 특색이며, 보리와 조를 주경작한 농업 및 목축, 수렵생활을 함. 山東省 歷城縣 龍山鎭 城子崖에서 발굴된 유적지에서 붙여진 이름이다.

4) 中國科學院 考古研究所에서 炭素放射性 측정 결과, 半坡遺址의 연대는 지금으로부터

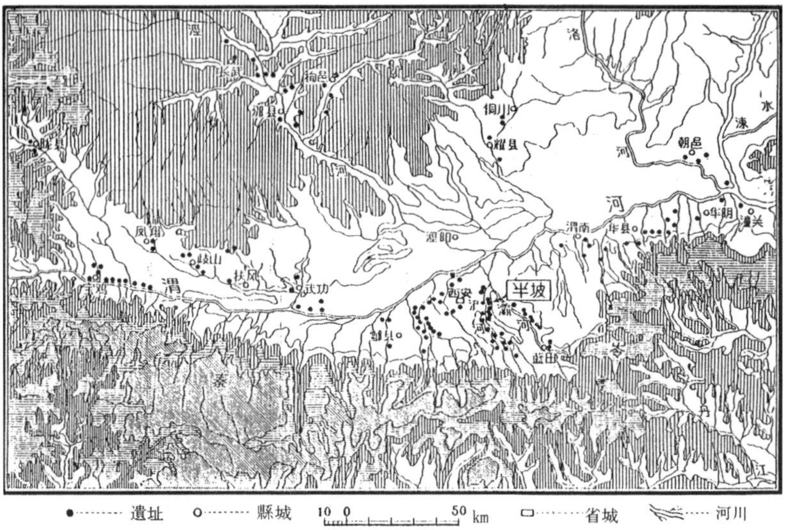

〈圖 1〉 關中地區仰韶文化遺蹟分布圖(考古學專刊 〈西安半坡〉引用)

이른바 仰韶文化遺跡은 關中地區에서 이미 400餘處가 발견되었는데, 대부분 河岸 가까이에 위치하고 있다. 이들 地域은 土質이 肥沃하여 穀食이 잘되고, 水源이 가까워 生活하기 편리한 곳으로, 또한 비교적 높아서 水災를 받지 않고 편안히 살 수 있던 住居地이다.

半坡遺跡址는 滻河 東岸의 二級階地上에 있으며, 현재의 河岸으로부터 약 800m 거리, 약 9m 높이에 위치하고 있다. 遺跡址의 範圍는 南北 약 200m, 東西 약 100m이다. 본래 약 3~4m의 土層으로 埋立되어 있었다.

---

① 6,080±110년, ② 5,920±105년, ③ 5,855±105년, ④ 5,600±105년으로 나타났다고 한다.(郭沫若, 「古代文字之辨證的發展」 ≪考古≫, 1972~ 3, 科學出版社, p.2)

1953년 西北文物清理隊에 의하여 처음으로 遺跡址가 발견된 뒤, 同年 9월, 中國科學院考古硏究所 陝西省調査發掘團에 의하여 일차적으로 調査되었다. 1954년 9월에 發掘이 시작되어 1957년 여름까지 5차에 걸쳐 발굴하였다.

5차에 걸쳐 발굴된 總面積은 약 10,000㎡이며, 발굴에 참여된 人員은 200名에 달한다. 비교적 완전한 형태로 발굴된 家屋의 유적지가 40餘곳이고, 각종 무덤이 250곳이고, 生産工具와 生活用具가 약 10,000 點이나 발굴되었다.

半坡遺跡址 발굴의 總責은 石興邦氏이며, 發掘참가단체는 第三屆考古工作人員訓練班, 中國科學院考古硏究所, 陝西・甘肅兩省의 考古工作員, 陝西省文物管理委員會, 北京大學歷史系考古專業學生 등이다.

1958年에 발굴된 遺跡址를 原形대로 保存하기 위하여, 발굴면적 약 10,000㎡ 地上에 遺跡博物館을 건립한 것이 곧 「半坡遺址博物館」이다. 未發掘 面積地까지 계산하면 약 50,000㎡의 廣大한 규모이다.5)

(2) 半坡遺跡址의 人種과 生活

5) 半坡遺跡址에 대한 參考資料는 中國科學院考古硏究所 編輯 文物出版社 出刊 中國田野考古報告書 考古學專刊 丁種第十四號 ≪西安半坡≫ 1982, 半坡博物館編 陝西人民美術出版社刊 ≪半坡遺址畵册≫, 1987.11. 等書에 의함.

顔誾・吳新智・劉倡芝・顧玉珉 등의 半坡人骨硏究에 의하면, 半坡人種은 기본적으로 南方蒙古人種에 속한다고 분석하였다.6)

步達生의 「奉天沙鍋屯及河南仰韶村古代人骨與近代華北人骨之比較」에서는 仰韶文化系統의 人骨 特徵이 모두 현재의 北支那人, 中華原始人과 비슷하고, 中國華北人의 體質特徵에 상당히 接近한다고 하였다.7)

朱星은 中國人種의 來源에 대하여 「在中國居住的人種有兩個主要來原 : 一是蒙古人種, 一是馬來人種, 這兩個種族的頭型, 面相, 體格等, 都有顯著的區別, 蒙古人種後又分夏族, 商族, 通古斯族, 羌族等 氏族. 在新石器期, 散佈在今甘肅, 陝西, 山西, 豫西北等地的就成爲夏族, 在新石器初期, 　倒了山東半島的成爲商族 ; 散佈在滿洲的就是通古斯族 ; 在殷朝就住在西北與夏族爲鄰的是羌族. 馬來人種則散佈在浙江, 福建, 兩廣, 雲貴 等地, 成爲東甌, 百越, 苗傜各族」8)이라고 論及하였다.

이상으로 종합하여 볼 때, 半坡遺跡址 人種은 南方系가 아니라, 北方系임을 알 수 있다.

遺跡址의 규모로 볼 때, 약 400名 정도가 半穴居 형태의 圓形, 方形 등의 住宅을 건축하여 集團生活을 하였으며, 家畜으로는 주로 돼지와 개를 길렀다. 住居地 中心部에는 集團活動用의 大型건축물이 있고, 마을 주위에는 깊이 5~6m의 도랑(大溝)을 둘러 파서 猛

6) 考古學專刊, ≪西安半坡≫, ibid-附錄一 「半坡人骨硏究」, pp.234~242.

7) 步達生(Black, D.), ≪古生物志≫ 丁種第一號 第3册, pp.38~102, 1925.(≪西安半坡≫ ibid, p.204에서 引用)

8) ≪古漢語概論≫, 天津人民出版社, 1959.

〈圖 2〉 半坡遺蹟地發掘現場(考古學專刊 〈西安半坡〉引用)

獸나 敵의 侵入을 방어하였다.

집의 門이 모두 南向하였음을 보아도 太陽을 向하여 살아온 北方系族임을 알 수 있다.

발굴된 250개 무덤(成人墓：174, 小兒墓：76)의 위치를 보면, 成人墓는 대부분 마을을 보호하기 위하여 파놓은 도랑(大溝) 밖 北쪽 共同墓地에 集中되어 있고, 小兒墓는 대부분 甕棺을 사용하여 마을 住居地 近處에 埋葬하였다. 특이한 葬俗으로는 人骨의 頭部가 대부분 西向하려 묻혀 있음인데 이것은 佛敎의 西方淨土 思想 이전에, 이미 人間이 死後에 돌아가는 곳이 太陽이 지는 西方이라는 것을 믿어왔음을 알 수 있다.

隨葬品도 成人墓에는 陶器와 裝飾品 등이 발굴되었으나, 小兒

墓에서는 거의 발굴되지 않았다.

男女合葬이 없고, 대부분 單人葬으로 되어 있음을 보아도 고정된 一夫一妻制의 社會가 아니라, 母系氏族社會였음을 알 수 있다.

무덤 속에 좁쌀(粟)을 隨葬한 것이나, 小兒의 무덤을 成人墓의 共同墓地에 함께 쓰지 않은 것은, 마치 우리 나라에서도 「애총」이라 하여 共同墓地에 쓰지 않고, 야산에 간단히 매장하는 在來葬俗과 비슷한 점이 있다.9)

半坡遺跡址人의 生活狀態를 종합하여 보면 定着된 農耕生活을 하면서도 漁獵生活을 겸하였음을 알 수 있다.

生產工具의 자료는 石·骨·角·陶·蚌·牙 等이고, 工具의 種類로는 石斧·石錛·石鏟·石鋤·石刀·陶刀·石杵·石鑿 等이다.

石器의 加工을 보면 斧·錛·鑿 等은 대부분 磨製이고, 鏟·鋤·刀 等은 대부분 打製이다. 당시 農業의 정도는 石鋤 곧 호미로 경작하는 단계에 있었다.

漁獵工具로는 石·角製의 矛, 石·骨製의 箭, 骨漁叉, 骨漁鉤, 石網墜 等이다.

手工業工具로는 石·陶製의 紡輪, 骨針, 石·陶·骨·角製 의 錐子, 骨鑿, 石製尖狀器, 石製研磨器, 石製砍伐器 等이다.10)

半坡遺跡址에서 특히 놀라울 정도로 發達한 것은 陶器의 製造이다. 발굴된 陶器의 破片은 약 50萬片이고, 完全한 것과 復元이 가능한 것만도 1,000點이나 된다.

---

9) 考古學專刊, ≪西安半坡≫, ibid, pp.198~216.

10) 考古學專刊, ≪西安半坡≫, ibid, pp.59~105.

陶器의 種類를 用途別로 나누면, 食器, 汲水器, 炊器, 貯臟器 等이고 形態別로 나누면 碗·缽·盆·壺·杯·盤·盂·缸·罐·甑·釜·鼎 ·甕 等이다.

陶器의 胎土는 粗砂土가 가장 많고, 다음으로 細泥土와 細砂硬土 等이다. 陶器의 色彩는 紅·褐·灰·黑色 等이 基本色으로 되어 있다.

陶器의 紋樣은 陶器 製造過程中의 무늬로서 繩紋·編織紋(蓆紋·布紋)·線紋 等이 있고, 裝飾性의 무늬로서 彩陶花紋·弦紋·剔刺紋·堆紋 等이 있다.

特히 陶器上에 그린 繪畫藝術에 있어서는 描寫가 매우 섬세할 뿐만 아니라 오늘날 抽象畫의 表現을 능가할 정도로 발달되어 있다.

陶器上의 裝飾性 무늬는 魚紋이 제일 많고, 人面紋·鹿紋·其他鳥獸紋·植物花紋·魚網紋 等이 있는데, 특이한 것은 幾何形圖案紋을 위주로 그려져 있다.[11)]

特히 人面과 魚形을 對稱的으로 組合하여 그린 幾何形圖案紋은 단순한 무늬가 아니라, 당시의 어떤 토템 表現으로도 볼 수 있다. 사람의 입 모양을 물고기의 대칭형 입모양으로 나타낸 것은 현대 抽象畫의 입장에서 보아도 格調가 높은 着想이 아닐 수 없다. 또한 對稱魚形에서 部分 圖案으로 抽象化시킨 紋樣은 오늘날도 그 着想이 어려울 정도로 발전시켰다.

半坡陶紋에 특히 魚形이 많은데 대하여 張禮智는 "「魚」在中國

11) 考古學專刊, 《西安半坡》, ibid, pp.105~190.

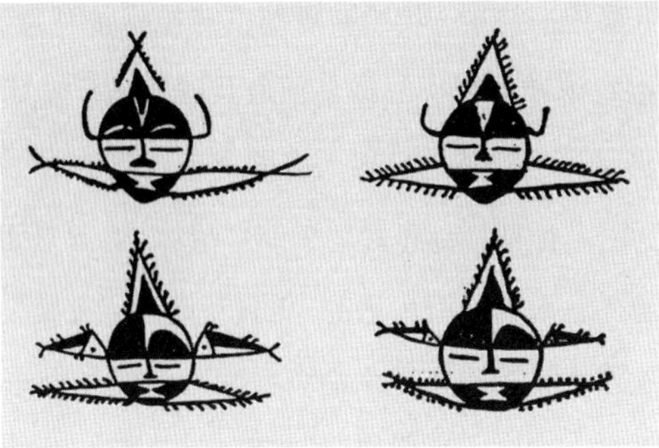

〈圖 3〉 人面魚形圖
(考古學專刊 〈西安 半坡〉引用)

〈圖 4〉 半坡陶器中 완전한 缽의 刻符
(考古學專刊 〈西安半坡〉引用)

語言中具有生殖繁盛的祝福含意, (中略) 是不是對氏族子孫「瓜瓞綿綿」長久不絶的祝福?"[12]이라고 推測하였는데, 筆者는 陶盆中에 魚網과 人面에 물고기를 對稱的으로 調合하여 사람의 입을 물고기의 입으로 대신한 그림을 그려 놓은 것으로 推察할 때, 豊漁를 祈願한 象徵的인 表現으로서 단순한 紋樣이 아니라, 呪術語를 圖畫로 表現한 「有意圖」로 보는 것이 더욱 합당하다고 생각한다.

半坡遺址의 陶紋魚形에 대하여 中國의 考古學者들은 "半坡氏族

12) ≪半坡遺址≫, ibid.

的圖騰, 在繪畫藝術一節中, 我們初步認爲可能就是「魚」. 這種現象的社會意義, 可以有兩種解釋：一種是捕取魚類以滿足食物的需要, 表示捕獲的願望或滿足, 另一種是魚與人之間有超現實的關係, 是表示紀念與崇敬的意識. 這兩種解釋, 其實是一件事情的 兩個方面, 因爲圖騰制度本身是人與自然, 人與經濟生活的 現實反映. 這裏發生一個問題, 旣作圖騰, 爲什麼還大量捕獲作爲生活資料呢? 這似乎與一般不吃圖騰拜物的習俗相違背." [13]라고 토템과 捕獲願望의 兩面性으로 보았는데, 물고기 중에 어느 特定한 물고기를 토템으로 할 수는 있어도, 당시 半坡人들에게는 主食이라고 할 수 있는 물고기 전체를 토템으로 했다고는 볼 수 없다.

(3) 半坡遺跡址의 陶器上 刻劃符號

前述한 바와 같이 當時 이미 高度의 抽象的인 幾何形圖案紋으로 魚形을 나타낸 人智의 水準이나, 섬세하게 描寫한 筆法으로 볼 때, 이러한 文化水準에 맞는 文字가 마땅히 있었으리라고 推測되기도 한다.

그러나 半坡遺物中 文章形의 文字가 發見된 것은 없다. 다만 陶器의 口沿外部에 刻劃한 各種形態의 符號가 發見되었다. 發見된 符號는 總 113個인데, 完全한 陶器에서 발견된 것은 甕棺에서 발굴된 缽 2點과 其他는 모두 陶片에서 發見되었다.

13) 考古學專刊, ≪西安半坡≫, ibid, p.227.

이들 符號를 形態別로 區別하여 竪劃·橫劃·斜劃·叉劃 等 22種으로 정리하였다.

가장 簡單한 符號는 「丨」의 直線形으로 總 65個이고, 가장 劃數가 많은 것은 「丯」, 「米」의 形態이다.

陶器上의 符號가 刻劃된 상태를 살펴보면, 어떤 것은 陶器를 굽기 전에 刻劃하였고, 어떤 것은 구워낸 뒤에 또는 어느 정도 사용하다가 刻劃하였다.

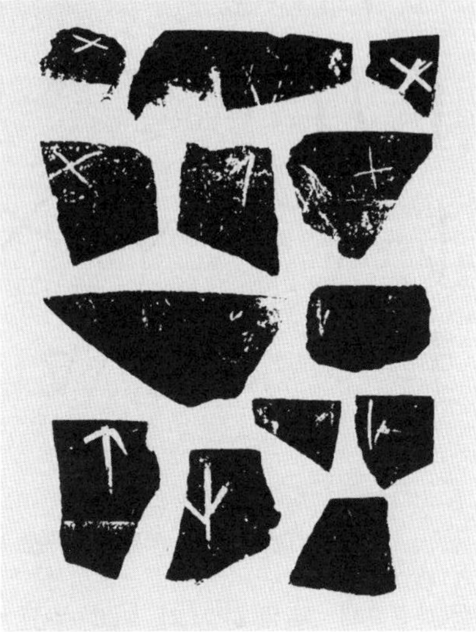

〈圖 5〉 西安半坡陶器 刻符

이들 符號에 대하여 中國의 考古學者들은 陶器의 所有者 또는 製造者의 「專門記號」라고 推測하였는데, 陶器가 完成된 뒤, 또는 使用하다가 刻劃한 것이 있는 것을 볼 때, 製造者가 아니라, 所有者의 表示라고 생각된다. 72號의 陶片符號가 面積 100㎡ 以內의 同一居住地에서 發見된 것으로도 氏族·家庭·個人 等의 所有者 表示임을 알 수 있다.

우리 나라에서도 近來까지 시골 風俗에서 器皿이나 숟가락 등에 이와 비슷한 형태의 刻劃符號를 엿볼 수 있었다. 한 마을의 어느 집에 吉凶大事가 있을 때, 自己 집만의 器皿과 숟가락으로는 不足하기 때문에, 다른 집의 것을 모아다가 使用해야 하는데, 뒤에

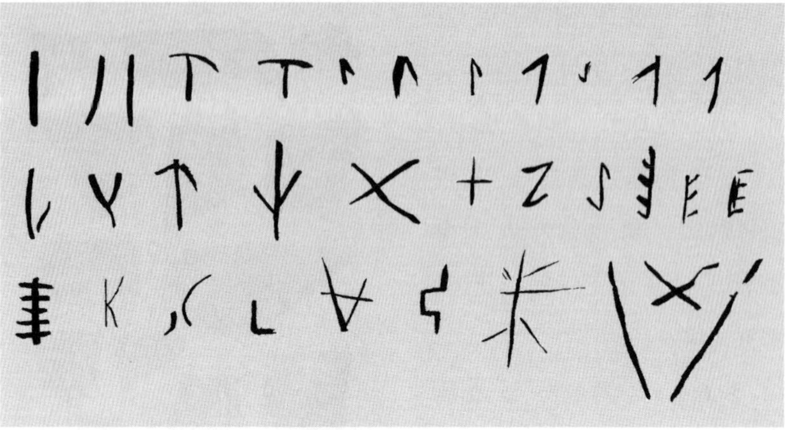

〈圖 6〉 西安 半坡陶器符號(考古學專刊 〈西安半坡〉引用)

돌려줄 때, 區別하기가 어려우므로 各自 간단한 符號로 表示를 하였다가 自己의 것을 찾아간다.

이로써 推測할 때 半坡遺跡址의 陶器上 刻劃符號도 이와 비슷한 集團取食時의 自己 그릇의 區別을 위한 表示로 생각된다. 如何間 이들 刻劃符號는 一般陶紋과는 달리 「有意符號」임에는 틀림없다.

半坡陶器上의 刻劃符號에 대하여 中國의 學者들은 다음과 같이 主張한다.

郭沫若은 「彩陶上的那些刻劃記號, 可以肯定地說就是中國文字的起源, 或者中國原始文字的孑遺」[14]라고 하여, 中國文字의 起源으로 보았고, 于省吾도 「這種陶器上的簡單文字, 考古工作者以爲是符號, 我認爲這是文字起源階段所產生的一些簡單文字. 仰韶文化距今得有

14) 「古代文字之辨證的發展」, ≪考古學報≫, 1972年 1期(高明 : ≪中國古文字學通論≫, 文物出版社刊, p.35, 1987)

六千多年之久, 那麼, 我國開始有文字的時期也就了六千多年之久, 這是加以推斷的.」[15]이라고 동일한 의견을 表示하였다. 台灣의 李孝定은 「已知的中國文字, 應推半坡陶文爲最早, 其年代可上遡至 4,000 B.C. 最晚的應爲 3,500 B.C.」[16]라 하여 역시 中國文字의 起源을 半坡陶文으로 보았다. 西安半坡博物館의 王志俊은 더욱 具體的으로 考證하여 「仰韶文化的刻符是在結繩・刻木和圖畫文字的基礎上發展起來的, 它已包括數字文字和表意的象形文字, 這是一種表意的獨體象形字(一件器物上一般只有一個表意的象形符號), 無疑是我國古文字的鼻祖」[17]라 하였다.

半坡陶文을 中國文字의 起源으로 보는 主張에 대하여 高明은 「原始文字無論處于何種初級階段, 表達功能又如何幼稚, 但自它誕生開始, 即同語言密切結合, 具備表達語言的能力. 陶符則不然 它只是爲了某種需要而記的標記, 同語言毫無關係, 只能獨用不能組合.」[18]이라 하여 半坡陶符는 言語的 意味와 전연 관계가 없는 一種의 標記라고 하였다. 高氏는 「類似的符號, 不僅在沒有出現文字的原始社會使用, 并且在已經能够利用完全成熟的文字記錄語言的商代, 甚至到春秋戰國, 仍在某些陶器上出現. 例如, 河南偃師二里頭早商遺址, 發現刻劃在陶器上的符號有二十四種, 絶大多數皆刻在晚期大口尊的內口沿上」[19]과 같이 具體的인 實證을 들어 陶符와 漢字는 同一體係가 아님을 알

---

15) 「關于古文字研究的若干問題」≪文物≫, 1973年 2期(高明：ibid, p.35)
16) 李孝定：ibid, p.71.
17) 王志俊：ibid, p.20.
18) 高明：ibid, p.35.
19) 高明：ibid, p.35.

수 있다고 하였다.

高氏가 陶刻符號를 文字系統으로 인정하지 않는 이유에도 일리가 있으나, 文字活動 이전, 初期段階에 있어서 陶刻符號가 비록 직접 文字의 의미는 갖지 못하였다고 하더라도 陶符는 결코 紋樣은 아니었으며, 자기만의 記憶을 위한 표시라 하여도 「有意符號」임에도 틀림없으니, 文字의 起源으로 보는 것에는 무리가 없다고 생각된다.

여기서 유의할 것은 文字의 형성은 붓으로 쓰는 데서부터 시작된 것이 아니라, 단단한 도구로 긋는 데서부터 시작되었다는 사실이다.

(4) 半坡陶符와 他遺跡址의 陶符 比較

現在까지의 出土品에 대한 資料와 研究로는 半坡遺跡址에서 發掘된 陶器上의 刻符가 가장 오래된 것으로 밝혀져 있으나, 이러한 陶器刻符는 다른 遺跡址에서도 發掘되었다.

仰韶文化 遺跡址의 一環으로 半坡 附近의 臨潼姜寨에서도 129點 中 38種의 陶符가 發見되었다.

그러나 附近 다른 遺跡址인 零口·垣頭·長安五樓·郃陽莘野·銅川李家溝 等地에서는 少量이 發見되었다.[20]

20) 王志俊에 의하면, 零口에서 2件 2種, 垣頭에서 1件, 長安五樓에서 1件, 郃陽莘野에서 1件, 銅川李家溝에서 23件, 8種이 발견(王志俊 : ibid, p.15.)

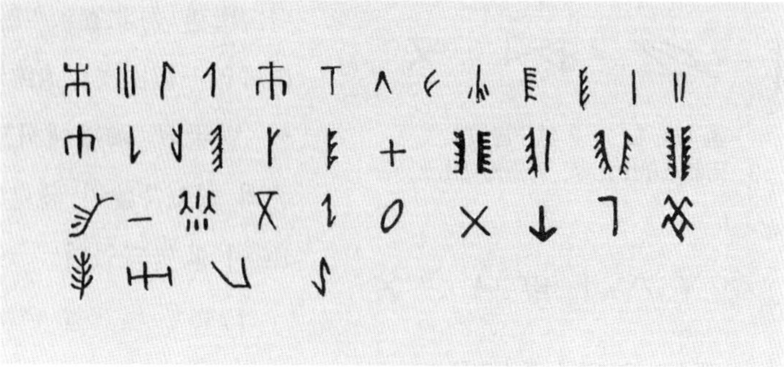

〈圖 7〉 臨潼姜寨陶器符號

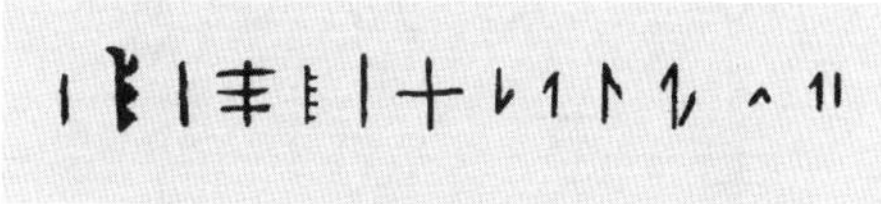

〈圖 8〉 半坡附近 仰韶文化 遺址 陶符
(王志俊에서 引用)

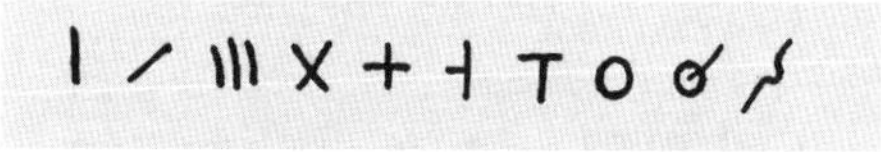

〈圖 9〉 甘肅馬家窯文化 陶器符號

〈圖 10〉 靑海樂都柳灣 陶器符號

1930年代에 甘肅省의 半山과 馬廠에서 發掘된 이른바 馬家窯文化의 遺跡址와 墓地의 陶器符號로 10種이 發見되었다. 또한 1974년에 靑海省의 樂都柳灣馬家窯文化馬廠類型의 墓地中 殉葬陶壺에서 50種의 陶器符號가 發見되었다.

龍山文化 곧, 黑陶文化의 陶器符號로는 1928年에 第1次로 山東省 章丘龍山鎭 城子崖 龍山文化會에서 3片의 陶片에 2種의 符號가 發見되었다. 1964年 靑島 北郊白沙河南岸趙村에서 發掘된 陶片에서도 1種의 刻劃符號가 發見되었

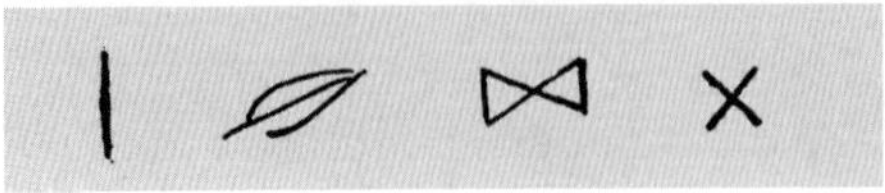

〈圖 11〉 左 1, 2 城子崖出土,
3. 河北永年出土 4. 青島出郊出土

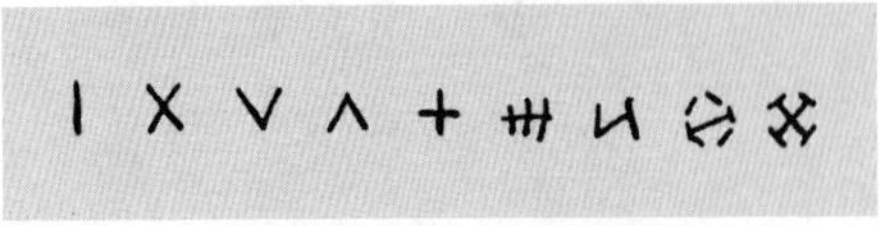

〈圖 12〉 良渚出土 陶器符號

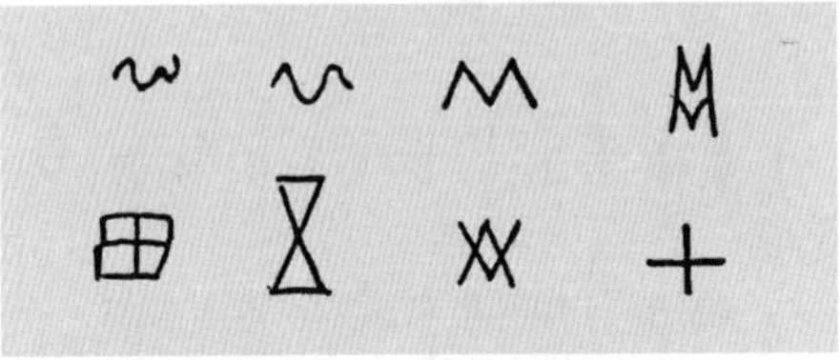

〈圖 13〉 上 : 靑浦崧澤 陶器符號
下 : 上海馬橋 陶器符號

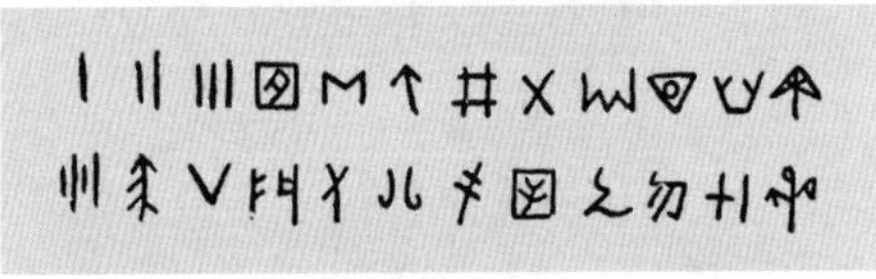

〈圖 14〉 二里頭商代遺址 陶器符號

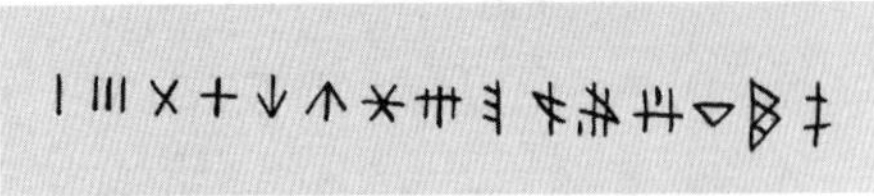

〈圖 15〉 鄭州二里崗商代遺址 陶器符號

다. 또한 河北省永年縣 台口村의 龍山文化遺跡址에서 발골된 陶罐에서도 1종의 刻劃符號가 發見되어 4種이 收集되었다.

1936年 浙江省 余杭 良渚鎭에서 發掘된 陶器中에서 9種의 刻劃符號를 發見하였다. 江浙地區 新石器時代文化를 良渚文化라 稱한다.

1960~1961年間 上海 馬橋와 靑捕 崧澤 두 곳에서 發掘된 陶器에서 각 4種의 符號가 發見되었다. 崧澤文化라고도 區別하지만, 馬家窯文化와 同一系統으로도 본다.[21)]

이상은 仰韶文化로부터 崧澤文化에 이르기까지 모두 原始母系氏族社會 後期新石器時代의 遺物에 속한다.

그러나 陶器符號는 新石器時代로 終了되는 것이 아니라, 文字記

21) 高明 : ibid, pp.32~34.

錄時代인 商代, 심지어 春秋戰國時代까지도 陶器符號가 持續된다.

〈圖 16〉 鄭州南關外 陶器符號

河南省 偃師 二里頭 商나라 遺址에서 24種의 陶器符號가 發見되었다. 대부분 晩期 大口尊의 內口沿上에 刻劃되었다.

〈圖 17〉 侯馬東周遺址 陶器符號

鄭州 二里崗 商代 遺址에서도 15種의 陶刻符號가 發見되었다. 역시 大口尊의 內口沿上과 其他器物의 口沿上에 刻劃되었다.

鄭州 南關外 商代 遺址에서 出土된 大口陶尊의 內口沿에서도 9種의 陶符가 발견되었다.

商代 이후의 陶符로는 東周 春秋時代 晋나라 遺址인 山西省侯馬에서 發掘된 陶豆의 豆般內外에 刻劃된 44種의 陶符가 발견되었다.22)

半坡陶符로부터 侯馬陶符에 이르기까지 共通點은 每陶器上에 筆劃上 橫·竪·交叉·方折 等의 差異는 있으나, 모두 한 개의 單獨符號로 刻劃되어 있는 점이다. 또한 半坡陶符로부터 侯馬陶符에 이르는 其間은 약 3,500年이나 되지만, 刻劃上 약간의 多劃性이 있는 것 외에는 具體的인 發展이나 큰 變化는 발견되지 않는다.

---

22) 高明 : ibid, pp.35~36.

王志俊은 數字類의 刻符를 仰韶文化(半坡) 刻符에서 색출하여 甲骨文과 金文에 비교하여, 「一, 五, 七, 八, 十, 卄, 卅」의 7字가 仰韶文化로부터 周代에 이르기까지 약 4,000년 간 그 字形이 계승되어왔음을 고증하였다. 그 字形을 비교하면 아래의 表와 같다.

楷書體	一	五	七	八	十	卄	卅
半坡陶文	一	×	+	八	|	||	|||
甲骨文	一	X	+	)(	|	∪	山
金文	一	X	+	)(	十	∪	

王氏는 또한 象形文字類의 仰韶文化 刻符中에서 「丰」의 刻等을 甲骨文의 「丰·丰·王」과 金文의 「王·丰」과 비교하여 「玉」字로 해석하고, 刻符의 「屮」는 甲骨文의 「屮」, 金文의 「屮」, 說文解字의 「屮」와 비교하여 「屮 > 艸 > 草」 字로 解釋하고, 刻符의 「巾」은 甲骨文의 「巾」, 金文의 「巾」, 說文의 「巾」과 비교하여 「巾」 곧 「佩巾」의 뜻으로 해석하고, 刻符의 「豕」는 甲骨文의 「豕·豕」와 金文의 「豕」와 비교하여 「豕」 곧 「猪」로 解釋하고, 刻符의 「瓜」는 說文의 「瓜」로 解釋하고, 刻符의 「羊」는 甲骨文의 「羊·羊」과 비교하여 「羊」字로 解釋하고, 刻符의 「阜·阜·阜·阜·阜·阜」등은 甲骨文의 「阜·阜·阜·阜·阜」와 金文偏旁字形의 「阜·阜·阜·阜·阜·阜」와 비교하여 「阜」字로 解釋하고, 刻符의 「市」은 金文의 「市」과 說文의 「市」과 비교하여 「市」곧 衣服의 原始形態로 해석하고, 刻符의 「𠃌·𠂆·𠃊·↑」 等은

單刺「矢」또는 雙刺「矛」의 象形字로 해석하였다.[23]

이상은 고증을 통하여 王志俊의「我們認爲仰韶文化的這批刻符已屬文字, 它就是古漢字的起源, 已有了基本固定的形·音·義, 和商周甲骨文, 金文屬一個系統卽象形文字系統. 從仰韶文化到商周文化約四千年之久, 中間雖有許多缺環, 但是甲骨文和金文直接從刻符中吸收了大量精華, 旣有表示數字的符號, 還有許多象形文字的符號. 可以這樣說 : 仰韶刻符和商周甲骨文, 金文是一脈相承的, 甲骨文, 金文是仰韶刻符的發展, 其中有仰韶文字深深的烙印.」[24]과 같이 仰韶文化刻符를 漢字의 起源으로 단정하고, 당시 이미 形·音·義 가 갖추어졌으며, 甲骨文과 金文은 곧 仰韶文化刻符의 發展으로 보았다.

그러나 王氏의 해석 중에는 약 2500년이라는 時間의 격차를 고려하지 않고, 陶符를 직접 甲骨文이나 金文에 對比시켜, 다만 形態의 近似性을 가지고 文字로 해석한 것은 신빙성이 부족하다고 생각된다.

仰韶文化 陶符에 대하여 高明은「繼仰韶文化以後, 分布在山東中部丘陵地帶和徐淮平原等地區的大汶口文化, 開始出現了較爲原始的漢字形體. 在屬于大汶口文化晩期的莒縣陵陽河遺址出土的灰陶缸上, 發現有四個早期漢字結構相似的圖畫符號, 其中兩個同于象形字, 其它兩個同于會意字. 它們雖形似圖畫, 幷且單獨刻在陶器的口沿附近, 但與上述的陶器花紋或刻劃符號性質, 完全不同, 而和文字有密關係, 與早

23) 王志俊 : ibid, pp.17~19. 王氏가「」의 刻符를「羊」字로 해석한데 대하여, 李孝定은 甲骨文의「」과 ≪說文≫ 古文의「」과 비교하여「嶽」字로 해석하였다.

24) 王志俊 : ibid, pp.19~20.

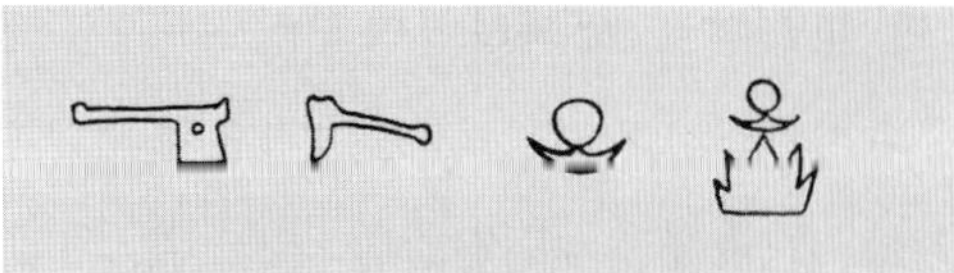

〈圖 18〉 大汶口文化 陶器文字

期漢字屬于同一體系」25)라 하여, 漢字의 起源을 仰韶文化期에 半坡陶刻에서 淵源하는 것을 부정하고,「大汶口文化」26)의 陶器口沿上에 刻劃된 4種 圖畫符號에서 漢字의 起源을 찾아, 다음과 같이 풀이하였다.

圖表上의 첫째「」의 符號는 甲骨文의「戉」字로 解釋하고 둘째「」의 符號는 甲骨文의「斤」자로 解釋하고, 셋째와 넷째 符號는 會意字로 보고, 셋째「」의 符號는「旦」字로 解釋하고 넷째「」의 符號는 于省吾의 解釋을 빌어「旵」의 字形으로 보고 原始「旦」字라고 풀이하였다.27)

李孝定은 唐蘭의 해석에 대하여 同感하면서도「「」之釋「斤」,「」之釋「武」, 是毫無疑問的.「」,「」兩字隸定爲「⿱炅山」和「炅」, 而且認爲它們是繁簡字的關係, 也是完全正確的, 但唐先生說「⿱炅山・炅兩字在商代已演化成「日」」, 又說 :「一個是⿱炅山字(音熱)」, 則是有待商榷的. ⿱炅山字是由日・火・山三個象形字所組成的會意字, 是毫無疑問的. 它的字義極可能和「熱」有關, 但無任何證據可以證明其音讀 唐先生也許認爲此字從日, 有 「赤聲」的可能, 但這並非必然. 至於說⿱炅山字到商

25) 高明 : ibid, p.39.

26) 「大汶口文化」는 1959年 山東省의 泰安 曲阜間의 大汶口에서 발굴된 新石器時代(C14 測定 : 5,800年±105年) 遺跡址에 의한 명칭으로 仰韶文化 이후, 龍山文化期 이전의 시대로 곧 小昊文化期에 해당한다. 地域은 山東省 黃河以南, 中部丘陵地帶와 徐淮平原 等地. 大汶口文化 晩期의 莒縣 陵陽河遺址에서 출토된 灰陶缸에서 4個圖畫符號가 발견된 것이 중요한 資料이다.

27) 高明 : ibid, pp.39~40.

代演化成日字, 可能性就更小了 文字發生, 象形必較會意爲早, 不可能先有會意的𡆧, 然後再變成象形的日, 這很可能是記者的誤記.」[28] 라고 異見을 제시하였다.

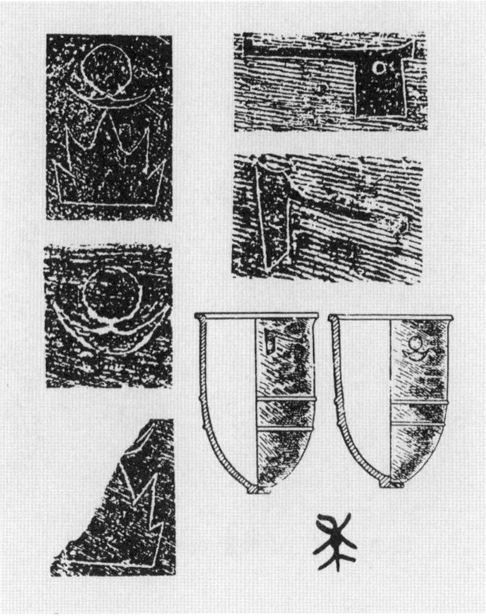

〈圖 19〉 大汶口出土 陶器圖象文字 拓本

邵望平도 唐蘭의 해석에 대하여「自從大汶口文化的陶文 重新問世以來, 考古界議論紛紛, 新說迭出, (中略) 四個刻文中, 兩個字無疑是斧, 鋤的象形字, 唐蘭先生釋此二字爲戌・斤. 那個象鋤的一字, 與在大汶口遺址採集到的一件鹿角鶴嘴鋤的形象, 十分相似. 另兩個字可能是反映日出的意符字, 唐先生釋爲炅(卽「熱」字)及其繁體 : 于省吾先生釋爲「旦」及其繁體 ; 我以釋「旦」爲是. 至於那個被視爲繁體的字, 或許是從「旦」的另一個字吧.」[29]라고 唐氏說에 대하여 역시 異見을 제시하였다.

이들과는 달리 陳國强은「只能看作是文字的起源和萌芽, 是「圖畫文字」, 還不是眞正的文字, 更不能用於文獻記錄, 自然沒有到達文明

28) 李孝定 : ibid, p.205.

29) 邵望平 :「遠古文明的火花 — 陶尊上的文字」(李孝定 : ibid, p.200)

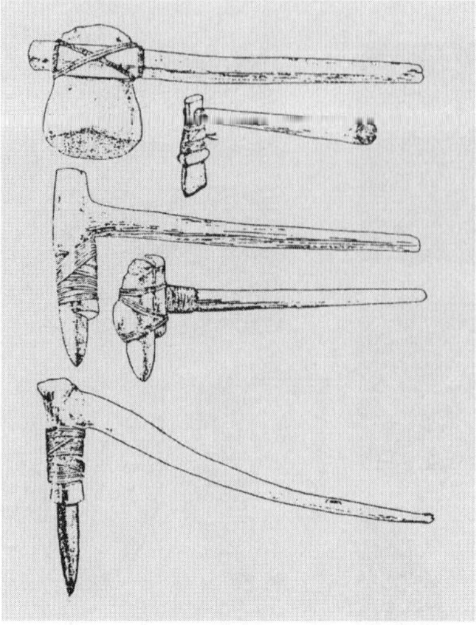

〈圖 20〉 石製工具裝置 復原圖

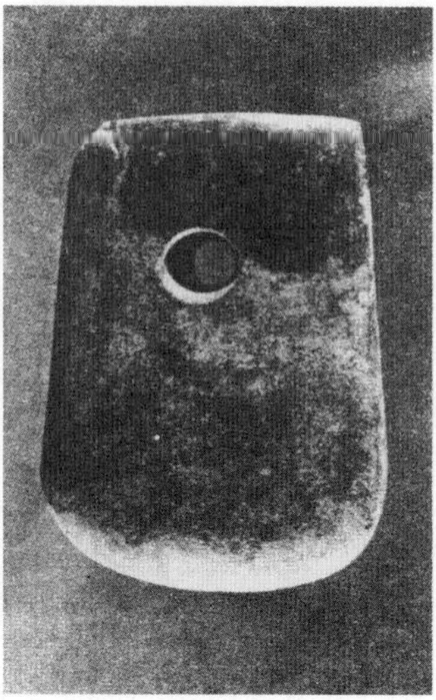

〈圖 21〉 有孔石斧(半坡遺址)

時代.」[30]라고 하였다.

大汶口 出土陶片上의 原刻符拓本과 이상의 諸說을 분석하여 볼 때, 筆者는 해석을 달리하게 되었다.

半坡陶刻符號나 城子崖陶刻符號에 비하여 大汶口陶刻符號가 高明의 「在屬于大汶口文化晩期的莒縣陵陽河遺址出土的灰陶缸上, 發現有四個早期漢字結構相似的圖畫符號.」라고 본 견해와 같이 「圖畫文字」의 起源으로 볼 만한 형태를 갖추고 있음은 사실이다.

그러나 大汶口文化도 鐵器 生產 이전의 新石器時代로서 아직 鐵器의 「戉」이나 「斤」의 형태가 製作되지도 않았는데, 「」·「」의 陶符에 대하여 唐蘭·高明·李孝定등이 「戉」자와 「斤」자

30) 李孝定 : ibid, pp.202~203.

로 해석한 것은 타당성이 부족하다. 中國科學院考古硏究所에서 발간한 考古學專刊 ≪西安半坡≫에도 石器로 된 「戊」이나 「斤」은 없고, 「石斧 · 石錛 · 石鋤」等이 있고, 그 復原圖가 上記 大汶口의 陶符와 매우 相似한데 굳이 「戊」과 「斤」자로 해석할 것이 아니라, 「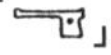」의 陶符는 「石斧」, 「」의 陶符는 原拓本으로 볼 때, 「石鋤」보다는 「石錛」의 형태에 近似함으로 「石錛」의 圖書文字로 보는 것이 合當하다고 생각된다.

다음으로 「」 · 「」의 兩 陶符에 대하여 唐蘭은 「炅」 · 「炅」字로 解釋하고, 李孝定도 이에 同調하고, 于省吾와 高明은 「𣅀」 · 「旦」字로 해석하고, 네 사람, 모두 前者는 後者의 繁體字 또는 原始字로 보았다. 唐蘭은 더욱 구체적으로 분석하여 前者는 「日 · 火 · 山」의 會意字이며, 字音은 「熱」이라 하고, 商代에 와서는 「日」자로 발전하였다고 언급하였다.

그러나 商代의 「日」자로 발전했다는 唐氏說에 대해서는 李孝定도 의문을 표시했으나, 「日 · 火 · 山」의 三字會意字로 본 것이 더욱 문제점이다.

이들 陶器上의 圖符는 단순히 사물 그 자체를 별 뜻 없이 刻劃한 것이 아니라, 어떠한 象徵的인 意味를 표시했다고 보아야 할 것이다. 「」(石斧)와 「」(石錛), 이는 權威나 勤勉의 象徵表示였다면, 「 · 」는 아마도 所願이나 希望의 象徵表示이었을 것이다. 그러므로 後代의 「炅 · 炅 · 𣅀 · 旦」等의 字形으로 억지로 연결시킬 것이 아니라, 다만 아침에 떠오르는 太陽의 밝은 빛처럼 所願成就나 希望을 祈願한 마음의 상징적인 표시로 해석해야 할 것이다. 「日」字나 「旦」字로 보려면 「」에서 「」의 형태로 되어야지 「」의 형

태로 簡化 되어서는 모순이다. 다시 말해서 「 」의 刻符를 분리해서 「火」字로 단정할 수 없다. 그저 아침에 떠오르는 日光의 상태라고도 볼 수 있다. 또한 「 」의 刻符는 甲骨文과 金文에서 「 · (旦)」,「 · · (莫)」等의 太陽이 出沒하는 상태를 나타낸 字形을 볼 때, 「山」의 표시라기보다는 나무수풀의 형태로도 볼 수 있다. 또한 비록 宋代에 만들어진 繪畫文字이지만 中國 雲南省 麗江一帶 변방민족의 「麽些文字」에서 달(月)을 「 」[31]의 형태로 나타낸 것을 참고할 때, 大汶口文化中 「 」의 刻符를 「日出」이 아니라, 「月出」로 볼 수도 있지 않을까 하는 의문이 든다.

(5) 結言

半坡陶符에 대하여 王志俊이나 李孝定은 몇 字를 甲骨文의 字形에까지 接近시키어 漢字의 본래 字形으로 보았으나, 漢字中에 數字를 표시한 指事字는 단순한 符號이기 때문에 陶符의 「一 · | · || · ||| · X · 十 · 八」 等이 數字 그 자체일 수도 있지만, 後代의 數字 字形과 우연히 일치할 수도 있다고 본다. 그 理由로서 甲骨文에서 縱劃의 「| · || · |||」의 字形은 「十 · 廿 · 卅」 곧 「10 · 20 · 30」을 뜻하고, 橫劃의 「一 · 二 · 三」은 「1 · 2 · 3」을 뜻하지만 陶符에서는 縱 · 橫劃의 엄격한 구별 없이 두 가지가 모두 「1 · 2 · 3」을 뜻한 것으로도 볼 수 있다.[32] 그러므로 記憶이나 區別을 위한 단순한 符號로도 볼

31) 謝雲飛 : ≪中國文字學通論≫. 1971, pp.4~42.

수 있는 것이다.

더구나 王志俊이 陶符中에 象形文字로 해석한 「玉·屮·巾·豕·瓜·羊·阜·市·矢·矛」等은 春秋戰國時代까지 이어지는 거의 동일 형태의 陶符로 볼 때, 漢字는 본래 繪畫·象形文字로부터 발달한 文字이기 때문에 우연한 일치의 類似形態에 불과했던 것으로 볼 수 있다. 或 그 刻符의 형태가 甲骨文이나 金文의 字形과 同一하더라도 그 字義가 일치했다고는 볼 수 없다. 왜냐하면 陶符는 그 刻劃의 目的이 어떠한 意味傳達에 있던 것이 아니라, 다만 자신의 所有物이라는 記憶이나 區別을 위한 단순한 표시에 불과했기 때문이다.

그러나 이러한 陶符들이 裝飾이나 美的인 감각을 위한 紋樣과는 다른 目的에서 刻劃된 符號라는 각도에서 볼 때, 文字의 萌芽나 起源으로 보는 것에는 異見이 없을 것이다. 筆者는 半坡陶器에 있어서 陶符보다는 幾何形圖案의 형태로 그려진 人面魚形이나 漁網紋樣에 대하여 오히려 文字 發達의 起源으로 본다.

세계 각지의 原始岩刻畵나 圖畫文字와 半坡陶紋의 人面魚形·漁網·魚紋 等을 비교하여 볼 때, 筆者의 推察로는 豊漁를 祈願하는 有意圖로서 「圖畫文字」에 속한다고 생각한다.

半坡陶文의 魚形中에서도 「」의 형태는 繪畫的인 표현에서 이미 甲骨文이나 金文中 「·」의 형태로 발전한, 다만 물고기의 뜻을 표현한 「圖畫文字」라고 볼 수 있다. 「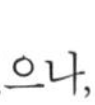」의 漁網 형태도 사

32) 왕지준은 「I·II·III」을 「十·卄·卅」으로 해석하였으나, 李孝定은 「一·二·三」으로 해석하였다.

실적인 漁網의 繪畫的인 묘사가 아니라 다만 그물의 뜻을 표현한 符號로서 역시 「圖畫文字」의 범주에 속한다. 羊을 「𐀀」의 형태로 표현한 것도 이미 「圖畫文字」의 성질을 띤 것이다.

그러므로 필자는 大汶口文化期의 陶符보다는 앞서 文字 形成의 단계로 진입한 「圖畫文字」는 仰韶文化期의 半坡遺址에서 발굴된 人面魚形圖를 비롯하여 象形性의 漁·網·鹿 등의 圖形에서 비롯된다고 생각한다. 따라서 大汶口文化期의 4個 陶符는 한 단계 더욱 발달한 「圖畫文字」로 보아야 한다.

따라서 漢字 곧 「東方文字」의 起源은 大汶口文化期에 앞선 약 6,000年前의 仰韶文化期의 半坡陶器上 陶刻符號와 象形性의 圖形에서 비롯된다고 結論을 내릴 수 있다. 끝으로 附言할 것은 「東方文字」의 主役은 南方系가 아니라, 北方系族이라는 사실이다. 그 중에서도 우리 韓民族의 先祖들이 主役이었다는 根據의 考證은 別稿로 미룬다.

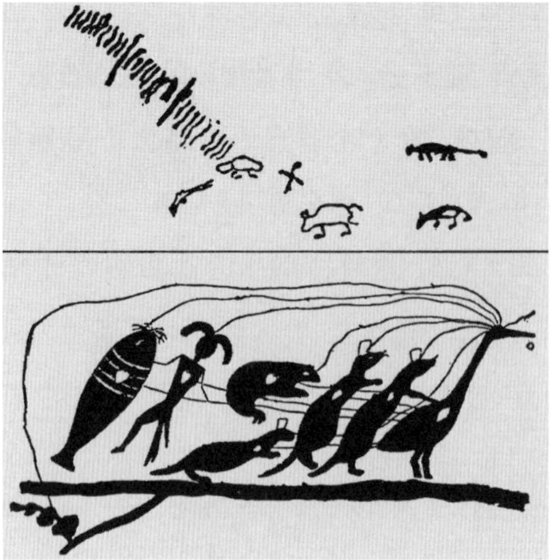

〈圖 22〉 上圖는 한 마리의 들소, 바다수달, 면양과 총으로 쏘아 잡은 30마리 海狸(비버)를 교환하자는 조건의 圖畫文字.
下圖는 7개 인디안 부락에서 미국대통령에게 보낸 圖畫文字편지. 인디안들이 五湖地區로 옮겨가는 것을 허락해 달라는 청구. 동물의 머리와 심장을 연결한 끈은 7개 부락의 사상과 감정이 일치했다는 뜻.

(蘇B.A伊斯. 特林:〈文字的産生化發展〉, 左少興 譯 北京大學出版社, 1987, 引用)

2

漢字에 대한 새로운 認識

(1) 漢字는 어떤 文字인가?

인류의 언어·문자 사용의 발달 과정을 나누어 보면, 有聲無言時代, 有言無文時代, 有言有文時代로 대별할 수 있다. 지구상의 인류가 사용하는 언어의 종류를 이미 死語가 된 것까지 종합하면 약 2,800종이나 된다고 한다. 물론 細別하면 훨씬 더 많다.

音聲言語가 언제부터 어떠한 방법으로 쓰였는지는 확실히 알 수 없으나, 하한선은 약 50만년 전으로 보고 있다. 인류가 音聲言語에 불편을 느껴, 그 단점인 시간과 공간의 제약성을 보완하여 有形符號를 매개체로 하여 文字言語인 글자를 만들어낸 역사는 그리 오래지 않다.

인류문화는 자신의 사상과 감정을 음성이라는 無形符號를 통

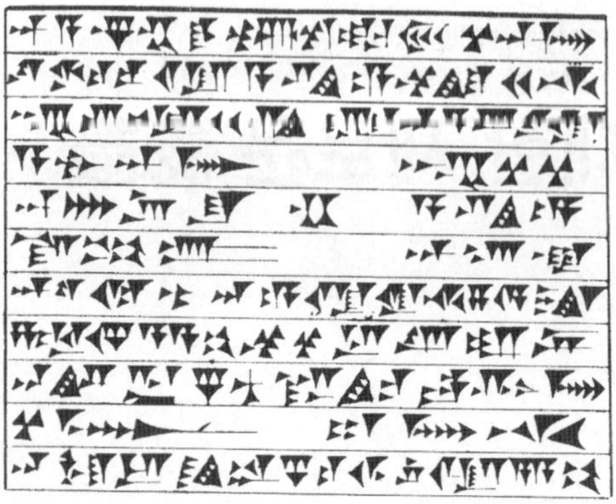
▲楔形文字

▲神聖文字

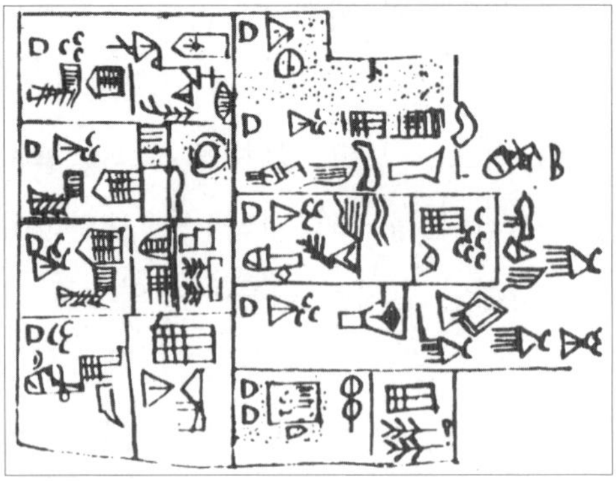
▲繪畫文字

하여 상대방에게 전달함으로써 형성되었겠으나, 사실상의 人類文化는 文字의 創制 사용으로부터 비롯되었다고 보아야 할 것이다. 곧 「文化」라는 말 자체가 문자를 가지고 화해 놓은 所產임을 뜻하고 있음에 불과하다.

그 동안 인류가 音聲言語를 유형화하여 문자로 창제해낸 수는 현재 사용하지 않는 것까지 합치면 약 200종이나 되지만, 현재 지구상에서 사용되는 문자의 수는 약 50종에 불과하다.

이들 문자 중 그 創出歷史가 오래 된 메소포타미아의 楔形文字(Cuneiform writing)·이집트의

神聖文字(Hieroglyphics)·東方의 象形文字 등 창제 역사가 대개 6000년 전후로 되어 있으며, 모두 初期에는 繪畵文字로서의 공통성을 가지고 있다.

오늘날 일반적으로 세계의 문자를 대별하여 表意文字와 表音文字로 구별하지만, 그것은 후대에 변천되어 쓰이는 현상을 기준으로 구별한 것이요, 文字 창제 당시를 기준으로 한 것이 아니다.

漢字를 일반적으로 象形文字라고 하지만, 현재 쓰이는 한자를 기준으로 분류하면, 한자는 이미 象形文字가 아니라, 表意文字이면서도 대부분의 한자는 表音化(江, 河 등의 形聲字)된 單語文字의 단계로 발전하여 쓰이고 있다.

각종 문자를 발전 단계별로 圖示하면 다음과 같다.

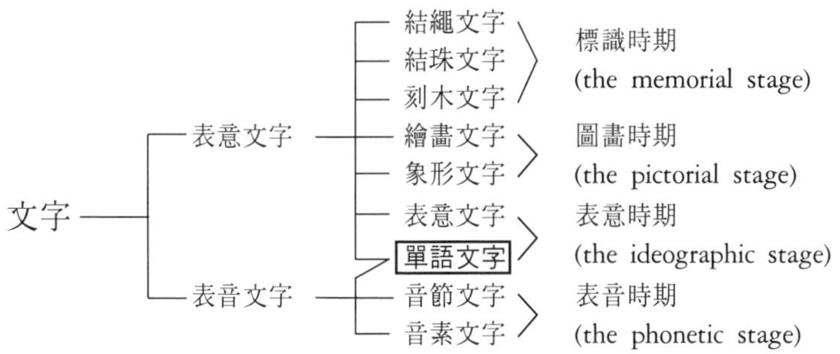

문자학의 범주를 나누면 크게는 인류가 창안한 문자 전체에 대한 연구를 지칭하겠으나, 여기서는 이른바 한자의 변천 발달에 대한 연구로 국한하여 서술하고자 한다.

(2) 漢字의 名稱 再考

일반적으로 한자는 中國 고유의 문자로서 우리가 借用하여 쓰는 文字로 認識하고 있다. 그렇다면 「漢字」라는 말부터 擧論할 필요가 있다. 「漢字」란 말 그대로 漢代의 문자 또는 漢族이 만들어 사용하는 문자라는 뜻이다. 그러나 漢字는 漢代 이전 이미 殷代로 소급된다. 근래 中國에서 출토된 자료에 의하면 이제는 殷代의 甲骨文字뿐만 아니라, 夏代의 문자와 약 6000년의 西安半坡仰韶文化遺跡地에서 발견된 有意陶文에까지 소급되어 언급되고 있는데, 한자가 마치 漢代에 창제된 漢族의 문자처럼 명명함은 크게 잘못되었음을 깨닫게 된다.

어떤 민족에 있어서도 문자 창제 이전에 音聲言語인 말이 먼저 존재하였음은 명백한 사실이다. 문자를 나타내는 우리말을 살펴보면 「글」이란 어휘가 있다. 그런데 이른바 한자에는 글에 해당하는 말에 「문자」가 있으나, 「文」은 許愼의 『說文解字』에 의하면 「錯畫也, 象交文」이라 하여 본래 「文」은 글자의 뜻과는 전연 관계 없는 곧 무늬라는 뜻일 뿐이고, 「字」는 「乳也」라 하여 곧 派生을 뜻할 뿐이요, 본래 글자의 뜻과는 무관하였다. 또한 「文」은 殷代의 甲骨文에 있지만, 「字」는 周代의 金文에서부터 나타난다. 顧炎武의 『日知錄』에 의하면 春秋時代 이전에는 문자의 뜻으로 「文」은 썼으나, 「字」는 말하지 않았다. 「字」를 문자의 뜻으로 사용한 것은 秦代의 呂不韋가 『呂氏春秋』를 저작하여 咸陽 성문에 걸어놓고 「有能增損一字者, 予千金」이라고 호언장담한 데서부터 시작되었다. 또한, 「文」과 「字」를 합성하여 오늘날 「文字」의 뜻으로 쓴 것은 秦始皇

冊小事簡牘聘禮記曰百名以上書於冊不及百名書於方古用竹木不用帛用帛葢起於秦秦時官獄職務緐初有隸書以趨約易始皇至以衡石量書決事此非以縑素代竹木不可許於此兼言帛者葢槩括秦以後言之

書者如也。

謂如其事物之狀也聿部曰書者著也謂昭明其事此云如也謂每一字皆如其物狀

㠯迄五帝三王之世。改易殊體。

迄當爲訖訖止也迄俗此等葢皆後人所改然漢碑多用迄或許不廢此字黃帝爲五帝之首自黃帝而顓頊高陽帝嚳高辛帝堯帝舜爲五帝夏禹商湯周文武爲三王其間文字之體更改非一不可枚舉傳於世者槩謂之倉頡古文不皆倉頡所作也

封于泰山者七十有二代。靡有同焉。

于當作於泰當作大封大山者七十二家見管子韓詩外傳司馬相如封禪文史記封禪書封禪書曰古者封泰山禪梁父者七十二家而夷吾所記者十有二焉無懷氏虙羲神農炎帝黃帝顓頊帝俈堯舜禹湯周成王也援神契曰三皇無文而無懷虙羲在五帝前曷云有文字乎五帝以前亦有記識而已非必成字黃帝以下乃各著其字故槩括之曰七十二代靡有同焉

十五卷上　三

周禮八歲入小學。

大戴禮保傳篇曰古者年八歲而出就外舍學小藝焉履小節焉束髮而就大學學大藝焉履大節焉盧景宣注曰外舍小學謂虎門師保之學也大學王宮之東者束髮謂成童白虎通曰八歲入小學十五入大學是也此大子之禮尚書大傳曰公卿之大子大夫元士嫡子年十三始入小學見小節而踐小義年二十而入大學見大節而踐大義此世子入學之期也又曰十五始入小學十八入大學謂諸子性晚成者至十五入小學其早成者十八入大學內則曰十年出就外傳居宿於外學書計者謂公卿以下教子於家也玉裁按食貨志曰八歲入小學學六甲五方書計之事白虎通曰八歲毀齒始有識知入學學書計許亦曰周禮八歲入小學皆是泛言教法非專指王大子內則六年教之數與方名已識字已知算矣至十歲乃就外傳講求六書之理九數之法故曰十年學書計與他家云八歲入小學異者所傳不同也周禮無八歲入小學之文因保氏併系之周禮

保氏教國子。先㠯六

▲許愼의 『說文解字』

28年(B.C. 219年)에 琅邪의 비석에 「同書文字」라고 刻字한 데서부터 시작되었다.

「文」과 「字」가 문자의 뜻으로 사용되기 이전에는 「書」, 「名」 등이 문자의 뜻으로 쓰였다. 그러나 『說文解字』에 「書, 著也」, 「名, 自命也」라고 풀이한 것을 보아도 문자를 처음 나타낸 말이 될 수 없음을 알 수 있다.

이른바 한자중에 오늘날 문자의 뜻으로 초기에 표시한 글자는 「㓞」 곧 「契」임을 알 수 있다. 說文에 契는 「大約也」라 하였으나, 契의 본래 자형은 「㓞」로 보아야 할 것이다. 契는 곧 說文에 「刻也」라 하였듯이 자형 그대로 나무에 칼로 「丯」와 같은 형태로 새긴 것이다. 문자의 발생은 필요에 따른 산물이라고 생각할 때, 개인 자신의 助記憶의 필요보다는 쌍방간의 약속 곧 契約의 필요에서 만들어졌을 것이다. 그러므로 「㓞」는 곧 약속의 방법을 有形的인 부호로 나타낸 것이며, 뒤에 「㓞」의 자형이 「栔」의 형태로 바뀐 것은 나무판(木)에 칼(刀)로 「丯」의 형태로 새긴 것을 더 구체적으로 나타낸 것이다. 다시 「栔 → 契」의 형태로 바뀐 것은 이러한 약속은 「大約」 곧 큰 약속을 나타낸다는 뜻에서 「木」이 「大」로 바뀐 것이다. 契는 『廣韻』에 「苦計切」·「苦結切」로 되어 있고, 『集韻』에 「欺訖切」로 되어 있다. 그러므로 契에는 「계」라는 音 외에 「글」이라는 音이 있다. 이렇게 소급하고 보면, 우리말의 「글」은 곧 「契」자의 音임을 알 수 있다.

여기서 중요한 것은 이른바 漢字, 곧 東方文字의 최초의 명칭인 「글(契)」이라는 말이 東方 여러 민족 중에서도 우리 韓民族만이 유구한 역사를 거쳐 오늘날까지 소유하고 있다는 사실이다. 어떤 민족이고, 문자 이전에 말이 먼저 존재하였다는 것은 명백한 사실이니, 그 말을 가지고 있는 민족이 그 문자를 만들었을 것임도 의문의 여지가 없다면 「글」이라는 말을 「契」이라는 문자로 나타낸 민족이 누구일 것인가? 결코 漢族이라고 할 수 없다. 바로 우리 韓民族인 것이다.

그러므로 우리는 하루속히 이른바 漢字를 中國에서 借用하여다 쓴다고 생각하는 잘못된 意識을 버리고, 우리의 이른 조상들이 만든 古文字를 쓸 뿐이라고 생각하여야 한다. 따라서 절대로 漢字라고 칭하여도 안 된다. 漢字라고 칭하면 언제까지나 借用文字라는 의식을 탈피할 수 없으며, 이에 따른 여러 가지 부작용도 제거할 수 없게 된다.

그렇다면 어떻게 칭하여야 올바른 명칭이 될 것인가? 우리 민족은 고대로부터 韓族이라고 칭하여 왔고, 문자의 본래 우리말은 글(契)이니, 마땅히 「韓契」 곧 「한글」이라고 칭하여야 한다. 그러나 근래 訓民正音을 「한글」이라고 칭함으로써 의미의 차이는 있으나, 중복되므로 이른바 漢字는 「古韓契」이라고 칭하는 것이 합당할 것이다. 따라서 우리는 表意文字의 가장 이상적인 「古韓契」과 表音文字 중 가장 발달된 「新韓契」인 「한글」을 가지고 있으므로 이 兩種文字의 장점만을 잘 이용하여 쓴다면 文字 活用面에 있어서 最理想國이라고 자랑할 수 있다.

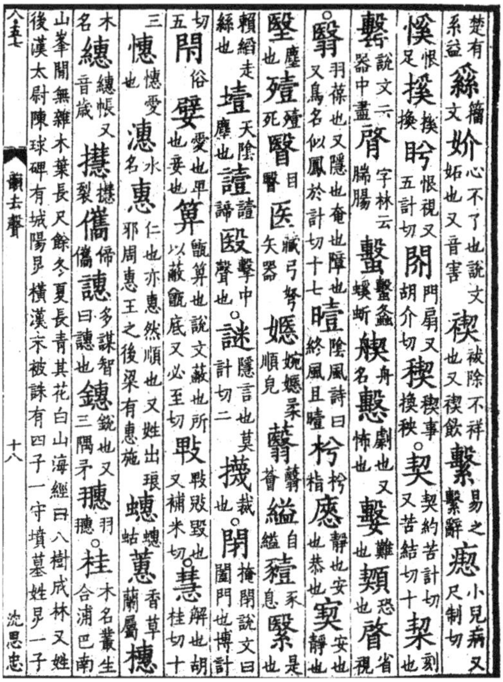

▲ 陳彭年의 『廣韻』

여기서 강조하여 둘 것은 한자를 무조건 借用文字라고 蛇蝎視하여, 몇 천 년간 우리 문화의 기반을 이루어 온 古韓契을 버리고, 한글 專用을 하자고 외쳐서는 오히려 우리의 문자생활을 퇴보시킨다는 사실을 인식해야 한다.

(3) 表意文字와 表音文字의 差異點

일반적으로 表意文字의 과정을 거쳐서 表音文字로 발달하였다고 보지만, 처음부터 우리 한글처럼 표음문자로 창제된 문자도 있다.

표의문자와 표음문자의 차이점은 形의 簡繁, 字數의 多少, 學習의 難易 등 여러 가지가 있겠으나, 근본적인 차이점으로는 표의문자는 매자마다 形·音·義의 3요소를 갖추고 있는 데 대하여, 표음문자는 形·音의 2요소만을 가지고 있을 뿐, 義의 要素를 갖추지 않고 있다는 것이다. 예를 들면 表意文字인 「天」字는 그 形과 더불어 「천」이라는 音과 「하늘」이라는 義를 구비하고 있어서, 이 중 어느 한 가지만이라도 익히지 않거나, 틀리게 알아서는 文字로서의 구실을 할 수 없게 된다. 이에 대하여 표음문자인 「ㄱ」자나 「k」자는 形과 音만을 가지고 있을 뿐, 아무런 義를 지니고 있지 않기 때문에 表意文字처럼 義를 익힐 필요가 없다.

그러므로 두 문자의 장단점을 학습면 만으로 비교한다면, 形·音·義의 三要素를 구비하고 있는 表意文字는 학습하기 어렵고, 形·音의 二要素만을 구비하고 있는 表音文字는 학습하기 쉬운 것은 확연한 사실이다. 더구나 形의 다소를 비교한다면 古韓契(漢字)의 자수는 死字까지 합쳐서 약 60,000字로 추산하고 있고, 常用漢字도 약 4,000字나 되지만, 한글은 불과 40字(한글을 24字라고 계산하는 것은 잘못된 것임)이니, 자형의 학습만을 비교한다면 難易度의 차이는 말할 수 없이 크다.

그러나 문자는 학습면 만으로 그치는 것이 아니라, 더욱 중요한 것은 活用面이다. 문자의 활용에는 時間性과 空間性을 중요시해야 하는데, 表意文字는 시간과 공간의 制約을 적게 받는 데 대하여, 表音文字는 制約을 많이 받는다. 예를 들면 古韓契(漢字)은 약 3,400년 이전 殷代의 甲骨文字도 오늘날 해독할 수 있는데, 表音文字인 英字는 불과 400년 미만의 셰익스피어의 原作品들을 해독하기 어려운 정도다. 그러므로 표음문자로써 된 서적이 몇 천 년 경과한다고 하면 얼마나 해독이 가능할 것인지 의문이다. 또한 空間性에 있어서도 中國의 예를 들면, 방언의 차이가 심해서 音聲言語로는 심지어 「밥먹다」라는 말도 통하지 않지만, 表意文字인 中國文字로는 어디에서도 능히 통할 수 있다.

이처럼 문자의 활용면에서 비교하여 보면, 表意文字와 表音文字의 장단점은 뒤바뀌게 된다. 그러므로 文字 자체에 있어서는 長點만을 갖춘 문자도 없고 短點만을 가지는 문자도 없다. 학습면만을 보고 表音文字가 우수하다고 주장하는 것은 모두 편견이다. 결론적으로 말해서 어떤 문자도 理想的인 문자는 없으며, 일장일단이 있을 뿐이다.

이와 같이 문자 자체의 이상적인 문자는 없으나, 그 활용면에서 문자의 理想國은 있을 수 있는데, 그러한 나라가 세계에서도 바로 우리 韓國이라는 사실을 인식해야 한다. 곧 필요에 따라 한글만으로 써야 할 때는 한글로 쓰고, 한글과 古韓契을 善用(國漢文混用이라는 말은 잘못된 것임)해야 할 때는 선용해서 쓴다면, 양종文字의 장점만을 취해서 쓰는 결과가 되어 문자 활용의 理想國이 되는 것이다.

문자 활용의 여건이 우리와 비슷한 나라에 日本이 있기는 하지만, 日本의 「假名」 문자는 音節文字일 뿐 아니라, 「假名」만으로는 문자의 구실을 할 수 없고, 반드시 漢字와 混用해야 하는 불완전한 문자이기 때문에, 따라서 우리 韓國은 문자의 이상국 중에서도 最理想國이라고 말할 수 있다.

表意文字와 表音文字의 장단점과 문자 활용여건의 理想國을 圖示하면 다음과 같다.

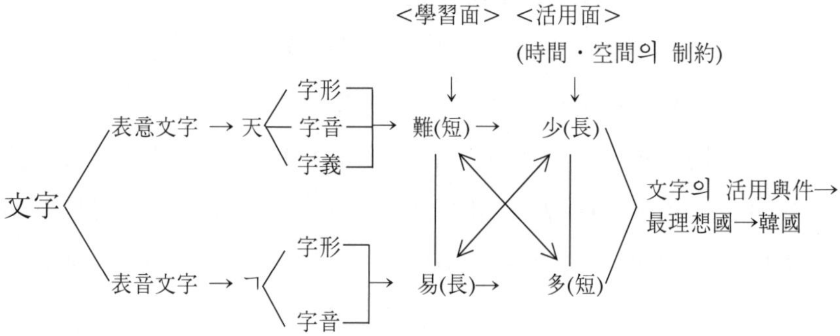

(4) 漢字의 特性과 學習方法

漢字(古韓契)는 전술한 바와 같이 매자마다 形・音・義를 갖추고 있다. 古韓契이 비록 이른 시기에 우리 민족이 만들었을지라도 그 사용과정에 있어서 中國의 專用化가 되었고, 韓國이나 日本은 借用의 文字로 쓰여 왔다. 이에 따라 中國은 언어 자체도 변질되었다. 다시 말해서 세계 언어의 발달 과정으로 볼 때, 中國語도 본래는 多音節語이었겠으나, 매자마다 形·音·義를 갖춘 方塊字의 발생으로 인하여 單音節語로 바뀐 것이다. 어느 민족의 말도 모든 語彙가 單音節일 수는 없다. 어휘에 따라 1音節, 2音節, 3音節 등 參差不一의 音節로 이루어지는 것이 언어 발달의 자연한 이치일 것이다. 그러므로 오늘날 中國語는 漢字 사용 이전의 언어와는 다르다고 볼 수 있다. 漢字는 매자마다 4聲이 구별되어 있지만, 이것도 후대에 인위적으로 聲調를 더한 것이다. 中國의 국어인 白話가 다시 多音節語化하고 있음도 文語인 單音節語가 언어 발달의 자연적인 순리에 따르고 있음을 말해 주는 것이다. 예를 들면 文語에서 「天空」은 「하늘이 비다」이고, 「月亮」은 「달이 밝다」이지만, 白話에서는 「天空」이 곧 「하늘」이고 「月亮」이 곧 「달」이다.

이와 같이 동일한 漢字가 專用國인 中國과 借用國이 되어 버린 韓國이나 日本에서 사용되는 形·音·義·語順·語形 등이 달라지게 되었다. 따라서 문자를 학습하는 데 있어서도 그 방법이 다르다.

中國에서는 먼저 말을 알고 문자를 익히기 때문에 대체로 字形만을 학습하면 되지만, 韓國이나 日本에서는 자마다 訓音이 있듯이 먼저 字義·字音과 더불어 字形을 익혀야 한다. 그러므로 오늘날에 있어서는 中國人들이 漢字를 배우는 것과 韓國人들이나 日本人들이 배우는 것과는 노력의 차이가 크게 다르다.

中國에서는 漢字의 字形에 대하여 연구하는 학문을 文字學이라 칭하고, 字音에 대하여 연구하는 학문을 聲韻學이라 칭하고, 字義에 대하여 연구하는 학문을 訓詁學이라 칭한다.

西漢 이래 民國 이전까지 字形·字音·字義를 익히는 학문을

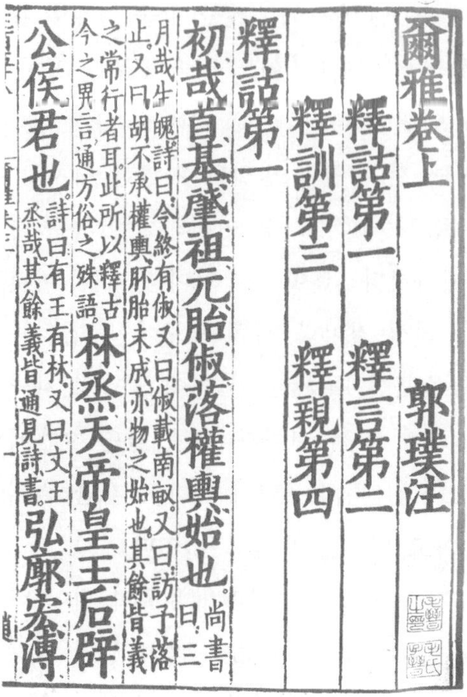

爾雅卷上　郭璞注

釋詁第一　釋言第二

釋訓第三　釋親第四

釋詁第一

初哉首基肇祖元胎俶落權輿始也尚書曰三月哉生魄詩曰令終有俶又曰俶載南畝又曰訪予落止又曰胡不承權輿胚胎未成亦物之始也其餘皆義之常行者耳此所以釋古今之異言通方俗之殊語林烝天帝皇王后辟公侯君也詩曰有王有林又曰文王烝哉其餘義皆通見詩書弘廓宏溥

▲ 郭璞 注의『爾雅』

통틀어 小學이라 칭하였다. 그 이유는 8세가 되면 小學에 입학하여 六書를 익혔다는 데서 淵源한 것이다. 民國時代에 이르러 章太炎은 小學이라는 명칭의 부당성을 지적하고, 章氏의 弟子인 錢玄同과 朱宗萊가 文字學이라는 著書를 출간하면서부터 文字學이라는 명칭이 생기게 되었다. 文字學의 명칭에는 字形만을 연구하는 협의의 의미도 있고, 文字學·聲韻學·訓詁學을 合稱하는 광의의 의미도 있다.

字形을 연구하는 文字學의 기본 서적으로는 東漢의 許愼이 지은『說文解字』를 들 수 있다.『說文解字』는 A.D.100년경에 저작되고, 여기에 9,353字가 小篆體로 수록되어 있다. 字形의 正·俗과 유래를 소급하여 본래의 字形이 무엇인가를 연구하려면 반드시『說文解字』를 보아야 한다. 清代에 와서 段玉裁가 상세히 註를 붙여 놓았기 때문에 字形의 본래 형태를 잘 알 수 있으나, 근래 발견한 甲骨文字의 형태를 참고하지 못하였기 때문에 어떤 것은 불합리하게 字形의 구성을 풀이한 것도 있다.

字音을 연구하는 聲韻學 또는 音韻學의 기본 서적으로는 『廣韻』을 들 수 있다. 이 책은 北宋時代 陳彭年·邱雍이 편한 韻書로서 매자마다 反切音이 표시되어 있고, 36字母와 4聲에 의하여 분류하였다. 『廣韻』은 孫愐의 『唐韻』에 근거하고, 『唐韻』은 隋나라 陸法言이 편한 『切韻』에 근거하였으므로 隋·唐時代의 音韻까지 소급하여 볼 수 있는 韻書이다. 정확한 字音을 연구하려면 반드시 『廣韻』을 기초로 하여 후대의 각종 韻書를 비교하고 고증하여야 한다. 우리 나라에서 사용하는 古韓契의 音韻은 中國 고대의 음운이 아니라, 훨씬 후대의 切韻系 音韻이 들어와 韓漢音으로 정착되었기 때문에 자음이야말로 借用音임을 알 수 있다.

字義를 연구하는 訓詁學의 기본 서적으로는 『爾雅』를 들 수 있다. 『爾雅』의 저자는 周公이라고 전하지만 확실치 않으며, 歐陽修의 고증에 의하면 秦漢 사이에 이루어진 것으로 본다. 漢武帝 시대에 이미 『爾雅注』라는 책이 있었으니, 『爾雅』가 漢武帝 이전에 이루어진 것은 확실하다. 漢字는 多字一義 또는 一字多義의 문자로서 古今異義 또는 方國異訓의 현상이 복잡하기 때문에 『爾雅』를 기본으로 하여 訓詁學을 하지 않으면 올바른 해석을 할 수 없다.

그런데 종래 우리 나라에서는 小學 곧 文字學을 깊이 연구하지 않고, 蒙學書로서 『千字文』, 『訓蒙字會』, 『童蒙先習』, 『明心寶鑑』 등만을 익히고 곧바로 經學을 공부하였기 때문에 적극적인 학문의 발달을 이룰 수 없었다.

(5) 漢字의 造字方法과 過程

『說文解字』에 실려 있는 9,353자를 분류한 것에 의하면, 象形과 指事字 곧 獨體字는 불과 489字이다.

그러나 漢字(古韓契)는 繪畵文字에서부터 발달하였으므로 먼저 사물의 外形을 그리는 데서 곧 依類象形에서 출발하였을 것이다. 依類象形에서도 먼저 象具體之形, 곧 구체적인 모양을 본뜬 문자가 만들어지고, 그 다음 象抽象之形, 곧 추상적인 모양을 본뜬 문자가 만들어졌을 것이다.

예를 들면 인간이 생활하는 데 가장 큰 영향을 미쳤던 해와 달을 有形符號로 표시함에 있어서, 우선 그 외형을 그렸을 것이다. 그리하여 해를 「Θ」로, 달을 「☽」로 그린 것은 매우 자연스러운 造字方法이다.

그러나 구체적인 형태를 가진 것은 象具體之形이 가능하지만, 구체적인 형태를 갖지 못한 추상적인 것에 대해서는 간단한 부호로 표시할 수밖에 없었다. 예를 들면 一, 二, 三의 數字나 上(⊥) 下(⊤)와 같이 象抽象之形의 造字方法이다.

象具體之形의 방법으로 만들어진 자형을 象形字라고 하고, 象抽象之形의 방법으로 만들어진 자형을 指事字라 하지만, 수많은 事物을 이와 같은 방법으로만은 造字할 수 없었다. 그래서 제2차의 造字 방법을 창출해낸 것이 곧 이미 만들어진 依類象形의 글자들을 합쳐서 만든 形形相益의 造字方法이다.

形聲相益의 자형도 둘로 나눌 수 있다. 먼저 形形相益의 方法을 취하고, 다음으로 形聲相益의 方法을 취하였다.

예를 들면 形形相益의 字形으로서는 形符「人」과 形符「言」을 합쳐서 造字한「信」이나, 形符「衣」와 形符「刀」를 합쳐서 造字한「初」곧 會意字이며, 形聲相益의 字形으로서는 形符「水」와 聲符「工」을 합쳐서 造字한「江」이나, 形符「金」과 聲符「同」을 합쳐서 造字한「銅」자가 形聲字이다.

依類象形의 방법으로 만들어진 글자를「文」이라 칭하고, 形聲相益의 방법으로 만들어진 글자를「字」라고 칭하며, 前者를「獨體」라 하고, 後者를「合體」라고 한다.

造字의 방법으로서는 獨體의 文인 象形字와 指事字, 合體의 字인 會意字와 形聲字 등 4종의 자형으로서 끝나지만, 用字의 방법으로서 轉注字와 假借字가 있다.

轉注字의 해석에 대해서는 區區不一하지만, 서로 자음이 비슷하고 자의가 동일하면서, 자형이 다른 글자를 통용하는 방법을 轉注라 칭한다. 예를 들면「考」와「老」를 疊韻으로서 字音이 비슷하고, 字義가 같지만 字形이 다르다. 그리하여『說文解字』에「轉注者, 建類一首, 同意相受, 考老是也」라 定義하여 놓았으나, 지금까지 그 풀이가 구구불일하다. 또한『說文』에「老, 考也, 从人毛匕」라 하고,「考, 老也, 从老省, 丂聲」이라 하여 轉注字로서 用字의 방법을 설명하였다. 이 밖에 廣義의 轉注字로서「初·哉·首·基·肇·祖·元·胎·俶·落·權輿」등이「始」와 같은 뜻으로 쓰이는 예를 들 수 있다.

假借字는『說文解字』에「假借字, 本無其字, 依聲託事」라고 定義한 바와 같이 音聲言語를 문자로 기록하던 시기에, 말은 있지만 미처 문자를 만들지 못하여 同音字로써 대신했던 用字의 방법이다.

예를 들면 「令」의 본의는 「發號施令」의 뜻이지만, 萬戶 이하의 縣에 縣令의 官職名으로도 假借되고, 「長」의 本義는 「久遠」의 뜻이지만, 萬戶 이상의 縣에 縣長의 官職名으로도 假借되어 쓰인 것이다.

또한 오늘날 中國에서 外來語를 借音表記하는 예로서 코카콜라를 「可口可樂」, 비타민을 「維他命」으로 표기하는 것도 假借의 用法이다.

이상의 造字法을 「六書」라고 칭한다. 요약해서 圖示하면 다음과 같다.

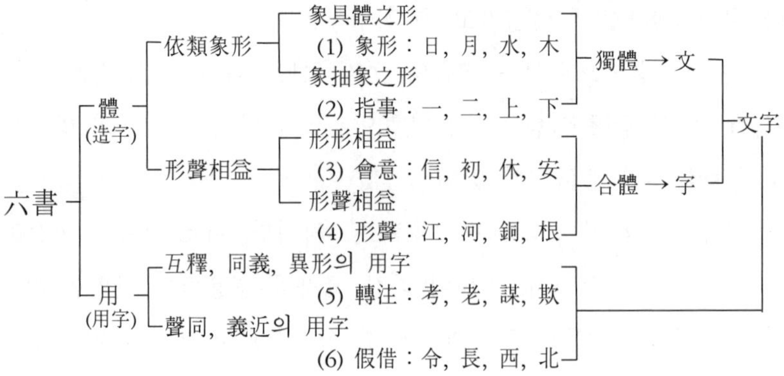

Ⅱ

漢字의 變遷

1. 漢字 書體의 變遷

2. 中國 簡化字의 硏究와 受用

1

漢字 書體의 變遷

오늘날 일반적으로 漢字의 字形은 韓國뿐 아니라, 中國·日本 등에서도 楷書體를 標準字形으로 사용하고 있다.

그러나 漢字의 字形이 처음부터 楷書體로 쓰였던 것이 아니라, 여러 가지 字體의 변천과정을 거쳐서 오늘의 楷書體로 정착된 것이다.

漢字의 字形은 본래 繪畵性의 圖畵文字로부터 출발하였으나 점점 象形性을 탈피하여 點과 畫으로써 表意的인 符號로 발전하여 오늘의 表意文字로 정착된 것이다.

다시 말해서 오늘날 우리들이 일반적으로 쓰고 있는 楷書體의 字形은 이미 象形文字가 아니라, 表意性의 約束符號로서 形·音·義를 각각 기억해야 하는 表意文字인 것이다. 또한 대부분의 漢字

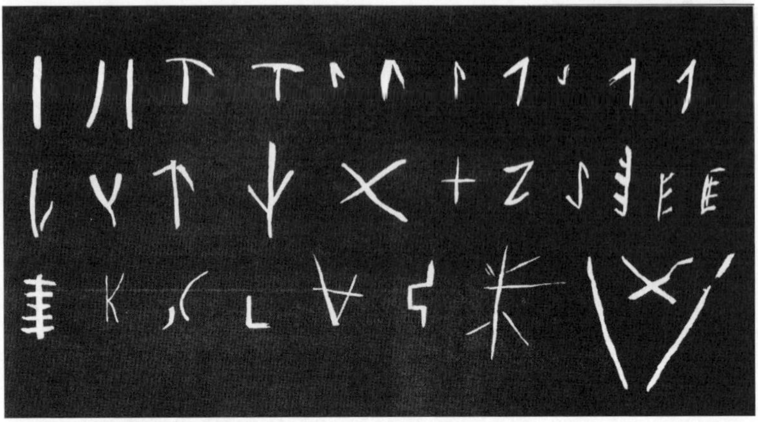

▲ 西安 半坡遺跡址의 陶符

는 表意文字에서 진일보하여 表音化한 單語文字[33]로 구성되어 쓰이고 있어 表語文字라고 말할 수 있다.

이처럼 漢字는 古代로부터 오늘에 이르기까지 字形이 크게 변하였으나, 每字의 形符 또는 聲符를 자세히 고찰하여 보면, 아직도 본래의 象形性을 엿볼 수는 있다.

그러므로 漢字의 字形 變遷을 역사적으로 고찰하는 것은 字源을 이해하는데 매우 중요한 구실을 한다.

甲骨文이 발견되기 이전에 文字의 연원에 대해서는 끈을 매듭지어 어떤 사실을 나타냈던 結繩의 방법, 나무에 칼로 어떤 표시를 하여 반씩 나누어 가졌다가 뒤에 맞추어 부합되면 약속을 이행하였던 書契(서글) 곧 刻木의 방법, 伏羲氏시대에 만들어졌다고 하는 八卦, 黃河 洛水에서 나왔다는 河圖와 洛書 등을 들어 왔다.

---

33) 漢字를 지금도 象形文字라고 일컫고 있으나, 오늘날 쓰이고 있는 漢字를 중심으로 보면, 漢字는 表意文字로서 表音化된 單語文字(表語文字)라고 칭해야 마땅하다.

또한 黃帝時代 史官인 倉頡이 새와 짐승들의 발자국을 보고 文字를 만들었다는 기록이 전하고 있으나[34], 아직까지 믿을만한 근거를 찾지 못하고 있다.

1954년부터 1957년에 걸쳐 발굴된 약 6,000년전의 母系氏族 社會時期의 仰韶文化期로서 西安 半坡遺跡址에서 수집된 陶器上의 有意符號인 陶符를 東方文字의 起源으로 보는 것이 현재로서는 가장 과학적인 근거와 타당성이 있다.[35]

그러나 바로 이 陶符가 발전하여 殷代의 甲骨文을 창출하였다고는 보기 어렵다. 다시 말해서 陶符는 單獨으로 표시된 有意符號로서 文字 創制의 起源은 될 수 있으나, 甲骨文처럼 字形을 갖추어 사람의 생각과 느낌을 전달하는 文字로서의 구실은 하지 못하였다.

지금까지 발굴 조사된 甲骨文에 의하면, 그 字形이 놀라울 정도로 精緻하고, 이미 形聲字로까지 발전하여 쓰인 것을 볼 수 있다. 이로써 甲骨文 이전에 시대적으로 상당히 소급하여 어떠한 文字가 있었음은 의문의 여지가 없으나, 아직까지 발견된 바 없기 때문에 半坡陶符와 甲骨文 사이의 약 2500년 동안 文字空白期의 某種文字의 발굴을 기대하지 않을 수 없다.

---

34) 『說文解字』敍의 "黃帝之史倉頡, 見鳥獸蹏迒之迹, 知分離之可相別異也. 初造書契." 에 근거하여 일반적으로 倉頡이 처음으로 漢字를 만든 것으로 알고 있으나, 『荀子』 解蔽篇에 "好書者衆矣, 而倉頡獨傳者壹也."라고 언급한 바와 같이 倉頡은 처음으로 漢字를 정리수집한 사람으로 보아야 마땅할 것이다.

35) 陳泰夏 : 「西安半坡陶符와 東方文字의 起源」, 書通 제37호(1993), 東方硏書會 참고

漢字 書體 變遷表

時代	書體名	貝	鳥	魚	馬	龍	長
殷	甲骨文	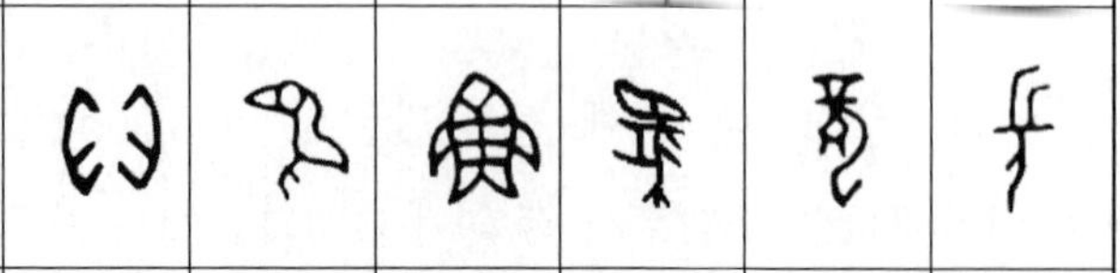					
周	金文	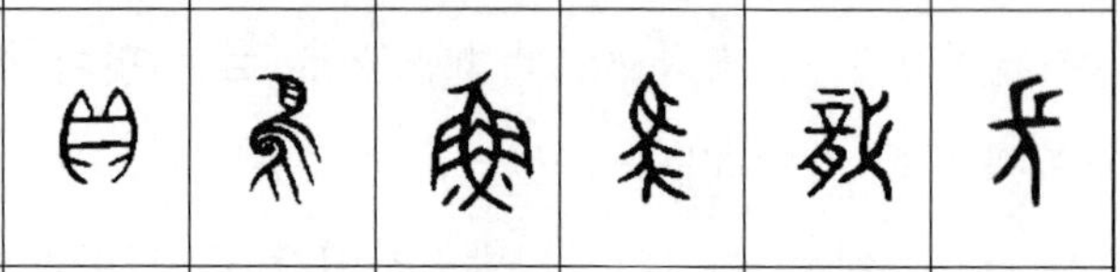					
秦	小篆						
	隸書	貝	鳥	魚	馬	龍	長
漢・六朝	楷書	貝	鳥	魚	馬	龍	長
	行書	貝	鳥	魚	馬	龍	長
	草書	貝	鳥	魚	馬	龍	長
現代	簡體字	贝	鸟	鱼	马	龙	长

(1) 甲骨文

현재로서는 甲骨文을 人類 四大文明 발상지의 하나인 黃河文明이 낳은 最高의 東方文字라고 할 수 있다.

甲骨文은 淸나라 光緖25年(1899) 이전에, 商代 후기의 도읍지였던 殷墟 곧 지금의 河南省 安陽縣 小屯村의 洹河변 남쪽 밭에서 출토된 것이다.

甲骨文은 商나라가 멸망한 뒤 땅속에 묻히어 역사의 기록으로부터 자취를 감추었던 것인데, 100여년전에 자연적으로 출토되어 농민들이 甲骨片을 습득하여 龍骨로 잘못 알고 藥材商에 팔았던 것이다.

1899年(光緖 25年) 北京에 살고 있던 金石學者인 王懿榮[36]이 병을 고치기 위하여 北京 宣武門 밖에 있는 達仁堂이라는 漢藥房에서 약을 지어 왔는데, 그 가운데 이상한 뼈에 글씨가 새겨져 조사해 본 결과, 곧 殷代의 甲骨文이라는 것을 처음으로 발견하여 學界에 알려지게 된 것이다.

甲骨文은 甲骨學者인 董作賓의 연구결과 殷나라 全時代에 걸쳐 사용된 것이 아니라, 20代 盤庚이 遷都한 시기(B.C 1384)로부터 마지막 왕인 31代 帝辛 때 殷나라가 멸망하기까지(B.C 1112)의 273년 동안 사용된 文字이다.

甲骨文이란 명칭은 龜甲獸骨文 곧 거북의 주로 腹甲과 소의 어

---

36) 王懿榮은 당시 國子監祭酒(국립대학의 교장)의 직위에 있으면서 金石學의 전문가였다. 골동품상을 통하여 1,000여편의 甲骨片을 구입하여 연구 중, 1900년 西歐 8國의 聯合軍이 北京을 침입하여 自殺殉職함.

▲ 거북의 腹甲에 새긴 갑골문

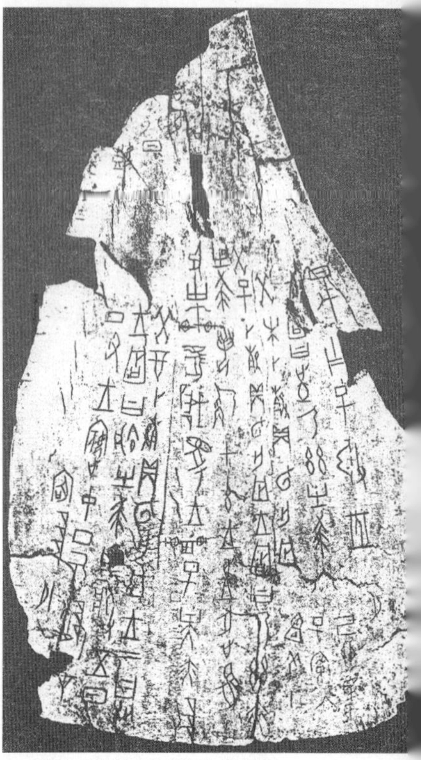

▲ 소의 어깨뼈에 새긴 갑골문

깨뼈에 새겨진 文字라 하여 이 文字가 발견된 뒤에 붙여진 명칭이다. 또는 殷墟書契, 殷契, 契文, 甲文, 殷墟文字라고도 칭하고 또한 占을 쳤던 文字라 하여 貞卜文字, 卜辭文字, 甲骨卜辭라고도 칭한다.

최초로 甲骨片을 탁본하여 출간한 책으로는 劉鶚의 『鐵雲藏龜』(1903)가 있다. 그 뒤 羅振玉의 『殷墟書契』(1912), 『殷墟書契菁華』(1914), 董作賓의 『小屯殷墟文字甲編』(1948), 中國社會科學院 考古硏究所의 『小屯南地甲骨』(1981) 등 많은 자료집이 출간되었다.

최초의 甲骨文 연구저서로는 孫詒讓의 『契文擧例』(1904), 羅振玉의 『殷墟商貞卜文字考』(1910), 郭沫若의 『甲骨文字硏究』

(1931), 唐蘭의 『殷墟文字記』(1934), 李孝定의 『甲骨文字集釋』(1965), 徐中舒의 『甲骨文字典』(1988) 등 많은 연구저서가 출간되었다.

殷代 甲骨文이 쓰였던 시대를 董作賓의 연구에 의하여 5期로 나누면 다음과 같다.

第1期 : 盤庚, 小辛, 小乙, 武丁(2世4王)

第2期 : 祖庚, 祖甲(1世2王)

第3期 : 廩辛, 康丁(1世2王)

第4期 : 武乙, 文丁(2世2王)

第5期 : 帝乙, 帝辛(2世2王)

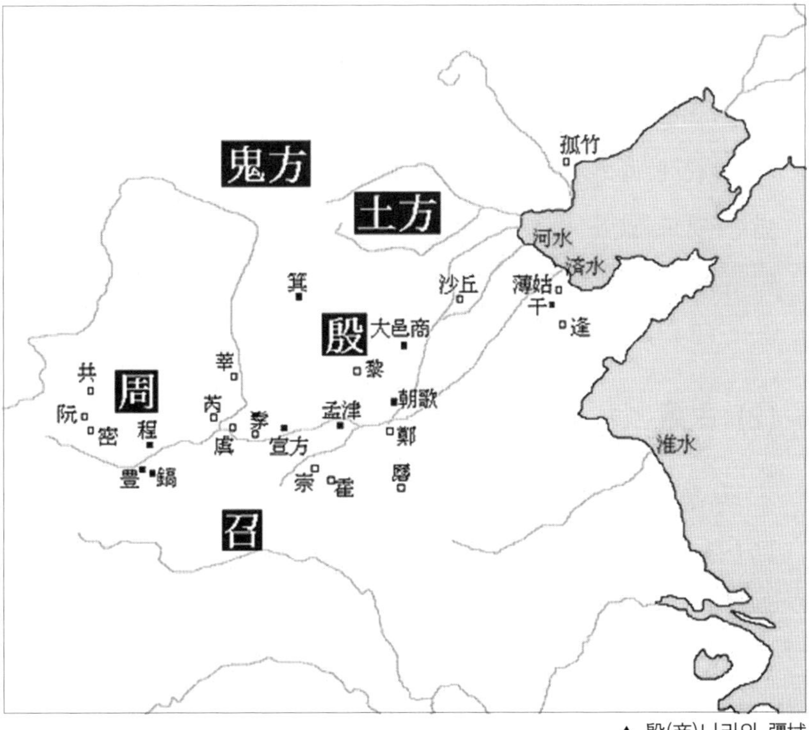

▲ 殷(商)나라의 疆域

甲骨文의 內容을 분류하면, 商王先祖祭祀, 外族征伐, 豐年祈求, 畋獵, 出行, 氣像, 地理, 人物, 營造, 夢幻, 疾病, 死亡, 吉凶, 災害, 家族, 臣庶, 俘虜, 奴隸, 占卜, 文字 등에 관한 것이다.

지금까지 출토된 甲骨편의 數量을 정확히 산출하기는 어려우나 대략 10餘萬片으로 추정한다. 발견된 甲骨文의 字數는 대개 4,500餘字로서, 그 중 완전히 解讀된 字數는 1,000餘字에 불과하다.

甲骨 每片의 字數는 일정하지 않지만 많은 것은 약 100字에 이르고, 적은 것은 3～4字 정도인데, 平均 20～30字가 된다.

甲骨片에 새겨진 卜辭內容을 크게 나누면 (1) 敍事(占卜의 時間과 卜人名), (2) 命辭(卜人에게 묻는 內容), (3) 占辭(卜兆에 나타난 成敗와 吉凶), (4) 驗辭(應驗과 結果) 등과 같이 4부분으로 구별된다. 그러나 大部分의 甲骨文에는 驗辭가 기재되어 있지 않다.

甲骨文의 字形을 살펴보면 273년간의 字形이 同一한 것이 아니라, 王代에 따라 차이가 있으며, 후기에 이르면 象形字가 形聲字로 변한 것도 있다.

(2) 古籀

'古籀'라는 명칭은 許愼의 『說文解字』 敍文에 "今敍篆文, 合以古籀"라고 한데서 비롯된다. 또한 敍文 中에 "郡國亦往往於山川得鼎彝, 其銘卽前代之古文, 皆自相似.", "及宣王大史籀著大篆十五篇, 與古文或異."라고 한 것을 종합하면 '古文'이란 말은 靑銅器에 새

겨진 銘 곧 '金文'을 일컫는 것이며, '籒文'은 西周 後期에 쓰였던 字體로서 '古文'의 字形과는 좀 달랐던 글자로서 '大篆'이라고도 칭하였음을 알 수 있다. 따라서 '古籒'는 곧 '古文'과 '籒文'을 합쳐서 일컬은 명칭임을 알 수 있다.

그러나 王隱의 『晉書』 중에 "科斗(蝌蚪)者, 周時古文也, 其頭麤尾細, 似科斗, 故名焉."이라 하고, 鄭玄의 『書贊』 중에 "書初出屋壁, 皆周時象形文字, 今所謂科斗書."라고 한 것을 보면, 周代에 사용했던 올챙이 모양의 '蝌蚪文'을 '古文'이라고 칭하였음도 알 수 있다.

『史籒篇』은 周宣王 때 太史였던 '籒'라는 사람이 지은 것이라고 여겨왔으나, 王國維는 『觀堂集林』에서 『史籒篇』은 春秋戰國時代 사이에 秦人이 지은 것이라고 주장하고, '籒'는 人名이 아니라 書名이라고 주장하였다.

▲ 石鼓文 (部分)

啓功은 『古代字體論稿』에서 『史籒篇』은 中國 역사상 가장 오래된 字書라 하고, '籒文'은 곧 周代에 구조와 風格이 엄격하면서도 편리하게 쓰였던 新興字體로서 당시의 書體 教科書였던 『史籒篇』에 수록되었던 것인데, 지금 『史籀篇』은 失傳되어 볼 수 없고, 다만 『說文解字』 중에 225字가 傳한다고 하였다. 일반적으로 '石鼓文'[37]을 籀文으로 알고 있으나, 실은 '石鼓文'의 현재 남아 있는 200餘字中 3字만이 『說文解字』의 籀文體와 같을 뿐이다.

'古文'에 대해서도 啓功은 商·周시대의 金文을 광의의 '古文'으로 보고, 秦 이전 필사된 經書上의 글자를 협의의 '古文'으로 구별하였다. 협의의 '古文'으로는 『說文解字』에 수록된 510字를 들고, 小篆의 字體와 다르다고 하였다.

『說文解字』敍에 "及宣王大史籀著大篆十五篇, 與古文或異, 至孔子書六經, 左丘明述春秋傳, 皆以古文."이라고 한 것으로 보면, '籀文'은 '古文' 이후에 쓰였던 新體字임을 알 수 있다.

中國 역사상 第1次로 黃帝時代 倉頡이 文字를 정리하고, 第2次로 書體가 정리된 '籀文' 곧 '大篆'에서 第3次로 정리된 正字體가 곧 秦의 '小篆'이라고 할 수 있다.

史書上에 기록만으로 전하는 商代 甲骨文 이전의 古文으로는 庖義氏의 '龍書', 神農氏의 '八穗書', 黃帝의 '雲書', 少昊氏의 '鸞鳳書', 帝嚳의 仙人形書, 倉沮時代 刻石(二十八字), 唐虞時代의 字形(六

37) 書藝家들이 흔히 法帖으로 臨摹하는 石鼓文은 周나라 宣王 때 돌을 북(鼓)처럼 다듬은 10개의 石鼓에 古文字를 새긴 것으로 石刻의 最古物이다. 唐나라 초기 陝西省 陳倉의 들에서 발견된 것인데, 鄭餘慶이 뒤에 陝西省 鳳翔府의 孔廟로 운반하였다. 그 뒤 1개가 散失되었으며, 宋나라가 亡하자 金나라에서 燕京으로 옮기고, 元나라 때 北京의 孔廟로 옮겨 보관하고 있다. 石鼓의 높이는 약 3尺, 石刻의 全文은 四言體의 詩經體로 약 700여자였다. 內容은 漁獵에 관한 기사이다. 書體가 雄强渾厚하고 樸茂自然스러워 歷代 名書法家들이 높이 평가하여 '書法第一法則'이라 일컫는다. 그러나 宋代에 많이 磨滅되어 현재는 200여자만을 해독할 수 있다. 淸나라 高宗 때 十鼓를 복제하여 拓本用으로 사용하며, 原石鼓는 탁본을 금하고 있다.

字), 夏代의 琱戈銘, 鉤帶銘, 禹篆(二十字), 岣嶁碑 등이 있으나, 이미 失傳되어 그 字形을 알 수 없다.(參見 釋光元 : 中國書法概述)

(3) 金文

'金文'을 과거 '鐘鼎文'이라고 칭한 것은 銅器인 鐘이나 鼎에 鑄造한 글자라 하여 일컬어진 명칭이다. 古代 銅器를 크게 나누면, 禮器와 樂器로 구분되는데 禮器에는 鼎이 제일 많고 樂器에는 鐘이 제일 많기 때문에 鐘鼎으로써 銅器를 총칭한데서 취한 명칭이다.

그러나 銅器에 鐘과 鼎만 있는 것이 아니라, '尊(준), 彝(이), 觶(치), 盉(화), 盤(반), 敦(대), 爵(작), 匜(이), 盂(우), 壺(호)' 등 많이 있는데, '鐘鼎文'이라고 칭하는 것은 불합당하다고 하여 오늘날은 일반적으로 '金文'이라고 칭한다. 先秦時代에는 '銅'을 '金'이라고 칭했기 때문에 '金文'이라고 칭한 것이다. '吉金文'이라고도 칭하는 것은 '祭禮'를 고대에는 '吉禮'라고 칭하였으므로 祭禮에 사용했던 銅器인 鼎 彝 등을 '吉金'이라고 칭한 데서 붙여진 명칭이다. 銅器上의 鑄字方法은 凹字形의 陰文이 대부분이나, 凸字形의 陽文도 있는데 凹字形을 '款'이라 하고, 凸字形을 '識'라고 칭하므로 '鐘鼎款識'라고도 칭하였다. 戰國時代 이후에는 銅器를 鑄造한 뒤에 刻字한 것도 있다.

青銅器上의 銘文은 商代 後期에 시작하여 周代에 이르러 크게 발흥하여 秦·漢代로 계승되었다.

그러므로 '金文'의 시대적 한계는 殷, 周, 秦, 漢代까지의 青銅器上 銘文을 말하나, '三代吉金文'이라 하여 商, 周, 秦代까지의 金文만을 취급하기도 하고, 商, 周時代의 金文만으로 局限시키기도 한다.

青銅器를 대별하면 禮器, 樂器, 兵器, 車馬器, 工具, 生活用具, 符節, 印璽, 度量衡器 등이다.

▲ 散氏盤에 새겨진 金文

商周時代에 青銅器가 크게 발달한 것은 당시 지배층의 貴族들은 祭祀, 宴饗, 婚喪禮 등에 青銅禮器를 사용하여 祖上崇拜와 자신의 尊貴한 地位를 宣揚하려 하였기 때문이다. 그러므로 青銅器는 商周時代 統治階級 禮制의 상징이 되었다.

銅器上의 銘文을 살펴보면, 商代 銅器의 銘文은 대개 1字 내지 5, 6字로 간단하다. 제일 긴 것이 40餘字에 불과하다. 그러나 周代 銅器의 銘文은 100餘字 이상이 허다하고, 긴 것은 500字에 달한다. 또한 商代의 銘文은 族名이나 祖上의 號稱을 기념하는 것인데 대하여, 周代의 銘文은 祖上의 稱頌이나 당시 발생된 重要事件들을 기록하여 당시 歷史 연구의 중요한 자료가 된다.

(4) 篆書

『說文解字』 敍에 "今敍篆文合以古籀."라 하였는데, 여기서 '篆文'은 곧 '小篆'을 가리킨 것이다.

앞에서 '篆文'은 곧 '大篆'이라고 하였으므로 '大篆'도 篆書의 범주에 속해 있으나, '篆書'라고 칭할 때는 일반적으로 '小篆'만을 지칭한다.

秦始皇이 七國을 統一하기 이전에는 七國이 '言語異聲, 文字異形'이었다고 『說文解字』에 기록되어 있다. 또한 『說文解字』에 "秦始皇帝初兼天下, 丞相李斯乃奏同之, 罷其不與秦文合者. 斯作倉頡篇; 中車府令趙高作爰歷篇; 太史令胡毋敬作博學篇. 皆取史籀大篆, 或頗省改, 所謂小篆者也."라고 밝힌 바와 같이 秦始皇이 七國을 統一

秦나라 때 七國의 字形統一

	齊	楚	燕	韓	趙	魏	秦
馬							
安							

(B.C 221)한 뒤 李斯와 趙高 등으로 하여금 '大篆'을 省改하여 字形을 統一시킨 것이 곧 '小篆'임을 알 수 있다. 秦始皇 때 統一된 書體이므로 '秦篆'이라고도 칭한다.

이에 대하여 裘錫圭는 『文字學概要』에서 '小篆'은 '籒文' 곧 '大篆'을 省改하여 統一시킨 것이 아니라, 이미 春秋戰國時代의 秦國文字가 점점 변천하여 이루어진 것이라고 고증하였다. 字形을 구체적으로 비교하여 본 결과 '小篆'과 統一前의 秦國文字 사이에 크게 다른 점을 발견할 수 없다는 것이다. 그리하여 裘氏는 春秋戰國時代의 秦國文字와 小篆을 合稱하여 '篆文'이라고 해야 한다는 것이다.

'大篆', '秦篆', '小篆' 등의 명칭은 漢代에 일컬어진 명칭이다.

▲秦代의 泰山刻石

▲瑯邪刻石

▲繹山刻石

秦代에 '篆'이란 명칭은 있었다. 『說文解字』에 '篆'에 대하여 '引書'라 하였는데, '引'은 곧 '引長'의 뜻으로서, '引書'란 말은 字畫을 길게 끌어서 쓴 것이라고 한다. '篆'과 '瑑'은 同音字로서 古代에는 通用되었던 것인데, '瑑'은 곧 무늬를 조각하여 장식한다는 뜻이다. 그러므로 '篆'은 古文의 圖畫性을 줄이고 圖案式으로 線畫의 符號性을 발전시키어 莊嚴性과 圓轉性의 풍격을 나타낸 字體라는 뜻이다. 다시 말해서 表形文字의 단계에서 表意

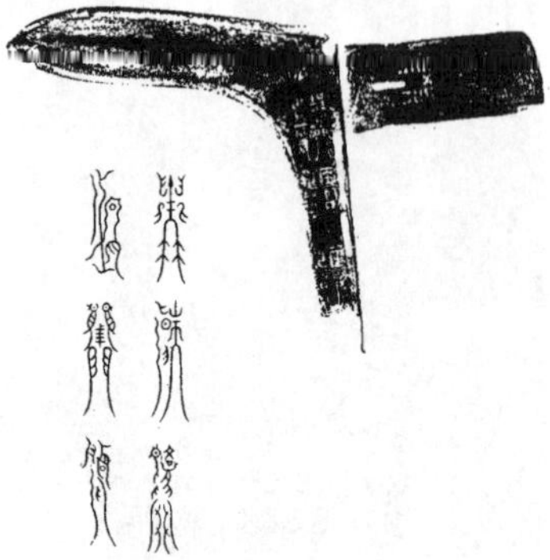

▲兵器에 鑄造한 殳書

▲虎符에 새긴 刻符

文字로 발달한 標準字體를 '小篆'이라고 말할 수 있다.

秦始皇이 七國을 統一하기 이전에 各國의 字形이 달랐던 것을 小篆體로 統一한 것은 漢字의 字形을 최초로 統一했다는 점에서 書體 發展史上 큰 의의가 있다.

'小篆'의 模範으로는 '泰山刻石', '瑯琊刻石', '繹山刻石', '會稽刻石' 등이 傳하는데, 모두 秦代 李斯의 毛筆로 본다. 原碑는 대부분 훼손되고, 宋代 拓本이 傳한다.

'小篆'體의 대표적인 서책으로는 비록 東漢時代 편찬되었지만 許愼의 『說文解字』를 들 수 있다. 15卷으로 편찬된 이 책에는 9,353字가 小篆體로 수록되어 있고, 540部首로 나누어 部首別로 排字되어 있으며, 每字마다 字源을 밝혀 놓아 文字學 硏究의 필수 서적으로 되어 있다. 지금의 『說文解字』는 淸代의 段玉裁가 '注'를 붙인 것이다.

이 밖에도 『說文解字』에 “自爾秦書有八體: 一曰大篆, 二曰小篆, 三曰刻符, 四曰蟲書, 五曰摹印, 六曰署書, 七曰殳書, 八曰隸書.”라고 하여, 秦에 ‘八體’가 있다고 하였는데, ‘大篆’과 ‘小篆’은 이미 앞에서 설명하였고, ‘隸書’는 다음 별도로 설명하기로 한다.

一般的으로 ‘刻符’는 符節에 새긴 字體이고, ‘蟲書’는 ‘鳥蟲書’라고도 칭하는데, 幡幟에 그린 字體이고, ‘摹印’은 ‘繆篆’이라고도 칭하는데, 印章에 본뜬 字體이고, ‘署書’는 扁額에 쓴 字體이고, ‘殳書’는 兵器에 鑄造한 字體라고 한다.

▲戰國時代 印章

(5) 隸書

‘隸書’는 『漢書』藝文志에 “是時(秦)始造隸書矣, 起於官獄多事, 苟趨省易, 施之於徒隸也.”라고 한 바와 같이 秦나라가 七國을 統一한 뒤 獄事가 많이 일어나 업무 처리가 복잡하여지자 간편한 방법을 구하여 번잡한 篆書體를 간략히 만들어 쓴 書體가 ‘隸書’이다.

▲漢代의 禮器碑

▲漢代의 乙瑛碑

‘隷書’의 創製는 唐나라 張懷瓘이 『書斷』에 “程邈字元岑, 始爲衙獄吏, 得罪繫雲陽獄, 覃思十年, 益大小篆方圓而爲三千字, 始皇善之, 出爲御史.’라고 한 바와 같이 秦代에 程邈이 創製한 書體라고 전한다.

그러나 倉頡이 처음 漢字를 창제한 것이 아니라, 정리한 것으로 보듯이 ‘隷書’ 역시 程邈이 창제한 것이 아니라, 春秋時代 이래 민간에서 쓰여 오던 通俗體를 처음으로 정리한 것으로 보아야 할 것이다.

‘隷書’를 ‘左書(佐書), 史書, 八分’이라고도 칭한다. ‘隷書’는 당시 徒隷 곧 胥吏들이 쓰던 書體라는 뜻에서 취해진 명칭이고, ‘左書’는 ‘篆書’를 ‘左(佐)助하다’ 곧 ‘돕다’의 뜻으로 취해진 명칭이고, '史書'도 '佐書'의 '佐'와 같은 뜻으로서 쓰인 것이고, '八分'이란 명칭은 漢代末에 생긴 것이다. 秦代에 쓰인 '隷書'를 '古隷', 漢代에 쓰인 '隷書'를 '今隷'라고 하여, '古隷'는 篆書의 형태를 비교적 많이 가졌고, '今隷' 곧 '漢隷'는 左右로 향하여 마치 '八'字처럼 '삐침'과 '파임'의 筆勢가 강하게 쓰이는 書體라 하여 '八分' 또는 '八分書'라고 칭하였다는 것이다.

그러나 劉熙載나 康有爲 등은 '八分'은 고정된 명칭이 아니라, 小篆은 大篆에서 八分을 취한 것이고, 漢隷는 小篆에서 八分을 취한 것이고, 今隷는 漢隷에서 八分을 취한 것이라는 말이라고 보았다.

이상 諸說에 대하여 唐蘭은 漢代 石經 등의 글자 크기가 八分으로 되어 있는데 당시 글씨를 배우려면 반드시 八分楷書體를 구하지 않으면 안 되었으므로 뒤에 '八分'이라는 書體名이 생기게 되었다는 것이다. 그러므로 '八分'은 곧 '楷書'라는 것이다.

이상 諸說을 종합하여 볼 때 '八分'이란 말은 八割 정도의 古體 또는 雅體로서 '准古體'라는 뜻임을 알 수 있다.

六朝이후에는 東漢末의 楷書를 '八分'이라 일컫고, 魏晉 이후의 楷書를 隷書라고 일컬어, 唐代에는 眞書 곧 楷書를 隷書라고 일컫는 혼란을 빚게 되었다.

書法史에서는 일반적으로 '隷書'를 '秦隷'와 '漢隷'로 구별하여 前者를 '古隷'라 하고, 後者를 '今隷'라고 칭한다.

書體上으로는 篆書의 筆畫이 '方正平直'化하여, 잔존했던 象形性이 없어진 일대 혁신적인 서체가 '隷書'라고 할 수 있다.

'秦隸'의 代表作으로는 秦量, 秦權, 漢代의 陶陵鼎蓋銘, 魯靈光殿址刻石, 五鳳二年刻石, 萊子侯刻石, 杜陵壺, 祀三公山碑, 開通褒斜道刻石, 嵩山太室石闕銘, 裴岑紀功碑 등을 들 수 있다.

▲高句麗 廣開土王陵碑

'漢隸' 곧 '八分'의 代表作으로는 東漢時代에 건립된 漢碑拓本으로서 石門頌, 乙瑛, 禮器, 鄭固, 孔宙, 華山, 史晨, 西狹頌, 郙閣頌, 熹平石經, 韓仁銘, 尹宙, 曹全, 張遷碑 등을 들 수 있다.(參見 釋廣元 : 中國書法概要) 이처럼 前漢時代 400여년은 隸書가 널리 사용되었다.

隸書에서 특기할 것은 현재 中國 吉林省 輯安縣에 있는 高句麗 廣開土王陵碑(일명 好太王碑)는 그 규모로도 으뜸이지만, 그 書體가 漢隸와 비슷하다고 운위하고 있으나 필자가 볼 때는 결코 中國의 어떠한 隸書體와 달리 高句麗人의 氣魄이 잘 나타나 있는 독창적이면서 예술성이 높은 書體이다.

(6) 楷書

'楷書'體는 西漢末에 싹트기 시작하여 東漢末에 成熟되고, 魏晉 이후에 크게 盛行되어 오늘에 이르렀다.

張懷瓘의 『書斷』에 "楷者: 法也. 式也 模也."라고 하여 '楷書'는 곧 法式과 模範의 書體를 뜻한 것임을 알 수 있다. '楷'字에 대하여 "楷木生孔子冢上, 其榦枝疎而不屈, 以質得其直也."(淮南子)라고 한 바와 같이 '楷'는 본래 木名으로서 楷樹의 가지처럼 곧바른 書體의 명칭으로 쓰이게 된 것임을 알 수 있다.

張懷瓘의 『六體書論』에서 "字皆眞正, 曰眞書."라 하고, 宋代 『宣和書譜』에서 "所謂楷書, 卽今之正書也."라고 한 바와 같이 '眞書' 또는 '正書'라고도 일컬었다. 이는 곧 字體가 方正하고 筆畫이 平直하여 標準書體로서 오늘날까지 漢字의 正體로 통용하게 된 것이다.

『宣和書譜』에 "漢時有王次仲者, 始以隸書作楷法."이라 하고, 또한 "西漢之末, 隸字刻石, 間雜正書. 降及三國, 鍾繇乃有賀克捷表, 仮盡法度, 爲正書之祖."라 하여 漢代에 王次仲이 隸書를 변형하여 '楷書'體를 만든 것에서 비롯되었다고 하면서도 이미 西漢末에 간간이 正書體가 쓰였다고 한 것을 보면, '楷書' 역시 어느 한 사람이 만든 書體가 아니라, 隸書體에서 점차로 변형하여 이루어진 書體임을 알 수 있다.

時代로 보아 隸書가 通用된 시기는 얼마 되지 않아 '楷書'體가 출현하여, 漢代의 陳遵, 魏代의 鍾繇, 晉代의 王羲之 등의 書法家에

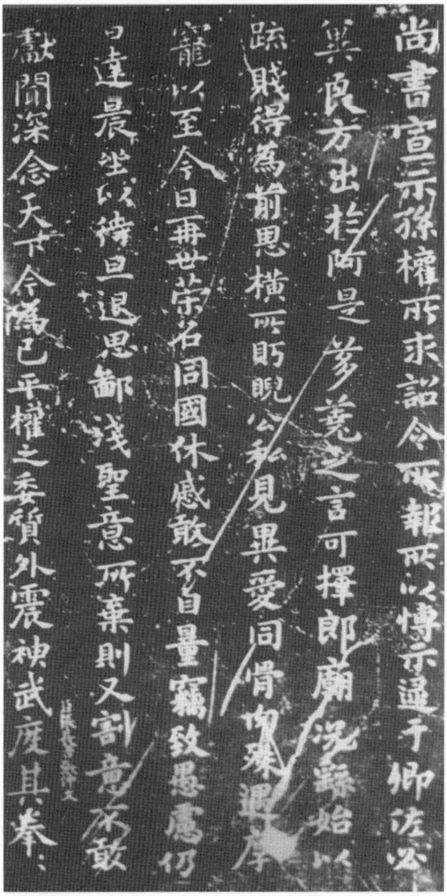

▲鍾繇의 宣示表

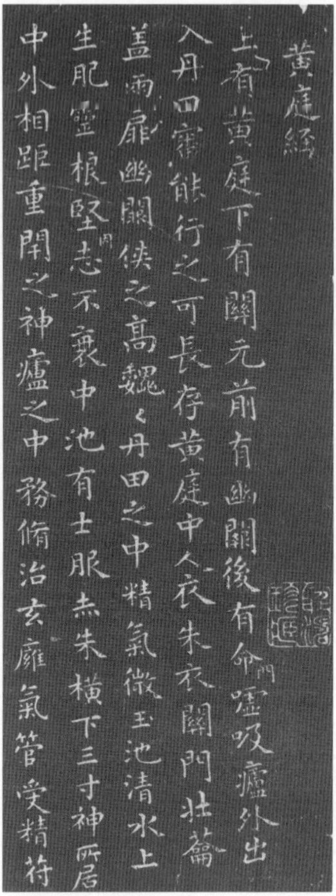

▲王羲之의 黃庭經

의하여 일종의 藝術體로 크게 선양된 것이다.

唐나라 文宗 開成 2年(837)에 '九經文字'를 刻石함에 楷書體를 사용하여 書寫의 標準이 되고, 비로소 法定文字의 자리를 굳혀 오늘에 이르게 된 것이다.

初期의 '楷書'體를 보면 여전히 '隸書'의 筆勢가 좀 남아 있어

橫畫이 길고 直畫이 짧아 字體가 가로퍼진 듯한 느낌을 주었다. 이러한 書體를 魏晉法帖에서 찾아보면 鍾繇의 宣示表·賀克捷表·荐季直表, 王羲之의 黃庭經·曹娥碑 등을 대표작으로 들 수 있다. 이들 書體의 특성에 대하여 翁方綱은 "變隷書之波畫, 加以點啄挑趯, 仍存古隷之橫直."이라고 언급하였다.

東晉 이후 南北으로 분열하여 書法 역시 南北兩派로 나누어져 北書는 剛强하고, 南書는 蘊藉하여 서로 다른 書風을 이루었다. 그 중에도 北魏의 碑體가 뒤에 성행하게 되었다.

後人들이 많이 臨摹하였던 南北朝의 碑帖으로 爨寶子, 爨龍顔, 張猛龍, 張黑女, 鄭文公, 石門銘, 泰山金剛經, 龍藏寺, 龍門造象二十品 등을 들 수 있다.

▲南北朝時代의 爨寶子碑

▲南北朝時代의 張猛龍碑

(7) 行書

'行書'는 楷書와 草書 사이의 書體로서 後漢(東漢)末 劉德昇에 의하여 만들어진 書體라고 張懷瓘은 언급하였다. 또한 行書는 楷書도 草書도 아닌 書體이지만, 楷書體를 겸한 것을 眞行(楷行)이라 하고, 草書體를 겸한 것은 行書라고 일컫는다고 하였다.

▲居延 建昭 2年(BC.36) 簡

그러나 '行書'는 「流沙」, 「居延」, 「武威」 등에서 출토

▼王羲之의 蘭亭序(唐代 馮承素의 臨摹本, 北京故宮博物院 所藏)

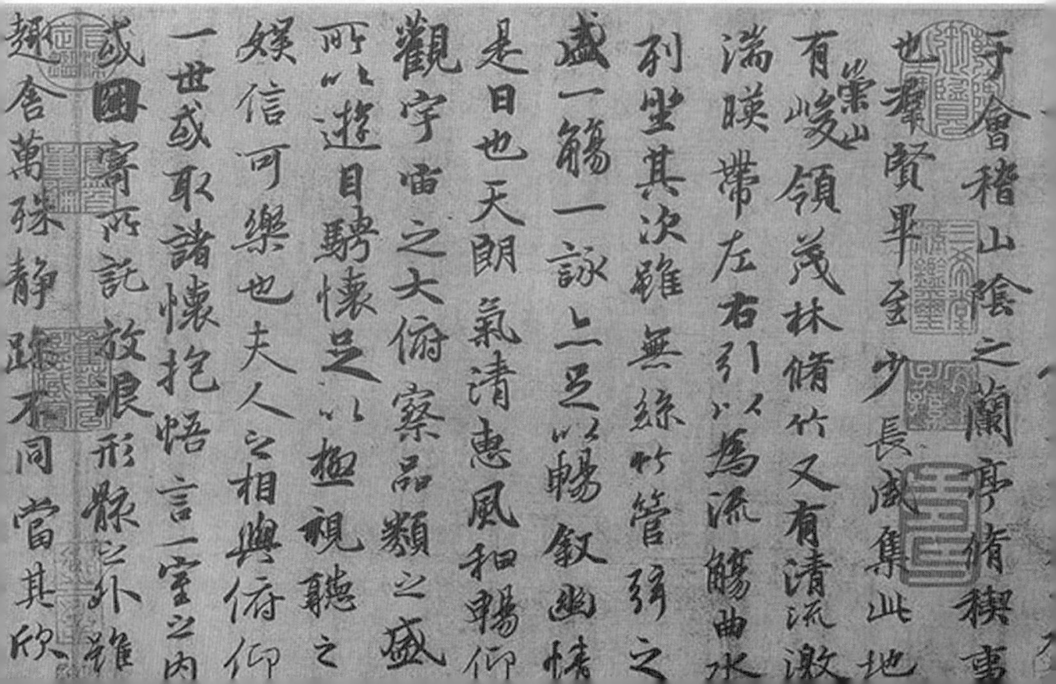

된 竹簡 중에 오늘날 行書와 같은 字形이 많이 있는 것으로 보아 사실상 前漢(西漢) 시대에 이루어졌으니 後漢의 劉德昇에 의하여 創出된 書體라고 볼 수 없다.

行書體는 字形을 분별하기 쉬우면서도 쓰기 쉬워서 오늘날까지도 肉筆로서 가장 많이 쓰이고 있는 書體이다.

草聖이라고 일컫는 王羲之의 行書는 草書와 더불어 대표적인 模範行書體로 전한다. 특히 「蘭亭序」는 후세 書法家들에게 가장 영향을 준 天下第一의 行書라고 평가되어 오고 있다.

新羅時代 書聖의 칭호를 받을 만큼 이름을 떨친 金生의 行書는 高麗시대 洪灌이 宋나라에 사신으로 가면서 金生의 글씨를 가져가 翰林待詔의 벼슬에 있는 楊球와 李革에게 보이자 王羲之의 글씨라며 경탄하였다고 전한다.

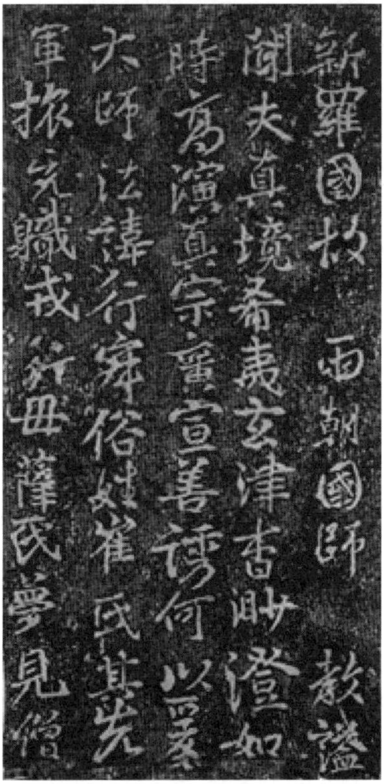
▲金生의 太子寺朗空大師白月栖雲塔碑

최근 如初 金膺顯 선생의 書法중에서도 隸書 行書는 中國 당대 최고의 書法家인 啓功이 자신의 글씨는 如初 선생의 書法에 비하면 칠판글씨에 불과하다고 大讚할 만큼 동양 제일의 書法家로서 作故時 「朝鮮日

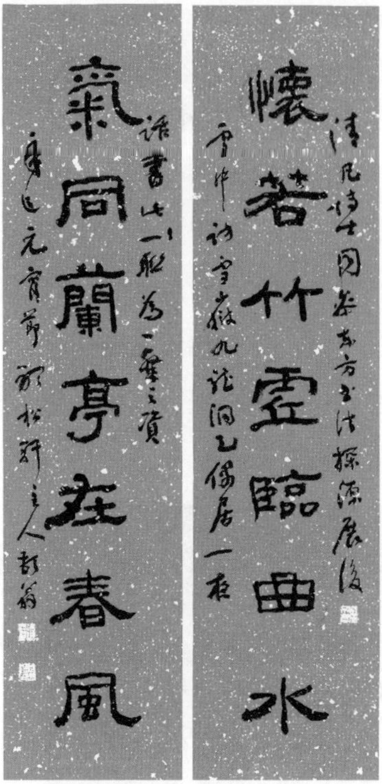

▶如初 金膺顯의 隸 · 行書

報」에서 書聖으로 보도하였다.

(8) 草書

옛날에는 대부분 손으로 글씨를 썼기 때문에 자연히 速筆體가 발생하게 되어 어느 時代 누구에게서부터 草書體가 시작되었다고 말할 수 없다.

실제로 근래 長沙 楚墓에서 출토된 竹簡의 書體, 또는 中國 西北地方에서 출토된 木簡의 書體 등에서 大篆의 草體 및 漢隷의 草體를 발견할 수 있다. 이 밖에도 戰國時代 銅器, 漢代의 陶器 중의 銘文에서도 草略한 書體를 찾아볼 수 있다.(參見 王壯爲 :『書法硏究』)

이처럼 각 시대마다의 草體가 발전되어 후대에 '草書'體라는 고정 형태가 이루어져 처음으로 붙여진 명칭이 '章草'이다. 다시 말해서 '章草'는 秦漢 이래의 '古隷'가 速筆化된 書體이다.

王愔의 『文字志』에 "漢元帝時史游作急就章, 解散隷體麄書之, 漢俗簡墮, 漸以行之, 是也. 此乃存字之梗概, 損隷之規矩, 縱任奔逸, 赴俗急就, 因草創之義, 謂之草書."라 언급한 것에 따라 '章草'가 漢나라 史游에서 시작된 것으로 인식되고 있다.

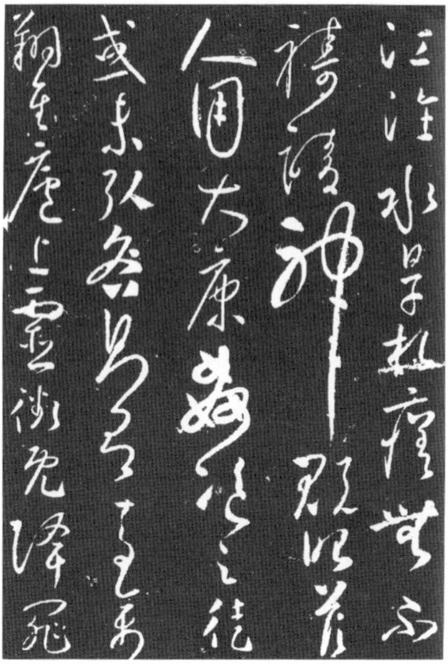

▲懷素의 草書

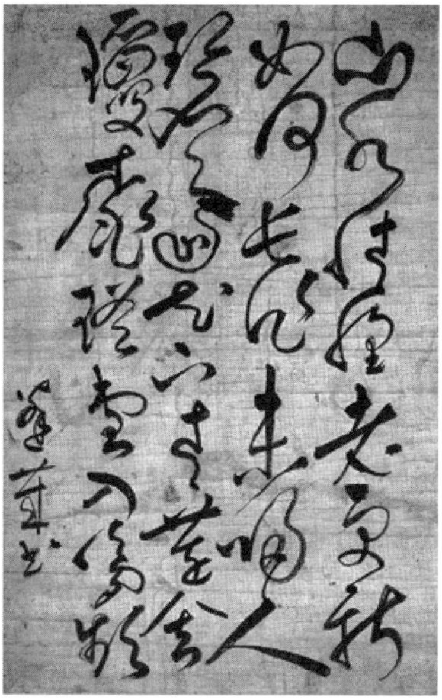

▲楊士彦의 草書

그러나 근래 발견된 漢代 木簡 중, 宣帝時代에 이미 '章草'의 서체가 있었던 것으로 보아 史游가 獨創한 것이 아니라, 史游가 종래의 草書體를 종합하여 정리한 것으로 보아야 할 것이다.

'章草'란 명칭에 대해서는 이밖에도 여러 가지 說이 전한다. 草書를 '今草'와 '狂草'로도 분류한다. '今草'는 漢나라 建初 중의 杜度가 章草에 뛰어나, 崔瑗과 崔實 父子가 그 書體를 계승하고, 張芝가 杜度와 崔 父子의 書體를 본받아 자신의 創意를 더하여 이룩한 書體를 이른다. '章草'는 每字 끊어 쓰는 草書인데 대하여 張芝의 '今草'는 一筆로 이어지는 것이 다르다. 狂草는 唐나라 張旭과 懷素 등이 임의로 字形을 내둘러 이어 써서 매우 알아보기 어려운 草書를 일컫는 것이다.

2

中國 簡化字의 研究와 受容

(1) 序　言

漢字의 書體 변천을 대략 살펴보면 殷代의 甲骨文을 비롯하여 鐘鼎文, 大篆, 小篆, 隸書, 楷書, 行書, 草書 등 여러 가지 書體로 쓰였으나, 漢代 이후부터 中國을 중심으로 韓國, 日本, 越南 등 漢字文化圈內에서 일반적으로 통용된 것은 楷書體였다. 淸代에 이르러서는 康熙帝의 勅纂으로 편찬된《康熙字典》의 214部首와 字畫을 標準字形으로 삼아 통용하여 왔기 때문에 韓·中·日 三國의 文字疏通에 별 문제가 없었다.

그러나 中國(臺灣·香港 除外)에서 1964년부터 이른바「簡化字」를 사용함으로써 종래의 漢字 共通字形 文字生活圈內에 乖離가 발생하였다.

다시 말해서 中國의 簡化字 사용으로 인해서 韓國과 日本에서는 그 字數는 많지 않지만 漢字로서 通用될 수 없는 「中國文字圈」이 새로이 형성된 것이다.

中國의 開放政策 이후 日本이나 韓國에서도 大學의 中國文學科에서는 부득이 簡化字를 학습하게 되었으나, 일반에서는 그 사용을 거부하고 있는 실정이다.

최근 10여 년 동안 6차에 걸쳐 韓·中·日과 臺灣의 학자들이 「康熙字典體」를 기본으로 한 正字體(繁體字)로써 漢字의 字形統一에 대한 국제학술대회를 개최하여 협의하고 있으나, 그 實現이 언제 될지는 遼遠한 것 같다.

2008년 중국에서 올림픽을 치루고 나면 지금의 몇 배 「中國風」이 全世界로 거세게 파급될 것이 예상된다. 地理的으로 볼 때 그 영향이 가장 크게 미칠 곳이 우리 韓國임은 明若觀火한 사실이다.

未久에 닥쳐올 이러한 분명한 사실을 놓고도 爲政當局은 坐視할 것이 아니라. 國家競爭力을 提高할 수 있는 對備策을 講究해야 할 것이다.

그 對備策에서 우선해야 할 것은 우리의 젊은이들로 하여금 中國의 文化를 알고 情報를 알 수 있는 「中國文字」를 하루 속히 學習시키는 일이라고 생각된다.

그러므로 언제까지나 우리는 中國의 「簡化字」에 대하여 無條件拒否만 할 것이 아니라, 研究 檢討하여 필요한 수준에서 受容해야 할 것이다.

(2) 中國의 文字改革 原因

中國에서 수천 년을 이어 온 傳統文化의 단절을 무릅쓰고 文字改革을 실시한 원인을 먼저 분석하여 볼 필요가 있다.

臺灣의 학자 汪學文은《中共文字改革與漢字前途》에서 "中共文字改革實爲國際共產黨與蘇俄文化侵略陰謀下的重要環節之一"(중공의 문자개혁은 실로 국제공산당과 소련의 문화침략 음모하에서 획책한 중요한 테두리의 하나다.)이라고 논증하였다.

또한 汪氏는 "國際共產黨對語文的功用特別重視, 認爲語文旣是人類交際的「工具」, 也是社會鬪爭的「武器」, 並且企圖把「民族融合」與「語文統一」作爲赤化世界後進一步奴役人類的措施"(국제공산당이 어문의 구실에 대해서 특별히 중시하는 것은 어문이 인류 상호교류의 수단이며, 또한 사회투쟁의 무기라고 생각하기 때문에 민족융합과 어문통일을 기도하여 세계를 적화하고, 나아가 인류를 노역화하려는 조치인 것이다.)라고 하였는데, 스탈린이 「마르크스主義와 언어학문제」에서 "언어는 교제의 공구이며, 사회투쟁과 발전의 공구이다."라고 言語의 중요성을 强調한 점으로 볼 때, 汪氏의 주장은 객관성이 있다고 생각된다.

스탈린은 거대한 中華民族을 共產化함에 있어서 장애점이 되는 것은 첫째 中華民族의 傳統意識이요, 둘째 中國의 유구한 文化라고 분석하였으며, 이들의 핵심문제는 「漢字」라고 생각한 것이다. 그 증거로서 이미 1928년 모스크바에 中國問題硏究所를 두고 토라그라프 교수로 하여금 中國文字의 라틴화를 연구하게 한 것이다.

한편 소련 유학생들 가운데 共産黨員인 吳玉章, 林白渠, 蕭三, 瞿秋白 등에게 명하여 「中國文字拉丁化方案」 곧 漢字의 라틴화 방안을 연구하게 하였다.

1928년 南京政府 大學院(敎育部)에서 「國語羅馬字」를 公布하였다. 이것이 中國에서 최초로 로마자를 사용해서 中國의 法定字母를 정한 것이다. 이에 앞서 1918년에 「注音字母」(뒤에 注音符號로 改稱)를 公布한 바 있다.

1931년 9월 26일 海參崴에서 「中國新文字第一次代表大會」를 개최하여 「中國漢字拉丁化的原則和規則」을 통과하였다. 방안의 내용을 보면 로마字母 26개 字中 「Q」, 「V」 2字를 제거하고, 合成字母 「ch」, 「sh」, 「zh」, 「rh」, 「vg」 5字를 첨가하여 29개 字를 완성하였다. 이 방안을 「北方話拉丁化新文字」라 하여, 우선 소련 영토 내에 거주하는 약 10萬 華僑들에게 실시하고, 1934년에는 上海에서 「大衆語運動」을 일으킨 뒤, 漢字의 라틴화 운동을 계속 추진하였다.

이처럼 中國 共産黨의 책동으로 1934년 8월부터 1937년 8월까지 라틴화 단체가 70여개나 조직되고, 각 方言을 라틴화하려는 방안을 세웠다.

1949년 5월 北京에 「中國文字改革硏究委員會籌備會」를 설치하기로 결의하고, 「漢語拼音方案」 곧 漢語의 表音方案을 연구하기 시작하였다.

(3) 「文革」 이전의 漢字 改革運動

1950년 7월 31일 敎育部에서 「中共文字改革硏究委員會」 제1차 주비좌담회를 개최하고, 8월 9일에는 敎育部에서 簡體略字 좌담회를 개최하고, 社會敎育司에서 1,500여자의 常用簡體字登記表를 작성하고, 10월에는 「中國文字改革委員會」 주비회 編으로 555字의 「第一批簡體字」 草稿를 발표하였다.

1951년 毛澤東은 郭沫若, 馬叙倫 등과 文字改革을 토론하면서 「文字必須改革, 要走世界文字共同的拼音方向」(문자 곧 漢字는 반드시 개혁하여 세계 문자의 공통적인 표음방향으로 가야 한다.)의 방침을 세웠다.

1951년 12월 26일 政務院 文化敎育委員會 常務會議에서 「中國文字改革硏究委員會」를 설립하기로 결의하고, 1952년 2월 5일 정식으로 설립하였다. 正主任委員에 馬叙倫, 副主任委員에 吳玉章이 맡았다. 14명의 委員을 두고, 拼音方案組, 漢字整理組, 敎學實驗組, 編輯出版組 등을 두었다.

1954년 12월 23일 「中國文字改革委員會」는 기구를 대폭 개편하고, 吳玉章과 胡愈之를 正副主任委員으로 임명하고, 당위원회를 國務院의 직속기관으로 승격하였다.

1955년 1월 中國科學院 語言硏究所에서 「普通話審音委員會」(普通話는 北京을 중심으로 한 표준어를 일컬음)를 설립하고 10월 15일~23일, 敎育部와 中國文字改革委員會는 공동으로 北京에서 「全國文字改革會議」를 개최하여 「漢字簡化方案」을 결정 공표하였다.

또한 普通話를 널리 보급하고, 漢字를 橫書하고 가로로 인쇄하도록 하고, 조속히 漢語 표음방안을 초안하도록 결정하였다.

1955년 12월 22일 文化部와 中國文字改革委員會에서는 「第一批異體字整理表」를 공동명의로 발표하면서 異體字 1,055字를 제거하고, 1956년 2월 1일부터 실시하기로 하였다.

1958년 2월 11일 文字改革委員會는 全國人民代表大會에서 「漢字拼音方案」을 통과하였다.

1964년초 周恩來 總理의 결재를 거쳐 中國文字改革委員會, 文化部 敎育部가 연합하여 「關于簡化字的聯合通知」를 발표하고, 이에 근거하여《簡化字總表》를 출간하였다.

(4) 「文革」 이후의 漢字 改革運動

1966년 「文化革命」으로 인하여 계속 추진하여 오던 「文字改革運動」은 중단되었다. 1972년 4월《紅旗雜誌》에 郭沫若의 文字改革에 대한 글이 발표되면서 漢字簡化運動이 다시 일어나게 되었다. 1973년 5월 10일 「光明日報」의 文字改革 전문난이 없어진지 7년 1개월만에 다시 실리게 되었다.

1974년 3월 15일, 中央人民廣播電台 곧 방송국에서 中國文字改革委員會와 공동으로 4월 3일까지 「漢語拼音放送講座」 곧 漢語 표음방송 강좌를 실시하였다.

1975년 5월 31일 國務院의 위임으로 「新華社」에서 中國人名,

地名은 로마자로 표기된 것은 1975년 9월 1일부터 일률적으로 「漢語拼音字母」로 써야 한다고 공포하였다.

〈例 : 北京 Peking → Beijing〉

1977년에 제2차 漢字簡化方案이 발표되었으나, 많은 사람들이 반대함으로써 1978년 4월과 7월 2차에 걸쳐 教育部에서 사용을 정지하라는 공고가 있었다.

(5) 中國文字 精簡化의 實體

中國에서는 漢字改革의 三大要件으로서 ①漢字의 簡化, ②普通話의 普及, ③漢語의 拼音方案(로마자化) 推進을 내세웠던 것은 國際共產黨의 文字政策에 부응하기 위하여 漢字의 簡化와 普通話의 보급을 과도기로 하여, 궁극적으로는 漢字의 로마字化를 실천하려고 하였다.

우선 漢字 「四難」(難認, 難記, 難寫, 難用) 곧 漢字는 알기 어렵다, 기억하기 어렵다, 쓰기 어렵다, 사용하기 어렵다는 것을 내세웠다.

魯迅도 '關於新文字'라는 글에서 "方塊兒的漢字眞是愚民政策的有力工具"라고 할 만큼 漢字의 어려움을 강조한 바 있고, 王力도 그의 著書《漢字改革》에서 "人們因爲中國人的文化水準太低, 就歸罪于文盲太多; 因爲文盲太多, 就歸罪于漢字的難認難寫."와 같이 漢字의 難認, 難寫를 지적하였다.

동시에 漢字 簡化의 「四定」 곧 4가지 방침을 세웠다.

첫째 「字有定形」을 내세워 필획이 많은 것을 적게, 복잡한 것을 간략하게 하여 字形의 簡化를 꾀하였다.

둘째 「字有定量」을 내세워 字數의 精簡을 위하여 異體字의 淘汰를 꾀하였다.

셋째 「字有定音」을 내세워 필획이 적은 同音字로써 繁體字를 대체함으로써 通用 漢字의 압축을 꾀하였다.

넷째 「字有定序」를 내세워 字畫을 찾는 표준을 만들어 편리를 꾀하였다.

이 중에서 「字有定形」과 「字有定音」의 簡化 方針이 韓國이나 日本에서는 有識人들도 해독할 수 없는 新字形이 일부 나오게 되었다. 「字有定量」을 내세워 異體字를 정리한 것은 韓國이나 日本에서도 수용해야 할 만큼 성공적인 처리였다.

1964년 5월 中國文字改革委員會가 編印한《簡化字總表》에 2,238字를 수록하였다. 이 가운데 2字가 重複되어 쓰였다.(이 속에는 偏旁類推簡化字가 1,754字 포함됨) 이 때 1次로《簡化字總表》를 百萬餘部 印刷하여 보급하였다.

1977년 12월 추가로 발표한 172字와 偏旁簡化 21字를 더하여 총 2,431字로 되었다. 1986년 최후로 조정한 簡化字의 數는 2,235字로 되어 있다.

漢字의 簡化로 종래 쓰던 正體字(繁體字)의 평균 자획이 19획이었는데, 簡化後에는 평균 자획이 11획으로 되었다. 예를 들면 「積極響應 → 積极響應」과 같이 자획이 크게 줄어들었다.

무조건 漢字의 字畫을 줄이어 漢字의 四難(難認, 難記, 難寫, 難用)을 해결하려고 한 것은 문제가 있었다.

臺灣의 文字學者인 杜學知는 漢字의 繁簡과 學習의 難易에 대한 여러학자들의 연구를 분석 종합하여 "由以上中外人士的研究看來, 漢字的學習, 在字形方面, 筆畫複雜的字, 較之筆畫簡單的字, 學習容易; 而12畫的字, 又比3畫和6畫的字, 學習容易. 繁體字旣較簡體字爲易字, 然而也有一個限度, 如果超過了限度, 便和簡體字同樣的難學; 適中的字體, 以14畫至19畫的字, 爲最容易學習. 綜合各家之說, 則知易識易記的字, 爲12畫至19畫之間, 以全部漢字中, 以11畫至16畫間的字爲最多, 便正合於漢字學習效率的標準. 一些人想盡把漢字改成3, 5畫的簡體字, 那只有徒增學習上的困難而已.(漢字三論, p.55)라고 結論을 내렸다. 즉 실험결과 漢字의 3획이나 6획의 글자보다 12획의 글자를 더 쉽게 알고 기억한다는 것이다. 너무 복잡해도 알기 어렵지만, 14획에서 19회의 글자가 가장 쉽게 익힌다는 것이다. 전체 漢字 가운데 11획에서 16획의 글자가 가장 많으니 漢字는 현재 쓰이는 正體字(繁體字)가 오히려 학습 효율상 적합하다는 것이다.

컴퓨터 時代가 도래하면서 肉筆로 쓰는 것보다는 視覺的으로 보는 것이 日常化되고 있는 오늘날에 있어서는 簡體字, 나아가 表音文字보다는 漢字가 더욱 컴퓨터에 適合한 文字라는 것을 긍정하지 않을 수 없다.

(6) 簡化의 方法

현재 中國에서 쓰고 있는 簡化字를 분류하여 보면 옛부터 사용하여 온 略字와 同音字, 新造字로 구별된다. 1956년에 발표한 簡化字 총 515개 字中 324字(63%)가 이미 옛부터 사용되어 온 略字이다.(周有光 : 新語文的建設, p.236)

1) 在來 略字

① 古體字

ㄱ) 古本字 : 義音(形聲)化 이전의 原字를 그대로 쓴 것.

例 : 云(雲), 电(電), 众(衆), 从(從), 胡鬆(鬍鬚)

ㄴ) 古同字 : 옛날에 異體字로서 같이 쓰인 것

例 : 礼(禮), 尔(爾), 万(萬), 无(無)

ㄷ) 古通用字 : 본래 다른 글자이나 통용되었던 것

例 : 后(後), 才(纔)

② 俗　字 : 예로부터 일반에서 널리 쓰여 온 略字를 그대로 취한 것

例 : 体(體), 声(聲), 国(國), 双(雙), 会(會), 区(區), 独(獨), 战(戰) 旧(舊), 厅(廳), 铁(鐵), 阳(陽), 阴(陰)

③ 草書字 : 草書體를 楷書化한 것

例 : 书(書), 为(爲), 东(東), 时(時), 长(長), 车(車), 门(門), 发(發)

2) 同音異字

① 異體字 : 字義와 字音이 같지만 字形이 다른 字는 少畫字를 취한 것.

例 : 朴(樸), 荐(薦), 仿(髣), 晒(曬)

② 同音假借字 : 少畫의 同音假借字를 취한 것.

例 : 斗(鬪), 太(泰), 元(圓), 了(瞭), 范(範)

③ 同音異義字 : 字音은 같으나, 字義는 전연 다른 字를 쓴 것.

例 : 表(錶), 旦(蛋), 姜(薑), 卜(蔔), 干(乾, 幹), 面(麵), 松(鬆), 里(裏), 向(嚮), 丁(盯, 叮, 釘, 靪)

3) 新造字

① 省畫字 : 正字體에서 字畫을 省略한 것

ㄱ) 一邊의 省略

例 : 录(錄), 亲(親), 号(號), 复(復, 複) 务(務), 丽(麗), 夸(誇)

ㄴ) 兩邊의 省略

例 : 术(術), 关(關), 复(覆)

ㄷ) 一角의 省略

例 : 际(際), 阳(陽), 垦(墾)

ㄹ) 內外의 省略

例 : 开(開), 奋(奮), 灭(滅), 疟(瘧), 宁(寧), 广(廣)

ㅁ) 其他

例 : 丰(豐), 汇(匯), 卤(鹵), 业(業), 飞(飛)

② 改形字 : 正體字의 字畫을 改形한 것.

ㄱ) 形聲式 造字法에 의하여 고친 것

例 : 刮(颳), 腭(顎)<形旁을 바꾼 것>

洁(潔), 痒(癢), 虾(蝦)<聲旁을 바꾼 것>

惊(驚), 响(響)<形, 聲旁을 바꾼 것>

ㄴ) 會意式 造字法에 의하여 고친 것

例 : 灶(竈), 尘(塵), 队(隊), 笔(筆)

ㄷ) 字形의 輪郭을 취한 것

例 : 齐(齊), 乔(喬), 庆(慶), 变(變), 团(團)

③ 表音字 : 現代 白話音에 의하여 字形을 고친 것.

例 : 华(華), 宪(憲), 毕(畢), 垃(壁) 丛(叢)

※ 表音字 중에는 入聲音이 탈락된 상태의 현대 中國 漢字音이나, 口蓋音化된 字音으로 造字하였기 때문에 韓國이나 日本에서는 이해하기 어렵다. 例를 들면

迟(遲), 态(態), 选(選), 适(適), 迁(遷), 达(達)[38], 宾(賓), 历(曆, 歷) 艺(藝), 认(認), 纤(纖, 縴), 邮(郵), 审(審), 牺(犧), 胶(膠), 钻(鑽) 积(積), 酿(釀), 补(補), 识(識), 彻(徹), 优(優), 辽(遼), 矶(磯), 极(極), 拟(擬), 块(塊), 阶(階)

④ 符號 使用字 : 字義나 字音과는 관계 없는 符號로써 字畫을 簡化한 것.

ㄱ) <丶> 例 : 办(辦), 协(協), 苏(蘇)

ㄴ) <㐅> 例 : 区(區), 赵(趙), 风(風)

ㄷ) <又> 例 : 汉(漢), 劝(勸), 仅(僅), 对(對), 戏(戲), 鸡(鷄) 邓(鄧), 树(樹), 娃(鞋), 凤(鳳)

---

38) '達(달)'을 '达'로 造字한 것은 '达'이 '따'로 발음되기 때문에 '達(따)'와 同音이 될 수 있고, '憲(헌)'을 '宪'으로 造字한 것은 '宪'이 '션'으로 발음되기 때문에 '憲'과 同音이 될 수 있지만, 韓國人들은 인식하기 어렵다.

ㄹ) <刂> 例 : 师(師), 归(歸), 帅(帥)

ㅁ) <⺍> 例 : 学(學), 誉(譽), 兴(興)

ㅂ) <不> 例 : 还(還), 环(環), 坏(壞), 怀(懷)

ㅅ) <兰> 例 : 兰(籃, 藍, 蘭), 㤘(懶), 栏(欄)

⑤ 重疊 符號字 : 같은 字形이 거듭 쓰일 때 重文符號로써 표기한 것

ㄱ) <⺀> 例 : 枣(棗), 搀(攙), 谗(讒)

ㄴ) <又> 例 : 轰(轟), 聂(聶), 摄(攝), 叒(磊)

⑥ 其他 : 本來 字形과 별관계 없는 符號로써 簡化한 것.

例 : 义(義), 卫(衛), 刍(芻), 头(頭), 圣(聖), 买(買), 帘(簾)

4) 民間 簡化字

中國文字改革委員會가 정한 2,253字의 簡化字 외에 일반 민간에서 쓰는 簡化字가 적지 않게 通用되고 있다. 그것은 1986년 6월 24일 교육부에서 제2차로 발표한 簡化字를 폐지할 것을 공포했으나, 民間에서는 여전히 쓰고 있는 실정이다.

例 : 宂(家)39) 亍(街) 歺(餐) 氿(酒) 昜(量) 芧(菜) 尸(展) 芏(藏)
仃(停) 𫐌(輾) 仝(童) 石(面) 冇(南) 彐(雪) 占(点) 辺(道)

5) 合體簡字

合體簡字 곧 代詞字는 試案에 불과하지만, 漢字의 簡化가 이런

39) 집(宀)안에 사람(人)이 있어야지, 돼지(豕 : 돼지 시)가 있어서는 집이 될 수 없다는 단순한 생각에서 만들어진 簡化字이다.

方向으로 構想되고 있음은 簡化라기 보다는 繁化라 할 수 있고, 發展이라기 보다는 畸形이므로 더 이상 試圖할 가치가 없다고 생각된다.

例를 들면 다음과 같다.(王鳳陽 : 漢字學에서)

公報 → ⿰公及　反對 → ⿰反寸　圖書 → ⿴囗书　互助 → ⿰互力　空氣 → ⿹气空

幹部 → 邗　世界 → ⿱廾介　南京 → ⿵南京　帝國主義 → 図

性情 → 情　國民 → ⿴囗民　階級 → ⿰阝及

우리나라 教育用 漢字 1,800字를 簡化字와 비교하여 보면, 638字가 다른 형태로 되어 있고, 그 중 字形이 비슷하여 識別이 가능한 것은 428字, 韓國人으로서 識別하기 어려운 것은 210字이다. 그것을 도표로 보이면 다음과 같다.

簡化字 比較(教育用 漢字 1,800字 中 變形字 638字)[40)]

◈ : 識別可能한 變形字 428字

◇ : 識別이 어려운 變形字 210字　(　)안의 字는 簡化字 〈가나다順〉

◇가 價(价) ◈각 覺(觉) ◈각 閣(阁) ◈각 角(角) ◈간 簡(简) ◇간 姦(奸) ◇간 幹(干)
◇간 懇(恳) ◈간 間(间) ◇감 鑑(鉴) ◈감 監(监) ◈감 減(减) ◈강 鋼(钢) ◈강 綱(纲)
◈강 剛(刚) ◇강 講(讲) ◈개 慨(慨) ◈개 概(概) ◈개 蓋(盖) ◇개 個(个) ◇개 開(开)
◇거 據(据) ◈거 車(车) ◈거 擧(举) ◇걸 傑(杰) ◈검 劍(剑) ◈검 儉(俭) ◈검 檢(检)
◇격 擊(击) ◈견 見(见) ◈견 堅(坚) ◈결 決(决) ◈결 結(结) ◇결 潔(洁) ◈겸 謙(谦)
◈경 鏡(镜) ◈경 傾(倾) ◈경 徑(径) ◈경 頃(顷) ◇경 驚(惊) ◈경 競(竞) ◈경 經(经)

40) 全漢俊 : 中國 簡體字에 관한 小考 (한글+漢字문화 第40號, 全國漢字教育推進總聯合會)

◈경 輕(轻) ◇경 慶(庆) ◈계 繼(継) ◇계 階(阶) ◈계 係(系) ◇계 啓(启) ◇계 鷄(鸡)
◈계 計(计) ◇고 顧(顾) ◈고 庫(库) ◇곡 穀(谷) ◈공 貢(贡) ◈과 誇(夸) ◇과 過(过)
◈과 課(课) ◈관 貫(贯) ◈관 慣(惯) ◈관 館(馆) ◈관 寬(宽) ◇관 關(关) ◈관 觀(观)
◇광 鑛(矿) ◇광 廣(广) ◈괘 掛(挂) ◇괴 壞(坏) ◇괴 塊(块) ◈교 較(较) ◈교 矯(矫)
◈교 橋(桥) ◈구 懼(惧) ◇구 龜(龟) ◈구 鷗(鸥) ◈구 驅(驱) ◇구 構(构) ◈구 區(区)
◇구 舊(旧) ◈국 國(国) ◈군 軍(军) ◇궁 窮(穷) ◇권 勸(劝) ◈권 權(权) ◈귀 貴(贵)
◇귀 歸(归) ◈규 規(规) ◈규 閨(闺) ◇극 劇(剧) ◇극 極(极) ◈근 謹(谨) ◇근 僅(仅)
◈금 錦(锦) ◈급 級(级) ◈급 給(给) ◈기 騎(骑) ◈기 飢(饥) ◇기 棄(弃) ◇기 機(机)
◈기 氣(气) ◈기 記(记) ◇기 幾(几) ◈기 旣(既) ◈긴 緊(紧) ◈낙 諾(诺) ◈난 難(难)
◇녕 寧(宁) ◇농 濃(浓) ◇농 農(农) ◇뇌 腦(脑) ◇뇌 惱(恼) ◇단 壇(坛) ◈단 斷(断)
◈단 團(团) ◈단 單(单) ◇달 達(达) ◈담 擔(担) ◈담 談(谈) ◈당 當(当) ◈대 貸(贷)
◈대 臺(台) ◇대 隊(队) ◈대 對(对) ◇도 導(导) ◇도 圖(图) ◈도 島(岛) ◈독 篤(笃)
◇독 讀(读) ◈독 獨(独) ◈동 凍(冻) ◈동 銅(铜) ◇동 動(动) ◈동 東(东) ◇두 頭(头)
◈둔 鈍(钝) ◇등 燈(灯) ◇라 羅(罗) ◈락 絡(络) ◇락 樂(乐) ◇란 爛(烂) ◇란 欄(栏)
◈란 亂(乱) ◇란 蘭(兰) ◈람 濫(滥) ◈람 覽(览) ◈람 藍(蓝) ◈래 來(来) ◈량 諒(谅)
◇량 糧(粮) ◈량 兩(两) ◈려 慮(虑) ◇려 麗(丽) ◈려 勵(励) ◇력 曆(历) ◇력 歷(历)
◇련 鍊(炼) ◈련 蓮(莲) ◇련 憐(怜) ◈련 聯(联) ◈련 戀(恋) ◈련 練(练) ◈련 連(连)
◈렴 廉(廉) ◇령 嶺(岭) ◇령 靈(灵) ◈령 領(领) ◈례 禮(礼) ◇로 爐(炉) ◈로 勞(劳)
◈록 祿(禄) ◇록 錄(录) ◈록 綠(绿) ◇론 論(论) ◈뢰 賴(赖) ◇룡 龍(龙) ◇루 淚(泪)
◈루 樓(楼) ◈루 屢(屡) ◈류 類(类) ◈륙 陸(陆) ◈륜 輪(轮) ◇륜 倫(伦) ◈리 離(离)
◇리 裏(里) ◇린 隣(邻) ◇림 臨(临) ◈마 馬(马) ◈만 蠻(蛮) ◈만 滿(满) ◈만 萬(万)
◇매 賣(卖) ◇매 買(买) ◇맥 脈(脉) ◈맥 麥(麦) ◈면 免(免) ◇멸 滅(灭) ◈명 銘(铭)
◈명 鳴(鸣) ◈모 謀(谋) ◈몰 沒(没) ◇몽 夢(梦) ◇묘 廟(庙) ◈무 貿(贸) ◈무 霧(雾)
◈무 務(务) ◈무 無(无) ◈문 門(门) ◈문 聞(闻) ◈문 問(问) ◈민 憫(悯) ◈반 盤(盘)
◈반 返(返) ◈반 半(半) ◈반 反(反) ◈반 飯(饭) ◈발 拔(拔) ◇발 髮(发) ◇발 發(发)
◈방 倣(仿) ◈방 訪(访) ◈배 輩(辈) ◈백 栢(柏) ◈번 飜(翻) ◈번 煩(烦) ◈벌 罰(罚)
◇범 汎(泛) ◇범 範(范) ◇변 邊(边) ◈변 辯(辩) ◈변 變(变) ◈병 竝(并) ◈병 屛(屏)
◈보 譜(谱) ◈보 寶(宝) ◇보 補(补) ◈보 報(报) ◈복 複(复) ◈복 復(复) ◈봉 峯(峰)
◈봉 鳳(凤) ◈부 負(负) ◇부 膚(肤) ◈부 賦(赋) ◇부 婦(妇) ◈분 憤(愤) ◇분 奮(奋)
◇분 墳(坟) ◈분 紛(纷) ◈비 費(费) ◈비 飛(飞) ◇비 備(备) ◈빈 頻(频) ◇빈 賓(宾)
◈사 寫(写) ◈사 査(查) ◈사 辭(辞) ◈사 詞(词) ◈사 詐(诈) ◈사 捨(舍) ◈사 師(师)
◈사 謝(谢) ◈사 絲(丝) ◈산 產(产) ◈살 殺(杀) ◈상 狀(状) ◈상 詳(详) ◇상 償(偿)
◇상 嘗(尝) ◈상 賞(赏) ◇상 傷(伤) ◈상 喪(丧) ◈서 緖(绪) ◇서 書(书) ◈석 釋(释)

◈선 禪(禅) ◈선 線(线) ◈선 選(选) ◈설 說(说) ◈설 設(设) ◈성 誠(诚) ◇성 聖(圣)
◈성 聲(声) ◇세 歲(岁) ◈세 細(细) ◈세 勢(势) ◈세 稅(税) ◈소 燒(烧) ◈소 掃(扫)
◈소 騷(骚) ◇소 蘇(苏) ◈소 訴(诉) ◈속 屬(属) ◈속 續(续) ◈손 損(损) ◇손 孫(孙)
◈송 誦(诵) ◈송 頌(颂) ◈송 訟(讼) ◈송 送(送) ◈쇄 鎖(锁) ◈쇠 衰(衰) ◈수 帥(帅)
◈수 遂(遂) ◇수 獸(兽) ◈수 隨(随) ◈수 輸(输) ◈수 數(数) ◇수 雖(虽) ◈수 壽(寿)
◈수 須(须) ◈수 誰(谁) ◈수 樹(树) ◈숙 肅(肃) ◈순 脣(唇) ◈순 殉(殉) ◈순 順(顺)
◈술 述(述) ◇술 術(术) ◇습 襲(袭) ◈습 濕(湿) ◇습 習(习) ◈승 僧(僧) ◈승 昇(升)
◇승 勝(胜) ◈시 詩(诗) ◈시 視(视) ◈시 試(试) ◈시 時(时) ◈식 飾(饰) ◇식 識(识)
◈식 植(植) ◈신 晨(晨) ◈신 愼(慎) ◈실 實(实) ◇심 審(审) ◈심 尋(寻) ◇쌍 雙(双)
◈아 餓(饿) ◈아 亞(亚) ◇아 兒(儿) ◈악 惡(恶) ◈안 顔(颜) ◈알 謁(谒) ◈암 巖(岩)
◈압 壓(压) ◈애 愛(爱) ◈액 額(额) ◈약 約(约) ◈약 藥(药) ◈양 樣(样) ◈양 楊(杨)
◈양 揚(扬) ◇양 養(养) ◇양 陽(阳) ◇양 讓(让) ◈어 魚(鱼) ◈어 語(语) ◈어 漁(渔)
◇억 憶(忆) ◇억 億(亿) ◇엄 嚴(严) ◇업 業(业) ◈여 輿(舆) ◇여 與(与) ◈여 餘(馀)
◈역 驛(驿) ◇역 譯(译) ◈연 鉛(铅) ◈연 軟(软) ◈연 煙(烟) ◈열 熱(热) ◇염 鹽(盐)
◇엽 葉(叶) ◈영 詠(咏) ◈영 營(营) ◈영 榮(荣) ◈예 譽(誉) ◈예 銳(锐) ◇예 藝(艺)
◈오 嗚(呜) ◈오 娛(娱) ◈오 烏(乌) ◈오 誤(误) ◈옥 獄(狱) ◈와 臥(卧) ◈완 緩(缓)
◈요 謠(谣) ◈요 搖(摇) ◈욕 慾(欲) ◈우 郵(邮) ◇우 優(优) ◇우 憂(忧) ◈운 韻(韵)
◈운 運(运) ◈운 雲(云) ◈원 員(员) ◈원 園(园) ◇원 願(愿) ◇원 遠(远) ◈원 圓(圆)
◇위 衛(卫) ◇위 違(违) ◈위 僞(伪) ◈위 緯(纬) ◈위 謂(谓) ◈위 圍(围) ◈위 爲(为)
◇위 偉(伟) ◈유 誘(诱) ◈유 維(维) ◇유 猶(犹) ◈유 遺(遗) ◈윤 閏(闰) ◈윤 潤(润)
◈은 銀(银) ◈음 飮(饮) ◇음 陰(阴) ◇응 應(应) ◇의 儀(仪) ◇의 議(议) ◈의 醫(医)
◇의 義(义) ◈이 貳(贰) ◇이 異(异) ◈익 益(益) ◇인 認(认) ◈임 賃(赁) ◈자 姉(姊)
◈작 爵(爵) ◈잔 殘(残) ◈잠 蠶(蚕) ◈잠 暫(暂) ◈잠 潛(潜) ◇잡 雜(杂) ◈장 張(张)
◈장 帳(帐) ◈장 裝(装) ◈장 臟(脏) ◇장 莊(庄) ◈장 腸(肠) ◇장 奬(奖) ◇장 粧(妆)
◈장 場(场) ◈장 壯(壮) ◈장 將(将) ◈장 長(长) ◈재 載(载) ◈재 才(才) ◈재 財(财)
◈쟁 爭(争) ◈저 貯(贮) ◇적 積(积) ◈적 賊(贼) ◈적 蹟(迹) ◈적 績(绩) ◈적 跡(迹)
◇적 適(适) ◇적 敵(敌) ◇전 轉(转) ◇전 專(专) ◈전 戰(战) ◇전 傳(传) ◇전 電(电)
◈전 錢(钱) ◈절 絶(绝) ◇절 節(节) ◈점 漸(渐) ◈점 點(点) ◈정 訂(订) ◈정 頂(顶)
◈정 靜(静) ◈정 貞(贞) ◈제 齊(齐) ◈제 濟(济) ◈제 際(际) ◈제 題(题) ◈제 諸(诸)
◈제 製(制) ◈조 組(组) ◈조 弔(吊) ◇조 條(条) ◈조 調(调) ◈조 鳥(鸟) ◈존 尊(尊)
◇종 縱(纵) ◇종 種(种) ◇종 鐘(钟) ◇종 從(从) ◈주 晝(昼) ◈준 遵(遵) ◇준 準(准)
◇중 衆(众) ◈증 贈(赠) ◈증 憎(憎) ◈증 證(证) ◈증 曾(曾) ◈증 增(增) ◇지 遲(迟)
◈지 紙(纸) ◇직 織(织) ◇직 職(职) ◈직 直(直) ◇진 陣(阵) ◈진 陳(陈) ◈진 鎭(镇)

◇진 進(进) ◆진 眞(真) ◇진 盡(尽) ◇질 姪(侄) ◆질 質(质) ◆집 執(执) ◆징 懲(惩)
◆착 錯(错) ◆착 着(着) ◆찬 讚(赞) ◆찬 贊(赞) ◇참 慙(惭) ◆참 參(参) ◆창 創(创)
◆창 蒼(苍) ◇창 倉(仓) ◆창 滄(沧) ◆창 暢(畅) ◇창 窓(窗) ◆채 債(债) ◆채 採(采)
◆책 責(责) ◆처 悽(凄) ◇처 處(处) ◇천 薦(荐) ◇천 遷(迁) ◆천 賤(贱) ◆천 踐(践)
◆천 淺(浅) ◇철 徹(彻) ◇철 鐵(铁) ◇청 廳(厅) ◇청 聽(听) ◆청 請(请) ◆체 體(体)
◇초 礎(础) ◆촉 觸(触) ◆촉 燭(烛) ◇총 總(总) ◆총 聰(聪) ◆총 銃(铳) ◇추 醜(丑)
◆축 築(筑) ◇충 衝(冲) ◆충 蟲(虫) ◆측 測(测) ◆측 側(侧) ◆층 層(层) ◇치 恥(耻)
◆치 値(值) ◆치 置(置) ◆치 齒(齿) ◆칙 則(则) ◇친 親(亲) ◆침 針(针) ◆칭 稱(称)
◇탁 濁(浊) ◇탄 歎(叹) ◇탄 彈(弹) ◇탈 奪(夺) ◆탈 脫(脱) ◆탐 貪(贪) ◆탕 湯(汤)
◇태 態(态) ◇택 澤(泽) ◇택 擇(择) ◆토 討(讨) ◆통 統(统) ◇투 鬪(斗) ◇파 罷(罢)
◆파 頗(颇) ◆판 販(贩) ◆패 貝(贝) ◆패 敗(败) ◆편 遍(遍) ◆평 評(评) ◆폐 廢(废)
◇폐 幣(币) ◆폐 閉(闭) ◆포 飽(饱) ◆풍 楓(枫) ◆풍 風(风) ◇풍 豊(丰) ◇필 畢(毕)
◆필 筆(笔) ◆학 學(学) ◇한 漢(汉) ◆한 韓(韩) ◆한 閑(闲) ◆항 項(项) ◆해 該(该)
◇향 響(响) ◇향 鄕(乡) ◆허 許(许) ◆헌 獻(献) ◇헌 憲(宪) ◆헌 軒(轩) ◆험 險(险)
◆험 驗(验) ◇현 絃(弦) ◇현 懸(悬) ◇현 縣(县) ◇현 顯(显) ◆현 現(现) ◆현 賢(贤)
◇협 脅(胁) ◆협 協(协) ◆형 螢(萤) ◇호 護(护) ◆호 號(号) ◆홍 鴻(鸿) ◆홍 紅(红)
◆화 禍(祸) ◆화 畵(画) ◆화 話(话) ◆화 貨(货) ◇화 華(华) ◇확 擴(扩) ◇확 穫(获)
◇확 確(确) ◇환 還(还) ◇환 環(环) ◆환 換(换) ◇환 歡(欢) ◇회 懷(怀) ◆회 會(会)
◆획 獲(获) ◇획 劃(划) ◆효 曉(晓) ◆훈 訓(训) ◆휘 揮(挥) ◆휘 輝(辉) ◆흥 興(兴)
◇희 戲(戏)

(7) 結 言

이상과 같이 中國의 簡化字를 분석하여 볼 때, 우리 나라에서 受用해도 별 지장이 없는 것들을 먼저 간추려 보면 다음과 같다.

○ 종래 사용해 온 略字(古本字, 古同字, 俗字, 草書字, 同音同義者, 同音仮借字)는 일부를 제외하고는 韓國에서도 통용될 수 있다. 그러나 古本字의 '胡须(鬍鬚)', '丁'(釘)', 草書字의 '书(書)', '发(發)',

同音異字의 ‘表(錶)’, ‘旦(蛋)’, ‘范(範)’ 등은 韓國의 漢字로는 通用되기 어렵다. 특히 同音異字는 문제가 크다. 구체적으로 경우를 들면, 「師範大學」을 韓國에서 「師范大學」이라고 썼을 때 일반이 認識할 수도 없고, 또한 「師範」의 기성 觀念을 파괴하여 師資의 根本을 상실하게 될 것이다. 「表裏不同」을 韓國에서 「表里不同」으로 쓴다면 無識人으로 취급당하게 된다.

○ 省略字의 ‘号(號)’, 改形字의 ‘团(團)’, 符號使用字의 ‘区(區)’, ‘学(學)’, 重疊符號字의 ‘摄(攝)’ 등은 韓國에서도 통용될 수 있다.

簡化字 중 韓國에서 通用이 어려운 것은 新造字인데, 그러나 그 數가 100餘字에 불과하므로 적극적으로 學習하려는 意欲만 있다면 容易하게 익힐 수 있을 것이다.

新造字 중에도 尘(塵 : 티끌 진), 龟(龜), 灶(竈) 등은 현대적인 감각으로 볼 때 正字體보다도 더욱 합리성도 있고 재미도 있다.

이미 大學의 中國語科 학생이나 일반의 中國語 學習者를 통하여 中國의 簡化字가 많이 인식되고 있으나, 一般人들도 簡化字가 漢字와 전연 무관한 新造字가 아니라, 그 바탕은 대부분 종래의 漢字에서 淵源되었음을 알고 익힌다면 오히려 재미있게 익힐 수도 있다.

過去에도 中國의 書體가 바뀔 때마다 우리의 先人들은 그에 副應하여 積極的으로 受容하였다. 13億 人口의 中國 簡化字가 우리에게 直, 間接으로 미칠 影響力과 國家 競爭力의 提高를 감안할 때, 약 半世紀 동안 外面했던 中國의 簡化字를 하루 속히 受容할 것을 提議하는 바이다.

끝으로 부언할 것은 오늘날 컴퓨터의 발달로 漢字의 기계에 별 문제가 없기 때문에 視覺的인 識別에 있어서는 簡體字보다도 繁體字(正字體)가 더 용이하다는 실험결과가 나왔음을 감안하여, 中國에서 하루 속히 무리한 簡體字는 正體字로 복원하여 사용하는 것이 韓·中·日 三國의 漢字文化圈의 유대관계를 더욱 원활히 하고, 東勢西漸의 시대를 이룩하는 데 도움이 될 것이다.

《 參 考 文 獻 》

中國文字拉丁化文獻 : 拉丁化出版社 編譯部, 中國 上海, 1940
漢語研究小史 : 王立達, 中國 北京, 商務印書館, 1959
中國書法概要 : 陳其銓, 中華民國 臺北, 中國美術出版社, 1968
中共文字改革與漢字前途 : 汪學文, 中華民國 臺北, 1973
漢字三論 : 杜學知, 中華民國 臺北, 藝文印書館, 1975
中國甲骨學史 : 吳浩坤, 潘悠, 中國 上海, 上海人民出版社, 1985
中國古文字學通論 : 高明, 中國 北京, 文物出版社, 1987
漢字·漢字改革史 : 武占坤 馬國凡, 中國 長沙, 湖南人民出版社, 1988
漢字學 : 汪鳳陽, 中國 長春, 吉林文史出版社, 1989
新語文的建設 : 周有光, 中國 北京, 語文出版社, 1992

III

六　書

1. 六書의 槪略
2. 象形字
3. 指事字
4. 會意字
5. 形聲字
6. 假借・轉注字

1

六書의 槪略

古韓契 즉 漢字는 訓民正音처럼 世宗大王의 독자적인 연구에 의하여 創制된 문자가 아니라, 여러 사람들의 依類象形의 造字法에 의하여 먼저 獨體字인 「象形」字가 만들어진 뒤, 各時代와 各地方에 따라 점점 增字된 文字이기 때문에, 古韓契을 학습하는 데 있어서는 무엇보다도 먼저 古韓契 전체의 조직 체계를 이해하여야 한다. 造字의 근본원리를 이해하지 못하고, 수 천자나 되는 문자를 무조건 암기하는 것으로 이해하려는 것은 무모한 文字學習 방법일 뿐 아니라, 일반 言衆의 知能 수준으로는 불가능한 일이다.

종래 우리 나라에 있어서 古韓契의 학습 방법을 고찰하여 보면, 蒙學書인 『千字文』을 무조건 암기하여 터득하는 방법을 답습하여 왔기 때문에 文字學習 과정 초기에서부터 흥미를 가지기보다도 漢字는 우선 학습하기 어려운 문자라는 선입관으로 일관하여

周禮卷十四　六
保氏掌諫王惡 諫者以禮義正之文王世子曰保也者愼其身以輔翼之而歸諸道者也
疏 保氏掌諫王惡○釋曰掌諫王惡者師氏掌三德三行以美道詔王保氏以師氏之德行審喩王王有惡則諫之故云掌諫王惡○注諫者至者也○釋曰云諫者以禮義正之者君臣主義故知諫者以禮義諫正王也引文王世子者彼亦是教世子法以教世子法保護王身同故引之以其保者是保安之義故使王謹愼其身而歸於道
而養國子以道乃教之六藝一曰五禮二曰六樂三曰五射四曰五馭五曰六書六曰九數乃教之六儀一曰祭祀之容二曰賓客之容三曰朝廷之容四曰喪紀之容五曰軍旅之容六曰車馬之容 養國子以道者以師氏之德行審諭之而後教之以藝儀也五禮吉凶賓軍嘉也六樂雲門大咸大韶大夏大濩大武也鄭司農云五射白矢參連剡注襄尺井儀也五馭鳴和鸞逐水曲過

▲『周禮』

오고 있다.

그러므로 앞에서 서술한 바와 같이 우리의 자랑스러운 古韓契을 마치 이민족의 문자인 한자를 차용하여 쓰고 있다고 생각하는 歪曲된 민족의식도 조속히 시정되어야 하겠지만, 또한 漢字 곧 古韓契은 우선 학습하기 어려운 문자라는 선입관도 해소하여야 올바른 국어생활인 기본의식을 확립할 수 있을 것이다.

이 문제를 해소하기 위해서는 종래의 무조건 암기방법을 불식하고, 古韓契의 造字原理인 「六書」의 조직을 우선 체계적으로 이해하여야 한다.

먼저 「六書」의 명칭 유래부터 고문헌에서 찾아보면 다음과 같다. 周代의 官制書인 『周禮』의 「保氏掌諫王惡, 而養國子以道. 乃教之六藝:一曰五禮, 二曰六樂, 三曰五射, 四曰五馭, 五曰六書, 六曰九數.」(권 제14)라는 기록 중 「六書」의 출현이 고문헌 가운데 가장 오래 된 근거이다. 이 「六書」에 대하여 鄭衆의 註에서는 「六書: 象

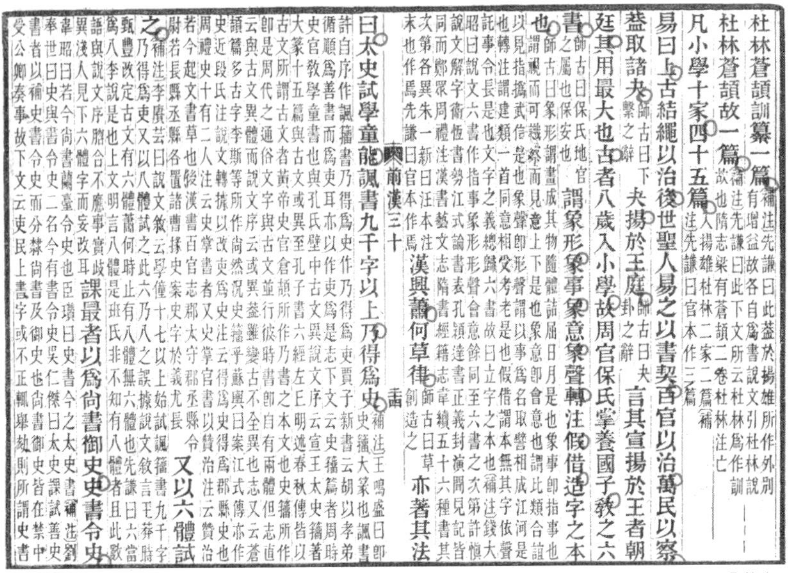
杜林蒼頡訓纂一篇
杜林蒼頡故一篇
凡小學十家四十五篇
易曰上古結繩以治後世聖人易之以書契百官以治萬民以察
蓋取諸夬 夬揚於王庭 言其宣揚於王者朝
廷其用最大也古者八歲入小學故周官保氏掌養國子教之六
書 謂象形象事象意象聲轉注假借造字之本
也
漢興蕭何草律 亦著其法
曰太史試學童能諷書九千字以上乃得爲史
又以六體試
之 課最者以爲尚書御史史書令史

▲『漢書』

形, 會意, 轉注, 假借, 諧聲也.」라 하였다. 또한 班固의 『漢書』에는 「古者八歲入小學. 故周官保氏掌養國子, 敎之六書: 謂象形, 象事, 象意, 象聲, 轉注, 假借, 造字之本也.」(藝文志 第10)라는 기록이 있으나, 이 기록도 『周禮』에 근거한 것임을 알 수 있다. 『周禮』에 근거하여 체계적으로 소상하게 설명한 자료로는 後漢 和帝(A.D. 100) 때 許愼의 『說文解字』에 「周禮:八歲入小學, 保氏敎國子, 先以六書. 一曰指事:指事者, 視而可識, 察而見意, 上下是也. 二曰象形:象形者, 畫成其物, 隨體詰詘, 日月是也. 三曰形聲:形聲者, 以事爲名, 取譬相成, 江河是也. 四曰會意:會意者, 比類合誼, 以見指撝, 武信是也. 五曰轉注:轉注者, 建類 一首, 同意相受, 考老是也. 六曰假借:假借者, 本無其字, 依聲託事, 令長是也.」라고 기록한 것이다.

이상의 문헌에 의하면, 「六書」는 곧 造字之本으로서 조직체계를 갖추어 분류한 것이 이미 周代의 사실로 나타났다. 그러나 『周禮』는 周公의 저작도 아니고, 劉歆의 저작도 아니며, 마땅히 戰國時代의 저작이라고 詳證하였다. 이 고증에 의하여도 「六書」는 秦漢時代 이전 戰國時代(B.C. 403~B.C. 221)에 이미 체계화되었음을 알 수 있다.

班固와 許愼이 모두 『周禮』에 근거하여 六書를 기록하였으나, 그 명칭과 순서는 불일치하며, 그 뒤 제학자들의 六書 분류도 불일함을 참고로 林尹 編著 『文字學概說』에서 인용 도시하면 다음과 같다.

六書의 名稱과 順序

人 名	書 名	名稱 및 順序
班 固	漢書藝文志	象形, 象事, 象意, 象聲, 轉注, 假借
鄭 衆	周禮解詁	象形, 會意, 轉注, 處事, 假借, 諧聲
許 愼	說文解字敍	指事, 象形, 形聲, 會意, 轉注, 假借
衛 恒	四體書勢	指事, 象形, 形聲, 會意, 轉注, 假借
顧野王	玉篇	象形, 指事, 形聲, 轉注, 會意, 假借
陳彭年	唐韻	象形, 會意, 諧聲, 指事, 假借, 轉注
鄭 樵	通志六書略	象形, 指事, 會意, 指事, 轉注, 假借
王應麟	困學紀聞	象形, 指事, 會意, 指事, 轉注, 假借
張 有	復古編	象形, 指事, 會意, 指事, 假借, 轉注
趙古則	六書本義	象形, 指事, 會意, 指事, 假借, 轉注
吳元滿	六書正義	象形, 指事, 會意, 指事, 假借, 轉注
戴 侗	大書故	指事, 象形, 會意, 轉注, 龤聲, 假借
楊 恒	六書溯源	象形, 會意, 指事, 轉注, 諧聲, 假借
王應電	同文備考	象形, 會意, 指事, 諧聲, 轉注, 假借

각 학자들의 六書 명칭을 비교하여 볼 때, 象形, 轉注, 假借의 三者는 동일하고, 나머지 三者는 구구부일하다. 곧 班固의 象事를 鄭衆은 處事, 許愼外 모두 指事라 하였고, 班固의 象意를 鄭衆 外 모두 會意라 하였고, 班固의 象聲을 鄭衆과 陳彭年·鄭樵·王應麟·張有·趙古則·吳元滿·楊恒, 王應電 등은 諧聲, 許愼과 衛恒, 顧野王 등은 形聲, 戴侗은 龤聲이라 하였다.

六書名의 妥當性 여부의 기준은 시대의 선후나 주장하는 학자들의 다소에 따를 일이 아니라, 造字의 원리에 근거함이 옳은 일이다. 전술한 바와 같이 古韓契은 造字의 과정을 소급하여 분석하여 볼 때, 初造字는 依類象形의 방법을 취하는 동시에, 사물의 형상유무에 따라 象具體之形과 象抽象之形의 방법으로 造字되었음을 알 수 있다. 그런데 象抽象之形의 抽象之形은 실제로는 形이 존재할 수 없으며, 곧 「物」의 상대를 이루는 「事」를 指稱하는 것이니, 象具體之形의 造字를 「象形」字로 칭함이 타당하다. 실례를 들어 설명하면 나무(木)의 줄기와 끝을 가리키어 「本」, 「末」을 造字함은 자형 그대로 指事한 것이요, 象事나 處事한 것이 아니다.

班固의 「象意」의 명칭도 결론적으로 말해서 「會意」만큼 타당성이 없다. 왜냐 하면 依類象形의 방법으로 造字한 象形과 指事字外에는 形聲相益의 방법으로 初文을 2개 이상 조합한 合體字이다. 그러므로 形形相益의 造字는 象意가 아니라, 마땅히 「會意」자로 칭하여야 한다. 실례를 들면 「男」은 「田」자와 「力」자의 會意이며, 「閒」은 「門」자와 「月」자의 會意요, 象意가 아니다.

「象聲」은 더욱 불합리한 명칭이다. 이것을 「諧聲」 또는 「龤聲」

이라 칭함도 造字의 원리를 참작하지 않고, 다만 造字 과정에 있어서 聲符만을 치중한 불합리한 명칭이다. 形聲相益의 合體字中에서도 形形相益은 「會意」자이니, 形聲相益 곧 形符와 聲符의 合體字는 말 그대로 「形聲」자라고 稱하는 것이 타당하다. 실례를 들면 「江」은 「水」자와 「工」자의 合體字이나, 會意字와는 달리, 의미를 나타내는 形符 「水」와 본래의 의미와는 관계없이 字音만을 취한 聲符 「工」의 合體字인 것이다.

다음은 六書의 순서도 인위적으로 적당히 정할 것이 아니라, 역시 造字된 初文 中 象具體之形의 象形字와 象抽象之形의 指事字는 어느 것이 先行順序이냐 하는 문제는 단순히 抽象的인 자형의 발생보다는 具體的인 자형의 발생이 선행되었을 것이라고 단정하면 간단하다. 그러나 문자의 발달을 하늘·땅·사람·동물 등의 모습을 단순히 그린 圖畵性에서보다도 文字의 뜻을 나타낸 최초의 자형인 글(契) 자처럼 사람과 사람 사이의 契約을 기억하기 위한 數字의 표시에서부터 발생되었을 것이라는 점에 착안하게 되면, 「日, 月, 鳥, 魚, 人(⊙ · ☽ · )」 등의 자형보다는 一·二·三·亖 등의 數字가 먼저 造字되었을 것이다.

그러나 指事字 중에는 數字만 있는 것이 아니라, 刃·本·末 등 象形의 과정으로 造字된 字形에 點劃을 加하여 指事한 자형이 더 많기 때문에 象形 다음에 指事의 차서를 두는 것이 타당하다고 생각된다.

會意와 形聲의 차서는 形聲相益 양자의 造字 방법 중 어느 것이 선행되었느냐를 정하는 데 따라 달라질 수 있다. 「日」과 「月」

의 合體字인 「明」자와 「水」와 「可」의 合體字인 「河」자의 어느 것이 먼저 造字되었느냐고 밝히는 일은 간단하지 않다.

甲骨文에서 「鷄」字를 찾아보면, 「」의 字形으로서 象形字이었던 것이 뒤에 「奚」 聲符를 加하여 「」(鷄)字로서 形聲字로 발전하였음을 알 수 있다. 또한 현재까지 해독된 殷代의 甲骨文 中 1,000여자를 六書別로 분류하여 본 결과, 象形이 500여字, 指事가 약 10자, 會意가 약 100자, 形聲이 약 350자, 假借가 10여자로 되어 있고, 漢代의 『說文解字』 중에 실린 9,353자를 역시 六書別로 분류하여 보면, 象形이 364자, 指事가 125자, 會意가 1,167자, 形聲이 7,697자로 되어 있는 것으로 추단하면 대개 會意에서 形聲으로 발전하였음을 알 수 있다.

班固는 六書를 「造字之本也」라 하였지만, 실은 「象形·指事·會意·形聲」만이 造字의 방법에 속하고, 「轉注·假借」는 用字의 방법에 속한다. 그러므로 轉注와 假借는 자형을 새로 만드는 것이 아니라, 이미 造字된 獨體字나 合體字 중에서, 語根과 意義가 相同하면서 자형이 다른 문자간에 뜻을 통하여 쓰는 것을 轉注라 하고, 同音字를 대신하여 다른 자의 뜻으로 쓰는 것을 假借라고 한다. 따라서 그 차서에 있어서는 어느 것을 앞세워도 관계없으나, 班固·鄭衆·許愼이 모두 轉注를 假借 앞에 배열한 것에 따라 대부분의 文字學者들이 그 차서를 정하였다.

結論的으로 설명하면, 六書의 명칭은 許愼의 『說文解字』에 따르고, 六書의 순서는 班固의 「漢書」 藝文志에 따라서 곧 「象形·指事·會意·形聲·轉注·假借」로 정함이 타당하다고 할 수 있다.

上述에서 고찰한 바와 같이 六書의 名稱이 먼저 정해진 뒤에 造字된 것이 아니라, 훨씬 후대에 와서 전해진 것처럼 六書의 組織體系도 그 規範이 설정된 뒤 造字된 것이 아니라, 造字된 字形의 構造와 運用方法을 歸納的으로 정리하여 體系化한 것이다. 그러므로 모든 字形을 六書 곧 象形·指事·會意·形聲·轉注·假借로 분류시키기는 쉽지 않다. 때로는 분류자에 따라 상치할 수도 있다.

그러나 依類象形의 初文인 象形字와 指事字만 造字의 原理를 충분히 알면, 合體字인 會意字나 形聲字는 배우지 않아도 理解가 가능한 것이 古韓契의 特徵이며 長點이다. 또한 初文인 象形이나 指事字는『說文解字』의 9,353字中 489字뿐이 안 되므로 실은 古韓契의 학습은 결코 어려운 것이 아니다.

表音文字中 音素文字는 대개 그 文字의 수가 30字 내외에 불과하지만, 文字로 표기된 單語를 발음대로 읽는 것으로는 그 나라 言語를 이해할 수 없으며, 적어도 常用語彙를 4,000語 정도는 暗記하여야 이해할 수 있다. 이에 대하여 古韓契은 1字가 곧 單語의 구실을 하기 때문에 1,000字만 암기하여도 4,000語彙 이상의 語彙驅使能力을 발휘할 수 있다.

다음에 六書를 順序에 따라 상세하게 獨體字를 풀이하게 되면, 나머지 合體字는 저절로 이해할 수 있다는 것을 인지하게 될 것이다.

2

象形字

許愼의 『說文解字』에서 「象形者, 畫成其物, 隨體詰詘, 日月是也.」라 言及한 것이 象形에 대한 최초의 定義라고 할 수 있다. 「象」은 본래 코끼리를 본딴 字形이기 때문에, 象形의 象은 곧 像의 假借字이다. 그러므로 여기서 「象形」은 곧 「像形」의 뜻이다. 許愼의 定義를 풀이하면, 像形이라고 하는 것은 物體의 윤곽에 따라 굴곡의 線으로써 그 물체의 形狀을 그려낸 것인데, 例를 들면 「⊙」, 「☽」이 이에 속한다는 말 이다.

이 「⊙」·「☽」에 대하여 『說文解字』에는 「, 實也, 大昜之精, 不虧, 從○一, 象形. , 古文, 象形. , 闕也, 大侌之精, 象形.」이라 하였다.

甲骨文에서 「日」의 字形을 찾아보면, 「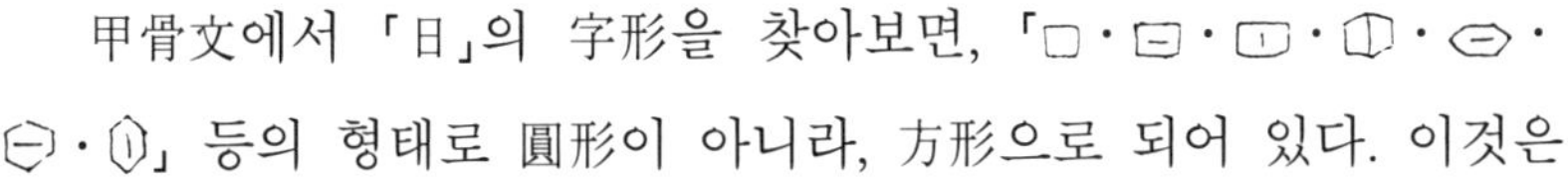」 등의 형태로 圓形이 아니라, 方形으로 되어 있다. 이것은

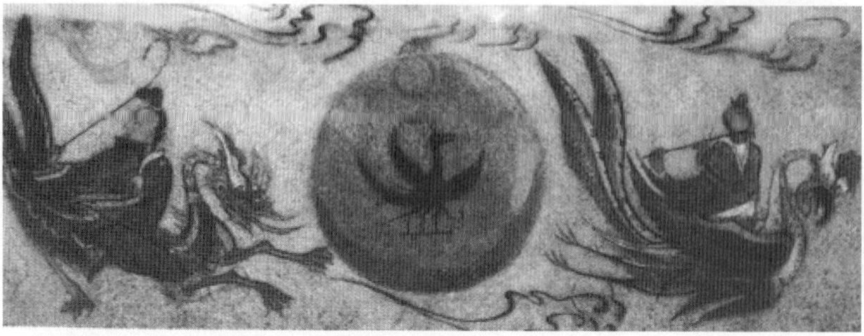
▲ 高句麗 古墳인 五盔墳 5호묘 壁畫中 태양속의 三足烏

甲骨에 刀筆로 새기려니 자연히 圓形으로 하지 못하고 方形으로 하였음을 알 수 있다. 그런데 문제는 태양의 윤곽을 그리는데, 있어서 「○」 또는 「☼」의 형태로 그리지 않고, 대부분 중간에 「•」·「⌒」·「一」의 형태로 표시한 점이다. 또한 달의 윤곽을 그리는데도 「☽」의 형태보다도 「☽·☾·☽·☽」의 형태로 중간에 「|」 형태로 표시한 것이 더 많다.

文字學者中에는 「日」字의 중간 「一」획은 해의 不虧(불휴)함을 표시한 것이고, 「月」字의 중간 「|」획은 달속에 陰影이 있음을 표시한 것이라고 설명하였다. 이 설명은 우선 「象形者, 畫成其物, 隨體詰詘」의 원칙에도 모순되고, 日에는 不虧를 나타내는 추상적인 표시로 설명하고, 月에는 陰影의 표시로 설명함도 전후가 맞지 않는다.

文字 이전에 音聲言語가 있었고, 따라서 많은 神話·傳說·故事가 先來하였음에 착안한다면 「○」, 「☽」의 輪廓 속에 加劃된 理由를 알 수 있을 것이다. 韓·中 양국의 傳說中에 「日中有金烏」와 「月中有玉免」[41]의 傳說이 있다. 그러므로 「日」字와 「月」字를 造字

▲ 西王母 곁에서 약절구를 찧고 있는 옥토끼(漢代의 西王母 畵像石中 일부)

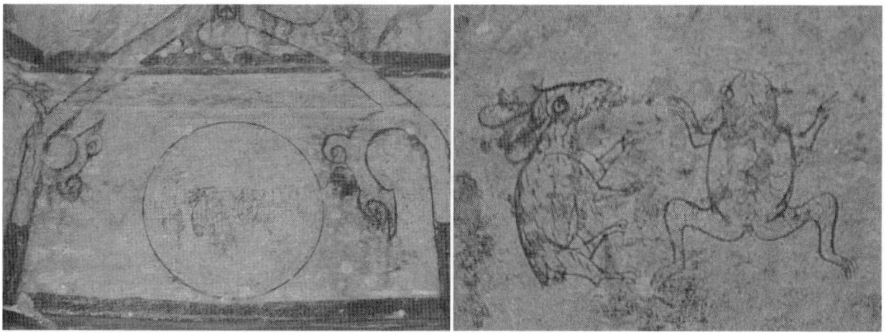

▲平南 德花里 2號墳中 달속의 토끼와 두꺼비

할 때에 이미 이러한 전설이 존재하였기에 때문에 「O」, 「D」의 윤곽 속에 金烏와 玉免를 표시하지 않을 수 없었을 것이다. 더욱 부합되는 것은 古文 「⊖」字에는 「乙」字 곧 새의 象形이 표시되어 있고, 달 속에는 桂樹 밑에서 옥토끼가 절구공이를 들고 떡방아를 찧는다는 傳說에 따르면 토끼가 서 있는 모습을 표시하자니 「D」 중에 「丨」의 竪劃을 상형할 수밖에 없었을 것이다.

이렇게 생각할 때, 「日中有金烏」와 「月中有玉免」의 전설은 적어도 「日·月」자의 造字 이전부터 전래된 유구한 역사를 가진 전

41) 元나라 黃公紹의 『古今韻會』에 「日中有三足烏」의 記錄이 있고, 『五經通義』에 「月中有免(下略)」, 『酉陽雜俎』에 「月中有桂, 高五百丈(下略)」의 記錄이 있으니, 우리 나라에 口傳되는 傳說은 훨씬 유구한 역사를 가지고 있다고 생각된다.

설임을 알 수 있고, 또한 이 전설이 中國에서 전래되어 우리 나라에 들어왔다기 보다 오히려 우리 北方 韓民族의 전설이 중국으로 들어간 것이 아닌가 생각되는 바이다.

「日」·「月」의 字形은 依類象形할 수 있는 可視的인 형태가 존재하기 때문에, 隨體詰詘의 자형을 나타낼 수 있었지만, 「하늘」의 형태를 여하히 造字하였을까는 흥미의 대상이 되지 않을 수 없다. 더욱이 「하늘」을 信仰하고, 「하늘」에 목숨을 걸고 살았던 古韓契의 創始者인 옛날 동방인들이 무엇보다도 하늘의 형태를 造字하는데 고민하였을 것이다. 왜냐하면 예나 지금이나 「하늘」을 指稱하면서도 그 형태를 造形할 수 없을 만큼 호한한 것이 「하늘」이기 때문이다.

우선 갑골문에서 「하늘」의 字形을 살펴보면, 「」 등으로 되어 있고, 金文에서는 「」 등으로 되어 있고 小篆에는 「」으로 되어 있다. 그러나 『說文解字』에는 「, 顚也, 至高無上, 從一大.」로 풀이하였다. 이에 대하여 段玉裁는 「於六書爲會意. 凡會意合二字以成語, 如一大, 人言, 止戈皆是.」라고 注解하였다. 곧 「」을 小篆에 根據하여 「一」과 「大」의 合體인 會意字로 본 것이다. 그러나 章太炎은 「本當言從大, 大, 人也; 從一在其上, 指事也. 與末同意. 說文言從一大, 則略也.」(文始卷三)라 하여 「一」을 指示의 符號로 見解를 달리 함으로써 「天」字를 指事字로 본 것이다.

「天」을 六書中 무엇으로 보느냐 하는 문제를 푸는데는 「大」의 字形을 참고하지 않을 수 없다. 「大」의 字形을 甲骨文에서 찾아보면, 「」로 되어 있고, 金文에서는 「」로 되어

있다. 『說文解字』에는 「大, 天大, 地大, 人亦大焉, 象人形.」이라 풀이하였다.

「大」는 비록 象人形으로 造字되었으나, 人形 그 자체를 나타낸 것이 아니라, 양팔과 양 다리를 활짝 벌림으로써 최대한의 空間을 차지하여 「크다」는 뜻을 나타낸 字形으로 名詞가 아닌 形容詞이기 때문에 指事字임이 분명하다. 우리 나라 아이들이 「많다」 또는 「크다」는 표현을 할 때, 두 팔을 활짝 펴서 나타내는 동작을 참고할 만하다.

그러나 「天」은 小篆 이전의 甲骨文이나 金文의 字形을 종합하여 볼 때, 「一」과 「大」의 合體字가 아니라, 사람은 모든 動物中 直立함이 특징이며, 따라서 사람은 모두 하늘을 이고 있지 않을 수 없다. 「不俱戴天」이란 成語가 곧 사람은 누구나 「戴天」이란 것을 말해준다. 그렇지만 「戴天」의 형태를 字形으로 나타낼 수는 없으므로 「口」나 「•」으로 人首를 강조함으로써 「하늘」을 표시한 것이라고 생각된다.

그러므로 「大」는 象人形의 字形이나, 人首가 강조되지 않은 「」의 字形으로 표시하였고, 「天」은 人首를 강조하여 「」이나 「」의 字形으로 표시한 것이다. 甲骨文中에 「 · 」의 字形에서는 「一」·「二」의 형태가 하늘을 指示한 부호처럼 보이나, 造形할 수 없는 하늘을 可視的인 形態로 표시하고자 한 苦憫이라고 볼 수 있으며, 결론적으로 「天」은 會意字나 指事字가 아니라, 「하늘」이라는 名詞 그 자체를 造形한 象形字라고 보아야 할 것이다.

附言하면 우리의 傳統思想인 「人乃天」의 根本이 「」의 字形을

만들 수 있었다고 생각된다.

「하늘」에 대하여, 「땅」은 여하히 造字하였을까? 初學書인 『千字文』의 첫째 句는 「天, 地, 玄, 黃」과 같이 「天」 다음에 「地」로 되어 있으나, 「地」字는 「土」와 「也」의 合體字이기 때문에 「땅」의 初文은 「地」字가 아님을 알 수 있다.

依類象形의 初文을 만들던 시기에는 아직 땅의 의미로서 현재의 「地」字가 내포한 광범위한 개념이 형성되지 않았을 것이다. 그 방증으로 甲骨文에 「地」字가 아직까지 발견되지 않는 것으로도 증명 할 수 있다.

그러므로 「땅」의 初文은 「土」가 되겠는데, 甲骨文에는 「土」의 字形이 「···」로 되어 있고, 金文에는 「」로 되어 있다. 『說文解字』에서 「土, 地之吐生萬物者也. 二, 象地之上, 地之中. 丨, 物出形也.」로 풀이한 것은 小篆 「土」의 字形에 근거한 字釋으로 甲骨文이나 金文의 字形에는 합당하지 않음을 알 수 있다.

後代의 記錄에서는 「土」와 「壤」을 구별하여 「未耕治者爲土, 已耕治者爲壤. 以萬物自生曰土, 以人所耕而樹藝曰壤」으로 「土」를 갈지 않은 자연 그대로의 땅만을 지칭하고 있으니, 「壤」자는 甲骨文이나 金文에 모두 없는 것으로 보아 훨씬 후대의 구별이고, 「土」자를 造字한 당시에는 땅의 耕不耕을 막론하고 통칭하였을 것이며, 甲骨文의 字形을 보면, 오히려 治耕하여 흙덩이를 일구어 놓은 형태를 象形한 字形이라고 볼 수 있다. 甲骨文中 「」의 字形은 갈아 놓은 흙덩이 위에 씨를 뿌려 놓은 象形이라고 생각된다.

이로써 古韓契을 造字하던 당시인들이 「하늘」과 「땅」을 象形

하느라고 얼마나 고심하였는가를 엿볼 수 있다. 현대인의 지혜로도 「하 늘」과 「땅」을 象形字로 표시하려면 그리 간단하지 않을 것이다.

「土」와 관계되는 「田」의 字形을 甲骨文에서 찾아보면 「····」 등으로 이미 小篆의 형태와 유사함을 볼 수 있다. 이로써 「田」을 造字하던 시대에 이미 耕田制度의 실시로 農土가 구획되어 있었음을 알 수 있다. 따라서 農耕社會의 문화수준까지도 짐작할 수 있다.

殷商代에 邦畿千里之內를 田·亞·任三服으로 分配하였는데, 亞字形의 田(亞服)은 卿大夫에게, 그 다음의 任服은 武士와 百工에게, 正方形 上上田의 (田服)은 邦畿五百里之內의 것으로 王田이었으니, 「田」의 字形은 곧 王田에서 象形한 것이다.

「云」을 「雲」의 略字로 오인하는 사람들이 있는데, 실은 「云」이 「雲」의 初文인 本字이다. 『說文解字』에 「雲, 山川气也, 從雨, 云象回轉之形.  古, 文, 省雨  亦古文雲.」이라 하였는데, 「」, 「」의 字形은 모두 구름이 피어오르는 형태를 본뜬 純體象形字이다. 後代에 와서 「云」이 「云 謂」의 「云」으로 假借됨에 따라 周秦間에 「云」위에 「雨」를 加하여 「雲」字로 변형된 것이요, 許愼의 說처럼 「雲」에서 「雨」를 省略한 것이 아니다. 甲骨文에서도 「」, 金文에서는 「」의 형태로 나타나 있다.

「云」은 象形中 純體象形에 속하지만, 「雲」은 六書로 분류할 때, 어디에 속하느냐가 문제이다. 많은 사람들이 形符 「雨」와 聲符 「云」의 合體字인 形聲字 또는 會意字로 생각하는데, 「雲」은 增體象形으로서 역시 象形字이며, 合體가 아닌 獨體字로 본다.

近來 우리 나라에서는 「藝」의 略字로 「云」의 字形을 쓰는 것은 잘못이다. 中國에서 「藝」의 簡化字는 「艺」로 쓰고 있다.

「申」과 「電」은 오늘날 전혀 다른 字로 쓰이지만, 「申」은 「電」의 初文인 本字이다. 『說文解字』에 「□ 神也. □ 古文申, □, 籀文申.」이라 하고, 「申, 電也.」라 하였다. 古文 「□」은 곧 번개가 구름 사이에서 번쩍이는 「□」 형태를 象形한 것이고, 이것이 籀文의 「□」으로 변형되고, 다시 篆文의 「□」으로 변형된 뒤, 楷書의 「申」으로 변형된 것이다. 그러므로 「電」은 前述한 「雲」字와 마찬가지로 「申」이 12支의 하나로 쓰이게 되자 周代에 이르러 「申」字 위에 「雨」字를 加하여 「電」字로 된 增體象形이다.

또한 옛사람들은 「우뢰(雷)」나 「번개(雷)」는 天神으로부터 發하는 것으로 생각하여 「示」에 「申」을 加하여 「神」字를 만든 것이다.

甲骨文에서 「申」字는 「□·□·□·□·□·□·□·□·□·□·□·□·□·□」 등의 형태로 나타나는데, 葉玉森은 電燿屈折形을 象形한 것으로 「電」字의 初文이라고 하였다. 이와 비슷한 形態가 金文에도 「□·□·□·□·□」 등으로 나타나고, 金文中에는 이미 「雨」字를 加한 「□」의 字形도 나타난다. 小篆에 이르러 「□」의 字形을 이룬다.

林義光은 金文, 「□」에 의하여 「申」은 「伸」의 古文으로 보고, 「詰詘將伸之形」을 象形한 字로 풀이하고, 『通訓定聲』[42]에서는 小篆(□)에서 양손(□)으로 사람의 허리(丨)를 잡은 형태로 보고 「束身」

42) 參見 : 淸나라 朱駿聲의 說文通訓定聲(坤部第十六).

의 뜻으로 풀이 하였으나, 모두 甲骨文의 형태를 보지 못하고 誤釋한 것이라고 생각된다.

요즘 젊은이들은 「申」을 「납신」 하면서도 그 訓을 모르고 있다. 「납」은 곧 「원숭이」의 古語인 것이다. 「잔나비」는 「납」의 方言이다.

「泉」字의 楷書體만을 보고, 「泉」은 샘물이 솟을 때, 흰 거품이 일기 때문에, 「白」과 「水」가 합쳐진 字形이라고 설명하는 漢文敎師의 誤釋을 들은 일이 있다.

그러나 「泉」의 小篆은 「」으로 『說文解字』에 「, 水原也, 象水流出成川形.」이라 한 것에 의하면, 바위굴로부터 물이 흘러 나와 내를 이루는 형태를 나타낸 象形字이다.

甲骨文에는 「泉」字의 字形이 「」으로 되어 있고, 金文에서도 「」으로 되어 있고, 『說文解字』의 小篆에도 「」의 字形을 유지하다가 隷書에 이르러 「泉」의 字形으로 변형되었음을 알 수 있다.

「하늘」과 「땅」을 造字하는데 비하여 「사람」의 형태를 象形하기는 쉬웠을 것이다.

사람을 象形하는데는 일반적으로 顔面을 象形하거나, 머리 · 몸통 · 팔다리를 象形한다. 古代埃及의 象形文字에서 象人形의 字形을 보면, 거의 구체적인 輪廓을 표시하여 「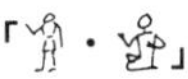」[43] 등으로 象形했고, 中國 西南쪽 金沙江 上流地帶에 살고 있는 納西族[44]의 象形文字

43) 參見 : 板津七三郞 著 埃漢文字 同源考(昭和8年 東京岡書院 pp.135～149).

44) 參見 : 方國瑜의 納西象形文字譜(1981年 第1版, 雲南 人民出版社 p.201).

에서도 사람을 「[illegible]」의 형태로 표시하였다. 그런데 甲骨文에서 사람을 象形한 字形은 「[illegible]·[illegible]·[illegible]·[illegible]」으로 되어 있고, 金文에서는 「[illegible]」, 小篆에서는 「[illegible]」으로 되어 있다. 甲骨文에서 小篆에 이르기까지 埃及文字에 비하여 사람의 형태를 매우 簡略하면서도 抽象的으로 표현하였다. 또한 側立形을 象形한 것이 특징이다. 그러므로 四肢中 一臂一脛만이 나타나 있다.

筆者는 「[illegible]」의 字形에서 側立한 형태에서도 팔을 앞으로 들고 있는 모습에 깊은 관심을 가지고 고찰하여 보았다.

현재는 「人」을 男女老少를 통칭한 사람이라는 뜻으로 쓰이고 있으니, 「人」을 造字할 당시에 成人 男子中에서도 正裝한 貴族階級의 모습을 象形한 것이라고 생각된다. 中國 古代의 壁畵에서 王에 대한 臣下들의 모습을 보면, 대개 「[illegible]」의 형태로 되어 있다. 이러한 모습에서는 팔다리가 埃及文字처럼 나타날 수 없으며, 자연히 「[illegible]」의 형태로 象形될 수 밖에 없다.

「人」이 男子成人만을 지칭했다고 하는 증거로는 「[illegible]」의 곧 男子의 相對가 되는 字形은 곧 「[illegible]」이다. 이 字는 婦女가 무릎을 꿇고 두 손을 앞으로 모으고 앉은 모습의 象形이다. 뒤에 「人」이 男女老少의 通稱으로 쓰이게 되니, 부득이 「女」의 相對字를 만든 것이 「男」이다. 「男」은 곧 「田」과 「力」의 合體字로 「人」이나 「女」의 獨體字가 이루어진 뒤에 造字 되었음이 분명하다.

「人」이 男子中에서도 成人만을 지칭했다는 증거로는 어린아이를 象形한 字形이 甲骨文에 「[illegible]·[illegible]·[illegible]·[illegible]·[illegible]·[illegible]·[illegible]」와 같이 따로 있다. 이것은 어린아이가 襁褓에 싸여 있어 머리와 두 팔만을

강조하고 다리는 강보에 싸인 모습을 象形하였다. 「」의 字形은 팔다리가 모두 강보에 싸인 모습을 象形한 것이다. 「子」를 造字 당시는 아직 男兒와 女兒를 구별하지 않았음도 알 수 있다.

앞에서 考察한 「日・月・天・土・田・云・申・泉・人・女・子」 등은 可視物의 原形대로 象形하여 造字하였을 뿐, 어떠한 字畫을 增減하지 않았기 때문에 字形을 보아 그 原意를 알기 쉽다. 이러한 獨體字를 象形中에서도 純體象形이라 하며, 象形의 正例가 된다.

象形에도 正例만 있는 것이 아니라, 變例가 있기 때문에 六書中 象形字를 분별함이 간단하지 않다. 變例에도 增體象形・省聲象形・加聲象形 등 3종으로 구별할 수 있다.

增體象形은 本形體 外에 다른 有意符號를 增加한 象形字이다. 例를 들면, 나무의 열매를 本形體대로 象形하면 「⊕」의 字形이 되겠으나, 「」 곧 「田」과의 구별에 혼동이 생기므로 이를 피하려고 「」를 增加하여 「」 곧 「果」를 造字한 것이다. 그러므로 「果」를 「田」과 「木」의 會意字로 보아서는 안 된다.

그러나 「果」의 甲骨文은 「・」로 되어 있다. 이 字形은 곧 나무에 열매가 달린 상태를 그대로 그린 것으로 象形 이전의 圖畫文字로 볼 수 있다. 金文에 이르면 圖畫性을 탈피하여 「」의 象形字로 나타났다.

省體象形은 本形體에서 어떠한 字劃을 省略한 象形字이다. 例를 들면 「」에서 「•」劃을 省略하여 「」字를 만든 것이다. 까마귀(烏)는 全身이 검기 때문에 눈과 몸이 분별되지 않는 것이 까마귀의 특징이라는 것에 착안하여 이미 造字된 특징이라는 것에 착안하

여 이미 造字된 「鳥」의 눈을 표시한 「•」을 省略하여 「烏」의 省體象形字를 만든 것이다.

字典에서 「烏」字를 「鳥」의 部首에 排列하지 않고 火(灬)部 6획에 排列한 이유가 곧 「烏」는 本字가 아니라 「鳥」의 省體象形字이기 때문이다.

加聲象形은 本形體 外에 聲符를 加한 象形字이다. 例를 들면 「齒」字는 입의 안에 아래윗니를 象形한 「𠚕」에 「止」를 加하여 「止聲」을 나타낸 象形字이다. 그러므로 「齒」는 「止」와 「𠚕」의 形聲字로 보아서는 안 된다.

여기서 특별히 주의할 것은 「增體象形」과 「會意」의 차이와, 「可聲象形」과 「形聲」의 차이점이다. 會意字나 形聲字는 모두 「成文」+「成文」의 合體字이지만, 增體象形과 加聲象形은 「成文」+「不成文」의 結合이기 때문에 合體字로 보지 않고, 象形이나 指事처럼 獨體字로 보는 것이다. 例를 들면 「母」는 「女」에 「‥」를 增體한 것이다. 여기서 「女」는 단독으로 의미를 갖는 「成文」이지만, 「‥」는 女子의 乳房을 표시한 有意符號이지만, 단독으로 의미를 갖지 못하기 때문에 「不成文」이다. 그러므로 「母」는 成文인 「女」와 「不成文」인 「‥」의 增體象形으로서 獨體字이지, 會意字가 아니다.

上述한 象形字를 分流圖示하면 다음과 같다.

- 象形
  - 正例 — 純體象形 : 成文→例 : 「日 · 月」
  - 變例
    - 增體象形 : 成文+不成文→例 : 「果 · 母」
    - 省體象形 : 成文+不成文→例 : 「烏 · 片」
    - 加聲象形 : 成文+不成文→例 : 「齒 · 舜」

『說文解字』에 收錄된 9,353字에 대하여 胡樸安이 統計한 것에 의하면 象形字는 364자인데, 變例와 重複字를 제거하면, 純體象形은 불과 300여자일 뿐이다.

古韓契 곧 漢字의 基本을 이루고 있는 근본 상형은 依類象形할 수 있는 가시적인 物體를 대상으로 하기 때문에, 造字時 사람이 物體를 바라보는 角度에 따라 자형이 여하히 형성되었나를 고찰할 수 있다. 同一한 物體도 前面·後面·上部·下部·全部를 보았을 때, 전연 다른 형태를 象形될 수 있다.

純體象形字 가운데서「日·月·云」등은「仰視」곧 쳐다보고 象形한 것이고,「田·井·川」등은「俯視」곧 내려다보고 象形한 것이고,「山·木·火」등은 迎視 곧 맞바라보고 象形한 것이고「人·鳥·馬」등은 側視 곧 옆에서 보고 象形한 것이고,「燕·矢·車」등은 隨視 곧 둘러보고 象形한 것이다. 또한 順體象形中에는 본래 橫으로 造字되어야 할 것을 세워 놓은 字形이 있는데 例를 들면,「龜·目·魚」등이 이에 속한다.

(1) 純體象形

漢字(고한글)의 가장 기본자가 되는 純體象形字를 분야별로 나누어 자형의 형성을 살펴보면 다음과 같다.

1) 天體에 대한 象形字

1	日

甲骨文	金 文	篆 書	隷 書	楷 書

하늘에 둥글게 떠 있는 해를 글자로 나타냄에 있어서 일반상식으로는 「○」 또는 「☼」의 형태로 그렸어야 할 것이다.

그러나 甲骨文에서부터 「⊖→⊖→日」의 형태로 해의 내부에 「•, ㄴ」 또는 「一」의 표시를 한 것은 무엇일까?

중국의 문자학자 중에는 태양의 흑점을 표시한 것이라고 하였으나, 그것은 매우 현대적인 생각에서 착안한 그릇된 해석이다.

어느 민족에 있어서나 글자가 있기 전에 이미 말을 가지고 있었다. 그러므로 민족마다 구구전승하는 神話와 傳說이 있었다.

해에는 「日中有金烏」 곧 다리가 셋 달린 금까마귀가 있어서 날개를 펴면, 날개의 금빛이 반사하여 해가 밝게 빛나는 것이라고 여겼던 전설이 한자가 만들어지기 이전부터 있었다.

그러므로 태양의 외곽을 「O」와 같이 표시하고, 그 안에 금까마귀를 「•, ㄴ」과 같이 곧 새을(乙)자를 표시하여 지금의 「날 일(日)」자가 만들어진 것이다.

태양의 외곽을 「○」와 같이 둥글게 하지 못한 것은 甲骨文에서 뼈에 칼로 새기려니까 자연히 「O」와 같이 모진 형태로 된 것이다.

2 月

甲骨文	金 文	篆 書	隷 書	楷 書
				月

달도 둥글었을 때를 표준삼아 상형하면, 해의 모양과 구별이 안 되니까, 기울었을 때의 특징을 잡아 「☽」와 같이 표시하였다.

달을 상형함에 있어서도 단순히 보이는대로 「D」와 같이 그리지 않고, 「☽」과 같이 달 속에 내려 그은 획이 무엇일까?

달에도 해에 대한 전설과 같이 「月中有玉免」 곧 달 속에는 옥토끼가 떡방아를 찧고 있다는 전설이 있다.

그러므로 기울어진 달의 외곽을 「D」와 같이 그리고, 그 속에 토끼의 모습을 부호로 그려 놓은 것이 「달 월(☽→月)」자이다.

3 雨

甲骨文	金 文	篆 書	隷 書	楷 書
				雨

비는 빗방울이 하늘에 떠 있는 구름에서 떨어지는 것을 그대로 상형하여 「⾬, ⾬, ⾬, ⾬」와 같이 그렸던 것인데, 오늘날의 해서체로 「雨」와 같이 변한 것이 「비 우(雨)」자이다.

4 云(雲)

甲骨文	金 文	篆 書	隸 書	楷 書

구름은 피어오르는 모습을 상형하여 「[illegible]」와 같이 그렸던 것인데, 해서체로 「云」의 형태로 변하여 「구름 운(云)」자가 된 것이다. 뒤에 「云」자가 「이를 운」, 곧 「말하다」의 뜻으로 쓰이게 되어, 「비 우(雨)」자를 더하여 오늘날의 「구름 운(雲)」자가 된 것이다.

5 [illegible](電)

甲骨文	金 文	篆 書	隸 書	楷 書

번개는 구름과 구름 사이에서 번갯불이 번쩍이는 것을 상형하여 「[illegible], [illegible]」와 같이 그렸던 것인데, 뒤에 「[illegible] → [illegible] → 申」과 같이 변하여 「납 신(申)」이 되었다. 「납」은 十二支에서 잔납이 곧 원숭이를 가리킨다. 이와 같이 「申」자가 뒤에 다른 뜻으로 쓰이게 되어 「雨」자와 합쳐서 오늘날의 「電(번개 전)」자가 된 것이다.

6 雷

甲骨文	金 文	篆 書	隸 書	楷 書

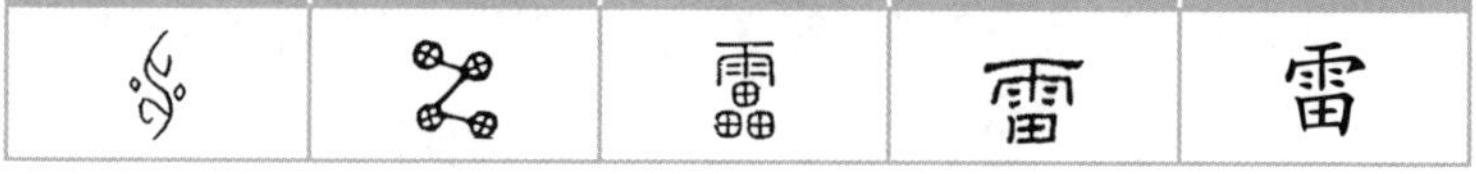

우레 곧 천둥은 그 소리를 상형하여 「 , 」와 같이 하늘의 북을 그렸던 것인데, 뒤에 「雨」자와 합쳐서 오늘날의 「雷(우레 뢰)」자가 된 것이다. 여기서 「田」은 밭(田)의 뜻이 아니라 북을 상형한 「 」의 자형이 생략된 것이다.

7 雪

甲骨文	金文	篆書	隸書	楷書
	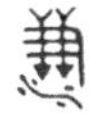		雪	雪

눈은 그 날리는 모습이 흰 깃털이 날리는 것 같음을 상형하여 「 , 」와 같이 그렸던 것인데, 뒤에 「雨」자와 합쳐서 오늘날의 「雪(눈 설)」자가 된 것이다. '彐'은 손의 상형자로 눈은 손으로 받을 수 있는 비라는 뜻으로도 풀이한다. 또는 「彗(비 혜)」로 보아 눈은 비로 쓸 수 있는 비라는 뜻으로도 풀이한다.

8 雹

甲骨文	金文	篆書	隸書	楷書
			雹	雹

우박은 우박 덩어리와 번갯불의 모습을 합쳐 상형하여 「 」와 같이 그렸던 것인데, 뒤에 자형이 「 , 」와 같이 변하여 오늘날의 「雹(우박 박)」자가 된 것이다.

❖천체 기상에 대한 象形의 독체자 가운데 「日, 月, 雨」의 3자는 部首字가 되어 뒤에 많은 會意, 形聲字를 만들었다.

· 「日」자의 부수자로는 明(밝을 명), 時(때 시), 暗(어두울 암), 晩(늦을 만), 星(별 성), 晨(새벽 신) 등이 있다.
· 「月」자의 부수자로는 朗(밝을 랑), 朔(초하루 삭), 望(바랄 망), 期(만날 기) 등이 있다.
· 「雨」자의 부수자로는 뒤에 만들어진 현재의 字體로 쓰이는 雲, 電, 雷, 雪, 雹 등은 增體象形字이기도 하다. 霜(서리 상), 露(이슬 로), 霧(안개 무), 霞(노을 하), 霖(장마 림) 등은 形聲字이지 증체상형체가 아니다.

2) 地理에 대한 象形字

1	山

甲骨文	金 文	篆 書	隸 書	楷 書

산은 산봉우리의 모양을 그대로 상형하여 「」과 같이 그린 것인데, 오늘날의 해서체로 「山」과 같이 변한 것이 「뫼 산(山)」자이다.

2	水

甲骨文	金 文	篆 書	隸 書	楷 書

물은 일정한 형체가 없으므로 흘러가는 물결의 모양을 상형하여 「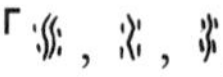」와 같이 그린 것인데, 오늘날의 해서체로 「水」와 같이 변한 것이 「물 수(水)」자이다.

3	川

甲骨文	金 文	篆 書	隸 書	楷 書
				川

냇물은 물줄기가 들판을 뚫고 흘러가는 굴곡된 모양을 상형하여 「, , 」와 같이 그린 것인데, 오늘날의 해서체로 「川」과 같이 변한 것이 「내 천(川)」자이다.

4	火

甲骨文	金 文	篆 書	隸 書	楷 書
				火

불은 불꽃을 튀기며 활활 타는 모양을 상형하여 「, , , 」와 같이 그린 것인데, 오늘날의 해서체로 「火」와 같이 변한 것이 「불 화(火)」자이다.

5	土

甲骨文	金 文	篆 書	隸 書	楷 書
				土

흙은 밭을 갈아 흙덩이가 일어나 있는 모양을 「, , , 」와 같이 그린 것인데, 오늘날의 해서체로 「土」와 같이 변한 것이 「흙 토(土)」자이다. 토지신을 모시던 제단의 형태를 그린 것으로도 풀이한다.

6 田

甲骨文	金 文	篆 書	隷 書	楷 書

밭은 밭두둑의 모양을 그리어 「田, 田, 田」과 같이 상형한 것인데, 오늘날의 해서체로 「田」과 같이 변한 것이 「밭 전(田)」자이다. 「田」자를 만들던 당시 이미 토지가 구획되어 있었음을 엿볼 수 있다.

7 井

甲骨文	金 文	篆 書	隷 書	楷 書
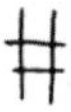				

우물은 우물의 난간을 상형하여 「井, 井」와 같이 그린 것인데, 오늘날의 해서체로 「井」과 같이 변한 것이 「우물 정(井)」자이다. 우물의 난간은 근래까지도 같은 모양으로 사용되어 왔다.

8 泉

甲骨文	金 文	篆 書	隷 書	楷 書

샘은 샘물이 바위틈에서 흘러나오는 모양을 「泉, 泉, 泉」와 같이 그린 것인데, 뒤에 와서는 자형이 크게 변하여 「泉」과 같이 「흰 백(白)」자와 「물 수(水)」자를 합한 회의자의 형태로서 「샘 천(泉)」의 자형이 되었다.

9	石

甲骨文	金 文	篆 書	隸 書	楷 書
				石

돌은 벼랑에 굴러 있는 돌의 모양을 「, 」와 같이 그린 것인데, 오늘날의 해서체로 「石」과 같이 변한 것이 「돌 석(石)」자이다. 강변의 수마된 조약돌의 모양을 상형한 것이 아니다. 「石」을 증체상형으로 보는 이도 있다.

10	州

甲骨文	金 文	篆 書	隸 書	楷 書
			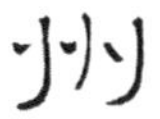	州

고을은 본래 물이 흐르는 가운데 사람이 살 수 있는 섬의 상태를 그리어 「, , 」의 형태로 나타낸 것인데, 오늘날의 「고을 주(州)」자이다. 행정구역의 단위로 쓰인 것은 훨씬 뒤의 일이다.

❖ 지리 곧 땅에 관한 상형자로 部首字가 된 것은 「山, 水, 川, 火, 土, 田, 井, 石」 등이 있다. 이중에서 「水」 부수자가 제일 많고, 「山, 火, 石, 田」 등의 부수자도 많이 있다. 그중 대부분은 形聲字이다.

3) 人稱에 대한 象形字

1	人

甲骨文	金 文	篆 書	隸 書	楷 書

사람은 남자 어른의 옆모습을 상형하여 「」과 같이 그린 것인데, 오늘날의 해서체로 「人」과 같이 변한 것이 「사람 인(人)」 자이다. 「人」은 본래 「女」의 대칭자로서 남자의 뜻으로 쓰인 것인데, 뒤에 사람의 뜻으로 전의된 것이다.

2	女

甲骨文	金 文	篆 書	隸 書	楷 書

남자의 대칭인 여자는 두 손을 모으고 얌전히 꿇어앉아 있는 모습을 상형하여 「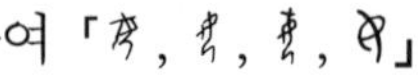」와 같이 그린 것인데, 오늘날의 해서체로 「女」와 같이 변한 것이 「계집 녀(女)」자이다.

3	子

甲骨文	金 文	篆 書	隸 書	楷 書

아이는 포대기(강보)에 싸여서 두 팔만 흔들고 있는 모습을 상

형하여「, , 」와 같이 그린 것인데, 오늘날의 해서체로 변하여「子」와 같이 변한 것이「아들 자(子)」자이다. 子(자)는 본래 남녀의 구별이 없이 아이를 나타냈던 글자인데, 뒤에 와서 주로 아들의 뜻으로 쓰게 되었음을 알 수 있다.

4	父

甲骨文	金 文	篆 書	隸 書	楷 書
			父	父

아버지는 매를 손에 들고 자식의 잘못을 꾸짖는 모습을 상형하여「, , 」와 같이 그린 것인데, 오늘날의 해서체로「父」와 같이 변한 것이「아비 부(父)」자이다. 돌도끼를 손에 잡은 것으로 풀이하는 이도 있다.

5	兄

甲骨文	金 文	篆 書	隸 書	楷 書
			兄	兄

형은 무엇을 상형하였는지 아직까지 해석이 분명치 않으나,「, 」와 같은 자형에서 오늘날의「兄(맏 형)」자로 된 것에서「口(입 구)」자와「人(사람 인)」자의 會意字로 분석한다. 甲骨文에서「빌다」의 뜻을 나타낸「 → 祝(빌 축)」자와「 → 兄(맏 형)」자를 분명히 구별하여 썼다. 그러므로「兄」곧 맏아들이 아버지를 계승하는 일을 神에게 비는 모습을 상형했다는 종래의 학설은 잘못된 해

석이다. 형과 아우를 구별하여 상형할 수 있는 특징은 형이 아우보다 머리가 크다는 점에서 머리를 대신한 「口」자를 강조하여 「兄」자를 상형했음을 알 수 있다. 우리말에 형을 가리키어 '내가리 근 놈이 참아라' 하는 말로도 엿볼 수 있다.

6	弟

甲骨文	金 文	篆 書	隸 書	楷 書
	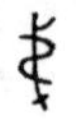		弟	弟

아우도 무엇을 상형하였는지 그 해석이 일치하지 않으나, 「, , 」와 같은 자형에서 오늘날의 「弟(아우 제)」자로 된 것으로 보면 주살(화살의 오늬에 줄을 매어 쏘는 화살)은 반드시 화살대에 줄을 감을 때 次第 곧 순서가 있어야 하므로 맏형 다음에 낳는 여러 동생들은 첫째, 둘째, 셋째 등과 같이 순서에 따라 구별되므로 「弟」자가 아우의 뜻으로 쓰인 것이다.

7	老

甲骨文	金 文	篆 書	隸 書	楷 書
			老	老

노인은 긴 머리털에 허리를 굽혀 지팡이를 짚고 있는 모습을 상형하여 「, , 」와 같이 그린 것인데, 오늘날의 「老(늙을 노)」자가 된 것이다. 옛날에는 머리털을 자르는 것은 불효라 하여, 평

생 머리를 길렀기 때문에 노인은 자연히 머리털이 길었음을 강조한 것이다.

8	王

甲骨文	金 文	篆 書	隷 書	楷 書

왕은 하늘·땅·사람을 뜻한 「三」자형을 하나로 꿰어 이은 것이 「王(임금 왕)」자라고 해석한 것은 「王(왕)」자의 본래의 자형인 「, , 」자를 보면 잘못된 해석임을 알 수 있다. 왕(王)자는 본래 큰 도끼를 들고 있는 모습으로써 왕의 권위를 상형한 글자이다.

9	民

甲骨文	金 文	篆 書	隷 書	楷 書

백성은 역시 그 자형의 해석이 통일되어 있지 않으나, 「民(백성 민)」자의 옛 자형인 「, , 」들을 볼 때, 본래 풀싹의 모양을 그린 것인데, 뭇백성이 임금에 대하여 순종함을 풀싹들에 비유하여 「民(백성 민)」 자로 쓰게 된 것이다. 뒤에 백성을 「민초(民草)」라는 말로 쓰게 된 까닭이 여기에 있다. 눈을 침으로 찔러 노예를 삼은 것으로 풀이하는 이도 있다.

10 我

甲骨文	金文	篆書	隸書	楷書
			我	我

「我」자는 본래 톱니가 있는 무기의 모양을 상형하여 「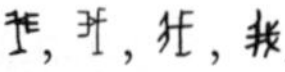」와 같이 그린 것인데, 오늘날의 「我(나 아)」자와 같이 자형이 변하였고, 이 무기는 반드시 자기 쪽으로 잡아 당겨야 하므로 「나」라는 대명사로 쓰이게 된 것이다.

4) 人體에 대한 象形字

1 耳

甲骨文	金文	篆書	隸書	楷書
		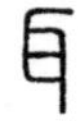	耳	耳

귀의 모양을 상형하여 「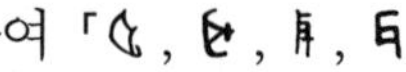」와 같이 그린 것인데, 뒤에 해서체로 변하여 「귀 이(耳)」자가 된 것이다.

2 目

甲骨文	金文	篆書	隸書	楷書
			目	目

눈의 모양을 상형하여 「」와 같이 그린 것인데, 뒤에 세워서 해서체로 「目」과 같이 변하여 「눈 목(目)」자가 된 것이다.

3	口

甲骨文	金 文	篆 書	隸 書	楷 書
				口

입의 모양을 상형하여 「ㅂ」와 같이 그린 것인데, 뒤에 해서체로 「口」와 같이 변하여 「입 구(口)」자가 된 것이다.

4	自

甲骨文	金 文	篆 書	隸 書	楷 書
				自

코는 주름살진 어른 코의 모양을 상형하여 「, , 」와 같이 그린 것인데, 뒤에 해서체로 「自」와 같이 변하고, 글자의 뜻도 「자기」 곧 「스스로」의 뜻으로 변하여 「스스로 자(自)」자가 된 것이다. 중국 사람들은 지금도 스스로를 가리킬 때는 자신의 코를 가리키는 습관이 있다. 뒤에 본래의 「自(자)」자에 「畀(비)」자를 합쳐서 형성자로서 「鼻(코 비)」자를 만들었다.

5	齒

甲骨文	金 文	篆 書	隸 書	楷 書
				齒

이는 어금니의 모양을 상형하여 「」와 같이 그린 것인데, 해서체로 변하여 「어금니 아(牙)」자가 되고, 앞니를 나타내는 자는

앞에서 설명한 「입 구(口)」자에 이의 모양을 상형하여 「 , , 」와 같이 그린 것인데, 뒤에 이 글자의 소리를 표시하기 위한 「止(지)」자를 더하여 오늘의 「齒(이 치)」자를 만들었다. 그러므로 「齒」字는 加聲象形字이다.

6 手

甲骨文	金 文	篆 書	隷 書	楷 書
			手	手

손은 손가락을 편 모양을 상형하여 「 , 」와 같이 그린 것인데, 오늘날의 해서체로 「手」와 같이 변하여 「手(손 수)」자가 된 것이다.

7 足

甲骨文	金 文	篆 書	隷 書	楷 書
			足	足

발의 모양을 상형하여 「 , , 」와 같이 그린 것인데, 해서체로 「足」과 같이 변하여 「足(발 족)」자가 된 것이다.

8 首

甲骨文	金 文	篆 書	隷 書	楷 書
			首	首

머리는 얼굴과 머리털을 상형하여 「」와 같이 그린 것인데, 해서체로 「首」와 같이 변하여 「首(머리 수)」자가 된 것이다.

9	心

甲骨文	金 文	篆 書	隸 書	楷 書
			心	心

마음은 곧 심장의 모양을 상형하여 「」와 같이 그린 것인데, 해서체로 변하여 「마음 심(心)」자가 된 것이다. 갑골문에는 「心 (심)」자가 나타나지 않는 것으로 보아 「마음, 생각, 느낌」 등을 나타내는 글자는 훨씬 후대에 만들어졌음을 알 수 있다.

10	而

甲骨文	金 文	篆 書	隸 書	楷 書
			而	而

수염의 모양을 상형하여 「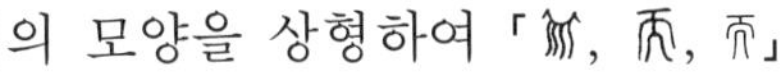」와 같이 그린 것인데, 뒤에 해서체로 「而」와 같이 변하여 「而(이)」자가 되었고, 그 뜻도 변하여 글과 글을 잇는 접속자로서 「而(말이을 이)」자가 되었다.

그러므로 부득이 수염을 나타내는 다른 글자 곧 「須(수)」자를 만들었으나, 이 자도 「모름지기」라는 뜻으로 바뀌게 되어, 또 다시 수염을 나타내는 복잡한 글자를 만든 것이 오늘날 쓰는 「鬚(수염 수)」자이다.

11	力

甲骨文	金 文	篆 書	隸 書	楷 書
			力	力

힘도 마음과 마찬가지로 추상적인 말이지만, 힘 쓸 때 팔의 모양을 상형하여 「, , 」와 같이 그린 것인데, 해서체로 변하여 「力(힘 력)」자가 된 것이다.

12	眉

甲骨文	金 文	篆 書	隸 書	楷 書
			眉	眉

눈썹은 눈과 눈썹의 모양을 상형하여 「, , 」와 같이 그린 것인데, 해서체로 변하여 「眉(눈썹 미)」자가 된 것이다.

13	乳

甲骨文	金 文	篆 書	隸 書	楷 書
			乳	乳

젖은 본래 甲骨文에서 어머니가 아이에게 젖을 먹이는 모습을 상형하여 「」의 형태로 그린 것인데, 鐘鼎文에서는 단순히 유방에서 젖이 흘러나오는 것을 그려 「」의 형태로 나타냈고, 小篆에서는 손()으로 아이()를 잡고 젖()을 먹이는 모습을 갑골문의 형태와는 달리 상형하여 「」의 형태로 그린 것인데, 오늘날의 「乳(젖

유)」자가 된 것이다. 許愼이 소전의 「」자에서 「乚」의 부호를 「乙(새 을)」자로 해석한 것은 잘못이다. 단순히 유방의 모양을 상형한 것으로 보아야 한다.

14 骨

甲骨文	金 文	篆 書	隷 書	楷 書

뼈는 본래 관절의 모양을 본떠 「, , 」의 형태로 상형한 것인데, 뒤에 「」, 곧 고기육(肉)자를 더하여 「」의 형태로 변해서, 오늘날의 「骨(뼈 골)」자가 된 것이다.

15 舌

甲骨文	金 文	篆 書	隷 書	楷 書

혀는 본래 사람의 혀 보다도 끝이 둘로 갈라진 혀를 가장 잘 날름거리는 뱀의 혀에서 특징을 잡아 「, , , , 」의 형태로 그린 것인데, 오늘날의 「舌(혀 설)」자가 된 것이다. 甲骨文에서 갈라진 혀 옆에 점을 여러 개 찍어 놓은 것은 뱀의 혀에서 튀어나오는 독이 든 침방울을 그린 것으로 보인다.

5) 動物에 대한 象形字

1	牛

甲骨文	金 文	篆 書	隸 書	楷 書
				牛

소를 정면에서 본 모양을 상형하여 「, , 」와 같이 그린 것인데, 해서체로 변하여 「牛(소 우)」자가 된 것이다.

2	犬

甲骨文	金 文	篆 書	隸 書	楷 書
				犬

개의 옆모양을 세워서 상형하여 「, , , , 」와 같이 그린 것인데, 해서체로 변하여 「犬(개 견)」자가 된 것이다.

3	羊

甲骨文	金 文	篆 書	隸 書	楷 書
				羊

양을 정면에서 본 모양을 상형하여 「, , , , 」와 같이 그린 것인데, 해서체로 「羊」과 같이 변하여 「羊(양 양)」이 된 것이다.

4 馬

甲骨文	金 文	篆 書	隸 書	楷 書
			馬	馬

말의 옆모양에서도 특히 말목의 긴 갈기털을 강조하여 「, , , 」와 같이 그린 것인데, 해서체로 「馬」와 같이 변하여 「馬(말 마)」자가 된 것이다.

5 鹿

甲骨文	金 文	篆 書	隸 書	楷 書
			鹿	鹿

사슴의 옆모양에서도 특히 뿔을 강조하여 「, , 」와 같이 그린 것인데, 해서체로 변하여 「鹿(사슴 록)」자가 된 것이다.

6 虎

甲骨文	金 文	篆 書	隸 書	楷 書
			虎	虎

호랑이의 옆모양에서도 특히 사나운 입모양을 강조하여 「, , , , 」와 같이 그린 것인데, 해서체로 「虎(범 호)」자가 된 것이다.

7	免

甲骨文	金 文	篆 書	隸 書	楷 書
			兎	免

토끼의 옆모양에서도 특히 큰 귀와 짧은 꼬리의 모양을 강조하여 「, , 」와 같이 그린 것인데, 해서체로 「免(토끼 토)」와 같이 변한 것이다.

※ 兎는 免의 俗字이다.

8	象

甲骨文	金 文	篆 書	隸 書	楷 書
			象	象

코끼리는 긴 코를 강조하여 「, , , , 」와 같이 그린 것인데, 해서체로 「象(코끼리 상)」자가 된 것이다.

❖ 네발 짐승의 字形은 대부분 세워 놓았다. 漢字는 縱書 곧 내려서 썼으므로 字形의 균형을 맞추기 위함이었다.

9	鳥

甲骨文	金 文	篆 書	隸 書	楷 書
			鳥	鳥

새의 일반 모양을 상형하여 「, , 」와 같이 그린 것인데, 오늘날의 「鳥(새 조)」자로 변한 것이다.

10 燕

甲骨文	金 文	篆 書	隸 書	楷 書
			燕	燕

제비의 나는 모습을 상형하여 「, , 」와 같이 그린 것인데, 오늘날의 「燕(제비 연)」자로 변한 것이다. 제비의 다른 형태의 글자로 「乙(새 을)」자도 있으나, 지금은 干支名으로만 쓰이고 있다.

11 蟲

甲骨文	金 文	篆 書	隸 書	楷 書
			虫	蟲

본래 뱀의 모양을 상형하여 「, , , 」와 같이 그린 것인데, 뒤에 「虫」과 같이 자형이 변하여, 「虫(벌레 충)」자로 쓰이게 되었다. 部首字로 쓸 때는 한 자의 「虫」을 쓰지만, 독립하여 벌레의 뜻으로 쓸 때에는 석자를 합쳐서 「蟲(벌레 충)」으로 쓴다.

12 魚

甲骨文	金 文	篆 書	隸 書	楷 書
			魚	魚

물고기의 옆모양을 상형하여 「, , , 」와 같이 그린 것인데, 오늘날의 「魚(고기 어)」자가 된 것이다.

13 貝

甲骨文	金 文	篆 書	隸 書	楷 書
			貝	貝

조개 중에서 寶貝(보패), 곧 보배조개의 모양을 상형하여 「, , , 」와 같이 그린 것인데, 오늘날의 「貝(조개 패)」자로 변한 것이다.

14 龜

甲骨文	金 文	篆 書	隸 書	楷 書
			龜	龜

거북의 옆모양을 상형하여, 「, , , 」와 같이 그린 것인데, 오늘날의 「龜(거북 구)」자로 변한 것이다.

15 巳

甲骨文	金 文	篆 書	隸 書	楷 書
			巳	巳

뱀의 모양을 상형하여 「, 」와 같이 그린 것인데, 오늘날의 「巳(뱀 사)」자로 변하였으나, 단독으로 쓰일 때는 干支名으로만 쓰인다.

16 萬

甲骨文	金 文	篆 書	隸 書	楷 書
			萬	萬

全蝎(전갈)이라는 독벌레를 독침과 집게의 모양을 강조하여 「, , , , 」와 같이 그린 것인데, 뒤에 자형이 변하여 「萬(만)」자가 된 것이며, 전갈은 새끼를 한 번에 많이 번식한다는 뜻에서 숫자의 만을 뜻하는 글자로 쓰이게 되었다.

17 易

甲骨文	金 文	篆 書	隸 書	楷 書
			易	易

도마뱀은 네 다리가 있음을 상형하여 「, 」와 같이 그린 것인데, 해서체로 「易」와 같이 변하였으며, 뜻도 도마뱀이 잘 변색하는 특징에서 「바꾸다」의 뜻으로 변하여 「易(바꿀 역)」자가 되었고, 쉽게 바뀌므로 「易(쉬울 이)」자로도 쓰이게 되었다. 달리 풀이하기도 한다.

18 羽

甲骨文	金 文	篆 書	隸 書	楷 書
			羽	羽

깃털의 모양을 상형하여 「, , , 」와 같이 그린 것인데, 오늘날의 「羽(깃 우)」자로 변한 것이다.

19 毛

甲骨文	金 文	篆 書	隸 書	楷 書
				毛

터럭(털)은 털의 밀집한 모양을 상형하여 「, 」와 같이 그린 것인데, 해서체로 「毛(터럭 모)」와 같이 변한 것이다. 갑골문에는 「毛」자가 나오지 않고, 金文에서부터 나타난다.

20 肉

甲骨文	金 文	篆 書	隸 書	楷 書
				肉

고기(살코기)는 결이 있는 고깃덩어리의 모양을 상형하여 「, , , 」와 같이 그린 것인데, 오늘날의 「肉(고기 육)」자로 변한 것이다.

21 角

甲骨文	金 文	篆 書	隸 書	楷 書
				角

뿔의 모양을 상형하여 「, , , , 」와 같이 그린 것인데, 오늘날의 「角(뿔 각)」자가 된 것이다.

22 卵

甲骨文	金 文	篆 書	隸 書	楷 書
			卵	卵

새의 알을 상형한 것이 아니라, 알은 물고기의 알을 상형하여 「, 」와 같이 그린 것인데, 오늘날의 「卵(알 란)」자가 된 것이다.

23 豕

甲骨文	金 文	篆 書	隸 書	楷 書
			豕	豕

본래 돼지 옆모양을 상형하여 「, , , 」와 같이 그린 것인데, 오늘날의 「豕(돼지 시)」자가 된 것이다. 오늘날은 대부분 이 「豕」자에 「肉」자의 部首字인 「月(육달 월)」자를 더하여 「豚(돼지 돈)」 또는 「者(놈 자)」자를 더하여 「猪(돼지 저)」자를 쓰고 있다.

24 鳳

甲骨文	金 文	篆 書	隸 書	楷 書
			鳳	鳳

봉새는 본래 상상의 새이지만, 화려한 깃털의 모양을 상상하여 「, 」와 같이 상형자로 그린 것인데, 뒤에 「(凡)」자를 더하여 「」와 같이 形聲字로 변하였고, 뒤에 다시 「」과 같이 변하여 오늘날의 「鳳(새 봉)」자가 된 것이다. 봉새를 옛 사람들은 하느님을

모시고 있는 風神으로서 그 날개를 흔들 때에 바람이 일어난다고 생각했기 때문에 甲骨文에서는 「새 봉(鳳)」자와 「바람 풍(風)」자를 같은 모양으로 그려 썼다.

25	龍

甲骨文	金 文	篆 書	隸 書	楷 書
			龍	龍

용은 본래 甲骨文에서 鳳새의 머리 모양에 입이 크고 몸뚱이가 긴 뱀의 모습을 한 상상의 동물을 그리어 「, , 」의 형태로 나타낸 것인데, 뒤에 자형이 「, , 」과 같이 변하며, 오늘날의 「龍(용 룡)」자가 된 것이다.

26	鬼

甲骨文	金 文	篆 書	隸 書	楷 書
			鬼	鬼

귀신은 본래 사람(여자)의 몸뚱이에 특별히 큰 머리통의 기이한 모습을 상형하여 「, , 」의 형태로 나타낸 것인데, 小篆에 이르러 귀신은 사람을 해하는 못된 짓을 많이 한다는 뜻을 강조하여 「(厶 : 私의 古字)」의 부호를 더해서 「」의 형태로 자형이 변하고, 오늘날의 「鬼(귀신 귀)」자가 된 것이다.

6) 植物에 대한 象形字

1 木

甲骨文	金 文	篆 書	隸 書	楷 書
			木	木

나무의 모양을 상형하여 「朩, 木」와 같이 나무의 줄기, 가지, 뿌리를 그린 것인데, 오늘날의 「木(나무 목)」자로 변한 것이다.

2 竹

甲骨文	金 文	篆 書	隸 書	楷 書
			竹	竹

대나무 잎의 모양을 상형하여 「𥫗」과 같이 그린 것인데, 오늘날의 「竹(대 죽)」자로 변한 것이다. 갑골문에 「竹」자가 없는 것으로 보아 은대에는 黃河 이북에 대나무가 없었음을 알 수 있다.

3 禾

甲骨文	金 文	篆 書	隸 書	楷 書
			禾	禾

벼는 벼이삭이 늘어진 모양을 상형하여 「禾, 禾, 禾」와 같이 그린 것인데, 오늘날의 「禾(벼 화)」자로 변한 것이다.

4 麥

甲骨文	金 文	篆 書	隸 書	楷 書
			麦	麥

보리이삭의 모양을 상형하여 「, 」와 같이 그린 것인데, 오늘날의 「來(올 래)」자로 뜻이 변하게 되었다. 그 이유는 보리는 이른 봄에 반드시 밟아주고 와야 하기 때문에 「오다」의 뜻으로 전의된 것이다. 다시 「, 」와 같이 「」(발의 상형자)를 더하여 오늘날의 「麥(보리 맥)」자가 된 것이다.

5 米

甲骨文	金 文	篆 書	隸 書	楷 書
			米	米

쌀은 낟알의 모양을 상형하여 「, 」와 같이 그린 것인데, 오늘날의 「米(쌀 미)」자가 된 것이다. 「米」자를 八+八의 합자로 보아, 벼농사는 88번의 손이 가야 된다는 풀이는 한 낱 俗說에 불과하다.

6 瓜

甲骨文	金 文	篆 書	隸 書	楷 書
			瓜	瓜

덩굴에 달린 오이의 모양을 상형하여 「, 」와 같이 그린 것인데, 오늘날의 「瓜(오이 과)」자가 된 것이다.

7) 家屋에 대한 象形字

1	門

甲骨文	金 文	篆 書	隷 書	楷 書

문은 쌍문의 모양을 상형하여 와 같이 그린 것인데, 오늘날의 「門(문 문)」자가 된 것이다.

2	戶

甲骨文	金 文	篆 書	隷 書	楷 書

외쪽 문은 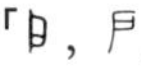와 같이 상형하여 오늘날의 「戶(지게문 호)」자가 된 것이다. 여기서 「지게」는 등에 지는 기구가 아니라, 외쪽 문을 일컫는다.

3	瓦

甲骨文	金 文	篆 書	隷 書	楷 書

기와는 암키와와 수키와가 겹쳐 있는 모양을 상형하여 「」와 같이 그린 것인데, 오늘날의 「瓦(기와 와)」자가 된 것이다. 「瓦」자가 갑골문에는 없고, 금문에서부터 출현되는 것으로 보아 은대에는 아직 기와가 없었음을 알 수 있다.

8) 衣服에 대한 象形字

1	衣

甲骨文	金文	篆書	隸書	楷書
				衣

옷은 웃옷의 모양을 상형하여 「, 」와 같이 그린 것인데, 오늘날의 「衣(옷 의)」자가 된 것이다.

2	絲

甲骨文	金文	篆書	隸書	楷書
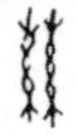				絲

실을 서리어 놓은 실타래의 모양을 상형하여 「, , 」와 같이 그린 것인데, 오늘날의 「糸(실 멱)」자가 된 것이다. 部首로 쓸 때는 「糸」와 같이 쓰고, 단독으로 쓸 때에는 「絲(실 사)」와 같이 쓴다.

9) 道具에 대한 象形字

1	刀

甲骨文	金文	篆書	隸書	楷書
				刀

칼의 모양을 상형하여 「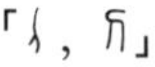」와 같이 그린 것인데, 오늘날의 「刀(칼 도)」자가 된 것이다.

2	弓

甲骨文	金文	篆書	隸書	楷書
			弓	弓

활의 모양을 상형하여 「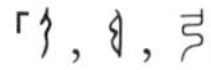」과 같이 그린 것인데, 오늘날의 「弓(활 궁)」자가 된 것이다.

3	矢

甲骨文	金文	篆書	隸書	楷書
			矢	矢

화살의 모양을 상형하여 「」와 같이 그린 것인데, 오늘날의 「矢(화살 시)」자가 된 것이다.

4	斤

甲骨文	金文	篆書	隸書	楷書
			斤	斤

도끼의 일종인 자귀의 모양을 상형하여 「」와 같이 그린 것인데, 오늘날의 「斤(자귀 근)」자가 된 것이다.

5 戈

甲骨文	金 文	篆 書	隸 書	楷 書
			戈	戈

창의 모양을 상형하여 「, , 」와 같이 그린 것인데, 오늘날의 「戈(창 과)」자가 된 것이다.

6 矛

甲骨文	金 文	篆 書	隸 書	楷 書
			矛	矛

긴 창의 모양을 상형하여 「, 」와 같이 그린 것인데, 오늘날의 「矛(창 모)」자가 된 것이다.

7 車

甲骨文	金 文	篆 書	隸 書	楷 書
		車	車	車

수레(차)는 수레의 바퀴모양을 강조하여 「, , 車」와 같이 그린 것인데, 오늘날의 「車(수레 차)」자가 된 것이다.

8 舟

甲骨文	金 文	篆 書	隸 書	楷 書
			舟	舟

배의 모양을 상형하여 「 , , 」와 같이 그린 것인데, 오늘날의 「舟(배 주)」자가 된 것이다.

9	豆

甲骨文	金 文	篆 書	隷 書	楷 書

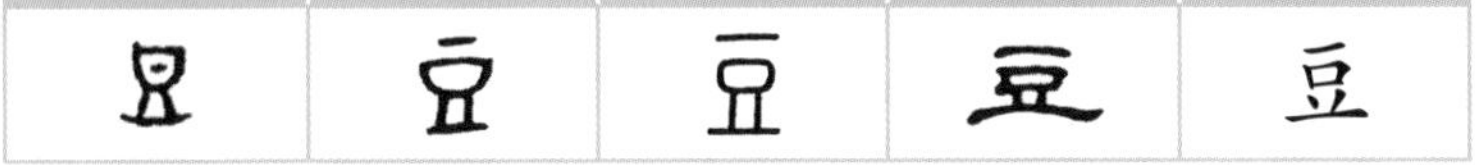

그릇 가운데 굽이 높은 그릇의 모양을 상형하여 「 , , 」와 같이 그린 것인데, 오늘날의 「豆(두)」로 되고, 그 뜻도 변하여 「豆(콩 두)」자가 되었다.

10	酉

甲骨文	金 文	篆 書	隷 書	楷 書

술항아리는 그 모양을 상형하여 「 , , 」와 같이 그린 것인데, 오늘날의 「酉(닭 유)」자로 되고, 그 뜻도 변하여 干支에서 「닭띠」를 나타내게 되었다.

11	斗

甲骨文	金 文	篆 書	隷 書	楷 書

도량형의 단위인 말은 본래 그 용기의 모양을 상형하여 「, , 」와 같이 그린 것인데, 오늘날의 「斗(말 두)」자가 된 것이다.

12	冊

甲骨文	金 文	篆 書	隸 書	楷 書
		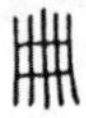	冊	冊

책은 종이가 발명되기 이전에 나무나 대쪽 곧 簡策에 글씨를 써서 끈으로 엮은 모양을 상형하여 「, , 」와 같이 그린 것인데, 오늘날의 「冊(책 책)」자가 된 것이다. 오늘날 종이로 된 것을 冊이라고 일컫는 것은 옛날 명칭을 그대로 쓰고 있는 것이다.

13	玉

甲骨文	金 文	篆 書	隸 書	楷 書
			玉	玉

옥은 구슬을 끈에 꿴 모양을 상형하여 「, , 王」와 같이 그린 것인데, 오늘날의 「玉(구슬 옥)」자가 된 것이다.

14	琴

甲骨文	金 文	篆 書	隸 書	楷 書
			琴	琴

거문고는 그 악기의 모양을 象形하여 본래 「, 」와 같이 그

린 것인데, 뒤에 「珡」자와 「今」자의 形聲字처럼 「琴(거문고 금)」자로 변한 것이다.

15	爵

甲骨文	金 文	篆 書	隷 書	楷 書
			爵	爵

술잔은 殷나라 때 靑銅器 가운데 참새모양의 술잔을 상형하여 「, , 」과 같이 그린 것인데, 오늘날의 「爵(작)」자가 되고, 그 뜻도 변하여 「爵(벼슬 작)」으로 되어 「公爵, 侯爵, 伯爵, 子爵, 男爵」 등으로 쓰이게 되었다.

16	文

甲骨文	金 文	篆 書	隷 書	楷 書
			文	文

문자 또는 문장의 문은 본래 사람의 가슴에 문신한 모양을 상형하여 「, , 」의 형태로 그리어 무늬의 뜻으로 쓴 것인데, 오늘날의 「文(글월 문)」자가 된 것이다. 뒤에 부득이 무늬를 뜻하는 글자를 「紋(무늬 문)」과 같이 다시 만들었다.

(2) 增體象形

상형자 중에는 어떤 사물의 구체적인 형체를 상형한 글자에 不成字 곧 어떤 부호를 더하여, 다른 뜻의 글자를 만든 增體象形字가 있다.

1	母

甲骨文	金 文	篆 書	隸 書	楷 書
			母	母

어머니는 앞에서 설명한 바와 같이 純體象形字인 「女」자에 젖을 뜻하는 2점을 찍어 「」와 같이 나타낸 것인데, 해서체로 「母(어미 모)」자가 된 것이다. 이 때의 두 점 「··」은 단독으로 글자를 이루지 못하는 부호 곧 不成字라고 한다. 따라서 「母」는 회의자가 아니라 역시 상형자이다.

2	果

甲骨文	金 文	篆 書	隸 書	楷 書
			果	果

실과(열매)는 실과나무인 「木(나무 목)」자에 열매를 표시한 「⊕」의 부호를 더하여 「」와 같이 나타낸 것인데, 오늘날의 「果(열매 과)」자가 된 것이다.

3	血

甲骨文	金 文	篆 書	隸 書	楷 書

피는 구체적인 형태를 그릴 수 없기 때문에 그릇인 「→皿(그릇 명)」자에 제사에 쓸 동물의 피를 받을 때의 핏방울이 떨어지는 모양을 더하여 「, 」과 같이 나타낸 것인데 오늘날의 「血(피 혈)」자가 된 것이다.

4	胃

甲骨文	金 文	篆 書	隸 書	楷 書

위는 인간의 육체를 뜻하는 「고기 육(肉)」자에 위장 속에 쌀이 들어 있는 모양인 「」의 부호를 더하여 「」와 같이 만든 글자인데, 오늘날의 「胃(위장 위)」자가 된 것이다.

5	兒

甲骨文	金 文	篆 書	隸 書	楷 書

아이는 「사람 인(人)」자의 다른 형태인 「儿(밑사람 인)」에 어린 아이의 머리 정수리 부분이 아직 굳지 않은 상태를 나타낸 「」의 부호를 더하여 「, , 」와 같이 만든 글자인데, 오늘날의 「兒(아해 아)」자가 된 것이다.

6 樂

甲骨文	金文	篆書	隸書	楷書
			樂	樂

음악의 「樂(악)」자는 나무로 만든 악기걸이를 뜻한 「木(나무 목)」자에 악기와 악기의 수식을 뜻하는 「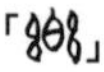」의 부호를 더하여 「, , 」과 같이 만든 글자인데, 오늘날의 「樂(풍류 악)」자가 된 것이다. 좋은 음악을 듣고 즐겁지 않은 사람이 없으니, 뒤에 즐겁다는 뜻의 「樂(즐거울 락)」자로도 쓰이게 되었고, 좋은 음악은 누구나 좋아하니, 좋아한다는 뜻의 「樂(좋아할 요)」로도 쓰이게 되었다.

7 盾

甲骨文	金文	篆書	隸書	楷書
			盾	盾

방패는 창이나 화살의 공격으로부터 신체 중에서도 눈을 방어하여 보호하는 것이 가장 중요하므로, 「目(눈 목)」자에 옆으로 본 방패의 모양인 「」의 부호를 더하여 「」과 같이 만든 글자인데 오늘날의 「盾(방패 순)」자가 된 것이다.

8 夫

甲骨文	金文	篆書	隸書	楷書
			夫	夫

지아비(장부)는 옛날 남자가 20살이 되면 머리를 틀어묶고 관을 썼던 모습을 상형하여 「, , 」와 같이 그린 것인데, 오늘날의 「夫(지바이 부)」자가 된 것이다. 증체상형자이다.

9	妻

甲骨文	金文	篆書	隸書	楷書
			妻	妻

아내는 여자가 머리에 비녀를 꽂고 장식한 모습을 상형하여 「, , 」와 같이 그린 것인데, 오늘날의 「妻(아내 처)」자가 된 것이다. 증체상형자이다.

(3) 省體象形

상형자 중에는 본래 어떤 사물의 모양을 상형하여 만든 글자에서 필획을 생략하여 다른 뜻의 글자로 쓰는 省體象形字가 있다.

1	烏

甲骨文	金 文	篆 書	隸 書	楷 書
			烏	烏

「烏(까마귀 오)」자는 본래 새의 모양을 상형한 「鳥(새 조)」자에서, 까마귀는 전체가 검기 때문에 몸과 눈이 구별되지 않으므로 「鳥(조)」자에서 눈을 상형한 필획을 생략하여 「烏」자로 만든 것이다.

2	片

甲骨文	金 文	篆 書	隸 書	楷 書
			片	片

「片(조각 편)」자는 본래 나무를 상형하여 만든 「나무 목(木 → 木)」자에서 조각이란 뜻을 나타내기 위하여 「木」자를 반으로 쪼개 놓은 곧 省體象形字를 만들어 「片 → 片(조각 편)」자가 된 것이다.

3	甲

甲骨文	金 文	篆 書	隸 書	楷 書
			甲	甲

옛사람들이 年月日을 헤아리던 曆法의 기초인 天干 地支에 있어서 天干의 첫 자인 「甲(갑)」자는 그 자형의 해석이 아직까지 분명치 않으나, 「갑(甲)」자의 옛 자형 「+, ⊞, 中」 등으로 볼 때, 본래 「+」로써 모든 열매의 껍데기 모양을 상형한 것인데, 「+(七)」자와의 혼동을 피하여 「⊞」의 모양으로 「□」의 부호를 더하였으나, 「田(밭 전)」자와 혼동이 생겨서 다시 「中」의 형태로 바꾼 것이다.

뒤에 와서는 열매의 껍데기뿐 아니라, 조개껍질 곧 貝甲, 거북이의 껍질 곧 龜甲, 껍질이 있는 곤충 곧 甲虫 등의 껍질도 「甲」이라 이르고, 옛날 전쟁시 화살, 창, 칼 등의 방어용으로 입던 옷도 갑옷이라 하여 「甲」자를 「갑옷 갑」이라고 일컫게 되었다.

4 丁

甲骨文	金 文	篆 書	隸 書	楷 書

干支에 쓰이는 「丁(정)」은 본래 쇠로 만든 못대가리의 모양을 상형하여 「●, ▼, ↑」의 형태로 그린 것인데, 뒤에 자형이 변하여 「↑→丁(고무래 정)」자가 된 것이다. 뒤에 天干의 넷째 자로 쓰이게 되어, 부득이 못을 뜻하는 「釘(못 정)」자를 다시 만든 것이다. 「고무래」로 훈을 붙인 것은 농기구의 고무래 모양처럼 생긴데서 일컫는 俗訓으로 「丁」에는 고무래의 뜻이 전연 없다.

5	午

甲骨文	金 文	篆 書	隸 書	楷 書
			午	午

干支에 쓰이는 「午(오)」는 본래 절굿공이의 모양을 상형하여 「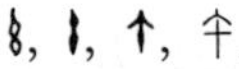」의 형태로 그린 것인데, 오늘날의 「午(낮 오)」자가 된 것이다. 뒤에 地支의 일곱 번째 글자로 쓰이게 되어, 부득이 절구공이를 뜻하는 「杵(공이 저)」자를 다시 만들었다. 「午」는 시간으로 정오(오전 11시~오후 1시)를 가리키므로 「낮 오」라고 일컫게 되었다.

6	焉

甲骨文	金 文	篆 書	隸 書	楷 書
			焉	焉

어조사로 쓰이는 「焉(어찌 언, 어조사 언)」자는 본래 누른 봉황새의 모양을 상형하여 「」의 형태로 그린 것인데, 뒤에 「焉(어조사 언)」자로 쓰이게 되었다.

7	京

甲骨文	金 文	篆 書	隸 書	楷 書
			京	京

서울 곧 도시를 뜻하는 글자는 본래 높은 언덕에 성을 쌓고 큰 집을 지은 모양을 가리키어 「」의 형태로 그린 것인데, 오늘날의 「京(서울 경)」자가 된 것이다.

8	宀

甲骨文	金 文	篆 書	隸 書	楷 書
				宀

집은 본래 지붕을 얕게 한 움집의 모양을 본떠 「」의 형태로 그린 것인데, 오늘날의 「宀(집 면)」이 된 것이다.

9	厂

甲骨文	金 文	篆 書	隸 書	楷 書
				厂

언덕은 본래 바위로 된 절벽에 바위가 돌출되어 그 밑에 사람이 살 수 있는 상태를 본떠 「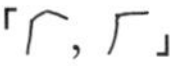」의 형태로 그린 것인데, 오늘날의 「厂(언덕 엄)」이 된 것이다.

10	巾

甲骨文	金 文	篆 書	隸 書	楷 書
				巾

수건은 본래 한 폭의 수건을 걸어서 늘어뜨린 모양을 본떠 「巾, 巾」의 형태로 그린 것인데, 오늘날의 「巾(수건 건)」이 된 것이다.

11	广

甲骨文	金 文	篆 書	隸 書	楷 書

산 언덕 밑에 지은 집의 형태를 본떠서 「厂」의 형태로 그리어 앞에서 설명한 언덕을 상형한 「厂」자와 구별 없이 썼으나, 뒤에 「广」의 형태로 바꾸어 구별해서 오늘날의 「广(바윗집 엄)」이 되었다.

12	阜

甲骨文	金 文	篆 書	隸 書	楷 書
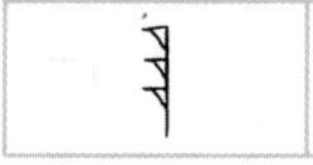	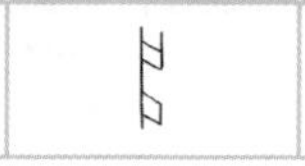			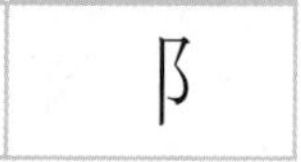

부수자의 「언덕부 변(阝)」은 본래 층층이 된 흙언덕을 본떠 「彐, 𠂤, 𨸏」의 형태로 그린 것인데, 오늘날의 「阜(언덕 부)」자가 된 것이다. 이 자가 오른쪽의 부수자로 쓰일 때는 「阝」의 형태로 쓰이게 되었다.

13	艹

甲骨文	金 文	篆 書	隸 書	楷 書
				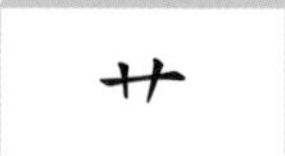

부수자의 「艹(풀 초)」는 본래 풀싹이 돋아난 모양을 본떠 「, 」의 형태로 그린 것인데, 오늘날의 「艹」의 형태로 변하여 부수자로만 쓰이게 되었다.

14	罒

甲骨文	金 文	篆 書	隸 書	楷 書
				罒

부수자의 「罒(그물 망)」은 본래 그물의 모양을 본떠 「, 」의 형태로 그린 것인데, 부수자로 쓰일 때는 「罒」의 형태로 바뀌어 쓰이게 되었다.

3

指事字

指事字가 造字上의 次序로 보아 象形字의 앞이냐 뒤냐 하는 것은 이미 前述하였기 때문에 생략한다.

指事字에 대해서도 許愼의 『說文解字』敍에서 「指事字・視而可識・察而見意・上下是也.」[45]라 言及한 것이 文獻上으로 최초의 定義라고 할 수 있다. 여기서 指事의 뜻은 말 그대로 象形字의 경우처럼 본뜰만한 具體的인 形態가 없는 일(事)을 抽象的인 符號를 사용하여 가리킨다는 것이다. 「視而可識」은 가리킨 부호를 보아서 알 수 있고, 「察而見意」는 자세히 그 부호를 살피면 뜻도 찾아낼 수 있다는 것이다. 例를 들면 「上」의 원형인 「⊥」과 「下」의 원형

45) 許愼의 說에 대하여 高明은 「許愼關于指事字的解釋, 過于籠統, 竝與象形, 會意的界限含混不清. 如視而可識, 很以象形, 察而見意, 又似會意.」(中國古文字學通論 p.51)와 같이 그 解釋이 不明確함을 지적하였다.

인 「丅」를 보면, 어떠한 사물의 위와 아래를 가리킨 것임을 알 수 있다. 그러므로 「上」과 「下」는 指事字의 代表的인 例이다.

象形字와 指事字가 依類象形의 初文으로서 獨體字라는 점은 동일하지만, 象形은 象具體之形의 文이고 指事는 象抽象之形의 文이라는 점이 다르다.

「丄・丅」나 「一・ 二・三・亖」처럼 가리키고자 하는 사실 자체 외에 增減이나 變形시킨 字畫이 들어 있지 않은 單純한 形體를 指事의 正例라고 한다.

따라서 指事에도 이러한 正例 外에 不成文의 符號를 더하거나, 字畫의 位置나 形態를 變更하거나, 字畫을 省略하여 造字한 것으로 指事의 變例라고 한다. 變例를 다시 增體指事・變體指事・省體指事로 나눌 수 있다.

增體指事는 「成文+不成文(符號)」의 指事字로 「夾」 곧 「㚒」字처럼 成文 「大」에다 不成文 「∧∧」의 符號를 더하여 겨드랑이 밑에 어떠한 物件을 끼고 있는 일을 나타내는 指事類도 있고, 「亦」 곧 「亦」字처럼 成文 「大」에다 不成文 「··」의 符號를 더하여 겨드랑이 部位를 가리키는 指事類도 있다.

여기서 주의할 것은 前者의 「夾」字는 非名詞이고, 後者의 「亦」字는 본래 名詞인 것이다. 「亦」이 현재는 「또 역」字이지만 본래는 겨드랑이를 뜻하던 字이다.

變體指事는 字畫의 位置를 變更하는 것으로 例를 들면, 「人」은 본래 사람을 象形한 純體象形字이지만, 뒤집어 「匕」[46]로 하면 사람에게 변화가 생겼음을 나타내는 變體指事가 된다. 「永」(永)字도 물이 悠長하게 흘러감을 나타낸 純體指事이지만, 뒤집어서 「𣱵」로 놓으면 「𠂢」字가 되어 곧 水脈이 分流됨을 나타내는 變體指事가 된다. 다른 한 가지는 字畫 자체를 變形시키는 것이다. 例를 들면 「木」은 나무를 象形한 純體象形字이지만, 나무 끝부분을 右로 구부려 「𥝌」[47]字로 變形시켜 놓으면, 樹木의 生長이 沮止를 받아서 구부러졌음을 나타내는 變體指事가 된다. 「大」도 純體指事이지만, 다리부분을 變形시키어 「交」 곧 「交」字로 되면 양다리를 서로 꼬았다는 뜻의 變體指事가 된다.

省體指事는 본래의 成文形體에서 筆劃을 省略하여 어떠한 일을 가리키는 것이다. 例를 들면, 「ㅂ」(口)는 입을 象形한 純體象形字이지만, 윗 입술 부분을 省略하여 「凵」로 되면 입을 크게 벌림을 나타내는 省體指事字가 된다. 「飛」(飛)도 새의 날음을 가리킨 純體指事이지만, 새의 날음이 매우 빨라서 두 날개와 다리도 보이지 않음을 나타내기 위하여 省略해서 「卂」 곧 「卂」字가 되면, 迅速함을 나타내는 省體指事가 된다.

이상의 敍述로 볼 때, 「大」·「交」·「飛」 等이 엄연히 依類象形의 象具體之形의 造字인데도 指事字로 分類하고 있기 때문에 아직도 初學者들에게는 象形과 指事의 구별이 확연하지 않을 것이다.

---

46) 說文의 「𠤎, 變也, 從到人.」에 대하여 林尹선생은 「倒人爲匕, 爲化字初文, 人倒過來, 表示有所變異.」(文字學概說 p.105)라고 설명하였으나 康殷은 「乀卽狐形的最間化形, 卽狐形的最概括的動態線」이라 하고, 說文의 「從倒人」은 잘못이라고 지적하였다(文字源流淺說 pp.174～176).

47) 「𥝌」는 「稽」의 初文이다. 「稽」의 「𥝌」(𥝌)는 「禾」(禾)가 아니기 때문에 楷書體로 쓸 때, 上劃의 삐침을 길게 하여서는 잘못이다.

다시 말해서 依類象形의 象具體之形과 象抽象之形으로는 象形과 指事의 구별이 확연히 될 수 없다. 여기에다 象形은 本義가 모두 名詞이고, 指事는 本義가 모두 非名詞로서 動詞·形容詞·副詞 등이라는 기준으로 구분하면 확연해진다. 그러나 여기에도 例外가 있음을 알아야 할 것이다. 增體指事 중에는 少數지만 名詞인데도 指事字인 것이 있다. 例를 들면 (本·末·刃·尺·寸·亦) 등은 不成文의 符號를 더한 增體指事이지만 모두 名詞이다.

또한 增體指事와 增體象形이 다른 점은 增體指事는 위의 例처럼 加劃된 符號가 모두 指示的인 不成文인데 반하여 增體象形은 (石·果· 母) 등처럼 像石形의 「○」, 像果形의 「⊕」, 像雙乳形의 「◡◡」가 곧 모두 實象의 不成文이라는 것이다.

上述한 指事字를 分類圖示하면 다음과 같다.

- 指事
  - 正例 —— 純體指事：成文→例：「上·下·一」
  - 變例
    - 增體指事：成文＋不成文→例：「來·示·甘」
    - 變體指事：成文→變形→例：「辰·七·交」
    - 省體指事：成文－筆劃→例：「非·凡·夕」

說文解字에 실린 9,353字中 指事字는 다만 125字로 나타났다(以上 林尹 編著『文字學概說』參考).

그러나 唐蘭은『古文字學導論』에서「指事這個名目, 只是前人因

一部分文字無法解釋而立的, 其實這種文字, 大都是象形或象意, 在文字上根本就沒有發生過指事文字」[48]라고 言及한 것처럼 六書中 指事를 근본적으로 認定하지 않으려 하였다.

실은『說文解字』9,353字中에서 許愼이 指事라고 밝힌 것은 다만「⊥」(上)字 하나뿐인데, 敍에 例를 들 때「⊤」(下)字를 하나 더 加한 것이다. 其他 指事 初文에 대해서는 처음부터 六書中 어디에 속한다고 밝히지 않았거나, 혹은「象形」,「象某某之形」,「從某象某某之形」이라고 註를 붙였을 뿐이다. 이 중에는 반드시 指事가 아닌 것도 있고, 또한 확실히 象形에 속하는 것도 있다.

그러므로 많은 漢字 곧 古韓契中 어느 字가 指事에 속하는지를 단정짓기는 간단하지가 않다. 例를 들면「ψ」에 대하여『說文解字』에「艸木初生也, 象丨出形, 有枝葉也, 古文以爲艸字」로 說明하였다. 옛 사람들은「艸」字로 생각하여 象形에 소속시켰던 것이나 오늘날은「艸木初生」의 指事로 소속시키고 있다.

「不」(不)은『說文』에「鳥飛上翔, 不下來也, 從一, 一猶天地, 象形」과 같이 象形字로 되어 있으나 새가 하늘로 나아가 보이지 않음을 나타낸 형으로써 否定의 뜻으로 쓰였기 때문에 六書의 分類로 볼 때는 純體指事에 속한다.

「⾄」(至)도『說文』에「鳥飛從高下至地也, 從一, 一猶地也, 象形. 不, 上去 ; 而至, 下來也. ⾄, 古文至」와 같이 象形字로 보았다. 그러나「⾄」의 字形은 새가 높은데서 땅에 이른 것을 象形하였으나 무엇이 어느 곳에 이르다는 뜻을 나타낸 動詞이므로 역시 純體指事

48) 參見 : 高明著 中國古文字學通論 p.52.

에 속한다. 『說文』에 「不」와 「至」를 연속하여 배열한 것은 새가 하늘로 날아가고, 땅에 이르는 相反된 뜻을 나타냈기 때문이다. 다시 말해서 「□」는 「□」의 倒置된 字形이다.

그러나 左民安은 甲骨文의 「□」字形에서 화살이 땅에 꽂힌 것으로 보고, 뜻은 역시 「到」로 보고, 會意字로 분류하였다(漢字例話 p.39).

새를 화살로 본 것은 될 수도 있으나 指事字를 會意字로 본 것은 잘못이다.

「□」(西)에 대하여 『說文』에서 「鳥在巢上, 象形. 日在西方而鳥棲, 故因以爲東西之西」와 같이 역시 象形으로 言及하였다. 이에 근거하여 林尹선생은 「本像鳥在巢上以表示棲的意思, 後來假借爲東西之西」라 하여 「西」가 본래 「棲」의 뜻이었는데 뒤에 方向을 가리키는 「西」로 假借된 것으로 설명하였다.

「西」가 甲骨文에서는 「□, □, □ , □」[49] 등의 형태로, 金文에서는 「□」의 형태이던 것이 小篆에 이르러 「□」의 형태로 변하였다. 따라서 많은 학자들이 金文까지의 형태에 근거하여 새의 둥지로 보았다. 「鳥」의 古文中 「□」의 字形은 나타난 바 없지만 小篆의 「□」를 새가 둥지에 앉아 있는 형태로 보았다.

그러나 朱芳圃는 「□」를 象网形[50] 곧 새그물로 보았고, 康殷은 羽毛[51] 곧 새깃털로 보았다. 그러므로 아직도 「西」字의 原字形은

---

49) 參見 : 朱芳圃著 甲骨學文字編 文12.

50) 參見 : 上同.

51) 參見 : 文字源流淺說 p.196.

무엇을 象形한 것인지 명확히 단정 지을 수 없다.

다만 여기서 먼저 考究할 것은 「西」의 本義가 「棲」이던 것이 方向의 「西」로 假借된 것일까 하는 점이다.

初期 造字時에 四方을 가리키는 字形은 꼭 필요했을 것이다. 그 중에서도 우선 해 뜨는 동쪽을 가리키는 字形이 造字되었을 것이다. 甲骨文에 동쪽의 字形은 「, , , 」52) 등으로 나타나 있다. 이에 따라 徐中舒는 東은 곧 古 「橐」字라 하였다.53) 다시 말해서 밑이 없는 자루 속에 물건을 넣고 양단을 끈으로 묶은 형태를 象形했다는 것이다. 朱方圃나 高鴻縉도 같은 뜻으로 주장하였다.

그러나 「橐」이 「東」으로 假借되었다는 說은 合理性이 부족하다. 許愼이 「動也, 從木, 官溥說 ; 從日在木中」이라 한 것이 合理性이 있다고 생각한다.

造字 당시의 自然環境을 推察하여 보면 黃河流域의 平原이다. 平原에서 아침 해 뜨는 모습을 보았을 때, 그 方向을 가리키는 字形은 자연히 지평선 저쪽의 나뭇가지 사이로 해 뜨는 모습을 그릴 수밖에 없었을 것이다. 그러므로 해뜨는 동쪽의 字形이 「」으로 象形된 것은 조금도 이상하거나 부자연스러움이 없다. 만일 造字하던 지역이 海邊이나 山中이었다면 「」의 字形이 아닌 다른 字形으로 造字되었을 것이다. 그러므로 黃河流域의 平原과 「」의 字形은 매우 合一된다. 따라서 甲骨文의 「」은 刻字者에 따른 「」의 異體字로 보아야지 「橐」의 古字로 보는 것은 너무나 字形 자체에 집

52) 參見 : 朱芳圃著 甲骨學文字編 文6.

53) 參見 : 朱芳圃著 甲骨學文字編 文6.

착한 誤解가 아닐 수 없다.

그것을 傍證하는 것이 「西」字이다. 地平線 가운데서 해 지는 서쪽을 바라보아도 해 뜨는 동쪽의 환경과 다름이 없었을 것이다. 造字者로서는 해 지는 夕陽을 바라보았을 때 서쪽도 역시 나뭇가지에 해가 걸린 모습으로 나타낼 수밖에 없었을 것이다. 그러고 보면 「東」字와 구별이 되지 않으므로 서쪽으로 여하히 구별하여 造字할 것인가를 苦憫하게 되었을 것이다.

여기에서 해 질 때의 特徵을 찾은 것이다. 곧 해가 질 무렵이면 새들이 둥지로 찾아드는 것으로 서쪽을 나타내고자 하였을 것이다. 그러므로 甲骨文의 「西」는 「새둥지」 자체의 名詞로 보아야지 깃들이다 곧 「棲」의 뜻인 動詞로 보아서는 안될 것이다. 따라서 서쪽에 대한 造字를 할 때에 해질 무렵에는 새가 둥지에 찾아든다는 것을 특징잡아 만들기는 하였지만 「西」를 「棲」의 假借字로 볼 수는 없다. 다만 깃들이다의 「棲」字는 뒤에 만들어졌을 뿐이다.

손님을 맞아 앉을 때 主人이 東側에 앉는다는 古俗에 따라 「東」의 뜻이 主人의 뜻으로 假借되어 「東人, 東家, 房東, 店東」 등으로 사용된 것처럼 「西」字도 오히려 西쪽 方向을 가리키는 本義에서 「棲」의 뜻으로 假借되었다고 보는 것이 타당할 것이다.

黃河流域의 끝없는 平原에서 멀리 나뭇가지 사이로 해가 뜨고, 해가 지는 同一한 視覺的인 象形性을 벗어나서 「東」과 「西」로 造字한 뒤 남쪽과 북쪽의 造字는 如何히 하였을까?

북쪽의 특징을 잡아 獨體字로서 依類象形하기란 그리 쉽지 않았을 것이다. 熱帶地域이 아닌 溫帶地域인 黃河流域의 北方民族에게 있어서 추운 날씨의 太陽은 무엇보다도 生活의 重要한 구실을 하였을 것이다. 따라서 住居의 方向도 向日性의 남쪽을 바라보도록 되었을 것이다. 그러므로 북쪽은 남쪽이 앞인데 대하여 항상 뒤였을 것이다. 이에 착안하여 「뒤」를 가리키는 造字로써 북쪽을 뜻하였을 것이다.

『說文解字』에 「𠔁, 乖也, 從二人相背.」라 하여 「北」의 本義를 相背로 보았다. 林尹선생은 「北方背太陽, 故引伸爲北方之北, 爲假借義.」[54] 라 하여 假借字로 보았다.

北의 甲骨文이나 金文의 字形으로 보아 本義는 등(背)의 뜻이었으나, 引伸되어 乖背나 違背의 뜻으로 쓰였고, 다시 등은 뒤가 되고, 뒤는 북쪽을 가리키기 때문에 北쪽에 해당하는 글자를 따로 만들지 않고, 「𠔁」으로써 北方의 假借字가 되었을 것이다.

後에 「北」이 北方의 뜻으로 專用되자 등에 해당하는 字를 부득이 「背」(北 + 肉)로 造字하였을 것이다. 「背」字가 北에 肉字를 더한 것으로 보아도 「北」의 本義가 「乖」나 「相背」가 아니라, 명사인 「등」이었음을 알 수 있다. 左民安은 「北字本義是背 或相背」(漢字例話 p.48)라 하고, 康殷은 「象兩人相背之狀, 許說甚確, 因而可知它原即乖背·違背的本字, 後因借聲以爲南北字, 遂另加肉作背以爲脊背字, 又借背爲違背之背.」(文字源流淺說 p.26)라 하여 「北」의 本義를 許愼과 같이 乖背나 違背의 背로 본 것은 잘못이다. 「戰國策, 齊策六」에서 「士無反北之心」으로 보아도 北의 本義가 등의 「背」였음을 알

54) 參見 : 『文字學概說』 p.188. 또한 「北爲古背字, 見國語韋昭注, 許愼所說的, 乖也, 是乖戾的意思.」(p.123)라 하여 同體會意字로 보았다.

수 있다.

北의 對立方向인 남쪽을 가리키는 字도 同時에 必要하였을 것이다. 끝없는 平原 한가운데서 남쪽에 해당하는 字形을 「□」, 「□」, 「□」과 달리 造字한다는 것은 역시 간단하지 않았을 것이다.

『說文解字』에 「□, 艸木至南方, 有枝任也. 從𣎵半聲.」이라 하여 形聲字로 보았다. 「南」의 甲骨文은 「□·□·□·□·□·□」[55] 등으로, 金文은 「□·□」[56] 등으로 되어 있다.

朱芳圃는 「南」의 甲骨文 字形에 근거하여 「南, 殆鐘鎛之類之樂器」로 보았다. 樂器의 象形字가 南北의 南으로 孳乳된 것은 鐘鎛이 南陳의 樂器이기 때문이라고 說明하였다(甲骨學 pp.文6·4~5).

康殷은 「南」의 金文에 근거하여 「□·□」는 龜의 腹甲形이고 甲端에 「□」形을 加한 것은 혹 銳利한 物體를 龜甲을 鑽刺하는 뜻이 있을 것이라고 하였다. 이어서 「概原指甲卜, 後借其聲以爲南北方向字. 說文訛作□「草木至南方有枝任也, 從𣎵半聲」……都不過是嚮壁虛造的巧說. 至少金文所象如此, 甲文尙未甚明, 有待深考.」(文字源流淺說 p.570)라 하였으나, 「後借其聲」으로 南北方向字가 되었다는 설명이 不明確하다.

이처럼 「南」에 대해서는 學者에 따라 視角이 크게 달라서 무엇으로 斷定하기 어렵다. 許愼이 小篆體에 근거하여 形聲字로 본 것은 不合理하다고 생각된다. 왜냐하면 「東」·「西」·「南」·「北」 가운데 「東」과 「北」은 形形相益의 合體性이 있다 하여도 모두 象

55) 參見：朱芳圃著 甲骨學文字編 文6.

56) 參見：康殷釋輯文字學源流淺說 p.570.

形의 造字로 되어 있는데 유독 「南」만이 後起的인 合體字의 形聲의 과정에서 造字되었다는 것은 우선 時期的으로 合理性이 없다. 현재로서는 朱芳圃의 說에 따르는 것이 合理的이다. 곧 南方의 樂器를 象形하여 南方의 뜻으로 假借한 것이다.

이상과 같이 同類의 字形이 造字되는 과정에 있어서도 「東」은 會意, 「西」는 象形 또는 指事에서 假借로, 「南」은 象形에서 假借로, 「北」은 會意에서 假借로 된 것처럼 不一하기 때문에, 六書로 分類함에 있어서 同類의 漢字라고 하여 劃一的으로 생각해서는 안 된다.

이밖에도 『說文』에 근거하여 指事로 分類하고 있으나, 甲骨文이나 金文의 字形으로 볼 때 指事로 斷定하기 어려운 것들이 있다.

「示」는 『說文』에 「天垂象, 見吉凶, 所以示人也. 從二 ; 三垂, 日, 月, 星也. 觀乎天文, 以察時變, 示神事也, 𥘅, 古文示.」라 하였다. 곧 위(하늘)로부터 햇빛, 달빛, 별빛이 내려 비치어 吉凶을 나타내어 사람에게 보이는 것이라고 설명하였다. 林尹선생이 「示」를 增體指事로 본 것은, 「二」는 「上」의 古文으로 純體指事인데 「川」는 日·月·星의 實象이 아니라, 加劃된 符號이기 때문이다.

甲骨文의 「示」는 「丅, 亍, 示, T, 工, 王, 亍, 𡈼」[57] 등으로, 金文의 「示」는 「示, 示」 등으로 되어 있다. 이에 근거하여 康殷은 神을 崇拜하던 「卓石」 곧 西洋에서 말하는 「Dolmen」으로 해석하였다. 「T」를 「社」의 初文으로 보았고, 「示」는 原字形이 아니라, 祭物을 올릴 때 上下 周邊에 떨어진 형태를 나타낸 것으로 보았다. 따라서 許愼의 說을 牽强附會로 否正하였다.[58] 左民安도 中國 古代人들이 崇拜

57) 參見 : 朱芳圃著 甲骨學文字編 文1.

하던 「靈石」으로 보고, 「示」의 本義를 靈石의 名詞로 보았다. 이 靈石 위에 祭物을 놓아 鬼神에게 보이므로써 뒤에 사람에게 보이다는 뜻의 動詞로 引伸되었다는 것이다.[59] 高明은 許愼의 「三垂日月星」의 說은 후대에 생긴 것이지, 「示」字의 本義가 아니라고 하였다.[60]

이상 諸說로 볼 때, 「示」는 指事字가 아니라, 오히려 象形字로 보아야 할 것이다.

指事字에는 단순한 형태로써 사물을 가리킨 純體指事, 어떠한 독립된 자형에 글자의 형태가 아닌 어떠한 부호를 더하여 가리킨 增體指事, 어떠한 독립된 자형을 그 위치나 필획을 변경시키어 다른 뜻을 나타낸 變體指事, 본래 독립된 자형에서 일부 필획을 생략하여 다른 뜻을 나타낸 省體指事 등이 있다.

58) 參見：文字源流淺說 p.572.

59) 參見：漢字例話 p.308.

60) 參見：中國古文字學通論 p.143.

(1) 純體指事

순체지사자도 순체상형자와 마찬가지로 단순한 형태로써 사물을 가리키어 추상적인 개념을 나타낸 독체자로서 한자의 기본이 되는 글자이다.

1	一, 二, 三

甲骨文	金 文	篆 書	隸 書	楷 書
				一
甲骨文	金 文	篆 書	隸 書	楷 書
				二
甲骨文	金 文	篆 書	隸 書	楷 書
				三

숫자에 있어서 단순한 부호를 하나·둘·셋을 나타낸 「一(한 일), 二(두 이), 三(석 삼)」 등은 대표적인 純體指事字이다.

2	四

甲骨文	金 文	篆 書	隸 書	楷 書
				四

넷도 본래는 갑골문에서 「☰」와 같이 純體指事字였는데, 金文에 와서 「𠃢, 𦉭」와 같이 변하여 오늘의 「四(넉사)」자가 된 것이다. 「四(사)」자는 사방을 뜻하는 「□」의 형태 속에 분별을 뜻하는

「儿, 八」의 부호로써 넷으로 나뉨을 나타낸 글자이다.

3	五

甲骨文	金 文	篆 書	隷 書	楷 書

다섯도 본래는 「亖」와 같이 썼던 것인데, 「二」와 「三」이 겹쳐 쓰일 때와 구별하기 위하여, 본래 5개의 산가지를 겹쳐 놓은 모양이 「亖 → 乂 → 𠄡 → 五」와 같이 점점 변하여 오늘날의 「五(다섯 오)」자가 된 것이다.

4	六

甲骨文	金 文	篆 書	隷 書	楷 書

여섯은 본래 들에 임시로 지어 놓은 간단한 집의 형태를 상형하여 「𠆢, 冂」와 같이 그린 象形字인데, 뒤에 이 글자가 숫자의 여섯을 뜻하는 글자로 대치되어 오늘날의 「六(여섯 륙)」자로 쓰이게 된 假借字이다.

5	七

甲骨文	金 文	篆 書	隷 書	楷 書

일곱은 갑골문에서 본래 칼로 사물을 절단하여 놓은 것을 「十」의 형태와 같이 가리킨 指事字인데, 뒤에 이 글자가 숫자의 일곱을 뜻하는 글자로 빌려 쓰이게 되어, 부득이 절단을 뜻하는 글자는 「刀(칼 도)」자를 더하여 「十刀 → 切(끊을 절)」과 같이 새로 만들었다. 「七(칠)」자의 자형은 본래 「十」의 형태로 「十(열 십)」자와 혼동이 생기어, 秦나라 때에 「[illegible], [illegible]」의 형태로 바뀌어 오늘날의 「七(일곱 칠)」자가 된 것이다.

6	八

甲骨文	金 文	篆 書	隷 書	楷 書
			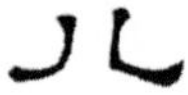	八

여덟은 갑골문에서부터 「八」의 형태로 본래 서로 나누어져 있음을 가리킨 指事字인데, 뒤에 이 글자가 숫자의 여덟을 뜻하는 글자로 빌려 쓰이게 되어, 부득이 나눔을 뜻하는 글자는 「刀(칼 도)」자를 더하여 「[illegible] →分(나눌 분)」과 같이 새로 만들었다.

7	九

甲骨文	金 文	篆 書	隷 書	楷 書
				九

아홉은 본래 낚시의 형태를 상형하여 「[illegible], [illegible], [illegible]」와 같이 그린 상형자인데, 이미 갑골문에서부터 숫자의 아홉을 뜻하는 글자로 빌려 쓰이게 되었으며, 오늘날의 「九(아홉 구)」자가 된 것이다.

8 十

甲骨文	金 文	篆 書	隸 書	楷 書

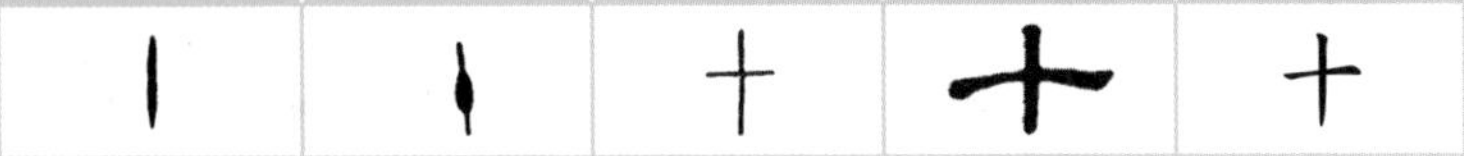

열은 갑골문에서 「丨」의 형태로 표시하여, 가로 그어 「一(한 일)」로 표시한 것과 구별하여 쓴 것은 옛날 숫자를 헤아리던 산대(산가지)를 세워서 열을 뜻했음을 그린 것이다. 갑골문에서 「五十」을 곧 「[illegible]」, 「六十」을 곧 「[illegible]」의 형태로 표시한 것으로도 「丨」이 「十」을 뜻했음을 알 수 있다. 秦始皇 때 小篆體로 자형이 통일되면서 오늘날 「十」의 형태로 바뀐 것이다.

9 上, 下

甲骨文	金 文	篆 書	隸 書	楷 書

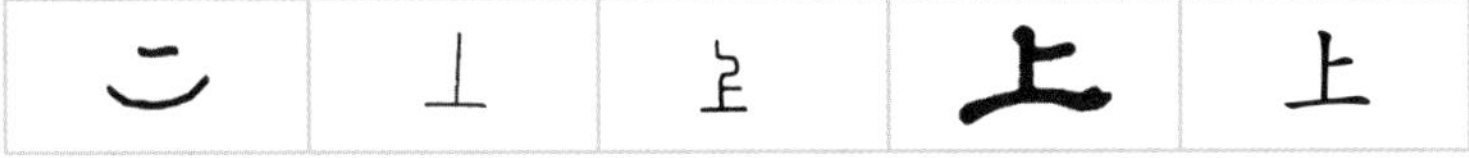

甲骨文	金 文	篆 書	隸 書	楷 書

上·下는 일정한 모양을 본뜰 수 없으므로 먼저 기준이 되는 선을 긋고, 그 선의 위와 아래를 가리키어 위는 곧 「二→丄」, 아래는 곧 「[illegible]→丅」의 형태로 구별했던 것인데, 뒤에 「[illegible]→上(윗 상)」, 「[illegible]→下(아래 하)」자로 된 것이다.

10	入

甲骨文	金 文	篆 書	隷 書	楷 書

들어가다는 일정한 모양을 본뜰 수 없는 말이므로 풀이나 나무의 뿌리가 땅으로 들어가는 모양을 가리키어 「∧, 人」의 형태로 쓴 것인데, 오늘날의 「入(들 입)」자가 된 것이다. 송곳이 뚫고 들어가는 것으로 풀이하는 이도 있다.

11	出

甲骨文	金 文	篆 書	隷 書	楷 書

나가다는 들어가다의 상대어로서 역시 일정한 모양을 본뜰 수 없는 말이므로 사람의 발이 문(또는 동굴) 밖으로 향하여 나가는 모양을 가리키어 「出, 出, 出, 出」의 형태로 쓴 것인데, 오늘날의 「出(나갈 출)」자가 된 것이다.

12	久

甲骨文	金 文	篆 書	隷 書	楷 書

오래다는 사람의 다리를 뒤에서 끈으로 잡아 당겨 앞으로 빨리 갈 수 없는 모양에서 시간이 오래 걸림을 가리키어 「乆」와 같이 쓴 것인데, 오늘날의 「久(오랠 구)」자가 된 것이다.

13 永

甲骨文	金文	篆書	隸書	楷書
			永	永

시간의 흐름이 긴 것을 나타내기 위하여 물줄기가 여럿이 만나 유유히 길게 흘러감을 가리키어 「, , 」의 형태로 쓴 것인데, 오늘날의 「永(길 영)」자가 된 것이다. 사람이 수영하는 자형으로 풀이하는 이도 있다.

14 飛

甲骨文	金文	篆書	隸書	楷書
			飛	飛

날다는 새가 날개를 치며 나는 모습을 본떠 「, , 」의 형태로 그렸던 것인데, 오늘날의 「飛(날 비)」자가 된 것이다.

15 至

甲骨文	金文	篆書	隸書	楷書
			至	至

이르다(도달하다)는 화살()을 멀리 쏘아 땅(一)에 이른 것을 나타내어 「, 」의 형태로 그렸던 것인데, 오늘날의 「至(이를 지)」자가 된 것이다.

16	齊

甲骨文	金 文	篆 書	隸 書	楷 書

가지런하다는 벼나 보리 이삭이 패 있는 모양을 멀리서 바라볼 때, 수평으로 보일 만큼 가지런함을 본떠서 「, 」의 형태로 그린 것인데, 오늘날의 「齊(가지런할 제)」자가 된 것이다.

17	卜

甲骨文	金 文	篆 書	隸 書	楷 書
		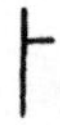		

점을 치다의 점은 殷나라 때 사람들은 매사에 점치기를 좋아해서 어떤 일을 하기 전에 거북의 腹甲을 기름에 튀겨서 생기는 터진 금으로 吉凶兆의 점을 쳤다. 이 때 생긴 금의 모양을 본떠 「, , , 卜」의 형태로 그린 것인데, 오늘날의 「卜(점 복)」자가 된 것이다.

18	凶

甲骨文	金 文	篆 書	隸 書	楷 書
			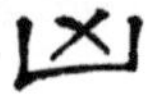	

吉凶의 凶은 본래 사람의 젖가슴을 상형하여 「, 」의 형태로 그린 것인데, 지금은 뜻도 변하여 「凶(흉할 흉)」자로 쓰인다. 뒤에 가슴흉자를 「胸」과 같이 다시 만들었다.

19	不

甲骨文	金 文	篆 書	隸 書	楷 書
			不	不

아니다의 부정을 뜻하는 글자는 본래 새가 하늘로 날아가 보이지 않음을 「, , , 」의 형태로 나타낸 것인데, 부정사로서 「不(아니 불)」자로 쓰이게 된 것이다. 꽃의 받침을 그린 것으로 보는 이도 있다.

20	予

甲骨文	金 文	篆 書	隸 書	楷 書
			予	予

주다는 손으로 물건을 밀어 주는 것을 나타내어 「, 」의 형태로 그린 것인데, 오늘날의 「予(줄 여)」자가 된 것이다. 뒤에 나를 가리키는 1인칭 대명사로서 「予(나 여)」자로도 쓰이게 되었다.

21	西

甲骨文	金 文	篆 書	隸 書	楷 書
			西	西

서쪽의 서는 본래 새의 둥지를 그리어 「, , 」의 형태로 나타낸 것인데, 해가 기울어 서쪽으로 지게 되면, 새들이 둥지로 깃들게 됨으로 서쪽의 뜻으로 쓰이게 되어 오늘날의 「西(서녘 서)」자가 된 것이다.

(2) 增體指事

증체지사자도 증체상형자와 마찬가지로 글자를 이루는 형체에다 글자를 이루지 못하는 곧 不成文의 부호를 더하여 만든 지사자이다. 「成文+不成文」의 글자는 역시 독체자이다.

1	示

甲骨文	金 文	篆 書	隸 書	楷 書
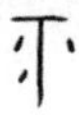			示	示

보이다는 본래 갑골문에서는 돌이나 나무를 세워 神主로 모셨던 형태를 그리어 「, 丅」와 같이 나타낸 것인데, 뒤에 「」의 형태로 바뀐 것은 하늘(二)에서 세가지 빛 곧 햇빛, 달빛, 별빛(川)이 내리 비칠 때 사람들은 사물을 볼 수 있음을 뜻하여 오늘날의 「示(보일 시)」자가 된 것이다.

2	本

甲骨文	金 文	篆 書	隸 書	楷 書
			本	本

줄기는 본래 나무를 상형한 「(목)」자에 부호로써 줄기 부분을 가리키어 「」과 같이 쓴 것인데, 오늘날의 「本(근본 본)」자가 된 것이다.

3 末

甲骨文	金文	篆書	隸書	楷書
			末	末

끝은 본래 나무를 상형한 「」자에 「本」자와 마찬가지로 부호로써 나무의 끝부분을 가리키어 「→」과 같이 쓴 것인데, 오늘날의 「末(끝 말)」자가 된 것이다.

4 高

甲骨文	金文	篆書	隸書	楷書
			高	高

높다는 높은 곳에 굴을 파고 지붕과 오르내리는 사다리를 그리어 「, , 」의 형태로 그려 높음을 나타낸 것인데, 오늘날의 「高(높을 고)」자가 된 것이다. 이층집의 상형으로도 풀이한다.

5 刃

甲骨文	金文	篆書	隸書	楷書
			刃	刃

칼날은 구체적으로 상형하기가 어렵기 때문에, 이미 칼을 상형한 「刀(칼 도)」자에 칼날을 가리키는 점을 찍어 「, 」의 형태로 나타낸 것인데, 오늘날의 「刃(칼날 인)」자가 된 것이다.

6 尺

甲骨文	金文	篆書	隸書	楷書

도량형의 단위인 자를 나타내는 글자가 甲骨文과 鐘鼎文에는 없으나, 小篆에는 있다. 옛날 사람들이 손목에서부터 팔꿈치까지의 길이를 十寸 곧 한 자의 단위로 하였기 때문에, 사람()에 팔꿈치()를 표시한 부호를 더하여 「」의 형태로 나타낸 것인데, 오늘날의 「尺(자 척)」자가 된 것이다.

7 寸

甲骨文	金文	篆書	隸書	楷書

역시 도량형의 단위인 치를 나타내는 글자는 손목에서 팔에 동맥의 맥박이 뛰는 위치까지를 十分 곧 한치의 단위로 보아, 손()에 맥박의 위치를 가리키는 부호를 더하여 「」의 형태로 나타낸 것인데, 오늘날의 「寸(마디 촌)」자가 된 것이다.

8 日

甲骨文	金文	篆書	隸書	楷書

가로다 곧 말하다는 이미 입의 모양을 상형한 「ㅂ(口), 곧 입구자에 혀로 떠드는 말을 가리키는 부호를 더하여 「ㅂ, ㅂ」의 형태로 나타낸 것인데, 오늘날의 「曰(가로 왈)」자가 된 것이다.

9	甘

甲骨文	金文	篆書	隸書	楷書
				甘

맛이 달다의 달다는 입안에 음식물을 물고 있는 것을 가리키어 「ㅂ, ㅂ, ㅂ」의 형태로 나타낸 것인데, 오늘날의 「甘(달 감)」자가 된 것이다.

10	旦

甲骨文	金文	篆書	隸書	楷書
				旦

아침은 해가 막 뜰 때의 상태는 해와 그림자가 서로 맞붙어 있음을 가리키어 「ㅇ, ㅇ」의 형태로 나타낸 것인데, 小篆에 와서는 지평선의 땅(一) 위로 해가 뜨는 모양을 가리키어 「旦」의 형태로 변형되었으며, 오늘날의 「旦(아침 단)」자가 된 것이다.

11	立

甲骨文	金文	篆書	隸書	楷書
				立

사람이 움직이지 않고 서서 있음을 나타낸 글자는 땅(一) 위에 두 다리를 벌리고 서 있는 사람(大)의 모양을 합쳐서 「立, 立, 立, 立」의 형태로 나타낸 것인데, 오늘날의 「立(설 립)」자가 된 것이다.

12	亦

甲骨文	金 文	篆 書	隸 書	楷 書
			亦	亦

겨드랑이는 본래 사람이 두 팔을 벌리고 정면으로 서 있는 모습(大)에서 양쪽 겨드랑이를 가리키는 두 점의 부호를 더하여 「亦, 亦, 亦」의 형태로 나타낸 것인데, 그 뜻이 변하여 「또, 역시」로 쓰이게 되어, 오늘날의 「亦(또 역)」자가 된 것이다. 부득이 다시 겨드랑이를 뜻하는 글자를 만든 것이 「腋(겨드랑이 액)」자이다.

13	回

甲骨文	金 文	篆 書	隸 書	楷 書
			回	回

돌다는 연못의 물이 빙빙 도는 모습을 상형하여 「回, 回」의 형태로 그린 것인데, 오늘날의 「回(돌회)」자가 된 것이다.

14	朱

甲骨文	金 文	篆 書	隸 書	楷 書
			朱	朱

붉다는 본래 구슬을 실에 꿴 모양을 상형하여 「, , 」의 형태로 나타낸 것인데, 오늘날의 「朱(붉을 주)」자가 된 것이다. 옛날 구슬의 대부분이 붉은 색이었기 때문에 본래 실에 꿴 구슬의 뜻이 붉다의 뜻으로 바뀐 것이다. 부득이 구슬을 뜻하는 글자를 다시 만든 것이 「珠(구슬 주)」자이다.

15 昔

甲骨文	金文	篆書	隷書	楷書
			昔	昔

옛날을 나타낸 글자는 본래 장마로 인하여 큰 홍수의 재해가 있었던 날은 잊을 수 없는 날이었음을 나타내어 「, , 」의 형태로 그린 것인데, 오늘날의 「昔(옛 석)」자가 된 것이다.

16 中

甲骨文	金文	篆書	隷書	楷書
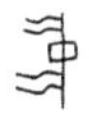			中	中

가운데는 고대 씨족사회에 있어서 어떠한 대회가 있을 때는 광장 한 가운데 그 씨족을 상징하는 깃발을 세워 사방의 사람들이 모여들게 한 데서, 「, , 」의 형태로 한 가운데서 깃발이 날림을 그리어 가운데를 뜻하게 되었고, 오늘날의 「中(가운데 중)」자가 된 것이다.

17 千

甲骨文	金 文	篆 書	隸 書	楷 書

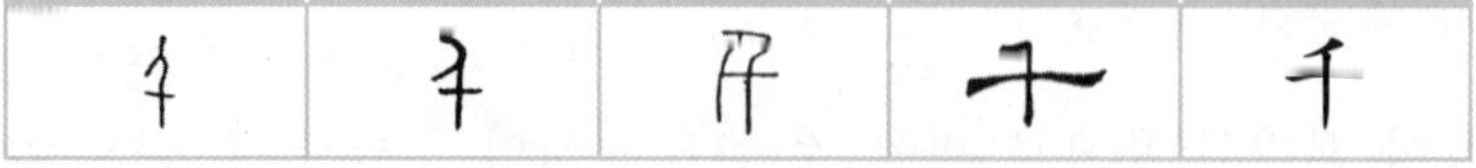

숫자의 천은 甲骨文에서 「 , 」의 형태로 썼고, 2천은 「 」, 5천은 「 」의 형태로 쓴 것을 보면, 본래 사람을 상형한 「 (人)」자 자체가 천을 뜻하였음을 알 수 있다. 고대에 있어서 엄지손가락으로 써 十을 가리키고, 자신의 몸을 가리키어 千을 뜻한 데서 甲骨文의 「 」과 같은 자형이 이루어졌고, 다시 「 , 」의 형태로 변하여 오늘날의 「千(일천 천)」자가 된 것이다.

18 大

甲骨文	金 文	篆 書	隸 書	楷 書

크다는 본래 어른이 정면으로 팔을 벌리고 서있는 모습을 상형하여 「 , , 」의 형태로 그리어 어린아이의 모습을 상형한 「 」 곧 「子(아들 자)」자의 대칭인 대인 곧 어른의 뜻으로 만든 글자인데 뒤에 「大(큰 대)」의 뜻으로 바뀌어 쓰이게 된 것이다.

19 天

甲骨文	金 文	篆 書	隸 書	楷 書

하늘은 본래 사람의 이마 곧 머리를 가리키어 「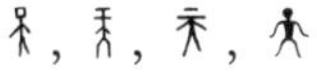, 」의 형태로 만든 것인데, 뒤에 사람의 머리 위가 곧 넓은 하늘임을 뜻하여, 오늘날의 「天(하늘 천)」자가 된 것이다. 부득이 다시 이마를 뜻하는 글자로 「頂(정수리 정)」, 「顚(이마 전)」, 「題(이마 제)」자를 만들었다.

20 工

甲骨文	金 文	篆 書	隷 書	楷 書

오늘날 극도로 발달한 공업이나 공학의 「공」은, 고대에 있어서는 극히 간단한 목공으로부터 시작되었을 것이다. 목공이 집을 짓는데 있어서 가장 필요한 것은 수평이나 직각을 재는 도구 곧 曲尺이었을 것이다. 이러한 자의 모양을 상형하여 「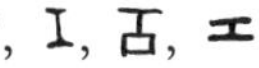」의 형태로 그린 것인데, 오늘날의 「工(장인 공)」자가 된 것이다.

21 卯

甲骨文	金 文	篆 書	隷 書	楷 書

干支에 쓰이는 「卯(묘)」는 본래 두 문을 열어 놓은 상태를 본떠 「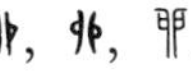」의 형태로 그린 것인데, 간지에서 「卯(묘)」는 2월을 가리키며, 2월에는 만물이 땅을 뚫고 나오는 계절이므로 마치 문을

열어 놓은 것과 같다는 데서 만들어진 글자이다. 「卯(토끼 묘)」라고 하는 것은 地支에서 네 번째 글자로 띠로는 토끼를 가리키기 때문이다.

22 丑

甲骨文	金文	篆書	隸書	楷書
				丑

干支에서 「丑(축)」은 본래 손으로 무엇을 매는 상태를 상형하여 「, , 」의 형태로 나타낸 것인데, 뒤에 地支에서 소를 가리키는 둘째 자로서 「丑(소축)」으로 쓰이게 되어, 부득이 끈을 매다의 뜻을 나타내는 「紐(끈 뉴)」자를 다시 만들었다.

23 己

甲骨文	金文	篆書	隸書	楷書
				己

干支에서 「己(기)」는 본래 긴 끈의 형태를 「, 」와 같이 그린 것인데, 뒤에 天干의 여섯째 글자로 쓰이게 되었고, 또한 자기 스스로를 가리키는 뜻으로도 쓰이게 되어 「己(몸 기)」로 일컫게 된 것이다. 뒤에 부득이 실마리, 벼리를 뜻하는 글자로 「紀(벼리 기)」자를 다시 만들었다.

24 未

甲骨文	金 文	篆 書	隷 書	楷 書

干支에서 「未(미)」는 본래 오래된 나무는 가지와 잎이 무성함을 상형하여 「[illegible], [illegible], [illegible]」의 형태로 그린 것인데, 뒤에 地支의 여덟째 글자로서 양을 가리키는 「未(미)」자가 된 것이다. 또한 나무가 무성하여 건너편 쪽이 안 보인다는 뜻에서 부정의 뜻인 「未(아닐 미)」자로도 쓰이게 되었다.

25 戊

甲骨文	金 文	篆 書	隷 書	楷 書

干支에서 「戊(무)」는 본래 도끼 형태의 무기를 「[illegible], [illegible], [illegible]」와 같이 상형한 것인데, 뒤에 天干의 다섯째 글자로서 「戊(천간 무)」로 쓰이게 되었다.

26 行

甲骨文	金 文	篆 書	隷 書	楷 書

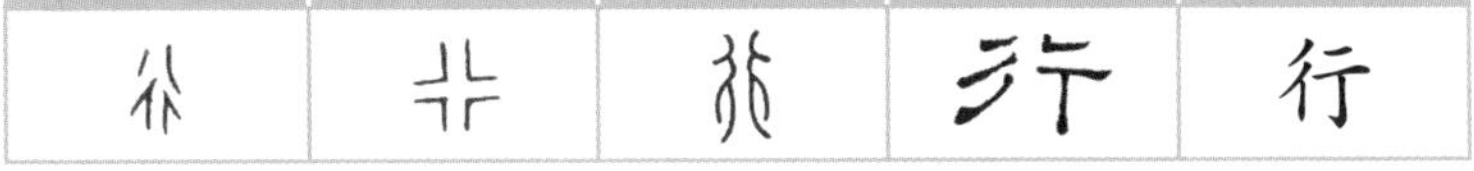

다니다는 본래 네거리의 모양을 상형하여 「[illegible], [illegible], [illegible]」의 형태

로 그린 것인데, 거리는 곧 사람이 다니는 곳이기 때문에, 「行(갈 행)」의 뜻으로 쓰이게 된 것이다.

27	生

甲骨文	金 文	篆 書	隸 書	楷 書
				生

나다는 풀이 땅(一)에서 돋아나는 모양을 가리키어 「, , 」의 형태로 나타낸 것인데, 오늘날의 「生(날 생)」자가 된 것이다.

28	小

甲骨文	金 文	篆 書	隸 書	楷 書
				小

작다는 본래 빗방울이 떨어지는 것을 상형하여 「, , 」와 같이 나타낸 것인데, 오늘날의 「小(작을 소)」자가 된 것이다.

29	竝

甲骨文	金 文	篆 書	隸 書	楷 書
		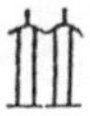		竝

아우르다는 본래 두 사람이 나란히 서 있는 모습을 상형하여 「, , 」의 형태로 그린 것인데, 오늘날의 「竝(아우를 병)」자가 된 것이다.

30 冬

甲骨文	金 文	篆 書	隸 書	楷 書
			冬	冬

겨울은 본래 끈을 맺은 끝을 상형하여 「, , 」의 형태로 그린 것인데, 겨울철은 사계절의 마지막으로서 눈·서리가 끝날 때까지 일컬으므로 오늘날의 「冬(겨울 동)」자로 쓰이게 되어, 부득이 끝을 뜻하는 「終(마칠 종)」자를 다시 만들었다.

31 夏

甲骨文	金 文	篆 書	隸 書	楷 書
			夏	夏

여름은 본래 화려하게 꾸민 귀족 곧 대인의 모습을 상형하여 「, , 」의 형태로 그리어 「크다」의 뜻으로 쓰인 것인데, 생물이 크는 것은 여름철이기 때문에 뒤에 「여름」이라는 뜻으로 변하여 오늘날의 「夏(여름 하)」자가 된 것이다.

32 秋

甲骨文	金 文	篆 書	隸 書	楷 書
			秋	秋

가을은 본래 甲骨文에서 메뚜기의 모양을 상형하여 「, 」의 형태로 그린 것인데, 가을의 뜻으로 쓰인 것은 가을철에는 메뚜기

가 많아 구워 먹을 수 있음이 가을을 대표할 수 있는 일이었기 때문이다. 鐘鼎文에서는 「秋」, 小篆에서는 「秌」의 형태로 갑골문의 형태와는 전연 달라졌다. 곧 벼이삭이 익어 늘어져 있는 모양(ᚸ → 禾)에 「火(불 화)」자를 더하여 「秋(가을 추)」자를 만든 것은 메뚜기는 벼에 붙어살기 때문이다. 다시 말해서 「秋」는 약자라고 할 수 있다.

33 春

甲骨文	金 文	篆 書	隸 書	楷 書
				春

봄은 본래 甲骨文에서 「𦯁, 𦱑, 𣌢」과 같이 표현되어 있는데, 이것은 곧 따뜻한 햇볕(⊖)에 풀·나무의 싹(𣎳)이 나는 봄의 정경을 나타내고, 글자의 소리를 표시한 「屯(屯)」(이 글자는 자음이 「둔」으로서 「純(순)」의 본래 글자임)을 더하여 이미 소리를 겸한 會意字를 만들었다. 鐘鼎文에서 「𡗜」, 小篆에서 「萅」의 형태로 변하여 오늘날의 「春(봄 춘)」자가 된 것이다.

34 穴

甲骨文	金 文	篆 書	隸 書	楷 書
				穴

굴은 동굴의 모양을 상형하여 「𡧄, 内」의 형태로 상형한 것인데, 오늘날의 「穴(구멍 혈)」자가 된 것이다.

35 盡

甲骨文	金 文	篆 書	隸 書	楷 書
			盡	盡

불이 꺼지다는 화로(皿) 속의 불(火)을 부젓가락(丨)을 손(又)에 잡고 휘저으면 불이 꺼지게 되는데, 그 상태를 그리어 「[illegible], [illegible], [illegible]」의 형태로 나타낸 것인데, 오늘날의 「盡(다할 진)」자로 뜻이 변한 것은 고대에 있어서 화로에 담아 놓은 불씨가 꺼지면, 무엇도 할 수 없이 일이 다 끝나버리기 때문에 「다하다」로 된 것이다. 뒤에 부득이 「火(화)」자를 더하여 「燼(꺼질 진)」자를 다시 만들었다. 이 글자의 자음이 변하여 오늘날은 「燼(재 신)」자로 쓰이고 있으나, 중국음으로는 같다.

36 無

甲骨文	金 文	篆 書	隸 書	楷 書
				無

없다는 본래 甲骨文에서 사람이 두 손에 깃털장식을 들고 춤추는 모습을 상형하여 「[illegible], [illegible]」의 형태로 그린 것인데, 鐘鼎文에서 「[illegible]」, 小篆에서 「[illegible]」의 형태로 변하여, 오늘날의 「無(없을 무)」자가 된 것이다. 뒤에 부득이 「춤추다」의 뜻으로 「舞(춤출 무)」자를 다시 만들었다. 뒤섞여 춤 출 때는 지위, 신분이나 남녀노소 구별이 없다는 데서 「없다」의 뜻으로 변한 것이다.

37	畢

甲骨文	金 文	篆 書	隸 書	楷 書
			畢	畢

마치다는 본래 甲骨文에서 사냥할 때 쓰는 손잡이가 달린 그물의 모양을 본떠서 「」의 형태로 그린 것인데, 뒤에 「, 」의 형태로 변하여, 오늘날의 「畢(마칠 필)」자가 된 것이다. 망 속에 들어간 새는 삶을 마치기 때문에 「마치다」의 뜻으로 쓰이게 된 것이다.

38	豐

甲骨文	金 文	篆 書	隸 書	楷 書
			豐	豐

풍성하다, 풍년 등의 풍의 본래 그릇(豆)에 음식물을 가득 담아 놓은 상태를 가리켜 「, , 豐」의 형태로 나타내어 풍성하다의 뜻으로 쓴 것인데, 오늘날의 「豐(풍년 풍)」자가 된 것이다.

39	受

甲骨文	金 文	篆 書	隸 書	楷 書
			受	受

받다는 본래 제사를 지낼 때 제물을 담은 그릇을 서로 받들어 주고받는 모습을 그리어 「, , 」의 형태로 그린 것인데, 오늘날의 「受(받을 수)」자가 된 것이다.

40	弗

甲骨文	金 文	篆 書	隸 書	楷 書
			弗	弗

아니다의 부정사로 쓰이는 「弗(아니 불)」자는 본래 비뚤어진 화살대를 실로 묶어 똑바로 잡는 상태를 그리어 「, , 」의 형태로 나타낸 것인데, 뒤에 바로 교정하다의 뜻에서 「아니다」의 뜻으로 바뀐 것이다. 부득이 바로 잡다의 글자를 「拂(불)」과 같이 다시 만들었다.

41	乘

甲骨文	金 文	篆 書	隸 書	楷 書
			乗	乘

차를 타다의 타다는 본래 사람이 다리를 벌리고 나무 위에 있는 상태를 그리어 「, , 」의 형태로 나타내서 오르다의 뜻을 표시한 것인데, 오늘날의 「乘(탈 승)」자가 된 것이다.

42	谷

甲骨文	金 文	篆 書	隸 書	楷 書
			谷	谷

골짜기는 본래 산골짜기의 물이 흘러 내려 평원으로 들어가는

상태를 가리켜 「谷, 谷, 谷」의 형태로 나타낸 것인데, 오늘날의 「谷(골 곡)」자가 된 것이다.

43	奉

甲骨文	金 文	篆 書	隷 書	楷 書

받들다는 본래 사람이 두 손으로 옥을 받들고 있는 모습을 가리켜 「奉, 奉, 奉」의 형태로 나타낸 것인데, 오늘날의 「奉(받들 봉)」자가 된 것이다.

44	言

甲骨文	金 文	篆 書	隷 書	楷 書

말씀하다는 본래 입에 피리 같은 악기를 물고 소리를 내는 모양을 가리키어 「言, 言, 言」의 형태로 나타낸 것인데, 소리가 말씀하다의 뜻으로 변하여 오늘날의 「言(말씀 언)」자가 된 것이다.

45	長

甲骨文	金 文	篆 書	隷 書	楷 書

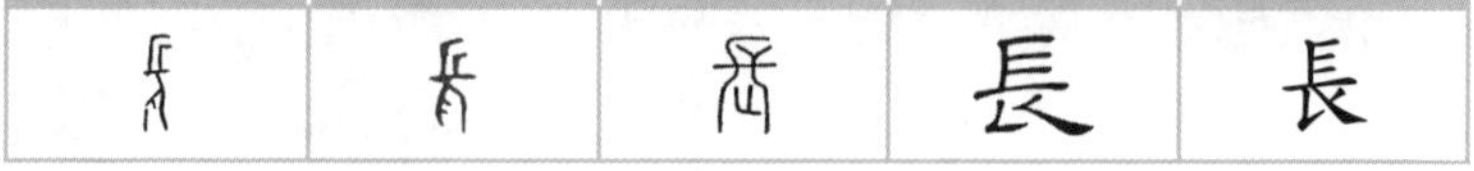

길다는 본래 머리털이 긴 노인이 지팡이를 짚고 가는 모습을 그려 「長, 長, 長」의 형태로 나타내어 어른, 긴 머리털의 뜻으로 쓴 것인데, 다

시 길다, 오래다의 뜻으로 오늘날의 「長(어른 장, 긴 장)」자가 된 것이다.

46	爲

甲骨文	金文	篆書	隷書	楷書
			爲	爲

무엇을 하다의 하다는 본래 사람의 손으로 코끼리의 코를 잡고 코끼리를 부리는 뜻으로 「, , 」의 형태로 그린 것인데, 하다의 뜻으로 바뀌어 오늘날의 「爲(할 위)」자가 된 것이다.

47	拜

甲骨文	金文	篆書	隷書	楷書
			拜	拜

절하다의 절은 본래 손에 신장대를 잡고 신에게 절하는 것을 가리키어 「, , 」의 형태로 나타낸 것인데, 오늘날의 「拜(절 배)」자가 된 것이다.

48	世

甲骨文	金文	篆書	隷書	楷書
			世	世

세상 또는 일세대의 「世」는 본래 나무의 줄기에 잎이 많음을 그리어 「, , 」의 형태로 나타낸 것인데, 잎이 많음의 뜻에서

한 세대의 뜻으로 바뀌고, 부모 자식간의 한 세대는 대개 삼십 년이 되므로 뒤에 삼십의 뜻으로 쓰이어 오늘날의 「世(인간 세)」자가 된 것이다.

49	冫

甲骨文	金 文	篆 書	隸 書	楷 書
				冫

얼음을 나타낸 글자는 본래 물은 평평하지만 얼면 솟아오르는 모양을 본떠 「仌, 仌」의 형태로 나타낸 것인데, 오늘날의 「冫(얼음 빙)」이 된 것이다.

50	彳

甲骨文	金 文	篆 書	隸 書	楷 書
				彳

천천히 가는 모습을 나타내기 위하여 「ㅓㅏ → 行(다닐 행)」자의 반쪽만 써서 「ㅓ」의 형태로 표시한 것인데, 오늘날의 「彳(조금걸을 척)」이 된 것이다.

51	邑

甲骨文	金 文	篆 書	隸 書	楷 書
				邑

이 「阝(언덕 부)」과 같은 형태지만, 왼쪽에 쓰일 때는 「阝(고을 읍)」이라고 한다. 「고을 읍」이라고 일컫는 까닭은 본래 「邑(고을 읍)」자를 「阝」와 같이 고쳐 썼기 때문이다.

52	辶

甲骨文	金 文	篆 書	隸 書	楷 書
	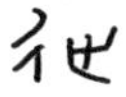		辶	辶

부수자의 「辶(천천히걸을 착)」은 위의 「廴(길게걸을 인)」과 비슷하지만 전연 다른 글자이다. 「辶」은 본래 「行(행)」자의 반쪽 「彳」와 「止」를 합쳐 달리다, 뛰다의 뜻으로 「𢓊, [illegible], 辵」와 같이 쓴 것인데, 오늘날의 「辶(천천히걸을 착)」이 되었다.

53	攴, 攵

甲骨文	金 文	篆 書	隸 書	楷 書
			攴	攴

부수자의 「攴=攵(칠 복)」은 본래 손에 채찍을 잡고 다스리는 뜻을 나타내어 「[illegible], [illegible], [illegible]」의 형태로 쓴 것인데, 오늘날의 「攴(칠 복)」자가 되고, 다시 「攵」의 형태로 바뀌어 부수자로 쓰이면서 「등글월 문」이라고 일컫게 된 것은 「文(글월 문)」자와 비슷하면서 글자의 등(오른쪽)에 붙어 쓰이기 때문이다.

54	欠

甲骨文	金 文	篆 書	隷 書	楷 書
			欠	欠

부수자의 「欠(하품 흠)」은 본래 사람이 입을 크게 벌리고 하품하는 모습을 상형하여 「, 」의 형태로 나타낸 것인데, 오늘날의 「欠 (흠)」자가 된 것이다.

55	殳

甲骨文	金 文	篆 書	隷 書	楷 書
			殳	殳

부수자의 「殳(창 수)」은 본래 손에 자루가 굽은 무기를 잡고 있는 상태를 본떠 「, 」의 형태로 나타낸 것인데, 오늘날의 「殳(창 수)」자가 된 것이다.

56	疒

甲骨文	金 文	篆 書	隷 書	楷 書
			疒	疒

부수자의 「疒(병 질)」은 본래 갑골문에서 사람이 병들어 땀을 흘리며 침상에 누워 있는 상태를 그리어 「, 」의 형태로 나타낸 것인데, 鐘鼎文에서는 「」, 소전에서는 「」과 같이 변하여, 오늘

날의 「疒(병 질)」이 되어, 부수자로만 쓰이게 되었다.

57	失

甲骨文	金 文	篆 書	隷 書	楷 書
			失	失

잃다는 본래 손에서 어떤 물건을 떨어뜨리는 모양을 가리켜 「」의 형태로 나타낸 것인데, 오늘날의 「失(잃을 실)」자가 된 것이다.

58	步

甲骨文	金 文	篆 書	隷 書	楷 書
			步	步

걷다는 사람의 두 발을 그리어 「」의 형태로 걸어가는 것을 나타낸 것인데, 오늘날의 「步(걸음 보)」자가 된 것이다.

59	業

甲骨文	金 文	篆 書	隷 書	楷 書
			業	業

직업 또는 사업의 업은 본래 종이나 북을 매다는 틀을 본떠서 「」의 형태로 그린 것인데, 그 틀 따위에 무늬를 새기는 것

을 일삼은 데서 일 또는 업의 뜻으로 쓰여, 오늘날의 「業(업 업)」자가 된 것이다.

60	勿

甲骨文	金 文	篆 書	隸 書	楷 書
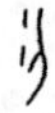				

부정사로 쓰이는 「勿(말 물)」자는 본래 칼()로 물건을 썰 때, 칼에 부스러기가 붙은 것을 「, , 」의 형태로 상형한 것인데, 그 부스러기는 쓸모 없다는 뜻으로써 오늘날의 부정사 「勿(물)」자가 된 것이다.

(3) 省體指事

이미 독체자로서 만들어진 글자에서 필획을 생략하여 다른 뜻을 나타내는 지사자를 省體指事라고 하다.

1	夕

甲骨文	金 文	篆 書	隸 書	楷 書
				夕

저녁을 나타낸 글자는 甲骨文의 자형으로 보면, 「月」자와 구별없이 「」의 형태로 썼지만, 小篆에서부터 「月」자에서의 1획을 생략하여 밤이 아니라, 저녁을 나타내는 「夕(저녁 석)」자를 만든 것이다.

2	非

甲骨文	金 文	篆 書	隸 書	楷 書
			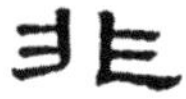	非

부정을 뜻하는 글자 중에 「非(아닐 비)」는 甲骨文에서 「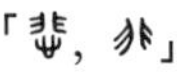」의 형태로 되어 있고, 鐘鼎文에서 「」의 형태로 되어 있고, 小篆에서 「」의 형태로 되어 있음을 볼 때, 본래 새의 날개를 손으로 잡아 날아갈 수 없게 한 데서, 다시 날개가 서로 엇갈려 있음에서 서로 다름, 나아가서 「아니다」의 부정사로 바뀌어 쓰이게 된 것임을 알 수 있다.

3	卂

甲骨文	金 文	篆 書	隸 書	楷 書
				卂

飛의 篆書 「」에서 빨리 날 때는 날개와 다리가 보이지 않으므로 「」의 형태로 생략하여 빠름을 나타내어 해서체의 「卂(빠를 신)」이 된 것이다. 지금 쓰이는 迅(빠를 신)의 初文이다.

4	免

甲骨文	金 文	篆 書	隸 書	楷 書
				免

토끼가 빨리 달릴 때는 짧은 꼬리가 더욱 보이지 않으므로 兔(토끼 토)에서 「丶」을 생략하여 免(면할 면)자가 된 것이다.

(4) 變體指事

이미 만들어진 獨體字에 그 위치나 필획을 변형하여 다른 뜻을 나타내는 것을 변체지사라 한다.

1	交

甲骨文	金 文	篆 書	隷 書	楷 書

서로 사귀다의 사귀다를 나타낸 글자는 본래 (大)字에서 변형하여 사람이 두 다리를 꼬고 있는 모습을 나타내어 「」의 형태로 그린 것인데, 오늘날의 「交(사귈 교)」자가 된 것이다.

2	廴

甲骨文	金 文	篆 書	隷 書	楷 書

부수자의 「廴(길게걸을 인)」은 본래 길게 걷는 뜻으로 彳()의 자형을 「」의 형태로 변형하여 나타낸 것인데, 오늘날의 「廴」의 형태로 바뀌어 부수자로만 쓰이게 되었다.

3	夭

甲骨文	金 文	篆 書	隷 書	楷 書

「大(大)」자에서 머리가 앞쪽으로 기울어지게 필획을 변형하여 「夭(夭 : 일찍죽을 요)」를 만든 것이다.

4 𥝌

甲骨文	金 文	篆 書	隷 書	楷 書
			𥝌	𥝌

木(나무 목)에서 나무가 자라는데 저해를 받아 그 끝이 구불어졌음을 나타내어 「𥝌(𥝌 : 나무끝구부러질 계)」자를 만든 것이다. 「禾(벼 화)」와 「𥝌(계)」는 다른 글자이다. 稽(익살부릴 계), 嵇(산이름 혜) 등은 「禾(벼 화)」 부수자가 아니라, 𥝌(계) 部首字이어야 한다.

4

會意字

前述한 바와 같이 造字初期에 있어서 기본적인 자형은 「依類象形」 곧 象具體之形의 象形字와 象抽象之形의 指事字를 통하여 상당수가 造字되었다.

後漢代(A.D. 100)에 편찬된 許愼의 『說文解字』에 수록된 9,353字를 분류하여 보면 象形字가 364字, 指事字가 125字로 獨體 곧 「文」이 489字로 약 5%가 되고, 會意字는 1,167字, 形聲字는 7,697字이다.[61)]

古韓契(漢字)의 全體數字로 보면 象形과 指事 곧 獨體(文)의 字形이 얼마되지 않지만, 造字 당시 事物의 명칭으로 볼 때는 기본적으로 필요한 것은 거의 造字된 것이다. 또한 더 많은 獨體字를 만

---

61) 參見 : 林尹 著 『文字學概說』, 正中書局, p.61.

들 수도 있었겠지만 당시 현명한 造字家들은 비상한 聰明性을 발휘하여, 이미 造字된 象形, 指事의 獨體字들을 합쳐서 第三의 意味를 表出하는 경제적인 造字法을 創出하였다. 다시 말해서 뜻과 뜻 곧 形符와 形符를 결합하여 表意한 「形形相益」의 造字法을 찾아낸 것이다.

例를 들면 「依類象形」의 과정에서 造字된 象形獨體字인 「人(사람 인)」과 「木(나무 목)」을 합하여 「休(쉴 휴)」字를 만든 것은 形符 「人」과 形符 「木」을 相益한 合體字이다. 만일 이러한 경제적인 造字法을 택하지 않고, 「쉬다」의 뜻을 나타내는 獨體字形을 별도로 또 만들었다면 우리는 상상할 수 없는 文字生活의 번거로움을 겪어야 했을 것이며, 東方文字(漢字)는 文字 자체의 不條理性 때문에 이미 이 지구상에서 自然淘汰되었을 것이다.

그러므로 우리는 漢字 곧 東方文字(古韓契)는 일반에서 말하는 바와 같이 數萬字가 되는 것이 아니라, 그 基本字가 500字도 되지 않으며, 기타 대부분의 字形은 글자라기보다는 이른바 「單語」라는 사실을 먼저 올바로 認識해야 한다.

부언하면 表音文字에 있어서 우리가 英字 알파벳 26字를 쓸 줄 안다고 하여 英語를 할 수 없으며, 外國人이 한글 字母 24字[62]를 암기했다고 하여 韓國語를 할 수 없으며, 다시 필요한 單語를 알아야 말할 수 있는데 대하여 表意文字인 東方文字에 있어서는 字形과 더불어 單語를 同時에 記憶하는 과정이 다를 뿐이다.

---

62) 현재 우리가 쓰고 있는 한글의 字母는 24字가 아니라, 실제로는 40字이다.

(1) 會意字의 構成要素

「形聲相益」의 造字過程에는 「形符 + 形符」와 「形符 + 聲符」의 2가지가 있으나, 우선 前者 곧 「會意字」에 대해서 먼저 설명하고자 한다. 「會意字」에 대하여 許愼의 『說文解字』 敍에 「會意者, 比類合誼, 以見指撝, 武信是也.」라고 言及한 것이 文獻上으로 최초의 定義가 된다.

「比類合誼」라는 뜻은 이미 造字된 獨體字를 2類, 3類, 4類 등의 글자로 배합하여 하나의 새로운 뜻을 이루고, 「以見指撝」의 뜻은 곧 合成된 字義가 저절로 나타난다는 것이다. 例를 들면 「武」는 곧 「止」와 「戈」의 獨體字(初文)를 배합하여 새로운 뜻을 이루었는데, 우리는 이 「武」字에서 天下의 兵戈를 그치게 하고, 난동을 부리지 않게 하는 것이 바로 「武威」의 진정한 정신임을 알 수 있다. 「信」은 「人」과 「言」의 배합으로 새로운 뜻을 이루었는데, 우리는 이 「信」字에서 남에게 약속한 말을 반드시 지키어 실현하는 것이 곧 믿음의 근본 뜻임을 알 수 있다.

여기서 우리들이 특히 留意할 점은, 會意字는 「日 + 月 → 明」, 「禾＋火→秋」 등과 같이 그 字를 형성하는 獨體字의 字音과는 전연 다른 字音을 취하기 때문에 獨體字의 字音으로는 類推할 수 없고, 다만 每字마다 字音을 철저히 記憶해야 하는 것이다.

會意字의 구성요소를 분석하여 보면, 다음과 같다.

① 象形字 ＋ 象形字 ⟶ 艹 ＋ 田 ⟶ 苗
② 指事字 ＋ 指事字 ⟶ 八 ＋ 厶 ⟶ 公
③ 指事字 ＋ 象形字 ⟶ 八 ＋ 刀 ⟶ 分

이밖에 「寒(宀 + 茻 + 人 + 仌 → 寒)字와 같이 4개의 象形字가 合成된 會意字도 있고, 「蠱(蟲 + 皿)」字와 같이 3重象形字로 會意字를 이룬 뒤에 또 象形字를 더하여 된 會意字도 있고, 「柬(束 + 八)」字와 같이 「木 + 口」의 會意字에 「八」의 指事字를 더하여 된 會意字도 있고, 때로는 뒤에 언급할 形聲字가 象形字와 合成되어 會意字를 이루는 경우도 있다.

그러나 會意字를 이루는 要素는 主로 象形字이고, 指事字는 별로 많지 않다.

(2) 會意字의 構成方式

會意字의 構成方式을 분류하여 보면 다음과 같다.

① 異體字를 上下로 構成한 것.

例를 들면 「隻(隹＋又)」, 「武(戈＋止)」, 「安(宀＋女)」 等의 會意字.

② 異體字를 左右로 構成한 것.

例를 들면 「計(言＋十)」, 「好(女＋子)」, 「伏(人＋犬)」 等의 會意字.

③ 異體字를 位置로써 뜻을 나타낸 것.

例를 들면 「班(玉＋刀＋玉)」은 곧 칼로 玉을 나누어 놓은 것을 뜻하고, 「囚(囗＋人)」는 곧 감옥 속에 사람이 갇혀 있는 것을 뜻하고, 「益(水＋皿)」은 곧 본래 그릇 위에 물이 넘치는 것을 뜻한다.

④ 同體字의 二重으로 된 것.

例를 들면 「多・棗・林・炎・哥・友・步」 等의 會意字.

⑤ 同體字의 三重으로 된 것.

例를 들면「品·森·磊·姦·聶·羴·矗·轟·蟲·焱·麤」等의 會意字.

⑥ 同體字의 四重으로 된 것.

例를 들면「茻·㗊·㠭·𪚥」等의 會意字.

⑦ 合體字 外에 不成文의 劃을 더한 것.

例를 들면「爨(부뚜막 찬)」字의「𦥑」字形은 兩手로 시루(甑)를 든 것이고,「冖」字形은 아궁이를 나타낸 것이고,「𠬞 → 大」字形은 兩手로 땔나무(林)를 아궁이로 밀어 넣어 불(火)을 때는 會意字인데, 시루의 象形인「臼」, 아궁이의 象形인「冖」의 兩字形은 獨立字로 쓸 수 없는 不成文의 畫을 더한 것이다.

⑧ 合體字에서 畫을 省略한 것.

例를 들면「晝」字는「畫」에서「田」의 字畫을 省略하여「日」字로 만들어서「晝」를 나타낸 會意字이다.

⑨ 會意字이면서도 聲符를 겸한 것.

例를 들면「鉤」字는「金 + 句(曲)」의 會意字이지만「句」가 聲符의 구실도 하는 兼聲會意字이다. 다시 말해서「鉤」字를 形聲字로 볼 수 없는 이유는「句」가 단순히 音을 나타내기 위해서 쓰인 것이 아니라, 굽은 쇠의 모양을 나타내기 위해서 쓰였기 때문이다. 形聲字에서 설명할「江」字의「工」과「鉤」字의「句」와는 그 쓰임이 다르다.[63]

이상의 분류를 理解하기 쉽게 圖示하면 다음과 같다.

---

63) 林尹 前揭書 pp.108~110.

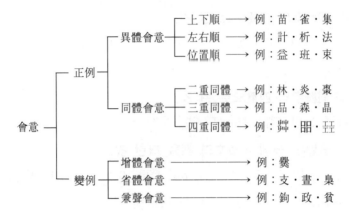

- 會意
  - 正例
    - 異體會意
      - 上下順 → 例：苗・雀・集
      - 左右順 → 例：計・析・法
      - 位置順 → 例：盆・班・束
    - 同體會意
      - 二重同體 → 例：林・炎・棗
      - 三重同體 → 例：品・森・晶
      - 四重同體 → 例：茻・㗊・㠭
  - 變例
    - 增體會意 → 例：爨
    - 省體會意 → 例：支・晝・梟
    - 兼聲會意 → 例：鉤・政・貧

(3) 增體象形字와 會意字의 區別法

象形字중에서 增體象形과 會意字를 혼동하기 쉬운데, 增體象形은 「成文 + 不成文」의 결합이지만, 會意字는 「成文 + 成文」의 결합이라는 점에 留意하면 쉽게 구별할 수 있다. 例를 들면 「果」字는 「田 + 木」이 아니라 「木」에 열매의 형태인 「⊕」의 不成文을 더했기 때문에 「果」字는 會意字가 될 수 없고, 增體象形이 되는 것이다. 「母」字도 「女」字에 乳頭의 형태인 「··」의 두 點을 加했으나 「··」은 獨立字로 쓸 수 없는 不成文의 符號이기 때문에 「母」字는 會意字가 아니라, 增體象形이 된다.

이에 대하여 會意字의 「北」字는 象形으로 보기 쉬운데, 會意가 되는 이유는 「北」은 본래 二人相背의 「[illegible]」 형태로서 「人」이 두 字가 결합되어 있기 때문이다. 「步」字도 獨體字가 아니라, 본래 두 발을 그리어 「 → → 步」의 형태로 변한 字形이기 때문에 象形으로 보지 않고, 會意로 보는 것이다. 그러므로 「步」字를 「止 + 少」의 결합으로 보고, 「歩」字로 쓰는 것은 잘못이다. 근래 活字中에도 「歩」의 字形이 印刷物에 쓰이고, 있으나 日本式 活字를 잘못 쓰고 있는 것이다. 특히 書法人들은 분별해서 써야 한다.

(4) 會意字와 生活 · 意識의 反映

中國의 文字學者 高明은 會意字의 組合形式을 2大別하였다. 하나는 象形을 基礎로 하여 圖形의 組合으로써 그 글자의 구체적인 특징을 반영하여 보는 이로 하여금 곧 그 뜻을 이해할 수 있도록 만들었고, 다른 하나는 圖形에 의존하지 않고, 결합된 符號의 뜻으로써 새로운 뜻을 나타내도록 만들었다.64) 그러므로 이러한 會意字를 통하여 당시 사람들의 思考方式이나 生活哲學뿐 아니라, 生活風習이나 文化水準까지도 엿볼 수 있다.

例를 들면 甲骨文(契)의 「(監)」字形으로써 당시 거울이 아직 없던 상태에서 그릇에 물을 담아 자신의 얼굴을 비추어 보았던 사실을 알 수 있다. 甲骨文의 「(劓)」字形으로써 당시 칼로 코를 베는 刑罰이 있었음을 알 수 있다. 甲文의 「(羅)」字形으로써 당시 이미 그물을 만들어 새를 잡았음을 알 수 있다. 또한 甲文의 「(雉)」字形으로 보면 당시 鳥類中에도 꿩은 동작이 빨라서 그물로

64) 參見 : 高明著 中國古文字學通論, 文物出版社, pp.55～56.

잡지 못하고, 활로 잡았음을 알 수 있다. 「쩡」을 「矢 + 隹」의 결합으로 會意字의 「雉」字를 만든 이유를 당시 생활습속을 모르면 이해한 수 없다.

현재 쓰고 있는 楷書體의 「爲」字로는 본래의 字形을 상상도 할 수 없이 변하였고, 字義도 크게 변하여 그 本義를 알 수 없으나, 甲文의 「→」字形이 秦篆에서는 「」, 說文에서는 「」와 같이 변하였음을 통하여 이미 殷代에 黃河 以北에도 南方의 코끼리가 있었음을 알 수 있고, 사람이 코끼리 코를 잡고 부리었음도 알 수 있다. 오늘날 「爲」의 訓을 「하다」로 하는 뜻도 알 수 있다.

甲文中 「(莫)」, 「(旦)」, 「(杲)」 等의 字形으로 볼 때, 당시의 自然環境이 山中이나 海邊이 아니라, 해가 풀이나 나무 위로 뜨고, 지는 地平線의 平原이었음을 알 수 있다.

「奴・姦・妄・妖・妨・妒・妬・姪・嫉・嫌・娭・婓・娼・媟・媮・媥・媿・媢・嫪・嬲・嬾」 等의 字義로 볼 때, 男尊女卑 사상이 철저했던 古代의 생활상을 엿볼 수 있으며, 또한 造字가 主로 男性에 의하여 이루어졌음도 알 수 있다.

(5) 重疊繁體字의 發生

會意字 중에는 본래의 字義가 轉變하여 부득이 字形上의 矛盾을 불구하고 累增字인 「重疊繁體字」로 造字된 글자들이 적지 않다.

1	莫

甲骨文	金 文	篆 書	隸 書	楷 書
			莫	莫(暮)

例를 들면 甲文의 「(莫)」자는 본래 草木中에 해가 있는 형태로써 「저물다」의 뜻을 나타낸 것인데, 옛날에는 해가 지면 하던 일을 말고 歸家하게 된 데서 「莫」이 「말다」의 不定詞로 轉義하게 되어, 부득이 「」과 같이 「莫」字에 「日」字를 더하여 「暮(저물 모)」字를 다시 만들었다. 그러나 字形으로 보면, 해가 풀 속에서 다시 나왔으니 실은 「저물다」의 뜻이 아니라, 「그 이튿날 아침의 뜻」이 되는 「日」字 重疊의 矛盾된 繁體字이다. 「暮」字의 字形이 甲文에서 春秋戰國 때까지 나타나지 않다가 隸書에서 비로소 出現하는 것으로도 방증이 된다.

2	盡

甲骨文	金 文	篆 書	隸 書	楷 書
			盡	盡(燼)

甲文의 「(盡)」자는 본래 손(又)에 부젓가락( )을 잡고 화로( ) 속의 불을 휘젓는 상태를 나타낸 것인데, 화로불(灬)을 휘저으면 불이 꺼지게 됨으로 「꺼지다」의 字義가 되었고, 옛날에는 불씨가 꺼지게 되면 모든 일이 다 잘못되어 버리기 때문에 「꺼질 진」이 「다할 진」으로 轉義되었다. 「꺼지다」의 字義가 없어지자, 字形으로

는 모순되지만 부득이 「爐」字와 같이 「盡」字에 「火」字를 더하여 重疊된 字形을 다시 만들었다.

「盡」字에 대하여 羅振玉은 「象滌器形, 食盡器斯滌矣, 故有終盡之義.」(增訂殷虛書契考釋)라 하였고, 許愼은 「盡器中空也. 從皿㶳聲」(『說文解字』)이라 하였다. 그러나 羅氏가 「盡」의 字義를 밥그릇을 씻다의 뜻으로 본 것은 잘못이다. 甲文에 「·」의 형태로 손에 부젓가락을 잡는 것이 분명하며, 金文의 「」字形과 小篆의 「」字形으로 볼 때, 그릇(화로) 속에 불이 들어있음이 확실한데, 물로 밥그릇을 洗滌하다의 뜻으로 볼 수 없다. 또한 許愼이 그릇 속이 빈 것을 뜻한 것으로 보고, 「從皿㶳聲」의 形聲字로 분석한 것도 옳지 않다. 甲文中에는 「」字와 같이 그릇 속에 무엇이 있음을 표시한 字形도 있을 뿐만 아니라, 그릇 속이 비었는데 손에 부젓가락을 잡고 있는 표시를 하였을 리가 없다. 「盡」字와 「爐」字가 同時代에 造字된 것이 아니라, 「爐」字는 「暮」字와 같이 隸書體에서 出現되는 것으로도 「盡」字의 본래 뜻이 變義된 뒤에 重疊繁體字로 다시 造字되었음을 알 수 있다.

3 然

甲骨文	金 文	篆 書	隸 書	楷 書
			然	然(燃)

甲文에는 出現되지 않으나, 春秋戰國時代의 「·(然)」자는 본래 「그럴 연」의 字義가 아니라, 개(犬)를 불(火)에 그스른 고기(

→肉) 곧 「개불고기」를 뜻한 글자이다. 古代에 있어서 개는 반드시 패서 잡은 뒤에 불에 그슬러 먹었기 때문에 「然」의 字義가 「그스르다」의 뜻으로 轉義되었다. 또한 개불고기는 古代에 있어서 가장 맛있는 것으로 인정되어 누구나 개불고기를 먹게 되면 「그렇지 개불고기가 최고야」 하고 감탄하게 되어, 다시 「그렇다」의 뜻으로 轉義되었다. 따라서 「然」字에서 「그스르다」의 뜻이 없어지자, 字形으로는 모순이 되지만 부득이 「然」字에 또 「火」字를 더하여 「燃(태울 연)」字와 같이 다시 重疊繁體字를 造字한 것이다.

杜甫의 詩句中 「山青花欲然」으로 보면 唐代에도 「然」字가 「태우다」의 뜻으로 쓰였음을 알 수 있다.

筆者가 「然」字를 우리 韓民族系의 祖上들이 造字한 것으로 보는 이유는 다음과 같다. 「然」字에 대하여 中國文獻에 「古代磔犬祭天, 乃燔燒犬肉爲祀者, 故然從肰聲.」[65]의 설명이 있으나, 「犬肉」을 燔燒한 것으로는 「然」의 字義가 될 수 없다. 또한 오늘날 中國人들이 韓國 사람들은 개고기를 먹는다고 흉을 볼 만큼 거의 개고기를 먹지 않으며, 또한 개를 반드시 그슬러 먹지도 않고, 三伏에 먹지도 않는다. 그런데 우리 나라 사람들은 自古로 어디에서나 개는 반드시 그슬러 먹는 것으로 알고 있다. 또한 「三伏에 개패듯 한다.」는 俗談이 있을 정도로 예로부터 우리 나라에서는 三伏이 되면 집집마다 개를 패서 잡은 뒤에 불에 그슬러 「개장국」을 만들어 먹음으로써 三伏 더위에 補身을 하고, 누구나 伏철에는 「역시 개고기

---

65) 參見 : 鄧和 著 『中國文字結構選解』, 正中書局, p.62, 正中形音義綜大字典, 正中書局, p.892.

가 최고야, 암 그렇지」라고 했던 것이다.

다시 말해서 「然」字가 中國에서 이 땅에 들어온 뒤에 「然」의 字形을 풀어보고, 개를 불에 그슬러 먹기 시작했다고 주장할 사람은 없을 것이다. 우리 韓民族에 있어서 개를 불에 그슬러 먹는 生活習俗은 「然」字가 造字되기 훨씬 이전부터 내려오다가 그 生活習俗이 「然」字를 만들 때에 形象化된 것이라고 본다. 개를 그슬러 먹을 줄 모르는 民族이 「(然)」字와 같은 字形을 만들 수 없음은 분명한 일이다. 그렇다면 「然」字를 만든 民族은 어느 民族일 것인가? 그 答은 분명하다. 비록 春秋戰國時代 이전에 中國語를 이미 사용하였던 사람이 造字하였다고 하여도 그 血統과 生活習俗은 韓民族으로 淵源된다고 보지 않으면, 「然」의 字形은 해결할 수 없는 문제이다.

4	益

甲骨文	金 文	篆 書	隸 書	楷 書
			益	益(溢)

「益」자의 甲文으로부터 小篆에 이르기까지 「 →  → 」의 字形으로 볼 때, 金文에서는 字形이 변하여 그릇() 위에 표시한 것()이 물인지, 다른 무엇인지 구별하기 어려우나, 이미 앞서 甲文의 형태로 보아도 그릇 위에 물이 있음이 분명하고, 小篆에서는 물을 「」의 형태로 표시하여 그릇 밖으로 넘치고 있는 상태를 더욱 분명하게 나타내었다.

林義光이 金文의 字形만을 보고 「益」字에 대하여 「皿中盛物

(一·示物) 八象上溢形」과 같이 그릇 위에 있는 것이 물이 아닌 다른 물건으로 본 것은 잘못이다. 또한 『說文』에서 「益, 饒也, 從水皿, 水皿, 益之意也.」와 같이 「益」의 字義를 「饒」로 본 것은 본래의 字義가 아니라, 뒤에 變義된 字義로 설명하였음을 알 수 있다.

「益」字의 本字義는 「饒」가 아니라, 會意字形 그대로 「水滿溢之狀」 곧 물이 그릇 밖으로 넘치는 뜻으로 보아야 한다.

그러나 뒤에 『說文』의 풀이와 같이 「饒」 또는 「利·進步·重加·漸」 等의 뜻으로 轉義하자, 字形上의 모순을 불구하고 부득이 「益」字에 다시 「水」字를 더하여 「넘치다」의 뜻으로 「溢」과 같이 重疊繁體字를 造字한 것이다.

「溢」과 「益」이 同時代의 造字가 아니고, 「溢」은 小篆에서 비로소 出現되는 것으로도 「益」字의 變義 뒤에 다시 造字된 重疊繁體字임을 알 수 있다. 字音도 변하여 「夷質切」 곧 「일」로 되었다.

5 受

甲骨文	金 文	篆 書	隸 書	楷 書
			受	受(授)

甲文·金文의 「·」 字形으로부터 「受」字의 本義를 찾아볼 때, 祭器(盤)를 주고 받는 상태를 나타냈음을 알 수 있다. 許愼은 「受, 相付也. 從受舟省聲.」이라 하였고, 「受」의 金文字形에 대하여 吳大澂은 「受, 上下相付也 ; 兩手持舟, 舟承尊之器(卽盤).」[66]라 하였

66) 參見 : 正中形音義綜合大字典, p.193.

다. 이로써 「受」의 本義는 오늘날 字義와 같이 「받다」가 아니라, 「相付」 곧 「此付而彼受之意」임이 분명하다.

小篆體 「(受)」의 字形에서는 上手 「」와 下手 「」 사이에 盤의 형태를 생략하여 「冂」의 형태로 나타낸 것이다.

뒤에 「受」의 字義가 「받다」의 뜻으로만 쓰이게 되자, 字形上의 모순을 불구하고, 부득이 「受」字에 다시 「手(扌)」字를 더하여 重疊繁體字인 「授(줄 수)」를 造字한 것이다.

「受」와 「授」가 同時代에 造字되지 않고, 「授」字는 甲文 · 金文에 없고, 小篆體에서 비로소 出現되는 것으로도 방증이 된다.

6	永

甲骨文	金 文	篆 書	隸 書	楷 書
				永(泳)

甲文의 「」, 金文의 「」字形으로 볼 때, 「永」字에 대하여 許愼이 「永 · 水 · 長也 · 象水巠理之長永也.」라 하여 水脈과 水紋을 象形하고, 流長에서 引申하여 「길다」의 뜻으로 본 것은 甲文이나 金文의 字形을 詳察하지 않고, 小篆體 「(永)」의 字形만으로써 풀이한 誤譯이다.

「永」字에 대하여 康殷도 「象人游于水中之狀」(文字源流淺說)[67]이라 하여 許愼의 說을 否定하였다. 다시 말해서 「永」字의 本義는 물의 長流를 나타낸 것이 아니라, 물속에서 사람이 헤엄치는 것을 象形한 자이다.

67) 參見 : 康殷釋輯 文字源流淺說, 榮寶齋, p.22.

뒤에 「永」字의 뜻이 流長 곧 「길다」의 뜻으로 轉義되자, 「永」字에 또 「水(氵)」字를 더하여 「泳(헤엄칠 영)」字를 만든 것이다.

역시 「泳」字는 小篆體에서 비로서 出現한다. 따라서 「永」은 「泳」의 本字임이 분명하다.

高田忠周가 金文의 「」字形에 대하여 「(永)」字의 異體인 줄 모르고 「此當爲泳字, 說文泳, 行水中也, 從水永聲；字有行義, 故當從辵；知是古文泳字.」[68]와 같이 「泳」字로 본 것은 잘못이다.

7	原

甲骨文	金 文	篆 書	隷 書	楷 書
			原	原(源)

甲文에는 없으나 金文의 「·(原)」字形으로 볼 때, 許愼이 「原·水本也·從泉出厂下.」(厂爲厓巖, 厓巖下之泉爲原, 本義作水泉本.)이라고 한 바와 같이 「原」字는 본래 바위틈에서 샘물이 흘러 나오는 근원을 나타낸 것이다.

뒤에 「原」字의 뜻이 「廣平之土地」 곧 「언덕」의 뜻으로 轉義되자, 부득이 「原」字에 「水(氵)」字를 더하여 다시 「源(근원 원)」字를 만든 것이다. 「原流」와 「源流」를 通用하는 것은 곧 「原」이 「源」의 本字이기 때문이다.

68) 參見：正中形音義綜合大字典, p.800.

8	朱

甲骨文	金 文	篆 書	隸 書	楷 書
			朱	朱(珠)

甲文의 곧 「朱」字에 대하여 徐中舒는 商承祚의 說을 引用하여 「商承祚謂甲骨文朱象系珠形, 中之橫畫或點象珠形, 兩端象三合繩分張之形, 古多重赤色珠, 故朱得有赤義, 爲珠之初文.」[69]과 같이 「朱」는 본래 구슬을 실에 꿰어 놓은 것을 象形한 것인데, 옛날에는 구슬 중에 붉은 색을 으뜸으로 여겼기 때문에 뒤에 「朱」의 字義가 「붉다」의 뜻으로 변하였다는 것이다.

그러므로 부득이 「朱」字에 「玉」字를 더하여 다시 「珠(구슬 주)」 자를 만든 것이다.

許愼은 「朱」字에 대하여 「赤心木, 松柏屬從木, 一在其中.」이라 하고, 段玉裁는 「朱本木名, 引伸假借爲純赤之字. 糸部曰絑, 純赤也, 是其本字也. 赤心不可像, 故以一識之.」[70]라 하여 「朱」를 속이 붉은 나무의 뜻을 나타내기 위하여 「木」字에 「一」字로써 표시하였다는 造字說은 합리성이 없다.

「珠」字는 字形으로 보면, 「暮・燃・溢」字처럼 同一字畫의 重疊이 아니지만, 「朱」의 字形이 甲文의 「」字形과 같이 구슬을 실에 꿰인 것을 象形한 것이므로 「珠」字로서 기실은 「玉」字가 重疊되어 있음을 내포하고 있는 字形이다.

69) 參見 : 徐中舒主編 甲骨文字典, 四川辭書出版社, p.644.
70) 參見 : 說文解字注, 上海古籍出版社, p.248.

9 丑

甲骨文	金 文	篆 書	隸 書	楷 書
				丑(紐)

「丑」字를 甲文의 「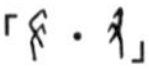」, 金文의 「」字形으로 볼 때, 본래 손()에 끈을 잡아서 「매다」의 동작을 나타낸 글자임을 알 수 있다.

許愼은 「丑」字에 대하여 「丑, 紐也, 十二月萬物動用事, 象手之形.」이라 하였고, 徐灝도 「丑之本字, 象人手有所執持之形, 假借爲辰名耳.」[71]라 하였다.

뒤에 「丑」자가 干支字로 쓰이게 되자, 부득이 「丑」字에 「糸」字를 더하여 「紐(맬 뉴)」字를 다시 만들게 된 것이다. 「紐」字가 甲文·金文에는 없고, 小篆에 비로소 出現되는 것으로도 「丑」字의 重疊繁體字임이 방증된다.

10 無

甲骨文	金 文	篆 書	隸 書	楷 書
				無(舞)

「無」字를 甲文의 「」, 金文의 「」 字形으로 볼 때, 본래 사람이 양 손에 깃털을 잡고 춤추는 모습을 象形한 글자임을 알 수 있다.

徐中舒는 「無」字에 대하여 「甲骨文無爲舞之本字」라 하고, 「象

71) 參見 : 正中形音義綜合大字典, p.6.

人兩手執物而舞之形, 爲舞字初文.」72)이라 하였고, 李敬齋도 「甲文 無, 舞之初文, 從大(人)兩手持旄象形.」73)이라 하여 「無」를 「舞」의 本字로 보았다.

그러나 許愼은 「無, 豐也, 從林𠀤.」로 풀이하고, 「無」字를 後代의 「蕪」字로 본 것은 잘못이다.

춤출 때는 男女老少 분별이 「없다」는 데서 引伸되어 「𣞤(無)」字가 「없다」의 뜻으로 轉義되어 쓰이자, 부득이 小篆體 「無」字에 다시 두 다리를 相背한 모양의 「(舛)(어그러질 천)」字를 더하여 「舞」字를 만든 것이다.

오늘날 楷書體의 「無」字와 같이 본래 사람의 발의 字形이 「넉 點(灬)」으로 변형한 것은 隸書體에서 비롯된 것이다.

「無」字는 실로 불과는 전연 관계가 없는데, 오늘날 字典에서 「無」字를 「火(灬)」部에 소속시키게 된 것은, 「燕」字가 「→」字形과 같이 제비의 꼬리가 변형하여 「넉 點(灬)」으로 된 것인데, 역시 「火(灬)」部에 소속시킨 것과 같은 잘못이다.

11 北

甲骨文	金 文	篆 書	隸 書	楷 書
			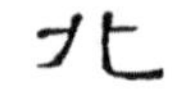	北(背)

「北」字를 甲文의 「」, 金文의 「」字形으로 볼 때, 본래는 사

72) 參見 : 徐中舒 前揭書, p.1387 · p.630.

73) 參見 : 正中形音義綜合大字典, p.891.

람의 相背한 상태로써 「등」의 뜻을 나타내고자 하였음을 알 수 있다.

許愼이 「北」字에 대하여 「北, 乖也, 從二人相背.」로 풀이한 것은 「北」字의 본래 字義를 誤釋한 것이다. 段玉裁 注中에 「韋昭注國語曰, 北者, 古之背字. 又引伸之爲北方.」[74]이라고 한 것으로도 許愼의 誤釋이 분명하다.

뒤에 「北」字가 北方民族에 있어서 太陽을 向하여 집을 짓는 전통적인 풍속에서 太陽을 향한 南쪽의 뒤(등)쪽이 北쪽이 됨으로 「北」字가 「북녘」의 뜻으로 轉義되자, 부득이 「北」字에 등도 살임으로 「고기 육(肉)」 곧 「月(육달 월)」을 더하여 「背(등 배)」字를 또 만든 것이다.

徐中舒가 「北」字에 대하여 「象二人相背之形, 引申爲背脊之背. 又中原以北建築多背向南, 故又引申爲北方之北.」[75]이라 한 것으로도 방증이 된다.

「北」字의 造字過程으로 推察하여도 東方文字(漢字)는 北方民族이 主導하여 만들었음을 알 수 있다.

12 央

甲骨文	金文	篆書	隸書	楷書
			央	央(殃)

74) 參見 : 說文解字注, p.386.

75) 參見 : 徐中舒 前揭書, p.921.

「央」字의 字源에 대해서는 說이 구구하지만, 徐中舒의 「從大上加凵, 象人戴枷之形, 爲殃之本字, 戴枷其頭在中央, 故引申而有中央之意.」[76]라고 풀이한 것이 가장 타당하게 생각된다.

甲文의 「央」, 金文의 「央,, 央」字形으로 볼 때, 사람(大)의 목에 형틀(枷)을 씌워 놓은 것임을 알 수 있다.

형틀의 兩側에 칼날이 있어 한가운데 목을 두지 않으면 안되기 때문에 「央」字의 뜻이 中央 곧 「한가운데」라는 뜻으로 轉義되자, 부득이 「央」字에 「歹(부서진뼈 알, 나쁠 대)」字를 더하여 「殃(재앙 앙)」字를 또 만든 것이다.

許愼이 「央」字에 대하여 「央, 中也, 從大在冂之內, 大人也.」라고 한 것은 甲文의 字形을 보지 못하고, 小篆體의 字形만으로 풀이했기 때문이다.

13 合

甲骨文	金 文	篆 書	隷 書	楷 書
			合	合(盒)

「合」字를 甲文의 「合,, 合」, 金文의 「合」字形으로 볼 때, 徐中舒가 「象器蓋相合之形, 當爲盒之初文, 引申爲凡會合之稱.」[77]이라고 한 바와 같이 밥그릇과 뚜껑을 象形한 것임을 알 수 있다.

許愼이 「合, 合口也. 從亼從口.」라 하고, 段玉裁가 注하여 「此以

76) 參見 : 徐中舒 前揭書, p.595.

77) 參見 : 徐中舒 前揭書, p.573.

其形釋其義也, 三口相同是爲合.」78)이라고 풀이한 것은 역시 甲文을 보지 못하고, 小篆體로써만 보고 확대해석한 것이다.

뒤에 「合」字의 뜻이 「會合」의 뜻으로 引申되자, 부득이 「合」字에 본래 그릇의 뜻인 「皿(그릇 명)」字를 더하여 「盒(합 합)」字를 또 만든 것이다.

14 曾

甲骨文	金 文	篆 書	隸 書	楷 書
				曾(甑)

「曾」字를 甲文의 「, 」, 金文의 「, 」字形으로 볼 때, 솥 위에 올려놓은 시루에서 김이 나는 것을 象形한 글자임을 알 수 있다.

徐中舒는 「曾」字에 대하여 「田本應爲圓形作⊕, 象釜鬲之箅,)(象烝氣之逸出, 故象烝熟食物之具, 卽甑之初文.」79)이라 하여 「甑」字의 初文으로 보았다.

시루는 솥 위에 더하여 놓고 쓰는 기구이기 때문에, 「曾」字의 뜻이 뒤에 「더하다」의 뜻으로 쓰이게 되자, 부득이 「曾」字에 陶器라는 뜻을 나타내기 위하여 「瓦(질그릇 와)」字를 더하여 「甑(시루 증)」字를 또 만든 것이다.

許愼이 「曾」字에 대하여 「詞之舒也, 從八從曰𡆧聲.」으로 풀이한 것은 역시 甲文이나 金文을 詳察하지 않은 誤釋이다.

78) 參見 : 說文解字注, p.222.

79) 參見 : 徐中舒 前揭서, pp.68~69.

15 止

甲骨文	金文	篆書	隸書	楷書
				止(趾)

「止」字를 甲文의「, 」, 金文의「, 」字形으로 볼 때, 徐中舒가「象簡化之人足形, 早期金文之爵文有作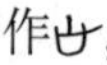, 者, 與甲文同.」[80]이라고 한 바와 같이 사람의 발의 모양을 象形한 글자임을 알 수 있다.

許愼이 「止」字에 대하여「止, 下基也, 象艸木出有阯, 故以止爲足.」[81]이라고 풀이한 것은 역시 甲文을 보지 못하고, 小篆體로써만 보고, 誤釋한 것이다.

뒤에「止」字가「그치다」의 뜻으로 轉義되자, 부득이「止」字에「足」字를 더하여「趾(발 지)」字를 또 만든 것이다.

段玉裁도「止卽趾也」라 하였고, 林義光도「止, 象人足, 卽趾之本字.」[82]라고 하였다.

「趾」字가 隸書體에서 비로소 出現하는 것으로도「止」字의 累增字임이 반증된다.

16 主

甲骨文	金文	篆書	隸書	楷書
				主(炷)

80) 參見：徐中舒 前揭書, p.125.

81) 參見：說文解字注, p.67.

82) 參見：說文解字注, p.67.

「主」字를 甲文의 「」, 金文의 「」, 小篆의 「」字形으로 볼 때, 「主」字의 本義는 燈盞臺 위에 있는 등잔 심지에 불을 켜 놓은 상태를 象形한 글자임을 알 수 있다. 許愼도 「主, 鐙中火主也, 象形從丶, 丶亦聲.」[83]이라고 분명히 밝혔다.

뒤에 「主」字가 「임금, 주인」의 뜻으로 轉義되어 쓰이자, 부득이 「主」字에 「火」字를 더하여 「炷(심지 주)」字를 또 만든 것이다.

「炷」字가 「主」字의 本義와 같으면서도, 小篆體에서 비로소 出現되는 것으로도 「主」字의 累增字임이 방증된다.

17	因

甲骨文	金 文	篆 書	隷 書	楷 書
				因(茵)

「因」字를 甲文의 「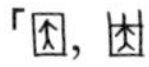」, 金文의 「」字形으로 볼 때, 자리(蓆)의 編織된 모양을 象形한 글자임을 알 수 있다.

「因」字에 대하여 徐中舒도 「從囗從, 囗象方席, 爲之譌, 象茵席編織紋, 故囗爲茵之初文, 與初本一字, 後以形譌, 遂分爲二字.」[84]라 하여, 「因」字를 「茵」의 初文으로 考證하였다.

뒤에 「因」字가 「原因, 理由」 等의 뜻으로 轉義되자, 부득이 「因」字에 자리를 만드는 材料인 「艸(풀 초)」를 더하여 「茵(자리 인)」字를 또 만든 것이다.

---

83) 參見 : 說文解字注, p.214.

84) 參見 : 徐中舒 前揭書, p.696.

康殷은 「因」字에 대하여 「象人仰臥在褥上之狀.」85)이라 하여, 사람이 요(褥) 위에 누워 있는 것을 象形한 글자로 본 것은 造字 당시의 生活狀을 고려하지 않고, 사람들이 요를 깔고 자게 된 훨씬 後代的인 習俗과 혼동한 誤釋이다. 「褥(요 욕)」字가 甲文, 金文, 小篆에는 없고, 隸書體에 비로소 出現하는 것으로도 방증이 된다.

許愼의 「因, 就也, 從口大.」에 段玉裁가 注를 붙여, 「口示基址, 大示擴充, 就其基址而擴充之爲因, 故其本義作就解.」86)라 한 것은 甲文, 金文의 字形을 詳察하지 않은 附會之說이다.

18 以

甲骨文	金文	篆書	隸書	楷書
				以(耜)

「以」字를 甲文의 「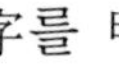」, 金文의 「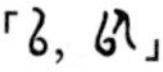」 字形으로 볼 때, 「以」字의 本字義는 밭을 가는 「쟁기」의 모양을 象形한 글자임을 알 수 있다.

「以」字에 대하여 徐中舒는 「甲骨文㠯字作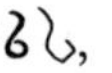, 爲耜之象形字, 卽耜之本字.」87)라 하여 「耜」字의 本字로 보았다.

뒤에 「以」字가 「用, 因, 由」 等의 뜻으로 轉義되자, 부득이 「以」字의 小篆體 「(㠯)」字에 「耒(쟁기 뢰)」字를 더하여 「耜(보습

85) 參見 : 康殷 前揭書, p.521.
86) 參見 : 說文解字注, p.278.
87) 參見 : 徐中舒 前揭書, p.1592.

사)」字를 또 만든 것이다.

「以(이) → 耜(사)」와 같이 字音이 크게 달라진 것 같으나, 「似(같을 사), 姒(동서 사)」 等의 字音으로 볼 때, 「以」의 本音이 「耜」의 音과 同音임을 알 수 있다.

許愼이 「㠯, 用也, 從反巳.」라고 풀이한데 대하여, 段玉裁는 注를 붙여 「與巳篆形勢略相反也, 巳主乎止, 㠯主乎行, 故形相反, 二字古有通用者. 按今字皆作以, 由隸變加人於右也.」[88]라고 한 것은 모두 甲文의 字形을 詳察하지 못한 誤釋이다.

19	免

甲骨文	金文	篆書	隸書	楷書
			免	免(冕)

「免」字를 甲文의 「, 」, 金文의 「」字形으로 볼 때, 사람이 머리에 장식한 모자를 쓰고 있는 모습을 象形한 글자임을 알 수 있다.

「免」字에 대하여 徐中舒는 「從從亻, 象羊角形爲飾之帽, 故即從人戴冃之免.」[89]이라 하였고, 康殷도 「, 象人頭上戴形的免－冕, 概即周代的免－冕的略形. 冕, 帽概由同一語源而來, 因而免是冕冃帽的本字. 篆訛作與篆文兎形易混, 許失載, 段玉裁遂誤以爲免以兎也.」[90]라 하여, 모두 「免」의 本字義를 「帽」로 보았다. 그러나 康殷

88) 參見：說文解字注, p.746.
89) 參見：徐中舒 前揭書, p.960.
90) 參見：康殷 前揭書, p.523.

이 「免」을 圖形까지 그리어 周代의 帽子로 본 것은 甲文의 字形을 考察하지 못한 잘못이다.

뒤에 「免」字의 뜻이 「避, 脫, 除, 放」 等의 뜻으로 轉義되자, 부득이 「免」字에 「冃(帽의 初文)」字를 더하여 「冕(면류관 면)」字를 또 만든 것이다.

段玉裁는 說文解字에 실려 있지 않은 「免」字를 보충하면서 「免, 兎逸也, 從免不見足會意」라 하고, 「兎之走最迅速, 其足不可諟見, 故免省一畫, 兎不見獲於人則謂之免.」[91]이라와 같이 附會하였다.

20	文

甲骨文	金 文	篆 書	隸 書	楷 書
				文(紋)

「文」字도 甲文의 「, 」과 金文의 「, 」字形으로 볼 때, 「文」은 본래 「글자」의 뜻으로 만든 字形이 아니라, 사람이 가슴에 紋身한 상태를 象形한 글자임을 알 수 있다.

徐中舒는 甲文의 「文」에 대하여 「象正立之人形, 胸部有刻畫之紋飾, 故以文身之紋爲文.」[92]이라 考釋하여 許愼의 「文, 錯畫也. 象交文.」의 說을 否定하였다. 徐氏는 金文의 「文」 字形에 대하여 「至金文錯畫之形漸譌而近於心字之形(中略) 故後世或誤讀金文之文字爲寍字. 方濬益曰：漢世 ≪尙書≫出於壁藏, 學者罕識, 古篆誤以爲寍, 於是前文人之

91) 參見：說文解字注, p.473.

92) 參見：徐中舒 前揭書, p.996.

文均譌爲寍, 而文考爲寍考, 文王爲寍王矣.」93)라 하였다.

뒤에 「文」이 「글자」의 뜻으로 쓰이게 되자, 부득이 「文」字에 「糸」字를 더하여 「紋(무늬 문)」字를 다시 만든 것이다.

甲文에 비록 「文」자가 있기는 하지만, 王名의 앞에 붙이어 美稱의 뜻으로, 또는 人名, 地名으로만 쓰였지, 글자의 뜻으로는 쓰이지 않았다.

秦始皇 28年(B.C. 219)의 琅邪刻石에 「同書文字」의 記載가 「文字」 合稱의 처음이며, 顧炎武의 考證에 의하면, 「春秋以上言文不言字」94)라 하였다.

거듭 강조하지만 오늘날 일반적으로 글자의 뜻으로 쓰고 있는 「文」은 본래 「무늬」의 뜻이었으며, 東方에 있어서 글자의 뜻으로 쓰인 最初(殷代)의 글자 명칭은 「文」이나 「字」가 아니라, 이미 앞에서 考證한 바와 같이 「契(글)」이다.

21	采

甲骨文	金文	篆書	隸書	楷書
			采	采(採)

「采」字를 甲文의 「」, 金文의 「, 」 字形으로 볼 때, 「采」자의 本義는 손으로 나무의 열매, 잎, 꽃 등을 따는 동작을 나타낸 字形임을 알 수 있다.

93) 參見 : 徐中舒 前揭書, p.996.
94) 參見 : 林尹 前揭書, p.4.

뒤에 「采」자의 뜻이 「禮服, 幣, 官, 色」 等의 뜻으로 轉義되자, 부득이 「采」字에 이미 손(爫 → 爪)이 있는데도 또 「手 → 扌(손 수)」字를 더하여 「採(캘 채)」字를 만든 것이다.

康殷은 「採」字에 대하여 「俗又加手作採」[95]라 하여 「采」字의 俗字로 보았으나, 실은 「采」의 重疊繁體字이다. 「採」字가 小篆 이후에 비로소 出現되는 것으로도 방증이 된다.

22	芻

甲骨文	金 文	篆 書	隸 書	楷 書
				芻(蒭)

「芻」字를 甲文의 「」, 金文의 「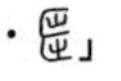」 字形으로 볼 때, 「芻」字의 本義는 羅振玉이 「從又(手)持斷艸, 是芻也.」[96]라고 한 바와 같이 손으로 풀을 베는 것, 또는 베어 놓은 풀 곧 「꼴(말이나 소에게 먹이는 풀)」을 뜻함을 알 수 있다.

뒤에 「芻」의 뜻이 「牛, 羊의 家畜, 淺陋」 또는 鄙俗의 뜻으로 轉義되자, 부득이 「芻」字에 이미 「艸」字가 있는데도 또 「艸」字를 더하여 「蒭(꼴 추)」字를 만든 것이다.

『說文解字』에는 「蒭」字가 수록되어 있지 않으나, 『廣韻』에는 「芻, 俗作蒭」라고 한 것을 보면, 「蒭」字도 宋代 이전에 쓰였음을 알 수 있다. 廣韻에서 「蒭」를 「芻」의 俗字로 보았으나, 실은 重疊繁體字이다.

---

95) 康殷 釋輯 : 文字源流淺說(榮寶齋, 1979, 北京, p.271).

96) 參見 : 正中形音義綜合大字典(正中書局, 1971, 台北, p.163).

23	酉

甲骨文	金 文	篆 書	隸 書	楷 書
				酉(酒)

「酉」字를 甲文의 「酉, 酉」, 金文의 「酉, 酉」 字形으로 볼 때, 뚜껑이 덮인 술단지를 그리어 술의 뜻을 나타냈음을 알 수 있다.

그 증거로는 金文에서 「酒」字를 「酉, 酉, 酉」 字形과 같이 여전히 술단지의 字形을 썼음으로도 분명하다.

뒤에 「酉」字가 「乙酉, 癸酉」와 같이 干支字로 쓰이게 되자, 부득이 「酉」字에 술도 물이라는 뜻에서 단지 안에 있는 술을 곁으로 표시하여 「酒(술 주)」字를 만든 것이다. 그러나 이미 앞에서 풀이한 「益」字와 같이 「水」字의 位置로써 字義를 나타내는 字形으로 본다면, 술이 단지 밖으로 쏟아져 있으니 造字上으로는 불합리한 글자이다.

甲文에도 「酒, 酉:, 酒」 等의 字形이 있는 것으로 보면, 이미 甲文時代에 「酉」와 「酒」가 구별되어 쓰이기 시작하였음을 알 수 있다.

康殷이 「酒」 字形에 대하여 술이 단지 밖으로 흐르는 상태, 또는 酒香이 술단지 밖으로 풍기는 상태를 표시한 것으로 본 것은 옳으나, 오히려 「酉」字의 初文[97]으로 본 것은 옳지 않다고 생각한다.

다시 말해서 「酒」에서 「酉」로 簡體化한 것이 아니라, 「酒」는 「酉」의 累增字로서 重疊繁體字이다.

97) 前揭書(p.311).

24	尊

甲骨文	金 文	篆 書	隸 書	楷 書
			尊	尊(樽)

「尊」字를 甲文의 「」, 金文의 「, 」 字形으로 볼 때, 「尊」의 本字義는 祭酒器를 두 손으로 받들어 올리는 모습을 나타낸 것인데, 春秋戰國時代에 이르러, 두 손이 한 손으로 簡化되어 「」 字形으로 발전되어서 오늘의 「尊」字가 된 것이다.

앞에서 밝힌 바와 같이 「酉」字가 본래 술단지를 뜻하였으나, 뒤에 地支名으로 쓰이게 되어, 「尊」字로써 술단지를 뜻하게 되었다. 說文解字에도 「尊, 酒器也, 從酉, 廾以奉之.」[98]와 같이 「尊」을 酒器로 풀이하였다.

그러나 「尊」의 繁體字로 이미 甲文에 「」, 金文에 「, 」 字形이 있는 것으로 볼 때, 단순히 술단지의 뜻이 아니라, 높은 곳으로 받들어 올리는 뜻이 더욱 강조되어 있음을 알 수 있다.

뒤에 「尊」이 「貴, 崇, 尙, 上」 等의 뜻으로 轉義되자, 부득이 「尊」字에 酒器의 材料가 되는 「缶」와 「木」을 더하여 「罇, 樽(술단지 준)」字를 만든 것이다.

「樽」字가 小篆에서 비로소 出現되는 것으로도 「樽」이 「尊」의 重疊繁體字임이 방증된다.

---

98) 說文解字注(上海古籍出版社, 1981, 上海, p.752).

25 巨

甲骨文	金文	篆書	隸書	楷書
				巨(矩)

「巨」字를 金文의 「[illegible], [illegible]」 字形으로 볼 때, 사람이 손에 正方 곧 直角을 재는 工具(曲尺의 일종)를 들고 있는 상태를 나타내고 있음을 알 수 있다. 春秋戰國時代에 와서는 사람이 들고 있는 모습을 생략하고, 다만 工具의 형태만을 象形하여 「[illegible], [illegible]」 字形으로 변천되었다. 다시 小篆에 이르러 「[illegible]」 字形이 되어, 오늘날 楷書體의 「巨」字가 된 것이다.

그러므로 「巨」字는 5劃으로 써야 옳다. 마치 「臣」字와 같이 「匸(감출 혜)」字 안에 「コ」 字形의 4劃으로 써서는 안 된다.

뒤에 「巨」의 뜻이 「正方之器」에서 「크다」의 뜻으로 轉義되자, 부득이 「巨」字에 「矢」字를 더하여 「矩(곱자 구)」字를 만든 것이다.

「矩」字가 小篆에 비로소 出現하는 것으로도 「巨」가 「矩」의 初文임을 알 수 있다. 康殷은 金文의 「[illegible]」 字形에서 「[illegible]」가 「[illegible]」, 곧 「夫」가 「矢」로 訛作되어 「矩」字가 만들어졌다[99]고 보았으나, 高樹藩은 「巨謂規矩, 矢乃射時必居正中者, 因以喩平正, 平正運巨爲矩, 其本義作「求方之則也」解, (見韻會)乃求方形之定法.」[100](正中形音義綜合大字典)이라 하였다.

일반적으로 「矩」를 「巨」의 累增字로 인정하는 견해로 볼 때, 康

---

99) 前揭書(p.316).

100) 前揭書(p.1118).

殷의 說보다는 高樹藩의 說이 타당하다.

26	丁

甲骨文	金 文	篆 書	隸 書	楷 書
				丁(釘)

「丁」字를 甲文의 「, 」, 金文의 「, 」 字形으로 볼 때, 「丁」의 本字義는 우리 나라 字典訓에서 일반적으로 말하는 「고무래」가 아니라, 못(釘)의 모양을 위에서 내려다본 모양에서 옆에서 본 모양으로 발전하였음을 알 수 있다.

「丁」字에 대하여 許愼은 小篆體의 「」 字形으로써 「夏時萬物皆丁實, 象形.」이라 하였고, 段玉裁는 「丁實, 小徐本作丁壯成實, 律書曰丁者言萬物之丁壯也, 律曆志曰大盛於丁, 鄭注月令曰時萬物皆强大.」[101]라고 註를 붙였다. 그러나 許愼이나 段玉裁가 「丁」字의 甲文을 보지 못하고 잘못 설명한 것이다.

徐中舒는 「據半坡遺址古建築復原研究, 參照甲骨文宮字作形, 所從之象圓形圍牆上架設屋頂之形, 屋頂斜面上開有通氣窗孔, 作形, 窗下圍牆中又開通出入之門而作形, 甲骨文爲書寫便利又將窗孔與門戶之形大小均等整齊之物作形, 然而考察宮室建築之實際, 形乃窗孔, 因其位於宮室最上部位, 故甲骨文以窗孔之形表示頂顚之頂, 卽頂之本字, 復借用爲天干之丁, 又據≪廣雅, 釋詁≫ : 「頂, 上也.」

101) 前揭書(p.740).

≪說文≫ :「頂, 顚也.」段注 :「凡在最上之稱.」故 字應訓爲上. 形窗孔旣可通氣, 又便排烟, 烟氣上升於天 窗又位於宮室之顚頂, 顚, 天古音同, 故在卜辭. 中又用如天 · 窗又爲宮室外露於天之部位, 天 · 田 · 陳古音同, 故卜辭中之 祭亦卽陳列祭品之祭.」[102]라 하여, 甲文의 「 」 字形으로써 宮室 最上部의 窗口로 보고, 引申하여 「頂」의 本字로 풀이하였으나, 金文의 「 · 」 字形을 고려하지 않은 잘못된 해석이라고 생각된다.

高樹藩은 「 (丁), 象俯視釘上端之形, 只見釘蓋(帽)之形, 其爲方爲圓, 或虛或實無殊.」[103]라 하고, 康殷은 「 (丁) · 可能象古代的銅錠形(中略) 篆作 · 直象釘形, 說文訛作 許諷作 「夏時萬物皆丁實, 象形. 丁承丙, 象人心」……不知何人之心是作 形的.』[104]이라와 같이 「丁」을 「錠」과 「釘」으로 해석하였으나, 마땅히 「釘」의 象形字로 보아야 한다.

뒤에 「丁」이 天干名 또는 成年人의 뜻으로 轉義되자, 부득이 「丁」字에 「金」字를 더하여 「釘(못 정)」字를 만든 것이다.

「釘」字가 小篆에 비로소 出現되는 것으로도 「釘」은 「丁」의 重疊繁體字임을 알 수 있다. 朱駿聲은 「 (金文丁), 鑽也, 象形, 今俗以釘爲之.」라와 같이 「釘」을 「丁」의 俗字로 본 것은 잘못이다.

102) 甲骨文字學(四川辭書出版社, 1988, 成都, pp.1548~1549).

103) 前揭書(p.2).

104) 前揭書(p.316).

27 午

甲骨文	金 文	篆 書	隷 書	楷 書
				午(杵)

「午」字를 甲文의 「, , 」, 金文의 「, 」 字形으로 볼 때, 「午」의 本字義는 절구공이의 모양을 象形한 것임을 알 수 있다.

徐中舒는 "「象束絲交午之形, 爲午字初形, 其後或塡實作, 復省簡爲. ≪說文≫ : 「午, 悟也. 五月陰氣午逆陽, 冒地而出. 此與矢同意.」 不 確."105)이라 하여 許愼의 說을 否定하여으나, 徐氏 자신도 「象束絲交午之形」으로 풀이한 것은 옳지 않다.

高樹藩은 「(午), 象杵形, 其下卽杵頭, 中之或上之, 乃用以持而操作之把手, 實爲杵之古文.」106)이라 하였고, 康殷도 「(中略) 都象舂米等所用的細腰木杵形, 魯迅先生早已指出, 見門外文談, 也可由下舉數字中看淸午的用途, 它是古人日常生活中必需的用具, 現在南方以及日本, 朝鮮也還可看到.」107)라 하여, 「午」의 本字義를 「절구공이」로 해석하였다.

뒤에 「午」字가 地支名으로 專用되자, 부득이 「午」字에 「木」字를 더하여 「杵(절구공이 저)」字를 만든 것이다.

「杵」字가 小篆에 비로소 出現되는 것으로도 「杵」가 「午」의 重疊繁體字임이 방증된다.

---

105) 前揭書(p.1596).

106) 前揭書(p.23).

107) 前揭書(p.264).

28 衰

甲骨文	金文	篆書	隷書	楷書
				衰(蓑)

「衰」字를 說文古文의 「」, 金文의 「」 字形으로 볼 때, 「衰」의 本字義가 오늘날의 「쇠퇴하다」가 아니라, 비올 때 삿갓을 쓰고 도롱이를 입은 모양을 象形한 것임을 알 수 있다.

高樹藩은 「衰」字에 대하여 「甲文衰字闕, 金文衰：象草雨衣形, 爲簑之本字.」[108]라 한 바와 같이 「象草雨衣形」으로만 풀이하였는데, 草雨衣만이 아니라, 「삿갓」도 머리에 쓴 형태를 象形한 것으로 보아야 한다.

許愼도 「衰：艸雨衣, 秦謂之草, 從衣, 象形, 古文衰.」[109]라 한 것은, 한국에서는 최근까지도 비올 때 삿갓 쓰고 도롱이를 입고 일하는 농부들의 모습을 볼 수 있었는데, 이러한 모습을 보지 못한데서 「艸雨 衣」로만 해석한 것 같다.

뒤에 「衰」字가 「衰服(최복)」 곧 喪服의 뜻으로 轉義되자, 부득이 「衰」字에 「艸」字를 더하여 「蓑(도롱이 사)」字를 만들고, 뒤에 대나무를 사용하면서 「竹」字를 더하여 「簑」字로도 쓰게 된 것이다. 또한 「衰」字가 弱하다의 뜻으로도 쓰이게 되어, 喪服과 구별하기 위하여 「衰」字에 「糸」字를 더하여 「縗(상복이름 최)」字를 별도로 만든 것이다.

---

108) 前揭書(p.38).

109) 前揭書(p.397).

「縗」字는 小篆體에서, 「蓑」字는 隷書體에서 비로소 出現되는 것으로도 「縗」와 「蓑」가 「衰」字의 累增字로서 重疊繁體字임을 알 수 있다.

吳大澂은 「蓑, 古衰字 ; 衰艸雨衣, 象形, 今俗別作蓑」라 하고, 高樹藩도 「小篆蓑 : 實爲衰字, 從衣, 中之象結艸而成之形 ; 結艸而成竝披以禦雨之艸衣曰衰, 其本義作 「艸雨衣」 解, (見說文許著) 卽今稱之蓑衣, 爲衰字本字 ; 惟俗增艸作蓑, 用爲蓑衣字.」[110]라 하여, 「蓑」를 「衰」의 俗字로 본 것은 옳지 않다.

29	也

甲骨文	金文	篆書	隷書	楷書
			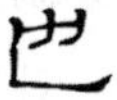	也(匜)

「也」字를 金文의 「, , 」, 石文의 「」 字形으로 볼 때, 어떠한 그릇의 모양을 象形한 것으로 보인다.

許愼은 「也」字에 대하여 「也, 女陰也, 從乁, 象形, 乁亦聲.」[111]이라 하여 女陰을 象形하였다고 풀이한 것은, 다만 小篆體의 「」 字形만을 보고 望文生意한 誤釋이 아닐 수 없다. 吳善述도 許愼의 說을 否定하여 「許書訓爲女陰者……則謬甚矣.」[112]라고 하였다. 康殷은 許氏의 說을 더욱 否定하여 「許氏又自作聰明解作 '女陰也, 象形'

110) 前揭書(p.1487).

111) 前揭書(pp.627～628).

112) 前揭書(p.29).

鬧出個大笑話.」113)라고 하였다.

「也」字에 대하여 高樹藩은 「小篆也 ; 上象器之容口, 中象其體, 下象漏斗之底與流注水處, 本義作『也, 古匜(沃盥器)字.』解(見六書正譌) 也與㔻爲同字, 後借爲語助詞, 其用旣廣, 本義遂爲所奪, 而加匚作匜.」114)라 하여, 「也」를 「匜」의 古字로 해석하였다.

뒤에 「也」字가 語助詞로 쓰이게 되자, 부득이 「也」字에 그릇의 뜻을 가진 「匚(상자 방)」 字形을 더하여 「匜(그릇 이)」字를 만든 것이다.

우리말의 「대야(大也)」라는 말은 「也」의 本字義가 그대로 쓰인 명칭으로서 그 연원이 오래되었음을 알 수 있다.

「匜」字가 이미 金文에 「𥁕, 鉈, 匜」 等의 字形으로 나타난 것을 보면, 「也」字가 일찍이 語助詞로 쓰였음을 알 수 있다.

30	亡

甲骨文	金 文	篆 書	隸 書	楷 書
				亡(盲)

「亡」字를 甲文의 「ㅂ, ㅂ」, 金文의 「ㄴ, ㅂ, ㅂ」 字形으로 볼 때, 「亡」字의 本義가 오늘날 字訓의 「도망하다」가 아니라, 사람이 지팡이에 의지한 모습을 象形한 것임을 알 수 있다.

許愼이 「亡」字에 대하여, 「亡, 逃也, 從入, ㄴ」115)라 한 것은

113) 前揭書(p.353).

114) 前揭書(p.29).

115) 前揭書(p.634).

「亡」字가 「도망하다」의 뜻으로 轉義된 뒤의 풀이라고 생각된다.

衛聚賢이 「亡』字에 대하여 「象瞎子持杖而行」[116]으로 풀이한 것은 甲文의 字形에 매우 부합되는 해석이라고 생각된다.

康殷은 甲文의 「ㅐ, ㅂ」, 金文의 「ㅂ, ㅂ」 字形에 대하여 「卽ʃ, ʃ刀形下半的ʃʃ形, 用半截刀身及和刀柄形, 表示其刀頭已經折斷, 失去. ㅣ無用, 引申而泛指無用(後引爲逃亡, 死亡……). 卜辭都用亡字以指有無, 周人才改借無字, 後訛作ㄴㄴㄴ……失折頭刀之形. 篆訛作ㄴ, 許只解作『逃也, 從入從ㄴ』而不知其原形以及本爲無意.」[117]라 하여, 칼의 부러진 모양의 象形에서 無用의 뜻으로 引申했다는 奇拔한 着想을 했으나, 甲文의 字形들로 볼 때, 신빙성 있는 해석이라고 볼 수 없다.

趙友培는 「亡」字에 대하여 「卜辭有無的無, 皆用「ㄴ」, 也是舞字的異體, 甲文象人側面一手持物而舞之形.」[118]이라 하여, 「舞」字의 異體로 보았으나, 甲文과 金文의 字形으로 볼 때, 지나친 飛躍的 풀이라고 생각된다.

소경은 무엇도 볼 수 없다는 데서 「無」의 뜻으로 轉義되자, 부득이 「亡」字에 「目」字를 더하여 「盲(소경 맹)」字를 만든 것으로 보는 것이 가장 타당하다고 생각된다.

「盲」字가 金文에 「ㅗ」, 小篆에 「ㅂ」의 字形으로 비로소 出現되는 것으로도 「盲」은 「亡」의 重疊繁體字임이 방증된다.

---

116) 前揭書(p.33).

117) 前揭書(p.230).

118) 國字基本結構硏究(中國語文月刊社, 1982, 台北, p.238).

31 來

甲骨文	金 文	篆 書	隷 書	楷 書
				來(麥)

「來」字를 甲文의 「[illegible], [illegible]」, 金文의 「[illegible], [illegible]」 字形으로 볼 때, 보리 잎은 벼 잎([illegible])과 달리 끝이 뒤로 젖혀지는 특징을 잘 포착하여 보리의 모양을 象形한 글자임을 알 수 있다.

許愼은 「來」字에 대하여 「周所受瑞麥來麰也, 二麥一夆, 象其芒朿之形, 天所來也, 故爲行來之來.」라 하고, 段玉裁는 「周頌, 詒我來麰, 箋云, 武王渡孟津. 白魚躍入王舟, 出涘以燎, 後五日, 火流爲烏, 五至, 以穀俱來, 此謂遺我來牟. (下略)」[119]와 같이 장황하게 注를 붙여 「來」字와 「麥」字의 관계를 설명하였으나, 이미 周代 이전 甲骨文에 엄연히 「來」의 字形이 「[illegible], [illegible], [illegible]」 等으로써 「返, 至」의 뜻으로 쓰였는데, 「周所受瑞麥來麰」라는 말은 합리성이 없다.

說文의 「二麥一夆」에 대해서도 段玉裁는 「二麥一夆, 各本作一來二縫, 不可通, 惟思文正義作一麥二夆, 今定爲二麥一夆, 夆卽鋒字之省.」이라 하고, 趙友培는 「來」字의 結構에 대하여 「甲文金文皆象一麥二穗在莖之形.」[120]이라고 하였다. 이는 모두 보리의 실제 모양을 詳察하지 않고, 「二麥一夆」, 「一麥二夆」, 「一麥二穗」 等의 부당한 설명을 한 것이다. 보리는 반드시 한 줄기에 한 이삭이 나올 뿐이다. 두 줄기에 한 이삭이 나온다는 말은 근본적으로 성립되지 않

---

119) 前揭書(p.231).

120) 前揭書(p.47).

는 말이다.

甲文과 金文에서 「」의 字形을 보면 두 개의 이삭이 양쪽으로 달린 것을 나타낸 것이 아니라, 앞에서 언급한 바와 같이 보리잎은 끝이 뒤로 젖혀지는 특징을 象形한 것이다.

여기서 중요한 문제는 본래 보리를 象形한 「來」字가 무슨 연유로 이미 甲文에서부터 「返, 還, 至, 將至」 等의 뜻으로 轉義되었는가를 밝히는 것이다.

康殷은 「麥」字에 대하여 「大約因卜詞中使用麥字較少, 而使用來去字極多, 所以漸漸省刻形, 而只作, , 後遂以麥爲來.」[121]라 하여, 본래 「오다」의 글자가 「麥」이었는데 점점 字畫이 省略되어 「來」字로 변하였다고 풀이하였다. 그렇다면 康氏 자신이 「來」字에 대하여 「象成熟的麥形, 也卽麥的本字.」라고 설명한 것과 矛盾을 면할 수 없다.

甲文 「(麥)」에 대하여 羅振玉은 「此與麥爲一字, 許君分爲二字, 誤也 ; 來, 象麥形, 此從(降字從之, 殆卽古降字) 象自天降下, 示天降之誼 ; 來麰之瑞, 在后稷之也, 故殷代已有此字矣.」라 하였고, 金文 「(麥)」字에 대하여 吳大澂은 「象手(右)打麥(左來)形, 後人改爲從夊, 失古義矣.」[122]라 하였다.

兩者의 說이 모두 時代와 事實과 부합되지 않는다. 다시 말해서 羅振玉이 「來麰之瑞, 在后稷之也.」라 한 것은 許愼의 「周所受瑞麥來麰也.」와 不一致하고 吳大澂이 「」 字形中 「」 字形을 右手로

121) 前揭書(p.260).

122) 前揭書(p.2207).

풀이한 것은 甲骨文中 손의 각종 象形과 맞지 않는다.

「麥」의 播種期에 대해서 高樹藩이 「夏小正 九月樹麥；月令：「仲秋之月, 乃勸種麥, 毋或失時, 故麥於今年秋季種明年夏初收.」[123]라고 하였듯이 보리는 가을에 심어 그 이듬해 여름에 수확하기 때문에 재배상 다른 곡식과 다른 점이 있다. 그 특징을 종래의 文字學者들이 미처 몰랐기 때문에 지금까지 그릇된 해석을 하여 온 것이다.

「麥」字에 대하여 徐灝는 「從夂……蓋象人行田收麥也.」[124]라 하였는데, 사람이 밭에 가서 농작물을 수확하는 것은 어느 곡식이나 공통된 일인데, 하필 보리만 「人行田收」할 것인가? 전연 합리성이 없다. 또한 李孝定은 「來麥本爲一字, 夂象麥根, 因假朩爲行來字, 故更製繁體之麥以爲來麰之本字.」[125]라고 하여 「夂」字形을 甲骨文 學者답지 않은 잘못된 해석이다.

보리싹이 겨울을 나면 땅이 얼어서 풀리며 뿌리가 솟아오르기 때문에 반드시 이른 봄에 보리싹을 밟아주어야 한다.

그러므로 「來」字의 뜻이 「가다」의 뜻으로 轉義되자, 부득이 「來」字에 보리는 반드시 밟아주어야 하는 뜻을 강조하여 발의 象形인 「夂」 字形을 더하여 「麥(麥)」字를 만든 것이다.

여기서 강조할 것은 이러한 「麥」字를 만든 민족이 어떤 民族일 것인가 하는 문제이다. 보리를 이른 봄이면 반드시 밟아주어 농사짓는 生活風習이 있는 민족이 아니면 절대로 「麥」字와 같은 字形

123) 前揭書(p.2207).

124) 前揭書(p.2207).

125) 徐中舒：甲骨文字典(p.619).

을 만들 수 없음은 너무나 분명한 사실이다.

그렇다면 지금까지도 전연 合理性 없이 「麥」字를 풀이하고 있는 中國人이 이 「麥」字를 만들었다고 할 수 있는가? 古代로부터 오늘날까지도 이른 봄이면 반드시 보리밭을 밟아 농사짓는 풍습을 수천년래 綿綿히 이어오고 있는 우리 韓民族의 祖上이 이 「麥」字를 일찍이 造字한 것을 누구도 부정할 수 없을 것이다. 筆者는 수천년래 수수께끼를 明若觀火하게 풀었다고 자부할 수 있다.

위에 列擧한 「重疊繁體字」를 분류하면 다음과 같다.

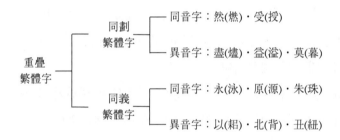

- 重疊繁體字
  - 同劃繁體字
    - 同音字 : 然(燃) · 受(授)
    - 異音字 : 盡(燼) · 益(溢) · 莫(暮)
  - 同義繁體字
    - 同音字 : 永(泳) · 原(源) · 朱(珠)
    - 異音字 : 以(耜) · 北(背) · 丑(紐)

讀者들의 명확한 理解를 위하여, 다시 설명하면 異體字[126]와 重疊繁體字(累增字)는 다르다. 實例를 들면, 「睹 ↔ 覩」, 「杯 ↔ 盃」, 「叙 ↔ 敍」 등과 같이 어느 字를 써도 관계 없이 동시에 通用되는 글자를 異體字라고 할 수 있다. 이 밖에 「鷄 ↔ 雞」와 같이 古今字

126) 異體字에 대하여 裘錫圭는 「異體字就是彼此音義相同而外形不同的字 (中略) "雕"字一組有精簡掉的"鵰" · "彫" · "凋" 四個異體. "雕"字主要有三種意義 : ① 一種凶猛的鳥(本義), ② 雕刻 · 雕飾(假借義), ③ 雕零(假借義). "鵰"只在第一種意義上跟"雕"是異體. "琱"只在第二種意義上跟"雕"是異體. "凋"只在第三種意義上跟"雕"是異體」라고 설명하였다(參照 : 文字學概要, 商務印書館, 1988, 北京, p.205).

의 경우나, 「獻 ↔ 献」과 같이 正俗字의 경우도 현실적으로 通用되고 있으므로 異體字에 포괄할 수 있다. 그러므로 異體字는 字畫이 반드시 繁體化하였다고 할 수 없다.

異體字와 구별하여, 筆者가 새로이 명명한 「重疊繁體字」는 한 글자의 本字義가 뒤에 轉義되어 부득이 새로이 造字를 하는 方法에 있어서 전연 별개의 字形을 만들지 않고, 그 字形의 主形符를 重疊하거나, 意味的으로 통용되는 字形을 거듭 쓴 글자를 일컫는다. 그러므로 字畫이 반드시 繁體化한다.

(6) 異體繁體字의 特徵

異體繁體字도 重疊繁體字와 마찬가지로 본래의 字義가 轉變되어 新字形이 발생되지만 異體繁體字는 重疊繁體字와 같이 同一한 字畫이 重疊되지 않고, 別個의 字形을 新造하는 것이다. 또한 異體繁體字의 造字方法에 있어서 會意字의 형식이 아니라, 形聲字의 방법을 취하는 경우도 있음이 重疊繁體字와 다른 점이다. 例를 들면 다음과 같다.

1	而

甲骨文	金 文	篆 書	隷 書	楷 書
				而(須·鬚)

「而」字를 甲文의 「[illegible], [illegible]」, 金文의 「[illegible], [illegible]」 字形으로 볼 때, 『說文』에서 「而須也, 象形.」이라고 한 바와 같이 사람의 수염 모양을 象形한 것임을 알 수 있다.

뒤에 「而」字가 「汝, 至, 能, 乃, 然」 等의 뜻으로 쓰이게 되어, 다시 수염의 뜻을 나타내는 「須」字를 만든 것이다.

「須」字에 대하여 高樹藩이 「從頁彡 ; 頁示人首, 彡象毛飾之文 ; 人面部下垂之毛曰須, 其本義作『頤下毛』解, (見說文段注) 卽生於口下之毛.」[127]라고 한 바와 같이 「彡」 字形이 直接 수염의 형태를 상형하였으나, 「須」字를 「而」字의 重疊繁體字라고 할 수 없는 別個의 字形을 新造한 異體繁體字이다.

뒤에 「須」字가 다시 「必, 宜, 求, 終」 等의 뜻으로 轉義되자 부득이 머리털을 뜻하는 「髟(머리털늘어질 표)」 部首字에 「須」字를 더하여 「鬚(수염 수)」字를 또 만든 것이다. 「而」字는 甲文에서 「須」字는 小篆에서, 「鬚」字는 隸書에서 出現되는 順次를 보아도 3字의 발전 관계를 알 수 있다.

2 自

甲骨文	金文	篆書	隸書	楷書
				自(鼻)

「自」字를 甲文의 「[illegible], [illegible]」, 金文의 「[illegible], [illegible]」 字形으로 볼 때, 코의 형태를 象形한 글자임을 알 수 있다.

127) 前揭書(p.2016).

中國人들이 자신을 가리킬 때, 자신의 코를 가리키는 習俗에 따라, 「自」字가 「自己」의 뜻으로 轉義되자, 부득이 「自」字에 「畀(줄 비)」字를 더하여 形聲字의 「鼻(코 비)」字를 만든 것이다. 徐鍇는 「鼻, 引氣自畀也, 從自從畀……會意.」[128]라 하여 「鼻」字를 會意字로 보았으나, 字形의 변천과 發音으로 볼 때, 形聲字로 보는 것이 타당하다.

古鉥의 「臯, 鼻」 字形으로 볼 때, 「自」字가 이미 金文에서부터 形聲字로 변천하였음을 알 수 있다. 또한 「自」와 「畀」의 合字는 重疊繁體字가 아니라, 異體繁體字라고 할 수 있다.

3 亦

甲骨文	金 文	篆 書	隸 書	楷 書
			亦	亦(腋)

「亦」字를 甲文의 「, 」, 金文의 「, 」 字形으로 볼 때, 說文에서 「亦, 人之臂亦也, 從大, 象兩亦之形.」[129]이라고 한 바와 같이 사람의 양측 겨드랑이를 나타내고자 한 指事字임을 알 수 있다.

뒤에 「亦」字가 「又, 但」 等의 뜻으로 轉義되자, 부득이 「月(육달 월)」 字에 「夜」字를 더하여 形聲字의 「腋(겨드랑이 액)」字를 新造한 것이다.

高樹藩은 「腋」字에 대하여 「又以夜爲日之對, 有昏暗意 ; 腋在肩

128) 前揭書(p.2236).

129) 前揭書(p.493).

下臂與體軀之間, 又多腋毛, 爲昏暗處, 故從夜聲.」[130]이라 하여 會意性의 글자로도 풀이하였다.

古鉥의 「腋」字가 「」 字形으로 出現하는 것으로써 이미 金文에서부터 「亦」字의 異體繁體字가 만들어졌음을 알 수 있다.

4 其

甲骨文	金 文	篆 書	隸 書	楷 書
			其	其(箕)

「其」字를 甲文의 「, 」, 金文의 「, 」 字形으로 볼 때, 곡식을 까부르는 키의 모양을 象形한 글자임을 알 수 있다.

뒤에 「其」字의 字形이 단순히 키 자체의 象形인 「」 字形에서 「金文에서부터 「, 」 等의 字形으로 변천하였다. 키의 象形 밑의 「丌」 字形에 대하여 說文에서는 「丌, 其下也.」라 하였고, 高樹藩은 「, 上象揭米去糠器, 下示其丌, 人以兩手持而搖動者.」[131]라 하였고, 朱駿聲은 「其從丌(音基)聲.」이라 하였고, 林尹先生도 「, 像簸箕之形, 後加聲符作其, 又加偏旁竹作箕.」[132]라 하였는데, 金文의 「」(說文古文), 「」 字形으로 볼 때, 聲符라기 보다는 兩手의 象形으로 보는 것이 타당하다고 생각되나, 일반적으로 聲符로 본다.

---

130) 前揭書(p.1382).

131) 前揭書(p.116).

132) 文字學概說(正中書局, 1971, 台北, p.78).

뒤에 「其」字가 「他, 己, 那, 語助詞, 發語詞」 等의 뜻으로 쓰이게 되자, 부득이 「其」字에 「竹」字를 더하여 「箕(키 기)」字를 또 만든 것이다. 「箕」字는 小篆에서 비로소 出現된다.

다시 말해서 「」 字形에서 「其」字로 변천한 것은 異體繁體字라 할 수 있고, 「其」에서 다시 「箕」로 변천한 것은 重疊繁體字中에서 同意繁體字라고 할 수 있다.

5	凡

甲骨文	金 文	篆 書	隷 書	楷 書
				凡(盤)

「凡」字를 甲文의 「」, 金文의 「, 」 字形으로 볼 때, 「槃」의 모양을 象形한 글자임을 알 수 있다. 「凡」字의 甲文形에 대하여 徐中舒는 「象高圈足槃形, 上形其槃, 下象其圈足.」[133]이라 하였고, 康殷은 「竪盤形側視」라 하여 「盤」을 옆으로 세워 놓은 것으로 보았으나, 「盤」으로 보는 점은 동일하다.

뒤에 「凡」字가 「最括之詞(概略·總計)」의 뜻으로 轉義되자, 부득이 高圈足槃의 형태()에 손으로 잡고 옮기는 동작()을 더하여 「, 」 等의 字形을 만들었으나 「凡」 곧 「槃」의 字形이 造字 初期에 배(, )의 모양과 비슷하여 「(般)」의 字形으로 변천하였고, 뜻도 옮기다의 뜻으로 轉義되자, 金文에 이르러 다시 그릇을 나타내는 「(皿)」 字形을 더하여 「, 」 等의 字形으로 변천하여 楷書

133) 前揭書(p.1450).

體의 「盤(소반 반)」字가 되었고, 「槃」과 같이 異體字도 쓰이게 되었다.

「槃」字도 옮기다의 뜻에서 「種, 樂, 一樣」 等의 뜻으로 轉義되자, 부득이 「般」字에 또 「扌(手)」字를 더하여 「搬(옮길 반)」字를 만든 것이다.

결론적으로 「凡」字에서 「盤, 槃」字로 변천한 것은 異體繁體字라 할 수 있고, 「般」에서 「搬」으로 변천한 것은 重疊繁體字라고 말할 수 있다.

6 且

甲骨文	金 文	篆 書	隸 書	楷 書
				且(俎)

「且」字를 甲文의 「, 」, 金文의 「, 」 字形으로 볼 때, 무엇을 象形한 것인지 간단히 단정하기가 어렵다.

그러므로 지금까지 「且」字의 字源에 대한 풀이가 불일치하다. 說文에서는 「且, 所以薦也, 從几, 足有二橫, 一, 其下地也.」[134]라 하였고, 阮元은 「且, 卽古祖字也.」라 하였고, 高鴻縉은 「字本意爲祖廟, 只象祖廟之形. 上象廟宇, 左右兩牆, 中二橫爲楣限, 下則基地也. 商周皆借爲祖宗之祖, 至戰國時或加示爲義符作祖.」라 하였고, 高樹藩은 「小篆且 ; 蓋古俎字」(見說文釋例)俎之本意作 「肉几』 解, (見一切經音義)上平者示薦物之面, 兩直示其足, 兩橫示其桄(橫撐)其下一橫象平置其上之地.」[135]라 하였고, 康殷은 「且」字의 甲文金文形에 대하여

134) 前揭書(p.716).

「槪卽(土)形的轉化, 加繁, 聲亦相近. 「土」轉爲且(祖). 也是由崇拜自然神轉爲崇敬祖先.」[136]이라 하였고, 徐中舒는 「且, 象俎形. 古置肉於俎上以祭祀先祖, 故稱先祖爲且, 後起字爲祖.」[137]라 하였고, 趙友培는 「且, 祖先 ; 古以石柱或石碣(碑), 作爲祖考生殖子孫的象徵物.」[138]이라 하였고, 瑞典의 칼그렌(高本漢)은 商나라 사람들이 生殖器를 崇拜하여 男性의 生殖器를 象形한 것이라[139]고 보았다.

「且」字를 金文의 「, , 」 字形과 「俎」의 甲文 「, 」, 金文 「, 」 字形을 참작하고 이상의 諸說을 종합하여 볼 때, 甲文에서 「祖」字의 뜻으로 쓰인 「」 字形과 祭器 곧 「俎」字로 쓰인 字形이 同一하고, 또한 金文에서 「且」字 밑에 손을 象形한 「」 字形을 표시한 것은 받들어 올리는 뜻으로 나타내고 있고, 甲文의 「俎」字를 보면, 肉片이 「」의 형태로 표시되어 있음으로써 祖上에 祭祀를 지낼 때 사용하던 禮器의 象形임을 알 수 있다. 그러므로 「, 」 字形을 「祖廟, 土, 石柱, 男根」 等의 象形으로 볼 수 없다.

뒤에 「且」字가 「又, 竝, 只, 或, 發語詞」 等의 뜻으로 轉義되자 부득이 「且」字에 肉片의 簡化形인 「」 字形을 더하여 「俎(도마 조)」字를 만든 것이다. 그러므로 「且」字의 轉義로 「俎」와 「祖」의 二種 異體繁體字가 만들어진 것이다. 「祖」字는 春秋戰國時代에 이르러 비로소 「, 」 等의 字形과 같이 出現되고, 「俎」字는 이미 甲文에

---

135) 前揭書(p.7).

136) 前揭書(p.584).

137) 前揭書(p.1490).

138) 前揭書(p.243).

139) 康殷 : 前揭書(p.585).

서부터 「[illegible]」 字形과 같이 出現된 것으로 미루어 「祖」가 「爼」 보다는 後起字임을 알 수 있다.

(7) 異體會意字의 學習方法

會意字는 「日(일)+月(월)=明(명)」자와 같이 독체자의 소리와는 전연 다른 자음을 갖기 때문에 그 글자의 음을 무조건 외워야 하는 어려움이 있다. 반면에 글자와 글자가 합친 뜻을 잘 생각해 보면, 합쳐진 글자의 뜻을 배우지 않고도 찾아 낼 수 있는 것이 會意字이다.

예를 들면, 이미 배운 나무(木)와 나무(木)를 합쳐서 「林」자를 만들었을 때, 이 글자를 어떻게 읽는지는 알 수 없어도, 이 글자의 형태를 잘 살펴보면 배우지 않아도 나무가 많다는 뜻을 나타냈다는 것은 쉽게 알 수 있을 것이다.

여기서는 종래의 무조건 암기식 학습방법을 벗어나서 스스로 글자를 만들어 보는 흥미로운 방법으로 회의자를 학습하여 보자. (　) 안에 자기가 생각하는 글자의 뜻을 써 넣어라.

① 사람의 말은 무엇이 있어야 하는가?
人(사람 인) + 言(말씀 언) = 信(　　　　) 신
② 사람이 나무 밑에서 무엇을 하는가?
人(사람 인) + 木(나무 목) = 休(　　　　) 휴
③ 여자가 집안에 있으면 어떠한가?

宀(집을 뜻함) + 女(여자 녀) = 安(　　　) 안

④ 밭에서 힘든 일을 해야 할 사람은 누구인가?

田(밭 전) + 力(힘 력) = 男(　　　) 남

⑤ 어두운 저녁에 입으로 불러야 하는 것은 무엇인가?

夕(저녁 석) + 口(입 구) = 名(　　　) 명

⑥ 여자 곧 어머니가 자식을 안고 있을 때 마음이 어떠한가?

女(여자 녀) + 子(아들 자) = 好(　　　) 호

⑦ 물과 불을 주의하지 않으면 인간에게 무엇을 주는가?

巛(내 천) + 火(불 화) = 災(　　　) 재

⑧ 방안에서 달을 보려면 문에 무엇이 있어야 하는가?

門(문 문) + 月(달 월) = 閒 → 間(　　　) 간

⑨ 방 속에 갇혀 있는 사람을 무엇이라고 하는가?

囗(방을 뜻함) + 人(사람 인) = 囚(　　　) 수

⑩ 전쟁에서 진 나라의 사람(주로 부녀자)을 잡아 왔을 때 무엇이라고 하는가?

女(계집 녀) + 又(손을 뜻함) = 奴(　　　) 노

⑪ 구멍속에 앉아 있던 개가 낯선 사람을 보면 어떻게 하는가?

穴(구멍 혈) + 犬(개 견) = 突(　　　) 돌

⑫ 건강한 힘이 적은 사람은 어떠한 마음이 되는가?

少(적을 소) + 力(힘 력) = 劣(　　　) 렬

⑬ 가축(소)을 채찍으로 부리어 기르는 것을 무엇이라고 하는가?

牛(소 우) + 攵(손에 채찍을 잡은 모양) = 牧(　　　) 목

⑭ 여자중에서도 젊은 여자는 어떻게 보이는가?

女(여) + 少(젊을 소) = 妙(　　　) 묘

⑮ 밭에 심은 씨앗이 눈이 터져 나오는 것을 무엇이라고 하는가?

艹(풀싹을 뜻함) + 田(전) = 苗(　　　) 묘

⑯ 창으로 혼란을 그치게 하는 것이 무엇인가?

戈(창 과) + 止(그칠 지) = 武(　　　) 무

⑰ 사람의 목에 창을 대고 있음은 무엇을 뜻하는가?

人(인) + 戈(과) = 伐(　　　) 벌

⑱ 물이 흘러가는 것처럼 인간의 모든 것을 순리대로 처리하는 것을 무엇이라고 하는가?

氵(물 수) + 去(갈 거) = 法(　　　) 법

⑲ 개가 사람 옆에서 따를 때는 어떠한 상태로 있는가?

人(인) + 犬(개 견) = 伏(　　　) 복

⑳ 두 사람이 서로 돌아 앉아 있는 상태를 볼 때, 무엇을 생각하게 되는가?

丬(人) + 匕(人) = 北(　　　) 북(배)

㉑ 조개(옛날의 돈) 곧 재산을 여럿이 나누면 그 수가 줄어들 것이니 결국어떻게 되는가?

分(나눌 분) + 貝(조개 패) = 貧(　　　) 빈

㉒ 조개(돈)를 지금 눈 앞에서 보게 되면 마음에 무엇이 생기는가?

今(이제 금) + 貝(패) = 貪(　　　) 탐

㉓ 어느쪽에도 치우치지 않고 중립적인 입장에서 일을 기록하는 것을 무엇이라고 하는가?

中(가운데 중) + 又(손을 뜻함) = 㕜 → 史(　　　) 사

㉔ 옛날에는 산과 들 어디에서나 눈만 뜨면 마주 바라보이는 것은 나무이니 무엇을 뜻하겠는가?

木(목) + 目(눈 목) = 相(　　　) 상

㉕ 붓을 손에 들고 입에서 말하는대로 적으면 무엇이 되는가?

聿(손에 붓을 잡은 뜻) + 曰(가로 왈) = 書(　　　) 서

㉖ 사람이 나이 많아도 죽지 않고, 산에 들어가 도를 닦으며 사는 것을 무엇이라고 하는가?

亻(인) + 山(산) = 仙(　　　) 선

㉗ 갓나온 풀싹 곧 적은 것은 어떻게 보아야 보이는가?

丬→ 少(적을 소) + 目(목) = 省(　　　) 성

㉘ 강에서 물이 적어지면 바닥에 무엇이 보이는가?

氵(물 수) + 少(소) = 沙(　　　) 사

㉙ 냇물을 걸어서 지나가는 것을 무엇이라고 하는가?

氵(수) + 步(걸음 보) = 涉(　　　) 섭

㉚ 나무(장작)를 끈으로 동여매 놓은 상태를 무엇이라고 하는가?

木(목) + 口(끈으로 매어 놓은 것을 뜻함) = 束(　　　) 속

㉛ 손에 도끼를 잡았으니 나무를 어떻게 하려고 하는가?

手 → 扌(손 수) + 斤(도끼 근) = 折(　　　) 절

㉜ 나무 중에 추위도 두려워 하지 않고, 절개가 귀공자와 같은 나무는 무엇인가?

木(목) + 公(공변될 공) = 松(　　　) 송

㉝ 땅을 지키는 신을 무엇이라고 하는가?

示(보일 시) + 土(흙 토) = 社(　　　) 사

㉞ 심장이 뛰고 있으면, 코에서는 무엇을 하고 있는가?

自(코를 뜻함) + 心(마음 심) = 息(　　　) 식

㉟ 남을 해치려고 칼을 뽑았더라도, 마음으로 저지할 때 무엇이라고 하는가?

刃(칼날 인) + 心(마음 심) = 忍(　　　) 인

㊱ 옷을 만드는 과정에 있어서 옷감에 칼(가위)질을 하는 것은 언제가 되는가?

衤(옷 의) + 刀(칼 도) = 初(　　　) 초

㊲ 궁중에서 조회를 할 때 신하들이 벼슬에 따라 서 있는 곳을 무엇이라고 하는가?

人(사람 인) + 立(설 립) = 位(　　　) 위

㊳ 조상의 신주를 모시고 있는 곳을 무엇이라고 하는가?

宀(집을 뜻함) + 示(보일 시) = 宗(　　　) 종

㊴ 새가 나무 위에 많이 앉아 있는 상태를 그린 것은 무엇을 뜻함인가?

雧 → 隹(새 추) + 木(목) = 集(　　　) 집

⑩ 물속의 고기와 땅의 양고기는 모두 어떤 공통점을 가지고 있는가?
魚(고기 어) + 羊(양 양) = 鮮(　　　) 선
㊶ 두 사람이 나란히 서 있음은 무엇을 뜻함인가?
ㄅ → 人(인) + ㄅ → 人(인) = 比(　　　) 비
㊷ 사람이 옷으로 몸을 가리고 추위를 면하는 것은 결국 옷에 대해서 어떻게 하는 것인가?
人(人) + 衣(옷 의) = 依(　　　) 의
㊸ 어른이 아이를 업고 있다는 것은 무엇을 의미하는가?
人(인) + 孚 → 呆(아이를 두 팔로 받치고 있는 모습) = 保(　　　) 보
㊹ 사람의 머리 위를 강조한 것은 무엇을 뜻함인가?
二(上의 뜻) + 儿(人의 뜻) = 元(　　　) 원
㊺ 사람의 머리 위에 환한 불빛이 있다는 것은 무엇을 뜻하는가?
光 → 火(불을 뜻함) + 儿(人) = 光(　　　) 광
㊻ 사람의 머리 위에 발을 그려 놓은 것은 자기 앞에 무엇이 있음을 뜻함인가?
先 → 㞢(발을 뜻함) + 儿(人) = 先(　　　) 선
㊼ 어떤 물건을 칼로 잘라 놓은 것은 무엇을 뜻함인가?
八(팔=분별을 뜻함) + 刀(칼 도) = 分(　　　) 분
㊽ 소를 잡아 제물로 쓸 때 둘로 나누어 놓으면 얼마나 되는가?
八(팔) + 牛(소 우) = 半(　　　) 반
㊾ 앞에 가는 사람을, 손을 뻗혀 잡는다는 것은 손이 어떻게 됨을 뜻하는가?
ㄅ(人) + ㅋ → 又(손을 뜻함) = 及(　　　) 급
㊿ 두 사람이 서로 손을 내밀어 마주 잡는 것은 어떤 관계를 뜻하는가?
ㅋ (𠂇=손을 뜻함) + ㅋ (又) = 友(　　　) 우
51 밥을 먹을 때 입에 수저질을 하는 손이 어느 쪽인가?
ㅋ (𠂇=우측 손을 뜻함) + 口(입 구) = 右(　　　) 우
52 쇠를 부리어 연장을 만들 때 돌려가며 정교하게 만드는 손은 어느

쪽인가?

𠂇 (𠂇=좌측 손을 뜻함) + 工(장인 공) = 左(　　　　) 좌

53 손에 짐승의 가죽을 벗기는 전문도구를 들고 있는 모양은 짐승의 무엇을 나타내고자 하였는가?

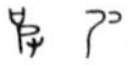 → (가죽을 베끼는 칼을 뜻함) + 彐(手) = 皮(　　　　) 피

54 어떤 물건을 두 사람이 손으로 잡고 빼앗는 상태는 무엇을 뜻함인가?

∫(어떤 물건을 뜻함) + (두손을 뜻함) = 争(　　　　) 쟁

5

形聲字

形聲字도 前述한 會意字와 마찬가지로 이미 依類象形의 단계에서 造字된 獨體인 「文」을 2가지 이상 組合하여 만든 形聲相益의 合體 곧 「字」이다. 形聲相益의 造字過程에 있어서도 앞에서 설명한 會意字는 「形符+形符」의 造字方法으로서 곧 뜻과 뜻을 모은 글자이므로 「會意字」라 稱한 것이고, 形聲字는 「形符+聲符」의 造字方法으로서 곧 뜻과 소리를 모은 글자이므로 「形聲字」라 稱하게 된 것이다.

許愼의 『說文解字』에 收錄된 9,353字中에 形聲字가 7,697字이니 82% 이상이 形聲字인 것이다. 현재 60,000餘字나 되는 전체 字數로 계산하면 85% 이상이 形聲字에 속한다.[140]

140) 形聲字의 統計에 대하여 丁方豪의 <說形聲字>에 「據清朝王筠統計, ≪說文解字≫ 9,353個字中, 形聲字有 7,697個, 占總數的 82%. 宋朝鄭樵的 ≪通志・六書略≫ 收字 24,235個, 其中諧聲字(即形聲字) 21,810個, 占 90%弱. 現代漢字中, 有人估計形聲字占

造字의 發展過程으로 볼 때, 依類象形을 통하여 獨體의 象形, 指事字를 만든 뒤, 뜻과 뜻을 합쳐서 會意字를 만든 것은 자연스러운 발전이라고 할 수 있겠으나 뜻에다 소리를 나타내는 일종의 表音符號를 더하여 이른바 「形聲字」를 만들고자 着眼한 것은 文字 발달의 일대 劃期的인 단계를 마련하게 된 것이다. 다시 말해서 形聲字는 뜻에다 기워 사용하고 있는 音聲言語를 表音化하여 造字하였기 때문에, 이른바 漢字 곧 東方文字(古韓契)는 이미 象形字나 表意字의 단계를 탈피하여 「表音化된 單語文字」의 과정으로 變身 發展한 것이다.

그러므로 종래 우리들은 漢字(古韓契)에 대하여 무조건 象形文字 또는 表意文字라고 잘못 認識하여 온 것을 이제부터는 「表音化된 單語文字」라는 명칭으로 올바로 인식해야 할 것이다.

이처럼 形聲字의 造字方法을 창안하게 되자, 必要한 글자를 쉽게 만들 수 있게 되어 글자수가 急增하게 되었다.141)

例를 들면 「鳩」字는 새 가운데 「구구 구구」 우는 새의 소리로써 비둘기(구)라는 말을 表記한 것이지, 결코 비둘기라는 새를 象形한 것이 아니다.(鳩는 본래 비둘기와 비슷한 鳥類이고, 비둘기는 鴿(합)으로

85% 以上.」이라 하였다(上海市語文學會編 : 語文論叢 第1輯, p.83. 上海教育出版社, 1981).

141) 形聲字의 派生에 대하여 丁方豪는 <說形聲字>에서 「形聲字由于旣有形符, 又有聲符, 具有漢字以表意爲主, 又兼能表音的特点, 因此, 它可以避免單純依靠字形來表達字義的缺陷, 而且孳造新字的能力特別强. 例如, 以 干 爲聲符, 可以產生出 : 刊, 汗, 奸, 旱, 罕, 杆, 肝, 岸, 竿, 赶 等 形聲字. 而從 干 孳生的 旱, 舌, 幹 等, 又可以進一步作爲聲符, 派生出更多的形聲字. 直到今天, 我們還在繼續不斷創造新形聲字. 許多化學元素, 醫藥名詞都用新造的形聲字. 例如 : 硒, 嘧啶喙唑等」이라고 구체적으로 설명하였다(前揭書 參照).

써야 한다.) 다른 例를 들면, 돼지를 나타내는 「豕(돼지 시)」字가 이미 象形字로서 만들어져 있는데, 「豬(돼지 저)」字를 또 만든 것은 돼지를 「者」라고 발음하는 말이 들어와 쓰이므로 부득이 「豕」자에 「者」자를 더하여 「저」라는 말을 표기한 것이다. 「豬」의 古音이 「도」라는 것에 착안하여 연구한 결과, 우리말의 「돼지」의 古語 「돝」 보다도 더욱 古形인 「도」가 中國에 들어가 「豬」字로 표기된 것을 밝히게 되었다.[142] 이처럼 이른바 漢字中에는 이른 時代에 北方의 우리말이 中國으로 흘러들어가 字音으로 形成된 것이 적지 않다는 사실을 알아야 할 것이다.[143]

그러므로 形聲字는 表音文字처럼 音을 表記해 놓은 文字이기 때문에 그 字形을 이루고 있는 獨體字인 基本字만 잘 理解하고 있으면, 形聲字는 새로이 학습하지 않아도 알 수 있다.

(1) 形聲字의 定義

먼저 形聲字에 대하여 許愼이 『說文解字』敍에 定義한 바를 引用하면 「形聲者以事爲名, 取譬相成, 江河是也.」[144]라고 하였다. 너무 간략히 설명하여 구체적인 뜻은 알 수 없으나, 段玉裁의 注를 참작하여 풀이하면, 「以事爲名」은 사물로써 글자의 뜻 곧 形符를

---

142) 拙稿 : 「돼지」의 名稱語源考(새국어교육, 제46호, 한국국어교육학회, pp.77~86) 參照. 「豬」의 古音이 「도」인 것은 王力이 漢語史稿에서 「古讀猪如都」와 같이 밝혀 놓았다(泰順書局, 台北, 複寫本, p.65).

143) 拙稿 : 한자는 우리 민족이 만든 글(契) 參照(明大新聞, 1994, 4, 4, 第3面, 明知大學校).

144) 說文解字注(上海古籍出版社, 1981, 上海, p.755).

만든다는 뜻이고, 「取譬相成」은 그 글자의 소리를 취하여 單語를 만든다는 뜻이다.[145)]

例로 든 「江」과 「河」를 분석하여 보면, 中國의 兩大江인 揚子江과 黃河를 象形으로는 구별이 不可能하므로 長江 곧 揚子江이 바윗돌에 부딪히면서 흘러가는 소리를 「꽁꽁」 곧 「工工」으로 擬聲하여 「水」字 形符에 「工」字를 더하여 「江」字를 만들고, 黃河가 黃土 위를 유유히 흘러가는 소리를 「콸콸」 곧 「可可」로 擬聲하여 「水」字 形符에 「可」字를 더하여 「河」字를 만든 것이다. 그러므로 「江」은 본래 보통명사가 아니라, 揚子江을 指稱한 고유명사였고, 「河」도 역시 보통명사가 아니라, 黃河를 指稱한 고유명사였던 것인데, 뒤에 보통명사로 쓰이게 된 것이다.[146)]

두 가지 이상의 獨體 곧 文을 결합하는 造字方法面에서는 이미 설명한 會意字와 다를 바 없다. 그러나 會意字는 뜻을 나타내는 形符와 形符를 더하여 字音과는 관계 없이 第三의 뜻을 나타내기 때문에 文字學習面에서 볼 때, 그 字音을 반드시 暗記하지 않으면 안되는 어려움이 있으나, 形聲字는 形符와 더불어 字音을 나타내는 聲符가 함께 있기 때문에 이미 學習된 獨體字의 字音대로 읽을 수 있는 편리함이 있다. 그러나 모든 形聲字가 聲符와 同一한 音을 가

145) 羅君惕는 <六書說>에서 形聲字에 대한 許愼의 定義를 「用表示事物的字來作爲一個字是屬于那一類事物的名稱, 并采取聲音相近, 意義有關, 可以作譬喩的字來表明這個字的聲音, 這就是形聲.」(上海市語文學會編 前揭書, p.84)이라고 풀이하였다.

146) 林尹編著 : 文字學概說(正中書局, 1971, 台北, p.13)에서 參照. 그러나 唐蘭의 中國文字學에서는 「江, 河」에 대하여 「有人認爲專名像『江』『河』之類的聲符, 就沒有意義, 其實工聲如杠之直, 可聲如柯之曲, 古人命名時不會沒有意義的.」(上海古籍出版社出版, 1981, p.106)이라고 의견을 달리하였다.

지는 것은 아니다. 왜냐하면 본래부터 雙聲과 疊韻의 방법으로 字音을 취한 것도 있고, 時代와 地域的인 音韻變遷에 따라 본래의 字音이 달라진 것도 있기 때문이다.

形聲字의 名稱과 次序의 淵源을 살펴보면, 劉歆의 『七略』에 의하여 班固의 『漢書』 藝文志에서는 「象形, 象事, 象意, 象聲, 轉注, 假借.」라 하였고, 그 뒤 鄭衆은 『周禮』, 保氏注에서 「象形, 會意, 轉注, 處事, 假借, 諧聲.」이라 하였고, 그 뒤 許愼은 『說文解字』 敍에서 「指事, 象形, 形聲, 會意, 轉注, 假借.」라 하여 그 名稱과 次序가 각기 다르다.147)

이에 대하여 林尹先生은 『文字學概說』에서 六書의 名稱은 許愼의 說을 취하고, 次序는 班固의 說을 취하여 「象形, 指事, 會意, 形聲, 轉注, 假借.」라고 하는 것이 合當하다고 주장하였다.148) 그러나 六書의 次序에 대해서는 현재로 中國의 文字學者들 사이에 구구불일하여 한가지로 단정짓기 어렵다. 다만 形聲字의 名稱에 대해서는 「象聲, 諧聲, 餡聲」 等 보다는 形聲이 타당하다고 하여 통일되어 쓰이고 있다.

다음은 形聲字를 이루는 形符와 聲符를 나누어 구체적으로 살펴보고자 한다.

---

147) 鄭衆은 鄭興의 아들이고, 鄭興은 劉歆의 弟子인데도, 亦書의 名稱과 次序에 대하여 劉歆의 說과 다르다. 또한 許愼은 賈逵의 弟子이며, 賈逵의 父는 賈徽로 劉歆의 弟子이니, 許愼의 說도 劉歆의 說에 근거했겠으나, 역시 동일하지 않다.

148) 經本植도 古漢語文字學知識에서 林尹先生과 마찬가지로 「比較通行的看法是, 班固的次第爲優, 而許愼的名稱爲佳.」(四川教育出版社, 1984, p.56).

(2) 形符의 特徵과 機能

形聲字에 있어서 形符가 字音이 되는 경우는 없다. 形符는 곧 事物의 類別을 대체적으로 나타낸다. 「鳩, 鷄, 鶴, 鴻, 鶩」 등과 같이 「鳥」字가 形符로 쓰인 것은 새의 종류를 뜻하고, 「松, 柏, 楊, 楮, 棺, 棍, 柱」 등과 같이 「木」字가 形符로 쓰인 것은 나무의 종류나 나무와 관계 있는 사물을 뜻하고, 「銅, 錫, 銀, 鉛, 鐘, 鈴, 鋤」 등과 같이 「金」字가 形符로 쓰인 것은 쇠의 종류나 쇠로 만든 도구의 뜻을 나타낸다.

「玉」字가 形符로 쓰인 것을 분류하여 보면, 「玉名, 用玉之等級, 玉光, 玉之美惡, 玉之成瑞器者, 玉飾, 玉色, 治玉, 愛玉, 玉聲, 石之次玉者, 石之似玉者, 石之美者, 珠類, 珊瑚類, 送死之玉」149) 등과 같이 광범위하게 관계되는 뜻을 나타내기 때문에 字義를 분별하기가 단순치 않은 경우도 있다.

『說文解字』의 一部로부터 亥部까지 540部首字가 대부분 形聲字의 形符로 쓰인 것으로써 事物의 기본적인 類別을 여하히 나누었는가를 엿볼 수 있다. 이 540部首를 정리하여 오늘날 字典에서는 214部首로 쓰고 있다. 또한 214部首가 모두 形聲字의 部首로 쓰이는 것이 아니므로 形符字의 종류는 전체 字數에 비하면 별로 많지 않은 편이다.

『說文解字』의 9,353字中 形聲字에 쓰인 形符를 字數別로 보면, 「水」部 465字, 「艸」部 445字, 「木」部 421字, 「手」部 266字, 「心」

149) 林尹 : 前揭書(p.131) 參照.

部 263字, 「女」部 248字, 「人」部 245字, 「金」部 197字, 「玉」部 124字, 「馬」部 115字 等의 순서로 되어 있다.150)

이 統計로 보면 「水, 艸, 木, 手, 心, 女, 人, 金, 玉, 馬」 等 불과 10字의 基本字로써 2,789字를 類推的인 방법으로 크게 힘들이지 않고 알 수 있다고 하면, 실로 세계 어떤 종류의 言語보다도 쉽게 익힐 수 있는 것이 漢字(東方文字)라고 할 수 있다. 다시 말해서 東方文字는 한 글자의 學習이 表音文字와 같이 단순히 한 글자가 아니라 하나의 單語를 익히는 것이며, 간단히 2字, 3字만 합쳐도 短句 또는 短文이 된다는 사실을 인식하면, 東方文字는 무조건 學習하기 어렵다고 단언할 것이 아니다.

(3) 聲符의 特徵과 機能

形聲字에 있어서 聲符는 그 字의 소리를 대표하면서 形符의 대체적인 類別에 具體的인 字義를 부여하는 구실을 한다. 例를 들면, 「楓」의 形符인 「木」은 일반적인 「나무」라는 類別外의 구실은 할 수 없으나, 聲符인 「風」字로써 나무 중에서도 「단풍나무」라는 구체적인 字義를 나타내게 된다. 그러므로 形聲字가 第三의 새로운 單語를 創出하는 구실은 形符가 아니라 오히려 聲符에 있는 것이다.

唐蘭은 『中國文字學』에서 「每一個形聲字的聲符, 原來總是有意義

150) 阿辻哲次 : 漢字學(東海大學出版會, 1985, pp.148～153) 參照.

的.」[151]이라 하여 形聲字의 聲符는 모두 뜻이 있다고 하였다.

林尹先生도 『文字學概說』에서 「形聲字的聲符, 是語根之所寄. 語根相同的字, 意思往往相同, 所以形聲字的聲符, 兼有表聲表義雙重的功用.」[152]이라 하여 形聲字의 聲符는 語根을 가지고 있으며, 表聲表義의 二重구실을 하고 있다고 하였다.

唐蘭은 더욱 구체적으로 「形聲字的聲符所代表的是語言, 每一個語言不論是擬聲的, 述意的, 抒情的, 在當時總是有意義的, 所以每一個形聲字的聲符, 在原則上, 總有它的意義, 不過有些語言, 因年代久遠, 意義已茫昧所以, 有些形聲字的聲符也不好解釋了.」라 하여, 본래는 聲符에 모두 뜻이 있었으나, 어떤 形聲字는 시간이 많이 지남에 따라 그 本義가 변하여 지금은 그 뜻을 잘 알기 어렵다고 하였다.

例를 들면 姓氏의 「李」자도 鐘鼎文에서는 본래 「㛮」의 「李」가 聲符로서 뜻이 있었음은 확실하다는 것이다.[153]

그러나 이상과 같이 주장한 「聲符必有意義說」에 대하여 高明은 『中國古文字學通論』에서 「形聲字中的表音符號不受任何限制, 只要是讀音相同卽可取用, 聲符與字義沒有必然的關系. (中略) 卽便有的聲符與字義相近, 也是一種偶然現象, 旣不能稱作 亦聲, 更不能稱爲會意兼形聲.」이라 하여, 聲符와 字義는 必然的인 관계가 없다고 하였다.

例를 들면, 「靑」字를 聲符로 한 「晴, 淸, 睛, 精」 等의 「靑」이 「精明」의 공통된 뜻을 가지고 있다고 하지만, 역시 「靑」字를 聲符로

151) 唐蘭 : 中國文字學(上海古籍出版社, 1981, p.106) 參照.

152) 林尹 : 前揭書(p.132) 參照.

153) 唐蘭 : 前揭書(p.107) 參照.

한「情, 請, 鯖, 蜻」등에는 결코「精明」의 뜻이 있다고 할 수 없다는 것이다.[154]

羅君惕은 六書說에서 宋代 王子韶의「右文說」[155]을 긍정하여「說文解字裏的形聲字, 其聲符不兼義符的只有數十個, 足證王氏所說不誣.」라 하고, 形聲字中에 不兼義符字가 있는 것은「創造一個形聲字要尋一個旣能表明聲音又能表示意義來作譬喩的字,也不大容易, 所以在說文解字裏有極少數的聲旁只能表示意義而不能表明聲音(前人都誤爲會意),也有極少數的聲旁只能表明聲音而不能表示意義的純形聲字, 其他字書裏就更多了.」[156]라 하여, 形聲字를 만들 때에, 이미 造字된 글자를 가지고, 뜻도 통하고 소리도 같은 聲符字를 찾기가 쉽지 않은 데서 形聲字中 극소수의 글자가 聲符字와 字音이 不合할 때도 있고, 字義가 不合할 때도 있다는 것이다.

이상의 諸說을 종합하여 볼 때,「聲符必有意義說」도 타당하다

---

154) 高明 : 中國古文字學通論(文物出版社, 1987, pp.58~59) 參照.

155)「右文說」은 宋代 沈括의 夢溪筆談에 宋代 王聖美(子韶의 字)의 說을 引用하여「凡字, 其類在左, 其義在右, 如木類其左皆從木 ; 所謂右文者, 如戔, 小也, 水之小者曰淺, 金之小者曰錢, 歹而小者曰殘, 貝之小者曰賤 ; 如此之類, 皆以 戔爲義也.」라고 한데서 일컫게 된 것이다.

156) 羅君惕 : 六書說(上海市語文學會編 : 語文論叢, 第1輯, 上海敎育出版社, 1981, p.85) 參照. 또한 宋의 鄭樵도「聲兼意」를 주장하여「五曰諧聲, 母主形, 子主聲者, 諧聲之義也. …… 有諧聲而兼會意者, 則曰聲兼意.」(通志, 六書略, 六書序)라 하였고, 淸의 戴震도「諧聲字半主義, 半主聲, 說文九千餘字, 以義相統.」이라 하였고, 段玉裁도「凡言亦聲者, 會意兼形聲也.」(說文解字注)라 하였고, 陳澧도「上古之世, 未有文字. 人之語言, 以聲達意, 聲者, 肖乎意而出者也. 文字旣作, 意與聲皆附麗焉. 象形, 指事, 會意之字由意而作者也, 形聲之字由聲而作者也. 聲肖乎意, 故形聲之字, 其意卽在所諧之聲, 敎字同諧一聲, 則敎字同出一意. 孶乳而生, 至再至三, 而不離其宗焉.」(說文聲表自序)이라고 하여 모두 聲兼意를 주장하였다.

고 할 수 없고, 「聲符字義相近是偶然現象說」도 타당하다고 할 수 없다. 처음 造字할 때에 聲符字를 다만 表音字로만 취하지 않고, 이왕이면 뜻도 통하는 글자를 취하고자 했던 것이 表意文字를 만든 사람들의 본래 意趣였을 것이다. 그러나 그 많은 形聲字를 만들면서 모두 字義도 통하는 聲符字를 찾는다는 것은 실제로 不可能하기 때문에 단순히 字音만을 취한 聲符字도 적지 않다고 보는 것이 타당한 결론일 것이다.

例를 들면 近代化學用語의 「鋰(Lithium)」, 「鉀(Kalium)」, 「鈉(Natrium)」, 「錳(Manganum)」 등은 다만 라틴어의 첫 音節을 借音하였을 뿐, 有義聲符가 아닌 것[157]으로도 옛날의 形聲字가 어느 것이나 有義聲符를 가진 것은 아니었음을 알 수 있다.

(4) 形聲字와 聲符의 聲韻關係

形聲字에 있어서 聲符의 音이 形聲字로 이루어진 뒤에 字音과 반드시 일치하지는 않는 理由에 대해서 앞에서도 언급하였지만, 구체적으로 분석하여 보면 다음과 같다.

1) 聲母와 韻母가 완전히 同一한 것.

<例> 禛과 眞은 側鄰切로 聲韻이 같다.

157) 林尹 : 前揭書(p.135) 參照.

2) 聲韻은 同一하지만, 聲調(四聲)가 다른 것.

<例> 禧와 喜는 許其切과 許里切로서 聲韻은 같지만, 禧는 平聲, 喜는 上聲으로 聲調가 다르다.

3) 聲母는 같고 韻母가 다른 것

<例> 屖과 辛은 先稽切과 息隣切로서 雙聲字이다.

4) 韻母는 같고 聲母가 다른 것

<例> 祥과 羊은 似羊切과 與章切로서 疊韻字이다.

5) 聲母와 韻母가 모두 다른 것

<例> 妃와 己는 芳菲切과 居擬切로 聲韻이 완전히 다르다.[158]

이처럼 形聲字와 그 聲符의 音이 완전히 달라진 理由에 대하여 黃侃은 「形聲字有聲子與聲母聲韻不同者, 實因此一聲母或聲母之母爲無聲字, 當時兼有數音, 而數音中之其一音, 正與此聲子之本音相同, 故取以爲聲. 其後無聲字漸失多音之道, 此一聲子所從之聲母, 再不復存有與此聲子相同之音讀, 故聲韻全異, 乃滋後人疑惑也.」[159]라 하여 한마디로 말하면 「無聲符字多音」의 理由를 들었다. 「無聲字」는 象形, 指事, 會意字에 聲符가 없음을 指稱한 것이다. 거듭 말하지만 漢字는 同時代, 同地域, 同一人에 의하여 造字된 것이 아니기 때문에 造字者의 意識이나 方言의 차이에 따라 同一한 無聲符字의 發音이 다른 것이 있게 되었다. 따라서 一字多音의 현상이 발생하였으며, 그 뒤 어떤 字는 多音이 정리되어 한가지 音만 남게 되자 形聲字와 聲符의 音이 전연 다른 것을 이해할 수 없게 된 것이다.

158) 林尹 : 前揭書(p.132) 參照.

159) 林尹 : 前揭書(p.132) 參照.

앞에서 例를 든 「妃」는 芳菲切로 聲符의 「己」와는 전연 다른 音이지만, 「己」는 無聲字로서 본래는 芳菲切과 居擬切의 一字多音字였기 때문에 「己」의 芳菲切 音을 취하여 妃(비)의 形聲字를 만든 것인데, 뒤에 「己」의 音이 居擬切로만 남게 되어 後人들로 하여금 「妃」와 「己」의 字音이 전연 다른 것으로 誤認하게 된 것이다. 그리하여 段玉裁는 「妃」가 본래 形聲字인 것을 모르고 會意字로 고쳐 놓은 오류를 범하였다.160)

(5) 形聲字의 結構 分析

形聲字가 모두 동일한 형태로 結構된 것이 아니다. 『說文解字』에서 許愼이 形聲字의 結構를 分析하여 놓은 것을 종합하여 分類하면 다음과 같다.

1) 從某, 某聲 : 形符와 聲符의 字體를 모두 省略하지 않은 結構로 形聲字中 가장 그 數가 많다. 이러한 形聲字를 「正體形聲」이라고 한다.
<例> 物 : 從牛勿聲. 根 : 從木艮聲.
2) 從某省, 某聲 : 形符는 省體되고 聲符는 省略하지 않은 結構.
<例> 弑 : 從殺省, 式聲. 耆 : 從老省, 旨聲.
3) 從某, 某省聲 : 形符는 省略하지 않고, 聲符가 省體된 結構.

160) 林尹 : 前揭書(p.133) 參照. 聲符의 字音이 不一致한 理由에 대하여 丁方豪는 <說形聲字>에서 「一是聲符估計原來就同形聲字本字讀音不同. (中略) 二是原來聲符與形聲字本字讀音相同, 後來由于語音發展變化, 引起了分化. (中略) 三是原來聲符就是變例.」와 같이 세 가지를 들었다.

<例> 齋：從示, 齊省聲. 將：從寸, 醬省聲.

4) 從某省, 某省聲：形符와 聲符를 모두 省體한 結構.

<例> ：從筋省, 夗省聲. 量：從重省, 曏省聲.

5) 從某, 某象某形, 某聲(或某省聲)：形聲符 外에 不成字의 形體를 더한 結構. 곧 形聲加形字를 말한다.

<例> 牽：從牛, 冖, 象引牛之縻也, 玄聲.

金：從土, 左右注, 象金在土中形, 今聲.

6) 從某某, 某聲：會意字에 다시 聲符를 더한 結構. 곧 會意加聲字를 말한다.

<例> 碧：從玉石, 白聲. 嗣：從冊口, 司聲.

1)項이 正體形聲인데 대하여, 2)·3)·4)項을 簡體形聲이라 하고, 5)·6)項을 繁體形聲이라 하며, 簡體形聲과 繁體形聲을 합쳐 變體形聲이라고 한다.[161] 이상의 내용을 圖示하면 표와 같다.

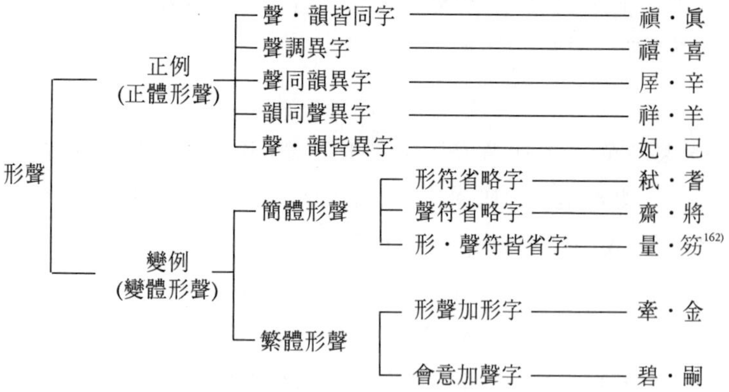

161) 林尹：前揭書(pp.137～138) 參照.

162) 筋(힘줄 근의 本字)

(6) 形聲字의 形符와 聲符의 位置

形聲字의 形符와 聲符를 位置別로 分類하여 보는 것도 形聲字를 理解하는 데 참고가 될 것이다. 唐代의 賈公彦이 周禮에서 「但書有六體, 形聲實多」라 하여 여섯 가지로 分類한 것을 引用하면 다음과 같다.

1) 江河之類：左形右聲
2) 鳩鴿之類：右形左聲
3) 草藻之類：上形下聲
4) 婆娑之類：下形上聲
5) 國圃之類：外形內聲
6) 闕闠衡銜之類：內形外聲[163]

그러나 賈公彦이 든 例中에 外形內聲의 「國」字는 그 字源의 변천을 살펴볼 때 形聲字로 보는 것보다는 會意字로 보는 것이 타당하다고, 羅君惕이 지적한대로 「闕·闠」字는 外形內聲으로 보아야 하고, 「銜」字는 會意字로 보아야 한다. 그러므로 5)項의 「國」字 대신 「圃」, 6)項의 例로는 「問, 聞」字를 드는 것이 타당하다.

形聲字中에 正體形聲字는 모두 이 6種의 分類內에 속하므로 形聲字 與否를 구별할 때, 이러한 分類方法을 쓰면 편리하다.

그러나 실제로 字形을 구별하여 보면, 會意字 같기도 하고, 形聲字 같기도 하여 확실히 구별하기가 쉽지 않은 글자들이 적지 않

163) 羅君惕：前揭論文(p.85) 參照.

다.

許愼도 이러한 字形에 대해서는 「亦聲者」, 「省聲者」, 「複形複聲」 등의 설명을 붙였다.

「亦聲者」에 대하여 段玉裁는 「會意而兼形聲也」라고 설명하였다. 다시 말해서 會意字이면서 形聲字도 된다는 것이다. 예를 들면 『說文解字』에 「政 : 正也, 從攴正, 正亦聲.」이라 하였는데, 「攴(칠 복)」자는 小擊의 字義로 督責의 뜻이 있다. 그러므로 「政」은 본래 「正」 곧 바르게 하도록 督責한다는 뜻의 會意字이면서 「正」이 字音의 「정」도 나타낸 兼形聲字라는 것이다.

「省聲者」는 形聲字에 있어서 表音의 聲符를 一部 省略하여 쓰는 것을 말한다. 예를 들면 『說文解字』에 「榮 : 桐木也, 從木, 熒省聲.」이라 한 것이다. 이것은 造字時에 筆劃의 繁多를 피하려는 文字發展過程에 있어서 자연적인 현상이라고 할 수 있다.

「複形複聲」은 朱宗萊의 文字學에 의하면 形聲字中에 「二形一聲字」, 「二形二聲字」, 「三形一聲字」, 「四形一聲字」와 「一形二聲字」, 「二形一聲字」, 「二形二聲字」[164] 등의 多形多聲의 形聲字를 말한다. 예를 들면 說文解字에 「寶 : 珍也, 從宀玉貝, 缶聲」이라 하여 「三形一聲字」로 分析한 것이다.[165]

---

164) 經本植 : 前揭書(p.86) 參照.

165) 王仁祿의 段氏文字學에서는 「一形數聲」, 「數形一聲」, 「數形數聲」 등으로 구별하였다. 「一形數聲」의 例를 들면, 「𩇯 : [illegible]也. 從非, 次朿皆聲. 非部(按 : 朿, 祖雞切 ; 次, 七四切 ; 朿, 卽里切. 𩇯次二字, 古聲同類, 古韻同十五部 ; 𩇯朿二字, 古音同屬精紐, 十五部.)로 곧 「一形二聲」이 되고, 「數形數聲」의 例를 들면, 「竊, 盜自中出曰竊. 從穴米, 禼廿皆聲也. 廿, 古文疾 ; 禼, 偰字也. 米部.」(按 : 竊, 千結切 ; 禼, 私列切 ; 廿, 秦

그러나 許愼의 이상과 같은 形聲字의 分析에 대해서 오늘날 그 不當性을 많이 지적 받고 있다. 특시 「省聲者」의 字例에 있어서 一例를 들면 「家：居也, 從宀, 豭省聲.」이라 하였는데, 우선 段玉裁로부터 「按許書言省聲多有可疑者, 取一偏旁, 不載全字, 指爲某字之省, 若家爲豭之省, 哭之爲獄省, 皆不可信.」[166]이라 한 바와 같이 지적을 받았다. 高明도 甲骨文의 「[illegible]」(家) 字形으로써 「非從豭聲所省」[167]이라고 反駁하였다.

(7) 形聲字의 假借 聲符

形聲字에 있어서 聲符를 假借字로 쓰는 경우도 있다. 實例를 들면 다음과 같다.

「祿」字는 「示」와 「彔」의 形聲字로서 聲符 「彔」字는 「削木」 곧

悉切. 三字古聲同類, 竊禼古韻同十五部, 竊廿則古韻對轉.」로 곧 「二形二聲」이 된다(藝文印書館, 台北, 1971, pp.101～106).

그러나 이러한 形聲字에 대하여 經本植은 古漢語文字學知識에서 「漢字發展中有這樣的情形, 原有形符的意義不明確或不適應字義的演變, 而另加一個形符；原有聲符讀音不易明了, 或不適應字音的演變, 而另加一個聲符, 但是, 這只能看成是組成了新的形聲字, 而非二形一聲或一形二聲.」과 같이 「多形多聲」의 說을 부정하였다.

166) 王仁祿：前揭書(p.114) 參照.

167) 高明：前揭書(p.60) 參照. 經本植도 許愼의 說을 부정하여 「家.」字在甲骨文和西周金文中都有從公猪(卽豭)的形體(卽在象猪之形的「豕.」的腹部增添一筆陽性生殖器的符號), 也有省而從豕的. 看來, 小篆的家正是甲骨文和金文家字形體中省體的繼承. 許愼說家是豭省聲, 是根據後產生的形聲字豭而言的.(前揭書, p.91)이라 하였다.

다시 말해서 「豭」의 字形이 石文에는 있지만, 甲骨文에는 아직 만들어지지도 않았는데, 「家」를 「從宀豭省聲」이라 한 것은 잘못이다.

「나무깎을 록」의 字義로, 의미면에서는 「祿」의 뜻과 아무런 관계가 없다.

그러나 說文解字에서 「麓」의 重文 「禁」과 「漉」의 重文 「淥」 등으로 미루어 볼 때, 「祿」자도 본래는 「䙐」이 兼聲會義字였는데, 「鹿」과 「彔」의 同音으로 假借하였음을 알 수 있다. 사냥을 가서 사슴(鹿)을 만난다(示)는 것은 福祿이 아닐 수 없다. 또한 「禍」字도 「示」와 「咼」의 形聲字로서 聲符 「咼」字는 「입비뚤어질 와(과)」의 字義로, 의미면에서는 「禍」의 뜻과 관계가 없다. 祿(䙐)과 「禍」의 對稱的인 면에서 「禍」의 字源을 미루어 볼 때, 「禍」자도 본래는 「示」와 「虎」의 兼聲會意字였는데 「咼」와 「虎」의 비슷한 字音으로 假借하였음을 알 수 있다. 사냥을 가서 호랑이(虎)를 만난다(示)는 것은 禍과 아닐 수 없다.[168]

이와 같이 「䙐」이나 「虒」를 직접 쓰지 않고 「祿」과 「禍」의 假借法을 써서 形聲字로 만든 것은 이미 앞에서 언급한 바와 같이 一劃이라도 간략히 하여 字形上의 簡便을 추구한 것이라고 볼 수 있다.

(8) 形聲字의 擬聲 聲符字

우리말에도 개가 「멍멍」, 닭이 「꼬꼬」 등의 擬聲語가 있듯이 古韓契에도 事物의 소리를 擬聲한 글자들이 있다. 이러한 形聲字를

---

168) 林尹 : 前揭書(pp.135~136) 參照.

분류하면, 名詞를 이루는 「以聲命名」과 副詞나 動詞를 이루는 「狀聲」으로 나눌 수 있다.

「以聲命名」의 例를 들면, 「鴉」자는 까마귀의 우는 소리를 擬聲한 「牙」에 「鳥」를 더하였고, 「鴨」자는 오리의 우는 소리를 擬聲한 「甲」에 「鳥」를 더하였고, 「鷄」자는 닭의 우는 소리를 擬聲한 「奚」에 「鳥」를 더하였고, 「鵝」자는 거위의 우는 소리를 擬聲한 「我」에 「鳥」를 더하였고, 「鳩」자는 비둘기의 우는 소리를 擬聲한 「九」에 「鳥」자를 더하였으며, 「銅, 鐵」 등도 구리와 무쇠를 때릴 때 나는 소리를 擬聲한 「同, 戴」에 「金」字를 더한 것이며, 「江, 河」 등도 앞에서 설명한 바와 같이 揚子江과 黃河의 물소리를 擬聲한 「工, 可」에 「水」字를 더한 것이다. 이상의 擬聲字는 모두 名詞로서 공통점이 있다.

「狀聲」의 例를 들면, 「嚶」자는 「從嬰聲」의 擬聲字로 새들이 지저귀는 소리의 상태를 나타내었고, 「呦」자는 「從幼聲」으로 사슴이 우는 소리의 상태를 나타내었고, 「嗾」자는 「從族聲」으로 개를 부리는 소리의 상태를 나타내었고, 「吐」자는 「從土聲」으로 사람이 먹은 것을 토하는 소리의 상태를 나타낸 것이다. 이상의 擬聲字는 「以聲命名」의 擬聲字들이 모두 名詞인데 대하여 副詞 또는 動詞인 것이 다른 점이다.169)

이밖에 外來語를 表記하기 위하여 形聲字를 만든 것도 적지 않다.

169) 林尹 : 前揭書(p.135) 參照.

例를 들면 「葡萄」는 그 原產地가 西域 곧 오늘의 中央亞細亞 지역으로 이미 漢나라때 中國에 渡入된 것으로 史記 大宛傳과 後漢書 西域傳 등에 기록되어 있다. 西域에서 포도가 中國에 渡入될 때 그 名稱도 함께 들어 온 것이다. 곧 포도의 古代大完語(伊蘭語)인 「b̄a daga」를 譯音하기 위하여 形聲字인 「葡萄」를 만든 것이다.[170] 「萄」 자만은 이미 小篆體에 있으며, 본래 「萄草」를 뜻한 것으로 보면 「葡萄」에 假借된 것으로 볼 수도 있다. 그러나 「葡」字는 楷書體에 비로소 出現되며, 포도의 뜻으로 본래 「蒲萄」로 表記했던 것으로 보아도 「葡」자는 포도를 表音하기 위하여 새로이 만든 形聲字임을 알 수 있다.

「檳榔」은 馬來語의 「Pinang」을 譯音하기 위하여 만든 形聲字이다.[171] 李時珍은 『本草綱目』에서 「檳瑯에 대하여 「賓與郎皆貴客之稱, 南方草木狀言, 交廣人凡貴勝族客, 必先呈此果, 則檳榔名義, 蓋取於此.」[172]라 하여 「檳榔」을 會意字와 같이 설명하였으나, 이는 마치 中國人들이 오늘날 假借字에 있어서도 뜻도 좀 통하도록 「코카콜라」를 「可口可樂」, 「골프」를 「高爾夫」(당신의 남편을 고상하게 하는 운동의 뜻으로 재미있게 表音하였다) 등과 같이 借音表記한 것에 불과하다.

「霹靂」은 우리말의 「벼락」을 表記하기 위하여 만든 形聲字라고 볼 수 있다. 中國文獻에 「霹靂」을 「劈歷, 辟歷, 礔礰」 등과 같이

170) 高名凱・劉正埮：現代漢語外來詞硏究(文字改革出版社, 1958, 北京) 參照.
171) 高名凱・劉正埮：前揭書 參照.
172) 李時珍：本草綱目(人民衛生出版社, 1982, 北京, p.1829) 參照.

여러 가지고 表音한 것으로 보아도 분명히 外來語인 우리말의 「벼락」을 譯音한 것임을 알 수 있다. 우리말의 「벼락」이 오히려 漢語인 「霹靂」에서 왔다고 생각하는 우리 나라 사람도 있는데, 이는 종래의 事大思想에서 벗어나지 못한 잘못된 생각이다.

「跋」자도 우리말의 「발」을 表記하기 위하여 만든 形聲字라고 볼 수 있다. 象形字로서 「발」을 象形한 「足」(발 족)자가 이미 있는데, 「발」을 뜻하는 「跋」字를 形聲字로써 또 만든 이유는 우리말의 「발」이 中國에 流入됨에 부득이 「발」을 뜻하는 形符 「足」에 「발」의 音을 나타내기 위한 聲符 「犮」을 더하여 「跋」字를 만든 것이다. 「跋 : 器物底下部分之稱」, 「題者, 標其前, 跋者, 系其後.」라고 한 것으로 보아도 우리말의 「다릿발, 상다리」 등의 「발」과도 일치된다.

(9) 形聲字中 兼義聲符字

前述한 바와 같이 形聲字의 聲符가 단순히 表音 구실만 하는 것이 아니라, 字義를 구체적으로 나타내는 구실까지 하는 것이 적지 않다.

우선 形聲字의 正例 곧 正體形聲字中에서 聲符가 구체적인 字義를 겸하고 있음을 木部 形聲字에서 實例를 들어본다.

1 棲

「從木妻聲」, 곧 「木」과 「妻」의 形聲字로서, 「棲」의 본뜻은 「鳥在巢上」의 뜻이다. 여기서 「妻」는 단순히 聲符로만 쓰인 것이 아니다. 「妻」의 뜻은 「以妻嫁夫而有家, 有得久居長安之意」, 곧 남편에게 시집가서 가정을 이루어 오래 살면, 길이 편하다의 뜻이니, 새가 둥지에 깃들어 安息을 얻는다는 뜻으로 「木」에 「妻」를 더하여 「棲(깃들일 서)」의 形聲字를 만든 것이다.

뒤에 引伸되어 「棲」의 뜻이 「牀」, 또는 「거처를 정하여 살다」, 「쉬다」, 「머무르다」 等의 뜻으로 쓰인다.

또한 「陸鳥曰棲, 水鳥曰宿」이라 하여 멧새는 「棲」, 물새는 「宿」으로 구별하여 쓰기도 한다.

2 椒

「從木叔聲」의 形聲字이나, 「椒」字는 甲文·金文에서는 물론, 小

篆體에도 보이지 않는다. 隷書體에서는 처음으로 「椒」자가 出現된다.

「椒」에는 花椒(秦椒, 川椒, 蜀椒), 番椒(大椒, 辣椒), 胡椒等이 있는데, 花椒는 곧 山椒를 일컫는 것이며, 番椒는 곧 고추(苦椒)를 일컫는 것이며, 胡椒는 곧 印度產의 후추(胡椒)를 일컫는 것이다.

小篆의 「茮」은 「從艸尗聲」의 形聲字로서, 본뜻은 「菉」로, 「乃果實表裡相若, 內則其子聚生成房室狀之稱.」(形音義字典)이라 하였고, 『說文』의 段玉裁 注에는 「茮菉蓋古語, 猶詩之椒聊也.」라 하여, 「茮」(子寮切)는 곧 「椒」라고 풀이하였다. 椒는 草本과 木本을 겸하고 있는데, 草本의 椒는 열매가 많이 열기 때문에 「茮」자와 같이 쓰고, 「尗」은 본래 「豆」의 뜻으로서 「茮」의 열매도 小豆와 비슷하므로 「從艸尗聲」의 形聲字를 만들었고, 또한 木本의 「從木椒聲」의 「椒」자도 만든 것이다.

3 柱

『說文』에 「楹也, 從木主聲.」이라 하여, 楹(영) 곧 기둥으로 풀이하였다.

대들보를 떠받치는 것이 기둥이니, 「主」자가 聲符로서 主된다는 뜻도 나타내고 있는 것이다.

4 松

『說文』에 「松木也, 從木公聲.」으로만 풀이하였으나, 「公」은

곧 「背私」의 뜻이 있으니, 不變과 正大의 뜻을 함유하고 있다. 소나무는 常綠樹로서 不變할 뿐만 아니라, 雪中에도 不凋挺立하는 長壽木의 氣質이 「公」의 뜻과 상통하는데서 취한 것이다. 또한 「公」은 爵位中에 으뜸인데서 소나무는 나무중에 으뜸으로 생각하여 「公」을 취하였다고도 볼 수 있다.

우리 民族은 自古로 소나무에 品位까지 주면서 소나무를 좋아하고 崇拜하는 傳統思想을 가진 民族이라는 점에서 볼 때, 「松」자를 樹中王의 뜻으로 만든 民族과 밀접한 관계가 있었음을 알 수 있다.

5 柏

『說文』에 「鞠也, 從木白聲.」이라 하여, 「柏」을 鞠(국문할 국)이라 하였으나, 段玉裁 注에 의하면 「鞠」은 「椈」으로서 老松을 뜻한다.

예부터 「松茂柏悅」이라 하여 소나무와 「柏」은 함께 쓰이면서도 「柏」의 뜻이 우리 나라에서는 「잣나무」로 認識되어 오고 있고, 中國에서는 「柏 : 植物名, 有肩柏, 側柏, 羅漢柏, 竹柏等.」(辭海)이라 하여 柏은 「잣나무」가 아니라, 우리 나라에서 이른바 「향나무」라고 하는 常綠針葉樹를 일컫는다.

漢字에는 잣나무를 뜻하는 글자는 自古로 보이지 않으며, 우리 나라 문헌에 잣나무의 漢字語로 「果松, 松子松, 五鬣, 松五粒松, 五葉松, 油松, 海松.」 等의 名稱이 있다. 中國에서는 「松子松, 樺山松,

五松, 五須松, 五葉松.」이라는 말이 있다. 또한 白皮松에 대하여, 「植物名·亦名白松, 白果松, 屬松杉科, 喬木, 高十餘丈, 樹皮被暗褐色之薄鱗片, 常剝落, 老後則鱗片變爲白色(中略) 三葉叢生, 球果圓柱形, 種子橢圓而稍扁, 供食用.」(『中文大辭典』)이라고 설명하였으나, 잣나무를 「三葉叢生」이라고 한 것은 잘못된 설명이다. 또한 徐兢의 『高麗圖經』에 「松有二種, 唯五葉者乃結實, 羅州道亦有之, 不若三州之富, 方其始生謂之松房, 狀如木瓜, 青潤緻密, 至得霜乃折, 其實始成, 而房乃作紫色, 國俗雖果肴羹胾亦用之, 不可多食, 會人嘔吐不已.(下略)」라고 한 것으로 보면, 일찍이 中國人들도 잣나무는 반드시 「五葉叢生」인 것은 알았으나, 잣나무가 中國 中原以南에는 없었던 것으로 보인다.

徐兢이 「廣楊永三州, 多大松, 松有二種, 惟五葉者, 乃結實, 羅州道亦有之, 不若三州之富.」(高麗圖經)라고 하여 지금의 廣州·楊州·永州 등 中部地方의 主產品이며, 全羅地方에서도 生產은 되나 三州만큼 풍부하지 못하다고 한 것으로 보면, 「잣」은 예로부터 우리나라 일부 지역의 特產物임을 알 수 있다.

그러므로 中國에서는 「잣나무」에 해당하는 글자를 따로이 만들지 않았음을 알 수 있다. 그러나 우리 나라에서는 이미 古代로부터 「柏」자를 「잣나무」의 뜻으로 써 온 것이다.

中國의 魏校는 「柏」에 대하여 「向陰, 指西, 蓋木之有貞德者, 故字從白, 白西方正色也.」(『形音義綜合大字典』)라고 한 것을 보면, 「柏」의 「白」자는 단순한 聲符가 아니라, 「凡木皆向陽(東)인데 대하여,

「柏獨向陰(西)」의 성향을 가진 나무로 「白」은 곧 「有貞德」의 뜻으로써 붙여진 聲符字임을 알 수 있다. 또한 앞에서 설명한 「松」은 樹中 으뜸의 뜻으로 「公爵」의 「公」이 붙은데 대하여 「柏」은 「白爵」의 「白」의 뜻으로도 볼 수 있다.

6 柳

『說文』에 「少陽也, 從木丣聲, 丣古文酉.」라 하여, 「柳」의 「卯」를 「丣」로 보고 「酉」의 古文으로 풀이하여 形聲字로 분석하였다.

그러나 「柳」자의 甲骨文 「丣, 丣」의 字形이나, 金文 「丣, 丣」의 字形으로 볼 때, 徐中舒가 「丣與酉字形相去甚遠, 疑卽卯字.」(『甲骨文字典』)라고 한 바와 같이 許愼이 小篆體의 「丣」로써 「丣」를 「酉」의 古文으로 본 것은 옳지 않음을 알 수 있다.

먼저 「卯」의 字源을 살펴보면 許愼은 「卯 : 丣也, 二月萬物丣地而出, 象開門之形, 故二月爲天門, 凡卯之屬皆從卯.」라 하여 雙門을 열어 놓은 상태를 象形한 것으로 풀이하였고, 林義光은 「卽兜鍪之鍪本字, 首鎧(護面鋼盔)也. 卯鍪古同音, 丣象兜鍪形(=象其具, 丣象附於外之眼孔.)……丣丣(音留)本一字.」라 하여 투구의 모양을 象形한 것으로 「鍪(투구 무)」의 本字로 보았고, 李敬齋는 「劉也. 象兩刃相向之形, 雙作丣作丣作卯, 後人增金刀作劉.」라 하여 두 개의 칼날이 향한 모양을 象形한 것으로 「劉」의 本字로 보았고, 王國維도 「古音卯劉同部, 疑卯卽劉之假借字.」라 하여 「卯」를 「劉」의 假借字로 보았다. 康殷은 甲骨文의 「丣」字形을 引用하여 「卽象用刀剖割開的丣之

形, 省而作卯, 全字表示用刀絲之意, 甚明確. 但後來究變爲何形字? 未能明, 也可能省作卯.」라 하여 칼로 실을 잘라 놓은 모양을 象形한 것이라는 새로운 풀이를 하였다. 趙誠은 「象對剖之形. 爲會意字. 甲骨文用作動詞, 當是把祭牲對剖開來之義.」라 하여 祭物의 짐승을 갈라 놓은 것을 나타낸 글자로 보고, 「用爲地支字, 則是借音字.」라 하였다. 高鴻縉은 「按卯卽剖字之初文, 卯(剖分) 物爲二, 物不知何物, 合之則卯, 分之則卯, 乃物之通象也 ; 故卯爲指事字自借爲地支第四位之名, 久不假歸, 乃另造剖字.」라 하여 「剖」의 初文으로 指事字라 하였다. 高樹藩의 朱駿聲의 說을 引用하여 「小篆卯 ; 從二戶相背, 與門從二戶相向適相反, 二戶相背則門開, 故其本義作門兩扉開 解(見通訓定聲)乃爲兩扇門敞開之 意.」라와 같이 두 문짝을 열어 놓은 것을 象形한 것으로 풀이하였다.

이상의 諸說을 종합하여 분석하여 볼 때, 「卯」의 甲骨文 「卯」字形과 같이 두짝의 門을 열어 놓은 것을 象形한 것으로 풀이하는 것이 가장 타당하다고 생각된다.

「卯」자가 다른 글자와 合體字를 이루는 경우, 「劉」(주일 류), 柳(버들 류), 留(머무를 류), 聊(애오라지 료), 駵(월따말 류)」 등과 같이 「류(료)로」로 發音되는 字도 있고, 「貿(바꿀 무), 昴(별자리 이름 묘), 茆(순채 묘, 풀숲 모)」 등과 같이 「무(묘)」로 發音되는 字도 있다.

「卯」의 古音은 「mau」이나, 이상의 例를 合體字의 音으로 보며, 聲母가 初期에는 「m」과 「l」의 兩音이 存在하였음을 알 수 있다.

「卯」가 干支로는 陰二月로 仲春에 해당한다. 二月에 大門을 활짝 열어을 때 가장 먼저 春色을 나타내는 나무가 곧 버드나무이다.

그러므로 버드나무를 「木」字에 「卯」字를 더하여 形聲字를 만들면서, 대문을 열어 놓은 형태의 象形字인 「卯」字를 더한 까닭을 알 수 있다. 여기서 부언할 것은 「柳」字를 만든 地域은 緯度上으로 우리 韓國과 같은 位置임을 알 수 있다.

7 楊

『說文』에 「蒲柳也, 從木昜聲.」이라고만 설명하였으나, 段玉裁의 注에 「按蒲, 蓋本作浦, 浦, 水瀕也.」라 하였으니, 楊은 곧 물가에서 자라는 버드나무임을 알 수 있다.

「昜」은 곧 「陽」자의 古字이니, 「楊」은 「木」자와 「昜」자를 合體한 形聲字이다. 그러나 「昜」의 音만을 취한 단순한 形聲字가 아니라, 여기서 「昜」은 「楊」의 성질을 나타낸 것이다.

「楊枝硬而揚起, 故謂之楊, 柳枝弱而垂流, 故謂之柳.」라고 한 바와 같이 「木」자에 「昜」자를 더하여 形聲字를 만들면서 陽性, 揚起의 뜻도 나타낸 것이다. 「楊」은 우리 나라에서 흔히 「뚝버들」이라고도 하고, 봄에 제일 먼저 산계곡가에서 버들강아지를 맺는 버드나무를 말한다.

옛날에는 「楊枝」, 곧 楊의 가지로 이를 닦았기 때문에 高麗때에는 「칫솔」을 「양지(楊枝)」라고 하였다. 楊枝에는 健齒할 수 있는 殺菌要素가 들어 있기 때문에 예부터 楊枝를 사용한 것이다.

우리말의 「楊枝(양지)」가 日本으로 들어가 「요지(楊枝)」가 된 것이다. 지금 우리는 본래의 우리말인 「양지」는 잃어버리고, 흔히 일본말의 「요지」를 사용하고 있으나, 일본말의 「요지」도 우리말의 「양지(楊枝)」의 發音을 日本式으로 할 뿐이다.

현재 標準語로는 「양치(養齒)질하다」로 되어 있으나, 본래의 말은 「양지(楊枝)」에 「질하다」라는 接尾辭를 더하여 「양지질하다」였는데, 뒤에 音이 변하여 「양주질하다」, 「양추질하다」로 쓰이다가 오늘날의 「양치질하다」로 쓰이게 된 것이다. 그러나 「양치」를 「養齒」로 國語辭典에 表記한 것은 전연 根據없이 근래인들이 附會시킨 漢字語라는 것을 참고로 밝힌다.

8 楓

『說文』에 「楓木也, 厚葉弱枝, 善榣, 一名欇欇, 從木風聲.」이라 하였고, 段玉裁의 注에 「各本榣作搖.」라 하였으니, 「善榣」는 곧 「善搖」임을 알 수 있다.

우리 나라에서는 근래에 와서 「楓」자의 의미가 변하여, 「감나무에 단풍이 빨갛게 물들었다」와 같이 말하면서도 이상하게 생각하는 사람이 없을 정도로 되었다.

그러나 본래 「楓」에는 나뭇잎이 가을에 빨갛게 변하는 것을 가리키는 뜻이 전연 없이, 다만 나무의 한 종류를 가리키는 명칭일 뿐이다.

우리 나라에서도 「楓」에 대하여 옛날에는 「싣나모 → 싣나무」라고 칭하였던 것인데, 뒤에 子音接變 현상에 의하여 「신나무」로

變音하였다. 그러나 요즘은 「신나무」라는 말은 거의 쓰이지 않고, 「단풍나무」라는 말로 쓰이고 있다.

근데 樹種을 改良하여 봄부터 「楓葉」이 赤色으로 피는 것도 있으니 「丹楓나무」라고 하여도 실뭇이 없지만, 「은행나무에 노랗게 丹楓이 들었다」고 하는 말은 그야말로 語不成說인데도, 유무시간에 거리낌없이 통용되고 있다.

「楓」자는 「木」과 「風」의 合體 形聲字이지만, 다만 「風」의 音만을 취한 것이 아니라, 「楓枝柔弱易受風吹動, 葉厚易爲風吹落, 風過楓林常颯颯作響, 故從風聲.」(形音義字典)이라고 한 바와 같이 楓나무는 잎은 두껍고 가지는 약하기 때문에, 바람에 잘 흔들리며, 颯颯(삽삽)한 소리를 내므로 「木」자에 「風」자를 더하여 形聲字를 만든 것이다.

9 櫻

『說文新附』에 「從木嬰聲, 果也」라 하여 「木」과 「嬰」의 形聲字로 풀이하였다. 櫻은 櫻桃를 뜻한다.

그러나 櫻은 단순히 「木」과 「嬰」의 形聲이 아니라, 「嬰(영)」은 본래 여자의 목걸이를 뜻한다. 앵도(櫻桃)의 한 알 한 알이 목걸이의 구슬처럼 생겼을 뿐만 아니라, 여자아이들이 앵두를 실에 꿰어 목걸이 장식을 하기 때문에 「木」에 「嬰」을 더하여 形聲字를 만든 것이다.

10 樺

「木」과 「華」의 形聲字이다. 여기서도 「華」는 단순히 聲符로만 쓰인 글자가 아니라, 「樺」(자작나무)는 「樺皮厚而輕柔, 往時常用爲韡裡, 謂之暖皮.」(『形音義字典』)라고 한 바와 같이 자작나무 껍질은 두껍고 가벼우면서도 부드러워 과거에는 韡(靴) 곧 가죽신 속에 넣어 사용했기 때문에, 「樺」자를 「木」에 「韡」의 省文인 「華」를 더하여 形聲字를 만든 것이다.

11 榴

「木」과 「留」의 形聲字이다. 「榴」의 「留」자도 단순히 聲符로만 쓰인 글자가 아니라, 「留爲瘤之省文, 榴果懸在枝上, 頗類贅瘤, 故榴從留聲.」(『形音義字典』)이라고 한 바와 같이 석류(石榴)는 가지에 달려 있는 모양이 마치 혹처럼 생겼기 때문에 혹을 뜻하는 瘤(혹류)의 省文인 「留」자와 「木」자를 더하여 形聲字를 만든 것이다.

또는 「石榴食時, 其核如石子, 常暫留口中, 故榴從留聲.」(『形音義字典』)이라고 한 바와 같이 석류를 먹을 때, 그 씨가 돌맹이 같아서 입속에 한참 머물러 있어야 하기 때문에, 「木」자에 「留」자를 더하여 「榴」의 形聲字를 만든 것으로도 풀이한다.

「榴」에 「石」을 붙여 「石榴」라고 하는 까닭은 漢代의 張騫(장건)이 西域의 安石國의 「石」字를 取하여 「石榴」라 稱하게 된 것이며, 또는 「安石」을 붙여 「安石榴」라고도 稱한다.

石榴는 陰曆 五月에 꽃이 피기 때문에 五月을 「榴月」이라고도 稱한다. 「紅一點」이란 말은 宋代의 王安石이 지은 石榴詩의 句節中 「萬綠叢中紅一點」에서 나온 말인데, 지금은 많은 남자들 사이에 끼어 있는 한 사람의 여자를 가리킬 때 引用되고 있다.

12 椿

「木」과 「春」의 形聲字이다. 여기서 「春」자는 단순히 聲符로만 쓰인 것이 아니라, 「春時田野放綠, 百花吐香, 椿俗名香椿, 其葉常綠, 自發芽 至嫩時, 香氣四溢, 生熟皆可食, 是有葉常綠且可愛如春意, 故從春聲.」(『形音義字典』)이라고 한 바와 같이 「椿(참죽나무)」의 봄싹 향기가 넘쳐 날 뿐만 아니라, 봄나물로도 먹을 수 있으므로 봄을 대표하여 象徵할 수 있는 나무라는 뜻에서 「木」에 「春」을 더하여 形聲字를 만든 것이다.

또한 『莊子』 逍遙遊의 「上古有大椿者, 以八千歲爲春, 八千歲爲秋」에서 淵源하여 「椿」을 壽考의 象徵으로 취하여 「椿堂」, 「椿府丈」, 「椿府」라 하면, 남의 아버지를 尊稱하는 말로 쓰인다.

옛날에 母가 居處하는 안채 곧 北堂의 뜰에 원추리 곧 萱草(훤초)를 심어 집안 식구들이 나물을 해 먹었기 때문에 「北堂」을 「萱堂」이라고도 稱하게 되었고, 또한 「萱堂」을 어머니의 뜻으로도 스이게 되었다.

원추리나물은 「萱草主安五臟, 利心志, 無憂.」(『本草圖經』)라고 한 바와 같이 근심을 잊게 하기 때문에 「忘憂草」라고도 別稱하며,

그 노란 꽃봉오리를 나물로 먹기 때문에 「金針菜」 또는 「黃花菜」 라고도 일컫는다.

앞에서 설명한 「椿」과 「萱」을 합쳐 「椿萱」이라 하면, 「父母」를 일컫는 말이 된다.

우리 나라에서는 「참죽나무(椿)」에 대하여, 「가죽나무」라 稱하여 구별하는데, 「가죽나무」는 「樗(가죽나무 저)」를 가리킨다.

「참죽나무」(椿)와 「가죽나무」(樗)는 비슷하지만, 「椿葉香可食, 樗葉臭忌食.」이라 한 바와 같이 참죽나무 잎은 향기가 좋아 「참죽나물, 참죽순적, 참죽튀각」 등을 만들어 먹지만, 가죽나무 잎은 먹지 못한다.

가죽나무와 상수리나무(櫟)는 木材로 쓸모가 없기 때문에, 「樗櫟之材(저력지재)」라고 하면, 무능한 사람을 일컫는 말이다.

13 楡

『說文』에 「楡白, 枌, 從木兪聲.」이라 하여, 楡(느릅나무 유)는 「木」과 「兪」의 形聲字이다. 여기서 「兪」자는 단순히 聲符로만 쓰인 것이 아니라, 「兪」는 본래 「空中木爲舟」 곧 속이 빈 나무로 물에 떠서 배의 구실을 한다는 뜻으로써, 楡(느릅나무)는 나무가 커서 속을 파면 배를 만들 수 있기 때문에 「木」에 「兪」를 더하여 形聲字를 만든 것이다.

14 杉

「從木彡聲」 곧 「木」과 「彡」의 形聲字이다. 「彡(삐친 삼)」자는 단순히 聲符로만 쓰인 것이 아니라, 「杉」(삼나무)는 「以彡爲毛飾畵文, 杉之葉細小如針, 亦略似毛, 故從彡聲.」(『形音義字典』)이라고 한 바와 같이 杉나무의 잎이 터럭모양이기 때문에 터럭의 象形인 「彡」자를 「木」에 더하여 「杉」의 形聲字를 만든 것이다.

15 桃

「從木兆聲」 곧 「木」과 「兆」의 形聲字이다. 여기서 「兆(조짐 조)」자는 단순히 聲符로만 쓰인 것이 아니다.

「兆」는 본래 「古灼龜視其裂痕之象以斷吉凶.」이라고 한 바와 같이 거북의 甲殼을 불에 지지어 그 裂痕의 모양을 보고 吉凶을 판단하는 占을 쳤기 때문에 「조짐」의 뜻으로 쓰이었다.

「桃花穠豔易落而性忌雨, 三月吐蕊, 稻秧則喜雨而於三月布種, 由於稻秧之榮枯, 歲功之豊歉, 有視桃花盛衰可以預卜之意, 故桃從兆聲.」(『形音義字典』)이라고 한 바와 같이 복숭아꽃의 盛衰로 그 해 벼농사의 豊凶을 점칠 수 있기 때문에 「木」에 「兆」를 더하여 形聲字를 만든 것이다.

우리 나라 民俗에 복숭아나무 가지를 꺾어 점치는 것도 「桃」字의 形成과 무관한 일이 아니라고 생각된다.

16 桂

『說文』에 「江南木, 百藥之長, 從木圭聲.」이라 하여 「木」과 「圭」의 形聲字로 풀이하엿다. 「圭」는 단순히 聲符로만 쓰인 것이 아니라, 「圭(홀 규)」는 瑞玉의 뜻으로서 天子가 諸侯를 封할 때에 내리던 信標인데, 「桂皮入藥, 其形如圭, 故從圭聲.」이라 한 바와 같이 桂皮의 형태가 「圭」(홀)의 모양과 같아서 「木」과 「圭」의 形聲字를 만든 것이다.

또는 「圭」를 最小量의 單位로 算經에 의하면, 「六粟」의 量을 「一圭」라고 한다. 「桂花粒狀如粟, 且又叢生如聚粟, 故從圭聲.」(『形音義字典』)이라고 한 바와 같이 桂花의 꽃잎 모양이 좁쌀 같고, 밀집한 모양이 좁쌀이 모여 잇는 것 같기 때문에 「木」과 「圭」를 合體하여 形聲字를 만든 것이라고도 한다.

17 檜

『說文』에 「柏葉松身, 從木會聲.」이라 하여, 「木」과 「會」의 形聲字로 풀이하였다. 그러나 「檜」의 字音이 「會」와 同音은 아니며, 「古外切」로 「괴」音이며, 현재의 中國標準音은 「gui」이다. 「檜」는 우리나라 「전나무」의 일종이다.

「檜」의 「會」자도 단순히 聲符로 쓰인 것이 아니라, 「會」에는 「合」의 뜻이 이으므로, 「檜」는 곧 「柏葉」과 「松幹」이 合친 형태의 나무라는 뜻에서 「木」에 「會」를 더하여 形聲字를 만든 것이다.

18 櫟

「從木樂聲」의 形聲字이나, 여기서도 「樂」자가 단순히 聲符로만 쓰인 것이 아니다.

「櫟(력)」은 곧 우리말의 「상수리나무」에 해당한다. 「긁을 로」 「고을이음 약」으로도 읽힌다.

「櫟皮粗厚, 質欠堅實, 且多曲屈, 難中繩墨爲大用, 然生長甚速, 實可磨粉蒸食以禦饑救荒, 實殼可染布爲皀色, 嫩葉可代落爲茶飮, 材可爲薪炭, 農家植樹, 多樂植之, 故櫟從樂聲.」(『形音義字典』)이라고 한 바와 같이 「櫟(력)」나무는 本質이 좋지 못하여 큰 재목으로 쓸 수는 없으나, 生長이 매우 빠르고, 그 열매는 분말을 내어 쪄서 救荒食이 될 수 있고, 열매껍질은 베에 검은 물감을 들일 수 있고, 새싹은 茶 대용이 될 수 있고, 목재는 땔나무로 쓸 수 있으므로 農家에서는 모두 이 나무를 즐겨 심기 때문에 「木」에 「樂」을 더하여 「櫟」의 形聲字를 만든 것이다.

19 梧

「從木吾聲」, 곧 「木」과 「吾」의 形聲字이다. 여기서 「吾」는 단순히 聲符로만 쓰인 것이 아니다. 自己를 指稱하는 代名詞로 「吾, 余, 我」等이 있는데, 「余・我」는 平凡한 뜻으로 쓰이는데 대하여, 「吾」는 좀 「倨氣」의 뜻을 지닌다. 오동나무의 종류가 많은데, 「梧」는 특별히 크고, 鳳凰이 깃들어 살기 때문에 일반 다른 오동나무에 비하여 뛰어나다는 뜻을 나타내기 위하여 「倨氣」의 뜻이 있는 「吾」를 「木」에 더하여 「梧」의 形聲字를 만든 것이다.

20 桐

「從木同聲」, 곧 「木」에 「同」을 더한 形聲字로서 그 뜻은 「榮」이라고 說文에 풀이하였다. 「榮」은 또한 桐木의 別稱이다.

오동나무를 「榮」이라 한 것은 「從木熒省聲」의 글자로서 「熒」은 「屋下鐙燭之光」의 뜻이다. 오동나무의 꽃은 紫色 또는 赤色으로 마치 鐙燭의 빛깔처럼 영롱하기 때문에 「木」에 「熒」의 아래 「火」를 省略하여 「榮」자를 만든 것이다.

「桐」의 「同」은 곧 「洞」의 省文이다. 「桐」은 일반적으로 白桐을 가리키는데, 그 속이 空洞 곧 비어 있기 때문에 「木」에 「洞」의 省文인 「同」을 더하여 「桐」의 形聲字를 만든 것이다.

오동나무로 거문고를 만들기 때문에, 引伸되어 「楝」은 「琴」의 뜻으로 쓰인다. 오동나무 꽃은 七月에 피기 때문에 陰七月을 「桐月」, 「梧月」이라고도 한다. 또한 「梧」에는 書案이란 뜻도 있어 「梧右, 梧下, 梧前」等으로 便紙의 受信人 이름 밑에 써서 敬意를 표시하는 말로도 쓰인다.

21 植

『說文』에 「戶植也, 從木直聲.」이라 하여, 「木」과 「直」의 形聲字

로서 「戶植」 곧 문을 잠그는 나무로 풀이하였다.

옛날에는 일반적으로 大門(出入門)이 單門으로 되어 문을 잠그고 출타하려면 大門 옆에 直木을 세워 놓은데다 문짝을 대고 밖에서 붙잡아 매거나, 열쇠로 채워야 한다. 그러므로 「植」의 본뜻은 「門外鍵門持鎖之直木」의 뜻으로 「木」에 「直」을 더하여 「植」의 形聲字를 만든 것이다.

뒤에 그 뜻이 轉變되어 오늘날에는 「直木」의 뜻으로 쓰이는 일은 거의 없고, 「植物」 또는 「심다」의 뜻으로 쓰인다.

22 棺

『說文』에 「關也, 所以掩屍, 從木官聲.」이라 하여, 「木」과 「官」의 形聲字로서 「關」 곧 「閉」의 뜻으로 풀이하였다. 여기서 「官」은 단순히 聲符로만 쓰인 것이 아니다. 「棺」의 본뜻은 「所以藏屍令完」의 뜻으로, 곧 屍體를 나무판자 속에 넣어 완전하도록 처리하는 것을 말한다. 「官」의 본뜻은 「以治民使安爲職」 곧 백성을 다스리어 편안하도록 하는 職位를 뜻하니, 「木」에 「官」을 더하여 「棺」의 形聲字를 만든 것이다.

柩는 「匛」의 累增字로서 역시 棺의 뜻으로 쓰이지만, 「無屍日棺, 有屍日柩」는 屍身이 들어 있지 않을 때는 「棺」, 屍身이 모셔 있을 때는 「柩」로 구별하여 쓰인다. 空棺을 櫬(널 친)이라고도 한다. 親에는 相近의 뜻이 있으니, 屍身과 相近한다는 뜻으로 「木」에 「親」을 더하여 「櫬」(널 친)의 形聲字를 만든 것이다. 櫬을 梧桐의 別稱

으로 쓰는 까닭은 옛날에 內棺은 오동나무를 사용했기 때문이다.

23 欄

『說文』에 「欄木也, 從木闌聲.」이라 하여 「木」과 「闌」의 形聲字로서 「牢(우뢰 뢰)」의 뜻이다. 欄은 곧 「木造之牛馬圈」을 뜻한다. 「闌(가로막을 란)」의 본뜻은 「門遮」 곧 문을 가로막다의 뜻이다. 「欄」은 곧 牛馬가 마음대로 뛰어나가지 못하도록 막아 놓은 「우리」이니, 「木」에 「闌」을 더하여 形聲字를 만든 것이다.

뒤에 引伸되어 난간의 뜻으로 쓰이어 「欄杆」, 또는 「欄干」, 「闌干」等으로 표기한다.

欄杆에 있어서 縱(直者)을 「欄」이라 하고, 橫者를 「楯(순)」이라고도 한다.

「楯」字도 「木」과 「盾」의 形聲字로서 「闌杆」 곧 난간의 뜻이다. 「盾」은 본래 방패의 뜻이나, 樓臺의 난간이나 園舍의 울타리는 모두 떨어지거나 침입하는 것을 막는 구실을 하는 것이므로 「木」에 「盾(방패 순)」을 더하여 「楯」의 形聲字를 만든 것이다.

24 楗

說文에 「歫門也, 從木建聲.」이라 하여, 「木」과 「建」의 形聲字로서 歫門은 蚷門, 拒門, 곧 문을 잠그다의 뜻이다. 段玉裁는 「楗閉卽今木鎖也, 諸經多借鍵爲楗.」이라 注하여, 대문에 나무로 장치한 문

걸이를 뜻하였다.

여기서 「建」은 단순히 聲符로만 쓰인 것이 아니다. 「建」의 본뜻은 「立朝律」 곧 朝廷의 法度를 세우다의 뜻이다. 문을 잠그는데, 법도를 단단히 세우듯이 굳게 한다는 뜻에서 「木」에 「建」을 더하여 「楗(문빗장 건)」의 形聲字를 만든 것이다.

「楗牡閉牝」의 뜻으로 보면, 鍵(楗)은 우리 나라 大門걸이의 구조로 볼 때, 「곧장」(위에서 내려 꽂는 막대기)에 해당하고, 閉는 「빗장」(가로 지르는 막대기)에 해당함을 알 수 있다.

25 楫

「從木咠聲」의 形聲字로서 「橈(노 요)」의 뜻이다. 「楫(노 즙)」은 「划水進舟之曲木」인데, 「咠」의 聲符는 단순히 音만을 취한 것이 아니라, 「咠」자는 「口」와 「耳」의 相接會意로 귀에다 입을 대고 소곤거리는 말을 뜻한다.

노를 부단히 저어야 배가 나아갈 수 있으므로 「木」에 부단히 소곤거리다는 뜻의 「咠」자를 더하여 「楫」의 形聲字를 만든 것이다.

26 榕

「從木容聲」의 形聲字이나, 「容」이 聲符로만 쓰인 것이 아니다.

榕樹는 熱帶 및 亞熱帶 지역에 번식하는 常綠喬木이다. 「容」의 본뜻은 「盛」으로 寬容, 容納 等의 뜻으로 쓰인다.

榕樹는 매우 크고 넓게 자라기 때문에 나무그늘이 넓어서 그 밑에 많은 사람을 受容할 수 있다. 그런 뜻에서 「木」에 「容」을 더하여 「榕」의 形聲字를 만든 것이다.

27 榛

「從木秦聲」의 形聲字이나, 「秦」이 단순히 聲符로만 쓰인 것이 아니다.

「榛(진)」은 곧 「개암나무」를 일컫는다. 「秦」의 본뜻은 禾名 곧 벼의 명칭이다. 개암나무는 크게 자라는 喬木이 아니라 叢生木이라는 뜻을 나타내기 위하여 「木」에 禾名인 「秦」을 더하여 「榛」의 形聲字를 만든 것이다.

28 樓

「從木婁聲」의 形聲字이나, 「婁(자주 루)」가 단순히 聲符로만 쓰인 것이 아니다. 「樓」는 「木」部의 合體자이나, 나무의 종류를 나타내는 글자가 아니라, 「重屋」 곧 나무로 만든 다락집을 뜻한다. 옛나에 重屋 곧 兩層屋의 建造方法은 나무와 나무를 重疊하여 지으므로 「婁」는 「屢·數」 등과 같이 相重의 뜻이 이으므로 「木」에 「婁」를 더하여, 重屋의 뜻을 나타낸 「樓」의 形聲字를 만든 것이다.

29 樞

「從木區聲」의 形聲字로서 「戶樞」의 뜻이다. 「樞」도 「木」部의 合體字이나, 나무의 종류를 뜻하는 글자가 아니라 門의 軸을 세우는 곳을 뜻한다. 따라서 「區」가 단순히 聲符로만 쓰인 것이 아니다.

「區」의 본뜻은 「衆多器物得以挾藏不露爲區」(形音義字典)라 하여 藏匿한다는 뜻을 나타내기 위하여 「木」에 「區」를 더하여 「樞」의 形聲字를 만든 것이다.

「樞」자의 뜻이 뒤에 引伸되어 「근본」, 「중앙」, 「대권」 등의 뜻으로 쓰이게 되었다.

30 橋

『說文』에 「水梁也, 從木喬聲.」으로 「木」과 「喬」의 形聲字로 풀이하였다. 여기서는 「喬」(높을 교)는 단순히 聲符로만 쓰인 것이 아니다. 「橋」는 木部의 合體자이나 나무의 종류를 나타내는 것이 아니라, 「다리」의 뜻을 나타낸다.

「喬(교)」의 본뜻은 「高而曲」의 뜻으로 높으면서도 끝이 굽어있는 상태를 나타낸다. 다리는 반드시 水面에 높이 솟아 있으며, 그 형태가 대개는 위로 향하여 양끝이 굽어 있기 때문에 「木」에 「高而曲」의 뜻을 나타내는 「喬」를 더하여 「橋」의 形聲字를 만든 것이다.

31 櫸

「從木擧聲」의 形聲字이나, 「櫸」의 字形은 甲文·金文에는 물론,

小篆體에도 出現되지 않는다. 卽『說文解字』에도 收錄되어 있지 않고, 다만『說文』에는「柜」의 字形으로「柜木也, 從木巨聲.」이라 하였고, 段玉裁 注에는「杞柳, 柜柳也, 按柜今俗作欅.」라 하여,「柜」(고리버들 거)는 곧 「欅」(느티나무 거)라고 설명하였다.

「느티나무」는 다른 나무에 비하여 巨大하게 자라기 때문에「木」에「巨」를 더하여「柜」의 形聲字를 만든 것이다.

그러나『說文』의 풀이만으로는「느티나무」의 뜻을 나타낸 것이 명확하지 않고, 段玉裁 注의「杞柳」「柜柳」로는「柳」의 일종으로 보아야지,「느티나무」라고 말할 수 없다.「柜」의 字形 자체도 小篆에 비로소 出現되고「느티나무」의 뜻인「欅」자는 段注에 의하면 淸代의 俗字로 되어 있지만『康熙字典』에 의하면 이미『玉篇』에 출현되었으나, 그 설명으로 보아 우리 나라의「느티나무」는 예로부터 長壽巨木으로 마을 가운데나 동네 입구에 심어 神木으로 받들고, 또한 여름에 그 그늘 밑에서 마을 사람들이 모여 避暑도 하고 놀이도 하며, 우리 민족의 사랑을 받아온 나무이다.

이로서 보면,「느티나무」는 예로부터 우리 나라 특유의 나무라고 생각된다. 또한 우리 나라에서는「느티나무」에 해당하는 漢字를「柜」자나「欅」를 쓰지 않고,「槐」 또는「黃槐樹」로 써 왔다.「느티나무」로 만든 가구도「槐木家具」라고 稱한다. 그러나「槐」는 또한「회화나무, 괴화나무, 홰나무」等으로 稱하며,『事類博解』에는 黃楡를「느틔나모」라 하였고, 柳僖의『物名考』에는 槐音懷, 擧世知之而徐四佳無端以爲느틔괴, 遂誤, 後俗何也.」라 하고, 또한「欅

柳, 謂柳非柳, 謂槐非槐, 大者五六丈, 取嫩皮 緣栲栳, 木肌紅紫, 作箱案, 采葉爲甛茶, 据此與黃楡根似.」라 하고, 또한 「黃楡, 李員嶠以爲늬틔良是.」라고 考證한 것으로 볼 때, 결국 우리 나라의 「느티나무」에 해당하는 漢字는 아직까지 없는 셈이다.

『說文解字』에 收錄된 「木」部 形聲字만도 四百餘字가 되는데, 앞에서 열거한 바와 같이 「從某某聲」의 形聲字로 되어 있으나, 그 聲符字가 단순히 字音만을 취하기 위하여 쓰인 것이 아니라, 거의 모두가 구체적인 字義를 나타내기 위하여 쓰였음을 살펴보았다.

여기서는 「木」部의 形聲字만을 고찰하였으나, 各種 部首의 形聲字를 이와 같이 字義를 分析하게 되면, 形聲字의 大部分이 兼義聲符字를 取하고 있음을 알 수 있다.

漢字의 본래 字義가 무엇이었는가를 살피는 데는 이상과 같이 形聲字의 聲符의 字源을 먼저 分析 考察하는 것이 무엇보다도 重要하다는 것을 알리기 위하여 文字學에 관심 있는 初學者들에게 參考하도록 하는 바이다.

(10) 不成字 聲符考

形符와 聲符의 合體로 된 形聲字의 聲符로 본래는 대부분 단독으로 쓰였던 글자였지만, 지금은 일반적으로 단독적인 글자의 구실을 못하고 聲符로만 쓰이는 것을 不成字라고 할 수 있다.

聲符字 가운데 不成字 聲符와 獨體字 중에서 聲符로 쓰이는 중요한 것들을 중심으로 추려서 살펴보면 다음과 같다.[173)]

「★」표의 聲符字는 派生字가 대부분 聲符의 發音과 同一하다.

1 叚 : 빌릴 가, 허물 가

「假」(거짓 가, 빌릴 가)의 本字로서 물건을 빌리다의 뜻을 나타낸 글자이다.

「叚」의 金文은 「𠬛」의 형태로서 물건을 빌림을 나타내었다.

「叚」가 聲符로 쓰인 글자는 「가, 하」로 발음된다.

<例> : 暇(겨를 가), 豭(수퇘지 가), 葭(갈대 가), 椵(형구 가), 蝦(새우 하), 鰕(새우 하), 霞(노을 하), 遐(멀 하), 瑕(티 하), 瘕(목병 하), 煆(불사를 하), 鍜(목투구 하), 碬(숫돌 하), 騢(적부루마 하)

2 倝 : 해돋이 간

본래의 자형은 「倝」의 형태로서 「旦」(아침 단)과 「㫃」(깃발 건)의 合體이다. 본뜻은 해가 뜰 때 높은 곳에서 햇빛을 먼저 볼 수

173) 趙友培 : ≪國字基本結構研究≫(中國語文月刊社, 臺北, 1982.) 參考.

있다는 것이다. 지금은 단독으로 쓰이지 않고 字形이 變形되어 聲符로만 쓰인다.

「倝」이 聲符로 쓰인 글자는 「간, 한」 등으로 발음된다.

<例> : 乾(하늘 건), 幹(줄기 간), 澣(씻을 한), 簳(조릿대 간), 翰(편지 한), 韓(나라 한 : 韓字는 「人」부분을 생략한 것이다), 斡(관리할 간, 돌볼 알로 발음되는 것은 크게 변음된 것이다), 螒(베짱이 한) 雗(흰꿩 한), 鶾(붉은닭 한)

3 柬 : 가릴 간

본래는 「[illegible]→[illegible]」의 자형으로서 망태기 속에 든 편지의 형태를 象形한 글자이다. 곧 「편지」를 뜻한 글자이다. 『說文解字』에서 「束」(묶을 속)자와 「八」(여덟 팔)자의 합체자로 본 것은 잘못이다. 뒤에 形聲字로서 「簡」(편지 간)자가 만들어졌다.

「柬」이 聲符로 쓰인 글자는 「간, 련, 란」 등으로 발음된다.

<例> : 揀(가릴 간), 諫(간할 간), 練(익힐 련), 鍊(불릴 련), 煉(불릴 련), 楝(나무이름 련), 湅(누일 련), 闌(가로막을 란), 蘭(난초 란), 欄(난간 란), 爛(문드러질 란), 讕(헐뜯을 란)

4 艮 : 괘이름 간, 끌 흔

본래 「見」(볼견)자에서 分化된 字로 돌아보다의 뜻을 나타낸 글자이다. 「艮」(간)자는 部首字로도 쓰이지만, 聲符로도 쓰인다.

「艮」(간, 흔)이 聲符로 쓰인 글자는 「한, 흔, 은, 근, 안, 간」 등 여러 가지로 발음되지만, 「ㄴ」 終聲의 공통점을 유지하고 있다.

<例> : 恨(근심 한), 限(한정 한), 眼(눈 안), 很(매우 흔), 痕(흉터 흔), 垠(끝 은), 銀(은 은), 齦(잇몸 은), 根(뿌리 근), 跟(발뒤꿈치 근), 艱(어려울 간), 懇(간절할 간), 豤(씹을 간), 墾(따비질할 간).

5 畺 : ★지경 강

본래 밭과 밭 사이의 경계를 나타낸 象形字. 뒤에 「弓」(활궁)을 더하여 「彊」(굳셀 강)자가 되고, 다시 「土」(흙토)를 더하여 「疆」(지경 강)자로 구별하였다.

「畺」이 聲符로 쓰인 글자는 모두 「강」으로 발음된다.

<例> : 僵(쓰러질 강), 殭(굳어질 강), 橿(나무이름 강), 繮(고삐 강), 薑(생강 강), 韁(고삐 강).

6 豦 : ★원숭이 거

본래는 돼지와 호랑이가 서로 양보하지 않고 싸운다는 뜻을 나타낸 會意字이다. 지금은 뜻도 변하여 聲符로만 쓰인다.

「豦」(거)자가 聲符로 쓰인 글자는 대부분 「거」로 발음된다.

<例> : 據(의거할 거), 遽(갑자기 거), 澽(마를 거), 璩(옥고리 거), 鐻(악기걸이 거), 醵(술잔치할 갹, 거), 臄(순대 갹, 꿩포 거), 劇(심할 극)

7 巠 : ★물줄기 경

본래 베를 짤 때, 날실을 바치고 있는 「비경이」의 모양을 본뜬 「壬」(임)字 위에 날실을 「巛」의 형태로 나타낸 象形字(𡿦→巠)인데, 뒤에 「糸」(실 멱)을 더하여 「經」(날 경)으로 쓰이게 되었다.

「巠」字가 聲符로 쓰인 글자는 전부 「경」으로 발음한다.

<예> : 涇(곧은 물줄기 경), 徑(지름길 경), 脛(정강이 경), 頸(목 경), 勁(굳셀 경), 莖(줄 기 경), 逕(좁은 길 경), 輕(가벼울 경), 剄(목벨 경).

※ 경위가 밝은 사람일 때는 「涇渭」(중국 섬서성에 있는 涇水는 濁流이고, 渭水는 淸流라는 데서 사물의 구별이 확실하다는 뜻으로 쓰이게 됨.)로 써야 하고, 사건의 경위를 조사하다 일 때는 「經緯」(날줄과 씨줄로 일이 되어 온 경로의 뜻으로 쓰이게 됨)로 써야 한다. 곧 涇渭(경위)가 없는 사람은 經緯(경위)를 올바로 말할 수 없다와 같이 뜻이 다르다. 경위(涇渭)의 발음이 변하여 「경오」, 곧 '경오가 밝은 사람이다.'라고도 쓰인다.

8 冂 : 멀 경

形符로서 214部首 중의 하나로도 쓰이지만, 聲符字로도 쓰인다. 본래 兩邊中에 가로 획을 그어 邊界의 뜻을 나타낸 指事字(冂). 뒤에 「口」(입 구)를 더하여 出入의 관문을 나타낸 「冋」(경)자로 변형되고, 다시 累增되어 「坰」(들 경)자로 쓰이고, 聲化되어 「境」(지경 경)자로 통용되었다.

「冂」자가 聲符로 쓰인 글자는 「경, 형」으로 발음된다.

<例> : 囧(빛날 경), 扃(빗장 경, 밝을 경), 絅(끌어죌 경), 駉(목장 경), 泂(멀 형), 炯(빛날 형), 迥(멀 형), 泂(소용돌이 칠 형), 詗(염탐질 형)

9 殸 : 경돌치는 소리 경

악기의 일종인 경돌(磬)을 끈으로 매달고 망치로 때려서 소리를 내는 것을 본 뜬 象形字(殸→殸)이다. 뒤에 「石」자를 더하여 「磬」(경쇠 경)자로 누증되었다.

「殸」자가 聲符로 쓰인 글자는 「경, 성, 형」 등으로 발음된다.

<例> : 聲(소리 성), 磬(경돌 경), 馨(향기 형), 謦(기침 경)

10 冎 : 살바를 과

뼈가 이어지는 관절의 모양을 본뜬 象形字(冎→冎).

「冎」에서 「咼」(입 비뚤어질 와), 「骨」(뼈 골), 「另」(살바를 과), 「歺」(부서진 뼈 알), 「歹」(나쁠 대), 「歺又」(후빌 찬) 등으로 변형 파생되었다.

「冎」字가 聲符로 쓰인 글자는 주로 「와, 과」 등으로 발음된다.

<예>: 咼·喎(입 비뚤어질 와), 媧(여신 와), 渦(소용돌이 와), 猧(발바리 와), 蝸(달팽이 와), 窩(움집 와), 萵(상추 와), 過(지날 과), 鍋(노구솥 과), 剮(바를 과), 禍(재난 화).

11 雚 : 황새 관

올빼미의 두 눈과 毛角(털뿔)의 형태를 본 뜬 象形字(雚→雚). 「雚」字가 聲符로 쓰인 글자는 「관, 권, 환」 등으로 발음된다.

<例> : 灌(물댈 관), 觀(볼 관), 鸛(황새 관), 顴(광대뼈 관), 鑵(두레박 관), 罐(두레박 관), 爟(봉화 관), 瓘(옥 이름 관), 權(권세 권), 勸(권할 권), 歡(기쁠 환), 懽(기뻐할 환), 讙(시끄러울 환), 貛(오소리 환).

12 厶 : 팔 굉

본래 팔의 모양을 나타낸 象形字(ㄥ → 厶)인데, 뒤에 「厷 → 厷」의 字形과 같이 바뀌고, 다시 「肉(月)」을 더하여 「肱」(팔 굉)字가 되었다.

隸書와 楷書體에서 「厶」의 형태가 「厶」의 형태로 변하여 「厶」(사사로울 사, 일명 마늘 모)와 같은 형태로 쓰이고 있으나, 「去(갈 거), 參(참여할 참), 厹(세모창 구), 公(공변될 공)」의 「厶」字와는 다르다.

「厶」字가 聲符로 쓰인 글자는 「굉, 홍, 강, 웅」 등으로 발음한다. 「ㅇ」받침의 공통점이 있다.

<例> : 宏(클 굉), 紘(끈 굉), 肱(팔 굉), 汯(흐를 굉), 弘(넓을 홍), 泓(깊을 홍), 强(굳셀 강), 襁(포대기 강), 雄(수컷 웅).

13 喬 : ★높을 교

「夭(夭)」(머리를 기울이다의 뜻을 나타낸 글자임. 일찍죽을 요)

와 「高」를 생략한 자형이 합친 글자로서 높으면서도 위가 굽어져 있음을 뜻한다.

「喬」(교)자가 聲符로 쓰인 글자는 모두 「교」로 발음된다.

<例> : 僑(우거할 교), 橋(다리 교), 矯(바로잡을 교), 轎(가마 교), 嬌(아리따울 교), 蕎(메밀 교), 驕(교만할 교), 嶠(산 뾰족하게 높을 교)

14 丂 : 공교할 교

본래 사람이 무거운 물건을 지고 몸을 굽혀 호흡이 힘든 상태를 나타낸 指事字([illegible]), 「亐」字는 「丂」字의 異體字이고, 「丂」字는 「巧」(공교할 교)자의 古字이다.

「丂」자가 聲符로 쓰인 글자는 대부분 「고, 과」로 발음된다.

<例> : 考(상고할 고), 栲(북나무 고), 拷(칠 고), 胯(다리 고), 烤(불에 쬘 고), 夸(큰체할 과), 誇(자랑할 과), 姱(아름다울 과), 跨(타넘을 과), 銙(혁대고리 과), 骻(허리뼈 과), 瓠(표주박 호), 朽(썩을 후).

※ 號(호)자도 「虎」가 聲符로 쓰인 것이 아니라, 「号= 口 + 丂」로서 「丂」가 聲符로 쓰인 것인데, 「호」로 變音된 것이다.

15 冓 : 짤 구

본래 「[illegible]→[illegible]」의 字形으로 재목을 엇갈려 쌓아 놓은 모양을 상형한 글자이다.

「冓」가 聲符로 쓰인 글자는 「구, 강」으로 발음된다.

<例> : 構(얽을 구), 溝(도랑 구), 購(살 구), 傋(어리석을 구), 篝(바구니 구), 褠(소창옷 구), 遘(만날 구), 媾(화친할 구), 韝(깍지 구), 講(강론할 강, 화해할 구), 顜(밝을 강)

16 䀠 : ★두리번거리며볼 구

두개의 「目」(눈목)자가 합쳐 左右로 보다의 뜻을 나타낸 會意字. 현재는 聲符로만 쓰인다.

「䀠」가 聲符로 쓰인 글자는 모두 「구」로 발음된다.

<例> : 瞿(매가 노려볼 구), 懼(두려울 구), 衢(네거리 구), 欋(쇠스랑 구), 癯(여윌 구), 鸜(구관조 구).

17 丩 : 얽힐 구

실 끝에 고를 내어 서로 연결시킨 모양을 본뜻 象形字(ㄣ→丩)로서 얽히다의 뜻을 나타낸 것이다. 「丩」(구)자가 누증되어 「糾」(얽힐 규)자가 되었다.

「丩」가 聲符로 쓰인 글자는 대부분 「규」로 발음한다.

<例> : 叫(부르짖을 규), 朻(굽은 나무 규), 虯(규룡 규), 赳(용맹할 규).

※ 이질적인 발음으로는 「收」(거둘 수)자가 있다.

18 龹 : ★말 권

본래 손으로 먹는 밥을 잡다의 뜻을 나타내어 「廾 + 米」의 合

字였는데, 뒤에 「卄+釆」의 字形(𢍏)으로 바뀌어 「둘둘 말다」의 뜻으로 쓰이게 되었다. 다시 「𢍏 → 龹」의 자형으로 변하였다.

「龹」자가 聲符로 쓰인 글자는 모두 「권」으로 발음된다.

<例> : 卷(말 권, 책 권), 倦(게으를 권), 捲(말 권), 惓(삼갈 권), 圈(우리 권), 券(문서 권), 綣(자루 권), 拳(주먹 권), 眷(돌아볼 권), 齤(옥니 권), 桊(멜빵 권)

19 欮 : ★숨찰 궐

欮(궐)자는 「屰」(거스를 역)자와 「欠」(하품 흠)자의 會意字 뒤에 「瘚」(숨찰 궐)자로 累增되고, 「欮」(궐)자는 주로 聲符로 쓰이게 되었다.

「欮」이 聲符로 쓰인 글자는 거의 다 「궐」로 발음된다.

<例> : 厥(그 궐), 劂(새김칼 궐), 撅(칠 궐), 橛(말뚝 궐), 獗(날뛸 궐), 蕨(고사리 궐), 蹶(일어날 궐), 闕(대궐 궐), 鱖(쏘가리 궐).

20 圭 : 홀 규

본래는 점치는 도구였으나, 뒤에 臣下들이 가지는 신표인 「홀」의 뜻으로 쓰였다. 뒤에 「卦」(점괘 괘)자로 累增되었다.

「圭」가 聲符로 쓰인 글자는 「가, 규, 괘, 계, 혜, 애」 등 다양하게 발음된다.

<例> : 佳(아름다울 가), 街(거리 가), 刲(찌를 규), 奎(별이름 규), 珪(홀 규), 硅(규소 규), 閨(규방 규), 掛(걸 괘), 罫

(줄 괘), 桂(계수나무 계), 鞋(신 혜), 厓(언덕 애), 崖(벼랑 애), 涯(물가 애)

21 乞 : *기운 기, 구할 걸

본래 구름보다 가벼운 기체의 象形字(≋→气)인데, 뒤에 「祈」(빌 기)의 뜻으로 假借되면서 한 획이 생략되어 「乞」(빌 걸)字가 되었다.

「乞」字가 聲符로 쓰인 글자는 대부분 「흘」로 발음한다.

<例> : 吃(먹을 흘), 屹(산우뚝할 흘), 訖(마칠 흘), 迄(이를 흘), 仡(날랠 흘), 忔(기뻐할 흘), 汔(거의 흘), 紇(묶을 흘).

※ 「汔」(흘)의 本字는 「汽」(김 기)로서 같은 字이지만, 「汽車, 汽船, 汽笛」 등과 같이 「기」로 발음할 때는 구별하여 쓴다.

22 耑 : 끝 단, 구멍 천

본래 식물이 처음 자라는 모습을 나타낸 象形字(耑)이다.

「耑」자가 聲符로 쓰인 글자는 「단, 천」 등으로 발음된다.

<例> : 端(끝 단), 湍(여울 단), 喘(헐떡거릴 천)

※ 音이 크게 다른 글자로는 「瑞」(상서로울 서)가 있다.

※ 「耑」(단)의 「山」은 「뫼 산(山)」의 「山」이 아니라, 풀싹을 나타낸 글자이기 때문에 書法에서는 뫼山을 조금 틀어서 「耑」의 字形으로 쓰기도 한다.

23 彖 : 판단할 단

본래는 돼지의 모양을 그린 象形字(𢑱)이다. 뒤에 周易에서 「판단하다」의 뜻으로 쓰인 뒤 「판단할 단」자로 쓰이게 되었다.

「彖」자가 聲符로 쓰인 글자는 「연, 전」 등으로 발음된다.

<例>椽(서까래 연, 전), 緣(인연 연), 蝝(누리새끼 연), 篆(전자 전).

※ 喙(부리 훼)자는 돼지주둥이처럼 뾰족한 부리의 뜻을 나타낸 글자로서 形聲字가 아니라 會意字로 보아야 한다.

24 眔 : 답

「目(罒)」자와 「隶」(미칠 이, 미칠 대)자의 생략 자획인 「氺」의 형태가 합친 글자로서 '눈물'의 뜻을 나타낸 글자이다.

「眔」이 聲符로 쓰인 글자는 「답」외에 「관, 환」 등으로 발음된다.

<例> : 鰥(홀아비 환), 遝(뒤섞일 답), 瘝(병들 관) 답

25 隶 : 미칠 대, 밑 이

본래 「𤕦」의 자형으로 곧 「又」(오른손 우)와 「尾」(꼬리 미)의 생략된 형태가 합친 글자다. 손으로 꼬리를 잡다의 뜻으로 동물을 잡는다에서 「잡다」의 뜻으로 쓰인다.

「隶」(대, 이)자가 聲符로 쓰인 글자는 「체, 태」 등으로 발음된다.

<例> : 逮(미칠 체, 미칠 태), 棣(산앵두나무 체, 익숙할 태), 埭(보 태)

※「隶」(미칠 이)자는 214部首의 하나로 形符로 쓰이기도 한다.「隸」(종 례)는「隶」자가 形符 곧 뜻으로 쓰인 글자이다.「康」(편안 강)자의 字形에도「隶」자가 있지만, 본래는「庚」(경)자와「米」자의 合字로 다른 字形이다.

26 匋 : ★질그릇 도

사람(人)이 질그릇(缶)을 만드는 것을 나타낸 會意字([illegible])이다. 뒤에「陶」(질그릇 도)자로 누증되었다.

「匋」자가 聲符로 쓰인 글자는 모두「도」로 발음된다.

<例> : 淘(일 도), 掏(가릴 도), 綯(새끼꼴 도), 萄(포도 도), 啕(수다할 도), 裪(복 도), 醄(술취할 도).

27 童 : 아이 동

본래「辛」(辛)자와「目」(눈 목),「重」(무거울 중)의 합체자로서 얼굴에 문신을 하고 힘든 노동을 시키는 남자 노예를 가리킨 글자이다. 우리말의 '종'(노예)은 곧 '童'(동)과 동어원임을 알 수 있다.

「童」이 聖符로 쓰인 글자는「동, 당, 종」등으로 발음된다.

<例> : 瞳(눈동자 동), 憧(그리워할 동), 潼(강이름 동), 僮(하인 동), 曈(동틀 동), 犝(송아지 동), 撞(칠 당), 幢(기 당), 獞(야만인 동), 鐘(쇠북 종), 踵(어린애걸음 종)

28 豆 : ★제기 두, 콩 두

고기를 담는 祭器의 형태를 본 뜬 象形字(豆→豆)이다. 뒤에 「木」자를 더하여 「梪」(제기 두)자로 누증되었다. 「菽」(콩 숙)의 뜻으로 쓰이게 되어 다시 「荳」(콩 두)자를 만들었다. 「豆」字는 부수자이면서 聲符로 쓰인다.

「豆」자가 聲符로 쓰인 글자는 대부분 「두」로 발음된다.

<例> : 頭(머리 두), 痘(마마 두), 脰(목 두), 逗(머무를 두), 餖(늘어놓을 두), 裋(해진 옷 수), 豎(세울 수, 竪의 本字).

29 𦝠 : 짐승이름 라

節足 및 殼虫(각충)의 모양을 그린 象形字([illegible])이다. 「𦝠」(라)자가 단독으로 쓰일 때는 「짐승이름 라」로 쓰였으나 지금은 聲符로만 쓰인다.

「𦝠」자가 聲符로 쓰인 글자는 「라, 영」 등으로 발음된다.

<例> : 臝(벌거벗을 라), 蠃(소라 라, 나나니벌 라), 嬴(가득찰 영, 秦나라 임금의 姓이기도 하다), 贏(남을 영, 이길 영 中國 白話)에서는 이기다의 뜻으로 쓰임), 瀛(바다 영), 籯(광주리 영).

30 呂 : 등뼈 려

본래 등뼈가 이어진 모양을 나타낸 象形字이다. 「呂」자가 姓氏로 쓰이면서 「膂(등골뼈 려)자와 같이 形聲字로 다시 만들었다.

「呂」가 聲符로 쓰인 글자는 「려, 거」 등으로 발음된다.

<例> : 侶(짝 려), 閭(이문 려: 周나라의 제도에 25戶를 里라

하고, 반드시 문을 세워 '閭 '라 하였다), 櫚(종려나무 려), 梠(평고대 려), 筥(광주리 거, 밥통 려), 焒(불꽃 려), 絽(명주 려), 鋁(줄 려), 莒(감자 거: '莒縣'은 '거현'으로서 주로 地名에 쓰임. 毋忘在莒)

31 䜌 : 말잇대일 련, 다스릴 련

「絲」(실 사)자와 「言」(말씀 언)자의 합체자로서 「말잇대일 련, 다스릴 련」의 뜻으로 쓰였으나 지금은 聲符로만 쓰인다.

「䜌」(련)자가 聲符로 쓰인 글자는 「련, 란, 변, 만, 완」 등으로 발음된다. 「ㄴ 」받침의 공통점을 가지고 있다.

<例> : 孌(아름다울 련), 戀(생각할 련), 攣(걸릴 련), 臠(고기도막 련), 圞(둥글 란), 鑾(방울 란), 鸞(난새 란), 變(변할 변), 巒(뫼 만), 蠻(벌레 만), 彎(굽을 만, 완), 灣(물굽이 만, 완).

32 彔 : ★나무깎을 록

두 손으로 화살촉을 돌리어 나무 부스러기가 날리어 떨어지는 것을 나타낸 象形字(𢑚→𢑚→𢑚→彔).

「彔」字가 聲符로 쓰인 글자는 「剝」(벗길 박) 외에는 모두 「록」으로 발음하면 된다.

<例> : 錄(기록 록), 綠(푸를 록), 祿(복 록), 渌(밭을 록), 碌(돌 푸른 빛 록), 睩(삼가볼 록), 醁(좋은 술 록), 騄(준마 록), 逯(갈 록), 趢(좁을 록), 盝(다할 록).

33 畾 : 밭 갈피 뢰

본래 우레 소리를 큰북(擂鼓)의 소리와 같다고 생각하여 북의 형태로 나타낸 象形字( →  → 畾). 뒤에 「雨」字를 더하여 「靁」字를 만들고, 다시 간략히 하여 「雷」(우레 뢰)字가 되었다.

「畾」字가 聲符로 쓰인 글자는 대부분 「뢰, 루」로 발음된다.

<예> : 儡(허수아비 뢰), 櫑(술통 뢰), 礧(큰돌 뢰), 轠(잇달을 뢰), 蕾(꽃봉오리 뢰), 鐳(병 뢰), 擂(갈 뢰), 礌(돌무더기 뢰), 壘(진 루)

※ 발음이 크게 다른 글자로는 「疊」(겹쳐질 첩)字가 있다.

34 尞 : ★화톳불 료

나무에 불을 붙여 불꽃이 빛나는 모양을 나타낸 象形字(→→→→→尞). 곧 장작불을 피워 하늘에 祭를 지냄을 뜻함.

「尞」字가 聲符로 쓰인 글자는 모두 「료」로 발음하면 된다.

<例> : 燎(화톳불 료), 僚(동료 료), 嫽(예쁠 료), 憭(총명할 료), 瞭(밝을 료), 繚(감길 료), 遼(멀 료), 療(병고칠 료), 寮(벼슬아치 료, 집 료).

35 婁 : ★끌 루

두 손으로 뒤로 묶은 여자의 머리를 끌어당기는 것을 나타낸 象形字(→→婁).

「婁」字가 聲符로 쓰인 글자는 「數」(셀 수, 자주 삭, 촘촘할 촉,

빠를 속) 외에는 거의 「루」로 발음하면 된다.

<例> : 樓(다락 루), 屢(여러 루), 縷(실 루), 摟(끌어모을 루), 塿(언덕 루), 髏(해골 루), 鏤(새길 루), 螻(땅강아지 루), 寠(무덤 루).

36 侖 : 뭉치 륜, 조리세울 륜

본래 條理있게 생각함을 뜻한 글자이다.

「侖」이 聲符로 쓰인 글자는 「륜, 론」으로 발음된다.

<例> : 倫(인륜 륜), 輪(바퀴 륜), 崙(산이름 륜), 綸(낚시줄 륜), 淪(잔물결 륜), 圇(완전할 륜), 論(의론할 론), 惀(생각할 론), 碖(돌떨어질 론)

37 寽 : 취할 률

「爪」(손톱 조)자와 「寸」의 합체자로서 손가락으로 따서 취하다의 뜻이다.

「寽」이 聲符로 쓰인 글자는 「랄, 렬, 뢰」 등으로 발음된다.

<例> : 捋(딸 랄), 埒(담 랄), 蛶(벌레이름 렬), 脟(갈비살 렬), 酹(제주 랄, 부을 뢰)

※ 虢(발톱자국 괵)자는 두 손으로 호랑이 털을 제거하는 뜻의 會意字로 보아야 한다.

38 离 : ★밝을 리, 헤질 리

본래의 字形은 「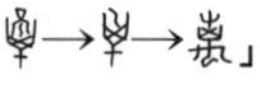」의 형태로 새가 그물에 걸려 있음

을 나타낸 글자이다. 뒤에 '떠나다'의 뜻으로 변하였다.

「离」가 聲符로 쓰인 글자는 모두 「리」로 발음된다.

<例> : 離(떠날 리), 籬(울타리 리), 摛(펼 리), 漓(스며들 리), 璃(유리 리), 螭(교룡 리), 瞝(볼 리), 蘺(천궁 리), 醨(묵은 술 리), 魑(도깨비 리)

| 39 | 粦 | : ★도깨비불 린

본래 「炎」(불꽃 염)과 「舛」(어그러질 천),의 會意字로서 荒野를 달림을 나타낸 글자([炎/舛]→粦)인데, 뒤에 「炎」字가 「米」字로 變形된 것임.

「粦」字가 聲符로 쓰인 글자는 거의 다 「린」으로 읽어도 틀림없다.

<例> : 鄰·隣(이웃 린), 鱗(비늘 린), 嶙(가파를 린), 潾(맑을 린), 燐(도깨비불 린), 磷(돌문채 린), 璘(옥빛 린), 麟(기린 린).

| 40 | 㒼 | : ★가득할 만

물이 가득하여 平平함을 나타낸 글자이다. 「廿」(스물 입)과 㒳(兩 : 두 량)의 합자로도 풀이한다.

「㒼」을 聲符로 쓴 글자는 모두 「만」으로 발음된다.

<例> : 滿(가득할 만), 瞞(속일 만), 樠(송진 만), 懣(번민할 만), 慲(잊을 만), 顢(얼굴큰 만), 鏋(금 만)

41 曼 : ★뻗을 만

본래「冒」(무릅쓸 모)의 聲符로「又」(또 우)의 形符가 합친 形聲字로서 끌다(引)의 뜻을 나타낸 글자로서 聲符로도 쓰인다.

「曼」이 聲符로 쓰인 글자는 전부「만」으로 발음된다.

<例> : 僈(얕볼 만), 慢(게으를 만), 漫(빠질 만), 嫚(업신여길 만), 縵(명주 만), 槾(흙손 만), 蔓(덩굴 만), 謾(속일 만), 饅(만두 만), 鰻(뱀장어 만)

42 黽 : 맹꽁이 맹, 힘쓸 민

본래 네 다리와 큰 배를 가진 맹꽁이의 모양을 그린 象形字(→)이다.「黽」자는 부수자로 쓰이지만 聲符字로도 쓰인다.

「黽」자가 聲符로 쓰인 글자는「맹, 승」등으로 발음된다.

<例> : 鄳(땅이름 맹), 蠅(파리 승), 繩(새끼 승), 譝(기릴 승), 憴(경계할 승).

43 皃 : 모양 모

본래「頁」(머리 혈)자가 변형 분파되어「皃」자가 쓰였으나, 현재는 聲符로만 쓰인다.

「皃」자가 聲符로 쓰인 글자는「모」외에「막」으로도 발음된다.

<例> : 貌(모양 모, 皃와 同義字), 藐(멀 막, 지치 모), 邈(멀 막).

44 冃 : 어린이 머릿수건 모

본래 「∩」(冖 : 덮을 멱)은 머리에 쓰는 頭巾 형태를 나타낸 象形字인데, 뒤에 頭巾의 주름을 표시하여 「A(⊓)→A(冃)」의 형태로 변형되었다. 뒤에 다시 累增되어 「冒」(모자 모)의 형태로 되었으나, 뒤에 「무릅쓸 모」의 뜻으로 전의되어 쓰이자, 부득이 「巾」(수건 건)자를 가획하여 「帽」(모자 모)자를 만들었다.

「冃」가 聲符로 쓰인 글자는 「모」, 「冒 」가 「曼」으로 변형된 것은 「만」으로 발음된다. 「冖」(덮을 멱)이 聲符로 쓰인 글자는 「명」으로 발음된다.

<例> : 媢(강새암할 모), 瑁(대모 모), 曼(뻗을 만), 慢(게으를 만), 謾(속일 만), 饅(만두 만), 鰻(장어 만), 蔓(덩굴 만), 漫(빠질 만), 冥(어두울 명), 溟(아득할 명), 暝(어두울 명), 瞑(눈감을 명), 螟(마디충 명)

※ 冠(관)자는 「冖+寸+元」의 合體字로서 곧 손(寸)으로 머리(元은 首의 뜻으로 쓰임)에 모자(冖)를 쓰다의 뜻을 나타낸 會意字이다. 「冑」(투구 주)자는 「由+冃」의 形聲字이다. 「胄」(맏아들 주)자와는 다른 글자이다.

45 勿 : 말 물

본래 칼로 물건을 썰 때, 칼에 부스러기가 붙은 것을 본 뜬 글자인데, 부스러기는 쓸모없다는 뜻에서 '말다'의 부정사로 쓰이게 된 것이다. 마을에 세워 놓은 깃발의 모양을 상형한 글자로 풀이하는 사람도 있다.

「勿」이 聲符로 쓰인 글자는 「문, 물, 홀」 등으로 발음된다.

<例> : 吻(입술 문), 刎(목벨 문), 物(만물 물), 沕아득할 물), 昒(새벽 물, 새벽 홀), 忽(문득 홀), 惚(황홀할 홀), 笏(홀홀), 芴(순무 물, 희미할 홀), 囫(온전할 홀)

46 犮 : 개 달아날 발

본래는 개의 뒷다리를 잡아끌어 달아나지 못하게 하는 뜻을 나타낸 指事字. 「犮」의 字形처럼 「友」(벗 우)字에 點을 찍은 것으로 쓰면 안 된다.

「犮」字가 聲符로 쓰인 글자는 대부분 「발」로 발음된다.

<例> : 拔(뽑을 발), 跋(밟을 발), 髮(터럭 발), 坺(일굴 발), 泼(물댈 발), 茇(풀뿌리 발), 鈸(방울 발), 魃(가뭄귀신 발), 紱(도장끈 불), 黻(수 불), 祓(푸닥거리할 불).

47 辡 : 죄인 서로 송사할 변

「辛」(매울 신)자가 겹친 글자로서 죄인이 서로 송사함을 나타낸 글자이다.

「辡」이 聲符로 쓰인 글자는 「변, 판」 등으로 발음된다.

<例> : 辯(말잘할 변), 辨(분별할 변), 辮(땋을 변), 瓣(꽃잎 판), 辦(힘쓸 판)

48 甫 : 클 보, 남새밭 포

본래 「⿱屮田」의 字形으로서 밭에 채소의 싹이 돋아있는 것을 나타내어 「채소밭」의 뜻을 나타낸 글자인데, 뒤에 남자의 美稱으로 쓰이게 되자 「圃」(채마밭 포)자를 다시 만들었다. 「甫」(보, 포)는 곧 「圃」의 古字이다.

「甫」가 聲符로 쓰인 글자는 「보, 포, 부」 등으로 발음된다.

<例> : 簠(보궤 보), 脯(포 포), 補(기울 보), 黼(수 보), 匍(길 포), 哺(먹일 포), 捕(잡을 포), 晡(신시 포), 浦(개 포), 痡(앓을 부, 결릴 포), 舖(가게 포), 葡(포도 포), 蒲(부들 포), 蒱(도박 포), 逋(달아날 포), 酺(잔치 포), 餔(새참 포), 鮑(돌고래 포), 莆(서초 부, 부들 보), 鬴(뺨 보)

49 复 : 갈 복

옛날에 물병에다 물을 긷는 일은 쉽지 않았으므로 몇 번 갔다 왔다 한다는 뜻으로, 먼 길에서 돌아오다의 뜻으로 쓰인 會意字([illegible]→[illegible]→复)뒤에 획을 가하여 「復」(회복할 복)자가 되었다.

「复」이 聲符로 쓰인 글자는 「복, 부」 등으로 발음된다.

<例> : 複(겹옷 복), 蝮(살무사 복), 馥(향기 복), 腹(배 복), 鰒(전복 복), 覆(뒤집힐 복, 덮을 부), 復(다시 부).

※ 愎(괴팍할 퍅)과 같이 크게 변음된 것도 있다. 괴퍅(乖愎), 「퍅」으로 발음되는 漢字는 「愎」자 뿐이다.

50 畐 : 찰 복, 나비 복

본래 술항아리의 象形字인 「酉」(유)자에 「㐅」의 자획으로써 술이 항아리에 가득 들었음을 나타낸 指事字([illegible]→[illegible]→畐). 뒤에 가획하여 「富」, 「福」자가 되었다.

「畐」이 聲符로 쓰인 글자는 「복, 부, 폭, 핍, 픽」 등으로 발음된다.

<例> : 福(복 복), 匐(길 복), 蔔(무 복), 葍(메꽃 복), 蝠(박쥐 복), 鶝(가를 복), 富(부자 부), 副(버금 부), 幅(폭 폭), 輻(바퀴살 복, 폭), 逼(다그칠 핍), 偪(다가올 핍), 愊(정성 픽)

51 丰 : ★풀무성할 봉, 예쁠 봉

본래 풀이 무성한 모양을 나타낸 象形字([illegible]→[illegible]→丰).

「丰」이 聲符로 쓰인 글자는 거의 다 「봉」으로 읽어도 틀림없다.

<例> : 蜂(벌 봉), 烽(봉화 봉), 峰(산봉우리 봉), 鋒(칼끝 봉), 逢(만날 봉), 蓬(쑥 봉), 縫(바느질 봉).

※ 변음된 것 : 邦(나라 방)

52 尃 : 펼 부

「甫」(클 보)와 「寸」(마디 촌)의 形聲字로 「펴다」(布)의 뜻을 나타낸 글자이다. 지금은 聲符字로만 쓰인다.

「尃」자가 聲符로 쓰인 글자는 「부, 박」으로 발음된다.

<例> : 溥(넓을 보, 펼 부), 傅(스승 부), 敷(펼 부), 榑(부상 부), 簿(장부 부), 縛(묶을 박, 밧줄 부), 膊(포 박), 賻(부의 부), 博(넓을 박), 搏(잡을 박), 鎛(종 박), 餺(수제비 박),

髆(어깻죽지뼈 박), 薄(엷을 박), 礴(뒤섞일 박)

※「甫」와「尃」의 聲符를 비교하여 보면「甫」에는「포」音이 있는데 대하여,「尃」에는「박」音이 있음이 다르다.

53 孚 : ★미쁠 부, 기를 부

「爪」(손톱 조)와「子」의 會意자로「아이를 안다」의 뜻으로 만들어진 글자다. 또는 전쟁에서 아이들을 포로로 잡아오다의 뜻으로도 풀이한다.

「孚」자가 聲符로 쓰인 글자는 모두「부」로 발음된다.

<例> : 俘(사로잡을 부), 孵(알깔 부), 蜉(하루살이 부), 浮(뜰 부), 莩(풀이름 부), 艀(거룻배 부), 桴(뗏목 부), 烰(찔 부), 稃(왕겨 부), 粰(산자 부)

54 甹 : ★비틀거릴 빙

본래「丂」(교)자 위에 두 개의「由」(竹編器의 형태)자를 더한 것으로 무거워서 더욱 숨이 찬 것을 나타낸 會意字( ). 뒤에「人」(인)자를 더하여「俜」(비틀거릴 빙)자로 되었다.

「甹」자가 聲符로 쓰인 글자는 모두「빙」으로 발음된다.

<例> : 娉(예쁠 빙, 장가들 빙), 聘(부를 빙), 騁(달릴 빙), 䀻(볼 빙).

55 它 : ★뱀 사, 다를 타

뱀의 모양을 본 뜬 象形字( )이다. 뒤에 사물을 가리키는 대명사로 쓰이게 되었다.

「它」자가 聲符로 쓰인 글자는 대부분 「타」로 발음된다.

<例> : 佗(他와 같음), 沱(물흐를 타), 岮(비탈 타), 舵(키 타), 駝(낙타 타), 鴕(타조 타), 酡(취기오를 타), 陀(비탈질 타), 蛇(뱀 사)

56 昔 : 예 석, 섞을 착

본체의 字形이 「㫺」의 형태로서 태양 위에 물결을 그리어 洪水가 졌던 옛날을 나타낸 것이다.

「昔」이 聲符로 쓰인 글자는 「석, 차, 저, 조, 적, 착, 자, 사」 등으로 발음된다.

<例> : 借(빌릴 차), 惜(아낄 석), 措(둘 조), 蜡(구더기 저, 납향제 사), 耤(적전 적, 깔개 자), 藉(깔개 자), 籍(문서 적), 錯(섞일 착), 鵲(까치 작), 簎(작살 착)

57 亘 : 돌 선

두 기류가 땅에서 하늘로 선회하는 것을 가리킨 指事字(回, 亘)이다. 단독으로는 「돌 선」으로 쓰이며, 「旋」(돌 선)자와 通用됨. 「亘」(선)자가 「건널 긍」자로도 쓰이지만, 「건널 긍」의 正字는 「亙(亙)」와 같이 써야 한다.

「亘」(선)자가 聲符로 쓰인 글자는 「원, 선, 훤, 환」 등으로 발음된다.

<例> : 垣(담 원), 洹(강이름 원, 세차게흐를 환), 咺(의젓할 훤), 桓(굳셀 환), 狟(오소리 훤), 宣(베풀 선), 喧(시끄러울 훤), 暄(따뜻할 훤), 萱(추리 훤).

58 韱 : 가늘 섬, 산부추 섬

본래 「𢦏」의 자형으로 창(戈)으로 두사람(人人)을 찌르는 상태로서 적을 많이 죽인다는 뜻을 나타낸 것이다. 뒤에 「韭」(부추 구)자를 더하여 「韱」자가 되었다.

「韱」자가 聲符로 쓰인 글자는 「섬, 참」으로 발음된다.

<例> : 孅(연약할 섬), 殲(다죽일 섬), 纖(가늘 섬), 櫼(쐐기 첨), 瀸(적실 첨), 籤(제비 첨), 鑯(날카로울 첨), 懺(뉘우칠 참), 讖(참서 참)

59 疋 : 발 소

본발까지 모양을 나타낸 象形字([illegible]→[illegible])인데, 뒤에 「[illegible]→足」(발 족)의 글자로도 분화되었다. 「疋」(소)자는 부수자로 쓰이지만 聲符字로도 쓰인다.

「疋」字가 聲符로 쓰인 글자는 「소, 서, 초」 등으로 발음한다.

<例> : 疏(거칠 소), 胥(서리 서), 壻(사위 서), 稰(거두어들일 서), 楚(회초리 초), 礎(주춧돌 초).

※ 「疋」字가 단독으로 쓰일 때는 「疋」(짝 필)로서 말 한 필, 무

명 한 필 등의 「匹」(필 필)의 通用字로도 쓰임.

60 巽 : 사양할 손, 괘이름 손

본래 두 사람이 꿇어 앉아 복종하다의 뜻을 나타낸 象形字(㢲)인데, 「六」의 字形을 더하여 「巽」(손)의 字形으로 변형된 것이다.

「巽」이 聲符로 쓰인 글자는 대부분(선, 찬)으로 발음된다.

<例> : 選(가릴 선), 纃(밧줄 선), 撰(지을 찬), 饌(반찬 찬), 篹(대그릇 찬), 譔(가르칠 선), 噀(물뿜을 손), 潠(뿜을 손).

61 㒸 : 수

본래 돼지의 형태를 상형한 글자인데, 뒤에 변형되어 「豕」(돼지 시)자가 되었다고 하며, 또는 「遂」(이룰 수)의 생략된 字形으로도 본다.

「㒸」자가 聲符로 쓰인 글자는 「수, 추, 대」 등으로 발음된다.

<例> : 燧(부싯돌 수), 穟(이삭 수), 隧(길 수), 繸(수의 수), 隊(대 대, 대 수), 墜(떨어질 추)

62 𠂹(𠕲) : 수

본래 식물의 가지와 잎이 아래로 늘어진 모양을 象形(𠂹)한 글자로서 「𠕲」의 자형으로 변형되어 「土」자와 합쳐서 「垂」(드리울 수)자가 되었다. 「𠂹(𠕲)」자는 곧 「垂」자의 古字이다.

「𠂹」가 聲符로 쓰인 글자는 「수, 추, 우, 타」 등으로 발음된다.

<例> : 睡(졸 수), 倕(무거울 수), 郵(역참 우), 錘(저울 추, 드리울 수), 捶(종아리칠 추), 棰(매 추), 箠(채찍 추), 諈(번거롭게할 추), 硾(찧을 추)

63 肅 : 엄숙할 숙, 공경할 소

본래의 字形은 「𦘒」의 형태로 곧 「聿」(刀筆을 손에 잡은 것을 나타낸 것. 「聿」은 毛筆을 뜻함, 붓 율)과 「𣶒」(淵의 古字. 못 연)의 會意字로서 깊은 물에서 일을 할 때는 매우 조심스럽게 임해야 함에서 '엄숙하다'의 뜻을 나타낸 것이다.

「肅」(숙, 소)이 聲符로 쓰인 글자는 「숙, 소, 수」 등으로 발음된다.

<例> : 潚(강이름 소), 簫(퉁소 소), 蕭(쑥 소), 橚(나무나란히설 숙, 우거질 소), 鱐(건어 숙), 嘯(휘파람불 소), 繡(수 수).

64 尗 : 콩 숙

콩의 싹이 땅 위로 나오고, 땅 밑에는 뿌리가 나 있는 모양을 나타낸 象形字(未→尗).

「尗」字가 聲符로 쓰인 글자는 「督」(살펴볼 독) 외에는 「숙, 적, 척」 등으로 발음된다.

<例> : 茮(콩 숙), 菽(콩 숙), 叔(아재비 숙), 淑(맑을 숙), 俶(비롯할 숙), 寂(고요 적), 踧(평평할 적), 蔋(풀말라죽을 적), 戚(겨레 척), 慽·慼(근심할 척).

65 丞 : 도울 승, 나아갈 증

본래의 字形은 「[illegible]」의 형태로서 함정에 빠진 사람을 구하여 줌을 나타낸 글자이다. 뒤에 버슬 이름으로서 '政丞'의 뜻으로 쓰이게 되어 '手'를 더하여 「拯」(건질 증)자를 만들었다.

「丞」이 聲符로 쓰인 글자는 「승, 증」으로 발음된다.

<例> : 脀(미련할 승, 어리석을 증), 烝(찔 증), 蒸(땔나무 증, 찔 증), 篜(삼대 증)

66 甚 : 심할 심

본래 「[illegible]」의 자형으로서 곧 「甘」(달 감)자와 「匕」(숟가락 비)의 합자이다. 숟갈로 음식을 떠서 먹음의 형태로서 음식을 매우 많이 먹고 즐김에서」 매우 심하다」의 뜻을 나타낸 글자이다. 金文에서 「甚=甘+匹」의 字形으로 잘못 쓰이게 된 것이다.

「甚」이 聲符로 쓰인 글자는 「심, 담, 침, 감」 등으로 발음된다.

<例> : 諶(참 심), 愖(정성 심), 煁(화덕 심), 堪(견딜 감), 戡(칠 감), 勘(헤아릴 감), 嵁(험준할 감), 歁(음식나쁠 감), 斟(술따를 짐), 葚(오디 심)

67 氏 : 성씨 씨

본래 直根이 내리고, 종자의 껍질이 아직 붙어 있는 상태를 나타낸 象形字([illegible]→[illegible]) 「氏」(씨)자는 부수자로 쓰이지만, 聲符로도 쓰인다.

「氐」(근본 저)자도 「氏」(씨)에 加形한 字로서 뒤에 「柢」(뿌리 저)로 累增되었다.

「氐」자가 聲符로 쓰인 글자는 대부분 「지, 저」로 발음된다.

<例> : 紙(종이 지), 扺(손뼉칠 지), 舐(핥을 지), 坻(모래톱 지), 蚳(개미알 지), 低(낮을 저), 底(밑 저), 弤(활 저), 彽(어정거릴 저), 抵(거절할 저), 詆(꾸짖을 저), 邸(집 저), 羝(숫양 저).

※ 예외로 「祇」(토지신 기)자가 있으나, 전연 이질적인 발음은 아니다.

68 咢 : ★깜짝놀랄 악

본래 「吅」(부르짖을 훤)자와 「屰」(갈래진창 역)자의 會意兼 形聲字인데, 뒤에 隷書에서 「咢」의 자형으로 변하였다. 「咢」자는 「바른말할 악」자라고도 하는데, 「咢」이 聲符로 쓰인 글자는 대부분 「악」으로 발음된다.

<例> : 愕(놀랄 악), 諤(진언할 악), 萼(꽃받침 악), 顎(턱 악), 鰐(악어 악), 鍔(칼날 악), 鄂(땅이름 악), 齶(잇몸 악), 鶚(물수리 악).

69 晏 : 편안할 안

본래 여자가 한가로이 즐기고 있는 모습을 나타낸 象形字()인

데, 뒤에 點을 가하여 「日」(날 일)자로 변하였다.

「妟」(안)자가 聲符로 쓰인 글자는 대부분 「언」으로 발음된다.

<例> : 偃(누울 언), 匽(엎드릴 언), 堰(방죽 언), 蝘(두더지 언), 褗(옷깃 언), 郾(고을 언), 宴(잔치 연).

※ 聲符의 音이 크게 변한 글자로 「揠」(뽑을 알, 揠苗)이 있다.

70 卬 : 바랄 앙

「𠤎(人)」과 「㔾(卩)」의 會意字로 바라는 바가 이루어짐을 뜻하는 글자이다.(𠨍) 뒤에 다시 「人」을 더하여 「仰」(우러를 앙)자로 되었다.

「卬」(앙)자가 聲符로 쓰인 글자는 「앙, 영」 등으로 발음된다.

<例> : 昂(오를 앙), 枊(말뚝 앙), 昻(쳐다볼 앙), 鞅(신 앙), 迎(맞을 영).

71 也 : 어조사 야

「也」의 字源에 대해서는 女陰의 象形, 그릇의 일종인 「匜」(주전자 이)의 本字, 「它」(뱀 사, 다를 타)의 同字 등으로 풀이하고 있어 아직은 정확한 자원을 단정하기 어렵다.

「也」자가 聲符로 쓰인 글자는 「이, 지, 치」 등으로 발음된다.

<例> : 㐌(변방족이름 이), 弛(느슨할 이), 迆(비스듬할 이), 酏(단술 이), 貤(더할 이), 訑(으쓱거릴 이), 陁(비탈 치), 馳(달릴 치), 池(못 지), 施(베풀 시).

72 蒦 : 잴 약, 자 약

字形으로 보면 풀이름이겠으나 說文解字에 자(尺)의 뜻으로 풀이하였다.

「蒦」자가 聲符로 쓰인 글자는 「획, 확, 호」 등으로 발음된다.

<例> : 嚄(외칠 획), 擭(잡을 확), 獲(얻을 획), 韄(칼끈 획, 호), 穫(거둘 확), 濩(낙수물떨어질 확, 퍼질 호), 鑊(가마 확), 護(보호할 호), 頀(구할 호)

73 敫 : 해그림자 약, 노래할 교

本義는 흰 옥이 광채를 발하다의 뜻이다. 뒤에 「皦」(옥돌흴 교)자로 변형되었다.

「敫」(약, 교)자가 聲符로 쓰인 글자는 「요, 교, 격」 등으로 발음된다.

<例> : 儌(僥 : 바랄 요), 徼(구할 용, 요행은 僥倖, 儌倖, 徼幸 등으로 씀), 邀(맞을 요), 憿(요행 요, 빠를 격), 檄(격문 격), 激(부듲쳐흐를 격), 繳(감길 교)

74 昜 : 볕 양

「日」과 「勿」(말 물)의 합체자인 「易」(바꿀 역)자와는 달리 「旦」(아침 단)과 「勿」의 합체자로서 「陽」(볕 양)의 古字이다. 「昜」의 본래 뜻은 아침 햇빛에 깃발이 펄럭이는 것을 나타낸 글자이다.

「昜」이 聲符로 쓰인 글자는 「양, 장, 상, 창, 탕」 등으로 발음된다.

<例> : 揚(날릴 양), 楊(버들 양), 暘(해돋이 양), 煬(쬘 양), 瘍(종기 양), 颺(날릴 양), 鍚(말장식 양), 場(마당 장), 腸(창자 장), 傷(상할 상), 愓(빠를 상, 방자할 탕), 湯(끓을 탕), 殤(일찍죽을 상), 觴(술잔 상), 暢(펼 창), 燙(데울 탕), 蕩(넓을 탕, 쓸어없앨 탕), 盪(씻을 탕), 逿(넘어질 탕)

※ 남자 이름에 많이 쓰이는 錫(주석 석)자와 鍚(말장식 양)자는 특히 잘 구별해서 써야 한다.

75 睪 : 엿볼 역

수갑의 형태(幸→幸→㚔)를 象形한 것에 눈 목(目)字를 합친 會意字로서 '포로나 죄인을 감시하다'의 뜻. 「㚔」字를 許愼은 「大 + 羊」로 誤釋하여 「大聲」의 뜻으로 보았으며, 隸書體의 「幸」의 字形으로 변하여 「幸」(다행 행)字와 혼동하게 되었다. 예를 들면, 「執, 報, 墊, 贄, 圉」 등이 있다.

「睪」字가 聲符로 쓰인 글자는 「역, 택, 탁, 석」 등으로 발음된다.

<例> : 懌(기뻐할 역), 驛(역참 역), 嶧(산 이름 역), 繹(궁구할 역), 譯(통변할 역), 斁(싫어할 역), 醳(진한 술 역), 澤(못 택), 擇(가릴 택), 鐸(방울 탁), 釋(풀 석, 기뻐할 역).

76 屰 : 거스를 역

甲骨文에서는 「大」자를 거꾸로, 篆文에서는 「夫」자를 거꾸로 놓아 「不順」의뜻을 나타낸 指事字(屰, 屰). 「屰」(역)은 「갈래진창 역」의 뜻으로써 「戟」(창극)의 古字로도 쓰인다.

「屰」이 聲符로 쓰인 글자는 「역」외에 「삭, 소」 등으로 변음 되어 발음된다.

<例> : 逆(거스를 역), 朔(초하루 삭), 槊(창 삭), 遡(거스를 소), 塑(토우 소)

77 肙 : 장구벌레 연

본래 벌레의 머리와 몸뚱이 부분을 나타낸 象形字(肙→肙).

「肙」字가 聲符로 쓰인 글자는 「연, 견」 등으로 발음한다.

<例> : 捐(버릴 연), 娟(예쁠 연), 悁(성낼 연), 涓(시내 연), 蜎(장구벌레 연), 狷(성급할 견), 睊(흘겨볼 견), 絹(명주 견), 鵑(소쩍새 견).

78 㕣 : 산속의 늪 연

본래는 웃을 때의 입 위에 생기는 주름살을 본 뜬 象形字(㕣)이다. 뒤에 뜻이 변하였다. 다시 字形도 변하여 「兌」(기뻐할 열, 바꿀 태) 자가 되었다.

「㕣」자가 聲符로 쓰인 글자는 「연」외에 여러 가지로 발음된다.

<例> : 沿(따를 연), 鉛(납 연), 船(배 선), 稅(구실 세), 說(말씀 설), 悅(기쁠 열), 帨(수건 세), 閱(검열할 열).

79 冄 : 나아갈 염

남자의 수염이 늘어진 모양을 본 뜬 象形字( )이다. 뒤에 「冄」(염)의 자형이 「冉」(염)과 같이 訛傳되었고, 다시 「髥」(구레나룻 염) 자로 누증되었다. 「髯」(염)은 髥(염)의 속자이다.

※ 「수염」은 한자어로 곧 「鬚髥」(수염)의 字音인데, 鬚(수)는 턱에 난 털이고, 髥(염)은 귀밑 빰에 난 털인데, 우리 나라에서는 일반적으로 구별하지 않고 쓰인다.

「冄」자가 聲符로 쓰인 글자는 「염, 남, 담」 등으로 발음된다.

<例> : 蚦(비단뱀 염), 苒(풀우거질 염), 髥(구레나룻 염), 枏(녹나무 남), 耼(귓바퀴 없을 담), 娜(아리따울 나), ⿰氵冄(파도 높을 담)

80 枼 : 모진나무 엽, 엷을 엽

본래 나뭇가지에 잎이 붙은 모양을 나타낸 象形字( ), 뒤에 「枼」의 「木」을 생략하여 「世」자가 만들어지고, 다시 「枼」자에 「艸(艹)」를 더해 「葉」자를 만들었다.

「枼」자가 聲符로 쓰인 글자는 「첩, 접」으로 발음된다.

<例> : 諜(염탐할 첩), 堞(성가퀴 첩), 牒(서찰 첩), 喋(재잘거릴 첩), 鰈(가자미 첩, 탑), 蝶(나비 접), 碟(접시 접), 蹀(밟을 접).

81 賏 : 자개를이어꿴목치장 영

두개 의 「貝」(자개 패)자가 합쳐 목걸이의 뜻을 나타낸 會意字.

「賏」이 聲符로 쓰인 글자는 「영, 앵」 등으로 발음된다.

<例> : 嬰(갓난아이 영), 巊(어두울 영), 攖(다가설 영), 瀴(물질펀할 영), 瓔(구슬목걸이 영), 纓(갓끈 영), 癭(혹 영), 嚶(새우는소리 앵), 櫻(앵두나무 앵), 鸚(앵무새 앵), 罌(양병 앵).

82 𤇾 : 영

본래 두 개의 횃불을 교차하여 비추는 것을 나타낸 象形字([illegible]→[illegible]→𤇾)이다.

「𤇾」字가 聲符로 쓰인 글자는 「영, 형」 등으로 발음한다.

<例> : 榮(영화 영), 瑩(밝을 영), 營(경영할 영), 塋(무덤 영), 熒(등불 형), 螢(반딧불 형), 滎(실개천 형).

83 𥁕 : ★어질 온

그릇(皿)에 음식을 담아 죄수(囚)에게 먹게 하다의 뜻을 나타낸 會意字이다. 뒤에 「溫」(따뜻할 온)자로 누증되었다.

「𥁕」자가 聲符로 쓰인 글자는 모두 「온」으로 발음된다.

<例> : 媼(할미 온), 慍(성낼 온), 熅(숯불 온), 瘟(열병 온), 縕(헌솜 온), 氳(기운성할 온), 蘊(쌓을 온), 醞(술빚을 온).

※「盈」의 字形을「昷」과 같이 쓰는 것을 俗體이다.

84 䍃 : ★질그릇 요

「䍃」(요)자는「肉」과「缶」(항아리 부)의 會意字로서 질그릇병을 때리며 노래 부르다의 뜻을 나타낸 것이다. 異體字「䚻」(질그릇 요)의 字形이 있고, 뒤에「謠」(노래 요)자로 누증되었다.

「䍃」자가 聲符로 쓰인 글자는 모두「요」로 발음된다.

<例> : 搖(흔들릴 요), 徭(부역 요), 愮(두려워할 요), 瑤(아름다운옥 요), 遙(멀 요), 鷂(새매 요), 飖(질풍 요), 鰩(날치 요).

85 甬 : 길 용, 훌륭할 준

본래「用(㫗)」과 同字로 원통형의 樂器를 상형한 것인데, 매어 다는 자루를 표시한 것이 「甬(㫗)」字이다. 처음에는 대나무로 만든 것을「筩」의 자형으로 쓰이다가 나무로 만든 것은「桶」, 쇠로 만든 것은「銿」썼던 것인데, 뒤에 聲化하여「鐘」으로 쓰이게 된 것이다.「甬」(용, 동)자가 聲符로 쓰인 글자는「용. 통」등으로 발음된다.

<例> : 俑(허수아비 용), 踊(뛸 용), 蛹(번데기 용), 勇(용기 용), 通(통할 통), 痛(아플 통), 예외로 誦(욀 송)자가 있다.

86 禺 : ★원숭이 우

본래 鬼頭의 모양과 발톱, 꼬리 등을 그리어 원숭이를 나타낸

象形字()이다. 뒤에 聲化하여 「蝯, 猨, 猿」(원숭이 원) 등으로 변형되었다. 동물의 假面으로 보는 사람도 있다.

「禺」(우)자가 聲符로 쓰인 글자는 대부분 「우」로 발음된다.

<例> : 偶(짝 우), 隅(모퉁이 우), 嵎(산모퉁이 우), 耦(짝 우, 맞설 우), 遇(만날 우), 寓(머무를 우), 愚(어리석을 우), 齵(이 바르지 못할 우), 禑(복 우)

※ 예외로 喁(숨쉴 옹), 顒(엄숙할 옹) 등이 있다.

87 爰 : 이에 원

본래는 「」의 자형으로서 두 손 사이에 있는 물건을 나타낸 指事字이다. 뒤에 「𠬪」(떨어질 표)의 자형에 「于」(어조사 우)聲을 더하여 形聲字가 되었다.

「爰」이 聲符로 쓰인 글자는 「원, 난, 완, 환」 등으로 발음된다.

<例> : 援(당길 원), 湲(물흐를 원), 瑗(도리옥 원), 媛(미인 원), 暖(따뜻할 난), 煖(따뜻할 난), 緩(느릴 완), 鍰(무게단위 환)

88 夗 : 누워딩굴 원

본래는 사람이 달을 향하여 소원을 비는 뜻을 나타낸 會意字()이다.

「夗」자가 聲符로 쓰인 글자는 「원, 완」 등으로 발음된다.

<例> : 苑(나라동산 원), 怨(원망할 원), 鴛(원앙새 원), 宛(완연할 완), 盌(주발 완).

89 韋 : 에울 위, 다룸가죽 위

본래 4발 즉 많은 사람들이 성을 둘러싸고 있는 것을 나타낸 象形字()이다. 뒤에 2발이 생략되고, 다시 가죽(皮)의 뜻으로 쓰였다. 「韋」자는 다시 「圍」(에울 위)로 累增되고, 「韋」자는 部首字이면서 聲符로도 쓰이게 되었다.

「韋」자가 聲符로 쓰인 글자는 「위, 휘」 등으로 발음된다.

<例> : 偉(위대할 위), 違(어긋날 위), 衛(지킬 위), 瑋(옥이름 위), 緯(씨줄 위), 葦(갈대 위), 褘(폐슬 휘), 諱(꺼릴 휘), 煒(빨갈 위, 빛날 휘)

90 冘 : 머뭇거릴 유

사람이 물건을 메고 가는 것을 본 뜬 象形字()이다. 本音은 餘針切로 淫(음)音이었으나, 뒤에 「유」음으로 변음 되었다.

「冘」자가 聲符로 쓰인 글자는 「침, 담, 탐」 등으로 발음된다.

<例> : 沈(잠길 침, 姓으로 쓰일 때는 「심」으로 발음한다), 忱(정성 침), 抌(때릴 침), 枕(베개 침), 鴆(짐새 짐), 眈(노려볼 탐, 虎視眈眈), 耽(즐길 탐), 醓(술에 빠질 탐), 髧(늘어질 담).

91 攸 : 곳 유, 아득할 유

사람이 물길을 내는 것을 나타낸 會意字()이다.

「攸」자가 聲符로 쓰인 글자는 「유, 수, 조」 등으로 발음된다.

<例> : 悠(멀 유), 滺(흐를 유), 修(닦을 수), 條(가지 조)

92 矞 : 송곳질할 율, 속일 휼

「矛」(창 모」와 「冏」(빛날 경)의 합자로 창으로 물건을 뚫다의 뜻을 나타낸 글자이다.

「矞」자가 聲符로 쓰인 글자는 「율, 휼, 귤」 등으로 발음된다.

<例> : 橘(귤 귤), 潏(물흐르는모양 율, 샘솟을 휼), 獝(놀랄 휼), 繘(두레박줄 율), 遹(좇을 휼), 鷸(도요새 휼), 瞲(눈움푹할 휼)

93 㥯 : 은

「㸒」자와 「工」자의 會意字로 「~에 의거하다」의 뜻을 나타낸 글자이나, 단독으로는 쓰이지 않고 聲符로만 쓰인다.

「㥯」자가 聲符로 쓰인 글자는 「은, 온」으로 발음된다.

<例> : 隱(숨을 은), 讔(수수께끼 은), 癮(두드러기 은), 穩(평온할 온).

94 𥎨 : 𥎨 아직 정해지지 않은 모양 의

본래 사람이 머리를 떨어뜨리고 방황하는 모양을 나타낸 象形字(𥎨)이다. 뒤에 「大」(큰 대)자가 「矢」(화살 시)자로 변형되고, 뒤에 「止」(그칠 지)자를 더하여 갈 곳을 아직 정하지 않은 뜻을 나타내고, 「子」(아들 자)자의 변형을 더하여 象形字로서 「疑」(의심할 의)자를 만들었다고 한다.

「𠤕」자가 聲符로 쓰인 글자는 「의. 애, 응」 등으로 발음된다.

<例> : 擬(헤아릴 의), 薿(우거질 의), 儗(망설일 의), 礙(푸른돌 의, 거리낄 애), 譺(희롱할 의), 凝(엉길 응).

95 㠯 : 써 이

흙을 파는 도구의 형태를 그린 象形字([illegible], [illegible], [illegible])이다. 뒤에 金文에서는 「[illegible]」의 형태로 변형되고, 篆書에서는 「[illegible]」의 형태로 변하여 「以」字가 되었다. 또한 「[illegible]」의 형태에서 「厶」의 형태로 변하여 「私」字가 되고, 「已」(이미 이)字로도 변하였다.

「㠯(以)」자가 聲符로 쓰인 글자와 「厶(私)」자가 聲符로 쓰인 글자를 찾아보면 다음과 같다.

<例> : 耜(보습 사), 似(같을 사), 姒(동서 사).

允(맏 윤), 俊(준걸 준), 浚(깊을 준), 峻(높을 준), 竣(마칠 준), 酸(초 산), 狻(사자 산), 逡(뒷걸음칠 준), 捘(밀칠 준), 焌(태울 준), 畯(농부 준), 駿(준마 준).

台(별이름 태), 冶(부릴 야), 治(다스릴 치), 苔(이끼 태), 矣(어조사 의), 埃(티끌 애), 俟(기다릴 사).

이상으로 볼 때 「㠯」(이)의 音이 여러 갈래로 변하였음을 알 수 있다. 「厶」(사)자가 聲符로 쓰인 글자 중에 「夋」(갈 준, 천천히걷는 모양 준), 「允」(맏 윤)자와 「夊」(천천히 걸을 쇠)자의 形聲字로서자는 聲符가 되었음을 알 수 있다.

곧 「夋」(준)자가 聲符로 쓰인 글자는 「준, 산」 등으로 발음된다.

96 臣 : ★턱 이

본래 양볼과 턱의 모양을 그린 象形字(→)이다. 뒤에 「頁」(머리 혈)자를 더하여 「頤」(턱 이)자로 변하였다.

※ 「𦣝」(이)자를 「臣」(신하 신)자로 잘못 쓰고 있으나 전연 다른 글자이다. 「𦣝」의 형태로 된 활자도 있으나 잘못이다.

「𦣝」(이)자가 聲符로 쓰인 글자는 「희」로 발음된다.

<例> : 姬(계집 희), 熙(빛날 희), 凞(빛날 희)

※ 발음이 크게 변한 「茝」(구리때 채, 치)자가 있다.

97 弋 : 주살 익

본래 「丰」의 자형으로서 나무말뚝의 뜻을 나타낸 指事字이다. 뒤에 끈을 맨 화살의 뜻으로 쓰였다. 「弋」자는 부수자로 쓰이지만 聲符字로도 쓰인다.

「弋」이 聲符로 쓰인 글자는 「대, 시, 식」 등으로 발음된다.

<例> : 代(대신할 대), 袋(자루 대), 貸(빌릴 대), 垈(터 대), 岱(대산 대), 玳(대모 대), 黛(눈썹먹 대), 式(법 식), 拭(닦을 식), 軾(수레앞턱가로나무 식), 試(시험 시), 弑(죽일 시)

※ 鳶(소리개 연, 만든 '연'의 뜻으로도 쓰임)자와 같이 전연 이질적인 발음도 있다.

98 因 : 인할 인

본래 자형은 「因」의 형태로서 방바닥에 까는 자리의 모양을 상형한 글자이다. 뒤에 「인할 인」자로 전의되면서 「茵」(풀로만든 자리의 뜻), 「筃」(대나무로 만든 자리), 「鞇」(가죽으로 만든 자리) 등으로 구별되어 쓰였다.

「因」이 聲符로 쓰인 글자는 「인, 연, 은」 등으로 발음된다.

<例> : 咽(목구멍 인, 삼킬 연), 姻(혼인 인), 絪(기운 인), 洇(잠길 인), 烟(연기 연), 胭(목구멍 연), 恩(은혜 은), 蒽(풀이름 은)

99 𠂔 : 자

우리나라 字典에는 실려 있지 않고 『康熙字典』에 "祖史切, 壯仕切"이라 하고 본래 「朿」의 字形이어야 마땅하지만, 오늘날은 「𠂔」의 字形으로 쓰인다고 설명하였다. 臺灣의 趙右培는 「𠂔」의 본뜻은 草本植物의 '가시'를 象形한 글자로서 지금은 聲符로만 쓰이고 있다고 풀이하였다.

「𠂔」가 聲符로 쓰인 글자는 「제, 시, 자」 등으로 발음된다.

<例> : 泲(물이름 제), 柹(감 시), 姊(누이 자), 柹(감나무 시)

100 勺 : 구기 작

국자에 국물이 떠져 있는 모양을 나타낸 象形字(ゟ)인데, 뒤에 「杓」(주걱 표)자로 변형되었다.

「勺」(작)자가 지금은 국자의 뜻으로 쓰이지 않고, 1合(홉)의 10분의 1로서 도량형의 단위로 쓰인다. 「勺」자는 「勺」의 俗體字이다.

「勺」(작)자가 聲符로 쓰인 글자는 「작」 외에도 「적, 약, 표, 박」 등으로 변음되어 쓰인다.

<例> : 酌(따를 작), 灼(사를 작), 芍(함박꽃 작), 妁(중매 작), 的(과녁 적), 約(약속할 약), 趵(차는 소리 박), 豹(표범 표), 杓(자루 표)

101 戔 : 해할 잔, 싸울 잔

본래 두 개의 창(戈)이 서로 마주쳐 있는 상태로서 싸우다의 뜻을 나타낸 會意字. 뒤에 상처를 입히다의 뜻으로 인식되었다.

「戔」(잔, 전)자가 聲符로 쓰인 글자는 「잔, 전, 천」 등으로 발음된다.

<例> : 殘(해칠 잔), 剗(깎을 잔), 錢(돈 전), 箋(쪽지 전), 諓(말잘할 전), 棧(장계 전), 餞(전별할 전), 淺(얕을 천), 帴(언치 천), 俴(엷을 천), 賤(천할 천), 踐(밟을 천)

102 兂 : 비녀 잠

머리에 비녀를 꽂는 형태를 본 뜬 象形字(兂)로서 비녀의 뜻을 나타낸 것이다. 뒤에 「兓」의 複體로 변형되고, 다시 「簪」(비녀 잠) 자로 누증되었다.

「兂」자가 聲符로 쓰인 글자는 「잠, 참」으로 발음된다.

<例> : 潛(잠길 잠), 㔆(찌를 잠), 蠶(누에 잠), 鐕(못 잠), 僭(참담할 참), 噆(깨물 참), 憯(슬퍼할 참), 譖(헐뜯을 참).

※ 兂(비녀 잠)자와 「无」(없을 무), 旡(목멜 기)와는 字形도 다르다. 그러므로 「누에 잠」자를 活字에도 「蠶」과 같이 「旡」(목멜 기)자를 쓴 것은 잘못이다.

103 叀 : 전

본래 실을 자아 감는 기구의 형태를 나타낸 象形字(→→叀)인 데, 뒤에 손으로 돌린다는 뜻에서 「寸(彐)」(손의 뜻)을 더하여 「專」(전)字로 변하였다.

「叀」字가 聲符로 쓰인 글자는 「전, 단」 등으로 발음한다.

<例> : 傳(전할 전), 轉(구를 전), 甎(벽돌 전), 膞(썰 전), 團(둥글 단), 摶(뭉칠 단), 慱(근심할 단).

104 雋 : 새살질 전, 훌륭할 준

본래 활(冋)의 字形은 弓자를 옆으로 놓은 것으로 새를 쏘다의 뜻을 나타낸 會意字이나, 지금은 새살질 전, 훌륭할 준 자로 전의되어 쓰이고 있다.

「雋」(전, 준)자가 聲符로 쓰인 글자는 「전, 준」 등으로 발음된다.

<例> : 儁(준걸 준), 懏(민첩할 준), 鐫(새길 전).

※ 이질적인 발음으로 「檇」(과실나무 취), 巂(제비 휴, 고을이름 수, 땅이름 전)자가 있다.

105 产 : 우러러볼 점

본래 높은 언덕 올라가 멀리 바라보다의 「人+厂」(产)의 會意字인데, 뒤에 「瞻」(볼 첨)자로 변형되었다. 그러므로 지금은 「产」(점)자가 聲符로만 쓰인다.

「产」(점)자가 聲符로 쓰인 글자는 「첨, 섬, 담」 등으로 발음된다.

<例> : 噡(말많을 첨), 幨(휘장 첨), 檐(처마 첨), 瞻(볼 첨), 簷(처마 첨), 襜(행주치마 첨), 蟾(두꺼비 섬), 譫(헛소리 섬), 贍(넉넉할 섬), 澹(넉넉할 섬, 담박할 담), 擔(멜 담), 膽(쓸개 담), 薝(치자나무 담), 儋(멜 담)

106 𡈼 : 줄기 정, 착할 청

본래 사람이 흙 위에 서 있는 것을 나타낸 會意字(𡈼). 이 글자의 楷書體는 「王」(왕)자나 「壬」(임)자의 형태와 달리 「𡈼」(정)과 같이 써야 한다. 「𡈼」(정)이 聲符로 쓰인 글자는 대부분 「정, 청」으로 발음된다.

<例> : 呈(나타낼 정), 廷(조정 정), 庭(뜰 정), 挺(뺄 정), 艇(거

룻배 정), 霆(천둥소리 정), 裎(벌거벗을 정), 酲(숙취 정), 鞓(가죽대 정), 聽(들을 청), 廳(집 청).

※ 聖(성인 성), 徵(부를 징)등과 같이 變音된 것도 있다.

107 喿 : ★지귀귈 조

본래 새들이 나무 위에서 지저귀는 것을 나타낸 會意字.

「喿」가 聲符로 쓰인 글자는 거의 다 「조」로 읽어도 틀림없다.

<例> : 噪(시끄러울 조), 澡(씻을 조), 燥(마를 조), 懆(조심할 조), 操(잡을 조), 譟(소란할 조), 藻(마름 조), 躁(조급할 조), 臊(누린내날 조).

108 壴 : 주

본래 「鼓→壴」의 자형으로서 북에 수식을 하고 나무걸이에 올려놓은 모양을 象形한 글자이다. 『康熙字典』에 의하면 「屮」(싹날 철)자와 「豆」(콩 두)자의 합체자인데 예서체에서 「壴」의 자형으로 변형되고, 字音은 '中句切」로서 '註(주)」음과 같다고 풀이하였다. 「豈」(어찌 기, 즐길 개)자와 同一字로 보기도 한다.

「壴」(주)가 聲符로 쓰인 글자는 「고, 수, 주」 등으로 발음된다.

<例> : 鼓(북 고), 臌(부풀 고), 瞽(소경 고), 樹(나무 수), 廚(부엌 주), 尌(세울 주), 幮(휘장 주), 嵦(힐 애), 凱(개선할 개), 塏(높고건조할 개), 愷(즐거울 개), 鎧(갑옷 개), 剴

(알맞을 개), 敳(다스릴 애), 獃(어리석을 애), 磑맷돌 애)

※ 「豈」(기)자가 聲符로 쓰인 글자는 「개, 애, 의」 등으로 발음된다.

※ 「壴」(주)자가 聲符로 쓰인 글자 중에는 「彭」(성할 팽, 본래는 북소리 팽)자와 같이 「팽」으로 발음되는 것도 있다.

※ 「喜」(기쁠 희)자는 「壴」(주)자와 」口」자의 會意字로서 「壴」자의 음과는 전연 다른 '희'로 발음된다.

109 至 : 이를 지

본래 화살이 땅으로 떨어지는 것을 가리킨 指事字이다.

「至」가 聲符로 쓰인 글자는 「질, 치」 등으로 발음된다.

<例> : 姪(조카 질), 桎(차꼬 질), 膣(새살돋을 질), 挃(찌를 질), 峌(높을 질), 咥(개물 질), 晊(클 질), 絰(질 질), 致(이를 치), 緻(밸 치, 촘촘할 치), 胵(살찔 치), 銍(낫 질), 耋(늙은이 질)

110 戠 : 새길 지

楷書에서는 「音」과 「戈」(창 과)의 會意字로 되어 있으나, 甲骨文에서는 「𢆉(辛)」과 「戈」의 會意字(∇f, 8f)로서 새기다의 뜻을 나타내었다. 뒤에 「識」로 累增되고, 「誌」로 聲化된 것이다.

「識」자를 일반적으로 「알 식」으로 알고 있으나, 원래는 「새길 지, 적을 지」로서 標識(표지), 款識(관지)에서와 같이 「식」으로 읽어서는 안 된다.

「戠」가 聲符로 쓰인 글자는 「직, 치」로 발음된다.

<例> : 織(짤 직), 職(벼슬 직), 樴(말뚝 직), 膱(포 직), 幟(기 치), 熾(성할 치).

111 㞢 : 갈 지

본래 땅 위에 발의 모양을 그리어 앞으로 가다의 뜻을 나타낸 指事字(㞢→㞢)인데, 뒤에 「之」字로 변하고, 聲符로 쓰일 때는 「㞢→土」의 字形으로 변하여 쓰인다.

「土(㞢)」字가 聲符로 쓰인 글자는 「지, 시, 치, 사」 등으로 발음한다.

<例> : 持(가질 지), 洔(섬 지), 侍(모실 시), 詩(시 시), 時(때 시), 峙(우뚝할 치), 痔(치질 치), 蚩(어리석을 치), 寺(절 사, 내시 시).

※ 寺(절 사) : 본래 「寺」는 「侍」(모실 시)의 古字였으나, 뒤에 官寺 곧 관청의 뜻으로 쓰였는데, 漢나라 明帝 때, 西域으로부터 攝摩騰(섭마등)과 竺法蘭(축법란) 등이 백마에 佛經을 싣고 와서 당시 외국의 賓客을 접대하던 관청인 鴻臚寺(홍려시)에 머물렀던 연고로 「寺」字가 절의 뜻으로 쓰였으며, 그 뒤 白馬寺를 창건하여 사찰의 시초가 되었음.

112 咠 : 귓속말할 집

남의 귀에 대고 소곤거리는 말을 나타낸 會意字.

「咠」이 聲符로 쓰인 글자는 「집, 즙」 등으로 발음하면 된다.

<例> : 揖(모일 집, 읍할 읍), 緝(길쌈할 집), 輯(모을 집), 楫(노 즙), 戢(거둘 즙).

113 叉 : 깍지낄 차

손가락을 서로 끼운 것을 나타낸 指事字이다.

「叉」가 聲符로 쓰인 글자는 「차, 채」로 발음된다.

<例> : 扠(집을 차), 汊(물갈라질 차), 杈(나뭇가지 차), 衩(옷 차), 訍(딴말할 차), 釵(비녀 채), 靫(전동 채)

114 且 : 또 차

「且」자의 字源에 대해서는 男根의 象形, 石柱의 象形, 도마의 象形 등으로 해석하여 아직까지 확실한 해석을 내리지 못하고 있다. 그러나 諸說의 공통점은 祖上의 상징으로서 「祖」의 本字로 보는 것이다.

「且」자를 聲符로 하는 글자는 「저, 조」 등으로 발음된다.

<例> : 咀(씹을 저), 姐(누이 저), 岨(돌산 저), 怚(교만할 저), 沮(막을 저), 狙(원숭이 저), 詛(저주할 저), 跙(머뭇거릴 저), 齟(어긋날 저), 蛆(구더기 저), 罝(그물 저), 租(조세 조), 組(끈 조), 俎(도마 조), 助(도울 조), 徂(갈 조), 粗(거칠 조), 阻(막힐 조).

※ 이질적인 발음으로 「鉏」(호미 서)와 「駔」(준마 장)이 있다.

115 𣦼 : ★후빌 찬

「歺」(부서진뼈 알)과 「又(手)」(손 수)의 會意字로 「𣦼([illegible])」(후빌 찬)의 뜻으로 쓰였던 글자인데, 지금은 聲符로만 쓰인다. 뒤에 「殘」(해칠 잔)으로 聲化되었다.

「𣦼」(찬)자가 聲符로 쓰인 글자는 모두 「찬」으로 발음된다.

<例> : 燦(빛날 찬), 璨(빛날 찬), 粲(정미 찬), 澯(맑을 찬), 餐(먹을 찬)

116 毚 : ★토끼 참

본래의 字形은 「兎」(토끼 토)자를 2字 겹쳐서 교활한 토끼의 뜻을 나타낸 글자([illegible])인데 뒤에 「毚」과 같이 자형이 변하였다.

「毚」자가 聲符로 쓰인 글자는 모두 「참」으로 발음된다.

<例> : 儳(참견할 참), 劖(새길 참), 巉(가파를 참), 攙(찌를 참), 瀺(물소리 참), 讒(참소할 참), 鑱(보습 참), 饞(탐할 참)

117 冊 : 책 책

일반적으로 서적을 '책'이라고 하지만, 지금의 책의 형태를 象形한 글자가 아니라, 나무나 대쪽에 글씨를 쓰고 가죽끈으로 묶은 형태를 상형한 글자이다. 현재 中國에서는 '書'字로써 책을 뜻하고, 일본에서는 '本'字로써 책을 뜻하고 있는데, 우리 나라에서는 아직도 「冊」字로써 책의 뜻을 나타내고 있음은 漢字를 우리 조상인 東夷族이 만들었음을 실증하는 한 例라고도 할 수 있다.

「冊」이 聲符로 쓰인 글자는 「책」외에 전연 다른 子音의 「산」으로도 발음된다.

<例> : 删(깎을 산), 珊(산호 산), 姍(헐뜯을 산), 跚(비틀거릴 산), 柵(울짱 책)

118 朿 : *등골뼈 척

등뼈 양측의 뼈를 그린 象形字(朿)이다. 뒤에 획을 가하여 「脊」(등골뼈 척)자가 되었다.

「朿」(척)자가 聲符로 쓰인 글자는 모두 「척」으로 발음된다.

<例> : 蹐(살금살금걸을 척), 瘠(파리할 척), 鶺(할미새 척), 塉(메마른흙 척), 嵴(산등성이 척).

119 忝 : 天(하늘 천)의 변체

본래 「天」자였는데 楷書體에서 「忝」의 字形과 같이 변형되어 聲符字로 쓰인다.

「忝」이 聲符로 쓰인 글자는 「탄, 첨」으로 발음된다.

<例> : 呑(삼킬 탄), 忝(더럽힐 첨, 「天」는 「忝」의 古字), 添(더할 첨), 婖(부끄러워할 첨), 悿(밀약할 첨), 掭(묻힐 첨), 菾(상추 첨)

120 叕 : ★이을 철

본래 실끈이 여러 개 있는 모양을 나타낸 象形字(𡮲→叕)인데, 지금은 聲符로 쓰인다.

「叕」字가 聲符로 쓰인 글자는 전부 「철」로만 발음한다.

<例> : 綴(맬 철), 啜(마실 철), 惙(근심할 철), 掇(주울 철), 歠(마실 철), 輟(그칠 철), 剟(깎을 철), 蝃(거미 철).

121 僉 : 다 첨

: 이 자는 「亼」(亼, 一의 指事字로 三合의 뜻으로 音은 집이다.)과 「吅」(부르짖을 현)과 「從」(從의 古字)의 會意字로서 衆口同聲 곧 모두의 뜻으로 쓰인다.

「僉」자가 聲符로 쓰인 글자는 「첨」외에도 「검, 엄, 험, 섬, 렴」 등 여러 가지로 발음되지만, 「ㅁ」받침의 공통점을 가지고 있다.

<例> : 籤(쪽지 첨), 鹼(소금기 감, 첨), 儉(검소할 검), 劍(칼 검), 撿(단속할 검), 檢(조사할 검), 瞼(눈꺼풀 검), 臉(뺨 검), 顩(하관빨 엄), 獫(오랑캐 험), 薟(부추 엄, 매운맛 험), 險(험할 험), 驗(증험할 험), 譣(교활할 험, 추궁할 섬), 憸(간사할 섬) 斂(거둘 렴), 殮(염할 렴), 匳(경대 렴).

※ 中國 현대어에서는 얼굴을 「臉」(리 앤)이라고 하는 것은 本音이 「검」이었으나, 뒤에 「렴」으로 변하였음을 알 수 있다.

122 妾 : 첩 첩

본래「辛」(신 : 辛은 본래 문신하는 도구의 모양을 象形한 글자)과「女」의 합체자로서 노예로 잡아온 여자를 뜻한 것인데, 첩으로도 삼았으므로 '첩'의 뜻으로 쓰인 것이다.

「妾」이 聲符로 쓰인 글자는「접, 삽」등으로 발음된다.

<例> : 接(접할 접), 椄(접붙일 접), 蝶(나비 접), 萎(개연꽃 접, 운삽 삽), 霎(가랑비 삽)

123 叉 : 손발등 초

본래 손톱으로 긁어서 일어난 부스러기를 점으로 나타낸 指事字이다.「爪」(손톱 조)의 古字로도 본다.

「叉」가 聲符로 쓰인 글자는「소, 조」등으로 발음된다.

<例> : 蚤(벼룩 조), 搔(긁을 소), 騷(떠들 소), 慅(흔들릴 소)

124 罒 : 누에 촉

누에의 모양을 본뜬 象形字()이다. 눈을 크게 뜨고 누에의 모습을 자세히 보는 것을 나타낸 것이라고도 한다. 뒤에 加形하여「蜀→蠋」이 되고, 다시 聲化하여「蠶」(누에 잠)이 되었다. 누에는 하늘에서 내린 이로운 벌레라 하여「蚕, 蠺, 蝅」등의 會意字로도 쓰인다.

「罒」자가 聲符로 쓰인 글자는「독, 탁, 촉」등으로 발음된다.

<例> : 獨(홀로 독), 濁(흐릴 탁), 燭(촛불 촉), 躅(머뭇거릴 촉), 觸(닿을 촉), 髑(해골 촉), 屬(붙을 촉, 무리 속), 鐲(징 탁, 팔찌 탁), 囑(부탁할 촉), 襡(통치마 촉).

125 芻 : ★꼴 추

본래의 字形은 「[illegible]」의 형태로서 손으로 풀을 잡고 베는 모양을 나타낸 것이다. 뒤에 자형이 변하여 「芻」(꼴 추)자가 되고, 聲符字로 쓰임에 따라 다시 「艸」(풀 초)를 더하여 「蒭」(꼴 추)자로 쓰이게 되었다.

「芻」자가 聲符로 쓰인 글자는 대부분 「추」로 발음된다.

<例> : 趨(다릴 추), 鄒(나라이름 추), 騶(말먹이는사람 추), 皺(주름 추), 雛(병아리 추), 媰(아이밸 추), 縐(주름질 추)

126 豖 : 발얽은돼지걸음 축

「豕」(돼지 시)자에 점을 찍어, 돼지의 발을 얽어맨 모양을 나타낸 指事字이다.

「豖」자를 聲符로 쓴 글자는 「탁, 총, 촉」 등으로 발음된다.

<例> : 啄(쪼을 탁), 琢(옥쪼을 탁), 涿(들을 탁), 剢(쪼을 탁), 冢(무덤 총), 塚(무덤 총), 瘃(손발얼어터질 촉)

127 丑 : 소 축

본래는 손으로 끈을 잡은 형태를 나타낸 象形字([illegible])이다. 뒤에 소띠를 나타내는 干支의 뜻으로 쓰이면서 「糸」자를 더하여 「紐」(끈 뉴)자로 累增되었다.

「丑」자가 聲符로 쓰인 글자는 「뉵, 뉴, 수, 추」 등으로 발음된다.

<例> : 忸(부끄러워할 뉵), 杻(싸리 뉴, 수갑 추), 鈕(인꼭지 뉴, 갈 추), 羞(부끄러울 수).

128 朮 : 차조 출, 삽주 출

본래 수수 이삭과 잎의 모양을 나타낸 象形字(𣎳→ 朮).

「朮」(출)이 聲符로 쓰인 글자는 「출, 술, 살, 찰」 등으로 발음이 여러 가지로 나지만, 「ㄹ」받침을 공통으로 가지고 있으며, 初聲은 齒音으로서 공통성을 가지고 있다.

<例> : 秫(차조 출), 怵(두려워할 출), 述(지을 술), 術(꾀 술), 鉥(돗바늘 술), 殺(죽일 살), 刹(절 찰).

※ 日本의 활자에는 「朩」로 되어 있으나, 「朮」과 같이 점이 있어야 한다.

129 甾 : ★꿩 치, 내이름 치

: 「巛」의 字를 部首名으로 칭할 때는 「개미허리」라고 하지만, 실은 「川」(내 천)자의 古字形이다.

「甾」자를 「꿩 치」자라고도 일컫지만, 「巛(川)」과 「田」의 合字로 볼 때, 「내이름 치」자로 보는 것이 타당하다.

「甾」(치)자가 聲符로 쓰인 글자는 모두 「치」로 발음된다.

<例> : 淄(검은빛 치), 緇(검을 치), 菑(묵정밭 치), 輜(짐수레 치), 錙(저울눈 치), 鯔(숭어 치)

130 妥 : 평온할 타

본래 손으로 여자를 잡은 會意字(爫+女)로서 여자를 손으로 어루만짐의 뜻을 나타낸 글자이다.

「妥」(타)자가 聲符로 쓰인 글자는 「수, 타, 유, 퇴, 뉘, 뇌, 휴」 등 여러 가지로 변음 되었다.

<例> : 綏(편안할 수, 드리울 타, 깃대장식 유, 편안할 퇴), 餒(주릴 뇌), 挼(비빌 뇌, 제사지낼 휴).

131 乇 : 풀잎 탁

식물의 싹이 흙을 뚫고 위로 솟아나온 모양을 본뜬 象形字(𠂉→ㄧ→乇). 「託」(부탁할 탁)字의 뜻으로도 쓰인다.

「乇」字가 聲符로 쓰인 글자는 주로 「탁, 타」 등으로 발음된다.

<예>: 托(밀 탁), 託(부탁할 탁), 恅(헤아릴 탁), 飥(수제비 탁), 宅(집 택), 吒(꾸짖을 타, 咤의 本字), 奼(자랑할 타), 秅(볏단 타, 차), 侘(낙망할 차), 亳(땅 이름 박).

132 㬱 : *성하게 날 탑

「冒」(모)와 「羽」(우)의 會意字로 모험을 무릅쓰고 힘차게 나는 뜻을 나타낸 글자인데, 지금은 聲符로만 쓰인다.

「翕」자가 聲符로 쓰인 글자는 모두 「탑」으로 발음된다.

<例> : 塌(떨어질 탑), 搨(베낄 탑), 榻(걸상 탑), 闒(용렬할 탑, 다락문 탑), 鰨(가자미 탑).

133 𠂢 : 물갈래 파

본래 강물의 支流를 나타낸 指事字(𠂢)로서 「派」(물갈래 파)자의 初文이다. 左右로 구별하여 「𣱵」(永)자를 만들었다.

「𠂢」자를 聲符로 쓰인 글자는 「파, 맥」으로 발음된다.

<例> : 派(물갈래 파), 脈(줄기 맥, 脉), 眽(훔쳐볼 맥), 覛(살펴볼 맥).

134 扁 : 넓적할 편, 두루 변

小篆에 「扁」의 자형으로서 「戶」(지게문 호)와 「冊」(책 책)의 합자이다. 곧 門 위에 거는 편액의 글씨를 말한다.

「扁」자가 聲符로 쓰인 글자는 「편, 변」으로 발음된다.

<例> : 偏(치우칠 편), 篇(책 편), 編(엮을 편), 遍(두루 편), 蝙(박쥐 편), 翩(빨리날 편), 騙(속일 편), 徧(두루 편), 褊(좁을 편, 옷펄럭일 변), 艑(거룻배 편)

135 㡀 : 옷 해질 폐

본래 옷(巾 : 수건 건)의 해진 곳을 점으로 가리킨 指事字(㡀→

㡀)인데, 지금은 聲符로 쓰인다.

「㡀」字가 聲符로 쓰인 글자는 「폐, 별」 등으로 발음한다.

<例> : 敝(해질 폐), 蔽(가릴 폐), 幣(비단 폐), 弊(나쁠 폐), 斃(넘어질 폐), 瞥(언뜻볼 별), 鼈(자라 별), 撇(닦을 별).

※ 자기 측을 겸칭할 때, 예를 들면 폐교, 폐국, 폐사 등의 폐는 「弊」字이지만 「敝」字로도 통용한다.

136 𦰩 : 한

흙으로 만든 神像의 모양을 본 뜬 象形字(𦰩→𦰩→堇→𦰩→ 堇). 塑像(소상)을 만들 때 불로 구워야 하기 때문에 「火」를 더하고, 흙으로 만들기 때문에 「土」를 더하기도 하였음. 뒤에 2가지로 갈리어 「𦰩(한)」과 「堇(진흙 근)」으로 구별되어 쓰인다.

「𦰩」자가 聲符로 쓰일 때는 「한, 탄, 근」 등으로 발음된다.

<例> : 漢(한수 한), 熯(불기운 한), 暵(말릴 한), 嘆 · 歎(탄식할 탄), 攤(펼 탄), 灘(여울 탄), 癱(사지틀릴 탄), 難(어려울 난), 僅(겨우 근), 槿(무궁화 근), 謹(삼가할 근), 勤(부지런할 근), 饉(흉년들 근), 瑾(아름다운 옥 근), 慬(근심할 근), 覲(뵐 근).

137 臽 : 구덩이 함

사람이 구덩이에 떨어져 진흙이 몸에 묻은 상태를 나타낸 象形字(臽)이다.

「臽」자가 聲符로 쓰인 글자는 「함, 염, 첨」 등으로 발음된다.

<例> : 陷(빠질 함), 欿(시름할 감, 함), 淊(흙탕 함), 餡(떡소 함), 諂(아첨할 첨), 焰(불꽃 염), 閻(이문 염, 예쁠 염).

138 盍 : 덮을 합

그릇의 뚜껑을 본뜬 象形字(盇)이다. 뒤에 「盍」자로 변형되고, 다시 「葢」(덮을 개), 「蓋」와 같이 변형되었다.

「盖」는 「蓋」의 俗字이고, 「葢」가 本字이다.

「盍」자가 聲符로 쓰인 글자는 「합, 개」 등으로 발음된다.

<例> : 嗑(말많을 합), 溘(갑자기 합), 闔(문짝 합), 榼(물통 합), 磕(돌부딪는소리 개), 饁(들밥 엽).

139 亢 : ★목 항

사람의 목을 본 뜬 象形字(亢)이다. 뒤에 「頁」(얼굴 혈)자를 더하여 「頏」(목 항)자로 누증되고, 다시 「吭」(목 항)자로 변하였다. 또 다시 聲化되어 「頸」, 「項」 등으로 변형되었다.

「亢」자가 聲符로 쓰인 글자는 대부분 「항」으로 발음된다.

<例> : 伉(짝 항), 抗(항거할 항), 杭(건널 항, 나룻배 항), 沆(물 넓을 항), 炕(마를 항, 구들 항), 航(항해할 항), 迒(발자국 항), 閌(높은문 항), 邟(큰언덕 항), 骯(살찔 항), 忼(강개할 강).

140 奚 : 어찌 해

본래 손으로 사람의 땋은 머리를 잡아끄는 모습을 나타낸 象形字(). 「奚」자를 일반적으로 「어찌 해」라고 일컫지만, 本義는 「노예 종」의 뜻을 나타낸 글자이다.

「奚」자가 聲符로 쓰인 글자는 「해, 혜, 계」 등으로 발음된다.

<例> : 膎(포 해), 鞵(생가죽신 혜, 해), 蒵(풀이름 혜), 蹊(지름길 혜), 鼷(생쥐 혜), 鷄(닭 계), 溪(시내 계), 谿(시내 계).

141 夾 : 낄 협, 낄 겹

본래의 字形은 「」의 형태로서 어른이 두 사람을 끼고 있는 모습으로서 '끼다'의 뜻을 나타낸 것이다.

「夾」이 聲符로 쓰인 글자는 「협, 겹」으로 발음된다.

<例> : 俠(호협할 협), 峽(골짜기 협), 挾(낄 협), 狹(좁을 협), 浹(두루미칠 협), 陜(좁을 협), 鋏(집게 협), 莢(풀열매 협), 頰(뺨 협), 鵊(소쩍새 겹)

142 匕 : 될 화

본래 사람이 쓰러진 상태를 나타낸 자형()으로 변화의 뜻으로 쓰였다. 뒤에 「人」을 더하여 「化」(될 화)자가 되었다.

「匕」(화)자가 聲符로 쓰인 글자는 「화, 와」로 발음된다.

<例> : 花(꽃 화), 靴(가죽신 화), 貨(재화 화), 訛(그릇될 와), 吪

(움직일 와)

※「𠤎」(化의 古字)와「匕」(비수 비)의 字形을 구별해야 한다.

143 舀 : ★절구 확, 긁어낼 요

「爪」(손톱 조)와「臼」(절구 구)자의 합체자로서 절구에서 긁어내는 뜻을 나타낸 會意字이다.

「舀」가 聲符로 쓰인 글자는 모두「도」로 발음된다.

<例> : 滔(물넘칠 도), 稻(벼 도), 蹈(밟을 도), 韜(감출 도), 慆(방자할 도), 掐(꺼낼 도), 焰(불꽃 도), 縚(끈 도), 諂(의심할 도)

144 睘 : ★놀라바라볼 환

「睘」(환)은 본래「罒」와「袁」(옷길 원)의 합체로「瞏」의 자형이었는데, 뒤에「睘」의 자형으로 생략되었다.「睘」(환)의 본래 뜻은 놀라 바라보다의 뜻이다.

「睘」이 聲符로 쓰인 글자는 모두「환」으로 발음된다.

<例> : 環(고리 환), 還(돌아올 환), 圜(둥글 환), 寰(기내 환), 澴(소용돌이칠 환), 擐(입을 환), 轘(환형 환)

145 奐 : ★빛날 환

본래의 字形은「𡘽」의 형태로 사람이 굴 밖에서 부르는 것을 나타낸 글자로 '부르다'의 뜻이었는데, 뒤에 '빛나다'의 뜻으로 쓰이게 되었다.

「奐」이 聲符로 쓰인 글자는 모두 「환」으로 발음된다.

<例> : 喚(부를 환: 奐의 累增字), 換(바꿀 환), 煥(빛날 환), 渙(흩어질 환)

146 褱 : 품을 회

본래 「褱」의 字形으로서 옷 속에 물건을 감추다의 뜻으로 「懷」(품을 회)자의 古字이다.

「褱」자가 聲符로 쓰인 글자는 「회, 괴」로 발음된다.

<例> : 壞(무너질 괴, 땅이름 회), 櫰(회나무 회), 瀤(물이름 회), 蘹(풀이름 회), 懷(품을 회)

147 矦 : ★과녁판 후

본래 활 쏠 때의 과녁판에 짐승을 그려 놓은 것을 나타낸 글자인데, 뒤에 사람인 「⺈→𠂉」자를 더하여 「矦」(후)의 형태로 변화하였는데, 뒤에 또 「人」자를 더하여 「侯」(제후 후)자로 쓰이게 되었다.

「矦(矦)」(후)를 聲符로 쓴 글자는 모두 「후」로 발음된다.

<例> : 喉(목구멍 후), 猴(원숭이 후), 帿(과녁 후), 睺(애꾸눈 후), 篌(공후 후), 鍭(화살 후), 堠(봉화대 후)

148 巂 : ★제비 휴

새의 머리에는 관을 그리고, 밑에는 꼬리의 형태를 그리어 子規鳥의 모양을 본 뜬 象形字()이다.

「巂」자가 聲符로 쓰인 글자는 모두 「휴」로 발음된다.

<例> : 攜(携의 本字, 끌 휴), 蠵(바다거북 휴), 鑴(솥 휴), 觿(뿔송곳 휴), 酅(땅이름 휴).

149 欠 : 하품 흠

사람이 입을 크게 벌리고 하품하는 모양을 본뜬 象形字(→→欠). 「欠」(하품 흠)字를 「缺」(결)字의 略字로 쓰고 있으나 잘못이다. 예를 들면 「欠缺」 곧 결핍이라는 어휘를 「欠欠」이라고 쓸 수 없기 때문이다.

「欠」字가 聲符로 쓰인 글자는 모두 「감」으로 발음된다.

<例> : 坎(구덩이 감), 砍(벨 감), 歁(시름할 감), 歛(바랄 감).

※ 斂(거둘 렴)字와 구별해서 써야 함.), 芡(가시蓮(연) 감).

「欠」이 形符로 쓰인 「欣(기뻐할 흔), 欽(공경할 흠), 歆(흠향할 흠), 歎(탄식할 탄)」 등과 聲符로 쓰인 글자와 구별해야 한다.

※ 「吹」(불 취)字는 「欠」과 「口」, 「炊」(불땔 취)字는 「欠(吹)」과 「火」의 會意字이다.

150 丯

칼로 나무에 금을 그어 쪼개서 반씩 나누어 가지고 있다가 뒤에 증거로 썼던 것을 나타낸 象形字(丯→丯). 앞에서 설명한 「丰(丯)」(풀 무성할 봉)字와 구별해서 써야 한다. 뒤에 「丯」字는 「㓞 → 栔 → 契」(맺을 계)와 같이 累增(누증) 되어 오늘날은 일반적으로 「契」字만이 쓰인다.

「㓞」字가 실은 甲骨文에서 처음으로 文字의 뜻으로 쓰였던 글자로서 字音은 「글」이었는데, 「契」字로 누증되어 쓰이면서 계약의 뜻으로 쓰이게 되었다. 「契」字 가 이름으로 쓰일 때는 「설」로 발음하며, 「离」(설)字와 같은 字로 쓰인다. 戰警(전경)이 탱크처럼 생긴 글자라고 하여 화제가 되었던 「卨」(설)도 같은 字이다.

<例> : 挈(끌 설, 끊을 계), 偰(맑을 설), 楔(쐐기 설), 稧(볏짚 설, 벼 계), 齧(물 설), 禊(계제 계), 鍥(새길 계), 潔(깨끗할 결), 害(해칠 해, 어찌 갈), 轄(관장할 할), 割(나눌 할), 瞎(애꾸눈 할), 憲(법 헌)

※ 위와 같이 字音이 여러 가지로 변하였으나, 「㓞(글)」의 本音과 같이 「ㄹ」(리을) 받침을 대부분 지니고 있음이 공통점이다.

151 翏

高飛의 뜻을 나타낸 「羽」와 「㐱」의 會意字(羽 +㐱). 「㐱」은 「乙」(飛)와 「彡」의 會意字로 새가 새로이 날개가 나서 나는 모습을 나타낸 것이다.

「翏」字가 聲符로 쓰인 글자는 주로 「류, 료, 륙」으로 발음된다.

<例> : 僇(욕보일 륙), 漻(곱을 류), 澻(맑을 류), 鏐(질 좋은 금 류), 蓼(여뀌 료), 寥(쓸쓸할 료), 廖(공허할 료), 憀(의뢰할 료), 醪(탁주 료), 戮(죽일 륙), 勠(합할 륙).

※ 크게 달리 발음되는 字: 膠(아교 교), 瘳(나을 추).

152 灷

본래 두 손으로 불을 받들고 있는 모습을 나타낸 象形字( → )인데, 뒤에 「 → 灷 → 关」의 字形과 같이 변하였다.

「灷」의 字形이 聲符로 쓰인 글자는 「승, 등, 송」 등으로 발음한다.

<例> : 勝(이길 승), 塍(밭두둑 승), 賸(바디 승), 騰(오를 등), 滕(물 솟을 등), 縢(묶을 등), 藤(등나무 등), 謄(베낄 등), 送(보낼 송).

※ 「笑」(웃음 소)의 古字로 「灷」(소)가 있으나, 여기의 聲符字와 다른 것임.

6

轉注·假借字

轉注와 假借에 대해서 이미 略述한 바와 같이 造字의 方法에 대한 것이 아니라, 象形·指事·會意·形聲의 방법으로 먼저 만들어진 글자를, 轉注는 뜻으로 돌려 쓰고, 假借는 소리로 돌려 쓰는 用法을 일컫는 것이다.

옛부터 六書라 하여 象形·指事·會意·形聲과 더불어 轉注와 假借를 덧붙여 왔으나, 실은 造字方法과는 무관한 것이다.

쉽게 설명하면 漢字는 모든 글자가 同時期, 同地域에서 만들어진 것이 아니므로 初期에 글을 쓸 때 말은 있으나, 그에 해당하는 글자는 미처 만들어져 있지 않은 상태에서 부득이 이미 만들어진 글자를 어떤 것은 同意로 취하여 쓰고 어떤 것은 同音으로 취하여 씀에서 轉注字와 假借字가 발생한 것이다.

許愼은 『說文解字』 敍에 "轉注者, 建類一首, 同意相受, 考老是也."라고 定義하고 考와 老로써 예를 들어 놓았으나, 지금까지 많

은 文字學者들이 제각기 形轉說, 省畫說, 部首說, 轉聲說, 互訓說, 折衷說, 分化·派生說, 引伸說 등을 주장하고 있으나, 아직까지 轉注에 대한 명쾌한 결론을 내리지 못하고 있다.

따라서 오늘날 漢字를 과학적으로 빨리 학습하는 방법으로서는 轉注字를 상세히 분석 분류하는 것이 별로 도움이 되지 않기 때문에 긴 설명은 생략한다.

假借에 대해서도 許愼이 『說文解字』 敍에 "假借者, 本無其字, 依聲託事, 令長是也."와 같이 定義하고 令과 長으로써 예를 들었다. 假借字에 대한 定義는 轉注字에 비하여 뜻이 분명하여 學者들간에 별 異見이 없다.

假借字는 有義假借와 無義假借로 구별한다. 有義假借는 字音이 동일할 뿐만 아니라, 字義도 연계되어 쓰이는 것을 말한다. 예를 들면 '女'자는 본래 여자가 두 손을 모으고 무릎을 끓어 앉아 있는 모습을 象形한 것인데, 男性 측에서 말하면 그 상대는 곧 女性이므로 '女'를 제2인칭 代名詞로 假借하여 '汝'(너 여)字와 같이 쓰인다. '侯'(제후 후)의 본래 자형은 ' →  → '의 형태로 표적판()에 화살()을 쏘는 것을 나타낸 것으로 그 본 뜻은 표적(標靶 : 표파)을 말한다. 고대의 射禮에서 활을 쏘아 명중시킨 사람은 諸侯로 뽑혔기 때문에 '侯'자가 제후의 뜻으로 假借된 것이다. 다시 말해서 '제후'에 해당하는 漢字를 미처 만들지 못하여 화살 표적이 제후의 뜻으로 代用된 것이다.

無義假借는 字義에는 관계없이 同一한 字音을 취하는 것인데,

오늘날은 주로 外國의 國名·地名·人名과 外來語를 표기하는데 쓰이고 있다. 예를 들면 美國이나 英國 등의 표기에서 '美'는 '아름납나'는 字義와는 관계없이 'America'의 'me'를 취음한 것이고, '英'은 '꽃부리'의 뜻과는 관계없이 'England'의 'Eng'을 취음한 것이다. 人名의 '基督', '馬克斯'는 곧 'Christ', 'Marx'의 音을 비슷한 字音으로 취음한 것이다. 地名의 '倫敦', '華盛頓'은 곧 'London', 'Washington'의 취음이다.

오늘날 中國에서 外來語를 취음 표기하는 예를 들어보면, 維他命(vitamin), 百事可樂(pepsi-cola), 高爾夫(golf), 愛斯不難讀(esperanto) 등이다. 이것들이 無義假借字로 쓰였지만, 자세히 살펴보면 '維他命'은 곧 '그대의 목숨을 유지시켜 주는 약', '百事可樂'은 '백가지 일 곧 모든 일을 즐겁게 해 줄 수 있는 음료수', '高爾夫'는 곧 '당신의 남편을 고상하게 할 수 있는 운동', '愛斯不難讀'은 곧 '이 문자를 애용하면 읽기가 어렵지 않다' 등과 같이 뜻도 통하도록 표현하는 것이 흥미롭다.

결론적으로 말해서 오늘날 轉注法은 별로 활용되지 않고 있지만, 西歐에서 쏟아져 들어오는 外來語를 'rocket → 火箭', 'elevator → 電梯' 등과 같이 意譯하기도 하지만 상당수가 假借法으로 표기되고 있다.

IV

部首에 대한 올바른 學習

1. 올바로 알아야 할 部首 名稱

2. 214 部首의 字源 풀이

3. 部首字 使用頻度表

4. 部首를 알기 어려운 漢字

1 올바로 알아야 할 部首 名稱

① 丨 위아래로 통할 곤 ※뚫을곤 변(×)

字典에 따라 '뚫을곤 변', '위아래로 통할 곤' 등으로 일컫는다. 『說文解字』에 '下上通也'로 풀이하였으니, '뚫다'의 뜻보다는 '위아래로 통하다'의 뜻이 더 적합하다고 생각된다. 字音은 『集韻』에 '古本切'로 되었기 때문에 '곤'으로 읽는다. '丨' 部首에 속하는 字가 10여 개 있으나, '中, 串(꿸 천/곶 곶)' 외에는 별로 쓰이지 않는 글자들이다.

② 丶 심지 주 ※점 주(×)

字典에 따라 '점', '점 주' 등으로 일컫고 있는데, '丨'(곤)을 訓과 音을 함께 붙여 部首名을 만든 기준에 일치하려면 '丶'는 곧 '主'의 古字이고, '主'는 또한 '炷'(심지 주)의 古字라고 『說文解字』의 段玉裁 註에 풀이한 것에 근거할 때, '丶'의 部首名을 '점'이나 '점 주'보다는 '심지 주'라고 칭하는 것이 합당할 것이다. 다시 말해서 '점'은 '丶'字의 訓이 될 수 없다. 더욱 명확히 하기 위해서는 '심지주 점'이라고 칭하여도 될 것이다.

'丶'部首에 속하는 字는 '丸, 丹, 主, 丼(井과 同字)' 등이 있다.

3 丿 좌로 삐칠 별 ※삐침(×)

字典에 대부분 '삐침'으로 일컫고 있으나, 역시 '丨'(곤)의 部首名으로 볼 때, 筆劃의 형태상 명칭은 될 수 있겠지만, 部首名은 될 수 없다.

『說文解字』에는 '象左引之形'이라 하였으며, 『廣韻』에서 字音은 '별'이라 하였으니 '좌로 삐칠 별'이라고 일컬어야 합당할 것이다. 漢나라 蔡邕(채옹)의 『永字八法』에서는 '丿'에 해당하는 필획을 '掠(략)'이라고 칭하였다.

'丿'의 字音이 『廣韻』에 '예'音도 있고, 『集韻』에 '요'音도 있으나, 일반적으로 '별'로 읽는다.

'乀'(파임)의 필획은 '丿'의 字形과는 전연 반대 방향의 글자인데도 '丿'部首에 소속시킨 것은 합리성이 없으나, '乀'(파임)은 독립 部首字로 되어 있지 않기 때문에 부득이 '丿'의 部首에 소속시켰음을 알 수 있다. '乀'의 字音은 '불'로 되어 있으니 '파임 불'이라고 일컫는다. 『永字八法』에서는 '磔'(책)이라고 칭한다.

『康熙字典』에 '乏'(모자랄 핍)자를 '丿'의 部首字에 소속시킨 것은 합당하지만, '之'자를 '丿'의 部首字에 소속시킨 것은 잘 이해가 되지 않는다.

4 亅 갈고리 궐

字典에 '갈고리 궐', '갈고리궐 변' 등으로 일컬어져 있다.

『說文解字』에 '𠄌'의 字形과 같이 써 놓고, '鉤逆者謂之' 곧 낚시로서 거스리는 것이라고 풀이하였다. 다시 말해서 '낚시'의 象形字인 것이다. '亅'자의 音은 '衢月切'이니 곧 '궐'이다. '亅'자의 部首名은 '낚시 궐'이라고도 할 수 있겠으나, 『說文解字』의 풀이로 보면 반드시 낚시만을 지칭한 것이 아니기 때문에 '갈고리 궐'로 칭하는 것이 좋겠다.

'亅' 部首에 속한 글자로는 '了(마칠 료), 予(나 여), 事(일 사)' 등이 있다. '亅'의 部首에 속한 글자들이 '갈고리'의 本義와는 아무런 관계도 없으니, 다른 부수에 소속시키고 '亅'部首는 폐하여도 좋을 것으로 생각된다.

中國의 『新華詞典』에서는 '亅'部首를 이미 폐하였다. 앞으로 우리 나라 字典 편찬자들도 部首 찾기의 좀더 편리한 방법을 위하여 새로운 정리가 필요하다.

5 亠 돼지해머리 두 ※돼지해 밑(×)

字典에 '돼지해머리', '돼지해 밑' 등으로 일컬어져 있다. 이러한 명칭은 '亥'자가 干支에서 '돼지띠'를 나타내는 글자이므로 취해진 것이다. 그러나 '亠'의 형태가 곧 '돼지 해'자는 아니며, '亥'자의 머리 부분을 취한 것이 '亠'의 형태이므로 '돼지해 밑'이라는 명칭은 타당하지 않다. '亠' 부수가 『說文解字』에는 실려 있지 않다. 『康熙字典』에도 '亠'의 部首名이 '돼지해머리'로 되어 있지 않고, 『字彙』에서 인용하여 字音은 '徒鉤切' 곧 '두'音이라고 하고, 字義는 밝혀져 있지 않다고 하였다. 『形音義綜合大字典』에서는 '亢'(목 항)자의 '亠'를 취한 것이라고 하였다. 日本의 字典에서는 '亠'의 部首名을 'なべぶた' 곧 '냄비뚜껑' 또는 '卦算冠(けいさんかんむり)'이라고 한 것을 보면 韓·中·日 삼국이 제각기 部首名을 만들었음을 알 수 있다. '亠' 部首에 속한 글자들을 보면 '亡·亢·交·亦·亨·享·亮·亳(땅이름 박)·亶(미쁠 단)·亹(힘쓸 미)' 등으로 '亥'자나 '亢'자의 뜻과는 아무런 관계도 없을 뿐더러, '亠'의 부수로서는 表意偏旁이 될 수 없다. 앞으로 部首를 정리하여 새로 편찬하는 字典에는 獨立部首로 놓을 필요가 없다고 생각한다.

6 儿 밑사람 인 ※어진사람 인(×) 어진사람인 변(×)

字典에 '어진사람 인', '어진사람인 변' 등으로 일컬어져 있다.

『說文解字』에는 '儿'자에 대하여 "古文奇字 𠆢也, 象形. 孔子曰儿在下, 故詰詘"이라 하여 곧 '𠆢'자는 古文으로서 사람의 팔과 다리를 상형한 것으로 풀이하였다. 또한 孔子는 '儿'자에 대하여 다른 글자의 밑에 쓰이므로 굴곡시켰다고 하였다. 다시 말해서 '𠆢(人)'의 字形이 다른 글자의 밑에 쓰이므로 그 字形을 변형하여 '儿'의 형태로 썼다는 것이다. 그러므로 '儿'의 部首名을 '어진사람 인'이라고 일컫는 것은 옳지 않다. 이에 대하여 段玉裁는 『說文解字』에 "今俗本古文奇字之上, 妄添仁人也三字, 是爲蛇足"이라고 밝힌 바와 같이 '儿'에 대하여 '仁人' 곧 '어진사람'이라고 한 것은 잘못 붙인 蛇足이라고 하였다.

『康熙字典』에 의하면 '儿'에 대하여 '仁人'(어진사람)이라고 한 것은 顧野王의 『玉篇』에서부터라고 하였으니, 우리 나라에서 '儿'의 部首名을 '어진사람 인'이라고 칭한 것도 상당히 오래된 것 같다.

'儿' 部首에 속한 '兀(우뚝할 올), 元, 允, 兄, 光, 先, 兆, 兇(흉악할 흉), 充, 克, 免, 兌, 兒, 兔, 兜(투구 두), 兢' 등 字의 뜻을 살펴보아도 '어질다'의 뜻과는 전연 관계가 없으므로 段玉裁가 이미 지적한 바와 같이 '仁人也'라 한 것은 부당한 풀이었다. 위의 고증을 종합하여 볼 때, '儿'의 部首名은 '밑사람 인'이라고 칭해야 옳다고 생각된다.

7 冖 덮을 멱 ※민갓머리(×)

字典에 '민갓머리'로 일컬어져 있음은 '辶'(책받침)과 '廴'(민책받침), '广'(엄호)와 '厂'(민엄호) 등으로 미루어 볼 때, '宀'(갓머리)에 대하여 붙여진 명칭임을 알 수 있다. 여기서 '민'이라는 말은 '꾸밈새나 덧붙어 딸린 것이 없다'는 뜻의 접두사이다.

그러나 '冖'의 本 字義를 보면 '宀'(집 면)과 同類로 볼 수 없다. '冖'자는 본래 머리에 쓰는 '頭巾'의 형태를 상형한 글자로서 '덮을 멱'자이다. 그러므로 '冖'자를 '민갓머리'로 칭하는 것은 단지 외형만에 의한 부당한 속칭이다.

日本에서는 '宀(うかんむり)'에 대해서 '冖(わかんむり)'라고 칭하는 것은 우리처럼 점이 있고 없고를 구별하여 붙인 명칭이 아니라, 日本의 假名字에서 'ウ'자와 'ワ'의 字形으로 구별한 명칭이다.

中國에서는 '冖'의 部首名을 '罩頭(조두)'라 하여 '머리를 덮다'의 뜻으로 일컫는다.

'冖'의 部首 名稱도 '민갓머리'의 속칭을 고쳐 '덮을 멱'으로 불러야 한다. 종래의 습관적인 속칭을 당장 버리기 어려우면 자전에 '宀 : 집 면(속칭 갓머리)', '冖 : 덮을 멱(속칭 민갓머리)'와 같이 써 주어야 할 것이다.

8 冫 얼음 빙 ※이수 변(×)

字典에 일반적으로 '이수 변'으로 일컬어져 있다. 이는 '水'자가 左側 部首字로 쓰일 때, '氵'의 형태를 '삼수 변'이라고 칭하는 것에서 붙여진 俗稱이다.

『說文解字』의 540部首字에는 小篆體로서 '氵'(삼수 변)의 자형은 '巜', '冫'(이수

변)의 字形은 '𠆢'의 형태로 되어 있으니, 이들 속칭은 隸書, 楷書體에서 비롯된 것임을 알 수 있다.

'仌'의 字形은 水平 형태의 물이 얼면 부피가 늘어 솟아오름의 형태를 상형한 것으로, 곧 '凍'(얼 동)의 뜻이다. 字音은 '筆陵切'로서 곧 '빙'이다. 뒤에 '冫'에다 '水'를 더하여 '冰'(얼음 빙)자로 되고, 다시 생략하여 '氷'(얼음 빙)의 형태로 쓰이고 있다.

'冬·冷·冶·凌(능가할 릉)·凝' 등의 글자를 '이수 변'이라고 하면, 初學者들은 그 뜻을 잘 알 수가 없다. '얼음 빙'변이라고 하면, '江·淸·池·沐(머리 감을 목)·波' 등의 글자를 '물 수'변이라고 칭하는 것에 대하여 그 뜻을 보다 쉽게 알 수 있을 것이다. 따라서 '冫'의 部首名은 '얼음 빙'이라고 칭해야 옳을 것이다.

中國에서도 속칭으로는 '冫(兩點水旁)', '氵(三點水旁)'이라 하고, 日本에서도 '冫(にすい)' 곧 二水, '氵(さんずい)' 곧 三水라고 하는데, 日本의 속칭은 韓國의 속칭이 전파된 것 같다.

9 凵 입벌릴 감 ※위튼입 구(×) 위터진입구 변(×)

字典에 '위튼입 구', '위터진입구 변' 등으로 일컬어져 있다.

'凵'자에 대하여 『說文解字』에는 '張口也', 곧 입을 벌린 모양을 象形한 글자라고 풀이하고, 字音은 '口犯切'이라고 하였다. 『集韻』에는 '苦紺切'로서 '勘'(헤아릴 감)자의 발음과 같다고 하였다. 우리 나라 字典에도 '凵'자의 訓音이 '입벌릴 감'으로 되어 있다. 그러므로 '위튼입 구'나 '위터진입구 변' 등은 '口'자의 위를 터놓은 것과 같은 형태라고 생각하여 붙인 俗稱임을 알 수 있다.

따라서 '凵'자의 部首名은 마땅히 '입벌릴 감'으로 칭해야 할 것이다. '凵'의 부수에 속하는 글자로 '凶·凸(볼록할 철)·凹(오목할 요)·出·函(함 함)' 등이 있으나, 모두 '凵'의 字義와 관계되는 것은 아니다.

10 匚 상자 방 ※터진입 구(×) 터진입구 변(×)

字典에 일반적으로 '터진입 구', '터진입구 변' 등으로 일컬어져 있다. 이는 이미 앞에서 설명한 '凵'(입벌릴 감)의 部首字를 '위터진입구 변', '위튼입 구'라고 칭한

데 대하여 붙여진 속칭인 것이다.

『說文解字』에는 '匚' 자에 대하여 '受物之器' 라고 풀이한 데 대하여 段玉裁는 正方形의 그릇이며, 또한 한 말들이의 그릇이라고 주석을 붙였다. 字音은 '府良切' 로서 '방' 이 된다. 따라서 '匚' 의 部首名은 '상자 방' 이라고 해야 마땅하다.

여기서 주의할 것은 '匚' (상자 방)과 비슷한 部首字인 '匸' (감출 혜)가 있으니 그 구별법을 알아야 한다.

『說文解字』에서는 '匚' (방)의 小篆體는 '匚', '匸' (혜)의 小篆體는 '匸' 의 字形과 같이 엄연하게 구별되어 있으나, 隸書에서는 字形이 거의 구별되지 않은 상태로 쓰이게 되었다.

오늘날 字典의 書體를 보면 '匚' (방)은 마치 3획으로 쓴 것처럼 각지게 쓰고, '匸' (혜)자는 밑부분을 둥글게 돌리어 '匚' 자와 구별하고자 한 것 같지만, 실은 모두 2획으로 되어 있어 일반인으로는 구별할 수 없게 되어 있다.

'匚' (방)의 部首字로는 '匜(주전자 이), 匝(돌 잡), 匣(갑 갑), 匪, 匡(바를 광), 匱(함 궤)' 등이 있고, '匸' (혜)의 부수자로는 '匹, 医(동개 예), 匼(아첨할 암), 匽(엎드릴 언), 區, 匿, 匾(얇은 그릇 편)' 등이 있지만 오늘날 일반 字體로는 역시 구별이 어렵다.

그러므로 최근 中國에서 출판한 『新華詞典』 등에서는 '匚' (방) 部首와 '匸' (혜) 部首를 통합하였고, 俗稱 '區字旁' 이라고 일컫는다. 日本에서는 우리 나라와 같이 아직도 구별하여 '匚' (방)은 'はこがまえ(箱構)' 곧 '상자 몸' 이라 칭하고 '匸' (혜)는 'かくしがまえ(隱構)' 곧 '감출 몸' 이라고 칭한다.

우리 나라에서도 字形으로 구별을 못하면서 部首에서만 구별하는 것은 별 의미가 없으므로 통합할 것을 제의하는 바이다.

11 厂 언덕 엄 ※민엄호 변(×) 민엄호 밑(×) 민엄 호(×)

字典에 '민엄호 변', '민엄호 밑', '민엄 호' 등으로 일컬어져 있다. 『說文解字』에는 '厂' 에 대하여 '山石之厓巖, 人可居' 라 하여 곧 산의 바위 밑에 사람이 살 수 있는 곳을 象形한 글자로서, 본래는 단독으로 쓰인 글자임을 알 수 있다.

字音은 '呼旱切' 이라 하였으니, 곧 '한' 이 된다. 그런데 『集韻』에는 '魚枚(가래

험)切' 곧 '音嚴'이라 하여 '厂'자의 音을 '엄'으로도 적어 놓았다. 우리 나라 字典에서는 '한'의 音을 취하지 않고 '엄'의 音을 취하여 '厂'자에 대하여 '굴바위 엄', '기슭 엄', '언덕 엄' 등으로 풀이하여 놓았다.

'민엄호'의 '민'이라는 말은, 곧 '广(엄 호)'에 대하여 '점'이 없다는 뜻에서 붙여진 이름이다. 그렇다면 '호'라는 말은 어디에서 온 것일까? '호'는 '广'과 '厂' 訓音과는 아무 관계도 없는 말이다. 곧 '广'과 '厂'은 '戶'(지게 호)와 같이 다른 글자를 '안(垂)'으로 하여 쓰이므로 '戶'(호)의 音을 취해서 '엄 호', '민엄 호'의 이름으로 붙여졌다고 생각된다. 그러므로 '厂'의 部首名을 '민엄호 변', '민엄호 밑', '민엄 호'의 어느 것으로 칭하여도 옳지 않다. 마땅히 '굴바위 엄' 또는 '언덕 엄'으로 칭해야 한다.

12 厶 옛 사사로울 사 ※마늘모(×)

字典에는 일반적으로 '마늘 모'라고 일컬어져 있다. '마늘 모'에 대하여 국어사전에는 "마늘의 쪽과 같이 세모진 모양"이라고 풀이하였기 때문에 일반적으로 '厶'(마늘 모)의 部首名을 '마늘쪽'으로 생각하고 있으나, 마늘과는 전연 무관하다.

『說文解字』에서는 '厶'에 대하여 '姦也. 韓非曰倉頡作字, 自營爲厶'라 하여 곧 '公'의 반대인 '私'의 뜻으로 풀이하였다. 다시 말해서 '私'의 本字인데 지금은 '厶'를 단독으로 쓰지 않고 部首로만 쓴다는 것이다. '厶'의 字音은 '塞咨切'로서 곧 '私'와 同音이다. 그러나 『玉篇』에는 '厶'의 音을 '亡后切. 音某. 厶甲也'라 하고, 陸游의 『老學庵筆記』에서는 '不知其國, 故云厶地'라 하고 『篇海』에서는 '厶'자의 뜻이 '某'와 같다고 하였다.

위의 고증으로 볼 때 '厶'의 部首名을 우리 나라에서 '마늘 모'라고 칭한 것은 『玉篇』의 字音에서 '모'라는 '音'을 취하고, '마늘'이라는 말은 '字形'의 유사형태에서 취하여 訛傳된 속칭임을 알 수 있다. 그러므로 '厶'의 올바른 部首名은 '옛사사로울 사' 또는 '모 모'라고 칭해야 할 것이다. 그러나 '厶' 部首에 속한 글자들을 찾아보면 '去, 參, 㕙(토끼 준), 厹(세모창 구)' 등이 있으니, 앞으로는 部首字에서 폐하여도 될 것이다.

13 囗 에울 위 ※큰입 구(×) 큰입구 변(×) 에운담 변(×)

字典에 일반적으로 '큰입 구', '큰입구 변', '에운담 변' 등으로 일컬어져 있다. 이는 모두 속칭에 불과하다.

『說文解字』에는 '囗' 자에 대하여 '回也. 象回帀之形', 곧 빙 도는 모양을 상형한 것이라고 풀이하였다. 字音은 '羽非切'로 '위'라 하였다.

『康熙字典』에서는 '囗' 자에 대하여 여러 說을 인용하여 古文 '國'字, 또는 古文 '圍' 자 등으로도 설명하였다. 일본에서는 '囗'의 部首名을 'くにがまえ'(國構), 곧 '國字 몸'이라고 칭한다.

'囗' 자가 '國'의 古文으로 쓰인 예도 있고, 오늘날도 '國'의 略字로 쓰이고 있으나, 甲骨文이나 金文에서 쓰인 '國'의 字形은 '[illegible], 或, [illegible]' 등으로서 '囗'가 '國'의 뜻으로 쓰인 것은 後期의 현상임을 알 수 있다.

이상을 종합하여 볼 때 '囗'의 部首名은 '에울 위'로 칭하는 것이 마땅하다고 생각한다.

14 宀 집 면 ※갓머리(×)

대부분의 字典에 '갓머리'로 일컬어져 있다. 이 글자는 甲骨文에서부터 '[illegible], [illegible], [illegible]' 등의 형태로써 '집'의 형태를 상형한 것이다. 그러므로 '宀' 자는 '갓'과는 전연 관계가 없으며, 『說文解字』에도 '交覆深屋'이라고 풀이하고, 字音은 '武延切'이라 하였으니, '집 면' 字이다.

'갓머리'라고 칭하여 온 것은 蒙學者들에게 쉽게 익히기 위해서, 다른 글자의 머리 위에 갓처럼 쓰이는 部首字이기 때문에 본래의 字義와는 關係없이 일컬어 온 俗稱인 것이다.

그러나 '갓머리'라고 칭하면 듣기는 쉬우나. 字義를 익히는 데는 오히려 방해가 된다. '宀' 部首字는 대부분 '집'과 관계되는 뜻을 가지고 있는데, '갓머리'라고 칭하면 '갓'을 연상하게 되어 字義 해석에 오해를 초래하게 된다. 傳하는 이야기에 德壽宮의 정문 이름이 본래 '大安門'이었는데, 당시 明成皇后의 득세함이 마치 여자가 갓을 쓴 것과 같은 '安' 자 때문이라 하여, 침략자 日本人들의 종용에 따라 '大

漢門'으로 고쳤다는 것이다. 이것이 사실이라면 '宀'자의 잘못된 部首 명칭의 피해가 얼마나 큰가를 알 수 있게 하는 좋은 예가 아닐 수 없다.

日本의 字典에서도 '宀'의 部首名이 'かんむり'(간무리)로 되어 있는데, 이것은 우리말의 '갓머리'가 日本에 전파되어 소리나는 대로 '갓머리'를 'かんむり'(간무리)로 적게 되었음을 알 수 있다. 이로써 보면 百濟의 王仁 박사가 『千字文』을 가지고 日本에 가서 가르쳤다는 역사적인 사실을 實證할 수 있다.

中國에서도 '宀'의 部首名을 속칭 '寶蓋頭(兒)'라고 하는 것을 보면, '갓머리'라는 우리의 속칭과 비슷한 관점에서 붙여진 것 같다.

결론적으로 말해서 '宀'의 '갓머리'라는 속칭은 편의상 명칭이니, '집 면'으로 칭해야 한다.

15 巛(川) 내 천 ※개미허리(×)

字典에 일반적으로 '개미허리'로 일컬어져 있다.

『說文解字』에 '貫穿通流水也', 곧 들판을 뚫고 흘러가는 물줄기를 상형한 글자라고 하고 있으며, 『康熙字典』에서는 '川'의 本字라고 하였다. 그러므로 '巛'의 部首名을 우리 나라에서 '개미허리'라고 일컫는 것은 다만 허리가 잘록한 모양에서 취한 俗稱임을 알 수 있다. 따라서 '巛'의 부수명은 마땅히 '내 천'으로 해야 할 것이다.

'巛'의 부수자로 '巡·巢' 등이 있으나 '巢'(보금자리 소)는 본래 나무 위 보금자리에 새가 세 마리 앉아 있는 모양을 상형한 것으로 '巛(川)'의 本義와는 아무런 관계도 없는 글자를 다만 字形의 유사성만으로 배치하여 놓은 것이다.

16 广 바윗집 엄 ※엄호 밑(×) 엄 호(×)

字典에 '엄호 밑', '엄 호' 등으로 일컬어져 있다.

'广'자에 대하여 『說文解字』에는 "因厂爲屋也. 从厂, 象對剌高屋之形…讀若儼然之儼"이라 하여, 곧 '厂'(굴바위 엄)을 이용하여 지은 집의 모양을 象形한 글자라고 풀이하고, 字音은 '儼'(엄)과 같다고 하였다. 그러므로 '广'자의 部首名도 '엄호 밑', '엄 호'로 칭하는 것은 옳지 않으며, 마땅히 '바윗집 엄'이라고 칭해야 한다.

中國에서는 '广'의 部首名을 '廣字頭' 곧 '廣'字의 머리라 하고, '厂'의 部首名을 '厰字頭' 곧 '厰'字의 머리라고 부른다. 日本에서는 '厂(がんだれ=雁垂)', '广(まだれ=麻垂)'라 하여 역시 '雁'자와 '麻'자의 자형을 들어 칭하였다. 중국이나 일본에서의 '厂', '广'에 대한 부수명이 잘되었다고 볼 수는 없다. 더구나 中國에서 '厂'의 部首名을 '厰字頭'라고 한 것은 불합리하다. '厰'의 正字는 '廠'(헛간 창)으로서 『康熙字典』에도 '厂'(언덕 엄) 부수에 배열되어 있지 않고 '广'(바윗집 엄) 부수에 배열되어 있는데, 근래 中國의 簡化字에 의하여 잘못 붙여진 명칭이다.

'广'(바윗집 엄)과 '厂'(언덕 엄)은 마땅히 구별해서 써야 하는데, '廈·廚(부엌 주)·廁(뒷간 측)·廬' 등을 '厦·厨·厠·廬' 등과 같이 쓴 것은 잘못이다.

17 廴 길게 걸을 인 ※민책받침(×)

字典에 '민책받침'으로 일컬어져 있는 것은 '辶 : 갖은 책받침, 책받침'에 대하여 점이 없다는 데서 '민책받침'이라 칭한 것이다.

'廴'자에 대하여 『說文解字』에서는 小篆體로 '廴'의 자형과 같이 써 놓고 '彳(彳)'의 자형에서 길게 잡아당기어 늘인 것으로 보고, '長行' 곧 '길게 걷다'의 뜻으로 풀이하였다. '廴'자의 音은 '余引切'이니 곧 '인'이다. 그러므로 '廴'자의 訓音은 '길게 걸을 인'이다.

'廴'이 部首로 쓰인 '延, 廷, 建, 廻' 등의 字義를 살펴보면, 모두 '長行'(길게 걸음)과 통한다. 따라서 '廴'자의 部首名은 마땅히 '길게 걸을 인(속칭 민책받침)'이라고 칭해야 할 것이다.

18 廾 받들 공 ※스물입 발(×) 밑스물 입(×)

字典에 '스물입 발', '밑스물 입' 등으로 일컬어져 있다.

『說文解字』에는 '廾'자의 小篆體인 '廾'자에 대하여 '竦手也'라 하여, 두 손으로 받들어 모시는 모양을 나타낸 글자라고 풀이하였다. 字音은 '居竦切'로서 곧 '공'이라고 하였다. 우리 나라 字典에도 '廾'의 訓音이 '들 공', '팔짱낄 공' 등으로 되어 있다.

『康熙字典』에 二十을 한 글자로 나타낸 자는 '廿'(스물 입)으로 되어 있다. 또한 '廿'의 俗體는 '卄'으로서 '廾'자와는 달리 써야 한다. 그러므로 '廾'의 部首名을

'스물입 발', '밑스물 입'이라고 하는 것은 옳지 않은 속칭임을 알 수 있다. 日本에서도 '廾'의 部首名을 'にじゅうあし'(二十脚) 곧 '스물 발'이라고 칭하는 것은 우리 나라와 같은 착상의 속칭이라고 볼 수 있다. '廾'의 部首名은 '받들 공'이라고 해야 할 것이다.

⑲ 彐(彑·⺕) 돼지머리 계 ※튼가로 왈(×) 터진가로 왈(×)

字典에 일반적으로 '튼가로 왈', '터진가로 왈'로 일컬어져 있다. 우선 이 部首字의 글자들을 찾아보면 '彖(판단할 단), 彗(비 혜), 彘(돼지 체), 彙(모을 휘), 彝(떳떳할 이), 彔(나무깎을 록)' 등이 있다. '彐'자의 小篆은 '彑'의 자형으로서, 『說文解字』에 의하면 본래 돼지머리를 象形한 글자라고 풀이하였다. 字音은 '居例切'로서 '계'라고 한다. 뒤에 '彑'의 자형이 변하여 '彐'와 같이 쓰이게 되었다는 것이다. '⺕'의 字形에 대해서는 『康熙字典』에도 언급되어 있지 않은데, '彗'자를 '彐' 부수에 소속시켜 놓은 것은 잘못이다. '彗'의 본래 뜻도 손(⺕)에 비(丰丰)를 잡은 것을 나타낸 것이니, '⺕'(又)가 돼지머리와는 관계가 없음을 알 수 있다. 『說文解字』에는 '彗'가 '彐'部首에 소속되어 있지 않고 '又'部首에 소속되어 있다.

'튼가로 왈'이나 '터진가로 왈'의 부수명은 '彐'의 자형이 '曰'(가로 왈)자의 한 쪽을 터놓은 것 같다고 생각하여 붙인 속칭이다. 따라서 '彐(彑)'의 部首名은 마땅히 '돼지머리 계'라고 해야 한다.

⑳ 彳 조금 걸을 척 ※중인 변(×) 두인 변(×)

字典에 '중인 변', '두인 변' 등으로 일컬어져 있다.

『說文解字』에는 '彳'의 小篆體인 '彳'자에 대하여 '小步也. 象人脛三屬相連也'라 하여, 곧 사람의 팔·다리·발이 서로 이어진 상태를 象形한 글자로서 '조금 걷다'의 뜻이라고 풀이하였다. 우리 나라 字典에도 '彳'자의 訓音이 '조금 걸을 척'자로 되어 있다. 中國에서도 '彳'의 俗稱 부수명은 '雙立人旁'으로 되어 있다. 日本에서는 'ぎょうにんべん'(行人偏)으로 되어 있다.

이상을 종합하여 볼 때, '彳'의 부수명을 종래와 같이 俗稱으로 '두인 변'이라고 일컬어도 무관하겠으나, 다른 글자들의 속칭 부수명을 정리한 것과 통일을 기하기 위해서는 '彳'의 부수명도 '조금 걸을 척'으로 일컫는 것이 좋을 것이다.

21 彡 무늬 삼 ※삐친석 삼(×) 터럭 삼(×)

자전에 일반적으로 '삐친석 삼', '터럭 삼' 등으로 일컬어져 있다.

『說文解字』에는 '彡'자에 대하여 '毛飾畫文也. 象形', 곧 붓으로 어떤 무늬를 그린 것을 상형한 것이라고 풀이하였다. 段玉裁는 '毛'는 곧 '筆'이라고 註를 달았다. 林義光은 '彡'을 '三'(석 삼)의 삐친 형태로 보는 것을 잘못이라고 설명하였다.

'彡'의 部首名에 대하여 日本에서는 'さんづくり'(三旁), 곧 '三字 방'이라 칭하고, 中國에서는 '三撇旁'이라고 칭하는 것은 우리 나라에서 '삐친석 삼'이라고 칭하는 것과 같은 생각에서 붙여진 俗稱이다.

그러나 '彡'의 本 字義는 '三'의 뜻이나 '터럭'의 뜻과는 관계가 없으니 '彡'의 部首名은 '무늬 삼'으로 칭하는 것이 타당하다고 생각된다.

'彡' 部首의 '形, 彩, 彫, 彬(빛날 빈), 彰, 影' 등 字義로 보아도 '삐친석 삼'이나 '터럭 삼'보다는 '무늬 삼'이 합당함을 알 수 있다.

22 犭 좌변 견, 개 견 ※개사슴 록(×)

字典에 따라서는 '犭'의 本字인 '犬'자를 써서 '개 견'이라 칭하여 놓았으나 '狗·狄·狐·狼·猫' 등과 같이 '犭'의 자형으로 左邊 部首로 쓰였을 때는 일반적으로 '개사슴록변'이라고 칭한다. '犭'의 本字는 '犬'자로서 小篆體까지는 '犬'의 字形으로서 部首字로서도 '犭'과 '犬'이 구별되어 쓰이지 않았는데, 隸·楷書體에서 구별되어 쓰이면서 部首名도 다르게 된 것이다.

'개사슴 록'이라는 말의 뜻을 살펴보면 그 뜻이 명료하지 않다. '록'은 '鹿'자의 音이 분명하지만, '개사슴'이라는 말은 개와 사슴이라는 뜻인지, 개같이 생긴 사슴이라는 뜻인지 분명치 않다. '犭'의 字音에 '鹿'이라는 音이 없는데 字音을 붙여 칭한 것도 옳지 않다.

'犭' 部首의 글자인 '狗(개 구)·狙(원숭이 저)·狐(여우 호)·狼(이리 랑)·狻(사자 산)·猫(고양이 묘)·獐(노루 장)·獺(수달 달)·獾(오소리 환)' 등으로 볼 때, 개나 사슴 등 털짐승 따위를 총칭한 部首名으로 쓰인 것 같다.

日本에서는 '犭'의 部首名을 'けものへん' 곧 獸偏(짐승 변)이라고 한 것으로 보아도 '개사슴록 변'의 '개사슴'은 꼭 개와 사슴을 가리킨 것이 아니라 '짐승'의 總體로 쓰였음을 알 수 있다.

여하간 '犭'(개사슴 록)이라는 명칭은 初學者들에게 字義를 이해시키는 데 도움이 되지 못하고 혼란만 조장하는 속칭이므로 마땅히 바로 잡아야 할 것이다.

'犭'의 部首名은 '畎(밭도랑 견), 吠(짖을 폐), 猷(꾀 유), 獃(어리석을 애), 獸, 獻' 등의 '犬'(개 견)과 구별하기 위하여 '좌변 견'이라고 칭할 것을 제의하는 바이다.

23 扌 손 수 ※재방 변(×)

字典에 따라 '손수 변'이라고 칭한 것도 있고, '재방 변'이라고 칭한 것도 있다.

'手'자를 다른 글자의 部首로 쓸 때만 '扌'의 字形으로 변하여 쓰는 것이므로 部首名은 본래대로 '손 수'라고 칭해야 할 것이다.

'재방 변'이라고 칭한 것은 '扌'의 字形이 '才'(재주 재)자와 비슷한 데서 취한 속칭이다. 또한 '才'자와 '扌'의 필획을 긋는 방법도 다르고 字義도 전연 다른데 '재방 변'이라고 칭하는 것은 옳지 않다.

24 攴(攵) 칠 복 ※등글월 문(×) 등걸 문(×) 등글 문(×)

字典에 일반적으로 '등글월 문'으로 일컬어져 있으나, 줄여서 '등걸 문', '등글 문'이라고도 칭한다. 그러나 그 뜻을 몰라 '둥글월 문'이라고 발음하는 사람도 있다. '등글월 문'은 '攴'자의 속칭으로 본래 字義와는 거리가 멀다.

『說文解字』에 '攴'자에 대하여 '小擊', 곧 '손으로 가볍게 치다'의 뜻으로 풀이하고, '从又卜聲' 곧 '又'와 '卜'의 形聲字로 보았다. 字音은 '普木切'로서 곧 '복'이다. 그러므로 '攴'자는 본래 단독으로 쓰였던 글자임을 알 수 있다. 우리 나라 字典에서는 '칠 복'이라고 일컫는다.

『康熙字典』에 의하면 石經에서부터 '⺙'(攴)의 자형이 '攵'의 형태로 바뀐 뒤에 '改·攻·政·故·教·數' 등의 部首字로 쓰였다는 것이다. 그러므로 '攴(攵)'의 部首名을 '등글월문'이라고 일컫게 된 것은 '攵'의 자형이 '文'(글월 문)과 비슷하면서 위의 보기와 같이 다른 글자의 '등'에 붙어 쓰이므로 알기 쉽게 붙여진 俗稱인 것이다. 中國에서는 '攵'의 속칭 部首名을 '反文旁'이라고 칭한다. 이상을 종합하여 볼 때, '攴(攵)'의 部首名은 '칠 복'이라고 칭해야 옳다고 생각된다.

25 殳 창 수 ※갖은 등글월 문(×)

字典에 일반적으로 '갖은 등글월 문'으로 일컬어져 있다. 이는 곧 '攵'(등글월 문)에 대하여 붙여진 속칭으로서, 역시 본래 字義와는 아무런 관계도 없는 部首名이다. '殳'자에 대하여 『說文解字』에서는 '以杖殊人也'라 하여, 곧 장대로써 사람을 죽이다의 뜻으로 풀이하고, 자음은 '从又几聲'이라 하여, 곧 '又'자와 '几'의 형성자로서 '市朱切' 곧 '수'라고 하였다. '几'는 '几'(안석 궤)와는 다른 글자로서 『說文解字』에 의하면 새의 짧은 깃털을 상형한 글자라 하고, 字音은 '市朱切'로서 '殳'의 음과 같다고 하였다. '殳'는 곧 길이가 1丈 2尺의 날이 없는 창으로 수레에 꽂는 兵器의 일종이다. 그러므로 본래는 단독으로 쓰였던 글자인데 뒤에 '段·般·殺·殿·毆(때릴 구)' 등의 部首로 쓰이게 된 것이다. 그러므로 '殳'의 部首名은 '갖은 등글월 문'이 아니라, '창 수'라고 해야 옳다고 생각된다.

다시 말해서 '殳'의 부수명을 '갖은 등글월 문'이라고 해서는 '殺'(죽일 살)의 字義를 이해하기가 어렵지만, '창 수'라고 하면 초학자들도 '殺'의 뜻을 바로 이해할 수 있다. 일본에서는 '殳'의 部首名을 'るまた'라고 하는데, 이는 곧 片假名의 'ル'자에 漢字의 '又'자를 더했다는 뜻으로, 우리 나라의 俗稱보다도 더욱 재미있는 속칭을 쓰고 있다.

26 艹, ++(艸) 풀 초 ※초두머리(×) 초두(×)

字典에 일반적으로 '초두머리', '초두' 등으로 일컬어져 있다.

우선 '초두머리'라는 말은 '草頭머리'로서 '頭'와 '머리'가 겹말이므로 잘못된 명칭임을 알 수 있다. '초두'는 곧 '草'자의 머리에 쓰이는 '艹'의 자형을 일컫는 것이니 속칭으로라도 '초두 밑'이라고 칭하는 것이 좋을 것이다.

'草'자의 甲骨文은 '屮', 金文은 '屮', 小篆은 '屮'의 字形으로 풀싹이 처음 땅에서 솟는 모양을 상형한 것으로, 뒤에 두 개를 합쳐 '艸'의 字形으로서 단독으로 쓰였던 것인데, 隷書體에서 '艹'의 字形으로 변하여 다른 글자의 部首로 쓰이자 '草' 자가 다시 만들어진 것이다. 그러나 '屮' 자의 音은 '丑列切'로 곧 '철'이다. 『說文解字』에 '屮' 자에 대해서는 '艸木初生也'라 하고, '艸' 자에 대해서는 '百卉也'라 하여, 곧 前者는 풀싹이 처음 삐죽 나오는 것을 상형한 것이고, 後者는 풀의 總名을 나타낸 것으로 구별하였다. 일본에서는 '艹'의 部首名을 'くさかんむり'(草冠), 곧 '草갓머리'라고 칭하고, 中國에서는 '草字頭'라고 칭한다. 이는 韓·中·日 三國이 같은 생각에서의 俗稱이다. 이상을 종합하여 볼 때, '艸(艹, 艹)'의 部首名은 '풀 초'로 칭해야 마땅하다고 생각한다.

27 疒 병 질

字典에 일반적으로 '병 질', '병질 안'으로 일컬어져 있다.

'疒' 자에 대하여 『說文解字』에는 '倚也' 곧 '의지하다'의 뜻으로 풀이하고 있으며, '𤕫'(疒)의 字形은 '象倚著之形'이라고 풀이하였다. 더 구체적으로 설명을 하자면 사람이 병이 들어 침상에 누워 있는 상태를 나타낸 글자라는 것이다. 字音은 '女戹切' 곧 '녁'으로 되어 있다. 『康熙字典』에는 『廣韻』의 切音을 이용하여 '士莊切' 곧 '상'으로도 표기하여 놓았다. 따라서 우리 나라 字典에는 '疒'의 音訓을 '병들어 기댈 녁·상'으로 달아 놓았다. 그런데 『形音義綜合大字典』에는 '截逸切' 곧 '질'의 音을 수록하고, '疒' 자는 '疾'(질)자와 같다고 하였다.

이상을 종합하여 볼 때, '疒'의 部首名은 『說文解字』에 의하면 '병들어 기댈 녁'으로 해야 옳겠으나 '疾'과 같다는 풀이도 있으니, 전래대로 '병 질'이라 하여도 무방할 것이다.

현재 中國에서는 '疒'의 部首名을 '病字頭'라 일컫고, 日本에서는 '病垂'(やまいだれ)라고 일컫는다.

28 癶 걸음 발 ※필발머리(×) 필발 밑(×)

일반적으로 字典에 '필발머리', '필발 밑' 등으로 일컬어져 있다. '머리'와 '밑'의 차이는 '癶'의 部首字가 쓰이는 위치를 밝힘에 있어 표현의 차이일 뿐이다.

『說文解字』에는 '癶'의 小篆體를 '𣥠'의 字形으로서 곧 두 발의 모양이 서로 어긋나게 놓여 있는 것을 상형한 것으로 풀이하였다. 字音은 '北末切' 곧 '발'이라 하였다. 『康熙字典』에서는 '癶行也'라 註를 달아 '가다'의 뜻으로 풀이하였다.

이상을 종합하여 볼 때, '癶'의 部首名은 '걸음 발'이라고 칭하는 것이 마땅하다.

일본에서는 '癶'의 部首名을 'はつがしら'(發頭) 곧 '發字머리'라고 칭하는 것은 우리 나라의 '필발머리' 곧 '필발(發)자의 머리'라고 속칭한 것과 같은 맥락이라고 볼 수 있다.

9 歺(歹) 살 발린 뼈 알 ※죽을사 변(×)

字典에는 일반적으로 '죽을사 변'으로 일컬어져 있다.

『說文解字』에는 다만 '𣦵'의 字形으로 수록되어 있다. 『康熙字典』에는 '𣦵'의 字形이 本字라 하고, 隸書體에서 '歺'의 字形으로 변하였으며, 字音은 본래 '遏'(알)인데, 오늘날 '等在切' 곧 '대'로 잘못 읽고 있다고 풀이하였다.

또한 '歹'의 뜻이 '好之反' 곧 나쁘다이고 字音이 '多改切'로 '대'인데 일반에서 '歺'의 字形으로 잘못 쓰고 있다고 설명하였다. '𣦵'의 字音은 '五割切'로 '알'이고, 字義는 뼈에서 살을 바르고 뼈만 安置하는 뜻의 글자라고 풀이하였다.

이상을 종합하여 보면 '歺'자의 音은 '알'이고 '歹'자의 音은 '대'로서 두 자를 구별해서 써야 함을 알 수 있다. 그런데 우리 나라 字典에서는 '歺(歹)'자에 대하여 '살 발린 뼈 알'과 '좋지 않을 대'의 2가지로 풀이한 것은 잘못된 해석이라고 볼 수 있다. 日本에서도 '歹'의 部首名을 'かばねへん' 곧 '屍偏'이라고 칭하는 것은 우리 나라에서 전파된 속칭인 것 같다.

이상을 종합할 때, '歺(歹)'의 部首名은 마땅히 '살 발린 뼈 알'이라고 칭해야 할 것이다.

30 虍 호랑이무늬 호 ※범호 엄(×) 범호 밑(×)

일반적으로 字典에 '범호 엄', '범호 밑' 등으로 일컬어져 있다.

『說文解字』에는 '虍'자에 대하여 '虎文也. 象形' 곧 호랑이의 무늬를 상형한 것이라고 풀이하였다. 자음은 '荒烏切'로 '호'라 하였다.

日本에서는 '虍'의 部首名을 'とらかんむり'(虎冠) 또는 'とらがしら'(虎頭) 곧

'虎갓머리', '호머리'라고 칭한다.

이상을 종합하여 볼 때 '虍'의 部首名은 '범무늬 호'라고 칭해야 할 것이다.

그러나 '범'은 '虎'가 아니라, '豹'(표범)으로 구별하면 '호랑이무늬 호'라고 칭해야 마땅할 것이다.

31 豸 맹수 치 ※갖은 돼지 시(×) 갖은돼지시 변(×)

字典에 일반적으로 '갖은 돼지 시', '갖은돼지시 변'으로 일컬어져 있다. '豸'자에 대하여『說文解字』에는 '獸長脊行豸豸然 欲有所司殺形'이라 하여 척추가 긴 짐승이 입을 크게 벌리고 살생하려는 모양을 象形한 것이라고 풀이하였다.

또한『爾雅』에서는 '有足謂之蟲 無足謂之豸'라고 하였으나, '豸'자에 대한 甲骨文의 '', 金文의 '', 小篆의 ''자형으로 볼 때,『爾雅』의 '無足謂之豸', 곧 발이 없는 벌레를 '豸'라고 했다는 말은 옳지 않음을 알 수 있다. 字形으로 보아 '豸'는 곧 표범(豹)과 같은 猛獸의 종류임을 알 수 있다.

'豸'의 音이『說文解字』에서는 '池爾切'로 곧 '치'로 되어 있으나,『廣韻』에서는 '宅買切'로도 表記되어 있어 '태'로도 읽을 수 있음을 알 수 있다.

여기서 부언할 것은 우리말의 '해태'는 곧 '獬豸'의 本音인데 '獬豸'(해치)의 音이 우리 나라에 와서 변음한 것으로 생각하는 것은 잘못이라 하겠다.

또한 '해태'는 是非와 善惡을 잘 구별하는 神獸라 하여, 옛날에는 法官의 모자 모양을 해태의 머리 모양으로 만들어 썼기 때문에 '獬豸冠'이라고 칭하였다. 우리 나라 景福宮 앞에 돌로 해태상을 조각하여 놓은 것도 같은 뜻에서였다.

'豸' 部首의 글자 '豹·貔(비휴 비)·貊(짐승이름 맥)·貂(담비 초)·貍(삵 리)' 등으로 보아도 돼지류의 짐승으로 볼 수 없으므로 部首名을 '갖은 돼지 시'라고 칭하는 것은 옳지 않다.

'豸'의 部首名은 이상을 종합하여 볼 때, '맹수 치'라고 일컫는 것이 타당하다고 생각된다.

32 辶 쉬엄쉬엄 갈 착 ※책받침(×) 갖은 책받침(×) 책받침 변(×)

字典에 따라 '갖은 책받침', '책받침 변', '책받침' 등으로 칭하고 있다. 이 字의

原字形은 '辵'의 형태로써 7획에 배치하여 놓았다. '辵'자의 본래 자형을 찾아보면, 甲骨文에는 '𢓊', 金文에는 단독으로 쓰인 것은 없고 다른 글자의 部首로서 '辵' 의 형태로 쓰였고, 小篆에서는 '辵'의 형태로 변천하여 楷書에 이르러 '辶'의 형태로 된 것이다.

『說文解字』의 字義는 '乍行乍止也', 곧 '조금 가다가 머물다'의 뜻이라 하고, 字形은 '從彳止' 곧 '彳'(조금 걸을 척)과 '止'(그칠 지)의 合體字라고 풀이하였다. 이상으로 볼 때 '辶'의 명칭을 '책받침'이라고 할 까닭이 전혀 없다. '辶(辵)'의 字音이 '챡(착)'인데, 다른 글자의 받침으로 쓰이기 때문에 '챡(착)받침'이라고 일컬은 것인데, 옛날 書堂에서 口口傳承하는 동안 '책받침'으로 變音된 명칭임을 알 수 있다.

그러므로 '辶'의 部首 명칭은 마땅히 '쉬엄쉬엄 갈 착'이라 하여야겠으나, 편의상 종래 관습을 허용한다고 하여도 '책받침'이 아니라, '착받침'으로 일컬어야 한다. 모든 字典이나 國語辭典 등에서 '착받침'으로 고칠 것을 제의하는 바이다.

33 髟 머리털 날릴 표 ※터럭발머리(×) 터럭발 밑(×)

字典에 일반적으로 '터럭발머리', '터럭발 밑' 등으로 일컬어져 있다.

『說文解字』에 '髟'자에 대하여 '長髮猋猋也'라 하고, 段玉裁는 '髮垂曰髟' 곧 머리털을 늘어뜨린 것을 '髟'의 뜻으로 풀이하였다. 字音은 '匹妙切'로 '표'라 하였다.

일본에서 '髟' 部首名을 'かみがしら'(髮頭) 곧 '髮字머리'라고 칭한 것은 우리나라의 '터럭발머리'와 같은 맥락의 俗稱이다.

이상을 종합하여 볼 때, '髟'의 部首名은 '머리털 날릴 표'라고 칭하는 것이 마땅할 것이다.

2

214 部首의 字源 풀이

字典을 찾을 때, 이용하는 글자 '一, 日, 木……' 등을 部首字라고 한다. 즉, 國語辭典의 'ㄱ, ㄴ, ㄷ…', 英語辭典의 'A, B, C…'와 같은 것이다. 그러나 漢字의 部首字는 發音을 위주로 하는 國語辭典이나 英語辭典과는 달리 서로 공통되는 漢字를 골라서 정하였다. 部首字를 가장 처음 만든 것은 後漢의 許愼으로, 그가 지은 『說文解字』에는 540개의 部首로 되어 있으며, 현재 우리가 쓰고 있는 대부분의 字典은 淸나라의 『康熙字典』의 214개의 부수를 사용하고 있다. 漢字 理解의 지름길인 部首字의 字源을 알면 漢字를 익히는데 크게 도움이 된다.

1. 一 : 한 일

수를 헤아리던 산대(算가지)의 하나를 가로 놓은 것을 가리킨 글자이다.

例 : 三(석 삼), 上(윗 상), 下(아래 하)

2. 丨 : 위아래 통할 곤

송곳 또는 막대기 모양을 나타내는 글자로, 위에서 아래로 내리그어 '뚫다', '위 아래로 통하다'의 뜻을 나타내고 있다.

例 : 中, 丰(예쁠 봉), 串(꿸 천)

3. 丶 : 심지 주　　※ 점 주(×)

등잔불의 심지를 나타낸 글자로, 곧 '炷(심지주)'자의 본자이다.

例 : 丸(알 환), 丹(붉을 단), 主(주인 주)

4. 丿 : 좌로 삐칠 별　　※ 삐침(×)

우로부터 좌로 삐치는 모양을 나타낸 글자이다.

例 : 乃(이에 내), 久(오랠 구), 乏(가난할 핍), 之(갈 지)

5. 乙 : 새 을

새의 모양을 그린 글자이다.

例 : 九(아홉 구), 乞(빌 걸), 乳(젖 유)

6. 亅 : 갈고리 궐

갈고리나 낚시 바늘처럼 끝이 굽은 모양을 나타낸 글자이다.

例 : 了(마칠 료), 予(나 여), 事(일 사)

7. 二 : 두 이

산(算)대의 두 개를 가로놓은 것을 본뜬 글자이다.

例 : 于(어조사 우), 云(이를 운), 互(서로 호), 五(다섯 오)

8. 亠 : 돼지해머리 두 ※ 돼지해밑(×)

본래부터 뜻을 갖지 않고 '두'의 자음만으로 부수자로 쓰인 글자이다.

例 : 亡(망할 망), 亢(목 항), 亨(형통할 형)

9. 人(亻) : 사람 인

남자 어른의 옆모습을 象形하여 '勹, ㇇, 儿'과 같이 그린 것인데, 楷書體의 '人'이 된 것이다. '人'은 본래 '女'의 대칭자로서 남자의 뜻으로 쓰인 것인데, 뒤에 사람의 뜻으로 전의되자 '男(사내 남)'자를 또 만들었다.

例 : 他(다를 타), 仕(벼슬할 사), 仙(신선 선)

10. 儿 : 밑사람 인 ※ 어진사람인(×) 어진사람인변(×)

사람인자를 다른 글자의 밑에 쓸 때의 형태이다. '어진사람인'이라는 뜻은 옳지 않다.

例 : 元(으뜸 원), 兀(우뚝할 올), 允(진실로 윤), 兄(만 형)

11. 入 : 들 입

풀이나 나무의 뿌리가 땅으로 들어가는 모양을 가리키

어 '∧, 人'의 형태로 나타낸 것인데, 楷書體의 '入'자 가 된 것이다. 송곳이 뚫고 들어가는 것으로 풀이하는 이도 있다.

例 : 內(안 내), 全(온전할 전)

12. 八 : 여덟 팔

'八'은 본래 엄지손가락을 마주 세워서 여덟을 표시한 모양을 본뜬 글자이다.

例 : 分(나눌 분), 公(공변될 공)

13. 冂 : 멀 경

城으로부터 멀리 떨어져 있는 곳을 나타낸 글자이다.

例 : 冊(책 책), 再(두 재)

14. 冖 : 덮을 멱　※ 민갓머리(×)

본래 모자의 모양을 그린 글자인데, '덮다'의 뜻으로 쓰이게 되었다.

例 : 冠(갓 관), 冥(어두울 명)

15. 冫 : 얼음 빙　※ 이수변(×)

본래 물이 얼어 솟아오른 모양인 '仌'의 형태를 본뜬 것이다. 부수자로만 쓰이며, 이 부수자는 '얼음' 또는 '차다'의 뜻이다.

例 : 冬(겨울 동), 冷(찰 랭), 凍(얼 동)

16. 几 : 안석 궤

책상의 모양인 '几'의 형태를 본뜬 글자이다.

例 : 凡(무릇 범), 凰(봉황새 황), 凱(즐길 개)

17. 凵 : 입벌릴 감　※ 위튼입구(×) 위터진입구(×)

입을 벌린 모양, 또는 물건을 담을 수 있게 만든 그릇의 모양을 본뜬 글자이다.

例 : 凶(흉할 흉), 函(함 함)

18. 刀(刂) : 칼 도
칼의 모양인 '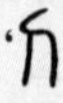'의 형태를 그린 글자로, 칼 도(刀)가 다른 글자의 방으로 쓰일 때는 '刂'의 자형으로 쓰인다.
例 : 切(끊을 절), 刊(책 펴낼 간), 刑(형벌 형), 別(나눌 별)

19. 力 : 힘 력
힘 쓸 때 팔의 모양을 象形하여 ', , '와 같이 그린 것인데, 楷書體의 '力'자가 된 것이다.
例 : 動(움직일 동), 勤(부지런할 근), 勉(힘쓸 면), 劣(못할 렬)

20. 勹 : 쌀 포
사람이 팔로 물건을 품어 안은 모양인 ''의 형태를 그린 글자이다.
例 : 匍(길 포) 匐(길 복)

21. 匕 : 비수 비
숟가락의 모양을 그린 글자이다. 여자의 음부를 상형한 것으로도 본다.
例 : 匙(숟가락 시), 化(될 화), 北(북녘 북)

22. 匚 : 상자 방 ※터진입구(×) 터진입구변(×)
옆으로 물건을 넣을 수 있게 만든 궤짝 모양을 그린 글자이다.
例 : 匣(갑 갑), 匱(함 궤), 匡(바를 광, 광주리 광)

23. 匸 : 감출 혜 ※ 터진에운담(×)
물건을 감추어 두었다는 뜻의 글자로, 상자 방(匚)자와 구별해서 써야 한다.
例 : 匹(필 필), 匽(엎드릴 언), 區(지경 구)

24. 十 : 열 십

甲骨文에서 '丨'의 형태로 표시하여, 가로 그어 '一(한 일)'로 표시한 것과 구별하여 쓴 것은 옛날 숫자를 헤아리던 산대를 세워서 열을 뜻했음을 그린 것이다.

例 : 卅(서른 삽), 博(넓을 박), 升(되 승)

25. 卜 : 점 복

점을 칠 때 거북의 腹甲을 기름에 튀기어 생기는 균열의 모양을 본뜬 글자이다.

例 : 占(점칠 점) 卦(걸 괘)

26. 卩/㔾 : 병부 절

본래 사람이 무릎을 꿇고 있는 모습인 '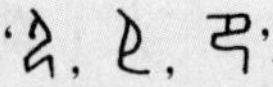'의 형태를 본뜬 글자인데, 뒤에 '節(절)'의 고자로 쓰이게 되었다.

例 : 叩(두드릴 고), 印(도장 인), 危(위태할 위)

27. 厂 : 언덕 엄 ※ 민엄호(×)

산비탈에 위가 튀어 나온 바위 모양을 본뜬 글자로, 언덕을 뜻하는 글자이다.

例 : 厚(투터울 후), 原(근원 원)

28. 厶 : 옛사사로울 사 ※ 마늘모(×)

'私(사)'의 고자(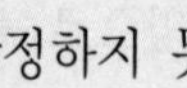)로서 방정하지 못하고 일그러진 형태를 그리어 '사사롭다'는 뜻을 나타낸 글자이다.

例 : 去(갈 거), 參(간여할 참)

29. 又 : 또 우

甲骨文에 ''의 자형으로, 원래 오른손의 형태를 상형한 것인데, 뒤에 '또'의 뜻으로 쓰였다.

例 : 及(미칠 급), 友(벗 우), 受(받을 수), 取(취할 취)

30. **口** : 입 구

입의 모양을 象形하여 ''와 같이 그린 것인데, 뒤에 楷書體의 '口자가 된 것이다.

例 : 呼(부를 호), 吸(숨 들이쉴 흡), 含(머금을 함), 味(맛 미), 唱(노래 창)

31. **囗** : 에울 위 ※ 큰입구(×) 큰입구변(×) 에운담변(×)

울타리 모양을 그린 글자로, 국경이나, 성곽, 어떤 범위를 빙 둘러 싼 '구역'의 의미이다.

例 : 回(돌 회), 國(나라 국), 因(인할 인)

32. **土** : 흙 토

밭을 갈아 흙덩이가 일어나 있는 모양을 ', '와 같이 그린 것인데, 楷書體의 '土' 자가 된 것이다. 토지신을 모시던 제단의 형태를 그린 것으로도 풀이한다.

例 : 地(땅 지), 坤(땅 곤), 城(성 성), 培(북돋울 배)

33. **士** : 선비 사

'한 일(一)'과 '열 십(十)'의 會意字이며, 하나를 들으면 열을 안다는 뜻으로, 곧 총명한 사람을 선비(士)라고 일컬은 것이다. 달리 풀이하는 이도 있다.

例 : 壯(씩씩할 장), 壻(사위 서), 壽(목숨 수)

34. **夂** : 뒤져올 치

발이 끌려 땅에 닿아 움직이지 않고 잠시 머뭇거리며 더디게 오는 모양()을 본뜬 글자이다. 다른 글자의 윗 부분에 쓰인다.

例 : 夆(끌 봉), 各(각각 각), 冬(겨울 동)

35. **夊** : 천천히 걸을 쇠

천천히 걷는 모양()을 나타낸 글자이다. 다른 글자의

아랫부분에 쓰인다.

例 : 夏(여름 하), 夐(멀 형)

36. 夕 : 저녁 석

저녁을 나타낸 글자는 甲骨文의 자형으로 보면, '月'자와 구별 없이 '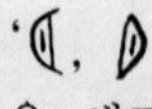'의 형태로 썼지만, 小篆에서부터 '月'자에서 1획을 생략하여 밤이 아니라, 저녁을 나타내는 '夕'자를 만든 것이다.

例 : 名(이름 명), 夢(꿈 몽), 外(바깥 외)

37. 大 : 큰 대

본래 어른이 정면으로 팔을 벌리고 서있는 모습을 象形하여 ''의 형태로 그리어, 어린아이의 모습을 象形한 '(아들 자)'의 대칭인 '대인' 곧 '어른'의 뜻으로 만든 것인데, 뒤에 '大(큰 대)'의 뜻이 되었다.

例 : 夷(큰활 이), 夾(낄 협), 奔(달릴 분)

38. 女 : 계집 녀

두 손을 모으고 얌전히 꿇어앉아 있는 모습을 象形하여 '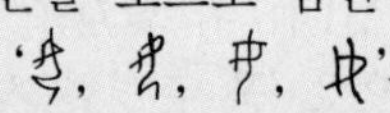'와 같이 그린 것인데, 楷書體의 '女' 자가 된 것이다.

例) 姦(간사할 간), 姐(누이 저), 妻(아내 처), 妙(묘할 묘)

39. 子 : 아들 자

아이가 포대기(강보)에 싸여서 두 팔만 흔들고 있는 모습을 象形하여 '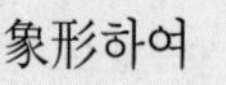' 와 같이 그린 것인데, 楷書體의 '子' 가된 것이다.(子는 본래 남녀의 구별이 없이 아이를 나타냈던 글자인데, 뒤에 주로 '아들' 의 뜻으로 쓰였다.)

例) 孩(어린아이 해), 孕(아이 밸 잉), 存(있을 존)

40. 宀 : 집 면　　※ 갓머리(×)

집의 모양인 ', , '의 형태를 본뜬 글자이다. '갓머리'라고 하는 것은 옳지 않다.

例) 安(편안할 안), 宅(댁 댁), 宗(마루 종), 宮(집 궁)

41. 寸 : 마디 촌

손목에서 동맥의 맥박이 뛰는 위치까지를 十分 곧 한 치의 단위로 보아, 손()에 맥박의 위치를 가리키는 부호를 더하여 ''의 형태로 나타낸 것인데, 楷書體의 '寸(마디 촌)'자가 된 것이다.

例) 奪(빼앗을 탈), 射(궁술 사), 尊(높을 존)

42. 小 : 작을 소

본래 빗방울이 떨어지는 것을 象形하여 ', , '와 같이 나타낸 것인데, 楷書體의 '小'자로서 '작다'의 뜻이다.

例) 尖(뾰족할 첨), 少(적을 소), 尙(오히려 상)

43. 尢/兀/尣 : 절름발이 왕

사람의 한쪽 다리가 짧은 모양인 ''의 형태를 상형하여 '절면서 걷는다'는 뜻의 글자이다.

例) 尪(절름발이 왕), 尤(더욱 우), 尨(삽살개 방)

44. 尸 : 주검 시

본래 사람이 구부려 있는 모습인 '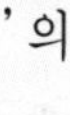, 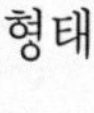, '의 형태를 본뜬 글자인데, 주검시의 뜻으로도 쓰인다.

例) 尾(꼬리 미), 屋(집 옥), 屛(병풍 병), 局(방 국)

45. 屮 : 왼손 좌

왼손의 모양(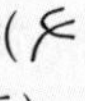)을 본뜬 글자이다.

例) 屯(진칠 둔)

46. 山 : 뫼 산

산봉우리의 모양을 그대로 象形하여 'ᗯ, ᗢ, 凵'과 같이 그린 것인데, 楷書體의 '山'이 된 것이다.

例) 峰(산봉우리 봉), 岳(큰산 악), 岸(언덕 안)

47. 巛/川 : 내 천 ※ 개미허리(×)

물줄기가 들판을 뚫고 흘러가는 굴곡된 모양을 象形하여 '巜, 巛, 川'과 같이 그린 것인데, 楷書體의 '川'으로서 '내'의 뜻이다. 부수자로 쓸 때는 다른 모양인 '巛(내 천)'으로도 쓰인다.

例) 州(고을 주), 巡(돌 순), 巢(집 소)

48. 工 : 장인 공

목공이 집을 짓는데 있어서 가장 필요한 것은 수평이나 직각을 재는 도구 곧 曲尺이다. 이러한 자의 모양을 象形하여 '모, 工, 占, 工'의 형태로 그린 것인데, 楷書體의 '工(장인 공)'이 된 것이다.

例) 左(왼 좌), 式(법 식), 巨(클 거)

49. 己 : 몸 기

본래 긴 끈의 형태를 'ㄹ, ㄹ'와 같이 그린 것인데, 뒤에 天干의 여섯째 글자로 쓰이게 되었고, 또한 자기 스스로를 가리키는 뜻으로도 쓰이게 되어 '己(몸 기)'로 일컫게 된 것이다. 뒤에 부득이 '실마리', '벼리'를 뜻하는 글자로 '紀(벼리 기)'자를 다시 만들었다.

例) 已(이미 이), 巳(뱀 사), 巷(거리 항)

50. 巾 : 수건 건

수건을 막대기에 걸어 놓은 모양을 그린 글자이다.

例) 帆(돛 범), 帖(휘장 첩), 帛(비단 백)

51. 干 : 방패 간

小篆에 '𡿨'의 자형으로 '방패'의 모양을 간략하게

본뜬 글자이다.
例) 平(평평할 평), 年(해 년), 幸(다행 행)

52. 幺 : 작을 요
배 속에 들어 있는 태아의 모양인 '8'의 형태를 그린 글자로서 '작다'의 뜻을 나타낸 것으로 본다.
例) 幻(변할 환), 幼(어릴 유), 幾(기미 기)

53. 广 : 바윗집 엄 ※엄호 밑(×) 엄호(×)
벼랑, 바위 등에 기대어 세운 지붕이 있는 집을 뜻하는 글자이고, '厂(굴바위 엄)'자는 지붕이 없는 집을 뜻한다.
例) 序(차례 서), 店(가게 점), 府(곳집 부), 庫(곳집 고)

54. 廴 : 길게걸을 인 ※ 민책받침(×)
한쪽다리를 끌면서 느릿느릿 걸어 가는 모양(廴)을 본뜬 글자로, '멀리간다'는 뜻이다. '민책받침'으로도 읽지만 속칭이다.
例) 廻(돌 회), 延(끌 연), 建(세울 건)

55. 廾 : 받들 공 ※ 스물입발(×) 밑스물입(×)
두 손으로 마주 드는 모양(ㅅㅅ, ㅅㅅ)으로 '들다', '받들다'의 뜻으로 쓰인다.
例) 弄(희롱할 농), 弊(해칠 폐)

56. 弋 : 주살 익
화살의 오늬에 줄을 매어 쏘는 '주살' 또는 '말뚝'을 뜻하는 글자이다.
例) 式(법 식), 鳶(소리개 연)

57. 弓 : 활 궁
활의 모양을 象形하여 '⺃, 𢎗, 弓'과 같이 그린 것인데,

楷書體의 '弓(활 궁)' 자가 된 것이다.
例) 引(끌 인), 弛(늦출 이), 弘(넓을 홍)

58. 彐(彑) : 돼지머리 계 ※ 튼가로왈(×) 터진가로왈(×)
주둥이가 뾰족한 돼지머리를 본뜬 모양(彑)으로, '彐'에 '丿'을 붙인 '彑' 자도 같은 글자이다. '튼가로 왈'은 속칭이다.
例) 彘(돼지 체), 彙(무리 휘), 彝(떳떳할 이)

59. 彡 : 무늬 삼 ※ 삐친석삼(×) 터럭삼(×)
수염이나 머리카락의 모양을 나타낸 글자이다.
例) 彬(빛날 빈), 彩(무늬 채), 形(모양 형), 彪(무늬 표)

60. 彳 : 조금걸을 척 ※ 중인변(×) 두인변(×)
제 자리 걸음하는 다리의 모양(彳)을 그린 글자이다. '작은 폭으로 걷다'의 뜻으로 쓰이며, '두인변'으로도 읽히지만 속칭이다.
例) 往(갈 왕), 徐(천천할 서), 徒(무리 도), 從(좇을 종)

61. 心/忄/⺗ : 마음 심
심장의 모양을 象形하여 '𢖩, 𢖩'와 같이 그린 것인데, 楷書體의 '心' 자가 된 것이다. 다른 글자의 왼쪽에 쓰일 때는 '忄', 밑에 쓰일 때는 '⺗'의 형태로 쓰인다.
例) 怒(성낼 노), 怨(원망할 원), 怪(기이할 괴), 恨(한할 한)

62. 戈 : 창 과
창의 모양인 '𢦏, 𢦏'의 형태로 그려서 '무기'의 뜻으로 쓰이는 글자이다.
例) 戰(싸울 전), 我(나 아), 戊(다섯째 천간 무), 戌(개 술), 戍(지킬 수), 戒(경계할 계), 武(굳셀 무), 戎(오랑캐 융), 國(나라 국), 伐(칠 벌)

63. 戶 : 지게 호

일반 백성이 사는 집의 외쪽 문을 '日, 戶'와 같이 象形하여 楷書體의 '戶'자가 된 것이다. 여기서 '지게'는 등에 지는 기구가 아니라, 외쪽문을 일컫는다.

例) 啓(열 계), 房(방 방), 扉(문짝 비), 扇(사립문 선)

64. 手/扌 : 손 수 ※ 재방변(×)

손가락을 편 모양을 象形하여 '手, 手'와 같이 그린 것인데, 楷書體의 '手'자가 된 것이다.

例) 指(손가락 지), 探(찾을 탐), 打(칠 타), 擊(칠 격), 把(잡을 파), 握(쥘 악), 技(재주 기), 掌(손바닥 장)

65. 支 : 지탱할 지

대나무의 반쪽과 손을 합한 글자(支)로, 손으로 댓가지를 '가르다'의 뜻이다.

例) 攲(기울 기)

66. 攴 : 칠 복 ※ 등글월문(×) 등걸문(×) 등글문(×)

오른손(又)에 막대기(卜)를 든 모양(攴)을 그려서 '치다', '건드리다'의 뜻이 있다. 부수로는 모양이 다른 '攵(칠 복)'자로 쓰인다.

例) 教(가르침 교), 攻(칠 공), 改(고칠 개)

67. 文 : 글월 문

본래 사람의 가슴에 문신한 모양을 象形하여 '文, 文, 文'의 형태로 그리어 '무늬'의 뜻으로 쓴 것인데, 楷書體의 '文'자가 된 것이다. 뒤에 부득이 무늬를 뜻하는 글자를 '紋(무늬 문)'과 같이 다시 만들었다.

例) 斐(오락가락할 비), 斑(얼룩 반), 斌(빛날 빈)

68. 斗 : 말 두

자루가 있는 열되가 들어가는 量器의 모양을 象形하여

'⺅, ⺅, ⺅'와 같이 그린 것인데, 楷書體의 '斗'로서 '말'의 뜻이다.

例 : 料(되질할 료), 斟(술 따를 짐), 斜(비낄 사)

69. 斤 : 날 근

자귀의 모양(⺅)을 그린 글자이다. 뒤에 무게의 단위로 쓰였다.

例 : 斧(도끼 부), 斷(끊을 단) 折(꺾을 절), 新(새 신)

70. 方 : 모 방

甲骨文에 '⺅'의 자형으로, 본래 '쟁기'의 모양을 본뜬 글자인데, 뒤에 '모서리', '사방' 등의 뜻으로 쓰였다.

例 : 旗(기 기), 旅(군사 려), 族(겨레 족), 旋(돌 선)

71. 无 : 없을 무

'無(무)'자의 이체자로 보기도 한다. '이미기방'은 '旣(이미 기)'자의 방에 '旡(목멜 기)'자와 같이 비슷한 자형으로 쓰였기 때문이다.

例 : 旣(이미 기)

72. 日 : 날 일

甲骨文에서부터 '⊡→⊝→日'의 형태로 해의 내부에 '•, ⺄' 또는 '一'의 표시를 한 것은 東夷族의 전설에 해에는 '日中有金烏' 곧 다리가 셋 달린 금까마귀(三足烏)가 있어서 날개를 펴면, 날개의 금빛이 반사하여 해가 밝게 빛나는 것이라고 전하여 태양의 외곽을 '○'와 같이 표시하고, 그 안에 금까마귀를 '•, ⺄'의 형태로 곧 새을(乙)자를 표시했던 것인데, 楷書體의 '日'자가 된 것이다.

例) 旦(아침 단), 明(밝을 명), 暗(어두울 암), 晩(저물 만), 暮(저물 모), 昔(옛 석), 星(별 성), 習(익힐 습), 時(때 시), 春(봄 춘), 昃(기울 측)

73. 曰 : 가로 왈

입의 모양을 象形한 '', 곧 '입 구(口)' 자에 혀로 떠드는 말을 가리키는 부호를 더하여 ', ' 의 형태로 나타낸 것인데, 楷書體의 '曰' 자가 된 것이다.

例) 曲(굽을 곡), 更(고칠 경), 書(쓸 서), 最(가장 최)

74. 月 : 달 월

달이 기울었을 때의 특징을 잡아 '' 과 같이 象形하였다. 달을 象形함에 있어서 단순히 보이는 대로 '' 와 같이 그리지 않고, '月中有玉兎' 곧 달 속에 옥토끼가 있다는 전설에 따라 기울어진 달의 외곽을 '' 과 같이 그리고, 그 속에 토끼의 모습을 부호로 그려 놓은 것이 '→月' 자이다.

例) 朔(초하루 삭), 朗(밝을 랑), 有(있을 유), 望(바랄 망)

75. 木 : 나무 목

나무의 모양을 본떠 ', ' 와 같이 나무의 줄기, 가지, 뿌리를 그린 것인데, 楷書體의 '木' 자가 된 것이다.

例) 松(소나무 송), 本(밑 본), 末(끝 말), 果(실과 과), 朿(가시 자), 束(묶을 속), 析(가를 석), 折(꺾을 절), 林(수풀 림), 森(나무 빽빽할 삼)

76. 欠 : 하품 흠

입을 크게 벌리고 하품하는 모양()을 그린 글자이다.

例) 歌(노래 가), 吹(불 취), 次(버금 차), 欲(하고자할 욕)

77. 止 : 그칠지

'止' 자는 甲骨文에 '' 의 형태로, 땅위에 서 있는 발의 모습을 본뜬 것인데, 뒤에 '그치다' 로 전의되었다.

例) 步(걸음 보), 武(굳셀 무), 正(바를 정), 歲(해 세)

78. 歹 / 歺 : 살발린뼈 알 ※ 죽을사변(×)

살을 바른 부서진 뼈의 모양()을 그린 글자로, '죽음' 을 뜻하기 때문에 '죽을사변' 이라고도 칭한다.

例) 死(죽을 사), 殃(재앙 앙), 殆(위태할 태), 殘(해칠 잔)

79. 殳 : 창 수 ※ 갖은등글월문(×)

손에 창을 들고 있는 모양()을 그린 글자로 '두들기다' 의 뜻으로 쓰인다.

例) 殺(죽일 살), 毆(때릴 구), 段(구분 단)

80. 毋 / 母 : 말 무

여러 가지 설이 있으나, 약한 여자를 범해서는 안된다는 뜻으로 '말라' 의 부정사로 쓰였다.

例) 每(매양 매), 毒(독 독), 毓(기를 육)

81. 比 : 견줄 비

'比' 자는 甲骨文에 '' 의 자형으로서 두 사람이 나란히 서있는 모습을 본뜬 글자로 '견주다' 의 뜻이다.

例) 毗(도울 비), 毖(삼갈 비)

82. 毛 : 터럭 모

사람이나 짐승의 털을 그린() 글자이다.

例) 毯(담요 담), 毫(가는 털 호), 氈(모전 전)

83. 氏 : 각시 씨

씨에서 뿌리와 싹이 조금 나온 모양인 ', ' 의 형태를 그린 글자인데, 뒤에 '씨족', '성' 의 뜻으로 쓰였다.

例) 民(백성 민), 氓(백성 맹)

84. 气 : 기운 기

피어오르는 수증기의 모양()을 본뜬 글자이다.

例) 氣(기운 기), 氛(기운 분), 氫(수소 경), 氧(산소 양)

85. 水 / 氵 / 氺 : 물 수, 아래물 수, 삼 수

물은 일정한 형체가 없으므로 흘러가는 물결의 모양을 象形하여 '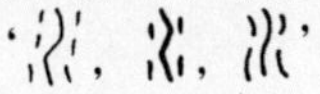'와 같이 그린 것인데, 楷書體의 '水' 자가 된 것이다.

例) 江(강 강), 河(강 이름 하), 沒(가라앉을 몰)

86. 火 / 灬 : 불 화

불꽃을 튀기며 활활 타는 모양을 象形하여 '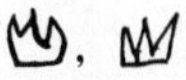, 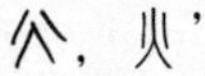'와 같이 나타낸 것인데, 楷書體의 '火' 자가 되었다.

例) 炎(불탈 염), 灰(재 회), 炭(숯 탄), 煙(연기 연)

87. 爪 / 爫 : 손톱 조

손으로 물건을 잡거나 캘 때의 상태()를 나타낸 글자이다.

例) 采(캘 채), 爲(할 위), 爰(줄 원), 受(받을 수), 妥(온당할 타), 爬(긁을 파)

88. 父 : 아비 부

아버지가 손()에 매(|)를 들고 자식의 잘못을 꾸짖는 모습을 象形하여 '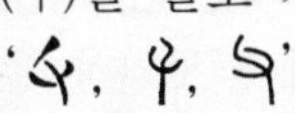'와 같이 그린 것인데, 楷書體의 '父'가 된 것이다. 돌도끼를 손에 잡은 것으로 풀이하는 이도 있다.

例) 爺(아비 야), 爸(아비 파), 爹(아비 다)

89. 爻 : 점괘 효

점칠 때 사용하는 산가지의 모양()을 상형한 글자이다.

例) 爽(시원할 상), 爾(너 이)

90. 爿 : 장수 장

통나무를 두 조각 내어 왼쪽 부분(爿)을 그린 글자이다.

例) 牀(평상 상), 牆(담 장)

91. 片 : 조각 편

조각이란 뜻을 나타내기 위하여 '木' 자를 반으로 쪼개 놓은 모양을 본떠 '片→片(조각 편)' 자가 된 것이다.

例) 版(널 판), 牌(패 패), 牒(문서 첩. 글씨판 첩)

92. 牙 : 어금니 아

어금니 모양(牙, 牙)을 그린 글자이다.

例) 牚(버팀목 탱)

93. 牛 : 소 우

소를 정면에서 본 모양을 象形하여 '牛, 牛, 牛, 牛, 牛'와 같이 그린 것인데, 楷書體의 '牛' 자가 된 것이다.

例) 牡(수컷 모), 牝(암컷 빈), 物(만물 물)

94. 犬 / 犭 : 좌변 견, 개 견 ※ 개사슴록(×)

개의 옆모양을 象形하여 '犬, 犬, 犬, 犬, 犬'과 같이 그린 것인데, 楷書體의 '犬' 자가 된 것이다.

例) 狐(여우 호), 狗(개 구), 狡(교활할 교), 猾(교활할 활)

95. 玄 : 검을 현

높이 매달아 아물아물 '검게 보인다'는 뜻의 글자이다. (참고 : 현(玄)자가 두 개 붙은 글자는 모두 '자' 음으로 소리난다.)

例) 玆(이 자), 率(거느릴 솔)

96. 玉 / 王 : 구슬 옥

구슬을 끈에 꿴 모양을 象形하여 '丰, 王, 王' 과 같이 그린 것인데, 楷書體의 '玉(구슬 옥)' 자가 된 것이다.

例) 球(공 구), 玩(희롱할 완), 理(다스릴 리), 珊(산호 산)

97. 瓜 : 오이 과

오이 덩굴에 오이가 달려 있는 모양(瓜)을 그린 글자이다.

例) 瓢(박 표), 瓠(표주박 호), 瓣(외씨 판)

98. 瓦 : 기와 와

암키와와 수키와의 엇물린 모양과 와당(ᘎ, 瓦)을 그린 글자이다.

例) 瓷(사기그릇 자), 甁(병 병), 甄(질그릇 견)

99. 甘 : 달 감

입 안에 음식을 물고 있는 모양(甘)을 그린 글자이다.

例) 甛(달 첨), 甚(심할 심)

100. 生 : 날 생

풀(屮)이 땅(土)에서 돋아나는 모양을 그리어 '生, 生, 生' 의 형태로 나타낸 것인데, 楷書體의 '生' 자로서 '나다' 의 뜻이다.

例) 産(낳을 산), 甥(생질 생)

101. 用 : 쓸 용

甲骨文에 '用' 의 자형으로, 본래 종의 모양을 본뜬 것인데, 뒤에 '쓰다' 의 뜻으로 변하였다.

例) 甬(길 용), 傭(구전 용), 庸(쓸 용)

102. 田 : 밭 전

밭두둑의 모양을 그리어 '畾, 田, ⊞'과 같이 象形한 것인데, 楷書體의 '田'이 되었다. '田'자를 만들던 당시 이미 토지가 구획되어 있었음을 알 수 있다.

例) 界(지경 계), 畿(경기 기), 略(다스릴 략)

103. 疋 : 필 필, 짝 필

다리 모양(𤴔, 疋)을 그린 글자이다.

例) 疏(트일 소), 疑(의심할 의)

104. 疒 : 병들어누울 녁, 병 질

사람이 병이 들어서 침상에 기댄 모양을 그린 글자이다.

例) 病(병 병), 疾(병 질), 癢(가려울 양)

105. 癶 : 걸음 발 ※ 필발머리(×) 필발밑(×)

두 발을 좌우로 벌리고 선 모양을 그린 글자로 '출발'의 뜻이 있다.

例) 癸(열째천간 계), 登(오를 등), 發(필 발)

106. 白 : 흰 백

'白'은 甲骨文의 'θ'의 형태로, 본래는 엄지손가락의 모양을 본뜬 것인데, 뒤에 '희다'의 뜻으로 쓰이게 되었다.

例) 皎(달빛 교), 皓(휠 호), 的(과녁 적), 皆(다 개)

107. 皮 : 가죽 피

甲骨文에 '𠬝'의 형태로, 손(又)으로 뱀의 가죽을 벗기는 모양을 나타낸 글자이다.

例) 皺(주름 추), 皴(주름 준)

108. 皿 : 그릇 명

그릇의 모양을 그린 글자이다.

例) 盆(동이 분), 盤(소반 반), 益(더할 익), 盛(성할 성)

109. 目 : 눈 목

눈의 모양을 象形하여 'ø, ▭, 目' 와 같이 그린 것인데, 뒤에 세워서 楷書體의 '目' 자가 된 것이다.

例) 盲(소경 맹), 相(서로 상), 看(볼 간)

110. 矛 : 창 모

끝이 뾰족하고 세모진 창의 모양을 그린 글자이다.(참고 : 갈라진 창은 戈(창 과)자이다.)

例) 矜(불쌍히 여길 긍)

111. 矢 : 화살 시

화살의 모양을 그린 글자이다.

例) 短(짧을 단), 矮(키 작을 왜), 矯(바로잡을 교)

112. 石 : 돌 석

벼랑에 굴러 있는 돌의 모양을 'ㄏㅂ, ㄏㅇ' 와 같이 그린 것인데, 楷書體의 '石' 자가 된 것이다. 강변의 水磨된 조약돌의 모양을 象形한 것이 아니다. '石' 을 增體象形으로 보는 이도 있다.

例) 硏(갈 연), 破(깨뜨릴 파), 砍(벨 감)

113. 示(礻) : 보일 시

본래 甲骨文에서는 돌이나 나무를 세워 神主로 모셨던 형태를 그리어 'ㅍ, 丅' 와 같이 나타낸 것인데, 뒤에 '示' 의 형태로 바뀐 것은 하늘(二)에서 세 가지 빛 곧 햇빛, 달빛, 별빛(川)이 비칠 때 사람들은 사물을 볼 수 있음을 뜻하여 楷書體의 '示(보일 시)' 자가 된 것이다.

例) 福(복 복), 祭(제사 제), 社(토지신 사)

114. 内 : 짐승발자국 유

땅 바닥에 난 짐승발자국의 모양을 그린 글자이다.

例) 禹(우임금 우), 禽(날짐승 금)

115. 禾 : 벼 화

벼가 익으면 고개를 숙이는 모양을 그린 글자이다. 부수자는 모든 '곡식'에 두루 쓰인다.

例) 穀(곡식 곡), 種(씨 종), 秀(빼어날 수), 秉(잡을 병)

116. 穴 : 구멍 혈

굴의 모양을 본뜬 글자이다.

例) 空(빌 공), 窓(창 창), 窮(다할 궁), 究(궁구할 구)

117. 立 : 설 립

땅(—) 위에 두 다리를 벌리고 서 있는 사람(大)의 모양으로써 '大, 太, 立, 立'의 형태로 나타낸 것인데, 楷書體의 '立' 자가 된 것이다.

例) 站(우두커니 설 참), 端(바를 단), 章(글 장)

118. 竹 : 대 죽

대나무 잎의 모양을 본떠 '𥫗'과 같이 그린 象形字인데, 楷書體의 '竹(대 죽)' 자가 된 것이다.(甲骨文에 '竹' 자가 없는 것으로 보아 殷代에는 황하 이북에 아직 대나무가 없었음을 알 수 있다.)

例) 節(마디 절), 筆(붓 필), 第(차례 제), 策(꾀 책)

119. 米 : 쌀 미

낱알의 모양을 象形하여 '米, 米'와 같이 그린 것인데, 楷書體의 '米' 자가 된 것이다.('米' 자를 八+八의 합자로 보아, 벼농사는 88번의 손이 가야 된다는 풀이는 한낱 민간자원에 불과하다.)

例) 粉(가루 분), 糟(술지게미 조), 糠(겨 강)

120. 糸 : 실 사

실타래의 모양을 본뜬 글자이다.(참고 : 실 사(糸)는 부수자로만 쓰인다.)

例) 系(이을 계), 糾(꼴 규), 紡(자을 방), 織(짤 직), 素(흴 소), 纖(가늘 섬), 維(밧줄 유)

121. 缶 : 장군 부

배가 불룩하게 생기고 주둥이가 가운데 난 질그릇 '장군'의 모양을 그린 글자이다.(술, 간장, 물 따위를 담는 그릇이다.)

例) 陶(질그릇 도), 缸(항아리 항), 罐(두레박 관)

122. 网(罓/罒/⺳/罒) : 그물 망

그물의 모양을 그린 글자이다.

例) 羅(새 그물 라), 罪(허물 죄), 罕(그물 한)

123. 羊 : 양 양

양을 정면에서 본 모양을 象形하여 '𦍌, 𦍌, 𦍋, 羊, 羊'와 같이 그린 것인데, 楷書體의 '羊'이 된 것이다.

例) 美(아름다울 미), 羚(영양 령), 義(옳을 의)

124. 羽 : 깃 우

새의 깃털을 그린 글자이다.

例) 翼(날개 익), 翻(날 번), 習(익힐 습)

125. 老(耂) : 늙을 로

노인의 긴 머리털에 허리를 굽혀 지팡이를 짚고 있는

모습을 象形하여 '[古字], [古字], [古字]'와 같이 그린 것인데, 楷書體의 '老'로서 '늙다'의 뜻이다.(옛날에는 머리털을 자르는 것은 불효라 하여, 평생 머리를 길렀기 때문에 노인은 자연히 머리털이 길었음을 강조한 것이다.)

例) 耆(늙은이 기), 考(상고할 고), 者(놈 자)

126. **而** : 말이을 이

甲骨文에 '[古字]', 金文에 '[古字], [古字]' 등의 자형으로서 입 아래 늘어진 수염을 그린 象形字이다. 뒤에 '말이을 이' 자로 전의되자, 부득이 '頁(얼굴 혈)'에 수염의 형태(彡)를 더하여 '須(수염 수)' 자를 만들었으나, 다시 이 '須' 자가 '반드시, 모름지기'의 뜻으로 전의되자, '須'에 터럭을 뜻하는 '髟(머리털늘어질 표)'를 더하여 다시 '鬚(수염 수)' 자를 만든 것이다.

例) 耐(견딜 내)

127. **耒** : 쟁기 뢰

밭을 가는 쟁기의 모양([古字])을 그린 글자이다.

例) 耕(밭갈 경), 耘(김맬 운), 耗(줄 모)

128. **耳** : 귀 이

귀의 모양을 象形하여 '[古字], [古字], [古字], [古字]'와 같이 그린 것인데, 뒤에 楷書體의 '耳' 자가 된 것이다.

例) 聲(소리 성), 聞(들을 문), 聰(귀밝을 총)

129. **聿** : 붓 율

손에 붓을 잡고 있는 모양([古字])을 본뜬 글자이다.

例) 肅(엄숙할 숙), 肇(칠 조), 肆(방자할 사)

130. **月(肉)** : 고기 육

小篆에 '[古字]'의 자형으로, 고깃덩어리의 근육을 본뜬 글자이다. 부수자로 쓰일 때는 '月(고기 육)'의 형태로 쓰인다.

例) 脚(다리 각), 肩(어깨 견), 肝(간 간), 臟(오장 장), 肥(살찔 비), 脂(기름 지)

131. **臣** : 신하 신

임금 앞에 엎드려 있는 신하의 눈모양()을 그린 글자이다.

例) 臥(엎드릴 와), 臨(임할 임)

132. **自** : 스스로 자

甲骨文에 ', ', 金文에 ', ' 등의 자형으로 어른의 코의 모양을 그린 象形字이다. 中國人들은 자고로 자신을 가리킬 때 반드시 코를 가리키기 때문에 '스스로'의 뜻으로 전의 되자, '自'에 '畀(줄 비)'의 聲符를 더하여 形聲字로서 '鼻(코 비)'를 또 만든 것이다.

例) 臭(냄새 취)

133. **至** : 이를 지

'이르다(도달하다)'는 화살()을 멀리 쏘아 땅(一)에 이른 것을 나타내어 ', '의 형태로 그렸던 것인데, 楷書體의 '至'가 된 것이다.

例) 致(보낼 치), 臺(돈대 대)

134. **臼** : 절구 구

곡식이 들어 있는 절구통 모양()을 그린 글자이다.

※ 與는 ''의 형태로 '깍지낄 국'이라 하여 '두 손'의 뜻이고, 舂은 '' 형태로 '절구 구'의 뜻으로 본래 다른 字인데 지금은 같이 쓰이고 있다.

例) 舂(찧을 용), 與(줄 여), 興(흥할 흥), 舊(예 구)

135. 舌 : 혀 설

본래 뱀의 갈라진 혀 모양( )을 그린 글자이다.

例) 甛(달 첨), 舐(핥을지), 舒(펼 서)

136. 舛 : 어그러질 천

두 발이 서로 어긋나게 서 있는 모양( )을 그린 글자이다.

例) 舞(춤출 무), 舜(순임금 순)

137. 舟 : 배 주

배의 모양(,)을 그린 글자이다.

例) 航(배 항), 船(배 선), 舶(큰배 박)

138. 艮 : 머무를 간

서로 눈을 노려보고 있는 모습( )을 나타낸 글자인데, 뒤에 괘 이름으로 쓰였다.

例) 良(좋을 양), 艱(어려울 간)

139. 色 : 빛 색

'사람 인(人)'과 '마디 절(節)'의 옛글자인 '卩(병부 절)'을 합한 글자( )로, 사람(人)의 마음은 얼굴에 그대로 나타난다는 顏色(안색)의 뜻에서 '빛'의 뜻으로 쓰였다.

例) 艶(고울 염)

140. 艸(艹/艹) : 풀 초 ※ 초두머리(×) 초두(×)

'艸'의 金文은 ' , ' 등의 자형으로서 풀 싹의 모양을 그린 會意字이다. 뒤에 ' 艹'와 같이 자형이 변형되어 部首字로만 쓰이게 되자, '艹'에 '早'를 더하여 形聲字로서 '草'자가 된 것이다.(풀 싹을 하나만 그린 象形字는 ' 屮'의 자형으로서 '싹날 철'이라고 한다.)

例) 英(꽃 영), 芳(꽃다울 방), 苟(진실로 구)

141. 虍 : 호랑이무늬 호 ※ 범호엄(×) 범호밑(×)

호랑이 머리와 무늬의 모양을 그려 호랑의 무늬를 나타낸 글자이다.

例) 虐(사나울 학), 處(곳 처), 虛(빌 허), 號(부르짖을 호)

142. 虫 : 벌레 충, 벌레 훼

도사리고 있는 뱀의 모양(, , )을 그린 글자인데, 널리 동물 부수자로 쓰인다. 모든 벌레나 곤충 종류는 '虫'(충)이 붙는다.

例) 虹(무지개 홍), 蚤(벼룩 조), 蛇(뱀 사), 蜂(벌 봉)

143. 血 : 피 혈

피는 구체적인 형태를 그릴 수 없기 때문에 그릇 ' 皿(그릇 명)'에 제사에 쓸 동물의 피를 받을 때의 핏방울이 떨어지는 모양을 더하여 ', '과 같이 나타낸 것인데, 楷書體의 '血(피 혈)'자가 된 것이다.

例) 衆(무리 중)

144. 行 : 다닐 행

'行'자는 본래 네거리의 모양을 象形하여 ', , '의 형태로 그린 것인데, 거리는 곧 사람이 다니는 곳이기 때문에, '行(다닐 행)'의 뜻으로 쓰이게 된 것이다.

例) 街(거리 가), 衝(찌를 충), 術(꾀 술)

145. 衣(衤) : 옷 의

웃옷의 모양을 象形하여 '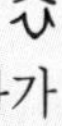, '와 같이 그린 것인데, 楷書體의 '衣(옷 의)'자가 된 것이다.

例) 補(기울 보), 被(이불 피), 褥(요 욕), 裙(치마 군)

146. 襾(西) : 덮을 아

어떤 물건의 뚜껑을 덮어 놓은 모양(襾)을 그린 글자이다.

例) 覆(뒤집힐 복), 要(구할 요)

147. 見 : 볼 견

甲骨文에 ' '의 자형으로, '눈 목(目)'과 '儿(밑사람 인)'의 會意字로, 바라보는 사람의 눈을 강조하여 '보다'의 뜻이다.

例) 觀(볼 관), 覽(볼 람), 視(볼 시), 覺(깨달을 각)

148. 角 : 뿔 각

뿔의 모양을 象形하여 ' , , , '와 같이 그린 것인데, 楷書體의 '角'자가 된 것이다

例) 觸(닿을 촉), 解(풀 해)

149. 言 : 말씀 언

본래 입에 피리 같은 악기를 물고 소리를 내는 모양을 가리키어 ' , , '의 형태로 나타낸 것인데, 소리가 말씀하다의 뜻으로 변하여 楷書體의 '言(말씀 언)'자가 된 것이다.

例) 語(말씀 어), 討(칠 토), 訴(하소연 할 소)

150. 谷 : 골 곡

골짜기는 본래 산골짜기의 물이 흘러 내려 평원으로 들어가는 상태를 가리켜 ' , , '의 형태로 나타낸 것인데, 楷書體의 '谷'자가 된 것이다.

例) 豁(뚫린골 활), 谿(시내 계)

151. 豆 : 콩 두

본래 그릇 가운데 굽이 높은 그릇의 모양을 象形하여

'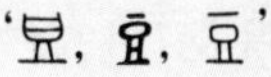'와 같이 그린 것인데, 楷書體의 '豆(두)'로 되고, 그 뜻도 변하여 '豆(콩 두)' 자가 되었다.

例) 豐(풍년 풍), 豈(어찌 기)

152. **豕** : 돼지 시

입이 삐죽 튀어나온 돼지의 몸통과 다리 그리고 꼬리의 모양()을 본뜬 글자이다.

例) 豚(돼지 돈), 豪(호걸 호), 象(코끼리 상), 豫(미리 예)

153. **豸** : 맹수 치　갖은돼지시(×) 갖은돼지시변(×) 발없는벌레 치(×)

척추가 긴 짐승이 입을 힘껏 벌리고 있는 모양을 그린 글자이다.

例) 豹(표범 표), 貂(담비 초), 貌(얼굴 모)

154. **貝** : 조개 패

조개 모양()을 그린 글자로, 옛날에는 화폐를 조개로 사용한데서 '재물'의 뜻으로 쓰는 글자이다.

例) 財(재물 재), 貢(바칠 공), 貧(가난할 빈), 貰(세낼 세), 賤(천할 천), 寶(보배 보)

155. **赤** : 붉을 적

'큰 대(大)'와 '불 화(火)'의 會意字()로, 큰 불은 '붉다'는 뜻을 나타낸 것이다.

例) 赫(붉을 혁), 赦(용서할 사)

156. **走** : 달아날 주

甲骨文에 '', 金文에 '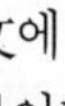'의 자형으로 사람이 달려가는 모양을 본뜬 글자이다.

例) 超(넘을 초), 越(넘을 월), 赴(나아갈 부), 起(일어날 기)

157. **足** : 발 족

발의 모양을 象形하여 ''과 같이 그린 것으로,

'口'는 곧 무릎의 둥근 모양을 그린 것인데, 楷書體의 '足'이 된 것이다.
例) 跟(발꿈치 근), 路(길 로), 踏(밟을 답), 踊(뛸 용)

158. 身 : 몸 신
아이를 밴 여자의 모습( )을 그린 글자인데, 두루 '몸'의 뜻으로 쓰인다.
例) 躬(몸 궁), 躺(누울 당), 躲(피할 타)

159. 車 : 수레 거
수레의 바퀴모양을 강조하여 ' , , 車'와 같이 그린 것인데, 楷書體의 '車(수레 거)'자가 된 것이다.
例) 載(실을 재), 輪(바퀴 륜), 輿(수레 여), 軌(길 궤)

160. 辛 : 매울 신
'辛'자는 甲骨文에 ' '의 형태로, 본래 죄인이나 노예의 문신에 썼던 침의 모양을 본뜬 것인데, '맵다'의 뜻이 되었다.
例) 辜(허물 고), 辣(매울 랄), 辨(분별할 변), 辦(힘쓸 판)

161. 辰 : 별 진
甲骨文에 ' '의 자형으로, 본래 조개껍데기를 손에 매어 벼이삭을 자르는 모양을 본뜬 것인데, 전갈 별자리 모양과 비슷하여 '별'의 뜻으로 쓰이게 되었다.(다시 '辰'자에 '虫'(벌레 충)자를 더하여 '蜃'(조개 신)자를 만들었다.)
例) 農(농사 농), 辱(욕되게할 욕)

162. 辵/辶 : 쉬엄쉬엄갈 착　책받침(×) 착받침(×)
노인이 천천히 걸어가는 모양으로 다른 글자의 받침으로

쓴데서 '착받침' 이었으나 '책받침' 으로 변하였다.
例) 過(지날 과), 道(길 도), 遠(멀 원), 近(가까울 근)

163. 邑/阝(右) : 고을 읍, 우부방

'邑' 자는 甲骨文의 '邑' 의 자형으로 경계로 둘러싸인 (口) 고을에 사람이 꿇어 앉아 있는 모습(卩 → 巴)을 합쳐, 곧 백성이 사는 '고을' 의 뜻이다.
例) 邦(나라 방), 郊(성밖 교), 郭(성곽 곽), 都(도읍 도)

164. 酉 : 닭 유

술 항아리의 모양(酉, 酉)을 그려 술을 나타낸 글자인데, 뒤에 간지인 '닭띠' 의 뜻으로 쓰였다.
例) 釀(빚을 양), 酌(따를 작), 醉(취할 취), 醱(술괼 발)

165. 釆 : 분별할 변

짐승의 발자국 모양(釆, 釆)을 나타낸 글자인데 발자국으로 어떤 짐승인지를 안다하여 '분별하다' 로 쓴다.
例) 采(캘 채), 釉(광택 유), 釋(풀 석)

166. 里 : 마을 리

땅(土) 위에 밭(田)을 일군 곳이 '마을' 이라는 뜻이다.
例) 野(들 야), 重(무거울 중), 量(헤아릴 량)

167. 金 : 쇠 금

金文에 '金' 의 형태로, '이제 금(今)' 과 흙 토(土)의 形聲字에, 금덩이(‥)의 형태를 가하여 만든 形聲加形字로, '황금' 의 뜻으로 쓰였다.
例) 銀(은 은), 銅(구리 동), 鐵(쇠 철), 銳(날카로울 예)

168. 長/镸 : 긴 장

본래 머리털이 긴 노인이 지팡이를 짚고 가는 모습을 그려 ‘ , , ’의 형태로, ‘어른’의 뜻으로 쓴 것인데, ‘길다’, ‘오래다’의 뜻으로도 쓰인다.
例) 跌(독사 절)

169. **門** : 문 문
쌍문의 모양을 象形하여 ‘ , , ’와 같이 그린 것인데, 楷書體의 ‘門(문 문)’자가 된 것이다.
例) 開(열 개), 閉(닫을 폐), 闉(협문 규), 關(빗장 관)

170. **阜/阝(左)** : 언덕 부, 좌부방
올라갈 수 있도록 층계로 되어 있는 언덕의 모양( )을 본뜬 글자이다.
例) 陵(큰 언덕 릉), 階(섬돌 계), 陶(질그릇 도), 陽(볕 양)

171. **隶** : 미칠 이
손에 절굿공이를 들고 방아를 찧는 모양을 그린 글자이다.
例) 隸(붙을 예)

172. **隹** : 새 추
꼬리가 짧은 작은 새 모양( )을 그린 글자이다.(참고 : 鳥(새 조)자는 꼬리가 긴 새를 뜻한다.)
例) 集(모일 집), 雀(참새 작)

173. **雨** : 비 우
빗방울이 하늘에 떠 있는 구름에서 떨어지는 것을 그대로 象形하여 ‘ , , , ’와 같이 그렸던 것인데, 楷書體의 ‘雨’자가 된 것이다.
例) 霜(서리 상), 電(번개 전), 雲(구름 운)

174. **靑** : 푸를 청
여러 가지 설이 있으나, 金文에 ‘ ’, 小篆에 ‘ ’의 자형으로서 ‘生’과 ‘丹(붉을 단)’의 形聲字로, ‘丹’의 有

色의 돌을 뜻하며, 그중 푸른색의 돌로서 '푸른빛'의 뜻이다.
例) 靜(고요할 정), 靖(편안할 정)

175. 非 : 아닐 비
甲骨文에 '𠆢, 𠆢', 金文에 '非', 小篆에 '非'의 자형으로 보아, 본래 새의 날개를 손으로 잡아 날아갈 수 없게 한 데서, 다시 날개가 서로 엇갈려 있음에서 서로 다름, 나아가 '아니다'의 부정사로 쓰였다.
例) 靡(쓰러질 미)

176. 面 : 얼굴 면
小篆에 '面'의 자형으로, 본래 얼굴에 쓴 가면의 모양을 본 뜬 글자인데, 뒤에 '얼굴'의 뜻이 되었다.
例) 靨(보조개 엽)

177. 革 : 가죽 혁
金文에 '革'의 자형으로, 짐승(↑)의 가죽을 벗겨 두 손(臼)털을 뽑는 모습을 본떠 만든 象形字이다. 그래서 '革命'이란 말은 짐승의 가죽에서 털을 뽑아 본래의 모습을 알 수 없게 한 것처럼 구습을 완전히 바꾼다는 뜻이다.
例) 鞭(채찍 편), 鞋(신 혜), 靴(신 화)

178. 韋 : 다룸가죽 위
두발이 서로 어긋나 있는 모양(韋)을 그리어 서로 어긋나다의 뜻을 나타낸 글자이다. 뒤에 가죽의 뜻으로 쓰였다.
例)韜(감출 도), 韓(나라이름 한)

179. 韭 : 부추 구
가늘고 긴 부추 모양(韭)을 그린 글자이다.
例) 韮(부추 구)

180. 音 : 소리 음

小篆體에 ''의 자형으로, 본래는 '말씀 언(言)' 자에 '한 일(一)' 자를 더해서 말 속에 '소리'가 있음을 나타낸 글자이다.

例) 響(울림 향), 韶(풍류이름 소), 韻(운 운)

181. 頁 : 머리 혈

사람의 머리 모양(, )을 그린 글자이다.

例) 顔(얼굴 안), 額(이마 액), 頸(목 경)

182. 風 : 바람 풍

발음요소의 '凡(무릇 범)'과 '虫(벌레 충)'의 形聲字로, 바람이 불면 벌레가 생긴다는 데서 '바람'의 뜻이 되었다.

例) 飄(회오리바람 표), 颱(태풍 태)

183. 飛 : 날 비

새가 날개를 치며 나는 모습을 본떠 ', '의 형태로 그렸던 것인데, 楷書體의 '飛'자로서 '날다'의 뜻이다.

例) 飜(뒤칠 번)

184. 食 : 밥 식

甲骨文에 ''의 자형으로, 밥그릇에 따뜻한 밥이 담겨 있고, 뚜껑이 있는 모양을 본뜬 글자이다.

例) 飯(밥 반), 飢(주릴 기), 餓(주릴 아), 飽(물릴 포)

185. 首 : 머리 수

얼굴과 머리털을 象形하여 ', , 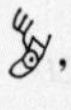, '와 같이 그린 것인데, 楷書體로 '首'가 된 것이다.

例) 馗(아홉거리 규)

186. **香** : 향기 향

'벼 화(禾)'와 '달 감(甘)'의 合體字로, '향기'의 뜻이다.

例) 馨(향기 형), 馥(향기 복)

187. **馬** : 말 마

말의 옆모양에서도 특히 말목의 긴 갈기털을 강조하여 ''와 같이 그린 것인데, 楷書體의 '馬' 자가 된 것이다.

例) 駿(준마 준), 駕(멍에 가), 驚(놀랄 경)

188. **骨** : 뼈 골

金文에 '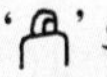'의 자형으로, 본래 뼈의 관절 모양을 본뜬 것인데, 뒤에 '月 肉' 자를 더하여 '뼈 골(骨)'이 되었다.

例) 骸(뼈 해), 髓(골수 수), 體(몸 체)

189. **高** : 높을 고

높은 곳에 굴을 파고 지붕과 오르내리는 사다리를 그리어 '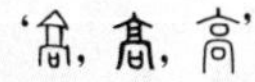'의 형태로 그려 높음을 나타낸 것인데, 楷書體의 '高' 자가 된 것이다. 이층집의 象形으로도 풀이한다.

例) 髜(높을 교)

190. **髟** : 머리털날릴 표　터럭발머리(×) 터럭발밑(×)

흩날리는 긴(長) 머리카락(彡)을 뜻하는 글자이다.

例) 髮(터럭 발), 鬢(귀밑털 빈), 鬚(수염 수)

191. **鬥** : 싸울 투

두 사람이 서로 엉키어 싸우는 모양(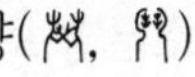)을 그린 글자이다.

例) 鬪(싸움 투), 鬧(시끄러울 뇨)

192. 鬯 : 술 창

그릇 안에 기장쌀과 향초를 넣어 담근 '울창술'을 나타낸 글자이다.

例) 鬱(막힐 울)

193. 鬲 : 솥 력

굽은 다리가 세 개 달린 솥을 뜻하는 글자이다.(참고 : 사이를 막는다는 뜻을 나타낼 때는 '격'이라 읽는다.)

例) 鬻(죽 죽)

194. 鬼 : 귀신 귀

뿔이 난 큰 머리통의 기이한 모양(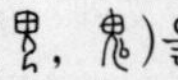)을 본뜬 것인데, 뒤에 귀신은 못된 짓을 한다는 뜻을 나타내는 '厶(사사로울 사)'를 더한 글자이다.

例) 魅(도깨비 매), 魂(넋 혼), 魄(넋 백)

195. 魚 : 물고기 어

물고기의 옆모양을 象形하여 ''와 같이 그린 것인데, 楷書體의 '魚'자가 된 것이다.

例) 鯉(잉어 리), 鯨(고래 경), 鱗(비늘 린)

196. 鳥 : 새 조

새의 모양을 象形하여 ''와 같이 본뜬 것인데, 楷書體의 '鳥'가 된 것이다.

例) 鳳(봉새 봉), 鴛(원앙 원), 鴦(원앙 앙), 鶴(학 학)

197. 鹵 : 소금밭 로

염전에 소금이 담겨 있는 모양을 그린 글자이다.

例) 鹽(소금 염), 鹹(짤 함)

198. 鹿 : 사슴 록

사슴의 뿔 모양(, )을 강조하여 그린 글자이다.

例) 麗(고울 려), 麋(큰사슴 미))

199. 麥 : 보리 맥

보리이삭의 모양을 象形하여 ', '와 같이 그린 것인데, 楷書體의 '來(올 래)' 자로 뜻이 변하게 되었다. 그 이유는 보리는 이른 봄에 반드시 밟아주고 와야 하기 때문에 '오다'의 뜻으로 전의된 것이다. 다시 ', '와 같이 ''(발의 象形字)을 더하여 楷書體의 '麥(보리 맥)' 자가 된 것이다.

例) 麵(밀가루 면), 麴(누룩 국)

200. 麻 : 삼 마

지붕 밑(广:집 엄) 그늘에서 삼 껍질을 걸어놓고 말리는 모습()을 본떠 '삼'의 뜻을 나타내었다.

例) 麾(대장기 휘), 麽(잘 마)

201. 黃 : 누를 황

甲骨文에 ''의 형태로, 본래 황옥띠를 맨 귀인의 모습을 본뜬 것인데, 뒤에 '황색'을 뜻하게 되었다.

例) 黋(씩씩할 광)

202. 黍 : 기장 서

곡식 중에서 물을 부어 술 담그기가 제일인 '기장'을 뜻하는 글자이다.

例) 黎(검을 여)

203. 黑 : 검은 흑

아궁이에 불을 땔 때 굴뚝에 그을음이 생겨 '검정색'이 되는 것을 나타낸 글자이다.

例) 點(점 점), 黝(검푸를 유)

204. 黹 : 바느질할 치
바늘에 실을 꿰어 옷의 해진 곳을 꿰매는 모양(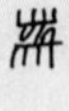)을 나타낸 글자이다.
例) 黻(수 불), 黼(수 보)

205. 黽 : 맹꽁이 맹
두 눈이 불거지고 배가 부른 맹꽁이 모양()을 그린 글자이다.
例) 鼈(자라 별), 鼇(자라 오)

206. 鼎 : 솥 정
세갈래 발이 달린 '솥' 모양()을 그린 글자이다.
例) 鼏(소댕 멱)

207. 鼓 : 북 고
북을 북걸이에 세워 놓고 손에 북채를 잡고 치는 모습(, )을 나타낸 글자이다.
例) 鼕(북소리 동)

208. 鼠 : 쥐 서
이빨이 날카로운 '쥐'의 모양()을 그린 글자이다.
例) 鼢(두더쥐 분)

209. 鼻 : 코 비
주름살진 어른 코의 모양을 象形하여 '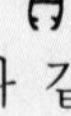, 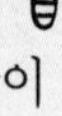, 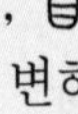'와 같이 그린 것인데, 뒤에 楷書體의 '自'와 같이 변하고, 글자의 뜻도 '자기' 곧 '스스로'의 뜻으로 변하여 '스스로 자(自)' 자가 된 것이다. 중국 사람들은 지금도 스스로를 가리킬 때는 자신의 코를 가리키는 습관이 있다. 뒤에 본

래의 '自'에 '畀(줄 비)'를 합쳐 形聲字로서 '鼻(코 비)' 자를 만들었다.

例) 鼾(코골 한)

210. **齊** : 가지런할 제

본래 보리 이삭의 크기가 가지런한 모양(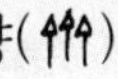)을 본떠서 '고르다'의 뜻을 나타낸 글자이다.

例) 齋(재계할 재), 齎(가져올 재)

211. **齒** : 이 치

윗니와 아랫니의 모양()을 그린 글자인데, 뒤에 '止(그칠 지)' 자를 더하여 형성자가 되었다.

例) 齡(나이 령), 齧(물 설)

212. **龍** : 용 용

甲骨文에서 용의 모양을 ', , '의 형태로 나타낸 것인데, 뒤에 자형이 ', , '과 같이 변하며, 楷書體의 '龍'자가 된 것이다.

例) 龐(클 방), 龕(감실 감)

213. **龜** : 거북 귀

거북의 모양을 본떠 만든 글자로, 甲骨文에서는 ''와 같이 그렸던 것인데, 뒤에 ''와 같이 변형하여 楷書體의 '龜'자가 된 것이다.

例) 龜(거북이 기어갈 구)

214. **龠** : 피리 약

구멍이 여러 개 난 피리의 모양을 본뜬 글자이다.

例) 龢(풍류조화될 화)

3

部首字 使用頻度表

(教育用 基礎漢字 1,800字 中)

현재 우리 나라의 字典들은 淸나라 때 만들어진 『康熙字典』의 241部首를 사용하고 있다. 그러나 214部首는 그 效用性 면에서 많은 問題點을 가지고 있다. 214部首중에 15개 部首가 常用漢字 1,800字중 한 字도 없으며, 1字만 포함된 부수가 50개 部首이다. 2字인 경우도 25자나 된다. 반면 '水'부수는 91字, '人'부수는 88자 등 상위 10개 部首에 속한 漢字는 총 629자에 달한다. 또한 部首字 자체가 常用漢字인 경우도 130字나 된다. 이는 現在의 部首字의 體系를 再調整할 필요가 있음을 示唆하고 있으며, 필요한 部首 數十字만 알아도 1,800자를 공부하는데 아무런 지장을 주지 않는다.

순위	부수	빈도수	순위	부수	빈도수	순위	부수	빈도수	순위	부수	빈도수
1	水	91	〃	禾	19	〃	食	10	〃	网	7
2	人	88	25	竹	18	48	儿	9	〃	見	7
3	心	76	26	力	17	〃	山	9	〃	酉	7
4	手	65	〃	大	17	〃	弓	9	73	欠	6
5	木	64	〃	田	17	〃	戈	9	〃	歹	6
6	言	60	〃	示	17	〃	石	9	〃	疒	6
7	口	52	〃	頁	17	〃	門	9	〃	虫	6
8	糸	48	31	一	14	〃	隹	9	〃	行	6
9	辵	45	〃	巾	14	55	亠	8	〃	走	6
10	艸	40	〃	犬	14	〃	卩	8	〃	鳥	6
11	日	35	〃	目	14	〃	又	8	80	丿	5
12	宀	35	〃	衣	14	〃	曰	8	〃	夕	5
13	土	33	〃	車	14	〃	月	8	〃	工	5
14	貝	32	37	囗	12	〃	止	8	〃	干	5
15	女	32	〃	尸	12	〃	足	8	〃	斤	5
16	刀	26	〃	邑	12	〃	馬	8	〃	牛	5
17	肉	25	〃	雨	12	63	乙	7	〃	白	5
18	阜	24	41	子	11	〃	二	7	〃	矢	5
19	金	23	42	八	10	〃	方	7	〃	羊	5
19	火	23	〃	十	10	〃	皿	7	89	入	4
21	广	19	〃	寸	10	〃	穴	7	〃	冫	4
〃	彳	19	〃	玉	10	〃	立	7	〃	厂	4
〃	攴	19	〃	耳	10	〃	米	7	〃	士	4

순위	부수	빈도수	순위	부수	빈도수	순위	부수	빈도수	순위	부수	빈도수
〃	小	4	〃	厶	2	〃	聿	1	〃	鬯	0
〃	己	4	〃	尢	2	〃	舛	1	〃	鬲	0
〃	殳	4	〃	廾	2	〃	艮	1	〃	黍	0
〃	羽	4	〃	毛	2	〃	色	1	〃	黽	0
〃	臼	4	〃	氏	2	〃	谷	1	〃	鼎	0
〃	舟	4	〃	片	2	〃	豸	1	〃	鼠	0
〃	虍	4	〃	甘	2	〃	赤	1	〃	龠	0
〃	豕	4	〃	生	2	〃	身	1	〃	黹	0
〃	辛	4	〃	疋	2	〃	釆	1			
〃	里	4	〃	而	2	〃	長	1			
〃	黑	4	〃	自	2	〃	隶	1			
104	丶	3	〃	舌	2	〃	非	1	1,800字 中		
〃	亅	3	〃	血	2	〃	面	1	0字인 部首	: 15個	
〃	冂	3	〃	靑	2	〃	革	1	1字인 部首	: 50個	
〃	巛	3	〃	飛	2	〃	韋	1	2字인 部首	: 25個	
〃	幺	3	〃	骨	2	〃	風	1	3字인 部首	: 21個	
〃	廴	3	〃	鬼	2	〃	首	1	4字인 部首	: 15個	
〃	彡	3	〃	魚	2	〃	香	1	5字인 部首	: 9個	
〃	戶	3	〃	鹿	2	〃	高	1	6字인 部首	: 7個	
〃	斗	3	150	丨	1	〃	髟	1	7字인 部首	: 10個	
〃	毋	3	〃	几	1	〃	鬥	1	8字인 部首	: 8個	
〃	爪	3	〃	夂	1	〃	鹵	1	9字인 部首	: 7個	
〃	玄	3	〃	屮	1	〃	麥	1	10字인 部首	: 6個	
〃	癶	3	〃	弋	1	〃	麻	1			
〃	老	3	〃	支	1	〃	黃	1			
〃	臣	3	〃	文	1	〃	鼓	1	1~10 순위	: 629字	
〃	至	3	〃	无	1	〃	鼻	1	1~20 순위	: 917字	
〃	襾	3	〃	比	1	〃	齊	1	1~30 순위	: 1,096字	
〃	角	3	〃	气	1	〃	齒	1	1~40 순위	: 1,228字	
〃	豆	3	〃	父	1	〃	龍	1	1~54 순위	: 1,326字	
〃	辰	3	〃	爿	1	〃	龜	1			
〃	音	3	〃	牙	1	200	匸	0			
125	冖	2	〃	瓦	1	〃	夊	0			
〃	凵	2	〃	用	1	〃	彐	0			
〃	勹	2	〃	皮	1	〃	爻	0			
〃	匕	2	〃	内	1	〃	瓜	0			
〃	匚	2	〃	缶	1	〃	矛	0			
〃	卜	2	〃	耒	1	〃	韭	0			

4

部首를 알기 어려운 漢字

※ 다음 漢字들은 어느 部首를 찾아야 할까를 먼저 생각해보고, 옆의 해당 部首字를 맞추어보면 쉽게 기억하게 될 것이다.

번호	部首를 알기 어려운 漢字	部 首
1	丁 七 上 下 不 且 丘 丙 丑 丈 与(여) 丏(면) 世 丐(개) 丕(비) 並(병)	一(한 일)
2	丸 丹 主	丶(점 주)
3	了 予 事	亅(갈고리 궐)
4	丫(아) 中 串(관) 个(개) 丰(봉) 丱(관)	丨(뚫을 곤)
5	乃 乂(예) 久 之 乎 乏(핍) 乘 乖(괴) 乍(사)	丿(삐칠 별)
6	九 乞 也 乳 乾 亂	乙(새 을)
7	于 云 互 亘(선) 五 井 亞 些(사) 亟(극)	二(두 이)
8	亡 亢(항) 交 亦 亥 亨 京 享 亮 亳(박)	亠(돼지해머리 두)
9	內 全 兩 兪	入(들 입)
10	冊 冏(경) 再 冑(주) 冒 冕(면)	冂(멀 경)
11	凶 凸(철) 凹(요) 出 函(함)	凵(입벌릴 감)
12	化 北 匙(시)	匕(비수 비)
13	卞 占 卦 卨(설)	卜(점 복)
14	叉(차) 及 友 反 取 受 叢	又(또 우)
15	元 兄 兆 光 兒 兔 先	儿(밑사람 인)
16	公 六 兵 其 具 典 兼	八(여덟 팔)
17	凡 凱 凭(빙) 凰 凳(등)	几(안석 궤)
18	刃 分 切 初 券 前	刀(칼 도)

번호	部首를 알기 어려운 漢字	部 首
19	以 來 傘(산) 余 俎(조)	人(사람 인)
20	務 勇 勞 勝 募 勰(협)	力(힘 력)
21	勺(작) 勾(구) 匀(균) 勿 包 匃(개) 匈 匍(포) 匐(복) 匏	勹(쌀 포)
22	千 升 午 半 卍(만) 卑 卒 卓 南	十(열 십)
23	卯 卮(치) 危 印 卵 卷 巹(근) 卽 卿	卩(병부 절)
24	去 參	厶(사사로울 사)
25	古 可 各 司 史 吏 同 名 呆(태) 合 后 吳 向 告 哀 呑(탄) 單 君 命 和 周 哭 唐 商 咸 咫(지) 哉 員 哲 喪 嘉 囊(낭) 嗣(사) 嗇(색) 器 噩(악) 嚮(향)	口(입 구)
26	在 坐 垂 堂 報 堯(요)	土(흙 토)
27	夏 夌(능)	夊(천천히걸을 쇠)
28	天 太 夫 夬(쾌) 夭 失 央 夾 奇 奈 奉 奎 奭(석) 奧(오) 奏 套(투) 奚(해) 奠(전)	大(큰 대)
29	寺 射 將 尋 對 導	寸(마디 촌)
30	尤 尨(방) 就	尢(절름발이 왕)
31	屮(철) 屯(둔)	屮(왼손 좌)
32	州 巡 巢	巛(내 천)
33	壬 壯 壹 壻(서) 壽	士(선비 사)
34	外 夙(숙) 多 夜 夢	夕(저녁 석)
35	少 尖(첨) 尙	小(작을 소)
36	尺 尹 局 尿(뇨) 屎(시)	尸(주검 시)
37	巨 巫 差	工(장인 공)
38	已(이) 巳(사) 巴(파) 巷(항) 巽(손)	己(몸 기)
39	平 年 幷(병) 幸 幹	干(방패 간)
40	弁 弄 弈(혁) 弊(폐)	廾(들 공)
41	市 布 希 帛 師 席 帝 常 帚(추) 帶 幣(폐) 幇(방) 幕	巾(수건 건)

번호	部首를 알기 어려운 漢字	部 首
42	幻(요) 幼 幽 幾	幺(작을 요)
43	式 弑	弋(주살 익)
44	彖(단) 彗(혜) 彙 彘(체) 彝(이)	彐(돼지머리 계)
45	母 每 毒 毓(육)	毋(말 무)
46	民 氓(맹) 氐(저)	氏(각시 씨)
47	永 氷 求 汞(홍) 泰 潁(영)	水(물 수)
48	爭 爰(원) 爲 爵(작)	爪(손톱 조)
49	曲 更 書 最 會 曾 曳(예) 曺 替(체)	曰(가로 왈)
50	未 末 本 朱 東 業 條	木(나무 목)
51	必 慶 恭 慕 憂 懿(의)	心(마음 심)
52	正 歪(왜) 歸 步 武 歲	止(그칠지)
53	爽(상) 爾(이)	爻(점괘 효)
54	率	玄(검을 현)
55	甚 甛(첨)	甘(달 감)
56	甫 甬(용) 甯(녕)	用(쓸 용)
57	疏 疑	疋(짝 필)
58	由 甲 申 畢 畿	田(밭 전)
59	秉 秦 稟(품, 름) 穎(영)	禾(벼 화)
60	肩 肖(초) 育 肓(황) 能 肴(효) 胤 胄(주) 膏(고) 膚 羸(라)	肉(고기 육)
61	臾(유) 舂(용) 與 興 舊 舅(구)	臼(절구 구)
62	肅 肇(조) 肆(사)	聿(붓 율)
63	舍 舒(서) 舘	舌(혀 설)
64	西 要 覆(복)	襾(덮을 아)
65	重 量	里(마을 리)
66	酋 釁(흔)	酉(닭 유)
67	隸	隶(미칠 이)

「中秋節」과 「仲秋節」

음력 8월 15일에 대한 우리의 재래 명칭은 秋夕(추석)이란 말 외에도 가배(嘉俳 · 嘉排), 가우(嘉優), 가위, 가배일, 가배절, 가우일, 가윗날, 한가윗날 등이 있다.

秋夕이란 단어를 中國의 문헌에서 찾아보면, 秋夜(추야) 곧 가을밤이란 뜻 외에는 없기 때문에 秋夕이란 말은 곧 옛부터 우리 나라에서 만든 漢字語임을 알 수 있다.

가배(嘉俳 · 嘉排)나 가우(嘉優)의 유래는 이미 新羅 제3대 儒理王(유리왕) 때(A.D. 24~56)부터 궁중에서 행해진 놀이로서 여러 가지로 표기한 것을 보면, 비록 그 말이 漢字로 기록되었더라도 漢字語가 아니라, 借音表記(차음표기)한 우리의 고유어임을 알 수 있다.

東亞日報(9월8일) C4면에 仲秋節(중추절)에 대한 풀이가 게재되어 있는데, 「中秋節」을 「仲秋節」로 혼동해서 잘못 쓰고 있음을 지적하고자 한다.

「仲」은 한가운데를 나타내는 「中」의 뜻과 달리 「버금」곧 둘째의 뜻으로 쓰이는 글자이므로 仲秋는 孟秋 · 仲秋 · 季秋의 仲秋로서 가을의 둘째번 달 곧 음력 8월을 일컫는 말이다. 음력 8월 15일의 한가위 명절에 대해서 지칭하는 말은 中秋이다.

그러므로 秋夕을 「仲秋節」이라고 쓰는 것은 잘못이다. 마땅히

「中秋節」이라고 써야 한다. 또한 한가위 선물을 주면서 「仲秋佳節」이라고 쓰는 것도 마땅히 「中秋佳節」이라고 써야 한다.

中秋節에 대하여 中國의 옛 문헌에 "八月十五日 中秋節, 此日三秋恰半, 故謂之中秋, 此夜, 月色倍明于常時, 又謂之月夕."(팔월 십오일 중추절, 이 날은 삼추의 정 가운데가 되므로 中秋라고 이르며, 이 날 밤은 달빛이 평상시보다 훨씬 밝기 때문에 또한 月夕이라고도 이른다.)《夢粱錄》과 같이 陰曆 8월 15일 中秋節, 이 날은 三秋(孟秋, 仲秋, 季秋)의 꼭 반이기 때문에 「中秋」라고 한다. 이 날 밤의 달빛은 평상시보다 더욱 밝기 때문에 「月夕」이라고도 일컫는다라고 분명히 「中秋」와 「仲秋」를 구별하여 놓았다.

국어사전에 「中秋」와 「仲秋」를 불명확하게 설명하여 놓고, 「中秋節」을 「仲秋節」로 잘못 실어 놓았는데 앞으로 반드시 올바로 고쳐야 할 것이다.

V

新 千 字 文

1. 新千字文 序 (陳泰夏)
2. 敬賀를 넘어 快擧인『新千字文』 (辛奉承)
3. 新千字文 (陳泰夏)
4. 傳統的 美德과 現代的 意識을 確立한『新千字文』 (李潤新)
5. 新千字文贊 (沈在箕)

新千字文 序

陳 泰 夏

종래 우리 니리 書堂에서 初學書로 널리 읽혀 온 「千字文」은 6세기경 梁나라 武帝 때 周興嗣가 편찬한 것이다. 그러므로 「千字文」이 이 땅에서 初學者의 教科書로 쓰인 역사가 약 1500年이나 될 만큼 오래다.

그러나 百濟의 王仁 博士가 日本의 應神天皇(A.D. 285年) 때 日本에 「千字文」을 傳했다는 기록으로 보면, 우리 나라에 처음 들어온 「千字文」은 梁나라 周興嗣의 「千字文」이 아니라, 魏나라 때 鍾繇(151~230)가 지은 「千字文」이었을 것이다. 이로써 보면 「千字文」은 적어도 1700年 이상을 이 땅에서 가장 많은 사람들의 教科書로 읽혀 왔으며, 오늘날도 여전히 읽히고 있다.

오늘날 읽히고 있는 周興嗣의 「千字文」은 四言古詩體로서 250句의 長詩로 되어 있어 初學書라고 하지만, 실은 그 뜻을 알기가 매우 어려운 글이다.

또한 初學書로서 難易度를 살펴보면, 일상생활에서 잘 쓰이지 않는 글자들이 많다. 例를 들면 「驤, 璇, 誚, 璣, 羲, 頹, 嘯, 嵇, 譏, 糟, 糠, 輶, 鵾, 颻, 翳, 貽, 黍, 稼, 穡, 邈, 鉅, 岱, 翦, 虢, 寔, 綺, 奄, 磻, 轂, 纓, 藁, 笙, 楹, 糜, 虧, 羔, 駒, 邇, 虞, 鹹, 柰」 등은 오늘날 우리 나라 文字生活의 여건으로 보아 初學者들에게 굳이 學習시킬 필요가 없는 글자들이다.

이에 비하여 日常生活에 꼭 필요한 「春, 小, 太, 完, 客, 室, 害, 憲, 崇, 干, 打, 斗, 斤, 氏, 炎, 狀, 片, 牛, 犬, 皿, 矛, 示, 禾, 竹, 米, 肉, 至, 舌, 角, 豆, 貝, 走, 辛, 里, 革, 須, 風」 등의 基礎的인 글자들은 빠져 있다.

더욱 중요한 것은 周興嗣 「千字文」에 「百郡秦并」과 「竝皆佳妙」와 같이 비록 字形은 다르지만 같은 뜻의 「并＝竝」자가 중첩되어 있어 실은 「千字文」이 아니라 999字이다.

그리하여 우리의 실생활에 맞는 「新千字文」을 다음과 같은 기준을 세워 심혈을 기울여 創作하여 보았다.

⑴ 일상생활에 필요한 漢字를 「家庭, 夫婦, 國土, 文化, 歷史, 政治, 經濟, 社會, 國防, 産業, 愛國, 氣候, 環境, 教育, 藝術, 言論, 風習, 健康, 職場, 娛樂, 福祉, 改善, 處世, 修養, 知足, 未來, 格言, 習文」 등 28항목으로 구별하여 四字句를 만들었다.

⑵ 이 四字句에는 가능한 한 실생활에 쓰이는 2字 漢字語를 활용하여 배열하였다.

⑶ 常用漢字에서 8급~6급까지의 漢字는 모두 포함시키어, 初學者에게 알맞도록 지었다.

⑷ 단순히 漢字를 익히는 데 그치지 않고, 模範的인 國民으로서 지켜야 할 내용으로 문장을 만들어 人性教育에 중점을 두었다.

⑸ 「東西南北, 春夏秋冬, 男女老少」 등과 같이 일상적인 숙어로서 쓰이는 漢字는 거의 망라하였다.

〈推薦辭〉

敬賀를 넘어 快擧인「新千字文」

劇作家 / 藝術院會員　辛 奉 承

우리에게 친근하고 익숙한 「千字文」이 지어지는 과정은 異說이 아주 없지는 않으나, 6세기 경 梁나라 武帝는 王羲之가 쓴 1千字의 글자를 次韻으로 하여 「千字文」을 지으라고 博學의 문사 周興嗣에게 명하였고, 이에 周興嗣는 하룻밤 동안에 넉 자로 된 古詩 250수를 지어 올리는 노심초사로 머리가 하얗게 시었다하여 「白首文」라고도 불리었다는 게 정설이다.

天地玄黃으로 시작하여 焉哉乎也로 끝나는 「千字文」의 내용은 장엄하고 단아하면서도 다양하다. 먼저 우주의 무한함을 찬양하고, 자연의 섭리와 이치를 설득하여 문명의 발전을 살폈고, 人君의 德政과 君子의 盛德이 五倫의 道理에서 기인됨을 설파한다. 이어 나라의 규모와 궁전의 위용, 조정이 가야하는 바른 길을 알리며 賢臣, 英才의 바탕을 가르치며, 그 땅을 다스리는 大本이 되는 農政과 山林에 의탁하는 선비의 참 모습을 그리면서 人世의 모든 善惡을 가리게 하여 사람의 어질고 우둔해지는 근원을 살핀 것은 우주 간 만 가지 일에서 가장 소중한 것이 사람이라는 것을 강조함이라, 선비는 공부를 해야 한다는 말로써 전편을 매듭지으면서 詩韻을 되새기게 하였다.

이후 1,500년 동안 中國은 물론, 한국과 日本에 이르기까지 「千字文」은 書堂의 初學書로서 유소년 교육에 막중한 영향을 끼친 것은 엄연한 사실이지만, 조용히 생각해 보면 「천자문」을 읽은 동양의 여러 나라 유소년들은 알게 모르게 中國의 歷史와 中國의 文化에, 그리고 中國式 知識과 思考에 지배되어왔음을 간과할 수가 없다. 길고 긴 세월동안 무심히 받아들여진 이 엄청난 矛盾에서 벗어나야 하는 절박한 念願을 淸凡 陳泰夏 敎授가 마침내 이루게 해 주었다.

이 땅의 漢字敎育을 선도해 오신 陳泰夏 敎授는 우리 일상생활에 필요한 1千字의 漢字를 엄선하여 國土, 文化, 歷史, 愛國 등은 물론 政治, 經濟, 社會, 産業, 環境을 아우르면서 藝術, 言論, 未來, 家庭, 夫婦, 修養, 格言 등을 망라하는 28개 항목의 4字句를 만들어 우리의 국토와 우리의 역사, 그리고 우리의 문화를 아우르는 「新千字文」을 새롭게 저술하였다. 이로써 우리의 유소년들은 우리 漢字로 된 우리의 情緖와 우리의 思考를 아우르는 아름다운 學習書 「新千字文」을 가지게 되었으니 어찌 자랑스럽지 않으랴.

淸凡 陳泰夏 敎授의 이 貢獻은 敬賀해야 할 일을 넘어서는 快擧임을 여기에 적어 머리를 숙여 감사드린다.

❶ 家庭

1	父 母 均 平 부 모 균 평	아버지 어머니 모두 평안하시고
2	兄 弟 友 愛 형 제 우 애	형과 아우가 서로 의좋게 사랑하며
3	祖 孫 一 堂 조 손 일 당	조부모와 손자가 한 집에서
4	歡 談 笑 聲 환 담 소 성	즐거운 이야기와 웃음소리가 넘쳐나고
5	諸 族 至 勉 제 족 지 면	모든 가족이 매우 근면하니
6	貯 而 裕 足 저 이 유 족	저축하고도 넉넉하구나
7	家 和 事 成 가 화 사 성	집안이 화목하고 일마다 이루어지니
8	昌 盛 綿 代 창 성 면 대	대를 이어 번창하고 융성하리라.

② 夫婦

9	婚 姻 式 典 혼 인 식 전	혼사를 치르는 성스러운 예식에서
10	二 姓 合 杯 이 성 합 배	신랑 신부의 합환배는 백년가약을 뜻하고
11	夫 唱 婦 隨 부 창 부 수	남편이 부르고 아내가 따라 화합하면
12	能 脫 困 境 능 탈 곤 경	어떤 곤경도 벗어날 수 있고
13	內 順 外 朗 내 순 외 랑	아내가 온순히 내조하면 남편은 늘 명랑하여
14	鶴 髮 童 顔 학 발 동 안	머리는 학처럼 희지만 얼굴은 아이처럼 젊어
15	詳 細 述 懷 상 세 술 회	부부간에는 무엇도 가슴에 두지 말고 상세히 말하여
16	適 否 解 消 적 부 해 소	사실 여부의 의혹을 풀어야 한다.

③ 國土

17	白頭金剛 백 두 금 강	백두산 금강산
18	雪嶽智異 설 악 지 리	설악산 지리산
19	錦繡江山 금 수 강 산	비단에 수놓은 듯이 아름다운 우리 나라
20	奇觀妙景 기 관 묘 경	볼만한 뛰어난 명승지가 많고
21	三洋半陸 삼 양 반 륙	삼면이 바다로 둘러싸인 육지라
22	水產發達 수 산 발 달	수산업이 발달하고
23	土壤肥沃 토 양 비 옥	토양은 비옥해서
24	米穀豊富 미 곡 풍 부	쌀 곡식이 풍부하다.

❹ 文化

25	世 宗 聖 帝 세 종 성 제	성스러운 세종대왕께서
26	創 制 我 文 창 제 아 문	창제하신 우리 글 훈민정음
27	吐 含 石 佛 토 함 석 불	최고의 예술작품인 토함산의 석굴암 좌불
28	玉 色 青 磁 옥 색 청 자	고려시대 비취옥 색깔의 상감청자
29	八 萬 藏 板 팔 만 장 판	합천 해인사의 팔만대장 경판
30	直 指 印 刷 직 지 인 쇄	세계 최초의 인쇄술을 자랑하 는 직지심경(우왕 3년, 1377)
31	又 龜 甲 船 우 귀 갑 선	이순신 장군이 만들어 적을 물리친 거북선 등
32	表 矜 四 海 표 긍 사 해	세계에 자랑해야 한다.

❺ 歷史

33	檀 君 以 前 단 군 이 전	단군보다 앞서
34	東 夷 疆 域 동 이 강 역	활 잘 쏘던 동이족의 강역은
35	銅 鐵 猛 將 동 철 맹 장	전신(戰神)으로 칭해진 치우장군이 활약하던
36	淵 黃 河 原 연 황 하 원	황하 북쪽의 중원 땅에서 비롯된다.
37	朱 蒙 善 射 주 몽 선 사	고구려 시조 주몽은 백발 백중의 활을 쏘았고
38	李 皇 神 弓 이 황 신 궁	조선 태조 이성계는 신궁으로 명수였으며
39	五 輪 榮 冠 오 륜 영 관	올림픽에서 매차 영예의 월계관 차지하니
40	連 數 千 載 연 수 천 재	명궁(名弓)의 민족으로 수천년을 이어 온다.

⑥ 政治

41	各 界 主 張 각 계 주 장	각계각층의 주장을
42	謙 虛 傾 聞 겸 허 경 문	겸허히 귀 기울여 듣고
43	敏 活 措 置 민 활 조 치	빠른 시일 내에 바로 처리하여
44	治 安 徹 底 치 안 철 저	치안을 철저히 하고
45	與 野 革 政 여 야 혁 정	여당과 야당이 모두 혁명적으로 정사를 베풀어
46	黨 利 爲 輕 당 리 위 경	당리당략을 가벼히 하고
47	國 益 民 福 국 익 민 복	나라의 이익과 국민의 행복을 위하여
48	滅 私 奉 公 멸 사 봉 공	사심을 버리고, 공공을 위하여 봉사하라.

⑦ 經濟

49	市場經濟 시장경제	시장경제 체제를
50	基本理念 기본이념	기본 이념으로 하고
51	勞社團結 노사단결	노동자와 회사가 합심단결하여
52	短處補完 단처보완	부족한 곳을 보완하고
53	多番檢討 다번검토	다방면으로 여러 차례 검토하여
54	構造調整 구조조정	합리적인 구조로 조정하고
55	志向頂上 지향정상	정상에 이르기를 지향하면
56	企業如意 기업여의	기업이 뜻대로 될 것이다.

⑧ 社會

57	遵 法 守 則 준 법 수 칙	법을 잘 따르고, 규칙을 지키고
58	秩 序 維 持 질 서 유 지	질서를 지키고
59	腐 敗 豫 防 부 패 예 방	부패를 미리 막고
60	除 去 個 慾 제 거 개 욕	개인적인 욕심을 없애고
61	誘 惑 拒 絶 유 혹 거 절	유혹을 뿌리치고
62	圖 謀 純 粹 도 모 순 수	꾀하는 일이 순수하고
63	先 義 後 權 선 의 후 권	먼저 의무를 다하고 권리를 찾으면
64	致 頌 模 範 치 송 모 범	모범사회로 칭송을 받게 될 것이다.

9 國 防

65	南北分斷 남 북 분 단	남과 북으로 분단된 것은
66	銘最痛憤 명 최 통 분	가장 가슴 아픈 일임을 명심하라.
67	句麗韓史 구 려 한 사	고구려는 엄연히 우리의 역사이고
68	壹島吾領 일 도 오 령	하나의 섬도 우리의 영토이지만
69	弱肉强食 약 육 강 식	강한 나라가 약한 나라를 먹고
70	遠交近攻 원 교 근 공	먼 나라와는 화친하고 가까운 나라를 공략하던
71	覇軍尙存 패 군 상 존	패권주의 군국주의는 아직도 존재하니
72	有備無患 유 비 무 환	미리 국방력을 길러 환란을 막아야 한다.

⑩ 產業

73	科 技 營 農 과 기 영 농	과학적이고 높은 기술 농업 경영으로
74	特 栽 秀 種 특 재 수 종	우수한 종자를 특별히 재배하고
75	乘 馬 牧 畜 승 마 목 축	말을 타고 경영하는 대규모 목축업
76	狗 走 群 羊 구 주 군 양	개는 양떼를 쫓아 몬다.
77	製 艦 電 腦 제 함 전 뇌	배, 컴퓨터 등 전자제품을 제조하여
78	逸 品 輸 出 일 품 수 출	세계적으로 뛰어난 상품들을 수출하니
79	商 工 竝 展 상 공 병 전	상업과 공업이 나란히 발달하여
80	貿 易 首 邦 무 역 수 방	무역의 으뜸 나라가 될 것이다.

⑪ 愛國

81	壬 辰 丙 子 임 진 병 자	임진(선조 25년, 1592), 병자(인조 14년, 1636)에
82	兩 亂 略 侵 양 란 략 침	외적이 침략한 두번의 난리
83	庚 戌 恥 辱 경 술 치 욕	경술년(1910. 8. 29) 주권을 강탈당한 치욕을
84	久 刻 勿 忘 구 각 물 망	오래도록 가슴에 새기어 잊지 말라.
85	當 光 復 節 당 광 복 절	광복절을 맞아
86	默 禱 英 靈 묵 도 영 령	애국투사 영령 앞에 묵도하고
87	每 戶 揭 旗 매 호 게 기	집집마다 국기를 게양하고
88	普 天 同 慶 보 천 동 경	온 나라가 함께 경축하자.

⑫ 氣候

89	春 夏 秋 冬 춘 하 추 동	봄, 여름, 가을, 겨울 사계가 분명하니
90	溫 帶 氣 候 온 대 기 후	온대 기후에 속한다.
91	寒 暑 依 差 한 서 의 차	춥고 더움의 차이에 따라
92	着 衣 厚 薄 착 의 후 박	입는 옷이 두텁고 엷어지며
93	風 雨 勢 寡 풍 우 세 과	바람과 비가 세차고 적음에 따라
94	戒 注 汎 濫 계 주 범 람	홍수 범람을 주의하도록 경보해야 하고
95	冷 暖 急 變 냉 난 급 변	차고 따뜻함이 돌연히 변함에 따라
96	物 價 貴 廉 물 가 귀 렴	물건값이 비싸고 싸진다.

⑬ 環境

97	自然保護 자연보호	흔히 말하는 자연보호라는 말은
98	反慢誇說 반만과설	오히려 오만하고 과장된 말이다.
99	但只破壞 단지파괴	인간만이 자연을 파괴할 뿐이다.
100	干拓油田 간척유전	마구 바다를 막아 땅을 만들고, 유전을 뚫고
101	封墓立碑 봉묘입비	묘를 높이 쌓고 비석을 세우며
102	暗驗核爆 암험핵폭	암암리에 핵폭탄 실험을 한다.
103	鳥願靜寂 조원정적	새들은 자연 그대로의 조용함을 원하고
104	獸希森林 수희삼림	짐승들은 자연 그대로의 숲 속을 바랄 뿐이다.

⑭ 敎育

105	初校段階 초교단계	초등학교부터 단계별로
106	漢字敎育 한자교육	한자를 교육하는 것은
107	全課柱礎 전과주초	모든 과목의 기둥이 되고 주춧돌이 되나니
108	必須學習 필수학습	반드시 학습시켜서
109	培養卓才 배양탁재	탁월한 영재를 배양해야
110	貢獻人類 공헌인류	인류에 공헌할 수 있다.
111	尤積知識 우적지식	더욱 전문지식을 쌓아서
112	弘揚傳統 홍양전통	전통문화를 널리 선양하자.

⑮ 藝術

113	磨 墨 古 硯 마 묵 고 연	오래된 벼루에 먹을 갈아
114	揮 毫 宣 紙 휘 호 선 지	화선지에 붓을 휘둘러
115	梅 蘭 菊 竹 매 란 국 죽	매화, 난초, 국화, 대나무 사군자를 그리니
116	書 畵 共 軌 서 화 공 궤	동양예술의 글씨와 그림 은 그 바탕이 같다.
117	映 像 演 劇 영 상 연 극	영화, 연극
118	歌 曲 管 絃 가 곡 관 현	가곡, 관현악
119	建 築 寫 眞 건 축 사 진	건축, 사진 등도
120	比 現 西 藝 비 현 서 예	현대 서양 예술의 수준에 비견할 만하다.

⑯ 言 論

121	正 論 勇 筆 정 론 용 필	바르고 용단성 있는 언론은
122	警 鐘 大 衆 경 종 대 중	독자 대중을 올바로 깨우치지만
123	形 章 飾 言 형 장 식 언	외형만 꾸민 언론은
124	害 他 莫 及 해 타 막 급	독자에게 끼치는 해독이 막대하다.
125	情 報 的 確 정 보 적 확	정보 수집은 정확히
126	播 送 迅 速 파 송 신 속	전달은 신속히 하여
127	信 賴 新 放 신 뢰 신 방	신문 방송이 신뢰를 받는 것은
128	記 者 使 命 기 자 사 명	언론인들의 사명이다.

⑰ 風習

129	元旦訪鄉 원 단 방 향	설 명절에 고향을 방문하여
130	省親恭拜 성 친 공 배	어버이를 찾아뵙고 공손히 세배를 하는 것은
131	仁儀良俗 인 의 양 속	어진 의식이고 좋은 풍속이니
132	猶續宜矣 유 속 의 의	그대로 이어감이 마땅하다.
133	往來停滯 왕 래 정 체	가고 오는 길이 매우 막히고
134	車通混雜 차 통 혼 잡	차량 교통이 혼잡하지만
135	乃耐苦衷 내 내 고 충	그럼에도 고통을 참으면
136	相逢互悅 상 봉 호 열	서로 만나 기쁨을 누리게 된다.

⑱ 健康

137	少 取 漫 步 소 취 만 보	음식을 적게 먹고, 한가로이 거니는 것은
138	健 康 祕 策 건 강 비 책	건강을 유지하는 비책이고
139	快 便 熟 眠 쾌 변 숙 면	변을 시원하게 보고, 숙면하는 것은
140	享 壽 要 因 향 수 요 인	장수를 누리는 중요한 까닭이다.
141	耳 目 口 鼻 이 목 구 비	귀, 눈, 입, 코
142	肝 肺 胃 腸 간 폐 위 장	간, 폐, 위, 장 등
143	不 敢 損 傷 불 감 손 상	몸을 다치지 않게 하는 것은
144	孝 之 始 也 효 지 시 야	효도의 처음이니라.

⑲ 職 場

145	早 起 體 操 조 기 체 조	아침 일찍 일어나 운동을 하고
146	容 貌 端 潔 용 모 단 결	용모를 깨끗이 단정하게 갖추고
147	準 時 入 退 준 시 입 퇴	시간에 맞추어 출퇴근하여
148	盡 量 勤 務 진 량 근 무	열심히 근무하고
149	常 施 寬 雅 상 시 관 아	늘 관용과 아량을 베풀어
150	關 係 圓 滿 관 계 원 만	동료들과 관계를 원만히 하고
151	試 鍊 克 服 시 련 °극 복	시련을 극복하면
152	遂 得 昇 進 수 득 승 진	드디어 승진하게 될 것이다.

⑳ 娛樂

153	餘 暇 娛 樂 여 가 오 락	여가를 이용하여 오락을 즐기는 것은
154	勝 於 午 睡 승 어 오 수	낮잠 자는 것보다 낫다.
155	遊 從 趣 味 유 종 취 미	각자의 취미에 따라 놀더라도
156	恒 思 中 庸 항 사 중 용	항상 중용을 생각해야 한다.
157	圍 棋 撞 球 위 기 당 구	바둑, 당구
158	競 犬 鬪 牛 경 견 투 우	개 경주, 소 싸움
159	魔 術 角 力 마 술 각 력	마술, 씨름
160	可 玩 禁 博 가 완 금 박	건전한 놀이는 좋지만 도박은 금해야 한다.

㉑ 福祉

161	郡 邑 面 里 군 읍 면 리	군, 읍, 면, 리마다
162	別 設 病 院 별 설 병 원	특별히 병원을 설치해야 하고
163	材 料 收 集 재 료 수 집	재료를 수집해서
164	該 助 障 輩 해 조 장 배	마땅히 장애자들을 도와야 하고
165	敬 老 讓 座 경 로 양 좌	노인을 공경하여 자리를 양보하며
166	救 援 孤 貧 구 원 고 빈	외롭고 가난한 사람들을 도와야 하고
167	汚 染 漁 村 오 염 어 촌	오염된 어촌을
168	洗 淨 決 定 세 정 결 정	깨끗이 하도록 해야 한다.

㉒ 改善

169	投 票 選 擧 투 표 선 거	나라의 일꾼을 투표하여 뽑을 때는
170	切 想 減 費 절 상 감 비	절실히 비용을 줄이는 것을 생각해야 하고
171	惡 質 犯 罪 악 질 범 죄	모진 범죄라도
172	裁 判 刑 罰 재 판 형 벌	재판하여 법에 따라 벌해야 하며
173	男 尊 女 卑 남 존 여 비	남자를 높게, 여자를 얕게 여긴
174	應 修 舊 弊 응 수 구 폐	옛날 폐습은 마땅히 고쳐야 하고
175	左 右 派 爭 좌 우 파 쟁	좌우로 파벌을 지어 다툼은
176	皆 悟 責 重 개 오 책 중	모두가 책임이 무거움을 깨달아야 한다.

㉓ 處世

177	迎賓接客 영빈접객	손님은 반가이 맞이하여
178	喜心禮遇 희심예우	기쁜 마음으로 예로써 대접해야 한다.
179	過失卽改 과실즉개	잘못이 있어도 즉시 고친다면
180	誰憚其誤 수탄기오	누가 그 잘못을 지탄하겠는가.
181	拾錢索返 습전색반	돈을 주우면 반드시 주인을 찾아 주고
182	是非明陳 시비명진	옳고 그름은 분명히 말해야 한다.
183	忠武丹誠 충무단성	충무공 이순신 장군의 붉은 충성
184	永歲遺芳 영세유방	그 꽃다운 이름은 영원히 전해질 것이다.

㉔ 修 養

185	溪 邊 閑 居 계 변 한 거	시냇물 가에 한가로운 마음으로
186	斗 屋 儉 素 두 옥 검 소	작은 집에서 검소한 생활을 하며
187	朝 飯 夕 粥 조 반 석 죽	아침 밥 저녁 죽으로
188	晝 耕 夜 讀 주 경 야 독	낮에는 밭 갈고 밤에는 책을 읽으며
189	淸 川 悠 流 청 천 유 류	맑은 냇물이 유유히 흐르는
190	登 橋 望 月 등 교 망 월	다리 위에 올라 밝은 달을 바라보다가
191	片 雲 留 峰 편 운 유 봉	구름이 산 봉우리에 머문 정경을 보면
192	作 詩 坐 吟 작 시 좌 음	즉흥시를 지어 앉아 읊조린다.

㉕ 知足

193	回 憶 麥 窮 회 억 맥 궁	봄철 보리밥도 없어 굶주리던 때를 생각하니
194	昨 辛 今 幸 작 신 금 행	과거는 괴로웠지만, 오늘날은 행복하구나.
195	巨 木 下 草 거 목 하 초	큰 나무 밑에 있는 풀은
196	唯 求 微 陽 유 구 미 양	다만 적은 햇볕을 구할 뿐이다.
197	士 在 螢 窓 사 재 형 창	선비는 서재에 있는데
198	仙 尋 深 谷 선 심 심 곡	신선은 깊은 계곡을 찾아가는구나.
199	落 葉 歸 根 낙 엽 귀 근	낙엽은 뿌리로 돌아가고
200	赤 手 九 泉 적 수 구 천	사람은 빈손으로 황천으로 간다.

㉖ 未來

201	若 還 六 十 약 환 육 십	만약 육십년이 또 돌아온다면
202	驚 嘆 滄 桑 경 탄 창 상	세상이 너무나 크게 변함에 경탄할 것이다.
203	廣 漠 宇 宙 광 막 우 주	광막한 우주는
204	尺 狹 空 間 척 협 공 간	매우 좁은 공간으로 변할 것이다.
205	資 源 枯 渴 자 원 고 갈	자원은 고갈해 가는데
206	械 奴 漸 增 계 노 점 증	기계의 노예는 점점 늘어날 것이다.
207	地 震 火 災 지 진 화 재	지진 화재로
208	死 亡 累 百 사 망 누 백	많은 사람들이 사망할 것이다.

㉗ 格言

209	問 道 訓 長 문 도 훈 장	서당 선생님께 도를 물으니
210	曰 忍 怒 恕 왈 인 노 서	이르기를 노함을 참고 용서하는 것이니라.
211	路 柳 園 花 노 류 원 화	길가에 버드나무, 동산에 핀 꽃이야
212	何 止 折 枝 하 지 절 지	어찌 가지 꺾는 것을 막으리오.
213	七 寸 叔 姪 칠 촌 숙 질	칠촌간의 아저씨 조카라도
214	隣 住 敦 睦 인 주 돈 목	이웃에 가까이 살면 정이 두터워진다.
215	炎 熱 已 衰 염 열 이 쇠	어느새 더위가 수그러들어
216	霜 蟲 喪 音 상 충 상 음	서리 맞은 벌레들이 소리를 잃었구나.

㉘ 習文

217	慰 兵 贈 冊 위 병 증 책	병사들을 위문하기 위하여 책을 보내는 것은
218	再 加 美 德 재 가 미 덕	되풀이 해야 할 미덕이다.
219	飮 酒 運 轉 음 주 운 전	술을 마시고 운전하는 것은
220	危 險 己 招 위 험 기 초	위험을 자기 스스로 불러온다.
221	王 城 龍 池 왕 성 용 지	궁성의 아름다운 용조각 연못에
222	香 蓮 方 開 향 연 방 개	향기로운 연꽃이 바야흐로 피고 있다.
223	紅 門 高 樓 홍 문 고 루	붉은 대문 높은 누각이
224	羅 列 華 宮 나 열 화 궁	나열되어 있는 화려한 궁전.

225	菜 豆 果 魚 채 두 과 어	채소, 콩, 과일, 물고기는
226	淡 脂 堅 骨 담 지 견 골	지방질을 맑게 하고 뼈를 튼튼히 한다.
227	敵 機 低 飛 적 기 저 비	적군의 비행기가 낮게 날아와
228	避 小 宅 庫 피 소 택 고	급히 작은 집 창고로 도피했다.
229	黑 豚 見 蛇 흑 돈 견 사	검은 돼지가 뱀을 보고
230	生 捕 就 殺 생 포 취 살	산채로 잡아 곧 죽였다.
231	看 打 示 威 간 타 시 위	시위대를 타격하는 광경을 보고
232	刊 血 恨 錄 간 혈 한 록	혈한의 기록을 간행했다.
233	銀 行 貸 付 은 행 대 부	은행의 대부는
234	賣 買 實 績 매 매 실 적	매매 실적에 따른다.

235	麻 皮 陰 乾 마 피 음 건	삼껍질은 그늘에서 말려야
236	織 布 更 軟 직 포 경 연	베를 짤 때 더욱 부드럽다.
237	露 語 會 話 노 어 회 화	러시아어 회화를
238	終 日 用 功 종 일 용 공	매일 열심히 공부한다.
239	週 末 宿 題 주 말 숙 제	주말 숙제를 잘하여
240	優 等 受 賞 우 등 수 상	우등으로 상을 받았다.
241	雙 胎 姉 妹 쌍 태 자 매	쌍둥이 자매라
242	故 難 辨 姿 고 난 변 자	모습으로는 분변하기 어렵다.
243	祝 賀 壯 途 축 하 장 도	장한 뜻을 품고 멀리 떠나는 제자를 축하하니
244	感 謝 師 恩 감 사 사 은	제자는 스승의 은혜에 깊이 감사한다.

245	醫 診 眼 疾 의 진 안 질	의사가 눈병을 진단하고 나서
246	云 好 藥 休 운 호 약 휴	좋은 약은 쉬는 것이라고 말했다.
247	游 泳 律 動 유 영 율 동	헤엄치는 율동이
248	虎 雄 燕 柔 호 웅 연 유	호랑이처럼 씩씩하고 제비같이 유연하다.
249	燈 臺 泰 巖 등 대 태 암	등대가 있는 큰 바위섬에
250	植 松 綠 化 식 송 녹 화	소나무를 심어 푸르게 하자.

傳統的 美德과 現代的 意識을 確立한 『新千字文』

李 潤 新

中國 北京語言大學 教授

제2회 識字教育國際세미나에서 筆者는 한국 仁濟大學校 碩座教授이자 如初紀念事業會 會長, (社)全國漢字教育推進總聯合會 常任委員長인 陳泰夏 先生을 알게 되었다.

陳 선생이 편찬한 『新千字文』은 獨創的인 것으로 매우 韓國的인 특색과 漢字語, 漢字의 특징이 잘 갖추어 있어 처음 漢語나 韓中文化를 공부하는 학생들에게 빼놓을 수 없는 우수한 기초적인 읽을 거리다.

『千字文』은 中國 梁나라 周興嗣가 漢文을 처음 배우는 어린이를 위하여 지은 教本으로서, 약1,500년이 넘는 세월 동안 꾸준히 傳來되었다. 집집마다 『千字文』을 모르는 사람이 없을 정도이고 해외에도 널리 전해졌으니 그 영향력은 실로 지대하다. 『千字文』과 『三字經』, 『百家姓』(후대에 『三・百・千』이라 칭함) 세 가지 책은 한 벌로 짝을 이룬 중국의 文言文 讀本으로 經典과 같이 취급되어 중국은 물론 외국의 漢文을 공부하는 많은 初學者들이 읽어야 하고 외어야 하는 必讀書이다.

『三・百・千』은 한 벌의 綜合 教本으로서 그 내용이 풍부하며 漢字를 익히고 漢文을 공부하는 教本이자 中華文化를 알리는 역할을 하는 책이다. 『三・百・千』은 중국 고대로부터 내려오는 값진 경험들이 축적된 漢語 教本의 結晶體인 것이다.

近來에 中國 大陸과 臺灣의 漢語 教師들은 고대 『千字文』의 훌륭한 전통을 계승하여 많은 『新千字文』 책을 펴내고 있다. 그것들 각각은 特色과 歷史를 가지고 있지만, 또한 완전하지 못한 부분이 있다. 그러나 陳 선생의 『新千字文』은 獨創的이면서도 中國 漢語와 漢字의 특징을 갖추고 있고 韓國의 특색이 갖추어져 있어 또한 놓칠 수 없는 우수한 漢字 教學讀本이다. 이 책에는 세 가지 뛰어난 優秀點이 있다.

1. 사랑으로써 교육하기를 始終一貫 하였음

사랑은 教育者와 教育을 받는 사람의 原動力이다. 정성스러운 사랑의 마음은 教師가 갖추어야 할 기본 소양이다. 陳 선생의 『新千字文』 文章의 어디에나 배어 있는 充溢하는 사랑의 교육에서 식을 줄 모르는 仁愛之心을 볼 수 있다.

陳 선생의 『新千字文』은 그 내용이 지극히 豊富하고 넓어서 家庭, 夫婦, 國土, 產業, 愛國 등 사회 내용은 물론이고 氣候, 環境, 教育, 藝術, 言論, 風習, 健康, 職場, 娛樂, 福祉, 改善, 處世, 修養, 知足, 未來, 格言, 習文 등 다양한 視角과 다양한 方面을 포괄하고 있다. 그러면서도 각 방면을 꿰뚫어 모든 사람을 感興시키는 博愛之情이 깃들어 있다.

『新千字文』에서 제일 앞서 강조한 것은 「家庭」이다. 四字格으로 1句를 이루고 8句로써 구성하고 있다.

父母均平 (아버지 어머니 모두 평안하시고)
兄弟友愛 (형과 아우가 서로 의좋게 사랑하며)
祖孫一堂 (조부모와 손자가 한집에서)
歡談笑聲 (즐거운 이야기와 웃음소리가 넘쳐나고)
諸族至勉 (모든 가족이 매우 근면하니)
貯而裕足 (저축하고도 넉넉하구나)
家和事成 (집안이 화목하고 일마다 이루어지니)
昌盛綿代 (대를 이어 번창하고 융성하리라)

이 8句는 家庭 內 親密, 和美, 歡悅, 昌盛 등의 情趣와 父母, 兄弟, 祖孫, 모든 가족 사이에 모두 相親, 相愛, 相助, 相勉하는 것을 그려내었다. 가정 내의 天倫之樂이 32개 常用漢字 안에 스며있어 읽는 사람으로 하여금 사랑과 따뜻한 情이 넘침을 느끼게 하고, 사람으로 하여금 더욱 家庭의 和睦을 이룩함에 치중하게 한다.

東方文化의 精髓 중 하나는 家庭의 重視를 제창한 것이다. 儒家에서는 예부터 "齊家, 治國, 平天下"를 제창하였는데, 이것은 儒家의 核心理論이다. 陳 선생은 그러한 理致를 간파하여 제1장에 이러한 和睦한 家庭觀을 8句에 融入시켜 진정으로 가정이 우선 和睦해야 하는 理致를 독자들에게 뜻이 깊고도 生動感 있게 깨우쳐 인도하고 있다.

또한 제2장의 「夫婦」에서도 作者는 8句로써 지어 우리네 東方人의 아름다운 愛情觀을 導出하고 있다.

夫唱婦隨 (남편이 이끌고 아내가 따라 화합하면)
能脫困境 (어떤 곤경도 벗어날 수 있고)
內順外朗 (아내가 온순히 내조하면 남편은 늘 명랑하여)
鶴髮童顔 (머리는 학처럼 희지만 얼굴은 어린아이처럼 젊어 보인다)

이상과 같이 夫婦가 서로 손님을 받들 듯이 공경하고 忠貞된 마음으로 사랑하며, 白髮이 되도록 서로 사랑하는 전통적인 愛情觀을 사람들에게 명시해 주고 있다. 아름다운 전통미덕인 愛情觀의 繼承을 인도하고 있는 것이다.

「國土 · 文化 · 歷史 · 國防 · 愛國 · 風習」 篇 등에서는 愛鄕愛國의 정신이 語句마다 넘치고 있다.

南北分斷 (남과 북으로 분단된 것은)
銘最痛憤 (가장 가슴 아픈 일임을 명심하라)
句麗韓史 (고구려는 엄연히 우리의 역사이고)
獨島吾領 (독도는 분명히 우리의 영토이다)

倭亂胡侵 (왜적이 침입하고, 만주족이 침략한 전쟁)
庚戌恥辱 (경술년 일본에 주권을 강탈당한 치욕을)
久刻勿忘 (오래도록 가슴에 새기어 잊지 말라)
霸軍尙存 (패권주의와 군국주의는 아직도 존재한다)

에서와 같이 나라의 치욕을 잊지 말고, 경계를 늦추지 말라고 일러 주고 있다. 이러한 祖國을 사랑하고 統一祖國에 대한 뜨거운 忠心은 더욱 독자로 하여금 刻骨銘心하게 하여 깊은 感銘을 준다. 여기에서도 作者의 뜨거운 愛國精神을 엿볼 수 있다.

"齊家, 治國, 平天下"의 이념은 매우 수월하게 東洋人들에게 共感을 일으킨다. 作者는 家庭과 國家를 사랑하는 숭고한 思想과 感情을 말은 간결하나 뜻은 포괄적으로 쉽게 이해할 수 있는 四字格 文章에 濃縮하여 독자가 吟誦하는 중에 감화시키고 있다.

사람들은 "오직 사람과 사람 간에 사랑이 실현될 때 세상은 아름답게 변화될 수 있다"고 흔히들 말한다. 陳 선생의 『新千字文』은 "내가 다른 사람을 사랑하면, 다른 사람도 나를 사랑한다(我愛人人, 人人愛我)"의 精神을 사람들에게 奬勵하여 널리 조화로운 사회를 이룰 만한 책이다. 또한 東方文化의 精髓를 전파할 만한 大衆的 讀本이기도 하다.

2. 傳統的 美德을 널리 宣揚하고, 現代的 意識을 確立하였음

陳 선생의 『新千字文』은 傳統 美德의 宣揚뿐만 아니라, 現代 意識의 樹立 養成도 重視하고 있다. 근래에 출간된 많은 종류의 『新千字文』은 傳統 道德의 教育에 偏重되어 있거나, 現代 意識의 確立을 가르치는 데 偏重되어 있다. 그러나 陳 선생의 『新千字文』은 이 두 가지를 두루 고려하여 비교적 잘 融合시켜 놓고 있다. 예를 들어

「社會」篇 중에
先義後權 (먼저 의무를 다하고 권리를 찾으면)
致頌模範 (모범사회로 칭송을 받게 될 것이다)

「教育」篇 중에
尤積知識 (더욱 전문지식을 쌓아서)
弘揚傳統 (전통문화를 널리 선양하자)

「風習」篇 중에
元旦訪鄕 (설 명절에 고향을 방문하여)
省親恭拜 (어버이를 찾아뵙고 공손히 세배를 드리는 것은)
仁儀良俗 (어진 의식이고 좋은 풍속이니)
猶續宜矣 (그대로 이어감이 마땅하다)

「職場」篇 중에
常施寬雅 (늘 관용과 아량을 베풀어)
關係圓滿 (동료들과 관계를 원만히 하고)

「娛樂」篇 중에
遊從趣味 (각자의 취미에 따라 놀더라도)
恒思中庸 (항상 중용을 생각해야 한다)

「福祉」篇 중에
敬老讓座(노인을 공경하여 자리를 양보하며)
救援孤貧(외롭고 가난한 사람들을 도와야 하고)

「處世」篇 중에
忠武丹誠 (충무공 이순신 장군의 붉은 충성)
永歲遺芳 (그 꽃다운 이름은 영원히 전해질 것이다)

등과 같은 語句에는 '仁, 義, 禮, 智, 信'의 전통 미덕을 계승할 것을 가르쳐 주고 있다. 歷史와 現實 모두에서 증명하듯이 어떠한 民族의 우수한 傳統文化라도 모두 반드시 대대로 전해져야만 斷絕되지 않고, 다른 民族의 文化에도 흡수되지 않는다.

陳 선생의『新千字文』에 위와 같이 쓴 내용은 전통미덕인 '仁, 義, 禮, 智, 信'을 소중히 여기고 사람들이 계승해 나갈 것을 提唱하고 있는 것이다. 이렇게 東方文化를 振興시키고 東方의 美德을 전파시키는 것은 深遠한 意味가 있으며, 傳統文化를 繼承하는 기초 위에 現代 新文化를 創建하는 것 역시 큰 效用이 있다.

歷史가 前進하는 중에 社會는 發展한다. 사람들이 역사와 사회 발전을 촉진시키려면 반드시 現代意識을 수립해 나가야 한다. 陳 선생은『新千字文』에서 現代意識의 養成에 대해 거듭 강조하여 각 편에서 많은 거론을 하고 있다. 예를 들어,

「政治」篇 중에
各界主張 (각계각층의 주장을)
謙虛傾聞 (겸허히 귀 기울여 듣고)
與野革政 (여당과 야당이 모두 혁명적으로 정사를 베풀어)
黨利爲輕 (당리당략을 가벼히 하고)
國益民福 (나라의 이익과 국민의 행복을 위하여)
滅私奉公 (사심을 버리고, 공공을 위하여 봉사하라)

「經濟」篇 중에

市場經濟 (시장경제 체제를)

基本理念 (기본 이념으로 하고)

「社會」篇 중에

遵法守則 (법을 잘 따르고, 규칙을 지키고)

秩序維持 (질서를 지키고)

腐敗豫防 (부패를 미리 막고)

除去個慾 (개인적인 욕심을 없애고)

誘惑拒絶 (유혹을 뿌리치고)

圖謀純粹 (꾀하는 일이 순수하고)

「産業」篇 중에

科技營農 (과학적이고 높은 기술 농업 경영으로)

特栽秀種 (우수한 종자를 특별히 재배하고)

乘馬牧畜 (말을 타고 경영하는 대규모 목축업)

狗走群羊 (개는 양떼를 쫓아 몬다)

製艦電腦 (배, 컴퓨터 등 전자제품을 제조하여)

逸品輸出 (세계적으로 뛰어난 상품들을 수출하니)

商工竝展 (상업과 공업이 나란히 발달하여)

貿易首邦 (무역의 으뜸 나라가 될 것이다)

「環境」篇 중에

自然保護 (흔히 말하는 자연보호라는 말은)

反慢誇說 (오히려 오만하고 과장된 말이다)

「言論」篇 중에

正論勇筆 (바르고 용단성 있는 언론은)

警鐘大衆 (독자 대중을 올바로 깨우치지만)

形章飾言 (외형만 꾸민 언론은)

害他莫及 (독자에게 끼치는 해독이 막대하다)

情報的確 (정보 수집은 정확히)

播送迅速 (전달은 신속히 하여)

信賴新放 (신문 방송이 신뢰를 받는 것은)

記者使命 (언론인들의 사명이다)

등과 같은 語句는 國泰民安의 촉구, 經濟와 貿易의 번성, 民主主義와 法治主義의 촉진, 腐

敗와 汚染의 방지, 科學技術과 言論媒體의 발전 등 現代社會에 직면한 보편적인 문제를 두루 警戒하여 教訓을 주고 있다. 이와 같이 현대 物質文明과 精神文明의 건강한 발전은 확실히 사회를 크게 발전시킬 것이다.

『新千字文』은 漢文과 漢字의 長點이 조화를 이룬 체제 형식이다. 傳統과 現代의 관계를 어떻게 하면 잘 처리할 수 있는가, 그것은 마땅히 정확히 해결해야 할 難題이다. 陳 선생의 『新千字文』은 그 해결이 매우 合理的이며 거울로 삼을 만한 意義가 있다.

3. 文章構成과 排列의 精巧함과 漢字 선택의 卓越함

1,000개의 사용 빈도가 가장 높은 漢字를 선별하여 나라를 잘 다스리는 策略, 가정을 잘 다스리는 理念, 사회발전, 사람다운 處世, 사람을 사귈 때의 情誼, 倫理道德, 知識을 섭취하는 학문 방법, 衣食住 活動, 科學技術 教育, 環境保護, 地理歷史 등 다방면의 주제의 내용을 쉽고 平易한 책으로 엮는 작업은 절대로 손쉬운 일이 아니다.

漢字와 漢字文化에 대한 깊고도 넓은 硏究, 그리고 文章을 組織하여 排列하고 익히는 글자를 선별하는 탁월한 능력이 없이는 이룰 수 없는 것이다. 陳 선생의 『新千字文』은 話題의 선택, 배열, 익히는 글자 모두 完璧하다.

먼저 작자는 家庭・夫婦・國土・文化・歷史・政治・經濟・社會・國防・產業・愛國・氣候・環境・教育・藝術・言論・風習・健康・職場・娛樂・福祉・改善・處世・修養・知足・未來・格言・習文의 28개 主題를 선택하여 250개 四字句의 短語로 엮어 내었다. 主題들을 보면 모두 사람들의 日常生活과 가까운 것들이어서 누구나 어느 家庭에서나 모두 매우 밀접한 관계가 있는 것들이다.

이러한 主題는 일반인들 모두 가장 흥미로워 하는 것으로서 어떻게 바라보고 어떻게 행동해야 하는지를 8개의 簡明한 常用句를 사용하여 明確하게 표현해 내고 있다. 일반인들이 두루 필요로 하는 主題와 두루 사용하는 字句는 "千字文"으로 하여금 일반인들이 공통으로 가지는 마음과 원하는 바를 전하도록 한다. 이와 같이 소재의 선택은 全文에 大衆性과 普遍性을 갖추게 하고, 읽는 이로 하여금 쉽게 기억하게 하여 학습에 유용한 도움을 준다.

文章의 편성에 대해 다시 말하자면, 28개의 主題를 어떻게 적합하게 배열할 것인지는 앞뒤 순서가 一般人들의 認識과 關心에 어떻게 작용하는지, 그리고 著者의 분명한 意志, 知彼知己, 讀者들이 필요로 하는 것이 무엇인지를 아는 것이 필요하다.

陳 선생은 『新千字文』의 主題를 順序에 따라 나열하고 있는데 이는 실로 專門家로서의 獨創性이 있다. 家庭, 夫婦에서 시작하여 國土, 文化, 歷史, 政治, 經濟, 社會, 國防, 產業 등으로 主題를 배열해 나가는 것은 일반인들의 認識과 關心에 부합한 것이고, 讀者들에게 있어 "눈 속에 숯을 보내는(雪中送炭)" 곧 위급 중에 도움을 주는 것과 같다고 할 수 있다.

사랑은 家庭에서, 父母에서, 夫婦에서 根源되는 것인데, 家庭과 夫婦로 시작한 것은 사랑의 根源과 사랑의 마음을 열어 놓은 것 같아서 사람들로 하여금 이끌리게 하고, 책을 폈을 때의 유익한 妙味는 讀者들로 하여금 가슴 가득히 情이 깃들이게 하여, 책을 손에서 놓을 수 없게 하고 暗記하지 않을 수 없게 한다.

다시 習字에 대해 말하자면, 漢字는 세계 언어 중에서 유일하게 '글자로써 바탕을 삼는' 語種이다. 習字를 연구하는 것은 中國 文人들이 文字를 활용하여 쓰는 기본 바탕이 된다. "千字文"은 천 개의 글자로 限定된다. 수만여 개의 漢字 중에 선별하고 1,000개의 漢字로 精選하는 것은 결코 쉬운 일이 아니다. 그러므로 陳 선생의 漢字를 사용하는 能力이 특별함을 알 수 있다. 각각의 主題에 따라 글자를 선별하고 語彙를 活用하여 單語를 만들고 推敲하려면 확실히 글자 하나하나를 사용하는 각별한 감각이 있어야 한다.

「家庭」, 「夫婦」 두 主題를 예로 들어 보더라도 매 主題에서 쓰인 32개 漢字는 그 생각이 하나의 글자, 하나의 句로 대체되어 원래 단어보다 더 적합하고 활용도가 높아 작가가 漢字 연구에 얼마나 功力이 있는가를 족히 알 수 있다.

漢字文化圈 가운데 韓國은 아주 중요한 위치를 차지하는 나라이다. 陳泰夏 先生은 (社)全國漢字敎育推進總聯合會의 委員長으로서 漢字敎育의 推進과 漢字文化의 宣揚 면에서 이미 많은 공헌을 해왔고, 계속 중요한 공헌을 할 것이다. 陳 선생은 『新千字文』에서 전적으로 「敎育」의 主題를 내세워

初校段階 (초등학교부터 단계별로)
漢字敎育 (한자를 교육하는 것은)
全課柱礎 (모든 과목의 기둥이 되고 주춧돌이 되나니)
必須學習 (반드시 학습시켜서)
培養卓才 (탁월한 영재를 배양해야)
貢獻人類 (인류에 공헌할 수 있다)
尤積知識 (더욱 전문지식을 쌓아서)
弘揚傳統 (전통문화를 널리 선양하자)

라고 初等學校에서부터의 漢字敎育 推進을 提起하고 있다. 이와 같은 '漢字敎育'의 重視와 '必須學習'에 대한 主張은 많은 사람들을 얼마나 흥분시키는가! 漢語 漢字의 고향에서 생활하고 있는 中華의 子女들은 陳 선생의 『新千字文』에 激勵를 받지 않을 수 없다. 오늘날 오히려 漢字를 輕視하고 漢字文化圈을 否定하는 사람들에 대해서 "漢字를 重視하는 정도에 있어, 中國 國內의 敎育實態와 研究員이 國外보다 더 못한"(李泉, 2004) 非正常的인 우리의 狀況에 一擊이 아닐 수 없으며, 마땅히 反省해야 하지 않을까?

2006년 4월 北京에서

新千字文贊

沈在箕（서울대 명예교수）

庭文味愛題字姓志何邇如新解喜體身人新用興
家習滋可改千著意云新一創戲驚以盡學陳日文
於致易心敢新爲彰新遐今古而人神用世讀於作
始終平初我陳陳新陳陳古法添世眞當後好便振

域載首之壁奥僻緊音盲待本凡然曰文篇要宿宙
槿千白習雖義累不正文苦敎淸憫名字八簡天宇
韓二周之句故省世專國際礎友此著千卄用徵含
吾去梁講成典過當及擧此質舊爲編新其常表藏

戊子新春 爲淸凡公
北岳老叟 栗浦謹撰

〈譯文〉

新千字文을 稱頌하는 글

무궁화동산 우리 나라가 지난 이천년 동안
周興嗣의 千字文만 가르치고 배워 왔다.
그 四字成句가 아름다우나 古典에 근거한 뜻이 너무 깊고
지나친 省略에 희한한 僻字 또한 많아서
오늘날에 이르러 그 쓰임새가 요긴치 않게 되었다.
더구나 한글전용으로 온 나라가 文盲이니
이 지경에 이르러 기다리고 기다려지는 것은
실질적으로 기초가 되는 漢字敎本이었다.
나의 오랜 친구 淸凡 陳泰夏 교수가
이를 민망하게 생각하고 책 한 권을 편찬하여
이름 붙이기를 新千字文이라 하였다.
그 二十八篇은 모두 常用漢字로 簡潔하고 要領 있으니
겉으로는 하늘의 모든 별 二十八宿를 나타낸 듯하나
실제로는 온 宇宙를 網羅하는 뜻이 있다.
첫 篇은 家庭에서 시작하여 끝 篇은 習文으로 마무리하니
모두가 平易하면서도 興味 있어 처음 배우는 이도 즐길 수 있다.
내가 이제 감히 책제목을 바꾼다면 陳新千字라 하겠다.
陳은 지은이의 姓氏요, 新은 (새 시대 國漢混用의) 意志를 밝힌다.
陳新이 또 무언가 하면 陳은 過去요, 新은 現在를 뜻하니
古今이 한결같아 옛것을 본받아 새것을 創造한다는 뜻이다.
거기에 또 우스개 풀이를 덧붙이자면
세상사람들이 놀라고 재미있어 기뻐하리라.
眞神, 올바른 精神으로 中心을 잡고
盡身, 온 몸을 다한 努力으로 공부하라 함이렷다
뒷날에 공부하는 이들아! 이 陳新千字를 즐겨 읽어서
일상생활에 편하게 쓰고
또 한번의 文藝復興을 떨쳐 일으키시라.

戊子年 새봄에 淸凡을 위하여
北岳山 늙은이 栗浦가 삼가 짓노라

語源으로 본 獨島의 領有權

근래 日本 정부의 獨島에 대한 상투적인 妄言으로, 우리 나라 각계각층의 전문가들이 紙上을 통하여 獨島의 領有權을 주장하는 글을 쓰고 있으나, 무엇보다도 중요한 것은 獨島의 「名稱」을 고찰하여 이른 시대부터 우리의 領土였음을 밝히는 일이라고 생각된다.

우리 나라 地名 중에는 文字로 기록되기 이전부터 口傳되어 오다가 뒤에 문헌에 기록된 것이 적지 않다. 그 중에도 사람이 별로 살지 않았던 섬의 명칭 중에 그런 경우가 많다.

그 까닭은 뱃사람들이 오고가며 대개는 그 섬의 외관상 형태를 보고 명명하기 때문에 단순한 우리 고유어로 붙여져 불리다가, 문헌에 기록될 때는 漢字語로 바꾸어 쓰인 경우가 많다.

예를 들면 宋나라 때 中國의 使臣 徐兢이 海路로 高麗에 오면서 우리 나라 서해안의 섬 중에 「苦苫苫」이 있다고 하였다. 이 「苦苫苫」에 대하여 徐兢이 「麗俗謂刺蝟毛爲苦苫苫, 此苫山林木茂盛而不大, 正如蝟毛, 故以名之.」라고 한 바와 같이 「苦苫苫」은 비록 漢字로 기록되어 있으나, 실은 당시 高麗人들이 「고슴도치」의 털처럼 수풀이 나 있는 섬의 형태대로 명명한, 곧 「고섬섬」의 우리말을 「苦苫苫」과 같이 借音表記한 것이다.

뒤에 「苦苫苫」은 漢字語로 바뀌어져, 지금은 「고슴도치 위(蝟)」자를 써서 「蝟島」라고 칭하고 있다.

이와 같이 「獨島」도 본래부터 외로운 섬의 뜻으로 명명된 것이 아니라, 일찍이 우리 나라 뱃사람들이 이 섬을 지나다니며 보이는 대로 「독섬」이라고 일컬은 것이다. 왜냐하면 樹木도 없이 바위로만 되어 있기 때문에 붙여진 이름이다.

「돌(石)」의 古語는 「돌ㅎ」로 되어 있으나, 方言에서 찾아보면 中南部 방언의 대부분이 「독」으로 사용되고 있다. 獨島의 위치로 보아도 慶尙道 全羅道 뱃사람들에 의하여 일찍이 「독셤 〉독섬」으로 불려졌음을 알 수 있다.

이렇게 오랫동안 口傳되어 온 「독섬」이 大韓帝國 시대에 漢字語로 바뀌어 「石島」로 기록하였던 것인데, 뒤에 「독섬」을 소리 나는 대로 借音表記하여 「獨島」로도 기록하게 된 것이다.

日本에서는 獨島 또는 石島를 왜 「竹島」라고 부르게 되었나가 중요한 문제이다.

「대나무(竹)」의 원산지는 東南亞 지역으로서, 점점 北上하여 中國을 통하여 日本과 韓國으로 전파될 때 「竹」에 대한 中國의 南方音인 「tek」(潮州音), 「tφy」(福州音) 등이 日本에 들어가서는 終聲을 분리하여 발음하는 습관에 의하여 「다케」로 발음되고, 韓國에는 「k」 入聲이 탈락된 뒤에 유입되어 「대」로 발음하게 된 것이다.

이처럼 「竹」자의 발음 변천으로 볼 때, 우리 나라 뱃사람들이 일찍부터 「독셤」이라고 일컫는 것을 日本의 뱃사람들이 듣고 口口傳承하는 과정에서 「독셤」이 「도케시마 〉다케시마」로 되고, 다시 借音表記하는 과정에서 「竹島(다케시마)」로 되었음을 알 수 있다.

「독섬(石島)」의 자연 환경이나 그 모양으로 볼 때, 「竹島」라고 칭할 이유가 전연 없다. 獨島에는 대나무가 전연 없다. 日本에서는 아무리 한자로 「竹島」라고 써도, 실은 우리말의 「독섬(돌섬)」을 借音表記한 것에 불과하다는 것을 천명하는 바이다.

「對馬島」 역시 우리 나라 사람들이 두 개로 된 섬의 형태대로 「두섬」이라고 일컬었던 것인데, 日本人들은 우리말의 「두루미」를 「쓰루」라고 발음하는 것처럼 「쓰시마」로 부르고 있다. 日本語에서 「對馬」를 「쓰」로 읽을 근거가 전연 없기 때문에 우리말의 「두섬」이 「쓰시마」로 된 것은 의심의 여지가 없다.

더구나 壬辰倭亂 때의 使臣記錄을 보면 당시 對馬島에서는 우리말로 거의 통했으며, 女人들은 거의 韓服을 입고 있었다는 기록이 있다.

이처럼 對馬島(두섬)는 역사적인 기록이나 명칭으로 볼 때 우리의 옛 땅임이 틀림없다. 임란 이후 강제로 빼앗긴 것이다.

日本人들이 「獨島」를 자기들의 領土라고 妄言할 때에, 철없이 '독도는 우리 땅' 이라고 노래 부를 것이 아니라, 우리는 한 차원 높여서 對馬島(두섬)」는 우리 땅이라고 응수해야 마땅하며, 저들의 妄言도 근본적으로 막을 수 있을 것이다.

「독도는 우리 땅」이라고 계속 노래 부르게 되면, 「독도는 일본 땅」이라고 주장하는 妄言과 對等論理를 결과적으로 초래한다는 사실을 깨닫고 하루 속히 방송에서 중단할 것을 촉구하는 바이다.

VI

漢字의 빠른 學習을 위한 分析

1. 落款을 정확히
2. 잘못 쓰기 쉬운 漢字
3. 一字多音字(破音字)
4. 漢字 어휘중 通用되는 글자
5. 漢字의 字數 增加 一覽
6. 本訓과 달리 쓰이는 漢字
7. 區別이 아리송한 漢字
8. 字形이 混同되기 쉬운 漢字
9. 部首의 位置가 바뀌어도 通用되는 漢字
10. 部首의 位置가 바뀌면 뜻이 달라지는 漢字
11. 象形字에서 파생된 글자
12. 漢字語中 疊語의 用例
13. 三字同形 會意字
14. 固有語로 알기 쉬운 漢字語
15. 漢字로는 어떻게 쓰나?
16. 漢字中 累增字에 대하여
17. 簡化字諷謠
18. 『千字文』의 訓音中 問題點
19. 손(手)과 팔(臂)의 異形字
20. 발(足)과 다리(股)의 異形字
21. 甲骨文으로 본 짐승의 종류
22. 甲骨文으로 본 穀食의 종류
23. 甲骨文에 「竹」字가 있는가?
24. 同音異形 連義字
25. 韓國 姓氏 四字成語
26. 同音異字 四字成語
27. 『東』字로 본 漢字의 神秘

1. 落款을 정확히
-특히 姓名字를 중심으로-

落款의 올바른 뜻

우선 많은 사람들이 落款의 뜻을 잘 모르고, 엄연히 書畵상에 낙관이 되어 있는데도 낙관이 없다고 하는 경우를 많이 들을 수 있다. 최근 매주 방영되는 TV방송의 '진품명품' 프로그램에서는 古書畵에 도장만 없으면, 으레 낙관이 없다고 하는 말을 들을 수 있다.

국어사전에서 落款의 뜻을 찾아보면, "글씨나 그림들에 쓴 사람이나 그린 사람이 자기의 이름이나 號를 쓰고 도장을 찍음. 또는 그 찍힌 도장."(한글학회 : 우리말큰사전)이라고 풀이하여 놓았다. 국어사전에 이렇게 풀이하여 놓았기 때문에 심지어 書畵家들 중에도 그림이나 글씨에 작가의 圖章을 찍는 것이 낙관인 줄 아는 사람이 많다.

또한 고등학교 3학년 국어 교과서에 실린 「古人과의 對話」에서도 "나는 東坡가 보고 싶어서 擴大鏡까지 지니고 갔었다. 鑑賞의 落款이 50여 개나 찍힌 神品을 직접 대한다는 조바심으로 걸음마저 바빴다."(글 : 李丙疇)와 같이 심지어 작가의 도장도 아니고, 감상의 도장까지도 낙관으로 설명되어 있다.

학교에서도 오랫동안 이와 같이 서화에 찍힌 도장을 곧 낙관이라고 배워 왔으니, 요즘 젊은이들이 낙관의 올바른 뜻을 잘 모르는 것은 실로 조금도 이상할 일이 없을 것 같다.

落款이란 말은, 곧 '落成款識(낙성관지)'의 생략된 말이다. 그러므로 먼저 '款識(관지)'의 뜻을 살펴보면, 본래 古代에 鐘, 鼎, 彝 등의 청동기에 새긴 문자를 일컬었던 것인데, '款'은 글자가 안으로 들어가도록 陰刻한 것이고, '識'는 글자가 밖으로 나오도록 陽刻한 것인데, 일반적으로 청동기의 外面에 새기는 것을 '款'이라 하고, 內面에 새기는 것을 '識'라고 구분한다.

그런데 후대에 와서 낙관이라는 말은 書畵, 信札, 禮品 등에 姓名이나 年月日 등을 쓰는 것을 일컫게 되었다. 그러므로 書畵 등에 작가가 자기의 도장을 찍지 않고, 자신의 이름자만 써 놓아도 낙관이 된 것이다.

서화를 받는 상대방의 성명까지 썼을 때는 '雙款'이라고 일컫는다. 또한 도장의 측면에 陰刻으로 새기는 傍刻을 邊款이라고 칭한다.

款識의 '識'는 '식'으로 읽을 때는 '알다(知)'의 뜻이고, '지'로 읽을 때는 '적다(記)'의 뜻이 된다. 그러므로 글을 쓰고 나서 著者 누구 적음의 뜻으로 '著者 ○○○ 識'와 같이 쓴다.

결론적으로 말해서 '낙관'이란 말은 작가의 도장을 찍는 것을 말하는 것이 아니라, 이름을 써 놓은 그 자체를 일컫는 것이다. 그러므로 도장을 찍은 것이 있느냐, 없느냐 할 때는 낙관이 있다, 없다가 아니라 落款印이 있다, 없다로 말해야 올바른 것이다.

落款時 姓名에서 틀리기 쉬운 글자

(1) 熙(빛날 희)

남자들 이름에 많이 쓰이는 '빛날 희'의 漢字를 정확하게 쓰는 사람은 거의 없을 정도로 많이 틀린다.

朴正熙 대통령도 재임시 漢字로 붓글씨를 쓰면서 늘 틀리게 자기 이름의 '희'자를 썼다. 다시 말해서 평생 자신의 이름자를 정확하게 써 보지 못하고 세상을 떠난 사람 중에 하나이다. 세상에는 자신의 성명자를 평생 부정확하게 쓰는 有識層(?)의 사람이 많다.

우리 나라 여러 일간신문에서 '빛날 희'자의 字體를 살펴보면 '熙, 熙, 煕, 熈, 熙' 등의 5종의 형태로 분류된다. 오늘날 각 신문사에서 임의로 字體를 씀으로 인해서 독자들에게 미치는 영향이 얼마나 큰가를 전연 고려하지 않고 신문을 만들고 있다.

이 밖에 일반 서책에서 異體를 찾아보면 '熈, 熈, 熙, 煕, 煕, 熙, 煕, 煕, 熙' 등의 형태도 있다.

이처럼 한 글자의 字形이 활자체로도 10여종이나 있으니, 일반인들로서는 어느 것이 올바른 字體인지 알기가 어렵다. 그러므로 전문 서예가들도 '빛날 희'자를 자신의 이름자로서 낙관할 때도 거의 틀린다.

이 중에 어느 字體가 맞는지, 분석하여 고증하면 다음과 같다.

우선 '己(기), 已(이), 巳(사), 㔾(절)'의 4가지가 서로 다른 글자임을 알아야 한다.

『熙』의 올바른 표기

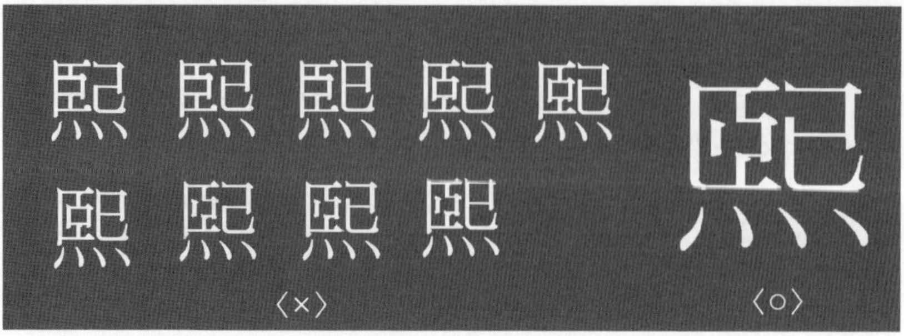

'己'는 본래 긴 끈의 굴곡된 모양을 본 뜬 것인데, 뒤에 天干의 여섯째 자로서 '己未, 己酉, 己亥, 己丑, 己卯, 己巳' 등과 같이 쓰이게 되었다. '己'가 五行으로는 '土'에 해당하고, 방위로는 중앙에 해당하므로, 그 뜻이 轉義되어 밖에 있는 남에 대하여 안에 있는 '自己' 스스로를 뜻하게 되고, 또한 '몸'의 뜻으로 '己(몸 기)'라고 쓰이게 되었다.

'已'는 '그치다, 그만둠, 이미, 벌써'의 뜻으로 '已(그칠 이)'라고 쓰인다. 예를 들면 '已往之事(이미 지나 간 일)', '已而(그만두자)'와 같이 쓰인다. '而已'와 같이 倒置되어 쓰일 때는 '따름이다, 뿐이다'의 뜻이 된다.

'巳'는 본래 胎兒의 모양을 본뜬 것인데, 뒤에 地支의 여섯 번째 자로 쓰이면서 '巳(여섯째 지지 사)'로 쓰이게 되었다. 처음 造字 때에는 '已'와 '巳'는 같은 字形이었는데, 뒤에 구별하여 쓰게 되었다.

'㔾'은 部首字로만 쓰이는데, '㔾(병부 절)'이라고 일컫는다. '㔾'은 甲骨文, 金文, 小篆에서는 단독으로 쓰였던 字인데, '節'의 古字로서 瑞信, 곧 대나무나 玉으로 만든 符信을 말한다. 符信은 符節과 같은 뜻으로, 대나무나 玉에 글자를 쓴 뒤 두 조각으로 나누어 하나씩을 각기 가지고 있다가 후일 그것을 맞추어 봄으로써 증거로 삼던 것인데, 대개 그 모양을 물고기 모양으로 깎았기 때문에 지금의 '魚驗'이라는 말도 이에서 유래된 것이다.

'㔾'은 본래 '卩'과 같이 쓴 것인데, 部首로 쓸 때는 '㔾'과 같이 쓰기도 한다. '印, 卽, 節' 등의 '卩'과 '範, 危, 卷' 등의 '㔾'이 같은 字이다.

『說文解字』에 의하면 '熙'자는 '从(從)火巸聲'의 形聲字로 풀이하였고, '巸'(넓을 이)자는 "从(從)𦣝巳聲 '의 형성자로 풀이하였다.

'巸'의 反切音을 '與之切'이라고 하였으니, '從𦣝巳聲'이 아니라, '從𦣝已聲'이어야 옳을 것이다. 그런데 '巸'의 자형을 說文에서 小篆體로 ''와 같이 써 놓았기 때문에 ''가 '已'인지 '巳(사)'인지 구별할 수가 없다. 吳大徵이 '古文已巳

爲一字' 라고 한 바와 같이 옛날에는 '已' 와 '巳' 가 같은 형태로 쓰였던 것이다.

그러므로 '빛날 희' 자의 右部를 '已' 와 '巳' 중 어느 것을 써도 관계없으나 오늘날의 字音으로 볼 때는 마땅히 '已' 를 써야 옳다.

'빛날 희' 자의 左部는 '臣' 이나 '𦣞' 의 字形이 아니라, '𦣝' 의 자형으로 써야 한다. 왜냐하면 '𦣝' 는 본래 '턱' 의 모양을 본떠서 '[illegible]' 와 같이 象形한 것인데 '[illegible] → [illegible] → 𦣝' 와 같이 변형된 것이다. 다시 '頁' 자를 더하여 오늘날 '頤' 와 같이 쓰게 되었다.

그러므로 '빛날 희' 자는 이상 10여종의 字體에서 '熙' 자만이 옳고, 나머지는 모두 잘못 쓰는 것이다. 다만 '熙' 의 자형은 옛날에는 '已' 와 '巳' 가 동일한 자형이었음을 감안하여, 허용될 수 있는 자체임을 부언하는 바이다.

'빛날 희' 자의 좌변을 '臣 ' 으로 쓰는 것은 근본적으로 틀린 것이고, '𦣞' 와 같이 쓰는 것은 '𦣝' 의 자획을 부정확하게 보고 쓴 것이다.

역대 法帖 중에 보면 王羲之나 孔宙碑, 魏晉碑帖 등에도 '熙' 의 右邊을 '已' 로 쓴 것이 있는데, 아무리 유명한 서법가의 글씨라도 틀린 것은 사실이다.

오늘날 서법가들이 이러한 잘못에 대하여 고증을 통하여 고치지 않고, 옛날 법첩이나 碑帖에 그렇게 쓰여 있다고 하여 맹목적으로 모방하여 틀리게 쓰는 일은 삼가야 할 것이다. 서당 선생이 '風' 을 혀가 짧아서 '바담 풍' 한 것을, 자신도 '바담 풍' 해서는 안 되는 것과 같은 것이다.

(2) 姬(계집 희)

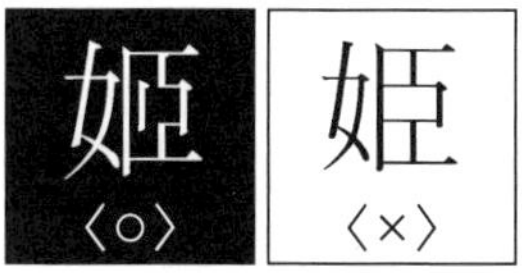

'熙' (빛날 희)자가 남자들 이름에 많이 쓰이는데 대하여, 여자들 이름에는 '계집 희' 자가 많이 쓰이는데, '계집 희' 자 역시 字劃을 올바로 쓰는 사람이 매우 드물다. 여성 서예가들 중에 자신의 이름으로서 '계집 희' 자를 落款하면서도 '姫' 의 형태로 쓰는 사람이 많다.

그러나 앞에서 설명한 '熙' (빛날 희)자와 달리 '姫' 자는 '계집 희' 의 異體가 아니라, '삼갈 진' 의 전연 다른 글자라는 것을 알아야 한다.

'姫' 는 『康熙字典』 뿐 아니라 실은 우리 나라 字典에도 '삼가하다(愼)' 의 뜻으로 字音이 '진' 으로 되어 있는데 일반 사람들이 자세히 살피지 않고 '계집 희' 자로 써 온 것이다.

'계집 희' 자도 앞에서 설명한 '熙' 자와 마찬가지로 '女' (계집 녀)변에 '𦣝' (턱 이)자를 써서 '姬' 와 같이 써야 한다.

이때도 '姬' 의 자획을 자세히 살피지 않고, '姫' 와 같이 쓰는 사람도 있는데,

이러한 字體는 근본적으로 없는 것이다. 만일 있다면 鑄字도 사람이 하는 것이기 때문에 文字學을 모르는 사람이 시각의 착각으로 인하여 잘못 활자를 만든 것이다.

'姬' 자는 '女'(계집 녀) 변에 6획에 속한 글자인데, '姫' 와 같이 쓰면 7획이 되어 자획수로도 틀린다.

法帖에 보면, 그 유명한 趙孟頫(조맹부)도 '계집 희' 자를 '姫' 과 같이 틀리게 썼다. 그런데 오늘날 書法家들이 趙孟頫體를 따라 써야겠다고 틀리게 쓴다면, 이것이야말로 醜女의 '效嚬(효빈)' 이 아니겠는가?

우리 나라 여성들의 이름을 부를 때는 '명희' '숙희' 하면서, 쓸 때는 거의 모두가 '明姫' '淑姫' 으로 쓰고 있으니, 실은 '명진', '숙진' 으로 불러야 할 것이다. 戶籍에까지 이렇게 쓰여 있으니, 이것을 올바로 정정하려면 모두 재판을 받아야 할 것이다. 文字學을 제대로 배우지 않은 無識의 피해가 이 땅에 이렇게 엄청나게 만연되어 있음을 뉘 알까!

'姬' 자에 대하여 『說文解字』에서는 '从(從)女𦣝聲' 의 形聲字로 풀이하였다. '姬' 의 反切音은 '居之切', '九魚切' 로서 古音이 '基' 또는 '居' 로 되어 있으니, 우리 발음으로는 '기' 또는 '거' 인데, '희' 로 발음하는 것은 우리의 俗音이다.

'姬' 는 본래 黃帝의 姓을 뜻했던 글자이나, 뒤에 婦人의 美稱으로 쓰이고, 옛날에는 貴族의 남자들은 '姬妾' 을 거느리던 제도에서 우리말의 '계집' 은 곧 '姬妾' 의 기첩에서 '기집', '계집' 으로 변음하여 생긴 말이라고 생각된다. 사투리의 '지집' 은 '기집' 이 口蓋音化된 현상이다. 국어학자 중에 '계집' 의 어원에 대하여 '계시다' 와 '집' 의 합성어라고 풀이한 바 있는데, 어휘구조상으로 볼 때 믿을 수 없다.

(3) 鐘(쇠북 종)

鐘	鍾
〈○〉	〈×〉

매년 신입생들의 강의를 맡아 출석을 불러 보면, '쇠북 종' 字가 이름에 쓰인 학생이 제일 많은 것 같다. 그런데 대부분의 학생들이 말로는 '쇠북 종' 이라고 일컬으면서 실제로는 '술잔 종' 자를 쓰는 것을 볼 수 있다. 다시 말해서 '쇠북 종' 字는 '鐘' 과 같이 써야 하는데, '鍾(술잔 종)' 字를 쓰면서 '쇠북 종' 字로 알고 있는 것이다.

근래 정치인들 중에도 김종필, 박찬종, 이종찬 등 '쇠북 종' 字가 들어가는 이름이 많은데, 모두 '鍾(술잔 종)' 字로 틀리게 쓰는 것을 볼 수 있다.

남자들 이름에 '鐘(쇠북 종)' 字를 많이 쓰는 것은 부모가 자식들의 이름을 지을 때, 그 자식이 커서 종소리가 울려 퍼지듯이 훌륭한 사람이 되라고 作名한 것인데,

쓰기는 거의 모두가 '鍾(술잔 종)' 자를 쓰고 있으니 그 이름의 意味가 완전히 상실되는 것이다. 예를 들면 '金大鐘' 이란 이름은 '큰 종' 이라는 뜻으로 매우 좋은 이름인데, '大鍾' 으로 쓴다면 '큰 술잔' 곧 '대폿잔' 이 되고 마니 얼마나 우스운 이름인가?

더구나 書藝를 하는 사람 중 자기 작품에 낙관을 하면서 '鐘(쇠북 종)' 자를 '鍾(술잔 종)' 자로 써 온 사람은 반드시 주의해야 할 일이다.

여기서 부언할 것은 '鍾子期 · 鍾嶸 · 鍾繇' 등의 姓으로 쓸 때는 '鐘(쇠북 종)' 자가 아니라, '鍾(술잔 종)' 자로 써야 하는 것이다.

고문헌에도 '鐘' 과 '鍾' 을 통용한 바가 없는 것은 아니지만, 이름에서는 字劃數를 계산하여 元亨利貞을 풀이하는데, '鐘(쇠북 종)' 자는 20획이고, '鍾(술잔 종)' 자는 17획이니, 획수뿐만 아니라 陰陽도 틀리니 이름 字에서는 절대로 통용할 수 없는 것이다.

『訓蒙字會』에도 '鐘(쇠붑 죵)' 과 '鍾(죵 죵)' 이 구별되어 있고, 『千字文』에도 '鍾(죵ᄌᆞ 죵)' 으로 되어 있는 것을 보면, 근래에 와서 '鐘' 과 '鍾' 이 혼동되어 쓰임을 알 수 있다.

(4) 寬(너그러울 관)

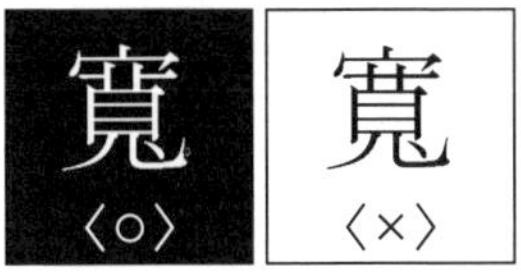

남자들 이름에 '너그러울 관' 字도 많이 쓰이는 편인데, 자기 이름에 '너그러울 관' 字가 든 사람으로서 올바로 字劃을 쓰는 이를 지금까지 보지 못하였다.

文字學的으로 설명하면 '너그러울 관' 字는 '宀(집 면)' 部首字 아래에 뿔이 가는 山羊의 형태를 象形한 字形이므로 '艹(풀 초)' 의 '寬' 과 같이 써서는 안 된다.

올바른 字形은 뿔의 형태인 'ㅓㅏ' 의 자획을 취하여 '寬' 과 같이 써야 한다. 이 글자에서 점은 山羊의 꼬리를 나타낸 자획이기 때문에 반드시 점을 찍어야 한다.

'寬' 과 같이 쓰면 14획이고, '寬' 과 같이 점이 없으면 13획이다. 그러나 '寬' 과 같이 正劃은 15획이니, 앞에서 언급한 바와 같이 姓名은 字劃數를 계산하여 元亨利貞을 풀이하게 되는데, 위와 같이 俗字로 쓰면 그 사람의 운명이 전연 달라진다.

옛날 碑帖에도 '寬' 의 'ㅓㅏ' 字劃을 '艹(풀 초)' 의 형태로 쓰거나, 點을 빼놓은 字形들이 있는데, 분명히 잘못 쓴 것이므로 굳이 效嚬할 필요는 없는 것이다.

『說文解字』에는 '寬' 字에 대하여 '从(從)宀萈聲' 으로 풀이하여 形聲字로 보았고, 『集韻』에서는 'ㅓㅏ' 의 字音을 '苦患切' 로 字音을 밝혀 놓은 것으로 유추하여도 'ㅓㅏ' 의 자획을 '艹(풀 초)' 로 쓸 수 없음을 알 수 있다. '莧' 자는 '艹' 의 7획자로서 '비름 한'의 글자이니 '萈'字와는 전혀 다른 글자이다.

뿔이 가는 山羊들은 넓은 들을 좋아하기 때문에 '寬'의 본래 뜻이 '넓다'였는데 뒤에 '너그럽다'로 轉義된 것이다.

'寬'의 甲骨文이나 金文은 없으며 小篆體는 '𡨋'과 같이 山羊의 머리, 뿔, 다리, 꼬리를 象形하였다.

(5) 浩(넓을 호)

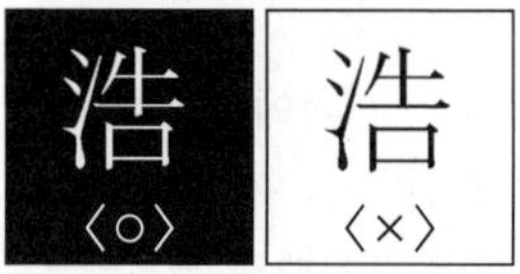

남자들 이름에 '넓을 호'字 역시 많이 쓰이는 글자이다. 이 字도 정확히 字劃을 쓰는 사람이 드물다.

'浩'자는 '氵(水)'자와 '告(고할 고)'字의 形聲字이니, 먼저 '고할 고'字의 字形을 분석하여보면 '牛(소 우)'字와 '口(입 구)'字의 會意字이니, '고할 고'字는 마땅히 '告'의 字形과 같이 써야 한다. '告'와 같이 써서는 안 된다.

따라서 '넓은 호'字도 '浩'와 같이 써서는 안 되며 반드시 '浩'와 같이 써야 한다.

'告'字를 '牛'와 '口'의 會意字로 보는 까닭에 대하여 중국 문자학자의 풀이를 보면, 소는 말을 할 수 없기 때문에 뿔로써 사람에게 접촉하여 입으로 말하는 것을 대신하는 뜻을 나타낸 것이라고 한다. 어떤 사람은 소를 희생하여 하늘에 고하기 때문에 '牛'와 '口'를 合字하여 '告'의 字形을 만들었다고 한다.

그러므로 '告'자를 聲符로 쓴 '晧(밝을 호), 皓(흴 호), 鵠(고니 곡), 酷(독할 혹), 造(지을 조)' 등의 '告'字도 모두 '告'와 같이 써서는 안 된다.

(6) 成(이룰 성)

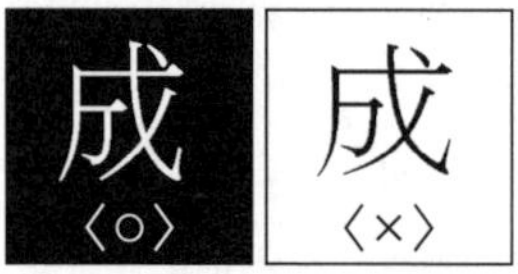

남자들뿐만 아니라 여자들 이름에도 많이 쓰이는 '이룰 성'字도 부정확하게 쓰는 사람들이 많다.

'이룰 성'字는 본래 도끼로 나무토막을 쪼개는 모양을 象形한 글자이다. 甲骨文에서 '成'字를 찾아보면, '[illegible], [illegible], [illegible]' 등과 같이 썼고, 金文에서는 약간 변형되어 '[illegible], [illegible]' 등과 같이 썼다. 小篆體에서는 '[illegible]'과 같이 변형되어, 楷書體에 이르러 '成'과 같이 '戊(다섯째 천간 무)'와 '丁(넷째 천간 정)'의 合體字의 字形으로 쓰게 되었다.

그러므로 '이룰 성'字는 '成'과 같이 7획으로 써야지, '成'과 같이 6획으로 쓰면 틀린다. 옛날 法帖에도 '成'과 같이 잘못 쓴 것들이 있는데 오늘날 서예가들이 法帖대로 쓰기 위하여 굳이 틀리게 쓸 필요는 없다고 생각된다.

'成' 字를 '戊'와 '丁'의 形聲字로 보지 않고, '戌(개 술)' 곧 도끼와 '丨' 곧 그치다의 뜻을 나타낸 부호의 會意字로 보아 본래의 字義가 兵器를 들고 싸우던 것을 그치고 平和를 구하는 뜻이라고 풀이한 이도 있다. 그러나 '成' 字의 字形을 6획이 아니라 7획으로 써야 함은 동일하다.

『石峯千字文』에서는 '이룰 성' 字를 '成'과 같이 6획으로 써 놓았기 때문에, 과거 書堂에서부터 字形이 잘못 익혀져 오늘날까지 계속 영향을 미쳤음을 알 수 있다.

과거 蒙學書로 쓰였던 『千字文』, 『訓蒙字會』, 『類合』 등의 서책에 잘못 올려져 있는 字劃들을 臨書하는 과정에서 오늘날까지 訛傳된 것들이 적지 않다.

(7) 巿(슬갑 불)

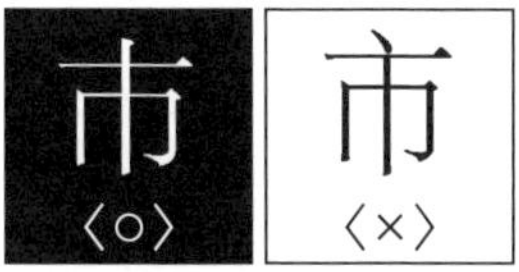

우리 나라에서는 이름이 '巿(슬갑 불)' 字를 잘 쓰지 않지만, 中國에서는 더러 쓰인다.

조선일보에 연재되었던 〈李圭泰 코너〉에서 秦始皇 때 不老草를 구한다고 三神山으로 떠났던 신하의 이름을 '徐巿'이라고 漢字로 표기하여 놓고, 괄호 안에 '서시'라고 두 번이나 자음을 붙여 놓은 일이 있는데, 이는 무식의 소치라 아니 할 수 없다.

'市(저자 시)' 字와 '巿(술갑 불)' 字는 전혀 다른 글자이다. '저자 시' 자는 '巾(수건 건)' 部首의 2획에 속하고, '술갑 불'字는 '巾' 部首의 1획에 속한다.

진시황 때 不老草를 구하러 간 사람은 '徐巿(서불)'이지 '徐市(서시)'가 아니다.

실은 李圭泰씨뿐아니라, 예로부터 많은 사람들이 '서불'을 '서시'라고 잘못 일컬어 온 사람이 많다.

中國 北宋時代 名書法家인 '米元章'의 이름도 '艹(풀초)'에 '巿(술갑 불)' 자를 쓴 '芾(우거질 불)' 字로 '米芾(미불)'로 읽어야 한다.

'巿'의 訓을 '슬갑'이라고 하는 말은, 곧 '膝甲(슬갑)'으로서 추위를 막기 위하여 무릎까지 내려오게 입는 옷인데, 바지 위에 껴입으며 앞쪽에 끈을 달아 허리띠에 걸쳐 맨다.

'巿(슬갑 불)' 字가 聲符로 쓰인 '肺(허파 폐)' 字도 '月(肉)' 部에 '巿(슬갑 불)' 字를 써야 하는데 오늘날 대부분 '月(肉)'에 '市(저자 시)' 字를 더하여 '胏'와 같이 틀리게 쓰고 있다. 이런 글자는 있지도 않다.

또한 요즘 신문, 잡지 등의 活字에서 '市(저자 시)'의 字形을 '巿(슬갑 불)' 字와 혼동하여 쓰고 있기 때문에, 신문에서 익힌 대부분의 젊은이들이 '서울特別巿(불)'로 쓰고 있는 실정이다

(8) 兪(더욱 유)

兪 〈○〉	俞 〈×〉

일반인들은 물론, '유' 씨 姓을 가진 사람들도 '유' 자를 정확히 쓰는 사람이 드물다.

어떤 사람은 평생 자신의 姓字를 정확히 써 보지 못하고 죽는 사람도 있다.

通姓名할 때 무슨 '유씨' 냐고 물으면, '인월도' 유씨라고 대답하는 사람이 적지 않다. 인월도라는 말은 '사람 인(人)' 에 '달 월(月)' 에 '칼 도(刀→刂)' 를 더한 '俞' (실은 한 일(一)자는 누락시킨 것임)자라는 풀이다.

'인월도' 의 '人' 자부터 맞지 않는다. 왜냐하면 '유' 자는 '人' 부수자에 속한 자가 아니라 '入(들 입)' 부수자에 속하기 때문이다. '月' 도 맞지 않는다. '유' 자에 쓰이는 글자는 '月(달 월)' 자나 '肉→月(고기 육)' 자가 아니라 '舟→⺝(배 주)' 자이다. 여기서 특별히 주의할 것은 '月(달 월), 月(고기 육), ⺝(배 주)' 의 部首字를 구별해서 써야 하는 일이다.

대부분의 사람들이 '유' 자를 쓸 때 '刂(선칼 도)' 자를 쓰지만 실은 '巜(큰도랑 괴)' 자를 써야 한다.

그러므로 '인월도' 유자라는 말은 姓에서 '劉(묘금도 유)' 씨와 '柳(버들 유)' 씨를 구별하기 위하여 붙인 속칭일 뿐이요, 정확한 破字가 아니다.

'劉' 자를 '묘금도 유' 라고 하는 것도 '卯(토끼 묘), 金(쇠 금), 刂(칼 도)' 의 합자라는 속칭이고, 정확한 훈음은 '죽일 류' 라고 해야 한다. 곧 '더욱 유' 자는 '俞' 와 같이 써서는 안되고, '兪' 와 같이 써야 한다.

그런데 '유씨' 중에 자신의 姓字를 '兪' 와 같이 정확히 쓰는 사람이 극히 드물다. 비교적 정확히 쓴다고 하는 사람도 '兪' 와 같이 '⺝(舟)' 자를 쓰지 않고 '月(고기 육)' 을 쓰는 사람이 대부분이다.

또한 '兪' 씨 중에는 '인월도' 유씨라고 하지 않고 '맑을 유' 자라고 하는 사람도 있다.

'兪' 자에는 '맑다' 는 뜻이 전연 없는데, '맑을 유' 라고 하는 字訓이 어디서 유래되었는지 고찰하여 보니 참으로 재미있어서 혼자 웃지 않을 수 없었다.

'兪' 에는 '더욱, 나을 대답할, 편안할, 넘을, 통나무배' 등의 뜻외에 '말그러할' 의 뜻이 있다.

이 '말그러할 유' 가 구구전승하다 보니 축약되어 '맑을 유' 가 된 것이다.

이는 마치 '也(입겻 야)' 자가 書堂에서 千字文을 배우며 구구정승하다 보니 '잇기 야' 가 되어 스승이나 학생이나 모두 그 뜻도 모르고 '也(잇기 야)' 라고 일컬어 온 것과 같은 현상이다.

(9) 全(온전 전)

全 〈○〉 全 〈×〉

이 字 역시 일반인들은 물론 전씨 중에도 ‘全’과 같이 ‘人(사람 인)’ 밑에 ‘王(임금 왕)’ 자를 쓰는 사람이 적지 않다.

그러나 ‘全’ 자도 ‘兪’ 자와 마찬가지 ‘入(들 입)’ 부수자에 속한다. 다시 말해서 ‘全’ 자를 ‘人’ 부수자에서는 아무리 字典을 찾아도 나오지 않는다.

어떤 ‘全’ 씨가 자신의 姓字에 대해서 자세히 알고 싶어서 字典을 아무리 찾아보아도 ‘全’ 자가 나오지 않으니까, 字典을 내동댕이치면서 형편없는 字典이라고 투덜대었다고 한다.

그는 틀림없이 자신의 姓字를 ‘全’과 같이 잘못 쓰는 전씨였을 것이다. 국수 못하는 여자가 안반만 나무란다는 격으로 무식하면 멀쩡한 字典도 욕하게 되는 것이다.

全斗煥 씨가 대통령으로 있을 때에 자신의 ‘전’ 자는 ‘全’도, ‘全’도 아니요, ‘全’이라하여 일간신문의 활자에서는 한 때 그야말로 字典에서도 찾을 수 없는 ‘全’의 字形이 쓰인 일이 있다.

그야말로 무식한 軍人이 대통령이 되니, 文字學的으로 六書에도 소속시킬 수 없는 해괴한 字가 출현되기도 하였다.

(10) 芮(성 예)

芮 〈○〉 芮 〈×〉

‘芮’ 자는 ‘艸 → 艹(풀 초)’ 부수자에 ‘內(안 내)’ 자를 더한 형성자로서 ‘풀 뾰족뾰족날 예’ 자이다.

‘芮’ 씨가 中國에서는 이미 周代부터 출연하지만 우리 나라에도 예씨가 소수 존재한다.

‘芮’ 자는 ‘內’ 자에 ‘入(들 입)’ 자를 써야 하는데, ‘芮’ 자와 같이 ‘人(사람 인)’ 자로 쓰인 사람이 많다.

‘內’ 자를 甲骨文에서는 ‘𠔌’, 金文에서는 ‘𠔌’와 같이 썼던 글자로, 집의 안쪽으로 들어가는 것을 뜻한 글자로서 ‘內’와 같이 ‘冂(멀 경)’ 자와 ‘入(들 입)’ 자의 合體字로 써야 하는데, ‘人(사람 인)’과 ‘冂(멀 경)’ 자의 합자로 ‘内’와 같이 쓰는 사람이 많은데 잘못 쓰는 것이다.

그러므로 ‘內’ 자가 합쳐져 쓰이는 ‘納(들일 납), 衲(기울 납), 妠(장가들 납)’과 ‘滿(찰 만), 兩(두 량), 陝(고을이름 섬)’ 자 등을 모두 ‘入(들 입)’ 자를 써야 한다.

특히 '陜(좁을 협)'과 '陝(고을이름 섬)'자는 혼동되기 쉬운 글자로 中國의 '陝西省(섬서성)'을 '협서성'이라고 잘못 읽는 사람이 많다.

(11) 月 · 月 · ⺼ · ⺝

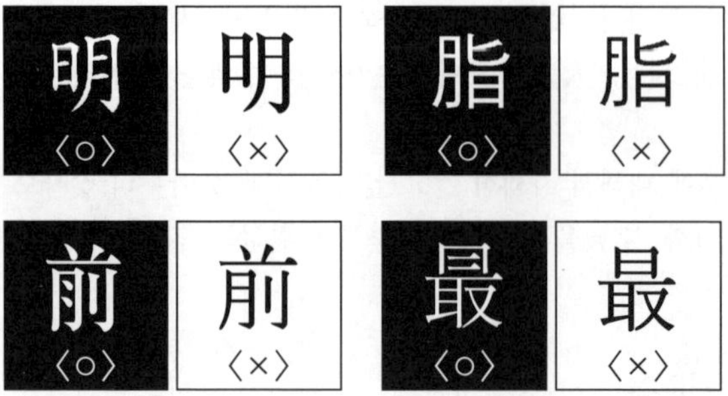

위의 글자들은 전연 다른 字畫인데, 옛 法帖에서뿐만 아니라 活字에서도 혼동되어 쓰이는 것을 흔히 볼 수 있다.

『康熙字典』에 의하면, '달 월'字는 '月'의 字畫과 같이 內畫을 右側에 닿지 않도록 써야 하고, '육달월' 곧 '肉'字를 다른 글자의 部首字로 쓸 때는 '月'의 字畫과 같이 內畫을 兩側에 붙여 써야 한다는 것이다.

그러므로 '日'과 '月'의 合體인 '밝을 명'字는 '明'의 字畫과 같이 써야 하고, '肉'과 '旨'의 합체인 '기름 지'字는 '脂'의 字畫과 같이 써야 한다. 다시 말해서 '明'과 '脂'의 字畫과 같이 써서는 잘못이다. 그러나 옛 名人들의 法帖에서도 '月(달월)'과 '月(육달월)'을 구별하지 않고 쓴 것이 많다.

'月'(달 월) 部首의 글자는 '朔, 望, 朗, 期, 朝, 朧' 등과 같이 써야 한다. '月(육달월)' 部首의 글자는 '肌, 肓, 肥, 肯, 股, 育, 肺, 背, 脚'과 같이 써야 한다.

'⺼'는 곧 '舟'(배 주)字를 다른 글자의 部首字로 쓸 때, '月'이나 '月'과 달리 內畫을 兩側에 닿지 않도록 빗겨서 써야 한다. 『康熙字典』에 의하면 '勝, 朝, 前, 朕' 등은 '月(달 월)'이 아니라, '⺼(舟)'로 써야 한다는 것이다.

'勝'의 小篆은 '𦨻'으로 되어 있고, 『說文解字』에는 "从(從)力朕聲"의 形聲字로 풀이하였다. '朕'의 金文은 '𦨶', 小篆은 '𦨷'의 자형으로서 '舟'字가 部首로 되어 있으나, 일반 字典에서는 '朕'자는 '月(달 월)' 部首에 소속시켜 놓고, '勝'字는 '力'部首에 소속시켜 놓았다.

'朝'자를 『康熙字典』 자체에도 '月' 部首에 소속시켜 놓았으나, '从

(從)倝舟聲'(說文解字)으로서 '旦(아침 단)'의 뜻이라고 풀이하여 놓았다. '朝'의 甲骨文은 '𦩍'의 字形으로서 아침에 해가 뜰 무렵 殘月의 형태를 象形한 것이라고 徐中舒는 풀이하였으나, '朝'의 小篆體는 '𠦝'의 자형과 같이 '舟'字가 들어 있다. 『康熙字典』에 '倝'에 대해서 字音은 '居案切' 곧 '간'이고, 字義는 해가 뜰 때의 햇빛이 번쩍임이라고 하였다. 甲骨文의 字形이 小篆體에 이르러 字形이 크게 달라졌음을 알 수 있다. 따라서 '아침 조'字를 甲骨文에 근거한다면 '朝'와 같이 써야 하고, 小篆體에 근거한다면 '朝'와 같이 '⺼(舟)'자를 써야 한다.

'前'의 古文은 '歬, 𣥠'으로 되어 있고 '刀(刂)'의 部首에 소속되어 있다. 小篆體는 '歬'의 자형으로서 '从(從)止在舟上'으로서 '不行而進'이라고 『說文解字』에 풀이하여 놓았다. 甲骨文에는 '歬', 金文에는 '歬'의 字形으로서 小篆體와 같이 배(舟) 앞에 발(止)이 놓여 있는 형태로써 배에 타고 있으면 걷지 않아도 앞으로 나아감을 나타낸 것인데, 뒤에 '앞'의 뜻으로 쓰이게 된 것이다. 학자에 따라서는 풀이를 달리 하기도 한다. 그러나 『說文解字』에 따르면 '前'의 '⺼'字는 '月(달 월)'이나 '月(육달월)'이 아니라, '舟(⺼)'임을 알 수 있다.

이 밖에도 '舟(⺼)'의 부수자로는 '服(옷 복), 滕(물솟을 등), 縢(베낌 등), 騰(오를 등)'이 있다.

'冃(모)'는 본래 頭巾의 모양을 상형한 '冂(冖)'(덮을 멱)의 字形에 주름의 표시로 가로획을 양측에 닿지 않도록 '二'의 字畫을 그은 것이다. '冃'의 자형과 같이 '一'의 획을 그어도 같은 뜻이다. 뒤에 '冃'의 자형에 '目'을 더하여 '冒'의 자형으로 '모자'의 뜻을 나타내다가 '冒'자가 '무릅쓸 모', 곧 '冒險' 등의 뜻으로 轉義되어 쓰이게 되자, 다시 '巾(수건 건)'자를 더하여 '帽(모자 모)'의 자형으로 쓰이게 되었다.

'冃'의 字畫이 쓰인 글자로는 '胄(투구 주), 最(가장 최), 曼(길 만), 冕(면류관 면), 冔(관 후)' 등이 있다.

'冃'의 字畫이 쓰인 글자로는 '冡(덮어쓸 몽), 蒙(입을 몽)' 등이 있다.

『康熙字典』을 비롯하여 일반 字典에 '冒, 胄, 冔, 冕' 등을 '冂(멀 경)' 部首字에 소속시켜 놓은 것은 옳지 않다. 또한 '最, 曼'을 '曰(가로 왈)' 部首字에 소속시켜 놓은 것도 옳지 않다.

이밖에 '푸를 청'字를 '青' 또는 '靑'과 같이 '月(육달월)' 또는 '月(달월)'을 쓰고 있으나 『康熙字典』에 의하면 '靑'자의 자형과 같이 '円'

을 써야 한다는 것이다.

'靑'의 자형을 金文에서 찾아보면 ' , '의 형태로 되어 있고, 小篆體에서는 ' '과 같이 '生'과 '丹'의 形聲字로 되어 있다. 학자에 따라서는 '生'과 '井'의 形聲字로 풀이하는 사람도 있다. '丹'과 '井'이 어느 것으로 풀이하여도 '月'이나 '⺼'로 써서는 안 된다. 그러므로 '淸, 情, 晴, 靜, 精, 靖, 請, 晴, 菁' 등의 글자들은 모두 '靑'으로 써야 한다.

(12) 戌(술) · 戍(수) · 戉(월) · 戊(무)

『朝鮮王朝實錄』이나 『訓民正音』 解例本은 당시 朝廷에서 정성을 다하여 발간한 책인데도 '戍'와 '戌'이 혼동되어 쓰였을 만큼 예나 지금이나 흔히 혼동되는 글자이다.

'戍'는 '수자리 수'로서 '戍樓'(적군의 동정을 살피려고 성 위에 만든 누각), '戍兵(국경을 지키는 병사)' 등의 뜻으로 쓰이지만, 본래는 ' '(갑골문), ' '(금문) 등의 字形으로서 "从(從)人持戈" 곧 사람이 창을 들고 국토를 지키다의 뜻으로 만든 글자이다.

그러므로 '戍'의 자형은 '戊'에 點을 찍은 것이 아니라, '戈'字에 '人'字를 더한 會意字이다. '幾'자의 자형도 '𢆶'(幽의 省字)와 '戍'의 會意字이므로 '幾'와 같이 '人'자를 써야 옳다.

그러나 法帖에 보면 魏受禪表에는 '戍'의 자형과 같이 쓴 것도 있으나, 圉令趙君碑에는 '戌'의 자형과 같이 '개술'자와 혼동하여 쓴 것도 있다.

'戌'은 '개 술'로 일반 자전에 訓音되어 있으나, 본래는 ' '(갑골문), ' (금문)'의 자형으로서 도끼(斧)의 형태를 象形한 것인데, 小篆體에 이르러 '戊'와 '一'의 합자로서 ' '의 자형으로 변형되고, 뒤에 열 한번째 地支의 글자로 쓰이면서 '개띠'를 나타내므로 '개술'이라고 訓音하게 된 것이다. 실은 '개'와는 관계 없는 글자이다.

'戌'의 字形을 法帖에서 찾아보면 顔眞卿이나 趙子昻 같은 名書法家들도 '戍'의 자형과 같이 점을 찍어 틀리게 썼음을 발견할 수 있다.

'戉'(도끼 월)은 현재 단독으로는 잘 쓰이지 않고, '越(넘을 월), 狘(놀라달아날 월), 鉞(도끼 월)' 등의 聲符字로 쓰인다. '戉'의 본래 자형은 ' '(甲骨文), ' '(金文)의 형태와 같이 큰 도끼의 모양을 象形한 것인데, 小篆體에 이르러 ' '의 자형과 같이 '戈'와 '亅'(갈고리 궐)의 자형을 바꾼 ' '의 合體字로 '戉'의 形聲字로 바뀌었음을 알 수 있다. '戉'과 '鉞'은 古今字로서 같은 뜻으로 '大斧'의 字義로 쓰인다.

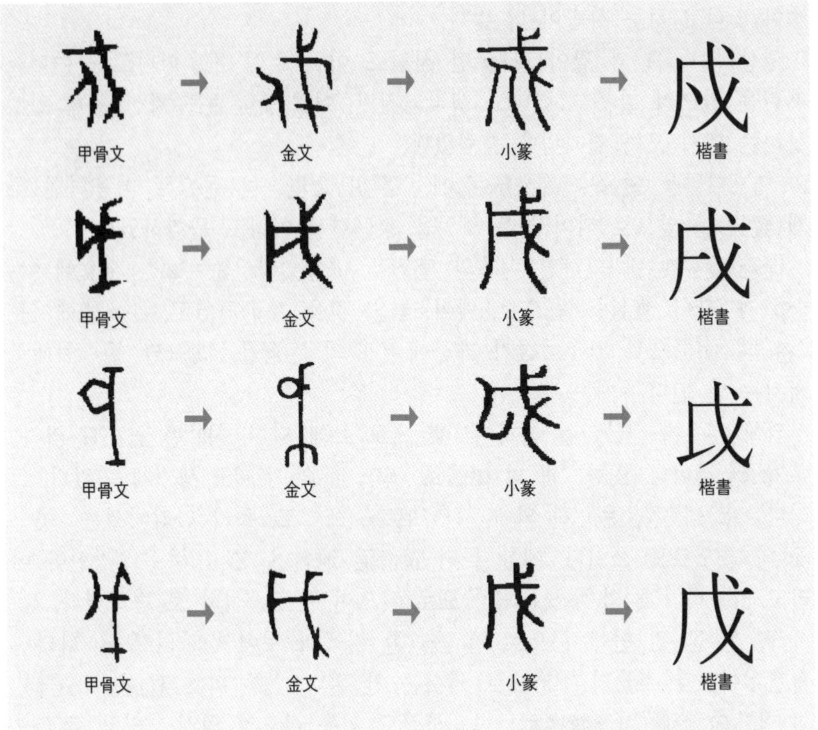

戌·戍·戉·戊의 字形 변천

'戊'는 '다섯째 천간 무'로 쓰이고 있으나 본래의 자형은 ' '(甲骨文), ' '(金文), ' '(小篆)의 형태로서 '矛'(창 모)와 같은 뜻으로 '창'을 象形한 글자이다. 字形으로 보아 '斧鉞' 곧 '도끼' 형태의 兵器를 象形한 것으로 풀이하는 학자도 있다.

戌(개 술)과 戍(수자리 수), 그리고 戉(도끼 월)과 戊(다섯째 천간 무)를 특별히 주의해서 구별하여 써야 한다. 옛날 法帖에 틀린 것을 그대로 모방하여 쓰는 것은 옳지 않다.

(13) 毋 · 毌 · 母

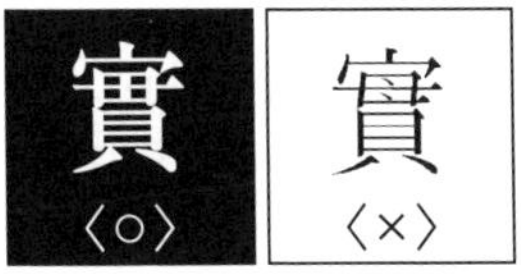

상당히 오랫동안 글씨를 써 온 書法人들에게 '열매 실'字를 '實·實'과 같이 2字를 써 놓고 어느 것이 正字이냐고 물으면 잘못 쓴 '實'자 곧 '毋'이 아니라, 두 점을 찍어서 쓴 '母'의 字

畫이 맞다고 하는 사람이 더 많다.

평상시는 '實'과 같이 잘 쓰던 사람도 어느 것이 正字이냐고 묻는데서 혼란을 일으켜 잘못 택했다고 생각되지만, 어쨌든 字畫을 자신 있게 알지 못하는 데서 오는 결과임은 틀림없다.

'毌'(꿰뚫을 관)은 『說文解字』에 "穿物持之也" 곧 돈으로 사용하던 조개(寶貨)를 옆으로 꾀이 놓은 모양을 象形한 것이라고 풀이하였다.

『形音義字典』에 의하면 '毌'의 字形을 甲骨文에서는 '中', 金文에서는 '串'과 같이 寶貨를 끈으로 꿰어 놓은 것을 象形하였고, 小篆體에서는 '毌'의 字形으로 갖추어졌기 때문에 '毌'의 字形을 '毋'(말 무) 형태로 써서는 안 된다.

뒤에 '毌'에 '貝'자를 더하여 '貫'으로 쓰게 되어, '毌'은 곧 '貫'의 古字가 된 것이다. 또한 '毌'의 變體로 '串·毌'의 字形도 생기게 되었다. 그러나 '串'의 字音은 '관'외에 '천'으로도 쓰이고, 우리 나라에서는 '곶·곷'의 音으로도 쓰인다. 예를 들면 黃海道 地名인 '長山串'은 '장산곶'이라고 읽는다. '弗'의 字音은 '찬'으로 읽으며, 뜻도 '석쇠'로 변하였다.

'實'은 곧 집 안에 끈으로 꿴 錢貝를 가득히 두어 '富'의 뜻을 나타낸 會意字이므로 '母'의 字形으로 써서는 안 된다. '慣'(버릇 관)은 '心(忄)'과 '慣'의 形聲字(會意字로 보는 사람도 있음)이므로 역시 '毋'의 字形으로 써서는 안 된다.

'毌'자가 단독으로 쓰이는 경우는 별로 없고, 魏나라 때 '毌丘儉'(관구검)이라는 장군이 高句麗를 침략한 일이 있다. 본래 '毌丘'의 複姓인데 뒤에 '丘'가 떨어지고 '毌'氏가 되었다고 한다.

'毋'(말 무)와 '毌'(꿰뚫을 관)의 字形이 다른 점은 '毋'字는 '母'(어미 모)字와 같은 형태로서 바깥의 字畫을 쓰고, 안에만 다르게 쓰지만, '毋'자와 '毌'자는 안의 字畫은 같지만 바깥 字畫이 다르다.

'毋'의 小篆體를 찾아보면 '叏'와 같이 '女'字의 小篆體에 '一'의 字畫을 그어 여자를 범하지 말라는 '禁止'의 뜻을 나타낸 것이라 한다. 또는 '一'로서 여자는 한 마음을 지켜야지, 두마음을 가져서는 안 된다는 뜻으로도 풀이한다. 뒤에 '毋'의 뜻이 轉義되어 '말다' 곧 禁止詞로 된 것이다.

臺灣에 여행을 하게 되면 비행장에서부터 시험 당하는 표어가 있다. 곧 '毋忘在莒'라는 말인데, 漢文 실력이 부족한 사람도 대개 '모망재려'라 읽고, 좀 실력이 있는 사람도 대개 '무망재려'라고 읽는다. 그러나 이 표어의 뜻은 옛날 齊나라가 모든 城을 다 잃고 莒縣(거현)만 남아 있었는데, 이 莒縣에서 남은 백성들이 분발하여 잃었던 城을 모두 회복했다는 故事로써, 대만에서 분발하여 잃어버린 大陸을 되찾자는 것이다. 그러므로 '毋忘在莒'는 '무망재거'(우왕짜이쥐)라고 읽어야 한다. '毋'가 姓氏로도 쓰인다.

'毒'(해할 독)字의 字形이 字典에 따라서는 '毒'과 같이 8획으로, 또는 '毒'와 같이 9획으로도 되어 있어 혼란을 일으키고 있다. 다시 말해서 아래가 '毋'(말 무)로 된 활자도 있고, '母'(어미모)로 된 활자도 있다.

『說文解字』에 의하면 "從屮毐聲"이라 하여, 小篆體의 字形도 '𣫭'과 같이 쓴 것에 의하면, 마땅히 '毒'과 8획, 곧 '毋'로 써야 한다. '毐'자도 '毋' 部首에 속해 있는데 '음란할 애'로 읽는다. 이 字는 秦始皇의 어머니가 '嫪毐'(노애)와 음탕하게 지냈으므로, 음란한 행위나 그런 사람을 욕할 때 '노애'라 하는 말에 쓰인다.

이로써 볼 때, 『說文解字』에서 '毒'字를 "從屮毐聲"이라 하여 '毐'(애)를 聲符로 본 것은 옳지 않다. '毐'(애)로써 '害士林' 곧 선비를 해하다의 뜻을 취하여 '屮'(풀 초, 싹날 철)자와 합쳐서 '毒', 곧 '害人之草'의 뜻을 나타낸 會意字로 보아야 할 것이다.

'母'(어미 모)는 字源으로 보면 마땅히 '女' 部首에 배열하여야 마땅하다. 『說文解字』에도 '女'部首字에 배열하였다. 일반 字典에서 '母'를 '毋'(말 무) 部首에 소속시킨 것은 외형상 字形이 비슷함을 취하여 배열한 것이라고 볼 수 있다. '每'(매양 매)와 '毓'(기를 육)을 '毋' 부수에 소속시킨 것은 더욱 옳지 않다.

'母'는 甲骨文에서부터 여자가 무릎을 꿇고 두 손을 앞으로 모으고 얌전히 앉아 있는 모습을 象形한 '𡚨'(女)의 자형에다 가슴에 두 개의 젖을 표시한 '𡥈'의 字形으로써 '女'의 增體象形字를 만든 것이다. 그러므로 해서체의 '母'字에서 'ㄩ'의 字畫은 곧 두 팔을 모으고 있는 甲骨文의 형태와 위치가 변한 것임을 알 수 있다. '一'의 가로 획은 곧 '𠄌'의 몸체가 변한 것이다.

(14) 夂 · 夊

字典에 위의 두 字가 部首字로 구별되어 있지만, 실제로 구별하여 쓰는 사람은 드문 것 같다.

'夂'의 部首 名稱은 '뒤쳐올 치'로 되어 있다. '夂'의 小篆體는 '𠂎'의 형태로서 '𠂆'의 모양은 두 다리를 상형하고, '㇏'의 모양은 뒤에서 좇아 가는 뜻을 나타낸 것으로 指事字이다.

'夂'의 部首字를 『康熙字典』에서 찾아보면 '夅(降의 古字), 夆(거스를 봉) 등이 있다.

'夊'의 部首 명칭은 '천천히걸을 쇠'로 되어 있다. '夊'의 小篆體는 '𡕒'의 형태로서 사람이 지팡이를 끌고 천천히 걸어 가는 것을 상형한 것이라고 한다. 指事字로 보는 사람도 있다.

'夊'의 部首字로는 '夌(언덕 릉), 夐(멀 형), 夏(여름 하), 夔(조심할 기), 夋(천천히걷는모양 준)' 등이다. 따라서 '夌'을 聲符字로 쓰는 '凌(업신여길 릉), 陵(큰언덕 릉), 崚(험준할 릉), 稜(모서리 릉), 綾(비단 릉), 菱(마름 릉)' 등과 '夋'을 聲符字로 쓰는 '俊(준걸 준), 峻(높을 준), 浚(깊을 준), 竣(마칠 준), 駿(준마 준), 焌(태울 준)' 등은 모두 '夊'로 써야 하는데, 活字에도 대부분 '夂'로 되어 있다. 마땅히 구별해서 써야 한다.

(15) 丰 · 丯

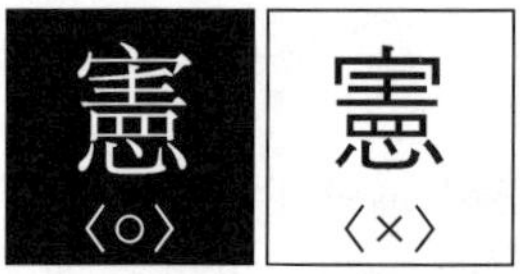

'丰'(예쁠 봉)자는 본래 잎이 무성한 풀은 뿌리도 깊다는 뜻의 글자로 옛날에는 단독으로 쓰였으나, 지금은 일반적으로 다른 글자의 聲符로 쓰인다. '丰'(봉)자를 쓸 때 '丯'의 자형과 같이 써서는 안 된다.

'丰'이 聲符로 쓰인 글자는 '峰(봉우리 봉), 逢(만날 봉), 鋒(칼끝 봉), 蓬(쑥 봉), 縫(꿰맬 봉), 蜂(벌 봉), 邦(나라 방), 蚌(방합 방), 豐(풍년 풍)' 등이다.

'蚌鷸之爭'은 조개와 도요새의 다툼이란 뜻으로 결국 제삼자만 이득을 보게 하는 싸움의 비유로 '漁父之利'와 같은 말이다.

'丯(丯)'자는 『康熙字典』에 의하면 풀이 어지러운 모양을 상형한 글자로서 단독으로 쓰였으나, 지금은 다른 글자의 聲符로 쓰인다. '丯(丯)'는 본래 옛날 나무 조각에 약속의 표시를 할 때, 刻齒의 형태를 상형한 것으로 '契'(계)의 뜻을 나타낸 것이라고도 풀이한다. '丯(丯)'의 字音은 본래 '古拜切'로 곧 '개'였는데 '害'로도 읽는다고 풀이하였다.

'丯'(해)자가 聲符로 쓰인 글자는 '害(해칠 해), 憲(법 헌), 割(나눌 할), 轄(비녀장 할), 豁(뚫린골 활), 契(맺을 계), 栔(새길 계)' 등이다.

法帖에 보면 '憲'의 자형에 '丯'를 '王'이나 '土'로 쓴 것들이 있는데,

造字學的으로 옳지 못함을 알 수 있다. 會意字로 보는 사람도 있으나 '害'의 省字形이 합친 것으로 보는 것은 동일하니, 오늘날도 '丰'를 '王'이나 '土'로 쓴 법첩을 따라 쓸 필요는 없다.

(16) 者

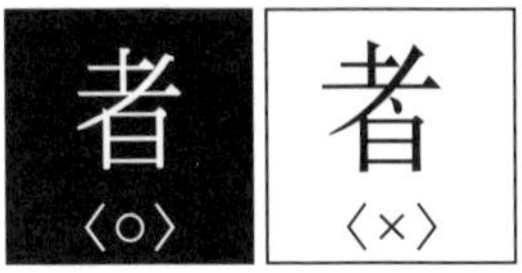

'者'를 우리 나라의 일반 字典에서는 '耂(늙을 로)' 부수자의 4획에 마치 '曰(가로 왈)'자의 위에 점을 찍은 것처럼 字形을 만들어 총 9획의 글자로 실어 놓았다.

그러나 日本의 字典에서는 점을 빼고 8획으로 싣고, 괄호 안에 점을 찍은 자형을 실어 놓았다. 중국 대륙에서는 일본과 같이 점을 찍지 않지만, 대만에서는 우리 나라와 같이 점을 찍고 있다.

그런데 『康熙字典』에는 점을 찍은 자형으로 실어 놓고 『說文解字』에 근거하면 마땅히 점을 찍어야 하지만, 오늘날 점을 찍지 않고 쓴다고 주석을 달아 놓았다.

다시 『說文解字』를 찾아보니, '白'자 부수에 '者'를 배열하고 "從白𣅀聲, 𣅀古文旅."라고 설명하여 놓았다.

이와같이 『說文解字』에 따르면 '者'자를 쓸 때에 자획을 다 써놓고 마지막에 점을 찍는 것이 아니라, 마땅히 '白'자의 필순대로 먼저 점을 삐침처럼 써야 할 것이다.

그런데 '者'를 法帖에서 찾아보면 「皇甫誕碑」, 「雁塔聖敎書」, 「道安禪師碑」, 「寂照和尙碑」 등에 모두 점을 찍지 않았다.

『漢語古文字字形表』에서 '者'의 자형을 찾아보면 甲骨文에는 '[illegible], [illegible], [illegible]', 金文에 '[illegible], [illegible], [illegible], [illegible], [illegible]' 등의 형태로 되어 있는데, 이에 대한 해석은 학자에 따라 구구불일하다.

여하간 '[illegible], [illegible], [illegible], [illegible]' 등은 '火'의 변형이지 '白'자가 아님을 분명하다.

이상을 종합하여 볼 때, 『說文解字』의 "從白𣅀聲"의 해석은 그 근거가 불확실하므로 옛날 사람 중, '者'에 점을 찍은 것은 마치 '染'자에 점을 찍어 '柒'과 같이 잘못 쓴 것으로 보아야 할 것이다.

다시 말해서 역대 법첩 중에서 '者'자에 점을 찍지 않은 것은 마땅히 있어야 할 점을 생략한 것이 아니다. 앞으로 우리 나라 字典에서도 점을 찍지 않은 '者'자로 싣고, 書法家들도 점을 찍지 말고 써야 할 것이다.

(17) 範

範 〈○〉	範 〈×〉	範 〈×〉	範 〈×〉

우선 '己, 已. 巳, 㔾' 등의 자획이 전연 다른 것을 기본적으로 알아야 한다. 심지어 活字 중에도 이 넉자를 혼동하여 잘못 주사한 것이 많으니, 일반 초학자들로서는 그 구별이 쉽지 않을 것이다.

'법 범'자를 이름자로 가진 이들이 쓰는 서체를 보면, '範, 範, 範, 範' 등과 같이 4가지 형태로 쓰면서 어느 것이 正字인지를 모르고 있다. 이는 곧 '己(몸 기), 已(그칠 이). 巳(뱀 사), 㔾(병부 절)' 등의 자형이 비슷해서 오는 혼란이다.

'법 범'자는 마땅히 '㔾(병부 절)'을 취하여 '範'과 같이 써야 한다. 따라서 이외의 자형은 모두 잘못 쓰는 것이다.

그러나 법첩에서 '範'자를 찾아보면 「顔魯公告勅」에서는 '範'와 같이 '己'를 썼으며, 심지어 王羲之 書體에서도 '己'와 같이 썼으니, '範, 範, 範' 등과 같이 써도 관계 없다고 생각하는 이들이 있을 것이다. 法帖을 臨摹할 때는 그대로 써도 무방하지만, 자신의 글씨로 쓸 때는 마땅히 정획대로 '範'과 같이 써야 한다.

옛날의 서법가들이 모두 文字學에 달통했던 것은 아니다. 그러므로 王羲之 같은 書聖도 字畫을 잘못 쓴 것이 있음을 알아야 한다. 굳이 잘못 쓴 字畫대로 쓰려는 것은 올바른 書法家의 태도가 아니라고 생각된다.

'㔾(병부 절)'을 部首로 쓸 때에 '卩'과 같이 쓰기도 한다. 이 두가지 部首字의 예를 들면 다음과 같다.

'㔾'의 예 : 卮(잔 치), 危(위태할 위), 卺(술잔 근), 卷(책 권) 등. 특히 '卷'자를 '卷, 卷' 등과 같이 '已'나 '己'를 쓰는 예가 많은데, 잘못 쓰는 것이다. 따라서 '倦(게으를 권)', '捲(말 권)', '圈(우리 권)', '惓(싫증날 권)' 등의 글자들도 모두 '㔾'로 써야 한다. 혼인 예식을 '卺禮'라고도 하는데, 요즘은 그 뜻은 고사하고 읽지도 못하는 사람이 많다. '卺'자를 '巹'자와 같이 써서 '기'자로 잘못 읽는 경우도 있다.

'卩'의 예 : 卬(나 앙), 卯(토끼 묘), 印(도장 인), 却(물리칠 각), 卵(알 란), 卲(높을 소), 卽(곧 즉), 卿(벼슬 경) 등.

'節'(마디 절)자는 '竹' 부수자에 '卽'를 써야 하는데, 서법가들 중에서는 '節'과 같이 '⻏(邑)'을 쓰는 이들이 있다. 과거 朴正熙 大統領도 붓글씨로 '勤儉節約'을 써서 신문에 보도된 일이 있는데, '마디 절' 자를 '節'과 같이 잘못 쓴 것을 보았다.

'卲' 자와 '邵' 자를 구별해야 하는데, 前者는 '높다'의 뜻으로 쓰는 자이고, 後者는 '邵雍'과 같이 姓이나 地名에 쓰이는 자이다.

결론적으로 '範' 자를 반드시 '㔾(병부 절)'로 써야 하는 까닭은 '範' 자가 본래 '車' 자와 '笵(범 범)'에서 '氵(물 수)'를 생략하여 합자한 形聲字이기 때문이다.

'笵' 자는 '竹(대 죽)' 자와 '氾(넘칠 범)' 자의 合字인데, '氾' 자와 '汜(지류 사)' 자는 전연 다른 뜻의 글자이다. 그러므로 '範' 자를 '範, 範, 範' 등과 같이 써서는 안 된다.

지금 중국에서는 '範' 자를 簡化하여 '范(풀이름 범)' 자로 쓰고 있는데, 字源으로 생각할 때는 통용될 수 있겠으나, '師範學校'를 '師范學校'와 같이 쓰는 데는 매우 생소하게 느껴지는 것이다.

(18) 達

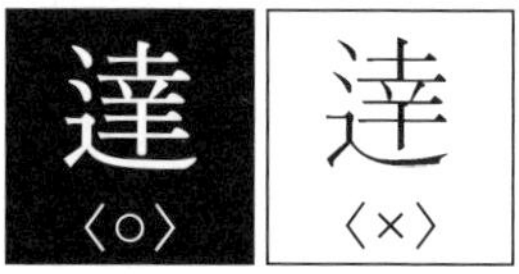

'幸'(다행할 행)자는 '干'(방패 간) 부수에 속해 있으나, 小篆體에서는 '㚔'의 자형으로서, '夭'(일찍죽을 요)자와 '屰'(逆의 本字, 거스를 역)자의 합체자로써 일찍 죽지 않음의 뜻을 나타내어 '吉而免凶' 곧 '다행함'의 뜻이 된 것이다.

갑골문에서 '幸'의 자형은 '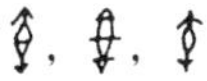' 등과 같이 손을 묶는 刑具의 象形字로 되어 있다. 그리하여 갑골문에서는 '幸'의 뜻이 '執' 곧 '잡아묶다'의 뜻으로 쓰이었다.

'幸'과 '𠬝'(다스릴 복)의 합체자인 '報'(갚을 보)자도 지금은 일반적으로 '보도'의 뜻으로 쓰고 있으나, 본래 뜻은 治罪, 곧 '다스리다'의 뜻을 가진 글자이다.

'羍'(어린양 달)자는 '羍'과 同字로서 '羊'部首에 속한다. '羍'이 聲符로 쓰인 '達'(통할 달)자는 '羍'에 '辵'(쉬엄쉬엄갈 착)자를 받쳐서 '達'과 같이 써야 한다. 적지 않은 사람들이 '幸'자에 '辵(辶)'자를 더하여 '達'의 字形과 같이 쓰는데 옳지 않다. 법첩에도 '達'의 자형과 같이 잘못 쓴 것이 적지 않다. 또한 '幸'자를 법첩 중에 '達'자로 혼동하여 쓴 것도 있다.

'幸'과 '羍'은 字源으로 볼 때 절대로 통용할 수 없는 글자이다.

2. 잘못쓰기 쉬운 漢字

❶ 물리칠 각	却	×	일반적으로 '却'으로 쓰이고 있으나, 本字는 '卻'처럼 써야 한다.
	卻	○	
❷ 다리 각	脚	×	'卻'字와 같은 경우
	腳	○	
❸ 볼 간	看	×	'看'은 '看'의 俗字이다.
	看	○	
❹ 굳셀 강	强	×	'强'은 '強'의 俗字이다. '강'의 字音이 '厶'(팔 굉의 古字)에서 변음된 形聲字이다.
	強	○	
❺ 덮을 개	盖	×	'盖'는 俗字이고, 일반적으로 '蓋'로 쓰이고 있으나 本字는 '葢'처럼 써야 한다.
	葢	○	
❻ 들 거	擧	×	'擧'는 '擧'의 俗字이다. '擧'도 '擧(거)'의 同字로 쓰인다.
	擧	○	
❼ 클 거	巨	×	匚(상자방)이나 匸(감출 혜)部首字가 아니라, 工(장인 공)部首字이기 때문에 '巨'字처럼 써서는 안 된다.
	巨	○	
❽ 이지러질 결	欠	×	'欠'자는 '하품 흠' 자이므로 欠席(결석)이라고 써서는 안 된다.
	缺	○	
❾ 겸할 겸	兼	×	'兼'은 俗字이다.
	兼	○	
❿ 공경 경	敬	×	'苟'(풀이름 구)자가 아니라 羊의 뿔을 나타낸 '茍(계)'의 자형으로 써야 한다.
	敬	○	

⓫ 생각할 계	稽	×	본래 '禾'(벼 화)부수자가 아니라 '禾'(나무 끝 구부려 올라가지 못하게 할 계)부수자이다.
	稽	○	
⓬ 높을 고	髙	×	'髙'는 '高'의 俗字이다.
	高	○	
⓭ 북 고	鼔	×	'鼓'는 '북칠 고'로서, '鼔'(북 고)와는 다른 字이다.
	鼓	○	
⓮ 알릴 고	吿	×	'牛'(소 우)와 '口'(입 구)를 더하여, 소는 말은 못 하나 뿔로 의사를 표시하기 때문에 알리다의 뜻으로 쓰이므로 '吿'로 써서는 안 된다.
	告	○	
⓯ 곡식 곡	穀	×	'穀'은 俗字이고, '穀'은 略字이다.
	穀	○	
⓰ 뼈 골	骨	×	'冎'(살바를 과)에 '肉→月'(고기 육)자의 合體字이므로 '骨', '骨'의 형태로 써서는 안 된다.
	骨	○	
⓱ 객사 관	舘	×	'舘'은 '館'의 俗字이다.
	館	○	
⓲ 너그러울 관	寬	×	'萈'(환)자는 본래 뿔이 가는 山羊의 뜻이므로 '𦍌'의 字形을 '艹'(풀 초)로 써서는 안 된다. 점을 빼고 '寛'과 같이 써도 안 된다.
	寬	○	
⓳ 가르칠 교	教	×	'教'는 '敎'의 俗字이고, '𢽎'는 古字이다.
	敎	○	
⓴ 거북 구	龜	×	'龜'(구)자는 16획이므로 '龜'와 같이 써서는 안 된다.
	龜	○	

㉑ 책 권	巻	×	‘卩(병부절)’ 자 部首에 속해 있으므로 ‘己(몸기)’ 자의 형태로 써서는 안 된다.
	卷	○	
㉒ 길 궤	軌	×	‘軌’字는 ‘車’와 ‘九’의 形聲字로서 발음이 ‘九’에 있으므로 ‘丸’자를 써서는 안 된다.
	軌	○	
㉓ 술잔 근	巹	×	‘卩(병부절)’ 자 部首에 속해 있으므로 ‘己(몸기)’ 자의 형태로 써서는 안 된다. ※ 卺禮(근례)는 婚禮의 뜻임.
	卺	○	
㉔ 안 내	内	×	‘入(들입)’ 자 部首에 속해 있으므로 ‘人(사람인)’ 자의 형태로 써서는 안 된다.
	內	○	
㉕ 괴로워할 뇌	惱	×	‘囟(정수리 신)’으로 써야 함. ‘**囟**’이나 ‘凶’의 字形으로 써서는 안 됨. ‘惱’는 俗字이다.
	惱	○	
㉖ 뇌수 뇌	腦	×	역시 ‘囟(정수리 신)’字로 써야 한다.
	腦	○	
㉗ 단 단	壇	×	‘亶’(믿을 단, 많을 단)字는 ‘旦’(아침단)에 음이 있으므로 ‘且’(또 차)字로 써서는 안 된다.
	壇	○	
㉘ 박달나무 단	檀	×	‘亶’(믿을 단, 많을 단)字는 ‘旦’(아침단)에 음이 있으므로 ‘且’(또 차)字로 써서는 안 된다.
	檀	○	
㉙ 통달 달	逹	×	통달달자는 ‘羍’(어린양 달)자가 字音이 되어 있기 때문에 ‘幸’(다행할 행)자를 써서는 안 된다.
	達	○	
㉚ 무리 당	党	×	‘党’은 略字.
	黨	○	

㉛ 도둑 도	盗	×	'次' 은 '羨' (부러워할 선)의 初文으로 남의 그릇(皿)을 탐내어 자기의 것으로 삼는다는 데서 '도둑' 의 뜻이 되었다.
	盜	○	
㉜ 두 량	両	×	'両' 은 '兩' 의 俗字이다. '两' 도 俗字이다. 양측에 入(들입)자를 써야 한다.
	兩	○	
㉝ 들보 량	梁	×	들보량자는 '刅' (상처창)자가 字音이 되어 있기 때문에 '刃' (칼날인)자를 써서는 안 된다.
	梁	○	
㉞ 고울 려	麗	×	'麗' 는 약자. '丽' 의 자형은 본래 사슴의 아름다운 뿔을 본뜬 것임.
	麗	○	
㉟ 불릴 련	鍊	×	'柬(가릴 간)' 의 音에 의하여 '련' 으로 발음되는 글자이므로 '東(동녘 동)' 으로 써서는 안 된다.
	鍊	○	
㊱ 익힐 련	練	×	'練' 은 略字.
	練	○	
㊲ 거둘 렴	歛	×	여름 收斂(수렴)의 '斂' (렴)을 '歛' (바랄 감)으로 쓰면 안 된다.
	斂	○	
㊳ 사로잡을 로	虜	×	'虜' 는 '虜' 의 俗字이다. '毌' (꿸 관. 貫의 古字)에 '力' 을 더한 글자이기 때문이다.
	虜	○	
㊴ 용 룡	龍	×	'龍' (용)자는 16획이므로 '卜' (점 복)에 '己' 의 字形을 써서는 안 된다.
	龍	○	
㊵ 클 륭	隆	×	'隆' 자는 '降(내릴 강)' 의 자형을 생략하고 '生' 자를 더한 글자이므로 '一' 의 자획이 빠져서는 안 된다.
	隆	○	

㊶ 찰 만	满	×	'入'(들 입)자로 써야지, '人'(사람 인)자로 쓰면 안 된다.
	滿	○	
㊷ 바랄 망	望	×	땅 위에 서 있는 사람을 나타낸 '𡈼→壬'(줄기 정)의 자형이므로 '王'(임금 왕)자로 써서는 안 된다.
	望	○	
㊸ 밀가루 면	麪	×	'丐'자는 '빌 개'이고, '丏'字는 '가릴 면'이므로 '丏(면)'으로 써야 한다. '麵'(면)은 俗字.
	麪	○	
㊹ 무릅쓸 모	冒	×	'冃(모자 모의 원자)'에 뜻이 있으므로 '曰(가로 왈)'자로 써서는 안 됨. ※ 冃 → 冒 → 帽(모자 모)와 같이 변천
	冒	○	
㊺ 측나무 백	栢	×	우리 나라에서는 '잣나무 백'으로 쓰이고 있으나, 본래 측백나무 곧 향나무를 가리키는 글자이다. '栢'은 俗字.
	柏	○	
㊻ 법 범	範	×	範(법 범)에서 '㔾'(병부절)을 취하여 字音이 되었기 때문에 '己(기), 已(이), 巳(사)' 등의 字形을 써서는 안 된다.
	範	○	
㊼ 갚을 보	報	×	'報道(보도)'의 '報'자를 '報'와 같이 쓰면 안 된다.
	報	○	
㊽ 걸음 보	歩	×	본래 '㞰'의 자형이므로 '步'와 같이 써야 한다. '歩'자는 日本에서 쓰는 서체.
	步	○	
㊾ 숨길 비	秘	×	'秘'자는 본래 香草의 뜻이므로 '비밀, 비서'의 경우는 '祕'로 써야 한다.
	祕	○	
㊿ 낳을 산	産	×	'彥'(선비 언)에서 '彡'을 생략하고 '生'자를 더한 글자이므로 '産'자로 써서는 안 된다.
	產	○	

⑤① 죽일 살	殺	×	'殺'(살)의 字音이 '朮'(차조 출)에서 취해진 形聲字이므로 반드시 점을 찍어야 한다.
	殺	○	
⑤② 주석 석	錫	×	'鍚'(말장식 양)자이므로 '錫'(주석 석)자는 '金'과 '易'(바꿀 역)의 合字로 써야 한다.
	錫	○	
⑤③ 사람이름 설	卨	×	'卨'은 俗字이고, '卨'은 잘못 쓰는 글자이다. '契, 偰' 등은 '卨'의 異體字이다.
	卨	○	
⑤④ 고을이름 섬	陜	×	'陜'(좁을 협)자이므로 '入'(들 입)자로 써야 한다. ※ 陝西省(섬서성)
	陝	○	
⑤⑤ 성인 성	聖	×	'聖'자는 音이 '𡈼(줄기 정)'자에 의하여 '성'으로 발음되는 形聲字이므로 '王(임금 왕)'으로 써서는 안 된다.
	聖	○	
⑤⑥ 이룰 성	成	×	'丁'(천간 정, 소리 정)이 '成(성)'의 字音을 이루는 形聲字이므로 '成'의 자형으로 써서는 안 된다.
	成	○	
⑤⑦ 해 세	歲	×	'步(걸음 보)'와 '戌(개 술)'의 合字이므로 '歲, 歲, 歲'등과 같이 써서는 안됨.
	歲	○	
⑤⑧ 개 술	戌	×	'戍'자는 '수자리 수' 곧 '戍樓(수루)'와 같이 적병을 살피는 城의 망루를 나타내는 글자이므로 점(丶)이 아니라 '一'의 字形과 같이 써야 한다.
	戌	○	
⑤⑨ 감나무 시	柿	×	'柹'의 자형으로도 쓰이지만 本字는 '柹'자와 같이 써야 한다. '柿'자는 俗字
	柹	○	
⑥⓪ 저자 시	市	×	'市'字는 '슬갑 불'(슬갑은 무릎까지 내려오는 방한복의 일종)字이다. '市'(저자 시)'는 5획으로 써야 한다.
	市	○	

⑥① 심할 심	甚	×	'甘'(달 감)자와 '匹'(짝 필)자의 合體字이므로 '其'자처럼 써서는 안 된다.
	甚	○	
⑥② 남을 여	余	×	'余'자는 '나 여'의 뜻으로 쓰는 글자이므로 '남다'의 뜻으로는 '餘'로 써야 한다. '余'는 日本에서 쓰이는 略字.
	餘	○	
⑥③ 갈 연	硏	×	'石'과 '幵'(평평할 견)의 形聲字이므로 '幵'의 字形으로 써서는 안 된다.
	硏	○	
⑥④ 물들일 염	染	×	식물(木)에서 뽑은 물감(氵)을 천에 아홉번(九)들여야 한다는 뜻의 글자이기 때문에 '丸'字를 써서는 안 된다. '九'字를 써야한다.
	染	○	
⑥⑥ 소금 염	塩	×	鹽(염)자는 '監(볼 감)'과 '鹵(소금 로)'의 形聲字이므로 '塩, 塩, 塩' 등은 異體字 또는 俗字로 보아야 한다.
	鹽	○	
⑥⑥ 날랠 용	勇	×	'マ'의 자형과 '男'(사내 남)의 合字가 아니라, '甬'(길 용)과 '力'(힘 력)의 合字이다.
	勇	○	
⑥⑦ 오른 우	右	×	본래 오른팔의 형태를 그린 '乀'의 자형에 '口(입구)'자를 더한 字이므로 가로 획을 길게 써야 한다.
	右	○	
⑥⑧ 달 월	月	×	'月'은 '肉'(고기 육)이 部首로 쓰일 때, 곧 '脂, 肥, 肢'등에 쓰인다. '月'(달 월)은 가운데 두 획을 붙여 쓰지 않는다.
	月	○	
⑥⑨ 도끼 월	戊	×	'戊'자는 '별 무, 다섯째 天干 무'이므로 '도끼 월'자는 '戉'과 같이 써야 한다. 越南(월남)의 '越'을 '越'의 자형으로 써서는 안 됨.
	戉	○	
⑦⓪ 더욱 유	兪	×	'兪'자는 '入(들입)'자 部首에 속해 있으므로 '入'자로 써야 하고, '月'자는 달월이 아니라 '舟(배주)'자의 변형이므로 '月'의 형태로 써야 하고, '刂(칼도)'도 '巜(큰도랑괴)'자로 써야 한다.
	兪	○	

(71) 기를 육	育	×	'肉(月)' 部首의 3획인 '𠫓' 의 字形으로 써야 한다.
	育	○	
(72) 젖을 윤	潤	×	이름으로 쓸 때 혹 점을 찍어 쓰는 경우가 있으나 옳지 않다.
	潤	○	
(73) 숨을 은	隠	×	'隠' 은 略字이고, '隐' 은 俗字.
	隱	○	
(74) 다를 이	異	×	본래 '𢍰' 의 字形으로서 두 손(𦥑)으로 물건을 사람에게 나누어 주다를 뜻한 글자이므로 '異' 와 같이 써서는 안 된다.
	異	○	
(75) 놈 자	者	×	'者' 의 본래 字源으로 볼 때 '白' 자의 형태로 點을 찍어서는 안 된다.
	者	○	
(76) 찌를 자	剌	×	'剌' 字는 '이지러질 랄' 로 다른 자이다. 潑剌(발랄)하다.
	刺	○	
(77) 누에 잠	蠶	×	'蠶' 字는 音이 '兂(비녀 잠)' 자에 의하여 '잠' 으로 발음되는 글자이므로 '旡(목멜 기)' 로 써서는 안 된다.
	蠶	○	
(78) 집 재	齊	×	'齊' 字는 '가지런할 제' 로서 '齋' (집 재)와는 다른 字이다. 號에는 '齋' 를 쓴다. (木齋, 吉齋)
	齋	○	
(79) 앞 전	前	×	본래 '歬' 의 자형으로서 '止' 자와 '舟' 자의 합체자이므로 '月' (육달 월)이나 '月' (달 월)로 써서는 안 되고, '月(舟)' 자로 써야 한다.
	前	○	
(80) 온전 전	全	×	'入' (들입)자가 部首로 되어 있기 때문에 '人' (사람인)자를 써서는 안 된다.
	全	○	

⑧① 펼 전	展	×	法帖(법첩)에도 '展'처럼 쓴 것이 있으나, '展'의 字形처럼 써야 한다.
	展	○	
⑧② 마디 절	節	×	'卽(곧즉)'자 자체가 '㔾(병부절)' 部首에 속해 있으므로 '阝'의 형태로 써서는 안 된다.
	節	○	
⑧③ 나타낼 정	呈	×	'口'(입 구)와 '𡈼'(줄기 정)의 形聲字이므로 '壬'(북방 임)으로 써서는 안 된다.
	呈	○	
⑧④ 조정 정	廷	×	'𡈼'(줄기정)과 '廴(길게 걸을 인)'의 形聲字이므로 '壬(북방임)'의 형태로 써서는 안 된다.
	廷	○	
⑧⑤ 쇠북 종	鍾	×	'鍾'자는 '술잔종'자이기 때문에 鐘(쇠북종)자와 구별해서 써야 한다. 姓氏로 쓸 때는 '鍾'(술잔 종)자를 써야 한다.
	鐘	○	
⑧⑥ 왼 좌	左	×	본래 왼팔의 형태를 그린 '𠂇' 자형에 '工(장인 공)'자를 더한 字이 므로 가로 획을 짧게 써야 한다.
	左	○	
⑧⑧ 두루 주	周	×	'用'(쓸 용)과 '口'(입 구)를 더하여 '두루'의 뜻을 나타낸 글자이므로 '周'와 같이 써서는 안 된다.
	周	○	
⑧⑧ 투구 주	胄	×	'胄'자는 '맏아들 주'자이다. '투구 주'자는 '月(肉)'이 아니라 '冃(모자 모의 원자)'의 자형으로 써야 한다.
	冑	○	
⑧⑨ 무리 중	衆	×	'衆'자를 '象'(코끼리 상)자처럼 '衆'의 형태로 써서는 안 된다.
	衆	○	
⑨⓪ 곧 즉	即	×	'即'은 '卽'의 俗字이다. '卽'도 '卽'의 俗字이다.
	卽	○	

⑨① 다할 진	盡	×	書(글서)자는 손에 붓을 잡은 자형이므로 '聿'의 형태로 쓰지만, '盡'(다할진)字는 부젓가락을 잡은 자형이므로 '𦘒'의 형태로 써야 한다.
	盡	○	
⑨② 꾀 책	策	×	'竹'과 '朿'(까끄라기 차)의 形聲字이므로 '束'(묶을 속)으로 써서는 안 된다. '策'은 본래 대[竹]로 만든 말 채찍의 뜻이다.
	策	○	
⑨③ 곳 처	䖏	×	'䖏'는 '處'의 俗字이다.
	處	○	
⑨④ 갖은 일천 천	阡	×	'千'(천)의 갖은 자로서 '阡'도 쓰이고 있으나, '阡'은 '밭두렁 천'이므로 '仟'으로 써야 옳다.
	仟	○	
⑨⑤ 들을 청	聽	×	'𡈼'(줄기 정, 착할 청)에 음이 들어 있는 形聲字이므로 '王'(임금왕)이나 '壬'(북방 임)字를 써서는 안 된다.
	聽	○	
⑨⑥ 몸 체	体	×	'体'가 '體'의 俗字로 쓰이고 있으나, '体'는 본래 '용렬할 분'字로서 다른 字이다.
	體	○	
⑨⑦ 가장 최	最	×	'冃←冒'(무릅쓸 모)자와 '取'(취할 취)자의 合體字이므로 '曰'(가로 왈)이나 '日'(날 일)처럼 써서는 안 된다.
	最	○	
⑨⑧ 날 출	出	×	'出'(날 출)자는 '凵'(입벌릴 감)부수자에 '屮'(싹날 철)의 合字 '山'자를 겹쳐 쓰는 자형으로 써서는 안된다.
	出	○	
⑨⑨ 빌 충	冲	×	字典에는 '冲'은 '沖'의 俗字로 되어 있으나, 실은 '冲'은 '얼음 깨는 소리 충' 字이고, '沖'은 '공허하다, 솟아오르다'의 뜻을 나타낸 다른 글자이다.
	沖	○	
⑩⓪ 냄새 취	臭	×	'自'(스스로 자)자는 본래 '코'의 象形字로서 개(犬)의 코(自)는 냄새를 잘 맡기 때문에 냄새 취(臭) 자가 만들어졌으니 '犬'(견)자를 '大'(대)자로 써서는 안 된다.
	臭	○	

⑩① 뒷간 측	厠	×	'厂'(한)자는 '언덕'의 뜻을 가지고 있고, '广'(엄)자는 '집'의 뜻을 가지고 있으므로 正字는 '廁'으로 써야 한다.
	廁	○	
⑩② 클 태	泰	×	'泰'는 '泰'의 俗字이다. '泰' 字를 특히 남의 이름에 썼을 때, 俗字로 써서는 안 된다.
	泰	○	
⑩③ 토끼 토	兎	×	'兔'字는 同字이나, '兎'는 俗字. '兎'와 같이 9획으로 쓰는 것이 아니라, '兔'와 같이 8획으로 써야 한다.
	兔	○	
⑩④ 허파 폐	肺	×	'巿'(슬갑 불, 무성할 배)와 '肉'(月 : 고기 육)의 合字이므로 '市'(저자 시)를 써서는 안 된다.
	肺	○	
⑩⑤ 여름 하	夏	×	'夂(뒤져올치)' 部首가 아니라, '夊(천천히 걸을쇠)' 部首에 속하므로 '夏'의 형태로 써야 한다.
	夏	○	
⑩⑥ 큰집 하	厦	×	廁의 경우와 같이 '廈'(하)자도 큰집을 뜻하므로 '厦'자는 俗字이다.
	廈	○	
⑩⑦ 배울 학	學	×	古法帖에도 '學'의 자형처럼 쓴 것이 많이 있는데 옳지 않다. '與(더불 여)', '擧(들 거)'등 字와 혼동한데서 쓰인 書體일 것이다.
	學	○	
⑩⑧ 해칠 해	害	×	'丰'(풀무성할 봉, 예쁠 봉)이 聲符로 쓰인 '逢, 蜂, 烽'등과는 다르다. '丯'는 나무에 금을 그어 표시했던 '契'의 聲符이므로 '丯'의 字形과 같이 써야 한다.
	害	○	
⑩⑨ 바칠 헌	献	×	'獻身(헌신)'의 '獻'자를 '献'과 같이 쓰는 것은 俗字이다.
	獻	○	
⑪⓪ 보호할 호	護	×	艸(풀 초) 部首字가 아니라, 言(말씀 언)部首字이기 때문에 '護'字처럼 써서는 안 된다.
	護	○	

⑪	부를 호	號	×	'号'(호)는 號의 古字이므로 '號'와 같이 써서는 안 된다.
		號	○	
⑫	될 화	化	×	'匕'자는 '비수 비'자로서 본래는 숟가락의 모양을 본 뜬 것이고, '𠤎'자는 본래 'ㄚ'의 형태로서 사람이 쓰러진 상태를 나타내어 변화의 뜻을 나타낸 것임.
		化	○	
⑬	누를 황	黄	×	'炗'(光의 古字)과 '田'(밭 전)의 合字이므로 '黄'字처럼 써서는 안 된다.
		黃	○	
⑭	돌 회	囬	×	'囬'는 '回'의 俗字이고, '囘'는 '回'의 古字이다.
		回	○	
⑮	모일 회	㑹	×	'㑹'는 俗字이고, '会'는 略字이다
		會	○	
⑯	본받을 효	効	×	'効'는 '效'의 俗字이다.
		效	○	
⑰	공 훈	勲	×	'勲'자는 '火(灬)' 部首가 아니라 '力'部首이므로 '勳'과 같이 써야 한다.
		勳	○	
⑱	계집 희	姫	×	'姫'자는 '삼가할진'자로서 계집희(姬)자와는 전연 다른 글자이다. '姬'의 형태로 쓰는 사람도 있는데 역시 틀린다. 반드시 '𦣝'(턱이의 본자)자를 써야 한다.
		姬	○	
⑲	빛날 희	熈	×	빛날희자도 '𦣝'(턱이의 본자)에 音이 있기 때문에 '臣'(신하신)자를 써서는 안 되고, '已'(이미 이)자도 '己(몸기), 巳(뱀부절)'자로 써서는 안 된다.
		熙	○	
⑳	숨 희	羲	×	'義'(옳을 의)와 '兮'(어조사혜)의 合字이다.
		羲	○	

3. 一字多音字(破音字)

1	降	내릴 강	降等(강등), 降婚(강혼), 降誕(강탄 : 거룩한 분이 태어남)	
		항복할 항	降服(항복), 降將(항장)	
2	更	고칠 경	更新(경신), 更衣(경의), 更正(경정), 更迭(경질)	
		다시 갱	更生(갱생), 更嫁(갱가 : 다시 시집감), 更新(갱신)	
3	車	수레 거	車馬費(거마비 : 교통비), 車駕(거가)	
		자동차 차	車輪(차륜), 汽車(기차)	
4	乾	마를 간	乾物(간물)	※ '마를 간, 하늘 건'이므로 乾杯(건배)는 '간배'로 발음해야 되는데 '건배'로 와전되어 쓰인다.
		하늘 건	乾坤(건곤), 乾杯(건배)	
5	景	볕 경	景氣(경기), 景品(경품)	
		그림자 영	景像(영상), 影印(영인)	
6	茶	차 다	茶果(다과), 茶毘(다비 : 불교에서 火葬하는 의식), 茶食(다식)	
		차 차	茶禮(차례) = 茶祀(차사)	
7	度	법도 도	法度(법도), 溫度(온도)	※ 度支部(탁지부) 곧 재무를 맡던 부서. 度地(탁지)는 토지를 측량하는 것.
		헤아릴 탁	度支(탁지), 度地(탁지)	
8	讀	읽을 독	讀書(독서), 讀經(독경), 讀解(독해)	
		구두점 두	句讀點(구두점), 吏讀(이두)	
9	洞	골 동	洞口(동구), 洞窟(동굴), 洞房花燭(동방화촉 : 新房에 켠 환한 촛불)	
		살필 통	洞察(통찰), 洞燭(통촉)	
10	率	비율 률	比率(비율), 利率(이율)	
		거느릴 솔	統率(통솔), 家率(가솔)	

11	復	회복할 복	光復(광복), 恢復(회복), '復'자를 人名에 쓸 때는 반드시 '복'으로 발음함	
		다 시 부	復興(부흥), 復活(부활)	
12	否	아 닐 부	否決(부결), 否定(부정), 否認(부인)	※ 否剝(비박)은 운이 나쁘다는 뜻.
		막 힐 비	否塞(비색), 否剝(비박)	
13	北	북 녘 북	北斗(북두), 北岳(북악), 北向(북향)	
		달아날 배	敗北(패배)	
14	殺	죽 일 살	殺身(살신), 殺害(살해), 打殺(타살)	※ 殺到(쇄도)의 경우 '殺'가 '매우'의 뜻으로 쓰임.
		덜 쇄	相殺(상쇄), 殺到(쇄도)	
15	狀	형 상 상	狀態(상태), 狀況(상황), 形狀(형상)	
		문 서 장	狀啓(장계 : 지방에 파견된 官員이 書面으로 임금에게 올리던 보고), 賞狀(상장)	
16	塞	변 방 새	塞外(새외), 塞翁之馬(새옹지마)	
		막 을 색	塞源(색원), 閉塞(폐색)	
17	索	찾 을 색	索引(색인), 索出(색출), 搜索(수색)	※ 索莫(삭막)에서는 '索'이 '쓸쓸하다'의 뜻으로 쓰임.
		동아줄 삭	索道(삭도), 索莫(삭막, 索寞·索漠)	
18	省	살 필 성	省覺(성각), 省墓(성묘), 省察(성찰)	
		덜 생	省減(생감), 省略(생략)	
19	屬	무 리 속	附屬(부속), 屬國(속국), 屬性(속성)	※ 屬託(촉탁)에서는 '屬'이 '맡기다'의 뜻으로 쓰임.
		붙 일 촉	屬託(촉탁), 屬望(촉망)	
20	宿	별자리 수	星宿(성수), 二十八宿(이십팔수)	
		잘 숙	宿所(숙소), 寄宿(기숙), 下宿(하숙)	

21	食	먹을 식	食飮(식음), 食事(식사), 食性(식성)	
		밥 사	疏食(소사 : 거친 밥), 蔬食(소사 : 나물 반찬의 밥)	
22	識	알 식	識見(식견), 識別(식별), 學識(학식)	
		적을 지	標識(표지), 款識(관지 : 金石에 새긴 글자)	
23	惡	모질 악	惡辣(악랄), 惡政(악정), 惡魔(악마)	
		미워할 오	憎惡(증오), 惡寒(오한)	
24	易	바꿀 역	貿易(무역), 周易(주역), 交易(교역)	
		쉬울 이	容易(용이), 平易(평이)	
25	葉	잎 엽	葉茶(엽차), 葉書(엽서), 葉錢(엽전)	
		성씨 섭	葉氏(섭씨), 迦葉(가섭 : 釋迦의 十大 제자 중 한 사람)	
26	刺	찌를 자	刺客(자객), 刺繡(자수), 刺戟(자극), 虎列刺(호열자 : '콜레라'의 漢字音 표기)	
		찌를 척	刺殺(척살)	
27	辰	별 신	星辰(성신)	※ 辰宿(진수)는 마땅히 '신수'라고 읽어야 하겠으나, 사전에는 '진수'로 되어 있다. '별 진, 때 신'도 '별 신 때 진'이 옳다.
		때 진	辰時(진시), 辰宿(진수)	
28	參	참여할 참	參與(참여), 參加(참가), 參席(참석)	※ 우리 나라에서는 '인삼'을 '人蔘'과 같이 쓰지만 中國에서는 '人參'으로 쓴다.
		갖은 삼	參拾(삼십)	
29	拓	넓힐 척	干拓(간척), 開拓(개척)	※ 拓本(탁본)을 中國에서는 搨本(탑본)으로 쓴다.
		박을 탁	拓本(탁본)	
30	推	옮길 추	推窮(추궁), 推及(추급), 推移(추이)	※ 推輓(퇴만) : 수레를 뒤에서 밀고 앞에서 끈다는 뜻으로, 남을 추천함을 이름.
		밀 퇴	推敲(퇴고), 推輓(퇴만)	

31	則	법칙 칙	法則(법칙), 規則(규칙), 原則(원칙)	
		곧 즉	言則是也(언즉시야 : 말이 事理에 맞음), 入則事父母(입즉사부모)	
32	沈	성씨 심	沈氏(심씨)	
		가라앉을 침	沈潛(침잠), 沈澱(침전), 沈菜(침채 : 김치)	
33	宅	집 택	自宅(자택), 邸宅(저택), 宅地(택지)	
		댁 댁	宅內(댁내), 媤宅(시댁)	
34	便	편할 편	便利(편리), 便宜(편의), 便覽(편람)	
		똥오줌 변	大便(대변), 便秘(변비), 便所(변소)	
35	皮	가죽 피	虎皮(호피), 皮革(피혁), 皮膚(피부)	
		가죽 비	鹿皮(녹비), 鹿皮鞋(녹비혜 : 사슴 가죽으로 만든 신)	
36	行	갈 행	行進(행진), 行幸(행행), 行跡(행적)	※ 行幸(행행) : 임금이 궁궐 밖으로 거동함.
		줄 항	行列(항렬), 行列字(항렬자)	
37	佚	편안할 일	安佚(안일), 佚民(일민), 佚書(일서)	※ 佚民(일민)에서 '佚'은 '숨다', 佚書(일서)에서는 '없어지다'의 뜻으로 쓰임.
		방탕할 질	佚宕(질탕) = 佚蕩(질탕)	
38	內	안 내	內簡(내간), 內患(내환), 內政(내정)	
		여관 나	內人(나인 : 宮人, 宮女)	
39	寺	절 사	寺刹(사찰), 寺院(사원), 寺趾(사지)	
		내시 시	寺人(시인), 太常寺(태상시 : 고려 때 관청의 이름)	
40	質	바탕 질	本質(본질), 性質(성질), 質朴(질박)	
		볼모 지	人質(인지, 지금은 '인질'로 쓰이고 있음)	

41	切	끊을 절	切開(절개), 切斷(절단), 切肉(절육)
		모두 체	一切(일체)
42	諸	모든 제	諸位(제위 : 여러분), 諸賢(제현), 諸侯(제후)
		어조사 저	其諸(기저 : 그야말로), 日居月諸(일거월저 : 쉼 없이 가는 세월)
43	白	흰 백	白旗(백기), 白墨(백묵), 白骨(백골)
		지명 배	白川(배천 : 黃海道 延安 북쪽에 있는 도시)
44	合	합할 합	合格(합격), 合倂(합병), 和合(화합)
		홉 홉	一合(일홉 : 되(升)의 10분지 일)
45	父	아비 부	父親(부친), 父權(부권), 父系(부계)
		남자美稱 보	亞父(아보), 凡父(범보)
46	不	아닐 불	不可(불가), 不變(불변), 不死(불사)
		아닌가 부	의문사로 쓰일 때와 제2音節이 'ㄷ, ㅈ'音으로 시작될 때 '부'로 발음함.
		클 비	丕와 通字
47	邪	간사할 사	邪敎(사교 : 不淨하고 요사스러운 종교), 邪心(사심), 邪惡(사악)
		땅이름 야	琅邪(낭야)
		그런가 야	邪呼(야호 : 무거운 물건을 옮길 때 '어여차'하고 지르는 소리)
		나머지 여	餘와 同字
48	洒	물뿌릴 쇄	洒掃(쇄소), 洒落(쇄락 : 마음이 상쾌함) ※ 灑(물뿌릴 쇄)와 같은 字로 쓰임.
		삼갈 선	洒如(선여 : 삼가는 모양)
49	暴	사나울 폭	暴君(폭군), 暴徒(폭도), 暴力(폭력)
		사나울 포	暴虐(포학), 暴惡(포악)
50	奈	어찌 내	奈何(내하), 奈良(내량 : 日本의 地名)
		나락 나	奈落(나락 : 梵語 naraka(지옥)의 音譯)

51	伏	엎드릴 복	伏乞(복걸), 伏拜(복배), 三伏(삼복)
		알품을 부	伏鷄(부계)
52	伯	맏 백	伯兄(백형), 伯仲(백중 : 맏형과 그 다음)
		우두머리 패	伯首(패수 : 覇者(패자)와 같은 말), 伯主(패주 : 盟主와 같은 뜻)
53	俶	비롯할 숙	俶獻(숙헌 : 진귀한 물건을 처음으로 바침)
		뛰어날 척	俶儻(척당 : 뜻이 크고 재주가 뛰어남)
54	兌	바꿀 태	兌換(태환)
		날카로울 예	兌利(예리 : 銳와 通字)
55	反	돌이킬 반	反擊(반격), 反動(반동), 反省(반성)
		뒤집을 번	反胃(번위 : 음식을 토하는 증세, 오늘날의 위암)
56	告	아뢸 고	告白(고백), 告訴(고소), 告別(고별)
		청할 곡	出必告(출필곡)
57	咽	목구멍 인	咽喉(인후), 咽頭(인두)
		목멜 열	嗚咽(오열)
58	徵	부를 징	徵發(징발), 徵收(징수), 徵兵(징병)
		음률이름 치	宮商角徵羽(궁상각치우)
59	扶	도울 부	扶腋(부액), 扶助(부조), 扶養(부양)
		길 포	扶服(포복 : 배를 땅에 대고 김 = 匍匐)
60	泌	샘 비	泌尿器(비뇨기), 分泌物(분비물)
		샘물졸졸흐를 필	이름 字(자)에 쓰일 때는 '필'로 발음함.(金鐘泌)

61	疋	발 소	疏, 胥, 壻 등에 形符, 聲符로 쓰임
		짝 필	疋馬(필마)
62	倭	왜국 왜	倭人(왜인), 倭國(왜국), 倭寇(왜구)
		추할 위	倭怪 (위괴 : 보기 흉한 여자)
63	畫	그림 화	畫具(화구), 畫壇(화단), 畫廊(화랑)
		획 획	畫順(획순), 畫數(획수), 畫引(획인)
64	見	볼 견	見習(견습), 見識(견식), 見解(견해)
		뵐 현	謁見(알현) = 見謁(현알), 見參(웃어른을 뵘)
65	覆	뒤집을 복	覆面(복면), 覆盆(복분), 飜覆(번복)
		덮을 부	覆牆(부장 : 자기 저서의 겸칭), 覆育(부육)
66	衙	마을 아	衙門(아문), 衙前(아전), 衙署(아서 : 관청, 마을)
		갈 어	衙衙(어어 : 걸어가는 모양)
67	蛾	나방 아	蛾眉(아미 : 아름다운 눈썹)
		개미 의	蛾術(의술 : 꾸준히 학문하여 성공함)
68	衰	쇠할 쇠	衰退(쇠퇴), 衰弱(쇠약), 衰盡(쇠진)
		상복 최	衰服(최복), 斬衰(참최 : 아버지나 할아버지의 喪에 입는 喪服)
69	足	발 족	足跡(족적), 足下(족하), 足球(족구)
		지나칠 주	足恭(주공 : 지나친 공경)
70	金	쇠 금	金銀(금은), 金石(금석), 金塊(금괴)
		성씨 김	金氏(김씨), 金海(김해), 金泉(김천)

71	賁	꾸밀 비	賁來(비래 : 남의 來訪의 존칭), 賁飾(비식 : 아름답게 꾸밈)
		클 분	賁鼓(분고 : 큰 북)
72	賈	장사 고	賈船(고선), 商賈(상고 : 장사꾼, 商人)
		성씨 가	賈島(가도), 賈伯(가백)
73	舍	집 사	舍廊(사랑), 舍監(사감), 客舍(객사)
		풀 석	舍然(석연 : 釋然과 같은 뜻), 舍菜(석채 : 옛날 처음 입학할 때 선생님에게 바치던 채소류의 예물)
74	樂	풍류 악	音樂 (음악), 樂器(악기), 樂譜(악보)
		즐길 락	樂園(낙원), 快樂(쾌락), 樂觀(낙관)
		좋아할 요	樂山樂水(요산요수)
75	數	셀 수	數學(수학), 數値(수치), 數爻(수효)
		자주 삭	數數(삭삭 : 자주), 頻數(빈삭), 數尿症(삭뇨증)
		촘촘할 촉	數罟(촉고 : 촘촘한 그물)
		빠를 속	數目(속목 : 빨리 봄)
76	契	맺을 계	契約(계약), 契機(계기), 契印(계인)
		소원할 결	契闊(결활 : 오랫동안 만나지 못함)
		종족이름 글	契丹(글단 > 글안), 殷契(은글 : 甲骨文)
		이름 설	契(설 : 殷나라의 始祖)
77	龜	거북 귀	龜鑑(귀감), 龜甲(귀갑), 龜趺(귀부)
		이름 구	龜尾(구미), 龜旨峰(구지봉) 人名, 地名에서는 ‘구’로 읽는다.
		틀 균	龜裂(균열)
78	說	말씀 설	說話(설화), 說得(설득), 說破(설파)
		기쁠 열	說諭(열유 : 기쁘게 깨달음), 說喜(열희), 說樂(열락)
		달랠 세	遊說(유세)

4. 漢字 어휘중 通用되는 글자

번호	語彙	通用字	意味	參考
1	어망	魚·漁 ─ 網	물고기를 잡는 그물	魚는 '물고기 어', 漁는 '물고기 잡을 어' 이지만 여기서는 통용됨.
2	연습	練·鍊 ─ 習	익숙하도록 익히는 것	練은 '익힐 련', 鍊은 '불릴 련' 곧 '鍛鍊(단련)'의 뜻이지만 통용됨.
3	부착	付·附 ─ 着	떨어지지 않게 붙이는 것	付는 '줄 부', 附는 '붙을 부'이지만 통용됨.
4	소생	蘇·甦 ─ 生	다시 살아나는 것	蘇는 '차조기 소' 곧 식물명이지만 '甦(다시살아날 소)'와 같이 쓰임.
5	소서	消·銷 ─ 暑	더위를 가시게 함	消는 '사라질 소', 銷는 '녹일 소'이지만 통용됨.
6	기념	記·紀 ─ 念	잊지 않고 마음에 간직하는 것	記는 '기록할 기', 紀는 '벼리 기' 곧 '紀綱(기강)'을 뜻하지만 통용됨. 中國에서는 紀念, 日本에서는 記念으로 씀.
7	수연	壽 ─ 宴·讌(燕)	長壽를 축하하는 잔치	宴은 '잔치 연', 讌은 '잔치 연', 燕은 '제비 연'이지만 통용됨.
8	근조	謹 ─ 吊·弔	돌아가신 분에 대하여 삼가 슬픈 마음을 나타냄	吊는 '매달 조', 弔는 '弔喪(조상) 조'이지만 통용됨. 吊는 弔의 俗字이지만 中國에서는 현재 吊를 씀.
9	위기	圍 ─ 棋·碁(棊)	바둑을 두는 것	棋(바둑 기)가 만들어지고 뒤에 棊 碁 등이 쓰임. 장기도 將棋(棊)로 통용되지만 將碁로 써서는 안 됨.
10	어복	魚 ─ 服·箙	물고기 껍질을 입힌 화살통	服은 '옷 복', 箙은 '화살통 복'이지만 통용됨.

번호	語彙	通用字	意味	參考
11	환과고독	鰥/矜 — 寡孤獨	홀아비, 과부, 고아, 자식 없는 사람.	鰥은 '홀아비 환', 矜은 '자랑할 긍'이지만, '홀아비 환'으로도 쓰이기 때문에 통용됨.
12	목면	木 — 棉/綿	목화, 무명	棉은 '목화 면', 綿은 '솜 면'이므로 '木棉'은 '목화', '木綿'은 '무명'으로 구별해야 하는데 통용하고 있음.
13	어부	漁 — 夫/父	고기잡이	'漁夫'는 물고기를 業으로 잡는 사람, '漁父'는 江湖에 隱逸하는 사람을 칭함인데 통용하고 있음.
14	모란	牡/牧 — 丹	모란꽃	牡는 '수컷 모', 牧은 '칠 목'으로 전연 다른 글자인데 우리 나라에서만 牧丹(목단→모란)으로 잘못 쓰고 있음. 마땅히 '牡丹'으로 써야 함.
15	유학	留/遊 — 學	외국에 가서 공부함.	留는 '머무를 류', 遊는 '놀 유'이지만 통용됨. 臺灣에서는 '遊學', 韓國에서는 '留學', 中國에서는 '游學'으로 씀.
16	식민	植/殖 — 民	타국을 지배하여 자국민을 이주 정착시킴.	植은 '심을 식', 殖은 '번성할 식'이지만 통용됨. 중국에서는 '殖民'으로 씀.
17	의자	倚/椅 — 子	걸터앉는 기구	본래 '倚子'로 썼던 것인데, 현재는 '椅子'로 쓰고 있음.
18	발현	發 — 現/顯	숨겨져 있던 것이 드러나 보이는 것.	現은 '나타날 현', 顯은 '드러날 현'이지만 통용됨. '顯現(현현)'은 '명백한 모양'을 말함.
19	산채	山 — 寨/砦	산에 돌, 목책 따위를 둘러 만든 진터. 산적들의 소굴	寨는 '울짱 채', 砦는 '울타리 채'로 통용됨.
20	효빈	效 — 嚬/顰	남의 결점을 장점인 줄 알고 본뜸.	嚬과 顰이 모두 '찡그릴 빈'으로 통용됨.

번호	語彙	通用字	意味	參考
21	담박	淡·澹 ─ 泊	① 욕심이 없고, 마음이 깨끗함 ② 맛이나 빛이 산뜻함	澹은 '담박할 담', 淡은 '묽을 담'이지만 통용됨. '淡白(담백)'도 같은 뜻임.
22	진노	瞋·嗔 ─ 怒	성내어 노여워함	瞋은 '부릅뜰 진', 嗔은 '성낼 진'이지만 통용됨.
23	진탕	震·振 ─ 盪	몹시 흔들려 울리는 것	震은 '벼락 진', 振은 '떨칠 진'이지만 통용됨.
24	분연	忿·憤 ─ 然	벌컥 성을 내는 모양	忿은 '성낼 분', 憤은 '결낼 분'이지만 통용됨.
25	누세	累·屢 ─ 世	여러 세대	累는 '묶을 루', 屢는 '여러 루'이지만 통용됨.
26	각필	閣·擱 ─ 筆	쓰던 글을 그치고 붓을 놓은 것	閣은 '다락집 각', 擱은 '놓을 각'이지만 통용됨.
27	창망	滄·蒼 ─ 茫	넓고 멀어서 아득함	滄은 '찰 창', 蒼은 '푸를 창'이지만 통용됨
28	배우	配 ─ 偶·耦	부부로서의 짝	偶는 '짝 우', 耦도 '짝 우'로서 통용됨.
29	누설	漏 ─ 泄·洩	① 액체 따위가 밖으로 새는 것 ② 비밀이 새어 나가는 것	泄은 '샐 설', 洩도 '샐 설'로 통용됨.
30	희열	喜 ─ 悅·說	기쁨과 즐거움	說은 '말씀 설'이지만 '기쁠 열'로도 통용됨.

번호	語彙	通用字	意味	參考
31	폐사	敝 / 弊 → 社	자기 회사를 겸손하게 이르는 말.	'敝'는 '해질 폐', '幣'는 '해지다, 폐단 폐'의 뜻이지만 자기 사물에 붙이는 謙稱으로 통용됨.
32	쇄소	灑 / 洒 → 掃	물을 뿌리고 비로 쓰는 일.	'灑'는 '뿌릴 쇄', '洒'는 '물뿌릴 쇄'로서 통용됨. '洒'는 '물부을 신', '씻을 세', '삼갈 선' 등으로도 쓰임.
33	빈축	嚬 / 顰 → 蹙	눈살을 찌푸리고 얼굴을 찡그림.	'嚬'과 '顰'이 모두 '찡그릴 빈'으로 통용됨.
34	절도	竊 / 窃 → 盜	몰래 훔치는 것. 또는 그 사람.	'窃'은 '竊'(훔칠 절)의 俗字로서 통용됨. 中國에서는 '窃'자를 常用함.
35	사장	詞 / 辭 → 章	詩歌와 文章.	'詞'는 '글 사', '辭'는 '말씀 사'
36	각침	角 / 刻 → 針	時計의 分針.	'角'은 '뿔 각', '刻'은 '새길 각'이지만 통용됨.
37	포쇄	曝 → 曬 / 晒	축축한 것을 바람에 쐬고 볕에 말리는 것.	'曬'(쬘 쇄)는 '晒'와 同字로서 통용됨. '曝'(쬘 포/폭)은 '曝陽'에서는 '폭양'으로 읽음.
38	산일	散 → 佚 / 馹(逸)	흩어져서 일부가 빠져 없어지는 것	'佚'은 '편안할 일', '馹'은 '지나칠 일'이지만 흩어져 없어짐의 뜻으로 통용됨. ※逸(숨을 일)도 통용됨.
39	무애	無 → 碍 / 礙	막히는 것이 없음	'碍'는 '礙'(거리낄 애)의 俗字로서 통용됨. 그러나 일반적으로는 '碍'가 널리 쓰임.
40	창황	蒼 → 黃 / 皇	어떻게 할 겨를도 없이 다급함.	'黃'은 '누를 황', '皇'은 '임금 황'이지만, '遑'(허둥거릴 황)의 뜻으로도 통용됨.

번호	語彙	通用字	意味	參考
41	완상	玩, 翫 ― 賞	즐겨 구경하는 것.	'玩'은 '희롱할 완', '翫'은 '노리개 완'이기만 통용됨.
42	병설	竝, 倂, 幷 ― 設	아울러 갖추거나 세우는 것.	'竝'은 '아우를 병', '倂'도 '아우를 병'으로서 통용됨. '並'은 '竝'과 同字. '幷'도 '아우를 병'으로서 '倂'과 통용됨. '幷'은 '并'의 本字.
43	사막	沙, 砂 ― 漠	열대 온대의 대륙. 건조지역에서 생기는 모래로 된 황야.	'沙'는 '모래 사', '砂'도 '모래 사'로 통용됨.
44	자기	磁, 瓷 ― 器	사기 그릇.	'磁'는 '자석 자', '瓷'는 '오지그릇 자'이지만 통용됨. 실은 '磁'는 '瓷'의 俗字.
45	저육	豬, 猪 ― 肉	돼지고기.	'豬'는 '돼지 저', '猪'도 '돼지 저'로 통용됨. '豬'가 本字.
46	치매	癡, 痴 ― 呆	지능, 의지, 기억 등이 신경세포의 손상으로 상실된 상태.	'癡'는 '어리석을 치', '痴'는 '癡'의 俗字이지만, 中國에서는 '痴'로 쓰고 있음.
47	후예	後, 后 ― 裔	핏줄을 이은 먼 후손.	'後'는 '뒤 후', '后'는 '임금 후'이지만 통용됨. 中國에서는 '后'를 씀.
48	고적	古 ― 迹, 蹟, 跡	남아 있는 옛날의 물건이나 건물, 또는 그런 것이 있던 터.	'迹'은 '자취 적', '蹟'도 '자취 적', '跡'도 '자취 적'으로서 통용됨. 中國에서는 '迹'자만 쓰고 있음.
49	주준	酒 ― 罇, 樽	술통.	'罇'은 '술독 준', '樽'은 '술통 준'으로 통용됨. 本字는 '尊'.
50	축배	祝 ― 杯, 盃	축하의 뜻으로 마시는 술. 또는 그 술잔.	'杯'는 '잔 배', '盃'도 '잔 배'로 통용됨. '杯'가 本字.

번호	語彙	通用字	意味	參考
51	**흉수**	凶/兇 ─ 手	악인, 또는 악인의 소행	'凶'과 '兇'은 '흉악할 흉'으로 통용됨. '凶'은 본래 '가슴'의 상형자인데 '胸'(가슴 흉)으로 변함.
52	**장고**	杖/長 ─ 鼓(皷)	국악에 쓰이는 타악기의 하나.	'杖'은 '지팡이 장', '長'은 '길 장'으로 전연 다른 뜻이지만, 杖鼓는 '채로 때리는 북', 長鼓는 '긴 북'이란 뜻으로 통용됨.
53	**회복**	回/恢 ─ 復	전의 상태로 돌이키거나 되찾는 것	'回'는 '돌 회', '恢'는 '넓을 회'이지만 '돌이키다'의 뜻도 있어 통용됨.
54	**수립**	竪/豎 ─ 立	꼿꼿하게 세우는 것	'竪'는 '더벅머리 수'이고, '豎'는 '竪'의 本字로서 통용됨. '豎'는 俗字.
55	**연기**	烟/煙 ─ 氣	무엇이 탈 때에 생기는 기체	'烟'과 '煙'은 '연기 연'자로 통용됨.
56	**사과**	沙/砂 ─ 果	과일 이름. 苹果	'沙'와 '砂'는 '모래 사'로 통용됨.
57	**산악**	山 ─ 嶽(獄)/岳	높고 험준하게 솟은 산들.	'嶽'은 '큰산 악', '岳'도 '큰산 악'으로 통용됨.
58	**개탄**	慨 ─ 歎/嘆	분하거나 못마땅하여 탄식하는 것.	'歎'과 '嘆'은 '탄식할 탄'으로 통용됨.
59	**기괴**	奇 ─ 怪/恠	괴이하고 이상함.	'怪'는 '기이할 괴', '恠'는 '怪'의 俗字로 통용됨.
60	**영리**	怜悧 / 伶俐	눈치가 빠르고 재능이 뛰어남.	'怜'은 '영리할 령', '伶'은 '악공 령', '悧'는 '영리할 리', '俐는 '똑똑할 리'로 서로 통용됨.

번호	語彙	通用字	意味	參考
61	효과	效/効 — 果	보람 있는 좋은 결과	'效'는 '본받을 효', '効'는 '效'의 俗字로 통용됨.
62	판본	板/版 — 本	목판으로 인쇄한 책	'板'은 '널빤지 판', '版'도 '널 판'으로 통용됨. 그러나 '出版'은 '出板'으로 일반적으로 쓰지 않음.
63	능욕	凌/陵 — 辱	업신여겨 욕보이는 것	'凌'은 '업신여길 릉', '陵'은 '큰언덕 릉'이지만 통용됨. 그러나 왕릉은 '王陵'으로 써야 함.
64	공부	工/功 — 夫	학문이나 기술 등을 배우고 익히는 것	'工'은 '장인 공', '功'은 '공로 공'이지만 통용됨. '功夫'는 주로 재주, 노력의 뜻으로 쓰임.
65	주석	注/註 — 釋	문장의 뜻을 쉽게 풀이하는 것	'注'는 '물댈 주', '註'는 '주낼 주'이지만 통용됨.
66	주년	周/週 — 年	1년을 단위로 돌아오는 돌	'周'는 '두루 주', '週'는 '돌 주'이지만 통용됨.
67	총검	銃 — 劍/劒/劔	총과 칼	'劍'은 '칼 검', '劒', '劔'도 통용됨.
68	납부	納 — 付/附	공과금 따위를 바치는 일	'付'는 '줄 부', '附'는 '붙을 부'이지만 통용됨.
69	능인	能 — 仁/忍	능히 仁을 행하는 자라는 뜻으로 석가모니를 이르는 말	'仁'은 '어질 인', '忍'은 '참을 인'이지만 통용됨.
70	희준	犧 — 尊/樽/罇	제례 때에 쓰는 짐승모양의 술항아리	'尊'은 '높을 존'이지만 본래 '술항아리 준'자였음. '樽'과 '罇'은 '술항아리 준'으로 통용됨.

번호	語彙	通用字	意味	參考
71	**망월**	望·朢 — 月	보름달	‘望’은 ‘바랄 망’, ‘朢’은 ‘보름달 망’으로 다르지만 통용됨.
72	**만취**	漫·滿 — 醉	술에 잔뜩 취함	‘漫’은 ‘빠질 만’, ‘滿’은 ‘찰 만’이지만 통용됨.
73	**모의**	模·摸 — 擬	실제의 것을 흉내내어 시험적으로 해 보는 일	‘模’는 ‘법 모’, ‘摸’는 ‘찾을 모’이지만 통용됨.
74	**유약**	釉·泑 — 藥	잿물	‘釉’는 ‘광택 유’, ‘泑’는 ‘물빛이검을 유’이지만 통용됨.
75	**유월**	踰·逾 — 月	그 달 그믐을 넘기는 것	‘踰’는 ‘넘을 유’, ‘逾’도 ‘넘을 유’로 통용됨.
76	**모방**	模·摸·摹 — 倣	다른 것을 본뜨거나 본받는 것	‘模’는 ‘법 모’, ‘摸’는 ‘찾을 모’, ‘摹’는 ‘본뜰 모’로 3字가 통용됨.
77	**배반**	背 — 反·叛	등지고 저버리는 것	‘反’은 ‘돌이킬 반’, ‘叛’은 ‘배반할 반’이지만 통용됨.
78	**만기**	萬 — 機·幾	정치상의 온갖 중요한 기틀	‘機’는 ‘베틀 기’, ‘幾’는 ‘몇 기’이지만 통용됨.
79	**면상**	面 — 相·像	얼굴의 생김새	‘相’은 ‘서로 상’, ‘像’은 ‘형상 상’이지만 통용됨.
80	**모형**	模 — 型·形	같은 형상의 물건을 만들기 위한 틀.	‘型’은 ‘거푸집 형’, ‘形’은 ‘형상 형’이지만 통용됨.

번호	語彙	通用字	意味	參考
81	처마	簷·檐 ─ 牙	지붕이 도리 밖으로 내민 부분	'簷', '檐' 모두 '처마 첨' 자로서 통용됨.
82	모호	模·糢 ─ 糊	小數의 단위의 하나. 漠(막)의 億分의 1	'模'는 '법 모', '糢'는 '흐릴 모'이지만 통용됨.
83	춘부장	春·椿 ─ 府丈	남의 아버지를 높여 이르는 말	'春'은 '봄 춘', '椿'은 '참죽나무 춘'으로 통용되지만, 본래는 '椿'을 써야 함.
84	편지	便·片 ─ 紙	안부, 용무 등을 적어 보내는 글	'便'은 '편할 편', '片'은 '조각 편'이지만 통용됨. 中·日에서는 쓰이지 않음.
85	부연	附·婦 ─ 椽	처마 끝에 덧대는 서까래. 며느리서까래	'附'는 '붙을 부', '婦'는 며느리 부'이지만 통용됨.
86	보도	輔·補 ─ 導	도와서 올바른 데로 인도하는 것	'輔'는 '도울 보', '補'는 '기울 보'이지만 통용됨.
87	철수	鐵 ─ 銹·鏽	쇠에 스는 녹	'銹'는 '동록 수', '鏽'는 '거울에 녹슬 수'인데 통용됨.
88	묘정	廟 ─ 廷·庭	廟堂	'廷'은 '조정 정', '庭'은 '뜰 정'이지만 통용됨.
89	폭주	輻 ─ 輳·湊	輻輳併臻(폭주병진)의 준말로 한 곳에 많이 몰려듦을 이르는 말	'輳'는 '모일 주', '湊'도 '모일 주'이지만 통용됨.
90	중창	重 ─ 創·刱	낡은 건물을 고쳐 지음	'創'은 '비롯할 창', '刱'은 '創'의 異體字로 통용됨.

번호	語彙	通用字	意味	參考
91	유철	柔/鑐 ─ 鐵	시우쇠	柔는 '부드러울 유', 鑐는 '쇠녹을 유' 이지만 통용됨.
92	연무	烟/煙 ─ 霧	연기와 안개	烟, 煙 둘 다 '연기 연' 자로 통용됨.
93	계속	繫/係 ─ 屬	남의 보호를 받거나 다른 것에 매어 딸리는 것	繫와 係 둘다 '맬 계' 자로 통용됨.
94	탑인	搨/搭 ─ 印	본떠서 박는 것	搨은 '베낄 탑', 搭은 '탈 탑' 이지만 통용됨.
95	유월	踰/逾 ─ 月	그 달 그믐을 넘기는 것	踰는 '넘을 유', 逾도 '넘을 유' 로 통용됨.
96	독침	毒 ─ 針/鍼	독이 묻은 침	針은 '바늘 침' 이고, 鍼은 병을 치료하는 '침 침' 이지만 통용됨.
97	무참	無 ─ 慚/慙	매우 열없고 부끄러움	慚과 慙은 둘 다 '부끄러울 참' 으로서 다만 部首의 위치가 다를 뿐이다.
98	문맹	蚊 ─ 蝱/虻	모기와 등애	蝱과 虻이 모두 '등애 맹' 으로서 같이 쓰임.
99	동상	東 ─ 床/牀/廂	남의 새 사위를 점잖게 이르는 말	床과 牀은 '평상 상, 밥상 상', 廂은 '행랑 상' 이지만 통용됨.
100	구명도생	救命圖生 / 苟命徒生	구차스럽게 목숨만 이어나감	救는 '구할 구', 苟는 '진실로 구' 이지만 통용됨. 또한 圖는 '그림 도, 꾀할 도', 徒는 '무리 도' 이지만 통용됨.

번호	語彙	通用字	意味	參考
101	만가	挽 輓 ─ 歌	상여를 메고 갈 때 부르는 노래.	挽은 '당길 만', 輓은 '수레를 끌 만'이지만 통용됨.
102	태평	泰 太 ─ 平	나라가 안정되어 평안한 것.	泰·太, 모두 '클 태'로서 통용됨. 단 한국에서만 '太'자가 '콩'의 뜻으로도 쓰임.
103	협순	挾 浹 ─ 旬	열흘 동안.	挾은 '낄 협', 浹은 '두루미칠 협'이지만 통용됨.
104	찬평	讚 贊 ─ 評	칭찬하여 비평하는 것.	讚은 '기릴 찬', 贊은 '도울 찬'이지만 통용됨.
105	대모	玳 瑇 ─ 瑁	바다 거북의 일종, 그 껍데기.	玳와 瑇 둘 다 '대모 대'로 통용됨.
106	기공	紀 記 ─ 功	功勞를 기념하는 것.	紀는 '벼리 기', 記는 '기록할 기'이지만 통용됨.
107	만모	慢 謾 ─ 侮	거만한 태도로 남을 업신여기는 것.	慢은 '게으를 만', 謾은 '속일 만'이지만 '업신여기다'로 통용됨.
108	통기	通 ─ 寄 奇	奇別하여 알리는 것.	寄는 '부칠 기', 奇는 '기이할 기'이지만 통용됨.
109	통재	統 ─ 裁 宰	통솔하여 다스리는 것/통솔하여 裁決하는 것.	裁는 '마를 재', 宰는 '벼슬아치 재'지만 통용됨.
110	삭막	索 ─ 莫 寞 漠	황폐하여 쓸쓸하다. 잊어버려 생각이 아득하다.	莫은 '없을 막', 寞은 '쓸쓸할 막', 漠은 '사막 막'이지만 통용됨.

번호	語彙	通用字	意味	參考
111	기미	幾/機 ─ 微	어떠한 일의 미묘한 기틀이나 눈치. 낌새.	'幾'는 '몇 기', '機'는 '틀 기'이지만 통용됨.
112	전지	剪/翦 ─ 枝	가지 치기.	'剪'은 '벨 전', '翦'은 '剪'의 本字.
113	분노	憤/忿 ─ 怒	분개하여 성을 내는 것.	'憤'은 '결낼 분', '忿'은 '성낼 분'으로 통용됨.
114	사리	舍/奢 ─ 利	불타나 聖者의 유골. 후세에는 화장한 뒤 나오는 작은 구슬 모양의 것만 가리킴.	'舍'는 '집 사', '奢'는 '사치할 사'이지만 梵文 'sarira'의 취음이므로 통용됨.
115	촉망	屬/囑 ─ 望	잘 되기를 바라고 기대하는 것.	'屬'은 '붙을 촉, 무리 속', '囑'은 '부탁할 촉'이지만 통용됨.
116	도침	搗/擣 ─ 砧	다듬잇돌에 다듬어서 반드럽게 하는 일.	'搗'는 '찧을 도', '擣'는 '다듬이질할 도'로 통용됨.
117	혼돈	混/渾 ─ 沌	하늘과 땅이 아직 나누어지지 않은 상태. 사물의 구별이 확실치 않음.	'混'은 '섞일 혼', '渾'은 '흐릴 혼'이지만 통용됨.
118	원래	元/原 ─ 來	본디.	'元'은 '으뜸 원', '原'은 '언덕 원'이지만 통용됨.
119	경질	更 ─ 迭/佚	어떤 지위에 있는 사람을 다른 사람으로 대신하는 것.	'迭'은 '갈마들 질', '佚'은 '편안할 일, 방탕할 질'이지만 통용됨.
120	척식	拓 ─ 植/殖	땅을 개척, 또는 경계를 넓히고, 식민하는 것.	'植'은 '심을 식', '殖'은 '번성할 식'이지만 통용됨.

번호	語彙	通用字	意味	參考
121	난방	煖/暖 ― 房	방을 따뜻하게 하는 것	'煖'과 '暖'은 '따뜻한 난'으로 同字임.
122	번식	繁/蕃 ― 殖/息	생물이 많이 퍼지는 것.	'繁'은 '많을 번', '蕃'은 '우거질 번'이지만 통용됨. '殖'은 '번성할 식', '息'은 '쉴 식'이지만 통용됨.
123	창도	唱/倡 ― 道	어떤 주장을 앞장서서 부르짖는 것.	'唱'은 '부를 창', '倡'은 '광대 창'이지만 통용됨.
124	영민	英/穎 ― 敏	슬기롭고 민첩하다.	'英'은 '꽃부리 영', '穎'은 '이삭 영, 빼어날 영'으로 다르지만 통용됨.
125	방자	房/幫 ― 子	옛날 지방의 관청에서 심부름하던 남자 하인.	'房'은 '방 방', '幫'은 '도울 방'으로 다르지만 통용됨.
126	낙타	駱 ― 駝/馳	포유류 짐승으로 사막에서 생활함.	'駝'와 '馳'는 '낙타 타'자로 同字임.
127	목이	木 ― 耳/栮	나무에서 돋은 버섯.	'耳'는 '귀 이', '栮'는 '버섯 이'로 다르지만 통용됨.
128	삼초	三 ― 焦/膲	상초, 중초, 하초의 통칭. 심장 아래를 상초, 胃 부근을 중초, 방광 위를 하초.	'焦'는 '그스를 초', '膲'는 '삼초 초'로 다르지만 通用됨.
129	낙화	落 ― 花/華	꽃이 떨어지는 것.	'花'는 '꽃 화', '華'는 '빛날 화'이지만 통용됨.
130	호한	浩 ― 汗/澣	물이 넓고 커서 질펀하다. 책 따위가 한없이 많다.	'汗'은 '땀 한', '澣'은 '빨 한'이지만 통용됨.

번호	語彙	通用字	意味	參考
131	정정	廷 ┐ 　 ├ 丁 庭 ┘	법원의 사환	'廷'은 '조정 정', '庭'은 '뜰 정'이지만 通用됨.
132	호로	葫 ┐ 　 ├ 蘆 壺 ┘	호리병박	'葫'는 '마늘, 호리병박 호', '壺'는 '병, 박 호'이지만 통용됨.
133	호구	糊 ┐ 　 ├ 口 餬 ┘	입에 풀칠을 한다는 뜻	'糊'는 '풀 호', '餬'는 '기식(寄食)할 호'이지만 통용됨.
134	창망	滄 ┐ 　 ├ 茫 蒼 ┘	넓고 멀어서 아득하다.	'滄'은 '찰 창', '蒼'은 '푸를 창'이지만 통용됨.
135	채봉	彩 ┐ 　 ├ 鳳 綵 ┘	빛깔이 고운 봉새	'彩'는 '채색 채', '綵'는 '비단 채'이지만 통용됨.
136	용광	鎔 ┐ 　 ├ 鑛 熔 ┘	광석을 녹여서 쇠를 만드는 것	'鎔'은 '녹일 용', '熔'은 '鎔'의 俗字로 통용됨.
137	원액	元 ┐ 　 ├ 額 原 ┘	본디의 수효나 분량. 본디의 액수	'元'은 '으뜸 원', '原'은 '언덕 원'이지만 통용됨.
138	회전	回 ┐ 　 ├ 轉 廻 ┘	어떤 축을 중심으로 그 둘레를 빙빙 도는 것	'回'와 '廻'는 '돌 회'로 通用字.
139	차질	┌ 躓 蹉 ┤ 　 └ 跌	일이 실패로 돌아가는 것. 발을 헛디디어 넘어지는 것	'躓'과 '跌'은 '넘어질 질'로 통용됨.
140	말감	┌ 勘 末 ┤ 　 └ 減	가장 가벼운 죄에 처하는 것	'勘'은 '헤아릴 감', '減'은 '덜 감'이지만 통용됨.

번호	語彙	通用字	意味	參考
141	나락	奈, 那 ─ 落	梵語 naraka의 取音 表記. 지옥. 벗어나기 어려운 적막적 상황을 비유하는 말	'奈'는 '나락, 어찌 나', '那'는 '어찌 나'로 통용됨.
142	소침	消, 銷 ─ 沈	意氣나 氣勢 따위가 사그라지는 것.	'消'는 '사라질 소', '銷'는 '녹일 소'이지만 통용됨.
143	윤우	允, 胤 ─ 友	웃어른에 대하여, 그 어른의 열댓 살 이상된 아들을 이르는 말.	'允'은 '진실할 윤', '胤'은 '이을 윤'이지만 통용됨.
144	창건	創, 刱 ─ 建	건물을 처음 세움.	'創'은 '비롯할 창', '刱'은 創의 俗字로 통용됨.
145	창수	倡, 唱 ─ 隨	夫唱婦隨 곧 서로 화합함의 뜻.	'倡'은 '광대 창', '唱'은 '부를 창'이지만 통용됨.
146	어자	御, 馭 ─ 者	마차를 부리는 사람.	'御'는 '어거할 어', '馭'는 '말부릴 어'이지만 통용됨.
147	복원	復 ─ 元, 原	원래대로 회복하는 것.	'元'은 '으뜸 원', '原'은 '언덕 원'이지만 통용됨.
148	회첩	回 ─ 帖, 牒	회답의 글.	'帖'은 '표제 첩', '牒'은 '서찰 첩'이지만 통용됨.
149	통분	痛 ─ 憤, 忿	원통하고 분함.	'憤'은 '분할 분', '忿'은 '성낼 분'으로 통용됨.
150	종핵	綜 ─ 核, 覈	속속들이 뒤져 밝히는 것.	'核'은 '씨 핵', '覈'은 '엄할 핵'이지만 통용됨.

번호	語彙	通用字	意味	參考
151	**극심**	極·劇 — 甚	극히 심함.	'極'은 '다할 극', '劇'은 '심할 극'이지만 통용됨.
152	**연북**	硯·研 — 北	'옆에'의 뜻으로, 편지 봉투에 받는 이의 이름 밑에 쓰는 敬語.	'硯'은 '벼루 연', '研'은 '갈 연'이지만 통용됨.
153	**송연**	竦·悚 — 然	두려워서 몸을 옹송그리다.	'竦, '悚'이 모두 '두려워할 송'으로 통용됨.
154	**영철**	英·穎 — 哲	英明하고 賢哲한 사람.	'英'은 '꽃부리 영', '穎'은 '이삭 영'이지만 통용됨.
155	**소밀**	疏·疎 — 密	성김과 빽빽함.	'疏'와 '疎' 모두 '트일 소'로 통용됨.
156	**수박**	囚·收 — 縛	붙잡아 묶는 것.	'囚'는 '죄수 수', '收'는 '거둘 수'이지만 통용됨.
157	**능멸**	凌·陵 — 蔑	업신여겨 깔보는 것.	'凌'은 '업신여길 릉', '陵'은 '큰언덕 릉'이지만 통용됨.
158	**구현**	具 — 現·顯	구체적인 모습으로 뚜렷하게 나타내는 것.	'現'은 '나타날 현' '顯'은 '분명히할 현'이지만 통용됨.
159	**이반**	離 — 反·叛	人心이 떠나서 배반하는 것.	'反'은 '돌이킬 반', '叛'은 '배반할 반'이지만 통용됨.
160	**송정**	訟 — 廷·庭	옛날 訟事를 처리하던 곳.	'廷'은 '조정 정', '庭'은 '뜰 정'이지만 통용됨.

번호	語彙	通用字	意味	參考
161	부과	賦/附 ─ 課	세금이나 부담금 따위를 메기어 부담하기 하는 것	'賦'는 '구실 부', '附'는 '붙을 부'이지만 通用됨.
162	봉정	奉/捧 ─ 呈	삼가 받들어 올리는 것	'奉'은 '받들 봉', '捧'도 同字.
163	연락	聯/連 ─ 絡	서로 관계를 가지는 것	'聯'은 '잇닿을 련', '連'은 '이을 연'이지만 通用됨.
164	회유	回/洄 ─ 游	물고기가 알을 낳거나 먹이를 찾아 떼지어 다니는 것	'回'는 '돌 회', '洄'는 '거슬러올라갈 회'이지만 通用됨.
165	액완	搤/阨 ─ 腕	흥분하여 팔짓을 하는 것	'搤'는 '잡을 액', '阨'은 '막힐 액'이지만 通用됨.
166	연용	娟/姸 ─ 容	어어쁜 용모.	'娟'은 '예쁠 연', '姸'도 '예쁠 연'으로 通用됨.
167	법정	法 ─ 廷/庭	법원이 소송 절차에 따라 송사를 심사하고 판결하는 곳.	'廷'은 '조정 정', '庭'은 '뜰 정'이지만 通用됨.
168	애염	愛 ─ 焰/燄	애욕이 왕성함을 불꽃에 비유하는 말.	'焰'은 '불꽃 염', '燄'도 同字.
169	연민	憐 ─ 憫/愍	불쌍하고 가련한 것	'憫'은 '근심할 민', '愍'은 '슬플 민'이지만 通用됨.
170	역사	歷 ─ 事/仕	여러 대의 임금을 내리 섬기는 일.	'事'는 '일 사', '仕'는 '벼슬 사'이지만 通用됨.

번호	語彙	通用字	意味	參考
171	기별	奇/寄 ─ 別	소식을 전하는 것 또는 그 종이.	'奇'는 '기이할 기', '寄'는 '부칠 기'이지만 通用됨.
172	소풍	消/逍 ─ 風	답답한 마음을 풀기 위하여 바람을 쐬는 일.	'消'는 '사라질 소', '逍'는 '거닐 소'이지만 通用됨.
173	진주	眞/珍 ─ 珠	조개 따위 살 속에 생기는 구슬.	'眞'은 참 진', '珍'은 '보배 진'이지만 通用됨.
174	반석	盤/磐 ─ 石	넓고 편편한 큰 돌. 너럭바위.	'盤'은 '소반 반', '磐'은 '너럭바위 반'이지만 通用됨.
175	장황	裝/粧 ─ 潢	책이나 서화첩을 꾸미어 만드는 일. 表具.	'裝'은 '꾸밀 장', '粧'은 '단장할 장'이지만 通用됨.
176	기행	奇/琦 ─ 行	기이한 행동	'奇'는 '기이할 기', '琦'는 '옥이름 기'이지만 通用됨.
177	순량	純/醇 ─ 良	순진하고 선량하다.	'純'은 '생사 순', '醇'은 '진한술 순'이지만 通用됨.
178	출처	出/黜 ─ 妻	아내를 내쫓는 것.	'出'은 '날 출', '黜'은 '내칠 출'이지만 通用됨.
179	근저	根 ─ 柢/底	사물의 밑바탕이 되는 기초.	'柢'는 '뿌리 저', '底'는 '밑 저'이지만 通用됨.
180	영수	領 ─ 收/受	돈이나 물품을 받아들이는 것.	'收'는 '거둘 수', '受'는 '받을 수'이지만 通用됨.

번호	語彙	通用字	意味	參考
181	**산자**	饊 / 糤 ─ 子	찹쌀가루를 반죽하여 만든 유밀과.	'饊' 과 '糤' 은 모두 '산자 산' 이다.
182	**검척**	檢 / 撿 ─ 尺	輪尺으로 통나무의 지름을 재는 것.	'檢' 은 '봉함 검', '撿' 은 '단속할 검' 이지만 通用됨.
183	**영실**	營 / 榮 ─ 實	찔레나무의 열매	'營' 은 '경영할 영', '榮' 은 '영화 영' 이지만 通用됨.
184	**방황**	彷 / 徬 ─ 徨	이리저리 방향 없이 헤매는 것. 仿偟과 같음.	'彷' 은 '어정거릴 방', '徬' 은 '시중들 방' 이지만 通用됨.
185	**소욕**	小 / 少 ─ 慾	적은 욕심	'小' 는 '작을 소', '少' 는 '적을 소' 이지만 通用됨.
186	**수문**	水 ─ 文 / 紋	수면에 일어나는 파문. 물무늬.	'文' 은 '글월 문', '紋' 은 '무늬 문' 이지만, '文' 에 본래 '무늬' 의 뜻이 있으므로 通用됨.
187	**백치**	白 ─ 痴 / 癡	지능이 아주 낮고 정신이 박약한 것. 천치	'痴' 는 '癡' (어리석을 치)의 俗字.
188	**소호**	少 ─ 昊 / 皞	五帝의 한 사람. 黃帝의 아들.	'昊' 는 '하늘 호', '皞' 는 '밝을 호' 이지만 通用됨.
189	**논고**	論 ─ 考 / 攷	여러 문헌을 고증하여 논술하는 것.	'考' 는 '상고할 고', '攷' 는 '考' 의 古字로 通用됨.
190	**송축**	悚 ─ 縮 / 蹙	송구하여 몸을 움츠리는 것.	'縮' 은 '오그라들 축', '蹙' 은 '대지를 축' 이지만 通用됨.

번호	語彙	通用字	意味	參考
191	병탄	竝 / 倂 ─ 呑	남의 재물이나 영토를 한데 아울러서 제것으로 만드는 것.	'竝'과 '倂'은 '아우를 병'으로 通用됨.
192	극심	極 / 劇 ─ 甚	극히 심하다.	'極'은 '극할 극', '劇'은 '심할 극'이지만 通用됨.
193	범론	氾 / 汎 ─ 論	널리 전반에 걸쳐 논하는 것.	'氾'은 '넘칠 범', '汎'은 '뜰 범'이지만 通用됨.
194	반발	班 / 斑 ─ 髮	흰 것이 섞인 머리털. 半白	'班'은 '나눌 반', '斑'은 '얼룩 반'이지만 通用됨.
195	초고	草 ─ 稿 / 藁	글의 초벌 원고.	'稿'는 '볏짚 고', '藁'는 '짚 고'로 通用됨.
196	범유	汎 ─ 游 / 遊	널리 여러 면에 걸쳐 배우는 것. 뱃놀이를 하는 것.	'游'는 '헤엄칠 유', '遊'는 '놀 유'이지만 通用됨.
197	병원	病 ─ 原 / 源	병의 원인이 되는 것.	'原'은 '언덕 원', '源'은 '근원 원'이지만 通用됨.
198	석이	石 ─ 耳 / 栮	깊은 산의 바위 위에 나는 버섯	'耳'는 '귀 이', '栮'는 '버섯 이'이지만 通用됨.
199	번독	煩 ─ 瀆 / 黷	너저분하게 많고 더럽다. 개운하지 못하고 번거롭다.	'瀆'은 '도랑 독', '黷'은 '더럽힐 독'이지만 通用됨.
200	익선관	翼 ─ 善 / 蟬 ─ 冠	임금이 평상복으로 집무할 때 쓰던 매미모양의 관	'善'은 '착할 선', '蟬'은 '매미 선'이지만 通用됨.

번호	語彙	通用字	意味	參考
201	요란	搖, 擾 ─ 亂	시끄럽고 따들석한 것. 정도가 지나쳐 야단스러운 것.	'搖'는 '흔들릴 요', '擾'는 '어지러울 요'이지만 통용됨.
202	반역	反, 叛 ─ 逆	나라와 겨레를 배반하는 것.	'反'은 '돌이킬 반', '叛'은 '배반할 반'이지만 통용됨.
203	반지	半, 斑 ─ 指	한 짝으로만 된 가락지	'半'은 '반 반', '斑'은 '얼룩 반'으로 뜻이 다르지만 통용됨.
204	질탕	跌, 佚 ─ 宕(蕩)	행동이 단정하지 못하고 제멋대로임.	'跌'은 '넘어질 질', '佚'은 '방탕할 질', '宕'은 '방탕할 탈' '蕩'은 '넓을 탕'으로 다르지만 통용됨.
205	기대	期, 企 ─ 待	어떠한 일이 이루어지기를 바라고 기다리는 것.	'期'는 '만날 기', '企'는 '도모할 기'이지만 통용됨.
206	정화	精, 菁 ─ 華	정수가 될 만한 뛰어난 부분. 사물의 가장 뛰어나고 순수한 부분.	'精'은 '자세할 정', '菁'은 '부추꽃 정'이지만 꽃이 성하다의 뜻이 있어 통용됨.
207	사연	詞, 辭 ─ 緣	하고자 하는 말이나 편지의 내용.	'詞'는 '말 사', '辭'는 '말 사'로 같은 뜻이므로 통용됨.
208	모리	謀, 牟 ─ 利	이기적으로 부정한 이익만을 꾀하는 것.	'謀'는 '꾀할 모', '牟'는 '보리 모'로 다르지만, 牟에 빼앗음의 뜻이 있어 통용됨.
209	고관절	股, 胯 ─ 關節	髀臼(비구)와 넓적다리 뼈를 연결하는 관절.	'股'는 '넓적다리 고', '胯'는 '다리 고'로 통용됨. '胯'에는 '사타구니 과'의 다른 뜻도 있음.
210	일사	逸, 軼 ─ 事	세상에 알려지지 않은 일.	'逸'은 '숨을 일', '軼'은 '지니칠 일'로 다르지만, '軼'에 흩어지다는 뜻이 있어 통용됨.

5. 漢字의 字數 增加一覽表

	書 名	時 代	年 度	著 者	字 數
1	甲骨文	殷	B.C. 1400～		4,500餘
2	倉頡篇	秦	B.C. 221～260		3,300
3	訓纂篇	漢	A.D. 1～5	揚雄	5,340
4	續訓篇	漢	60～70	班固	6,180
5	說文解字	漢	100	許愼	9,353
6	聲類	魏	227～239	李登	11,520
7	字林	晋		呂忱	12,824
8	字統	後魏		楊承慶	13,734
9	廣雅	北魏	480	張揖	18,150
10	玉篇	梁	543	顧野王	22,726
11	切韻	隋	601	陸法言	12,158
12	唐韻	唐	751	孫愐	26,194
13	韻海鏡源	唐	753	顏眞卿	26,911
14	廣韻	北宋	1008	陳彭年・邱雍	26,149
15	集韻	北宋	1039	丁度	53,525
16	類篇	宋	1066	司馬光・王洙・胡宿	31,319
17	洪武正韻	明	1375	樂韶鳳・宋濂	32,200
18	字彙	明	1615	梅膺祚	33,179
19	正字通	明	1675	張自烈	33,549
20	康熙字典	淸	1716	陳廷敬 等	47,035
21	中華大字典	中國	1914	中華書局	48,200
22	六書尋源	韓國	1933	權丙勳	
23	大漢和辭典	日本	1943～1950	諸橋轍次	50,345
24	中文大辭典	臺灣	1973	中華學術院	49,905
25	明文漢韓大字典	韓國	1984	金赫濟, 金星元	51,853
26	漢語大字典	中國	1986	四川辭書出版社	54,678
27	漢語大詞典	中國	1986	漢語大詞典出版社	56,000
28	中華字海	中國	1994	中華書局	87,019
29	漢韓大辭典	韓國	1978～2008	檀國大學校 東洋學研究所	53,667

6. 本訓과 달리 쓰이는 漢字

1. 假 거짓 가	假借(가차) 없이 ※ '假借' 에는 '남의 도움이나 물건을 빎' 의 뜻이 있지만 '假借 없이' 로 쓰일 때는 '용서, 관용' 의 뜻으로 쓰이는 것은 '假' 에 '너그럽다, 용서함' 의 뜻이 있기 때문이다.
2. 刻 새길 각	時刻(시각), 頃刻(경각) ※ '刻' 에는 '때, 시각' 의 뜻도 있어서 '頃刻' 은 짧은 시간을 뜻한다.
3. 渴 목마를 갈	渴筆(갈필) ※ '渴' 에는 '목마르다' 의 뜻 외에 '물이 잦다, 물이 마름' 의 뜻도 있어서 '渴筆' 은 서예에서 먹이 덜 묻은 것 같이 쓰는 기법을 말함.
4. 健 굳셀 건	健忘症(건망증) ※잊어버리는 忘症(망증)에 健(굳셀 건)자가 앞에 붙은 것이 이상하지만, '健' 에는 '매우, 잘, 몹시' 라는 뜻도 있기 때문이다.
5. 乾 하늘 건	乾杯(건배), 乾畓(건답) ※ '乾' 에는 '마르다' 의 뜻도 있어서 '乾杯(건배)' 는 술잔을 한번에 다 마신다는 뜻인데, 일반적으로 건투를 비는 뜻으로 쓰는 것은 잘못임. '마르다' 의 뜻일 때는 '간' 으로 발음해야 옳다.
6. 見 볼 견	見謁(현알), 謁見(알현) ※ '見' 에는 '나타나다. 웃어른을 뵙다' 의 뜻도 있으며, 이때는 '현' 으로 발음한다.
7. 京 서울 경	兆京(조경) ※ '京' 은 본래 서울의 뜻이지만, 數學에서 兆(조)의 1만배를 '京' 이라 한다.
8. 姑 시어미 고	姑息之計(고식지계) ※ '姑' 는 '시어미, 고모, 여자' 의 뜻 외에 '잠시' 라는 뜻으로 쓰인다.
9. 告 고할 고	告存(곡존 : 안부를 물음) ※ '告' 는 일반적으로 '고' 로 발음하지만, '뵙고 청하다, 안부를 묻다' 의 뜻도 있어서, '出必告, 反必面' 의 '告' 는 '곡' 으로 읽어야 한다.

10. 故 옛 고 — 故人(고인)

※ '故'는 '古'와 같은 뜻으로 '옛'의 뜻으로 쓰이어 '고궁'은 古宮, 故宮이 통용되지만, '죽다'의 뜻도 있어서 '故人'은 죽은 사람의 뜻임.

11. 瓜 오이 과 — 瓜年(과년), 瓜限(과한), 瓜遞(과체)

※ '瓜'에는 '관직의 임기가 끝나는 시기, 월경이 시작되는 연령'의 뜻이 있어서 '瓜年(과년)'은 혼기가 지난 나이의 뜻이 아니라, 결혼하기에 꼭 알맞은 나이를 뜻함.

12. 敎 가르칠 교 — 敎唆(교사)

※ '敎'는 '가르치다' 외에 '~로 하여금 ~하게 하다'의 뜻도 있어서 '敎唆'는 남을 부추겨 못된 짓을 하게 함의 뜻이다.

13. 龜 거북 귀 — 龜鑑(귀감), 龜裂(균열)

※ '龜'에는 '거북점'의 뜻도 있어서 거북점으로는 吉凶을 알고, 거울(鑑)로는 얼굴을 비추어 곱고 미움을 알 수 있으므로 '龜鑑'은 곧 '본보기'의 뜻으로 쓰임. '트다'의 뜻으로 쓰일 때는 '균'으로 발음되며 '龜裂'은 거북 등처럼 갈라지는 것을 뜻함. 거북의 뜻일 때는 '귀'로, 人名, 地名 등에는 '구'로 발음함.

14. 唐 당나라 당 — 唐慌(당황), 唐突(당돌)

※ '唐'은 본래 國名이나, '당황, 황당, 갑자기' 등의 뜻으로도 쓰임.

15. 度 법도 도 — 度揆(탁규), 度支部(탁지부), 度地(탁지)

※ '度'에는 '헤아리다'의 뜻도 있으며, 이 때는 '탁'으로 발음한다. '度支部(탁지부)'는 재정과 조세의 징수를 맡아보던 옛날 관청.

16. 頓 조아릴 돈 — 頓悟(돈오), 頓絕(돈절)

※ '頓'은 '조아리다(頓首)'의 뜻 외에 '문득, 갑자기'의 뜻도 있어서 '頓悟'는 '문득 깨닫다'의 뜻이다.

17. 豆 콩 두 — 豆肉(두육), 豆羹(두갱 : 제기에 담은 국)

※ '豆'는 본래 굽이 높은 제기의 이름인데, 뒤에 콩의 뜻으로 쓰였기 때문에 豆肉, 豆羹의 '豆'는 굽이 높은 祭器(제기)로 해석해야 한다.

18. 略 다스릴 략 — 略字(약자), 略說(약설), 省略(생략)

※ '略'은 '다스리다, 계략, 슬기, 戰略, 策略' 등의 뜻 외에 '대략, 요약, 간략' 등의 뜻으로 많이 쓰임.

19. 旅 나그네 려 旅團(여단)
※ '旅'는 '나그네' 외에 '군대, 무리'의 뜻도 있어서 '旅團'은 군대의 무리로 해석해야 한다.

20. 廉 청렴 렴 廉探(염탐), 廉價(염가)
※ '廉'에는 '청렴'이란 뜻 외에 '몰래, 값싸나'의 뜻도 있어서 '廉探'은 몰래 사정을 조사함의 뜻으로 쓰인다.

21. 零 조용히오는비 령 零時(영시), 零度(영도), 零落(영락)
※零雨(부슬부슬 내리는 비) 외에 '떨어지다, 제로'의 뜻으로도 쓰임.

22. 陵 큰 언덕 릉 王陵(왕릉)
※ '陵'에는 '큰 언덕'의 뜻 이외에 '임금의 무덤'이라는 뜻도 있어서, '王陵'은 '임금의 무덤'의 뜻임. 丘陵(구릉)은 큰 언덕의 뜻.

23. 摩 갈 마 摩天樓(마천루)
※ '摩'에는 '갈다'의 뜻 외에 '가까이 다가가다'의 뜻도 있어서 '摩天樓(마천루)'는 하늘에 닿을 듯한 집이라는 뜻으로 쓰임.

24. 莫 말 막 莫春(모춘)
※ '莫'이 지금은 '없다, 말다'의 부정사로 쓰이지만 본래는 '저물다'의 뜻으로 쓰였으므로 '莫春(모춘)'은 '늦봄'의 뜻으로 쓰임.

25. 白 흰 백 主人白(주인백), 上白是(상백시)
※ '白'은 '희다' 외에 '여쭈다, 사뢰다, 말하다'의 뜻도 있어서 '主人白'의 '白'은 '사룀'으로 해석해야 한다. '上白是'는 '사뢰어 올리는 글'이라는 뜻이다. '상사리'와 같은 뜻으로 쓰임.

26. 腐 썩을 부 豆腐(두부)
※ '腐'에는 '두부'의 뜻도 있어서 豆腐(두부)는 콩이 썩은 것이 아니라, 콩의 가공품으로 쓰임.

27. 北 북녘 북 敗北(패배)
※ '北'은 본래 '등'의 뜻으로 만든 글자인데, '등'은 '뒤'의 뜻으로 轉義되고, '뒤'를 보이고 달아나는 것은 곧 '패배'의 뜻으로 轉義된 것임. 이때 北의 字音은 '배'로 발음한다.

28. 分 나눌 분 分數(분수), 過分(과분), 身分(신분)
※ '分'에는 '분수, 명분, 신분정도' 등의 뜻도 있어서, 위의 말들은 '나누다'의 뜻으로 해석해서는 안 된다. '分數'는 數學의 용어로도 쓰임.

29. 非 아닐 비 非難(비난)
※ '非' 에는 '책하다, 원망하다' 의 뜻도 있기 때문에 '非難' 은 남의 잘못을 꼬집다의 뜻으로 쓰임. '비방' 은 '誹謗' (헐뜯을 비, 헐뜯을 방)으로 씀.

30. 斯 이 사 斯文(사문), 斯文亂賊(사문난적)
※ '斯' 에는 '이것' 이란 뜻 외에 儒敎를 지칭하는 뜻이 있어 '斯文' 은 유교의 학문을 뜻함.

31. 史 사기 사 女史(여사), 侍史(시사), 秋史(추사)
※ '史' 에는 '문필 종사자, 문장가, 서화가, 여류 저명인사에 대한 존칭' 의 뜻도 있다.

32. 謝 사례할 사 謝過(사과), 花謝(화사)
※ '謝' 는 '사례하다' 외에 '사과하다, 시들다' 의 뜻도 있어서 '花謝' 는 '꽃이 시들다' 로 해석해야 한다.

33. 汕 오구 산 汕損坍塌(산손단탑)
※ '汕' 은 '오구' 곧 물고기를 떠 올리는 漁具이지만, '제방의 기초' 라는 뜻으로도 쓰임. '汕損坍塌' 은 둑의 기초가 강물에 침식되어 무너짐의 뜻임.

34. 殺 죽일 살 殺到(쇄도), 相殺(상쇄)
※ '殺' 에는 '매우, 몹시' 또는 '덜다' 의 뜻도 있어서 '殺到(쇄도)' 는 매우 많이 몰려듦의 뜻으로 쓰임. 이 때 殺의 字音은 '쇄' 로 발음함.

35. 霎 가랑비 삽 霎時(삽시), 瞬霎(순삽)
※ '霎(삽)' 은 본래 '가랑비' 의 뜻이지만, '잠시' 의 뜻으로 많이 쓰인다.

36. 霜 서리 상 霜劍(상검)
※ '霜' 에는 '날카롭다' 의 뜻도 있어서 '霜劍' 은 날카로운 칼이라는 뜻임.

37. 象 코끼리 상 象形(상형), 象徵(상징)
※ '象' 은 본래 코끼리의 모양을 그린 글자이지만, 코끼리는 남방의 동물로서 그 모양을 그려 와서 형상을 알았기 때문에 '모양, 형상, 본뜨다' 의 뜻으로도 쓰임.

38. 色 빛 색	色慾(색욕), 好色(호색), 色骨(색골) ※ '色'에는 '色情'의 뜻도 있어서 위의 예와 같이 쓰임.
39. 逝 갈 서	逝去(서거), 逝世(서세) ※ '逝'에는 '죽다, 영원히 가다'의 뜻도 있어서 '逝去, 逝世'는 '죽다'의 뜻으로 쓰임.
40. 石 돌 석	石女(석녀), 百石(백석 > 백섬) ※ '石'에는 쓸모없음의 뜻도 있어서 '石女'는 아이를 낳지 못하는 계집, 곧 '돌계집'의 뜻으로 쓰인다. '石'은 또 十斗의 뜻도 있는데 '담 > 섬'으로 발음한다.
41. 鮮 고울 선	巧言令色鮮矣仁(교언영색선의인) ※ '鮮'에는 '적다, 드물다'의 뜻도 있어서 '巧言令色鮮矣仁'의 '鮮'은 '드물다'의 뜻임.
42. 蕭 쑥 소	蕭瑟(소슬), 蕭條(소조), 蕭散(소산) ※ '蕭'는 쑥의 뜻보다는 '쓸쓸하다'의 뜻으로 많이 쓰인다. '簫(퉁소 소)'자와는 구별해야 함.
43. 讐 원수 수	讐校(수교), 讐正(수정) ※ '讐'에는 怨讐(원수)라는 뜻 외에 校正(교정)하다의 뜻이 있음. 교정하는 모양이 원수를 대하듯 진지한 데서 轉義되었음.
44. 遂 이룰 수	遂發刊(수발간) ※ '遂'는 일반적으로 '遂行, 完遂, 未遂' 등 '이루다'의 뜻으로 쓰이지만 '드디어'의 뜻으로도 쓰임.
45. 脩 포 수	束脩(속수) ※書藝家들이 '修(닦을 수)'와 통용하여 쓰고 있으나 '脩(포 수)'와는 다른 글자이다. (束脩는 옛날 스승을 처음 뵈올 때 육포 열 개를 한 묶음으로 묶어 드리던 예물)
46. 息 숨쉴 식	令息(영식), 子息(자식) ※ '息'에는 '아이'의 뜻도 있어서, '令息(영식)'은 남의 아들을 敬稱하는 말임. '令愛(영애)'는 남의 딸을 敬稱하는 말.
47. 識 알 식	標識(표지), 著者識(저자지), 款識(관지) ※ '識'에는 '기록하다, 표지' 등의 뜻도 있어서 '標識'는 '표식'이 아니라 '표지'로 읽어야 한다. 또한 靑銅器의 陰刻字는 '款(관)'이라 하고, 陽刻字는 '識(지)'라고 구별한다.

48. 阿 언덕 아　阿諂(아첨), 阿諛(아유), 阿附(아부)
※ '阿'는 본래 '언덕'의 뜻으로 쓰이는 글자이지만, '아첨하다'의 뜻으로도 쓰임.

49. 惡 악할 악　憎惡(증오), 惡寒(오한)
※ '惡'에는 '미워하다, 싫어하다'의 뜻도 있어서 '憎惡'는 남을 미워하다의 뜻이다.

50. 如 같을 여　如或(여혹), 如有(여유)
※ '如'에는 '같다'의 뜻 외에 '만약 ~라면'의 뜻도 있다. '如有錢, 先買書'(만약 돈이 있으면, 먼저 책을 사겠다.)

51. 逆 거스를 역　逆旅(역려)
※ '逆'에는 '거스르다'의 뜻 외에 '맞이하다, 만나다'의 뜻도 있어서 '逆旅(역려)'는 旅館, 客舍의 뜻임.

52. 然 그러할 연　山靑花欲然(산청화욕연)
※ '然'은 본래 '그슬리다, 태우다'의 뜻이었는데, 뒤에 '그러하다'의 뜻으로 轉義되었음. 杜甫(두보)의 詩句 가운데 '山靑花欲然'의 '然'은 '불타다'의 뜻으로 해석해야 한다.

53. 鳶 솔개 연　紙鳶(지연), 龍鳶(용연)
※ '鳶'은 매과에 속하는 '솔개'라는 뜻이지만 날리는 연의 뜻도 있다.

54. 演 흐를 연　演說(연설), 演技(연기), 口演(구연)
※ '演'은 본래 '흐르다, 발전하다'는 뜻의 글자이지만(演進, 演變), '연기하다, 익히다'의 뜻으로 많이 쓰인다.

55. 浣 씻을 완　上浣(상완), 中浣(중완)
※ '浣'은 浣衣 등과 같이 본래 '씻다'의 뜻이었으나, 옛날 관리가 열흘마다 휴가를 얻어 목욕을 한 데서 '一浣'이 '一旬', 곧 '열흘'의 뜻으로 쓰였다.

56. 虞 근심할 우　三虞祭(삼우제)
※ '虞'에는 '제사이름'의 뜻도 있어서 三虞祭(삼우제 : 장사지낸 뒤 세 번째 지내는 제사)라 칭하는데, '삼오제'라고 잘못 발음하는 이가 많다.

57. 月 달 월　月經(월경), 月客(월객), 月候(월후)
※ '月'에는 '월경'의 뜻도 있어서 '月經, 月客, 月候'의 뜻은 성숙한 여성의 자궁에서 주기적으로 출혈하는 생리현상을 말함.

58. 潤 젖을 윤　潤文(윤문)

※ '潤'은 '젖다, 적시다' 외에 '꾸미다, 수식하다'의 뜻도 있어서 '潤文'은 글을 '潤色하다'의 뜻으로 해석해야 한다.

59. 膺 가슴 응　膺懲(응징)

※ '膺'은 '가슴'의 뜻보다 '치다, 정벌하다, 응징하다'의 뜻으로 많이 쓰인다.

60. 義 옳을 의　義牝牛(의빈우), 義足(의족), 義父(의부), 義兄(의형)

※ '義'에는 '실물의 대용품' 또는 '혈연관계가 없는 사람과 친척관계를 맺는 일'의 뜻도 있음. 義牝牛(의빈우)는 수컷이 암컷 구실을 하는 소를 말함.

61. 頉 기를 이　無頉(무탈)

※ '頉'는 본래 '기르다'의 뜻이지만 우리 나라에서는 '탈나다, 병나다'의 뜻으로 쓰이고 이 때의 字音은 '탈'로 발음함.

62. 爾 너 이　爾後(이후), 爾時(이시), 爾餘(이여)

※ '爾'에는 2인칭의 '너(汝, 女, 而)'라는 뜻 외에 '그'의 뜻도 있어서 '爾後, 爾時, 爾餘'는 '그 후, 그때, 그 밖'의 뜻으로 쓰임.

63. 彝 떳떳할 이　彝器(이기), 尊彝(존이)

※ '彝'의 뜻이 '떳떳하다, 영구히 변하지 않는 道'의 뜻으로 쓰이지만, 본래는 '祭器(제기)'의 명칭이었다.

64. 仁 어질 인　杏仁(행인), 桃仁(도인)

※ '仁'은 본래 '어질다'의 뜻이지만, '과일의 씨'의 뜻으로도 쓰임('杏仁'은 살구씨).

65. 齋 재계할 재　齋室(재실), 書齋(서재)

※ '齋'에는 '집, 방'의 뜻도 있어서 예로부터 號를 지을 때 '木齋, 誠齋, 蘭齋' 등과 같이 '齋'자를 많이 붙여 지었음. 근래 인쇄물에 '齊(가지런할 제)'자와 혼동되어 쓰이고 있음.

66. 除 덜 제　除授(제수)

※ '除'에는 '덜다, 제거하다'의 뜻 이외에 '벼슬을 주다'의 뜻도 있어서 '除授(제수)'는 임금이 직접 관직을 내림의 뜻임.

67. 弟 아우 제　弟子(제자), 師弟(사제), 徒弟(도제)

※ '弟'에는 '제자'의 뜻도 있어서 위의 예는 '兄弟, 子弟, 從弟'의 '弟'와는 달리 '제자'의 뜻으로 쓰인다.

68. 卒 군사 졸　卒倒(졸도), 腦卒中(뇌졸중)
※ '卒'에는 '猝(갑자기 졸)'과 통용되는 뜻이 있기 때문에 뇌의 혈관 장애로 갑자기 쓰러져 손발에 마비를 일으키는 질환을 '腦卒中(뇌졸중)'이라고 함. '뇌졸증'이 아님.

69. 注 물댈 주　注釋(주석), 注解(주해)
※ '注'에는 '주내다, 풀이하다'의 뜻도 있어서 注釋이나 注解의 '注'는 '풀이하다'의 뜻이다.

70. 陳 베풀 진　陳年(진년), 陳皮(진피), 陳編(진편)
※ '陳'에는 '오래 묵다'의 뜻도 있어서 귤껍질이 오래 묵으면 '陳皮(진피)'라고 함.

71. 陣 진칠 진　陣痛(진통)
※ '陣'에는 '진치다'의 뜻 외에 '列(베풀다)'의 뜻 곧 '해산하다'의 뜻이 있어서 '陣痛'은 '출산 전의 腹痛'의 뜻임.

72. 震 벼락 진　震壇(진단), 震域(진역)
※ '震'에는 '벼락, 떨다, 성내다' 뜻 외에 '우리 나라'를 일컫는 뜻이 있다.

73. 鴆 짐새 짐　鴆殺(짐살)
※中國 남쪽에 사는 올빼미 비슷한 새를 '鴆'이라고 하는데, 짐새 깃에는 독이 있어 이 깃으로 담근 술을 먹으면 죽으므로 '鴆殺'은 毒殺의 뜻이다.

74. 諦 살필 체　眞諦(진제)
※ '諦'는 '살필 체' 외에 '眞理'라는 뜻도 있으며, 그때의 音은 '제'임을 주의해야 한다.

75. 草 풀 초　草稿(초고), 草案(초안), 草創期(초창기)
※ '草'에는 '처음, 시작하다'의 뜻도 있어서, 사업을 처음 시작하는 초기를 '初創期'로 쓰는 것이 아니라 '草創期'로 써야 한다.

76. 推 밀 추　推敲(퇴고)
※ '推'에는 '밀다, 궁구하다'의 뜻도 있어서 '推敲(퇴고)'는 문장을 다듬어 고치다의 뜻으로 쓰임. 이 때는 推를 '퇴'로 발음함.

77. 漆 옻 칠　漆夜(칠야), 漆板(칠판)
※ '漆'은 '옻'의 뜻이지만 '검다'의 뜻도 있어서 '漆夜'는 캄캄한 밤으로 해석해야 한다.

78. 太 클 태　　豆太(두태), 黃太(황태), 靑太(청태)

※ '太'를 '콩 태'라 하여 '콩'의 뜻으로 쓰는 것은 한국에서 옛날에 '大豆'를 書吏들이 速筆하기 위하여 '太'로 쓴 데서부터 시작된 俗字이다.

79. 澤 못 택　　光澤(광택), 潤澤(윤택), 惠澤(혜택)

※ '澤'은 '못' 외에 '윤이 나다, 혜택'의 뜻도 있다.

80. 便 편할 편　　便秘(변비), 便所(변소), 便是(변시)

※ '便'은 '편하다' 외에 '똥오줌, 곧' 등의 뜻도 있으며 '변'으로 발음함. '大便'은 '똥'의 뜻으로 '대변'으로 '便是'는 '곧'의 뜻으로 '변시'라고 발음한다.

81. 暴 사나울 폭　　暴(曝)曬(포쇄)

※ '暴'에는 '사납다'의 뜻 외에 '쬐다'의 뜻도 있어서 '暴曬(포쇄)'는 햇볕에 말리다의 뜻으로 쓰임. '暴'과 구별하기 위하여 뒤에 '曝(쬘 폭)'자를 다시 만듦.

82. 夏 여름 하　　夏海(하해)

※ '夏'는 '여름'의 뜻으로 알고 있으나, 본래 '크다'의 뜻으로 만든 글자이다. '夏海'는 '큰 바다'의 뜻이다.

83. 荷 연 하　　荷物(하물), 荷重(하중), 出荷(출하)

※ '荷'는 본래 연꽃의 일종을 나타내는 식물을 뜻하지만, '메다, 짐'의 뜻으로도 쓰임.

84. 漢 한수 한　　無賴漢(무뢰한), 惡漢(악한), 怪漢(괴한), 好漢(호한)

※ '漢'에는 '사나이, 사나이의 卑稱'의 뜻도 있어서 위의 예와 같이 쓰임.

85. 項 목 항　　項目(항목), 事項(사항), 條項(조항)

※ '項'은 목의 뜻보다는 '사항, 조목' 등의 뜻으로 많이 쓰인다.

86. 諧 화할 해　　諧謔(해학), 諧語(해어)

※ '諧'에는 화합하다(諧調, 諧聲) 외에 '익살'의 뜻이 있음. '諧謔(해학)'은 농지거리의 뜻.

87. 行 다닐 행　　行列字(항렬자), 行伍(항오)

※ '行'에는 '줄, 항렬, 가게' 등의 뜻도 있으며, 이 때는 '항'으로 발음해야 한다. '銀行, 洋行' 등은 '은항, 양항'으로 발음해야 하는데, 일반적으로 '행'으로 잘못 쓰고 있다.

88. 軒 집 헌 軒軒丈夫(헌헌장부), 軒昻(헌앙)
※ '軒' 에는 '의기가 양양하다' 의 뜻도 있어서 '軒軒丈夫' 는 외모가 준수하고 쾌활한 남자의 뜻으로 쓰인다.

89. 衒 발보일 현 衒學(현학), 衒士(현사)
※ '衒' 은 본래 '발이 보이다' 의 뜻이지만, '스스로를 선전하다' 의 뜻으로 많이 쓰임. '衒學' 은 스스로 제 학문을 자랑하고, 학자인 체하는 것.

90. 渾 흐릴 혼 渾家(혼가), 渾身(혼신)
※ '渾' 에는 '모두, 온' 의 뜻도 있다.

91. 花 꽃 화 花子(화자), 花費(화비)
※ '花' 에는 '꽃' 이외에 '소비하다' 의 뜻도 있어서 '花子' 는 '거지', '花費' 는 '돈을 쓰다' 의 뜻이다.

92. 華 빛날 화 華容(화용), 銜華佩實(함화패실), 華座(화좌)
※ '華' 는 본래 '꽃' 이 핀 모양을 상형한 글자인데, 뒤에 '빛나다' 로 轉義되어 '花' 자를 다시 만든 것이다. 그러므로 '華' 는 '꽃' 의 뜻으로도 쓰임.

93. 灰 재 회 石灰(석회), 灰分(회분)
※ '灰' 는 '재' 의 뜻 외에 '석회' 의 뜻으로도 쓰임.

94. 懷 품을 회 懷妊(회임), 懷胎(회태)
※ '懷' 에는 '품다(懷中), 돌이켜 생각하다(懷古)' 외에 '아이를 배다' 의 뜻이 있음.

7. 區別이 아리송한 漢字

1. 簡 편지 간 簡牘(간독), 簡札(간찰), 竹簡(죽간)
   牘 편지 독 尺牘(척독), 翰牘(한독), 章牘(장독)
   ※'簡'은 대나무 쪽에 쓴 글이고, '牘'은 일반 나무 쪽에 쓴 글이다.

2. 喝 꾸짖을 갈 喝采(갈채), 喝破(갈파)
   渴 목마를 갈 渴求(갈구), 渴望(갈망), 渴症(갈증)
   ※중국에서는 '喝'을 '마시다'의 뜻으로도 씀. '渴求'는 '애타게 구한다'는 뜻이고 '喝水'는 '물을 마시다'의 뜻이다.

3. 堪 견딜 감 堪耐(감내), 堪當(감당), 難堪(난감)
   勘 헤아릴 감 勘考(감고), 勘誤(감오), 勘案(감안)
   ※'勘'에는 '校正하다'의 뜻도 있다.

4. 感 느낄 감 有感(유감), 私感(사감), 感情(감정)
   憾 한할 감 遺憾(유감), 私憾(사감)
   ※有感은 느끼는 바가 있음. 遺憾은 아쉽거나 한스러운 것.

5. 綱 벼리 강 綱領(강령), 綱常(강상), 紀綱(기강)
   網 그물 망 網紗(망사), 網膜(망막), 法網(법망)
   ※두 글자의 字形에서 '綱(강)'은 '山', '網(망)'은 '亡'이 안에 들어 있음이 다르다.

6. 彊 굳셀 강 自彊(자강), 力彊(역강)
   疆 지경 강 疆域(강역), 疆土(강토)
   ※萬壽無疆의 '疆'을 '彊'으로 써서는 안 된다.

7. 槪 절조 개 節槪(절개), 氣槪(기개), 槪尙(개상)
   慨 분개할 개 慨嘆(개탄), 感慨(감개), 憤慨(분개)
   ※感慨無量의 '感慨'는 분개를 느끼는 것이 아니라 깊은 회포를 느낀다는 뜻이다.

8. 戒 경계할 계 戒告(계고), 戒嚴(계엄), 破戒(파계)
   誡 경계할 계 十誡命(십계명), 訓誡(훈계)
   ※字訓이 둘 다 '경계하다'로 되어 있으나, '戒'는 잘못이 일어나지 않도록 조심하다의 뜻이고, '誡'는 훈계하다의 뜻이다.

9. 稿 볏짚 고　　稿料(고료), 原稿(원고), 寄稿(기고)
敲 두드릴 고　　敲金(고금), 推敲(퇴고), 敲擊(고격)
※ '稿'는 '禾(벼 화)' 部首, '敲'는 '攴(칠 복)' 部首에 속한다.

10. 恭 공손할 공　　恭遜(공손), 恭敬(공경), 恭賀(공하)
敬 공경 경　　敬虔(경건), 敬具(경구), 尊敬(존경)
※ '恭'은 행동으로 공경하는 모습을 보이는 것이고, '敬'은 마음으로 공경함.

11. 空 빌 공　　空間(공간), 空虛(공허), 高空(고공)
虛 빌 허　　虛空(허공), 虛實(허실), 虛無(허무)
※ '空'은 본래 구멍의 뜻으로서 빈 것을 뜻하고, '虛'는 본래 큰 언덕의 뜻으로서 빈 것을 뜻함.

12. 驕 교만할 교　　驕慢(교만), 驕吝(교린), 驕氣(교기)
傲 거만할 오　　傲慢(오만), 傲世(오세), 傲氣(오기)
※ '驕'는 심리적으로 거드럭거리는 것이고, '傲'는 무례하게 하는 행위를 말함.

13. 規 법 규　　規格(규격), 規矩(규구), 規約(규약)
矩 곱자 구　　矩度(구도), 矩形(구형), 矩尺(구척)
※ '規'는 본래 원을 그리는 기구이고, '矩'는 사각형을 그리는 曲尺으로서 '規矩'는 법도의 뜻으로 쓰임.

14. 叫 부르짖을 규　　叫呼(규호), 叫喚(규환), 絶叫(절규)
糾 꼴 규　　糾明(규명), 糾彈(규탄), 紛糾(분규)
※形聲字로서 字音이 同一하지만 뜻은 전연 다르다.

15. 圭 홀 규　　圭璧(규벽), 圭角(규각), 圭表(규표)
奎 별이름 규　　奎星(규성), 奎章(규장), 奎文(규문)
※ '圭璧(제후가 천자를 뵐 때 들던 홀(笏))'은 '奎璧'으로 써도 됨.

16. 克 이길 극　　克己(극기), 克服(극복), 克明(극명)
剋 이길 극　　相剋(상극)
※ '克(극)'과 '剋(극)'이 통용되면서도 '相剋(상극)'은 '相克'으로 쓰지 않는다.

17. 飢 주릴 기　　飢渴(기갈), 飢饉(기근), 療飢(요기)
餓 주릴 아　　餓死(아사), 餓鬼(아귀), 飢餓(기아)
※ '飢'는 먹을 것이 부족한 것이고, '餓'는 오랫동안 굶어서 병이 되는 상태를 뜻함. 饑(주릴 기)와 飢는 통용됨.

18. 濃 짙을 농　　濃淡(농담), 濃厚(농후), 濃度(농도)
膿 고름 농　　化膿(화농), 排膿(배농)
※농가에서 빚은 술을 '農酒'라고 하지만 농도가 짙은 술은 '濃酒'라고 함.

19. 惱 괴로워할 뇌　　惱殺(뇌쇄), 苦惱(고뇌), 煩惱(번뇌)
腦 뇌수 뇌　　腦裏(뇌리), 腦髓(뇌수), 頭腦(두뇌)
※ '腦'는 두개골 내에 있는 회백색의 물질이고, '惱'는 심적으로 괴로워함의 뜻.

20. 茶 차 다　　茶房(다방), 茶食(다식), 茶器(다기)
荼 씀바귀 도　　苦荼(고도), 荼菜(도채)
※옛날에는 茶와 荼가 통용되어 '다비'를 '茶毘(梵語의 jhapeta의 音譯으로 火葬의 뜻)'를 '荼毘'로도 씀.

21. 堂 집 당　　堂宇(당우), 堂號(당호), 萱堂(훤당)
殿 집 전　　殿閣(전각), 殿堂(전당), 宮殿(궁전)
※ '堂'은 본래 축대를 높이 쌓고 方形으로 크고 높게 지은 집을 뜻하였는데, 漢代 이후에는 殿이라 칭하였다.

22. 德 큰 덕　　德望(덕망), 德澤(덕택), 美德(미덕)
悳 큰 덕
※ '悳'은 '德'의 古字로서 대개 이름에 쓰인다.

23. 途 길 도　　途中(도중), 壯途(장도), 前途(전도)
道 길 도　　道中(도중), 道路(도로), 片道(편도)
※ '途中'은 일의 중간, '道中'은 길 가운데.

24. 徒 무리 도　　徒勞(도로), 徒步(도보), 學徒(학도)
徙 옮길 사　　移徙(이사), 徙木之信(사목지신)
※ '이사'를 '移舍'로 쓰는 것은 잘못임.

25. 闌 가로막을 란　　闌駕上書(난가상서), 門闌(문란)
欄 난간 란　　欄干(난간), 欄外(난외), 空欄(공란)
※ '난간'은 '闌干, 欄干(杆)' 둘 다 통용됨.

26. 梁 들보 량　　橋梁(교량), 梁上君子(양상군자)
粱 수수 량　　高粱(고량), 膏粱(고량), 粱飯(양반)
※ '梁'은 현재 거의 姓氏로만 쓰인다. '樑'으로써 들보의 뜻으로 쓴다.

27. 歷 지낼 력　　歷代(역대), 歷史(역사), 履歷書(이력서)
曆 책력 력　　曆法(역법), 陰曆(음력), 陽曆(양력)
※ '歷日'과 '曆日'은 세월 또는 달력이란 뜻으로 통용됨.

28. 臨 본뜰 림　　臨寫(임사), 臨摹(임모)
摹 본뜰 모　　摹倣(모방), 描摹(묘모), 似摹(사모)
※ '臨'은 학습하기 위하여 본떠서 그리는 것이고, '摹'는 원본을 밑에 대고 그대로 복사하는 것.

29. 妄 망령될 망　　妄動(망동), 妄靈(망령), 妄想(망상)
忘 잊을 망　　忘却(망각), 忘憂(망우), 忘恩(망은)
※ '忘'은 '心' 部首, '妄'은 '女' 部首에 속한다.

30. 棉 목화 면　　棉花(면화), 棉作(면작), 木棉(목면)
綿 솜 면　　綿絲(면사), 綿織(면직), 純綿(순면)
※ '棉'은 목화를 뜻하고, '綿'은 목화로 가공한 제품을 뜻한다.

31. 冥 어두울 명　　冥府(명부), 冥福(명복), 幽冥(유명)
瞑 눈감을 명　　瞑目(명목), 瞑想(명상)
※ '명상(冥想, 瞑想)'은 통용됨. '暝(어두울 명)'은 冥과 통용됨.

32. 巫 무당 무　　巫俗(무속), 巫女(무녀), 巫堂(무당)
覡 박수 격　　巫覡(무격)
※ '巫(무)'는 여자 무당을 뜻하고, '覡(격)'은 남자 무당 곧 박수를 뜻함.

33. 薄 얇을 박　　薄弱(박약), 薄明(박명), 輕薄(경박)
簿 문서 부　　簿記(부기), 名簿(명부), 帳簿(장부)
※ '艸(풀 초)'와 '竹(대 죽)'의 部首 차이로 뜻은 전연 다르다.

34. 旁 곁 방　　旁系(방계), 旁觀(방관), 近旁(근방)
傍 곁 방　　傍系(방계), 傍觀(방관), 近傍(근방)
※ '旁'과 '傍'은 같은 뜻으로 쓰임.

35. 仿 비슷할 방　　仿佛(방불), 仿偟(방황), 仿古(방고)
彷 비슷할 방　　彷彿(방불), 彷徨(방황)
※方, 仿, 彷, 倣, 髣 등이 通用되어 '방불'은 '仿佛, 彷彿, 髣髴', '방황'은 '仿偟, 彷徨, 方皇' 등으로 써도 됨.

36. 壁 벽 벽　　壁報(벽보), 壁畵(벽화), 岩壁(암벽)
璧 구슬 벽　　璧玉(벽옥), 雙璧(쌍벽), 完璧(완벽)
※ '완벽'을 '完壁'이라고 잘못 쓰는 경우가 많다.

37. 辟 임금 벽　　辟公(벽공), 辟邪(벽사), 辟王(벽왕)
僻 후미질 벽　　僻境(벽경), 僻邪(벽사), 僻字(벽자)
※ '벽사'는 '辟邪, 僻邪'가 통용되고 있으나, '辟邪'는 '邪鬼를 몰아내다'이고, '僻邪'는 '편벽되고 간사함'의 뜻으로 구별해야 함.

38. 辨 분별할 변　　辨理(변리), 辨明(변명), 分辨(분변)
辯 말잘할 변　　辯論(변론), 辯明(변명), 大辯(대변)
※ '변명'은 '辨明, 辯明'이 통용됨. '辦(힘쓸 판)'자가 '辨'자와 통용되기도 함.

39. 奉 받들 봉　　奉仕(봉사), 奉送(봉송), 奉養(봉양)
俸 녹 봉　　俸給(봉급), 俸祿(봉록), 薄俸(박봉)
※ '奉'이 '俸'의 뜻으로도 쓰임.

40. 付 줄 부　　付書(부서), 付託(부탁), 送付(송부)
附 붙을 부　　附加(부가), 附近(부근), 附錄(부록)
※ '납부'의 경우는 '納付'와 '納附'가 통용됨. '附'에도 '주다'의 뜻이 있기 때문.

41. 崩 무너질 붕　　崩御(붕어), 崩殂(붕조), 崩壞(붕괴)
薨 죽음 훙　　薨逝(훙서), 薨去(훙거)
※天子가 죽으면 '崩'이라 하고, 諸侯가 죽으면 '薨'이라 함.

42. 彬 빛날 빈　　文質彬彬(문질빈빈)
斌 빛날 빈　　斌斌(빈빈)
※字形은 다르지만 같은 뜻으로 쓰임.

43. 牝 암컷 빈　　牝鷄(빈계), 牝馬(빈마), 牝鳥(빈조)
牡 수컷 모　　牡丹(모란), 牡豚(모돈), 牝牡(빈모)
※본래 '雌雄(자웅)'은 새의 암수, '牝牡'는 짐승의 암수에 쓰임.

44. 詞 말씀 사　　詞章(사장), 詞伯(사백), 品詞(품사)
辭 말씀 사　　辭典(사전), 辭源(사원), 歌辭(가사)
※고려가사는 '歌詞'로 조선시대 가사는 '歌辭'로 구별하여 쓰고 있음. 둘 다 '글'의 뜻으로 쓰이나, '詞'는 '詩'의 뜻으로 쓰이고, '辭'는 '말'의 뜻으로 많이 쓰임.

45. 士 선비 사　　士官(사관), 士氣(사기), 士大夫(사대부)
仕 벼슬 사　　仕官(사관), 仕途(사도), 奉仕(봉사)
※ '士官'은 병사를 지휘하는 장교라는 뜻이고, '仕官'은 벼슬살이의 뜻이다. '仕'에는 '섬기다'의 뜻도 있어서 '奉仕'로 쓰인다. '仕女'는 東洋畵에서 '美人圖'라는 뜻임.

46. 殺 죽일 살　　殺菌(살균), 殺害(살해), 銃殺(총살)
弑 죽일 시　　弑君(시군), 弑害(시해), 弑戕(시장)
※ '殺父弑君' 이란 말처럼 '殺' 은 일반 사람을, '弑' 는 임금을 죽이는 뜻의 차이가 있음.

47. 蕭 쑥 소　　蕭瑟(소슬), 蕭散(소산), 艾蕭(애소)
簫 퉁소 소　　簫管(소관), 簫笛(소적), 洞簫(퉁소)
※ '艸(풀 초)' 와 '竹(대 죽)' 의 部首 차이로 뜻은 전연 다르다.

48. 收 거둘 수　　收納(수납), 收集(수집), 沒收(몰수)
蒐 모을 수　　蒐集(수집), 蒐輯(수집)
※ '收集' 은 거두어 모으는 것이고, '蒐集' 은 찾아 모으는 것임.

49. 隧 길 수　　隧道(수도 : 中國에서는 '터널' 의 뜻으로 씀)
墜 떨어질 추　　墜落(추락), 擊墜(격추), 失墜(실추)
※ '墮' 자도 '떨어질 타' 이나 '墜' 와 다른 뜻으로 쓰임.(墮落)

50. 鬚 수염 수　　鬚眉(수미), 鬚髯(수염), 龍鬚(용수)
髯 구레나룻 염　　美髯(미염), 髯蘇(염소, 蘇軾의 별칭)
※ '鬚' 는 턱 밑에 나는 수염이고, '髯' 은 양 볼에 나는 구레나룻을 뜻한다.

51. 帥 장수 수　　將帥(장수), 帥臣(수신), 元帥(원수)
師 스승 사　　師範(사범), 師傅(사부), 師團(사단)
※ '師' 에도 군사의 뜻이 있어 '師團, 師旅, 師律, 師行' 등에서는 '軍' 의 뜻으로 쓰임.

52. 馴 길들 순　　馴鹿(순록), 馴致(순치), 柔馴(유순)
馳 달릴 치　　馳驅(치구), 馳騁(치빙), 奔馳(분치)
※ '馴(길들 순)' 과 '馳(달릴 치)' 의 뜻이 혼동되기 쉬움.

53. 岳 멧부리 악　　岳丈(악장), 岳母(악모), 山岳(산악)
嶽 큰산 악　　嶽公(악공), 山嶽(산악), 五嶽(오악)
※ '岳' 은 '嶽' 의 略字가 아니라 通用字임. 五嶽의 하나인 泰山에 丈人峰이 있어서 丈人을 岳丈(嶽丈)이라고 함.

54. 嚴 엄할 엄　　嚴格(엄격), 嚴肅(엄숙), 威嚴(위엄)
儼 의젓할 엄　　儼然(엄연), 儼乎(엄호), 儼恪(엄각)
※ '엄연하다' 의 '엄연' 을 흔히 '嚴然' 으로 쓰는데 '儼然' 으로 써야 함.

55. 迎 맞을 영　　迎入(영입), 迎接(영접), 歡迎(환영)
逆 거스를 역　　逆境(역경), 逆說(역설), 反逆(반역)
※ '逆' 에도 '맞이하다' 의 뜻이 있음. 古文에서 '上卿逆於境' 의 '逆' 은 '맞이하다' 로 풀이해야 함.

56. 奧 속 오　　奧妙(오묘), 奧地(오지), 深奧(심오)
　　粵 땅이름 월　　南粵(남월), 中國의 廣東 廣西 지방을 가리킴.
※ '奧'에는 '釆(분변할 변)', '粵'에는 '米(쌀 미)'를 써야 한다.

57. 曰 가로 왈　　曰可曰否(왈가왈부), 曰牌(왈패)
　　謂 이를 위　　可謂(가위), 所謂(소위), 稱謂(칭위)
※ '曰'은 뒤에 구체적으로 언급한 말이 올 때, '謂'는 일반적인 내용의 말이 올 때 쓰인다.

58. 宇 집 우　　宇內(우내), 宇量(우량), 宇縣(우현)
　　宙 집 주　　宇宙(우주), 宙合樓(주합루)
※ '宇'와 '宙'의 訓을 모두 '집'이라 하여 구별하기 어려우나, 본래 '宇'는 無限의 空間을 뜻하고, '宙'는 無限의 時間을 뜻하는 글자이다.

59. 怨 원망할 원　　怨仇(원구), 怨恨(원한), 宿怨(숙원)
　　恨 한할 한　　恨死(한사), 恨歎(한탄), 痛恨(통한)
※ '恨'보다 마음의 아픔이 더 심한 것을 '怨'이라 함.

60. 威 위엄 위　　威勢(위세), 威脅(위협), 權威(권위)
　　危 위태할 위　　危急(위급), 危篤(위독), 危險(위험)
※ '威'는 '威嚴'의 뜻으로, '危'는 '危險'의 뜻으로 쓰임.

61. 肉 고기 육　　肉食(육식), 肉汁(육즙), 骨肉(골육)
　　肌 살 기　　肌膚(기부), 雪肌(설기), 皮肌(피기)
※ '肉'은 동물의 살, '肌'는 사람의 살만을 가리켰던 것인데, 漢代 이후에 '肉'도 사람의 살을 가리키게 되었다.

62. 儀 거동 의　　儀式(의식), 儀典(의전), 禮儀(예의)
　　議 의논할 의　　議論(의론), 議案(의안), 議員(의원)
※ '강의'는 의논하는 것이 아니므로 講議로 쓰지 않고 '講義'로 쓴다.

63. 腸 창자 장　　腸癌(장암), 胃腸(위장), 大腸(대장)
　　臟 오장 장　　肝臟(간장), 心臟(심장), 五臟(오장)
※五臟(肝臟, 心臟, 肺臟, 腎臟, 脾臟)에만 '臟'을 쓰고, 다른 창자는 '腸'을 씀.

64. 栽 심을 재　　栽培(재배), 盆栽(분재), 移栽(이재)
　　裁 마를 재　　裁可(재가), 裁判(재판), 決裁(결재)
※ '栽'는 '木'部首, '裁'는 '衣'部首에 속한다.

65. 積 쌓을 적　　積功(적공), 積金(적금), 容積(용적)
　　績 자을 적　　成績(성적), 功績(공적), 紡績(방적)
※ '積功'은 공을 쌓는 것, '功績'은 공로의 실적.

66. 折 꺽을 절　　折骨(절골), 折衷(절충), 夭折(요절)
析 쪼갤 석　　析出(석출), 解析(해석), 分析(분석)
※'折'은 '手'部首, '析'은 '木'部首에 있음.

67. 兆 조짐 조　　兆朕(조짐), 徵兆(징조), 億兆(억조)
佻 경박할 조　　佻巧(조교), 佻薄(조박), 輕佻(경조)
※'億兆'를 '億佻'로 잘못 쓰기 쉽다.

68. 糟 지게미 조　　糟丘(조구), 糟粕(조박), 酒糟(주조)
糠 겨 강　　糠粃(강비), 糟糠(조강)
※'糟糠之妻(조강지처)'는 本妻의 뜻으로 쓰이고 있으나, 술지게미와 쌀겨를 먹고살던 가난한 때의 아내라는 뜻이다.

69. 卒 마칠 졸　　卒去(졸거), 卒逝(졸서), 卒哭(졸곡)
死 죽을 사　　死別(사별), 死體(사체), 死刑(사형)
※大夫가 죽으면 '卒', 平民이 죽으면 '死'라 했으나 지금은 구별하지 않고 쓰임.

70. 鍾 술잔 종　　鍾念(종념), 鍾氏(종씨), 鍾子(종자)
鐘 쇠북 종　　鐘閣(종각), 鐘樓(종루), 梵鐘(범종)
※이름에서 '鍾'과 '鐘'을 혼동하여 쓰고 있으나, '쇠북 종'일 때는 '鐘'으로 써야 한다. 姓氏는 '鍾'으로 쓴다. 그리고 '鍾子'는 '종지'와 같은 뜻임.

71. 坐 앉을 좌　　坐視(좌시), 坐禪(좌선), 連坐(연좌)
座 자리 좌　　座談(좌담), 座席(좌석), 講座(강좌)
※坐는 '앉다'의 뜻이고, 座는 '자리'의 뜻임.

72. 周 두루 주　　周甲(주갑), 周期(주기), 周年(주년)
週 돌 주　　週刊(주간), 週期(주기), 週年(주년)
※'周'에도 '돌다'의 뜻이 있기 때문에 '주년'은 '周年'과 '週年'이 통용되고, '주기'도 '周期'와 '週期'가 통용됨.

73. 朱 붉을 주　　朱墨(주묵), 朱砂(주사), 印朱(인주)
赤 붉을 적　　赤化(적화), 赤潮(적조), 紅赤(홍적)
※'朱'가 '赤'보다 더 짙은 붉은 색으로 구별함.

74. 中 가운데 중　　中途(중도), 中秋(중추), 中毒(중독)
仲 버금 중　　仲介(중개), 仲秋(중추), 仲父(중부)
※'中秋'는 秋夕節, '仲秋'는 가을의 중간, 곧 음력 八月을 가리킴.

75. 贈 줄 증　　贈與(증여), 贈呈(증정), 寄贈(기증)
呈 드릴 정　　呈納(정납), 謹呈(근정), 奉呈(봉정)
※贈呈이라고 합쳐 쓰지만, '贈'은 위에서 아랫사람에게, '呈'은 아래에서 윗사람에게 드리는 것이다.

76. 指 손가락 지　　指南(지남), 指導(지도), 手指(수지)
脂 기름 지　　脂肪(지방), 油脂(유지), 樹脂(수지)

※肘(팔꿈치 주), 股(넓적다리 고), 肱(팔 굉) 등에서 유추하여 '脂'를 '指'로 오해하기 쉽다.

77. 志 뜻 지　　逸志(일지), 志願(지원), 篤志(독지)
誌 기록 지　　日誌(일지), 誌銘(지명), 雜誌(잡지)

※金九 선생이 지은「白凡逸志」의 '逸志'를 日誌로 써서는 안 된다.

78. 疾 병 질　　疾苦(질고), 疾患(질환), 眼疾(안질)
病 병 병　　病苦(병고), 病患(병환), 重病(중병)

※'疾'은 가벼운 아픔이고, '病'은 심한 아픔으로 구별함.

79. 采 캘 채　　采緞(채단), 喝采(갈채), 風采(풍채)
彩 채색 채　　彩色(채색), 彩筆(채필), 色彩(색채)

※'采'는 본래 '캐다'의 뜻이었으나, '무늬'의 뜻으로 쓰이게 되어, 다시 '採(캘 채)'자를 만들었다. '문채'는 '文采'와 '文彩'가 통용됨. '采緞'과 '彩緞'은 다른 뜻임.

80. 仟 일천 천　　壹仟(일천), 貳仟(이천), 參仟(삼천)
阡 두렁 천　　阡陌(천맥 : 阡은 남북, 陌은 동서로 낸 밭두렁)

※'千'의 갖은 數字로 '阡'을 쓰는 이가 많은데, '仟(일천 천)'으로 써야 옳다.

81. 畜 기를 축　　畜産(축산), 家畜(가축), 牧畜(목축)
蓄 쌓을 축　　蓄積(축적), 貯蓄(저축), 備蓄(비축)

※'牧畜'을 '牧蓄'으로 잘못 쓰기 쉽다.

82. 針 바늘 침　　針母(침모), 針才(침재), 細針(세침)
鍼 침 침　　鍼灸(침구), 鍼術(침술), 銅鍼(동침)

※'針'은 옷을 꿰매는 '바늘'의 뜻인데, '주사침'을 '注射鍼'이라 하지 않고 '注射針'으로 쓰고 있다.

83. 拓 박을 탁　　拓本(탁본)
搨 베낄 탑　　搨本(탑본), 搨寫(탑사), 搨影(탑영)

※'搨'은 본래 얇은 종이를 대고 원본과 같이 복사한다는 뜻이었는데, 지금은 '拓'과 같이 '탁본하다'의 뜻으로 쓰임.

84. 台 별이름 태　台閣(태각), 台覽(태람), 台安(태안)
臺 대 대　臺閣(대각), 臺本(대본), 舞臺(무대)
※ '台'에도 '거친살갗 대'로서 '대'의 음이 있지만 '타이완(臺灣)'을 '台灣'으로 써서는 안 됨. (중국에서는 略字로 쓰고 있음)

85. 敝 해질 폐　敝笠(폐립), 敝社(폐사), 敝店(폐점)
弊 해질 폐　弊習(폐습), 弊害(폐해), 弊衣(폐의)
※두 字가 通用되지만, 남에게 폐를 끼치는 뜻으로는 '弊'를 쓴다.

86. 舖 가게 포　鋪의 俗字
鋪 가게 포　店鋪(점포), 鋪道(포도), 鋪裝(포장)
※ '鋪'에는 '가게' 외에 '펴다, 깔다'의 뜻이 있다.

87. 皮 가죽 피　皮裘(피구), 皮革(피혁), 毛皮(모피)
革 가죽 혁　革帶(혁대), 革新(혁신), 改革(개혁)
※ '皮'는 털이 있는 채의 가죽이고, '革'은 털을 뽑은 가죽을 말함. '革'에는 '가죽' 외에 '고치다'의 뜻도 있다.

88. 閒 한가할 한　閒暇(한가), 閒寂(한적), 閒吟(한음)
閑 한가할 한　閑暇(한가), 閑寂(한적), 閑人(한인)
※둘 다 '한가할 한'으로 쓰이고 있으나, '閒'은 본래 '間(사이 간)'의 本字이다.

89. 銜 재갈 함　銜字(함자), 名銜(명함, 啣)
諱 꺼릴 휘　諱字(휘자), 忌諱(기휘), 尊諱(존휘)
※ '銜(재갈 함)'자를 우리 나라에서는 '성함'의 뜻으로도 쓰이는데, '銜字'는 남의 이름을 존칭할 때, '諱字'는 돌아가신 조상이나 높은 어른의 이름을 일컬을 때 쓰임.

90. 陜 좁을 협　陜隘(협애), 陜川(협천 > 합천)
陝 고을이름 섬　陝西省(섬서성)
※ '陜'자는 '人(사람 인)', '陝'자는 '入(들 입)'자로 써야 한다.

91. 挾 낄 협　挾攻(협공), 挾雜(협잡), 挾擊(협격)
狹 좁을 협　狹量(협량), 狹小(협소), 狹義(협의)
※ '狹', '陜', '峽(좁을 협 : 峽谷)' 3字가 通用字이면서도 구별되어 쓰인다.

92. 亨 형통할 형　亨通(형통), 元亨利貞(원형이정)
享 누릴 향　享樂(향락), 享壽(향수), 享宴(향연)
※ '亨(형통할 형)'자가 '드릴 향'으로서 '亨宴(향연)'으로도 쓰임.

93. 魂 넋 혼 魂怯(혼겁), 魂靈(혼령), 魂魄(혼백)
魄 넋 백 魄門(백문), 落魄(낙백), 死魄(사백)
※둘 다 '넋'의 訓으로 되어 있으나, '魂飛魄散'과 같이 '魂'은 靈魂을 뜻하고 '魄'은 肉身을 뜻함.

94. 忽 문득 홀 忽然(홀연), 疎忽(소홀), 忽待(홀대)
悤 바쁠 총 悤忙(총망), 悤悤(총총), 悤急(총급)
※忽(홀)과 悤(총)은 자형이 비슷하여 혼동되기 쉽다.

95. 荒 거칠 황 荒野(황야), 荒廢(황폐), 荒唐(황당)
慌 어리둥절할 황 慌惚(황홀), 慌忙(황망), 唐慌(당황)
※'荒唐'과 '唐慌'은 전연 다른 말인데, 요즘 혼동하여 쓰이고 있다.

96. 熏 연기낄 훈 熏腐(훈부), 熏夕(훈석), 熏風(훈풍)
薰 향풀 훈 薰氣(훈기), 薰陶(훈도), 薰風(훈풍)
※'훈풍'은 薰風과 熏風이 통용됨.

97. 洽 화합할 흡 洽覽(흡람), 洽足(흡족), 和洽(화흡)
恰 마치 흡 恰似(흡사), 恰當(흡당), 恰巧(흡교)
※中國에서는 '알맞다'는 뜻의 '흡당'은 '洽當,恰當' 중 어느 것으로 써도 됨.

98. 喜 기쁠 희 喜悅(희열), 喜鵲(희작), 歡喜(환희)
悅 기쁠 열 悅樂(열락), 悅服(열복), 法悅(법열)
※'喜'는 얼굴로 나타내는 기쁨이고, '悅'은 마음으로 기뻐함.

99. 戲 희롱할 희 戲劇(희극), 戲弄(희롱), 言戲(언희)
弄 희롱할 롱 弄奸(농간), 弄具(농구), 嘲弄(조롱)
※'戲'는 말로 희롱하는 것이고, '弄'은 손으로 가지고 노는 것이다.

100. 齒 이 치 齒牙(치아), 齒科(치과), 年齒(연치)
牙 어금니 아 牙城(아성), 牙牌(아패), 象牙(상아)
※ '齒'는 앞니, '牙'는 어금니를 뜻함. 齒科를 중국에서는 牙科라 함.

101. 禽 새 금 禽獸(금수), 家禽(가금), 猛禽(맹금)
獸 짐승 수 獸心(수심), 獸醫(수의), 鳥獸(조수)
※ '禽'은 조류(두 발), '獸'는 짐승(네 발)으로 구별함

102. 城 성 성　　城郭(성곽), 城柵(성책), 干城(간성)
郭 성 곽　　內郭(내곽), 外郭(외곽), 輪郭(윤곽)
※ 왕궁을 중심으로 30리 주위의 내성을 城, 70리 주위의 외성을 郭으로 구별함. '郭'이 姓氏로 쓰이게 되어 뒤에 廓(성 곽)자를 만들어 구별함.

103. 門 문 문　　門前(문전), 門閥(문벌), 家門(가문)
戶 문 호　　戶口(호구), 戶籍(호적), 門戶(문호)
※ 門은 쌍문, 戶는 외쪽문으로서 일반 백성이 사는 집의 문을 가리키므로 '戶口'는 일반백성의 집수와 식구를 뜻함.

104. 墳 무덤 분　　墳墓(분묘), 墳典(분전), 古墳(고분)
墓 무덤 묘　　墓幕(묘막), 墓碑(묘비), 省墓(성묘)
※ 墳은 봉분을 쌓아 올리는 무덤이고, 墓는 본래 '莫土'의 자형 그대로 봉분을 쌓지 않은 무덤이다.

105. 池 못 지　　池塘(지당), 硯池(연지), 天池(천지)
塘 못 당　　塘池(당지), 蓮塘(연당), 春塘(춘당)
※ 본래 둥근 연못을 池, 4각형의 연못을 塘으로 구별함.

106. 路 길 로　　路邊(노변), 路毒(노독), 街路(가로)
道 길 도　　道路(도로), 道理(도리), 車道(차도)
※ 본래 路는 수레의 길이 3개, 道는 수레의 길이 2개의 넓이 길. 1軌는 8尺이니 路는 24尺, 道는 16尺의 넓이.

107. 鑑 거울 감　　鑑銘(감명), 鑑定(감정), 龜鑑(귀감)
鏡 거울 경　　鏡面(경면), 銅鏡(동경), 眼鏡(안경)
※ 鑑은 본래 물을 담아 얼굴을 비추어 보던 그릇으로 거울의 뜻으로 쓰였고, 秦漢 때부터 銅鏡이 나타나자 鑑을 거울로 쓰지 않게 됨.

108. 言 말씀 언　　言語(언어), 言行(언행), 甘言(감언)
語 말씀 어　　語句(어구), 語法(어법), 口語(구어)
※ 본래 言은 스스로 하는 말일 때, 語는 남에게 대답하는 말일 때 썼음.

109. 具 갖출 구　　具備(구비), 具體(구체), 家具(가구)
俱 함께 구　　俱存(구존), 俱慶(구경), 俱惡(구악)
※ 古文에서는 2字가 通用되었으나, 西漢이후에는 구별하여 씀. '가구'를 '家俱'로 흔히 쓰는데 '家具'로 써야 한다.

8. 字形이 混同되기 쉬운 漢字

1	殼	각	껍질(殼質, 甲殼).	殳部 8획
	穀	곡	곡식(穀食, 糧穀). '穀' 는 '穀' 의 俗字	禾部 10획
2	干	간	방패(干戈), 관여하다(干涉), 막다(干拓).	干部 0획
	于	우	어조사, 전치사(于今, 貪于飮食)	二部 1획
3	渴	갈	목마르다(渴症, 解渴), 물이 잦다(渴水).	水部 9획
	喝	갈	꾸짖다(喝道), 고함치다(喝采). ※中國語에서는 '물을 마시다' 의 뜻으로 쓰임.	口部 9획
4	彊	강	굳세다(自彊).	弓部 13획
	疆	강	지경(疆域, 疆土), 끝(萬壽無疆).	田部 14획
5	綱	강	벼리(綱領, 紀綱).	糸部 8획
	網	망	그물(網紗, 魚網).	糸部 8획
6	岡	강	언덕(高岡). ※綱, 剛, 鋼 등에 '岡' 字를 써야 함.	山部 5획
	罔	망	그물(罔罟), 없다(罔極). 網(망), 惘(망) 등에 罔字를 써야 함.	网部 3획
7	慨	개	분개하다(慨嘆, 憤慨).	心部 11획
	概	개	평미레, 대개(概略, 大概).	木部 11획
8	丐	개	빌다(丐命), 거지(乞丐).	一部 3획
	丏	면	가리다. ※眄(면), 麪(면) 등의 部首.	一部 3획
9	建	건	세우다(建設, 創建).	廴部 6획
	健	건	튼튼하다(健康), 매우(健忘症).	人部 9획

10	儉	검	검소하다(儉素, 勤儉).	人部 13획
	險	험	험하다(險難, 保險).	阜部 13획
	檢	검	조사하다(檢問, 點檢).	木部 13획
11	隔	격	사이가 뜨다(隔離, 間隔).	阜部 10획
	融	융	화하다(融合), 통하다(金融).	虫部 10획
12	擊	격	치다(擊退, 攻擊).	手部 13획
	繫	계	매다(繫留, 連繫).	糸部 13획
13	遣	견	보내다(遣使, 派遣).	辶部 10획
	遺	유	남기다(遺産), 잃다(遺失), 유감(遺憾).	辶部 12획
14	稿	고	볏집, 원고(稿料, 原稿).	禾部 10획
	敲	고	두드리다(敲門, 推敲).	支部 10획
15	冠	관	갓(冠帶, 衣冠).	冖部 7획
	寇	구	도둑(寇誠, 倭寇).	宀部 8획
16	毌	관	꿰뚫다(貫의 古字). 姓으로 쓰임(毌丘儉)	毋部 0획
	毋	무	말다, 없다(毋望, 毋害).	毋部 0획
	母	모	어미(母親, 父母).	毋部 1획
17	巧	교	공교하다(巧妙), 꾸미다(技巧).	工部 2획
	攻	공	치다(攻擊), 닦다(攻玉).	支部 3획

	攷	고	考의 古字.	攴部 2획
	朽	후	썩다(朽落, 老朽).	木部 2획
18	求	구	구하다(要求), 빌다(求乞).	水部 2획
	救	구	건지다(救國, 救濟).	攴部 7획
19	卷	권	말다(卷軸, 席卷), 책(卷頭).	卩部 6획
	券	권	문서(券書, 證券).	刀部 6획
	劵	권	倦(게으를 권)의 本字(倦怠).	力部 6획
20	几	궤	안석(几席), 책상(几案).	几部 0획
	凡	범	무릇, 대강(凡例), 보통(凡夫).	几部 1획
21	斤	근	도끼(斤斧), 무게의 단위(斤兩).	斤部 0획
	斥	척	물리치다(斥和, 排斥), 엿보다(斥候).	斤部 1획
22	矜	긍	자랑하다(矜持), 불쌍히 여기다(矜恤).	矛部 4획
	務	무	힘쓰다(勤務).	力部 9획
23	期	기	기다리다(期待), 약속하다(期約), 때(滿期), 정하다(期必).	月部 8획
	欺	기	속이다(欺瞞, 詐欺).	欠部 8획
	斯	사	이(斯界, 如斯), 잠깐(斯須).	斤部 8획
24	技	기	재주(技巧, 技倆, 競技).	手部 4획
	枝	지	가지(枝葉, 柯枝), 육손이(枝指).	木部 4획

25	記	기	적다(記錄, 暗記).	言部 3획
	紀	기	벼리, 기강(紀綱), 기록하다(紀念).	糸部 3획
26	怒	노	성내다(怒氣, 忿怒).	心部 5획
	恕	서	용서하다(容恕).	心部 6획
27	旦	단	아침(元旦).	日部 1획
	且	차	또(重且大), 만일(且如), 우선(且置).	一部 4획
28	代	대	대신(代理), 시대(漢代), 대(當代).	人部 3획
	伐	벌	치다(征伐), 베다(伐木).	人部 4획
29	到	도	이르다(到達), 찬찬하다(周到).	刀部 6획
	致	치	이루다(致富), 버리다(致命), 이르다(致死).	至部 3획
30	郞	랑	사내(郞君, 新郞).	邑部 7획
	朗	랑	밝다(明朗), 소리 높이(朗讀).	月部 7획
31	梁	량	들보(棟梁), 성씨(梁氏), 다리(橋梁).	木部 7획
	粱	량	기장(粱米), 수수(高粱).	米部 7획
	樑	량	들보(棟樑). ※梁과 通用.	木部 11획
32	歷	력	지내다(歷史, 經歷).	止部 12획
	曆	력	책력(曆日, 陽曆).	日部 12획
33	練	련	익히다(練習, 訓練). ※국어 사전에 鍊習, 訓鍊으로 도 쓰였으나, 마땅히 練字를 써야 함.	糸部 9획

	鍊	련	불리다(鍊金, 鍛鍊).	金部 9획
34	綠	록	초록빛(綠茶, 新綠).	糸部 8획
	緣	연	연줄(緣分, 結緣), 가장자리(緣界).	糸部 9획
35	栗	률	밤(栗房, 生栗), 떨다(栗烈).	木部 6획
	票	표	쪽지(票決, 投票, 車票).	示部 6획
	粟	속	조(粟帛, 米粟).	米部 6획
36	摩	마	문지르다(摩擦, 按摩), 닿다(摩天樓).	手部 11획
	磨	마	갈다(磨滅, 硏磨), 연자매(磨石).	石部 11획
37	漠	막	넓다(廣漠), 어둡다(漠然).	水部 11획
	摸	모	찾다(摸索).	手部 11획
	模	모	본(模範), 본뜨다(模造), 모양(模樣).	木部 11획
	膜	막	꺼풀(膜質, 皮膜).	肉部 11획
	謨	모	꾀(嘉謨).	言部 11획
38	末	말	끝(末端, 末年), 말세(末世), 가루(粉末).	木部 1획
	未	미	아니다(未及, 未婚), 양띠의 地支(癸未).	木部 1획
39	買	매	사다(買收, 買辦, 購買).	貝部 5획
	賣	매	팔다(賣買). 中國語에서는 賣買를 買賣로 씀.	貝部 8획
	賈	고	장사(賈船, 商賈), 성씨 (가)(賈氏).	貝部 6획

40	昧	매	어둡다(昧者, 曖昧).	日部 5획
	眛	매	눈어둡다(眛踪).	目部 5획
41	棉	면	목화(棉花, 木棉).	木部 8획
	綿	면	솜(綿絲, 石綿), 이어지다(綿綿), 얽히다(綿繞). ※緜(糸部 9획)으로도 쓰임.	糸部 8획
42	免	면	벗어나다(免職), 허락하다(免許).	儿部 5획
	兎	토	토끼(兎辱). ※免(면)은 7획, 兎(토)는 8획, 逸(일)은 免(면)이 아니라 兎(토)를 써야 함.	儿部 6획
43	眠	면	자다(睡眠, 永眠).	目部 5획
	眼	안	눈(眼球), 보다(眼識).	目部 6획
44	皿	명	그릇(器皿). ※盆(분), 盒(합), 盃(배) 등의 部首.	皿部 0획
	血	혈	피(血液), 骨肉(血肉).	血部 0획
45	戊	무	다섯째 天干(戊午, 戊夜).	戈部 1획
	戍	수	수자리(戍樓, 烽戍).	戈部 2획
	戌	술	개, 열 한번째 地支(戌時, 甲戌).	戈部 2획
	戉	월	도끼. ※越(월), 鉞(월)字 등의 몸으로 쓰임.	戈部 1획
46	微	미	작다(微量, 細微).	彳部 10획
	徵	징	부르다(徵募).	彳部 12획
	徽	휘	아름답다, 표기(徽章).	彳部 14획
47	密	밀	빽빽하다(密集), 은밀하다(密告).	宀部 8획

	蜜	밀	꿀(蜜蜂, 蜜月).	虫部 8획
48	班	반	나누다(兩班). ※班은 두 玉字 가운데 刀(刂)字를 쓴 字形.	玉部 6획
	斑	반	얼룩(斑文, 斑白).	文部 8획
49	倍	배	곱(倍加, 百倍).	人部 8획
	培	배	북돋우다(培養, 栽培).	土部 8획
	陪	배	모시다(陪行, 陪席).	阜部 8획
	剖	부	쪼개다(剖棺, 解剖).	刀部 8획
50	辨	변	분별하다(辨明, 分辨).	辛部 9획
	辯	변	말 잘하다(辯論, 詭辯).	辛部 14획
51	攴	복	部首로만 쓰임(敍, 敲), 등글월문(攵)과 같음(改, 敎).	攴部 0획
	支	지	가르다(支流), 버티다(支持), 치르다(支拂), 갈림길(支徑).	支部 0획
52	傅	부	스승(師傅), 돕다(傅輔).	人部 10획
	傳	전	전하다(傳來, 遺傳).	人部 11획
53	付	부	주다(付與), 부치다(送付), 부탁하다(付託).	人部 3획
	附	부	붙이다(附着), 접근하다(附近).	阜部 5획
54	市	불	슬갑(膝甲), 사람 이름(徐市). ※芾(불), 肺(폐) 등은 4획의 市로 써야 함.	巾部 1획
	市	시	저자, 시장(市價), 도시(市街). ※柿는 柹의 俗字.	巾部 2획
55	瑞	서	상서(瑞氣, 祥瑞).	玉部 9획

	端	단	끝(末端), 바르다(端正), 실마리(端緖).	立部 9획
56	錫	석	주석(錫杖, 銀錫). ※이름자에 흔히 쓰임.	金部 8획
	鍚	양	당노, 말 이마에 대는 장식. ※易(역)과 昜(양)을 구별해서 써야 함.	金部 9획
57	涉	섭	건너다(涉獵, 交涉).	水部 7획
	陟	척	오르다(陟降), 나아가다(進陟).	阜部 7획
58	小	소	작다(小兒), 겸양의 뜻(小子), 좁다(小路).	小部 0획
	少	소	적다(少數), 젊다(少年).	小部 1획
59	囚	수	가두다(囚徒), 죄인(囚人).	囗部 2획
	因	인	인하다(因果, 原因).	囗部 3획
	困	곤	곤하다(困難), 가난하다(貧困).	囗部 4획
	囷	균	곳집(囷倉).	囗部 5획
60	帥	수	장수(元帥, 將帥).	巾部 6획
	師	사	스승(師範, 敎師), 군사(師團).	巾部 7획
61	肅	숙	엄숙하다(肅然, 整肅), 정제하다(肅淸).	聿部 7획
	蕭	소	쓸쓸하다(蕭瑟, 蕭條), 쑥(艾蕭).	艸部 12획
	簫	소	퉁소(簫笛, 洞簫).	竹部 12획
62	述	술	짓다(著述), 말하다(述懷).	辵部 5획
	逑	구	짝(君子好逑).	辵部 7획

63	升	승	되(升斗), 오르다(升降).	十部 2획
	昇	승	오르다(昇降, 上昇), 죽다(昇遐).	日部 4획
	陞	승	오르다(陞級, 陞進). '오르다'의 뜻으로는 升, 昇, 陞 등 3字가 通用. 옛날에는 升字만을 씀.	阜部 7획
64	豕	시	돼지(遼東豕). ※豚(돈), 豪(호), 豬(저), 象(상) 등의 部首.	豕部 0획
	豖	축	발 얽은 돼지걸음. ※啄(탁), 涿(탁), 琢(탁), 塚(총) 등에 쓰인 字는 豕(시)가 아니라, 豖(축)이다.	豕部 1획
65	侍	시	모시다(侍奉, 內侍).	人部 6획
	待	대	기다리다(待客, 期待), 대접하다(待接).	彳部 6획
	恃	시	믿다(恃賴).	心部 6획
66	施	시	베풀다(施設), 주다(施肥).	方部 5획
	旅	려	나그네(旅客), 군사(旅團).	方部 6획
	旋	선	돌다(旋回, 周旋).	方部 7획
67	植	식	심다(植木), 근거를 두게하다(植民).	木部 8획
	殖	식	불리다(殖財). ※우리 나라에서는 植民과 殖民을 通用하지만 中國語에서는 殖民만을 씀.	歹部 8획
68	哀	애	슬프다(哀悼, 悲哀).	口部 6획
	衰	쇠	쇠하다(衰弱, 老衰).	衣部 4획
69	易	역	바꾸다(貿易). ※'쉽다(容易)'의 뜻으로 쓸 때는 「이」音이다. 錫(석), 惕(척) 등에 8획의 易을 씀.	日部 4획
	昜	양	陽의 古字. ※場(장), 揚(양), 鍚(양) 등에는 9획의 昜을 씀.	日部 5획
70	捐	연	주다, 버리다(捐金, 義捐).	手部 7획

	損	손	잃다(損失, 破損).	手部 10획
	狷	견	절의를 지키다(狷介, 高狷).	犬部 7획
71	嗚	오	탄식하는 소리(嗚呼噫嘻), 흐느껴 울다(嗚咽, 嗚唈).	口部 10획
	鳴	명	울다(共鳴, 孤掌難鳴).	鳥部 3획
72	欲	욕	하고자 하다(欲望).	欠部 7획
	慾	욕	욕심(慾情, 貪慾). ※본래 欲이지만 慾으로도 通用.	心部 11획
73	友	우	벗(親友, 友誼).	又部 2획
	犮	발	개달아나다(犮乙). ※拔(발), 髮(발) 등은 友(우)가 아니라, 5획의 犮(발)로 써야 함.	犬部 1획
74	援	원	돕다(援護, 聲援), 당기다(援引).	手部 9획
	媛	원	미녀(才媛).	女部 9획
	暖	난	따뜻하다(暖流, 溫暖).	日部 9획
	緩	완	느리다(緩行), 느슨하다(緩和).	糸部 9획
75	游	유	헤엄치다(游泳), 노닐다(游玩). ※遊와 通用.	水部 9획
	遊	유	놀다(遊戲, 野遊), 교유하다(交遊), 유세하다(遊說), 유학하다(遊學).	辵部 9획
76	戎	융	오랑캐(西戎), 무기(戎馬), 병사(戎歌).	戈部 2획
	戒	계	경계하다(戒嚴), 삼가다(戒律) ※賊(적)은 戎(융)을, 械(계)에는 戒(계)를 씀.	戈部 3획
77	隱	은	숨다(隱居), 은어(隱語).	阜部 14획
	穩	온	평온하다(穩健, 平穩).	禾部 14획

78	刺	자	찌르다(刺殺(자살 · 척살), 刺客), 바느질하다(刺繡).	刀部 6획
	剌	랄	어그러지다(剌謬), 물고기 뛰는 소리(潑剌).	刀部 7획
79	朿	자	가시, 刺(자), 策(책), 棘(극), 棗(조) 등은 가시와 관계되어 있기 때문에 朿(자)로 씀.	木部 2획
	束	속	묶다(結束), 약속하다(約束).	木部 3획
80	勺	작	구기(국자의 일종), 1홉(合)의 10분의 1(升勺).	勹部 1획
	勻	균	적다, 고르다(勻敎, 勻體).	勹部 2획
81	杖	장	지팡이(杖國, 錫杖), 때리다(杖殺).	木部 3획
	枚	매	줄기, 장(十枚), 낱낱이(枚擧).	木部 4획
82	哉	재	어조사(快哉, 哀哉).	口部 6획
	栽	재	심다(栽培, 盆栽).	木部 6획
	裁	재	마르다(裁斷), 결단하다(裁判), 헤아리다(裁可).	衣部 6획
	載	재	싣다(載送, 積載), 적다(記載).	車部 6획
83	沮	저	막다(沮止), 꺾이다(沮喪).	水部 5획
	阻	조	막히다(積阻).	阜部 5획
	詛	저	저주하다(詛呪).	言部 5획
84	賊	적	도둑(賊徒, 盜賊), 역적(逆賊).	貝部 6획
	賦	부	구실(賦役), 주다(賦與), 매기다(賦課).	貝部 8획
85	摘	적	따다(摘要), 들추어내다(指摘).	手部 11획

	敵	적	원수(敵將), (匹敵).	攴部 11획
86	折	절	꺾다(折折), 꺾이다(折辱, 挫折).	手部 4획
	坼	탁	터지다(坼裂).	土部 5획
	析	석	가르다(析出, 解析).	木部 4획
87	㔾	절	병부(兵符). ※卩과 같음. 印, 卽, 節 등의 卩과 範의 㔾.	卩部 0획
	己	기	몸(己身, 自己).	己部 0획
	已	이	그치다(而已), 이미(已往).	己部 0획
	巳	사	뱀(巳生, 己巳).	己部 0획
88	廷	정	조정(宮廷). ※庭(뜰 정)은 家庭의 뜻으로 씀.	廴部 4획
	延	연	끌다(延期). ※誕(탄), 筵(연) 등은 延(연)을 써야 함.	廴部 4획
89	齊	제	가지런하다(齊齒, 均齊).	齊部 0획
	齋	재	재계하다(齋戒), 집(齋室, 書齋).	齊部 3획
90	爪	조	손톱(爪甲), 할퀴다(爪痕).	爪部 0획
	瓜	과	오이(瓜田, 黃瓜).	瓜部 0획
91	鍾	종	술잔(鍾子), 모이다(鍾念). ※이름자에 鐘(쇠북 종)字를 鍾(종)으로 쓰는 것은 잘못임.	金部 9획
	鐘	종	종, 쇠북(鐘閣, 編鐘).	金部 12획
92	坐	좌	앉다(坐視, 正坐). ※動詞.	土部 4획
	座	좌	자리(座席, 王座). ※名詞.	广部 7획

93	住	주	살다(住居, 安住).	人部 5획
	往	왕	가다(往復, 往來), 예(往事), 이따금(往往).	彳部 5획
94	奏	주	아뢰다(奏請), 연주하다(演奏).	大部 6획
	秦	진	나라 이름(秦始皇).	禾部 5획
	泰	태	크다(泰山), 편안하다(泰平).	水部 5획
95	衆	중	무리(衆論, 觀衆).	血部 6획
	象	상	코끼리(象牙), 모양(形象).	豕部 5획
96	曾	증	일찍(曾經), 거듭하다(曾孫).	曰部 8획
	會	회	모이다(會合), 도시(都會).	曰部 9획
97	陣	진	진치다(陣營, 布陣), 전쟁(陣痛).	阜部 7획
	陳	진	베풀다(陳列), 묵다(陳腐), 성씨(陳氏).	阜部 8획
98	差	차	어긋나다(差異, 誤差).	工部 7획
	着	착	붙다(附着), 입다(着服), 손대다(着手). ※著의 俗字(艸部 9획).	目部 7획
	羞	수	부끄럽다(羞恥, 含羞), 음식물(養羞).	羊部 5획
99	刹	찰	절(寺刹), 짧은 시간(刹那). ※點이 있어야 함.	刀部 7획
	殺	살	죽이다(殺害), 빠를(殺到(쇄도)). ※點이 있어야 함.	殳部 7획
100	彰	창	밝히다(彰善, 表彰).	彡部 11획
	障	장	막다(障壁), 지장(故障).	阜部 11획

101	淺	천	얕다(淺見, 深淺).	水部 8획
	殘	잔	남다(殘額, 敗殘), 잔인하다(殘忍).	歹部 8획
	踐	천	밟다(踐歷), 이행하다(實踐).	足部 8획
	賤	천	천하다(賤視, 貧賤), 자기 겸칭(賤妾).	貝部 8획
	錢	전	돈(錢票, 銅錢).	金部 8획
102	抄	초	뽑아 적다, 가리다(抄錄, 抄本).	手部 4획
	秒	초	시간 단위(秒速, 分秒).	禾部 4획
103	推	추	밀다(推薦, 推敲(퇴고)), 헤아리다(推測).	手部 8획
	雉	치	꿩(雉湯, 雄雉).	隹部 5획
	稚	치	어리다(稚子, 幼稚), 유치하다(稚拙).	禾部 8획
	堆	퇴	쌓다(堆積, 堆肥).	土部 8획
104	朮	출	차조(朮酒), 삽주(白朮). ※述(술), 術(술), 秫(출)의 音部로 쓰인 字는 求(구)가 아니라, 朮(출)이다.	木部 1획
	求	구	구하다(求人), 빌다(求乞).	水部 2획
105	則	칙	법(法則, 規則), 본받다(則效), 곧(言則是也(언즉시야)).	刀部 7획
	側	측	곁(側面, 右側), 뒤척거리다(反側).	人部 9획
	惻	측	슬퍼하다(惻隱).	心部 9획
	測	측	헤아리다(測量, 億測).	水部 9획
	廁	측	뒷간(廁間, 廁鼠).	广部 9획

106	托	탁	받치다(托盤). ※국어 사전에 依托(의탁)과 依託(의탁)이 같이 쓰이고 있으나 원칙은 依托이 맞지 않음.	手部 3획
	託	탁	부탁하다(依託, 請託, 託兒所).	言部 3획
107	貪	탐	탐하다(貪慾, 食貪).	貝部 4획
	貧	빈	가난하다(貧困, 淸貧).	貝部 4획
108	態	태	모양(態度, 形態).	心部 10획
	熊	웅	곰(熊膽, 白熊).	火部 10획
109	坡	파	고개(坡岸, 靑坡).	土部 5획
	破	파	깨뜨리다(破壞, 打破).	石部 5획
110	項	항	목(項鍾), 조목(項目, 事項).	頁部 3획
	頃	경	잠시(頃刻), 쯤(十日頃), 백이랑(萬頃).	頁部 2획
	傾	경	기울다(傾斜, 左傾).	人部 11획
111	幸	행	다행하다(幸福), 사랑하다(幸臣).	干部 5획
	羍	달	어린 양. ※達(달)字는 幸(행)이 아니라 羍(달)을 써야 함.	羊部 3획
112	杏	행	살구(杏仁, 杏花), 은행(銀杏).	木部 3획
	杳	묘	어둡다, 멀다(杳然, 深杳).	木部 4획
	香	향	향기(香氣, 芳香).	香部 0획
113	陜	협	좁다(陜隘). ※陜(협)은 人(인)字, 陝(섬)은 入(입)字를 씀. 지명의 陜川은 '합천'으로 발음함.	阜部 7획
	陝	섬	고을 이름(陝西省).	阜部 7획

114	虎	호	호랑이(虎皮, 猛虎).	虍部 2획
	虛	허	비다(虛空, 虛無).	虍部 6획
	虐	학	모질다(虐待, 自虐).	虍部 3획
	處	처	곳(處所), 처리하다(處理).	虍部 5획
115	渾	혼	섞이다(渾然, 渾融), 모두(渾身), 흐리다(渾濁), 크다(渾元), 둥글다(渾大).	水部 9획
	揮	휘	휘두르다(揮毫), 지시하다(指揮).	手部 9획
	輝	휘	빛나다(輝煌, 光輝).	車部 8획
116	忽	홀	문득(忽然).	心部 4획
	怱	총	바쁘다(怱忙, 怱怱).	心部 5획
117	禾	화	벼(禾苗, 禾粟).	禾部 0획
	禾	계	나무 끝을 구부려 올라가지 못하게 하다. ※部首로만 쓰임(稽·秫). 禾(계)는 禾(화)와 달리 첫 획이 짧다.	禾部 0획
118	幻	환	변하다(變幻), 미혹하다(幻惑, 幻覺), 허깨비(幻影).	幺部 1획
	幼	유	어리다(幼年), 어린아이(長幼).	幺部 2획
119	侯	후	제후(侯爵, 諸侯).	人部 7획
	候	후	철(候鳥, 氣候), 기다리다(候補).	人部 8획
	喉	후	목구멍(喉舌, 咽喉).	口部 9획
120	姬	희	아씨(舞姬, 美姬). ※ '𦣝' 는 본래 턱의 모양을 그린 象形字인데, 뒤에 聲符로 쓰이자, 頤(턱이)자를 또 만듬.	女部 6획
	姫	진	삼가다. ※지금은 姬의 약자로 쓰임.	女部 6획

9.部首의 位置가 바뀌어도 通用되는 漢字

①	羣 → 群	무리 군	群落, 群衆, 群雄
②	略 → 畧	다스릴 략	略圖, 略少, 略歷
③	鵝 → 鵞	거위 아	鵝掌, 白鵝, 鵝黃
④	峰 → 峯	봉우리 봉	山峰, 峰頭, 峰頂
⑤	鄰 → 隣	이웃 린	隣國, 隣近, 善隣
⑥	綿 → 緜	솜 면	綿織, 綿布, 海綿
⑦	裡 → 裏	속 리	裡面, 裡書, 表裡
⑧	胸 → 胷	가슴 흉	胸部, 胸襟, 胸背
⑨	脅 → 脇	겨드랑이 협	脅迫, 脅勒, 威脅
⑩	慚 → 慙	부끄러울 참	慚愧, 無慚

⑪	松 → 枀	소나무 송	松花, 松柏, 松餠
⑫	棋 → 棊	바둑 기	棋聖, 棋士, 將棋 ※'碁'로도 쓰임.
⑬	鵂 → 鵀	수리부엉이 휴	鵂鶹(휴류) : 올빼미과의 총칭
⑭	裙 → 裠	치마 군	羅裙, 紅裙, 舞裙
⑮	裘 → 裘	가죽옷 구	鹿裘, 皮裘, 貂裘
⑯	裵 → 裴	옷치렁치렁할 배	※ '裴'는 '裵'의 俗字이지만 姓氏에서는 두 글자를 조상에 따라 구별해서 쓰고 있다.
⑰	飄 → 飃	질풍 표	飄然, 飄風, 飄逸
⑱	闊 → 濶	넓을 활	闊達, 闊步, 廣闊
⑲	匯 → 滙	물돌 회	※ '回'자와 통용됨. 中國에서 '匯票'는 '어음'의 뜻.
⑳	夠 → 够	많을 구	※우리 나라에서는 잘 쓰이지 않지만, 中國에서는 '넉넉하다'는 뜻으로 흔히 쓰인다.
㉑	讐 → 讎	원수 수	讐仇, 怨讐, 讐校
㉒	槁 → 稾	마른나무 고	槁梧(거문고의 별칭), 凋槁

㉓	稿 → 槀	원고 고	原稿, 草稿, 稿料
㉔	豁 → 𧮯	소통할 활	豁達, 豁然, 豁如
㉕	塹 → 壍	구덩이 참	塹壕(참호), 坑塹(갱참)
㉖	谿 → 嵠	시내 계	谿谷, 淸谿, 深谿
㉗	蘇 → 蘓	차조기 소	蘇生, 紫蘇, 蘇香
㉘	桃 → 㭘	복숭아 도	桃花, 天桃, 桃源
㉙	梅 → 楳	매화 매	梅實, 梅雨, 寒梅
㉚	摩 → 攠	문지를 마	摩擦, 摩天樓, 摩旨 (부처에게 올리는 밥)
31	詞 → 䛐	말 사	詞章, 詞林, 歌詞
32	鑑 → 鑒	거울 감	鑑銘, 鑑定, 龜鑑
33	槪 → 槩	평미레 개	槪念, 槪略, 梗槪
34	憩 → 憇	쉴 게	休憩室, 遊憩

35	檠 → [illegible]	도지개 경	短檠, 燈檠
36	靠 → [illegible]	기댈 고	靠近(가깝다), 靠椅
37	崑 → 崐	산이름 곤	崑崙山, 崑崙片玉
38	崛 → 崫	굴뚝 굴	崛室, 崛穴
39	夥 → [illegible]	많을 과	夥多, 夥數, 夥伴
40	蝌 → [illegible]	올챙이 과	蝌蚪, 蝌蚪文字
41	魂 → [illegible]	넋 혼	魂魄, 魂怯, 魂靈
42	魄 → [illegible]	넋 백	魄門, 落魄, 亡魄
43	**島 → 嶌**(嶋)	섬 도	**島**嶼, **島**配, 孤**島** ※일반적으로 '島' 자를 씀
44	嶼 → [illegible]	섬 서	邊嶼, 群嶼, 長嶼
45	仙 → 仚	신선 선	仙桃, 仙境, 神仙
46	屺 → [illegible]	민둥산 기	屺山

47	峨 → 峩	산높을 아	峨冠, 峨峨, 嵯峨
48	崖 → 厓	벼랑 애	崖壁, 崖岸, 懸崖
49	嶽 → 獄	큰산 악	嶽公, 五嶽, 山嶽
50	崙 → 崘	산이름 륜	崑崙山
51	崩 → 塴	무너질 붕	崩壞, 崩御, 雪崩
52	崢 → 崝	가파를 쟁	崢嶸, 崢嶸
53	嵬 → 嵔	높을 외	嵬瑣, 嵬峨, 嵬巍
54	鑑 → 鑒	거울 감	鑑定, 鑑銘, 龜鑑
55	巍 → 魏	높을 외	巍峨, 巍然, 巍巍
56	巖 → 巗	바위 암	巖窟, 巖盤, 巖石
57	融 → 螎	화할 융	融合, 融和, 融解
58	蟠 → 蟠	서릴 반	蟠桃, 蟠龍, 蟠據

59	蟹 → 蠏	게 해	蟹眼, 蟹行, 魚蟹
60	蚊 → 蟁	모기 문	蚊脚, 蚊帳, 見蚊拔劍
61	虓 → 虖	범울 효	虓吼, 虓怒, 虓將
62	茀 → 岪	산길 불	茀鬱, 茀蔚, 茀茀
63	巃 → 巄	가파를 롱	巃嵸
64	嵯 → 嵳	우뚝할 차	峨嵯, 嵯峨
65	崒 → 崪	험할 줄	崒手
66	案 → 桉	책상 안	案席, 案前, 案件
67	條 → 絛	가지 조	條件, 條約, 條項
68	棠 → 樘	아가위 당	棠梨, 海棠, 甘棠
69	槊 → 矟	창 삭	劍槊, 矛槊, 刀槊
70	橛 → 橜	말뚝 궐	橛橛, 門橛

10. 部首의 位置가 바뀌면 뜻이 달라지는 漢字

1	架	시렁 가	架橋(가교), 架子(가자), 筆架(필가)	※ '枷'는 '칼'이라 하여 중죄인의 목에 씌우던 刑具의 일종
	枷	도리깨 가	械枷(계가), 死囚枷(사수가)	
2	杲	밝을 고	杲杲(고고), 杲乎(고호)	※ 평원에서 해가 뜨고 지는 것을 象形한 字임을 알 수 있다.
	杳	어두울 묘	杳然(묘연), 空杳(공묘), 霧杳(무묘)	
3	棘	가시 극	棘門(극문), 棘刺(극자), 荊棘(형극)	※ 대추나무는 가시가 있는 나무 중에 가장 크기 때문에 上下로 배열하였다.
	棗	대추 조	棗樹(조수), 大棗(대조), 乾棗(건조)	
4	旼	온화할 민	旼旼(민민)	※ '旼'과 '旻'은 通用되기도 한다.
	旻	하늘 민	旻天(민천), 高旻(고민), 蒼旻(창민)	
5	旰	해질 간	爛旰(난간), 宵旰(소간), 日旰(일간)	
	旱	가물 한	旱災(한재), 旱害(한해), 旱魃(한발)	
6	早	일찍 조	早晩(조만), 早退(조퇴), 尙早(상조)	※ '旪'은 '協'(합할 협)의 古字.
	旪	합할 협	協同(협동), 協心(협심), 妥協(타협)	
7	昱	빛날 욱	昱耀(욱요), 昱昱(욱욱)	
	音	소리 음	音樂(음악), 音聲(음성), 轟音(굉음)	
8	杏	살구 행	杏仁(행인), 杏花(행화), 銀杏(은행)	
	呆	어리석을 매	阿呆(아매), 癡呆(치매)	
9	古	옛 고	古宮(고궁), 古都(고도), 考古(고고)	
	叶	화합할 협	叶韻(협운)	

10	吟	읊을 음	吟味(음미), 吟咏(음영), 呻吟(신음)
	含	머금을 함	含量(함량), 含蓄(함축), 包含(포함)
11	岒	산이름 검	岒峨(검아)
	岑	봉우리 잠	岑樓(잠루), 岑巖(잠암), 岑蔚(잠울)
12	忘	잊을 망	忘却(망각), 忘憂(망우), 健忘(건망)
	忙	바쁠 망	忙中閑(망중한), 奔忙(분망)
13	忠	충성 충	忠誠(충성), 忠信(충신), 盡忠(진충)
	忡	근심할 충	忡怛(충달), 忡悵(충창), 忡忡(충충)
14	怠	게으를 태	怠慢(태만), 怠業(태업), 倦怠(권태)
	怡	기뻐할 이	怡顔(이안), 怡悅(이열), 歡怡(환이)
15	悲	슬플 비	悲觀(비관), 悲哀(비애), 喜悲(희비)
	悱	표현못할 비	
16	愈	나을 유	愈益(유익), 愈來愈好(유래유호)
	愉	즐거울 유	愉快(유쾌), 愉樂(유락), 和愉(화유)
17	意	뜻 의	意味(의미), 意慾(의욕), 故意(고의)
	愔	화평할 음	실제 사용례가 별로 없음
18	愁	시름 수	愁心(수심), 愁感(수감), 哀愁(애수)
	愀	근심할 초	
19	屮	싹날 철	艸(풀 초)자의 한쪽 부분
	巾	수건 건	巾帽(건모), 巾子(건자), 手巾(수건)
20	帀	두를 잡	帀旬(잡순)
	㞢	갈 지	'之(갈 지)'의 古字. 之東之西(지동지서)

21	念	생각 념	念慮(염려), 念願(염원), 紀念(기념)
	忴	마음 급할 검	
22	忍	성낼 의	
	忉	근심할 도	忉怛(도달), 忉忉(도도)
23	忌	꺼릴 기	忌故(기고), 忌憚(기탄), 忌避(기피)
	忋	믿을 개	
24	忥	어리석을 흘	
	忔	기쁠 흘	
25	忿	분할 분	忿懲(분격), 忿怒(분노), 分恨(분한)
	恀	얽크러질 분	
26	怒	성낼 노	怒氣(노기), 怒罵(노매), 怒濤(노도)
	怓	심란할 뇨	
27	惡	악할 악	惡感(악감), 惡鬼(악귀), 憎惡(증오)
	悪	속답답할 아	
28	慕	사모할 모	慕心(모심), 思慕(사모), 追慕(추모)
	慔	힘쓸 모	
29	慝	간악할 특	邪慝(사특), 慝惡(특악), 奸慝(간특)
	㥾	부끄러울 닐, 속으로 부끄러워할 닉	
30	晁	아침 조	'朝'의 古字
	眺	밝을 조	

11. 象形字에서 파생된 글자

(1) 木의 字源 (派生字 약 1000字)

(甲骨文) (金文) (小篆) (隷書) (楷書)

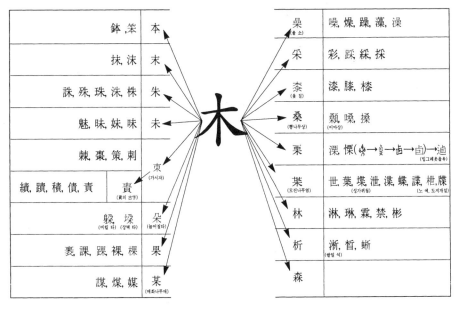

木

鉢 ,笨	本
抹, 沫	末
誅, 殊, 珠, 洙, 株	朱
魅, 昧, 妹, 味	未
棘, 棗, 策, 刺	朿 (가시자)
績, 蹟, 積, 債, 責	朿 → 責 (責의 古字)
躱(비킬 타), 垜(장벽 타)	朵 (늘어질타)
裹, 課, 踝, 裸, 棵	果
謀, 煤, 媒	某 (매화나무매)

喿 (울 소)	噪, 燥, 躁, 藻, 澡
采	彩, 踩, 綵, 採
桼 (옻 칠)	漆, 膝, 榛
桑 (뽕나무상)	顙(이마상), 嗓, 搡
栗	溧, 慄(→→→卣)→逌 (빙그레웃을유)
枼 (모진나무엽)	世, 葉(성가퀴첩), 堞, 泄, 渫, 蝶, 諜, 枻, 牒(노 예, 도지개설)
林	淋, 琳, 霖, 禁, 彬
析	淅(쌀일 석), 晳, 蜥
森	

木의 派生字	木　　名	松, 栢, 桃, 杜, 柳, 杏, 楮, 楓, 槐, 榴, 櫻, 欅, 欖, 檎, 檀, 樺, 橡, 橘
	部 分 名	本, 末, 根, 枝, 果, 朿, 柯, 核
	加工品名	杵, 枕, 板, 枷, 架, 梲, 柴, 柱, 案, 梯, 桶, 棺, 棹, 棚, 楹, 橋, 橛
	動　　態	枯, 朽, 染, 格, 栽, 棲, 植, 査, 業, 構, 檢

木의 部首	木이 本字	本, 末, 朿, 朱, 東, 果
	木이 위에	李, 査
	木이 아래에	架, 染, 栗
	木이 왼쪽에	朴, 材, 村, 杯, 析, 松, 枝, 板, 柳, 栢, 株, 校, 桃, 棟
	木이 거듭	林, 森

(2) 日의 字源 (派生字 약 300字)

(甲骨文) → (金文) → (小篆) → (隷書) → (楷書)

但, 坦, 亶(壇), 檀, 疸, 袒	旦
伯, 怕, 拍, 泊, 帛, 柏, 舶, 迫, 魄, 碧	白 (異說도 있음)
卓, 悼, 棹, 掉	早
陽, 揚, 場, 湯, 觴, 楊, 腸, 暢, 傷	昜
潮, 嘲, 廟	朝
暮, 漠, 模, 膜, 募, 慕, 幕, 墓	莫
	杲 (밝을고)
	杳 (어두울묘)
借, 惜, 措, 錯, 鵲	昔
混, 棍, 琨, 鯤, 鵾	昆
乾, 幹, 斡, 韓	倝 (해돋을 간)

日

是	湜, 堤, 提, 題, 匙
昏(昬)	婚, 惛, 涽
冥	溟, 暝
暴	曝, 瀑
㬎 (나타날 현)	顯, 濕
貟(㒰) (벽틈극)	隙
皇	煌, 惶, 徨, 凰, 篁
晉	搢, 縉
春	椿, 蠢
昌	倡, 娼, 猖, 菖
旬	洵, 殉, 詢, 荀, 筍

日의派生字	햇빛의 밝음	明, 昕, 昭, 旻, 昶, 晃, 晟, 晤, 晧, 晥, 晞, 景, 晳, 晴, 暈, 暢, 曜, 曠, 曦, 旭, 暸 曄, 晶
	어두움	昏, 昧, 晻, 晻, 暗, 暝, 曇, 曀 曖, 曚
	시간, 계절	旦, 旬, 早, 昔, 昒 昨, 春, 晌 時, 晩, 晨, 晝, 晦, 暮, 暫, 曉, 曅 曙, 曛 曩 昉, 晬
	따뜻함	旼, 昜(陽), 昫 暖, 暑, 暄, 曝, 曬 旱
	해의 움직임	昪, 昂, 昜, 昃 映, 晏, 曈 暹

日의部首	日이 위에	但, 早, 旱, 昌, 星, 昪, 是, 景, 暑, 昱, 昊, 晃
	日이 아래에	春, 智, 昔, 普, 旬, 昏, 旨
	日이 왼쪽에	明, 暗, 昨, 映, 時, 昧, 晤, 曜, 晩, 曝, 曄, 曠
	日이 거듭	晶

(3) 水의 字源 (派生字 약 650字)

(甲骨文)　(金文)　(小篆)　(隸書)　(楷書)

※ 물은 일정한 形態가 없으므로 물이 흘러가는 물줄기와 물결을 그린 象形字

	水 →
疏, 硫, 旒, 鎏	流
	涉
游, 遊	汓 (헤엄칠 수)
汰	泰
冰	氷
	染

水 →	
𠂢([illegible]) (지류 파)	派, 脈, 眽
永([illegible])	泳, 咏(詠)
谷([illegible])	俗, 浴 峪, 裕, 容, 欲, 鵒
睿	濬(浚)
益([illegible])	溢, 鎰, 搤
攸([illegible])	悠, 修, 條, 脩

水의 派生字	강물의 이름	洛, 江, 河, 洺, 洙, 涇, 渭, 泗, 浙, 漢, 淏, 汶, 湘, 沅, 汴, 氾, 沔, 汸, 汾, 沘, 沂, 瀟, 灞
	물의 맑고 흐림	清, 濁, 汚, 漍, 淡, 淑, 淳, 淨, 渾, 漉, 潔, 澄, 澈, 瀅, 洌
	물의 類形	海, 淵, 潭, 池, 江, 泉, 汗, 洪, 汞, 汽, 沛, 沼, 泌, 洋, 洼, 涕, 淚, 渠, 湍, 渦, 湫, 湖, 溝, 漉, 滴, 潮, 澤, 瀑, 油, 波, 溪
	물의 動態	流, 永, 汰, 汇, 汎, 決, 汨, 沓, 沒, 沐, 汪, 沖, 沈, 沆, 沫, 泯, 泄, 沸, 沿, 泹, 注, 沾, 洒 活, 洄 浪, 浡, 浸, 淺, 深, 渟, 湯, 溢, 滑, 滿, 漫, 漂, 潑, 潤, 激, 濃, 濫, 濕, 灌

水의 部首	水가 本字	氷, 永, 汞, 氶
	水가 아래에	泉, 泰, 滎
	水(氵)가 왼쪽에	江, 河, 海, 池, 波, 沙, 汝, 汚, 汗, 決, 沐, 沒, 泊, 法, 沿, 泳, 沈, 油, 泣, 注
	水가 거듭	淼 (물아득할 묘)

(4) 骨의 字源 (派生字 약 180字)

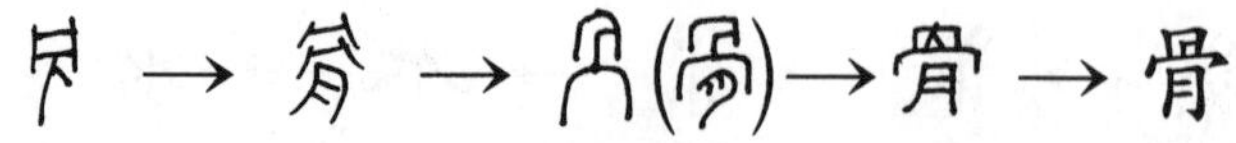

(甲骨文) → (金文) → (小篆) → (隸書) → (楷書)

※ 뼈의 관절 모양을 그린 象形字에 月(肉)을 더한 字形

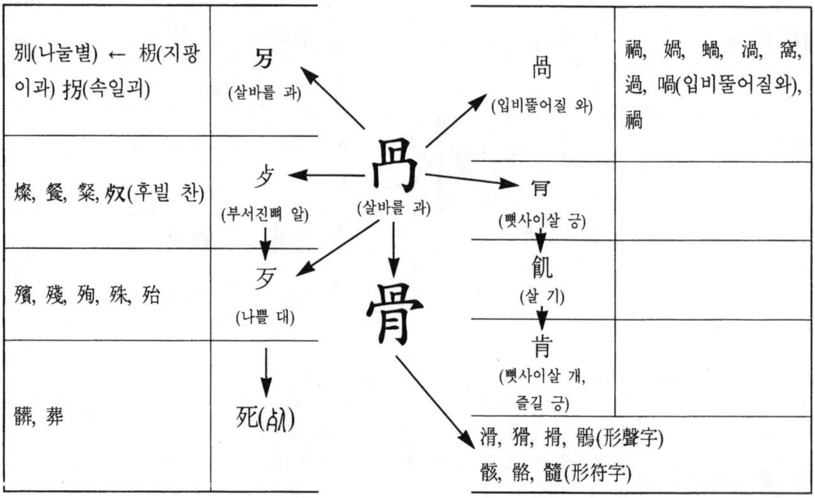

骨의 派生字	形符字	骭(정강이뼈 한), 骫(굽을 위), 骰(주사위 투), 骯(살찔 항), 骼(뼈 격), 髈(방둥이뼈 과), 髀(넓적다리 비), 髆(어깨쭉지뼈 박), 髏(해골 루), 髒(몸뚱뚱할 장), 體(몸 체), 髑(해골 촉)
	聲符字	滑(미끄러울 활, 어지러울 골), 猾(교활할 활), 搰(팔 골), 鶻(송골매 골), 愲(심난할 골), 榾(등걸 골)

(5) 草의 字源 (派生字 약 1,450字)

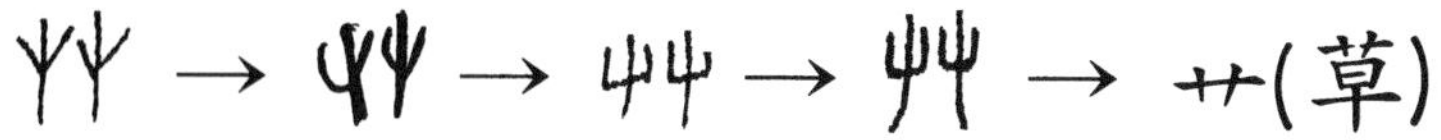

(甲骨文) → (金文) → (小篆) → (隸書) → 艹(草) (楷書)

艹 → 艸 → 草

鄒, 趨, 搊, 雛, 皺	芻 (蒭) (꼴 추)	屮	芳, 芥, 艾, 芹, 芙, 茄, 茶, 菖, 薯, 蒜
	卉 (풀 훼)	生	性, 姓, 牲, 星(猩, 腥, 醒), 笙, 甥
莫, 葬, 莽	茻 (풀더미 망)	丰 (풀무성할 봉)	蚌, 夆(烽, 蜂, 鋒, 峰, 逢, 蓬, 縫), 邦(梆, 綁, 幫)
描, 貓, 錨, 瞄	苗	朿 (가시 자)	泲, 柹(柿), 姊, 第

艸의 派生字	풀의 이름	艾, 苛, 芑, 芍, 芥, 芹, 芙, 葛, 芭, 苣, 茄, 苧, 荏, 茶, 藤, 荷, 菖, 葦, 薯, 蘭, 蒜, 蕉, 菊
	풀의 맛, 냄새	芳, 芬, 苦, 薰, 苾, 菠
	풀의 부분 명칭	苗, 芒, 芽, 花, 茇, 英, 莛, 莢, 菓, 萁, 萌, 葉, 蔓, 蒂, 蕾, 薹, 藥, 蘖
	풀의 상태	芃, 芊, 芼, 芾, 芟, 芮, 苐, 苒, 茁, 茲, 茷, 荒, 莽, 萎, 萋, 落, 葆, 蒼, 蓄, 蕃, 蔽, 藏, 藹

※ 艸(艹) 부수자는 모두 위에 쓰이고, 밑에는 모두 聲符字가 오기 때문에 모두 形聲字이다.

12. 漢字語中 疊語의 用例

1	皜皜(호호)	흴 호	白髮皜皜(백발호호)
2	皎皎(교교)	달빛 교	月色皎皎(월색교교)
3	皚皚(애애)	흴 애	白雲皚皚(백운애애)
4	靄靄(애애)	아지랑이 애	和氣靄靄(화기애애)
5	藹藹(애애)	우거질 애	草木藹藹(초목애애)
6	靉靉(애애)	구름낄 애	黑雲靉靉(흑운애애)
7	潺潺(잔잔)	졸졸흐를 잔	溪流潺潺(계류잔잔)
8	飄飄(표표)	회오리바람 표	白雲飄飄(백운표표)
9	寂寂(적적)	고요할 적	山寺寂寂(산사적적)
10	嵬嵬(외외)	높을 외	奇巖嵬嵬(기암외외)
11	巍巍(외외)	높을 외(本音은 위)	北岳巍巍(북악외외)

12	蕩蕩(탕탕)	넓을 탕	東海蕩蕩(동해탕탕)
13	寞寞(막막)	쓸쓸할 막	前程寞寞(전정막막)
14	漠漠(막막)	넓을 막	曠野漠漠(광야막막)
15	淸淸(청청)	맑을 청	玉聲淸淸(옥성청청)
16	靑靑(청청)	푸를 청	森林靑靑(삼림청청)
17	亭亭(정정)	정자 정	老軀亭亭(노구정정)
18	丁丁(정정)	소리정 (고무래 정은 俗訓)	伐木丁丁(벌목정정)
19	霏霏(비비)	눈펄펄흩날릴 비	寒雪霏霏(한설비비)
20	冷冷(냉랭)	찰 냉	氣色冷冷(기색냉랭)
21	灼灼(작작)	사를 작, 盛한 모양 작	桃花灼灼(도화작작)
22	綽綽(작작)	너그러울 작, 느긋할 작	餘裕綽綽(여유작작)
23	皭皭(작작)	흴 작	月色皭皭(월색작작)
24	滔滔(도도)	물넘칠 도	長江滔滔(장강도도)

25. 悠悠(유유)	멀 유, 한가한 모양 유	風度悠悠(풍도유유)
26 長長(장장)	긴 장	夏日長長(하일장장)
27 侃侃(간간)	강직할 간	性格侃侃(성격간간)
28 堂堂(당당)	집 당, 의젓할 당	氣勢堂堂(기세당당)
29 倀倀(창창)	미칠 창, 길잃을 창	行路倀倀(행로창창)
30 愴愴(창창)	슬플 창	哭聲愴愴(곡성창창)
31 疊疊(첩첩)	겹쳐질 첩	壯山疊疊(장산첩첩)
32 叢叢(총총)	모일 총	大廈叢叢(대하총총 :큰 빌딩이 총총하다.)
33 蕭蕭(소소)	쑥 소, 바람소리 소	秋聲蕭蕭(추성소소)
34 滾滾(곤곤)	흐를 곤, 구를 곤	長江滾滾(장강곤곤)
35 轟轟(굉굉)	울릴 굉	雷聲轟轟(뇌성굉굉)
36 颯颯(삽삽)	바람소리 삽	秋風颯颯(추풍삽삽)
37 澁澁(삽삽)	떫을 삽	生柹澁澁(생시삽삽 :생감이 떫다.)

38	潛潛(잠잠)	잠길 잠	風聲潛潛(풍성잠잠)
39	茫茫(망망)	아득할 망	大海茫茫(대해망망)
40	沈沈(침침)	잠길 침, 막힐 침	視野沈沈(시야침침)
41	悄悄(초초)	근심할 초	心身悄悄(신심초초)
42	揚揚(양양)	오를 양	意氣揚揚(의기양양)
43	冥冥(명명)	어두울 명	心中冥冥(심중명명)
44	明明(명명)	밝을 명	根據明明(근거명명)
45	數數(삭삭)	자주 삭	往來數數(왕래삭삭)
46	散散(산산)	흩을 산	分割散散(분할산산)
47	深深(심심)	깊을 심	山谷深深(산곡심심)
48	密密(밀밀)	빽빽할 밀	樹林密密(수림밀밀)
49	空空(공공)	빌 공	一切空空(일체공공)
50	濛濛(몽몽)	가랑비올 몽	濃霧濛濛(농무몽몽)

13. 三字同形 會意字

1	品	물건 품
2	尛	(尛), 잘 마(麽의 古字)
3	森	수풀 삼
4	毳	솜털 취
5	淼	물아득할 묘
6	焱	불꽃 염
7	晶	수정 정
8	犇	달아날 분
9	猋	달릴 표
10	蟲	벌레 충
11	皛	나타날 효
12	聶	소근거릴 섭
13	贔	힘쓸 비
14	轟	울릴 굉

15	矗	곧을 촉
16	卉	풀 훼
17	[illegible]	눈썹 피
18	劦	힘합할 협, 힘쓸 협
19	厽	흙을 쌓아 담쌀 뤼
20	叒	좇을 약
21	众	무리 중(衆의 古字)
22	惢	의심할 쇄
23	姦	간사할 간
24	孨	삼가할 전
25	[illegible]	번성할 의, 진
26	瞐	아름다운 눈 막, 움평눈 막
27	舙	(舙)말 화(話의 古字)
28	譶	재잘거릴 답

29	刕	가를 리, 례
30	足足足	걸음빠를 착
31	磊	돌무더기 뢰, 큰돌 뢰
32	鱻	생선 선
33	麤	거칠 추
34	驫	말몰려달아날 표
35	雥	떼새 잡
36	騳	달릴 빙(騁의 古字)
37	龘	용이가는 모양 답
38	鳥鳥鳥	새이름 뇨
39	羴	노린내날 전(羶과 同字)
40	秦秦秦	國의 古字
41	馫	향기 흥
42	飝	날 비
43	飍	큰바람 휴
44	靐	우렛소리 빙
45	雲雲雲	구름성할 퇴

46	厵	언덕 원(原의 古字)
47	垚	높은모양 요(堯와 同字)
48	嚞	밝을 철(哲의 古字)
49	鑫	흥성할 흥, 흠(中國音은 xin)
50	隹隹隹	모을 집(集의 古字)
51	夫夫夫	달릴 분(奔과 同字)
52	灥	샘 순, 많은물줄기 천
53	豕豕豕	쌍돝 빈(豩과 同字)
54	兔兔兔	빠를 부
55	天天天	달빛 교(皎와 同字)
56	至至至	막을 질
57	欠欠欠	하품 흠(欠의 古字)
58	空空空	바람소리 동
59	舌舌舌	재잘거릴 답(譶과 同字)
60	畾	밭갈피 뢰
61	个个个	참치(參差)할 기
62	口口口	많은소리 령, 시끄러울 령

14. 固有語로 알기쉬운 漢字語

1	가게	假家	임시로 자그마하게 지어 물건을 팔던 집을 '假家(가가)' 라고 한 것인데, 오늘날의 '가게' 로 변음되어 쓰인다.
2	가난	艱難	'艱(어려울 간)' 과 '難(어려울 난)' 의 漢字語인데, 異化作用에 의하여 '가난' 으로 변음되었다.
3	가지	茄子	채소인 '가지' 는 漢字語 '茄子(가자)' 의 古音에서 온 말이다. '子' 의 古音은 'ᄌᆞ→자' 가 아니라 '지' 였다.
4	가지	柯枝	고유어로 주장하는 이도 있으나 중국에서는 '나뭇가지' 를 '枝柯' 라고 하는데, 한국 漢字語와 중국 漢字語 중에는 紹介(介紹), 言語(語言), 平和(和平) 등과 같이 顚倒(전도)되어 쓰이는 어휘들이 적지 않은 것으로 보아 분명히 '가지' 는 漢字語 '柯枝' 이다.
5	갈보	蚝甫	일반적으로 '賣春婦' 의 뜻으로 알고 있지만, 高麗 때에는 '빈대' 를 '갈보' 라고 칭하였다. 이는 '蝨甫(슬보)' 라고 칭한다.
6	감자	甘藷	'甘藷(감저)' 는 '달 甘(감)' 자와 '고구마 저(藷 : 또는 사탕수수)' 자가 합쳐진 말로 '감자' 로 변음된 것이다. 감자의 다른 漢字語로는 '馬鈴薯(마령서)' 가 있다.
7	갑자기	急作	漢字語 '急作(급작)' 에 접미사 '이' 가 더하여져 '급작이' 가 '갑작이 → 갑자기' 로 변음되었다.
8	강냉이	江南	'江南' 은 揚子江의 남쪽이라는 뜻이지만 중국을 가리키는 말이다. 중국에서 流入된 콩을 '강남콩 → 강낭콩' 으로 일컫듯이 '江南 + 이' 의 말이 '강냉이' 로 변하여 '옥수수' 란 뜻으로 쓰인다.
9	개바̇자̇	笆子	갯버들의 가지로 엮어 만든 울타리를 '개바자' 라 하는데, '바자' 는 漢字語 '笆子(파자)' 가 변음되어 쓰인 말이다.

10	겨자	芥子	'芥子(개자)' 가 변음되어 '겨자' 로 쓰이고 있다.
11	경칠놈	定	밤 10시경에 종을 쳐서 통행금지를 알리던 것을 '人定(인정) → 인경' 이라 하였는데, 통행금지를 위반한 자가 잡히면 벌로 종을 대신 치게 한 데서 생긴 말이다.
12	고동색	古銅色	'검누른 빛' 을 '고동색' 이라고 흔히 쓰면서 고유어로 알고 있지만, 실은 漢字語로서 '古銅色(고동색)' 즉 오래된 구리 빛이라는 뜻이다.
13	골똘하다	汨篤	'골똘하다' 의 '골똘 '은 '汨篤(골독)' 에서 변음된 말로 볼 수 있다.
14	곳간	庫間	물건을 간직하는 창고인 '庫間(고간)' 이 俗音化하여 '곳간' 으로 변음되었음.
15	곳집	庫	곳간으로 지은 집. 또는 마을에서 공동으로 쓰는 喪輿(상여)를 보관하는 집.
16	과녁	貫革	옛날에는 화살의 표적판을 가죽(革)으로 만들었기 때문에 '貫革' 이라 한 것인데 '과녁' 으로 변음되었다.
17	과메기	貫目魚	일반에서는 널리 쓰이고 있는데도 아직까지 국어사전에 올라 있지 않은 말이다. 본래 靑魚를 활로 눈을 쏘아 잡았을 때 제일 맛이 있다고 하여 '貫目魚' 라고 칭한 것인데 '과메기' 로 변음된 말이다.
18	괜찮다	關係	'괜찮다' 는 본래 '關係(관계)하지 아니하다' 가 준 말이다. 漢字語와 고유어의 '混合音節語' 라고 말할 수 있다.
19	귀양	歸鄕	謫居(적거)나 流配의 고유한 우리말이 '귀양' 인줄 알지만, 실은 歸鄕(귀향)이 변음된 말이다.
20	근근히	僅僅	'겨우' 의 뜻이므로 '僅(겨우 근)' 자의 漢字 疊語가 분명한데, 정제도 씨는 '근근하다' 라는 말이 없으므로 '근근이' 로 해야 한다고 주장하였다. 그렇다면 '徐徐히' 는 '서서하다' 가 없는데 어떻게 할 것인가?

21	근대	莙薘	'근대' 라는 菜蔬는 옛 문헌에 '莙薘(군달)' 로 나오는 것을 보면, 중국에서 入聲音이 탈락된 뒤에 들어온 채소인 것 같다.
22	금방	今方	"금방 금방 돌아오네요." 하면 고유어로 알기 쉬운데, 실은 漢字語로 '今方' 이다.
23	긴가민가	其然未然	'其然가 未然가' 가 줄어서 '긴가 민가' 로 된 말이다. 方言에서는 '진가 민가' 로 변음되어 쓰인다.
24	김치	沈菜	'沈菜(침채)의 古音인 '딤치' 가 '짐채 → 짐치 → 김치' 로 변음된 말이다. 곧 '김치' 에서 '짐치' 의 사투리가 생긴 것이 아니라, '김치' 는 語頭의 'ㅈ' 音 회피현상에 의한 서울 사투리이다.
25	깍지	角指	활을 쏠 때 시위를 잡아당기기 위하여 엄지손가락의 아랫마디에 끼는 뿔로 만든 기구로서 漢字語 '角指(각지)' 가 변한 말이다.
26	깡통	筩	'깡통' 은 英語의 'can' (양철통)과 漢字語 '筩(대통 통)' 의 합성어이다. '筩' 은 '筒 · 桶 ' 등과 통용될 수 있으나, 일반적으로 '筩' 으로 쓴다.
27	깡패	牌	英語의 'gang' (불량배)과 漢字語 '牌(패 패)' 의 합성어이다.
28	끄나풀	緊	끄나풀은 곧 '끈' 이란 말에 접미사 '아풀' 이 더해진 말로서 '끈' 은 곧 緊(굳게 얽을 긴)의 '긴' 音이 변음된 말이다. '끈' 의 古語가 '긴>ᄭᅵᆫ' 이다.
29	나귀	騾駒	나귀는 '노새 라(騾)' 와 '망아지 구(駒)' 의 '나구' 가 '나귀' 로 쓰이고, 중국에서 들어왔다는 뜻에서 '당나귀(唐騾駒)' 라고 한다.
30	나인	內人	궁궐 내에서 왕과 왕비를 모시던 內命婦의 총칭으로 곧 宮女를 말한다. '內人(내인)' 이 '나인' 으로 변음된 말이다.

31	나팔	喇叭	‘喇叭’ 의 본음은 ‘랄팔’ 인데, 중국에서 入聲音 탈락 후 ‘라바’ 로 발음된 말이 우리 나라에 유입되어 ‘나발→나팔’ 로 쓰이게 된 말이다.
32	낙방거지	落榜擧子	본래 과거에 떨어진 선비라는 뜻의 ‘落榜擧子(낙방거자)’ 라는 말이 ‘낙방거지’ 로 와전된 말이다.
33	낙지	絡蹄	낙지는 8개의 발이 얽혀 있다는 뜻에서 ‘얽을 락(絡)’ 과 ‘발 제(蹄)’ 자의 ‘낙제’ 인데 ‘낙지’ 로 변음되었다.
34	날짜	子	우리 나라에서는 ‘날짜’ 를 ‘日字’ 로 쓰고 있는데, 중국에서는 ‘日子’ 라고 쓴다. ‘椅子(의자), 帽子(모자), 冊子(책자)’ 등과 같이 마땅히 ‘日字(일자)’ 가 아니라 ‘日子(일자)’ 로 써야 한다.
35	남바위	腦包	추울 때 머리에 쓰는 防寒具의 일종인 ‘남바위’ 는 漢字語 ‘腦包(뇌포)’ 의 中國音인 ‘라오바오’ 의 변음이다.
36	낭태기	囊橐	‘囊橐(낭탁)’ 이 본말인데, 方言에서는 변음되어 ‘낭태기’ 로 쓰인다.
37	노상	老常	‘老’ 에도 ‘늘’ 이라는 뜻이 있어 ‘每常’ 과 같이 쓰인 漢字語이다. ‘늘쌍’ 이라는 말도 ‘늘 + 상(常)’ 이 ‘ㄹ’ 音 밑에서의 경음화현상으로 ‘늘쌍’ 이 된 것이다.
38	다홍	大紅	짙은 붉은 색을 다홍색이라고 하는데, 중국말의 ‘大紅(다홍)’ 이 우리말화 한 것이다.
39	단지	罎子	‘꿀단지, 고추장단지’ 의 ‘단지’ 는 사전에도 고유어로 게재되어 있으나, 漢字語 ‘罎子(담자)’ 에서 ‘ㅁ’ 終聲이 ‘ㄴ’ 으로 변하여 ‘단지’ 로 변음된 말이다.
40	대야	大匜	세숫대야의 ‘대야’ 를 사전에는 ‘大也’ 로 써 놓은 것도 있으나 ‘大匜’ 로 써야 한다. ‘匜’ 는 ‘그릇 이’ 字인데, 옛 사람들이 ‘也’ 의 발음대로 잘못 읽은 것이다.

41	대추	大棗	'棗'는 '대추 조' 字인데, '大棗'의 音이 '대추'로 변음된 것이다.
42	대패	推鉋	나무를 깎는 연장의 뜻인 '대패'는 '推鉋(추포)'의 중국음인 '투이바오'의 변음이다. '鉋'는 '대패 포' 자이다.
43	독수리	禿	독수리의 '독'은 '禿(대머리 독)' 자이니, 이미 '대머리 수리'라는 말인데, '대머리독수리'라는 말은 옳지 않다.
44	돈	錢	'錢'은 현재 '전'으로 발음되지만, '錢'의 古音은 '돈'이었다. 열 푼의 10곱이 1돈인데, 이때 '돈'이 곧 '錢'이다.
45	돈쭝	錢重	한 兩의 10분의 일로서 '한냥쭝(兩重)'과 같은 어형으로 '돈쭝'은 곧 '錢重'의 古音이다.
46	동아	冬瓜	'冬瓜(동과)'는 박과의 한해살이 덩굴에 달리는 열매 채소인데 변음되어 '동아'로 일컫는다.
47	등갈이나다	藤葛	'두 사람 사이가 나빠지다'의 뜻으로 쓰이는데, 본래는 葛藤(갈등)이 도치되어 쓰인 말이다. 칡(葛)넝쿨은 오른쪽으로, 등(藤)넝쿨은 왼쪽으로 틀기 때문에 같이 심으면 넝쿨이 서로 엉키기 때문에 '갈등(葛藤)'이라는 말이 생긴 것이다.
48	따따부따	妥否	"왜 남의 집안 싸움에 '따따부따' 끼어 드느냐?"라는 말에서 '따따부따'를 '可타否타'와 비교하여 볼 때, 고유한 말이 아니라, '妥當(타당)하다'의 '妥'를 취하여 '妥하다 否하다 → 妥타否타 → 따따부따'로 변한 말로 보아도 될 것이다.
49	마고자	馬掛子	저고리 위에 덧입는 防寒服을 '마고자'라고 하는데, 실은 淸나라 사람들이 말을 탈 때에 입던 '馬掛子(마괘자)'가 '마고자'로 변음된 것이다.
50	막무가내	莫無可奈	외고집으로 도무지 융통성이 없음을 뜻하는 말로서 고유한 우리말처럼 쓰이지만 '莫無可奈'로 漢字語이다. '莫可奈何', '無可奈何'도 같은 뜻의 말이다.

51	망나니	魍魎	'魍魎(망량)' 은 본래 괴물을 지칭했던 말인데, 죄인의 목을 베던 '劊子手(회자수)' 의 뜻으로도 轉義되었고, 뒤에 '망냥이 → 망냉이 → 망나니' 로 변음되어 쓰이게 되었다.
52	망태기	網橐	'網橐(망탁)' 이 본말인데, '망태기' 가 표준어로 변하여 쓰인다.
53	맹랑하다	孟浪	깜찍하고 당돌하다의 뜻으로 쓰이는 말로서 고유한 말로 알기 쉬운데 漢字語이다.
54	맹세	盟誓	'盟誓(맹서)' 에서 변음된 말인데 둘 다 표준어로 쓰인다.
55	멘쓰	面子	'체면', '면목' 의 현대 中國語 곧 白話가 들어와 쓰이는 외래어이다. 英語의 '멘스(menstruation)' 곧 '月經' 과 구별해야 함.
56	모가비	某甲	광대 패의 우두머리란 말로 쓰이는 '모가비' 라는 말은 漢字語 '某甲(모갑)' 에 접미사 '이' 가 붙어 된 말이다.
57	모란	牡丹	모란꽃의 '모란' 은 漢字語 '牡丹(모단)' 이 변음된 것인데, '목단화, 목단강, 목단피' 등의 '목단' 은 '牡丹' 이 와전되어 '牧丹(목단)' 으로 쓴 데서 잘못 쓰인말이다.
58	모판	木板	음식을 담는 나무그릇을 '모판' 이라고 하는데 '木板(목판)' 이 변음된 말이다.
59	모판	苗板	못자리 사이 사이를 떼어 직사각형으로 다듬어 놓은 구역을 '모판' 이라고도 하는데 '苗板(묘판)' 이 변음된 말이다.
60	목말하다	沐沫	엎드려서 허리에서 목까지를 씻는 일을 '목물하다' 또는 '목말하다' 라고 하는데, '목말' 은 漢字語 '沐沫(목말)' 에서 온 말.
61	무명	木棉	中國語의 '무멘' 이 '무명' 으로 변음된 것이다. 忠淸道 사투리에는 '무명옷 '을 '명옷 '이라고도 한다.
62	미역감다	沐浴	漢字語 沐浴(목욕)의 音韻의 異化作用에 의하여 '미역' 으로 변음되고, 다시 축약되어 '멱' 으로도 쓰인다.

63	바라(바루)	罷漏	五更三點에 쇠북을 33번 치던 일. 서울에서 人定 이후 야간 통행을 금하였다가 罷漏(파루)를 치면 풀렸음. 罷漏가 '바루→바라'로 변음되었다.
64	바랑	背囊	'背囊(배낭)'이 '바랑'으로 변음된 것이다. 중이 등에 지고 다니는 '바랑'은 '鉢囊(발낭)'의 변음으로도 본다.
65	배롱나무	百日紅	꽃이 百日동안 피어 있다고 하여 '百日紅나무'인데 '백일홍'이 축약 변음되어 '배롱나무'라고 쓰이고 있다. '백일홍→배길홍→배기롱→배롱'의 형태로 변음되고 축약된 말이다.
66	배추	白菜	'배추'는 漢字語 '白菜'에서 변음되어 '배채→바차 →배추'로 쓰이는 것이다.
67	벽창호	碧昌牛	평안북도 碧潼(벽동), 昌城 지방에서 나는 크고 억센 소를 碧昌牛(벽창우)라고 한 말이 우둔하고 고집이 센 사람의 뜻인 '벽창호'로 변음되었다.
68	별안간	瞥眼間	漢字語인지 모르고 '벼란간'으로 쓰는 사람이 적지 않다.
69	보따리	褓	漢字語 '褓(보자기 보)'에 '따리'라는 접미사가 더해진 말이다.
70	보배	寶貝	'寶貝(보패)'는 본래 옛날에 화폐로 쓰였던 '조개'의 이름이었는데, 소중한 물건이란 뜻으로 轉義된 것이다. '보배'는 '寶貝'의 古音이다. 중국에서는 지금도 '貝(패)'를 '베이'로 발음한다.
71	봉숭아	鳳仙花	漢字語 '鳳仙花(봉선화)'가 '봉숭화→봉숭아'로 변음되어 쓰인다.
72	불가사리	不可殺	불가사리'는 쇠를 먹는다는 상상의 동물과 바다에 사는 棘皮動物을 일컫지만 생명력이 강하여 죽일 수 없는 것이라는 뜻으로 '不可殺'에 접미사 '이'를 더하여 '불가살이'가 변음된 말이다.

73	붕어	鮒魚	'鮒'의 字音은 본래 '부'이니 '鮒魚'는 '부어'여야 맞겠으나, '魚'자의 古音이 '어' 곧 初聲音이 'ŋə'이었기 때문에 'ㆁ'음이 소실된 뒤에 '부어 → 붕어'로 발음하게 된 것이다.
74	빈대떡	貧待	옛날에 歲暮에 양반댁에서 가난한 이들에게 베푼 떡을 '貧者떡'이라고도 하고, 가난한 이를 대접하는 떡이라는 뜻에서 '貧待떡'이라고도 하였다.
75	빈지문	板子門	'板子'의 한국 漢字音은 '판자'이지만 중국에서의 古音은 '반지'인데, '반지'가 '빈지'로 변음된 것이다.
76	사과	沙果	중국에서 사과를 일반적으로 '핑궈(苹果)'라고 하지만 동북지방 곧 만주지방에서는 '싸궈(沙果)'라고 한다.
77	사글세	朔月貰	현재는 '사글세'가 표준어로 되어 있으나, 본래 매달 초하루에 치르는 집세라는 뜻으로 '朔月貰(삭월세)'로 써 왔다.
78	사냥	山行	'山行'의 古音인 '산힝'이 변음되어 '사냥'으로 쓰이게 된 것이다.
79	사랑	思量	상대를 생각하고 헤아리다의 뜻인 '思量(사량)'이 변음되어 '사랑'으로 쓰이게 된 것이다.
80	사처	下處	고귀한 손님이 길을 가다가 묵는 것. 또는 묵고 있는 그 집을 '사처'라고 하는데, '下處'의 中國音인 '시아추'의 변음이다.
81	사탕	砂糖	사탕(砂糖)이나 설탕(雪糖)의 '糖'의 漢字音이 '당'인데 '탕'이라고 발음하는 것은 中國音대로 읽기 때문이다.
82	산자	饊子, 糤子	제사 때 쓰는 油蜜菓
83	산적	散炙	'산적'은 쇠고기 따위를 꼬챙이에 꾀어서 구운 음식으로 漢字語 '散炙'인데, 일반에서 고유어로 잘못 알고 있다. '炙'는 '굽다'의 뜻으로 '적'과 '자'로 발음된다. '膾炙'는 '회적'이 아니라 '회자'로 발음한다.

84	살무사	殺母蛇	毒蛇로서 어미를 잡아먹기 때문에 '殺母蛇(살모사)' 라고 칭한 것인데 '살무사' 로 변음된 것이다.
85	삼태기	三橐	망태기(網橐), 낭태기(囊橐)와 같은 어형으로 三角형태의 기구이기 때문에 '三橐(삼탁)' 에 '이' 를 더한 '삼탁이' 라는 말이 변음된 것이다.
86	상수리	橡實	참나무 열매 곧 도토리를 '상수리' 라고 하는 것은 '橡實(상실)' 에 '이' 를 더한 '상실이' 라는 말이 변음된 것이다.
87	상어	鯊魚	사전에는 '沙魚' 로 되어 있으나 '鯊魚' 로 써야 한다. '鯊魚' 의 발음은 '사어' 이지만, '魚' 의 古音이 'ㆁ' 이었기 때문에 '상어' 로 발음한다.
88	상추	生菜	과거 국어사전에는 '상치' 가 표준어로, 새국어사전에는 漢字語 '常菜' 에서 변음된 것으로 되어 있으나, 漢字語 '生菜' 즉 생으로 먹는 채소라는 뜻에서 온 말이다.
89	상투	上頭	예전에 성인 남자의 머리를 끌어올려 정수리에 감아 맨 것을 말하는 '상투' 는 '上頭' 의 中國音인 '상토오' 의 변음이다.
90	샘	先生	경상투 사투리에 선생님을 축약하여 '샘' 이라고 일컫는 것을 축약어의 대표적인 예라고 할 수 있다.
91	생	生薑	'乾薑' 에 대하여 '生薑' 은 곧 말리지 않은 '薑(강)' 을 일컬은 말인데, 옻나무의 '烏' 와 마찬가지로 수식어인 '生' 이 본말이 된 말이다. '생강' 이 '새앙 → 생' 으로 변음된 형태로도 볼 수 있다.
92	생	笙簧(篁)	대나무로 만든 樂器의 일종인 '생' 은 '笙簧(篁)' 의 준말이다.
93	생철	西洋鐵	얇은 철판을 '생철' 이라고 일컫는 것은 西洋에서 들어온 철판이라는 뜻으로 '西洋鐵(서양철)' 이라고 한 말이 '생철' 로 변음된 것이다.

94	서랍	舌盒	책상의 '서랍'은 漢字語 '舌盒(설합)'에서 변음된 말이다.
95	성냥	石硫黃	'石硫黃(석류황)'이 '석류황 → 석뉴황 → 성뉴황 → 성냥'의 형태로 변음되고 축약된 말이다.
96	소매	袖袂	'袖(소매 수)'와 '袂(소매 몌)'의 복합어인 '수몌'가 '소매'로 변음된 말이다.
97	송진	松津	소나무에서 분비되는 끈끈한 액체를 '송진'이라고 한다. '津(나루 진)'에는 '나무에서 분비되는 끈끈한 액체'의 뜻도 있다.
98	쇤네	小人	하인이 상전에 대하여 자기를 겸양하는 '쇤네'는 '小人네'가 줄어진 말이다.
99	수렁	水濘	곤죽이 된 진흙과 개흙이 많이 괴어, 빠지면 나오기 어려운 곳을 말하는 '수렁'은 곧 '水濘(수녕)'이 변음된 말이다. '濘'은 '진창 녕'이다.
100	수수	蜀黍	'蜀黍(촉서)'의 중국 현대음이 '수수'이다. 곧 '수수'는 '蜀(촉)'자의 入聲音이 탈락된 뒤에 유입된 중국말이다.
101	수육	熟肉	삶아 익힌 쇠고기로서 '익힐 숙(熟)'자를 써서 '숙육'인데 '수육'으로 변음되었다.
102	수저	匙箸	'匙(숟가락 시)'와 '箸(젓가락 저)'의 漢字語가 '수저'로 변음된 것이다. '수저'가 '숟가락'의 뜻으로만 쓰이는 것은 잘못이다.
103	수퉁하다	羞痛	'수통하다'가 표준어로 되어 있지만, 일반적으로, '흉한 모습'을 뜻할 때는 '수퉁하다'로 쓰인다.
104	술래	巡邏	'巡邏(순라)'는 야간에 도둑 · 화재 등을 경계하기 위하여 사람의 통행을 감시하던 일인데, 변음되어 '술래잡기'의 '술래'가 되었다.
105	숭늉	熟冷	찬물을 익힌 것이라는 뜻에서 '熟(익힐 숙)'과 '冷(찰 랭)'의 漢字語인 '숙랭'이 '숭늉'으로 변음된 말이다.

106숭어	秀魚	'秀魚' 의 漢字音대로 읽으면 '수어' 라고 읽어야 하겠으나, '魚' 자의 古音이 '어' 곧 初聲音이 'ŋ' 이었기 때문에 'ㆁ' 字가 소실된 뒤에 '수어→숭어' 로 쓰이게 된 것이다.
107스슥	黍粟	'스슥' 은 忠淸道 方言에서 '조' 의 뜻으로 쓰이지만, 黍粟(서속) 곧 '기장' 과 '조' 라는 말이 변한 것이다.
108승냥이	豺狼	豺(시)는 '승냥이' , 狼(랑)은 '이리' 를 뜻하지만, 같은 유의 짐승으로서 욕심이 많고 사나운 사람을 비유하여 씀. '豺狼(시랑)' 에 접미사 '이' 가 더해져 '승냥이' 로 변한 말이다.
109시금치	赤根菜	채소 '시금치' 는 漢字語 '赤根菜' 의 근세 중국음이 변음된 말이다. '菜(채)' 는 우리말에서는 '김치, 상치, 배치' 등과 같이 거의 '치' 로 변음되어 쓰인다.
110시방	時方	지금 곧 바야흐로의 뜻으로 쓰이는 말인데, "시방 왔습니다" 라고 말하면 사투리로 아는 사람이 많지만, '시방' 은 漢字語로 '時方' 이다.
111시새	細沙	가는 모래를 '시새' 라고 하는데, '시새' 는 漢字語 '細沙(세사)' 가 변음된 말이다.
112시시하다	細細	자질구레하고 보잘 것 없다의 뜻으로 쓰이는 말인데, 漢字語 '細細(세세)' 가 변음된 '시시' 에 '하다' 를 붙인 것이다.
113시우쇠	熟鐵	'시우쇠' 는 무쇠를 불려서 만든 쇠붙이를 말하는데, '시우' 는 곧 '熟(익을 숙)' 자가 중국에서 'ㄱ' 入聲音이 탈락된 뒤에 들어온 말이다.
114시집가다	媤	『康熙字典』에 '媤(시)' 字가 있지만, 우리 나라에서 쓰이는 '시집가다' 의 뜻은 없는 것으로 보면, 우리 나라에서 轉義되어 쓰이는 漢字이다. 媤宅, 媤父母, 媤叔 등도 한국에서만 쓰이는 漢字語이다.
115식해	食醢	가자미나 명태에 조밥을 넣어 발효시킨 젓갈의 일종이다.
116식혜	食醯	쌀밥에 엿기름 가루를 넣어 발효시킨 음료수. 食醢(식해)와 食醯(식혜)를 구별 못하고 발음하는 사람이 많다.

117싱싱하다	生生	'생생하다' 란 말이 변음하여 '싱싱하다 → 씽씽하다' 로 된 것이니, '싱싱' 은 곧 밑말이 '生生' 임을 알 수 있다.
118썰매	雪馬	'썰매' 는 竹馬 형태의 漢字音인 雪馬(설마)가 변음된 것이다.
119쓸쓸하다	瑟瑟	'瑟' 은 본래 '거문고 슬' 字이지만 '蕭瑟(소슬)' 과 같이 '쓸쓸하다' 의 뜻도 있으므로 瑟瑟(슬슬)의 音이 '쓸쓸' 로 변음된 것임을 알 수 있다.
120아까	俄旣	조금 전의 뜻으로 쓰이는 '아까' 라는 말은 곧 '俄(잠시 아)' 와 '旣(이미 기)' 자가 합쳐진 俄旣(아긔 → 아기)가 변음된 말이다. '아까' 의 방언에 '아깨, 아끼' 등이 있음으로도 알 수 있다.
121아리땁다	雅麗	'아리땁다' 는 곧 '아리+ㅅ+답다' 의 형태로서 '아리' 는 漢字語 '雅麗(아려)' 가 변음된 것임을 알 수 있다. '아름답다' 도 同語源으로 생각된다.
122아얌	額掩	겨울에 부녀자들이 나들이 할 때 머리에 쓰던 물건을 '아얌' 이라 하는데, 곧 漢字語 '額掩(액엄)' 이 변음된 말이다. 중국에서 入聲音이 탈락된 뒤에 들어온 말일 것이다.
123아청빛	鴉靑	검은빛을 띤 푸른빛을 말하는데 中國語의 '鴉靑' 이 우리말화한 것이다.
124양말	洋襪 洋韈	'襪(말)' 은 본래 '버선 말' 字인데, 오늘날 일반적으로 西洋에서 들어 온 버선의 형태를 신기 때문에 '洋襪(양말)' 이라고 칭한다.
125양재기	洋磁器	在來의 사기그릇 곧 磁器(자기)에 대하여 서양에서 들어온 琺瑯(법랑 = 파란)을 입힌 그릇을 洋磁器(양자기)로 일컬은 것인데, '양재기' 로 변음되었다.

126양치질	楊枝	국어사전에 '양치질'의 '양치'를 漢字語 '養齒'로 표기하여 놓았으나, 이것은 '楊枝' 곧 버들가지로 칫솔을 만들어 썼던 역사를 모르고 牽强附會시킨 말이다.
127어중되다	於中	일반적으로 고유어로 알고 있으나 於之中間(어지중간)이란 漢字語에서 '於中間(어중간)'으로 축약되고 다시 '於中(어중)되다'로 축약된 말이다.
128억지로	抑之	생각이나 행동을 무리하게 해내려는 고집을 뜻하는 '억지로'의 '억지'는 漢字語 '抑之'이다.
129억지하다	抑止	흐르는 눈물을 억지하다의 '억지'는 漢字語 '抑止'로서 '抑之'의 뜻과는 다르다.
130엄두	念頭	감히 무엇을 하려는 마음의 뜻으로 쓰이는 '엄두'는 '念頭(염두)'의 변음이다.
131오랑캐	兀良哈	『龍飛御天歌』에 의하면 두만강 북쪽의 '兀良哈'라는 곳에 살면서 邊境을 자주 침범하던 女眞族을 일컬어 '兀良哈(오랑캐)'라고 칭한 데서 연원된 것이다.
132오밀조밀하다	奧密稠密	매우 세밀하고 교묘한 모양을 일컫는 말로서 고유한 우리말로 알기 쉬운데 漢字語이다.
133오살할놈	鏖殺	모조리 무찔러 죽인다는 뜻의 漢字語 '鏖殺(오살)'에서 온 말이다.
134오징어	烏賊魚	적을 만나면 먹물을 뿜어 몸을 숨기기 때문에 '烏賊魚(오적어)'인데, '魚'자는 본래 '어(ŋə)'의 발음이었기 때문에 '오징어'로 변음되었다.
135옥수수	玉蜀黍	'玉蜀黍(옥촉서)'의 '蜀黍(촉서)'는 본래 '수수'인데, 中南美에서 중국을 통하여 流入된 '강냉이'의 알갱이가 玉처럼 생겨서 '玉'자를 붙인 것이다.

136	옹추	雍齒	늘 밉고 싫은 사람의 뜻으로 '옹추' 라는 말은 '雍齒(옹치)' 가 변음된 말이다. 漢나라 高祖가 미워했던 雍齒를 등용한 데서 유래된 말이다.
137	옻나무	烏	'옻' 의 원말은 '烏漆(오칠)' 곧 '烏(까마귀 오)' 와 '漆(옻나무 칠)' 이 합친 말인데, 검은색의 옻칠을 뜻한 '烏' 가 '오칠→옻칠' 로 연음된 형태에서 '옻' 으로 분리된 말이다.
138	요	褥	'褥' 의 音은 '욕' 인데, '요' 로 쓰이고 있는 것을 보면, 중국에서 入聲音이 탈락된 뒤에 우리말에 전래된 것으로도 생각된다.
139	요지	楊枝	일반적으로 '요지' 를 '이쑤시개' 의 日本語로 알고 있지만, 실은 우리말의 '양지(楊枝)' 가 日本으로 전파되어 日本式 漢字音으로 발음된 말이 되돌아온 것이다.
140	용충	龍罇	朝鮮時代 青華白磁 중에 龍을 그린 술항아리를 '용충' 이라고 하는데, '龍罇(용준)' 이 변음된 말이다.
141	우라질놈	五羅	'오라' 는 본래 죄인을 묶는 捕繩(포승)인데, 튼튼하게 묶기 위하여 일반 끈과는 달리 다섯가락으로 꼰 끈이라는 뜻에서 '五羅(오라)' 라고 칭한 말이 '우라' 로 변음된 말이다. '우라질놈' 은 팔을 뒤로하여 오랏줄에 묶일 놈이라는 뜻이다.
142	우엉	牛蒡	뿌리를 먹는 채소의 하나인 '우엉' 은 漢字語 '牛蒡(우방)' 에서 변음된 말이다.
143	웅어	葦魚	한강, 임진강 하류에 사는 멸치과의 바닷물고기로 옛날에는 왕궁에 진상하던 은백색의 물고기인데, 본래 '葦魚(위어)' 로서 '魚' 자의 初聲音이 'ㆁ(ŋ)' 이 소실되면서 '위어 → 윙어 → 웅어' 로 변음된 것이다.
144	육시랄놈	戮屍	시체의 목을 다시 베는 형벌을 '戮屍(육시)' 라고 하는데, '육시를 할 놈' 이 줄어서 된 말이다. 우리말의 욕은 형벌에서 유래된 것이 많다.

145으레	依例	근래 국어사전에서는 고유어로 취급하고 있으나, 漢字語 依例(의례)가 변음된 말이다. 依例件, 依例的을 인정하면서 '依例' 를 부정한다면 모순이다.
146은근히	慇懃	"은근히 남을 골탕먹인다"와 같이 흔히 쓰이는 '은근' 은 '慇(은근할 은)' 과 '懃(살뜰할 근)' 의 漢字語이나.
147이면수	林延壽	'이면수' 라는 바닷물고기는 林延壽(임연수)라는 사람이 처음 잡은 물고기로서 그의 이름을 따서 '林延壽魚(임연수어)' 라고 칭한 말이 변음된 말이다.
148이불	離佛	'이불 '은 본래 佛敎用語로서 중들이 잘 때 '이불 '을 덮으면 淫心이 생기어 佛心이 떠나간다고 하여 '離佛' 이라고 한 데서 유래된 것이라고 한다. 民間 語源일 수도 있다.
149인경	人定	밤 10시경에 쇠북을 28번 치던 일을 人定(인정)이라고 하였는데, '인경' 으로 변음되었다. 뒤에 普信閣에 걸린 鐘을 일컫기도 한다.
150자물쇠	鎖	'자물쇠, 열쇠' 의 '쇠' 는 쇠(鐵)의 뜻이 아니라, '鎖(자물쇠 쇄)' 의 변음이다. '쇠 채우다, 쇳대' 라는 말로 보아도 '쇠' 는 곧 漢字語 '鎖(쇄)' 임을 알 수 있다.
151자비	差備	史劇용어로 많이 쓰이는 '자비를 놓아라' 의 '자비' 는 갖추어 차리는 일의 뜻으로 '差備(차비 → 채비)' 의 변한 말이다.
152작두	斫刀	소먹이를 써는 도구를 '작두' 라고 하는데 '斫刀(작도)' 가 변음된 말이다.
153작작하다	綽綽	'餘裕가 작작하다' 의 '작작' 은 '綽(너그러울 작)' 의 疊語이다.
154잔잔하다	潺潺	일반적으로 고유어로 알고 있으나, '潺(졸졸흐를 잔)' 의 疊語이다.

155잡문	閘門	'閘門(갑문)'을 '잡문'이라고도 일컫는데, '갑문'이 변음된 말이다.
156장가가다	丈家	'장가가다, 장가들다'의 '장가'는 곧 丈人(장인)의 집에 들어가 살던 결혼 풍속에서 온 말로 漢字語 '丈家(장가)'이다.
157장지문	障子門	현재의 漢字音으로는 '障子門(장자문)'이지만 '子'의 音이 '지 → ᄌᆞ → 자'로 변천된 과정으로 볼 때 '장지문'은 이른 시대에 들어온 漢字語임을 알 수 있다.
158장판	壯版	'도배(塗褙)장판'을 '裝版'으로 쓰기 쉬운데 韓紙 중에 두껍고 질긴 종이를 '壯紙(장지)'라고 하며, 장판할 때는 이 종이를 사용하기 때문에 '壯版'이라고 쓴다.
159저 笛		대나무로 만든 가로 부는 樂器를 '뎌 → 져 → 저'라고 하는데, '저'는 곧 '笛(피리 적)'의 '적'이 변음된 말이다.
160저분	箸	'젓가락'을 '저분, 저붐, 저범, 저븜, 저까락, 저까시, 저까치, 저깔, 저깔치, 저꾸락, 저끄락, 절' 등으로 일컫는데, 이때 '저'는 '箸(젓가락 저)'에서 온 말이다.
161절구	杵臼	'杵(공이 저)'와 '臼(절구 구)'의 '저구'가 '절구'로 변음된 말이다.
162접시	楪子	'楪'은 '접시 접'자인데, '子'는 접미사로서 붙여진 것이다. '子'의 古音은 '지'인데 '시'로 변음된 것이다.
163정갈하다	淨潔	깨끗하고 말쑥하다의 뜻으로 쓰이는 '정갈'은 '淨潔(정결)'이 변음된 말이다.
164제육	猪肉	'돼지 저(猪)'로 '저육'인데 '제육볶음'과 같이 변음되었다.
165조랭이	笊籬	'笊籬(조리)'가 본말인데, 方言에서는 변음되어 '조랭이'로 쓰인다.

166조용히	從容	漢字語 從容(종용)이 音韻의 異化作用에 의하여 '조용' 으로 변음되었다.
167졸때기	卒	지위가 변변치 못한 사람을 더욱 비하하여 '졸때기, 졸따구' 라고 일컫는데, 이 때 '졸' 은 '卒(병졸 졸)' 에서 온 말이다.
168종지	鍾子	'간장종지, 고추장종지' 의 '종지' 도 漢字語 '鍾子' 에서 온 말이다. 그러므로 '鐘(쇠북 종)' 과 '鍾(술잔 종)' 은 구별해서 써야 한다.
169주리할놈	周牢	죄인의 두 다리를 한데 묶고, 다리 사이에 두 개의 주릿대를 끼워 비트는 刑罰을 '周牢(주뢰)' 라고 하는데, '주리' 로 변음되었다.
170주사위	朱四位	'주사위' 는 唐나라 때 玄宗이 楊貴妃와 주사위 놀이를 할 때, 질 찰나에 '四' 가 나와서 이겼으므로 '四' 의 位置에 붉은 색을 칠하였기 때문에 '朱四位(주사위)' 라 칭하게 된 것이다. 이것은 필자가 처음 밝힌 것이다.
171죽 粥		일반적으로 '밥' 과 같이 '죽' 도 漢字로 쓸 수 없는 말로 알고 있다. 중국에서는 粥(죽)을 '稀飯' 이라고도 한다.
172지금	只今	'지금 갔어요.' 하면 역시 고유어로 알기 쉬운데 漢字語 '只今' 이다. 그러나 '至今(지금 : 이제까지)' 과는 다른 말이다.
173지렁이	地龍	'지렁이' 를 '土龍' 이라고도 하는 것을 보면, '地龍+이' 의 語形이 '지렁이' 로 변하였음을 알 수 있다.
174진땀	津	몹시 힘들 때 흐르는 땀을 '진땀' 이라고 한다. '津(나루 진)' 에는 인체에서 분비되는 액체의 뜻도 있다.
175진진하다	津津	'흥미 진진하다' 의 '진진하다' 는 곧 漢字語 '津津' 에서 온 말이다. '津(나루 진)' 에는 '넉넉하다' 의 뜻도 있다.

176짚석	舃	'짚석' 에 접미사 '이' 가 더해져 '짚석이 → 집세기 → 집새기' 로 변하여, 짚으로 삼은 신의 뜻으로 쓰이고 있으나, '석' 은 곧 '舃(짚신 석)' 에서 온 말이다.
177창자	腸子	'腸' 의 한국 漢字音은 '장' 이지만 중국에서는 '창' 으로 발음되는 것으로 보면, 中國語가 들어온 것임을 알 수 있다.
178창피하다	猖披	일반적으로 '챙피' 로 발음하면서 고유어로 알고 있으나 '猖(미처날뛸 창)' 과 '披(나눌 피)' 의 漢字語로서 본래 옷을 입고 띠를 매지 않은 흐트러진 모양을 뜻한다.
179채송아	菜松花	'봉숭아' 와 마찬가지로 '화(花)' 가 변음되어 '아' 로 된 말인데, '봉숭아' 는 표준어로 보고, '채송아 → 채숭아' 는 사투리로 보는 것은 옳지 않다.
180처마	簷牙	본래 漢字語 '簷牙(첨아)' 인데 연음되어 '처마' 로서 고유어처럼 변음되었다.
181천둥	天動	중국 漢字語에는 없는 말로 雷聲(뇌성)의 韓國 漢字語이다.
182청설모	青鼠毛	'날다람쥐 '를 '青鼠(청서)' 라고 하며, 그 털을 '青鼠毛(청서모)' 라고 한 것인데, 근래 일반적으로 '날다람쥐 '를 '청설모' 라고 칭하는 것은 잘못이다.
183초	秒	1분의 60분의 1을 세는 단위로 쓰이고 있으나, '秒' 는 본래 '벼까끄라기 묘' 로서 字音이 '묘' 인데, '抄(가릴 초), 鈔(베낄 초), 杪(나무끝 초)' 등의 유추작용에서 '초 '로 와전되어 쓰이고 있다.
184총각	總角	이 말은 본래 결혼 이전의 머리를 묶는 형태를 일컫은 것인데, 미혼 성년 남자의 뜻으로 쓰이게 되었다. 『詩經』에서부터 쓰인 것으로 보면 오래된 말이다.
185치자빛	梔子	약간 붉은 빛을 띤 짙은 누른빛을 '치자빛' 이라고 하는데 '치자' 는 漢字語 '梔子(치자)' 로서 치자나무의 열매를 뜻한다.

186칫솔	齒刷	'칫솔' 은 곧 '齒(이 치)' 자와 '刷(솔 쇄)' 가 합쳐진 漢字語이다. '刷' 의 음이 지금은 '쇄' 이지만 古音은 '솰' 로서 '솔' 로 변음되어 고유어처럼 쓰인 것이다.
187토시	套袖	'套(덮개 투)' 와 '袖(소매 수)' 의 漢字語인데, 변음되어 '토시' 로 쓰인다.
188패랭이	蔽陽	신분이 낮은 사람이나 상제가 쓰던 갓의 일종을 '蔽陽子(폐양자)' 또는 '平涼子' 라고 하였는데, '패랭이' 는 곧 '蔽陽, 平涼' 이 변음된 뒤에 접미사 '이' 가 더해져 된 말이다.
189푸줏간	庖廚間	쇠고기나 돼지고기를 파는 가게의 뜻으로 쓰이는 '푸줏간' 은 漢字語 '庖廚間(포주간)' 에서 온 말이다.
190피리	觱篥	관악기의 하나인 '피리' 는 漢字語 '觱篥(필률)' 의 중국 近世音 '비리' 에서 온 말이다.
191한참	站	국어사전에 '단참' 은 漢字로 '單站' 이라고 써 놓고 '한참' 은 고유한 말로 게재해 놓았으나, '한참' 의 '참' 도 '站' 으로 써야 한다. '站' 의 원말은 蒙古語인데 漢字로 표음한 中國語이다.
192해태	獬豸	국어사전에는 '해태' 의 漢字를 '海駝(해타)' 로 써 놓았으나 '獬豸' 로 써야 한다. '豸' 字는 '발없는 벌레 치' 로서 지금은 部首字로 쓰이지만, '해태' 에 쓰일 때는 '태' 로 발음한다. 해태는 善惡을 판단하여 안다는 상상의 동물이다.
193황세기젓	黃石魚	참조기 새끼로 담근 젓을 '황세기젓' 이라고 하는데, '黃石魚(황석어)' 가 '황세기' 로 변음된 말이다.
194홰나무	槐木	'회화나무' 라고도 일컫는데 실은 '槐' 자의 本音이 '회' 인데 우리 나라에서는 '괴' 로 발음하고, '槐木(괴목)' 이 곧 '느티나무' 로 잘못 쓰이고 있다. '느티나무' 는 '欅木(거목)' 이라고 해야 한다.

195회양목	黃楊木	도장이나 조각의 재료로 쓰이는 나무로서 본래 '黃楊木(황양목)' 인데 '회양목' 으로 변음되어 쓰인다.
196훈훈하다	薰薰	'薰' 은 '향풀 훈' 으로 풀이름이지만, '온화하다' 의 뜻도 있어 '薰薰(훈훈)' 은 따뜻함의 뜻으로 쓰인다.
197흐지부지	諱之秘之	끝을 분명히 맺지 못하고 흐리멍텅하게 넘겨 버리는 것을 '흐지부지' 라고 하는데, 漢字語 '諱之秘之(휘지비지)' 가 변음된 말이다.
198흔하다	很	'흔하다' 는 일반적으로 고유어로 알고 있으나 '很(매우 흔)' 에서 由來된 말이다. 中國語에서 '很多(헌둬 : 매우 많다)' 와 같이 쓰이는 것으로도 알 수 있다.
199희광이	劊	칼로 死刑囚(사형수)의 목을 치던 사람을 劊子手(회자수)라고 하는데 '희광이' 의 '희' 는 '劊(끊을 회)' 의 변음이다.
200희미하다	稀微	국어사전에는 '稀微(희미)' 로 되어 있으나, 陶淵明의 「歸去來辭」에는 '熹微(희미)' 로 되어 있으며, 뜻으로 보아 '熹微' 가 옳다.

15. 漢字로는 어떻게 쓰나?

■ 植物(果實)

번호	우리말	漢 字	中 國 語	日 本 語
1	감	柿(시)	스즈(柿子)	가기(かき)
2	개암	榛子(진자)	전즈(榛子)	하시바미노미(はしばみのみ)
3	귤	橘(귤)	쥐즈(橘子)	미깡(みかん, 蜜柑)
4	다래	藤梨(등리), 藤天蓼(등천료)	미앤호우타오(綿猴桃)	사루나시노미(さるなしのみ)
5	대추	大棗(대조), 木蜜(목밀)	짜오얼(棗兒)	나쓰메(なつめ)
6	도토리	槲實(곡실), 橡實(상실)	샹즈(橡子)	돈구리(どんぐり)
7	망고	菴羅(암라)	망궈(芒果)	망고(マンゴ-)
8	매실	梅實(매실)	메이즈(梅子)	우메노미(うめのみ)
9	머루	山葡萄(산포도)	산푸타오(山葡萄)	야마부도우(やまぶとう)
10	바나나	甘蕉(감초)	샹자오(香蕉)	바나나(バナナ)
11	밤	栗(율)	리즈(栗子)	구리(くり)
12	배	梨(이)	리즈(梨子)	나시(なし)
13	버찌	黑櫻(흑앵)	헤이잉(黑櫻)	사꾸란보우(さくらんぼう)
14	복숭아	桃實(도실)	타오즈(桃子)	모모(もも)
15	사과	沙果(사과)	핑궈(蘋果)	링고(りんご, 林檎)
16	석류	石榴(석류)	스류(石榴)	자구로(ざくろ)
17	앵두	櫻桃(앵도)	잉타오(櫻桃)	유스라우메(ゆすらうめ)

번호	우리말	漢　　字	中 國 語	日 本 語
18	오얏	李(이)	리즈(李子)	스모모(すもも)
19	유자	柚子(유자)	요우즈(柚子)	유즈(ゆず)
20	으름	林下夫人(임하부인)	퉁둬무(通脫木)	아게비(あけび)
21	자두	紫桃(자도)	즈리(紫李)	스모모(すもも)
22	잣	柏子(백자)	쑹즈(松子)	죠센마쓰노미(ちょうせんまつのみ)
23	포도	葡萄(포도)	푸타오(葡萄)	부도우(ぶどう)
24	호두	胡桃(호도)	후타오(胡桃)	구루미(くるみ)
25	가지	茄子(가자)	치에즈(茄子)	나스(ナス)
26	감자	馬鈴薯(마령서), 甘藷(감저)	마링수(馬鈴薯)	쟈가이모(じゃがいも)
27	겨자	芥子(개자)	지에머(芥末)	가라시(からし)
28	고구마	甘薯(감서), 南甘藷(남감저), 藷芋(저우)	깐수(甘薯)	사쓰마이모(さつまいも)
29	고사리	蕨菜(궐채), 薇(미)	줴차이(蕨菜)	와라비(わらび)
30	고추	苦椒(고초), 唐椒(당초), 蕃椒(번초), 辣椒(날초)	라쟈오(辣椒)	도우가라시(とうがらし)
31	근대	莙蓬菜(군달채)	쥔따차이(莙蓬菜)	후단소우(ふだんそう : 不斷草)
32	기장	黍(서)	쉬즈(黍子)	기비(きび)
33	냉이	薺菜(제채)	지차이(薺菜)	나즈나(なずな)
34	당근	紅蘿蔔(홍나복), 胡蘿蔔(호나복)	훙뤄버(紅蘿蔔)	닌진(ニンジン)

■ 植物(穀物 · 菜蔬)

번호	우리말	漢　字	中國語	日本語
35	토마토	一年(일년)감	양스즈(洋柿子)	도마도(トマト)
36	들깨	荏子(임자)	런후마(荏胡麻)	에고마(エゴマ)
37	딸기	洋苺(양매)	양메이(洋苺)	이찌고(いちご)
38	마늘	蒜(산)	따쏸(大蒜)	닌니구(ニンニク)
39	메밀	蕎麥(교맥)	챠마이(蕎麥)	소바(そば)
40	무	蘿蔔(나박), 菁根(청근)	뤄버(蘿蔔)	다이공(だいこん)
41	미나리	芹菜(근채)	친차이(芹菜)	세리(せり)
42	밀	小麥(소맥)	샤오마이(小麥)	고무기(こむぎ)
43	박	匏蘆(포로), 匏瓜(포과)	파오루(匏蘆)	후꾸베(ふくべ)
44	배추	白菜(백채)	바이차이(白菜)	하구사이(はくさい)
45	버섯	菌蕈(균심)	머꾸(蘑菇)	기노고(きのこ)
46	벼	稻(도)	따오즈(稻子)	이네(いね)
47	보리	大麥(대맥)	따마이(大麥)	무기(むぎ)
48	부추	韭菜(구채)	지우차이(韭菜)	니라(にら)
49	사탕수수	甘蔗(감자), 藷蔗(저자)	깐저(甘蔗)	간쇼(かんじょ)
50	상추	常菜(상채), 生菜(생채), 萵苣(와거)	워쥐(萵苣)	지샤(チサ)
51	생강	生薑(생강)	썽쟝(生薑)	쇼우가(しょうが)

번호	우리말	漢　字	中國語	日本語
52	수박	西瓜(서과), 水瓜(수과)	시과(西瓜)	스이가(スイカ)
53	수수	蕎粱(고량), 蜀黍(촉서)	까오량(蕎粱)	모로고시(もろこし)
54	시금치	赤根菜(적근채), 菠菱菜(파릉채)	빼렁차이(菠菱菜)	호우렌소우 (ホウレンソウ)
55	쑥갓	茼蒿(동호), 菊花菜(국화채)	똥까오(茼蒿)	슌기구(しゅんぎく, 春菊)
56	씀바귀	荼菜(도채), 苦菜(고채)	쿠차이(苦菜)	니가나(にがな)
57	아욱	冬葵(동규)	동퀘이(冬葵)	아오이(あおい)
58	연근	蓮根(연근), 藕根(우근)	오우껀(藕根)	렌곤(れんこん)
59	오이	黃瓜(황과), 胡瓜(호과)	황과(黃瓜)	규리(キュウリ)
60	옥수수	玉蜀黍(옥촉서)	위수수(玉蜀黍)	노우모로고시(とうもろこし)
61	우엉	牛蒡(우방)	니우방(牛蒡)	고보우(ごぼう)
62	율무	薏苡(의이)	이이(薏苡)	하도무기(はとむき)
63	조	粟(속)	수즈(粟子)	아와(いわ)
64	죽순	竹筍(죽순)	주쑨(竹筍)	다게노고(たけのこ)
65	참깨	眞荏(진임), 芝麻(지마)	즈마(芝麻)	고마(ごま)
66	참외	眞瓜(진과), 香瓜(향과), 甘瓜(감과), 甛瓜(첨과)	샹과(香瓜), 티엔과(甘瓜)	마과우리(マクワウリ)
67	토란	土卵(토란), 芋子(우자)	위토우(芋頭)	사도이모 (さといも : 里芋)
68	파	葱(총)	총(葱)	네기(ネギ)

번호	우리말	漢　字	中國語	日本語
69	피	稗(패)	바이즈미(稗子末)	히에(ひえ)
70	호박	南瓜(남과)	난과(南瓜)	가보쟈(カボチャ)

■ 水産物

번호	우리말	漢　字	中國語	日本語
71	가물치	雷魚(뇌어), 鮦魚(동어)	헤이위(黑魚)	라이교(らいぎょ)
72	가오리	鱝魚(분어)	하이야오위 (海鰩魚)	에이(えい)
73	가자미	加魚(가어), 鰈魚(접어)	디에(鰈)	가레이(かれい)
74	가재	石蟹(석해)	처씨아(螯蝦)	기리가니(ぎりかに)
75	갈치	刀魚(도어)	따오위(刀魚), 따이위(帶魚)	다지우오(たちうお, 太刀魚)
76	개구리	蛙(와)	칭와(青蛙)	가에루(かえる)
77	거머리	水蛭(수질)	수이즈(水蛭)	히루(ひる)
78	거북	龜(귀)	우꿔이(烏龜)	가메(かめ)
79	게	蟹(해)	팡시에(螃蟹)	가니(かに)
80	고래	鯨魚(경어)	징위(鯨魚)	구지라(くじら)
81	굴	石花(석화), 牡蠣(모려)	하이즈리(海蠣子)	가기(かき)
82	김	甘苔(감태), 海苔(해태)	즈차이(紫菜)	노리(のり)
83	다시마	海帶(해대), 昆布(곤포)	쿤부(昆布)	곤부(こんぶ)
84	도롱뇽	鯢(예)	니(鯢)	죠센산쇼우오(ちょうせんさんしょううお)
85	도마뱀	石龍子(석룡자), 蜥蜴(석척)	쓰지아오써(四脚蛇), 시어(蜥蜴)	도가게(とかげ)

번호	우리말	漢字	中國語	日本語
86	도미	鯛魚(조어)	따토우위(大頭魚), 디아오위(鯛魚)	다이(たい)
87	돌고래	海豚(해돈)	하이둔(海豚)	마이루가(まいるか, 眞海豚)
88	마름	菱實(능실)	링쟈오(菱角)	히시(ひし)
89	메기	鮎魚(점어)	니앤위(鮎魚)	나마즈(なまず, 鯰)
90	문어	文魚(문어), 大八梢魚(대팔초어)	장위(章魚)	미즈다고(みずだこ)
91	물개	海狗(해구)	하이꼬우(海狗)	옷도세이(おっとせい)
92	미꾸라지	鰍魚(추어)	니치우(泥鰍)	도죠우(とじょう)
93	미역	甘藿(감곽), 海菜(해채)	하이다이(海帶)	와가메(わかめ)
94	방어	魴魚(방어)	팡위(魴魚)	부리(ぶり, 鰤)
95	뱀장어	長魚(장어)	만위(鰻魚)	우나기(うなぎ)
96	복어	鰒魚(복어)	치우위(球魚)	후구(ふぐ)
97	불가사리	海星(해성)	하이싱(海星)	히도데(ひとで)
98	붕어	鮒魚(부어)	즈위(鯽魚)	후나(ふな)
99	산호	珊瑚(산호)	싼후(珊瑚)	상고(せんご)
100	상어	鯊魚(사어)	싸위(鯊魚)	사메(さめ, 鮫)
101	새우	鰕(하)	시아(鰕)	에비(えび)
102	숭어	秀魚(수어)	즈위(鯔魚)	보라(ぼら, 鯔)

번호	우리말	漢　字	中國語	日本語
103	소라	海螺(해라)	하이뤄(海螺)	사자에(さざえ)
104	쏘가리	鱖魚(궐어), 錦鱗魚(금린어)	꿰이위(鱖魚)	고우라이 게쓰교 (こうらいけつぎょ)
105	악어	鰐魚(악어)	어위(鰐魚)	와니(わに)
106	연어	鰱魚(연어)	싸멍위(撒蒙魚)	사게(さけ, 鮭)
107	오징어	烏賊魚(오적어)	머위(墨魚)	이가(いか)
108	우렁이	土螺(토라)	티엔뤄(田螺)	다니시(たにし)
109	우뭇가사리	石花菜(석화채)	스화차이(石花菜), 양차이(洋菜)	덴구사(てんぐさ)
110	잉어	鯉魚(이어)	리위(鯉魚)	고이(こい)
111	자라	鼈(별)	지아위(甲魚), 왕바(王八)	슷뽕(すっぽん)
112	전복	全鰒(전복)	바오위(鮑魚)	아와비(あわび)
113	정어리	撒丁魚(살정어), 沙丁魚(사정어)	싸딩위(撒丁魚)	이와시(いわし, 鰯)
114	조개	貝(패)	베이(貝)	가이(かい)
115	조기	石首魚(석수어), 石魚(석어)	황위(黃魚)	이시모지(いしもち)
116	준치	鰣魚(시어), 箭魚(전어)	스위(鰣魚)	히라(ひら)
117	참치	金槍魚(금창어)	진창위(金槍魚)	마구로(まぐろ)
118	청어	鯖魚(청어)	칭린위(青鱗魚)	니신(にしん, 鰊)
119	해삼	海蔘(해삼), 海鼠(해서)	하이선(海蔘)	나마고(なまこ)

번호	우리말	漢　字	中國語	日本語
120	해파리	海月(해월), 水母(수모)	하이저(海蜇)	구라게(くらげ)
121	갈매기	白鷗(백구), 水鴞(수효)	하이오우(海鷗)	가모메(かもめ)
122	거위	白鵝(백아), 舒雁(서안)	어(鵝)	가쵸우(がちょう, 鵝鳥)
123	공작새	孔雀(공작)	콩췌(孔雀)	구쟈구(くじゅく)
124	기러기	信禽(신금), 陽鳥(양조)	이앤(雁)	간(がん)
125	까마귀	烏(오)	우야(烏鴉)	가라스(からす)
126	까치	鵲(작)	시췌(喜鵲)	가사사끼(かささぎ)
127	꾀꼬리	黃鳥(황조), 鶬鶊(창경)	황잉(黃鶯)	우구이스(うぐいす)
128	꿩	雉(치), 山鷄(산계)	예지(野鷄)	기지(きじ)
129	닭	鷄(계)	지즈(鷄子)	니와도리(にわとり)
130	독수리	禿鷲(독취)	투치우(禿鷲)	하게오시(はげおし)
131	두견새	杜鵑(두견), 子規(자규)	두위(杜宇)	호도도기스(ほととぎす)
132	두루미	白鶴(백학), 仙禽(선금)	시앤터(仙鶴)	쓰루(つる)
133	따오기	朱鷺(주로)	주루(朱鷺)	도기(とき)
134	매	海東青(해동청), 鷹(응)	잉(鷹)	다가(たか)
135	봉황새	鳳凰(봉황)	펑황(鳳凰)	호우오우(ほうおう)
136	부엉이	鵂鶹(휴류), 鴟鴞(치효)	마오토우잉(猫頭鷹)	미미즈구(みみずく)

■ 鳥類

번호	우리말	漢　　字	中國語	日本語
137	뻐꾸기	布穀(포곡), 鴶鵴(길국)	궈궁(郭公)	요부고도리(よぶこどり)
138	앵무새	鸚鵡(앵무)	잉우(鸚鵡)	오우므(おうむ)
139	오리	鴨(압), 家鳧(가부)	야즈(鴨子)	가모(かも)
140	왜가리	鶬鷄(창계)	창지(鶬鷄)	아오시기(あわさぎ, 青鷺)
141	제비	燕子(연자), 玄鳥(현조)	이앤즈(燕子)	쓰바메(つばめ)
142	종달새	雲雀(운작)	윈췌(雲雀)	히바리(ひばり)
143	참새	賓雀(빈작), 黃雀(황작)	자췌(家雀)	스즈메(すずめ)
144	해오라기	白鷺(백로), 雪客(설객)	루즈(鷺鷥)	사기(さぎ)
145	황새	鸛鳥(관조), 白鸛(백관)	관(鸛)	고우노도리(こうのとり)
146	개똥벌레	螢(형)	잉훠충(螢火虫)	호다루(ほたる)
147	개미	蟻(의)	마이(螞蟻)	아리(あり)
148	거미	蛛(주)	즈주(蜘蛛)	구모(くも, 蜘蛛)
149	거위	蛔蟲(회충)	후이충(蛔蟲)	가이쥬(がいちゅう)
150	귀뚜라미	蟋蟀(실솔), 蜻蛚(청렬), 促織(촉직)	시솨이(蟋蟀)	고오로기(こおれぎ)
151	나방	蛾(아)	어즈(蛾子)	가(が)
152	나비	蝴蝶(호접), 蛺蝶(협접)	후디에(胡蝶)	쵸우(ちよう)
153	누에	蠶(잠)	찬(蠶)	가이고(がいこ)

■ 昆蟲

번호	우리말	漢　字	中國語	日本語
154	매미	蟬(선)	즈랴오얼(知了兒)	세미(せみ)
155	메뚜기	蚱蜢(책맹), 阜螽(부종)	황충(蝗蟲)	이나고(いなご, 蝗)
156	모기	蚊(문)	원즈(蚊子)	가(か)
157	바퀴	蜚蠊(비렴)	페이롄(蜚蠊)	고기부리(ごきぶり)
158	번데기	蛹(용)	치연융(繭蛹)	사나기(さなぎ)
159	벌	蜂(봉)	펑(蜂)	하찌(はち)
160	벼룩	蚤(조)	꺼자오(虼蚤)	노미(のみ)
161	빈대	床虱(상슬), 臭虫(취충), 蠦蜰(노비), 南京虫(남경충), 蝎甫(갈보)	초우충(臭虫)	난긴무시(なんきんむし, 南京虫)
162	사마귀	螳螂(당랑)	탕랑(螳螂)	이뽀(いぼ), 가마끼리(かまきり)
163	소금쟁이	水黽(수민)	즈충(豉虫)	아멘보(あめんぼ, 水馬)
164	여치	蟪蛄(혜고), 聒聒兒(괄괄아)	꽈꽈얼(聒聒兒)	기리기리스(きりぎりす)
165	이	蝨甫(슬보)	스즈(虱子)	시라미(しらみ)
166	잠자리	蜻蜓(청정), 蜻蛉(청령), 蜻娘子(청낭자)	칭팅(蜻蜓)	돈보(とんぼ)
167	좀	蠹(두)	두위(蠹魚)	시미(しみ)
168	파리	蠅(승)	창잉(蒼蠅)	하에(はえ)
169	하늘소	天牛(천우)	티엔뉴(天牛)	가미기리무시(かみきりむし)
170	하루살이	蜉蝣(부유)	따오즈충(倒豉虫)	가게로우(かげろえ)

■ 身體

번호	우리말	漢　　字	中 國 語	日 本 語
171	가슴	胸(흉)	숑탕(胸膛)	므네(むね)
172	귀지	耳垢(이구), 耵聹(정녕)	얼스(耳屎)	미미아까(みみあか)
173	눈물	淚水(누수), 淚液(누액)	앤레이(眼淚)	나미다(なみだ, 淚)
174	다리	脚(각)	투이(腿)	아시(あし)
175	땀	淋汗(임한)	한(汗)	아세(あせ, 汗)
176	때	垢(구)	꼬우니(垢泥)	아까(あか)
177	똥	大便(대변), 糞(분)	타비엔(大便), 스(屎)	다이벤(だいべん)
178	목	頸(경)	버껑(脖頸)	구비(くび, 首)
179	몸	身體(신체)	선즈(身子)	신다이(しんたい)
180	발	足(족)	쟈오(脚)	아시(あし)
181	발가락	足指(족지)	쟈오즈(脚趾)	아시유비(あしゆび)
182	배	腹(복)	두즈(肚子)	하라(はら)
183	보조개	靨(엽)	지우워(酒窩)	에꾸보(えくぼ)
184	비듬	頭垢(두구), 頭屑(두설), 雲脂(운지)	토우꼬우(頭垢)	후게(ふけ)
185	뼈	骨(골)	꾸토우(骨頭)	호네(ほね)
186	살	肉(육)	지로우(肌肉)	니꾸(にく)
187	살갗	皮膚(피부)	피푸(皮膚)	히부(ひぶ), 하다(はた, 肌)

번호	우리말	漢　字	中國語	日本語
188	손	手(수)	소우(手)	데(て)
189	손가락	手指(수지)	즈토우(指頭)	데유비(てゆび)
190	손금	掌紋(장문)	장원(掌紋)	데스지(てすじ, 手筋)
191	손목	手腕(수완)	소우완(手腕)	우데구비(うでくび, 腕首)
192	손톱	指甲(지갑)	즈쟈(指甲)	쓰메(つめ, 爪)
193	엉덩이	臀部(둔부)	피꾸(屁股)	시리(しり, 尻)
194	오줌	小便(소변), 尿(뇨)	시아오비엔(小便), 냐오(尿)	쇼우벤(しょうべん)
195	침	唾液(타액), 口液(구액)	투어머(唾沫)	쓰바(つば)
196	콧물	鼻水(비수), 鼻液(비액)	비티(鼻涕)	하나미즈(はなみず)
197	팔	上肢(상지)	꺼버(胳膊), 꺼비(胳臂)	우데(うで, 腕)
198	피	血(혈)	시에(血)	지(ち)
199	허리	腰(요)	야오판(腰板)	고시(こし)
200	힘줄	腱(건)	친루어(筋絡)	겐(けん)

16. 漢字 中 累增字에 대하여

漢字의 造字過程을 살펴보면, 초기에 이루어진 獨體字, 곧 依類象形에 의하여 만들어진 象形字와 指事字가 基本이 되는 글자이다.

臺灣의 文字學者 林尹 교수의 통계에 의하면 漢代 許愼의 『說文解字』에 수록된 9,353字의 漢字 중에 象形字가 364字, 指事字가 125字로서 곧 漢字의 核이 되는 글자는 489字로 500字도 되지 않는다.

그 뒤에 漢字의 數가 점점 증가되어 淸代의 『康熙字典』에 실린 49,030字(古文까지 포함)로 미루어 보아도 漢字의 核이 되는 글자는 1%도 되지 않는다.

필자가 지은 『漢字의 核 300字』로써 詳考하면, 漢字는 모든 글자를 하나하나 暗記할 것이 아니라, 核이 되는 300여 字만 철저히 익히면 나머지는 類推하여 스스로 깨우칠 수 있는 것이다.

다시 말해서 漢字는 核이 되는 이 300여 字가 2자 이상 합쳐져 會意字와 形聲字로 만들어진 것이다. 더욱 구체적으로 분석하여 보면, 形符 곧 뜻으로 쓰이는 214部首字 중에서도 단독으로는 쓰이지 않는 符號字(例 : 宀, 勹, 夂, 爿, 辶, 廴 등) 50여 개와 聲符 곧 字音을 나타내는 符號字(例 : 丰, 叕, 莫, 𡈼, 㱿, 戠, 戔, 賏 등) 70여 개만 철저히 익히면 수천 자의 漢字도 類推해서 이해할 수 있다.

더구나 漢字의 90% 이상이 形聲字로서 복잡한 글자일수록 그 字 자체 내에 어떻게 읽으라는 발음이 들어 있다. 例를 들면 '聽(들을 청)' 자는 '𡈼(줄기 정, 착할 청)'에 '청'이라는 발음이 들었기 때문에 '청'이라고 읽는 것이다. 활자에도 '𡈼'을 잘못 鑄字하여 '王(임금 왕)'의 형태로 쓴 것도 있고, '庭'과 같이 '𡈼'을 '壬(북방 임)'으로 쓴 것도 있는데 모두 잘못이다. '檀(박달나무 단)'이나 '壇(단 단)' 자도 '旦(아침 단)' 자가 들어서 '단'으로 읽는 것인데, 활자 중에는 '檀, 壇'과 같이 '旦'을 '且'로 잘못 주자한 것이 적지 않다.

獨體字가 2가지 이상 합쳐서 된 合體字 중에는 累增字가 적지 않다. 累增字가 만들어지는 이유는 본래의 字義가 세월이 지나면서 轉義되어 쓰이게 되면, 부득이 본래의 字義를 뜻하는 글자를 다시 만들게 된다. 이때에 字音도 변하는 경우가 있다.

累增字를 만들 때는 다음과 같이 몇 가지 類形으로 나눌 수 있다.

(1) 同一한 字畫을 중첩하여 첨가하는 것.

예를 들면 '莫'(저물다 → 말다) → '暮'(저물 모) : 造字上으로는 모순이지만 '日'을 거듭 써서 만들었다.

(2) 그 사물의 資質과 유관한 사실을 찾아서 첨가하는 것.

예를 들면 '午'(절굿공이 → 十二支의 말띠) → '杵'(공이 저) : 절굿공이는 나무로 만들므로 '木'을 더하여 만들었다.

(3) 그 字의 音을 나타내는 聲符를 첨가하는 것.

예를 들면 '自'(코 → 스스로) → '鼻'(코 비) : '自'가 '스스로'의 뜻으로 轉義되었지만, 본래의 뜻을 살리고 聲符로서 '畀'(줄 비)를 더하여 形聲字를 만들었다.

(4) 本來의 字形과는 전연 다른 字로 만드는 것.

예를 들면 '而'(수염 → 접속사) → '須'(수염→ 모름지기) → '鬚'(수염 수) : '而'가 '수염'에서 '말이을 이'로 轉義되자 전연 다른 자형의 '須'를 만들었다. 또 다시 '鬚'를 만들었다.

	本字	本來의 訓音	轉義된 訓音	累增字
1	然	개를 불에 그슬린 고기 연	그슬릴 연(태울 연) → 그럴 연	燃(태울 연)

※ '然'은 본래 金文에 '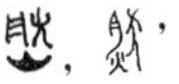' 등의 字形으로서 곧 '犬', '肉(夕)', '火(灬)'의 會意字이다. 본뜻은 '개를 불에 그슬린 고기'의 뜻이었는데, 자고로 개는 반드시 불에 그슬러 잡기 때문에 '그슬리다(태우다)'의 뜻으로 轉義되고, 또한 개고기를 먹고 나면 "개고기는 정말 맛있어, 역시 개고기야, 암 그렇지, 그렇지."하다 보니까 뒤에 '그럴 연'자로 轉義되자, 다시 '燃'(태울 연)자를 만든 것이다. '火'자가 중첩되어 造字上으로는 모순이지만 '然'이 '그렇다'의 뜻으로 쓰임으로써 부득이 '燃'자를 다시 만든 것이다. 오늘날 '燃料'(연료), '燃炭'(연탄)과 같이 쓰이지만, 옛날에는 '然'이 그대로 '태우다'의 뜻으로 쓰였다.

2	本字	本來의 訓音	轉義된 訓音	累增字
	禽	새잡을 금	새 금	擒(잡을 금)

※ '禽'이 甲骨文 '', 金文 ', ' 등의 字形으로 볼 때, 본래는 새를 잡는 도구를 그리어 '새를 잡다'의 뜻을 나타낸 글자임을 알 수 있다. 뒤에 '禽'이 '새'의 뜻으로 쓰이게 되자 '扌(手)'(손 수)를 가하여 '擒'(잡을 금)자를 또 만들었다.

3	本字	本來의 訓音	轉義된 訓音	累增字
	莫	저물 모	말 막	暮(저물 모)

※ '莫'은 甲骨文에 ', ', 金文에 ', ' 등의 字形으로서 해가 수풀 속으로 지는 모습을 나타낸 會意字이다. 옛날에는 日出부터 日沒까지 일을 하였기 때문에 해가 저물면 하던 일을 말아라 한 데서 '말다'의 부정사로 轉義되어, 부득이 '莫'자에 '日'자를 더하여 '暮'(저물 모)자를 또 만든 것이다.

4	本字	本來의 訓音	轉義된 訓音	累增字
	盡	꺼질 진	다할 진	燼(꺼질 진 → 재 신)

※ '盡'은 甲骨文에 ', , ', 金文에 '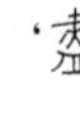' 등의 자형으로서 손()에 부젓가락()을 잡고 화로 속의 불( → 灬+皿)을 휘저어 불이 꺼짐을 나타낸 指事字이다. 옛날에는 화로의 불씨가 꺼지게 되면 무엇도 할 수 없이 일이 끝나버리기 때문에 '다하다'의 뜻으로 轉義되니, 부득이 累增字로서 또 '火'를 더하여 '燼(꺼질 진 → 재 신)'자를 만든 것이다.

5	本字	本來의 訓音	轉義된 訓音	累增字
	午	절굿공이 오	十二支 말띠, 낮 오	杵(절굿공이 저)

※ '午'는 甲骨文의 '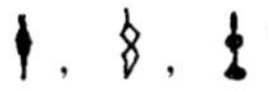', 金文의 '' 등의 字形을 거쳐 楷書體의 '午'가 되었으나, 본래는 '절구공이'의 모양을 그린 象形字이다. 뒤에 十二支의 말띠를 뜻하고, 한낮의 뜻인 '午'(낮 오)자로 轉義되자, 절굿공이는 나무로 만들기 때문에 '木'을 더하여 '杵'(절굿공이 저)자를 또 만든 것이다.

6	本字	本來의 訓音	轉義된 訓音	累增字
	來	보리 래	올 래	麥(보리 맥)

※ '來'는 甲骨文의 '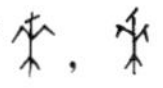', 金文의 '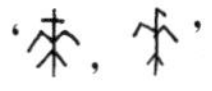' 등의 자형으로서 보리의 모양을 그린 象形字이다. 보리는 이른 봄에 땅이 완전히 解凍하기 전에 뿌리가 말라죽지 않도록 밟아주고 와야 하기 때문에 '來'자가 '오다'의 뜻으로 轉義되자, 부득이 '來'에 ''(甲骨文의 발을 그린 글자)의 자형을 더하여 ' → 麥(보리 맥)'자를 또 만든 것이다.

7	本字	本來의 訓音	轉義된 訓音	累增字
	自	코 자	스스로 자	鼻(코 비)

※ '自'는 甲骨文의 '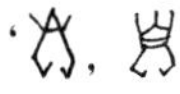', 金文의 '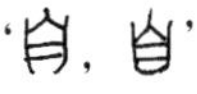' 등의 자형으로서 어른의 코의 모양을 그린 象形字이다. 中國人들은 예부터 자신을 가리킬 때 반드시 코를 가리키기 때문에 '스스로'의 뜻으로 轉義되자, '自'에 '畀'(줄 비)의 聲符를 더하여 形聲字로서 '鼻'(코 비)를 또 만든 것이다.

8	本字	本來의 訓音	轉義된 訓音	累增字
	能	곰 능	능할 능	熊(곰 웅)

※ '能'은 金文의 '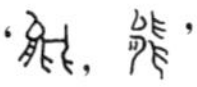' 등의 자형으로 본래 곰의 모양을 그린 象形字

이다. 곰은 재주를 잘 부리는 재능이 있으므로 뒤에 '능하다'의 뜻으로 轉義되자, 부득이 '能'에 '灬'를 더하여 다시 '熊'(곰 웅)자를 만든 것이다. 곰 중에 갈색곰을 일컬어 '불곰'이라 일컫는데, 그래서 '灬→火'자를 더하여 累增字를 만든 것으로 볼 수 있다.

9	本字	本來의 訓音	轉義된 訓音	累增字
	而	수염 이	말이을 이	須(수염 수→모름지기 수)→鬚(수염 수)

※ '而'는 甲骨文의 '', 金文의 ', ' 등의 자형으로서 입 아래 늘어진 수염을 그린 象形字이다. 뒤에 '말이을 이'자로 轉義되자, 부득이 '頁'(머리 혈)에 수염의 형태(彡)를 더하여 '須'(수염 수)자를 만들었으나, 다시 이 '須'자가 '반드시, 모름지기'의 뜻으로 轉義되자, '須'에 터럭을 뜻하는 '髟'(머리털 늘어질 표)를 더하여 다시 '鬚'(수염 수)자를 만든 것이다.

'須'가 '반드시'로 轉義된 것은 女子는 반드시 수염이 나지 않는 데서 연유된 것이라고 볼 수 있다.

10	本字	本來의 訓音	轉義된 訓音	累增字
	正	칠 정	바를 정	征(칠 정)

※ '正'은 甲骨文의 ', , ', 金文의 ', , ' 등의 자형으로서 敵의 城을 치러 가는 것을 나타낸 會意字이다. 적의 잘못을 바로잡는다는 뜻에서 '바르다'로 轉義되자, '正'에 '가다'의 뜻을 가진 '彳'(조금걸을 척)을 더하여 '征'(칠 정)자를 다시 만들었다.

11	本字	本來의 訓音	轉義된 訓音	累增字
	昌	부를 창	창성할 창	唱(부를 창)

※ '昌'은 金文에 ', 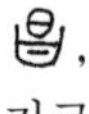, ' 등의 자형으로서 곧 아침에 해(日)가 솟아오르는 것을 보고 입(曰 가로 왈)으로 소리치는 것을 나타낸 會意字이다. 뒤에 '昌'의 뜻이 '창성하다, 번창하다'의 뜻으로 轉義되자, '昌'에 '口'(입 구)를 더하여 '唱'(부를 창)자를 다시 만들었다.

12	本字	本來의 訓音	轉義된 訓音	累增字
	云	구름 운	이를 운	雲(구름 운)

※ '云'은 甲骨文의 '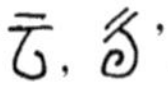', 金文의 '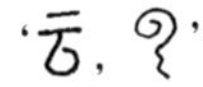' 등의 자형으로서 구름의 모양을 그린 상형자이다. 뒤에 '云'(구름 운)이 '이르다'의 뜻으로 轉義되자, '云'에 '雨'를 더하여 '雲'(구름 운)자를 다시 만들었다.

13	本字	本來의 訓音	轉義된 訓音	累增字
	申(电)	번개 전	납 신	電(번개 전)

※ '申'은 甲骨文의 '', 金文의 '' 등의 자형으로서 구름 사이에 번개가 번쩍 빛나는 것을 그린 象形字이다. 뒤에 字形이 ' →  → 申'과 같이 변하고, 뜻과 소리도 十二支 중에 원숭이띠를 뜻하는 '申'(납 신)자로 轉義되자, 부득이 ' → 電(번개 전)'자를 다시 만들었다.

14	本字	本來의 訓音	轉義된 訓音	累增字
	無	춤출 무	없을 무	舞(춤출 무)

※ '無'는 甲骨文의 '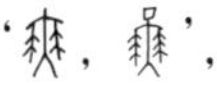', 金文의 '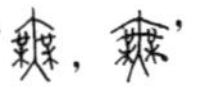' 등의 자형으로서 사람이 두 손에 깃털을 들고 춤을 추는 동작을 나타낸 象形字이다. 춤출 때는 男女老少 구별이 없기 때문에 '없다'의 뜻으로 轉義되자, 부득이 '無'에 넉 점을 생략하고, 발의 동작을 나타낸 '舛'(어그러질 천)자를 더하여 '舞'(춤출 무)자를 다시 만들었다.

15	本字	本來의 訓音	轉義된 訓音	累增字
	朱	구슬 주	붉을 주	珠(구슬 주)

※ '朱'는 甲骨文의 '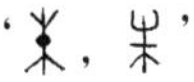', 金文의 '' 등의 字形으로서 구

슬을 실끈에 꿰어 놓은 모양을 그린 象形字이다. 구슬은 대개 붉은 색이기 때문에 '붉다'의 뜻으로 轉義되자, '朱'에 '玉'자를 더하여 '珠'(구슬 주)자를 다시 만들었다. '朱'를 속이 붉은 나무를 가리킨 指事字로 보는 이도 있다.

16	本字	本來의 訓音	轉義된 訓音	累增字
	酉	술 유	十二支 중 닭띠 유	酒(술 주)

※ '酉'는 甲骨文의 '', 金文의 '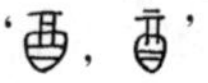' 등의 자형으로서 술이 들어 있는 항아리의 모양을 그리어 술의 뜻을 나타낸 象形字이다. 뒤에 十二支 중의 닭띠를 뜻하는 글자로 轉義되자, 술도 물이기 때문에 '酉'에 '水'를 더하여 '酒'자를 (술 주)다시 만들었다.

17	本字	本來의 訓音	轉義된 訓音	累增字
	它	뱀 사(타)	다를 타	蛇(뱀 사),他(다를 타)

※ '它'는 甲骨文의 '', 金文의 '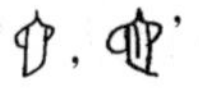' 등의 자형으로서 뱀의 모양을 그린 象形字이다. 뒤에 '它'자가 '다를 타' 곧 사물을 가리키는 대명사 '他'와 같은 뜻으로 轉義되자, '它'에 '虫'을 더하여 '蛇'(뱀 사)자를 다시 만들었다.

18	本字	本來의 訓音	轉義된 訓音	累增字
	其	키 기	그 기	箕(키 기)

※ '其'는 甲骨文의 '', 金文의 '' 등의 字形으로서 '키'의 모양을 그린 상형자이다. 뒤에 '其'의 뜻이 대명사 '그'의 뜻으로 轉義되자, 키는 대나무로 만들기 때문에 '其'에 '竹'자를 더하여 다시 '箕'(키 기)자를 만들었다.

	本字	本來의 訓音	轉義된 訓音	累增字
19	北	등 배	북녘 북	背(등 배)

※ '北'은 甲骨文의 '', 金文의 '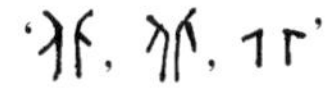' 등의 자형으로서 두 사람이 등을 맞대고 서 있는 모습을 그리어 '등'의 뜻을 나타낸 會意字이다. 후에 뒤쪽 곧 '북쪽'의 뜻으로 轉義되자, '北'에 '肉 → 月'을 더하여 다시 '背'(등 배)자를 만들었다.

싸움에 지고 등을 보이고 달아나는 뜻의 '敗北'를 '패북'이라 하지 않고 '패배'라고 읽는 것으로도 '北'이 본래 '등'의 뜻이었음을 알 수 있다.

	本字	本來의 訓音	轉義된 訓音	累增字
20	或	나라 국	혹 혹	國(나라 국)

※ '或'은 甲骨文의 '', 金文의 '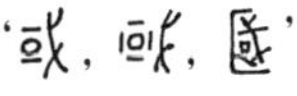' 등의 자형으로서 창으로 성을 지키는 모습을 그리어 나라의 뜻을 나타낸 會意字이다. 뒤에 '或'이 '혹은, 어떤'의 뜻으로 轉義되자, '或'에 영토의 뜻을 가진 '口'(에울 위)를 더하여 다시 '國'(나라 국)자를 만들었다.

	本字	本來의 訓音	轉義된 訓音	累增字
21	韋	어길 위	가죽 위	違(어길 위)

※ '韋'는 甲骨文의 '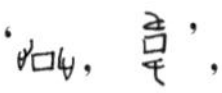', 金文의 '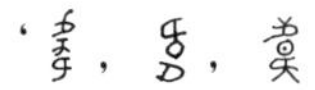' 등의 자형으로서 '城邑을 서로 반대편으로 돌아다니며 巡邏(순라)하다.'는 뜻을 나타낸 會意字이다. 뒤에 '韋'자가 相背의 뜻에서 다시 '가죽'의 뜻으로 轉義되자, '韋'에 '辶'(쉬엄쉬엄갈 착)을 더하여 다시 '違'(어길 위)자를 만들었다. '韋'를 '衛'의 初文으로 보는 것은 옳지 않다.

	本字	本來의 訓音	轉義된 訓音	累增字
22	丁	못 정	十干의 丁, 사내 정	釘(못 정)

※ '丁'은 甲骨文에 '', 金文의 '' 등의 자형으로서 본래 '못'의 모양을 그린 象形字이다. 뒤에 '丁'이 字義가 十干의 4번째, 사내로 轉義되자, 못은 쇠로 만들기 때문에 '丁'에 '金'을 더하여 '釘'(못 정)자를 또 만들었다.

	本字	本來의 訓音	轉義된 訓音	累增字
23	丑	끈을맬 추, 축	十二支의 소띠 추, 축	紐(맬 뉴)

※ '丑'은 甲骨文의 '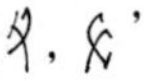', 金文의 '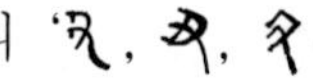' 등의 자형으로서 손으로 끈을 매는 것을 나타낸 것인데, 뒤에 十二支 中 소띠의 뜻으로 轉義 되자, 맬 때는 실끈을 사용하므로 '丑'에 '糸'(실 사)를 더하여 '紐'(맬 뉴)자를 또 만들었다.

	本字	本來의 訓音	轉義된 訓音	累增字
24	丞	도울 승	정승 승	拯(도울 증)

※ '丞'은 甲骨文의 '', 金文의 '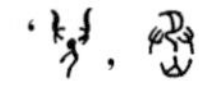' 등의 자형으로서 함정에 빠져 있는 사람을 두 손으로 구출해 주는 상황을 그린 會意字이다. 뒤에 '丞'이 벼슬의 명칭으로서 '정승 승'자로 轉義 되자, '丞'자에 '扌'(手)를 더하여 '拯'(구할 증)자를 또 만들었다. 여기서 附言할 것은 옛 벼슬의 명칭이 오늘날 總理, 長官 等보다 휴머니즘이 넘친다는 것이다.

	本字	本來의 訓音	轉義된 訓音	累增字
25	采	캘 채	무늬, 용모 채	採(캘 채)

※ '采'는 甲骨文의 '', 金文의 '' 등의 자형으로서 '손()'으로 나무의 열매를 따거나 나물을 캐는 동작을 나타낸 會意字이다. 뒤

에 '무늬, 용모 채'로 轉義되자, '采'에 또 '손(手→扌)'을 더하여 '採'(캘 채) 자를 만들었다.

	本字	本來의 訓音	轉義된 訓音	累增字
26	文	무늬 문	글월 문	紋(무늬 문)

※ '文'은 甲骨文의 '', 金文의 '' 등의 자형으로서 사람의 가슴에 문신을 한 모양을 그리어 '무늬'의 뜻을 나타낸 象形字이다. 뒤에 (春秋時代 이전) '글자'의 뜻으로 轉義되자, '糸'(실 사)를 더하여 '紋'(무늬 문) 자를 또 만들었다.

	本字	本來의 訓音	轉義된 訓音	累增字
27	乍	지을, 만들 사	잠깐 사, 차라리 작	作(지을 작)

※ '乍'는 甲骨文의 '', 金文의 '' 등의 자형으로서 사람이 앉아서 손()에 도구를 잡고 무엇을 만드는 것을 나타낸 會意字이다. 뒤에 '잠깐, 갑자기'의 뜻으로 轉義되자, '亻'을 더하여 '作(지을 작)'을 또 만들었다.

	本字	本來의 訓音	轉義된 訓音	累增字
28	受	물건을 주고받을 수	받을 수	授(줄 수)

※ '受'는 甲骨文의 '', 金文의 '' 등의 자형으로서 祭物을 담은 그릇을 주고받는 동작을 나타낸 會意字이다. 뒤에 '받다'의 뜻으로 轉義되자, 또 '扌(手)'를 더하여 '授'(줄 수)자를 만들었다.

	本字	本來의 訓音	轉義된 訓音	累增字
29	且	할아비 조	또 차	祖(할아비 조)

※ '且'는 甲骨文의 ', , ', 金文의 ', , ' 등의 字形으로서 祖上의 神을 모신 사당, 또는 제사를 지낼 때 제물을 올리는 도마 모양의 그릇을 그린 象形字이다. 뒤에 '또, 만약'의 뜻으로 轉義되자, 戰國時代에 이르러 神의 뜻을 나타내는 '示'(보일 시)를 더하여 '祖'(할아비 조)자를 또 만들었다. '(且)'를 남자의 性器로 보는 이도 있으나 옳지 않다.

30	本字	本來의 訓音	轉義된 訓音	累增字
	七	끊을 칠	일곱 칠	切(끊을 절)

※ '七'은 甲骨文의 '十', 金文의 '十, 七' 등의 자형으로서 칼로 물건을 자르는 뜻을 나타낸 指事字이다. 뒤에 '일곱'의 뜻으로 轉義되자, 칼로 끊기 때문에 '刀'(칼 도)를 더하여 '切'(끊을 절)자를 또 만들었다. '丨→十→十'의 자형과 구별하기 위하여 '十→七→七'의 형태로 변하였다.

31	本字	本來의 訓音	轉義된 訓音	累增字
	凶	가슴 흉	흉악할 흉	胸(가슴 흉)

※ '凶'은 金文에 ', ' 등의 字形으로서 사람의 젖가슴을 그린 象形字이다. 여자가 젖가슴을 내놓는 것은 흉한 모습이므로 '흉하다'의 뜻으로 轉義되자, '胸'(가슴 흉)과 같이 '가슴'을 뜻하는 글자를 또 만들었다. '凶'의 자형도 '兇'과 같이 변하였다.

32	本字	本來의 訓音	轉義된 訓音	累增字
	奇	탈 기	기이할 기	騎(탈 기)

※ '奇'를 '大'와 '可'의 合體字로서 形聲字로 풀이하는 사람도 있지만, 中國의 文字學者 康殷은 '奇'의 본래 자형을 사람이 말을 탄 ''의 형태가 金文의 '→奇'와 같이 변한 것이라고 풀이하였다. 뒤에 '기이하다'의 뜻으로 轉義되자, '馬'자를 더하여 '騎'자를 또 만들었다는 것이다.

	本字	本來의 訓音	轉義된 訓音	累增字
33	乃	젖 내	이에 내	奶(젖 내)

※ '乃'는 甲骨文의 '', 金文의 '' 등의 자형으로서 여자의 젖의 모양을 그린 象形字이다. 뒤에 '이에, 곧'의 뜻으로 轉義되자, '女'자를 더하여 '奶'(젖 내)자를 또 만들었다. '乃'를 指事字로서 달리 풀이하는 이도 있다. '奶'는 '嬭'의 변형자로서 우리 나라에서는 잘 쓰이지 않는다.

	本字	本來의 訓音	轉義된 訓音	累增字
34	合	그릇 합	합할 합	盒(그릇 합)

※ '合'은 甲骨文의 '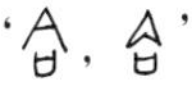', 金文의 '' 등의 字形으로서 뚜껑이 있는 밥그릇의 모양을 그린 象形字이다. 뒤에 '합할 합'의 뜻으로 轉義되자, '皿'(그릇 명)자를 더하여 '盒(그릇 합)'자를 또 만들었다. '合'은 10분의 1升(되 승)의 뜻으로도 轉義되었는데, 中國에서는 '꺼'로 발음하고, 우리 나라에서는 '홉'이라고 일컫는다.

	本字	本來의 訓音	轉義된 訓音	累增字
35	也	그릇 야	어조사 야	匜(그릇 이)

※ '也'는 金文에 '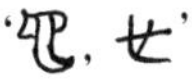' 등의 字形으로서 세수하는 그릇의 모양을 그린 象形字이다. 뒤에 어조사의 뜻으로 쓰이게 되자, '匚'(상자 방)을 더하여 '匜'(그릇 이)를 또 만들었다. '也'의 본래 뜻을 달리 보는 이도 있으나 그릇의 명칭으로 보는 것이 타당하다. 일반적으로 고유어로 알고 있는 세숫대야의 '대야'는 곧 '大匜'의 漢字語이다. '대이'로 발음해야 옳지만, 옛사람들이 '也'(야)자가 들어 있기 때문에 '대야'로 유추하여 訛語가 된 것이다.

	本字	本來의 訓音	轉義된 訓音	累增字
36	因	자리 인	인할 인	茵(자리 인)

※ '因'은 甲骨文의 '', 金文의 '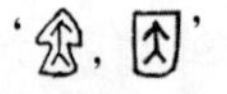' 등의 자형으로서 바닥에 까는 '자리'의 모양을 그린 象形字이다. 뒤에 '인할 인'의 뜻으로 轉義되자, 자리는 莞草(완초: 왕골)나 등 넝쿨 등 식물로 엮기 때문에 '艸→艹'(풀 초)를 더하여 '茵'(자리 인)자를 또 만들었다. '因'의 本義를 달리 보는 이도 있다.

37	本字	本來의 訓音	轉義된 訓音	累增字
	巨	곱자 구	클 거	矩(곱자 구)

※ '巨'는 金文의 '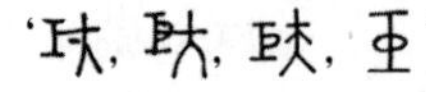' 등의 자형으로서 사람이 '곱자(曲尺)'를 들고 있는 모양을 나타낸 會意字이다. 뒤에 '클 거'의 뜻으로 쓰이게 되자, '矢(화살 시)'자를 더하여 '矩'(곱자 구)자를 또 만들었다. '巨'자는 '工'자 부수에 속하기 때문에 '巨'의 자형을 ''의 형태로 써서는 안 된다.

38	本字	本來의 訓音	轉義된 訓音	累增字
	州	작은섬 주	고을 주	洲(작은섬 주)

※ '州'는 甲骨文의 '', 金文의 '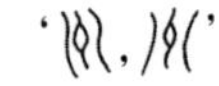' 등의 자형으로서 강물 가운데 생긴 섬의 모양을 그린 象形字이다. 뒤에 '고을 주'의 뜻으로 쓰이게 되자 '水(氵)'를 더하여 '洲'(작은섬 주)자를 또 만들었다. 그러나 '洲'는 오늘날 '美洲, 亞洲'처럼 작은 섬이 아니라, 六大洲 등의 명칭으로 확대되어 쓰이고 있다.

39	本字	本來의 訓音	轉義된 訓音	累增字
	原	근원 원	언덕 원	源(근원 원)

※ '原'은 金文에 '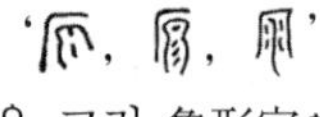' 등의 字形으로서 본래 산골짜기에서 처음 물이 흘러내리는 것을 그린 象形字이다. 뒤에 '언덕 원'의 뜻으로 쓰이게 되자, '水(氵)'를 더하여 '源'(근원 원)자를 또 만들었다. '原'의 本字를 '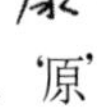'과 같이 바위 언덕을 나타낸 '厂'(언덕 한)에 '泉'(샘 천)를 더한 것으로 '原'이 본래 '근원 원'의 글자임을 알 수 있다.

40	本字	本來의 訓音	轉義된 訓音	累增字
	永	헤엄칠 영	길 영	泳(헤엄칠 영)

※ '永'은 甲骨文의 '', 金文의 '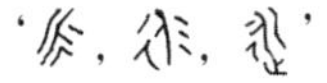' 등의 字形으로서 사람이 헤엄치는 것을 나타낸 會意字이다. 뒤에 물줄기가 '길다'의 뜻으로 쓰이게 되자, '水(氵)'를 더하여 '泳'(헤엄칠 영)자를 또 만들었다. '永'을 강물줄기의 支流에서 '길다'의 뜻으로 轉義되었다고 보는 이도 있다.

41	本字	本來의 訓音	轉義된 訓音	累增字
	曾	시루 증	일찍 증	甑(시루 증)

※ '曾'은 甲骨文의 '', 金文의 '' 등의 자형으로서 솥 위에 올려놓은 '시루'의 모양을 그린 會意字이다. 뒤에 '일찍, 더하다'의 뜻으로 轉義되자, 질그릇의 뜻을 가진 '瓦'(기와 와)를 더하여 '甑'(시루 증)자를 또 만들었다. '더하다'의 뜻을 가진 '增'(더할 증)자로도 만들어졌다. 또한 시루는 솥 위에 올려놓아 2층을 이루고 있으므로 '層'(층 층)자로도 확대되었다.

42	本字	本來의 訓音	轉義된 訓音	累增字
	主	심지 주	임금 주	炷(심지 주)

※ '主'는 甲骨文의 '', 金文의 '' 등의 字形으로서 등잔불의 심지에 불을 붙인 모양을 그린 象形字이다. 뒤에 자형이 '→主'의 형태로 바뀌고 字義도 '임금 주'로 轉義되자, '火'를 더하여 '炷'(심지 주)자를 또 만들었다.

43	本字	本來의 訓音	轉義된 訓音	累增字
	丘	언덕 구	孔子이름 구	邱(언덕 구)

※ '丘'는 甲骨文의 '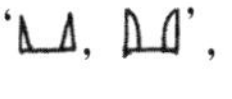', 金文의 '' 등의 字形으로서

'언덕'(특히 사방이 높고 가운데가 낮은 언덕)의 모양을 그린 象形字이다. 뒤에 '丘'자가 孔子의 이름으로 쓰이게 되자, 그것을 피하여 '邑(阝)'을 더하여 '邱'(언덕 구)자를 또 만들었다. 孔子를 숭배하여 '丘'의 筆劃을 줄이어 ''의 자형으로 쓴 일도 있고, '丘'의 字音을 '某'(모)라고 일컬은 일도 있다.

44	本字	本來의 訓音	轉義된 訓音	累增字
	席	바닥에 까는 자리 석	차지하고 있는 곳 석	蓆(자리 석)

※ '席'은 金文의 '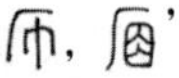' 등의 자형으로서 방바닥에 까는 '자리'의 모양을 나타낸 會意字이다. 뒤에 '座席, 道席, 酒席' 등과 같이 앉아 있는 '위치'의 뜻으로 轉義되자, 자리는 풀로 만들기 때문에 '艸→艹'(풀 초)를 더하여 '蓆'(자리 석)자를 또 만들었다.

45	本字	本來의 訓音	轉義된 訓音	累增字
	郭	성 곽	성씨 곽	廓(성 곽)

※ '郭'은 甲骨文의 '', 金文의 '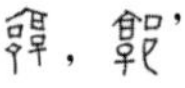' 등의 자형으로서 城의 戍樓(수루)의 모양을 그린 象形字이다. '郭'은 본래 國名으로, 郭國이 滅亡하자 그 나라의 城터를 지칭한 것인데, '郭'이 또한 姓氏로 쓰이자, 집을 뜻하는 '广'(엄) 부수를 더하여 '廓'(성 곽)자를 또 만든 것이다. '城郭'과 '城廓'은 같은 뜻이다.

46	本字	本來의 訓音	轉義된 訓音	累增字
	冄	수염 염	나아갈 염	髥(수염 염)

※ '冄'은 甲骨文의 '', 金文의 '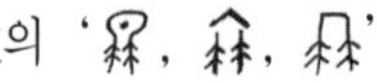' 등의 자형으로서 양 뺨의 수염이 늘어진 형태를 그린 象形字이다. 뒤에 '나아갈 염'의 뜻으로 쓰이게 되자, 터럭의 뜻을 가진 '髟'(머리털 늘어질 표)를 더하여 '髥'(수염 염)자를 또 만들었다. '冄'(염)자의 본 자형은 ''과 같이 썼던 것인데, 隷書體에

서부터 '冉'자로 변형된 것이다. 甲骨文에 ''의 자형을 '竹'(대 죽)으로 풀이한 문자학자도 있는데 잘못이다. '수염'은 곧 '鬚髥'과 같이 쓰며 '鬚'(수염 수)는 턱 밑의 수염, 髥(수염 염)은 양 뺨의 수염 곧 '구레나룻'을 일컫는다. '髭'(수염 자)는 입 위의 수염을 일컫는다.

47	本字	本來의 訓音	轉義된 訓音	累增字
	暴	쬘 폭	사나울 폭, 포	曝(쬘 폭, 포)

※ '暴'은 金文의 '', 小篆體의 '' 등의 字形으로서, 金文에서는 사슴(鹿)이 따뜻한 햇볕(日) 쪼이기를 좋아하는 모습을 나타내어 '쬐다'의 뜻을 나타낸 會意字인데, 小篆體에서는 '日＋出＋米＋廾'의 넉 자를 합쳐서, 쌀(米)을 양손( → 廾)으로 햇볕(日)에 내놓아(出) 말리는 뜻으로 ''(쬘 폭)자를 만든 것인데, 뒤에 '暴'과 같이 字形이 변하였다.

또한 '暴'의 뜻이 '사나울 폭(포)'으로 轉義되자 '日'을 또 더하여 '曝'(쬘 폭, 포)자를 만들었다. '曝曬'의 바른 발음은 '폭쇄'가 아니라 '포쇄'이며, 뜻은 축축한 것을 햇볕에 쬐어 말리는 것이다. 그러나 '曝書', '曝陽'은 '폭'으로 읽어야 한다.

48	本字	本來의 訓音	轉義된 訓音	累增字
	𦣞	턱 이	聲符字	頤(턱 이)

※ '𦣞'는 金文에 ', ' 등의 자형이 小篆體에서 ''의 자형으로 변하였는데, 이것은 사람의 턱의 모양을 그린 象形字이다. 이 ''자가 楷書體의 '𦣞'(턱 이) 자형으로 변하여 '熙, 姬' 등 字의 聲符로만 쓰이게 되자, '𦣞'에 '頁'(머리 혈)을 더하여 '頤'(턱 이)자를 또 만들었다.

'𦣞'를 '熙, 姬' 등에서 '𦣞'나 '臣'(신하 신)과 같이 쓰는 것은 잘못이다. 더구나 '姬'은 '계집 희'자가 아니라 '삼가할 진'자로 전연 다른 글자인데, 여자의 이름에 '明姬, 淑姬' 등에서 거의 모두가 '姬'(삼가할 진)자로 쓰고 있는 현상이다.

49	本字	本來의 訓音	轉義된 訓音	累增字
	亡	소경 망	망할 망	盲(소경 맹)

※ '亡'은 甲骨文의 '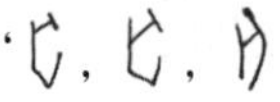', 金文의 '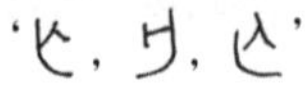' 등의 자형으로서 지팡이를 짚고 가는 '소경'의 모습을 나타낸 象形字이다. 뒤에 '망하다, 도망하다, 없다' 등의 뜻으로 轉義되자, '目'을 더하여 '盲'(소경 맹)자를 또 만들었다. 풀이를 달리하는 이도 있다.

50	本字	本來의 訓音	轉義된 訓音	累增字
	求	가죽옷 구	구할 구	裘(가죽옷 구)

※ '求'는 甲骨文의 '', 金文의 '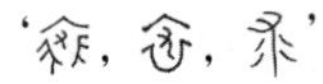' 등의 자형으로서 가죽옷의 모양을 그린 象形字이다. 뒤에 '求'의 뜻이 '구하다'로 쓰이게 되자, '衣'(옷 의)자를 더하여 '裘, 裘'(가죽옷 구)자를 또 만들었다.

짐승의 가죽을 구해 얻어야 옷을 만들 수 있기 때문에 '求'(가죽옷 구)가 '구하다'의 뜻으로 轉義된 것이다.

51	本字	本來의 訓音	轉義된 訓音	累增字
	尊	술항아리 존, 준	높을 존	樽(술항아리 준)

※ '尊'은 甲骨文의 '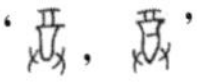', 金文의 '' 등의 자형으로서 두 손으로 받쳐 들고 가는 '술항아리'를 나타낸 會意字이다. 신에게 바치는 술항아리를 들고 갈 때는 존경하는 마음이 있어야 하므로 '존경할 존, 높을 존'의 뜻으로 轉義되자, '木'자를 더하여 '樽'(술항아리 준)자를 또 만들었다.

또한 '缶'(항아리 부)자를 더하여 '罇'(술항아리 준)자와 같이도 만들었다.

52	本字	本來의 訓音	轉義된 訓音	累增字
	梁	다리 량	姓氏 량	樑(다리 량)

※ '梁' 은 金文의 '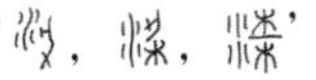' 등의 자형으로서 물 위에 나무를 걸쳐 '다리' 를 만든 것을 나타낸 會意字이다. 뒤에 '梁' 이 國名, 姓 등의 뜻으로 쓰이게 되자, '木' 을 더하여 '樑' (다리 량)자를 또 만들었다.

'梁' 은 기둥 위에 가로 걸치는 '대들보' 의 뜻으로도 쓰인다. '梁' 의 '刅' 은 본래 다리의 모양()을 그렸던 것인데, 뒤에 '刅' 과 같이 자형이 변형되면서 '刅' (창)을 聲符로 여겨 形聲字로 보기도 한다. 따라서 '梁' 을 '' 과 같이 써서는 안 된다.

53	本字	本來의 訓音	轉義된 訓音	累增字
	刅	칼에 벤 상처 창	聲符字	刱, 創(상처 창)

※ '刅' 은 金文에 '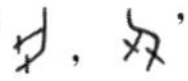' 등의 자형으로서 칼날에 피가 묻은 것을 나타낸 指事字이다. 뒤에 '刅' (창)이 聲符로 쓰이게 되자, '刱' (상처 창)자를 만들고, 또한 '創' (상처 창)자와 같이 字形이 변하였다. 字義도 변하여 '처음' 이란 뜻으로도 쓰인다. '創傷' (창상)은 칼에 베인 상처라는 뜻이다.

54	本字	本來의 訓音	轉義된 訓音	累增字
	从	따를 종	形符의 일부	從(따를 종)

※ '从' 의 甲骨文은 '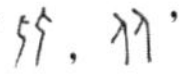', 金文은 '' 등의 자형으로서 한 사람이 다른 사람의 뒤를 따라가는 것을 나타낸 會意字이다. 그런데 '比' (견줄 비)자도 甲骨文에 '', 金文에 '' 등의 자형으로서 '从' (따를 종)자와 구별이 잘 안 되기 때문에, '从' 자에 '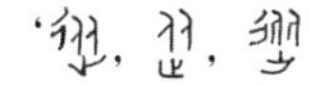' 등과 같이 거리를 나타낸 '' (조금걸을 척)과 발을 나타낸 '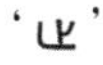' (그칠 지)를 더하여 '從' (따를 종)자를 또 만들었다.

55	本字	本來의 訓音	轉義된 訓音	累增字
	孚	알깔 부	미쁠, 기를 부	孵(알깔 부)

※ '孚'는 金文에 ' , ' 등의 字形으로서, 어미 새가 발로 알을 굴리어 부화하는 모습을 나타낸 會意字이다. 뒤에 '孚'가 '신임하다, 기르다'의 뜻으로 쓰이게 되자, '卵'(알 란)을 더하여 '孵'(알깔 부)자를 또 만들었다. '孚'를 '俘'(사로잡을 부)의 本字로 보는 이도 있다.

56	本字	本來의 訓音	轉義된 訓音	累增字
	畫	구획하여 그을 획	그림 화	劃(그을 획)

※ '畫'은 甲骨文의 ' ', 金文의 ' , , ' 등의 자형으로서 밭두둑을 쌓아 구별하듯이 붓을 손에 잡고( ) 가로세로 금을 그어 '긋다'의 뜻을 나타낸 會意字이다. '畫'(그을 획)자의 '田'에서 한 획을 줄이어 '日'자로 표시한 것은 밤과 낮의 구별은 마치 선을 그어 구별하듯이 분명하기 때문에 '晝'(낮 주)자를 만든 것으로도 '畫'의 본래 뜻이 '긋다'의 뜻임을 알 수 있다.

뒤에 '畫'(그을 획)이 '그림'의 뜻으로 轉義되자, '刂'(칼 도)를 더하여 '劃'(그을 획)자를 또 만들었다. 글자의 획을 '字劃'이 아니라 '字畫'으로 쓰는 것으로도 '畫'의 본래 뜻이 '긋다'임을 알 수 있다.

57	本字	本來의 訓音	轉義된 訓音	累增字
	豆	제기 두	콩 두	荳(콩 두)

※ '豆'는 甲骨文의 ' , ', 金文의 ' , ' 등의 자형으로서 굽이 높은 祭器의 모양을 그린 象形字이다.

뒤에 '콩'의 뜻으로 쓰이게 되자, '艸→ 艹'(풀 초)를 더하여 '荳'(콩 두)자를 또 만들었다. 祭器의 뜻을 가진 자를 또 만들지 않고 '荳'자를 또 만든 것이 다른 累增字와 다르다. 따라서 현실로 '荳'보다는 '豆'자가 일반적으로 쓰인다.

58	本字	本來의 訓音	轉義된 訓音	累增字
	棋	바둑 기	장기 기	碁(바둑 기)

※ '棋'자가 甲骨文과 金文에는 나타나지 않고 小篆에 ' '의 자형으로서

처음 나타난다. 뒤에 '將棋'의 뜻으로도 쓰이게 되자, 바둑은 돌로 만들기 때문에 '其'에 '石'자를 더하여 '碁'(바둑 기)자를 또 만들었다. 異體字로도 볼 수 있다. 中國에서는 '棋'와 '棊(碁)'를 구별하지 않고 쓰지만 우리 나라에서는 일반적으로 '장기'는 '棋'를, '바둑'은 '碁'로 구별하여 쓴다.

	本字	本來의 訓音	轉義된 訓音	累增字
59	義	희생할 의	옳을 의	犧(희생할 희)

※ '義'의 甲骨文은 ' , , ', 金文은 ' , , ' 등의 자형으로서 '我( )'형의 창을 가지고 '羊( )'을 잡는 동작을 나타낸 會意字이다. 字形으로 볼 때 '義'자가 처음부터 '옳다'의 뜻으로 만들어진 것이라고 볼 수 없다. 신에게 祭를 지낼 때 祭物을 바치는 것은 마땅한 일이므로 '義'(희생할 의)의 뜻이 '옳을 의'로 轉義되자, '牛'를 더하여 '犧'(희생할 희)자를 또 만들었다. 특히 大祭에는 소(牛)를 바쳤기 때문에 '牛'자를 더한 것이라고 생각된다. 許愼의 說에 따라 '義'의 본래 字義를 자신의 威儀를 나타낸 것이라고 본 것은 '我'를 창으로 보지 않고, 뒤에 轉義된 '나'의 뜻으로 보고 잘못 풀이한 것이다.

	本字	本來의 訓音	轉義된 訓音	累增字
60	益	넘칠 익	더할 익	溢(넘칠 일)

※ '益'은 甲骨文의 ' , ', 金文의 ' , ' 등의 자형으로서 그릇의 물이 넘쳐 흐르는 것을 나타낸 會意字이다. 뒤에 '더할 익, 이로울 익'의 뜻으로 轉義되자, '氵(水)'를 더하여 '溢'(넘칠 일)자를 또 만들었다. 字音도 변하여 '일'로 읽는다. '腦溢血'을 '뇌일혈'로 발음해야 한다.

	本字	本來의 訓音	轉義된 訓音	累增字
61	監	거울 감	살필, 볼 감	鑑(거울 감)

※ '監'의 甲骨文은 '', 金文은 '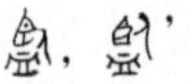' 등의 자형으로서 그릇에 물을 담아 사람이 엎드려서 얼굴을 비추어 보는 모습을 나타낸 會意字이다. 뒤에 '監'이 '살필, 볼 감'의 뜻으로 쓰이게 되고, 또한 銅鏡이 나오게 되자, '金'자를 더하여 '鑑'(거울 감)자를 또 만들었다.

62	本字	本來의 訓音	轉義된 訓音	累增字
	艸	풀 초	++部首	草(풀 초)

※ '艸'의 金文은 '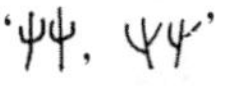' 등의 자형으로서 풀싹의 모양을 그린 會意字이다. 풀싹을 하나만 그린 象形字는 '→屮'의 자형으로서 '싹날 철'이라고 한다.

뒤에 '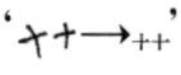'와 같이 자형이 변형되어 部首字로만 쓰이게 되자, '++'에 '早'를 더하여 形聲字로서 만든 '草'자를 '풀 초'자로 쓰게 되었다. '草'의 小篆體는 ''의 자형으로서 본래는 '상수리'를 뜻한 글자인데 '草'(풀 초)의 뜻으로 쓰이게 된 것이다.

63	本字	本來의 訓音	轉義된 訓音	累增字
	冒	모자 모	무릅쓸 모	帽(모자 모)

※ '冒'의 本字는 '冃'로서 모자의 모양()을 그린 象形字이었는데, 뒤에 '目'을 더하여 '冒'(모자 모)자를 만들었다. '冒'의 金文은 '' 등의 자형으로 모자가 눈을 덮어 가린 형태를 그리어 '무모하게 나아가다'의 뜻을 나타내었다.

또 '冒'자가 '무릅쓸, 모험할 모'의 뜻으로 쓰이게 되자, '巾'(모자 건)을 더하여 '帽'(모자 모)자를 또 만들었다. '冒, 帽'자의 '冃'의 자형은 '曰'(가로 왈)처럼 쓰면 안 된다.

64	本字	本來의 訓音	轉義된 訓音	累增字
	厷	팔 굉	聲符字	肱(팔 굉)

※ '厷'의 金文은 ' '의 형태로서 '팔'의 형태를 그린 象形字이다. 이에 오른손의 형태를 그린 ' '를 더하여 ' →厷'(팔 굉)자를 만들었으니 '厷' 자체도 累增字이다. '厷'이 '雄, 宏, 紘' 등의 聲符字로만 쓰이게 되자 '肉(月)'을 더하여 '肱'(팔 굉)자를 또 만들었다.

	本字	本來의 訓音	轉義된 訓音	累增字
65	寸	손목 촌	마디, 치(길이의 단위 십분의 1尺)촌	肘(팔꿈치 주)

※ '寸'의 金文은 ' ', 小篆體는 ' '의 자형으로서 손목에서 뒤로 1치 정도에 動脈이 뛰는 위치를 가리킨 指事字이다. 따라서 뒤에 10분의 1尺의 단위 명칭 '치'의 뜻으로 쓰이게 되자, '肉'(月)을 더하여 '肘'(팔꿈치 주)자를 또 만들었다. '肘'자는 지금은 '팔꿈치'의 뜻으로 轉義되어 쓰이지만, 본래는 손목에서 1치 정도에 動脈이 뛰는 위치 곧 '寸口'(촌구)를 일컫는 명칭이다.

	本字	本來의 訓音	轉義된 訓音	累增字
66	人	남자 인	사람 인	男(사내 남)

※ '人'의 甲骨文은 ' , ', 金文은 ' , , , ' 등의 자형으로서 成人 남자가 서 있는 側面의 모습을 그린 象形字이다. 뒤에 男女老少 통칭인 '사람'의 뜻으로 쓰이게 되자, 옛날 남자의 중요한 구실은 밭(田)에 나가서 쟁기질( )하는 것이 특징이므로 두 자를 합쳐서 甲骨文에 ' , '의 자형으로 만들었던 것인데 뒤에 ' , ', 小篆體에 ' '의 자형으로 변천하여 '田'에 '力'(힘 력)을 더한 '男'(사내 남)자가 만들어졌다. 獨體字 ' (女)'의 대칭으로서 만들어진 '男'은 合體字인 것으로도 ' (人)'의 累增字임을 알 수 있다. 근래에 만들어진 漢字에서도 '人'의 部首字는 男子를 가리키는 예로서 '你'(ni)는 男子 이인칭인 데 대하여 '妳'(ni)는 女子 이인칭으로 쓰인다.

	本字	本來의 訓音	轉義된 訓音	累增字
67	匕	숟가락 비	비수 비	匙(숟가락 시)

※ '匕'에 대하여 女陰 곧 여자의 性器를 象形한 것으로 보고 '妣'(비)의 '匕'로 풀이하는 이도 있다. 그러나 隸書體에 '乚'의 자형으로 볼 때 '숟가락'의 모양을 그린 象形字로 보는 것이 타당할 것 같다. 뒤에 숟가락과 비슷한 칼 곧 '匕首'(비수)의 뜻으로 쓰이게 되자, 聲符인 '是'(이 시)를 더하여 '匙'(숟가락 시)자를 또 만들었다. '匕'(숟가락 비)는 '𠤎'(化의 古字)의 자형과 같이 삐침(ノ)이 뒤로 나오면 안 된다.

68	本字	本來의 訓音	轉義된 訓音	累增字
	叕	이을 철	聲符字	綴(이을 철)

※ '叕'의 小篆體는 ''의 형태로서 끈을 이어 놓은 모양을 그린 象形字이다. 뒤에 '叕'이 聲符字로만 쓰이게 되자, 이을 때는 실끈으로 잇기 때문에 '糸'의 部首를 더하여 '綴'(이을 철)자를 또 만들었다.

'叕'(철)을 聲符로 한 글자는 '啜, 惙, 掇, 畷, 裰, 輟, 騣, 錣, 醊, 敪, 腏' 등의 字音처럼 모두 '철'로 읽으면 된다.

69	本字	本來의 訓音	轉義된 訓音	累增字
	父	아버지 부	文言	爸(아버지 파)

※ '父'자가 中國에서는 文言으로만 쓰임에 따라 口語로서 '아버지'에 대한 글자인 '爸'(아버지 파)자를 또 만들었다. 우리 나라에서는 별로 쓰지 않지만, 중국에서는 아버지를 호칭할 때 '爸爸'(빠바)로 일상 쓰이고 있다. '爹'(디에)도 父의 累增字이다. '爺'(예)도 父의 累增字이지만 '爺爺(예예)'는 할아버지의 뜻으로 쓰인다.

70	本字	本來의 訓音	轉義된 訓音	累增字
	母	어머니 모	文言	媽(어머니 마)

※ '母'자가 역시 中國에서는 文言으로 쓰임에 따라 口語로서 '어머니'에 대한 글자를 形聲字로서 '媽'(어머니 마)자를 또 만들었다. 호칭할 때는 '媽媽'

(마마)와 같이 중첩하여 쓴다. 한국에서는 별로 쓰지 않는다. '娘'(냥)도 '어머니'의 口語로 쓰인다.

오늘날 中國에서는 '娘'과 '孃'이 같이 쓰이고 있는데, 옛날에는 '孃'은 어머니의 뜻으로 쓰였다. 우리 나라에서는 '孃'(양)과 '娘'(랑)을 구별하여 '孃'은 少女 곧 '미스'의 뜻으로만 쓰고, '娘'(냥)도 어머니의 뜻으로는 쓰지 않고 '랑'으로 발음하며, '李娘' 곧 '이 씨 아가씨'의 뜻으로 쓰인다.

<table>
<tr><td rowspan="2">71</td><td>本字</td><td>本來의 訓音</td><td>轉義된 訓音</td><td>累增字</td></tr>
<tr><td>婁</td><td>끌 루</td><td>별이름, 姓氏 루</td><td>摟(끌 루)</td></tr>
</table>

※ '婁'의 古字形인 '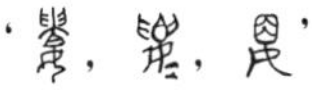' 등의 자형으로서 죄지은 여자의 머리채를 양손으로 잡아끄는 모양을 그린 會意字이다. 뒤에 '별이름, 성씨' 등의 뜻으로 쓰이게 되자, 끌 때는 손으로 끌기 때문에 '扌(手)'를 더하여 '摟'(끌 루)자를 또 만들었다.

<table>
<tr><td rowspan="2">72</td><td>本字</td><td>本來의 訓音</td><td>轉義된 訓音</td><td>累增字</td></tr>
<tr><td>才</td><td>있을 재</td><td>재주 재</td><td>在(있을 재)</td></tr>
</table>

※ '才'의 甲骨文은 '', 金文은 '' 등의 字形으로서 식물의 싹이 흙 속에서 처음 돋아나는 모양을 나타낸 象形字이다. '才'자가 뒤에 '재주, 재능'의 뜻으로 쓰이게 되자, '있다'의 뜻을 가진 자형으로서 小篆體에 ''(在)와 같이 '才'에 '土'(흙 토)를 더하여 '在'(있을 재)자를 또 만들었다. '在'는 '才'의 聲符로 만들어진 形聲字이다.

<table>
<tr><td rowspan="2">73</td><td>本字</td><td>本來의 訓音</td><td>轉義된 訓音</td><td>累增字</td></tr>
<tr><td>共</td><td>두 손으로 바칠 공</td><td>함께 공</td><td>供(바칠 공), 拱(두 손 맞잡을 공)</td></tr>
</table>

※ '共'의 金文은 '', 小篆은 ''의 자형으로서 양손으로 물건을 받들어 드리는 동작을 나타낸 會意字이다. 뒤에 '共'이 '함께,

한가지'의 뜻으로 轉義되자, '供'(바칠 공), '拱'(두 손 맞잡을 공) 등의 자형으로 累增字가 만들어졌다.

<table>
<tr><td rowspan="2">74</td><td>本字</td><td>本來의 訓音</td><td>轉義된 訓音</td><td>累增字</td></tr>
<tr><td>厶</td><td>사사로울 사</td><td>部首字</td><td>私(사사로울 사)</td></tr>
</table>

※ '厶'의 甲骨文은 '', 金文은 '', 小篆은 '', 隸書는 '' 등의 자형으로서 반듯하지 못한 모양을 그리어 正直하지 못한 사사로운 마음, 곧 '公'의 반대되는 뜻을 나타낸 指事字이다. '厶'자가 뒤에 部首字로만 쓰이게 되자, '禾'(벼 화)를 더하여 '私'(사사로울 사)자를 또 만들었다. '禾'를 더한 까닭은 '禾'는 곡식을 총칭한 것으로 곡식은 풀처럼 자연히 자라는 것이 아니라, 반드시 개개를 심어서 길러야 하므로 사사로운 이익을 뜻한 것이라고 볼 수 있다.

<table>
<tr><td rowspan="2">75</td><td>本字</td><td>本來의 訓音</td><td>轉義된 訓音</td><td>累增字</td></tr>
<tr><td>盧</td><td>화로 로</td><td>國名, 姓氏 로</td><td>壚, 鑪, 爐(화로 로)</td></tr>
</table>

※ '盧'의 甲骨文은 '', 金文은 ', ' 등의 자형으로서는 무엇을 담았던 그릇인지 확실하지 않으나, 『漢書』에 '盛火器曰盧', 곧 불을 담는 그릇을 '盧'라고 한 것을 보면 '화로'였음을 알 수 있다. 뒤에 '盧'자가 國名, 姓氏 등으로 쓰이게 되자, 쇠로 만들었을 때는 '金'을 더하여 '鑪'(화로 로)자를 만들고 흙으로 만들었을 때는 '土'를 더하여 '壚'자를 만들었다. 隸書體에 이르러 '火'를 더하여 '爐'자를 만들었으나, 모두 '화로'의 뜻이다.

<table>
<tr><td rowspan="2">76</td><td>本字</td><td>本來의 訓音</td><td>轉義된 訓音</td><td>累增字</td></tr>
<tr><td>央</td><td>재앙 앙</td><td>가운데 앙</td><td>殃(재앙 앙)</td></tr>
</table>

※ '央'의 甲骨文은 '', 金文은 ', ' 등의 자형으로서 볼 때, 죄인에게 형틀인 큰칼(枷)의 가운데에 목을 끼워 놓은 모습을 나타낸 會意

字이다. 뒤에 '央'이 '가운데'의 뜻으로 쓰이게 되자. '歹'(나쁠 대)자를 더하여 '殃'(재앙 앙)자를 또 만들었다.

77	本字	本來의 訓音	轉義된 訓音	累增字
	冫	얼음 빙	部首字	氷, 冰(얼음 빙)

※ '冫'의 金文은 '[illegible]', 小篆體는 '仌'의 자형으로서 물이 얼었을 때 표면이 솟아오르는 모양을 그린 象形字이다. '冫'이 部首字로만 쓰이게 되자 얼음은 물이 언 것이기 때문에 '水'자를 더하여 '冰'(얼음 빙)자를 또 만들었다. '氷'은 '冰'의 俗字이다. 곧 '冫'의 한 획을 생략하여 합친 것이다.

78	本字	本來의 訓音	轉義된 訓音	累增字
	華	꽃 화	빛날 화	花(꽃 화)

※ '華'의 金文은 '[illegible], [illegible], [illegible]' 등의 자형으로서 꽃이 핀 모양을 그린 象形字이다. 뒤에 '華'의 뜻이 '빛나다'로 쓰이게 되자 형성자로서의 '花'(꽃 화)자를 또 만든 것이다.

79	本字	本來의 訓音	轉義된 訓音	累增字
	箸	젓가락 저	되새김	筷(젓가락 쾌)

※ '箸'의 金文은 '[illegible]'의 자형으로서 '竹'과 '者'의 合體인 形聲字이다. 대나무가 북방으로 移植되기 전부터 젓가락은 사용되었겠지만, 中國에서는 대나무를 사용해서 젓가락을 만든 때부터 '箸'(젓가락 저)의 명칭이 생긴 것 같다. '箸'의 발음이 中國에서는 '住'(머무를 주)와 같기 때문에, 식사를 할 때는 음식물이 막히지 말고 빨리빨리 소화가 되어야 하기 때문에 '箸'를 피하여 '竹'과 '快'(빠를 쾌)자를 더하여 '筷'(젓가락 쾌)자를 또 만들었다. 한국에서는 잘 쓰이지 않는 글자이다.

	本字	本來의 訓音	轉義된 訓音	累增字
80	网	그물 망	部首字	罔(그물 망 → 없을 망) → 網(그물 망)

※ '网'의 甲骨文은 '[illegible], [illegible], [illegible]', 金文은 '[illegible], [illegible]' 등의 자형으로서 그물의 모양을 그린 象形字이다. '网'이 '罒'의 자형으로서 部首字로만 쓰이게 되자, '[illegible]→[illegible]→罔'(그물 망)을 만들고, '罔'이 '없다, 아니다'의 뜻으로 쓰이게 되자, 그물은 실로 만들기 때문에 '糸'(실 사)에 '罔'을 더하여 '網'(그물 망)자를 또 만들었다.

	本字	本來의 訓音	轉義된 訓音	累增字
81	冬	마칠 종	겨울 동	終(마칠 종)

※ '冬'의 甲骨文은 '[illegible], [illegible]', 金文은 '[illegible], [illegible]', 小篆體는 '[illegible]'의 자형으로서 金文시대까지는 끈의 끝을 맺은 것으로 어떤 일의 끝남을 나타냈던 象形字인데, 이로써 四季節의 끝인 겨울을 뜻했던 것이다. 小篆體에서부터는 얼음을 나타낸 '[illegible]'(冫)자를 더하여 '冬'(겨울 동)자를 만들었다. 따라서 실끈의 뜻을 가진 '糸'를 더하여 '終'(마칠 종)자를 다시 만들었다.

	本字	本來의 訓音	轉義된 訓音	累增字
82	縣	걸 현	행정구역 명칭	懸(걸 현)

※ '縣'의 金文에 '[illegible], [illegible]', 小篆體에 '[illegible]' 등의 자형으로서 사람의 목을 잘라서 나무에 거꾸로 매달아 놓은 형태로서 '매달다, 걸다'의 뜻을 나타낸 會意字이다. 뒤에 '縣'이 행정구역의 명칭으로 쓰이게 되자, '心'을 더하여 '懸'(걸 현)자를 또 만들었다.

자형으로 볼 때 '𥄉'자는 首([illegible])자를 거꾸로 놓은 상태로서 '縣'자 자체도 '県'의 累增字임을 알 수 있다. 목을 매달을 때는 끈으로 매달기 때문에 '糸'를 더한 것이다.

	本字	本來의 訓音	轉義된 訓音	累增字
83	聿	붓 율	주로 부수자로 쓰임	筆(붓 필)

※ '聿'의 甲骨文은 ', , ', 金文은 ', '의 자형으로서 손에 붓을 잡고 있는 모양을 나타낸 象形字이다. 이로써 볼 때 글씨를 처음에는 칼로 새겼던 것인데, 뒤에 붓으로 쓰게 되었음을 알 수 있다.

古代에 楚에서는 '聿', 吳에서는 '不律', 燕에서는 '弗', 秦에서는 '筆'이라고 한 것을 보면, 東夷族의 '붓'에 대한 口語를 제각기 借音表記하였음을 알 수 있다. 또한 殷代 이후에 대나무가 黃河 이북으로 도입되면서 붓대를 대나무로 사용하였기 때문에 '聿' 위에 '竹'을 더하여 '筆'(붓 필)자를 만들었음을 알 수 있다.

	本字	本來의 訓音	轉義된 訓音	累增字
84	芻	꼴 추	되새김	蒭(꼴 추)

※ '芻'의 甲骨文 '', 金文 ', ' 등의 형태로서 손으로 꼴(소먹이 풀)을 베는 모양을 나타낸 象形字이다. '反芻'(반추) 곧 '되새김'의 뜻으로도 쓰이게 되자, '艸(艹)'(풀 초)를 더하여 '蒭'(꼴 추)자를 또 만들었다.

	本字	本來의 訓音	轉義된 訓音	累增字
85	亦	겨드랑이 액	또 역	掖(겨드랑이 액)

※ '亦'의 甲骨文 ', ', 金文 '', 小篆 '' 등의 모양으로서 두 점으로써 사람의 겨드랑이를 가리킨 指事字이다. 뒤에 '또'의 뜻으로 쓰이게 되자, '掖'(겨드랑이 액)의 形聲字를 또 만들었다.

86	本字	本來의 訓音	轉義된 訓音	累增字
	㓞	글자 글	뒤에 단독자로 쓰이지 않음	契(계약 계)

※ '㓞'의 甲骨文은 '㓞'의 자형으로서 칼(𠚣→刀)로 '丯'의 형태로 나무판에 그어서 약속의 내용을 표현한 것을 나타낸 것으로 '글'의 명칭으로 처음 쓰인 글자이다. 뒤에 더욱 구체적으로 나타내어 '栔'의 자형으로 바뀌고, 다시 '契'(계약 계)자로 바뀌어 오늘날은 '契'자로만 쓰게 되었다.

87	本字	本來의 訓音	轉義된 訓音	累增字
	昷	따뜻할 온	어질, 온화할 온	溫(따뜻할 온)

※ '昷'의 字形이 小篆體에 '昷'의 형태로서 곧 죄수(囚)에게 그릇(皿)에 물을 떠 주는 것으로 따뜻한 마음을 나타낸 글자였는데, 뒤에 '어질 온'자로 쓰이게 되자, '氵'자를 더하여 '溫'(따뜻할 온)자를 또 만들었다.

88	本字	本來의 訓音	轉義된 訓音	累增字
	夾	낄 협	좁을 협	挾(낄 협)

※ '夾'의 甲骨文 '夾, 夾, 夾', 金文 '夾', 小篆體 '夾'의 형태로서, 한 사람이 양팔에 두 사람을 끼고 있는 모습을 나타낸 指事字이다. '夾'이 뒤에 '곁, 좁다'의 뜻으로 쓰이게 되자, '扌'를 더하여 '挾'(낄 협)자를 또 만들었다.

89	本字	本來의 訓音	轉義된 訓音	累增字
	勺	구기 작	量詞로 쓰임	杓(자루 표, 구기 작)

※ '勺'의 甲骨文 '[illegible], [illegible], [illegible]', 小篆體 '[illegible]' 등의 자형으로 국자 안에

음식이 들어 있는 모양을 나타낸 象形字이다. 뒤에 '勺' 이 1合의 10분의 1인 量詞의 단위로 쓰이게 되자 '杓' (자루 표, 구기 작)자를 또 만들었다. '勺' 은 '勺' 의 俗字이다.

90	本字	本來의 訓音	轉義된 訓音	累增字
	戉	도끼 월	주로 聲符字로 쓰임	鉞(도끼 월)

※ '戉' 의 甲骨文 '', 金文 '' 등의 자형으로서 큰 도끼의 모양을 그린 象形字이다. '戉' 이 '戊' (별 무)와 字形이 유사하여 구별하기 위하여 '金' 자를 가하여 '鉞' (도끼 월)자를 또 만들었다.

91	本字	本來의 訓音	轉義된 訓音	累增字
	虛	언덕 허	빌 허	墟(언덕 허)

※ '虛' 자가 甲骨文이나 金文에는 나타나지 않고, 小篆體의 '' 자형으로 볼 때 '虍' 와 '丘' 의 形聲字로서 '大丘' 곧 큰 언덕을 뜻한 글자이다. 뒤에 '虛' 자가 '빌 허' 의 뜻으로 쓰이게 되자, '土' 를 가하여 '墟' (언덕 허)자를 또 만들었다.

92	本字	本來의 訓音	轉義된 訓音	累增字
	哥	노래 가	兄의 뜻으로 쓰임	歌(노래 가)

※ '哥' 는 小篆體에서부터 출현하는데, '可' 를 겹쳐서 소리의 뜻으로 쓰인 글자이다. 뒤에 '哥' 가 兄의 뜻으로 쓰이게 되자, '欠' (하픔 흠)자를 가하여 '歌' (노래 가)자를 또 만들었다. '哥' 자가 한국에서는 姓字 밑에 붙여 '李哥, 金哥' 등의 접미사로 쓰인다.

93	本字	本來의 訓音	轉義된 訓音	累增字
	景	그림자 경	볕 경	影(그림자 영)

※ '景' 자가 甲骨文이나 金文에는 없고, 小篆體에서부터 '' 의 자형으로서 곧 '日' 과 '京' 의 形聲字이다. 햇볕이 나면 물체의 그림자가 생기므로 본래는 '形' 에 대한 '그림자' 의 뜻이었는데, 뒤에 '볕' 의 뜻으로 쓰이게 되자, '景' 에 '形' 의 '彡' 을 가하여 '影' (그림자 영)를 또 만들었다. '影' 자는 隸書에 비로소 나타난다.

94	本字	本來의 訓音	轉義된 訓音	累增字
	戒	경계할 계	心身의 허물을 범하지 않는 規律의 뜻	誡(경계할 계)

※ '戒' 의 자형이 金文에 '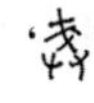', 小篆體에 '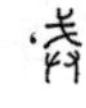' 의 형태로서 곧 두 손으로 창을 받들고 있음을 나타낸 會意字이다. 뒤에 주로 戒律의 뜻으로 쓰이게 되자, '言' 을 가하여 '誡' (경계할 계)자를 또 만들었다.

95	本字	本來의 訓音	轉義된 訓音	累增字
	氣	손님에게 주는 쌀 기	기운 기	餼(보낼 희)

※ '氣' 자가 甲骨文이나 金文에는 없고, 小篆體에 '' 의 자형으로서 곧 손님에게 대접하는 쌀의 뜻으로 만든 글자인데, 뒤에 '기운 기' 의 뜻으로 쓰이게 되자, '食' 을 가하여 '餼' (보낼 희)자를 또 만들었다.

96	本字	本來의 訓音	轉義된 訓音	累增字
	祖	할아버지 조	文言으로만 씀	爺(할아버지 야)

※ '祖' 자가 文言으로만 쓰이므로 口語로서 필요한 '爺' (할아버지 야)자를 또 만들었다. '爺' 를 우리 나라에서는 '아버지' 의 존칭으로 쓴다.

97	本字	本來의 訓音	轉義된 訓音	累增字
	(又)	오른손 우	또 우	右(오른쪽 우)

※ '又' 의 甲骨文 '', 金文 '' 의 형태로서 '오른손' 의 모양을 그

린 상형자이다. 대개 오른손으로 숟갈을 들어 밥을 입에 떠 넣기 때문에 뒤에 '口'(입 구)자를 가하여 '右'(오른쪽 우)자를 만들었다. 또한 '又'는 '또'의 뜻으로 변하였다.

98	本字	本來의 訓音	轉義된 訓音	累增字
		왼손	단독자로 쓰이지 않게 됨	左(왼쪽 좌)

※ 甲骨文에서 왼손은 ''의 형태로 오른손()의 반대 형태로 그렸던 것이다. 대장간에서 연장을 만들 때, 왼손에 만들 연장을 들고, 오른손으로는 망치를 들고 두드리기 때문에 '工'(장인 공)자를 가하여 '左'(왼쪽 좌)자를 만들었다.

99	本字	本來의 訓音	轉義된 訓音	累增字
	匋	질그릇 도	단독자로 잘 쓰이지 않음	陶(질그릇 도)

※ '匋'의 金文이 ', ' 등의 형태로서 사람()이 질그릇()을 안고 있는 형태를 그리어 질그릇을 만드는 것을 나타낸 會意字이다. 뒤에 '阜(阝)'(언덕 부)자를 가하여 '陶'(질그릇 도)자를 또 만들었다.

100	本字	本來의 訓音	轉義된 訓音	累增字
	白	엄지손가락 백	흰 백	伯(맏 백)

※ '白'의 甲骨文 '', 金文 ''의 형태로서 엄지손가락의 형태를 그리어 '맏아들, 맏형' 등의 '맏'을 나타낸 것인데, 뒤에 '흰 백'의 뜻으로 쓰이게 되자, '伯'(맏 백)자를 또 만들었다. 지금도 엄지손가락을 펴서 '제일 좋다'의 뜻을 나타내는 풍습이 이를 傍證한다.

17. 簡化字 諷謠

—簡化字를 쉽게 學習하는 方法—

1. 中华無花草　中華땅에 花草가 없고
중 화 무 화 초

2. 寻乡不食民　故鄕을 찾으니 먹지 못하는 백성 뿐이요
심 향 불 식 민

3. 工場無生产　공장에는 生産이 없어 텅텅 비어 있고
공 장 무 생 산

4. 省親不見亲　兩親을 찾았으나 이미 뵈올 수 없구나
성 친 불 견 친

5. 爱人無心妻　愛人이라 하지만 마음 없는 마누라요
애 인 무 심 처

6. 孩儿只有足　兒孩들은 다만 다리만 있고
해 아 지 유 족

7. 妇人只一手　婦人은 다만 한 손만 있으며
부 인 지 일 수

8. 马鸟皆一足　말과 새는 모두 한 다리만 있구나
마 조 개 일 족

9. 冷面豈可食
냉 면 기 가 식

冷面(찬 얼굴)을 어찌 먹을 수 있을까

10. 食姜有薑味
식 강 유 강 미

姜(성 강)을 먹고 生薑 맛이 날까?

11. 無足龟可活
무 족 귀 가 활

발 없는 거북이 어찌 살 수 있을까?

12. 粪應不如米
분 응 불 여 미

똥(糞)은 결코 쌀과 같을 수 없다

13. 虾味非下虫
하 미 비 하 충

새우의 맛은 하등 벌레일 수 없고

14. 医無針能醫
의 무 침 능 의

의사가 주사침이 없다면 치료할 수 있을까

15. 聽以口可听
청 이 구 가 청

듣는 것을 입으로 들을 수 있을까

16. 穀食谷不宜
곡 식 곡 불 의

穀은 먹을 수 있으나 谷은 결코 먹을 수 없다.

17. 豐年只有丰　풍년이라지만 풀더미만 있구나
풍 년 지 유 풍

18. 丑美絶不醜　소는 아름다운 것이지 결코 추한 것이 아니다
추 미 절 불 추

19. 無雨可造电　비가 안 내리는데 번개가 칠 수 있을까
무 우 가 조 전

20. 汉人能抓水　漢人들은 물을 쥘 수 있는가
한 인 능 조 수

21. 歷曆同历可　歷과 曆이 历으로 통용될 수 있을까
역 역 동 역 가

22. 灭火該用水　불은 마땅히 물로 꺼야 할 것인데,
멸 화 해 용 수　덮어 끈다는 글자가 되고 말았다

23. 尘則塵太誇　작은 흙이 먼지라니 너무 과장스럽구나
진 칙 진 태 과

24. 無殳可杀敵　창이 없어도 적을 죽일 수 있는가
무 수 가 살 적

25. 蚕造茧繭乎　누에가 茧(고치)를 만들었다면 繭(고치)겠는가
잠 조 견 견 호

26. 無門何必开　대문이 없는데 열 필요가 있을까?
무 문 하 필 개

27. 看灵不想靈　'灵'字를 보면 신령스럽게 여겨지지 않는다
간 영 불 상 영

28. 孙非孫則矮　'孙'字는 손자가 아니라 난쟁이다.
손 비 손 즉 왜

29. 寸巳何引导　한 치되는 뱀이 어찌 인도하겠는가?
촌 사 하 인 도

30. 鸡鳴非又聲　닭의 울음은 결코 '우' 소리가 아니다
계 명 비 우 성

31. 復複覆皆复　'復, 複, 覆'의 뜻이 모두 '复'으로 통하겠는가
복 복 복 개 복

32. 丛卫猶韓文　'丛, 卫'字는 오히려 한글 같구나
총 위 유 한 문

1. 中華의 象徵字인 '華(빛날 화)'는 본래 꽃의 象形字인데, '华'로는 꽃의 모습을 볼 수 없다.
2. '鄕(고향 향)'은 '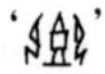'의 자형으로 두 사람이 마주 앉아 밥을 먹는 형상을 나타낸 것으로, 皀(흡)은 곧 그릇에 밥을 담은 것을 나타낸 ''의 象形字이다. '鄕'을 '乡'으로 쓰니 '밥(皀)'이 없어졌다.
3. '産(낳을 산)'을 '产'으로 쓰니 生産의 본질을 잃었다.
4. '親'(어버이 친)을 '亲'으로 쓰니 어버이가 보이지 않음의 뜻이 아니겠는가?

5. 中國에서는 아내를 '애인'이라고 칭하지만, '愛(사랑 애)'를 '爱'로 쓰니, 사랑의 핵심인 마음(心)이 빠져버린 것이다.
6. '兒(아이 아)'는 아이의 기는 모양을 ''와 같이 상형한 것인데, '儿'의 형태로 簡化했으니, 아이의 머리는 없고 다리만 남은 형태이다.
7. '婦(며느리 부)'를 '妇'로 쓰니, ''(손에 빗자루를 든 것)에서 손()만 남아 곧 부인은 손만 남은 꼴이다.
8. 馬와 鳥의 넉 점을 '一'로 쓰니 한 다리로 보인다.

9. '麵(국수 면)'을 '面'으로 쓰니 '冷面'을 먹는다는 뜻이 되니 말이 되겠는가. 漢字의 表意性을 버리고 同音異字를 쓴다면 굳이 漢字를 쓸 필요가 있을까?
10. '薑(생강 강)'을 '姜(성 강)'으로 쓴다면 생강의 맛이 나겠는가
11. '龜(거북 구)'를 '龟'로 쓴다는 것은 다리 없는 거북의 형태이다.
12. '糞(똥 분)'을 '粪'(쌀(米) 같다(共))으로 쓴다는 것은 똥이 아니라, 소화되지 않은 쌀이 그대로 배출된 뜻이 되고 말았다.

13. '蝦(새우 하)'를 '虾'로 쓰니 새우가 하등 벌레라는 뜻이 되고 말았다.
14. '醫(의원 의)'는 본래 팔뚝에 박힌 화살(医)을 제거할 때 먼저 술(酉→酒)을 발라 소독하고 침 같은 도구(殳)를 이용한다는 뜻인데, '医'로 쓴다면 의사가 도구도 없이 치료한다는 뜻이다.
15. '聽(들을 청)'을 '听'으로 쓴다면 귀로 듣는 것이 아니라, 입으로 듣는다는 글자가 되고 만 것이다.
16. '穀(곡식 곡)'을 '谷(골짜기 곡)'으로 쓰니 어찌 먹을 수 있겠는가

17. '豐(풍년 풍)' 을 '丰(풀많을 봉)' 으로 쓴다면 풍년이 들었다고 할 수 있겠는가?
18. '醜(더러울 추)' 를 '丑(소 축)' 으로 쓴다면, 결국 소는 더러운 짐승이란 뜻이 된다.
19. '電(번개 전)' 을 '电' 으로 쓴다면 비 안 오는 날 마른 번개의 뜻이 되고 만다.
20. '漢(한나라 한)' 을 '汉' 으로 쓰는데 '又' 는 본래 손의 象形字(ㅈ)이니 '汉' 은 곧 손으로 물을 잡는다는 뜻이다.

21. '歷(지날 역)' 과 '曆(책력 력)은 전연 다른 글자인데, '历' 으로 통용한다면 로마자를 쓰는 것이 나을 것이다.
22. '滅(꺼질 멸)' 을 '灭' 로 쓴다면 불은 물로 끄는 것이 아니라 불을 덮어 끈다는 뜻이 되고 만다.
23. '塵(티끌진)' 은 사슴 떼가 지나갈 때 일어나는 먼지의 뜻으로 만들었는데, '尘' 로 쓴다면 작은 흙덩이가 먼지라는 뜻이 된다.
24. '殺(죽일 살)' 을 '杀' 로 쓴다면 창(殳)도 없이 적을 죽인다는 뜻이 되고 말았다.

25. '繭(누에고치 견)' 을 '茧' 으로 쓴다면 풀 밑에 있는 벌레라는 뜻이지, 결코 실을 뽑을 수 있는 고치(繭)의 뜻이 될 수 없다.
26. '開(열 개)' 를 '开' 로 쓴다면 門이 이미 없는데 굳이 열 필요가 있겠는가?
27. '靈(신령 령)' 을 '灵' 으로 쓴다면 다만 손(ㅈ)으로 불(火)을 잡은 뜻이요, 결코 신령스러움이 느껴지지 않는다.
28. '孫(손자 손)' 을 '孙' 으로 쓴다면 대대로 이어지는 손자의 뜻이 아니라, 키가 왜소한 난쟁이(矮)의 뜻이 아니겠는가?

29. '導(이끌 도)' 를 '导' 로 쓴다면 길을 인도하다의 뜻은 찾아볼 수 없다. '导' 는 한치(寸)뿐이 안 되는 뱀(巳)의 뜻이니 어찌 인도하겠는가?
30. '鷄(닭 계)' 는 닭이 '溪→奚' 곧 '계계' 울기 때문에 의성자로 만든 것인데, '鸡' 로 쓴다면 닭의 울음소리가 '又(우)' 로 된다. 닭은 '우' 라고 울지 않는다.
31. '復(회복할 복), 複(겹옷 복), 覆(덮을 복)' 의 석 자가 전연 다른 뜻의 글자인데, '复' 의 하나로 통용한다면 뜻을 구별할 수 있겠는가?
32. '叢(모을 총)' 을 '丛' 으로, '衛(지킬 위)' 를 '卫' 로 쓰고 있는데, 오히려 한글의 '쓰' 나 '고' 같은 느낌이다.

18. 『千字文』의 訓音中 問題點

— 石峰 千字文을 中心으로 —

오늘날 일반적으로 볼 수 있는 『千字文』은 梁나라 武帝 때(502~549) 周興嗣가 撰한 250句의 四言古詩이다. 周興嗣가 하룻밤에 250句의 古詩를 겹치는 글자가 없이 苦心 끝에 짓고 나니, 머리가 하얗게 세었다고 하여 「白首文」이라고도 칭한다.

舊說에 의하면 본래는 西晉의 武帝 때 鍾繇가 처음으로 『千字文』을 지어 獻上하니 武帝가 愛誦하였다고 하며, 뒤에 宋 文帝가 晉을 계승하여 書室에서 『千字文』을 발견하였으나, 그 次第가 散亂하여 분별할 수 없었다고 한다.

『魏志』 鍾繇傳에 의하면 鍾 氏는 太和4年(230)에 卒하였다. 즉 魏 文帝・明帝時의 人物로 晉 武帝가 卽位한 것은 泰始 元年(265)이었으니 鍾 氏는 36년 전에 이미 卒한 것이다. 따라서 鍾繇가 『千字文』을 武帝에게 獻上하였다는 것은 年代가 맞지 않으니, 아마도 後人이 鍾繇의 『千字文』을 代納한 것 같다.(參見 車相轅 編著 『新釋千字文』)

千字文
天 하놀 텬 地 ᄯᅡ 디 玄 가믈 현 黃 누를 황
宇 집 우 宙 집 듀 洪 너블 홍 荒 거츨 황

▲ 石峰 千字文

日本의 『古事記』에 근거하여 百濟의 古爾王 52년(285)에 王仁이 『論語』와 『千字文』을 전하였다고 하는데, 年代로 보아 王仁이 傳한 『千字文』은 梁나라 周興嗣의 著作이 아니라, 魏나라 鍾繇의 著作으로 보아야 할 것이다.

현재까지 한글로 訓音이 붙여진 가장 오래된 『千字文』으로는 1583년에 발간된 韓石峰體 『千字文』에 앞서 光州에서 1575년에 발간한 壬亂 以前板의 『千字文』이 전할뿐이지만, 앞의 記錄으로 보아 우리 나라에서도 이미 三國時代부터 『千字文』이 書堂의 初學書로서 널리 읽혔음을 알 수 있다.

당시는 아직 表音할 文字가 없었으므로 『千字文』의 訓音을 口述로 傳承할 수밖에 없었을 것이다.

그러므로 『千字文』의 訓音은 비록 訓民正音 創制 以後에 文字로 定着되었을지라도 그 말은 三國時代까지 소급하여 그 原貌를 엿볼 수 있다고 생각된다.
이런 점에서 『千字文』의 訓音은 古代 우리말의 硏究에 매우 중요한 자료가 되므로 訓音 中 문제가 되는 것들만을 뽑아 살펴보기로 한다.

(1) 日

『石峰千字文』에 「날 일」로 되어 있는데, 그 다음 「月:ᄃᆞᆯ 월」로 보나, 「日月盈昃」의 詩意로 보나, 상식적으로는 「해 일」로 訓音을 달았어야 할 것이다. 지금도 「날이 저물다」, 「날이 밝다」라고 쓰듯이 鮮初 古語에서도 「날」을 해(太陽)의 뜻으로 쓴 것을 볼 수 있다.

이로써 보면 해(太陽)의 古語가 본래 「날」이었음을 알 수 있다. 따라서 「日」의 古音 [niet]은 우리말의 「날」과 밀접한 관계가 있음을 알 수 있다.

「年」자를 「해 년」이라고 한 것을 보면, 「해」는 본래 한 해 · 두 해의 「해」로서 「年」의 뜻이었을 것이다.

(2) 宿

『石峰千字文』에 「잘 슉」으로 되어 있으나, 「辰宿列張(신슉렬댱)」의 詩意로 보아, 여기서는 「잘 슉」이 아니라, 「별자리 수」로 했어야 옳다.

(3) 閏

『石峰千字文』에 「부ᄅᆞᆯ 윤」으로 되어 있으나, 「부ᄅᆞᆯ 윤」 곧 「젓을 윤」은 「潤」이어야 하므로 「閏」자는 마땅히 「윤달 윤」으로 읽어야 한다.

(4) 德

『石峰千字文』에 「큰 덕」이라고 하였는데, 「大」의 訓도 「큰」, 「巨」의 訓도 「클」, 「仁」의 訓도 「클」이라고 한 것을 보면, 옛날에 「德」에 대한 고유어를 한마디로 表現하기가 어려웠음을 알 수 있다. 「仁」자 訓은 뒤에 「어질」로 되었으나, 「德」은 지금도 「큰」으로 되어 있다.
『說文解字』에는 「德」의 뜻이 「升」(登) 곧 「오르다」로 되어 있고, 뒤에 派生된 字義에도 「크다」의 뜻은 없는데, 우리 나라에서 일찍이 「德」의 訓을 「큰」으로 한 것을 보면 大人之風에서 「德」이 나올 수 있음을 강조한 것 같다.

(5) 旦

『石峰千字文』에 「아ᄎᆞᆷ 됴」라고 하였는데, 이는 마땅히 「아ᄎᆞᆷ 단」으로 읽어야 마땅하다. 『千字文』에서 「旦」은 「아침」의 뜻이 아니라 周公의 이름이지만, 音은 「단」으로 읽어야 한다.

(6) 公

『石峰千字文』에 「구의 공」으로 되어 있다. 「구의」는 「구위→구의→귀」와 같이 변한 말로, 관청의 옛말이다. 그런데 일반적으로 「귀 공」으로 발음하며, 「귀하다」의 뜻으로 생각하는데 잘못이다. 요즘 字典에는 일반적으로 「공변될 공」으로 되어 있다.

(7) 於

『石峰千字文』에 「늘 어」로 되어 있는데, 「늘」은 「언제든지, 언제나, 항상」 등의 의미로 쓰이는 말이므로 「於」의 字義와는 관계가 없다. 그러므로 일반적으로 「늘 어」라고 읽으면서도 그 뜻을 아는 사람이 거의 없다. 「於」자는 語助辭로서 「靑出於藍」과 같이 다른 글자의 사이에 「넣어서」 쓰는 글자이므로 본래 「넣을 어」라고 한 것인데, 口口傳承하는 가운데 축약되어 「늘 어」로 쓰이게 된 것이다.

(8) 年

『石峰千字文』에 「ᄒᆡ년」으로 보아도 「ᄒᆡ」의 본래 뜻은 太陽이 아니라, 「일년」의 뜻이었음을 알 수 있다.

『鷄林類事』에도 「日」의 高麗時代 우리말이 「ᄒᆡ(해)」로 쓰인 것을 보면 「날」이 「ᄒᆡ(해)」로 바뀌어 쓰인 시대는 상당히 오래된 것 같다.

(9) 焉, 哉, 也

『石峰千字文』에 이 석 자의 訓을 모두 「입겻」으로 달아 놓았다. 鮮初 文獻에는 「입겿」, 「입겾」으로 표기되었던 것인데, 뒤에 「입겻」으로 표기하였고, 근래에 와서는 「이끼」로 변음되어 일반적으로 그 뜻도 모르고 쓰게 되었다. 「입겿」의 본뜻은 「口訣」 곧 「토」라는 말이다. 「입」은 「口(입 구)」의 訓을 취하고, 「겿」은 「訣(이별할 결)」의 音을 취하여 「口訣」을 「입겿」이라고 일컬은 것 같다. 「訣(결)」의 古音은 「결」이었는데 「겿, 겾, 겻」 등으로 표기한 것이다.

(10) 乎

『石峰千字文』에 「온 호」로 되어 있으나, 현재 「온」의 訓을 아는 사람이 거의 없이 口口傳承되어 오고 있다. 吏讀文에서 「爲乎(ᄒᆞ온)」, 「爲乎去(ᄒᆞ온가)」, 「爲乎所乙(ᄒᆞ온바를)」 등에서 「乎」가 「온」의 表記로 쓰인 데서 「온 호」라는 訓音이 생긴 것이라고 생각된다. 다시 말해서 古語 語尾에서 「온」이란 말이 疑問語尾였으므로 漢文에서도 「乎」가 疑問辭라는 뜻에서 「온 호」로 칭하여 왔을 것이다.

19. 손(手)과 팔(臂)의 異形字

사람의 身體 부분 중 손과 발의 動作이 多樣하기 때문에 象形性의 초기 漢字의 字形을 살펴보면, 손과 발의 動作을 나타낸 異形이 매우 많다.

먼저 손(手)과 팔(臂)의 동작을 표현한 字形을 甲骨文이나 金文에서 찾아보면 다음과 같다.

1  → 手(扌)

손의 모양을 단독으로 象形한 글자는 殷代의 甲骨文에서는 나타나지 않고, 周代의 金文에서부터 나타나는데 손가락 5개를 그렸다.

'手(扌)'를 部首字로 하여 만든 글자는 850여 자나 된다. 이로써 손의 동작 표시가 얼마나 많은지를 알 수 있다.

〈例〉: 打, 拍, 拔, 技, 持, 撿, 措, 提, 探, 推, 採, 掛, 指, 拓, 招, ⿰扌鬱(비틀어돌릴 울) 등

2 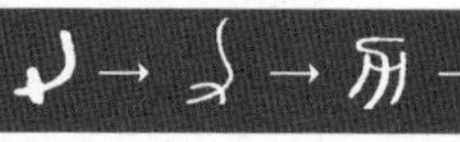 → 力

'힘'은 눈에 보이지 않기 때문에 象形할 수 없으므로 물건을 손으로 들어 올릴 때 힘쓰는 동작으로써 표현하였다. 이로써 甲骨文에 손을 단독으로 표현한 '手'자가 나타나지 않음을 알 수 있다.

'力'을 部首字로 하여 만든 글자도 100여 자나 된다.

〈例〉: 加, 功, 劣, 劦, 劫, 努, 助, 劾, 勁, 勉, 勇, 動, 務, 勞, 勢, 勸 (男은 '田' 部首字에 속한다.) 등

3 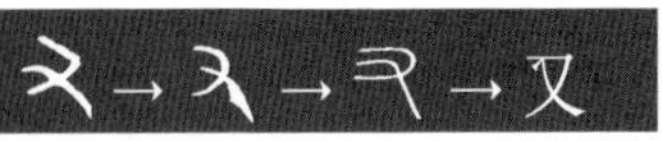

'又' 자가 지금은 '또 우' 자로 쓰이고 있지만 본래는 오른손을 나타낸 글자이다. 왼손(左手)으로 밥을 먹는 사람도 있지만, 대부분은 오른손으로 밥을 떠서 입에 넣기 때문에 뒤에 '又'字에 '口'를 더하여 '㕣→右(오른쪽 우)' 자가 된 것이다.

'又'의 字形이 그대로 들어 있는 글자를 찾아보면 다음과 같다.

〈例〉: 盡, 差, 書, 丑, 紐, 燼, 有, 隻, 寸(彐), 壽, 及, 皮, 秉, 兼 등.

※ 附言하면 '盡(다할 진)' 자는 본래 손(彐)으로 三枝形의 부젓가락(木)을 잡고 火爐(皿)안에 있는 불(灬 → 火)을 휘젓는 모양을 象形하여 불이 꺼짐을 나타냈던 '꺼질 진' 자인데, 옛날에는 화로에 담아 놓은 불씨가 꺼지면 밥도 해 먹을 수 없어 일이 다 되어버리기 때문에 '다할 진' 자로 轉義된 것이다. 書藝家들이 흔히 '盡' 자를 '尽' 의 字形으로 쓰는 경우가 있는데 절대로 그렇게 써서는 안 된다.

4 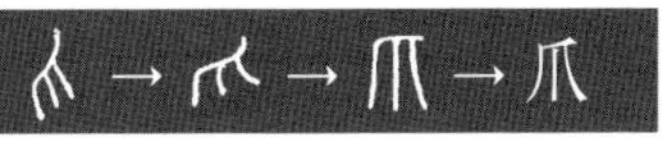

'爪(손톱 조)' 자가 지금은 손톱의 뜻으로 쓰이지만 본래는 손으로 위에서 무엇을 뜯거나 잡거나 하는 動作을 나타냈던 글자이다.

〈例〉: 爲, 孚, 乳, 采, 爭, 爵 등

※ 附言하면 '爲'는 본래 '爲'의 字形으로서 甲骨文에 쓰였는데, 이것은 코끼리를 손으로 잡고 무엇을 하게 하는 動作을 나타냄으로써 '하다'의 뜻으로 쓰인 것이다. 이로써 殷代에는 黃河 이북에 코끼리가 살 정도로 熱帶性 기후였으며, 당시에도 이미 사람이 코끼리를 마음대로 부리었음을 알 수 있다.

'乳(젖 유)' 자는 본래 '乳'의 자형으로서 어머니가 아이를 안고 젖을 먹이는 모습을 그린 것인데, 오늘날의 '乳' 자로 변형된 것이다.

5 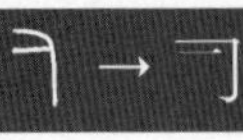

'司(맡을 사)'는 남을 통솔할 때 입 위에 손을 대고 소리를 크게 지르는 모습을 나타낸 글자이다.

6 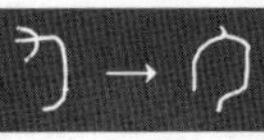

''의 자형은 어깨 위에 물건을 올려놓고 손으로 잡고 있는 모습을 나타낸 글자이다.

'鈞(서른근 균)'은 본래 ''의 자형으로서 '鈞'은 곧 서른 근의 쇠덩어리를 어깨에 올려놓아 무게를 나타낸 글자이다.

7 

''의 자형은 곧 左右양손으로 무엇을 들거나 잡은 動作을 나타낸 글자이다. ''의 자형이 뒤에 楷書體에서는 '廾(들 공)'이나 'ノ丶'의 字形으로 변형되어 쓰인다.

〈例〉 弄, 共, 具, 尊, 兵, 등

※ 附言하면 '弄(희롱할 롱)'자는 小篆體로 ''의 자형으로서 구슬을 양손으로 가지고 놀다의 뜻을 나타낸 글자이다. 요즘 '性戲弄'이란 말이 유행어처럼 쓰이고 있는데, '戲'는 상대를 말로 희롱하는 것이고, '弄'은 손으로 가지고 노는 것이다. '兵'은 본래 ''의 자형으로서 도끼의 일종인 무기를 양손으로 잡고 찍는 모습을 나타낸 글자이다. 그러므로 '兵'자 밑의 'ノ丶'의 두 점은 양손을 가장 간단히 표시한 부호이다.

8 

''의 자형은 본래 兩手를 반대쪽으로 그리어 문을 여는 動作을 나타낸

글자이다.

例를 들면 ''은 두 손으로 문을 연다는 뜻의 글자인데, 뒤에 '闢(열 벽)'과 같이 形聲字로 변한 것이다.

9 

''의 자형은 두 사람의 손이 마주 대고 무엇을 주고 받는 동작을 나타낸 글자이다.

예를 들면 '受(받을 수)'의 본래 자형은 ''의 형태로서 두 사람이 쟁반을 주고 받는 動作을 나타낸 글자이다. 뒤에 '받다'의 뜻으로만 쓰이게 되자 부득이 '주다'의 뜻을 나타내는 글자를 '授(줄 수)'와 같이 또 만들었다. 이러한 글자를 累增字라고 한다.

10 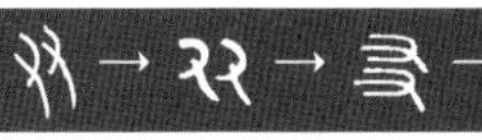 → 友

''의 자형은 두 사람이 오른손을 마주 잡은 動作으로써 情이 넘치는 '벗'의 뜻을 나타낸 것이다. 이로써 보면 '握手'는 西洋에서 온 인사법이 아니라, 일찍이 東洋에서 있었음을 알 수 있다.

11 

''의 자형은 네 개의 손을 마주 그리어 무엇을 함께 드는 動作을 나타낸 것이다.

예를 들면 '興(일 흥)'자는 본래 ''의 자형으로서 우물틀을 여럿이 드는 동작을 나타낸 것으로 '일어서다'의 뜻으로 쓰이게 되었다. '輿(수레 여)'자도 본래 ''의 자형으로서 수레를 여럿이 드는 動作을 나타낸 것으로 '수레' 또는 '대중'의 뜻으로 쓰이게 되었다.

12 

''의 자형은 오른손을 나타낸 ''의 자형의 대칭형으로서 '왼손'을 나타낸 글자이다. 대장간에서 匠人이 연장을 만들 때, 오른손으로는 망치질을 하고 왼손으로 쇠를 잘 돌리어 연장을 만들므로 ''에 '工'을 더하여 '左(왼 좌)' 자를 만든 것이다. '右'는 가로획이 짧기 때문에 '右'와 같이 써야 하고, '左'는 삐침이 짧기 때문에 '左'와 같이 써야 한다.

13 

'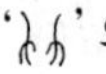'의 자형으로써 두 손으로 밑에 있는 무엇을 들어올리는 動作을 나타낸 것이다.

例를 들면 '丞(도울 승)' 자는 본래 ''의 자형으로서 함정에 빠진 사람을 두 손으로 구해 올리는 動作을 나타낸 것이다. '丞' 자가 '정승 승' 자의 뜻으로 쓰이게 되자, 부득이 累增字의 방식으로 또 손(扌)을 더하여 '拯(도울 증)' 자를 만든 것이다.

여기서 부언할 것은 옛사람들은 벼슬의 명칭을 오늘날 '長官'이나 '總長'처럼 권위나 허식에 치중하지 않고, '政丞'은 곧 함정에 빠져있는 백성을 구해준다는 소박하고도 절실한 명칭을 썼었음을 현대인들은 깨달아야 할 것이다.

14 

''의 자형은 두 손을 앞으로 모으고 있는 얌전한 모습의 動作을 나타낸 것이다.

例를 들면 '女(계집 녀)' 자는 본래 ' →  →  → 女'의 자형으로서 여자가 두 손을 앞으로 모으고 무릎을 꿇고 얌전히 앉아 있는 모습을 그린 글자이다.

옛날에도 네 활개를 치고 다니는 여성이 있었겠지만, 여자의 표준적인 모습은 두 손을 모으고 무릎을 꿇고 얌전히 앉아 있는 모습이라고 생각했던 것이다.

15 

''의 자형은 두 사람이 손으로 상대를 치는 동작을 나타낸 것이다.

'鬥(싸울 투)'의 본래의 자형은 ''의 형태로써 두 사람이 손으로 상대를 때리고 치는 動作을 나타낸 것이다.

16 

''의 형태는 사람의 팔을 가장 간단히 나타낸 부호라고 할 수 있다.

例를 들면 '(人), (欠), (兄), (身)' 등에서 ''의 형태는 곧 사람의 팔을 나타낸 것이다.

17 支, 攴, 父, 殳, 戈

위의 글자들도 모두 손의 動作을 나타낸 글자들이다.

'父'자는 본래 ''의 자형으로서 손에 회초리 또는 몽둥이를 든 모습을 그린 것이다. 아버지의 모습을 象形하기는 매우 어려운 것인데, ''와 같이 표현한 것은 漢字는 결코 原始的인 文字가 아니라, 時空을 초월한 天才들이 만들었음을 감탄하지 않을 수 없다.

아무리 자식이 귀여워도 잘못했을 때는 회초리로 종아리를 쳐서 올바로 가르치고, 맹수나 적을 만났을 때는 몽둥이를 들고 맨 앞에 나가서 家族을 保護하는 것이 아버지(父)의 할 일임을 단 한 글자로 나타내었다.

오늘날 아무리 긴 말로 '父'의 개념을 설명한다 하여도 '父'字 자체의 압축된 含意를 능가할 수는 없을 것이다.

20. 발(足)과 다리(股)의 異形字

위에서 甲骨文과 金文에서 사람의 신체 부분에서 손(手)과 팔(臂)의 異形字를 찾아보았는데, 이번은 사람과 동물들의 발(足)과 다리(股)의 異形字를 찾아본다.

1.  →  → 足

殷代의 갑골문에 손의 모양을 단독으로 象形한 글자는 나타나지 않는데, 발을 단독으로 상형한 글자로는 갑골문에 「, 」, 金文에 「, , 」 등의 형태로 나타난다.

徐中舒의 『甲骨文字典』에서 "『說文』 疋, 足也. 上象腓腸下从止, 甲骨文正象脛足止形, 卽「人之足」之本字, 疋足爲一字, 『說文』誤爲二."라고 한 바와 같이 「疋」(발 소)의 위는 장딴지를, 아래는 「止」 곧 발을 나타낸 것이라 하였으니, 갑골문의 자형은 단순히 「발」만 상형한 것이 아니라, 다리(股)를 상형한 것임을 알 수 있다.

금문의 「」의 자형을 보면 「足」의 「口」는 곧 무릎의 둥근 뼈를 상형한 것으로 볼 수 있다. 「足()」을 部首字로 하여 만든 글자는 약 600자나 된다. 「손(手)」의 부수자가 850여 자인데 비하여 좀 작지만, 역시 다리의 동작 표시가 다양함을 알 수 있다.

〈例〉 趹, 跂, 趺, 趾, 趻, 跏, 距, 跔, 跋, 跗, 跕, 跙, 跌, 跖, 跎, 跆, 跳, 路, 跡, 踁, 踊, 踏, 踢, 踰, 蹄, 蹇, 蹈, 蹉, 躍, 躊, 躇 등

2. → → 止

「발」만의 단순 자형으로는 「 , , , 」 등으로 나타나는데, 금문에 「 」, 小篆에 「 」 등과 같이 楷書體의 「止」가 된 것이다. 「止」가 春秋時代에 비로소 「停止」 곧 「그치다」의 뜻으로 轉義되어 오늘날 쓰이고 있지만, 본래는 복사뼈 아랫부분의 발의 모양을 나타낸 것임을 알 수 있다. 「止」(그칠 지)로 轉義된 뒤 「止」에 「足」을 더하여 지금은 「趾」(발 지)로 쓰이고 있다.

〈例〉 址, 沚, 祉, 阯 등

3. → 之

지금은 거의 助詞로만 쓰이고 있는 「之」의 字形이 갑골문에는 「 , , 」, 금문에서는 「 」 등과 같이 땅에 발을 그리어 가다의 동작을 나타내었다.

4. → → 降

언덕을 내려가는 동작은 두 발을 밑으로 향하여 「 , , 」 등과 같이 그리었다. 「降」의 갑골문은 곧 「 , 」 등과 같이 그렸던 것이니 「 」은 곧 두 발의 모양이 변하였음을 알 수 있다.

5. → → 步

「步」의 갑골문의 자형은 「 , , 」 등으로 거리에 두 발을 그리어 걸음의 뜻을 나타냈던 것인데, 소전체의 「 」의 자형을 거쳐 해서체의 「步」(걸음 보)자가 되었으니 「步」(걸음 보)자는 곧 두 발의 모양이 변한 것이다. 일본 활자(活字)에는 「步」같이 되어 있는데 잘못이다.

〈例〉 陟, 涉, 歲(, ,)

※ 歲(해 세)는 곧 「步」와 「戌」의 形聲字로서 우리말의 나이의 뜻으로 쓰이는 「살」과 한 해의 첫날인 「설」의 音을 나타낸 글자이다.

6.  →  → 辵

「辵」의 부수자는 갑골문에서 「」의 자형과 같이 네거리에 발을 그리어 가다의 동작을 나타낸 것인데, 소전체의 「  」자형을 거쳐 「辵(辶)」의 자형으로 변한 것이다.

「辶(辵)」자는 본래 「쉬엄쉬엄갈 착」자인데 부수자로만 쓰이면서 흔히 「책받침」이라고 일컫는 것은 잘못이다. 반드시 다른 글자의 밑에 쓰이기 때문에 「착받침」이라고 칭해야 될 것인데 訛傳되어 「책받침」으로 일컫게 된 것이다.

〈例〉 迂, 近, 返, 迎, 迫, 述, 迪, 逃, 迷, 送, 逐, 道 등

7.  → 徙

「徙」(옮길 사)는 갑골문에서 「, 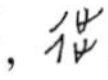」의 자형과 같이 거리()를 두발로 걸어가는 모습을 그리어 옮기다의 뜻을 나타내었다.

※ '이사가다' 의 「이사」를 흔히 「移舍」라고 쓰는데, 「移徙」라고 써야 한다. 비슷한 글자에 「徒」(무리 도), 「從」(좇을 종)이 있으니 留意해서 구별해야 한다.

8.  →  → 廴

「廴」(길게 걸을 인)의 부수자는 갑골문에서 「  」의 자형과 같이 길거리를 그렸던 것인데, 소전체의 「  」의 자형과 같이 변한 것이다. 중국의 文字學者 중에는 소전체의 「  」자형으로써 上은 다리(股), 中은 脛(정강이), 下는 足(발)이라고 풀이하였는데, 갑골문의 자형으로 볼 때는 옳지 않다고 생각한다.

〈例〉 延, 廷, 建, 廻

※ 「廴」의 部首名을 「민책받침」이라고 하는 것은 「辶」을 「책받침」이라고 일컫는데 대해서 點이 없기 때문에 붙인 이름인데 역시 옳지 않다.

9. → 正

「正」의 자형이 갑골문에서는 「, , , 」 등의 형태로서 敵陣의 城을 향하여 달려감을 나타냈던 것임으로 「正」의 밑에 쓰인 「止」가 곧 발이었음을 알 수 있다. 「正」이 뒤에 「바르다」의 뜻으로 쓰이면서 累增字로 「(征)」(칠 정) 자를 만든 것이다.

10. → → →出

「出」자의 자형이 갑골문에서는 「, , , 」 등의 형태로서 문턱 밖으로 발을 내놓은 것을 그리어 외출의 뜻을 나타내었다고 볼 수 있다. 그러므로 금문의 「」과 소전의 「」의 자형으로 변천하여 해서체의 「出」이 되었으니, 「出」자의 윗부분(屮)이 본래는 「발」의 형태를 그린 것임을 알 수 있다.

※ 「出」을 「」의 자형으로 쓰는 것은 잘못된 俗字임을 알 수 있다.

11. →走

「走」의 자형이 갑골문에서는 나타나지 않고, 금문에서 「, , 」 등과 같이 사람이 두 팔을 내둘러 달려가는 모습을 그렸다. 여기서 「」는 곧 발의 모양을 나타낸 것이다.

〈例〉 赴, 起, 超, 越, 趙, 趣, 趨

12. →奔

「奔」(달릴 분)의 자형이 금문에서 「」의 형태로 되어 있다. 발을 셋을 그린 것은 빨리 달려감을 나타낸 것이다. 「奔」의 밑에 부분 「卉」는 곧 세 개의 발의 모양()이 변형된 것이다.

13. → →登

「登」(오를 등)의 자형이 갑골문에서는 「, , 」 등의 형태로 祭器를 들고 제단으로 올라가는 모습을 나타낸 것이다. 소전체에서는 「登」의 형태로 쓰이고, 해서체는 「登」과 같이 쓰이고 있으나, 「登」의 윗부분 「癶」의 형태가 곧 두 발의 모양이 변형된 것임을 알 수 있다. 「癶」의 音이 「발」로서 우리말의 「발」과 같음은 매우 중요한 점이다.

〈例〉 發, 癸(열째천간 계)

※ 登(오를 등)과 豋(제기이름 등)은 구별해서 써야 한다.

14. 夊 → 夊

「後」(뒤 후)의 자형이 금문에 「後, 後, 後」 등의 형태로서, 해서체 「後」의 밑부분 「夊」(천천히걸을 쇠)는 본래 「夊」의 변형으로 발을 그린 것이다.

〈例〉 復, 夏, 慶(경사 경), 夔(조심할 기) 등의 「夊」(천천히걸을 쇠)는 곧 발을 뜻한다.

15. 韋, 韋 →韋

「衛」(지킬 위)의 자형이 갑골문에서는 「衛, 衛, 衛, 衛」 등의 형태로서 성을 둘러싸고 지키고 있는 것을 나타내었다. 「衛」의 가운데 부분 「韋」의 상형은 발의 모양이 변형된 것임을 알 수 있다.

〈例〉 偉, 圍, 違, 緯

16. 舛 → 舛

「舞」(춤출 무)는 본래 「無」(없을 무)자로서 「無, 無」의 형태로서 사람이 양손에 깃털 같은 것을 들고 춤추는 모습을 나타낸 것이다. 춤출 때는 男女老少 구별이 없다는 뜻에서 轉義되어 「없다」의 뜻으로 쓰이게 되자 累增字로서 「舞」를 다시 만든 것이다. 「舞」의 소전체는 「舞」의 자형과 같이 밑에 두 발을 「舛→舛(어그러질 천)」을 더하여 춤추는 동작을 나타내었다.

17. → 麥

「麥」(보리 맥)의 자형은 오늘날 '오다'의 뜻으로 쓰이고 있는 「來」자가 본래 「보리」의 상형자였다. 갑골문에서는 「來」의 자형이 「 , , 」 등의 형태로 보리 이삭은 익어도 벼처럼 숙이지 않는 모습을 잘 나타내었다. 보리는 가을에 심어서 다음 해 이른 봄, 언 땅이 너무 풀리기 전에 반드시 밟아주고 와야 하기 때문에 「오다」의 뜻으로 轉義되어 쓰이자 부득이 累增字로서 「 」의 자형과 같이 「 (來)」자 밑에 「발(夊)」을 더하여 보리 麥자를 만든 것이다.

※ 「麥」자 밑에 「夕」의 자형을 「저녁 석(夕)」으로 잘못 알고 있는 사람이 많은데, 갑골문의 발의 자형 「 」이 변형된 것임을 알아야 한다.

18. → → 鹿

「鹿」(사슴 록)의 자형이 갑골문에 「 , , , 」 등의 형태로 사슴의 특징을 잘 나타내고 있다. 소전체의 「 」의 자형을 거쳐 해서체의 「鹿」이 되었다. 이로써 볼 때 「鹿」의 아랫부분 「比」의 자형이 곧 두 발의 모양이 변형된 것임을 알 수 있다.

※ (麗)는 곧 뿔이 특별히 아름다운 사슴의 모양으로써 「곱다」의 뜻을 나타내고, (彘, 멧돼지 체)는 손으로는 잡을 수 없고 반드시 활로 잡아야 하기 때문에 화살이 멧돼지의 몸통을 관통한 그림으로써 멧돼지를 나타내었다. 「麗」와 「彘」에서도 「比」는 곧 두 발의 형태가 변형된 것이다.

19. → → → 兔

「兔」(토끼 토)의 자형이 갑골문에 「 , 」, 금문에 「 」, 소전에 「 」의 형태를 거쳐 해서체의 「儿」가 되었으므로 「兔」의 「儿」가 발의 모양이 변하였음을 알 수 있다. 점은 꼬리의 흔적이다.

〈例〉 逸, 毚(토끼 참), 儳(어긋날 참)

20. → → → 鳥

「鳥」의 자형이 갑골문에 「 , , 」, 금문에 「 」, 소전에 「 」의 형태를 거쳐 해서체의 「鳥」가 된 것이니, 밑에 넉 점이 두발의 모양이 변형된 것임을 알 수 있다.

〈例〉 鳥, 鳳, 焉, 鳴, 鸞

※ 「燕」(제비 연)의 자형은 갑골문에 「 」, 소전에 「 」의 형태로 볼 때, 「燕」의 넉 점은 발이 아니라, 꼬리의 변형임을 알 수 있다.

21. → → → 豕

「豕」(돼지 시)의 자형이 갑골문에 「 , 」, 금문에 「 」, 소전에 「 」의 형태로 볼 때 해서체의 「豕」에서 좌측의 삐침들이 발의 변형임을 알 수 있다.

〈例〉 豚, 豬, 豭(수퇘지 가)

※ 字典에 象(코끼리 상)을 「豕」부수자에 배열하여 놓았으나, 실은 해서체의 字形만으로 안배한 것이므로 옳지 않다. 「象」의 자형이 갑골문에 「 , 」, 금문에 「 」, 소전에 「 」의 자형으로 볼 때, 코끼리의 발의 모양이 소전체에서 돼지(豕)발의 모양과 비슷해졌음을 알 수 있다.

22. → → 能

「熊」(곰 웅)의 자형은 「能」(능할 능)이 본자이다. 「能」의 자형이 갑골문에는 나타나지 않고 금문에 「 , , 」, 소전에 「 」의 형태를 거쳐 해서체의 「能」이 되었으니, 「 」의 필획이 곧 곰의 발이었음을 알 수 있다. 곰은 다른 동물에 비하여 재주를 잘 부리기 때문에 「能」(능할 능)자로 전의되자, 「能」에 넉 점을 더하여 「熊」(곰 웅)자를 만든 것이다. 그러므로 이때의 넉 점은 「鳥, 馬」의 넉 점과는 다르다.

23.  →  → 冀

「冀」(바랄 기)의 자형이 금문에 「, 」, 소전에 「」의 형태를 거쳐 해서체의 「冀」가 되었다. 字義에 대해서는 해설이 區區不一하지만, 「冀」자의 밑에 「ノ丶」은 곧 발의 변형임을 알 수 있다. 「共, 具, 兵, 典」 등의 「ノ丶」은 두 손을 그린 것이 변형된 것이니 같은 「ノ丶」의 형태가 글자에 따라 「손」이 되고, 「발」이 됨을 알 수 있다.

24.  →  →  → 人

「人」의 자형이 갑골문에 「, 」, 금문에 「, , 」, 소전에 「」의 형태를 거쳐 해서체의 「人」이 된 것이니, 「人」의 파임(㇏)이 곧 다리임을 알 수 있다.

〈例〉 仁, 保, 伯, 仲, 俶, 伊, 何, 仿, 位, 依

25.  →  →  → 女

「女」의 자형이 갑골문에 「, , 」, 금문에 「, 」, 소전에 「」의 형태를 거쳐 해서체의 「女」가 되었으니, 「女」의 가로획이 발의 형체로 남아 있음을 알 수 있다.

〈例〉 「祝, 毋, 光, 兒」 등의 어진사람인(儿)이 갑골문에서 본래 무릎을 꿇고 앉아 있는 「」의 자형에서 변형된 것이다. 그러나 「先」자는 갑골문에 「」의 자형으로서 「光」의 밑사람인과는 달리 남자의 서 있는 모습의 발로써 다른 형태이다. 「兄」의 자형에서도 갑골문에 「」의 자형으로서 동생보다 머리를 크게 그리고 서 있는 모습을 그린 것으로 「祝(, )」의 「兄」과는 다르다.

21. 甲骨文으로 본 짐승의 종류

먼저 甲骨文에서 五畜의 字形을 찾아 보자.

◆ 소(牛)의 字形이 '' 등과 같이 정면에서 본 兩角과 牛頭의 모양을 나타냈다. 이밖에 측면에서 본 소의 전체 모양을 象形한 ''의 자형도 있으나 주로 正面의 象形字로 쓰였다. 周代의 金文도 비슷한 자형으로 쓰였으며, 秦代의 小篆體로서 ''의 자형을 거쳐 지금의 '牛'字가 된 것이다. 혹자는 '牛'자와 '半'자가 造字과정에서 뒤바뀌었다고 하지만, 그것은 楷書體의 모양만을 보고 잘못 추측한 것이다.

◆ 말(馬)의 字形은 '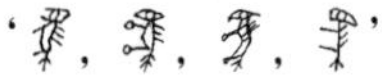' 등과 같이 말에서 큰 머리와 갈기, 긴 꼬리의 특징을 강조하여 側視한 象形을 세워 놓았음을 알 수 있다. 金文에서는 '' 등과 같이 말의 갈기를 더욱 강조하였으며, 小篆體의 ''의 자형을 거쳐 오늘의 '馬'字가 된 것이다.

◆ 돼지(豕)의 字形은 '' 등과 같이 돼지의 뚱뚱한 배의 모양을 側視한 象形을 역시 세워 놓았음을 알 수 있다. 金文에서는 '' 등과 같이 오히려 甲骨文의 字形보다도 돼지의 모양이 멀어져 '亥'의 자형과 비슷하게 쓰였다. 小篆體의 '' 자형을 거쳐 지금의 '豕'字가 된 것이다.

◆ 개(犬)의 字形은 ', , , ' 등과 같이 돼지의 甲骨文 자형과 비슷하지만, 돼지보다는 배에 살이 적고 꼬리가 길면서 끝이 쳐들어졌음을 달리하고 있다. 金文에서는 ', '의 자형과 같이 윤곽만을 상형하고, 小篆에서는 ''과 같이 변하여 오늘의 '犬'字가 된 것이다.

◆ 양(羊)의 자형은 ', , , ' 등과 같이 양의 兩角의 모양을 강조하여 正面에서 바라본 羊頭를 상형한 글자이다. 앞에서 본 소(牛)의 자형과 비교하여 보면 비슷한 것 같지만, 소의 뿔과는 달리 양끝이 꼬부라지게 그리어 구별하였다. 金文의 ', ' 자형에서 小篆의 '' 자형을 거쳐 지금의 '羊'이 된 것이다. 中國의 文字學者 중에는 '羊'의 字形을 兩角, 兩足에 양의 몸둥이와 꼬리를 그린 것이라고 풀이하였지만, 甲骨文 中의 ''자형을 보면, 羊의 全身을 象形한 것이 아니라, 분명히 羊頭를 正面에서 象形한 것이다.

이상으로 볼 때, 殷代에 五畜(牛, 馬, 豕, 犬, 羊)이 모두 存在했음을 알 수 있다. 그러나 五畜을 『漢書』에서는 '牛, 羊, 豕, 雞, 犬'이라 하여 말(馬)이 제거되어 닭(雞)이 들어 있고, 六畜에 말이 들어 있다. 물론 甲骨文에 닭(雞)의 字形도 있다.

우리 나라 윷놀이는 이른 시대부터 傳來되는 農耕社會의 民俗놀이다. 윷은 곧 五畜인 도(돼지), 개, 걸(양), 윷(소), 모(말)의 빨리 뛰는 순서에 의하여 달려가기 놀이를 하는 것이다. 이 중에 '걸'은 코끼리로 해석하는 이도 있으나, 코끼리를 五畜에 넣을 수는 없는 것이다. '걸'은 마땅히 '羊'의 고유한 우리말이었음을 알 수 있다.

◆ 닭(雞)도 이른 시대부터 家畜으로서 길러 왔지만, 우리의 윷놀이로 본다면 五畜은 마땅히 '소(牛), 말(馬), 돼지(豕), 개(犬), 양(羊)'이어야 할 것이다. 中國의 『雲笈七籤(운급칠첨)』에서도 五畜을 馬, 牛, 羊, 猪, 狗라 하였다.

닭은 甲骨文의 初期 字形에서는 '' 의 모양과 같이 닭의 윤곽을 象形했던 것인데, 다른 새의 모양과 혼동을 피하기 위하여 이미 甲骨文에서 '' 와 같이 '(奚)' 자를 더하여 形聲字로서 쓰였다. 다시 말해서 雞(鷄)는 곧 닭의 울음소리를 시늉한 擬聲字이다.

이상의 六畜 외에 어떤 짐승이 있었는지 살펴보면 다음과 같다.

◆ 호랑이는 甲骨文에서 ', , ' 등의 字形과 같이 호랑이의 강한 엄니와 얼룩무늬, 힘찬 긴 꼬리의 특색을 잘 나타내 象形하였다. 周代의 金文에서는 ', ' 와 같이 상당히 추상적으로 圖案化되어 小篆의 '' 字形을 거쳐 오늘의 '虎' 字가 된 것이다.

이렇게 볼 때 漢字의 字形은 시각적으로는 점점 알기 어렵게 변하였다.

◆ 코끼리는 갑골문에서 ', , ' 등의 자형과 같이 코끼리의 긴 코와 엄니를 강조하여 象形하였다. 코끼리도 側視한 象形이지만, 세워서 漢字의 縱書字形에 맞추었음을 알 수 있다. 金文에서는 '' 과 같이 변형되어 小篆의 '' 字形과 같이 도안화되어 오늘의 '象' 字가 된 것이다.

지금은 中國에 코끼리가 野生하지 않지만 殷代에는 코끼리가 번성했던 기록이 있다.

◆ 이 밖에도 토끼(兎)의 甲骨文 ', ', 여우(狐)의 갑골문 ', , ', 염소(羔)의 갑골문 ', ', 이리(狼)의 갑골문 '', 종류가 다른 이리(狽)의 갑골문 ', ', 사슴(鹿)의 갑골문 ', ' 등으로 보아 六畜 외에 토끼(兎), 여우(狐), 염소(羔), 이리(狼), 이리(狽), 사슴(鹿) 등이 있었음을 알 수 있다.

◆ 中國에서는 '羔' 를 小羊으로 기록한 문헌이 많은데, '羔' 는 우리말의 '염소' 로서 羊과 다른 짐승이다. '羔' 字에 '灬(火)' 가 밑에 붙어 있는 것은 염소를 잡을 때는 개처럼 털을 불에 그슬러 잡았음을 알 수 있다.

◆ 우리 나라에서 '狼'과 '狽'를 모두 '이리'라고 하지만, 甲骨文에서 이미 '狼'과 '狽'의 짐승을 구별하여 나타낸 것으로 보면, 흔히 쓰는 '狼狽之間'이란 말이 오래된 말임을 알 수 있다. 唐나라 段成式이 지은 『酉陽雜俎(유양잡조)』에 의하면 '狼'은 앞다리가 길고 뒷다리가 짧은 반면, '狽'는 앞다리가 짧고 뒷다리가 길기 때문에 두 짐승이 반드시 서로 의지하여 다녀야 하는데, 만일 둘이 떨어지게 되면 도저히 다닐 수 없기 때문에 여기에서 일이 어그러졌을 때 '낭패가 났다'고 쓰이게 되었다는 것이다.

◆ 돼지에 대해서는 돼지의 象形字 '(豕)' 외에도 甲骨文에 멧돼지를 나타낸 '' 등의 彘(멧돼지 체)는 멧돼지는 손으로 잡을 수는 없고 반드시 활로 잡아야 하기 때문에 화살이 멧돼지를 관통한 모양을 象形하였고, 수돼지를 나타낸 '' 등의 豭(수태지 가)는 돼지의 배에 수돼지의 신(腎)을 표시하였고, 腎을 제거한 수돼지의 모양은 '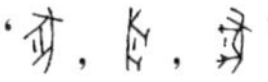' 등과 같이 배 밑에 短劃을 옆으로 그려 去勢하였음을 나타내었다. 이 字가 뒤에 形聲字로서 '豶(불알깐돼지 분)'字가 되었다. 이로써 볼 때 殷代에 이미 수돼지는 去勢해야 빨리 큰다는 것을 알았던 것이다. 이 밖에도 돼지에 관계되는 자형이 많은 것으로 보아 六畜 中에 돼지를 가장 많이 길렀고, 돼지고기를 가장 많이 먹었음을 알 수 있다.

◆ 또한 사슴(鹿)의 종류와 사슴에 관계되는 字形도 많다. 사슴의 새끼를 나타낸 ''의 字形으로서 아직 뿔이 나지 않은 象形으로써 새끼의 뜻을 나타냈다. 뒤에 '麛(사슴새끼 미)'字가 된 것이다. 사슴의 눈 위에 눈썹이 있는 사슴의 모양을 '' 등과 같이 象形하였는데 뒤에 '麋(고라니 미)'字가 되었다. 무늬가 있는 사슴의 모양을 ''의 字形과 같이 나타내었던 것인데, 뒤에 뜻이 변하여 '麐(암기린 린)'字가 되었다. 이로써 볼 때 殷代에 짐승으로는 사슴을 많이 사냥했음을 알 수 있다. 사냥을 가서 사슴을 만나면 福이라는 뜻에서 '禠'字를 만든 것인데, 뒤에 '祿(복록 록)'字로 변하고, 호랑이를 만나면 재앙이라는 뜻에서 '禠'字를 만든 것인데, 뒤

에 '禍(재앙 화)' 字로 변한 것으로도 알 수 있다.

殷代에는 있었으나 현재는 없어진 짐승도 있다. 머리가 매우 크고 뿔이 하나만 있는 짐승을 ', , ' 등과 같이 상형하였는데, 뒤에 '兕(외뿔소 시)' 字가 되었다. '외뿔소(兕)'는 고대에 中國에 살던 짐승으로 들소 비슷한데 青色으로 뿔이 하나뿐이 없으며, 가죽이 특별히 견고하여 옛날에 갑옷으로 쓰였다고 한다.

갑골문에 ', '의 자형이 있는데, 中國의 文字學者 唐蘭은 '廌(해태 채)' 字로 풀이 하였다. 꼬리털이 많은 들소의 형태로 옛날에 이 짐승은 올바르지 않은 者를 뿔로 받았다고 하여, 지금도 宮闕 앞에 해태의 石像을 만들어 놓아 善惡을 구별하게 하였다.

◆ 상상의 動物인 龍은 甲骨文에 ', , ' 등의 형태로 상형되었다. 곧 巨口, 長身의 모습을 나타냈음을 알 수 있다. 周代의 金文에서는 ', , ' 등과 같이 변형되고 小篆의 '' 字形을 거쳐 오늘의 '龍' 字가 된 것이다.

이상으로 살펴본 바와 같이 오늘날 볼 수 있는 짐승이 殷代에 대부분 存在하였지만, 獅子는 甲骨文에 나타나지 않는다.

◆ 獅子의 '獅' 字는 甲文이나 金文에는 없고 ''와 같이 隸書體로서 처음 나타나는 것을 보아도 殷代에는 아직 南方에서 獅子가 移入되지 않았음을 알 수 있다. 사자를 秦代에는 '狻猊(산예)' 라고 칭했던 것인데, 狻猊는 꾸짖음이 스승과 같다고 함의 뜻이 있고, 獅子는 뭇짐승을 꾸짖듯이 咆哮(포효)하기 때문에 '師子' 라고도 칭하였다고 한다. '獅'는 곧 '師'의 累增字로서 쓰인 것이다. 『漢書』 西域傳에 "漢順帝時疎勒王來獻犎牛及獅子" 곧 漢나라 때 西域에서 사자를 보내온 것으로 보아 분명히 殷代에는 사자가 없었음을 알 수 있다.

22. 甲骨文으로 본 穀食의 종류

古代에 우리의 조상들은 어떠한 穀食을 栽培하였으며, 食糧으로 하였는지를 알기 위해서 殷代의 甲骨文에서 살펴보고자 한다.

일반적으로 우리 나라에서 五穀이라고 할 때는 「벼, 보리, 조, 기장, 콩」을 일컫는다. 그러나 『鷄林類事』(1103년) 記事部에 "五穀皆有之, 粱最大, 無秫糯, 以粳米爲酒."(오곡이 다 있는데, 수수가 제일 많고, 찹쌀은 없으므로 멥쌀로 술을 빚는다.)라 하고, "以稗米定物之價, 而貿易之."(핍쌀로 물건의 값을 정하여 교역한다.)라고 한 것을 보면, 당시 오곡이 「벼, 보리, 조, 기장, 콩」이 아니라, 「수수(粱)」와 「피(稗)」가 포함되어 있었던 것 같다. 譯語部에는 「白米, 粟, 麥, 豆」 등이 있어 고려 시대의 오곡을 확정짓기 어렵다.

오곡에 대하여 『漢書』(食貨志)에는 麻·黍·稷·麥·豆라 하였고, 『周禮』에도 麻·黍·稷·麥·豆라 하였다. 『大戴禮』에서는 黍·稷·麻·麥·菽이라 하여 「豆」를 「菽」으로 달리 적었다. 『楚辭』에서는 稻·稷·麥·豆·麻라 하여 「黍」 대신 「稻」가 포함되었다. 이로써 南方 楚에서는 기장(黍) 대신 벼(稻)가 오곡에 포함되었음을 알 수 있다. 『孟子』에 이르러서는 稻·黍·稷·麥·菽으로 오곡에서 「麻」가 빠졌다. 여기서 麻는 삼이 아니라, 芝麻 곧 참깨를 일컬음을 알 수 있다. 이로써 보면 우리 나라에서 오곡은 중국과 달리 피(稷) 대신 조(粟)가 포함되었음을 알 수 있다.

『形音義綜合大字典』에는 "稷之黏者曰黍, 其實爲小圓顆, 俗稱黃米."라 한 것을 보면 옛날 중국에서 文筆家들이 稷(피)과 黍(기장)를 분명하게 구별을 못한 것 같다. 낟알을 찧어 놓았을 때는 구별이 어렵지만, 밭에서 이삭이 팬 상태에서는 전연 다른 곡식이다.

稷(직)과 稗(패)를 우리 나라에서는 모두 「피」라고 하지만, 「稷」은 이미 殷代의 갑골문에 造字되어 있으나, 「稗」는 秦代의 小篆體(소전체)에 비로소 나타난다. 중국 문헌 중에 「稗」에 대하여 "稗爲有害於禾之野艸, 以與禾較實賤, 故從卑聲."(피는 벼에 해로운 들풀로서 벼와 비교하여 열매가 천한 까닭에 卑를 字音으로 하였다.)이라고 언급한 바와 같이 논에 나는 피의 잎을 보면 벼와 비슷하여 어릴 때는 식별하기가 어렵다. 그러나 햇빛에 보면 피잎은 벼잎보다 투명하기 때문에 피사리를 할 수 있다. 옛날에 가난한 사람들은 이 야생초의 피를 훑어 곡식으로 먹었는데, 「갱피」라고 일컬었다.

「稷」은 『白虎通』에 "尊稷爲五穀之長, 故封稷而祭之也."(稷을 오곡의 으뜸으로 높이는 까닭에 稷을 받들어 제사지내는 것이다.)라 한 것처럼 「稷」은 오곡의 하나로서 이른 시대부터 곡식으로 재배하여 왔음을 알 수 있다. 그러나 우리말에서는 예부터 「稷」을 「피」라 일컬어 왔다. 筆者의 고향 충주에서는 곡식으로서 피농사를 많이 짓고, 피밥을 주식으로 먹은 바 있다.

殷代의 갑골문에서 곡식의 종류로 쓰인 글자를 찾아보면 다음과 같다.

● 禾 : 

象禾苗之形, 上象禾穗與葉, 下象莖與根. 벼의 이삭, 잎, 줄기, 뿌리 등을 상형한 글자임을 알 수 있다.

● 稷 : 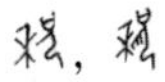

從禾從, 爲祝字所從, 後譌爲, 故說文稷之古文作. 說文 :「稷, 齋也, 五穀之長, 从禾, 畟聲.」이로써 옛날에는 피를 五穀의 으뜸으로 삼았음을 알 수 있다.

● 稻 : 

從米從, 象米在器中之形.(說文) 「稻」는 쌀이 그릇 안에 있음을 상형한 글자이다.

● 黍 : 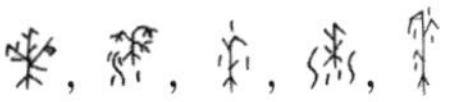

疑爲黍之異構. 從從水, 象散穗之黍, 或不從, 作數小點以表水點同, 說文:「黍, 禾屬而黏者也. 以大暑而種, 故謂之黍, 从禾, 雨省聲. 孔子曰: 黍可爲酒, 禾入水也.」「黍」는 곧 우리말의 「기장」이다. 기장을 「糯黍(나서)」라고도 하는데, 이것은 黏性(점성), 곧 찰기가 있기 때문이다. 기장은 선사시대부터 이집트, 아시아 등지에서 재배되었다. 찰기가 있어 술을 빚는 데 적합하다.

● 來 : 

象來麰之形, 卜辭用爲行來字, 說文 :「來, 周所受瑞麥來麰, 一來二縫, 象芒束之形, 天所來也, 故爲行來之來.」

● 麥 : 

從來從夊. 葉玉森謂從夊, 應爲行來之來初文, 爲麥之本字. 李孝定謂來麥本爲一字, 象麥根, 因假爲行來字, 故更製繁體之以爲來麰之本字.

許愼은 보리가 周代에 하늘에서 내려왔기 때문에 「來」자가 '오다'의 뜻으로 쓰이게 되었다고 한 것은 잘못이다. 이미 殷代에 「보리」가 있었는데, 周代에 하늘에서 내려왔다는 것은 시대적으로도 맞지 않고, 하늘에서 내려올 수도 없는 것이다.

李孝定이 「來」字 아래에 加劃한 「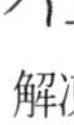」의 자형을 麥根으로 본 것도 잘못이다. 보리는 가을에 심어서, 이른 봄 解凍期에 땅이 들떠서 공기가 들어가면 보리가 말라죽기 때문에 반드시 보리를 밟아주고 와야 한다. 그리하여 「來」가 '오다'의 뜻으로 轉義되고 보리를 뜻하는 글자를 「麥」과 같이 본래의 「來」자에 「」[발]을 더하여 다시 만든 累增字이다.

갑골문에 「豆」의 字形이 「」의 형태로 있기는 하지만, 「盛食器」, 곧 그릇의 뜻으로 쓰였을 뿐, 아직 「콩」의 뜻으로는 쓰이지 않았다. 菽

의 원자형은 「尗」이지만 갑골문에는 나타나지 않고, 金文에 「」의 형태로 쓰인 것을 보면 殷代에는 아직 오곡으로서 콩이 없었던 것 같다.

또한 중국에서 오곡의 하나로 포함시켰던 참깨(麻)도 갑골문에는 나타나지 않는다.

梁東淑은 『甲骨文解讀』에서 "商代의 농작물에는 禾·黍·麥·稻·高粱(粱의 잘못) 등이 곡물의 주종을 이루었다."(p.527)라고 하여 「高粱(고량)」 곧 수수도 商代에 재배된 것으로 보았다. 그러나 「粱」은 殷代의 갑골문에는 나타나지 않고, 周代의 金文에 「」의 형태로 비로소 나타나므로 商代에 高粱이 재배되었다는 것은 옳지 않다.

『通訓定聲』에 「粱」의 本義는 「粟」이라 하였다. 또한 粟은 黍·稷·粱의 總名으로도 쓰였다. 「粱」을 蜀黍(촉서) 또는 高粱(고량)이라고 하는 것을 보면 우리 나라에서 「수수」라고 일컫는 곡식임을 알 수 있다. 「수수」는 곧 「蜀黍」의 入聲音이 탈락된 뒤에 중국음 「수수」가 그대로 들어와 쓰인 것이다. 그러므로 우리 나라에서 수수가 재배된 것은 宋代 이후임을 알 수 있다.

「옥수수」는 「玉蜀黍(옥촉서)」로 蜀黍에 玉을 더한 명칭이다. 옥수수의 원산지는 中南美이므로 콜롬버스가 신대륙을 발견한 이후에 중국을 통하여 우리 나라에 들어온 것이다.

「粟」은 갑골문에 「」의 형태로, 小篆에 「」의 형태로 변천하여 해서체의 「粟」이 된 것이다. 甲文의 字形은 곧 손에 黍의 이삭을 잡고 있음을 象形한 것이라고 商承祚는 풀이하였다. 小篆의 자형에서 「」는 해서체로 「卤(열매주렁주렁달릴 조)」이다.

우리 나라에서는 「粟」을 「조」라고 일컫는데 「조」는 곧 粟(조 속)의 古音으로서 우리말이 字音이 되었다고도 볼 수 있다. 「조」를 方言에서는 「스슥」이라고 하는데, 이것은 「黍粟(서속)」이 變音된 것이라고 생각된다. 조의 원산지는 동부 아시아이다.

이상을 종합하여 볼 때, 殷代 東夷族 곧 우리 조상들이 식량으로 했던 곡식은 「벼(稻)·피(稗)·기장(黍)·보리(麥)·조(粟)」이었음을 알 수 있다. 수수, 밀, 메밀, 콩, 팥 등은 殷代 이후에 재배되었을 것이다.

23. 甲骨文에 「竹」字가 있는가?

字典에 揭載되어 있는 「竹」部首의 글자를 찾아보면, 竺(나라이름 축)에서 籲(부르짖을 유)에 이르기까지 약 700字나 있다.

이처럼 현재로서는 대나무의 種類나 대나무로 만든 그릇, 道具 등이 매우 普遍化되어 쓰이고 있음을 알 수 있다.

그러나 이렇게 많은 「竹」部首의 글자들이 殷代의 甲骨文에서는 보이지 않고, 약간의 글자가 周代의 金文에 나타나지만, 대부분은 秦代의 小篆에서 비롯된다. 筆者는 이 점에 着眼하여 「竹」字의 淵源에 대하여 考察하여 보고자 한다.

徐中舒의 『甲骨文字典』에는 「竹」字가 收錄되어 있지 않다. 따라서 「竹」部首의 글자도 전연 收錄되어 있지 않다.

高樹藩의 『形音義綜合大字典』에도 「竹」字에 대하여 "甲骨, 金文, 竹字闕"(甲骨文, 金文에 竹字가 없음.)이라 밝히고, 小篆體에 비로소 나타나는 것으로 설명하였다.

臺灣 文史哲出版社에서 出刊한 『漢語古文字字形表』에는 春秋戰國時 「竹」의 字形이 비로소 「」(好蚉壺)의 형태로 나타난다고 收錄하였다.

이상을 종합하여 볼 때 殷代의 甲骨文에서는 아직 「竹」字가 만들어지지 않았음을 알 수 있다.

그러나 日本의 水上靜夫는 『甲骨金文辭典』에서 「竹」字에 대하여 "竹

은 본래 熱帶植物이기 때문에 殷·周初에는 黃河 周邊에 존재하지 않았다고 의문을 제기하지만, 최근의 氣象學硏究에 의하면, 殷墟地域이 當時는 現在보다 3~5度 가량 氣溫이 높았음이 確認되었으므로 竹의 存在가 可能했다."고 言及하고, 「竹」의 甲骨文 자형으로 「」(『甲骨文字集釋』) 등을 轉載하여 놓았다.(p.986)

또한 筆者는 10여 년 전 홍콩의 中文大學 中文系 敎授로서 名書畵家이면서 古文字學으로도 명성이 높은 饒宗頤 박사를 만나 殷代의 甲骨文에 「竹」字가 있으냐고 직접 문의한 바 있다. 饒氏는 분명히 甲文에 「竹」字가 있다고 대답하여, 그럼 「竹」의 部首字로 어떤 것이 있느냐고 물었더니 그에 대한 例는 들지 못하였다.

이렇게 되면 殷代 「竹」字 存在 여부를 단정하기 어렵다. 筆者는 더욱 구체적으로 考證하고자 한다.

우선 水上靜夫가 『甲骨文字集釋』에서 引用한 「」의 字形이 본래 대나무의 字形으로 쓰였다는 여부가 確實치 않다.

오늘날 쓰이고 있는 약 700字나 되는 「竹」部首字를 살펴보면 周代의 金文 中에 「(筍), (簟), (笤), (節), (簫)」 등이 분명히 「竹」의 部首字였음을 알 수 있다.

이로써 본다면 「竹」의 部首字는 周代의 金文에서 비롯되며, 따라서 「竹」字 자체도 殷代의 甲骨文에는 없었으며, 周代의 金文에 나타나는 ''(『古文字類編』), ''(『漢語古文字字形表』)의 象形字에서 비롯하여 오늘의 「竹」字로 변형되었음을 알 수 있다.

殷代의 甲骨文에 「箙」(전동 복)字가 「」 등의 字形으로 쓰였음에서 혹 字形 中에 화살(矢)의 모양이 「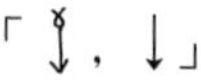」 등과 같이 있으므로 殷代에 이미 대나무로 화살을 만들지 않았을까 추측할 수도 있겠으나, 처음부터 화살은 반드시 대나무로 만들었다고 단정할 수 없다. 다른 나무로도 화살을 만들 수 있다.

대나무의 原産地는 東南亞地域으로서 殷代에는 아직 대나무가 黃河以北 곧 殷土까지 옮겨가지 못했다고 보는 것이 필자의 주장이다.

그 이유로서 「筆」字를 甲骨文에서 찾아보면 「, 」 등과 같이 손()에 刻刀 또는 붓(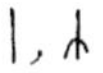)을 잡은 것을 象形하였고, 周代의 金文에까지도 「, 」 등과 같이 비슷한 형태로 쓰이다가 小篆에 이르러 비로소 「」과 같이 「竹」字가 더해졌다. 이것은 곧 殷代에는 붓의 손잡이를 일반 나무로 하다가 秦代 또는 바로 그 전에 이르러 대나무를 사용하였음이 확실하다.

여기서 附言할 것은 일반적으로 붓을 처음 만든 사람은 秦始皇 때 蒙恬(몽염)장군이라고 알고 있으나, 蒙恬은 兎毫竹管 곧 토끼털과 대나무를 사용하여 만든 붓을 처음 만들었다고 보아야 한다. 실은 이미 殷墟에서 붓이 發見되었다. 그런데 여기서 중요한 것은 그 붓의 자루가 대나무가 아니라, 일반 나무로 되었다는 것이다. 이로써 殷代에는 아직 대나무가 없었음을 傍證할 수 있다.

「其」字도 갑골문에는 「키」의 모양을 상형하여 「」의 자형으로 만든 것인데, 뒤에 「키」의 자료를 버들에서 대나무로 바꾸어 사용함으로써 秦代의 小篆에서는 「竹」을 더하여 「(箕)」의 字形으로 바뀌었다.

우리 나라에서는 근래까지도 中部 以北 곧 대나무가 나지 않는 곳에서는 「키」를 버들로 만들었다.

우리 나라에 대나무가 들어온 것은 記錄에 의하면 이미 新羅 때라고 볼 수 있으나, 音韻學的인 면에서 살펴보면 훨씬 뒤인 것 같다. 왜냐하면 「竹」을 「대 죽」이라 訓音하여 「대」는 우리말의 固有語라고 알고 있지만, 실은 「대」는 「죽」 이전에 中國의 南方音이 口語로써 流入된 것이다.

中國 南方에서는 「竹」을 「tek 〉 teʔ」으로 發音한 것인데 「k」入聲音이 弱化되어 우리 나라에 流入됨으로써 「대」로 변음된 것이다.

竹

周代 金文

春秋戰國時代

說文

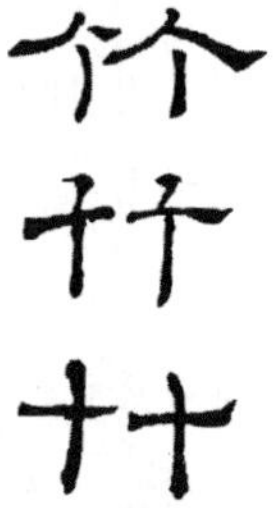

隸辨

明 王鐸 擬山園帖

唐 歐陽通
道因法師碑

宋 米芾
群玉堂米帖(縮)

일본에서는 「竹」을 「タケ」(다게)로 發音하는 것도 中國의 南方音 「tek」을 日本의 발음습관에 따라 2 音節로 나누어 「다게」라고 발음하게 된 것이다. 이로써 볼 때 日本에는 「竹」의 「k」入聲이 탈락되기 이전에 대나무가 옮겨갔고, 우리 나라는 「k」入聲이 탈락된 뒤에 일본보다는 늦게 대나무가 들어왔거나, 日本과 거의 같은 시기에 들어왔지만, 우리 나라 발음습관에 따라 「tek」의 「k」音이 탈락되어 쓰인 것으로도 볼 수 있다.

결론적으로 말해서 「竹」의 오늘날 中國 標準音은 「주」이고, 韓國音은 「죽」이고, 日本音은 「다게」이지만 모두 中國의 南方音 「tek」에서 變音된 것이다.

西洋畵에서는 中世 以前 그림에서는 「대나무」가 나타나지 않는 것으로 보면, 韓·中·日보다는 훨씬 뒤에 대나무가 西洋에 移植되었음을 알 수 있다.

결론적으로 대나무의 原産地와 「竹」字 淵源을 살펴볼 때, 殷代에 黃河 以北에서는 아직 대나무가 없었으며, 따라서 甲骨文에는 「竹」字가 없었음을 確認함으로써 홍콩의 饒宗頤, 日本의 水上靜夫의 殷代 「竹」字 存在說은 不當하다고 볼 수 있다.

24. 同音異形 連義字

※漢字 중에는 同音字로서 글자의 뜻이 연결되는 오묘하면서도 재미있는 관계를 엿볼 수 있다.

1.	政은 正	정치는 올바름이 우선이다.
2.	財는 災	재물은 많으면 재앙을 초해한다.
3.	火는 禍	불은 조심하지 않으면 화를 일으킨다.
4.	性은 聖	본래 性은 聖스러운 것이다.
5.	奴는 怒	노예는 늘 분노를 품고 있다.
6.	福은 覆	福은 언제라도 뒤바뀔 수 있다.
7.	善은 宣	善은 늘 베풀어야 한다.
8.	恕는 抒	용서하는 마음을 펴야 한다.
9.	事는 思	일은 먼저 생각하고 시작해야 한다.
10.	象은 像	코끼리는 남방 동물이라 본떠 와야 한다.
11.	孤는 苦	외로움은 곧 괴로움이다.
12.	歌는 嘉	노래는 아름다운 가락이다.
13.	鼓는 告	북을 쳐서 멀리 알리다.
14.	柑은 甘	귤은 단 과일이다.
15.	蜜은 密	꿀은 많은 벌이 모은 것이다.
16.	匣은 甲	상자는 열매의 껍데기이다.
17.	江은 降	강물은 아래로 아래로 흐른다.
18.	橿은 强	참나무는 강한 나무다.
19.	蓋는 開	뚜껑은 여는 것이다.
20.	驚은 警	놀랄 때는 우선 경계해야 한다.
21.	故는 古	오래된 것은 옛것이다.
22.	谷은 曲	골짜기는 구불구불하다.
23.	犬은 牽	개는 끈으로 묶어 끈다.
24.	捆은 困	묶어 놓으면 피곤하다.
25.	共은 公	공동의 것은 공적인 것이다.
26.	冠은 官	감투는 관료가 쓰는 것이다.

27.	館은 寬	관청의 식당은 넓다.
28.	光은 廣	빛은 널리 비춘다.
29.	校는 敎	학교는 가르치는 곳이다.
30.	狗는 救	개는 주인을 구제한다.
31.	軍은 群	군대는 무리를 이룬다.
32.	權은 惓	권력은 삼가서 처신해야 한다.
33.	貴는 歸	귀한 것은 돌아가 있다.
34.	棘은 戟	가시는 찌르는 것이다.
35.	琴은 襟	가야금 소리는 흉금을 파고든다.
36.	急은 及	급할 때는 빨리 가야 한다.
37.	欺는 棄	속이는 것은 마음을 버리는 것이다.
38.	祈는 冀	기도는 소원을 바라는 것이다.
39.	男은 南	남자는 南쪽 곧 陽이다.
40.	膿은 濃	고름은 짙은 액이다.
41.	斷은 段	끊어서 계단을 이루다.
42.	談은 淡	말은 맑아야 한다.
43.	堂은 塘	큰 집에는 연못이 있다.
44.	餹은 糖	엿은 단 맛이 있다.
45.	刀는 度	칼은 법도에 맞추어 써야 한다.
46.	盜는 跳	도둑은 도망간다.
47.	渡는 棹	물을 건너는 배에는 돛대가 있다.
48.	冬은 凍	겨울에는 사물이 언다.
49.	郞은 朗	신랑은 명랑하다.
50.	儷는 麗	짝은 아름답다.
51.	曆은 歷	달력은 지나가는 발자욱.
52.	戀은 連	사모하는 연정은 이어진다.
53.	烈은 裂	극력하면 무너진다.
54.	虜는 勞	포로는 수고롭다.
55.	鯉는 理	잉어는 몸에 줄이 있다.
56.	鰻은 曼	뱀장어는 구불구불 움직인다.
57.	妄은 亡	망령되면 죽는다.

58.	賣는 買	팔면 사기도 한다.
59.	舞는 無	춤은 남녀노소 구별이 없다.
60.	問은 聞	묻는 것은 듣는 것이다.
61.	米는 味	쌀밥은 맛이 있다.
62.	謎는 迷	수수께끼는 미궁의 답을 찾는 것이다.
63.	髮은 拔	머리털은 뽑힌다.
64.	房은 方	방은 네모지다.
65.	防은 放	막는 것은 풀어 놓기도 한다.
66.	帛은 白	비단은 흰색이다.
67.	繁은 煩	복잡한 것은 번거롭다.
68.	辯은 辨	말은 분변이 있어야 한다.
69.	病은 竝	병은 竝發한다.
70.	寶는 保	보배는 잘 보존해야 한다.
71.	僕은 伏	종은 늘 엎드려 복종한다.
72.	腹은 複	배속은 복잡하다.
73.	烽은 峰	봉화는 산봉우리에서 진한다.
74.	夫는 婦	남편과 아내는 서로 응한다.
75.	富는 扶	부유함은 사람을 돕는다.
76.	父는 負	아버지는 가정을 책임진다.
77.	糞은 噴	똥은 분출하는 것이다.
78.	屁는 飛	방구는 저절로 냄새가 날아간다.
79.	仕는 事	벼슬은 공을 위하여 일하는 것이다.
80.	史는 師	지나간 역사는 곧 스승이다.
81.	山은 産	산은 만물을 생산한다.
82.	喪은 傷	상례는 마음의 상처를 준다.
83.	鼠는 噬	쥐는 사물을 쏘는 짓을 한다.
84.	膳은 羨	음식을 먹고 싶어 하다.
85.	說은 舌	말은 혀의 동작이다.
86.	笑는 少	웃으면 젊어진다.
87.	逍는 消	거닐며 스트레스를 풀다.
88.	松은 鬆	소나무는 잎이 소복히 솟아 있다.

89.	囚는 愁	죄인의 마음은 근심스럽다.
90.	授는 受	주는 것은 받는 것이다.
91.	須는 鬚	모름지기 여자는 수염이 없다.
92.	穗는 收	이삭을 줍다.
93.	馴은 順	길들이면 순하다.
94.	示는 視	보이고 보는 것.
95.	蝕은 食	일식 월식도 먹는 것이다.
96.	植은 殖	심어야 번식한다.
97.	身은 愼	몸은 삼가야 한다.
98.	晨은 新	새벽은 신선하다.
99.	辛은 呻	신고로 신음하다.
100.	心은 深	마음은 깊다.
101.	芽는 雅	새싹은 아리땁다
102.	鵝는 哦	거위는 아아 지저귄다.
103.	鰐은 惡	악어는 포악하다.
104.	顔은 安	얼굴이 편안하다.
105.	癌은 嵒	암은 바위처럼 울퉁불퉁하다.
106.	愛는 哀	사랑은 곧 슬픔이다.
107.	羊은 養	양은 집에서 기르다.
108.	雲은 運	구름은 늘 움직인다.
109.	余는 餘	나머지는 곧 여유이다.
110.	役은 易	역할은 바뀌는 것이다.
111.	硯은 硏	벼루는 가는 것이다.
112.	染은 艶	물들이면 빛깔이 예쁘다.
113.	媼은 溫	할머니의 마음은 따뜻하다.
114.	甕은 擁	옹기는 옹호해야 한다.
115.	盌은 完	그릇은 완전해야 한다.
116.	王은 旺	왕은 늘 왕성해야 한다.
117.	嵬는 巍	높은 산은 우뚝하다.
118.	謠는 樂	노래는 누구나 좋아한다.
119.	友는 佑	벗은 돕는 것이다.

120.	雨는 雩	비를 바라 기우제를 지내다.
121.	蔚은 鬱	수풀이 울창하면 답답하다.
122.	原은 源	물 흐르는 언덕이 근원지다.
123.	圍는 危	포위되면 위험하다.
124.	幼는 乳	어린 아이는 젖을 먹어야 한다.
125.	油는 柔	기름은 부드럽다.
126.	淫은 陰	음행은 그늘 속의 행위이다.
127.	人은 仁	사람의 행위는 어질어야 한다.
128.	刃은 忍	칼을 뽑았어도 참아야 한다.
129.	炙는 煮	고기를 굽고 끓이다.
130.	將은 壯	장수는 씩씩해야 한다.
131.	謫은 適	귀양은 멀리 가는 것이다.
132.	賊은 敵	도둑은 적이다.
133.	錢은 轉	돈은 돌고 돈다.
134.	亭은 停	정자는 머무는 곳이다.
135.	庭은 靜	뜰은 조용하다.
136.	鳥는 爪	새는 발톱이 있다.
137.	座는 坐	자리는 앉는 것이다.
138.	駐는 住	주둔하는 것은 머무는 것이다.
139.	珠는 朱	구슬은 붉다.
140.	駿은 俊	준마는 뛰어나다.
141.	甑은 蒸	시루는 찌는 것이다.
142.	知는 智	지식은 슬기로운 것이다.
143.	肢는 枝	다리는 나무 가지와 같다.
144.	眞은 珍	참된 것은 보배이다.
145.	纂은 撰	책을 편찬하는 것은 엮는 것이다.
146.	娼은 唱	기녀는 노래를 부른다.
147.	菜는 採	나물은 손으로 뜯어야 한다.
148.	泉은 川	샘은 흘러 내를 이룬다.
149.	晴은 淸	하늘이 개이면 맑다.
150.	廳은 聽	관청은 백성의 소리를 듣는 곳이다.

25. 韓國 姓氏 四字成語

(302姓 : 單姓288 · 複姓14)

※ 우리 나라 姓氏 302姓을 四字成語로 만들어 일반인들이 쉽게 姓氏를 익히도록 하였다.

1.	東天平洋	동 천 평 양	동쪽 태평양에 접해 있는,
2.	韓國卓弓	한 국 탁 궁	한국은 궁술이 뛰어나다.
3.	姜太公尙	강 태 공 상	周나라 때 강태공의 본 이름은 尙이고,
4.	孔曲孟鄒	공 곡 맹 추	공자는 曲阜, 맹자는 鄒 땅에서 태어났다.
5.	西周鎬京	서 주 호 경	서주의 수도는 호경이고,
6.	秦都阿房	진 도 아 방	진의 수도에는 아방궁이 있었다.
7.	舜禹昔史	순 우 석 사	순임금과 우임금은 옛날의 역사이고,
8.	蔡邕彈琴	채 옹 탄 금	後漢의 채옹은 거문고를 잘 탔다.
9.	吳楚南邦	오 초 남 방	오와 초나라는 남쪽의 나라였고,
10.	曹丕魏君	조 비 위 군	조비는 위 나라의 첫째 임금 文帝였다.
11.	齊魯彭劉	제 노(로) 팽 유	제나라와 노나라에 많은 칼들,
12.	胡許咸賈	호 허 함 가	어찌 달라는 대로 값을 허하겠는가.
13.	李唐趙宋	이 당 조 송	당나라는 이씨, 송나라는 조씨가 임금이었고,
14.	桓后萬孫	환 후 만 손	韓민족은 桓雄의 후예로 만손이 퍼졌다.
15.	秋江白鷗	추 강 백 구	가을 강가에 흰 갈매기가 날더니,
16.	春來群燕	춘 래 군 연	봄이 오자 제비가 떼로 몰려온다.
17.	甘葛辛艾	감 갈 신 애	칡뿌리는 달고 쑥은 쓰나,

18.	莫乂芮薛 막 예 예 설	뾰족뾰족 나오는 쑥을 베지 말라.
19.	梅景陰影 매 경 음 영	매화는 꽃그늘을 드리우고,
20.	池邊杜宇 지 변 두 우	연못가에는 두견새가 운다.
21.	夏雲成雷 하 운 성 뢰	여름 구름이 천둥 벼락을 치더니,
22.	洪水沈舍 홍 수 심(침) 사	홍수가 나서 집들을 침수시켰다.
23.	菜田黃菊 채 전 황 국	채마밭에 노란 국화가 만발한데,
24.	莊丁施芸 장 정 시 운	일꾼이 거름을 주고 김을 맨다.
25.	堅强橋樑 견 강 교 량	다리는 튼튼해야 하고,
26.	安全車道 안 전 차 도	차도는 안전해야 한다.
27.	錢利嚴愼 전 리 엄 신	돈놀이는 엄격히 삼가고,
28.	承廉永榮 승 염(렴) 영 영	염치로 이어가면 오래도록 영화로울 수 있다.
29.	陳謝簡單 진 사 간 단	사과의 말은 간단히 해야 하고,
30.	元于初判 원 우 초 판	처음 판단을 으뜸으로 해야 한다.
31.	頓閔兪馮 돈 민 유 풍(빙)	엎드려 위로하여도 더욱 성을 내지만,
32.	余宗康欒 여 종 강 난(란)	나는 편안함과 단란함을 으뜸으로 삼는다.
33.	徐候段程 서 후 단 정	서서히 단계별로 노정을 기다리면,
34.	弼苗乃梁 필 묘 내 양(량)	싹을 길러 곧 대들보를 만들 것이다.
35.	河魚海龍 하 어 해 용(룡)	강의 잉어가 바다의 용이 되고,
36.	玄鳶采鳳 현 궉 채 봉	검은 새가 오색으로 빛나는 봉새가 된다.
37.	奉賓鄭傅 봉 빈 정 부	손님을 잘 받들고 스승을 정중히 모시어,
38.	曾任左尹 증 임 좌 윤	일찍이 左尹 벼슬을 역임했다.

39.	松杉森林 송 삼 삼 임(림)	소나무 삼나무 깊은 수풀 속,
40.	夜星明路 야 성 명 노(로)	밤 별이 길을 밝힌다.
41.	馬頭大王 마 두 대 왕	마두대왕 앞에,
42.	金剛羅漢 김(금) 강 나(라) 한	금강나한이 버티고 있다.
43.	玉石印章 옥 석 인 장	옥돌에 새긴 도장과,
44.	朱墨陶文 주 묵 도 문	붉은 먹으로 쓴 도자기 글씨.
45.	方郭北端 방 곽 북 단	사각 성곽 북쪽 끝에,
46.	高樓椿苑 고 루 춘 원	아버지를 기리는 참죽나무 동산 속 높은 누각이 있다.
47.	龐邸片扁 방 저 편 편	큰 저택에 걸린 작은 편액이,
48.	凡表奇董 범 표 기 동	겉으로 보기에는 평범하나 기이한 골동이다.
49.	黎丘米倉 여(려) 구 미 창	검은 언덕 쌀 창고에,
50.	甄權千斤 견(진) 권 천 근	시루처럼 생긴 저울추가 천근이나 된다.
51.	湯皮革毛 탕 피 혁 모	가죽을 삶아 털을 뽑아,
52.	占卜吉慶 점 복 길 경	길한 경사 있기를 점친다.
53.	奈賴汝彊 나 뇌(뢰) 여 강	어찌 너의 강함을 의뢰하여,
54.	延連增張 연 연(련) 증 장	날짜를 끌어 연장하겠는가.
55.	淳朴溫慈 순 박 온 자	순박하여 따뜻하며 자애롭고,
56.	純眞敦睦 순 진 돈 목	순진하여 돈독하며 화목하다.
57.	智姚盧牟 지 요 노(로) 모	슬기롭고 아름다운 검은 눈동자,
58.	鞠扈范夫 국 호 범 부	모범적인 남편을 도와 모시리.
59.	屈呂申骨 굴 여(려) 신 골	허리를 굽히지만 뼈는 바로 세우는,

60.	裵 袁 卞 班 배 원 변 반	盛裝을 갖춘 모범적인 양반이다.
61.	韋 介 興 浪 위 개 흥 낭(랑)	가죽 갑옷을 입으니 흥이 물결처럼 일고,
62.	耽 鬪 泰 彰 탐 투 태 창	싸울 마음이 크게 일어난다.
63.	崔 昇 偰 肖 최 승 설 초	높이 오르니 맑게 녹아 꺼져,
64.	氷 陸 異 潘 빙 육(륙) 이(리) 반	얼음 땅에 이상한 소용돌이가 친다.
65.	柴 門 逢 士 시 문 봉 사	사립문 앞에서 선비를 만나니,
66.	雍 蘇 包 桂 옹 소 포 계	잘 익은 차조기 죽에 계피를 넣어 준다.
67.	鍾 鼎 庾 內 종 정 유 내	구리로 만든 종과 솥은 곳집 안에 있지만,
68.	晉 索 柳 箕 진 색 유(류) 기	버들로 만든 키를 나아가 찾는다.
69.	麻 蕭 碩 昌 마 소 석 창	삼밭에 쑥은 크게 번성하고,
70.	鮑 泳 碧 彬 포 영 벽 빈	전복은 물속을 헤엄치며 푸르게 빛난다.
71.	邢 邵 岑 荀 형 소 잠 순	형나라 소씨 댁 물가 언덕에 荀 풀이 많아,
72.	伊 郝 前 後 이 학 전 후	그는 앞뒤로 밭을 갈아 버린다.
	複 姓	
1.	南 宮 西 門 남 궁 서 문	남쪽 궁궐 서쪽 대문을 나아가,
2.	獨 孤 渡 江 독 고 도 강	홀로 외로이 강을 건넌다.
3.	司 空 東 方 사 공 동 방	빈 동쪽 땅을 다스리니,
4.	鮮 于 岡 田 선 우 강 전	산 밭에 온갖 식물이 곱다.
5.	小 峰 長 谷 소 봉 장 곡	작은 산봉우리 긴 골짜기,
6.	魚 金 網 切 어 금 망 절	물고기들이 쇠그물을 끊고 나간다.
7.	皇 甫 諸 葛 황 보 제 갈	황제가 제갈공명을 돕는다.

26. 同音異字 四字成語

1	只知止之 지 지 지 지	다만 그칠줄을 알아야 한다.
2	盡診陳眞 진 진 진 진	진단을 다하여 진실을 진술한다.
3	秋隹追鰍 추 추 추 추	가을 새가 미꾸라지를 쫓는다. ※鰍 미꾸라지 추
4	早朝鳥調 조 조 조 조	이른 아침 새가 노래한다.
5	佳家嘉歌 가 가 가 가	아름다운 집에서 아름다운 노래가 나온다.
6	絳舡降江 강 강 강 강	붉은 배가 강물을 내려온다. ※絳 진홍 강 舡 배 강
7	夏河遐霞 하 하 하 하	여름 강물에 멀리 노을이.
8	巨車距去 거 거 거 거	큰 수레가 먼 거리를 간다.
9	京景更驚 경 경 경 경	서울의 경치가 더욱 놀랍다.
10	求狗救龜 구 구 구 구	개를 구하여 거북을 구출하다.
11	謹斤槿根 근 근 근 근	삼가 도끼로 무궁화 뿌리를 자르다.
12	豈欺己企 기 기 기 기	어찌 자기의 기획하는 바를 속이리오.
13	禁琴擒禽 금 금 금 금	거문고 소리를 금하고 새를 잡다. ※擒 사로잡을 금
14	飢耆起氣 기 기 기 기	굶주린 노인이 기운을 내다. ※耆 늙은이 기
15	戴袋待碓 대 대 대 대	자루를 이고 방아를 기다리다. ※碓 방아 대

16	導度圖道 도 도 도 도	법도대로 인도하여 道를 도모하다.
17	徒盜都跳 도 도 도 도	도둑 떼들이 모두 도망치다.
18	望盲蟒亡 망 망 망 망	눈먼 구렁이가 죽은 것을 바라보다. ※蟒 이무기 망 ※盲 소경맹/바라볼 망
19	眛妹賣梅 매 매 매 매	눈이 어두운 여동생이 매화를 판다.
20	暮慕母貌 모 모 모 모	해질 무렵 어머니를 그리워하는 모습.
21	務武無憮 무 무 무 무	武에 힘써 업신여김이 없도록 하다. ※憮 어루만질 무
22	廣鑛光礦 광 광 광 광	빛나는 광석을 큰 용광로에 녹이다.
23	究求舊句 구 구 구 구	옛 글귀를 연구하여 찾아내다.
24	蔓滿鰻慢 만 만 만 만	넝쿨 속에 가득한 뱀장어들이 천천히 움직이다.
25	憧冬銅凍 동 동 동 동	겨울에는 구리도 어는 것을 안다. ※憧 알 동
26	學皠鶴嗃 학 학 학 학	흰 학이 울부짖는 소리를 배우다. ※皠 휠 학 ※嗃 엄할 학
27	懇諫奸簡 간 간 간 간	간신의 편지라는 것을 간곡히 간하다.
28	遣見堅狷 견 견 견 견	굳은 절개를 사람을 보내어 알아보다. ※狷 성급할 견
29	牽犬睊鵑 견 견 견 견	개를 끌고 가서 두견새를 엿보다. ※睊 흘겨볼 견
30	苦蒿膏羔 고 고 고 고	마른 짚과 기름진 염소고기. ※蒿 쑥 호/ 짚 고

27.『東』字로 본 漢字의 神祕

筆者는 꿈에서 깨어 時計를 보니 밤 2시, 卽時 서너 시간 꿈속에서 본 漢字의 玄妙한 造字法에 따라 「東」字 속에 감추어져 있는 많은 글자들을 찾아 내고, 스스로 驚歎하지 않을 수 없었다. 讀者들도 이와 같은 方法으로 漢字를 吟味하며 學習한다면, 漢字는 神祕롭고 매우 재미있는 文字임을 깨닫게 될 것이다.

◎「東」字에서 뽑은 百七十餘字

1 一 한 일
2 二 두 이
3 三 석 삼
4 亖 넉 사(甲骨文의 四)
5 五 다섯 오
6 六 여섯 육
7 七 일곱 칠
8 八 여덟 팔
9 九 아홉 구
10 十 열 십
11 百 일백 백
12 千 일천 천
13 万 일만 만(萬의 略字)
14 丨 위아래통할 곤(部首字)
15 亅 갈고리 궐(部首字)
16 丿 삐침 별(部首字)
17 乀 파임 불(部首字)
18 乃 이에 내(乃의 古字)
19 丂 공교할 교(巧의 古字)
20 匕 될 화(化의 古字)
21 乜 성 먀
22 乃 이에 내
23 卜 점 복
24 ㄲ 점 복(卜의 古字)
25 人 사람 인
26 入 들 입
27 匕 비수 비
28 𠂇 왼손 좌(左의 古字)
29 乀 오른손 우(右의 古字)
30 丁 장정 정
31 丩 넝쿨 규(聲符字)
32 冖 덮을 멱(部首字)
33 凵 입벌릴 감(部首字)
34 匸 감출 혜(部首字)
35 冂 멀 경(部首字)
36 卩 병부 절(部首字)
37 亠 돼지해머리 두(部首字)
38 刀 칼 도
39 力 힘 력
40 卫 지킬 위(衛의 簡體字)

41 彐 바라 조
42 厂 언덕 엄(部首字)
43 丄 위 상(上의 本字)
44 丅 아래 하(下의 本字)
45 上 위 상
46 下 아래 하
47 土 흙 토
48 士 선비 사
49 匚 상자 방(部首字)
50 尸 주검 시(部首字)
51 凡 무릇 범
52 于 어조사 우
53 弓 활 궁
54 宀 집 면(部首字)
55 才 재주 재(일본에서 歲의 略字)
56 巾 수건 건
57 己 몸 기
58 已 이미 이
59 巳 뱀 사
60 工 장인 공
61 山 뫼 산
62 川 내 천
63 忄 마음 심(心과 同字)
64 小 작을 소
65 大 큰 대
66 广 바윗집 엄(部首字)
67 个 낱 개
68 干 방패 간
69 彐 돼지머리 계(部首字)
70 屮 싹날 철/풀 초
71 屮 왼손 좌(部首字)
72 亡 망할 망
73 夬 걸을 과
74 尢 절름발이 왕(部首字)
75 廾 받들 공(部首字)
76 亍 자축거릴 촉(形符字)
77 口 입 구
78 囗 에울 위(部首字)
79 冃 거듭쓸 모
80 日 날 일
81 曰 가로 왈
82 中 가운데 중
83 王 임금 왕
84 木 나무 목
85 戶 지게문 호
86 丰 예쁠 봉(聲符字, 豐의 簡體字)
87 冃 쓰게 모(聲符字)
88 匹 짝 필
89 不 아닐 불
90 贝 조개 패(貝의 簡體字)
91 卞 법 변
92 夫 지아비 부
93 天 하늘 천
94 尹 다스릴 윤
95 巿 슬갑 불
96 帀 두루 잡
97 手 손 수
98 卬 바랄 앙

99 尺 자 척
100 斗 말 두
101 卍 만자 만
102 㞢 갈 지(之의 本字)
103 円 둥글 원(圓의 略字)
104 无 없을 무(無의 簡體字)
105 亘 뜻 지(旨, 旨의 古字)
106 方 모 방
107 丐 빌 개
108 丏 가릴 면
109 止 그칠지
110 爿 장수 장(部首字)
111 片 조각 편
112 牛 소 우
113 內 안 내
114 斤 도끼 근
115 与 더불 여(與의 略字)
116 夬 터놓을 쾌
117 屯 진칠 둔
118 巴 땅이름 파
119 氏 씨 씨
120 田 밭 전
121 白 흰 백
122 丙 남녘 병
123 末 끝 말
124 未 아닐 미
125 古 예 고
126 矢 화살 시
127 失 잃을 실
128 半 반 반
129 比 견줄 비
130 只 다만 지
131 占 점칠 점
132 出 날 출
133 击 칠 격(擊의 簡體字)
134 示 보일 시
135 甲 갑옷 갑
136 申 알릴 신
137 由 말미암을 유
138 旧 옛 구(舊의 略字)
139 巨 클 거
140 正 바를 정
141 央 가운데 앙
142 平 평평할 평
143 民 백성 민
144 市 저자 시
145 主 주인 주
146 印 도장 인
147 牙 어금니 아
148 卡 카드 카(中國에서만 씀)
149 米 쌀 미
150 来 올 래(來의 略字)
151 吉 길할 길
152 朿 가시 자
153 束 묶을 속
154 臼 절구 구
155 吅 부르짖을 현(形符字)
156 宇 집 우

157 聿 붓 필(筆의 古字)
158 庄 별장 장(莊의 俗字)
159 呆 어리석을 태/매
160 虍 범무늬 호(部首字)
161 夷 큰활 이
162 丙 핥을 첨
163 亩 이랑 묘(畝의 簡體字)
164 克 이길 극
165 皃 모양 모(貌와 同字)
166 雨 비 우
167 東 동녘 동
168 皿 밝을 훤
169 兒 아해 아
170 京 서울 경
171 臾 잠깐 유
172 㗊 뭇입 즙(形符字)

◎「東」字에서 나온 글자로 만든 單語

甲山	甲申	巨人	巨木	古木	古人	工人
口中	弓手	弓矢	弓才	己巳	大口	大弓
大刀	大人	大木	大山	大小	大宇	大牛
大雨	大戶	東京	東天	斗山	屯田	万戶
亡人	呆呆	木工	木上	木手	木中	木下
无力	半片	白木	白米	白山	白手	白牛
白日	百畝	百中	凡夫	凡人	卜占	夫人
不凡	不二	不人	不一	士夫	士民	四民
山上	山川	山下	三古	三才	三正	上甲
上京	上古	上工	上木	上半	上方	上士
上手	上申	上日	上田	上天	上平	上下
上戶	小木	小山	小牛	束手	手巾	手上
手中	手下	十干	力士	五力	五方	五士
王京	雨天	由来	人心	人才	印出	日中
一个	一片	入口	才士	丁口	正東	丁方
正心	丁日	丁丁	主山	主上	主戶	中山
中心	中央	中人	中才	中正	中止	中天

中土	天干	天山	天上	天心	天日	天才
天中	天下	屮木	出口	出入	七出	土雨
夬夬	巴人	片片	平民	平宇	匹夫	下半
下山	下平	戶口	戶主			
東夷民	三日雨	三七日	上中下	士大夫	五斗米	(150 단어)

◎「東」字에서 나온 글자로 만든 四字成語

1. 東方中京
2. 凡夫才士
3. 天上白日
4. 山川屮木
5. 主曰天心
6. 失正不吉
7. 日出示卍
8. 王中大主
9. 大雨下土
10. 申力米田
11. 天下大才
12. 十中八九
13. 半木爿片
14. 巨弓大刀
15. 甲士干矢
16. 天下力士
17. 白手失心
18. 百工出才
19. 占卜吉未
20. 東方大丰
21. 三日天下
22. 不大不小
23. 三三五五
24. 口中矢刀
25. 田庄白民
26. 中央京士
27. 天上天下
28. 東夷天王

◎「東」字에서 나온 글자로만 지은 글

東方凡士曰：天下人一, 人心天心. 未人上下, 不失己心, 只由正心, 天下大平. 又曰：上古東方 大小人民 東夷之民 出大弓矢 東土主人 万才不亡

東方에 凡士가 이르기를, 천하에 사람이 제일이니 人心은 곧 天心이니라. 사람은 上도 없고 下도 없고 平等한 것이니, 자신의 마음을 잃지 말고 다만 바른 마음으로 살 때, 천하가 平和로울 것이니라. 또 이르기를 옛날 東方에 大小民族이 있었는데, 東夷族이 큰 활을 만들어 東土 곧 韓土에 主人이 萬歲 永遠할 것이라고 하였다.

葛藤(左藤右葛)

'葛藤' 이라는 漢字語를 韓·中·日 三國에서 공히 쓰고 있지만, 필자가 조사한 바로는 어느 나라에서도 그 語源이 제대로 밝혀져 있지 않다.

이 말은 본래 佛家用語로서 出曜經의 "正道云云猶如葛藤纏樹, 至末遍則樹枯"(마치 칡과 등넝쿨이 나무를 얽어서 나무 끝까지 휩싸면 곧 나무는 말라 죽는 것과 같다.)라는 문구에서 유래되었다고 한다.

국어사전에서는 葛藤을 풀이하여 "①개인이나 집단 사이에 목표나 이해 관계가 달라 서로 적대시하거나 불화를 일으키는 상태. ②마음속에 두 가지 이상의 욕구 등이 동시에 일어나 갈피를 못 잡고 괴로워하는 상태."라고 하였다.

'葛' 은 칡넝쿨이고, '藤' 은 등넝쿨이니 '葛藤' 이라는 말은 글자대로 풀이하면 단순히 '칡과 등넝쿨' 이라는 뜻일 뿐이다. 그러나 '葛藤' 이라는 말은 '矛盾' 이나 '蛇足' 처럼 매우 深奧한 뜻을 지닌 形而上學的인 고차원의 知識用語이다.

필자는 오랫동안 어째서 칡(葛)과 등(藤) 넝쿨이 서로 어긋남의 뜻으로 쓰이는지 자료를 찾아보고 窮究하여 보았으나, 위에 인용한 出曜經이나 국어사전의 설명으로는 명확한 이유를 알 수 없었다.

'葛藤' 이라는 말을 처음 만든 사람은 틀림없이 '葛' 과 '藤' 넝쿨의 바탕을 상세히 觀察하여 얻은 결과라고 생각되어, 실제로 칡과 등넝쿨을 오랫동안 찾아다니며 살펴보았다. 그 결과 필자는 옛사람들의 觀察力이 얼마나 대단하였는가를 감탄하지 않을 수 없었다.

지금까지 내가 살펴본 바로는 칡넝쿨은 반드시 오른쪽으로 틀고, 등넝쿨은 반드시 왼쪽으로 트는 속성이 있음을 발견하였다. 곧 '左藤右葛' 이라고 할 수 있다.

그러므로 칡(葛)과 등(藤)이 만나면 서로 반대 방향으로 틀기 때문에 마구 엉키어 이른바 실마리를 찾을 수 없이 복잡한 상태를 이루는 것이다. 그러나 칡끼리, 등끼리는 엉키지 않고 새끼처럼 꼬인다.

옛사람들은 이에 착안하여 '葛藤' 이라는 말로써 서로 어긋남의 뜻을 나타내는 고도의 철학적인 用語를 만들어낸 것인데, 뒷사람들은 그 심오한 語源을 모르고 쓰고 있는 것이다.

지금까지 韓 · 中 · 日 어느 文獻에도 없는 '葛藤' 의 根本的인 語源에 대하여, 필자가 事物을 직접 觀察함으로써 밝히게 되어 흐뭇한 自負心을 느끼는 바이며, 實事求是의 考證學이 얼마나 중요한가를 알게 되었다.

VII

漢字 學習 資料

1. 漢字의 筆順
2. 類義 結合字
3. 反意 · 對稱 結合字
4. 反對의 뜻을 가진 漢字
5. 잘못읽기 쉬운 漢字語
6. 業務用漢字
7. 漢字 俗談
8. 漢字 成語
9. 同訓異字一覽表
10. 簡化漢字(略字)表
11. 漢字中의 長音字
12. 日本 가나(假名)의 起源
13. 中國 簡化字의 劃數 索引表
14. 中國 簡化字의 同形字 一覽表
15. 中國의 省 · 自治區 · 直轄市의 略稱
16. 中國 簡化字와 正體字 對比表
17. 韓 · 中 · 日 書體 比較
18. 口訣表
19. 敎育漢字(1,800字)의 代表訓音
20. 宗族系譜圖
21. 北韓의 敎育漢字 3.000字 一覽表
22. 二十四節氣와 七十二候
23. 數字로 시작하는 單語
24. 日本의 常用漢字 2,136字
25. 日本 漢字使用頻度 上位 1,000字
26. 日本 略字(新字體) 일람표
27. 中國에서 가장 많이 쓰이는 500字
28. 數의 單位
29. 中國의 外來語 表記
30. 中國料理에 쓰이는 漢字表記
31. 化學 元素 韓 · 中 對比表
32. 韓 · 中 컴퓨터用語
33. 韓國 歷代 王朝年表
34. 中國 歷代 王朝의 皇帝 諡號 및 이름
35. 中國 歷代 年號索引
36. 月의 別稱
37. 世界 各國名 漢字表記
38. 韓國 大學校名의 漢字 · 英文 表記
39. 六十甲子年表

1. 漢字의 筆順

象形文字이며 表意文字인 漢字는 每字마다 形 · 音 · 義의 三要素를 갖춘 독립된 단음절 문자로서 모두 정사각형 속에 배치될 수 있는 이른바 方塊字의 형태를 갖추고 있음이 漢字의 특징이라고 말할 수 있다.

그러므로 표음문자의 字形 학습이 단순한 데 비하여, 漢字의 자형 학습은 매우 복잡하고도 어렵다. 그러나 漢字를 익히는 데 있어서 매우 중요한 위치를 차지한다. 또한 字劃이 다양하여 그 筆順이 맞지 않으면, 速筆을 할 수도 없고, 字樣의 미적인 모습도 잃게 된다.

따라서 漢字를 쓸 때는 붓글씨가 아니더라도 每字마다 필순이 올바르도록 기본적인 필법을 알아두면, 자획이 자연스러워 빨리 쓸 수도 있고, 글자의 모양도 아름답게 쓸 수 있다.

漢字의 필순은 크게 나누면 二大原則이 있다.

1. 위[上部]로부터 아래[下部]로.
2. 왼쪽[左側]으로부터 오른쪽[右側]으로.

그러나 실제로 漢字를 써 보면, 筆順의 先後가 아리송한 경우가 있기 때문에 좀더 具體的으로 分類하면 다음과 같다.

1. 가로[橫劃]를 먼저 쓴다.

가로획과 세로획이 교차될 때 가로획을 먼저 쓴다.

例 : 十, 干, 大, 木, 吉

2. 가운데[中劃]를 먼저 쓴다.

左, 右, 中으로 三分된 字形으로서 左, 右가 거의 同形일 때는 가운데 획을 먼저 쓴다.

例 : 小, 山, 水, 永, 赤, 承, 率

3. 바깥[外劃]을 먼저 쓴다.

字劃이 內, 外로 되었을 때는 바깥 획을 먼저 쓴다.

例 : 火, 向, 司, 同, 風, 間

4. 세로[縱劃]를 나중에 쓴다.

中央을 뚫는 획의 字形은 세로 획을 가장 나중에 쓴다.

例 : 中, 平, 串, 車

5. 삐침[ノ]을 먼저 쓴다.

삐침(ノ)과 파임(㇏)이 교차될 때는 삐침을 먼저 쓴다

例 : 人, 文, 天, 交

6. 가로[橫劃]를 나중에 쓴다.

가로획이 글자의 전체를 가로지를 때는 가로획을 가장 나중에 쓴다.

例 : 女, 子, 冊, 舟

7. 밑[底劃]을 나중에 쓴다.

둘레를 에운 字形은 바깥 획을 먼저 쓰되, 밑 획은 가장 나중에 쓴다.

例 : 回, 困, 圓, 國

8. 세로[縱劃]를 먼저 쓴다.

가로획과 세로 획이 접해 있을 때는 세로 획을 먼저 쓴다.

例 : 長, 馬, 田, 間, 貝, 月

2. 類義 結合字

嘉慶 : 嘉(아름다울 가) 慶(경사 경)
街衢 : 街(거리 가) 衢(네거리 구)
可能 : 可(가할 가) 能(능할 능)
家屋 : 家(집 가) 屋(집 옥)
歌謠 : 歌(노래 가) 謠(노래 요)
家宅 : 家(집 가) 宅(집 택)
覺悟 : 覺(깨달을 각) 悟(깨달을 오)
間隔 : 間(사이 간) 隔(사이뜰 격)
監視 : 監(볼 감) 視(볼 시)
江河 : 江(강 강) 河(물 하)
巨大 : 巨(클 거) 大(큰 대)
居住 : 居(있을 거) 住(살 주)
健康 : 健(튼튼할 건) 康(편안할 강)
揭揚 : 揭(들 게) 揚(오를 양)
堅固 : 堅(굳을 견) 固(굳을 고)
牽引 : 牽(끌 견) 引(끌 인)
境界 : 境(지경 경) 界(지경 계)
競爭 : 競(겨룰 경) 爭(다툴 쟁)
階層 : 階(섬돌 계) 層(층 층)
孤獨 : 孤(외로울 고) 獨(홀로 독)
考慮 : 考(생각할 고) 慮(생각할 려)
告白 : 告(알릴 고) 白(아뢰다 백)
雇傭 : 雇(품살 고) 傭(품팔이 용)
苦痛 : 苦(쓸 고) 痛(아플 통)
攻擊 : 攻(칠 공) 擊(부딪칠 격)
恭敬 : 恭(공손할 공) 敬(공경할 경)
恐怖 : 恐(두려울 공) 怖(두려워할 포)
空虛 : 空(빌 공) 虛(빌 허)
貢獻 : 貢(바칠 공) 獻(바칠 헌)
過去 : 過(지날 과) 去(갈 거)
過失 : 過(지날 과) 失(잃을 실)
果實 : 果(실과 과) 實(열매 실)
觀察 : 觀(볼 관) 察(살필 찰)
貫徹 : 貫(꿸 관) 徹(통할 철)
貫通 : 貫(꿸 관) 通(통할 통)
光景 : 光(빛 광) 景(볕 경)
敎訓 : 敎(가르침 교) 訓(가르칠 훈)
具備 : 具(갖출 구) 備(갖출 비)
救濟 : 救(건질 구) 濟(건널 제)
群衆 : 群(무리 군) 衆(무리 중)
規則 : 規(법 규) 則(법칙 칙)
極端 : 極(다할 극) 端(바를 단)

根本 : 根(뿌리 근) 本(근본 본)
饑饉 : 饑(주릴 기) 饉(흉년들 근)
記錄 : 記(기록할 기) 錄(기록할 록)
基本 : 基(터 기) 本(밑 본)
技術 : 技(재주 기) 術(꾀 술)
飢餓 : 飢(주릴 기) 餓(주릴 아)
技藝 : 技(재주 기) 藝(심을 예)
段階 : 段(구분 단) 階(섬돌 계)
單獨 : 單(홑 단) 獨(홀로 독)
斷絕 : 斷(끊을 단) 絕(끊을 절)
但只 : 但(다만 단) 只(다만 지)
談論 : 談(말씀 담) 論(말할 론)
談話 : 談(말씀 담) 話(말씀 화)
到達 : 到(이를 도) 達(통달할 달)
徒黨 : 徒(무리 도) 黨(무리 당)
道路 : 道(길 도) 路(길 로)
逃亡 : 逃(달아날 도) 亡(망할 망)
盜賊 : 盜(훔칠 도) 賊(도적 적)
到着 : 到(이를 도) 着(붙을 착)
逃避 : 逃(달아날 도) 避(피할 피)
圖畵 : 圖(그림 도) 畵(그림 화)
敦篤 : 敦(도타울 돈) 篤(도타울 독)
末尾 : 末(끝말) 尾(꼬리 미)
勉勵 : 勉(힘쓸 면) 勵(힘쓸 려)
滅亡 : 滅(멸망할 멸) 亡(망할 망)
命令 : 命(명령 명) 令(명령 령)
毛髮 : 毛(털 모) 髮(터럭 발)
模範 : 模(법 모) 範(법 범)

茂盛 : 茂(우거질 무) 盛(성할 성)
返還 : 返(돌아올 반) 還(돌아올 환)
凡常 : 凡(무릇 범) 常(항상 상)
法律 : 法(법 법) 律(법 률)
法式 : 法(법 법) 式(법 식)
法典 : 法(법 법) 典(법 전)
變化 : 變(변할 변) 化(될 화)
兵卒 : 兵(군사 병) 卒(군사 졸)
報告 : 報(갚을 보) 告(알릴 고)
保守 : 保(지킬 보) 守(지킬 수)
保護 : 保(지킬 보) 護(보호할 호)
附屬 : 附(붙을 부) 屬(엮을 속)
扶助 : 扶(도울 부) 助(도울 조)
副次 : 副(버금 부) 次(버금 차)
墳墓 : 墳(무덤 분) 墓(무덤 묘)
朋友 : 朋(벗 붕) 友(벗 우)
批評 : 批(칠 비) 評(품평 평)
貧窮 : 貧(가난할 빈) 窮(궁할 궁)
思想 : 思(생각할 사) 想(생각할 상)
辭說 : 辭(말씀 사) 說(말씀 설)
舍屋 : 舍(집 사) 屋(집 옥)
舍宅 : 舍(집 사) 宅(집 택)
想念 : 想(생각 상) 念(생각 념)
生産 : 生(날 생) 産(낳을 산)
生活 : 生(날 생) 活(살 활)
書册 : 書(쓸 서) 册(책 책)
釋放 : 釋(풀 석) 放(놓을 방)
善良 : 善(착할 선) 良(좋을 량{양})

選擇：選(가릴 선) 擇(가릴 택)

省察：省(살필 성) 察(살필 찰)

世代：世(대 세) 代(대신할 대)

洗濯：洗(씻을 세) 濯(씻을 탁)

素朴：素(흴 소) 朴(후박할 박)

素質：素(흴 소) 質(바탕 질)

樹木：樹(나무 수) 木(나무 목)

純潔：純(순수할 순) 潔(깨끗할 결)

崇高：崇(높을 숭) 高(높을 고)

崇尙：崇(높을 숭) 尙(오히려 상)

承繼：承(받들 승) 繼(이을 계)

施設：施(베풀 시) 設(베풀 설)

始初：始(처음 시) 初(처음 초)

試驗：試(시험할 시) 驗(증험할 험)

申告：申(알릴 신) 告(알릴 고)

身體：身(몸 신) 體(몸 체)

尋訪：尋(찾을 심) 訪(찾을 방)

心情：心(마음 심) 情(뜻 정)

兒童：兒(아이 아) 童(아이 동)

顔面：顔(얼굴 안) 面(낯 면)

眼目：眼(눈 안) 目(눈 목)

哀悼：哀(슬플 애) 悼(슬퍼할 도)

養育：養(기를 양) 育(기를 육)

言語：言(말씀 언) 語(말씀 어)

研究：研(갈 연) 究(궁구할 구)

連絡：連(잇닿을 연) 絡(헌솜 락)

年歲：年(해 년) 歲(해 세)

連續：連(잇닿을 연) 續(이을 속)

念慮：念(생각할 념) 慮(생각할 려)

永久：永(길 영) 久(오랠 구)

永遠：永(길 영) 遠(멀 원)

溫暖：溫(따뜻할 온) 暖(따뜻할 난)

完全：完(완전할 완) 全(온전할 전)

要求：要(구할 요) 求(구할 구)

憂愁：憂(근심할 우) 愁(근심할 수)

運動：運(돌 운) 動(움직일 동)

怨恨：怨(원망할 원) 恨(한할 한)

偉大：偉(훌륭할 위) 大(큰 대)

陸地：陸(뭍 륙) 地(땅 지)

隆盛：隆(클 융) 盛(성할 성)

隆昌：隆(클 융) 昌(창성할 창)

恩惠：恩(은혜 은) 惠(은혜 혜)

音聲：音(소리 음) 聲(소리 성)

議論：議(의논할 의) 論(말할 론)

衣服：衣(옷 의) 服(옷 복)

意思：意(뜻 의) 思(생각 사)

意志：意(뜻 의) 志(뜻 지)

利益：利(이로울 리) 益(더할 익)

仁慈：仁(어질 인) 慈(자상할 자)

姿態：姿(맵시 자) 態(모양 태)

財貨：財(재물 재) 貨(재물 화)

災禍：災(재앙 재) 禍(재화 화)

貯蓄：貯(쌓을 저) 蓄(쌓을 축)

戰爭：戰(싸울 전) 爭(다툴 쟁)

淨潔：淨(깨끗할 정) 潔(깨끗할 결)

停止：停(머무를 정) 止(그칠 지)

正直 : 正(바를 정) 直(곧을 직)
政治 : 政(정사 정) 治(다스릴 치)
祭祀 : 祭(제사 제) 祀(제사 사)
製作 : 製(지을 제) 作(지을 작)
製造 : 製(지을 제) 造(지을 조)
造作 : 造(지을 조) 作(지을 작)
調和 : 調(고를 조) 和(화할 화)
尊敬 : 尊(높을 존) 敬(공경할 경)
存在 : 存(있을 존) 在(있을 재)
終了 : 終(끝날 종) 了(마칠 료)
終末 : 終(끝날 종) 末(끝 말)
住居 : 住(살 주) 居(살 거)
朱紅 : 朱(붉을 주) 紅(붉을 홍)
俊傑 : 俊(준걸 준) 傑(빼어날 걸)
俊秀 : 俊(준걸 준) 秀(빼어날 수)
中央 : 中(가운데 중) 央(가운데 앙)
增加 : 增(더할 증) 加(더할 가)
憎惡 : 憎(미워할 증) 惡(미워할 오)
至極 : 至(이를 지) 極(다할 극)
知識 : 知(알 지) 識(알 식)
眞實 : 眞(참 진) 實(참 실)
進就 : 進(나아갈 진) 就(이룰 취)
讚頌 : 讚(기릴 찬) 頌(기릴 송)
參與 : 參(간여할 참) 與(줄 여)
倉庫 : 倉(곳집 창) 庫(곳집 고)
菜蔬 : 菜(나물 채) 蔬(푸성귀 소)
處所 : 處(살 처) 所(바 소)
尺度 : 尺(자 척) 度(법도 도)
淸潔 : 淸(맑을 청) 潔(깨끗할 결)
聽聞 : 聽(들을 청) 聞(들을 문)
淸淨 : 淸(맑을 청) 淨(깨끗할 정)
蓄積 : 蓄(쌓을 축) 積(쌓을 적)
充滿 : 充(찰 충) 滿(찰 만)
層階 : 層(층 층) 階(섬돌 계)
打擊 : 打(칠 타) 擊(부딪칠 격)
討伐 : 討(칠 토) 伐(칠 벌)
土地 : 土(흙 토) 地(땅 지)
退去 : 退(물러날 퇴) 去(갈 거)
鬪爭 : 鬪(싸울 투) 爭(타툴 쟁)
便安 : 便(편할 편) 安(편안할 안)
平和 : 平(평평할 평) 和(화할 화)
畢竟 : 畢(마칠 필) 竟(다할 경)
河川 : 河(강 강) 川(내 천)
寒冷 : 寒(찰 한) 冷(찰 냉)
恒常 : 恒(항상 항) 常(항상 상)
解釋 : 解(풀 해) 釋(풀 석)
海洋 : 海(바다 해) 洋(바다 양)
和睦 : 和(화할 화) 睦(화목할 목)
皇帝 : 皇(임금 황) 帝(임금 제)
希望 : 希(바랄 희) 望(바랄 망)
犧牲 : 犧(희생 희) 牲(희생 생)

3. 反意 · 對稱 結合字

可否 : 可(옳을 가)↔否(아닐 부)

强弱 : 强(강할 강)↔弱(약할 약)

剛柔 : 剛(굳셀 강)↔柔(부드러울 유)

開閉 : 開(열 개)↔閉(닫을 폐)

去來 : 去(갈 거)↔來(올 래)

輕重 : 輕(가벼울 경)↔重(무거울 중)

慶弔 : 慶(경사 경)↔弔(조상할 조)

京鄕 : 京(서울 경)↔鄕(시골 향)

高低 : 高(높을 고)↔低(낮을 저)

曲直 : 曲(굽을 곡)↔直(곧을 직)

公私 : 公(공변될 공)↔私(사사로울 사)

貴賤 : 貴(귀할 귀)↔賤(천할 천)

勤怠 : 勤(부지런할 근)↔怠(게으를 태)

吉凶 : 吉(길할 길)↔凶(흉할 흉)

難易 : 難(어려울 난)↔易(쉬울 이)

南北 : 南(남녘 남)↔北(북녘 북)

男女 : 男(사내 남)↔女(계집 녀)

老少 : 老(늙을 로)↔少(젊을 소)

多少 : 多(많을 다)↔少(적을 소)

大小 : 大(큰 대)↔小(작을 소)

同異 : 同(같을 동)↔異(다를 이)

東西 : 東(동녘 동)↔西(서녘 서)

動靜 : 動(움직일 동)↔靜(고요할 정)

得失 : 得(얻을 득)↔失(잃을 실)

賣買 : 賣(팔 매)↔買(살 매)

文武 : 文(글월 문)↔武(무사 무)

問答 : 問(물을 문)↔答(답할 답)

美醜 : 美(아름다울 미)↔醜(추할 추)

浮沈 : 浮(뜰 부)↔沈(잠길 침)

父母 : 父(아버지 부)↔母(어머니 모)

夫婦 : 夫(남편 부)↔婦(아내 부)

貧富 : 貧(가난할 빈)↔富(넉넉할 부)

師弟 : 師(스승 사)↔弟(제자 제)

賞罰 : 賞(상줄 상)↔罰(벌 벌)

上下 : 上(위 상)↔下(아래 하)

生死 : 生(날 생)↔死(죽을 사)

善惡 : 善(착할 선)↔惡(악할 악)

盛衰 : 盛(성할 성)↔衰(쇠할 쇠)

損益 : 損(덜 손)↔益(더할 익)

首尾 : 首(머리 수)↔尾(꼬리 미)

授受 : 授(줄 수)↔受(받을 수)

昇降 : 昇(오를 승)↔降(내릴 강)

勝敗 : 勝(이길 승)↔敗(패할 패)

新舊 : 新(새 신)↔舊(옛 구)

愛憎 : 愛(사랑 애)↔憎(미워할 증)

優劣 : 優(뛰어날 우)↔劣(못날 렬)

陰陽 : 陰(그늘 음)↔陽(볕 양)

利害 : 利(이로울 리)↔害(해칠 해)

因果 : 因(까닭 인)↔果(결과 과)

姊妹 : 姊(누이 자)↔妹(아랫누이 매)

子女 : 子(아들 자)↔女(계집 녀{여})

雌雄 : 雌(암컷 자)↔雄(수컷 웅)

自他 : 自(자기 자)↔他(다를 타)

長短 : 長(길 장)↔短(짧을 단)

長幼 : 長(어른 장)↔幼(어릴 유)

將卒 : 將(장수 장)↔卒(졸병 졸)

朝夕 : 朝(아침 조)↔夕(저녁 석)

尊卑 : 尊(높을 존)↔卑(낮을 비)

縱橫 : 縱(세로 종)↔橫(가로 횡)

左右 : 左(왼 좌)↔右(오른쪽 우)

衆寡 : 衆(많을 중)↔寡(적을 과)

進退 : 進(나아갈 진)↔退(물러날 퇴)

眞僞 : 眞(참 진)↔僞(거짓 위)

集散 : 集(모을 집)↔散(흩을 산)

添削 : 添(더할 첨)↔削(깍을 삭)

淸濁 : 淸(맑을 청)↔濁(흐릴 탁)

取捨 : 取(취할 취)↔捨(버릴 사)

豊凶 : 豊(풍성할 풍)↔凶(흉년들 흉)

彼此 : 彼(저 피)↔此(이 차)

寒暑 : 寒(찰 한)↔暑(더울 서)

虛實 : 虛(빌 허)↔實(찰 실)

好惡 : 好(좋을 호)↔惡(미워할 오)

禍福 : 禍(재앙 화)↔福(복 복)

興亡 : 興(일어날 흥)↔亡(망할 망)

喜悲 : 喜(기쁠 희)↔悲(슬플 비)

4. 反對의 뜻을 가진 漢字

漢字에는 체계적으로 갖추어진 反對語가 많이 있으나, 실제로 사용하려면 금방 생각나지 않아 고민할 때가 있다. 평상시 익혀두면 도움이 되겠기에 중요한 것들을 뽑아 놓았다.

可決(가결) : 否決(부결)
架空(가공) : 實際(실제)
可變數(가변수) : 不變數(불변수)
假分數(가분수) : 眞分數(진분수)
加算(가산) : 減算(감산)
假象(가상) : 實在(실재)
加熱(가열) : 冷却(냉각)
加入(가입) : 脫退(탈퇴)
各論(각론) : 總論(총론)
却下(각하) : 接受(접수)
簡單(간단) : 複雜(복잡)
簡略(간략) : 複雜(복잡)
干涉(간섭) : 放任(방임)
奸臣(간신) : 忠臣(충신)
間接(간접) : 直接(직접)
干潮(간조) : 滿潮(만조)
間歇(간헐) : 綿延(면연)
感覺的(감각적) : 觀念的(관념적)
減俸(감봉) : 加俸(가봉)
減産(감산) : 增産(증산)
感傷的(감상적) : 理性的(이성적)
減少(감소) : 增加(증가)
減速(감속) : 加速(가속)
感情(감정) : 理性(이성)
强姦(강간) : 和姦(화간)
剛健(강건) : 柔弱(유약)
剛健體(강건체) : 優柔體(우유체)
强硬(강경) : 柔和(유화)
强硬派(강경파) : 穩健派(온건파)
强骨(강골) : 弱質(약질)
强大國(강대국) : 弱小國(약소국)
降等(강등) : 昇進(승진)
强制(강제) : 自意(자의)
强直(강직) : 狡猾(교활)
改嫁(개가) : 守節(수절)
開放(개방) : 閉鎖(폐쇄)
個別(개별) : 全體(전체)
改善(개선) : 改惡(개악)

個體變異(개체변이) : 遺傳變異(유전변이)
改革(개혁) : 保守(보수)
客觀式(객관식) : 主觀式(주관식)
客體(객체) : 主體(주체)
巨大(거대) : 微少(미소)
倨慢(거만) : 謙遜(겸손)
巨富(거부) : 極貧(극빈)
拒否(거부) : 容納(용납)
巨視的(거시적) : 微視的(미시적)
拒逆(거역) : 順從(순종)
拒絕(거절) : 承諾(승낙)
拒絕(거절) : 應諾(응낙)
健康(건강) : 虛弱(허약)
建設(건설) : 破壞(파괴)
乾性(건성) : 濕性(습성)
健實(건실) : 不實(부실)
健全(건전) : 頹廢(퇴폐)
乾燥(건조) : 濕潤(습윤)
傑作(걸작) : 拙作(졸작)
儉素(검소) : 奢侈(사치)
儉約(검약) : 浪費(낭비)
堅固(견고) : 軟弱(연약)
結末(결말) : 發端(발단)
潔白(결백) : 不正(부정)
決算(결산) : 豫算(예산)
結束(결속) : 分散(분산)
缺損(결손) : 利益(이익)
決勝戰(결승전) : 豫選戰(예선전)
缺如(결여) : 充分(충분)
缺點(결점) : 長點(장점)
決定(결정) : 未定(미정)
缺乏(결핍) : 充分(충분)
缺乏(결핍) : 豊富(풍부)
結合(결합) : 分離(분리)
結婚(결혼) : 離婚(이혼)
謙遜(겸손) : 傲慢(오만)
輕減(경감) : 加重(가중)
硬骨(경골) : 軟骨(연골)
經度(경도) : 緯度(위도)
輕蔑(경멸) : 尊敬(존경)
輕薄(경박) : 愼重(신중)
慶事(경사) : 凶事(흉사)
輕傷(경상) : 重傷(중상)
輕率(경솔) : 愼重(신중)
輕視(경시) : 重視(중시)
競爭(경쟁) : 獨占(독점)
硬直(경직) : 柔軟(유연)
經驗論(경험론) : 理性論(이성론)
經驗主義(경험주의) : 合理主義(합리주의)
繼承(계승) : 斷絕(단절)
枯渴(고갈) : 解渴(해갈)
高潔(고결) : 低俗(저속)
高官(고관) : 末職(말직)
苦惱(고뇌) : 法悅(법열)
高踏的(고답적) : 世俗的(세속적)
高尙(고상) : 淺薄(천박)
高雅(고아) : 卑俗(비속)
故意(고의) : 過失(과실)
故意的(고의적) : 偶發的(우발적)
固定(고정) : 流動(유동)

固定票(고정표) : 浮動票(부동표)
高調(고조) : 低調(저조)
苦痛(고통) : 快樂(쾌락)
故鄕(고향) : 客地(객지)
曲線(곡선) : 直線(직선)
曲筆(곡필) : 直筆(직필)
曲解(곡해) : 理解(이해)
困窮(곤궁) : 富裕(부유)
困難(곤난) : 順調(순조)
困難(곤난) : 容易(용이)
空間(공간) : 時間(시간)
公開(공개) : 隱匿(은닉)
供給(공급) : 需要(수요)
共同(공동) : 單獨(단독)
共鳴(공명) : 反駁(반박)
公倍數(공배수) : 公約數(공약수)
空想(공상) : 現實(현실)
公用(공용) : 私用(사용)
公益(공익) : 私利(사리)
公的(공적) : 私的(사적)
公海(공해) : 領海(영해)
空虛(공허) : 充實(충실)
過去(과거) : 未來(미래)
過激(과격) : 穩健(온건)
寡默(과묵) : 饒舌(요설)
過失犯(과실범) : 故意犯(고의범)
寡作(과작) : 多作(다작)
觀念論(관념론) : 唯物論(유물론)
觀念的(관념적) : 實踐的(실천적)
灌木(관목) : 喬木(교목)

官尊(관존) : 民卑(민비)
恝待(괄대) : 厚待(후대)
恝視(괄시) : 厚待(후대)
光明(광명) : 暗黑(암흑)
廣義(광의) : 狹義(협의)
廣闊(광활) : 狹小(협소)
交流(교류) : 直流(직류)
驕慢(교만) : 謙遜(겸손)
巧妙(교묘) : 拙劣(졸렬)
狡猾(교활) : 正直(정직)
舊面(구면) : 初面(초면)
驅迫(구박) : 恭敬(공경)
區別(구별) : 混同(혼동)
具備(구비) : 不備(불비)
拘束(구속) : 釋放(석방)
求心(구심) : 遠心(원심)
口語體(구어체) : 文語體(문어체)
購入(구입) : 販賣(판매)
具體(구체) : 抽象(추상)
舊派(구파) : 新派(신파)
國內(국내) : 國外(국외)
局地戰(국지전) : 全面戰(전면전)
君子(군자) : 小人(소인)
屈服(굴복) : 抵抗(저항)
屈辱(굴욕) : 雪辱(설욕)
掘鑿(굴착) : 埋立(매립)
權利(권리) : 義務(의무)
歸納(귀납) : 演繹(연역)
勤勉(근면) : 懶怠(나태)
僅少(근소) : 過多(과다)

急性(급성) : 慢性(만성)
急行(급행) : 緩行(완행)
肯定(긍정) : 否定(부정)
既決(기결) : 未決(미결)
奇拔(기발) : 平凡(평범)
飢餓(기아) : 飽食(포식)
氣化(기화) : 液化(액화)
緊密(긴밀) : 疏遠(소원)
緊張(긴장) : 弛緩(이완)
吉兆(길조) : 凶兆(흉조)
懦弱(나약) : 健壯(건장)
樂觀(낙관) : 悲觀(비관)
落成(낙성) : 起工(기공)
落第(낙제) : 及第(급제)
樂天(낙천) : 厭世(염세)
暖流(난류) : 寒流(한류)
煖房(난방) : 冷房(냉방)
濫讀(남독) : 精讀(정독)
濫用(남용) : 節約(절약)
朗讀(낭독) : 默讀(묵독)
來生(내생) : 前生(전생)
內容(내용) : 形式(형식)
內包(내포) : 外延(외연)
老鍊(노련) : 未熟(미숙)
濃厚(농후) : 稀薄(희박)
訥辯(눌변) : 達辯(달변)
能動(능동) : 被動(피동)
能爛(능란) : 未熟(미숙)
凌蔑(능멸) : 崇仰(숭앙)
多角貿易(다각무역) : 雙務貿易(쌍무무역)

多元(다원) : 一元(일원)
單純(단순) : 複雜(복잡)
單式(단식) : 複式(복식)
單一(단일) : 複合(복합)
短縮(단축) : 延長(연장)
達辯(달변) : 訥辯(눌변)
當選(당선) : 落選(낙선)
唐慌(당황) : 沈着(침착)
唐慌(당황) : 泰然(태연)
貸邊(대변) : 借邊(차변)
大乘(대승) : 小乘(소승)
對話(대화) : 獨白(독백)
都心(도심) : 郊外(교외)
獨創(독창) : 模倣(모방)
動機(동기) : 結果(결과)
冬眠(동면) : 夏眠(하면)
同情(동정) : 憎惡(증오)
杜絕(두절) : 連絡(연락)
得勢(득세) : 失權(실권)
謄本(등본) : 抄本(초본)
漠然(막연) : 確然(확연)
晩生種(만생종) : 早生種(조생종)
慢性(만성) : 急性(급성)
忘却(망각) : 記憶(기억)
賣却(매각) : 買入(매입)
埋沒(매몰) : 發掘(발굴)
埋設(매설) : 發掘(발굴)
免職(면직) : 任用(임용)
滅亡(멸망) : 興起(흥기)
蔑視(멸시) : 尊敬(존경)

名譽(명예) : 恥辱(치욕)
模倣(모방) : 創案(창안)
母音(모음) : 子音(자음)
模糊(모호) : 分明(분명)
無機質(무기질) : 有機質(유기질)
無能(무능) : 有能(유능)
無形(무형) : 有形(유형)
文明(문명) : 野蠻(야만)
文語(문어) : 口語(구어)
文語體(문어체) : 口語體(구어체)
問題視(문제시) : 度外視(도외시)
文化(문화) : 自然(자연)
物質(물질) : 精神(정신)
微官末職(미관말직) : 高官大爵(고관대작)
未備(미비) : 完備(완비)
未成(미성) : 旣成(기성)
未熟(미숙) : 成熟(성숙)
美食(미식) : 惡食(악식)
微震(미진) : 强震(강진)
微賤(미천) : 高貴(고귀)
未洽(미흡) : 洽足(흡족)
敏感(민감) : 鈍感(둔감)
敏捷(민첩) : 愚鈍(우둔)
密接(밀접) : 疏遠(소원)
密集(밀집) : 散在(산재)
密閉(밀폐) : 開封(개봉)
薄德(박덕) : 厚德(후덕)
反對(반대) : 贊成(찬성)
反目(반목) : 和睦(화목)
反抗(반항) : 服從(복종)
發達(발달) : 退步(퇴보)
潑剌(발랄) : 萎縮(위축)
跋文(발문) : 序文(서문)
發散(발산) : 收斂(수렴)
發送(발송) : 受取(수취)
發信(발신) : 受信(수신)
尨大(방대) : 微小(미소)
防備(방비) : 攻擊(공격)
放心(방심) : 操心(조심)
防禦(방어) : 攻擊(공격)
放任(방임) : 拘束(구속)
放出(방출) : 吸收(흡수)
放蕩兒(방탕아) : 模範生(모범생)
排水(배수) : 給水(급수)
倍數(배수) : 約數(약수)
背信(배신) : 報答(보답)
背恩(배은) : 報恩(보은)
排出(배출) : 吸收(흡수)
白髮(백발) : 紅顔(홍안)
白晝(백주) : 深夜(심야)
白血球(백혈구) : 赤血球(적혈구)
繁盛(번성) : 衰退(쇠퇴)
繁榮(번영) : 沒落(몰락)
繁榮(번영) : 衰退(쇠퇴)
凡常(범상) : 特異(특이)
汎神論(범신론) : 理神論(이신론)
別居(별거) : 同居(동거)
別館(별관) : 本館(본관)
病弱(병약) : 健康(건강)
保守(보수) : 革新(혁신)

普遍(보편) : 特殊(특수)
複雜(복잡) : 單純(단순)
本業(본업) : 副業(부업)
富貴(부귀) : 貧賤(빈천)
不實(부실) : 充實(충실)
敷衍(부연) : 省略(생략)
富裕(부유) : 貧窮(빈궁)
否認(부인) : 是認(시인)
否定(부정) : 肯定(긍정)
分擔(분담) : 全擔(전담)
分離(분리) : 統合(통합)
分析(분석) : 綜合(종합)
紛爭(분쟁) : 和解(화해)
不運(불운) : 幸運(행운)
卑怯(비겁) : 勇敢(용감)
悲劇(비극) : 喜劇(희극)
卑近(비근) : 深遠(심원)
非番(비번) : 當番(당번)
非凡(비범) : 平凡(평범)
悲哀(비애) : 歡喜(환희)
卑語(비어) : 敬語(경어)
悲運(비운) : 幸運(행운)
卑稱(비칭) : 尊稱(존칭)
貧農(빈농) : 富農(부농)
氷點(빙점) : 沸騰點(비등점)
奢侈(사치) : 儉素(검소)
死後(사후) : 生前(생전)
削減(삭감) : 添加(첨가)
散文(산문) : 韻文(운문)
酸化(산화) : 還元(환원)
殺害(살해) : 被殺(피살)
相剋(상극) : 相生(상생)
常例(상례) : 特例(특례)
詳述(상술) : 略述(약술)
喪失(상실) : 獲得(획득)
生家(생가) : 養家(양가)
生食(생식) : 火食(화식)
生花(생화) : 造花(조화)
碩學(석학) : 薄學(박학)
先輩(선배) : 後輩(후배)
善意(선의) : 惡意(악의)
先天(선천) : 後天(후천)
成功(성공) : 失敗(실패)
成熟(성숙) : 未熟(미숙)
所得(소득) : 損失(손실)
騷亂(소란) : 靜肅(정숙)
消費(소비) : 生産(생산)
疏遠(소원) : 親近(친근)
衰退(쇠퇴) : 隆盛(융성)
守備(수비) : 攻擊(공격)
守勢(수세) : 攻勢(공세)
需要(수요) : 供給(공급)
淑女(숙녀) : 紳士(신사)
熟達(숙달) : 未熟(미숙)
純粹(순수) : 不純(불순)
順坦(순탄) : 險難(험난)
勝利(승리) : 敗北(패배)
愼重(신중) : 輕率(경솔)
實質(실질) : 形式(형식)
安全(안전) : 危險(위험)

暗誦(암송) : 朗讀(낭독)
暗示(암시) : 明示(명시)
曖昧(애매) : 明瞭(명료)
愛護(애호) : 虐待(학대)
語幹(어간) : 語尾(어미)
逆境(역경) : 順坦(순탄)
連續(연속) : 斷絕(단절)
連敗(연패) : 連勝(연승)
永劫(영겁) : 刹那(찰나)
榮轉(영전) : 左遷(좌천)
靈魂(영혼) : 肉身(육신)
銳敏(예민) : 愚鈍(우둔)
誤報(오보) : 眞相(진상)
愚鈍(우둔) : 聰明(총명)
愚昧(우매) : 賢明(현명)
優勢(우세) : 劣勢(열세)
偶然(우연) : 必然(필연)
憂鬱(우울) : 明朗(명랑)
優越(우월) : 劣等(열등)
原告(원고) : 被告(피고)
原因(원인) : 結果(결과)
原型(원형) : 模型(모형)
遊星(유성) : 恒星(항성)
輪廓(윤곽) : 核心(핵심)
恩惠(은혜) : 怨恨(원한)
陰氣(음기) : 陽氣(양기)
陰地(음지) : 陽地(양지)
義務(의무) : 權利(권리)
依他(의타) : 自立(자립)
異端(이단) : 正統(정통)

裏面(이면) : 表面(표면)
理想(이상) : 現實(현실)
利益(이익) : 損失(손실)
人爲(인위) : 自然(자연)
立體(입체) : 平面(평면)
入港(입항) : 出港(출항)
自動(자동) : 手動(수동)
自律(자율) : 他律(타율)
自問(자문) : 自答(자답)
自意(자의) : 他意(타의)
子正(자정) : 正午(정오)
長點(장점) : 短點(단점)
長篇(장편) : 短篇(단편)
低俗(저속) : 高尙(고상)
詛呪(저주) : 祝福(축복)
敵軍(적군) : 我軍(아군)
積極(적극) : 消極(소극)
敵對(적대) : 友好(우호)
嫡子(적자) : 庶子(서자)
赤字(적자) : 黑字(흑자)
前進(전진) : 後退(후퇴)
傳統(전통) : 革新(혁신)
絕對(절대) : 相對(상대)
絕望(절망) : 希望(희망)
漸進(점진) : 急進(급진)
正當(정당) : 不當(부당)
整頓(정돈) : 亂雜(난잡)
精密(정밀) : 粗雜(조잡)
正常(정상) : 異常(이상)
靜肅(정숙) : 騷亂(소란)

正午(정오) : 子正(자정)
定着(정착) : 漂流(표류)
弔客(조객) : 賀客(하객)
拙作(졸작) : 傑作(걸작)
縱斷(종단) : 橫斷(횡단)
主觀(주관) : 客觀(객관)
增進(증진) : 減退(감퇴)
知識(지식) : 無識(무식)
直系(직계) : 傍系(방계)
直接(직접) : 間接(간접)
眞實(진실) : 虛僞(허위)
秩序(질서) : 混亂(혼란)
質疑(질의) : 應答(응답)
集合(집합) : 解散(해산)
斬新(참신) : 陳腐(진부)
創造(창조) : 模倣(모방)
賤待(천대) : 優待(우대)
初聲(초성) : 終聲(종성)
縮小(축소) : 擴大(확대)
稚拙(치졸) : 洗練(세련)
快樂(쾌락) : 苦痛(고통)
快勝(쾌승) : 惜敗(석패)
妥當(타당) : 不當(부당)
濁音(탁음) : 淸音(청음)
暴露(폭로) : 隱蔽(은폐)
豊饒(풍요) : 貧困(빈곤)
合理(합리) : 矛盾(모순)
合法(합법) : 違法(위법)
幸福(행복) : 不幸(불행)
許多(허다) : 稀少(희소)
現役(현역) : 退役(퇴역)
狹義(협의) : 廣義(광의)
兄夫(형부) : 弟夫(제부)
好轉(호전) : 逆轉(역전)
好評(호평) : 惡評(악평)
好況(호황) : 不況(불황)
擴大(확대) : 縮小(축소)
荒野(황야) : 沃土(옥토)
厚待(후대) : 薄待(박대)
興亡(흥망) : 盛衰(성쇠)
興奮(흥분) : 鎭靜(진정)
稀貴(희귀) : 許多(허다)
希望(희망) : 絕望(절망)

5. 잘못읽기 쉬운 漢字語

ㄱ

街衢(가구)
家眷(가권)
可矜(가긍)
可憐(가련)
恪別(각별)
艱難(간난)
諫言(간언)
看做(간주)
諫擇(간택)
姦慝(간특)
間歇(간헐)
堪當(감당)
減殺(감쇄)
降雨(강우)
降下(강하)
槪括(개괄)
凱旋(개선)
改悛(개전)
開拓(개척)
坑道(갱도)
更生(갱생)
醵出(갹출)
乾坤(건곤)
乾柿(건시)
怯懦(겁나)
劫奪(겁탈)
揭示(게시)
隔阻(격조)
譴責(견책)
決潰(결궤)
箝制(겸제)
耿耿(경경)
輕率(경솔)
更張(경장)
更迭(경질)
驚蟄(경칩)
謦欬(경해)
股肱(고굉)
蠱惑(고혹)
膏肓(고황)
骨骼(골격)
滑稽(골계)
汨沒(골몰)
誇張(과장)
款待(관대)
官衙(관아)
刮目(괄목)
括弧(괄호)
匡救(광구)
掛冠(괘관)
掛念(괘념)
傀儡(괴뢰)
魁首(괴수)
乖候(괴후)
攪亂(교란)
敎唆(교사)
膠着(교착)
翹楚(교초)
交驩(교환)
狡猾(교활)
口腔(구강)
構內(구내)
句讀(구두)
丘陵(구릉)
拘碍(구애)
句節(귀절)
媾和(구화)
救恤(구휼)
詭辯(궤변)
規矩(규구)
龜裂(균열)
均霑(균점)
近況(근황)
契丹(글안)
亘古(긍고)
兢兢(긍긍)
矜持(긍지)
羈絆(기반)
旗幟(기치)
忌憚(기탄)
嗜好(기호)
忌諱(기휘)

喫緊(끽긴)
喫煙(끽연)

ㄴ

懶農(나농)
糯稻(나도)
癩病(나병)
懦弱(나약)
裸體(나체)
懶怠(나태)
喇叭(나발)
拿捕(나포)
烙印(낙인)
難澁(난삽)
捺印(날인)
捏造(날조)
拉致(납치)
狼藉(낭자)
內人(나인)
內訌(내홍)
鹵簿(노부)
鹿茸(녹용)
鹿皮(녹비)
磊落(뇌락)
賂物(뇌물)
漏泄(누설)
訥辯(눌변)

ㄷ

茶毘(다비)
端揆(단규)
團欒(단란)
簞食(단사)
端倪(단예)
短縮(단축)
答狀(답장)
遝至(답지)
撞球(당구)
倘來(당래)
撞着(당착)
對峙(대치)
刀圭(도규)
荼毒(도독)
島嶼(도서)
蹈襲(도습)
陶冶(도야)
淘汰(도태)
禿山(독산)
瀆職(독직)
動悸(동계)
冬瓜(동아)
杜撰(두찬)
遁走(둔주)
登攀(등반)

ㅁ

摩擦(마찰)
滿腔(만강)
媒介(매개)
罵倒(매도)
魅力(매력)
煤煙(매연)
邁進(매진)
驀進(맥진)
萌芽(맹아)
明晳(명석)
明澄(명징)
牡丹(모란)
矛盾(모순)
冒險(모험)
木瓜(모과)
木柵(목책)
木鐸(목탁)
毋論(무론)
無碍(무애)
拇印(무인)
紊亂(문란)
未洽(미흡)

ㅂ

搏動(박동)
撲滅(박멸)
剝奪(박탈)
攀緣(반연)
半截(반절)
反芻(반추)
頒布(반포)
潑剌(발랄)
勃發(발발)
拔萃(발췌)
跋扈(발호)
尨大(방대)
幇助(방조)
排泄(배설)
拜謁(배알)
胚胎(배태)
白魚(뱅어)
白川(배천)
範疇(범주)
僻地(벽지)
變更(변경)
便秘(변비)
倂呑(병탄)
報酬(보수)
復習(복습)
敷衍(부연)
赴任(부임)
不定(부정)
否定(부정)

復活(부활)
分揀(분간)
分析(분석)
粉碎(분쇄)
不朽(불후)
沸騰(비등)
飛翔(비상)
匕首(비수)
顰蹙(빈축)
憑藉(빙자)

ㅅ

蛇蝎(사갈)
詐欺(사기)
查頓(사돈)
思索(사색)
些少(사소)
使嗾(사주)
奢侈(사치)
邪慝(사특)
索寞(삭막)
數數(삭삭)
索然(삭연)
撒水(살수)
撒布(살포)
三更(삼경)
三昧(삼매)
參商(삼상)
芟除(삼제)
滲透(삼투)
颯颯(삽삽)
相殺(상쇄)
上浣(상완)
賞狀(상장)
上梓(상재)
狀態(상태)
翔破(상파)
賞牌(상패)
上澣(상한)
索引(색인)
塞責(색책)
省略(생략)
逝去(서거)
棲息(서식)
庶孼(서얼)
羨望(선망)
單于(선우)
泄瀉(설사)
閃光(섬광)
贍富(섬부)
星宿(성수)
洗滌(세척)
洗濯(세탁)
遡及(소급)
塑像(소상)
甦生(소생)
瀟灑(소쇄)
騷擾(소요)
蕭條(소조)
贖罪(속죄)
悚懼(송구)
殺到(쇄도)
灑掃(쇄소)
刷新(쇄신)
收斂(수렴)
受賂(수뢰)
戍樓(수루)
竪說(수설)
袖手(수수)
收拾(수습)
粹然(수연)
晬宴(수연)
輸入(수입)
酬酌(수작)
蒐集(수집)
收穫(수확)
受賄(수회)
宿痾(숙아)
戌時(술시)
猜忌(시기)
示唆(시사)
匙箸(시저)
柴炭(시탄)
十方(시방)
十月(시월)
諡號(시호)

ㅇ

雅澹(아담)
阿諂(아첨)
惡辣(악랄)
惡罵(악매)
齷齪(악착)
惡寒(오한)
安穩(안온)
軋轢(알력)
斡旋(알선)
謁見(알현)
哀悼(애도)
隘路(애로)
曖昧(애매)
藹藹(애애)
縊死(액사)
惹起(야기)
惹鬧(야료)
掠奪(약탈)
良辰(양신)
語彙(어휘)

奄奄(엄엄)
掩蔽(엄폐)
濾過(여과)
轢死(역사)
役割(역할)
連袂(연메)
憐憫(연민)
軟化(연화)
涅槃(열반)
殮襲(염습)
恬然(염연)
永劫(영겁)
穎敏(영민)
領袖(영수)
囹圄(영어)
醴泉(예천)
誤謬(오류)
嗚咽(오열)
嗚呼(오호)
兀然(올연)
訛傳(와전)
渦中(와중)
歪曲(왜곡)
猥濫(외람)
猥褻(외설)
邀擊(요격)
擾亂(요란)

妖邪(요사)
樂山(요산)
要塞(요새)
樂水(요수)
窯業(요업)
窈窕(요조)
凹凸(요철)
聳立(용립)
冗費(용비)
容喙(용훼)
愚氓(우맹)
雨雹(우박)
優渥(우악)
郁氛(욱분)
圓滑(원활)
熨斗(울두)
威嚇(위하)
誘拐(유괴)
蹂躪(유린)
遊說(유세)
流暢(유창)
戮力(육력)
六月(유월)
隱匿(은닉)
隱遁(은둔)
隱諱(은휘)
吟味(음미)

凝集(응집)
懿德(의덕)
倚勢(의세)
義捐(의연)
吏讀(이두)
移徙(이사)
已往(이왕)
頤指(이지)
匿名(익명)
溺死(익사)
湮滅(인멸)
咽喉(인후)
一切(일체)
荏苒(임염)
剩餘(잉여)
孕胎(잉태)

ㅈ

刺客(자객)
刺戟(자극)
自暴(자포)
綽綽(작작)
箴言(잠언)
暫定(잠정)
長逝(장서)
將帥(장수)
這間(저간)

狙擊(저격)
沮喪(저상)
詛呪(저주)
沮止(저지)
傳播(전파)
全幅(전폭)
點睛(점정)
接吻(접문)
淨潔(정결)
正鵠(정곡)
淨化(정화)
稠密(조밀)
造詣(조예)
措置(조치)
拙劣(졸렬)
慫慂(종용)
籌備(주비)
鑄字(주자)
駐箚(주차)
酒肴(주효)
蠢動(준동)
遵守(준수)
憎惡(증오)
知悉(지실)
盡悴(진췌)
桎梏(질곡)
叱責(질책)

跌宕(질탕)
嫉妬(질투)
斟酌(짐작)
什物(집물)

ㅊ

執拗(집요)
箚記(차기)
茶禮(차례)
遮掩(차엄)
茶鍾(차종)
差池(치지)
鑿巖(착암)
窄油(착유)
慙愧(참괴)
僭濫(참람)
讒訴(참소)
嶄新(참신)
參詣(참예)
僭越(참월)
參差(참치)
僭稱(참칭)
懺悔(참회)
暢達(창달)
悵然(창연)
漲溢(창일)
磔刑(책형)
剔抉(척결)
擲柶(척사)
刺殺(척살)
擅斷(천단)
闡明(천명)
喘息(천식)
穿鑿(천착)
天秤(천칭)
鐵柵(철책)
鐵槌(철퇴)
諦念(체념)
掣肘(철주)
抄本(초본)
憔悴(초췌)
數罟(촉고)
促成(촉성)
忖度(촌탁)
寵愛(총애)
撮影(촬영)
推戴(추대)
麤率(추솔)
秋毫(추호)
縮刷(축쇄)
沖天(충천)
贅言(췌언)
嗤笑(치소)
痴情(치정)
沈默(침묵)
砧石(침석)
鍼術(침술)
沈吟(침음)
沈滯(침체)
蟄居(칩거)
秤錘(칭추)

ㅌ

唾具(타구)
惰氣(타기)
楕圓(타원)
卓犖(탁락)
托鉢(탁발)
度支(탁지)
綻露(탄로)
彈劾(탄핵)
耽讀(탐독)
宕巾(탕건)
撐柱(탱주)
攄得(터득)
慟哭(통곡)
洞察(통찰)
洞燭(통촉)
通曉(통효)
妬忌(투기)
偸盜(투도)
透明(투명)
偸安(투안)
投擲(투척)
推敲(퇴고)
闖發(틈발)
闖入(틈입)
派遣(파견)

ㅍ

罷業(파업)
破綻(파탄)
辦理(판리)
悖戾(패려)
敗北(패배)
稗史(패사)
稗說(패설)
悖說(패설)
沛然(패연)
澎湃(팽배)
膨脹(팽창)
貶論(폄론)
平坦(평탄)
閉塞(폐색)
閉鎖(폐쇄)
嬖臣(폐신)
廢蟄(폐칩)
抛棄(포기)

褒賞(포상)
布施(보시)
哺乳(포유)
捕捉(포착)
褒貶(포폄)
暴言(폭언)
幅圓(폭원)
輻輳(폭주)
標識(표지)
風靡(풍미)

ㅎ

逼迫(핍박)
夏繭(하견)
割引(할인)
含漱(함수)
陜川(합천)
行列(항렬)
肛門(항문)
降服(항복)
行伍(항오)
楷書(해서)
解弛(해이)
咳唾(해타)
諧謔(해학)
核心(핵심)
享樂(향락)
絢爛(현란)
現狀(현상)
現況(현황)
眩暈(현훈)
孑孑(혈혈)
嫌惡(혐오)
荊棘(형극)
亨通(형통)
好惡(호오)
狐疑(호의)
渾然(혼연)
混淆(혼효)
擴大(확대)
擴張(확장)
廓淸(확청)
宦官(환관)
豁達(활달)
豁然(활연)
恍惚(황홀)
賄賂(회뢰)
膾炙(회자)
獲得(획득)
橫暴(횡포)
梟首(효수)
嚆矢(효시)
嗅覺(후각)
萱堂(훤당)
喧藉(훤자)
喧傳(훤전)
麾下(휘하)
携帶(휴대)
譎計(휼계)
恤兵(휼병)
釁端(흔단)
欣然(흔연)
痕跡(흔적)
恰似(흡사)
洽足(흡족)
犧牲(희생)
稀罕(희한)
詰難(힐난)
詰抗(힐항)

6. 業務用 漢字

1. **경영일반**

가격결정 價格決定
가격경쟁 價格競爭
가격정책 價格政策
가격파괴 價格破壞
가격할인 價格割引
가상기업 假想企業
가전제품 家電製品
가치분석 價値分析
가치창조 價値創造
가격파괴 價格破壞
감가상각 減價償却
개방경제 開放經濟
개인기업 個人企業
거래비용 去來費用
거시경제 巨視經濟
검토배경 檢討背景
결과보고 結果報告
결근율 缺勤率
결정변수 決定變數
결합재무제표
結合財務諸表
경기순환 景氣循環
경력개발 經歷開發
경상수지 經常收支
경상이익 經常利益
경영관리 經營管理
경영다각화 經營多角化
경영성과 經營成果
경영윤리 經營倫理
경영자원 經營資源
경영전략 經營戰略
경영정보 經營情報
경영조직 經營組織
경영참가 經營參加
경영철학 經營哲學
경영혁신 經營革新
경쟁기업 競爭企業
경쟁기회 競爭機會
경쟁력 競爭力
경쟁우위 競爭優位
경쟁입찰 競爭入札
경쟁환경 競爭環境
경제발전 經濟發展
경제운용 經濟運用
경제장벽 經濟障壁
경제주체 經濟主體
경제환경 經濟環境
계획경제 計劃經濟
고객가치 顧客價値
고객감동 顧客感動
고객만족 顧客滿足
고객욕구 顧客欲求
고금리시대 高金利時代
고용창출 雇傭創出
고정부채 固定負債
고정비용 固定費用
고정비율 固定比率
고정자산 固定資産
고충처리 苦衷處理
공개매수 公開買受
공공기업 公共企業
공공시장 公共市場
공공이익 公共利益
공급망 供給網
공급예측 供給豫測
공급전략 供給戰略
공문발송 公文發送
공유가치 共有價値

공장입지 工場立地
공정개발 工程開發
공정거래 公正去來
공정관리 工程管理
공존공영 共存共榮
과당경쟁 過當競爭
과잉투자 過剩投資
과점이론 寡占理論
과학적관리 科學的管理
과학적기법 科學的技法
관료주의 官僚主義
관리기능 管理機能
관리회계 管理會計
관세장벽 關稅障壁
광고매체 廣告媒體
광고전략 廣告戰略
교섭능력 交涉能力
교환가치 交換價値
구매가격 購買價格
구매단계 購買段階
구매분석 購買分析
구매비용 購買費用
구제금융 救濟金融
구조조정 構造調整
구직지원 求職支援
국제경영 國際經營
국제경쟁력 國際競爭力
국제경제 國際經濟
국제금융 國際金融
국제무역 國際貿易

국제수지 國際收支
권한부여 權限附與
권한이양 權限移讓
규제완화 規制緩和
규제철폐 規制撤廢
근로시간 勤勞時間
근로조건 勤勞條件
근무평가 勤務評價
근무평정 勤務評定
근태관리 勤怠管理
금융비용 金融費用
금융선물 金融先物
기능조직 機能組織
기대이익 期待利益
기술개발 技術開發
기술경영 技術經營
기술공여 技術供與
기술주도 技術主導
기술중시 技術重視
기술혁신 技術革新
기술환경 技術環境
기업인 企業人
기업가치 企業價値
기업공개 企業公開
기업구조 企業構造
기업문화 企業文化
기업변신 企業變身
기업본질 企業本質
기업역할 企業役割
기업인수 企業引受

기업자본 企業資本
기업자산 企業資産
기업전략 企業戰略
기업지배구조 企業支配構造
기업집중 企業集中
기업활동 企業活動
기준교섭 基準交涉
기회비용 機會費用
기회손실 機會損失
긴급조정 緊急調整
납기일정 納期日程
내수산업 內需産業
노동쟁의 勞動爭議
노동조합 勞動組合
노사관리 勞使管理
노사협의 勞使協議
능력개발 能力開發
다품종 多品種
단기계획 短期計劃
단기자본 短期資本
단체교섭 團體交涉
단체협약 團體協約
당좌예금 當座預金
대기업 大企業
대량생산 大量生産
대리관계 代理關係
대차대조표 貸借對照表
대책회의 對策會議
대체기술 代替技術

독과점 獨寡占
동기부여 動機附與
등록상표 登錄商標
매입채무 買入債務
매출원가 賣出原價
매출채권 賣出債權
매출총액 賣出總額
목표관리 目標管理
목표달성 目標達成
목표수량 目標數量
무결점 無缺點
무상증자 無償增資
무역수지 貿易收支
무역장벽 貿易障壁
무역적자 貿易赤字
무역전략 貿易戰略
무형요인 無形要因
무형자산 無形資産
문서작성 文書作成
문제해결 問題解決
물류관리 物流管理
물류비용 物流費用
미래가치 未來價値
미수금 未收金
미시경제 微視經濟
미지급금 未支給金
미진사항 未盡事項
발주량 發注量
발행주식 發行株式
배달기간 配達期間
배당금 配當金
배당정책 配當政策
법인세 法人稅
법정근로시간 法定勤勞時間
변동환율 變動換率
변형근로시간 變形勤勞時間
변화추진 變化推進
보고서 報告書
보험관리 保險管理
복식부기 複式簿記
부가가치 附加價値
부실기업 不實企業
부의금 賻儀金
부채비율 負債比率
분산투자 分散投資
불량발생 不良發生
불확실성 不確實性
비용분석 費用分析
비용절감 費用節減
비효율성 非效率性
사례연구 事例研究
사업단위 事業單位
사업본부 事業本部
사업부제 事業部制
사업전략 事業戰略
사용가치 使用價値
사유재산 私有財産
산업공학 産業工學
산업관계 産業關係
산업구조 産業構造
산업훈련 産業訓練
상생경영 相生經營
상세일정 詳細日程
상호신뢰 相互信賴
생명공학 生命工學
생산공정 生産工程
생산관리 生産管理
생산기술 生産技術
생산기지 生産基地
생산능력 生産能力
생산량 生産量
생산설비 生産設備
생산수단 生産手段
생산원가 生産原價
생산조직 生産組織
생산체제 生産體制
생산환경 生産環境
생활용품 生活用品
선물가격 先物價格
선물거래 先物去來
선수금 先受金
선입선출 先入先出
선진기업 先進企業
선진사례 先進事例
성과급 成果給
성과급제 成果給制
성과목표 成果目標
성과분배 成果分配

성과분석 成果分析
성과위주 成果爲主
성과창출 成果創出
성과측정 成果測定
성과평가 成果評價
성인학습 成人學習
성장유형 成長類型
성장전략 成長戰略
세계경영 世界經營
세계시장 世界市場
세무회계 稅務會計
소득공제 所得控除
소득수준 所得水準
소량생산 少量生産
소비시장 消費市場
소비자 消費者
소액주주 少額株主
소요예산 所要豫算
소유권 所有權
소유지분 所有持分
손익계산서 損益計算書
수요공급 需要供給
수요예측 需要豫測
수익모형 收益模型
수익비용 收益費用
수출전략 輸出戰略
수치제어 數値制御
수확체증 收穫遞增
시간관리 時間管理
시간급제 時間給制

시장개방 市場開放
시장경쟁 市場競爭
시장경제 市場經濟
시장관리 市場管理
시장규모 市場規模
시장수요 市場需要
시장실패 市場失敗
시장진입 市場進入
시장환경 市場環境
신용판매 信用販賣
신용평가 信用評價
신제품 新製品
신주인수 新株引受
신체검사 身體檢查
실시취지 實施趣旨
실용주의 實用主義
실적분석 實績分析
안전관리 安全管理
액면발행 額面發行
액면주식 額面株式
언론기관 言論機關
업적평가 業績評價
역량개발 力量開發
역할연기 役割演技
연공서열 年功序列
연구개발 研究開發
연말정산 年末精算
연봉제 年俸制
영구계정 永久計定
영업이익 營業利益

영업본부 營業本部
영업비용 營業費用
완전공시 完全公示
외부금융 外部金融
외부환경 外部環境
외환관리 外換管理
외환위기 外換危機
외환차손 外換差損
외환차익 外換差益
우선순위 優先順位
운영계획 運營計劃
운영관리 運營管理
운전자본 運轉資本
원가가치 原價價値
원가절감 原價節減
원가주의 原價主義
원가회계 原價會計
위기의식 危機意識
유동부채 流動負債
유동자산 流動資産
유통구조 流通構造
유통업자 流通業者
유형요인 有形要因
유형자산 有形資産
윤리강령 倫理綱領
윤리경영 倫理經營
은행계정 銀行計定
의사결정 意思決定
의사소통 意思疏通
의식개혁 意識改革

이익배분 利益配分
이직관리 移職管理
인간관계 人間關係
인간존중 人間尊重
인공지능 人工知能
인과관계 因果關係
인력계획 人力計劃
인력채용 人力採用
인사관리 人事管理
인사정책 人事政策
인사철학 人事哲學
인사평가 人事評價
인수합병 引受合併
인재양성 人材養成
인적자본 人的資本
인적자원 人的資源
일정계획 日程計劃
일정관리 日程管理
임금관리 賃金管理
임금수준 賃金水準
입지선정 立地選定
입지요인 立地要因
자금조달 資金調達
자기관리 自己管理
자기자본 自己資本
자동제어 自動制御
자본금 資本金
자본비용 資本費用
자본투입 資本投入
자산관리 資産管理

자원환경 資源環境
자유무역 自由貿易
자율경영 自律經營
잔존가치 殘存價値
장기계획 長期計劃
장부가액 帳簿價額
재고감소 在庫減少
재고관리 在庫管理
재고비용 在庫費用
재고자산 在庫資産
재무관리 財務管理
재무구조 財務構造
재무분석 財務分析
재무성과 財務成果
재무제표 財務諸表
재무회계 財務會計
재해율 災害率
전략경영 戰略經營
전략계획 戰略計劃
전략과제 戰略課題
전략전술 戰略戰術
전자상거래 電子商去來
전환사채 轉換社債
정규분포 正規分布
정년퇴직 停年退職
정보공유 情報共有
정보과학 情報科學
정보관리 情報管理
제안제도 提案制度
제조공정 製造工程

제조활동 製造活動
제품개발 製品開發
제품관리 製品管理
제품구매 製品購買
제품기술 製品技術
제품설계 製品設計
제품수명 製品壽命
제품주기 製品週期
제휴관계 提携關係
조립기술 組立技術
조세정책 租稅政策
조직개발 組織開發
조직관리 組織管理
조직문화 組織文化
종업원지주제 從業員持株制
주당이익 株當利益
주식거래 株式去來
주식배당 株式配當
주식분할 株式分割
주식평가 株式評價
주식회사 株式會社
주주총회 株主總會
준비시간 準備時間
중견간부 中堅幹部
중견기업 中堅企業
중소기업 中小企業
증권시장 證券市場
증권평가 證券評價
지급수단 支給手段

지배구조 支配構造
지분참여 持分參與
지적소유권 知的所有權
지식경영 知識經營
지역본부 地域本部
직무계획 職務計劃
직무관리 職務管理
직무급 職務給
직무기술 職務技術
직무분석 職務分析
직무설계 職務設計
직무순환 職務循環
직무실적 職務實績
직무평가 職務評價
직무확대 職務擴大
집행경비 執行經費
차별우위 差別優位
차별화전략 差別化戰略
참석대상 參席對象
창업이념 創業理念
창업전략 創業戰略
책임경영 責任經營
첨단기술 尖端技術
첨단산업 尖端産業
첨단소재 尖端素材
총괄계획 總括計劃
추진계획 推進計劃
추진방향 推進方向
추진성과 推進成果
추진현황 推進現況
축의금 祝儀金
취득원가 取得原價
통계분석 統計分析
통신판매 通信販賣
통합전략 統合戰略
통화정책 通貨政策
퇴직금 退職金
투자결정 投資決定
투자계획 投資計劃
투자자산 投資資産
특기사항 特記事項
파생상품 派生商品
판매법인 販賣法人
판매촉진 販賣促進
평가절상 平價切上
평가절하 平價切下
포괄주의 包括主義
품의서 稟議書
품질개선 品質改善
품질경영 品質經營
품질관리 品質管理
품질보증 品質保證
품질표준 品質標準
필요역량 必要力量
하청업체 下請業體
학습조직 學習組織
한계비용 限界費用
한계효용 限界效用
할부판매 割賦販賣
합작기업 合作企業
합작투자 合作投資
해외시장 海外市場
해외지사 海外支社
해외투자 海外投資
핵심가치 核心價値
핵심부품 核心部品
핵심사업 核心事業
핵심역량 核心力量
혁신활동 革新活動
현금배당 現金配當
현금보유 現金保有
현금할인 現金割引
현장검사 現場檢査
현재가치 現在價値
현황분석 現況分析
현황파악 現況把握
협력업체 協力業體
협상기법 協商技法
화폐시장 貨幣市場
환경관리 環境管理
환경변화 環境變化
환차손 換差損
환차익 換差益
회계거래 會計去來
회계기준 會計基準
회계원리 會計原理
회계정보 會計情報
회전율 回轉率
효과측정 效果測定

2. 자주 쓰는 용어

1) 人事一般

감급 減給
감봉 減俸
강격 降格
견책 譴責
겸직 兼職
겸직해제 兼職解除
경고 警告
계약변경연장 契約變更延長
계약유지연장 契約維持延長
고문위촉 顧問委囑
급여구분변경 給與區分變更
기록해제 記錄解除
당연면직 當然免職
대기발령 待機發令
면수습 免修習
문책경고 問責警告
발탁 拔擢
보직해제 補職解除
복리후생 福利厚生
복직 復職
부서명 변경 部署名變更
부서배치 部署配置
사내파견 社內派遣
승진 昇進
승급 昇給
실습배치 實習配置
안식년 安息年
양성파견 養成派遣
업무위촉 業務委囑
업무집행정지 業務執行停止
연수휴직 研修休職
위촉 委囑
유급 有給
유급휴가 有給休暇
육아휴직 育兒休職
의원면직 依願免職
임원승진 任員昇進
입영휴직 入營休職
재입사 再入社
재택근무 在宅勤務
전배 轉配
전입 轉入
전출 轉出
정규승격 正規昇格
정직 停職
조직개편 組織改編
주의 注意
직군배치 職群配置
직군전환 職群轉換
직무대기 職務待期
직무대행 職務代行
직제변경 職制變更
직책변경 職責變更
징계사면 懲戒赦免
징계해직 懲戒解職
특별승격 特別昇格
특별승급 特別昇給
해외파견 海外派遣
호봉조정 號俸調整
호칭변경 呼稱變更
회사합병 會社合併

2) 職級/職責

간부 幹部
감사 監事
계약직 契約職
고문 顧問
공장장 工場長
과장 課長
단위조직장 單位組織長
단장 團長
담당 擔當
담당임원 擔當任員
대리 代理
대표이사 代表理事
반장 班長
법인장 法人長
보좌역 補佐役
본부장 本部長
부문총괄 部門總括
부사장 副社長
부장 部長
부회장 副會長
비정규직 非正規職

사업부장 事業部長
사외이사 社外理事
사원 社員
사장 社長
상근감사위원 常勤監査委員
상담역 相談役
상무 常務
상무보 常務補
선임 先任
소장 所長
수석 首席
수습사원 修習社員
실장 室長
연구소장 研究所長
연구위원 研究委員
임원 任員
자문역 諮問役
장기파견자 長期派遣者
전무 專務
전문임원 專門任員
전임 專任
조장 組長
주임 主任
주재원 駐在員
지사장 支社長
지점장 支店長
직장 職場
차장 次長
촉탁 囑託
회장 會長

3) 職務
관리직 管理職
광고기술직 廣告技術職
교육훈련직 教育訓練職
구매관리직 購買管理職
구매기획직 購買企劃職
기술연구직 技術研究職
기획조사직 企劃調査職
문화예술직 文化藝術職
법무직 法務職
사회공헌직 社會貢獻職
상품개발직 商品開發職
생산지원직 生産支援職
생산직 生産職
설계기술직 設計技術職
설비구매직 設備購買職
설비기술직 設備技術職
수출입관리직 輸出入管理職
시공기술직 施工技術職
식음직 食飮職
연구개발지원직 研究開發支援職
연수생직 研修生職
영상기술직 映像技術職
영업기획직 營業企劃職
영업심사직 營業審査職
영업지원직 營業支援職
의료직 醫療職
인사직 人事職
자금직 資金職
자산운용직 資産運用職
자재개발직 資材開發職
자재관리직 資材管理職
자재조달직 資材調達職
제조기술직 製造技術職
조리직 調理職
총무직 總務職
특수운전직 特殊運轉職
판매직 販賣職
품질관리직 品質管理職
홍보직 弘報職
환경안전직 環境安全職
회계직 會計職

7. 漢字 俗談

일상 생활에서 흔히 듣는 俗談을 통하여 漢字와 漢文 句節을 익히면, 좀 더 쉽게 漢字를 배울 수 있고, 나아가 漢文 文章도 재미있게 기억할 수 있다.

가는 말이 고아야 오는 말이 곱다.	來語不美 去語何美 去言美 來言美
가마 밑이 솥 밑을 검다 한다 / 똥 묻은 개 겨 묻은 개 나무란다.	釜底笑鼎底
강철이 간 데는 가을도 봄.	强鐵去處 秋亦春
개 꼬리 삼 년 두어도 黃毛 못된다.	狗尾三朞 不成貂皮
개 발에 편자.	唯彼狗足 蹄鐵奚錫
개쇠 발괄 누가 알아주나.	犬牛白活 有誰存察
개천에서 용 난다.	未有窪溝 而產神蚪
거북 잔등의 털을 긁는다.	龜背刮毛
검둥개 목욕 감기듯.	烏狗之浴 不變其黑
고래 싸움에 새우 등 터진다.	鯨戰鰕死
고슴도치도 제 새끼는 함함하다고 한다.	蝟愛子謂毛美
고양이 목에 방울 달기.	猫項懸鈴
고운 사람 미운데 없고 미운 사람 고운데 없다.	愛人無可憎 憎人無可愛
공든 탑이 무너지랴.	積功之塔 不墮
공중을 쏘아도 과녁에 맞힌다.	仰射空 貫革中
관 돝 배 앓기.	官猪腹痛
굿 뒤에 날 장구 친다 / 원님 떠난 뒤에 나팔 분다.	神祀後鳴缶
귀 막고 방울 도둑질한다 / 눈 가리고 아웅한다.	掩耳偸鈴
까마귀 날자 배 떨어진다.	烏之方飛 有隕其梨

꼴 보고 이름 짓고 체수 보고 맞춰 옷 마른다.	衣視其體 名視其貌
꿩 대신 닭.	雉之未捕 鷄可備數
끈 떨어진 광대 가면.	絕纓優面
나 먹자니 싫고 개 주자니 아깝다.	吾厭食 與犬惜
나루 건너 배 타기.	越津乘船
나룻이 석자라도 먹어야 샌님 / 금강산도 食後景.	三尺髥 食令監
마른 나무에 물 내기.	乾木水生
남을 아는 사람은 지혜롭고, 자신을 아는 사람은 明哲하다.	知人者智, 自知者明
남의 고기 한 점 먹고 내 고기 열 점 준다.	他肉一點飯食 己肉十點下
남의 떡에 설쇤다.	他人之餌 聊樂歲始
남의 말 하기는 식은 죽 먹기.	言他事食冷粥
남의 잔치에 감 놓아라 배 놓아라 한다.	他人之宴 日梨日枾
남자의 한 마디 말은 천금보다 무겁다.	男兒一言 重千金
낮 말은 새가 듣고 밤 말은 쥐가 듣는다.	晝語雀聽 夜語鼠聽
내 딸이 고와야 사위를 고른다.	我有美女 乃擇佳壻 吾女娟 擇壻賢
내 발등의 불을 꺼야 아들 발등의 불을 끈다.	膚爛之救吾先兒後
내 코가 석 자.	吾鼻涕垂三尺
내리 사랑은 있어도 치사랑은 없다.	下愛有 上愛無
노닥노닥 해도 비단일세 /썩어도 준치.	襤褸襤褸 猶然錦褸
노루 꼬리가 길면 얼마나 길까.	獐毛日長 幾許其長
농부는 굶어 죽어도 그 종자를 베고 죽는다.	農夫餓死 枕厥種子蚪
눈감으면 코 베어먹을 세상.	瞬目不函 或喪厥鼻
느릿느릿 걸어도 황소 걸음.	緩驅緩驅 牡牛之步
달면 삼키고 쓰면 뱉는다.	昔以甘茹 今乃苦吐
대 끝에서도 삼 년이라.	竿頭過三年
도둑을 뒤로 잡지 앞으로 잡나.	盜之後捉 不以前捉
도둑의 때는 벗어도 화냥의 때는 못 벗는다.	盜寃竟雪 淫誣難滅
도둑이 제 발 저리다.	盜之就拿厥足自痲

도마 위의 고기가 칼을 무서워하랴. 俎上肉不畏刀
동무 몰래 양식 내기 / 절 모르고 시주하기. 諱伴出糧
동생 줄 것은 없어도 도둑 줄 것은 있다. 無贈弟物 有贈盜物
되로 주고 말로 받는다. 始用升授 迺以斗受
될성부른 나무는 떡잎부터 알아본다 蔬之將善 兩葉可辨
두부 먹다 이 빠진다 / 홍시 먹다 이 빠진다. 豆腐喫 齒或落
뒤에 볼 나무는 그루를 돋우어라. 後見之木 高斫其根
들으면 병이요 안 들으면 약이다 / 모르면 약이요 아는 게 병. 聞則是病 不聞是藥
떡도 떡이려니와 합이 더 좋아 餠固餠矣 盒兮尤美.
뛰는 놈이 있으면 나는 놈도 있다. 跨者上有飛者
말 많은 집은 장 맛도 쓰다 / 말 단 집에 장이 곤다. 言甘家醬不甘
말똥에 굴러도 이승이 좋다. 雖臥馬糞 此生可願
말에게 실었던 것을 벼룩 등에 실을까. 駟馬所載 難任蚤背
말타면 경마[牽馬] 잡히고 싶어한다. 騎馬欲率奴 旣乘其馬 又思牽者
망건 쓰고 세수한다. 先網巾 後洗手
머리를 삶으면 귀까지 익는다. 烹頭耳熟
머리에 부은 물이 발뒤꿈치로 내린다. 灌頭之水 流下足底
먼 사촌보다 가까운 이웃이 낫다. 遠族近隣[遠親不如近隣]
먼저 꼬리 친 개 나중 먹는다. 先掉尾後知味
멧돼지 잡으려다 집돼지 잃었다. 捉山猪 失家猪 獲山猪 失家猪
며느리 늙어 시어미 된다. 婦老爲姑
며느리가 미우면 발 뒤축이 달걀 같다고 나무란다. 婦無可短 踵如鷄卵
모든 행실의 근본 중에서 참는 것이 으뜸이 된다. 百行之本 忍之爲上
모로 가도 서울만 가면 된다. 横步行好去京
못된 나무에 열매가 많다. 不食木多着實
미꾸라지 한 마리가 온 강물을 흐린다. 一箇魚渾全川
믿는 도끼에 발등 찍힌다 / 믿는 나무에 곰이 핀다. 信木熊浮
바늘 도둑이 소 도둑된다. 竊鍼不休 終必竊牛

발 없는 말이 천리 간다.	無足之言 飛于千里
밤새도록 울다가 누가 죽었느냐고 한다.	旣終夜哭 問誰不祿
밭 팔아 논 살 때는 이밥 먹자고 하였지.	賣田買畓欲喫稻飯
배 먹고 이 닦기 / 배 먹고 배속으로 이 닦는다.	啖梨之美 兼以濯齒
배 썩은 것은 딸 주고 밤 썩은 것은 며느리 준다.	梨腐予女 栗朽予婦
번개가 잦으면 천둥을 한다.	電光索索 霹靂之兆
범 없는 골에는 토끼가 스승이라.	谷無虎先生兎
보기 좋은 떡이 먹기도 좋다.	觀美之餌 啖之亦美
봄 꿩이 제 울음에 죽는다 / 제 방귀에 놀란다.	春山雉以鳴死
봉사 단청 구경하기.	盲玩丹靑
봉사 문고리 잡기.	盲入直門
부부싸움은 칼로 물 베기.	夫婦戰 刀割水
불면 날까 쥐면 꺼질까.	吹之恐飛 執之恐陷
비단이 한 끼라 / 없는 놈이 비단이 한 때라.	錦繡衣喫一時
비렁뱅이가 하늘을 불쌍하게 여긴다.	杞人之憂 乞人憐天
사귀어야 절교하지 / 산에 가야 범을 잡지.	本不結交 安有絕交
사돈 집 잔치에 감 놓아라 배 놓아라 한다.	姻家宴柿梨擅
사흘 굶어 안 나는 생각 없다 / 열흘 굶어 군자 없다.	人飢三日 無計不出
사흘 길에 하루쯤 가서 열흘씩 눕는다.	三日之程 一日往 十日臥
산 개가 죽은 정승보다 낫다.	活狗子勝於死政丞
산 밑 집에 절구공이가 논다.	山底杵貴
삼 정승 사귀지 말고 내 한 몸 조심하라.	莫交三公 愼吾身
새도 앉는 데마다 깃이 든다.	禽之止 羽必墜
새벽달 보려고 초저녁부터 나앉으랴.	看晨月 坐自夕 曉月之觀 豈自昏候
새우 미끼로 잉어 낚는다 / 되로 주고 말로 받는다.	以蝦釣鯉
선 무당이 사람 잡는다.	生巫殺人
설 때 궂긴 아이가 날 때도 궂긴다.	孕時患 難於産
세 살 버릇이 여든까지 간다.	三歲之習 至于八十

소 잃고 외양간 고친다. 失馬治廏

소경 잠 자나 마나. 盲人之睡如寤如寐

솔개도 오래면 꿩을 잡는다. 鳶踰三紀 乃獲一雉

쇠 귀에 경 읽기. 牛耳誦經 何能諦聽

시앗{남편의 첩}싸움엔 돌부처도 돌아앉는다. 妻妾之戰 石佛反面

아니 땐 굴뚝에 연기 나랴. 不燃之突 烟不生 突不燃 不生烟

양지가 음지되고 음지가 양지된다. 陰地轉陽地變

어 다르고 아 다르다. 於異阿異

어린아이 말이라도 귀 담아 들어라. 孩兒之言 宜納耳門

언 발에 오줌 누기. 凍足放溺

업은 아이 삼 년 찾는다. 兒在負三年搜

여자가 한을 품으면 오뉴월에 서리 친다. 五月飛霜

열 골 물이 한 골로 모인다. 十洞之水會一洞

열 길 물 속은 알아도 한 길 사람 속은 모른다.
測水深 昧人心 寧測十丈水深 難測一丈人心

열 번 찍어 안 넘어가는 나무 없다. 十斫之木 罔不顚覆

열 사람이 지켜도 한 도둑 못 막는다. 十人之守 難敵一寇

열의 한 술 밥이 한 그릇 푼푼하다. 十飯一匙 還成一飯

오뉴월 불도 쬐다 나면 섭섭하다. 五月炙火 猶惜退坐

오르지 못할 나무는 쳐다보지도 말아라. 難上之木 勿仰

옷은 새 옷이 좋고 사람은 옛사람이 좋다. 衣以新爲好 人以舊爲好

웃는 낯에 침 뱉으랴. 對笑顔唾亦難

원님도 보고 還穀도 탄다. 我謁縣宰 兼受賑貸

원수는 외나무다리에서 만난다. 獨木橋寃家遭

음식은 갈수록 줄고 말은 갈수록 는다. 饌傳愈減 言傳愈濫

이웃 집 색시 믿고 장가 못 간다. 待隣婦妻不娶

일가 싸움은 개 싸움. 宗族之鬪 不異狗鬪

입찬 소리는 무덤 앞에 가서 하라. 到墓前言方盡

자는 범 코침 주기 / 빈대 한 마리 잡으려다 초가 삼 칸 다 태운다.	宿虎衝鼻
작게 먹고 가늘게 싼다.	小小食 放細尿 些些之食 可放纖矢
잠결에 남의 다리 긁는다.	睡餘爬錯正領之脚
장 없는 놈이 국 즐긴다.	無醬嗜羹
재는 넘을수록 높고, 내는 건널수록 깊다.	嶺踰越嶔川涉越深
종로에서 뺨 맞고 한강에 가 눈 흘긴다.	鐘樓批頰 沙平反目
줄 따르는 거미.	隨絲蜘蛛
쪽박을 쓰고 벼락을 피한다.	戴瓢子霹靂避
철 나자 망령 난다.	其覺始矣 老妄旋至
친구 따라 강남 간다.	隨友適江南
타고난 본성은 서로 비슷하나 습관은 서로 차이가 많다.	性相近也 習相遠也
팔이 들이 굽지 내 굽나 / 팔이 안으로 굽는다.	臂不外曲
풍년 거지 더 섧다.	豊年花子
하늘로 호랑이 잡기.	以天捉虎
하늘이 무너져도 솟아날 구멍이 있다.	天之方蹶 牛出有穴
하룻강아지 범 무서운 줄 모른다.	一日之狗 不知畏虎
하룻밤을 자도 만리장성을 쌓는다.	一夜之宿 長城或築
한 노래로 긴 밤새울까.	一歌達永夜 唱一謠達永宵
한 때의 성냄을 참으면 백일의 근심을 면할 수 있다.	忍一時之忿 免百日之憂
한 말 등에 두 안장을 지울까.	一馬之背 兩鞍難載
한 잔 술에 눈물난다	由酒一盞 或淚厥眼.
호랑이도 제 말 하면 온다.	談虎虎至 談人人至
호랑이에게 고기 달랜다.	虎前乞肉
활과 과녁이 서로 맞는다.	弓的相適
흥정은 붙이고 싸움은 말리랬다.	勸賣買 鬪則解

8. 漢字成語

ㄱ

가가호호(家家戶戶)	집집마다.
가급인족(家給人足)	집집마다 살림이 넉넉하고, 사람마다 의식에 부족함이 없음.
가기이방(可欺以方)	그럴듯한 말로 속일 수 있음.
가롱성진(假弄成眞)	처음에 장난삼아 한 일이 나중에 정말이 됨. = 농가성진
가담항설(街談巷說)	길거리에 떠도는 소문.
가동가서(可東可西)	동쪽이라도 좋고 서쪽이라도 좋다. 이러나저러나 상관없다.
가렴주구(苛斂誅求)	세금 같은 것을 가혹하게 받아 국민을 못 살게 구는 일
가무담석(家無擔石)	石은 한 항아리, 擔은 두 항아리의 뜻으로 집에 저축이 조금도 없음
가빈즉사양처(家貧則思良妻)	집안이 가난하면 어진 아내가 생각난다.
가인박명(佳人薄命)	여자의 용모가 아름다우면 운명이 기박하다는 뜻.
가정맹어호(苛政猛於虎)	가혹한 정치는 호랑이보다 무섭다.
가화만사성(家和萬事成)	가정이 화목하면 모든 일이 잘 이루어 짐.
각고면려(刻苦勉勵)	심신의 고생을 이겨내면서 오직 한 가지 일에만 노력을 기울임.
각곡류목(刻鵠類鶩)	따오기를 그리려다 비슷한 집오리를 그린다.
각골난망(刻骨難忘)	은혜를 고맙게 여기는 마음이 뼈 속까지 사무쳐 잊혀지지 아니함.
각주구검(刻舟求劍)	지나치게 고지식하여 경우에 맞지 않는 일을 한다는 뜻.
간난신고(艱難辛苦)	갖은 고초를 겪어 몹시 힘들고 괴로움.
간담상조(肝膽相照)	서로의 마음을 터놓고 사귐.
간두지세(竿頭之勢)	댓가지 꼭대기에 서게 된 현상으로 어려움이 극에 달해 아주 위태로운 형세.
간세지재(間世之材)	썩 뛰어난 인물.
갈이천정(渴而穿井)	목이 말라서야 우물을 판다. 일을 미리 준비하여 두지 않고 임박하여 급히 하면 이미 때가 늦는다.
감불생심(敢不生心)	힘이 부치어 감히 마음을 먹지 못함.

감언이설(甘言利說)	남의 비위에 들도록 꾸미거나 이로운 조건을 내세워서 속이는 말.
감지덕지(感之德之)	몹시 고맙게 여김.
감탄고토(甘呑苦吐)	달면 삼키고 쓰면 뱉는다는 말로, 이로울 때는 이용하고, 필요 없을 때는 괄시하는 것을 말함.
갑남을녀(甲男乙女)	보통 평범한 남녀.
갑론을박(甲論乙駁)	자기주장을 세우고 남의 주장을 반박함.
강구연월(康衢煙月)	태평한 시대의 평화로운 풍경.
강근지친(强近之親)	도와 줄만 한 가까운 일가친척.
강호연파(江湖煙波)	강, 호수 위에 안개처럼 이는 잔물결.
개과천선(改過遷善)	지나간 허물을 고치고 착하게 됨.
개선광정(改善匡正)	좋도록 고치고 바로잡음.
개세지재(蓋世之才)	세상을 덮을 만한 재주.
객반위주(客反爲主)	주객이 전도됨. = 主客顚倒
객창한등(客窓寒燈)	외로운 나그네의 신세.
거두절미(去頭截尾)	앞뒤의 잔 사설을 빼놓고 요점만을 말함.
거안사위(居安思危)	편안히 살 때 닥쳐올 위태로움을 생각함.
거자일소(去者日疎)	죽은 사람에 대해서는 날이 갈수록 점점 잊어버리게 된다는 뜻. 곧 서로 떨어져 있으면 점점 사이가 멀어짐.
거재두량(車載斗量)	차에 싣고 말에 실을 만큼 물건이나 인재가 썩 많음.
건곤일색(乾坤一色)	겨울 온 천지에 눈이 내린 경치.
건곤일척(乾坤一擲)	흥망 성패를 걸고 단판 싸움을 함.
격물치지(格物致知)	사물의 이치를 구명하여 자기의 지식을 확고하게 함.
격세지감(隔世之感)	딴 세대와 같이 많은 변화가 있었음을 비유하는 말. 세대 차이.
격화소양(隔靴搔癢)	신을 신은 채 가려운 발바닥을 긁음. 일의 효과를 나타내지 못함.
견강부회(牽强附會)	이치에 맞지 않는 말을 억지로 끌어 붙여 자기 주장의 조건에 맞도록 함.
견리망의(見利忘義)	이익을 보면 의리를 잊음.
견리사의(見利思義)	이익이 있을지라도 옳은 것인가를 생각하고 취하라.
견마지성(犬馬之誠)	임금이나 나라에 정성으로 바치는 정성. 또는 자기의 정성을 낮추어 일컫는 말.
견문발검(見蚊拔劍)	모기를 보고 칼을 뺌. 조그만 일에도 성을 내는 소견 좁은 행동.
견물생심(見物生心)	물건을 보면 욕심이 생김.
견여금석(堅如金石)	굳기가 금이나 돌 같음.
견원지간(犬猿之間)	개와 원숭이 사이로 사이가 몹시 나쁨.

견위수명(見危授命)	나라가 위급할 때 목숨을 바침.
견위치명(見危致命)	나라의 위태로움을 보고는 목숨을 아끼지 않고 싸움.
견인불발(堅忍不拔)	굳게 참고 견딤.
견토지쟁(犬兎之爭)	개와 토끼가 쫓고 쫓기다가 둘이 다 지쳐 죽어 제삼자가 이익을 본다는 뜻 漁父之利
결의형제(結義兄弟)	남남끼리 형과 아우의 의를 맺음.
결자해지(結者解之)	자기가 저지른 일은 자기가 해결해야 함.
결초보은(結草報恩)	죽어 혼령이 되어서라도 은혜를 잊지 않고 갚음.
겸양지덕(謙讓之德)	겸손한 태도와 사양하는 덕.
겸인지용(兼人之勇)	몇 사람을 능히 당해 낼만 한 용기.
경거망동(輕擧妄動)	경솔하고 분수에 없는 행동을 함.
경국제세(經國濟世)	나라 일을 경륜하고 세상을 구함 '경제'의 준말.
경국지색(傾國之色)	온 나라를 움직이게 하는 미인. 뛰어나게 아름다운 미인을 일컫는 말.
경세제민(經世濟民)	세상을 잘 다스려 백성을 다스리기에 열심히 함. = 救世濟民.
경이원지(敬而遠之)	겉으로는 공경하는 체 하면서 속으로는 멀리함.
경자유전(耕者有田)	경작자가 밭을 소유한다.
경조부박(輕躁浮薄)	마음이 침착하지 못하고 행동이 신중하지 못함.
경천근민(敬天勤民)	하느님을 공경하고 백성을 다스리기에 부지런함.
경천동지(驚天動地)	세상을 몹시 놀라게 함.
경화수월(鏡花水月)	① 거울에 비친 꽃과 물에 비친 달 ② 볼 수만 있고 가질 수 없는 것.
계란유골(鷄卵有骨)	달걀 속에도 뼈가 있다(곯았다). 밖의 장애물이 생김을 이르는 말.
계명구도(鷄鳴狗盜)	닭 울음과 개 흉내를 내는 도둑. 행세하는 사람이 배워서는 아니 될 천한 기능을 가진 사람.
고굉지신(股肱之臣)	임금이 가장 믿고 중히 여기는 신하.
고군분투(孤軍奮鬪)	남의 도움을 받지 아니하고 힘에 벅찬 일을 잘 해냄.
고두사죄(叩頭謝罪)	머리를 조아려 사죄함.
고량진미(膏粱珍味)	살찐 고기와 좋은 곡식으로 만든 맛있는 음식.
고립무원(孤立無援)	고립되어 구원을 받을 데가 없음.
고립무의(孤立無依)	외롭고 의지할 때가 없음.
고목생화(枯木生花)	곤궁한 사람이 크게 행운을 얻은 것을 말함.
고복격양(鼓腹擊壤)	태평세월임을 표현한 말. 배를 두드리면서 땅을 침.
고성낙일(孤城落日)	외로운 성에서 지는 해를 봄. 남의 도움이 없이 고립된 상태.
고식지계(姑息之計)	당장의 편안함만을 꾀하는 일시적인 방편.
고신원루(孤臣寃淚)	외로운 신하의 원통한 눈물.

고육지계(苦肉之計)	적을 속이기 위해, 자신의 희생을 무릅쓰고 꾸미는 계책.
고장난명(孤掌難鳴)	① 손바닥 하나로는 소리가 나지 않는다는 뜻으로 혼자 힘으로 일하기 어렵다는 말 ② 서로 같으니까 싸움이 난다는 말.
고진감래(苦盡甘來)	괴로움이 다하면 즐거움이 온다. 興盡悲來
고침이와(高枕而臥)	베개를 높이하고 잠. 마음 편안히 잠잘 수 있음.
곡학아세(曲學阿世)	진리에 벗어난 학문을 닦아 세상 사람들에게 아부함.
골몰무가(汨沒無暇)	일에 골몰하여 틈이 조금도 없음.
골육상잔(骨肉相殘)	같은 혈족끼리 서로 다투고 해하는 것.
공경대부(公卿大夫)	三公과 九卿 등 벼슬이 높은 사람들.
공수래공수거(空手來空手去)	세상에 빈손으로 왔다가 빈손으로 간다는 뜻.
과대망상(誇大妄想)	턱없이 과장하여 그것을 믿는 망령된 생각.
과유불급(過猶不及)	정도를 지나침은 미치지 못한 것과 같음.
관포지교(管鮑之交)	옛날 중국의 管仲과 鮑叔처럼 친구 사이의 우정이 깊음을 이르는 말.
괄목상대(刮目相對)	눈을 비비고 자세히 본다는 뜻으로, 상대방의 학문이 부쩍 는 것을 칭찬하는 말.
교각살우(矯角殺牛)	뿔을 고치려다 소를 죽인다. 작은 일에 힘쓰다 큰 일을 망친다는 말.
교언영색(巧言令色)	교묘한 말과 얼굴빛으로 남의 환심을 사려함.
교외별전(敎外別傳)	마음에서 마음으로 진함. 以心傳心, 不立文字, 心心相印.
교우이신(交友以信)	믿음으로써 벗을 사귐.
교주고슬(膠柱鼓瑟)	고지식하여 융통성이 없음.
교칠지교(膠漆之交)	아교와 칠의 사귐이니 퍽 사이가 친하고 두터움.
교학상장(敎學相長)	가르쳐 주거나 배우거나 다 나의 학업을 증진시킨다는 뜻.
구곡간장(九曲肝腸)	굽이굽이 사무친 마음속.
구국간성(救國干城)	나라를 구하여 지키는 믿음직한 군인. 인물.
구미속초(狗尾續貂)	담비의 꼬리가 모자라 개의 꼬리로 잇는다. 훌륭한 것 뒤에 보잘것없는 것이 잇따름.
구밀복검(口蜜腹劍)	말은 정답게 하나 속으로는 해칠 생각이 있음.
구복지루(口腹之累)	먹고사는 데 대한 걱정.
구사일생(九死一生)	죽을 고비를 벗어나 겨우 살아남.
구상유취(口尙乳臭)	아직 어리고 유치한 짓을 하는 사람.
구십춘광(九十春光)	① 노인의 마음이 청년같이 젊음을 이름 ② 봄의 석 달 구십일 동안.
구우일모(九牛一毛)	많은 것 가운데서 극히 적은 것을 말함.
구이지학(口耳之學)	들은 풍월 격으로 아무런 연구성이 없는 천박한 학문.
구절양장(九折羊腸)	① 양의 창자처럼 험하고 꼬불꼬불한 산길 ② 길이 매우 험함.

국난즉사현신(國難則思賢臣) 나라가 어지러우면 어진 신하가 생각난다.
군계일학(群鷄一鶴) 평범한 사람 가운데 아주 뛰어난 한 사람.
군령태산(軍令泰山) 군대의 명령은 태산같이 무거움.
군맹무상(群盲撫象) 여러 맹인이 코끼리를 더듬는다. 즉 자기의 좁은 소견과 주관으로 사물을 그릇 판단함.
군사부일체(君師父一體) 임금, 스승, 아버지의 은혜는 같다.
군신유의(君臣有義) 임금과 신하 사이에는 의리가 있다.
군웅할거(群雄割據) 많은 영웅들이 각지에 자리 잡고 서로 세력을 다툼.
군위신강(君爲臣綱) 임금은 신하의 모범이 되어야 한다.
군자삼락(君子三樂) 군자의 3가지 낙으로 첫째, 부모가 生存하고 형제가 무고한 것, 둘째, 하늘과 사람에게 부끄러워 할 것이 없는 것, 셋째, 천하의 영재를 얻어서 교육하는 것을 말함.
굴이불신(屈而不伸) 굽히고는 펴지 아니함.
궁여지책(窮餘之策) 막다른 골목에서 그 국면을 타개하려고 생각다 못해 짜낸 꾀.
권모술수(權謀術數) 목적 달성을 위해서는 인정이나 도덕을 가리지 않고 권세와 모략 중상 등 갖은 방법과 수단을 쓰는 술책.
권불십년(權不十年) 권세는 십년을 넘기지 못함. 곧, 권력이나 세도가 오래 가지 못 하고 늘 변함을 이르는 말.
권선징악(勸善懲惡) 착한 행실을 권장하고 악한 행실을 징계함.
권토중래(捲土重來) ① 한번 실패에 굴하지 않고 몇 번이고 다시 일어남 ② 세력을 되찾아 다시 쳐들어옴.
귤화위지(橘化爲枳) 귤이 회수를 건너면 탱자가 된다.
근근자자(勤勤孜孜) 매우 부지런하고 정성스러움.
근묵자흑(近墨者黑) 먹을 가까이하면 검어진다는 말로, 나쁜 친구와 사귀면 나빠지기 쉬움 = 近朱者赤.
금고일반(今古一般) 지금이나 옛날이나 같다.
금과옥조(金科玉條) 금이나 옥같이 귀중한 법칙이나 규정.
금란지계(金蘭之契) 친구 사이의 우의가 두터움.
금상첨화(錦上添花) 좋고 아름다운 것 위에 더 좋은 것을 더함.
금석맹약(金石盟約) 쇠와 돌같이 굳게 맹세해 맺은 약속. 金石之交.
금석지감(今昔之感) 지금을 옛적과 비교함에 변함이 심하여 저절로 일어나는 느낌.
금석지교(金石之交) 쇠와 돌처럼 굳고 변함없는 사귐. 金石之約.
금슬지락(琴瑟之樂) 부부 사이가 좋은 것.
금시초문(今時初聞) 이제야 처음으로 들음.
금오옥토(金烏玉兎) 일월. 금오는 태양, 옥토는 달을 가리키는 말.
금의야행(錦衣夜行) 비단 옷을 입고 밤에 다닌다. 성공은 했지만 아무런 효과를 내지 못하는 것.
금의환향(錦衣還鄕) 비단 옷을 입고 고향으로 돌아옴. 즉 타향에서 크게 성공하여 자기 집으로 돌아감.

금지옥엽(金枝玉葉)	임금의 자손이나 집안 또는 귀여운 자손을 소중히 일컫는 말.
기고만장(氣高萬丈)	기운이 굉장히 뻗치었다. 일이 뜻대로 되어 씩씩한 기운이 대단하게 뻗침.
기리단금(其利斷金)	날카롭기가 쇠를 자를 정도임. 절친한 친구 사이. 斷金之交, 其臭如蘭.
기사회생(起死回生)	다 죽게 되었다가 다시 살아남.
기상천외(奇想天外)	보통 사람이 쉽게 짐작할 수 없을 정도로 엉뚱하고 기발한 생각.
기승전결(起承轉結)	나타내고자 하는 바를 글로 쓸 때 '기'에서 말머리를 일으키고, '승'에서 앞에 것을 받아서 풀이하고, '전'에서 뜻을 한번 변화시켜, '결'에서 끝맺음.
기취여란(其臭如蘭)	그 향기가 난초와 같음. 절친한 친구 사이.
기호지세(騎虎之勢)	범을 타고 달리는 사람이 도중에서 내릴 수 없는 것처럼 도중에서 그만두거나 물러설 수 없는 내친 형세를 이르는 말.

ㄴ

낙담상혼(落膽喪魂)	몹시 놀라 정신이 없음.
낙락장송(落落長松)	가지가 축축 길게 늘어지고 키가 큰 소나무.
낙정하석(落穽下石)	우물에 빠진 자에게 돌을 던진다. 남의 患亂에 다시 危害를 준다는 말.
낙화유수(落花流水)	① 떨어지는 꽃과 흐르는 물 ② 남녀 간의 그리운 심정.
난공불락(難攻不落)	공격하기 어려워 함락하지 못함.
난상공론(爛商公論)	여러 사람들이 잘 의논 함.
난상토의(爛商討議)	낱낱이 들어 잘 토의함.
난형난제(難兄難弟)	어느 것이 낫고 어느 것이 못하다고 할 수 없음. 莫上莫下
남가일몽(南柯一夢)	꿈과 같이 헛된 한때의 헛된 부귀영화. 一場春夢
남녀노소(男女老少)	남자와 여자, 늙은이와 젊은이. 모든 사람.
남부여대(男負女戴)	남자는 지고 여자는 인다. 가난에 시달린 사람들이 살 곳을 찾아 떠돌아다니며 사는 것을 말함.
남선북마(南船北馬)	바쁘게 여기저기를 돌아다님
남아수독오거서(男兒須讀五車書)	남아는 모름지기 다섯 수레가 되는(많은) 책을 읽어야 한다.
낭중지추(囊中之錐)	주머니 속에 든 송곳. 재주가 뛰어난 사람은 숨어 있어도 저절로 사람들이 알게 됨
낭중취물(囊中取物)	주머니 속의 물건을 꺼내는 일. 매우 쉬운 일
내우외환(內憂外患)	나라 안팎의 근심 걱정

내유외강(內柔外剛) 사실은 마음이 약한데도, 외부에는 강하게 나타남
노기충천(怒氣沖天) 화난 기색이 하늘을 찌를 듯이 극도로 달한 것.
노마지지(老馬之智) 늙은 말의 지혜라는 뜻. ① 노인들의 지혜와 경험이 소중하여 결코 무시할 수 없음 ② 아무리 쓸모없이 생각되는 사람의 지혜라도 언젠가는 요긴할 때가 있음.
노생지몽(盧生之夢) 한때의 헛된 부귀 영화
노심초사(勞心焦思) 몹시 마음을 졸이는 것
녹음방초(綠陰芳草) 푸른 나무 그늘과 꽃다운 풀. 곧 여름의 자연 경치.
녹의홍상(綠衣紅裳) 연두저고리에 다홍치마. 곱게 차려 입은 젊은 아가씨의 복색
논점일탈(論點逸脫) 논설의 요점을 벗어남
농가성진(弄假成眞) 장난삼아 한 말이 참말이 됨.
농와지경(弄瓦之慶) 딸을 낳은 기쁨
농장지경(弄璋之慶) 아들을 낳은 기쁨 弄璋之喜
농조연운(籠鳥戀雲) 속박을 당한 몸이 자유를 그리워하는 마음
누란지위(累卵之危) 달걀을 쌓아 놓은 것과 같이 매우 위태함 累卵之勢
능견난사(能見難思) 보통 이치로는 아무리 생각해도 모를 일이라는 뜻.
능대능소(能大能小) 재주와 주변이 좋아 모든 일에 두루 능함.

ㄷ

다기망양(多岐亡羊) 길이 여러 갈래여서 양을 잃다. 너무 방침이 많아 갈 바를 모름
다다익선(多多益善) 많으면 많을수록 좋음
다문박식(多聞博識) 견문이 넓고 학식이 많음
다재다병(多才多病) 재주가 많은 사람은 흔히 몸이 약하며 잔병이 많음.
단금지교(斷金之交) 쇠를 자를 정도로 절친한 친구 사이를 말함
단기지교(斷機之敎) 학문을 중도에 그만 둠은 짜던 베를 끊는 것이라는 맹자 어머니의 교훈
단도직입(單刀直入) ① 홀몸으로 칼을 휘두르며 적진으로 쳐들어 감 ② 요점을 바로 풀이하여 들어감
단순호치(丹脣皓齒) 붉은 입술과 하얀 이란 뜻에서 여자의 아름다운 얼굴을 이르는 말.
단사표음(簞食瓢飮) 도시락 밥과 표주박 물. 변변치 못한 살림을 가리키는 뜻으로 청빈한 생활을 말함
담대심소(膽大心小) 담력은 커야 하지만 마음을 쓰는데 는 조심해야 한다는 말.
담호호지 담인인지(談虎虎至 談人人至) 자리에 없는 사람의 말을 하면 공교롭게도 그 사람이 옴.
당구풍월(堂狗風月) 사당 개가 풍월을 읊음. 무식한 자도 유식한 자와 같이 있으면 다소 유식해진다는 뜻
당랑거철(螳螂拒轍) 사마귀가 수레바퀴에 맞섬. 제 분수도 모르고 강적에게 반항함

대기만성(大器晩成)　크게 될 인물은 늦게 이루어진다.
대대손손(代代孫孫)　대대로 내려오는 자손.
대동소이(大同小異)　대체로 같고 조금 다르다.
대서특필(大書特筆)　특히 드러나게 큰 글자로 적어 표시함
대언장어(大言壯語)　제 주제에 당치 아니한 말을 희떱게 지껄임. 또는 그러한 말
대의명분(大義名分)　인류의 큰 의를 밝히고 분수를 지켜 정도에 어긋나지 않도록 하는 것
도로무익(徒勞無益)　애만 쓰고 이로움이 없음
도원결의(桃園結義)　삼국지에서 나온 말로, 유비, 관우, 장비가 복숭아나무 밑에서 형제의 의를 맺었다는 데서 나온 말.
도청도설(道聽塗說)　① 거리에서 들은 것을 남에게 아는 체하며 말함 ② 깊이 생각 않고 예사로 듣고 말함
도탄지고(塗炭之苦)　진구렁이나 숯불에 빠짐. 백성들이 몹시 고생스러움을 말함
독불장군(獨不將軍)　혼자서는 장군이 될 수 없다. 저 혼자 잘난 체하며 뽐내다가 남에게 핀잔을 받고 고립된 처지에 있는 사람.
독서삼도(讀書三到)　독서하는 데는 눈으로 보고, 입으로 읽고, 마음으로 깨우쳐야 한다.
독수공방(獨守空房)　빈 방을 홀로 지킴. 남편과 아내가 함께 거처하지 못함. 즉 외로움을 표현하는 말.
동가식서가숙(東家食西家宿)　먹을 곳 잘 곳이 없이 떠도는 사람 또는 그런 짓
동가홍상(同價紅裳)　같은 값이면 다홍치마
동고동락(同苦同樂)　괴로움과 즐거움을 함께 함
동량지재(棟樑之材)　기둥이나 들보가 될 만한 훌륭한 인재. 한 집이나 한 나라의 큰일을 맡을 만한 사람
동문서답(東問西答)　묻는 말에 대하여 전혀 엉뚱한 대답을 하는 것
동병상련(同病相憐)　같은 처지에 있는 사람끼리 서로 동정함.
동분서주(東奔西走)　사방으로 바쁘게 돌아다님.
동빙한설(凍氷寒雪)　얼음이 얼고 눈보라가 치는 추위
동상이몽(同床異夢)　같은 잠자리에서 다른 꿈을 꿈. 곧 겉으로는 같이 행동하면서 속으로는 딴 생각을 가짐
동심지언(同心之言)　같은 마음에서 나온 말. 절친한 친구 사이
두문불출(杜門不出)　세상과 인연을 끊고 출입을 하지 않음
득롱망촉(得隴望蜀)　중국 한나라 때 광무제가 농을 정복한 뒤 촉을 쳤다는 데서 나온 말로 끝없는 욕심
득의만면(得意滿面)　뜻한 바를 이루어 기쁜 표정이 얼굴에 가득함
등고자비(登高自卑)　① 높은 곳에 이르기 위해서는 낮은 곳부터 밟아야 한다. 일을 하는 데는 반드시 차례를 밟아야 한다는 말 ② 지위가 높아질수록 스스로를 낮춘다는 말

등하불명(燈下不明)　등잔 밑이 어둡다. 가까이 있는 것이 오히려 알아내기가 어려움

등화가친(燈火可親)　가을이 되어 서늘하면 밤에 불을 가까이 하여 글 읽기에 좋다는 말

ㅁ

마부위침(磨斧爲針)　아무리 이루기 힘든 일도 끊임없는 노력과 끈기 있는 인내로 성공하고야 만다는 뜻

마이동풍(馬耳東風)　쇠귀에 마파람. 남의 말을 귀담아 듣지 아니하고 지나쳐 흘려버림. 牛耳誦經, 牛耳讀經

마행처우역거(馬行處牛亦去)　다른 사람이 할 수 있는 일이라면 어떤 사람이라도 노력하면 할 수 있다.

막상막하(莫上莫下)　실력에 있어 낫고 못함이 없이 비슷함

막역지우(莫逆之友)　참된 마음으로 서로 거역할 수 없이 매우 친한 벗을 말함

만경창파(萬頃蒼波)　만 갈래의 푸른 물결. 한없이 넓고 푸른 바다

만고불후(萬古不朽)　영원히 썩지 아니하고 오래간다.

만고풍상(萬古風霜)　사는 동안에 겪은 많은 고생

만면수색(滿面愁色)　얼굴에 가득 찬 수심.

만사형통(萬事亨通)　일이 순탄하게 진행됨.

만사휴의(萬事休矣)　모든 방법이 헛되게 됨

만산홍엽(滿山紅葉)　온 산이 단풍으로 붉게 물듦.(가을 경치)

만시지탄(晩時之歎)　시기가 늦었음을 안타까워하는 탄식

만휘군상(萬彙群象)　우주의 수많은 현상

망극지은(罔極之恩)　다함이 없는 임금이나 부모의 큰 은혜

망년지우(忘年之友)　나이 차이를 생각하지 않고, 재주와 학문만으로 사귀는 친구.

망양보뢰(亡羊補牢)　소 잃고 외양간 고친다

망양지탄(亡羊之歎)　잃은 양을 여러 갈래의 길에서 찾지 못하듯, 학문의 길이 여러 갈래여서 못 미침을 탄식.

망운지정(望雲之情)　자식이 타향에서 부모를 그리는 정

망자계치(亡子計齒)　죽은 자식 나이 세기. 곧 이미 지나간 쓸데없는 일을 생각하며 애석히 여긴다는 뜻.

망지소조(罔知所措)　어찌할 바를 모르고 허둥지둥함

맥수지탄(麥秀之嘆)　나라를 잃음에 대한 탄식

맹모삼천(孟母三遷)　맹자의 어머니가 자식의 교육을 위해 이사를 세 번 했다는 말로 교육과 환경의 중요성.

맹인모상(盲人摸象)　장님 코끼리 만지기. 사물의 일부만 보고 전체의 결론을 내리는 좁은 견해.

면종복배(面從腹背)	앞에서는 순종하는 체하고 돌아서는 딴 마음을 먹음
멸사봉공(滅私奉公)	사사로움을 버리고 공공을 위하여 힘써 일함.
명경지수(明鏡止水)	거울과 같이 맑고 잔잔한 물. 마음이 고요하고 잡념이 없이 아주 맑고 깨끗함
명명백백(明明白白)	아주 명백함.
명실상부(名實相符)	이름과 실상이 서로 들어맞음
명심불망(銘心不忘)	마음에 새기어 잊지 않음.
명약관화(明若觀火)	불을 보는 듯이 환하게 분명히 알 수 있음
명재경각(命在頃刻)	거의 죽게 되어서 목숨이 곧 넘어갈 지경에 이름
모순당착(矛盾撞着)	앞뒤의 이치가 서로 맞지 않음 = 自家撞着
목불식정(目不識丁)	낫 놓고 기역자도 모를 만큼 아주 무식함
목불인견(目不忍見)	차마 눈뜨고 볼 수 없는 참상이나 꼴불견
몽매난망(夢寐難忘)	꿈에도 그리워 잊기가 어려움.
묘두현령(猫頭懸鈴)	고양이 목에 방울 달기라는 뜻으로 실행할 수 없는 헛 이론을 일컬음
무골호인(無骨好人)	아주 순하여 남의 비위에 두루 맞는 사람.
무근지설(無根之說)	근거 없는 이야기. 헛소문.
무념무상(無念無想)	아무 잡념이 없이 자기를 잊음.
무릉도원(武陵桃源)	신선이 살았다는 전설적인 중국의 명승지를 일컫는 말로 곧 속세를 떠난 별천지
무불간섭(無不干涉)	함부로 남의 일에 간섭함
무불통지(無不通知)	무슨 일이든 모르는 것이 없음.
무소불위(無所不爲)	못할 것이 없음
무아도취(無我陶醉)	즐기거나 좋아하는 것에 정신이 쏠려 취하다시피 되어 자신을 잊어버리고 있는 상태.
무용지물(無用之物)	쓸모 없는 물건.
무위도식(無爲徒食)	아무 하는 일 없이 먹기만 함
무의무탁(無依無托)	의지하고 의탁할 곳이 없음
무인지경(無人之境)	사람이 아무도 없는 경지.
무족지언비우천리(無足之言飛于千里)	발 없는 말이 천리 간다.
문 외 한(門 外 漢)	그 일에 관계없거나 전문가가 아닌 사람.
문경지교(刎頸之交)	목이 잘리는 한이 있어도 마음을 변치 않고 사귀는 친한 사이
문방사우(文房四友)	서재에 꼭 있어야 할 네 벗, 즉 종이, 붓, 벼루, 먹을 말함
문일지십(聞一知十)	한 가지를 들으매 열 가지를 앎. 총명하고 슬기가 뛰어남.
문전걸식(門前乞食)	집집이 돌아다니며 밥을 구걸함.
문전성시(門前成市)	권세가 크거나 부자가 되어 집문 앞이 찾아오는 손님들로 마치 시장을 이룬 것 같음
문전옥답(門前沃畓)	집 앞 가까이에 있는 좋은 논, 곧 많은 재산을 일컫는 말

문즉병불문즉약(聞則病不聞則藥) 들으면 병이요, 못 들으면 약이다.
물심일여(物心一如) 마음과 형체가 구분됨이 없이 하나로 일치한 상태
물외한인(物外閒人) 세상의 시끄러움에서 벗어나 한가하게 지내는 사람
미사여구(美辭麗句) 아름다운 말과 고운 글귀.
미생지신(尾生之信) 융통성이 없이 약속만을 굳게 지킴, 또는 우직함을 비유.
미연지전(未然之前) 아직 그렇게 되지 아니한
미인박명(美人薄命) 미인은 흔히 불행하거나 병약하여 요절하는 일이 많다는 말
미풍양속(美風良俗) 아름답고 좋은 풍속

ㅂ

박이부정(博而不精) 넓게 알고 있으나 자세하지 못함.
박장대소(拍掌大笑) 손바닥을 치면서 크게 웃음
반계곡경(盤溪曲徑) 정당하고 평탄한 방법으로 하지 아니하고 그릇되고 억지스럽게 함을 이르는 말.
반목질시(反目嫉視) 눈을 흘기면서 밉게 봄.
반식자우환(半識者憂患) 분명하게 알지 못하는 것은 도리어 근심거리가 된다.
반의지희(斑衣之戱) 지극한 효성
반포지효(反哺之孝) 자식이 자라서 부모를 봉양함.
발본색원(拔本塞源) 폐단의 근원을 찾아서 아주 뽑아 없애 버린다는 뜻.
발췌초록(拔萃抄錄) 여럿 가운데 뛰어난 것을 뽑아 간단히 적어 둔 것.
방약무인(傍若無人) 무엇을 하거나 말을 할 때 조금도 거리낌없고 조심성 없게 한다.
배수지진(背水之陣) 필승을 기하여 목숨을 걸고 싸움
배은망덕(背恩忘德) 은혜를 잊고 도리어 배반함
백가쟁명(百家爭鳴) 여러 사람이 서로 자기주장을 내세우는 일
백골난망(白骨難忘) 죽어도 잊지 못할 큰 은혜를 입음
백년가약(百年佳約) 젊은 남녀가 한 평생을 함께 살자는 언약.
백년대계(百年大計) 먼 뒷날까지 걸친 큰 계획
백년하청(百年河淸) 아무리 기다려도 가망 없는 사태가 바로 잡히기 어려움
백년해로(百年偕老) 부부가 화합하여 함께 늙도록 살아감
백락일고(伯樂一顧) 남이 자기 재능을 알고 잘 대우함
백면서생(白面書生) 글만 읽고 세상일에 어두운 사람
백문이불여일견(百聞而不如一見) 백번 듣는 것이 한번 보는 것만 같지 아니함.(경험의 중요성)
백발삼천장(白髮三千丈) 머리가 몹시 세었다는 것을 과장한 말. 즉 늙은 몸의 서글픔을 표시.
백의종군(白衣從軍) 벼슬하지 않고 전쟁에 종군함.
백의천사(白衣天使) 흰옷을 입은 간호사를 일컫는 말.

백 일 몽(白 日 夢)　대낮에 꿈을 꾸는 꿈으로 헛된 공상.
백절불굴(百折不屈)　아무리 꺾으려고 해도 굽히지 않음　百折不撓
백절불요(百折不撓)　백번 꺾어도 굽히지 않음　百折不屈
백중숙계(伯仲叔季)　伯은 맞이, 仲은 둘째, 叔은 셋째, 季는 막내라는 뜻으로 네 형제의 차례를 일컫는 말.
백중지간(伯仲之間)　둘의 우열에 차이가 없이 어금버금 맞서는 사이 = 難兄難弟
백중지세(伯仲之勢)　優劣의 차이가 없이 엇비슷함을 이르는 말　伯仲之間
백척간두(百尺竿頭)　위태롭고 어려운 지경에 이름
백척간두진일보(百尺竿頭進一步)　더욱 분발함을 뜻.
백팔번뇌(百八煩惱)　불교 용어로 인간이 과거, 현재, 미래에 걸친 108가지의 번뇌를 말함
백화난만(百花爛漫)　온갖 꽃이 활짝 피어 아름답게 흐드러짐
번문욕례(繁文縟禮)　번거롭고 까닭이 많으며, 형식에 치우친 禮文.
벌제위명(伐齊爲名)　어떤 일을 하는 척하면서 사실은 다른 일을 함.
본말전도(本末顚倒)　일의 원줄기를 잊고 사소한 부분에만 사로잡힘
부부유별(夫婦有別)　남편과 아내 사이에는 서로 일정한 침범하지 못할 구별이 있음.
부부자자(父父子子)　아버지는 아버지 노릇을 하고 아들은 아들 노릇을 함.
부위부강(夫爲婦綱)　아내는 남편을 섬기는 것이 근본이다
부위자강(父爲子綱)　아들은 아버지를 섬기는 것이 근본이다
부자유친(父子有親)　부자간에는 친애함이 있어야 함.
부전자전(父傳子傳)　아버지의 것이 아들에게 전해짐.
부중생어(釜中生魚)　솥 안에서 헤엄치는 물고기란 뜻으로 오래 계속되지 못할 일을 비유함
부창부수(夫唱婦隨)　남편이 창을 하면 아내도 따라 하는 것. 부부 화합의 도리
부화뇌동(附和雷同)　제 주견이 없이 남이 하는 대로 그저 무턱대고 따라 함
북창삼우(北窓三友)　북쪽 창가의 세 친구. 거문고와 시와 술을 일컬음
북풍한설(北風寒雪)　몹시 차고 추운 겨울 바람과 눈.
분골쇄신(粉骨碎身)　뼈는 가루가 되고 몸은 산산조각이 됨. 목숨을 걸고 최선을 다함
분서갱유(焚書坑儒)　학자의 정치 비평을 금하기 위해 책을 불사르고, 유생들을 생매장함.
불가사의(不可思議)　사람의 생각으로는 미루어 알 수 없는 이상야릇함.
불간지서(不刊之書)　영구히 전하여 없어지지 않는 良書.
불공대천지수(不共戴天之讐)　하늘 아래에 같이 살 수 없는 원수. 어버이의 원수
불립문자(不立文字)　마음에서 마음으로 전함.　以心傳心, 教外別傳, 心心相印
불망지은(不忘之恩)　잊지 못할 은혜.
불면불휴(不眠不休)　자지도 않고 쉬지도 않는다는 뜻. 조금도 쉬지 않고 애써 일함

불모지지(不毛之地)	초목이 나지 않는 메마른 땅.
불문가지(不問可知)	묻지 않아도 알 수 있음.
불문곡직(不問曲直)	옳고 그름을 가리지 않고 함부로 일을 처리함
불벌부덕(不伐不德)	자기의 공적을 뽐내지 않음.
불세지재(不世之才)	대대로 드문 큰 재주, 세상에 드문 큰 재주.
불요불굴(不撓不屈)	한번 결심한 마음이 흔들거리거나 굽힘이 없이 어셈.
불원천리(不遠千里)	천리도 멀지 않게 생각함.
불철주야(不撤晝夜)	밤낮을 가리지 않음
불초지부(不肖之父)	어리석은 아버지
불치하문(不恥下問)	아래 사람에게 배우는 것을 부끄럽게 여기지 않음
붕우유신(朋友有信)	벗과 벗은 믿음이 있어야 한다
붕정만리(鵬程萬里)	붕새가 날아가는 하늘길이 만리로 트임. 곧 전도가 지극히 양양한 장래.
비례물시(非禮勿視)	예의에 어긋나는 일은 보지를 말라는 뜻.
비몽사몽(非夢似夢)	꿈인지 생시인지 어렴풋한 상태.
비분강개(悲憤慷慨)	슬프고 분한 느낌이 마음 속에 가득 차 있음
비비유지(比比有之)	드물지 않음
비육지탄(髀肉之嘆)	성공할 기회를 잃고 허송세월 하는 것을 탄식.
비일비재(非一非再)	하나 둘이 아님.(수두룩함.)
빈천지교(貧賤之交)	가난하고 천한 지위에 있을 때의 사귐.
빙공영사(憑公營私)	공사를 이용하여 사리를 꾀한다.
빙탄불상용(氷炭不相容)	얼음과 숯이 서로 용납 못함. 군자와 소인이 같이 있지 못함
빙탄지간(氷炭之間)	얼음과 숯의 차이 정도로 둘이 서로 어긋나 맞지 않는 사이.

ㅅ

사고무친(四顧無親)	친척이 없어 의지할 곳 없이 외로움 四顧無人
사군이충(事君以忠)	충성으로 임금을 섬김.
사면초가(四面楚歌)	한 사람도 도우려는 자가 없이 고립되어 곤경에 처해 있음
사면춘풍(四面春風)	모든 방면에 봄바람이 분다. 항상 좋은 얼굴로 남을 대하여 누구에게나 호감을 삼
사분오열(四分五裂)	여러 쪽으로 찢어짐 어지럽게 분열됨
사불급설(駟不及舌)	소문이 삽시간에 퍼짐. 말조심하라는 뜻.
사불여의(事不如意)	일이 뜻대로 되지 않음.
사상누각(砂上樓閣)	모래 위에 지은 집. 곧 헛된 것을 비유하는 말
사생관두(死生關頭)	죽느냐 사느냐의 위태한 고비.
사생취의(捨生取義)	목숨을 버리고 의리를 좇음.
사친이효(事親以孝)	효도로 부모를 섬김.
사통오달(四通五達)	길이나 교통망 통신망 등이 사방으로 막힘 없이 통함

사필귀정(事必歸正) 무슨 일이든지 결국은 옳은 대로 돌아간다는 뜻
사후약방문(死後藥方文) 이미 시기를 놓쳤음.
산고수장(山高水長) 군자의 덕이 길이길이 전함.
산궁수진(山窮水盡) 막다른 골목의 경우.
산상수훈(山上垂訓) 예수가 산꼭대기에서 행한 설교. 예수의 사랑의 윤리가 표현되어 있음
산자수명(山紫水明) 산이 아름답고 물이 맑음. 경치가 아름다움
산전수전(山戰水戰) 산에서의 전투와 물에서의 전투를 다 겪음. 세상일에 경험이 많음
산해진미(山海珍味) 산과 바다의 産物을 다 갖추어 썩 잘 차린 귀한 음식
살생유택(殺生有擇) 산 것을 가려서 죽임.
살신성인(殺身成仁) 절개를 지켜 목숨을 버림
삼간초가(三間草家) 세 간이 되는 초가. 썩 작은 집.
삼강오륜(三綱五倫) 유교에 있어서 사람들이 지켜야 할 도리.
삼고초려(三顧草廬) 유비가 제갈공명을 세 번이나 찾아가 군사로 초빙한 데서 유래한 말로 임금의 두터운 사랑을 입다라는 뜻
삼 매 경(三 昧 境) 오직 한 가지 일에만 몰두한 경지.
삼순구식(三旬九食) 한 달에 아홉 끼를 먹을 정도로 매우 빈궁한 생활
삼 익 우(三 益 友) 매화, 대나무, 돌
삼인성호(三人成虎) 세 사람이 호랑이를 만들 수 있음. 거짓말이라도 여럿이 말하면 참말로 듣는다는 뜻
삼인행필유아사언(三人行必有我師焉) 세 사람이 가면 반드시 스승으로 삼아 배울 만한 사람이 있음.
삼일유가(三日遊街) 과거에 급제한 사람이 사흘 동안 온 거리로 돌아다님
삼종지도(三從之道) 여자가 지켜야 할 세 가지 도리. 곧 어버이, 남편, 아들을 좇는 일.
삼척동자(三尺童子) 키가 석 자에 불과한 자그만 어린애. 곧 어린아이
삼천지교(三遷之敎) 맹자의 어머니가 아들의 교육을 위하여 세 번 거처를 옮겼다는 고사로 생활환경이 교육에 있어 큰 구실을 함을 말함. 孟母三遷之敎
삼한사온(三寒四溫) 우리 나라의 겨울 날씨로, 삼일은 춥고, 나흘은 따뜻한 날씨.
상가지구(喪家之狗) 초상집 개 초상집은 슬픔에만 잠겨 아무 것에도 관심이 없는 것처럼, 여위고 기운 없이 초라한 모양으로 이곳저곳 기웃거리며 얻어먹을 것만 찾아다니는 사람을 놀려서 하는 말.
상전벽해(桑田碧海) 뽕나무밭이 변하여 바다가 된다. 세상일의 변천이 심하여 사물이 바뀜. 滄海桑田
상탁하부정(上濁下不淨) 윗물이 맑아야 아랫물도 맑다.
상하탱석(上下撐石) 윗돌 빼서 아랫돌 괴고, 아랫돌 빼서 윗돌 괴기. 곧 일이 몹

	시 꼬이는데 임시변통으로 견디어 나감을 이르는 말.
새옹지마(塞翁之馬)	세상일은 복이 될지 화가 될지 예측할 수 없다는 말.
생구불망(生口不網)	산 사람의 목구멍에 거미줄 치지 않는다는 말
생이지지(生而知之)	나면서부터 앎.
서동부언(胥動浮言)	거짓말을 퍼뜨려 민심을 선동함
석불반면(石佛反面)	돌부처가 얼굴을 돌린다는 뜻으로, 아주 미워하고 싫어함을 비유하여 이르는 말.
선견지명(先見之明)	앞일을 미리 보아서 판단하는 총명
선공후사(先公後私)	공적인 일을 먼저하고 사적인 일을 뒤로 미룸
선남선녀(善男善女)	착한 남자와 여자.(보통의 사람)
선우후락(先憂後樂)	세상의 근심할 일은 남보다 먼저 근심하고, 즐거워할 일은 남보다 나중에 즐거워함. 곧 志士나 어진 사람의 마음씨
선자옥질(仙姿玉質)	용모가 아름답고 재질도 뛰어남
선풍도골(仙風道骨)	뛰어난 풍채와 골격
설망어검(舌芒於劍)	혀는 칼보다 날카로움.
설부화용(雪膚花容)	① 흰 살결에 고운 얼굴 ② 미인의 얼굴
설상가상(雪上加霜)	눈 위에 또 서리가 덮인다. 불행이 엎친 데 덮친 격으로 거듭 생김.
설왕설래(說往說來)	서로 辯論을 주고받으며 옥신각신함
섬섬옥수(纖纖玉手)	가냘프고 고운 여자의 손
성년부중래(盛年不重來)	젊은 시절은 거듭 오지 아니하니, 젊은 시절에 시간을 아껴 공부하라는 뜻.
세한삼우(歲寒三友)	겨울철 관상용인 소나무, 대나무, 매화나무.
소년이로학난성(少年易老學難成)	소년은 늙기 쉽고 학문은 배우기 어려우니 젊을 때에 학문에 힘을 써라.
소문만복래(笑門萬福來)	웃는 집에 온갖 복이 옴.
소탐대실(小貪大失)	작은 것을 탐내다가 큰 것을 잃음.
속수무책(束手無策)	어찌 할 도리 없이 꼼짝 못 함
송구영신(送舊迎新)	묵은 해를 보내고 새해를 맞음
수구초심(首邱初心)	여우가 죽을 때 고향 쪽으로 머리를 둔다. 고향을 생각하는 마음
수명장수(壽命長壽)	수명이 길어 오래도록 삶.
수복강녕(壽福康寧)	오래 살고 복되며, 몸이 건강하고 편안함
수부석권(手不釋卷)	늘 공부를 게을리 하지 않음.
수서양단(首鼠兩端)	어떤 일을 할 때 꾸밋거리고 주저하여 실행하지 못함.
수수방관(袖手傍觀)	팔짱을 끼고 본다. 어떤 일을 당하여 옆에서 보고만 있는 것
수신제가(修身齊家)	행실을 닦고 집안을 바로 잡음
수심가지 인심난지(水深可知 人心難知)	물의 깊이는 알 수 있으나 사람의 속마음은 헤아리기가 어렵다는 뜻

수어지교(水魚之交)　떨어질 수 없는 아주 친밀한 사이.　君臣水魚

수욕정이풍불지(樹欲靜而風不止)　부모님께 효도하고 싶어도 이미 돌아가시고 안 계시어 봉양 못함.

수원수구(誰怨誰咎)　남을 원망하거나 책망할 것이 없음

수족지애(手足之愛)　형제지간의 정.

수주대토(守株待兎)　달리 변통할 줄 모르고 어리석게 한 가지만 기다리는 융통성 없는 일

수지청즉무어(水至淸則無魚)　물이 너무 맑으면 고기가 살지 않음.

순망치한(脣亡齒寒)　입술이 없으면 이가 시리다. 자기가 의지하던 사람이 없으면 다른 한쪽도 위험하다는 뜻.

순치지세(脣齒之勢)　입술과 이처럼 서로 의지하는 관계.

승승장구(乘勝長驅)　싸움에서 이긴 기세를 타고 계속 적을 몰아침.

시비곡직(是非曲直)　옳고 그르고 굽고 곧음.

시시각각(時時刻刻)　시간이 흐름에 따라 시각마다.

시시비비(是是非非)　옳고 그름을 가리어 밝힘

시종여일(始終如一)　처음이나 나중이 한결같아서 변함없음.

시종일관(始終一貫)　처음과 끝이 같음

식불이미(食不二味)　음식을 잘 차려 먹지 아니함

식소사번(食少事煩)　먹을 것은 적고 할 일은 많음

식자우환(識字憂患)　아는 것이 탈이라는 말로 학식이 있는 것이 도리어 근심을 사게 됨을 말함

신상필벌(信賞必罰)　공이 있는 사람에게 반드시 상을 주고, 죄가 있는 사람에게는 반드시 벌을 줌

신언서판(身言書判)　사람됨을 판단하는 네 가지 기준. 身手와 말씨와 문필과 판단력을 일컬음

신출귀몰(神出鬼沒)　귀신과 같이 홀연히 나타났다가 홀연히 사라짐. 자유자재로 출몰하여 그 변화를 헤아릴 수 없는 일

실리추구(實利追求)　현실적인 이익을 추구함

실천궁행(實踐躬行)　말로 하지 않고 실천하며, 남에게 시키지 않고 몸소 행함.

심기일전(心機一轉)　어떤 계기로 그 전까지의 생각을 뒤집듯이 바꿈

심사숙고(深思熟考)　깊이 생각하고 곧 신중을 기하여 곰곰이 생각함

심심상인(心心相印)　마음에서 마음으로 전함.　以心傳心, 不立文字, 敎外別傳

십년지계(十年之計)　십년의 큰 계획(나무를 심는 일).

십년지기(十年知己)　여러 해 친하게 사귀어 온 친구.

십맹일장(十盲一杖)　열 소경에 한 막대기. 어떠한 사물이 여러 곳에 다 같이 긴요하게 쓰임을 가리키는 말.

십목소시(十目所視)　모든 사람이 다 보고 있어 세상 사람을 속일 수 없음.

십벌지목(十伐之木)　열 번 찍어 안 넘어가는 나무가 없다는 뜻.

십상팔구(十常八九)	열이면 여덟이나 아홉은 그러함
십시일반(十匙一飯)	열 사람이 한 술씩 보태면 한사람 먹을 분량이 된다. 여러 사람이 힘을 합하면 한 사람을 돕기는 쉽다는 말
십일지국(十日之菊)	국화는 9월 9일이 절정이므로 이미 때가 늦었다는 말
십전구도(十顚九倒)	여러 가지 고생을 겪음.

ㅇ

아비규환(阿鼻叫喚)	지옥 같은 고통에 못 견디어 구원을 부르짖는 소리. 심한 참상을 말함
아전인수(我田引水)	제 논에 물대기. 자기에게 유리하도록 행동하는 것
안고수비(眼高手卑)	눈은 높으나 손은 낮음. 곧 교만하여 사람들을 업신여김.
안분지족(安分知足)	편한 마음으로 제 분수를 지키며 만족을 앎 安貧樂道
안빈낙도(安貧樂道)	구차한 중에도 편한 마음으로 도를 즐김 = 安分知足
안여태산(安如泰山)	편안하기가 태산과 같음.
안중무인(眼中無人)	자기밖에 없듯 교만하여 사람을 업신여김.= 眼下無人
안하무인(眼下無人)	눈 아래 사람이 없음. 곧 교만하여 사람을 업신여김
암중모색(暗中摸索)	물건을 어둠 속에서 더듬어 찾음, 즉 어림으로 추측함
암중비약(暗中飛躍)	비밀한 가운데 맹렬히 활동함
애매모호(曖昧模糊)	사물의 이치가 희미하고 분명치 않음
애이불비(哀而不悲)	속으로는 슬퍼하지만 겉으로는 슬픔을 나타내지 아니함
애지중지(愛之重之)	매우 사랑하고 귀중히 여김.
약방감초(藥房甘草)	무슨 일이나 빠짐없이 끼임. 반드시 끼어야 할 사물
약육강식(弱肉强食)	약한 놈이 강한 놈에게 먹힘
양두구육(羊頭狗肉)	양의 머리를 내걸고 개고기를 판다. 겉은 훌륭하나 속은 변변치 못함.
양상군자(梁上君子)	들보 위에 있는 군자라는 뜻으로 도둑을 美化한 말
양수겸장(兩手兼將)	하나의 표적에 대하여 두 방향에서 공격해 들어감
양약고어구 이어병(良藥苦於口 利於病)	좋은 약은 입에 쓰나 병 치료에 이롭다.
양호유환(養虎遺患)	호랑이를 길러 근심을 남김. 스스로 화를 자초했다는 뜻
어두육미(魚頭肉尾)	물고기는 머리 부분이, 짐승은 꼬리가 맛있다는 뜻.
어로불변(魚魯不辨)	'魚'자와 '魯'자를 구별하지 못함. 매우 무식함.
어부지리(漁父之利)	도요새가 조개를 쪼아 먹으려다가 둘 다 물리어 서로 다투고 있을 때 어부가 와서 둘을 잡아갔다는 고사에서 나온 말. 둘이 다투는 사이에 제삼자가 이득을 보는 것. 犬兎之爭
어불성설(語不成說)	말이 이치에 맞지 않음
언문일치(言文一致)	실제로 쓰는 말과 글이 꼭 같음.
언어도단(言語道斷)	어처구니가 없어 할 말이 없음
언중유골(言中有骨)	예사로운 말속에 깊은 뜻이 있는 것을 말함

언즉시야(言則是也)	말이 사리에 맞음.
언행일치(言行一致)	말과 행동이 일치함.
엄동설한(嚴冬雪寒)	눈이 오는 몹시 추운 겨울.
여 반 장(如 反 掌)	손바닥을 뒤집는 것. 매우 쉬운 일
여단수족(如斷手足)	손발이 끊어진 것처럼 의지할 곳이 없음
여리박빙(如履薄氷)	엷은 얼음을 밟는 듯 매우 위험한 것을 뜻함
여세추이(如世推移)	세상이 변하는 대로 따라 변함
역발산기개세(力拔山氣蓋世)	산을 뽑고 세상을 덮을 만한 웅대한 기운
역지사지(易地思之)	처지를 바꾸어 생각함
연모지정(戀慕之情)	사랑하여 그리워하는 정
연목구어(緣木求魚)	나무에 올라가 고기를 구함. 불가능한 일을 하고자 할 때를 비유
연전연승(連戰連勝)	싸울 때마다 번번이 이김
염량세태(炎凉世態)	권세가 있을 때는 붙좇고, 권세가 없어지면 푸대접하는 세속의 인심
염화미소(拈華微笑)	마음에서 마음으로 전함　拈華示衆
염화시중(拈華示衆)	마음에서 마음으로 전함
오리무중(五里霧中)	오리나 되는 안개 속과 같이 희미하고 애매하여 길을 찾기 어려움의 비유
오매불망(寤寐不忘)	밤낮으로 자나깨나 잊지 못함
오불관언(吾不關焉)	나는 상관하지 아니함
오비삼척(吾鼻三尺)	내 코가 석자다.
오비이락(烏飛梨落)	까마귀 날자 배 떨어진다. 우연의 일치로 남의 의심을 받는 것
오상고절(傲霜孤節)	서릿발 날리는 추위에도 굴하지 않고 외로이 지키는 절개. 국화를 말함
오십보백보(五十步百步)	양자 간에 차이는 있으나 본질적으로 같다는 뜻
오월동주(吳越同舟)	오나라 사람과 월나라 사람이 한 배를 탐. 사이가 좋지 못한 사람끼리도 자기의 이익을 위해서는 행동을 같이 함
오장육부(五臟六腑)	내장의 총칭
오풍십우(五風十雨)	기후가 매우 순조로운 것. 또는 세월이 평화로움.
오합지중(烏合之衆)	까마귀 떼와 같이 조직도 훈련도 없이 모인 무리
옥골선풍(玉骨仙風)	뛰어난 풍채와 골격
온고이지신(溫故而知新)	옛것을 익히어 새것을 앎. 溫故知新
와신상담(臥薪嘗膽)	섶에 누워 쓸개를 씹는다는 뜻으로 원수를 갚고자 고생을 참고 견딤
왈가왈부(日可日否)	옳거니 그르니 하고 말함.
외유내강(外柔內剛)	겉으로 보기에는 부드러우나 속은 꿋꿋하고 강함

외허내실(外虛內實)	겉으로는 보잘 것 없으나 속으로는 충실함.
요령부득(要領不得)	요령을 잡을 수가 없음
요산요수(樂山樂水)	智者樂水 仁者樂山의 준말. 지혜 있는 자는 사리에 통달하여 물과 같이 막힘이 없으므로 물을 좋아하고, 어진 자는 의리에 밝고 산과 같이 중후하여 변하지 않으므로 산을 좋아한다는 뜻
요조숙녀(窈窕淑女)	마음씨가 얌전하고 자태가 아름다운 여자
요지부동(搖之不動)	흔들어도 꼼짝 않음
욕속부달(欲速不達)	일을 속히 하고자 하면 도리어 이루지 못함.
용두사미(龍頭蛇尾)	시초는 굉장하고 훌륭하나 끝이 흐지부지하고 좋지 않음.
용미봉탕(龍尾鳳湯)	맛이 썩 좋은 음식을 가리키는 말.
용사비등(龍蛇飛騰)	용과 뱀이 나는 것과 같이 글씨가 힘참
우공이산(愚公移山)	우공이라는 사람이 꾸준하게 끝까지 한다면 산을 옮기는 일도 가능하다고 했다는 고사에서 온 말.
우문현답(愚問賢答)	어리석은 질문에 현명한 대답
우수마발(牛溲馬勃)	쇠 오줌과 말 똥, 곧 별반 대수롭지 않은 물건을 뜻함
우왕좌왕(右往左往)	방향을 정하지 못하고 오락가락함.
우유부단(優柔不斷)	어물어물하기만 하고 딱 잘라 결단을 하지 못함
우이독경(牛耳讀經)	쇠 귀에 경 읽기
우후죽순(雨後竹筍)	비온 뒤에 죽순이 나듯 어떤 일을 한 때 많이 일어나는 것
운상기품(雲上氣稟)	속됨을 벗어난 고상한 기질과 성품
원천우인(怨天尤人)	하늘을 원망하고 사람을 탓함.
원화소복(遠禍召福)	화를 멀리하고 복을 불러들임
월태화용(月態花容)	달 같은 태도와 꽃 같은 얼굴
위기일발(危機一髮)	거의 여유가 없는 위급한 순간
위편삼절(韋編三絕)	공자가 읽던 책 끈이 세 번이나 끊어졌다는 것에서 유래한 것으로 열심히 공부한다는 뜻
유구무언(有口無言)	입은 있으나 말이 없다는 뜻으로 변명을 못함을 이름
유만부동(類萬不同)	모든 것이 서로 같지 아니함
유명무실(有名無實)	이름뿐이고 실상은 없음
유비무환(有備無患)	미리 준비가 있으면 뒷걱정이 없다는 뜻
유아독존(唯我獨尊)	이 세상에는 나보다 더 높은 사람이 없다고 뽐냄
유야무야(有耶無耶)	있는지 없는지 모르게 희미함
유언비어(流言蜚語)	근거 없는 좋지 못한 말
유유상종(類類相從)	같은 패끼리 왕래하여 사귐
유유자적(悠悠自適)	속세를 떠나 아무 속박 없이 조용하고 편안하게 삶
유일무이(唯一無二)	오직 하나 뿐 둘도 없음.
유종지미(有終之美)	끝맺음을 잘 마무리하는 것

윤회전생(輪回轉生)	생사를 반복 해감을 말함.
은인자중(隱忍自重)	괴로움을 참고 몸가짐을 조심함
을축갑자(乙丑甲子)	갑자을축이 바른 차례인데 그 차례가 바뀜과 같이 일이 제대로 안되고 순서가 바뀜
음덕양보(陰德陽報)	남모르게 덕을 쌓은 사람은 뒤에 그 보답을 절로 받음
음지전양지변(陰地轉陽地變)	음지도 양지로 될 때가 있음
음풍농월(吟風弄月)	맑은 바람과 밝은 달을 노래함. 풍류를 즐긴다는 뜻
의기충천(意氣衝天)	의기가 하늘을 찌를 듯함.
이관규천(以管窺天)	대롱을 통해 하늘을 봄. 우물 안 개구리
이구동성(異口同聲)	입은 다르되 소리가 같음.
이독제독(以毒制毒)	독을 없애는데 다른 독을 사용함.
이란격석(以卵擊石)	계란으로 바위치기. 즉, 약한 것으로 강한 것을 당해 내려는 어리석음을 비유.
이상동몽(異床同夢)	다른 처지에서 같은 뜻을 가짐의 비유.
이실직고(以實直告)	참으로써 바로 고함.
이심전심(以心傳心)	말을 하지 않더라도 서로 마음이 통하여 앎
이여반장(易如反掌)	쉽기가 손바닥 뒤집는 것과 같음
이열치열(以熱治熱)	열로써 열을 다스림
이왕지사(已往之事)	이미 지나간 일.
이율배반(二律背反)	꼭 같은 근거를 가지고 정당하다고 주장되는 서로 모순되는 두 명제, 또는 그 관계.
이인동심(二人同心)	절친한 친구 사이
이하부정관(李下不整冠)	자두나무 아래서는 갓을 고쳐 쓰지 말라는 뜻으로 남에게 의심받을 일을 하지 않도록 주의하라는 말
이현령비현령(耳懸鈴鼻懸鈴)	귀에 걸면 귀걸이, 코에 걸면 코걸이. 즉 이렇게도 저렇게도 될 수 있음
익자삼우(益者三友)	사귀어 보탬이 되는 세 벗으로 정직한 사람, 신의 있는 사람, 학식 있는 사람 등을 말함
인과응보(因果應報)	좋은 일에는 좋은 결과가, 나쁜 일에는 나쁜 결과가 따름
인 내 천(人 乃 天)	사람이 곧 하늘.
인면수심(人面獸心)	얼굴은 사람이나 마음은 짐승과 다름없는 사람.
인명재천(人命在天)	사람의 목숨은 하늘에 달렸다.
인산인해(人山人海)	사람이 헤아릴 수 없이 많이 모였음을 뜻하는 말.
인생무상(人生無常)	인생이 덧없음을 이르는 말
인인성사(因人成事)	남의 힘으로 일을 이룸
인자무적(仁者無敵)	어진 사람에게는 적이 없음
인지상정(人之常情)	인간으로서 가지는 보통의 인정.
일각여삼추(一刻如三秋)	일각이 삼년같다 함은 시간이 너무 지루하다는 뜻.

일각천금(一刻千金)	극히 짧은 시간도 천금 같이 귀중하고 아까움.
일거양득(一擧兩得)	한 가지 일을 하여 두 가지의 이득을 봄. 一石二鳥
일도양단(一刀兩斷)	한칼로 쳐서 둘에 냄. 머뭇거리지 않고 일이나 행동을 선뜻 결정함의 비유.
일망무제(一望無際)	아득하게 멀고 넓어서 끝이 없음
일망타진(一網打盡)	한꺼번에 모조리 다 잡음
일목요연(一目瞭然)	첫눈에도 똑똑하게 알 수 있음
일문일답(一問一答)	한 가지 물음에 한 가지 대답을 함.
일보불양(一步不讓)	남에게 한 걸음도 양보하지 않음
일부일처(一夫一妻)	한 남편에 한 아내만 있음.
일사불란(一絲不亂)	질서 정연하여 조금도 흔들림이 없음.
일사천리(一瀉千里)	말이나 일의 진행이 거침없이 빨리 죽죽 나감의 비유.
일석이조(一石二鳥)	한 가지 일이 두 가지 이로움을 얻음의 비유.
일시동인(一視同仁)	모두를 평등하게 보아 똑같이 사랑함
일신우일신(日新又日新)	날로 새로워짐
일심동체(一心同體)	한 마음 한 몸. 곧 굳은 결속.
일어탁수(一魚濁水)	물고기 한 마리가 큰 물을 흐리게 하듯 한 사람의 악행으로 인하여 여러 사람이 그 해를 받게 되는 것을 뜻함
일언반사(一言半辭)	한 마디나 반 마디의 말.
일언이폐지(一言以蔽之)	한마디로 말로 능히 전체의 뜻을 다함.
일언지하(一言之下)	말 한마디로 끊음. 한마디로 딱 잘라 말함
일엽지추(一葉知秋)	사물의 일단을 앎으로써 대세를 미루어 안다는 말
일엽편주(一葉片舟)	한 척의 조그마한 쪽배란 뜻.
일일삼추(一日三秋)	하루가 3년처럼 길게 느껴짐, 즉 몹시 애태우며 기다림
일일여삼추(一日如三秋)	하루가 삼년같이 지루함.
일장춘몽(一場春夢)	인생의 榮華는 한바탕의 봄꿈과 같이 헛됨
일조일석(一朝一夕)	하루아침 하루 저녁. 짧은 시간의 비유.
일촉즉발(一觸卽發)	조금만 닿아도 곧 폭발할 것 같은 모양. 막 일이 일어날 듯 한 위험한 지경.
일촌광음(一寸光陰)	아주 짧은 시간.
일취월장(日就月將)	날마다 달마다 발전함.
일패도지(一敗塗地)	여지없이 패배하여 다시 일어날 수가 없음.
일편단심(一片丹心)	한 조각의 붉은 마음으로 정성, 진심을 뜻함
일필휘지(一筆揮之)	단숨에 글씨나 그림을 줄기차게 쓰거나 그림
일확천금(一攫千金)	힘 안 들이고 한꺼번에 많은 재물을 얻음
임기응변(臨機應變)	그때그때의 일의 형편에 따라서 변통성 있게 처리함
임시방편(臨時方便)	필요에 따라 그 때 그 때 정해 일을 쉽고 편리하게 치를 수 있는 수단

임전무퇴(臨戰無退)　　싸움에 임하여 물러섬이 없음
입이출구(入耳出口)　　귀로 듣고 입으로 금방 말함. 말을 금방 옮긴다는 뜻.

ㅈ

자가당착(自家撞着)　　자기의 언행이 전후 모순되어 들어맞지 않음
자강불식(自强不息)　　스스로 힘쓰고 쉬지 아니함
자격지심(自激之心)　　제가 한 일에 대하여 스스로 미흡한 생각을 가짐
자고이래(自古以來)　　예로부터 지금까지.
자괴지심(自愧之心)　　스스로 부끄럽게 여기는 마음
자문자답(自問自答)　　제가 묻고 제가 대답함.
자수성가(自手成家)　　물려받은 재산이 없는 사람이 자신의 힘으로 한 살림을 이룩함.
자승자박(自繩自縛)　　자기의 줄로 자기를 묶는다는 말로 자기가 자기를 망치게 한다는 뜻
자아성찰(自我省察)　　자기의 마음을 반성하여 살핌
자업자득(自業自得)　　佛敎에서, 제가 저지른 일의 果報를 제 스스로 받음을 이르는 말
자연도태(自然淘汰)　　자연적으로 환경에 맞는 것은 있게 되고 그렇지 못한 것은 없어짐
자작지얼(自作之孼)　　자기가 저지른 일로 인해 생기게 된 재앙. 自繩自縛.
자중지란(自中之亂)　　같은 패 안에서 일어나는 싸움
자초지종(自初至終)　　처음부터 끝까지의 동안이나 일.
자포자기(自暴自棄)　　절망 상태에 빠져서, 스스로 자신을 포기하여 돌아보지 아니함
자화자찬(自畵自讚)　　자기가 그린 그림을 칭찬한다는 말로 자기의 행위를 칭찬함
작심삼일(作心三日)　　한번 결심한 것이 사흘을 가지 않음. 곧 결심이 굳지 못함
장부일언중천금(丈夫一言重千金)　　약속을 이행하지 않을 때 나무라는 말.
장삼이사(張三李四)　　張氏의 三男과 李氏의 四男이란 뜻으로 평범한 사람을 가리킴
장유유서(長幼有序)　　어른과 아이는 차례가 있음.
장장하일(長長夏日)　　기나긴 여름 날.
장주지몽(莊周之夢)　　莊周라는 사람이 꿈에 나비가 되었는데, 실제 자신이 누구인지 알지 못했다는 고사.　胡蝶之夢
재자가인(才子佳人)　　재주 있는 젊은이와 아름다운 여자.
적반하장(賊反荷杖)　　도둑이 도리어 매를 든다는 뜻으로 잘못한 사람이 도리어 잘한 사람을 나무라는 모습
적수공권(赤手空拳)　　맨손과 맨주먹, 즉 아무 것도 가진 것이 없다라는 뜻
적자생존(適者生存)　　생물이 외계의 형편에 맞는 것은 살고 그렇지 못한 것은 전

멸하는 현상.

적재적소(適材適所) 알맞은 자리에 알맞은 인재를 등용함.

적진성산(積塵成山) 티끌 모아 태산

전광석화(電光石火) ① 극히 짧은 시간 ② 썩 빠른 동작

전대미문(前代未聞) 지금까지 들어본 일이 없는 새로운 일을 이르는 말.

전도양양(前途洋洋) 앞길이 바다와 같음. 장래가 매우 밝음

전도요원(前途遙遠) 앞으로 갈 길이 아득히 멂. 목적한 바에 이르기에는 아직도 멂.

전무후무(前無後無) 그전에도 없었고 앞으로도 없음.

전원장무(田園將蕪) 논밭과 동산이 황무지가 됨

전인미답(前人未踏) ① 이제까지의 세상 사람 그 누구도 가보지 못함. ② 이제까지의 세상 사람이 아무도 해보지 못함.

전전긍긍(戰戰兢兢) 매우 두려워하여 겁내는 모양

전전반측(輾轉反側) 이리저리 뒤척이며 잠을 이루지 못함

전정만리(前程萬里) 나이가 젊어 장래가 유망함

전화위복(轉禍爲福) 화를 바꾸어 복으로 한다. 궂은 일을 당하였을 때 그것을 잘 처리하여 좋은 일이 되게 하는 것

절차탁마(切磋琢磨) 학문과 덕행을 닦음을 가리키는 말

절치부심(切齒腐心) 몹시 분하여 이를 갈면서 속을 썩임.

점입가경(漸入佳境) 점점 더 재미있는 경지로 들어감.

정문일침(頂門一鍼) 정수리에 침을 준다. 잘못의 급소를 찔러 충고하는 것

정저지와(井底之蛙) 우물 안 개구리, 견문이 좁고 세상 물정을 모름

제세지재(濟世之才) 세상을 구제할 만한 뛰어난 인물.

제자백가(諸子百家) 춘추 전국시대의 학자와 학설.

조강지처(糟糠之妻) 가난을 참고 고생을 같이하며 남편을 섬긴 아내

조령모개(朝令暮改) 법령을 자꾸 바꿔서 종잡을 수 없음을 비유하는 말

조변석개(朝變夕改) 아침에 고치고 저녁에 또 고침. 일을 자주 뜯어고침

조불려석(朝不慮夕) 아침에 저녁 일을 헤아리지 못함. 당장에 걱정할 뿐이고 바로 그 다음을 돌아볼 겨를이 없음.

조삼모사(朝三暮四) ① 간사한 꾀로 사람을 속여 희롱함 ② 눈앞에 당장 나타나는 차별만을 알고 그 결과가 같음을 모름

조족지혈(鳥足之血) 새 발의 피라는 뜻으로 물건의 적음을 나타내는 말

종두득두(種豆得豆) 원인에 따라 결과가 나옴.

좌고우면(左顧右眄) 좌우를 자주 둘러본다. 무슨 일에 얼른 결정을 짓지 못함을 비유함.

좌불안석(坐不安席) 불안. 초조. 공포 따위로 한자리에 진득하게 앉아 있지 못함.

좌정관천(坐井觀天) 우물 안 개구리. 세상 물정을 너무 모름

좌지우지(左之右之) ① 제 마음대로 자유롭게 처리함 ② 남을 마음대로 지휘함

좌충우돌(左衝右突)	이리저리 마구 치고 받음
주객전도(主客顚倒)	주인은 손님처럼 손님은 주인처럼 행동을 함. 입장이 뒤바뀐 것
주경야독(晝耕夜讀)	낮에는 밭 갈고 밤에는 글 읽음.
주마가편(走馬加鞭)	달리는 말에 채찍을 더한다는 뜻으로 잘하는 사람에게 더 잘하도록 함
주마간산(走馬看山)	말을 달리면서 산을 본다는 말로 바빠서 자세히 보지 못하고 지나침을 뜻함
주야장천(晝夜長川)	밤낮으로 쉬지 않고 늘 잇달음
주지육림(酒池肉林)	호화를 극한 굉장한 술잔치로 호화로운 생활을 뜻함
죽마고우(竹馬故友)	죽마를 타고 놀던 벗, 곧 어릴 때 같이 놀던 친한 친구
죽장망혜(竹杖芒鞋)	① 대지팡이와 짚신 ② 가장 간단한 보행이나 여행의 차림
중과불적(衆寡不敵)	적은 수효로는 많은 수효를 대적하지 못한다는 뜻
중구난방(衆口難防)	뭇사람의 말을 이루 다 막기는 어렵다는 뜻.
중농주의(重農主義)	국가의 부의 기초는 농업에 있다는 경제 사상
중언부언(重言復言)	한 말을 자꾸 되풀이 함
중용지도(中庸之道)	마땅하고 떳떳한 도리. 극단에 치우치지 않고 평범함.
중원축록(中原逐鹿)	중원은 중국 또는 천하를 말하며 축록은 서로 경쟁한다는 말. 영웅들이 다투어 천하는 얻고자 함을 뜻함
중인환시(衆人環視)	많은 사람들이 둘러서서 봄
즐풍목우(櫛風沐雨)	어지러운 세상에서 어려움과 고생을 참고 견디며 일에 골몰한다는 말.
지기지우(知己之友)	서로 뜻이 통하는 친한 벗
지동지서(之東之西)	동으로 갔다 서로 갔다 함. 곧, 어떤 일에 주관이 없이 갈팡질팡함을 이르는 말.
지록위마(指鹿爲馬)	중국 秦나라의 趙高가 二世皇帝에게 사슴을 말이라고 속여 바친 일에서 유래하는 고사로 윗사람을 농락하여 권세를 마음대로 함을 뜻함
지리멸렬(支離滅裂)	갈가리 흩어지고 찢기어 갈피를 잡을 수 없음
지성감천(至誠感天)	지극한 정성에 하늘이 감동함.
지자요수(智者樂水)	지식이 있는 사람은 막히는 데가 없으므로 거침없이 흐르는 물을 좋아함.
지족불욕(知足不辱)	모든 일에 분수를 알고 만족하게 생각하면 모욕을 받지 않는다.
지족지부(知足知富)	족한 것을 알고 현재에 만족하는 사람은 부자라는 뜻
지피지기(知彼知己)	저쪽 형편도 알고 자기네 형편도 앎.
지행일치(知行一致)	아는 것과 행함이 같아야 함. = 知行合一
지호지간(指呼之間)	손짓해 부를 만한 가까운 거리.

진선진미(盡善盡美)　　완전무결함
진수성찬(珍羞盛饌)　　맛이 좋은 음식으로 많이 잘 차린 것을 뜻함
진인사대천명(盡人事待天命)　할 수 있는 데까지 노력을 다하고 천명을 기다림.
진적위산(塵積爲山)　　티끌이 모여 태산을 이룸
진퇴양난(進退兩難)　　앞뒤로 물러날 수 없이 꼼짝할 수 없는 궁지에 몰린 경우=進退維谷
진퇴유곡(進退維谷)　　가지도 오지도 못할 곤경에 빠짐.
질축배척(嫉逐排斥)　　시기하고 미워하여 물리침

ㅊ

차문차답(且問且答)　　한편으로는 물으면서 한편으론 대답함.
차일피일(此日彼日)　　이날저날하고 자꾸 기일을 미룸.
찰찰부찰(察察不察)　　너무 세밀하여도 실수가 있다는 말.
창업이수성난(創業易守成難)　이루기는 쉽고 지키기는 어려움
창해상전(滄海桑田)　　푸른 바다가 뽕밭으로 변한다. 곧 덧없는 세상 또는 세상이 변함.　桑田碧海
창해일속(滄海一粟)　　넓은 바다에 떠 있는 한 알의 좁쌀. 아주 큰 물건 속의 아주 작은 물건
천고마비(天高馬肥)　　하늘이 높고 말이 살찐다는 뜻으로 가을철을 일컫는 말
천려일득(千慮一得)　　바보도 한 가지쯤은 좋은 생각이 있다라는 뜻
천려일실(千慮一失)　　지혜로운 사람도 많은 생각 가운데는 미처 생각하지 못하는 것이 있음
천리행시어족하(千里行始於足下)　　작은 것을 쌓아 큰 것을 이룸의 비유.
천무이일(天無二日)　　나라에는 오직 한 임금이 있을 뿐이다.
천방지축(天方地軸)　　① 너무 바빠서 두서를 잡지 못하고 허둥대는 모습 ② 어리석은 사람이 갈 바를 몰라 두리번거리는 모습
천부당만부당(千不當萬不當)　아주 부당함.
천상천하유아독존(天上天下唯我獨存)　천지 사이에 나보다 높은 것이 없음.
천생배필(天生配匹)　　하늘이 맺어 준 배필(부부)
천생연분(天生緣分)　　하늘이 맺어 준 깊은 연분이란 뜻.
천석고황(泉石膏肓)　　산수를 즐기는 것이 정도에 지나쳐 불치의 고질 같다는 뜻. 벼슬길에 나서지 아니함.
천신만고(千辛萬苦)　　온갖 고생. 무진 애를 씀.
천우신조(天佑神助)　　하느님과 신령의 도움.
천의무봉(天衣無縫)　　천사의 옷은 기울 데가 없다는 말로 곧 문장이 훌륭하여 손댈 곳이 없을 만큼 잘 되었음을 가리키는 말
천인공노(天人共怒)　　하늘과 땅이 함께 분노한다. 도저히 용서 못함을 비유
천인단애(千仞斷崖)　　천 길이나 되는 깎아지른 듯한 벼랑

천자만홍(千紫萬紅)	가지가지 빛깔로 만발한 꽃
천재일우(千載一遇)	천년에 한번 만나는 아주 드문 좋은 기회.
천재지변(天災地變)	하늘이나 땅에서 일어나는 재난이나 변사.
천정부지(天井不知)	물가가 자꾸 오름을 이르는 말.
천중가절(天中佳節)	오월 단오.
천편일률(千篇一律)	변함 없이 모든 사물이 똑같음
천한백옥(天寒白屋)	추운 날에 불을 못 때는 가난한 집을 말함.
철두철미(徹頭徹尾)	머리에서 꼬리까지 투철함, 즉 처음부터 끝까지 투철함
철천지원(徹天之寃)	하늘에서 사무치도록 크나큰 원한
청 백 리(淸 白 吏)	청렴결백한 관리.
청산유수(靑山流水)	청산에 흐르는 물. 거침없이 잘하는 말에 비유.
청운만리(靑雲萬里)	푸른 꿈은 멀고 큼.
청운지지(靑雲之志)	뜻이 고결함. 출세하고자 하는 뜻.
청천벽력(靑天霹靂)	맑게 갠 하늘에서 치는 벼락, 곧 뜻밖에 생긴 변을 일컫는 말
청출어람(靑出於藍)	청색은 쪽풀에서 뽑았으나 그 색이 쪽풀보다 더 푸르다. 제자가 스승보다 낫다는 뜻
초근목피(草根木皮)	풀뿌리와 나무껍질.
초동급부(樵童汲婦)	나무하는 아이와 물긷는 아낙네. 보통사람
초록동색(草綠同色)	서로 같은 처지나 같은 부류의 사람들끼리 함께 함을 이름
초미지급(焦眉之急)	눈썹에 불이 붙음과 같이 매우 다급한 지경
초지일관(初志一貫)	처음 품은 뜻을 한결같이 꿰뚫음
촌철살인(寸鐵殺人)	간단한 말로 사물의 가장 요긴한 데를 찔러 듣는 사람을 감동시킴
추원보본(追遠報本)	조상의 덕을 추모하여 제사를 지내고, 자기의 태어난 근본을 잊지 않고 은혜를 갚음
추풍낙엽(秋風落葉)	시들어 떨어지거나 헤어져 흩어짐의 비유.
춘추필법(春秋筆法)	① 5경의 하나인 춘추와 같이 비판의 태도가 썩 엄정함을 이르는 말 ② 대의명분을 밝히어 세우는 사실의 논법
춘치자명(春雉自鳴)	봄철의 꿩이 스스로 운다. 시키거나 요구하지 아니하여도 제풀에 하는 것
출몰무쌍(出沒無雙)	듣고 남이 비할 데 없이 잦은 것
출장입상(出將入相)	문무가 다 갖추어진 사람
출필곡반필면(出必告反必面)	나갈 땐 용무를 말하고 돌아와서는 반드시 돌아왔음을 알려야 함.
충언역이(忠言逆耳)	충고하는 말은 귀에 거슬린다는 뜻
취사선택(取捨選擇)	취하고 버려 선택함.
취생몽사(醉生夢死)	아무 뜻과 이룬 일도 없이 한평생을 흐리멍덩하게 살아감
측은지심(惻隱之心)	불쌍히 여기는 마음.

치산치수(治山治水) 산과 물을 잘 다스려서 그 피해를 막음.

치지도외(置之度外) 내버려두고 상대하지 않음

칠거지악(七去之惡) 아내를 내쫓을 일곱 가지 조건, 시부모에 불순, 자식 못 나음, 행실, 질투, 병, 말썽, 도둑질

칠전팔기(七顚八起) 일곱 번 넘어졌다가 여덟 번째 일어남. 여러 번 실패해도 굽히지 않고 분투함을 일컫는 말

칠전팔도(七顚八倒) 일곱 번 넘어지고 여덟 번째 또 넘어짐. 어려운 고비를 많이 겪음

칠종칠금(七縱七擒) 제갈공명의 전술로 일곱 번 놓아주고 일곱 번 잡는다는 말로 자유자재로운 전술

침소봉대(針小棒大) 바늘을 몽둥이라고 말하듯 과장해서 말하는 것

ㅌ

타산지석(他山之石) 다른 산에서 난 나쁜 돌도 자기의 구슬을 가는 데에 소용이 된다. 다른 사람의 하찮은 언행일지라도 자기의 지덕을 연마하는 데에 도움이 된다는 말.

타상하설(他尙何說) 한가지 일을 보면 다른 일도 알 수 있다는 말

탁상공론(卓上空論) 실현성이 없는 허황한 이론

탐관오리(貪官汚吏) 탐욕이 많고 마음이 깨끗하지 못한 관리

탐화봉접(探花蜂蝶) 꽃을 찾는 벌과 나비. 계집을 좋아하는 사람.

태강즉절(太剛則折) 너무 강하면 부러지기 쉽다는 말

태산북두(泰山北斗) 태산과 북두칠성을 여러 사람이 우러러보듯이 남에게 존경받는 뛰어난 존재

태연자약(泰然自若) 침착하여 조금도 마음이 동요되지 아니하는 모양.

태평연월(太平烟月) 세상이 평화롭고 안락한 때

토사구팽(兎死狗烹) 토끼가 죽으면 사냥개를 삶는다. 일이 있을 때는 실컷 부려먹다가 일이 끝나면 돌보지 않고 학대한다.

토사호비(兎死狐悲) 토끼의 죽음을 여우가 슬퍼한다. 같은 무리의 불행을 슬퍼한다는 말.

토영삼굴(兎營三窟) 토끼집은 입구가 세 개라는 말. 자신의 안전을 위하여 미리 몇 가지 술책을 마련함

토진간담(吐盡肝膽) 솔직한 심정을 속임 없이 모두 말함

ㅍ

파란만장(波瀾萬丈) 일의 진행에 변화가 심함

파란중첩(波瀾重疊) 일의 진행에 있어서 온갖 변화나 난관이 많음

파사현정(破邪顯正) 사한 것을 버리고 정도를 드러냄

파안대소(破顔大笑) 근엄한 얼굴 표정을 깨고 크게 웃음.

파죽지세(破竹之勢)	대쪽을 쪼개는 듯한 거침없는 형세.
팔방미인(八方美人)	어느 모로 보아도 아름다운 미인. 여러 방면의 일에 능통한 사람을 가리킴
팽두이숙(烹頭耳熟)	머리를 삶으면 귀까지 삶아진다. 중요한 것만 해결하면 나머지는 따라서 해결됨.
폐포파립(弊袍破笠)	해진 옷과 부서진 갓, 빈궁하여 매우 초라한 모습
폐풍악습(弊風惡習)	폐해가 되는 나쁜 풍습.
포복절도(抱腹絶倒)	배를 안고 몸을 가누지 못할 정도로 몹시 웃음
포식난의(飽食暖衣)	배불리 먹고 따뜻하게 입음
포의지교(布衣之交)	가난할 때 사귄 교분. 벼슬하지 않을 때의 사귐.
표리부동(表裏不同)	겉과 속이 다름.
풍수지탄(風樹之嘆)	부모가 돌아가신 뒤에 효도 못한 것을 후회함
풍전등화(風前燈火)	바람 앞에 켠 등불. 매우 위급한 경우에 놓여 있음을 가리키는 말.
풍찬노숙(風餐露宿)	바람과 이슬을 무릅쓰고 한데서 먹고 잠. 큰일을 이루려는 사람의 고초를 겪는 모양
피해망상(被害妄想)	남이 자기에게 해를 입힌다고 생각하는 일
필부필부(匹夫匹婦)	평범한 남자와 평범한 여자
필유곡절(必有曲折)	반드시 어떠한 까닭이 있음

ㅎ

하대명년(何待明年)	기다리기가 매우 지루함.
하로동선(夏爐冬扇)	여름의 화로와 겨울의 부채라는 뜻으로 쓸모 없는 재능을 말함
하석상대(下石上臺)	아랫돌 빼서 윗돌 괴고 윗돌 빼서 아랫돌 괴기. 임시변통으로 이리 저리 둘러맞춤
하해지택(河海之澤)	강이나 바다처럼 넓고 큰 혜택.
학수고대(鶴首苦待)	학의 목처럼 목을 길게 늘여 몹시 기다린다는 뜻
학여불급(學如不及)	학업을 언제나 모자란 듯이 여김
학이지지(學而知之)	배워서 앎.
한강투석(漢江投石)	한강에 돌 던지기. 지나치게 미미하여 전혀 효과가 없음을 비유
한단지몽(邯鄲之夢)	한단에서 여옹이 낮잠을 자면서 꾼 꿈에서 유래한 말로, 사람의 일생에서 '부귀란 덧없다'는 뜻.
한단지보(邯鄲之步)	자기 것을 잃음을 비유.
한우충동(汗牛充棟)	책을 실은 수레를 끄는 소가 흘리는 땀이 많다는 뜻으로, 책이 많다는 뜻
함구무언(緘口無言)	입을 다물고 아무런 말이 없음

함분축원(含憤蓄怨)	분하고 원통한 마음을 품음.
함포고복(含哺鼓腹)	배불리 먹고 즐겁게 지냄.
함흥차사(咸興差使)	심부름을 시킨 뒤 아무 소식이 없거나 회답이 더디 올 때 쓰는 말
해로동혈(偕老同穴)	부부가 함께 늙고, 죽어서는 한 곳에 묻힘. 곧 생사를 같이하는 부부의 사랑 맹세
행운유수(行雲流水)	떠나가는 구름과 흐르는 물.
향 일 화(向 日 花)	해바라기.
허례허식(虛禮虛飾)	예절, 법식 등을 겉으로만 꾸며 번드레하게 하는 일
허무맹랑(虛無孟浪)	터무니없이 허황되고 실상이 없음
허심탄회(虛心坦懷)	마음속에 아무런 사념 없이 품은 생각을 터놓고 말함
허장성세(虛張聲勢)	헛소문과 헛 형세만 떠 버림.
현모양처(賢母良妻)	어진 어머니이면서 또한 착한 아내
혈혈단신(孑孑單身)	아무도 의지할 곳이 없는 홀 몸.
형설지공(螢雪之功)	중국 진나라의 車胤이 반딧불로 글을 읽고 孫康은 눈(雪)의 빛으로 글을 읽었다는 고사에서 온 말로 고생해서 공부한 공이 드러남을 비유.
호가호위(狐假虎威)	남의 세력을 빌어 위세를 부림
호구지책(糊口之策)	① 살아갈 방법 ② 그저 먹고 살아가는 방책
호사다마(好事多魔)	좋은 일에는 방해가 되는 일이 많다는 뜻
호사유피 인사유명(虎死留皮 人死留名)	범은 죽어서 가죽을 남기고 사람은 죽어서 이름을 남긴다.
호시탐탐(虎視耽耽)	날카로운 눈으로 가만히 기회를 노려보고 있는 모양
호언장담(豪言壯談)	실지 이상으로 보태어서 허풍쳐 하는 말.
호연지기(浩然之氣)	① 사물에서 해방된 자유로운 마음 ② 하늘과 땅 사이에 가득찬 넓고도 큰 원기
호접지몽(胡蝶之夢)	사물과 자신이 한 몸이 된 경지.
호형호제(呼兄呼弟)	서로 형. 아우라 부를 정도로 가까운 친구 사이
혹세무민(惑世誣民)	세상을 어지럽히고 백성을 속이는 것
혼비백산(魂飛魄散)	혼이 날아서 흩어졌다 함은 매우 크게 놀랐다는 뜻.
혼연일치(渾然一致)	차별 없이 서로 합치함.
혼정신성(昏定晨省)	자식이 부모님께 아침저녁으로 잠자리를 보살펴 드리는 것
홀현홀몰(忽顯忽沒)	문득 나타났다가 홀연 없어짐
화룡점정(畵龍點睛)	용을 그려 놓고 마지막으로 눈을 그려 넣음. 즉 가장 긴요한 부분을 완성함
화무십일홍(花無十日紅)	십년 가는 세도는 없다는 뜻으로 쓰는 말 .
화사첨족(畵蛇添足)	쓸데없는 일을 함
화용월태(花容月態)	아름다운 여자의 고운 容態를 이르는 말.
화중지병(畵中之餠)	그림 속의 떡. 바라만 보았지 소용이 닿지 않음을 비유한 말

화호불성반위구자(畵虎不成反爲狗子)	범을 그리다가 잘못하여 강아지가 됐다는 말.
환골탈태(換骨奪胎)	① 얼굴이 이전 보다 더 아름다워짐 ② 남의 문장을 본떴으나 형식을 바꿈
환과고독(鰥寡孤獨)	홀아비, 홀어미, 어리고 어버이 없는 아이, 늙고 자식 없는 사람. 외롭고 의지할 곳 없는 처지의 사람.
환호작약(歡呼雀躍)	기뻐서 소리치며 날뜀
황구소아(黃口小兒)	어린아이라는 뜻. 참새 새끼의 황색 주둥이에서 연유
황당무계(荒唐無稽)	말이나 행동이 허황되어 믿을 수가 없음
회자인구(膾炙人口)	널리 사람들에게 알려져 입에 오르내리고 찬양을 받음
회자정리(會者定離)	한 번 만나는 이는 반드시 이별하는 것이 정한 이치라는 것.
횡설수설(橫說竪說)	조리가 없는 말을 함부로 지껄임
후생가외(後生可畏)	후진들이 젊고 기력이 있어 두렵게 여겨짐
후안무치(厚顔無恥)	낯가죽이 두꺼워 부끄러운 줄을 모름.
흥망성쇠(興亡盛衰)	흥하고 망함과 번성함과 쇠약함.
흥진비래(興盡悲來)	즐거운 일이 다하면 슬픔이 옴. 흥망과 성쇠가 엇바뀜을 일컫는 말.
희노애락(喜怒哀樂)	기쁨과 노여움과 슬픔과 즐거움. 곧 사람의 온갖 감정.
희희낙락(喜喜樂樂)	매우 기쁘고 즐거워함

9. 同訓異字 一覽表

漢字와 漢文을 공부하다보면 뜻은 같으나 글자가 다른 경우를 많이 접하게 된다. '가다'라는 뜻을 같이 가지고 있지만 行은 '걸어가다', 往은 '저쪽으로 가다', 之는 '목적지를 향해서 가다', 通은 '지나가다' 등 그 쓰임이 다른 것이 많다. 訓은 같으나 글자가 다른 字를 모아 놓았다.

뜻	한자	용례
가? 냐?	乎	~가?
	耶	~른지?
	邪	耶의 俗字.
	歟	疑問詠嘆에 쓴다.
	與	歟와 같다.
가깝다	近	때와 장소가 가깝다.(遠의 對)
	邇	장소가 가깝다.
	殆	그 무렵이 되다. 조금만 있으면.
	庶	幾와 같다.
	幾	쉬이 가까이 가려고 한다.
	親	자기의 몸과 가깝다.
가다	行	걸어가다.(止의 對)
	往	저쪽으로 가다.(歸의 對)
	征	行에 가깝다.(대부분 여행에 쓰임)
	適	한 길로 향하여 가다.
	如	갈 수 있는 데까지 가고 다시 장소를 바꾸어서 가다.
	之	목적지를 향해서 가다.
	逝	한번 가서 다시 돌아오지 않는다.
	徂	(조) 앞으로 앞으로 멀리 가다.
	于	볼 일이 있어 가다.
	邁	멀리 지나가다.
	通	지나가다.
가령	縱	비록.
	假	그렇다고 가정하면.
	假令	假와 같다. ※ 假使, 假如, 假若, 藉使도 假와 같다.
가르치다	教	위에서 아래에 가르치다. 가르쳐서 깨닫게 한다.
	誨	말로 사람을 깨우쳐 주다.

뜻	한자	용례
	訓	예부터 정해진 法則에 따라 가르치다.
가리다	撰	골라서 만들다.
	擇	善惡을 구별해서 가려내다.
	選	많은 속에서 좋은 것을 골라내다.
	簡	擇보다 더 强하다.
	差	각각 골라서 구분하다.
가만히	私	속으로 가만가만히.(公의 對)
	陰	그늘에서 남모르게 가만히.
	密	깊숙하여 엿보기 어려울 정도로.
	竊	사람의 눈을 피하여 살짝.
	潛	물 속에 숨은 듯이 살짝.
	間	틈을 봐서 가만히.
	窃	竊과 같다.
가엾이 여기다 (불쌍히 여기다)	憐	가엾이 여기다.
	哀	울며 슬퍼하다.(樂의 對)
	愍	마음 아프게 슬퍼하다.
	憫	마음속으로 불편하게 여기다.
	恤	불쌍히 여겨서 도와주다.
	矜	憫과 거의 같다.
가장	最	다수 중에서 제일.
	尤	뛰어나서 매우.
갑자기 (별안간)	俄	얼마 안 있다가.
	遽	황급히.
	驟	급히 덮쳐 오다.
	暴	뜻밖에 닥쳐오다.
	頓	暴과 비슷하다.
	卒	어둔 밤중에 홍두깨 내밀 듯이.
	猝	卒과 같다.
갖추다	具	事物이 완전하여 부족함이 없다.
	備	事物이 충분히 갖추어지다.
같다	如	~와 같다.

뜻	한자	용례
	若	如와 같다.
	猶	꼭 그것과 같다.
	由	猶와 같다.
갚다	報	怨·德·恩 등에 대하여 보답하다.
	酬	술잔을 돌려주다.
깔보다 (업신여기다)	侮	사람을 경멸하다.
	慢	제가 젠체하여 사람을 사람으로 생각하지 않는다.
	易	(이) 아무렇게나 대접하다.
	嫚	(만) 얕보다.
깨닫다	覺	모르는 것을 확실히 깨닫다.
	悟	어찌할 줄 모르다가 비로소 깨닫게 되다.
	喩	납득하다.
	曉	의혹이 풀리다.
	了	분명하게 속속들이 알게 되다.
거의	殆	매우 가깝다. (八, 九分까지 그것이 되어서 위험한 경우의 뜻.)
	幾	조금만 있으면.(殆와 거의 같다.)
	將	幾에 가깝다.
걱정하다	愁	쓸쓸해서 마음이 개운하지 않다.
	憂	마음속으로 걱정하고 괴로워한다.
	患	애타다.
	恤	가련하게 생각하다.
	慼	걱정스러워서 번민하다.
건너다	渡	물을 건너가다. 세상을 살아가다.
	涉	얕은 물을 건너가다.
	濟	渡와 거의 같다.
	徑	一直線으로 건너가다.
	絶	똑바로 물을 건너가다.
겁내다	恐	미래를 겁내다. 또 마음속으로 애태우다.
	懼	겁내서 떨다.
	惧	懼의 略字.
	畏	매우 겁내다. 존경해서 두렵게 생각하다.
	惕	(척) 威勢에 질려서 겁내다.
	怖	까닭도 모르게 질려서 떤다.
	惶	겁이 나서 어찌할 줄 모른다.
	怯	氣가 약해서 지레 겁낸다.
	慄	몹시 무서워서 몸이 으쓱한다.
	怕	(파) 겁이 나서 싫증이 나다.

뜻	한자	용례
	懾	(섭)겁이 나서 몸이 움츠러지다.
게으르다	怠	마음이 해이해지다.
	懈(解)	노력을 하지 않는다.(動의 反對)
	惰	(타) 마음이 풀려서 게으르다.
겨우	纔	(재) 깊이 들어가지 않는다.
	僅	조그만.
겹치다	重	몇 겹으로 겹치다.
	申	겹쳐서 덧붙이다.
	累	자주 잇달아 겹치다.
	襲	처음과 같이 다시 한번 더 한다.
고치다	改	묵은 것은 없애고 새로 다시 한다.
	悛	(전) 마음을 고치다.
	革	빨리 근본적으로 바꾸다.
	更	(경) 본바탕을 바꾸다. 改와 거의 같다.
곧	卽	그대로 곧, 즉시.(例:栗谷先生卽李珥)
	則	원인과 결과를 말한다. 또 물건을 차별해서 말한다.
	乃	이에, 그리고서.
	輒	(첩) 언제든지, 그때마다, 조속히.
	便	그대로, 쉽게.(卽보다 좀 가볍다.)
	迺	(내) 乃와 같다.
	載	위의 것을 받아 주는 말.(그대로) 韻文에 많이 쓰인다.(載欣載奔「歸去來辭」)
	直	딴 생각 없이 곧.
	徑	샛길로 들어가지 않고 똑바로 곧.
교만하다	驕	마음이 부풀어서 교만하다.
	傲	(敖 오) 남에게 으스댄다. 남을 얕본다.
	倨	잘난 체하다.(恭의 反對)
구제하다	救	도와서 잘 보호해 주다.
	拯	(증) 도와서 끌어올리다.
	援	끌어올려서 도와주다.
	濟	건널 수 없는 곳을 건네주다.
	賑	(振 진) 빈곤한 자를 도와주다.
꾸미다	文	여러 가지 빛깔로 곱게 꾸미다.
	飾	(식) 표면을 좋게 꾸미다.
꾸짖다	責	罪惡을 꾸짖어서 바루다.
	譴	(견) 노하여 잘못을 꾸짖다.
	叱	(질) 소리쳐 꾸짖다.

뜻	한자	용례
	謫	(適 적) 성내 꾸짖다.
	譲	말로 물어 따지다.
	數	(수) 罪過를 하나하나 들어 가면서 꾸짖다.
	誚	(초)성내서 꾸짖어 나무라다.
	誅	(주)罪過를 들어서 치다.
관여하다	與	어떤 일에 덤벼들어 관계하다.
	干	自進하여 일에 참여하다.
	關	관계하다. 관심을 갖다.
권하다	勸	남에게 권하여 노력하게 하다.
	薦	神에 물건을 바쳐서 권하다. 사람을 薦擧하다.
	獎	칭찬해서 獎勵하다.
그(것)	其	물건을 가리키는 代名詞. 語氣를 강하게 하고, 語調를 고르는데 쓰임.
	厥	(궐)其와 같이 쓰인다.(주로 옛날에)
	夫	그(發語辭, 반드시 文首에 쓰인다.)
그런데	然	而와 같은데 뜻이 더 강하다.
	而	그런데. 그렇지마는.
	爾	如是의 뜻. 然과 같다.(단, 然보다는 뜻이 가볍다.)
그렇지 않다	不	不然과 같다.
	否	不然과 같다.
	不然	그렇지 않다.
그르치다	誤	자칫 잘못하여 일을 그르치다.
	謬	(류)제 갈 길을 그르치다.(원래 織物의 올이 서로 틀리는 것)
	繆	(무)謬와 같다.
	訛	(와)잠깐 실수로 약간 틀리는 것.(例:「步」를 「歩」로 틀리게 쓰는 따위)
	錯	서로 엇갈려서 틀리는 것.
	愆	(건)마음에 잘못을 일으키다. 착각하다.
	跌	(질)잘못 디뎌서 실수하는 것.
	過	본의 아니게 過失을 범하는 것.
그치다	止	가는 것을 멈추다. 일을 걷어치우다.
	已	완전히 끝내다.
	罷	일을 중지하다.

뜻	한자	용례
	輟	(철)중도에서 그치다.
끌다	引	이 쪽으로 끌어당기다.(넓게 쓰인다.)
	援	끌어당겨서 도와주다.
	曳	(예)물건을 끌어당기다.
	延	끌어당기다.
	挽	(만)힘을 줘서 잡아당기다.
	牽	(견)밧줄을 달아서 잡아당기다.
	惹	(야)끌어 일으키다. 마음을 끌다.
	彈	손가락으로 잡아당기다.
	掣	(체 · 철) 자유로 할 수 없도록 잡아당기다.
끊다	斬	(참)사람을 베 죽이다. 넓게 물건을 끊어 버림에 쓰인다.
	斷	물건을 둘로 끊다.
	斫	(작)도끼로 단숨에 끊어버리다. 斬과 거의 같다.
	剪	(전)물건을 가위로 끊다.
	截	(절)싹둑싹둑 썰다. 끊어 나누다.
	切	칼로 썰다.
	鑽	(찬)송곳을 비벼 뚫다.
	伐	베어 넘어뜨리다.
	絶	물건이 끊겨서 자취가 없다.
	裁	옷감을 잘라 마르다.
	殄	(진)베어 없애 버리다.
기다리다	待	오는 것을 기다리다. 또 대접하다.
	俟	(사) 서둘지 않고 저절로 오기를 기다리다.
	遲	(지) 하마하마 하고 애타게 기다리다.
	徯	(혜)기대하다.
	須	(수) 없어서는 안 되는 것을 서로 찾아 기다리다.
	候	하마하마 하고 그쪽을 향하여 바라보며 기다리다.
기르다	養	먹는 것을 공급해 주며 기르다.
	食	(사) 곡식, 나물, 고기 등의 食物을 가지고 몸을 기르다.
	畜	닭, 돼지 등 가축을 기르다.
	培	토양에 심어서 비료를 주어서 가꾸다.
	育	먹을 것을 주어 성장하게 하다.

뜻	한자	용례
기뻐하다	喜	마음속으로부터 기뻐하다.
	說	悅과 같다.
	悅	마음에 맞아서 기뻐하다.
	歡	기뻐서 못 견디다.
	懽	(驩 환) 歡과 같다.
	欣	(흔)기뻐서 어쩔 줄 모른다. 歡과 비슷하다.
	忻	訢(흔) 欣과 같다.
	慶	경사스러운 일을 축하하며 기뻐하다.
	懌	(역) 마음속에 스며드는 것처럼 기쁘다.
	預	편안히 즐기며 기뻐하다.
	怡	(이)싱글벙글 기뻐하다.
	愉	(유)즐거움이 얼굴에 나타나다.
길다	長	물건 또는 시간이 길다.(短의 對)
	永	시간이 끝없이 길다.
	脩	(수)홀쭉하게 키가 크다.
나	我	상대방에 대하여 넓게 이쪽을 말하고, 複數로 쓰인다.(彼의 對)
	吾	자기를 주로 하여 말하고 單數로 쓰인다.
	予	吾에 가깝다.
	朕	(짐)秦 이후의 天子自稱
나아가다	進	차츰차츰 앞으로 나아가다.(退의 對)
	晉	해가 떠오르다.(進의 古字)
	前	앞으로 나아가다.
나타내다	形	숨어있던 것이 나타나서 얼굴이 보인다.
	呈	(정)있는 그대로 보이다.
	見	(현)숨었던 것이 나오다.
	暴	볕을 쬐다.
	露	덮인 것을 벗겨서 드러내다.
	顯	확실히 보이다.
	表	표면에 드러내다.
	現	見과 거의 같다.
	著	(저)분명히 보이다.
	旌	(정)남의 잘못을 드러내다.
낫다	癒	(유)병이 완전히 낫다.
	愈	(유)癒와 같이 쓰인다.
	已	병이 진정되다.

뜻	한자	용례
	差	병이 조금 낫다.
낫다	優	무슨 일이든지 넉넉하고 뛰어나다.(劣의 對)
	勝	남보다 떨어지지 않고 뛰어나다.
	愈	(유) 차츰차츰 나아져서 다른 것보다 낫다.
	賢	勝과 같다.
낮다	卑	주로 地位, 身分이 낮은 데 쓰인다.(高, 尊, 崇의 對)
	低	낮다.(高의 對, 넓게 쓰인다.)
넉넉하다	豐	財産이 많고 德이 높다.
	饒	(요) 물건이 많고 豊足하다.
	裕	(유) 여유가 있고 切迫하지 않다.
	寬	너그럽고 크다.
	胖	(반) 천연스럽고 침착하다.
넓다	廣	한없이 넓다.(狹의 對)
	博	폭이 넓다.
	闊	(활) 물건 사이의 폭이 넓다.
	弘	德이나 마음이 크게 넓다.(形態에는 쓰이지 않는다.)
	汎	활짝 퍼져서 넓다.
	泛	汎과 같다.
	寬	여유가 있고 넓다.
	廣	깊고, 넓고, 크다.
넘다	越	이쪽을 떠나서 저쪽으로 넘어가다.
	逾	(踰 유) 단번에 훌쩍 뛰어넘는다.
	超	뛰어 올라서 넘다.
넘어지다	倒	거꾸로 넘어지다
	踣	(북, 부) 잘못 디뎌서 넘어지다.
	仆	(부) 옆으로 넘어지다.
	斃	(폐) 죽어 넘어지다.
	殪	(에) 죽여 거꾸러뜨리다.
	蹶	(궐) 잘못 디뎌서 넘어지다.
높다	高	有形, 無形을 莫論하고 넓고 높다.
	危	높아서 위험하다.
	崇	山이 험하고 높다. 品位가 尊貴하다.
	卓	뛰어나게 높다. 높고 뛰어나다.
	尊	존경할 만큼 높다.
	隆	한복판이 높다.
	峻	山 같은 것이 높고 험하다.
	喬	(교) 훌쭉하게 높다.

뜻	한자	용례
	貴	地位나 값이 높다.
	昻	(앙) 義氣가 높다.
	屹	(흘) 山이 높다.
	卲	(소) 덕행이 높다.
누구	誰	사람에 관하여 의문의 범위가 넓다.
	孰	誰보다 범위가 좁다.
	疇	(주) 誰와 같다.
~다.(구나!)	哉	感動이 포함된 詠嘆.
	夫	어떤 일을 지적한 詠嘆.
	歟	(여) 疑問形을 빌린 詠嘆.
다(모두)	皆	一同이 다.(넓게 쓰인다.)
	咸	모든 사람이 모조리 다.
	僉	(첨) 많은 사람이 다.
	擧	全部 통틀어서.
	盡	남김없이 모두.
	悉	(실) 하나도 남기지 않고 전부.(盡보다 강하다.)
	畢	一齊히 끝마치다.
다르다	異	事物이 이것과 저것이 틀리다.(同의 對)
	殊	(수) 물건이 끊겨 나가서 서로 틀리다.(異보다 강하다.)
따르다	從	溫順하게 따르다. 어긋남이 없다.(違의 對)
	順	順從하고 거역하지 않는다.(逆의 對)
	隨	相對方 意思에 맡겨서 그대로 따라가다.
	循	(순) 順序에 따라서 물건에 덧붙어 가다.
	率	질서를 지키면서 따라가다.
	殉	(순) 몸을 버리고 그 일에 追從하다.
	遜	겸손하게 따라가다. 공손히 따라가다.
	扈	(호) 君主(貴人)의 뒤를 쫓아가다.
다만	惟	(唯) 그것뿐.
	只	惟와 비슷한데 뜻이 좀 가볍다.
	第	대개 사람을 薦擧할 때 쓰인다.
	但	다른 것을 버리고 이것 하나만 취한다.
	特	특별히.

뜻	한자	용례
	徒	아무것도 없이 다만 그것뿐.
	直	但과 비슷하다.
	祇	(지) 한 길로만.
	止	결국은 이것에 그치다
	啻	(시) 그것뿐인가 아니 그것뿐이 아니다.
	翅	(시) 啻로 通用.
다스리다	治	安定시켜서 다스리다.(亂의 對)
	修	나쁜 部分을 고치다.
	爲	다스리다.(治의 뜻) 행하다. 이루다.
	攻	주로 그 일을 닦다. 學問을 닦다.
	理	조리 있게 다스리다.
다하다	盡	남김없이 다하다.
	竭	충분히 다하다.
	勦	(초) 섬멸해 버리다.
	殲	(섬) 사람을 沒殺해 버리다.
	悉	(실) 하나하나 남김없이.
	殫	(탄) '獸類를 전부 죽여 버리다'의 뜻에서 모든 것을 다해 버리는 것을 말함.
	索	(삭) 물건이 다 없어져서 쓸쓸하게 되다.
다행히	幸	모든 점에 있어서 凶을 면하는 것.
	福	하늘로부터 받은 행복.(幸보다 강하다.)
	倖	僥倖
달아나다	走	目標를 정하고 달려가다.
	趨	빨리 동동걸음으로 달리다.
	趁	(진) 여기저기 쫓아다니다.
	馳	(치) 말이 똑바로 달리다.
	奔	세차게 달리다.
	騁	(빙) 馳에 가깝다.
대개	率	(솔) 다 거느리고.
	大率	거의 率과 같다. 大抵, 大槪.
	類	大率과 같다.
	大都	大率과 같다.
	槪	大體로, 一般的으로.
대답하다	答	널리 相對方의 물음에 대해 答하다.
	對	長上의 물음에 대해 答하다.(答보다 무겁다.)
	應	相對方의 일을 받아서 反應하다.

뜻	한자	용례
	諾	(락) '예' 하고 同意하다.
더럽다	汚	(오) 고인 물. 사람의 行爲가 흐려서 맑지 않음에 轉用.
	汙/洿	(오) 汚와 같다.
	穢	(예) 더럽다. (汚보다 강하다.)
	瀆	(독) 흐려서 더럽히다.
	黷	(독) 때가 묻어서 더럽다.
	褻	(설) 속옷의 뜻에서, 속옷바람으로 난잡스럽게 노는 것.
더하다	尙	어떤 물건 위에 꾸밈을 더하다.
	加	겹쳐서 더하다.
	添	북돋아서 더하다.
	副	從으로서 덧붙어 가다.
떠들다	騷	(소) 와글와글 떠들다.
	擾	(요) 난잡스럽게 엉키다. 긁어서 엉클어지게 하다.
	噪	(조) 새들이 떼를 지어 울다.
	譟	(조) 사람들이 와글와글 떠들다.
	躁	(조) 초조하다.(靜의 對)
덮다	蓋	위로부터 덮어씌우다.
	蔽	(폐) 싸서 덮어씌우다.
	覆	(부) 덮어씌워서 가리다.
	掩	(엄) 아래로부터 위의 물건을 덮다.
도리어	反	물건이 뒤집혀서 겉이 속이 되다.
	却	(卻 각) 그렇지 않을 것이 도리어 그렇게 되다.
	復	(복) 反과 같으나 뜻이 좀 가볍다.
	飜	(번) 이쪽저쪽 뒤집다.
	還	그것에 反하여, 그런데.
도망치다	逃	도망쳐서 그곳을 떠나다.
	遁	(돈, 둔) 도망쳐서 피하다.
	遯	(둔) 遁과 같다.
	北	(배) 줄행랑치다.
	竄	(찬) 살금살금 피해 달아나다.
	亡	피해 달아나서 그곳에 있지 않다.
또	又	어떤 일 위에 또 다른 일을 더하다.
	亦	또. '有功亦誅 無亦誅(史記)' 와 같이 쓰임.
	復	(부) 앞에 있는 것을 거듭 되풀이하다.
	還	돌아와서 두 번째.
	有	又에 가깝다.

뜻	한자	용례
	也	亦과 비슷한데 그 뜻이 좀 가볍다.(發語辭. 俗語 또는 詩에 많이 씀)
돌다	廻	(회)' 소용돌이 치다' 의 뜻에서 빙글빙글 돌다로 轉用.
	回	廻와 같다.
	巡	둘러보다.
	周	뼁 한 바퀴 돌다.
	運	돌아서 가다.
	旋	빙글빙글 몇 바퀴고 돌다.
	週	周와 같다.
	遶	(요) 周圍를 떠나지 않고 감돌다.
	環	동그라미가 되어 돌다. 둘러싸다.
	繚	(료) 동그랗게 동여매다.(纏(전)과 비슷)
돌아보다	省	(성) 마음속에 살펴보다. 정신을 차려서 보다.
	傾	뒤를 돌아보다.
	眷	(권) 뒤돌아보다. 알뜰히 보살피다.
	反	省과 같다.
돕다	佐	아래로부터 도와 드리다.
	弼	(필) 잘못이 없도록 도와주다
	翼	곁에서 부축하다.
	輔	(보) 서로 힘을 보태서 도와주다.
	贊	말을 덧붙여서 도와주다. 또 남의 잘함을 칭찬하다.
	相	도와서 이끌어 주다.
	援	끌어당겨서 구조하다.
	助	힘을 보태서 도와주다.
	資	자본을 대 줘서 돕다.
	扶	손을 끌어당겨서 넘어지지 않도록 도와주다.
	救	곤란한 위험을 도와서 보호하다.
되다	見	(견) 그이에게 보여진다는 뜻으로서의 被動.
	爲	被와 같다.
	所	어떠어떠한 바가 된다는 뜻으로서의 被動.
	被	덮어쓰는 뜻으로서의 被動.
두다	置	本義는 '罪를 용서하는 것' 으로부터 '넓게 버려 두다' 의 뜻으로 轉用.
	舍	(捨 사) 중지하고 그대로 내버려두다.

뜻	한자	용례
	措	(조) 내버려 두다.
	釋	罪를 용서하여 내버려 두다.
두텁다	厚	뜻 또는 물건의 두께.(薄의 對)
	篤	(독) 鄭重하게 마음을 쓰다. 또 병이 危重하다.
	敦	(돈) 도탑다.(德行, 性質에만 쓴다.)
	惇	(돈) 親切하다. 敦과 통한다.
	淳	(순) 風俗, 性質이 厚하고 깨끗하다.
	渥	(악) 恩澤이 골고루 퍼지다. 젖어 퍼지다.
드물다	罕	(한) 극히 적다.
	稀	드문드문하다.(넓게 쓰인다.)
	希	稀와 통한다.
듣다	聞	저절로 귀에 들어오다.
	聽	주의해서 듣다.
	可	들어주어서 許可하다.
	肯	(긍) 首肯해서 마음속으로 들어주다.(귀로 듣는 것은 아님.)
들어서	勝	남김없이 전부 들어서.
	擧	남김없이 전부.
들이다	入	바깥으로부터 안으로 들어오다.
	容	그릇에 물건을 담아 넣다. 또 所願을 받아들이다.
	內	納과 같다.
	納	물건을 받아들이다.
마음대로	縱	놓아주어 自由로 하게 하다.
	橫	무리하게 제 맘대로 하다.
	放	제멋대로 하다. 내버려 두다.
	淫	淫蕩하게 하고 싶은 대로 하다.
	肆	(사) 힘껏 하고 싶은 대로 하다.
	恣	거리낌없이 제 맘대로 하다.
	擅	(천) 혼자서 제 멋대로 하다.
마치다	終	갈 데까지 가 버리다.
	畢	전부 끝마치다.
	了	(료) 걷어치워 버리다.
	訖	(흘) 그곳까지 도달해서 그치다.
	卒	일을 끝마치다.
마침	適	꼭 알맞게.
	會	뜻밖에 우연히(만나다).
	遇	偶와 서로 통한다.
	偶	뜻밖에.

뜻	한자	용례
막다	防	미리 주의해서 막다.
	禦	(어) 우선 막아서 멈추게 하다.
	扞	(한) 외부의 害를 막아서 자기를 保護하다. 손으로도 막아서 못 들어오게 하다.
	捍	(한) 扞과 서로 통한다.
	拒	버티고 못 들어오게 하다.
만나다	會	한곳에 모이다. 전부 모이다.
	遇	偶然히 서로 만나다.
	値	꼭 들어맞게 만나다.
	合	두 개가 한 개로 꼭 들어맞다. 符合하다.
	逢	양쪽으로부터 서로 모여 만나다.
	遭	(조) 양쪽에서 서로 마주치다. 逢과 비슷함.
	邂	(해) 우연히 만나다.
	逅	(후) 邂와 같은 뜻.
만들다	造	有形의 물건을 만들어서 完成하다.
	作	물건을 만들어 내다.
	爲	作과 거의 같다.
	製	衣服을 만드는 것으로부터 마음속으로 생각해서 잘 만들다.
만일	如	이와 같은 것이 만일 있다면.
	若	如와 같다.
	苟	(구) 만일.(실제로 있을 수 있는 假定)
	假	실제로는 없지마는 假定하여 말할 것 같으면.
	儻	(倘 당) 만일, 뜻밖에 그렇게 되면.
	卽	若과 거의 같다.
	設	假定하여 말하면, 만일.
	設若	設과 거의 같다.
	設使	設若과 같다.
	設令	設使와 같다.
	藉	(자) 假와 같다.
말하다	言	心中에 생각한 것을 입으로 말하다.
	云	曰보다 약간 가볍고 文末에 써서 過去를 表한다.
	曰	남의 말을 直接 옮길 때에 쓴다.
	謂	사람에 對해서 말한다. 또 사람을 評하여 말할 때에도 쓰인다.

뜻	한자	용례
	道	맘먹은 것을 다 말하고, 또 말을 가지고 唱導하는 뜻에 쓰인다. 거의 言과 같다.
망하다	亡 滅 喪 泯	물건이 없어지다.(有의 對) 자취가 없어지다. 잃어버리다.(得의 對) 全部 亡해져서 보이지 않는다.
맞다	當 方 丁 中 膺 抵 直 亭	事理가 꼭 들어맞다. 바로 그때를 당해서. 바로 그곳에 이르렀을 때. 화살이 과녁에 맞다. (응) 그 任務를 받아들이다. 저것과 이것이 서로 맞다. (치) 값에 해당하다. 맞서 바라보다. 丁과 같다.
맡아보다	主 典 宰 司 掌	中心이 되어서 맡아보다. 바르게 지키며 맡아보다. (재) 長이 되어서 맡아보다. 신하가 바깥에 있어서 일을 맡아보다. 한 손에 받아 쥐고 처리하다.
많다	多 衆 庶 夥 稠 饒	물건의 수가 많다.(少의 對) 모인 물건이 많다.(寡의 對) 원래 人民이 많은 것을 말함. 또 넓게 물건이 많은 데도 쓰인다. (과) 물건이 풍성하게 많다. (주, 조) 密集해서 많다. (요) 물건이 풍부하다.
매우	甚 孔 太 已 酷 泰 劇	혹독하게. 甚과 같은 뜻인데 옛날에 많이 썼다. 이 以上 없이. 太와 같다. (혹) 지극히 혹독하게.(甚과 비슷하나 그것보다 좁고 깊다.) 太와 같다. 때때로 오다.
맹세하다	誓 盟	(서) 말로 틀림없도록 단단히 약속하다. 명백히 神에 맹세하다.(誓보다 강하다.)

뜻	한자	용례
	矢	화살이 똑바로 날아가는 것처럼 마음에 맹세하여 언제까지 변함이 없다.
머금다(물다)	含 銜	입속에 물건을 넣다. 넓게 '싸서 입에 넣다'의 뜻으로 쓰임 (함) 입에 물다.
머무르다	止 留 駐 停 遏 逗 稽 住 泊 淹	하던 일을 그만두다. 그곳에 머무르고 있다. 빨리 가는 것을 끌어 멈추다. 잠깐 머무르다. (알) 가로질러 막아 저쪽으로 못 가게 하다. (두) 도중에 滯留하다. (계) 오랫동안 우리를 열지 않고 머무르다. 그곳에 定着해서 머무르다. (박) 배를 매고 머무르다. (엄) 오랫동안 머무르다.
먹다	食 喫 茹 啖	모든 먹는 것의 總稱. (긱, 끽) 현재 입에 넣고 먹고 있다. 또 마시다. (여)野菜類를 먹다. (담)많이 먹다.
모두	全 總 凡 都 渾	일이 완전히 갖추어져서. 많은 물건을 한데로 모아서. 합쳐서. 總計해서. 남김없이 모조리 주워 모아서. (혼) 뒤섞어서 한 뭉치로 만들어서.
모이다 (모으다)	聚 集 輯 萃 醵 鍾 屯 輳	(취) 한군데 몰리다. 흩어져 있는 것을 한군데로 끌어 모으다. (즙, 집) 주워 모아서 하나로 만들다. (취, 췌) 聚와 같다. (거, 갹) 돈을 서로 내 모아서 음식을 사서 먹는 것. 한곳에 남김없이 모으다. (둔) 한곳에 뭉쳐서 모이다. (주) 수레의 살이 바퀴통에 몰리듯 물건이 여러 곳으로부터 한곳에 몰리는 것.

뜻	한자	용례
	攢	(찬) 떼를 지어 모이다. 대개는 길고 뾰족한 것들이 모이는 데 쓰임.
몸소	自	자기 자신으로.
	親	남을 시키지 않고 자신이 친근하게 하다.(疎의 對)
	躬	(궁) 몸소하다.
	身	자기 자신이 직접하다.
묵다	古	시간을 경과하는 것이 오래다.
	故	舊에 가깝다.
	舊	오래되어 있다.
	陳	물건이 오래되어 있다.
묻다	問	의심나는 일을 묻다.
	訪	사람을 訪問하다.
	訊	(신) 말로 묻다. 또 吟味해서 따져서 묻다.
	詢	(순) 조심해서 물어보다.
	諮	(咨 자) 問議하다.
물리치다	退	後退하다.(進의 對)
	屛	(병) 그곳에서 내쫓다.
	卻	(却 각) 물리치다.
	斥	(척) 사람을 밀어 내쫓다. 털어 버리다.
	黜	(출) 官位를 剝奪하다.
	擯	(빈) 바깥으로 내쫓아 버리다.
	貶	(폄) 떨어뜨려서 내쫓다.
미리	豫	사건이 나기 전에 빨리 계획을 세우다.
	預	(예) 미리 통하다.
	逆	事前에 미리 自進하여 헤아리다. 豫測하다.
미워하다	惡	(오) 지나치게 미워하다.(好의 對)
	憎	얼굴을 보기만 하여도 밉다.(愛의 對)
	疾	(嫉 질) 질투하다.
미치다	及	그쪽에 이르다.
	逮	(체) 뒤로부터 따라붙다.
	迨	(태) 逮와 거의 같다.
	曁	(기) 겨우 따라붙다.
	比	及과 같다.
믿다 (의뢰하다)	賴	남에게 기대다.
	怙	(호) 단단히 될 것으로 믿다.

뜻	한자	용례
	恃	(시) 자기 자신을 믿다. 맘속에 뭔가 의지할 만한 것을 가지고 있다.
	負	背後에 依賴할 만한 것이 있다.
	憑	(빙) 相對方에 매달리다.
바꾸다 (바뀌다)	變	변천하다.
	易	(역) 딴 것으로 바꾸다.
	替	(체) 이것저것이 서로 바뀌다.
	代	같은 물건이 서로 바뀌다.
	更	(경) 새 것으로 바꾸다.
	渝	(투) 차츰차츰 바뀌다.
	換	딴 물건과 바꾸다.
	交	물건을 서로 바꾸다. 또 交代 交代로.
	遞	(체) 양쪽이 다 서로 바뀌다.
	化	완전히 바뀌어 버리다.
바라다	希	稀貴한 것이 되어지도록 바라다.
	尙	貴하게 여겨서 그렇게 되도록 바라다.
	庶	아무쪼록 그렇게 되었으면 하고 바라다.
	幾	冀와 같다.
	冀	(기) 어떻게 하던지 이렇게 했으면 하고 기다리다. 알고 싶다.
	庶幾	'庶'와 '幾' 한 字씩 쓰는 것과 같다.
	幸	身分에 맞지 않는 것을 바라다.
받다	受	물건을 취득하다.
	享	(饗 향) 天 또는 神이 인간으로부터 받으시다. 歆享(흠향). 享壽, 享福의 경우에는 인간이 하늘로부터 받다.
	承	아래로부터 위의 물건을 받다.
	稟	(품) 天 또는 神으로부터 生命的·性格的인 것을 받다.
밝다	明	넓게 쓰인다.(昏·闇·晦·昧·暝의 對)
	昭	明보다 뜻이 좁다.
	灼	(작) 불이 타오르는 것처럼 밝다.
	皎	(교) 희고 밝다.
	晣	(晢 절) 빛(光)이 鮮明하다. ※ 晳(석)은 別字.

뜻	한자	용례
	炳	(병) 광채가 눈이 부실 정도로 밝다.
밟다	履	밟고 가다.
	踐	꽉 밟아 누르다.
	蹈	(도) 발을 움직여서 밟고 가다.
	踏	(답) 발을 높이 들어서 꽉꽉 밟아 누르다.
	躡	(녑, 섭) 앞서 간 사람의 발자취를 밟다.
	蹂	(유) 함부로 짓밟다.
빨리	速	빨리 가다.
	亟	(극) 시간이 빠르다.
	迅	(신) 빨리 가다.
	駿	(준) 말이 빨리 달아나다.
	捷	(첩) 생각했던 것보다 빠르게 보이다.
	疾	急病의 뜻에서, '빠르다'로 轉用.
	遽	(거) 속력이 빠르다.
배반하다	叛	(반) 배반해서 떨어져 나가다.
	畔	(반) 叛과 通用.
	逆	뒤틀려서 서로 맞지 않고 반대방향으로 나가다.(順의 反對)
	背	뒤집히다.
	倍	背와 같다.
	負	은혜를 배반하고 功德을 忘却하다.
	反	뒤집어엎어서 서로 틀리다.
	乖	(괴) 마음에 생각한 것과 틀리다.
빼앗다	奪	無理하게 빼앗다.
	簒	(찬) 옆에서 빼앗다. 임금의 자리를 빼앗다.
	褫	(치) 옷을 벗겨 빼앗다.
버리다	捨	(사) 버려서 쓰지 않다.
	舍	捨와 통한다.
	棄	(기) 필요 없어서 내버리다.
	弃	(기) 棄의 古字.
	捐	(연) 쓸모가 없는 것이라고 해서 바깥에 내버리다.
	釋	손에 잡았던 것을 아래에다 놓다.
	遺	잊어버리고 내버려 두다. 보고 내버려 두다.
	委	일을 放置하다.

뜻	한자	용례
번창하다 (왕성하다)	昌	차츰차츰 밝아지다. 繁榮해지다.
	盛	한창 성하다.
	隆	(륭) 풍부하고 크게 繁昌하다.
	熾	(치) 불이 타오르는 것처럼 힘이 왕성하다.
	壯	氣力이 강하고 왕성하다.
	殷	(은) 音聲이 강하다.
보내다	送	사람이 길 떠나는 것을 歡送하다. 또 물건을 보내주다.
	贈	(증) 남에게 선물을 주다.
	遺	남에게 물건을 보내서 그곳에 남겨두다.
	貽	(이) 물건을 보내서 그쪽에 남겨두다. ※作師說以貽之(韓愈)
	饋	(궤) 음식물을 보내주다.
	餽	(궤) 饋와 같으나 넓게 物品에도 쓰인다.
	贐	(賮 신) 여행하는 사람에게 旅費 또는 膳物을 주다.
보다	見	슬쩍 눈에 보이다.
	看	손을 눈썹 언저리에 대고 보다. 주의해서 지켜보다.
	監	내려다보다. 잘 관찰하다.
	視	주의해서 보다.
	觀	視보다 더한층 잘 보다.
	覽	대충 살펴보다.
	瞻	(첨) 우러러보다.
	瞰	(감) 내려다보다.
	相	높은 데에서 자세하게 보다.
	覩	(睹 도) 見과 거의 같다.(見보다 강하다.)
	覲	(근) 臣下가 君主를 뵙다.
	覯	(구) 뜻밖에 서로 보다.
	覿	(적) 見과 같다.
	[illegible]	(매) 覿과 같다.
부끄러워하다	恥	마음속으로 부끄럽게 생각하다.
	愧	(괴) 자기의 보기 흉한 것을 남에게 대하여 부끄러워하다.
	媿	(괴) 愧와 같다.
	慙	(慚 참) 面目 없이 생각한다.
	怍	(작) 부끄러운 생각을 일으켜서 얼굴빛을 변하다.

뜻	한자	용례
	羞	(수) 수줍어하다.
	忸	(뉴) 수줍은 얼굴, 부끄러워하는 모양.
	怩	(니) 忸와 같다.
	恧	(뉴) 忸와 같다.
	赧	(난) 부끄러워서 얼굴이 빨갛게 되다.
	詬	(후) 나쁜 말을 들어서 부끄러워하다.
부터	自	부터. 동작의 起點을 표시함.
	從	自와 거의 같다.(自보다 뜻이 강하다.)
	由	經過의 뜻을 나타내며 從과 거의 같다.
	于	自·從과 같다.
	於	自·從과 같다.
돋우다 (더하다)	增	겹겹이 쌓인 것처럼 많아지다.
	益	있는 위에 다시 덧붙여서 돋우다.
	倍	一倍 이상 더하다.
	滋	(자) 차츰차츰 불어가다.
뿐	耳	이것뿐이다. 이것 외에는 없다.
	已	이것뿐이다.(耳보다 뜻이 강하다.)
	而已	耳와 같다.(뜻은 강하다.)
	爾	(이) 耳와 같다.
	已矣	已보다 뜻이 더 강하다.
붉다	赤	빨강의 正色으로서 濃淡의 度가 中庸을 얻은 색.
	丹	빨강의 가장 짙은 색. 朱砂의 빛깔.
	殷	(안) 검붉은 빛깔.
	紅	분홍색. 桃色.
	赭	(자) 본뜻은 赤土.
	緋	(비) 불이 타오르는 듯한 赤色. 深紅色.
붙다	添	(첨) 덧붙다.
	付	붙다.
	就	붙어 따라가다.
	卽	곧 그것에 붙다. 着席하다.
비교하다	比	늘어놓고 비교하다.
	較	경쟁적으로 비교하다.
	校	두 가지를 비교해서 바르게 하다.

뜻	한자	용례
	視	'看做하다'의 뜻으로부터 '비교하다'로 轉用.
사다	買	값을 내고 물건을 사다.(大量으로 사다.)
	沽	(고) 少量을 사다.
	市	店鋪에서 파는 물건을 사다.
	賈	(고) 買와 거의 같다.
	貿	物物交換
	糴	(적) 쌀을 사들이다.
	購	(구) 돈을 내고 사다.
	贖	(속) 物物交換. 돈을 내고 죄를 赦해 받다.
사치하다 (거만하다)	奢	(사) 衣食住를 사치스럽게 하다.
	侈	(치) 흥청흥청 호화롭게 살다.(約의 對)
	驕	(교) 傲慢不遜하다.
	倨	倨慢하다.(恭의 對)
	泰	흥청흥청 分에 지나치게 하다.
	傲	(敖오) 교만을 떨다. 남을 깔보다.
살다 (거처하다)	住	居處를 정해서 머물러 있다.
	栖	(棲 서) 그곳에 머물러서 자다. 원래는 鳥類가 '깃들이다'의 뜻.
삼가다	謹	(근) 한결같이 조심해서 삼가다. 치밀해서 빈틈이 없다.
	愼	조심하고 삼가다.
	敬	공경하고 조심하다.
	恭	예의바르고 조심하다.
	虔	(건) 엄숙하게 조심하다.
	肅	엄숙하게 조심하고 긴장하다.
	欽	(흠) 겁을 내며 조심하다.
	祗	(지) 자기의 敬意를 상대방에게 보여주다.
	矜	(긍) 공경하고 조심하다.
생각하다	顧	(고) 마음에 돌이켜서 생각하다.
	意	추측하여 생각하다.
	思	마음속으로 생각해 보다. 또 사람을 思慕하다.
	想	形狀을 마음에 비추어서 생각하다. 推測하다.
	以	마음속으로 생각해 보건대.
	謂	以와 같다.
	爲	以와 같다.

뜻	한자	용례
	念	항상 마음에 두고 잊어버리지 않다.(思보다 가볍다.)
	懷	마음속에 꼭 간직하고 생각하다.
	惟	다만 외줄기로 생각하다.
	考	따져 물으면서 생각하다.
	憶	想起하다. 記憶하고 있다.
	攷	(고) 考의 古字
	稽	(계) 오랫동안 주의해서 생각하다.
	校	對照해 가며 생각하다.
	勘	(감) 比較吟味하여 생각해서 결정하다.
	按	(안) 침착하게 鄭重히 생각하다.
생각컨대	以爲	마음속으로 생각해 보건대.
	謂	以爲와 같다.
	以	以爲와 같다.
써	以	~을 가지고. ~에 의하여.
	將	以와 같다.(詩에 많이 쓰인다.)
	用	以와 같다.(以보다 뜻이 좁다.)
	庸	用과 같다.
세우다	建	基礎를 닦아서 그 위에 建設하다.
	立	堅固하게 세우다.
	植	나무를 심는 것처럼 세우다.
	樹	植과 같다.
	起	(作·興) 일어나다.
성내다	怒	성을 내다.(喜의 對)
	恚	(에) 忿하게 생각하고 성내다.
	慍	(온) 노여움을 품고, 불끈 화를 내다.(怒보다 가볍다.)
	忿	(분) 화를 내고 忿하게 여기다. 속으로 화를 내다.
	瞋	(진) 눈을 부릅뜨고 성내다.
	嗔	(謓 진) 恚·怒와 비슷하다.
	艴	(불) 얼굴빛이 변하며 발끈 성내다.
속이다	斯	일을 꾸며서 속이다. 깔보고 속이다.
	謾	(만) 거짓으로 속이다.
	瞞	(만) 그것으로 假裝하여 잘못 알게 하다.
	紿	(태) 그것으로 생각이 들도록 꾸며서 말하다.
	誆	(誆 광) 속여서 眩惑하게 하다.

뜻	한자	용례
	詐	(사) 남이 알아차리지 못하도록 얼버무리다.
	誕	(탄) 허풍을 쳐서 남을 속이다.
숨다	隱	숨어서 보이지 않다.
	潛	잠겨서 보이지 않다.
	匿	(닉) 피해서 숨다.
	藏	걷어치워서 두다. 재주를 나타내지 않다.
	蟄	(칩) 땅 속에 들어가는 것처럼 속여서 숨다.
	祕	(비) 남모르게 가만히 감추다.
	廋	(수) 싸서 감추다.
숭상하다	尙	소중히 여기다.
	貴	地位·身分 등을 존경하다.(賤의 對)
	崇	우러러보고 존경하다.
	尊	마음속으로 重하게 여겨서 존경하다.
	宗	宗家로서 높여 받들다.
쉬다	歇	(헐) 전부 쉬다.
	休	歇에 가깝다.(俗語·詩語에 많이 쓰인다.)
	寢	그쳐서 끊어지다.
	息	그쳐서 끊어지다.
	熄	(식) 불이 꺼지다.
	弭	(미) 그쳐서 끊어지다.
	舍	宿所를 정하고 쉬다.
싫다	厭	(염) 싫어지다.
	飫	(어) 음식에 물리다.
	饜	(염) 酒食에 물리다. 싫을 정도로 飽食했다.
	飽	(포) 양껏 먹어서 더 먹기 싫다.
아!	嗚呼	善惡을 막론하고 쓰지만 後世에는 哀傷의 歎聲.
	嗟	(차) 자기의 뜻을 다 이루지 못할 때의 歎聲.
	噫	(희) 哀痛·怨恨·不平等의 歎聲.
	呼	善惡 어느 쪽에나 쓰는 感歎의 말.
	唉	(애) 恨歎하여 큰소리로 떠드는 歎聲.
	吁	(우) 善悲 어느 쪽에나 쓰는 驚

뜻	한자	용례
		異의 歎聲.
	嘻	(희) 歎辭 또는 和樂의 歎聲.
	於	(오) 歎息 또는 感歎의 歎聲.
	於戱	(오희) 善惡 어느 쪽에나 쓰이고, 後世에는 讚美의 歎聲.
	咨	善惡 어느 쪽에나 쓰이는 단순한 歎聲.
	惡	(오) 驚歎에 怒氣를 띤 詠歎.
	嗟于	嗟와 같다.
아끼다	吝	(悋 린) 吝嗇하다.
	惜	마음속으로 아깝게 생각하다. 인색하다.
	憂	가지고 있는 것을 내주기가 아깝다고 생각하는 것. 마음속에 두고 아까워하다.
아니다	非	서로 틀리다.
	匪	(비) 非와 같다.
아첨하다	諂	(첨) 아첨하여 마음에 들도록 하려고 애쓰다.
	諛	(유) 顔色을 부드럽게 하여 남의 비위에 들도록 하다.
	阿	상대방의 意思에 맞도록 마음을 굽혀서 아첨하다.
	佞	(녕)말재주를 부려가며 아첨하다.
아파하다	悼	(도) 죽음을 슬퍼하다.
	傷	매우 悲痛하다.
	痛	육체가 괴롭고 아프다.
	隱	마음속으로 볼 수 없을 정도로 아파하다.
	怛	(달) 가엾이 여겨서 마음 아프게 생각하다.
	慘	(참) 참혹한 일을 보고 애통하게 생각하다.
	戚	걱정하고 슬퍼하다.
	悵	(창) 애석하게 생각하고 탄식하고 슬퍼하다.
	疼	(동) 육체가 지끈지끈 아프다.
않는다	不	否定인데 가볍고 약하다.
	弗	否定인데 무겁고 강하다.
	未	아직 …않는다.(已의 對) 아직 그렇게 되지 않는다.
알다	知	마음속으로 확실히 알다.

뜻	한자	용례
	識	대강만 알다.(知보다 가볍다.)
앞서(일찍이)	先	앞서서 나아가다.
	前	時間的으로 앞서, 일찍이.
	嚮	(향) 과거를 향해서의 앞서.
	鄕	(向) 嚮과 통한다.
	往	往日, 지나간 날.
어느 것	何	어느 쪽
	孰	(숙) 兩者 중 擇一의 경우에 쓴다.
	孰與	어떤 일을 아래 위에 提示해 놓고 兩者 중 어느 쪽이 높으냐의 뜻. 아래의 것이 主가 된다.
	孰若	孰與와 같다.
어떠냐	如何	이 일은 어떠냐?
	何如	이것은 무엇과 같으냐?
	何若	如何와 같다.
	奈	(내) 如何와 같다.
	奈何	如何와 같다.
	如	如何의 略形.
	何	如何의 略形.
어둡다	暗	햇빛이 없어 어둡다.
	眊	(모) 눈이 어둡다.
	昧	해뜨기 전에 아직 어둑어둑하다.
	昏	(혼) 해가 떨어져서 어둡다.
	瞑	(명) 눈이 흐려서 어둡다.
	晦	(회) 캄캄하게 어둡다.
어찌	安	어떤 경우든 물을 때에 쓴다.
	寧	否定의 뜻을 나타내는 反語, 어찌 …하겠는가?
	焉	(언) 安과 같다.
	惡	(오) '어째서' 하고 잘못을 따질 때 쓰인다.
	烏	惡와 같다.
	胡	(曷·庸·那) 何와 같다.
	何	詰問할 때 쓴다.
	詎	(巨·渠 거) 어찌 …하겠는가? 反問辭.
	盍	(합) 어찌 그렇게 하지 않는가?(何不의 合字)
얻다	得	없던 것을 얻었다. 되다.(失·喪의 對)
	獲	禽獸를 잡아 얻다.(得보다 뜻이 강하다.)

뜻	한자	용례
엎드리다 (눕다)	臥	(와) 옆으로 눕다.(坐의 對)
	偃	(언) 쓰러져서 눕다.
	俯	(부) 머리를 숙이다.(仰의 對)
	仆	(부) 쓰러져 눕다.
	伏	엎드리다.(起의 對)
	俛	(면) 俯와 같다.
열다	開	열어서 넓게 되다.(閉의 對)
	拓	(척) 토지를 開拓하다.
	披	(피) 양쪽으로 갈라 열다.
	排	(배) 밀어서 열다. 또 물리치다.
	啓	門戶를 열다. 또 사람을 敎導하다.
	發	급히 열다.
	闢	(벽) 開와 같다.
	闡	(천) 모르는 것을 公開하여 밝히다.
오르다	升	(승) 올라가다.
	昇	해가 뜨다.
	陞	(승) 계단을 오르다. 昇進하다.
	登	물건 위에 올라가다.
	上	아래의 것이 위에 올라가다.
	騰	(등) 뛰어 올라가다.
	躋	(제) 기운을 내서 오르다. 또 끌어올리다.(升에 가깝다.)
	陟	(척) 官位가 올라가다. 登과 비슷하다.
오히려	尙	그 위에
	仍	(잉) 亦是, 변함 없이 依然히.
	猶	亦是.
	由	猶와 같다.
왕성하다	盛	사물의 形勢가 한창 좋을 때.
	隆	(륭) 풍부하고, 크고, 盛하다.
	壯	氣力이 강하고 늠름하다.
	熾	(치) 불이 타오르듯 형세가 旺盛하다.
	昌	차츰차츰 明白하게 번창해지다. 번영하다.
	殷	(은) 音聲이 힘차고 크다.
요즘	頃	접근한 때. 또 그에 가까울 무렵.
	間	상당한 時日이 경과한 때.
	比	날이 가까운 때.
용서	許	그대로 좋다고 허용한다.

뜻	한자	용례
	允	(윤) 정말로 믿어주다.
	原	죄인의 實情을 參酌해서 용서하다.
	免	용서해서 자유롭게 하다.
	宥	(유) 벌을 완화해서 용서하다.
	聽	상대방의 희망을 들어주다.
	赦	(사) 죄를 용서하다.
	釋	釋放하다.
	容	노여움을 참고 용서하다.
	與	同意해서 허용하다.(許와 비슷)
	可	좋다고 보고 승낙하다.
울다	鳴	鳥獸들이 울다.
	啼	(제) 소리를 높여 울다.
	泣	소리를 내지 않고 눈물을 흘리면서 울다.
	哭	눈물을 흘리며 큰소리쳐서 슬피 울다.
	唳	(려) 학・기러기 같은 것들이 한마디 한마디씩 끊어 가면서 울다.
	歔	(허) 흐느껴 울다.
	涕	(체) 눈물을 흘리면서 울다.
웃다	笑	기뻐서 입을 열고 이를 보이다.
	嗤	(치) 비웃다.
	哂	(신) 微笑 짓다.
	咲	(소) 笑의 古字.
위태롭다	危	위험해서 진정되지 않다.
	殆	위험한 생각이 들어 安心이 되지 않는다.
의지하다 (의뢰하다)	依	가까이 다가들어서 떠나지 않다.(違의 對)
	賴	의지할 만한 것이라고 해서 그것에 기대다.
	緣	그것에 따라서 의지하다.
	由	그 趣旨에 따르다. 그대로 하다.
	因	'그 원인에 의하여 이 결과가 생기다'의 뜻. 밑바탕이 있는 위에 덧붙어 따르다.
	仍	(잉) 因과 거의 같다. 단, 因은 밑바탕을 主로 하고, 仍은 겹치는 데 중점을 둠.
	據	물건의 의거한 곳.

뜻	한자	용례
	寄	의지하여 붙다.
	憑	(빙) 기대다.
	凭	(빙) 憑과 같다.
	仗	(장) 사물에 매어 달리다.
	倚	(의) 물건에 다가들어 기대다.
	藉	(자) 의지하여 힘으로 삼다.(몸을 의지할 곳을 말함)
이것(의)	此	자기에 가까운 것을 가리킴. 또 때와 장소를 좁게 가리킨다.(彼의 對)
	是	마음속으로 是非를 판단해서 말하다. 또 때와 장소를 넓게 가리킨다.(非의 對)
	之	是·此에 가까우나 뜻이 가볍다.
	諸	'之於' 또는 '之乎'의 合字. 句末에 있을 때는 疑問의 終詞.
	旃	(전) '之焉'의 合字. 之와 거의 같다.
	斯	(사) 此에 가까우나, 彼와 對가 되지 않는다.
	維	是와 거의 같으나, 非와 對가 되지 않는다.
	伊	(이) 發語의 辭로서 祭文 등에 많이 쓰인다.
	焉	是에 가깝다. 또 '이것을'의 뜻으로 쓰인다.
	惟	(유) 是와 거의 같으나, 非와 對가 되지 않는다.
	這	(저) 此와 같다.
	箇	(개) 此의 俗用.
이끌다	引	이쪽으로 끌어당기다.(넓게 쓰인다.)
	援	끌어당겨서 도와주다.
	曳	(예) 물건을 땅에 닿도록 질질 끌다.
	延	가까이 끌어당기다.
	挽	(만) 힘을 줘서 끌다.
	牽	(견) 밧줄을 달아서 끌어당기다.
	惹	(야) 끌어당겨서 얽어매다. 또 마음을 끌다.
	彈	손으로 끌어 퉁기다.

뜻	한자	용례
	掣	(체, 철) 자유롭지 못하게 잡아 끌어 멈추다.(挽留하다.)
이기다	勝	勢力이 뛰어나다.
	克	이기기 어려운 것을 이기다.
	剋	(극) 克과 같다.
	捷	(첩) 재빠르게 싸움에 이기다.
이루다	致	그곳까지 送致하다. 힘을 다하여 하다.
	効	(效) 窮極까지 다해치우다.
	輸	운반해 보내주다.
이르다	至	그곳까지 이르다.
	到	한쪽으로부터 다른 쪽에 이르다.
	造	차츰차츰 깊이 들어가다.
	詣	(예) 도착하다. 뵈러 가다.
	抵	(저) 도착하다.
	臻	(진) 몰려들다.
	格	도착해야 할 바른 곳에 도착하다.
	踵	(종) 잇달아 이르다.
	届	極端까지 도달하다.
이미	已	일이 끝날까 말까 하는 사이를 말함.(과거로부터 현재에 이름)
	旣	현재에 있어서 일이 완전히 끝났다는 뜻을 표함.(將의 對)
	業	과거로부터 미래까지에도 걸쳐서 말함.
	業已	(已業·旣已)前述의 已·旣·業보다 뜻이 좀 緩慢하다.
익히다	習	같은 일을 몇 번이나 익히다.
	效	본떠서 익히다.
	倣	(방) 본떠서 배우다.
	閑	잘 익혀서 본과 같이 되다.
	慣	익숙하게 익히다.
일어나다	起	저절로 힘차게 일어나다. 일을 시작해 일으키다.
	興	사물이 旺盛하게 일어나다.
	作	奮發하다.
	發	사물이 처음 일어나다.
일찍이	嘗	이전에, 미리미리.
	曾	언젠가 한 번. 단 한 번도(전혀).(否定을 同伴할 때)
	常	嘗과 같이 쓰인다.
	夙	(숙) 일찍부터 조심해서 늦지

뜻	한자	용례
		않도록 하다.
	早	해 뜰 무렵부터의 이른 아침에.
	蚤	(조) 벼룩이 뛰는 것이 빠르다는 뜻에서 轉用하여 早와 通用.
잃다	失	얻지 못하고 잃어버리다.(得의 對)
	亡	滅亡해서 없어지다.
	喪	없어져서 다시 되찾기 어렵다.
	沒	물건이 안 보이게 되다. 다하여 없어지다.
잇다	續	계속하다.(斷의 對)
	繼	끊어진 것을 잇다.
	嗣	(사) 집(家督)을 이어가다.
	襲	(습) 바탕이 있는 위에 겹쳐서 이어가다.(世襲 따위)
	次	차츰차츰. 차례차례로.
	接	續과 거의 같다.
	尋	(심) 따라붙어서 잇달다.
	紹	(소) 家·德·業을 繼承하는 데 限하여 쓰인다.
	亞	次와 같다.
있다	有	사물이 있다.(無의 對)
	或	萬一 있다면.
	在	사물이 存在하다.
	存	물건이 現在 있다.(亡의 對)
자다	寢	침대를 만들어서 자다.
	寐	(매) 잠자리에 들다.
	臥	(와) 누워서 쉬다.
	眠	눈을 감고 자다.
	睡	(수) 앉아서 졸다.
자랑	誇	(과) 큰소리치다. 뽐내다.
	夸	(과) 誇로 通한다.
	矜	(긍) 자기가 賢明하다고 自慢하다.
	伐	功致辭하다.
	慢	(만) 남을 업신여겨서 잘난 체하다.
	驕	(교) 驕慢하다.
자주	頻	(빈) 몇 번이고.
	連	계속해서 끊기지 않는다.
	荐	(천) 계속해서.
	累	겹치고 겹쳐서 間斷없이.
	切	몸에 스며들 정도로 切實하게.
자주자주	數	(삭) 자주자주
	屢	(루) 여러 번 여러 번.(數보다 뜻이 좀 緩慢하다.)
	亟	(기) 잠시도 쉴새 없이 바쁘다.
짜개다	割	칼로 쪼개다.
	剖	(부) 한복판에서 두 쪽으로 쪼개다.
	裂	잡아 찢다.
	析	(석) 도끼로 나무를 쪼개다. 끊는 것과 明白하게 하는 것을 겸하고 있다.
	柝	(탁) 손으로 찢어 펴다.
	劈	(벽) 칼로 두 쪽으로 찢다.
재화(재앙)	災	天地가 이루는 災禍.
	禍	뜻밖의 不幸.(福의 對)
	殃	(앙) 神의 罰責으로 이루어지는 災禍.
	凶	땅이 陷沒되는 것으로부터 轉用되어, 災禍의 뜻.
	害	사람이 저지른 不幸.
	妖	(요) 사람에게 해를 끼치는 夭死.
	祅	(요) 妖와 같다.
	孼	(얼) 常道를 벗어난 괴이한 災殃.
	菑	(재) 災와 같다.
잠깐	須臾	(수유) 잠깐 새.
	斯臾	(사유) 須臾와 같다.
	姑	(고)우선. 어떻든.
	暫	잠깐 동안.
	且	姑와 비슷하다.
	間	사이를 두고.
	少	조금 동안.
	少時	少와 같다.
	少焉	少와 같다.(焉은 語助辭)
	頃	조금 있다가.
	頃刻	(頃之) 頃과 거의 같다.
잠그다	浸	(寖 침) 물이 차츰차츰 적시다.
	漬	(지) 물에 적셔지다. 물에 잠기다.
	涵	(함) 듬뿍 잠기다.
	淫	차츰차츰 적셔가다.

뜻	한자	용례
	漸	언젠지 모르게 물이 스며들다.
	漚	(구) 물에 집어넣어서 부드럽게 하다.
	蘸	(잠) 布帛을 물 속에 집어넣어 적시다.
	涔	(잠) 물에 적시다. 漬와 같다.
	潛	물 밑바닥에 잠기다.
잡다	捕	쫓아가서 붙잡다.
	執	물건을 단단히 잡다.
	把	(파) 잡아 쥐다.
	秉	(병) 떠나지 않게 잡다.
	操	반듯하게 잡다.
	取	잡아서 자기의 물건으로 삼다.(捨의 對)
	採	주워서 쓸 수 있게 하다.
	采	(채) 採와 같다.
	資	가져다가 資本으로 삼다.
	攝	(섭) 손끝으로 집다.
	攬	(람) 손으로 모아 쥐다.(擥과 같음)
	提	달아나지 못하게 붙잡다.
장차	將	곧 그렇게 되려고 한다.
	且	장차 …하려고 한다.(將과 거의 같다.)
저것	彼	저것.(我·此의 對)
	渠	(거) 그 놈. 저 놈.
	夫	남자의 뜻으로부터 轉用되어, 저 남자.
	伊	(이) 彼와 같다.
적다	少	數가 적다.(多의 對)
	鮮	數量이 지극히 적고 부족하다.
	寡	인기척이 적다.(衆의 對)
	尠	(선) 매우 적다.(鮮·尠과 서로 通한다.)
적합하다	適	잘 맞다.
	協	衆人이 一致和合하다.
	叶	(협) 協과 같다.
	諧	(해) 가락이 잘 맞다.
	稱	잘 어울리다.
제사 지내다	祭	隨時 祭物을 갖추어서 제사 지내다.
	祀	일정한 時日에 지내는 제사.

뜻	한자	용례
	祠	(사) 所願이 성취되었다는 謝禮로 지내다.
존경하다 (숭상하다)	尊	마음으로부터 소중히 여기고 존경하다.(卑의 對)
	貴	地位·身分 등을 존경하다.(賤의 對)
	尙	소중히 여기다.
	崇	우러러보고 존중히 여기다.
쫓다	追	달아나는 것을 뒤쫓다.
	逐	(축) 쫓아 버리다.
	趁	(진) 여기저기 쫓아다니다.
좋다	好	바람직하고 기분이 좋다.
	能	아름답다.
	善	사물의 좋은 것의 總稱.(惡의 對)
	良	알맞게 정리되어 좋다.
	淑	善良하다. 溫順하고 착하다.
	俶	(숙) 잘 정돈되어 좋다.
	臧	(장) 條理가 잘 맞다.(否(비)의 對)
	令	광채가 나는 것처럼 아름답다.
	佳	됨됨이 좋다. 아름답다. 기분이 좋다.
	可	옳다고 首肯하다.
	克	주로 家門의 좋음에 쓰인다.
	吉	慶事스럽고 좋다.
	嘉	(가) 아름답고 즐겁다.
	宜	바람직하다. 착하고 아름답다.
	美	얼굴이 아름답다.
	芳	香氣가 좋다. 名聲이 좋다.
주리다	餒	(뇌) 배가 고파서 느른하다.
	飢	(기) 먹을 것이 없어서 굶주리다.
	餓	(아) 매우 시장하다.(飢보다 强하다.)
	饑	(기) 五穀이 익지 않다.
	饉	(근) 穀物이 缺乏되다.
죽이다	殺	목숨을 빼앗다.
	戮	(륙) 본보기로 죽이다.
	弑	(시) 손윗사람을 죽이다.
	戕	(장) 실수하여 죽이다.
	誅	(주) 죄 있는 자를 죽이다.

뜻	한자	용례
	殛	(극) 刑에 處하여 죽이다.
지내다	經	사물을 대충 거쳐서 지나다.
	歷	사물을 하나하나 거쳐서 지나다.
찌르다	突	갑자기 부딪치다.
	衝	正面으로 부딪치다.
	撞	(당) 때려 맞추다. 손으로 찔러 맞추다.
진실로	誠	있는 그대로 正當하게.(僞의 對)
	眞	天眞爛漫하여 조금도 꾸밈이 없다.
	固	말할 것도 없이. 처음부터.
	實	充滿하여 이지러짐이 없다.(虛의 對)
	寔	(식) 實과 서로 通한다.
	信	틀림이 없고 言行이 一致하다.(實보다 좀 가볍다.)
	允	(윤) 정말로. 아무리 생각하여도.
	良	참으로. 實로.
	孚	(부) 始終一貫 眞實하다.
	亮・諒	(량) 나와 저 사람의 마음이 서로 通한다.(二字通用. 良과 거의 같다.)
	苟	誠과 같다.
	洵	(순) 되풀이해도 마찬가지로.
찾다	尋	(심) 길을 따라서 찾아내다.
	討	더듬어서 찾아내다. 吟味하다.
	訪	사람을 訪問하다.
	探	이리저리 찾아보다.
	溫	찾아서 익히다.
	繹	(역) 실마리를 끌어내서 찾아내다.
	訊	(신) 따져서 묻다.
	原	사물의 根源을 찾다.
	索	이리저리 찾아보다.(探과 비슷하다.)
	要	待機하다가 꼭 찾아내다.
	干	無理하게 찾다.
	覓	(멱) 이리저리 찾아보다.(探과 비슷하다.)
	徼	(요) 要와 같다.

뜻	한자	용례
	需	필요해서 찾다.
처음	初	最初.(後의 對)
	始	사물의 起點을 말함.(終의 對)
	肇	(조) 처음 열어젖히다.
	創	創始의 뜻으로서, 새로 시작하다.
	首	率先.
	甫	(보) 크게 되는 始初. 또 僅僅히.
	孟	사물의 始初.
천하다(낮다)	賤	地位가 낮다. 또 값이 싸다.(貴의 對)
	卑	年齡 또는 身分이 낮음을 말함.(尊의 對)
	陋	(루) 마음이 좁고 野하다. 또 品位가 없다.
	鄙	(비) 촌스럽고 천하다.(都의 對)
	野	鄙와 거의 같다.(朝의 對)
	俚	(리) 鄙와 거의 같다.(雅의 對)
	固	딱딱하고 천하다.
청하다	請	정성껏 請願하다.
	乞	(걸) 달라고 졸라대다.
치다	擊	손 또는 물건으로 강하게 치다.
	打	擊과 같다. 넓게 쓰인다.
	撲	(박) 툭툭 치다.
	擣	(도) (빨래 같은 것을)손으로 두드리다.
	拍	손바닥이나 판자 조각 따위를 치다.
	搏	(박) 약간 힘있게 치다. 拍과 같이 쓰이기도 한다.
	拊	(부) 가볍게 물건에 손을 대고 두드리다.
	毆	(구) 막대기로 치다.
	討	罪를 따져서 치다.
	伐	잘못을 드러내서 譴責하다. 聲討하다.
	征	위로부터 아래의 죄를 譴責하다.
침범하다	侵	언젠지 모르게 살짝 侵犯하다.
	犯	짐승이 田畓을 荒廢하게 하는 것과 같이 함부로 남의 領土를 侵入하다. 또 罪를 犯하다.

뜻	한자	용례
	干	이쪽으로부터 거리낌 없이 侵犯하다.
	冒	(모) 머리에 물건을 덮어 쓰고 덤벼들 듯이 侵犯하다.
탄식하다	嘆	(歎) 한숨을 쉬면서 탄식하다.
	嗟	마음속에 깊이 느껴서 '아' 하고 탄식하다.
	咨	嗟와 같다.
	慷	感激하거나 또는 걱정하여 탄식하다.
	慨	(개) 痛憤하여 탄식하다.
	慟	(통) 지나치게 슬퍼하고 탄식하다.
털다(쓸다)	拂	(불) 탁탁 조금씩 털다.(먼지를 털듯이)
	掃	비로 쓸다. 모든 것을 한숨에 쓸어버리는 것을 뜻함.
	祓	(불) 罪나 때 같은 것을 털어서 깨끗하게 하다.
	禊	(계) 沐浴齋戒하여 재앙을 털어버리다.
	攘	(양) 털어버리다. 밀어버리다.
	禳	(양) 神佛에 빌어서 재앙을 털어버리다.
	除	더러운 물건을 바깥에 내다 버리고 깨끗하게 하다.
	撥	(발) 튀게 하여 털어버리다.
팔다	賣	일반적으로 물건을 팔다.
	沽	(고) 小賣.(조금씩 사다의 뜻도 됨)
	售	(수) 賣渡하다.
	賈	(고) 앉아서 팔다. 상품을 늘어놓고 팔다.
	糶	(조) 쌀을 팔다.
펴다	伸	굽은 물건을 펴다.
	申	伸과 같다. 意思를 陳述하다.
	舒	(서) 沈着하고 安穩하다.
	展	펴서 늘이다.
	宣	전체에 골고루 드러내서 펴다.
	陳	말을 늘어놓다.
	述	陳述하다.
	信	伸과 같다.
	暢	(창) 쭉쭉 뻗다.
	延	늘여서 펴다.
편안하다	安	위태롭지 않고 편안하다.(危의 對)
	寧	安靜되고 편안하다.(安定의 뜻)
	康	즐겁고 편안하다.(安樂의 뜻)
	泰	편안하고 마음이 느긋하다.
	綏	(수) 마음을 놓고 편안하게 시내다.
	易	(이) 하기 쉽다.(難의 對)
품다	懷	품속에 넣어 두다.
	抱	손으로 끌어들이다.
	擁	(옹) 두 손으로 껴안다.
피하다	避	이리저리 피하다.
	辟	(벽) 避와 같다.
핍박하다	迫	(박) 逼과 같으나 그보다 더 바쁘고 急하다.
	逼	(핍) 臨迫했다.
	薄	迫에 가까우나 急한 뜻이 없다.
	促	가까이 다가오다.
하여금	使	남을 시켜서 그대로 하게 하다.(넓게 쓰이고 뜻은 가볍다.)
	令	使보다 더욱 命令的이고 뜻이 강하다.
	遣	使와 비슷하나, 뜻이 가볍다.
	俾	(비) 상대방을 拘束하지 않고 自意에 맡겨서 하게 하다.
	教	가르쳐서 하게 하다.
하물며	況	더구나 말할 것도 없이.
	矧	(신) 況과 같다.
	況乎	'況~乎'와 같다. 하물며 ~?
해야 한다	可	무엇무엇 되다.(可能)
	當	그렇게 될 것이다.(當然)
	應	되겠지. 그럴 것이다.(推量)
	容	可와 거의 같다.
	須	무엇무엇 하는 것이 必要하다. 꼭 무엇무엇 해야 한다고 要求하다.
	宜	무엇무엇 하는 것이 좋다.
	合	當에 가깝다.
함께	與	한패가 되다.
	共	한데 모여서 일을 같이 하다.
	偕	(해) 俱와 같다.
	俱	죄다 모여서 함께.
항상(보통)	常	언제나. 平常.

뜻	한자	용례
	恒	(항) 언제나 변함이 없이.
	每	그때마다.
	嘗	常과 같다.
	雅	(아) 전부터. 처음부터.
	庸	보통.
	彛	(이) 항상 변하지 않는 길.
	經	永久히 변함이 없다.
헐뜯다	誹	(비) 남의 잘못을 公公然하게 誹謗하다.
	非	誹와 같다.
	譏	(기) 남의 過失을 나무라고 헐뜯다.
	訕	(산) 나쁘게 말하다.
	毁	남을 中傷하다.
	詆	(저) 남을 꾸짖어서 곤란하게 만들다. 속이는 뜻이 있다.
헤아리다	計	수를 세다. 또 見積하다.
	測	推測하다. 測量하다.
	度	(탁) 마음속으로 예상해 보다.
	衡	公平하게 재다.
	圖	지시하여 꾀하다.
	畫	일정한 線을 긋고 그대로 하는 것이 좋다고 지시하다.(圖에 가깝다.)
	諮	(자) 물어서 意見을 듣다.
	詢	(순) 諮와 같다.
	咨	諮와 같다.
	規	法則에 맞추어 올바르게 재다.
	議	일의 適合度를 헤아리다.
	謀	相議해서 꾀하다. 또 計略을 짜내다.
	稱	均衡이 잡히게 하다.
	權	臨機應變해서 적당히 맞추다.
	料	마음속으로 이리저리 재다.
	忖	(촌) 상대방의 마음을 미루어 헤아리다.
	揣	(췌) 思索推量하다.
	程	이 정도라고 限度를 정하다.
	揆	(규) 일정한 틀에 맞느냐 안 맞느냐 재보다.
홀연히	忽	(홀) 갑자기. 뜻밖에.
	乍	(사) 不時에.

뜻	한자	용례
	倏	(숙) 忽과 같다.
	奄	(엄) 갑자기.
흠(상처)	疵	(자) 베이고 맞은 傷處의 뜻으로서, 넓게 過失이나 사물이 破損된 곳이 있음을 말함.
	瘢	(반) 傷處의 흔적.
	痕	(흔) 딱지 자리. 瘢과 같다.
	創	(창) 베인 傷處.
	瘡	(창) 創과 같다.
	傷	넓게 물건이 破傷한 傷處.
	瑕	(하) 玉의 티. 또는 過失이나 缺點.
	玷	(점) 玉의 티.
힘쓰다	勤	熱心히 일하다.
	勉	힘써 행하다. 無理하게 일하다.
	力	힘을 주다.
	努	단숨에 힘차게 일하다.
	孜	(자) 쉬지 않고 부지런히 일하다.
	勖	(욱) 그 일을 自進해서 힘쓰다.
	務	精力을 오로지 그 일에만 기울여 힘쓰다.
		〈『漢文大綱』(권돈중 저) 참조〉

10. 簡化漢字(略字)表

漢字는 대부분 劃이 많고 構造가 複雜하여 이른 시대부터 이를 簡略하게 略字化하여 사용하여 왔다. 이러한 현상은 비단 우리 나라뿐만 아니라, 중국과 日本에서도 마찬가지다. 최근 컴퓨터의 발달로 正字 이외의 筆記體 略字에 대해서 많은 젊은이들이 곤란을 겪고 있다. 이에 오랫동안 사용해온 略字 중에서 그 頻度가 높은 것을 골라 소개한다. 이를 익히면 中國의 簡化字나 日本의 略字도 자연 익히게 될 것이다.

1	假	仮	거짓 가
2	價	価 价	값 가
3	殼	壳 殻 殼	껍질 각
4	覺	覐 斍 覚	깨달을 각
5	懇	垦	간절할 간
6	柬	东	가릴 간
7	揀	拣	가릴 간
8	諫	谏	간할 간
9	强	強	강할 강
10	薑	干 姜	생강 강
11	箇	介	낱 개
12	蓋	盖	덮을 개
13	擧	[illegible] 举 挙	들 거
14	據	拠	의거할 거

15	儉	倹	검소할 검
16	劒	剱	칼 검
17	檢	検	검사할 검
18	擊	軎	칠 격
19	堅	坚	굳을 견
20	徑	径	지름길 경
21	經	経	글 경
22	輕	軽	가벼울 경
23	啓	启	열 계
24	溪	渓	시내 계
25	繫	系	맬 계
26	繼	継	이을 계
27	鷄	[illegible] 鶏 鷄 雞	닭 계
28	顧	頋	돌아볼 고

29	穀	谷	곡식 곡
30	觀	覌　观　観	볼 관
31	關	関	빗장 관
32	廣	広	넓을 광
33	鑛	砿	쇳돌 광
34	轟	𨏥　軣　車	울릴 굉
35	敎	教	가르칠 교
36	區	区	구역 구
37	舊	旧	예 구
38	驅	駆	몰 구
39	龜	龟　亀	거북 귀
40	國	囗　国	나라 국
41	勸	劝　効　勧	권할 권
42	權	权　権	권세 권
43	劇	剧	심할 극
44	器	噐	그릇 기
45	機	机	틀 기
46	氣	気	기운 기
47	饑	飢	주릴 기
48	緊	紧	요긴할 긴
49	難	难	어려울 난
50	納	内	드릴 납

51	寧	宁　寕　寗　寍	편안 녕
52	多	夛	많을 다
53	單	单　単	홑 단
54	團	団	둥글 단
55	斷	断	끊을 단
56	壇	坛	단(제터) 단
57	檀	枬	박달나무 단
58	端	耑	끝 단
59	擔	担	멜 담
60	膽	胆	쓸개 담
61	當	当	마땅 당
62	黨	党　党	무리 당
63	對	对　対	대할 대
64	臺	台	집 대
65	擡	抬	들 대
66	圖	図　叁	그림 도
67	獨	独	홀로 독
68	讀	読	읽을 독
69	同	仝	한가지 동
70	東	东	동녘 동
71	等	朩	무리 등
72	燈	灯	등불 등

73	羅	罗	벌일 라
74	樂	乐　楽	즐길 락
75	亂	乱	어지러울 란
76	覽	览	볼 람
77	臘	蜡　臘	납향(臘享) 랍
78	來	来　耒	올 래
79	兩	両　两	두 량
80	糧	粮	양식 량
81	麗	丽　麗	고울 려
82	勵	励	힘쓸 려
83	廬	庐	오두막 려
84	歷	歴	지낼 력
85	憐	怜	불쌍할 련
86	戀	恋	그리워할 련
87	聯	联	연이을 련
88	獵	猟	사냥할 렵
89	嶺	岭	고개 령
90	靈	灵　霊	신령 령
91	齡	岭　齢	나이 령
92	禮	礼	예도 례
93	醴	[illegible]	단술 례
94	勞	劳	수고로울 로
95	盧	卢	밥그릇 로
96	爐	炉	화로 로
97	蘆	芦	갈대 로
98	賴	頼	의뢰할 뢰
99	龍	竜	용 룡
100	壘	垒　[illegible]	진 루
101	婁	娄	별이름 루
102	樓	楼	다락 루
103	流	[illegible]	흐를 류
104	離	难　难	떠날 리
105	隣	阾	이웃 린
106	臨	临	임할 림
107	滿	満	찰 만
108	萬	万	일만 만
109	網	网	그물 망
110	賣	売	팔 매
111	邁	迈	갈 매
112	暮	[illegible]	저물 모
113	夢	[illegible]　梦	꿈 몽
114	墓	仝	무덤 묘
115	廟	庿　庙	사당 묘
116	無	无	없을 무

117	彌	弥 弥	두루 미
118	盤	盘	소반 반
119	發	发 発	필 발
120	變	变	변할 변
121	辯	弁	말씀 변
122	邊	辺	가 변
123	幷	并	아우를 병
124	竝	并	아우를 병
125	寶	宝	보배 보
126	復	复	돌아올 복
127	覆	覄	엎어질 복
128	奮	奋	떨칠 분
129	糞	粪	똥 분
130	佛	仏	부처 불
131	拂	払	떨칠 불
132	備	备	갖출 비
133	鄙	啚	더러울 비
134	飛	飞 蜚	날 비
135	賓	宾	손 빈
136	濱	浜	물가 빈
137	寫	写	베낄 사
138	辭	辞	말씀 사
139	傘	伞	우산 산
140	殺	杀	죽일 살
141	澁	渋	떫을 삽
142	傷	伤	상할 상
143	喪	丧	잃을 상
144	嘗	尝	일찍 상
145	狀	状	모양 상
146	棲	栖	살 서
147	鼠	鼡 鼡	쥐 서
148	釋	釈	풀 석
149	選	选 选	가릴 선
150	攝	摂	당길 섭
151	燮	变	불꽃 섭
152	聲	声	소리 성
153	歲	岁	해 세
154	巢	巣	새집 소
155	笑	咲	웃음 소
156	屬	属 属	붙일 속
157	續	続	이을 속
158	孫	孙	손자 손
159	灑	洒	뿌릴 쇄
160	壽	寿	목숨 수

161	帥	帅	장수 수
162	數	数	셈 수
163	獸	兽	짐승 수
164	粹	粋	순수할 수
165	雖	虽	비록 수
166	肅	肃	엄숙할 숙
167	濕	湿	젖을 습
168	乘	乗	탈 승
169	繩	縄	노끈 승
170	蠅	蝿	파리 승
171	時	时	때 시
172	燼	烬	깜부기불 신
173	實	实	열매 실
174	雙	双	쌍 쌍
175	亞	亜　亚	버금 아
176	啞	唖	벙어리 아
177	兒	児	아이 아
178	嶽	岳	큰산 악
179	惡	悪	모질 악
180	巖	岩	바위 암
181	壓	圧	누를 압
182	愛	爱	사랑 애

183	櫻	桜	앵두나무 앵
184	藥	苶　美　葯	약 약
185	陽	阳	볕 양
186	養	养	기를 양
187	樣	様	모양 양
188	讓	譲	사양할 양
189	嚴	严　厳	엄할 엄
190	與	与	더불 여
191	歟	欤	어조사 여
192	餘	余	남을 여
193	譯	訳	번역 역
194	驛	駅	역 역
195	演	渷	펼 연
196	鹽	塩	소금 염
197	榮	栄	영화 영
198	營	営	경영 영
199	濊	涉	깊을 예
200	藝	艺	재주 예
201	譽	誉	기릴 예
202	豫	予	미리 예
203	運	运	운전 운
204	鬱	欝	답답할 울

205	園	园	동산 원
206	遠	远	멀 원
207	圍	围	에울 위
208	爲	为 為	할 위
209	劉	刘 刘	죽일 류
210	陰	阴	그늘 음
211	應	応	응할 응
212	儀	仪	거동 의
213	議	议	의논할 의
214	醫	医	의원 의
215	爾	尔	너 이
216	邇	迩	가까울 이
217	貳	弐	두 이
218	寅	宍	동방 인
219	壹	壱	한 일
220	殘	残	남을 잔
221	潛	潜	잠길 잠
222	蠶	蚕	누에 잠
223	雜	杂	섞일 잡
224	長	长	긴 장
225	將	将	장수 장
226	粧	妆 妆 妆	단장할 장
227	莊	庄 荘	장엄할 장
228	藏	蔵	감출 장
229	齋	斎	재계할 재
230	傳	伝	전할 전
231	戰	战	싸움 전
232	纏	緾	얽힐 전
233	轉	転	구를 전
234	錢	戋	돈 전
235	竊	窃	훔칠 절
236	點	奌 点	점 점
237	鄭	郑	나라이름 정
238	鼎	[illegible] [illegible]	솥 정
239	齊	斉 齐 [illegible]	가지런할 제
240	劑	剤	약지을 제
241	濟	済	건널 제
242	第	苐	차례 제
243	條	条	가지 조
244	棗	召 枣	대추 조
245	卒	卆	군사 졸
246	從	从 従	좇을 종
247	晝	昼	낮 주
248	鑄	鋳	쇠 불릴 주

249	樽	尊	술통 준
250	衆	众　眾	무리 중
251	增	増	더할 증
252	憎	憎	미울 증
253	證	証	증거 증
254	遲	遅	더딜 지
255	塵	尘　尘	티끌 진
256	晉	晋	나아갈 진
257	珍	珎	보배 진
258	盡	尽	다할 진
259	眞	真	참 진
260	質	质	바탕 질
261	車	车	수레 거
262	鑿	凿	뚫을 착
263	贊	賛	도울 찬
264	讚	讃	기릴 찬
265	參	参	참여할 참
266	讒	谗	참소할 참
267	窗	囱	창문 창
268	處	处　処	곳 처
269	淺	浅	얕을 천
270	賤	賎	천할 천
271	踐	践	밟을 천
272	遷	迁	옮길 천
273	鐵	鉄	쇠 철
274	聽	听	들을 청
275	廳	庁	관청 청
276	遞	递	갈마들 체
277	體	体	몸 체
278	草	艸	풀 초
279	囑	嘱	부탁할 촉
280	燭	烛	촛불 촉
281	觸	触	닿을 촉
282	叢	叢	모일 총
283	總	総	다 총
284	樞	枢	지도리 추
285	蟲	虫	벌레 충
286	沖	冲	화할 충
287	衝	冲	찌를 충
288	醉	酔	취할 취
289	齒	齿　歯	이 치
290	稱	称	일컬을 칭
291	他	它　佗	다를 타
292	濁	浊	흐릴 탁

293	彈	弾	탄알 탄
294	歎	欸 叹	탄식할 탄
295	奪	夺	빼앗을 탈
296	擇	択	가릴 택
297	澤	沢	못 택
298	鬪	閗 鬦	싸움 투
299	廢	廃	폐할 폐
300	風	风 凨	바람 풍
301	筆	笔	붓 필
302	學	斈 斈 学	배울 학
303	鶴	隺	학 학
304	漢	汉	한수 한
305	嚮	向	향할 향
306	饗	享	잔치할 향
307	獻	献	드릴 헌
308	險	険	험할 험
309	驗	験	시험 험
310	縣	県	고을 현
311	賢	贤 賢	어질 현
312	顯	顕	나타낼 현
313	協	叶	화협할 협
314	夾	夹	낄 협

315	峽	峡	골짜기 협
316	螢	蛍	반딧불 형
317	壺	壶 壷	병 호
318	虎	虍	범 호
319	號	号	이름 호
320	畫	画	그림 화
321	華	花 蕐	빛날 화
322	擴	拡	넓힐 확
323	歡	欢	기쁠 환
324	還	还	돌아올 환
325	懷	怀	품을 회
326	會	会	모일 회
327	繪	絵	그림 회
328	後	后	뒤 후
329	勳	勲	공 훈
330	黑	黒	검을 흑
331	興	㒷	일 흥
332	喜	㐂	기쁠 희
333	戲	戯	희롱할 희
334	熙	煕	빛날 희
335	犧	犠	희생 희

11. 漢字中의 長音字

*는 高等學校 教育用 900字 中의 漢字

可:	옳을 가	*遣:	보낼 견	廣:	넓을 광
假:	거:짓 가	敬:	공경 경	*鑛:	쇳돌 광
*架:	시렁 가	慶:	경:사 경	*愧:	부끄러울 괴
*暇:	겨를 가	競:	다툴 경	*壞:	무너질 괴
*肝:	간: 간	*竟:	마침내 경	校:	학교 교
*簡:	대쪽 간	*鏡:	거울 경	教:	가르칠 교
*懇:	간:절할 간	*警:	경:계할 경	*矯:	바로잡을 교
減:	덜: 감	癸:	북방 계	救:	구:원할 구
感:	느낄 감	季:	계:절 계	久:	오랠 구
敢:	구태여 감	界:	지경 계	舊:	예:구
降:	내릴 강	計:	셀:계	*苟:	진실로 구
講:	강:론할 강	*系:	계:통 계	郡:	고을 군
改:	고칠 개	*係:	맬 계	勸:	권:할 권
個:	낱: 개	*戒:	경:계할 계	*拳:	주먹 권
*介:	낄 개	*械:	기계 계	貴:	귀:할 귀
*慨:	슬플 개	*繼:	이을 계	歸:	돌아갈 귀
*概:	대:개 개	*契:	계:약 계	*鬼:	귀:신 귀
*蓋:	덮을 개	*桂:	계:수나무 계	近:	가까울 근
更:	다시 갱	*啓:	열: 계	*僅:	겨우 근
去:	갈 거	古:	예: 고	*謹:	삼갈 근
巨:	클 거	告:	고:할 고	禁:	금:할 금
擧:	들 거	困:	곤:할 곤	*錦:	비:단 금
*距:	떨어질 거	共:	한가지 공	*肯:	즐길 긍
*拒:	막을 거	*孔:	구멍 공	*那:	어찌 나
*據:	의거할 거	*供:	이바지할 공	內:	안 내
建:	세울 건	*攻:	칠 공	乃:	이에 내
*健:	굳셀 건	*恐:	두려울 공	*耐:	견딜 내
*儉:	검:소할 검	*貢:	바칠 공	念:	생각 념
*劍:	칼 검	果:	실과 과	怒:	성:낼 노
*檢:	검:사할 검	過:	지:날 과	*濃:	짙을 농
*憩:	쉴: 게	*誇:	자:랑할 과	但:	다:만 단
見:	볼 견	*寡:	적:을 과	短:	짧을 단

*斷: 끊을 단
談: 말:씀 담
*淡: 맑을 담
代: 대:신 대
待: 기다릴 대
對: 대:할 대
*帶: 띠 대
*貸: 빌릴 대
到: 이를 도
度: 법도 도
道: 길 도
*倒: 거꾸러질 도
*途: 길 도
*導: 인:도할 도
洞: 골: 동
童: 아이 동
動: 움직일 동
*凍: 얼: 동
*鈍: 둔:할 둔
等: 무리 등
*亂: 어지러울 란
*爛: 찬:란할 란
*濫: 넘:칠 람
浪: 물결[껼] 랑
*朗: 밝을 랑
冷: 찰 랭
兩: 두: 량
*慮: 생각 려
*勵: 힘쓸 려
練: 익힐 련
*鍊: 단(:)련할 련
*戀: 그리워할 련
例: 본보기 례
禮: 예:도 례
路: 길 로
老: 늙을 로
*弄: 희롱할 롱
*了: 마칠 료
*屢: 여러 루
*累: 포갤 루
*淚: 눈물 루
*漏: 샐: 루
柳: 버들 류
*類: 무리 류
里: 마을 리
理: 다스릴 리
利: 이:할 리
*李: 오얏 리
*吏: 아전 리
*離: 떠날 리
*裏: 속: 리
*履: 밟을 리
馬: 말 마
萬: 일만 만
晩: 늦을 만
*慢: 거:만할 만
*漫: 퍼:질 만
望: 바랄 망
*妄: 망:령될 망
*罔: 없:을 망
買: 살 매
賣: 팔 매
妹: 누이 매
*孟: 맏 맹
*猛: 사:나울 맹
免: 면:할 면
勉: 힘쓸 면
面: 낯 면
命: 목숨 명
母: 어머니 모
暮: 저물 모
*某: 아:무 모
*慕: 사모할 모
*夢: 꿈 몽
卯: 토끼 묘
妙: 묘:할 묘
*苗: 싹 묘
*廟: 사당 묘
*墓: 무덤 묘
戊: 별: 무
茂: 무:성할 무
武: 무:사(虎班)무
務: 힘쓸 무
舞: 춤출 무
*貿: 무:역할 무
*霧: 안:개 무
問: 물을 문
聞: 들을 문
未: 아닐 미
尾: 꼬리 미
*迷: 미:혹할 미
反: 돌이킬 반
半: 반: 반
*返: 돌아올 반
*叛: 배:반할 반
訪: 찾을 방
*倣: 모방할 방
拜: 절 배
*倍: 갑절 배
*培: 북돋울 배
*配: 짝 배
*輩: 무리 배
*背: 등 배
*犯: 범:할 범
*範: 모범 범
*汎: 넓을 범
變: 변:할 변
*辯: 말:씀 변
*辨: 분별할 변
丙: 남녘 병
病: 병: 병
*竝: 아우를 병
步: 걸음 보
報: 갚을 보
*普: 넓을 보
*譜: 족보(적을) 보
*補: 기울 보

*寶: 보:배 보
奉: 받들 봉
*鳳: 새: 봉
富: 부:자 부
否: 아닐 부
*付: 부칠 부
*附: 붙을 부
*府: 관청(마을) 부
*腐: 썩을 부
*負: 질 부
*副: 버금 부
*簿: 문서 부
*赴: 다다를 부
*賦: 과:할 부
*憤: 분:할 분
*奮: 떨:칠 분
比: 견줄 비
悲: 슬플 비
鼻: 코 비
備: 갖출 비
*批: 비:평할 비
*卑: 낮을 비
*婢: 여자종 비
*肥: 살찔 비
*秘: 숨길 비
*費: 쓸 비
四: 넉: 사
巳: 뱀:사 사
士: 선비 사
史: 사:기 사
使: 하여금 사
謝: 사:례할 사
死: 죽을 사
事: 일: 사
*捨: 버릴 사
*賜: 줄 사
*似: 같을 사
産: 낳을 산
散: 흩을 산
算: 셈:할 산
上: 위 상
想: 생각 상
序: 차례 서
暑: 더울 서
*敍: 베:풀 서
*徐: 천:천할 서
*庶: 무리 서
*恕: 용서 서
*署: 관청 서
*緖: 실:마리 서
善: 착할 선
選: 가릴 선
姓: 성:씨 성
性: 성:품 성
盛: 성:할 성
聖: 성:인 성
世: 인간 세
洗: 씻을 세
稅: 세:금 세
細: 가늘 세
勢: 형세 세
歲: 해 세
小: 작:을 소
少: 적:을 소
所: 바 소
笑: 웃:음 소
*損: 덜: 손
送: 보낼 송
*頌: 기릴 송
*訟: 송:사 송
*誦: 외울 송
*刷: 인쇄할 쇄
*鎖: 자물쇠[쇠] 쇄
數: 셈: 수
順: 순:할 순
市: 저자 시
示: 보일 시
是: 이 시
視: 볼 시
施: 베:풀 시
試: 시:험 시
始: 비로소 시
*矢: 화살 시
*侍: 모:실 시
信: 믿을 신
*愼: 삼갈 신
甚: 심:할 심
*審: 살필 심
我: 나 아
*餓: 주:릴 아
案: 책상 안
眼: 눈 안
*岸: 언덕 안
*雁: 기러기 안
暗: 어두울 암
仰: 우러를 앙
愛: 사랑 애
也: 어:조사 야
夜: 밤 야
野: 들: 야
養: 기를 양
讓: 사양할 양
*壤: 흙덩이 양
語: 말:씀 어
*御: 모:실 어
汝: 너 여
與: 더불 여
*輿: 수레 여
硏: 갈 연
硯: 벼루 연
*宴: 잔치 연
*軟: 연:할 연
*演: 펼 연
*染: 물들일 염
永: 길: 영
*泳: 헤엄칠 영
*詠: 읊을 영

*影: 그:림자 영
藝: 재주 예
*豫: 미리 예
*譽: 기릴 예
*銳: 날카로울 예
五: 다섯 오
悟: 깨달을 오
午: 낮 오
誤: 그르칠 오
*汚: 더러울 오
*娛: 즐길 오
*傲: 거:만할 오
瓦: 기와 와
臥: 누울 와
*緩: 느릴 완
往: 갈 왕
外: 바깥 외
*畏: 두려울 외
用: 쓸 용
勇: 날랠 용
宇: 집 우
右: 오른(쪽)우
友: 벗: 우
雨: 비 우
又: 또 우
遇: 만날 우
*羽: 깃 우
*偶: 짝 우
運: 운:전 운
*韻: 운: 운
願: 원:할 원
遠: 멀: 원
怨: 원:망할 원
*援: 도울 원
有: 있을 유
*裕: 넉넉할 유
*愈: 나을 유
*閏: 윤:달 윤
*潤: 윤:택할 윤

飮: 마실 음
應: 응:할 응
義: 옳을 의
意: 뜻 의
二: 두: 이
貳: 갖은두: 이
以: 써 이
已: 이미 이
耳: 귀 이
異: 다를 이
引: 끌: 인
*刃: 칼날 인
壬: 북방 임
*賃: 품삯 임
*恣: 방:자할 자
*刺: 찌를 자
壯: 씩씩할 장
*丈: 어:른 장
*帳: 장:막 장
*奬: 장:려할 장
*葬: 장:사지낼 장
*掌: 손바[빠]닥 장
*藏: 감출 장
*臟: 오:장 장
在: 있을 재
栽: 심을 재
再: 두: 재
*載: 실을 재
著: 나타날 저
貯: 쌓을 저
低: 낮을 저
*底: 밑 저
*抵: 막을 저
典: 법 전
展: 펼 전
戰: 싸움 전
電: 번개 전
錢: 돈: 전
*轉: 구:를 전

店: 가:게 점
*漸: 점:점 점
定: 정:할 정
*整: 가지런할 정
弟: 아우 제
第: 차례 제
祭: 제:사 제
帝: 임:금 제
製: 지을 제
*制: 지을 제
*際: 즈음 제
*濟: 건:널 제
早: 일찍 조
造: 지을 조
助: 도울 조
*弔: 조:상할 조
*照: 비칠 조
左: 왼(쪽) 좌
坐: 앉을 좌
*佐: 도울 좌
*座: 자리 좌
罪: 허물 죄
注: 물댈 주
住: 살: 주
宙: 집 주
*準: 법 준
*俊: 준:걸 준
*遵: 좇을 준
重: 무거울 중
衆: 무리 중
進: 나아갈 진
盡: 다할 진
*振: 떨:칠 진
*鎭: 진:정할 진
且: 또 차
借: 빌릴 차
*贊: 도울 찬
*讚: 기릴 찬
唱: 부를 창

*創: 비롯할 창
*暢: 화창할 창
菜: 나물 채
採: 캘 채
*彩: 채:색 채
*債: 빚 채
處: 곳 처
*悽: 슬플 처
淺: 얕을 천
*賤: 천:할 천
*踐: 밟을 천
*遷: 옮길 천
*薦: 천:거할 천
寸: 마디 촌
村: 마을 촌
*總: 다: 총
最: 가장 최
取: 가질 취
吹: 불: 취
就: 나아갈 취
*臭: 냄:새 취
*醉: 취:할 취
*趣: 뜻 취
致: 이룰 치
*置: 둘 치
針: 바늘 침
*浸: 젖을 침
*寢: 잘 침
*沈: 잠길 침
*枕: 베개 침
打: 칠 타
*妥: 타:당할 타
*墮: 떨어질 타
*炭: 숯 탄
*歎: 탄:식할 탄
*彈: 탄:알 탄
*湯: 끓을 탕
*態: 태:도 태
*吐: 토:할 토
統: 거느릴 통
*痛: 아플 통
退: 물러갈 퇴
破: 깨뜨릴 파
*播: 뿌릴 파
*罷: 파:할 파
貝: 조개 패
敗: 패:할 패
*評: 평:론할 평
閉: 닫을 폐
*肺: 허파 폐
*廢: 폐:할 폐
*弊: 해:질 폐
*蔽: 가릴 폐
*幣: 폐:백 폐
抱: 안:을 포
*飽: 배부를 포
*捕: 잡을 포
品: 성:품 품
彼: 저 피
*被: 입을 피
*避: 피:할 피
下: 아래 하
夏: 여름 하
賀: 하:례 하
恨: 한:할 한
限: 막을 한
漢: 한:수 한
*旱: 가물 한
*汗: 땀 한
*陷: 빠:질 함
*巷: 거리 항
*港: 항:구 항
*項: 목 항
*抗: 항:거할(겨룰) 항
*航: 배 항
害: 해:할 해
海: 바다 해
亥: 돼:지 해
解: 풀 해
幸: 다행 행
向: 향:할 향
*響: 울릴 향
*享: 누릴 향
*憲: 법 헌
*獻: 드릴 헌
*險: 험:할 험
*驗: 시:험 험
現: 나타날 현
*縣: 고을 현
*懸: 매:달 현
*顯: 나타낼 현
惠: 은혜 혜
*慧: 지혜 혜
戶: 지게문 호
好: 좋:을 호
*互: 서로 호
*浩: 넓을 호
*護: 지킬 호
混: 섞일 혼
貨: 재물 화
畫: 그:림 화
*禍: 재앙 화
患: 근심 환
*換: 바꿀 환
*還: 돌아올 환
*況: 하물며 황
會: 모일 회
*悔: 뉘우칠 회
孝: 효:도 효
效: 본받을 효
*曉: 새벽 효
後: 뒤: 후
厚: 두터울 후
*候: 기다릴(기후) 후
訓: 가르칠 훈
*毁: 헐: 훼

12. 日本 가나(假名)의 起源

가다가나(片假名)

ア (阿)	イ (伊)	ウ (宇)	エ (江)	オ (於)
カ (加)	キ (幾)	ク (久)	ケ (介)	コ (己)
サ (散)	シ (之)	ス (須)	セ (世)	ソ (曾)
タ (多)	チ (千)	ツ (川)	テ (天)	ト (止)
ナ (奈)	ニ (二)	ヌ (奴)	ネ (祢)	ノ (乃)
ハ (八)	ヒ (比)	フ (不)	ヘ (部)	ホ (保)
マ (万)	ミ (三)	ム (牟)	メ (女)	モ (毛)
ヤ (也)	(イ)	ユ (由)	(エ)	ヨ (与)
ラ (良)	リ (利)	ル (流)	レ (礼)	ロ (呂)
ワ (和)	(イ)	(ウ)	(エ)	ヲ (乎)

히라가나 (平假名)

あ (安)	い (以)	う (宇)	え (衣)	お (於)
か (加)	き (幾)	く (久)	け (計)	こ (己)
さ (左)	し (之)	す (寸)	せ (世)	そ (曾)
た (太)	ち (知)	つ (川)	て (天)	と (止)
な (奈)	に (仁)	ぬ (奴)	ね (祢)	の (乃)
は (波)	ひ (比)	ふ (不)	へ (部)	ほ (保)
ま (末)	み (美)	む (武)	め (女)	も (毛)
や (也)	(い)	ゆ (由)	(え)	よ (与)
ら (良)	り (利)	る (留)	れ (礼)	ろ (呂)
わ (和)	(い)	(う)	(え)	を (遠)
ん (无)				

13. 中國 簡化字의 劃數 索引表

※ 簡化字를 잘 모를 때는 畫數로 찾아보면 편리하다.

簡體	正字	代表訓音
2획		
厂	廠	헛간 창
卜	蔔	무 복
儿	兒	아이 아
几	幾	몇 기
了	瞭	밝을 료
3획		
广	廣	넓을 광
门	門	문 문
义	義	옳을 의
干	乾	하늘 건
〃	幹	줄기 간
亏	虧	이지러질 휴
才	纔	겨우 재
万	萬	일만 만
与	與	더불 여
千	韆	그네 천
亿	億	억 억
个	個	낱 개
么	麽	잘 마
习	習	익힐 습
卫	衛	지킬 위
飞	飛	날 비
马	馬	말 마
乡	鄉	시골 향

簡體	正字	代表訓音
4획		
【丶】		
斗	鬥	싸울 투
忆	憶	생각 억
闩	閂	빗장 산
为	爲	할 위
计	計	셀 계
订	訂	고칠 정
认	認	알 인
讥	譏	나무랄 기
【一】		
丰	豐	풍년 풍
开	開	열 개
无	無	없을 무
韦	韋	가죽 위
云	雲	구름 운
专	專	오로지 전
艺	藝	재주 예
厅	廳	관청 청
区	區	구역 구
历	歷	지낼 력
〃	曆	책력(冊曆) 력
车	車	수레 거/차
【丨】		
冈	岡	산등성이 강
贝	貝	조개 패
见	見	볼 견/뵈올 현

簡體	正字	代表訓音
【丿】		
气	氣	기운 기
长	長	긴 장
仆	僕	종 복
仅	僅	겨우 근
币	幣	폐백 폐
从	從	좇을 종
仑	侖	조리(條理)세울 륜
仓	倉	창고(곳집) 창
风	風	바람 풍
凤	鳳	새 봉
乌	烏	까마귀 오
【乛】		
丑	醜	더러울 추
队	隊	떼 대
办	辦	힘쓸 판
劝	勸	권할 권
双	雙	쌍 쌍
邓	鄧	나라이름 등
书	書	글 서

簡體	正字	代表訓音
5획		
【丶】		
汇	匯	물돌 회
〃	彙	무리 휘
汉	漢	한수(漢水) 한
头	頭	머리 두
宁	寧	편안할 녕
邝	鄺	성(姓) 광
冯	馮	성(姓) 풍/ 업신여길 빙
闪	閃	번쩍일 섬
兰	蘭	난초 란
写	寫	베낄 사
礼	禮	예도(禮道) 례
议	議	의논 의
讦	訐	들추어낼 알
讨	討	칠 토
讧	訌	어지러울 홍
让	讓	사양할 양
讯	訊	물을 신
讪	訕	헐뜯을 산
讫	訖	이를 흘
训	訓	가르칠 훈
记	記	기록 기
【一】		
灭	滅	멸할 멸
击	擊	칠 격
戋	戔	해칠 잔/적을 전
扑	撲	두드릴 박
节	節	마디 절
术	術	꾀 술
厉	厲	엄할 려
龙	龍	용 룡
轧	軋	삐걱거릴 알
东	東	동녘 동
【丨】		
卢	盧	밥그릇 로
业	業	업 업
旧	舊	예 구

簡體	正字	代表訓音
帅	帥	장수 수
归	歸	돌아갈 귀
叶	葉	잎 엽
叽	嘰	쪽잘거릴 기
叹	嘆	탄식할 탄
号	號	이름, 부를 호
只	隻	외짝 척
祇	祇	토지신 기
电	電	번개 전
【ノ】		
们	們	들 문
仪	儀	거동 의
丛	叢	모일 총
鸟	鳥	새 조
尔	爾	너 이
乐	樂	즐길 락/풍류 악/ 좋아할 요
处	處	곳 처
冬	鼕	북소리 동
务	務	힘쓸 무
饥	飢	주릴 기
〃	饑	주릴 기
【ㄱ】		
台	臺	집 대
〃	檯	등대 대
〃	颱	태풍 태
辽	遼	멀 료
边	邊	가 변
出	齣	단락 척
发	發	필 발
〃	髮	터럭 발
圣	聖	성인(聖人) 성
对	對	대할 대
驭	馭	말부릴 어
纠	糾	꼴 규
丝	絲	실 사

簡體	正字	代表訓音

簡體	正字	代表訓音
6획		
【丶】		
汤	湯	끓을 탕
兴	興	일 흥
产	産	낳을 산
壮	壯	씩씩할 장
冲	衝	찌를 충
妆	妝	꾸밀 장
庄	莊	장엄할 장
庆	慶	경사 경
刘	劉	죽일, 성(姓) 류
齐	齊	가지런할 제
忏	懺	뉘우칠 참
闭	閉	닫을 폐
问	問	물을 문
闯	闖	엿볼 츰/틈
关	關	빗장 관
灯	燈	등불 등
军	軍	군사 군
农	農	농사 농
访	訪	찾을 방
讲	講	강론할 강
讳	諱	꺼릴 휘
讴	謳	노래할 구
讵	詎	어찌 거
讶	訝	맞을 아
讷	訥	말더듬거릴 눌
许	許	허락 허
讹	訛	그릇될 와
䜣	訢	기뻐할 흔
论	論	의논 론
讻	訩	떠들썩할 흉
讼	訟	송사(訟事) 송
讽	諷	욀 풍
设	設	베풀 설
诀	訣	이별할 결
【一】		
夹	夾	낄 협
玑	璣	구슬 기
动	動	움직일 동

簡體	正字	代表訓音
过	過	지날 과
巩	鞏	굳을 공
圹	壙	광 광
场	場	마당 장
扩	擴	넓힐 확
扪	捫	어루만질 문
执	執	잡을 집
扫	掃	쓸 소
扬	揚	날릴 양
亚	亞	버금 아
芗	薌	곡식냄새 향
朴	樸	통나무 박
机	機	틀 기
权	權	권세 권
协	協	화협(和協)할 협
压	壓	누를 압
厌	厭	싫을 염
厍	厙	성(姓) 사
页	頁	머리 혈
达	達	통달할(사무칠) 달
夸	誇	자랑할 과
夺	奪	빼앗을 탈
轨	軌	수레바퀴 궤
划	劃	그을 획
迈	邁	갈 매
尧	堯	요임금 요
毕	畢	마칠 필
【丨】		
当	當	마땅 당
〃	噹	방울 당
贞	貞	곧을 정
帅	師	스승 사
尽	盡	다할 진
吁	籲	부를 유
吓	嚇	노할 혁
吗	嗎	아편, 의문조사 마
虫	蟲	벌레 충
曲	麯	누룩 국
团	團	둥글 단

簡體	正字	代表訓音
〃	糰	경단 단
回	迴	돌 회
屿	嶼	섬 서
岁	歲	해 세
岂	豈	어찌 기
则	則	법칙 칙/곧 즉
刚	剛	굳셀 강
网	網	그물 망
【丿】		
钆	釓	가돌리늄(中) 구
钇	釔	이트륨(中) 을
朱	硃	주사(朱砂) 주
迁	遷	옮길 천
乔	喬	높을 교
伪	僞	거짓 위
伟	偉	거룩할 위
传	傳	전할 전
伛	傴	구부릴 구
优	優	뛰어날 우
伤	傷	상할 상
伥	倀	창귀(倀鬼) 창
价	價	값 가
伦	倫	인륜 륜
伧	傖	천할 창
华	華	빛날 화
向	嚮	향할 향
后	後	뒤 후
伞	傘	우산 산
会	會	모일 회
杀	殺	죽일 살/감할 쇄
合	閤	쪽문 합
众	衆	무리 중
爷	爺	아비 야
创	創	비롯할 창
凫	鳧	오리 부
杂	雜	섞일 잡
负	負	질 부
犷	獷	사나울 광
邬	鄔	땅이름 오

簡體	正字	代表訓音
饦	飥	떡 탁
饧	餳	엿 당
【ㄱ】		
买	買	살 매
寻	尋	찾을 심
尽	盡	다할 진
〃	儘	다할 진
导	導	인도할 도
孙	孫	손자 손
阵	陣	진칠 진
阳	陽	볕 양
阶	階	섬돌 계
阴	陰	그늘 음
妇	婦	부인(며느리) 부
妈	媽	어미 마
戏	戲	희롱할 희
观	觀	볼 관
欢	歡	기쁠 환
驮	馱	실을 타/태
驯	馴	길들 순
驰	馳	달릴 치
纩	纊	솜 광
纡	紆	굽을 우
红	紅	붉을 홍
纤	縴	헌솜 견
〃	纖	가늘 섬
纥	紇	묶을 흘
约	約	언약(言約) 약
纨	紈	흰갑 환
级	級	등급 급
纪	紀	벼리 기
纫	紉	실꿸 인

簡體	正字	代表訓音

簡體	正字	代表訓音
7획		
【丶】		
沩	潙	물이름 위
沈	瀋	즙 심
沪	滬	강이름 호
沣	灃	강이름 풍
沤	漚	담글 구
沥	瀝	거를 력
沦	淪	잔물결 륜
沧	滄	찰 창
沨	渢	물소리 풍
沟	溝	도랑 구
穷	窮	궁할 궁
冻	凍	얼 동
状	狀	모양 상/문서 장
亩	畝	이랑 묘/무
应	應	응할 응
库	庫	곳집 고
疖	癤	부스럼 절
疗	療	병고칠 료
这	這	이 저
怃	憮	어루만질 무
怀	懷	품을 회
怄	慪	화낼 우
忧	憂	근심 우
忾	愾	성낼 개
怅	悵	슬퍼할 창
怆	愴	슬퍼할 창
闵	閔	위문할 민
闷	悶	번민할 민
闰	閏	윤달 윤
闱	闈	문 위
闲	閑	한가할 한
间	間	사이 간
灶	竈	부엌 조
灿	燦	빛날 찬
炀	煬	쬘 양
启	啓	열 계
补	補	기울 보
评	評	평론할 평
证	證	증거 증

簡體	正字	代表訓音
诘	詰	꾸짖을 힐
诃	訶	꾸짖을 가
诅	詛	저주할 저
识	識	알 식/기록할 지
诇	詗	염탐할 형
诈	詐	속일 사
诉	訴	호소할 소
诊	診	볼 진
诋	詆	꾸짖을 저
诌	謅	농담할 초
诒	詒	줄 이
词	詞	말씀 사
诎	詘	굽힐 굴
诏	詔	고할 조
译	譯	번역 역
【一】		
来	來	올 래
寿	壽	목숨 수
麦	麥	보리 맥
玛	瑪	마노(瑪瑙) 마
进	進	나아갈 진
远	遠	멀 원
违	違	어길 위
韧	韌	질길 인
刬	剗	깍을 잔
运	運	운전, 옮길 운
坟	墳	무덤 분
坛	壇	단(제터) 단
〃	罎	술병 담
坏	壞	무너질 괴
坜	壢	구덩이 력
坝	壩	방죽 패
坞	塢	둑 오
块	塊	덩어리 괴
壳	殼	껍질 각
贡	貢	바칠 공
声	聲	소리 성
护	護	지킬 호
抚	撫	어루만질 무
抟	摶	뭉칠 단

簡體	正字	代表訓音
抠	摳	추킬 구
扰	擾	어지러울 요
㧏	掆	들어오릴 강
折	摺	접을 접
抡	掄	가릴 륜
抢	搶	부딪칠 창
报	報	갚을, 알릴 보
㧐	摗	밀 송
拟	擬	헤아릴 의
芦	蘆	갈대 로
劳	勞	수고로울 로
芜	蕪	거칠 무
苇	葦	갈대 위
芸	蕓	유채(油菜) 운
苈	藶	꽃다지 력
苋	莧	비름 현
苁	蓯	육종용(肉蓯蓉) 종
苍	蒼	푸를 창
苏	蘇	깨어날, 차조기 소
〃	囌	군소리할 소
严	嚴	엄할 엄
克	剋	이길 극
极	極	극진할 극
杨	楊	버들 양
两	兩	두 량
丽	麗	고울 려
医	醫	의원 의
励	勵	힘쓸 려
还	還	돌아올 환
矶	磯	물가 기
奁	奩	화장상자 렴
歼	殲	다죽일 섬
欤	歟	어조사 여
连	連	이을 련
轩	軒	집 헌
轫	軔	바퀴굄목 인
【丨】		
卤	鹵	소금(밭) 로
〃	滷	소금밭 로

簡體	正字	代表訓音
邺	鄴	땅이름 업
坚	堅	굳을 견
旷	曠	밝을 광
时	時	때 시
旸	暘	해돋이 양
邮	郵	우편 우
里	裏	속 리
县	縣	고을 현
呒	嘸	분명하지않을 무
呓	囈	잠꼬대 예
呕	嘔	토할 구
呖	嚦	새소리 력
吨	噸	톤 톤
呗	唄	찬불(讚佛)노래 패
听	聽	들을 청
呛	嗆	쪼아먹을 창
呜	嗚	슬플, 탄식소리 오
员	員	인원 원
别	彆	활뒤틀릴 별
园	園	동산 원
围	圍	에울 위
困	睏	졸릴 곤
囵	圇	완전할 륜
财	財	재물 재
帏	幃	휘장 위
帐	帳	장막 장
岖	嶇	험할 구
岘	峴	고개 현
岗	崗	언덕 강
岚	嵐	남기(嵐氣) 람
【丿】		
针	針	바늘 침
钉	釘	못 정
钋	釙	불리지않은쇠 박
钊	釗	사람이름 쇠/힘쓸 소
钌	釕	재갈 조
乱	亂	어지러울 란
体	體	몸 체

簡體	正字	代表訓音
佣	傭	품팔이할 용
㑇	㑳	고용살이할 추
彻	徹	통할 철
邻	鄰	이웃 린
佥	僉	다 첨
谷	穀	곡식 곡
岛	島	섬 도
肠	腸	창자 장
龟	龜	거북 귀/人名, 地名 구/터질 균
犹	猶	오히려 유
狈	狽	이리 패
鸠	鳩	비둘기 구
条	條	가지 조
邹	鄒	나라이름 추
饨	飩	만두 돈
饩	餼	보낼 희
饪	飪	익힐 임
饬	飭	신칙(申飭)할 칙
饭	飯	밥 반
系	係	걸릴, 관계될 계
〃	繫	맬 계
【ㄱ】		
灵	靈	신령 령
层	層	층 층
迟	遲	더딜 지
张	張	베풀 장
陆	陸	뭍 륙
际	際	즈음 제
陇	隴	고개이름 롱
陈	陳	베풀 진
坠	墜	떨어질 추
陉	陘	지레목 형
妫	嬀	성(姓) 규
妩	嫵	아리따울 무
妪	嫗	할미 구
刭	剄	목벨 경
劲	勁	굳셀 경
鸡	鷄	닭 계
驴	驢	당나귀 려

簡體	正字	代表訓音
驱	驅	몰 구
驳	駁	얼룩말 박
纹	紋	무늬 문
纺	紡	자을 방
纭	紜	어지러울 운
纬	緯	씨 위
纯	純	순수할 순
纰	紕	잘못 비
纱	紗	깁 사
纲	綱	벼리 강
纳	納	들일 납
纴	紝	짤 임
纵	縱	세로 종
纶	綸	벼리 륜
纷	紛	어지러울 분
纸	紙	종이 지
纾	紓	느슨할 서
纼	紖	고삐 진
纽	紐	끈 뉴

簡體	正字	代表訓音

簡體	正字	代表訓音
8획		
【丶】		
泞	濘	진창 녕
泻	瀉	쏟을 사
浅	淺	얕을 천
泷	瀧	비올 롱/여울 랑/강이름 상
泸	瀘	물이름 로
泺	濼	물이름 락
泼	潑	뿌릴 발
泽	澤	못 택
泾	涇	통할, 물이름 경
⿱𭕄土	壆	흙굳을 학
学	學	배울 학
实	實	열매 실
宝	寶	보배 보
宠	寵	굄 총
审	審	살필 심
〃	讅	자세히알 심(審과 同字)
帘	簾	발 렴
变	變	변할 변
庞	龐	높은집, 성(姓) 방
庙	廟	사당 묘
疟	瘧	학질(瘧疾) 학
疠	癘	염병(染病) 려
疡	瘍	종기(腫氣) 양
剂	劑	약지을 제
废	廢	폐할 폐
怜	憐	불쌍할 련
㤘	㥮	고집셀 추
怿	懌	기뻐할 역
闹	鬧	시끄러울 료
闸	閘	수문(水門) 갑
郑	鄭	나라이름, 성(姓) 정
卷	捲	말 권
单	單	홑 단/종족이름 선
炉	爐	화로 로
炜	煒	빨갈 위/빛 휘
炝	熗	데칠 창
郸	鄲	趙나라서울 단
衬	襯	속옷 친
袆	褘	폐슬(蔽膝), 왕후의 제복(祭服) 휘
视	視	볼 시
⿰讠它	詑	자랑할 이
该	該	갖출, 그 해
详	詳	자세할 상
诨	諢	농담할 원
诓	誆	속일 광
诔	誄	뇌사(誄詞) 뢰
试	試	시험 시
注	註	주낼 주
诗	詩	글, 시 시
诘	詰	꾸짖을 힐
诙	詼	조롱할 회
诚	誠	정성 성
诛	誅	벨 주
话	話	말씀 화
诞	誕	탄생할, 거짓 탄
诟	詬	꾸짖을 후/구
诠	詮	설명할 전
诡	詭	속일 궤
询	詢	물을 순
诣	詣	이를 예
诤	諍	간할 쟁
诩	詡	자랑할 후
【一】		
郏	郟	땅이름 겹
玮	瑋	옥 위
环	環	고리 환
现	現	나타날 현
责	責	꾸짖을 책
表	錶	시계 표
规	規	법 규
匦	匭	상자 궤
丧	喪	잃을 상
垆	壚	흑토(黑土), 목로(木壚) 로
㧟	擓	긁을 회
拧	擰	어지러울 녕
拦	攔	막을 란
担	擔	멜 담
拥	擁	안을 옹
势	勢	형세 세
拨	撥	다스릴 발
择	擇	가릴 택
顶	頂	정수리 정
范	範	모범 범
茔	塋	무덤 영
茕	煢	외로울 경
苹	蘋	네가래 빈
茏	蘢	개여뀌 롱
茑	蔦	누홍초(縷紅草) 조
茎	莖	줄기 경
枢	樞	지도리 추
枥	櫪	말구유 력
柜	櫃	함 궤
㭎	棡	목책(木柵)가로대 강
枧	梘	홈통 견
枨	棖	문설주 정
板	闆	주인 반
枞	樅	전나무 종
松	鬆	더벅머리 송
枪	槍	창 창
枫	楓	단풍나무 풍
构	構	얽을 구
画	畫	그림 화/획 획
枣	棗	대추 조
卖	賣	팔 매
郁	鬱	답답할 울
矿	礦	쇳돌 광
矾	礬	명반(明礬) 반
砀	碭	무늬있는돌 탕
码	碼	마노(瑪瑙), 야드(中) 마
厕	廁	뒷간 측
态	態	태도 태
奋	奮	떨칠 분
瓯	甌	사발(沙鉢) 구
欧	歐	구라파 구

簡體	正字	代表訓音
殴	毆	때릴 구
垄	壟	받두둑 롱
顷	頃	이랑 경
转	轉	구를 전
轭	軛	멍에, 요크(中) 액
斩	斬	벨 참
轰	轟	울릴 굉
鸢	鳶	솔개 연
【丨】		
齿	齒	이 치
虏	虜	사로잡을 로
肾	腎	콩팥 신
贤	賢	어질 현
昙	曇	흐릴 담
咛	嚀	간곡할 녕
咙	嚨	목구멍 롱
鸣	鳴	울 명
咝	噝	나는소리 사
黾	黽	힘쓸 민
畅	暢	펼, 통할 창
虮	蟣	서캐 기
国	國	나라 국
图	圖	그림 도
罗	羅	그물, 벌일 라
岽	崬	산이름 동
岿	巋	험준할 귀
岭	嶺	고개 령
峄	嶧	산이름 역
刿	劌	상처입힐 귀
剀	剴	낫, 알맞을 개
凯	凱	개선(凱旋)할 개
帜	幟	기 치
贮	貯	쌓을 저
贬	貶	떨어뜨릴 폄
败	敗	패할 패
购	購	살 구
【丿】		
觅	覓	찾을 멱
钔	鍆	멘델레븀(中) 문

簡體	正字	代表訓音
钍	釷	토륨 토
钎	釬	정 천
钏	釧	팔찌 천
钓	釣	낚시 조
钒	釩	바나듐(中) 범
钕	釹	네오디뮴(中) 녀
锡	錫	주석(朱錫) 석
钗	釵	비녀 차/채
制	製	지을 제
刮	颳	바람불 괄
侪	儕	무리 제
侬	儂	나 농
侠	俠	호협(豪俠)할 협
侥	僥	요행(僥倖) 요
侦	偵	염탐할 정
侧	側	곁 측
侨	僑	더부살이 교
侩	儈	거간(居間) 쾌
凭	憑	기댈 빙
货	貨	재물 화
质	質	바탕 질
征	徵	부를, 거둘 징/ 음률이름 치
径	徑	길, 지름 경
籴	糴	쌀살 적
贪	貪	탐할 탐
舍	捨	버릴 사
刽	劊	끊을 회
郐	鄶	나라이름 회
怂	慫	권할 종
贫	貧	가난할 빈
戗	戧	다칠 창
枭	梟	올빼미 효
肮	骯	더러울 항
肤	膚	살갗 부
䏝	膞	저민고기 전
肿	腫	부스럼 종
胀	脹	배부를 창
胁	脅	갈비, 으를 협
迩	邇	가까울 이
鱼	魚	고기 어

簡體	正字	代表訓音
狞	獰	모질 녕
备	備	갖출 비
饯	餞	전별(餞別)할 전
饰	飾	꾸밀 식
饱	飽	배부를 포
饴	飴	엿 이
饲	飼	먹일 사
饳	飿	음식이름 돌
【乛】		
参	參	참여할 참/삼 삼
隶	隸	종, 서체이름 례
肃	肅	엄숙할 숙
录	錄	기록 록
弥	彌	두루미칠 미
弥	瀰	치런치런할 미
陕	陝	고을이름 섬
驾	駕	탈것, 탈 가
艰	艱	어려울 간
驼	駝	낙타 타
驻	駐	머무를 주
驵	駔	준마(駿馬) 장
驶	駛	달릴 사
驷	駟	사마(駟馬) 사
驸	駙	곁말 부
驹	駒	망아지 구
驺	騶	말먹이는사람 추
骀	駘	둔마(鈍馬) 태
驿	驛	역 역
绊	絆	얽어맬 반
线	線	줄 선
绀	紺	감색(紺色) 감
绁	紲	고삐 설
绂	紱	인끈 불
练	練	익힐 련
组	組	짤 조
细	細	가늘 세
䌷	紬	명주(明紬) 주
绅	紳	띠 신
织	織	짤 직
终	終	마침 종

簡體	正字	代表訓音
绉	縐	주름질 추
绐	紿	속일 태
绋	紼	상여줄 불
绌	絀	꿰맬, 부족할(中) 출
绎	繹	궁구(窮究)할 역
绍	紹	이을 소
贯	貫	꿸 관

簡體	正字	代表訓音

簡體	正字	代表訓音
9획		
【丶】		
济	濟	건널 제
浏	瀏	맑을 류
浐	滻	강이름 산
浑	渾	흐릴 혼
浓	濃	짙을 농
浒	滸	물가 호
浃	浹	두루미칠 협
洼	窪	웅덩이, 우묵할 와
洁	潔	깨끗할 결
洒	灑	뿌릴 쇄
汯	澾	미끄러울 달
浇	澆	물댈 요
浈	湞	강이름 정
浉	溮	강이름 사
浊	濁	흐릴 탁
测	測	헤아릴 측
浍	澮	강이름 회
浔	潯	물가 심
浕	濜	강이름 진
觉	覺	깨달을 각
举	擧	들 거
宪	憲	법 헌
窃	竊	훔칠, 몰래 절
亲	親	친할 친
飒	颯	바람소리 삽
峦	巒	메 만
弯	彎	굽을 만
孪	孿	쌍둥이 련
将	將	장수 장
奖	獎	장려할 장
疮	瘡	부스럼 창
疯	瘋	미치광이 풍
恼	惱	괴로워할 뇌
恽	惲	중후(重厚)할 운
恸	慟	서럽게울 통
恹	懨	편안할 염
恺	愷	즐거울 개
恻	惻	슬퍼할 측
阂	閡	막힐 핵

簡體	正字	代表訓音
闺	閨	안방 규
闻	聞	들을 문
闼	闥	문 달
闾	閭	마을 려
闽	閩	종족이름 민
闿	闓	열, 기뻐할 개
阀	閥	문벌(門閥) 벌
阁	閣	집 각
养	養	기를 양
姜	薑	생강 강
类	類	무리 류
娄	婁	별이름, 속빌 루
总	總	다 총
烂	爛	빛날 란
炼	煉	달굴 련
炽	熾	성할 치
烁	爍	빛날 삭
烃	烴	알킬(中), 탄화수소(中) 경
袄	襖	윗옷 오
祢	禰	옷꿰멜 치
鸩	鴆	짐새 짐
说	說	말씀 설/기쁠 열/달랠 세
诫	誡	경계할 계
诬	誣	속일 무
语	語	말씀 어
诮	誚	꾸짖을 초
误	誤	그르칠 오
诰	誥	고할 고
诱	誘	꾈 유
诲	誨	가르칠 회
诳	誑	속일 광
诵	誦	욀 송
诶	誒	탄식할, 응낙하는말 희
【一】		
贰	貳	두 이
帮	幫	도울 방
珑	瓏	옥소리 롱

簡體	正字	代表訓音
顸	頇	얼굴클 한
韨	韍	폐슬(蔽膝) 불
项	項	목 항
垭	埡	작은방죽 오
垲	塏	높고건조할 개
赵	趙	나라이름, 성(姓) 조
贲	賁	클 분/꾸밀 비
挤	擠	밀 제
挥	揮	휘두를 휘
挟	挾	낄 협
挝	撾	칠 과
挜	掗	억지로줄 아
挞	撻	매질할 달
挠	撓	휠 뇨
挡	擋	숨길 당
挢	撟	들 교
垫	墊	빠질 점
挦	撏	딸 잠
荡	蕩	쓸어버릴 탕
荠	薺	냉이 제
荧	熒	등불 형
荣	榮	영화 영
荤	葷	훈채(葷菜) 훈
荥	滎	못이름 형
荦	犖	얼룩소, 밝을 락
荚	莢	꼬투리 협
荐	薦	천거(薦擧)할 천
荛	蕘	땔나무 요
荜	蓽	풀이름 필
茧	繭	고치 견
荞	蕎	메밀 교
荟	薈	우거질 회
荨	蕁	쐐기풀 심
荩	藎	나아갈, 조개풀 신
荫	蔭	그늘 음
荪	蓀	향초(香草) 손
荮	葤	쌀, 꾸러미 주
荭	葒	개여뀌 홍
药	藥	약 약
垩	堊	백토(白土) 악

簡體	正字	代表訓音
贳	貰	세낼 세
带	帶	띠 대
胡	鬍	수염 호
柠	檸	레몬 녕
栏	欄	난간, 난 란
标	標	표할 표
栈	棧	잔도(棧道) 잔
栉	櫛	빗 즐
栊	櫳	창, 우리 롱
栋	棟	마룻대 동
栌	櫨	두공(枓櫨) 로
栎	櫟	상수리나무 력
树	樹	나무 수
柽	檉	위성류(渭城柳) 정
郦	酈	성(姓) 력
咸	鹹	짤 함
砖	磚	벽돌 전
砗	硨	조개이름 차
砚	硯	벼루 연
面	麵	밀가루 면
牵	牽	끌 견
鸥	鷗	갈매기 구
残	殘	해칠, 남을 잔
殇	殤	일찍죽을 상
䶮	龑	고명(高明)할 엄
轱	軲	수레 고
轲	軻	성(姓) 가
轳	轤	도르레 로
轴	軸	굴대 축
轷	軤	성(姓) 호
轶	軼	앞지를 일
轸	軫	수레뒤턱나무, 마음아파할 진
轹	轢	칠 력
轺	軺	수레 초
轻	輕	가벼울 경
鸦	鴉	갈가마귀 아
虿	蠆	전갈 채
【丨】		
尝	嘗	일찍 상

簡體	正字	代表訓音
战	戰	싸움 전
觇	覘	엿볼 첨
点	點	점 점
临	臨	임할 림
览	覽	볼 람
竖	豎	세울, 세로 수
眍	瞘	움펑눈 구
眬	矓	어스레할 롱
哝	噥	소곤거릴 농
哑	啞	벙어리 아
哒	噠	종족이름 달
哓	嘵	두려워할 효
哔	嗶	울 필
哗	嘩	시끄러울 화
响	響	울릴 향
哙	噲	목구멍 쾌
哟	喲	탄식하는소리 약
虽	雖	비록 수
剐	剮	살바를 과
郧	鄖	나라이름 운
显	顯	나타낼 현
贵	貴	귀할 귀
蚁	蟻	개미 의
虾	蝦	두꺼비, 새우 하
蚂	螞	말거머리 마
峡	峽	골짜기 협
峣	嶢	높을 요
峤	嶠	뾰족하게높을 교
罚	罰	벌줄 벌
帧	幀	그림족자 정
贱	賤	천할 천
贴	貼	붙을 첩
贶	貺	줄 황
贻	貽	끼칠 이
【丿】		
钭	鈄	성(姓) 두
钫	鈁	술그릇, 프란슘(中) 방
钬	鈥	홀뮴(中) 화
钙	鈣	칼슘(中) 개

簡體	正字	代表訓音
钚	鈈	플루토늄(中) 비
钛	鈦	티타늄(中) 태
钝	鈍	둔할 둔
铘	釾	칼이름 야
钞	鈔	노략질할, 돈 초
钡	鋇	바륨(中) 패
钟	鐘	종 종
锺	鍾	술병, 모을 종
钢	鋼	강철 강
钠	鈉	나트륨(中) 납
铃	鈴	방울 령
钧	鈞	서른근 균
钥	鑰	자물쇠 약
钦	欽	공경할 흠
钨	鎢	텅스텐(中) 오
钩	鉤	갈고리 구
钮	鈕	인꼭지 뉴
钯	鈀	병거(兵車), 팔라듐(中) 파
笃	篤	도타울 독
毡	氈	모전(毛氈) 전
氢	氫	수소(水素)(中) 경
选	選	가릴 선
适	適	마침 적
秋	鞦	그네 추
种	種	씨 종
复	復	돌아올복/다시부
复	複	겹칠 복
俦	儔	짝, 동배(同輩) 주
俨	儼	의젓할 엄
俪	儷	짝 려
俩	倆	재주 량
俭	儉	검소할 검
贷	貸	빌릴 대
顺	順	순할 순
须	鬚	수염 수
剑	劍	칼 검
鸧	鶬	재두루미 창
贸	貿	바꿀, 무역 무
胧	朧	흐릿할 롱
胪	臚	벌일 려

簡體	正字	代表訓音
胆	膽	쓸개 담
胜	勝	이길 승
胫	脛	정강이 경
鸨	鴇	능에, 창부(娼婦) 보
狱	獄	옥 옥
狭	狹	좁을 협
狮	獅	사자 사
独	獨	홀로 독
狯	獪	교활할 회/쾌
狲	猻	원숭이 손
饺	餃	경단(瓊團), 교자(餃子) 교
饼	餅	떡 병
饵	餌	먹이 이
饶	饒	넉넉할 요
蚀	蝕	좀먹을 식
饷	餉	건량(乾糧) 향
饸	餄	떡, 틀국수 협
【乛】		
垒	壘	진(鎭) 루
垦	墾	개간할 간
昼	晝	낮 주
费	費	쓸 비
逊	遜	겸손할 손
陨	隕	떨어질운/둘레원
险	險	험할 험
娅	婭	(남자)동서(同壻) 아
娆	嬈	아리따울 요/번거로울 뇨
娇	嬌	아리따울 교
贺	賀	하례(賀禮) 하
怼	懟	원망할 대
骇	駭	놀랄 해
骈	駢	나란히할 변/병
骁	驍	날랠 효
骄	驕	교만할 교
骅	驊	준마(駿馬) 화
骆	駱	낙타(駱駝) 락

簡體	正字	代表訓音
绞	絞	목멜 교
统	統	거느릴 통
绑	綁	묶을 방
绒	絨	융 융
结	結	맺을 결
绔	絝	바지 고
绖	絰	질(首絰과 腰絰) 질
绕	繞	두를 요
绗	絎	꿰맬 행
绘	繪	그림 회
给	給	줄 급
绚	絢	무늬 현
绛	絳	진홍(眞紅), 땅이름 강
络	絡	이을 락
绝	絶	끊을 절

簡體	正字	代表訓音

簡體	正字	代表訓音
10획		
【丶】		
润	潤	젖을, 윤택할 윤
涧	澗	산골물 간
涞	淶	강이름 래
涛	濤	물결 도
涝	澇	큰물결, 적실 로
涟	漣	잔물결 련
涠	潿	땅이름 위
涢	溳	강이름 운
涡	渦	소용돌이 와
涂	塗	진흙, 길 도
涤	滌	씻을 척
涨	漲	불을 창
涩	澀	떫을, 껄끄러울 삽
烫	燙	데울 탕
宽	寬	너그러울 관
家	傢	세간 가
宾	賓	손 빈
窥	窺	엿볼 규
窎	窵	심원(深遠)할 조
竞	競	다툴 경
恋	戀	사모할 련
栾	欒	나무이름, 성(姓) 란
挛	攣	오그라질 련
桨	槳	노 장
浆	漿	즙, 풀먹일 장
症	癥	적취(積聚) 징
痈	癰	악창(惡瘡) 옹
痉	痙	경련(痙攣) 경
准	準	본보기 준
斋	齋	재계할, 집 재
离	離	떠날 리
颃	頏	내려갈 항
资	資	재물 자
悯	憫	근심할 민
悭	慳	아낄 간
阅	閱	검열할, 지낼 열
阆	閬	횡뎅그렁할, 넓을 랑

簡體	正字	代表訓音
阃	閫	문지방 곤
阄	鬮	제비, 추첨 구
郸	鄲	趙나라서울 단
烦	煩	번거로울, 괴로워할 번
烧	燒	불사를 소
烛	燭	촛불 촉
烨	燁	빛날 엽
烩	燴	모아끓일 회
烬	燼	깜부기불 신
递	遞	갈마들 체
袜	襪	버선 말
祯	禎	상서(祥瑞) 정
谊	誼	옳을, 정(情) 의
谅	諒	헤아릴 량
谆	諄	정성스러울, 도울 순
谇	誶	꾸짖을 수
谈	談	말씀 담
请	請	청할 청
诸	諸	모든 제
诹	諏	물을 추
诺	諾	대답할 낙
读	讀	읽을 독/구두(句讀) 두
诼	諑	헐뜯을 착
诽	誹	헐뜯을 비
课	課	과정 과
诿	諉	떠넘길 위
谀	諛	아첨할 유
谁	誰	누구 수
谂	諗	간할, 자세히알(中) 심
调	調	고를 조
谄	諂	아첨할 첨
【一】		
艳	豔	고울 염
珲	琿	옥 혼
顼	頊	중국전설의임금 욱
蚕	蠶	누에 잠
顽	頑	완고할 완

簡體	正字	代表訓音
盏	盞	잔 잔
载	載	실을 재
赶	趕	달릴 간
盐	鹽	소금 염
壶	壺	병 호
埘	塒	홰 시
埙	塤	질나발 훈(壎과 同字)
埚	堝	도가니 과
捞	撈	건질, (부정한 수단으로)얻을(中) 로
损	損	덜 손
捡	撿	단속할, 주울(中) 검
捣	擣	찧을 도
热	熱	더울 열
赘	贅	군더더기, 데릴사위될, 전당잡힐 췌
挚	摯	잡을 지
聂	聶	소곤거릴 섭
䓖	藭	궁궁이 궁
莺	鶯	꾀꼬리 앵
莱	萊	명아주 래
莲	蓮	연, 연밥 련
莳	蒔	모종할, 소회향(小茴香) 시
莴	萵	상추 와
获	獲	얻을 획
〃	穫	거둘 확
莸	蕕	누린내풀 유
莼	蒓	순채(蓴菜) 순(蓴과 同字)
恶	惡	모질 악/미워할 오
噁	噁	성낼 오
鸪	鴣	자고(鷓鴣) 고
桩	樁	말뚝 장
样	樣	모양 양
桡	橈	굽을 뇨/노 요
档	檔	귀틀, 문서 당
桢	楨	광나무 정
桤	榿	오리나무 기
桥	橋	다리 교

簡體	正字	代表訓音
桦	樺	자작나무 화
桧	檜	노송나무 회
逦	邐	이어질 리
贾	賈	성(姓) 가/장사 고
砺	礪	숫돌 려
砾	礫	조약돌 력
础	礎	주춧돌 초
砻	礱	갈, 맷돌 롱
顾	顧	돌아볼, 생각할 고
致	緻	빽빽할 치
顿	頓	조아릴, 갑자기 돈
较	較	비교할 교
轼	軾	수레앞턱가로나무 식
轾	輊	숙은수레 지
轿	轎	가마 교
辂	輅	수레 로
鸫	鶇	티티새 동
趸	躉	거룻배, 도매(都賣)(中) 돈
毙	斃	넘어질 폐
【丨】		
党	黨	무리 당
龀	齔	이갈 츤
鸬	鸕	가마우지 로
虑	慮	생각 려
监	監	볼 감
紧	緊	요긴할 긴
晕	暈	무리 훈
晒	曬	쬘 쇄
晓	曉	새벽 효
晔	曄	빛날 엽
鸭	鴨	오리 압
唛	嘜	음역자(音譯字)(中) 마
唝	嗊	노래 홍/음역자(音譯字)(中) 공
㖞	喎	입삐뚤어질 괘(咼와 同字)
鸮	鴞	올빼미 효

簡體	正字	代表訓音
蚬	蜆	가막조개 현
鸯	鴦	원앙(鴛鴦) 앙
崃	崍	산이름 래
崂	嶗	산이름 로
觊	覬	바랄, 넘겨다볼 기
罢	罷	파할 파
圆	圓	둥글 원
赃	贓	장물(贓物) 장
赅	賅	갖출 해
赆	贐	전별(餞別)할 신
【丿】		
爱	愛	사랑 애
铈	鈰	세륨(中) 시
铉	鉉	솥귀고리 현
钰	鈺	보배 옥
钱	錢	돈 전
钲	鉦	징 정
钳	鉗	칼 겸
钴	鈷	코발트(中) 고
钵	鉢	바리때 발
钹	鈸	동발(銅鈸) 발
钺	鉞	도끼 월
钻	鑽	뚫을, 끌 찬
钿	鈿	비녀, 나전(螺鈿) 세공 전
铁	鐵	쇠 철
铂	鉑	백금(中) 박
铃	鈴	방울 령
铄	鑠	녹일 삭
铅	鉛	납 연
铆	鉚	리벳(中) 류
钹	鏺	낫, 벨 발
铎	鐸	방울 탁
笕	筧	대홈통 견
笔	筆	붓 필
牺	犧	희생 희
敌	敵	대적할 적
积	積	쌓을 적
称	稱	일컬을 칭
债	債	빚 채

簡體	正字	代表訓音
倾	傾	기울 경
赁	賃	품삯 임
颀	頎	헌걸찰 기
徕	徠	올, 위로할 래
舰	艦	싸움배 함
舱	艙	선창(船艙), 선실(中) 창
耸	聳	솟을, 두려워할 용
鸰	鴒	할미새 령
颁	頒	나눌 반
颂	頌	기릴 송
鸵	鴕	타조 타
袅	裊	간드러질 뇨
鸳	鴛	원앙(鴛鴦) 원
脏	臟	오장(五臟) 장
〃	髒	살질, 더러울(中) 장
脐	臍	배꼽 제
脑	腦	골, 뇌수(腦髓) 뇌
脓	膿	고름 농
脍	膾	회 회
玺	璽	옥새(玉璽) 새
鱽	魛	웅어 도
鸲	鴝	구관조(九官鳥) 구
猃	獫	종족이름 험/개 렴
皱	皺	주름 추
饽	餑	떡, 과자(中) 발
馁	餒	주릴, 썩을, 실망할(中) 뇌
饿	餓	주릴 아
【乛】		
预	預	미리, 맡길 예
恳	懇	간절할 간
剧	劇	심할, 연극 극
娴	嫻	우아할, 익힐 한
娲	媧	사람이름 와
难	難	어려울 난
骊	驪	검은말 려
骋	騁	달릴, 펼 빙
验	驗	시험 험

簡體	正字	代表訓音
骏	駿	준마(駿馬) 준
骎	駸	달릴, 빠를 침
继	繼	이을 계
绨	綈	깁 제
绠	綆	두레박줄 경
绡	綃	생사(生絲) 초
绢	絹	비단 견
绶	綬	인끈 수
鸶	鷥	해오라기 사

簡體	正字	代表訓音
11획		
【丶】		
淀	澱	앙금 점
渍	漬	담글 지
渎	瀆	도랑, 더럽힐 독
鸿	鴻	기러기 홍
渐	漸	점점 점
渑	澠	강이름 승/고을 이름 민
渊	淵	못 연
渔	漁	고기잡을 어
渗	滲	스밀 삼
鸾	鸞	난새 란
痒	癢	가려울 양
庼	廎	작은마루 경
䴔	鵁	해오라기 교
镟	鏇	갈이틀, 술데우는 그릇, 깎을(中) 선
惊	驚	놀랄 경
惮	憚	꺼릴 탄
惬	愜	쾌할 협
惭	慙	부끄러울 참
惧	懼	두려워할 구
惨	慘	참혹할 참
惯	慣	익숙할 관
阏	閼	막을알/흉노왕비 연
阐	闡	열 천
阈	閾	문지방 역
阊	閶	천문(天門) 창
阋	鬩	다툴 혁
阍	閽	문지기 혼
阎	閻	이문(里門) 염
盖	蓋	덮을, 대개 개
粝	糲	현미(玄米) 려
断	斷	끊을 단
兽	獸	짐승 수
焖	燜	뜸들일 민
皲	皸	틀 군
祷	禱	빌 도
裆	襠	잠방이 당
祸	禍	재앙 화

簡體	正字	代表訓音
谛	諦	살필, 진리 체
谙	諳	욀, 알 암
谚	諺	이언(俚諺) 언
谜	謎	수수께끼 미
谝	諞	교묘히 둘러댈 편
谎	謊	잠꼬대, 망령된 말 황
谌	諶	참 심
谋	謀	꾀할 모
谍	諜	염탐(廉探)할 첩
谏	諫	간할 간
谐	諧	화할, 농담할 해
谑	謔	희롱(戱弄)거릴 학
谒	謁	뵐 알
谓	謂	이를 위
谔	諤	직언할 악
谖	諼	속일, 잊을 훤
谕	諭	깨우칠, 타이를 유
谗	讒	참소(讒訴)할 참
谞	諝	슬기 서
【一】		
赍	賫	줄, 하사(下賜)할 뢰
焘	燾	덮을 도
琎	璡	옥돌 진
琏	璉	호련(瑚璉) 련
琐	瑣	자질구레할 쇄
麸	麩	밀기울 부
壶	壺	병 호
悫	慤	성실할 각
掷	擲	던질 척
掸	撣	들, 먼지털(中) 탄
掳	擄	노략질할 로
掴	摑	칠 괵
鸷	鷙	맹금(猛禽), 사나울 지
掺	摻	섬섬할 섬/잡을 삼/칠, 섞을(中) 참
据	據	의거(依據)할 거
掼	摜	던질 관
聍	聹	귀지 녕

簡體	正字	代表訓音
职	職	벼슬 직
营	營	경영 영
萤	螢	반딧불 형
萦	縈	얽힐 영
萚	蘀	낙엽 탁
萧	蕭	쑥, 쓸쓸할 소
萨	薩	음역자(音譯字), 보살 살
勚	勩	수고로울 예
检	檢	검사할 검
棂	欞	격자창 령
梦	夢	꿈 몽
啬	嗇	아낄 색
觋	覡	박수 격
匮	匱	함, 모자랄 궤
酝	醞	빚을 온
硖	硤	고을이름 협
硕	碩	클 석
硗	磽	메마른땅 교
硙	磑	맷돌 애/쌓을 외
硚	礄	땅이름 교
鸸	鴯	제비 이
袭	襲	엄습할, 계승할 습
聋	聾	귀머거리 롱
龚	龔	공손할, 성씨(中) 공
䴕	鴷	딱따구리 렬
殒	殞	죽을 운
殓	殮	염할 렴
辄	輒	문득 첩
辅	輔	도울 보
辆	輛	수레, 대(차량 세는 단위(中) 량
堑	塹	구덩이 참
【丨】		
颅	顱	머리뼈, 두개골 로
啧	嘖	떠들썩할, 혀 찰(中) 책
啭	囀	지저귈 전
啮	嚙	깨물 교

簡體	正字	代表訓音
罗	囉	소리 얽힐, 잔말할, 어기사(語氣詞) 라
啸	嘯	휘파람불 소
悬	懸	매달 현
跃	躍	뛸 약
跄	蹌	추창(趨蹌)할, 비틀거리는모양, 춤추는 모양 창
蛎	蠣	굴조개 려
蛏	蟶	긴맛 정
蛊	蠱	미혹(迷惑)할, 독고
累	纍	갇힐 류/맬, 밧줄 루
帻	幘	머리싸개 책
帼	幗	머리장식 괵
崭	嶄	높고가파를, 훌륭할(中) 참
逻	邏	돌, 순찰할 라
赈	賑	구휼(救恤)할 진
婴	嬰	갓난아이, 두를 영
【丿】		
铵	銨	암모늄(中) 안
铲	鏟	대패, 깎을 산
铰	鉸	가위, 가위질할 교
铱	銥	이리듐(中) 의
铗	鋏	집게, 칼, 칼자루 협
铏	鉶	국그릇 형
铐	銬	쇠고랑 고
铑	銠	로듐(中) 로
铓	鋩	칼날 망
铒	鉺	갈고리, 에르븀(中) 이
铕	銪	유로퓸(中) 유
铙	鐃	징, 동발(銅鈸) 뇨
铛	鐺	쇠사슬, 종고(鐘鼓)소리 당/솥 쟁
铜	銅	구리 동
铝	鋁	알루미늄(中) 려

簡體	正字	代表訓音
铟	銦	인듐(中) 인
铠	鎧	갑옷 개
铡	鍘	작도(斫刀) 찰
铫	銚	냄비 요/가래 조
铢	銖	무게단위, 가벼운(사소한)것(中) 수
铣	銑	무쇠, 프레이즈반(fraise盤)으로금속깎을(中) 선
铥	銩	툴륨(中) 주
铤	鋌	쇳덩이, 빨리달리는모양 정
铧	鏵	가래, 보습 화
铨	銓	저울질할 전
铩	鎩	창, 날개상할 쇄/살
铪	鉿	하프늄(中) 협
铭	銘	새길 명
铬	鉻	크롬(中) 락
铮	錚	쇳소리, 징, 반짝거릴(中) 쟁
铯	銫	세슘(中) 색
银	銀	은 은
铷	銣	루비듐(中) 여
笺	箋	주석(註釋), 편지, 문체(文體)이름 전
笼	籠	대바구니 롱
笾	籩	제기(祭器)이름 변
矫	矯	바로잡을 교
鸹	鴰	재두루미 괄
秽	穢	더러울, 잡초 예
偻	僂	구부릴 루
偾	僨	넘어질 분
鸺	鵂	수리부엉이 휴
偿	償	갚을 상
躯	軀	몸 구
皑	皚	흴 애
衅	釁	피바를, 틈 흔
鸻	鴴	참새, 물떼새(中) 행
衔	銜	재갈, 머금을, 받들 함

簡體	正字	代表訓音
舻	艫	뱃머리 로
鸼	鵃	고지새 주
盘	盤	소반(小盤) 반
领	領	거느릴 령
龛	龕	감실(龕室) 감
鸽	鴿	비둘기 합
脶	腡	손금, 지문(指紋) 라
脸	臉	뺨, 얼굴 검
猎	獵	사냥할 렵
猡	玀	종족이름 라
猕	獼	원숭이 미
馆	館	집 관
馄	餛	떡, 만두(中) 혼
馅	餡	소 함
【ㄱ】		
弹	彈	탄알, 튀길, 탈 탄
堕	墮	떨어질 타
随	隨	따를 수
隐	隱	숨을 은
粜	糶	양식(糧食)팔 조
婶	嬸	숙모 심
婵	嬋	고울 선
婳	嫿	안존(安存)할 획
颇	頗	자못, 치우칠 파
颈	頸	목 경
骐	騏	털총이, 준마(駿馬) 기
骑	騎	말탈 기
骖	驂	곁말 참
综	綜	모을 종
绽	綻	옷터질 탄
绾	綰	맬 관
绻	綣	정다울 권
绩	績	길쌈 적
绪	緒	실마리 서
绫	綾	비단 릉
续	續	이을 속
绮	綺	비단, 고울 기
绯	緋	붉을 비

簡體	正字	代表訓音
绰	綽	너그러울, 넓을(中), 움켜잡을(中) 작
绲	緄	띠 곤
绳	繩	노끈 승
绶	綬	인끈 수
维	維	맬 유
绵	緜	솜, 얽힐 면
绷	繃	묶을, (안색이)굳어질(中), 갈라질 붕
绸	綢	얽을, 견직물 주
绺	綹	실타래, 소매치기할(中) 류
绿	綠	초록빛 록
缀	綴	꿰맬 철
缁	緇	검을, 승려(僧侶) 치

簡體	正字	代表訓音

簡體	正字	代表訓音
12획		
【丶】		
湾	灣	물굽이 만
溇	漊	강이름 루
滞	滯	막힐 체
湿	濕	젖을 습
溃	潰	무너질 궤
溅	濺	흩뿌릴, 튈 천
喾	嚳	제왕(帝王)이름 곡
窜	竄	숨을, 글자고칠 찬
窝	窩	움집, 우묵한 곳, 숨길 와
亵	褻	속옷, 평복(平服), 더러울 설
装	裝	꾸밀 장
蛮	蠻	벌레, 중국남방민족에 대한 호칭 만
脔	臠	저민고기, 여윌 련
痫	癇	경풍(痙風), 간질(癇疾) 간
痨	癆	폐결핵(肺結核) 로
赓	賡	이을 갱
颏	頦	턱 해
愤	憤	분할, 힘쓸 분
愦	憒	심란할 궤
阔	闊	넓을 활
阑	闌	가로막을, 난간, 다할 란
阕	闋	문닫을, 끝날 결
鹇	鷳	백한(白鷳) 한
粪	糞	똥 분
鹈	鵜	사다새 제
裤	褲	바지 고
裢	褳	전대(纏帶) 련
谤	謗	헐뜯을 방
谥	謚	시호(謚號) 시
谦	謙	겸손할 겸
谧	謐	고요할 밀
谟	謨	꾀 모
谠	讜	직언(直言) 당

簡體	正字	代表訓音
谣	謠	노래 요
谢	謝	사례할 사
【一】		
颊	頰	빰 협
雳	靂	벼락 력
琼	瓊	옥 경
辇	輦	손수레, 끌 련
鼋	黿	자라 원
鹁	鵓	집비둘기 발
趋	趨	달릴 추
颉	頡	사람이름, 날아 올라갈 힐
搅	攪	어지러울 교
搁	擱	놓을, 견딜(中) 각
搂	摟	끌어모을, 안을 루
揽	攬	잡을, 주관할 람
揿	撳	누를 흠
搀	攙	찌를, 섞을, 부축할(中) 참
蛰	蟄	숨을, 겨울잠잘 칩
絷	縶	맬 집
蒋	蔣	성(姓), 나라이름 장
蒌	蔞	산쑥 루
蒇	蕆	갖출, 완성할 천
蒉	蕢	삼태기 궤
联	聯	연이을 련
椟	櫝	함 독
椤	欏	돌배나무 라
椭	橢	둥글고길쭉할 타
韩	韓	나라이름 한
觌	覿	볼 적
鹂	鸝	꾀꼬리 리
硷	鹼	소금버캐 감
确	確	굳을 확
詟	讋	두려워할 섭
殚	殫	다할 탄
辊	輥	롤러(中) 곤
辋	輞	바퀴테 망
辙	轍	바퀴자국 철
辎	輜	짐수레 치

簡體	正字	代表訓音
椠	槧	판 참
暂	暫	잠깐 잠
翘	翹	발돋움할, 들 교
【丨】		
赏	賞	상줄 상
辉	輝	빛날 휘
辈	輩	무리 배
凿	鑿	뚫을 착
睐	睞	곁눈질할 래
睑	瞼	눈꺼풀 검
喽	嘍	도둑, 어조사 루
喷	噴	뿜을 분
鹃	鵑	두견새 견
畴	疇	두둑, 무리, 누구, 접때 주
践	踐	밟을, 소홀히할 천
遗	遺	남길, 보낼 유
蛴	蠐	굼벵이 제
蛱	蛺	나비 협
蛲	蟯	요충(蟯蟲) 요
蛳	螄	고둥 사
嵝	嶁	봉우리 루
嵘	嶸	가파를 영
嵚	嶔	우뚝솟을 금
赔	賠	물어줄 배
赕	賧	속바칠 탐
赋	賦	구실, 매길, 漢文體이름, 줄 부
赌	賭	걸, 내기 도
赎	贖	속바칠, (재물로 저당물을)되찾을(中) 속
赐	賜	줄 사
赒	賙	진휼(賑恤)할 주
【丿】		
锌	鋅	아연(中) 자
锎	鐦	칼리포르늄(中) 개
锐	銳	날카로울, 예리할 예

簡體	正字	代表訓音
锑	銻	안티몬(中) 제
锒	鋃	쇠사슬, 종소리 랑
铼	錸	레늄(中) 래
铽	鋱	테르븀(中) 특
铸	鑄	쇠부어만들 주
铹	鐒	로렌슘(中) 로
铺	鋪	펼, 가게 포
链	鏈	쇠사슬, 체인 련
锃	鋥	칼갈, 반들반들할(中) 정
锅	鍋	솥, 냄비 과
锄	鋤	호미, 김맬, 없앨 서
锂	鋰	리튬(中) 리
锆	鋯	지르코늄(中) 고
锇	鋨	끌 구
锈	銹	녹, 녹슬 수
锉	銼	줄(中), 줄로 쓸(中) 좌
锋	鋒	칼끝 봉
锓	鋟	새길 침
锔	鋦	거멀(못), 거멀장할, 퀴륨(中) 국
锕	錒	악티늄(中) 아
牍	牘	목간(木簡), 문서 독
释	釋	풀, 불교 석
筑	築	쌓을 축
筚	篳	사립짝, 울타리 필
筛	篩	체, 체로칠, (술을)데울(中) 사
犊	犢	송아지 독
鹄	鵠	고니, 과녁 곡
鹅	鵝	거위 아
颋	頲	곧을 정
傧	儐	인도(引導)할, 맞이할 빈
储	儲	쌓을, 태자(太子) 저
傥	儻	갑자기, 만일 당
傩	儺	역귀쫓을 나
惩	懲	징계할 징
御	禦	막을 어
颌	頜	턱 합

簡體	正字	代表訓音
鸲	鴝	구관조(九官鳥) 욕
腊	臘	납향(臘享), 섣달 랍
腘	膕	오금 괵
鲂	魴	방어(魴魚) 방
鱿	魷	오징어 우
鲁	魯	노둔(魯鈍)할, 나라이름 로
觞	觴	잔 상
颍	潁	강이름 영
飓	颶	구풍(颶風) 구
惫	憊	고단할 비
馈	饋	먹일, 드릴 궤
馊	餿	(음식이)쉴 수
馋	饞	탐할, 게걸스러울 참
【ㄱ】		
毵	毿	털길 삼
翚	翬	훨훨날, 꿩 휘
骛	騖	달릴, 힘쓸 무
屡	屢	여러 루
属	屬	붙일속/이을 촉
骘	騭	수말, 정할 즐
骗	騙	속일, 올라탈 편
骚	騷	시끄러울, 시부(詩賦), 음탕할(中) 소
缔	締	맺을 체
缕	縷	실, 실마리를찾을, 상세히 루
编	編	엮을 편
缂	緙	꿰맬 격
缃	緗	담황색(淡黄色) 상
缄	緘	봉할 함
缅	緬	멀 면
缆	纜	닻줄, 케이블(中) 람
缇	緹	붉을 제
缈	緲	아득할 묘
缉	緝	잡을, 꿰맬 즙
缊	縕	삼북더기, 어지러울 온
缌	緦	베 시
缓	緩	느릴 완
缎	緞	비단 단
缑	緱	칼손잡이에감는끈 구
缒	縋	매달 추
缗	緡	낚싯줄, 돈꿰미 민
缘	緣	인연, 까닭, 더위잡아오를, 가장자리 연
飨	饗	잔치할, 대접할 향

簡體	正字	代表訓音

簡體	正字	代表訓音
13획		
【丶】		
滨	濱	물가, 근접할 빈
滦	灤	물이름 란
漓	灕	스밀, 강이름 리
滟	灩	출렁거릴 염
滠	灄	강이름 섭
满	滿	찰 만
滥	濫	넘칠, 함부로 람
滗	潷	거를 필
滪	澦	강이름 예
滩	灘	여울 탄
誉	譽	기릴, 명예(名譽) 예
萤	螢	참게, 무지개 후
寝	寢	잘, 능침(陵寢) 침
骞	騫	(고개)들, 허물 건
窥	窺	엿볼 규
窦	竇	구멍 두
酱	醬	장 장
鹑	鶉	메추라기 순
瘅	癉	앓을, 노여워할 단
瘆	瘮	놀라게할 참
鹒	鶊	꾀꼬리 경
慑	懾	두려워할 섭
阙	闕	대궐, 이지러질, 과실(過失) 궐
阖	闔	문짝, 온통, 닫을 합
阗	闐	가득찰, 둥둥, 종족이름 전
誊	謄	베낄 등
粮	糧	양식(糧食) 량
数	數	셈 수/빽빽할 촉/자주 삭
谪	謫	귀양갈, 꾸짖을 적
谫	譾	얕을, 천박(淺薄)할 전
谨	謹	삼갈 근
谩	謾	속일, 업신여길 만
谬	謬	그릇될 류

簡體	正字	代表訓音
【一】		
雾	霧	안개 무
耢	耮	고무래, 땅고를 로
鹉	鵡	앵무새 무
䴖	鶄	푸른백로 청
骛	鶩	준마(駿馬), 깔볼 오
辒	轀	넣을 운
毂	轂	바퀴통, 수레, 모을 곡
赪	赬	붉을 정
摈	擯	물리칠 빈
摄	攝	섭취할, 도울, 대신할, 추포(追捕)할 섭
摅	攄	펼, 나타낼 터
摆	擺	벌여놓을, 흔들, 천천히거닐(中) 파
摊	攤	펼, 할당할, 도박, 노점(中) 탄
鹊	鵲	까치 작
蒙	矇	소경, 눈멀, 어리석을 몽
〃	濛	가랑비올, 흐릿할 몽
蓝	藍	쪽, 쪽빛 람
蓦	驀	갑자기 맥
蓟	薊	엉겅퀴, 땅이름 계
蓣	蕷	마 여
颐	頤	턱, 기를 이
献	獻	드릴, 나타낼 헌
榉	欅	느티나무 거
榇	櫬	널 츤
榈	櫚	종려(棕櫚)나무 려
楼	樓	다락, 층(中), 점포(中), 동(棟)(中) 루
榄	欖	감람(橄欖)나무 람
赖	賴	의뢰할, 의지할, 다행히, 억지부릴(中), 덮어씌울

簡體	正字	代表訓音
		(中), 탓할(中), 나쁠(中) 뢰
碛	磧	자갈밭, 모래벌판 적
碍	礙	거리낄 애
碜	磣	모래섞일 참
鹌	鵪	메추라기 암
辏	輳	모일 주
辑	輯	모을, 화목할 집
输	輸	나를, 패배할 수
【丨】		
频	頻	자주, 급할, 찡그릴, 주파수(周波數(中)) 빈
龃	齟	어긋날 저
龄	齡	나이, 살(中), 연수(年數(中)) 령
龅	齙	이드러날 포
龆	齠	이 갈, 피니언(中) 초
鉴	鑒	거울 감
韪	韙	옳을 위
嗫	囁	소곤거릴, 말 머뭇거릴 섭
嗳	噯	숨, 감탄사, 트림(中) 애
跻	躋	오를 제
跷	蹺	발돋음할 교
跸	蹕	벽제(辟除)할, 길치울 필
跹	躚	춤출 선
蜗	蝸	달팽이 와
赗	賵	부의(賻儀) 봉
【丿】		
锭	錠	덩이, (알약 등의)알(中) 정
锫	錇	버클륨(中) 부
锗	鍺	게르마늄(中) 타
错	錯	섞일, 어긋날 착
锘	鍩	노벨륨(中) 첨

簡體	正字	代表訓音
锚	錨	닻 묘
锛	錛	자귀 분
锝	鍀	테크네튬(中) 득
锟	錕	붉은쇠, 산이름 곤
锡	錫	주석(朱錫), 하사(下賜)할 석
锢	錮	땜질할, 가둘 고
锣	鑼	징 라
锤	錘	추, 망치 추
锦	錦	비단 금
键	鍵	열쇠, 비녀장, 건반 건
锯	鋸	톱, 켤 거
锰	錳	망간(中) 맹
简	簡	대쪽, 간단할, 편지, 뽑을 간
筹	籌	산가지, 꾀, 계획할 주
签	簽	서명(署名)할 첨
〃	籤	제비, 표지(標識), 꼬챙이, 꿰맬 첨
辞	辭	말씀, 헤어질, 사양할 사
颓	頹	무너질 퇴
颔	頷	턱 함/끄덕일 암
觎	覦	넘겨다볼 유
腾	騰	오를 등
腻	膩	기름질, 미끄러울, 물릴 니
鹏	鵬	붕새 붕
鲆	鮃	넙치 평
鲅	鮁	삼치, 물고기뛸 발
鲇	鮎	메기 점
鲈	鱸	농어 로
鲊	鮓	절인생선 자
稣	穌	깨어날, 음역자(音譯字) 소
鲋	鮒	붕어 부
鲍	鮑	절인어물, 전복 포

簡體	正字	代表訓音
鲐	鮐	고등어, 복어 태
颖	穎	이삭, 끝, 빼어날 영
飔	颸	시원한 바람, 바람부는소리 시
飕	颼	바람불, 바람쐴 수
触	觸	닿을, 느낄 촉
雏	雛	병아리, 어릴, 최초 추
馐	饈	드릴, 반찬 수
馎	餺	떡, 수제비 박
馏	餾	뜸들, 찔 류
【ㄱ】		
辟	闢	열, 법, 투철할 벽
嫔	嬪	아내 빈
嫒	嬡	남의 딸에 대한 경칭(敬稱) 애
骟	騸	불 깔, 접붙일 선
缤	繽	어지러울 빈
缞	縗	상복이름 최
缟	縞	명주 호
缠	纏	얽힐 전
缡	縭	신꾸미개, 향주머니 끈 리
缢	縊	목맬 액
缣	縑	합사비단 겸
缙	縉	붉은 비단 진
缜	縝	찬찬할 진
缚	縛	묶을 박
缛	縟	번다할 욕
缝	縫	꿰멜, 솔기 봉
辔	轡	고삐 비

簡體	正字	代表訓音

簡體	正字	代表訓音
14획		
【丶】		
潇	瀟	강이름 소
潋	瀲	넘칠 렴
潍	濰	강이름 유
赛	賽	굿할, 겨룰 새
窭	窶	가난할 구
銮	鑾	방울, 천자의수레 란
瘗	瘞	묻을 예
瘘	瘻	부스럼 루
阚	闞	성(姓) 감
鲞	鯗	건어(乾魚) 상
糁	糝	나물죽, 밥알 삼
鹚	鷀	가마우지 자
褛	褸	남루(襤褸)할 루
䙌	𧞬	끈 괴
谰	讕	헐뜯을 란
谱	譜	계보, 악보 보
谭	譚	이야기 담
谮	譖	헐뜯을 참
谯	譙	꾸짖을, 문루(門樓) 초
谲	譎	속일 휼
【一】		
霁	霽	갤 제
瑷	璦	아름다운옥 애
赘	贅	군더더기, 데릴사위될 췌
觏	覯	만날 구
韬	韜	감출, 활집 도
叆	靉	구름낄 애
墙	墻	담 장
撄	攖	다가설 영
蔺	藺	골풀 린
蔼	藹	우거질, 온화할 애
蔷	薔	장미 장
蔑	衊	업신여길, 없을, 작을 멸
蔹	蘞	거지덩굴 렴
鹕	鶘	사다새 호

簡體	正字	代表訓音
槟	檳	빈랑(檳榔)나무 빈
槠	櫧	종가시나무 저
槚	檟	개오동나무 가
槛	檻	우리, 난간 함
酿	釀	술빚을 양
酽	釅	(차, 술 등 음료의 맛이)진할 엄
殡	殯	영구(靈柩)를안치할 빈
愿	願	원할 원
辖	轄	비녀장, 관장(管掌)할 할
辕	轅	끌채, 수레 원
辗	輾	돌 전/연자(硏子)매, 갈, 롤러(中) 년
【丨】		
龇	齜	이드러낼 재
龈	齦	잇몸 은/깨물 간
䁖	瞜	볼, (눈이)오목할 루
䴗	鶪	때까치 격
颗	顆	낟알 과
嘤	嚶	새가 우는 소리 앵
蝉	蟬	매미, 이을 선
蜡	蠟	밀, 초, 고통 랍
蝈	蟈	청개구리, 여치 괵
蝇	蠅	파리 승
踌	躊	머뭇거릴 주
踊	踴	뛸 용
鹖	鶡	산새이름 할
鹗	鶚	물수리 악
罴	羆	큰곰 비
赚	賺	속일 잠/팔 렴
赙	賻	부의(賻儀) 부
罂	罌	양병(洋甁), 항아리 앵
鹘	鶻	산비둘기, 송골매 골
【丿】		
锵	鏘	울리는소리 장

簡體	正字	代表訓音
镀	鍍	도금(鍍金)할 도
镁	鎂	마그네슘(中) 미
镂	鏤	새길 루
镃	鎡	호미 자
锲	鍥	새길 계
锴	鍇	쇠 개
锶	鍶	스트론튬(中) 송
锷	鍔	칼날 악
锾	鍰	무게단위 환
锹	鍬	가래, 삽 초
锻	鍛	단조(鍛造)할 단
锼	鎪	아로새길 수
锸	鍤	가래, 삽 삽
镄	鐨	페르뮴(中) 비
箪	簞	대광주리 단
箦	簀	살평상, 대자리 책
箧	篋	상자 협
箨	籜	대껍질 탁
箩	籮	키, 광주리 라
箓	籙	책상자, 비문(秘文)록
箫	簫	퉁소 소
鹙	鶖	무수리 추
稳	穩	평온할, 확고할 온
舆	輿	수레, 땅, 많을 여
膑	臏	종지뼈 빈
鲚	鱭	갈치 제
鲛	鮫	상어 교
鲜	鮮	고울, 신선할, 적을 선
鲑	鮭	복어, 연어 규/어채(魚菜) 해
鲒	鮚	대합(大蛤) 길
鲔	鮪	다랑어 유
鲷	鯛	도미 조
鲗	鰂	오징어 즉
鲙	鱠	회, 회잔어(鱠殘魚) 회
鲟	鱘	철갑상어 심
馑	饉	흉년들, 주릴 근
馒	饅	만두 만

簡體	正字	代表訓音
【ㄱ】		
鹜	鶩	집오리, 달릴 목
鹛	鶥	왜가리 미
嫱	嬙	궁녀 장
骠	驃	날랠 표
骡	騾	노새 라
骢	驄	총이밀 총
缩	縮	줄일, 물러날 축
缥	縹	옥색, 휘날릴 표
缦	縵	무늬없는비단 만
缧	縲	포승 류
缨	纓	갓끈, 술 영
缪	繆	얽을, 잘못 무
缫	繅	고치켤 소

簡體	正字	代表訓音
15획		
【丶】		
鲨	鯊	모래무지, 상어 사
澜	瀾	물결 란
额	額	이마, 액자, 일정한수량 액
颜	顏	얼굴, 체면, 색 안
瘪	癟	오그라들, 부랑자(中) 별
瘫	癱	중풍, 마비될 탄
齑	齏	부술, (생강, 마늘 등을 잘게 다진)조미료 제
鹣	鶼	비익조(比翼鳥)겸
褴	襤	누더기 람
鹤	鶴	학, 두루미 학
谳	讞	평의(評議)할 언/얼
谴	譴	꾸짖을 견
谵	譫	헛소리 섬
【一】		
霉	黴	곰팡이 미
耧	耬	씨뿌리는기구 루
璎	瓔	옥돌 영
叇	靆	구름낄 체
撺	攛	던질, 꾈 찬
撵	攆	쫓을 련
撷	擷	딸, 캘 힐
聪	聰	귀밝을, 총명(聰明)할 총
聩	聵	귀머거리, 어리석을 외
觐	覲	뵐 근
鞑	韃	종족이름 달
鞒	鞽	나막신, (말안장의)앞테(中) 교
蕲	蘄	풀이름, 고을이름바랄 기/승검초 근
蕴	蘊	쌓을, 온화할, 속내 온

簡體	正字	代表訓音
赜	賾	깊을 색
樯	檣	돛대 장
樱	櫻	앵두나무 앵
飘	飄	나부낄, 떨어질 표
靥	靨	보조개 엽
魇	魘	잠꼬대할 염/가위눌릴 엽
餍	饜	포식(飽食)할, 만족할 염
辘	轆	도르래, 수레 소리, 고패 록
【丨】		
龉	齬	어긋날, 맞지않을 어
龊	齪	악착(齷齪)할 착
觑	覷	엿볼 처
瞒	瞞	속일 만
题	題	이마, 표제(表題), 쓸, 품평(品評) 제
颙	顒	엄숙할, 클, 우러를 옹
噜	嚕	이야기할 로
嘱	囑	부탁할 촉
蝼	螻	땅강아지, 청개구리 루
蝾	蠑	영원(蠑螈) 영
踯	躑	머뭇거릴 척
踬	躓	넘어질 지
颛	顓	어리석을, 오로지 전
【丿】		
镓	鎵	갈륨(中) 가
镔	鑌	강철 빈
镑	鎊	파운드(中) 방
镐	鎬	호경(鎬京), 곡괭이 호
镒	鎰	중량단위 일
镊	鑷	족집게 섭
镇	鎭	진압할, 지킬, 늘 진/메울 전

簡體	正字	代表訓音
镉	鎘	솥, 카드뮴(中) 격
镋	鑜	창 당
镌	鐫	새길 전
镍	鎳	니켈(中) 얼
篓	簍	대농 루
篑	簣	삼태기 궤
鹡	鶺	할미새 척
鲩	鯇	산천어 혼
鲠	鯁	생선뼈, 가시걸릴, 바를 경
鲡	鱺	뱀장어 리
鲢	鰱	연어(鰱魚) 련
鲣	鰹	가물치 견
鲥	鰣	준치 시
鲤	鯉	잉어 리
鲦	鰷	피라미 조
鲧	鯀	곤어(鯀魚), 사람이름 곤
鲫	鯽	붕어 즉
馔	饌	음식, 찬 찬
【乛】		
屦	屨	신 구
缮	繕	기울, 베낄 선
缯	繒	비단, 주살 증
缬	纈	홀치기염색, 무늬 있는비단 힐
缭	繚	얽을, 감칠 료

簡體	正字	代表訓音

簡體	正字	代表訓音
16획		
【丶】		
濑	瀨	여울, 급류(急流) 뢰
濒	瀕	물가, 가까울, 임박(臨迫)할 빈
黉	黌	고대(古代)학교 횡
辫	辮	밀질할, 변론(辯論)할 변
瘿	癭	혹 영
瘾	癮	두드러기, 중독(中毒)(中) 은
鹧	鷓	자고(鷓鴣) 자
斓	斕	문채(文彩) 란
懒	懶	게으를 라
【一】		
擞	擻	털어버릴, 흔들 수
颞	顳	관자놀이 섭
薮	藪	늪 수
颟	顢	얼굴클 만
颠	顛	넘어질, 정수리, 꼭대기 전
橹	櫓	노, 방패 로
橼	櫞	구연(枸櫞), 레몬 연
鹥	鷖	갈매기, 검푸를 예
赝	贋	거짓, 가짜 안
飙	飆	폭풍, 회오리바람 표
豮	豶	불깐돼지 분
辙	轍	바퀴자국, 궤도, 노선 철
辚	轔	수레소리, 밟을, 은성(殷盛)한모양 린
錾	鏨	끌, 새길 참/잠
【丨】		
鹾	鹺	소금, 짤 차
赠	贈	줄, 바칠 증
鹦	鸚	앵무새 앵
【丿】		
镜	鏡	거울, 거울삼을, 시력조절하는기구 경
镝	鏑	살촉, 디스프로슘(中) 적
镛	鏞	종 용
镞	鏃	살촉, 날카로울 족/촉
𬭤	鐯	괭이, 파낼 작
镖	鏢	칼끝, 표창(鏢槍), 옛날 객상(客商)이 맡긴 물건이나 금전을 안전하게 보관·운반해 주던 일(中) 표
镗	鏜	종고(鐘鼓)소리, 보링(boring)(中) 당
镘	鏝	흙손 만
镚	鏰	동전 붕
篱	籬	울타리, 조리(笊籬) 리
篮	籃	바구니, 농구(中), (농구의)바스켓(中) 람
氇	氌	서역융(絨) 로
赞	贊	도울, 기릴 찬
魉	魎	도깨비 량
鲸	鯨	고래 경
鲭	鯖	청어(鯖魚), 오후정(五侯鯖) 정
鲮	鯪	천산갑(穿山甲) 릉
鲰	鯫	잡어(雜魚), 작을 추
鲱	鯡	청어(靑魚) 비
鲲	鯤	곤이(鯤鮞), 곤어(鯤魚) 곤
鲳	鯧	병어 창
鲵	鯢	도롱뇽 예
鲶	鯰	메기 염
鲷	鯛	도미 조
鲻	鯔	숭어 치
獭	獺	수달 달
【乛】		
鹨	鷚	공나리 뉴
颡	顙	이마 상
缰	韁	고삐 강
缱	繾	곡진(曲盡)할 견
缲	繰	고치켤 소/야청통견(通絹), 공그를(中) 조
缳	繯	올가미, 맬 현/엷은비단 환
缴	繳	동일, 납부할(中) 교/주살 작

簡體	正字	代表訓音
17획		
【丶】		
懑	懣	번민할, 화낼 만
辫	辮	땋을, 땋은머리 변
鹫	鷲	수리, 독수리 취
赢	贏	이길, 이득 영
【一】		
藓	蘚	이끼 선
鹩	鷯	뱁새 료
【丨】		
龋	齲	충치 우
龌	齷	악착(齷齪)할 악
瞩	矚	볼 촉
蹒	蹣	비틀거릴 반
蹑	躡	밟을, 뒤쫓을, 살금살금걸을(中) 섭
蟏	蠨	갈거미 소
羁	羈	굴레, 구속할, 타향살이 기
赡	贍	넉넉할, 구휼(救恤)할, 부양할 섬
【丿】		
镦	鐓	창고달, 금속판에 압력을 가하여 변형시킬(中) 대/돈
镧	鑭	란타늄(中) 란
镨	鐠	프레세오디뮴(中) 보
镣	鐐	은, 족쇄(足鎖) 료
镪	鏹	돈꿰미 강
镫	鐙	등자(鐙子), 그릇, 등불 등
簖	籪	통발, 어살 단
鳊	鯿	방어(魴魚), 모샘치 편
䲠	鰆	삼치, 재방어 춘
鲽	鰈	가자미, 넙치 접
鲿	鱨	자가사리 상

簡體	正字	代表訓音
鳃	鰓	아가미 새
鳁	鰮	정어리 온
鳄	鱷	악어 악
鳅	鰍	미꾸라지 추
鳆	鰒	전복(全鰒) 복
鳇	鰉	철갑상어 황
【乛】		
鹬	鷸	도요새 휼
骤	驟	달릴, 갑자기 취

簡體	正字	代表訓音
18획		
【丶】		
鹯	鸇	새매 전
癞	癩	문둥병, 옴 라
鹰	鷹	매 응
冁	囅	웃는모양 천
䜩	讌	잔치 연
【一】		
鳌	鰲	자라 오
鞯	韉	언치 천
黡	黶	검정사마귀 염
【丨】		
颢	顥	클, 희고빛날, 하늘 호
鹭	鷺	백로(白鷺), 해오라기 로
嚣	囂	들렐, 떠들썩할 효
髅	髏	해골 루
【丿】		
镱	鐿	이테르븀(中) 의
镰	鐮	낫 겸
镭	鐳	병, 라듐(中) 뢰
镬	鑊	가마, 솥 확
镮	鐶	고리 환
镯	鐲	징, 팔(발)찌 탁
雠	讎	원수(怨讐), 바로잡을, 팔 수
鳒	鰜	가자미, 넙치 겸
鳍	鰭	지느러미 기
鳎	鰨	가자미, 서대기(中) 탑
鳏	鰥	홀아비, 환어(鰥魚) 환
【乛】		
䴙	鷿	논병아리 벽

簡體	正字	代表訓音
19획		
【丶】		
颤	顫	떨 전
癣	癬	옴 선
谶	讖	참서(讖書), 예언, 조짐 참
【一】		
霭	靄	아지랑이, 구름모이는모양, 자욱하게 낀기운 애
攒	攢	모을 찬
【丨】		
鳖	鱉	자라 별
蹿	躥	(위나 앞으로 훌쩍)뛸 찬
巅	巔	산꼭대기 전
髋	髖	엉덩이뼈 관
髌	髕	슬개골(膝蓋骨), 종지뼈 빈
【丿】		
镲	鑔	동발(銅鈸) 찰
籁	籟	퉁소, 소리 뢰
鳘	鰵	대구(大口) 민
鳕	鱈	대구(大口) 설
鳓	鰳	준치 륵
鳔	鰾	부레 표
鳗	鰻	뱀장어 만
鳛	鰼	미꾸라지 습
【乛】		
骥	驥	천리마(千里馬), 뛰어난인물 기
缵	纘	이을 찬

簡體	正字	代表訓音
20획		
【一】		
颥	顬	관자놀이 유
瓒	瓚	제기(祭器) 찬
鬓	鬢	살쩍, 귀밑털 빈
【丨】		
鼍	鼉	악어 타
黩	黷	더럽힐, 욕을당할 독
【丿】		
镳	鑣	재갈 표
镴	鑞	땜납 랍
鳝	鱔	드렁허리 선
鳞	鱗	비늘 린
鳟	鱒	송어(松魚) 준
鳜	鱖	쏘가리 궐/궤
【乛】		
骧	驤	(머리를)높이들, 달릴 양

簡體	正字	代表訓音
21획		
灏	灝	넓을 호
赣	贛	강이름 감
癫	癲	미칠 전
颦	顰	찡그릴 빈
躏	躪	짓밟을 린
鳣	鱣	철갑상어 전/드렁허리 선
鳢	鱧	가물치 례

簡體	正字	代表訓音
22획		
鹳	鸛	황새 관
镶	鑲	가선두를, 끼울 양

簡體	正字	代表訓音
23획		
趱	趲	서두를, 급히 ~할(中)찬
颧	顴	광대뼈 관
躜	躦	치솟을 찬

簡體	正字	代表訓音
25획		
戆	戇	어리석을, 우직(愚直)할 당
镬	鑊	괭이 곽
饷	饟	건량(乾糧), 군량(軍糧) 양

14. 中國 簡化字의 同形字 一覽表

中國에서 1964년부터 이른바 簡化字를 사용함으로써 종래의 漢字文化圈에 乖離가 발생하였다. 최근 10여 년 동안 9차에 걸쳐 韓·中·日과 臺灣의 학자들이 漢字字形 統一을 위한 노력을 계속하고 있으나, 그 實現이 언제 될지는 遼遠한 상태에서 우선해야 할 것은 우리의 젊은이들로 하여금 中國의 文化를 알고 情報를 알 수 있는 簡化字(簡體字, 中國文字)를 하루 속히 學習시키는 일이다. 簡化字를 만들 때 部首字나 聲符字 등 同形字를 먼저 簡體化한 후, 그 同形字를 중심으로 簡體化하였다. 예를 들면 '門'部首의 모든 자는 '門'을 簡體化하여 '门'으로 표기한 후, '門'부수의 모든 자를 일률적으로 簡體化하였다. 곧 '门'자 하나만 알면 '門'부수의 모든 字의 簡化字를 알 수 있다. 그러므로 중국 簡化字를 익힐 때 同形字를 먼저 익히는 것이 지름길이 될 수 있을 것이다.

순위	중심자	소속간화자					
1	监(監)	蓝(藍)	滥(濫)	褴(襤)	篮(籃)		
2	冈(岡)	刚(剛)	纲(綱)	岗(崗)	钢(鋼)		
3	见(見)	岘(峴)	现(現)	觅(覓)	规(規)	视(視)	砚(硯)
		览(覽)	觉(覺)	宽(寬)	搅(攪)	缆(纜)	揽(攬)
		觐(覲)	窥(窺)				
4	収(臤)	坚(堅)	肾(腎)	贤(賢)	竖(竪)	紧(緊)	
5	조(巠)	劲(勁)	茎(莖)	经(經)	径(徑)	泾(涇)	轻(輕)
		胫(脛)	颈(頸)				
6	广(廣)	扩(擴)	圹(壙)	旷(曠)	矿(鑛)		
7	乔(喬)	侨(僑)	桥(橋)	峤(嶠)	娇(嬌)	燿(蕎)	矫(矯)
		轿(轎)	骄(驕)				
8	区(區)	鸥(鷗)	驱(驅)	欧(歐)	讴(謳)	躯(軀)	殴(毆)
		岖(嶇)	呕(嘔)				
9	钅(金)	钉(釘)	针(針)	锡(錫)	钓(釣)	钮(鈕)	钦(欽)
		钧(鈞)	钢(鋼)	钝(鈍)	锷(鍔)	铅(鉛)	铃(鈴)
		铎(鐸)	钵(鉢)	衔(銜)	铜(銅)	铭(銘)	铮(錚)
		铨(銓)	锁(鎖)	铸(鑄)	锦(錦)	锥(錐)	锻(鍛)
		镐(鎬)	鎌(鎌)				

순위	중심자	소	속	간	화	자	
10	岂(豈)	凯(凱)	凯(凱)	恺(愷)	垲(塏)	铠(鎧)	觊(覬)
		皑(皚)					
11	几(幾)	饥(饑)	机(機)	玑(璣)	矶(磯)	讥(譏)	
12	罗(羅)	萝(蘿)	逻(邏)	箩(籮)			
13	乐(樂)	轹(轢)	砾(礫)	铄(鑠)			
14	难(難)	傩(儺)	滩(灘)	摊(攤)	瘫(癱)		
15	来(來)	莱(萊)	崃(崍)	徕(徠)	铼(錸)		
16	卢(盧)	泸(瀘)	炉(爐)	芦(蘆)			
17	农(農)	侬(儂)	哝(噥)	浓(濃)	脓(膿)		
18	娄(婁)	楼(樓)	屡(屢)	褛(褸)	缕(縷)	镂(鏤)	数(數)
19	单(單)	婵(嬋)	弹(彈)	阐(闡)	惮(憚)	郸(鄲)	蝉(蟬)
20	达(達)	挞(撻)	鞑(韃)				
21	党(黨)	傥(儻)	谠(讜)				
22	带(帶)	滞(滯)					
23	东(東)	冻(凍)	陈(陳)	栋(棟)			
24	[illegible](臨)	览(覽)	缆(纜)	揽(攬)	鉴(鑒)	榄(欖)	
25	亦(䜌)	变(變)	峦(巒)	弯(彎)	栾(欒)	恋(戀)	鸾(鸞)
		蛮(蠻)	湾(灣)				
26	马(馬)	冯(馮)	驭(馭)	吗(嗎)	妈(媽)	驯(馴)	驰(馳)
		闯(闖)	驱(驅)	驳(駁)	玛(瑪)	驽(駑)	驸(駙)
		驺(騶)	驹(駒)	驷(駟)	驿(驛)	驾(駕)	驻(駐)
		驼(駝)	笃(篤)	验(驗)	骋(騁)	骑(騎)	羁(羈)
27	万(萬)	厉(厲)	迈(邁)	劢(勱)	砺(礪)	励(勵)	
28	卖(賣)	读(讀)	赎(贖)	续(續)	牍(牘)	犊(犢)	觌(覿)
29	无(無)	抚(撫)	怃(憮)	芜(蕪)	庑(廡)		
30	门(門)	闩(閂)	们(們)	闪(閃)	问(問)	扪(捫)	闭(閉)
		闯(闖)	闷(悶)	间(間)	闲(閑)	闰(閏)	闵(閔)
		闸(閘)	钔(鍆)	闾(閭)	阀(閥)	闻(聞)	闺(閨)
		悯(憫)	涧(澗)	润(潤)	简(簡)	澜(瀾)	闹(鬧)
		阄(鬮)					
31	黾(黽)	绳(繩)	蝇(蠅)	渑(澠)			
32	发(發)	泼(潑)	废(廢)	拨(撥)	拨(醱)		
33	宾(賓)	滨(濱)	嫔(嬪)	缤(繽)	槟(檳)	膑(臏)	殡(殯)

순위	중심자	소	속	간	화	자	
		鬓(鬢)					
34	纟(糸)	丝(絲)	纠(糾)	红(紅)	约(約)	绪(緒)	纵(縱)
		纸(紙)	纬(緯)	纹(紋)	终(終)	织(織)	经(經)
		绎(繹)	绕(繞)	缩(縮)	缯(繒)	縕(縕)	
35	师(師)	狮(獅)	蛳(螄)				
36	产(產)	萨(薩)	铲(鏟)				
37	啬(嗇)	墙(牆)	嫱(嬙)	樯(檣)	墙(墻)	蔷(薔)	
38	聂(聶)	摄(攝)	嗫(囁)	滠(灄)	慑(懾)		
39	属(屬)	嘱(囑)	瞩(矚)				
40	孙(孫)	逊(遜)	荪(蓀)	狲(猻)			
41	寿(壽)	涛(濤)	焘(燾)	祷(禱)	铸(鑄)	畴(疇)	筹(籌)
		踌(躊)					
42	肃(肅)	啸(嘯)	萧(蕭)	箫(簫)	潇(瀟)		
43	只(戠)	识(識)	织(織)	职(職)	帜(幟)	炽(熾)	
44	饣(食)	饥(饑)	饭(飯)	饮(飲)	饰(飾)	饱(飽)	饶(饒)
		馈(饋)	馒(饅)	馑(饉)			
45	亚(亞)	哑(啞)	恶(惡)	氩(氬)	壶(壺)		
46	爱(愛)	嫒(嬡)	嗳(噯)	瑷(璦)	暧(曖)		
47	两(兩)	俩(倆)	辆(輛)	满(滿)	瞒(瞞)		
48	鱼(魚)	渔(漁)	鲁(魯)	鲋(鮒)	鳄(鰐)	鲜(鮮)	鲤(鯉)
		鲨(鯊)	鲲(鯤)	鲸(鯨)	橹(櫓)	鳅(鰍)	鳌(鰲)
		鳖(鱉)					
49	讠(言)	订(訂)	讥(譏)	讣(訃)	计(計)	记(記)	训(訓)
		讯(訊)	讨(討)	议(議)	讽(諷)	讴(謳)	讳(諱)
		识(識)	译(譯)	诤(諍)	罚(罰)	狱(獄)	浒(滸)
		读(讀)	谣(謠)	霭(靄)	辩(辯)		
50	丽(麗)	俪(儷)	骊(驪)	逦(邐)	郦(酈)		
51	与(與)	屿(嶼)	欤(歟)				
52	虑(慮)	摅(攄)	滤(濾)				
53	历(歷)	雳(靂)	沥(瀝)	呖(嚦)	坜(壢)		
54	𠃓(昜)	扬(揚)	场(場)	汤(湯)	杨(楊)	肠(腸)	炀(煬)
		畅(暢)	疡(瘍)	荡(蕩)	殇(殤)		
55	𠬤(睪)	译(譯)	择(擇)	绎(繹)	驿(驛)	铎(鐸)	释(釋)

순위	중심자	소속 간화자					
56	宁(寧)	咛(嚀)	狞(獰)	拧(擰)	泞(濘)		
57	乌(烏)	坞(塢)	呜(嗚)				
58	呙(咼)	娲(媧)	涡(渦)	锅(鍋)	祸(禍)	锅(鍋)	窝(窩)
59	尧(堯)	侥(僥)	峣(嶢)	蛲(蟯)	绕(繞)	挠(撓)	桡(橈)
		饶(饒)	晓(曉)	骁(驍)			
60	龙(龍)	垄(壟)	陇(隴)	庞(龐)	宠(寵)	胧(朧)	笼(籠)
		聋(聾)					
61	韦(韋)	伟(偉)	讳(諱)	纬(緯)	围(圍)	袆(褘)	玮(瑋)
		暐(暐)	苇(葦)	违(違)	韬(韜)	韩(韓)	韫(韞)
62	仑(侖)	伦(倫)	论(論)	纶(綸)	沦(淪)	轮(輪)	仑(崙)
63	阴(陰)	荫(蔭)					
64	义(義)	仪(儀)	议(議)	蚁(蟻)			
65	离(離)	漓(灕)	篱(籬)				
66	尔(爾)	迩(邇)	弥(彌)				
67	长(長)	帐(帳)	张(張)	怅(悵)	胀(脹)	涨(漲)	
68	专(專)	传(傳)	转(轉)	塼(塼)	砖(磚)	啭(囀)	抟(摶)
69	戋(戔)	饯(餞)	浅(淺)	贱(賤)	残(殘)	钱(錢)	盏(盞)
		笺(箋)	践(踐)				
70	郑(鄭)	掷(擲)	踯(躑)				
71	齐(齊)	剂(劑)	荠(薺)	济(濟)	霁(霽)	脐(臍)	
72	鸟(鳥)	鸠(鳩)	凫(鳧)	鸣(鳴)	鸢(鳶)	鸦(鴉)	鸥(鷗)
		枭(梟)	鸳(鴛)	鸯(鴦)	鸭(鴨)	莺(鶯)	鸿(鴻)
		鸾(鸞)	鹃(鵑)	鹊(鵲)	岛(島)	捣(搗)	
73	从(從)	纵(縱)	怂(慫)				
74	尽(盡)	荩(藎)	烬(燼)				
75	执(執)	垫(墊)	贽(贄)	挚(摯)	鸷(鷙)	蛰(蟄)	
76	车(車)	轨(軌)	军(軍)	轧(軋)	连(連)	轩(軒)	库(庫)
		阵(陣)	软(軟)	斩(斬)	轮(輪)	转(轉)	轻(輕)
		挥(揮)	轴(軸)	浑(渾)	珲(琿)	较(較)	晕(暈)
		轿(轎)	辂(輅)	轼(軾)	莲(蓮)	载(載)	辅(輔)
		惭(慚)	暂(暫)	辈(輩)	辉(輝)	输(輸)	舆(輿)
		辖(轄)					
77	参(參)	惨(慘)	渗(滲)	碜(磣)			

순위	중심자	소속간화자					
78	仓(倉)	创(創)	苍(蒼)	怆(愴)	沧(滄)	疮(瘡)	舱(艙)
79	佥(僉)	俭(儉)	剑(劍)	捡(撿)	猃(獫)	验(驗)	殓(殮)
		检(檢)	验(驗)	签(簽)			
80	刍(芻)	邹(鄒)	驺(騶)	趋(趨)	皱(皺)	雏(雛)	
81	虫(蟲)	蛊(蠱)					
82	齿(齒)	啮(嚙)	龅(齙)	龈(齦)	龊(齪)		
83	贝(貝)	则(則)	负(負)	贞(貞)	员(員)	狈(狽)	财(財)
		呗(唄)	贡(貢)	贩(販)	货(貨)	侧(側)	侦(偵)
		贫(貧)	贪(貪)	贮(貯)	败(敗)	贬(貶)	贤(賢)
		厕(厠)	责(責)	贵(貴)	贱(賤)	贻(貽)	贴(貼)
		帧(幀)	费(費)	贲(賁)	陨(隕)	损(損)	赁(賃)
		债(債)	赂(賂)	贼(賊)	圆(圓)	损(損)	贾(賈)
		祯(禎)	资(資)	溃(潰)	赈(賑)	绩(績)	遗(遺)
		馈(饋)	赐(賜)	赏(賞)	赎(贖)	啧(嘖)	赋(賦)
		愤(憤)	殒(殞)	赖(賴)	赘(贅)	赛(賽)	赠(贈)
		赞(贊)	濑(瀨)				
84	丰(豐)	艳(艷)	滟(灧)				
85	风(風)	讽(諷)	岚(嵐)	枫(楓)	飘(飄)	飙(飆)	
86	毕(畢)	荜(蓽)	哔(嗶)	跸(蹕)			
87	⺍(𦥯)	学(學)	觉(覺)	搅(攪)			
88	乡(鄕)	芗(薌)	飨(饗)				
89	页(頁)	顷(頃)	顶(頂)	顺(順)	须(須)	项(項)	顽(頑)
		预(預)	倾(傾)	颂(頌)	颁(頒)	顿(頓)	烦(煩)
		领(領)	颇(頗)	硕(碩)	颐(頤)	颖(穎)	颓(頹)
		频(頻)	濒(瀕)	颗(顆)	题(題)	颜(顏)	额(額)
90	夹(夾)	侠(俠)	陕(陝)	荚(莢)	狭(狹)	峡(峽)	挟(挾)
		浃(浹)					
91	华(華)	哗(嘩)	桦(樺)	晔(曄)	烨(燁)	哗(譁)	
92	𫇦(𤇾)	劳(勞)	茔(塋)	荣(榮)	荧(熒)	莹(瑩)	捞(撈)
		营(營)	萤(螢)	莺(鶯)			
93	会(會)	浍(澮)	狯(獪)	桧(檜)	绘(繪)	脍(膾)	

15. 中國의 省 · 自治區 · 直轄市의 略稱

名　稱	簡稱 · 別稱	所 在 地
北京市(北京市)	京(京)	北京(北京)
天津市(天津市)	津(津)	天津(天津)
河北省(河北省)	冀(冀)	石家庄(石家庄)
山西省(山西省)	晉(晋)	太原(太原)
內蒙古自治區(内蒙古自治区)	內蒙古(内蒙古)	呼和浩特(呼和浩特)
遼寧省(辽宁省)	遼(辽)	瀋陽(沈阳)
吉林省(吉林省)	吉(吉)	長春(长春)
黑龍江省(黑龙江省)	黑(黑)	哈爾濱(哈尔滨)
上海市(上海市)	滬(沪)	上海(上海)
江蘇省(江苏省)	蘇(苏)	南京(南京)
浙江省(浙江省)	浙(浙)	杭州(杭州)
安徽省(安徽省)	皖(皖)	合肥(合肥)
福建省(福建省)	閩(闽)	福州(福州)
江西省(江西省)	贛(赣)	南昌(南昌)
山東省(山东省)	魯(鲁)	濟南(济南)
河南省(河南省)	豫(豫)	鄭州(郑州)
湖北省(湖北省)	鄂(鄂)	武漢(武汉)
湖南省(湖南省)	湘(湘)	長沙(长沙)
廣東省(广东省)	粤(粤)	廣州(广州)
廣西壯族自治區(广西壮族自治区)	桂(桂)	南寧(南宁)
海南省(海南省)	瓊(琼)	海口(海口)
四川省(四川省)	川, 蜀(川, 蜀)	成都(成都)
貴州省(贵州省)	貴, 黔(贵, 黔)	貴陽(贵阳)
雲南省(云南省)	雲, 滇(云, 滇)	昆明(昆明)
西藏自治區(西藏自治区)	藏(藏)	拉薩(拉萨)
山西省(山西省)	山, 秦(山, 秦)	西安(西安)
甘肅省(甘肃省)	甘, 隴(甘, 陇)	蘭州(兰州)
青海省(青海省)	靑(青)	西寧(西宁)
寧夏回族自治區(宁夏回族自治区)	寧(宁)	銀川(银川)
新疆維吾爾自治區(新疆维吾尔自治区)	新(新)	烏魯木齊(乌鲁木齐)
臺灣省(台湾省)	臺(台)	臺北(台北)

16. 中國 簡化字와 正體字 對比表

중국 여행은 한 사람들 중 "中國에 가서보니 漢字가 모두 바뀌어 하나도 읽을 수 없더라."라고 하는 사람이 있다. 이는 우리가 쓰는 正字體와 中國에서 사용하는 簡化字가 서로 相異한 字形이 많아 생소하게 보이기 때문이다. 그러나 실제로 다른 字形의 漢字는 모두 2,235字에 불과하다. 그중 重要한 漢字의 正體字와 簡化字(1,851)를 비교하여 제시한다.

正字	簡化	代表訓音
軻	轲	굴대, 사람이름 가
駕	驾	멍에 가
迦	迦	부처이름, 막을 가
賈	贾	성(장사 고) 가
覺	觉	깨달을 각
殼	壳	껍질 각
閣	阁	누각 각
愨	悫	성실할 각
揀	拣	가릴 간
姦	奸	간사할 간
癎	痫	간질 간
諫	谏	간할 간
簡	简	대쪽, 간략할 간
桿	杆	박달 간
墾	垦	밭갈 간
間	间	사이 간
磵	磵	석간수 간
澗	涧	시내 간
艱	艰	어려울 간
懇	恳	정성, 간절할 간
幹	干	줄기 간
稈	秆	짚 간
竭	竭	다할 갈
紺	绀	감색 감
龕	龛	감실 감
鑑	鉴	거울 감
監	监	볼 감
鉀	钾	갑옷 갑
閘	闸	수문 갑

正字	簡化	代表訓音
鋼	钢	강철 강
剛	刚	굳셀 강
彊	强	굳셀, 활셀 강
綱	纲	벼리 강
薑	姜	생강 강
鱇	鱇	아귀 강
岡	冈	언덕 강
講	讲	익힐 강
羌	羌	종족이름 강
絳	绛	진홍색 강
鎧	铠	갑옷 개
凱	凯	개선할, 즐길 개
個	个	낱 개
箇	个	낱 개
塏	垲	높고건조한땅 개
概	概	대개 개
蓋	盖	덮을 개
漑	溉	물댈 개
愾	忾	성낼 개
慨	慨	슬퍼할 개
開	开	열 개
愷	恺	편안할 개
賡	赓	이을 갱
擧	举	들 거
祛	祛	떨어없앨 거
車	车	수레 거
據	据	의거할 거
鉅	钜	클, 갈고리 거
鋸	锯	톱 거

正字	簡化	代表訓音
鍵	键	열쇠 건
騫	骞	이지러질 건
傑	杰	뛰어날 걸
檢	检	검사할 검
儉	俭	검소할 검
瞼	睑	눈꺼풀 검
鈐	钤	비녀장 검
劍	剑	칼 검
迲	迲	갈 겁
擊	击	칠 격
繭	茧	고치 견
堅	坚	굳을 견
譴	谴	꾸짖을 견
牽	牵	끌 견
鵑	鹃	두견새 견
蠲	蠲	밝을, 맑을 견
遣	遣	보낼 견
見	见	볼 견
絹	绢	비단 견
肩	肩	어깨 견
潔	洁	깨끗할 결
結	结	맺을 결
訣	诀	이별할, 비결 결
謙	谦	겸손할 겸
兼	兼	겸할 겸
鎌	镰	낫 겸
慊	慊	찐덥지않을 겸
鉗	钳	칼 겸
歉	歉	흉년들, 부족할 겸

正字	簡化	代表訓音	
輕	轻	가벼울	경
鏡	镜	거울	경
痙	痉	경련	경
慶	庆	경사	경
鯨	鲸	고래	경
俓	俓	곧을	경
勁	劲	굳셀, 힘	경
傾	倾	기울	경
逕	迳	길	경
絅	絅	끌어죌	경
驚	惊	놀랄	경
競	竞	다툴	경
坰	垧	들	경
頸	颈	목	경
卿	卿	벼슬	경
頃	顷	이랑, 잠깐	경
脛	胫	정강이	경
莖	茎	줄기	경
經	经	지날, 글	경
徑	径	지름길	경
庚	庚	천간, 별	경
涇	泾	통할	경
瓊	琼	붉은옥	경
誡	诫	경계할, 훈계할	계
鷄	鸡	닭	계
係	系	맬	계
薊	蓟	삽주	계
階	阶	섬돌	계
計	计	셀	계
繫	系	얽어맬	계
啓	启	열	계
屆	届	이를, 극진할	계
繼	继	이을	계
誥	诰	고할, 경계	고
庫	库	곳집	고
翺	翱	날	고
蠱	蛊	독	고
顧	顾	돌아볼	고
錮	锢	땜질할	고

正字	簡化	代表訓音	
袴	裤	바지	고
攷	考	상고할	고
皐	皋	언덕	고
雇	雇	품팔이	고
鵠	鹄	고니	곡
嚳	喾	고할	곡
穀	谷	곡식	곡
轂	毂	바퀴, 수레	곡
袞	衮	곤룡포	곤
鯤	鲲	곤이	곤
閫	阃	문지방	곤
崑	昆	산이름	곤
錕	锟	적금	곤
滾	滚	흐를	곤
鶻	鹘	송골매	골
鞏	巩	묶을, 굳을	공
貢	贡	바칠	공
顆	颗	낟알	과
鍋	锅	노구솥	과
課	课	매길	과
瓜	瓜	오이	과
誇	夸	자랑할	과
過	过	지날	과
槨	椁	덧널	곽
關	关	관계할, 빗장	관
貫	贯	꿸	관
寬	宽	너그러울	관
慣	惯	버릇	관
觀	观	볼	관
綰	绾	얽을	관
館	馆	집, 객사	관
壙	圹	광	광
廣	广	넓을	광
曠	旷	밝을, 넓을	광
誑	诳	속일	광
鑛	矿	쇳돌	광
掛	挂	걸	괘
壞	坏	무너질	괴
塊	块	흙덩이	괴

正字	簡化	代表訓音	
轟	轰	울릴	굉
轎	轿	가마	교
僑	侨	객지에살	교
較	较	견줄	교
餃	饺	경단	교
驕	骄	교만할	교
翹	翘	꼬리깃털	교
喬	乔	높을	교
橋	桥	다리	교
蕎	荞	메밀	교
絞	绞	목맬	교
矯	矫	바로잡을	교
嶠	峤	산길	교
鮫	鲛	상어	교
膠	胶	아교	교
嬌	娇	아리따울	교
攪	搅	어지러울	교
鉤	钩	갈고랑이	구
鷗	鸥	갈매기	구
毬	球	공, 둥근물체	구
區	区	나눌	구
謳	讴	노래할	구
溝	沟	도랑	구
懼	惧	두려울	구
毆	殴	때릴	구
廐	厩	마구	구
駒	驹	망아지	구
耈	耇	명길	구
驅	驱	몰	구
軀	躯	몸	구
鳩	鸠	비둘기	구
購	购	살	구
屨	屦	신, 신을	구
構	构	얽을	구
舊	旧	옛	구
搆	构	이해못할, 이끌	구
逑	逑	짝	구
歐	欧	토할	구
嫗	妪	할미	구

正字	簡化	代表訓音	
嶇	岖	험할	구
國	国	나라	국
麴	麹	누룩	국
軍	军	군사	군
窮	穷	다할	궁
宮	宫	집	궁
權	权	권세	권
勸	劝	권할	권
捲	卷	말	권
闕	阙	집	궐
軌	轨	굴대	궤
饋	馈	먹일	궤
潰	溃	무너질	궤
詭	诡	속일	궤
櫃	柜	함	궤
匱	匮	함, 삼태기	궤
龜	龟	거북	귀
貴	贵	귀할	귀
歸	归	돌아갈	귀
竅	窍	구멍	규
規	规	법	규
糾	纠	살필	규
閨	闺	안방	규
窺	窥	엿볼	규
鈞	钧	서른근	균
極	极	다할	극
劇	剧	심할	극
剋	克	이길	극
僅	仅	겨우	근
覲	觐	뵐	근
謹	谨	삼갈	근
饉	馑	흉년들	근
錦	锦	비단	금
級	级	등급	급
給	给	줄	급
錡	锜	가마솥	기
璣	玑	구슬, 별이름	기
記	记	기록할	기
氣	气	기운	기

正字	簡化	代表訓音	
祺	祺	길할	기
譏	讥	나무랄	기
鰭	鳍	등지느러미	기
羈	羁	말굴레	기
騎	骑	말탈	기
幾	几	몇	기
綺	绮	무늬비단	기
穖	耭	밭갈	기
棄	弃	버릴	기
機	机	베틀, 기계	기
紀	纪	벼리	기
祈	祈	빌	기
祁	祁	성할	기
豈	岂	어찌	기
既	既	이미	기
磯	矶	자갈, 여울돌	기
飢	饥	주릴	기
騏	骐	준마	기
驥	骥	천리마	기
祇	只	토지의 신	기
緊	紧	굳게얽을	긴
喫	吃	먹을	끽
拏	拿	붙잡을	나
儺	傩	역귀쫓을	나
諾	诺	허락할	낙
難	难	어려울	난
枏	楠	매화나무	남
納	纳	들일	납
迺	乃	이에, 너	내
撚	捻	비틀	년
獰	狞	모질	녕
濘	泞	진흙	녕
寧	宁	편안할	녕
寗	甯	편안할	녕
駑	驽	둔할	노
膿	脓	고름	농
農	农	농사	농
濃	浓	짙을	농
惱	恼	괴로워할	뇌

正字	簡化	代表訓音	
腦	脑	뇌	뇌
鬧	闹	시끄러울	뇨
撓	挠	어지럽힐(휠 요)	뇨
訥	讷	말더듬을	눌
紐	纽	맬	뉴
鈕	钮	인꼭지	뉴
斷	断	끊을	단
鍛	锻	단련할	단
簞	箪	대광주리	단
團	团	둥글, 모일	단
緞	缎	비단	단
壇	坛	제단	단
鄲	郸	조나라서울	단
單	单	홑	단
撻	挞	매질할	달
闥	闼	문	달
澾	𬇙	미끄러울	달
韃	鞑	종족이름, 매질할	달
達	达	통달할	달
禫	禫	담제	담
談	谈	말씀	담
擔	担	멜	담
膽	胆	쓸개	담
譚	谭	이야기	담
蕁	荨	지모	담
錟	锬	창	담
曇	昙	흐릴	담
當	当	마땅할	당
黨	党	무리	당
儻	傥	빼어날, 갑자기	당
鐺	铛	쇠사슬, 북소리	당
戇	戆	어리석을	당
倘	倘	혹시	당
臺	台	대	대
對	对	대답할	대
擡	抬	들	대
隊	队	무리	대
貸	贷	빌릴	대
韜	韬	감출	도

正字	簡化	代表訓音
賭	赌	걸 도
圖	图	그림 도
途	途	길 도
道	道	길 도
櫂	棹	노 도
鍍	镀	도금할 도
塗	涂	바를, 진흙 도
覩	睹	볼 도
燾	焘	비출, 덮을 도
禱	祷	빌 도
島	岛	섬 도
嶋	岛	섬 도
導	导	인도할 도
搗	捣	찧을 도
濤	涛	큰물결 도
瀆	渎	도랑 독
篤	笃	도타울 독
犢	犊	송아지 독
讀	读	읽을 독
牘	牍	편지 독
櫝	椟	함, 관 독
獨	独	홀로 독
燉	炖	불빛성할 돈
頓	顿	조아릴 돈
銅	铜	구리 동
東	东	동녘 동
棟	栋	마룻대 동
凍	冻	얼 동
動	动	움직일 동
竇	窦	구멍 두
頭	头	머리 두
荳	豆	콩 두
遯	遁	달아날, 둔괘 둔
鈍	钝	무딜 둔
鄧	邓	나라이름 등
燈	灯	등잔 등
謄	誊	베낄 등
騰	腾	오를 등
懶	懒	게으를 라

正字	簡化	代表訓音
騾	骡	노새 라
蘿	萝	담쟁이덩굴, 무 라
羅	罗	벌릴, 비단 라
邏	逻	순행할 라
癩	癞	약물중독 라
駱	骆	낙타 락
絡	络	맥락, 얽힐 락
樂	乐	즐거울 락
闌	阑	가로막을 란
欒	栾	나무이름 란
欄	栏	난간 란
鸞	鸾	난새 란
蘭	兰	난초 란
鑾	銮	방울 란
爛	烂	빛날 란
亂	乱	어지러울 란
瀾	澜	큰물결 란
欖	榄	감람나무 람
濫	滥	넘칠 람
襤	褴	누더기 람
纜	缆	닻줄 람
擥	揽	모을 람
籃	篮	바구니 람
覽	览	볼 람
嵐	岚	아지랑이 람
攬	揽	잡을 람
藍	蓝	쪽 람
臘	腊	납향, 선달 랍
蠟	蜡	밀 랍
瑯	琅	고을이름, 옥이름 랑
螂	螂	말똥구리 랑
浪	浪	물결 랑
朗	朗	밝을 랑
郎	郎	사내 랑
琅	琅	옥이름 랑
狼	狼	이리 랑
廊	廊	행랑 랑
萊	莱	명아주 래
崍	崃	산이름 래

正字	簡化	代表訓音
來	来	올 래
兩	两	두 량
諒	谅	살필, 믿을 량
輛	辆	수레 량
糧	粮	양식 량
良	良	어질 량
倆	俩	재주 량
厲	厉	갈 려
濾	滤	거를 려
驪	骊	검은말 려
麗	丽	고울 려
蠣	蛎	굴 려
驢	驴	나귀 려
慮	虑	생각 려
礪	砺	숫돌 려
戾	戾	어그러질 려
癘	疠	염병 려
廬	庐	오두막집 려
呂	吕	음률, 등뼈 려
閭	闾	이문, 마을 려
櫚	榈	종려나무 려
侶	侣	짝 려
儷	俪	짝 려
勵	励	힘쓸 려
瀝	沥	거를 력
靂	雳	벼락 력
轢	轹	삐걱거릴 력
櫟	栎	상수리나무 력
礫	砾	조약돌 력
歷	历	지낼 력
曆	历	책력 력
攣	挛	걸릴 련
孿	挛	경련, 걸릴 련
煉	炼	달굴 련
憐	怜	불쌍할 련
戀	恋	사모할 련
輦	辇	손수레 련
鍊	链	쇠불릴 련
蓮	莲	연꽃 련

正字	簡化	代表訓音	
連	连	이을	련
練	练	익힐	련
聯	联	잇닿을	련
漣	涟	잔물결	련
璉	琏	호련	련
斂	敛	거둘	렴
簾	帘	발	렴
鬣	鬣	말갈기	렵
獵	猎	사냥할	렵
嶺	岭	고개	령
齡	龄	나이	령
笭	笭(苓)	도꼬마리	령
聆	聍	들을	령
零	零	떨어질	령
鈴	铃	방울	령
鈴	铃	방울	령
岺	岭	산으슥할	령
靈	灵	신령	령
伶	伶	영리할, 악관	령
羚	羚	영양	령
囹	囹	옥	령
玲	玲	옥소리	령
領	领	옷깃	령
狑	狑	좋은개	령
怜	怜	지혜로울	령
令	令	하여금, 명령할	령
禮	礼	예도	례
隷	隶	종	례
蘆	芦	갈대	로
瀘	泸	강이름	로
魯	鲁	노나라	로
盧	卢	목로, 검을	로
櫓	橹	방패	로
鷺	鹭	백로	로
虜	虏	사로잡을	로
鹵	卤	소금, 염전	로
勞	劳	수고로울	로
輅	辂	수레	로
撈	捞	잡을	로

正字	簡化	代表訓音	
爐	炉	화로	로
錄	录	기록할	록
祿	禄	녹	록
碌	碌	돌모양	록
綠	绿	푸를	록
論	论	논할	론
隴	陇	고개이름	롱
聾	聋	귀먹을	롱
瀧	泷	비올, 여울	롱
籠	笼	새장	롱
壟	垄	언덕	롱
瓏	珑	옥소리, 환할	롱
朧	胧	흐릿할	롱
賂	赂	뇌물줄	뢰
誄	诔	뇌사, 조문	뢰
耒	耒	쟁기	뢰
賚	赉	줄(下賜)	뢰
賴	赖	힘입을	뢰
瞭	了	눈밝을	료
遼	辽	멀	료
療	疗	병고칠	료
龍	龙	용	룡
摟	搂	끌어모을	루
褸	褛	남루할	루
淚	泪	눈물	루
樓	楼	다락	루
婁	娄	별이름	루
瘻	瘘	부스럼	루
鏤	镂	새길	루
縷	缕	실	루
蔞	蒌	쑥	루
屢	屡	자주	루
壘	垒	진	루
謬	谬	그릇될	류
瀏	浏	맑을	류
類	类	무리	류
劉	刘	성	류
陸	陆	뭍	륙
侖	仑	뭉치, 둥글	륜

正字	簡化	代表訓音	
輪	轮	바퀴	륜
綸	纶	벼리, 낚시줄	륜
淪	沦	빠질, 잔물결	륜
崙	仑	산이름	륜
倫	伦	인륜	륜
慄	栗	두려워할	률
綾	绫	비단	릉
釐	厘	다스릴	리
離	离	떠날	리
裏	里	속	리
籬	篱	울타리	리
浬	里	해리	리
藺	蔺	골풀	린
燐	磷	도깨비불	린
鱗	鳞	비늘	린
隣	邻	이웃	린
躪	躏	짓밟을	린
臨	临	임할	림
瑪	玛	마노	마
碼	码	마노	마
馬	马	말	마
媽	妈	암말	마
邈	邈	멀	막
彎	弯	굽을	만
饅	馒	만두	만
卍	卍	만자	만
巒	峦	뫼	만
灣	湾	물굽이	만
鰻	鳗	뱀장어	만
輓	挽	상여소리	만
瞞	瞒	속일	만
蠻	蛮	오랑캐	만
萬	万	일만	만
滿	满	찰	만
襪	袜	버선	말
網	网	그물	망
輞	辋	바퀴테	망
邁	迈	갈, 힘쓸	매
買	买	살	매

正字	簡化	代表訓音	
罵	骂	욕할	매
賣	卖	팔	매
脈	脉	맥	맥
驀	蓦	말탈	맥
麥	麦	보리	맥
冪	幂	덮을(羃, 冖)	멱
覓	觅	찾을	멱
緬	缅	가는실	면
麵	面	국수	면
免	免	면할	면
綿	绵	솜	면
滅	灭	멸망할	멸
銘	铭	새길	명
鳴	鸣	울	명
謨	谟	꾀	모
謀	谋	꾀할	모
鶩	鹜	집오리	목
沒	没	빠질	몰
歿	殁	죽을	몰
夢	梦	꿈	몽
錨	锚	닻	묘
廟	庙	사당	묘
蕪	芜	거칠어질	무
毋	毋	말	무
貿	贸	무역할	무
畝	亩	밭이랑(묘)	무
誣	诬	속일, 무고할	무
憮	怃	심심할	무
霧	雾	안개	무
鵡	鹉	앵무새	무
撫	抚	어루만질	무
繆	缪	얽을(어긋날 류)	무
無	无	없을	무
廡	庑	집, 처마	무
務	务	힘쓸	무
們	们	들	문
聞	闻	들을	문
紋	纹	무늬	문
門	门	문	문

正字	簡化	代表訓音	
問	问	물을	문
黴	霉	곰팡이	미
彌	弥	두루, 그칠	미
迷	迷	미혹할	미
謎	谜	수수께끼	미
緡	缗	낚싯줄	민
悶	闷	민망할	민
憫	悯	불쌍히여길	민
閔	闵	성, 근심할	민
閩	闽	종족이름	민
謐	谧	고요할	밀
鉑	铂	금박	박
駁	驳	논박할	박
撲	扑	두드릴	박
縛	缚	묶을	박
剝	剥	벗길	박
樸	朴	통나무	박
迫	迫	핍박할	박
頒	颁	나눌, 반포할	반
返	返	돌아올	반
礬	矾	명반	반
飯	饭	밥	반
盤	盘	소반	반
槃	盘	쟁반	반
絆	绊	줄	반
撥	拨	다스릴	발
潑	泼	물뿌릴	발
鉢	钵	바리때	발
醱	拨	술괼	발
髮	发	터럭	발
發	发	필	발
紡	纺	길쌈	방
房	房	방	방
倣	仿	본받을	방
訪	访	찾을	방
龐	庞	클	방
謗	谤	헐뜯을	방
輩	辈	무리	배
賠	赔	배상할	배

正字	簡化	代表訓音	
裵	裴	성	배
煩	烦	번거로울	번
閥	阀	문벌	벌
罰	罚	벌할	벌
氾	泛	넘칠	범
汎	泛	뜰	범
範	范	법	범
琺	珐	법랑	법
闢	辟	열	벽
癖	癖	정병	벽
蘗	檗	황벽나무(승벽초폐)	벽
邊	边	가	변
辯	辩	말잘할	변
變	变	변할	변
釆	辨	분별할	변
籩	笾	제기이름	변
鷩	鳖	금계	별
鼈	鳖	자라	별
軿	軿	가벼운수레	병
竝	并	나란히할	병
騈	骈	두필나란히할(변)	병
餠	饼	떡	병
屛	屏	병풍	병
倂	并	아우를	병
棅	柄	자루	병
報	报	갚을	보
補	补	기울, 도울	보
輔	辅	도울	보
寶	宝	보배	보
譜	谱	족보	보
複	复	겹칠	복
復	复	돌아올	복
蔔	卜	무	복
輻	辐	바퀴살	복
福	福	복	복
鰒	鳆	전복	복
僕	仆	종	복
縫	缝	꿰맬	봉
鳳	凤	봉황새	봉

正字	簡化	代表訓音	
鋒	锋	칼끝	봉
駙	驸	곁마	부
賦	赋	구실	부
扶	扶	도울	부
頫	俯	머리숙일, 볼	부
訃	讣	부고	부
賻	赙	부의	부
鮒	鲋	붕어	부
膚	肤	살갗	부
鳧	凫	오리	부
婦	妇	지어미, 며느리	부
負	负	질	부
祔	祔	합사(合祀)할	부
奮	奋	떨칠	분
糞	粪	똥	분
墳	坟	무덤	분
憤	愤	분할	분
噴	喷	뿜을	분
紛	纷	어지러울	분
賁	贲	클	분
巿	巿	슬갑	불
繃	绷	묶을	붕
鵬	鹏	붕새	붕
備	备	갖출	비
憊	惫	고달플	비
轡	辔	고삐	비
飛	飞	날	비
毘	毗	도울	비
圮	圮	무너질	비
緋	绯	비단	비
費	费	쓸	비
痺	痹	암메추라기	비
粃	秕	쭉정이	비
誹	诽	헐뜯을	비
貧	贫	가난할	빈
嬪	嫔	궁녀	빈
濱	滨	물가	빈
瀕	濒	물가, 임박할	빈
檳	槟	빈랑나무	빈

正字	簡化	代表訓音	
鬢	鬓	살쩍, 귀밑털	빈
賓	宾	손님	빈
殯	殡	염할	빈
頻	频	자주	빈
憑	凭	기댈	빙
騁	骋	달릴	빙
紗	纱	깁	사
槎	槎	떼(나무벨 차)	사
詞	词	말	사
辭	辞	말씀	사
飼	饲	먹일	사
社	社	모일	사
捨	舍	버릴	사
寫	写	베낄, 쓸	사
祠	祠	사당	사
謝	谢	사례할	사
駟	驷	사마	사
獅	狮	사자	사
詐	诈	속일	사
師	师	스승	사
絲	丝(糸)	실	사
瀉	泻	쏟을	사
祀	祀	제사	사
賜	赐	줄	사
篩	筛	체	사
鑠	铄	녹일, 빛날	삭
產	产	낳을	산
傘	伞	우산	산
薩	萨	보살	살
殺	杀	죽일	살
滲	渗	스밀	삼
揷	插	꽂을	삽
澁	涩	떫을	삽
颯	飒	바람소리	삽
償	偿	갚을	상
嘗	尝	맛볼	상
狀	状	모양	상
祥	祥	상서로울	상
賞	赏	상줄	상

正字	簡化	代表訓音	
傷	伤	상할	상
顙	颡	이마	상
殤	殇	일찍죽을	상
詳	详	자세할	상
觴	觞	잔	상
喪	丧	초상, 잃을	상
賽	赛	굿할	새
鰓	鳃	아가미	새
璽	玺	옥새	새
穡	穑	거둘	색
嗇	啬	아낄	색
書	书	글	서
棲	栖	깃들일	서
嶼	屿	섬	서
緖	绪	실마리	서
潟	舄	개펄	석
晳	晰	밝을	석
蓆	席	자리	석
錫	锡	주석	석
碩	硕	클	석
釋	释	풀	석
選	选	가릴	선
禪	禅	고요할	선
嬋	婵	고울	선
鮮	鲜	고울	선
繕	缮	기울	선
詵	诜	많을	선
蟬	蝉	매미	선
銑	铣	무쇠	선
饍	膳	반찬	선
鐥	钐	복자	선
癬	癣	옴	선
蘚	藓	이끼	선
線	线	줄	선
說	说	말씀	설
齧	啮	물	설
設	设	베풀	설
卨	卨	사람이름	설
纖	纤	가늘	섬

正字	簡化	代表訓音	
贍	赡	넉넉할	섬
殲	歼	다죽일	섬
陝	陕	땅이름	섬
閃	闪	번쩍할	섬
暹	暹	해돋을	섬
攝	摄	끌어잡을	섭
躡	蹑	밟을, 이를	섭
聖	圣	성스러울	성
聲	声	소리	성
誠	诚	정성	성
細	细	가늘	세
勢	势	권세	세
貰	贳	세낼	세
歲	岁	해	세
篠	筱	가는대	소
瀟	潇	강이름	소
逍	逍	거닐	소
泝	溯	거슬러갈, 맞을	소
遡	溯	거슬러올라갈	소
蘇	苏	깨어날	소
銷	销	녹일	소
蕭	萧	맑은대쑥, 쓸쓸할	소
燒	烧	불사를	소
甦	苏	쉴	소
騷	骚	시끄러울	소
掃	扫	쓸	소
紹	绍	이을	소
簫	箫	통소	소
訴	诉	하소연할	소
嘯	啸	휘파람불	소
屬	属	무리, 붙일	속
速	速	빠를	속
贖	赎	속바칠	속
續	续	이을	속
謖	谡	일어날	속
遜	逊	겸손할	손
損	损	덜	손
飡	餐	밥	손
孫	孙	손자	손

正字	簡化	代表訓音	
蓀	荪	향풀이름	손
頌	颂	기릴	송
訟	讼	송사할	송
誦	诵	욀	송
灑	洒	뿌릴	쇄
鎖	锁	쇠사슬	쇄
瑣	琐	자질구레할	쇄
釗	钊	힘쓸, 쇠	쇠
隧	隧	길	수
邃	邃	깊을	수
樹	树	나무	수
銹	锈	녹쓸	수
誰	谁	누구	수
藪	薮	늪	수
隨	随	따를	수
須	须	모름지기	수
壽	寿	목숨	수
銖	铢	무게이름	수
輸	输	보낼	수
燧	燧	부싯돌, 햇불	수
雖	虽	비록	수
竪	竖	세울	수
數	数	셈	수
繡	绣	수놓을	수
鬚	须	수염	수
讐	雠	원수	수
遂	遂	이룰, 드디어	수
綬	绶	인끈	수
帥	帅	장수	수
獸	兽	짐승	수
綏	绥	편안할	수
脩	修	포	수
肅	肃	엄숙할	숙
璹	𪻐	옥그릇	숙
馴	驯	길들일	순
詢	询	물을	순
錞	錞	사발종	순
純	纯	순수할	순
蓴	莼	순채	순

正字	簡化	代表訓音	
順	顺	순할	순
巡	巡	순행할	순
脣	唇	입술	순
筍	笋	죽순	순
諄	谆	타이를	순
鉥	鉥	돗바늘	술
術	术	재주	술
述	述	지을	술
蝨	虱	이	슬
襲	袭	엄습할	습
習	习	익힐	습
濕	湿	젖을	습
繩	绳	노끈	승
陞	升	오를	승
昇	升	오를	승
勝	胜	이길	승
蠅	蝇	파리	승
詩	诗	글	시
時	时	때	시
視	视	볼	시
緦	缌	시마복	시
試	试	시험	시
屍	尸	주검	시
飾	饰	꾸밀	식
軾	轼	수레앞턱가로나무	식
植	植	심을	식
識	识	알	식
蝕	蚀	좀먹을	식
埴	埴	찰흙	식
燼	烬	깜부기불	신
訊	汛	물을	신
愼	慎	삼갈	신
藎	荩	조개풀	신
腎	肾	콩팥	신
紳	绅	큰띠	신
實	实	열매	실
瀋	渖	물이름, 즙	심
審	审	살필	심
諶	谌	참	심

正字	簡化	代表訓音	
尋	寻	찾을	심
雙	双	쌍	쌍
鴉	鸦	갈가마귀	아
鵝	鹅	거위	아
訝	讶	맞을, 의심할	아
亞	亚	버금	아
啞	哑	벙어리	아
兒	儿	아이	아
餓	饿	주릴	아
鰐	鳄	악어	악
齷	龌	악착할	악
惡	恶	악할	악
顎	颚	얼굴높을	악
鍔	锷	칼날	악
嶽	岳	큰산	악
堊	垩	흰흙	악
鮟	鮟	아귀	안
顏	颜	얼굴	안
閼	阏	막을	알
遏	遏	막을	알
謁	谒	뵐, 아뢸	알
軋	轧	삐걱거릴	알
闇	暗	닫힌문, 어두울	암
巖	岩	바위	암
嵒	岩	바위, 가파를	암
諳	谙	욀	암
菴	庵	초막	암
壓	压	누를	압
鴨	鸭	오리	압
鴦	鸯	원앙새	앙
愛	爱	사랑	애
靄	霭	아지랑이	애
厓	崖	언덕	애
隘	隘	좁을	애
縊	缢	목맬	액
額	额	이마	액
阨	厄	좁을, 막힐	액
鶯	莺	꾀꼬리	앵
櫻	樱	앵두나무	앵

正字	簡化	代表訓音	
鸚	鹦	앵무새	앵
罌	罂	양병	앵
爺	爷	아비	야
葯	药	구리때잎	약
躍	跃	뛸	약
約	约	맺을	약
藥	药	약	약
鑰	钥	자물쇠	약
養	养	기를	양
揚	扬	떨칠	양
驤	骧	머리들, 달릴	양
樣	样	모양	양
楊	杨	버들	양
陽	阳	볕	양
釀	酿	빚을	양
讓	让	사양할	양
孃	娘	아가씨	양
敭	扬	오를	양
禳	禳	제사이름	양
瘍	疡	종기	양
煬	炀	쬘	양
暘	阳	해돋이	양
颺	飏	흩날릴	양
漁	渔	고기잡을	어
語	语	말씀	어
魚	鱼	물고기	어
馭	驭	부릴	어
齬	龉	어긋날	어
飫	饫	포식할, 물릴	어
憶	忆	생각할	억
億	亿	억	억
諺	谚	상말, 속담	언
儼	俨	근엄할	엄
嚴	严	엄할	엄
嶪	嶪	산높을	업
業	业	일	업
餘	馀	남을	여
與	与	더불, 줄	여
輿	舆	수레	여

正字	簡化	代表訓音	
轝	轝	수레바탕	여
歟	欤	어조사	여
璵	璵	옥	여
閾	阈	문지방	역
譯	译	번역할	역
驛	驿	역마	역
繹	绎	풀어낼, 실마리	역
縯	演	길	연
鉛	铅	납	연
淵	渊	못	연
硯	砚	벼루	연
撚	捻	비틀	연
嚥	咽	삼킬	연
鳶	鸢	소리개	연
煙	烟	연기	연
軟	软	연할	연
緣	缘	인연	연
熱	热	더울	열
閱	阅	볼, 검열할	열
艷	艳	고울	염
髥	髯	구렛나루	염
閻	阎	마을	염
鹽	盐	소금	염
厭	厌	싫을	염
殮	殓	염할	염
曄	晔	빛날	엽
燁	烨	빛날	엽
葉	叶	잎	엽
嶸	嵘	가파를	영
纓	缨	갓끈	영
潁	颍	강이름	영
營	营	경영할	영
瑩	莹	귀막이옥	영
塋	茔	무덤	영
鍈	锳	방울소리	영
嬰	婴	어릴	영
榮	荣	영화	영
瓔	璎	옥돌	영
詠	咏	읊을	영

正字	簡化	代表訓音	
穎	颖	이삭, 빼어날	영
譽	誉	기릴	예
銳	锐	날카로울	예
穢	秽	더러울, 거칠	예
瘞	瘗	묻을, 제터	예
預	预	미리, 맡길	예
詣	诣	이를	예
翳	翳	일산, 가릴	예
藝	艺	재주	예
誤	误	그릇될	오
烏	乌	까마귀	오
襖	袄	도포, 웃옷	오
塢	坞	둑, 언덕, 마을	오
鼇	鳌	자라	오
娛	娱	즐거워할	오
蜈	蜈	지네	오
嗚	呜	탄식할	오
鈺	钰	단단한쇠	옥
獄	狱	옥	옥
醞	酝	빚을	온
蘊	蕴	쌓을	온
穩	稳	평온할	온
媼	媪	할미	온
縕	緼	헌솜	온
翁	翁	늙은이	옹
甕	瓮	독	옹
癰	痈	악창	옹
擁	拥	안을	옹
訛	讹	그릇될	와
臥	卧	누울	와
蝸	蜗	달팽이	와
窩	窝	보금자리, 숨길	와
渦	涡	소용돌이	와
窪	洼	웅덩이	와
緩	缓	느릴	완
頑	顽	완고할	완
徭	徭	구실	요
橈	桡	굽을	요
窯	窑	기와굽는가마, 도기	요

正字	簡化	代表訓音	
饒	饶	넉넉할	요
謠	谣	노래	요
嶢	峣	높을	요
繞	绕	두를	요
邀	邀	맞을	요
遙	遥	멀, 거닐	요
僥	侥	바랄	요
擾	扰	어지러울	요
堯	尧	요임금	요
蟯	蛲	요충	요
慾	欲	욕심	욕
縟	缛	화문놓을	욕
鎔	熔	녹일	용
湧	涌	물솟아날	용
聳	耸	솟을	용
鏞	镛	쇠북	용
傭	佣	품팔이	용
紆	纡	굽을	우
憂	忧	근심	우
優	优	넉넉할	우
祐	佑	복	우
禑	禑	복	우
郵	邮	우편	우
頊	顼	삼갈	욱
雲	云	구름	운
隕	陨	떨어질	운
暈	晕	무리	운
韻	韵	운, 운치	운
運	运	움직일	운
殞	殒	죽을	운
澐	澐	큰물결	운
蕓	芸	평지	운
鬱	郁	답답할	울
乻	亐	땅이름	울
轅	辕	끌채	원
園	园	동산	원
圓	圆	둥글	원
遠	远	멀	원
鴛	鸳	원앙	원

正字	簡化	代表訓音	
冤	冤	원통할	원
願	愿	원할	원
員	员	인원	원
黿	鼋	자라	원
鉞	钺	도끼	월
韋	韦	가죽	위
葦	苇	갈대	위
僞	伪	거짓	위
蝟	猬	고슴도치	위
闈	闱	대궐작은문	위
圍	围	둘레	위
煒	炜	붉은빛(빛날 휘)	위
緯	纬	씨줄	위
蔿	䓕	애기풀	위
違	违	어긋날	위
謂	谓	이를	위
瑋	玮	진귀할	위
偉	伟	클	위
褘	褘	폐슬	위
爲	为	할	위
暐	暐	햇빛	위
猶	犹	같을, 오히려	유
喩	喻	깨우칠	유
猷	猷	꾀할	유
誘	诱	꾈	유
揄	揄	끌	유
遺	遗	남길	유
遊	游	놀	유
鍮	鍮	놋쇠	유
維	维	벼리	유
兪	俞	성, 그럴	유
諛	谀	아첨할	유
愉	愉	즐거울	유
鈗	鈗	병기	윤
贇	贇	예쁠	윤
閏	闰	윤달	윤
潤	润	윤택할	윤
絨	绒	융	융
慇	殷	괴로워할	은

正字	簡化	代表訓音	
隱	隐	숨을	은
銀	银	은	은
誾	誾	향기	은
陰	荫	그늘	음
飮	饮	마실	음
蔭	荫	풀그늘, 덮을	음
鷹	鹰	매	응
應	应	응할	응
蟻	蚁	개미	의
儀	仪	거동	의
艤	舣	배댈	의
誼	谊	옳을	의
義	义	옳을	의
議	议	의논할	의
醫	医	의원	의
擬	拟	헤아릴, 비길	의
邇	迩	가까울	이
貽	贻	끼칠	이
爾	尔	너	이
異	异	다를	이
貳	贰	두	이
餌	饵	먹이	이
迤	迤	비스듬할	이
飴	饴	엿	이
頤	颐	턱, 기를	이
翌	翌	다음날	익
益	益	더할	익
翊	翊	도울	익
謚	谥	웃을	익
謚	谥	웃을	익
絪	絪	기운	인
認	认	알	인
靭	韧	질길	인
溢	溢	넘칠	일
鎰	镒	스물넉냥	일
馹	馹	역말	일
姙	妊	아이밸	임
賃	赁	품팔이	임
廿	廿	스물	입

正字	簡化	代表訓音	
諮	谘	물을	자
觜	觜	별이름, 털뿔	자
資	资	재물	자
疵	疵	흠	자
鵲	鹊	까치	작
綽	绰	너그러울	작
殘	残	남을	잔
棧	栈	잔도	잔
蠶	蚕	누에	잠
暫	暂	잠깐	잠
雜	杂	섞일	잡
醬	酱	간장	장
獎	奖	권면할	장
長	长	긴	장
裝	装	꾸밀	장
萇	苌	나무이름	장
粧	妆	단장할	장
墻	墙	담	장
檣	樯	돛대	장
場	场	마당	장
漿	浆	미음	장
張	张	베풀	장
槳	桨	상앗대	장
蔣	蒋	성씨	장
壯	壮	씩씩할	장
臟	脏	오장	장
欌	桩	장롱	장
贓	赃	장물	장
薔	蔷	장미	장
將	将	장수	장
莊	庄	장엄할	장
腸	肠	창자	장
帳	帐	휘장	장
齎	齎	가져올	재
纔	才	겨우, 비로소	재
載	载	실을	재
齋	斋	재계할	재
財	财	재물	재
災	灾	재앙	재

正字	簡化	代表訓音	
諍	诤	간할	쟁
錚	铮	쇳소리	쟁
氐	氐	근본	저
詆	诋	꾸짖을	지
低	低	낮을	저
苧	苎	모시	저
底	底	밑	저
藷	薯	사탕수수	저
貯	贮	쌓을	저
儲	储	쌓을	저
齟	龃	어긋날	저
佇	伫	우두커니	저
這	这	이	저
詛	诅	저주할	저
邸	邸	집	저
勣	积	공적, 사업	적
謫	谪	귀양갈	적
績	绩	길쌈, 공	적
賊	贼	도둑	적
適	适	맞을	적
跡	迹	발자취	적
蹟	迹	사적, 자취	적
鏑	镝	살촉	적
糴	籴	쌀사들일	적
積	积	쌓을	적
敵	敌	원수	적
轉	转	구를	전
輾	辗	구를	전
箋	笺	글	전
顚	颠	넘어질	전
錢	钱	돈	전
顫	颤	떨릴	전
塡	填	메울(누를 진)	전
氈	毡	모전	전
癲	癫	미칠	전
電	电	번개	전
塼	塼	벽돌	전
鈿	钿	비녀	전
鐫	镌	새길, 송곳	전

正字	簡化	代表訓音
雋	隽	새살찔(뛰어날 준) 전
詮	诠	설명할 전
戰	战	싸움 전
澱	淀	앙금 전
纏	缠	얽힐 전
專	专	오로지 전
銓	铨	저울, 전형할 전
顓	颛	전단(마음대로)할 전
餞	饯	전별할 전
傳	传	전할 전
囀	啭	지저귈 전
絶	绝	끊을 절
節	节	마디 절
癤	疖	부스럼 절
竊	窃	훔칠 절
鮎	鲇	메기 점
點	点	점 점
漸	渐	점차 점
霑	沾	젖을 점
摺	摺	접을 접
湞	浈	강이름 정
靜	静	고요할 정
貞	贞	곧을 정
楨	桢	광나무, 근본 정
幀	帧	그림족자 정
鄭	郑	나라 정
鋥	锃	날번뜩일 정
睛	睛	눈동자 정
靚	靓	단장할 정
釘	钉	못 정
訂	订	바로잡을 정
禎	祯	상서로울 정
鋌	铤	쇳덩이, 살촉 정
錠	锭	신선로, 덩이 정
檉	柽	위성류 정
頂	顶	정수리, 꼭대기 정
偵	侦	정탐할 정
諪	谆	조정할 정
鉦	钲	징 정

正字	簡化	代表訓音
竫	竫	편안할 정
齊	齐	가지런할 제
霽	霁	갤 제
濟	济	건널 제
薺	荠	냉이 제
諸	诸	모든 제
臍	脐	배꼽 제
際	际	사이, 때 제
劑	剂	약지을 제
躋	跻	오를 제
題	题	제목 제
調	调	고를 조
繰	缲	고치켤 조
詔	诏	고할 조
趙	赵	나라 조
釣	钓	낚시 조
棗	枣	대추나무 조
遭	遭	만날 조
蚤	蚤	벼룩 조
祚	祚	복 조
竈	灶	부엌 조
鳥	鸟	새 조
彫	雕	새길 조
糶	粜	쌀내어팔 조
條	条	조목, 가지 조
造	造	지을 조
組	组	짤 조
祖	祖	할아비 조
尊	尊	높을 존
慫	怂	권할 종
終	终	마칠 종
綜	综	모을 종
腫	肿	부스럼 종
縱	纵	세로 종
鐘	钟	쇠북 종
鍾	锺	술잔 종
種	种	씨 종
蹤	踪	자취, 뒤좇을 종
從	从	좇을 종

正字	簡化	代表訓音
罪	罪	허물 죄
遒	遒	굳셀 주
晝	昼	낮 주
駐	驻	머무를 주
躊	踌	머뭇거릴 주
紬	紬	명주 주
輳	辏	모일, 바퀴살통 주
疇	畴	밭두둑 주
誅	诛	벨 주
鑄	铸	부어만들 주
廚	厨	부엌 주
綢	绸	얽을 주
呪	咒	저주할 주
註	注	주낼 주
週	周	주일, 돌 주
紂	纣	주임금 주
籌	筹	투호살 주
逡	逡	뒷걸음질칠 준
雋	隽	모일 준
準	准	법도 준
樽	樽	술통 준
蹲	蹲	웅크릴 준
遵	遵	좇을 준
儁	俊	준걸 준
駿	骏	준마 준
衆	众	무리 중
卽	即	곧 즉
喞	唧	두근거릴(즐) 즉
櫛	栉	빗 즐
增	增	더할 증
璔	璔	더할, 옥모양 증
憎	憎	미워할 증
繒	缯	비단 증
甑	甑	시루 증
曾	曾	일찍 증
贈	赠	줄 증
證	证	증거 증
祗	祗	공경할 지
誌	志	기록할 지

正字	簡化	代表訓音	
漬	渍	담글	지
祉	祉	복	지
砥	砥	숫돌	지
紙	纸	종이	지
贄	贽	폐백	시
直	直	곧을	직
職	职	벼슬, 직분	직
稙	稙	올벼	직
織	织	짤	직
賑	赈	기민먹일	진
晉	晋	나라이름	진
進	进	나아갈	진
陳	陈	늘어놓을	진
盡	尽	다할	진
蔯	蔯	더워지기	진
縉	缙	붉은비단, 꽂을	진
縝	缜	삼실, 촘촘할	진
嗔	嗔	성낼	진
軫	轸	수레뒤턱나무	진
瑨	瑨(琎)	아름다운옥돌	진
臻	臻	이를	진
鎭	镇	진압할	진
診	诊	진찰할	진
陣	陈	진칠	진
眞	真	참	진
質	质	바탕	질
軼	轶	번갈을(앞지를 일)	질
姪	侄	조카	질
緝	缉	낳을	집
輯	辑	모을	집
執	执	잡을	집
澄	澄	맑을	징
懲	惩	징계할	징
差	差	어긋날	차
嵯	嵯	우뚝솟을	차
嗟	嗟	탄식할	차
鑿	凿	뚫을	착
着	着	붙을	착
錯	错	섞일	착

正字	簡化	代表訓音	
齪	龊	악착할	착
讚	赞	기릴	찬
贊	赞	도울	찬
饌	馔	반찬	찬
鑽	钻	송곳	찬
竄	窜	숨을	찬
纘	缵	이을	찬
瓚	瓒	제기	찬
紮	扎	감을	찰
驂	骖	곁마(말 네필)	참
塹	堑	구덩이	참
懺	忏	뉘우칠	참
斬	斩	벨	참
慚	惭	부끄러워할	참
僭	僭	참람할	참
讖	谶	참서	참
讒	谗	참소할	참
譖	谮	참소할, 하소연할	참
參	参	참여할	참
慘	惨	참혹할	참
倉	仓	곳집	창
搶	抢	닿을, 이를	창
脹	胀	배부를	창
瘡	疮	부스럼	창
漲	涨	불을	창
創	创	비롯할	창
艙	舱	선창	창
愴	怆	슬퍼할	창
悵	怅	슬퍼할	창
槍	枪	창	창
窓	窗	창문	창
滄	沧	큰바다	창
蒼	苍	푸를	창
廠	厂	헛간	창
暢	畅	화창할	창
釵	钗	비녀(차)	채
債	债	빚	채
綵	彩	채색비단	채
採	采	캘	채

正字	簡化	代表訓音	
責	责	꾸짖을	책
册	册	책	책
處	处	곳, 살	처
擲	掷	던질	척
蹠	跖	밟을	척
滌	涤	씻을	척
隻	只	외짝, 새한마리	척
蕆	灘	경계할	천
韆	千	그네	천
踐	践	밟을	천
淺	浅	얕을	천
闡	阐	열	천
遷	迁	옮길	천
薦	荐	천거할	천
賤	贱	천할	천
釧	钏	팔찌	천
輟	辍	그칠	철
轍	辙	바퀴자국	철
喆	哲	밝을	철
綴	缀	철할	철
簽	签	농	첨
僉	佥	다	첨
諂	谄	아첨할	첨
覘	觇	엿볼(점)	첨
籤	签	제비	첨
籖	签	제비	첨
疊	叠	겹쳐질	첩
輒	辄	문득	첩
貼	贴	붙을	첩
諜	谍	염탐할	첩
晴	晴	갤	청
聽	听	들을	청
淸	清	맑을	청
菁	菁	부추꽃, 순무(정)	청
廳	厅	청사	청
鯖	鲭	청어	청
請	请	청할	청
靑	青	푸를	청
遞	递	갈마들	체

正字	簡化	代表訓音	
滯	滞	막힐	체
締	缔	맺을	체
體	体	몸	체
諦	谛	살필	체
禘	禘	종묘제사이름	체
誚	诮	꾸짖을	초
鈔	钞	노략질할, 베낄	초
迢	迢	멀	초
綃	绡	생사(生絲)	초
軺	轺	수레(灵柩車)	초
礎	础	주춧돌	초
觸	触	닿을	촉
囑	嘱	부탁할	촉
鏃	镞	살촉(족)	촉
矗	矗	우거질	촉
燭	烛	촛불	촉
邨	村	마을	촌
總	总	거느릴, 다	총
聰	聪	귀밝을	총
叢	丛	떨기	총
塚	冢	무덤	총
寵	宠	사랑	총
銃	铳	총	총
驄	骢	총이말	총
蔥	葱	파(부들)	총
鞦	秋	그네	추
芻	刍	꼴	추
諏	诹	꾀할	추
趨	趋	달릴	추
酋	酋	두목	추
墜	坠	떨어질	추
騶	驺	말먹이는사람	추
鰍	鳅	미꾸라지	추
雛	雏	병아리	추
錐	锥	송곳	추
鎚	鎚	쇠망치	추
錘	锤	저울추	추
皺	皱	주름살	추
樞	枢	지도리	추

正字	簡化	代表訓音	
鄒	邹	추나라	추
醜	丑	추할	추
軸	轴	굴대	축
祝	祝	빌	축
丑	丑	소	축
築	筑	쌓을	축
縮	缩	줄어질	축
朮	术	차조	출
沖	冲	깊을	충
衝	冲	찌를, 부딪칠	충
蟲	虫	벌레	충
贅	赘	혹	췌
驟	骤	달리	취
鷲	鹫	수리	취
側	侧	곁	측
惻	恻	슬퍼할	측
厠	厕	뒷간	측
測	测	헤아릴	측
層	层	층	층
値	值	값, 만날	치
緇	缁	검은비단	치
幟	帜	기	치
馳	驰	달릴	치
置	置	둘	치
寘	寘	둘, 받아들일	치
緻	致	밸	치
熾	炽	불활활탈	치
鴟	鸱	소리개, 올빼미	치
癡	痴	어리석을	치
齒	齿	이	치
錙	锱	저울눈	치
輜	辎	짐수레	치
梔	栀	치자나무	치
則	则	법칙	칙
飭	饬	신칙할	칙
勅	敕	칙서	칙
親	亲	친할	친
針	针	바늘, 침	침
寢	寝	잠잘	침

正字	簡化	代表訓音	
蟄	蛰	겨울잠잘	칩
稱	称	일컬을	칭
楕	椭	길쭉할	타
駝	驼	낙타	타
朶	朵	늘어질	타
墮	堕	떨어질	타
馱	驮	탈	타
鐸	铎	방울	탁
託	托	부탁할	탁
擢	擢	뽑을	탁
濯	濯	씻을	탁
濁	浊	흐릴	탁
憚	惮	꺼릴	탄
誕	诞	낳을	탄
殫	殚	다할, 두루	탄
灘	滩	여울	탄
綻	绽	옷터질	탄
嘆	叹	탄식할	탄
歎	叹	탄식할	탄
彈	弹	탄알	탄
脫	脱	벗을	탈
奪	夺	빼앗을	탈
貪	贪	탐할	탐
榻	榻	걸상	탑
湯	汤	끓을	탕
蕩	荡	쓸어버릴	탕
兌	兑	기쁠, 괘이름	태
態	态	모양	태
颱	台	태풍	태
擇	择	가릴	택
澤	泽	못	택
攄	摅	펼	터
討	讨	칠	토
統	统	거느릴	통
慟	恸	서럽게울	통
通	通	통할	통
腿	腿	넓적다리	퇴
槌	槌	던질	퇴
頹	颓	무너질	퇴

正字	簡化	代表訓音	
退	退	물러날	퇴
褪	褪	바랠	퇴
鬪	斗	싸울	투
闖	闯	말이문나오는모양	틈
擺	摆	열릴	파
頗	颇	자못	파
罷	罢	파할, 마칠	파
鈑	钣	금박	판
販	贩	팔	판
辦	办	힘쓸	판
狽	狈	이리	패
貝	贝	조개	패
唄	呗	찬불	패
敗	败	패할	패
翩	翩	빨리날	편
騙	骗	속일	편
編	编	엮을	편
貶	贬	떨어뜨릴	폄
評	评	평론할	평
斃	毙	넘어질	폐
閉	闭	닫을	폐
幣	币	폐백	폐
廢	废	폐할, 버릴	폐
砲	炮	대포	포
飽	饱	배부를	포
鮑	鲍	절인어물	포
佈	布	펼	포
鋪	铺	펼, 전방	포
輻	辐	바퀴살통	폭
驃	骠	날랠	표
標	标	표할	표
飄	飘	회오리바람	표
飈	飚	회오리바람	표
楓	枫	단풍나무	풍
風	风	바람	풍
馮	冯	성(탈빙)	풍
諷	讽	욀	풍
豊	豊	풍년	풍
蹕	跸	길치울	필

正字	簡化	代表訓音	
畢	毕	마칠	필
筆	笔	붓	필
鉍	铋	창자루	필
逼	逼	닥칠	핍
蝦	虾	새우	하
廈	厦	큰집	하
賀	贺	하례할	하
學	学	배울	학
鶴	鹤	학	학
瘧	疟	학질	학
謔	谑	희롱거릴	학
韓	韩	나라이름	한
閒	闲	한가할	한
閑	闲	한가할, 문지방	한
漢	汉	한수	한
轄	辖	다스릴, 비녀장	할
緘	缄	봉할	함
艦	舰	싸움배	함
檻	槛	우리	함
銜	衔	재갈, 직함	함
鹹	咸	짤	함
闔	阖	문짝	합
陜	陕	땅이름(좁을 협)	합
閤	合	쪽문	합
項	项	목	항
懈	懈	게으를	해
廨	廨	관아	해
該	该	그, 갖출	해
駭	骇	놀랄	해
邂	邂	만날	해
解	解	풀	해
諧	谐	화할, 농담	해
覈	核	핵실할(엄하다)	핵
餉	饷	건량	향
響	响	소리	향
鄕	乡	시골, 마을	향
饗	飨	잔치할	향
嚮	向	향할, 지난번	향
許	许	허락할	허

正字	簡化	代表訓音	
獻	献	드릴	헌
憲	宪	법	헌
軒	轩	처마, 수레	헌
驗	验	시험	험
險	险	험할	험
峴	岘	고개	현
縣	县	고을	현
顯	显	나타날	현
現	现	나타날	현
懸	悬	매달	현
絢	绚	무늬	현
鉉	铉	솥귀	현
賢	贤	어질	현
晛	晛	햇살	현
頁	页	머리	혈
嫌	嫌	싫어할	혐
峽	峡	골짜기	협
挾	挟	낄	협
夾	夹	낄, 부축할	협
協	协	도울	협
浹	浃	두루미칠	협
頰	颊	뺨	협
篋	箧	상자	협
脅	胁	위협할, 갈비대	협
狹	狭	좁을	협
鋏	铗	집게	협
莢	荚	풀열매	협
俠	侠	호협할	협
瀅	滢	맑을	형
泂	泂	멀	형
逈	迥	멀	형
瀠	潆	물이름	형
螢	萤	반딧불	형
烱	炯	빛날	형
滎	荥	실개천, 물이름	형
鎣	蓥	줄	형
縞	缟	명주	호
滸	浒	물가	호
灝	灏	물넓고멀	호

正字	簡化	代表訓音	
壺	壶	병	호
護	护	보호할	호
祜	祜	복	호
號	号	이름	호
顥	颢	클, 휠	호
鎬	镐	호경, 빛날	호
琿	珲	아름다운옥	혼
渾	浑	흐릴	혼
鴻	鸿	기러기	홍
訌	讧	무너질	홍
紅	红	붉을	홍
話	话	말씀	화
華	华	빛날	화
譁	哗	시끄러울	화
樺	桦	자작나무	화
禍	祸	재앙	화
貨	货	재화	화
鑊	镬	가마솥	확
穫	获	거둘	확
確	确	굳을	확
碻	碻	굳을	확
擴	扩	넓힐	확
環	环	고리	환
歡	欢	기쁠	환
還	还	돌아올	환
換	换	바꿀	환
喚	唤	부를	환
煥	焕	빛날	환
奐	奂	빛날, 클	환
鰥	鳏	환어, 홀아비	환
渙	涣	흘러흩어질	환
紈	纨	흰비단	환
闊	阔	넓을	활
黃	黄	누를	황
璜	璜	반달옥	황
晄	晃	밝을	황
簧	簧(篁)	생황	황
貺	贶	줄(하사하다)	황
誨	诲	가르칠	회

正字	簡化	代表訓音	
獪	狯	교화할	회
繪	绘	그림	회
檜	桧	노송나무	회
賄	贿	뇌물	회
迴	回	돌아올	회
會	会	모일	회
匯	汇	물돌	회
澮	浍	봇도랑	회
懷	怀	품을	회
膾	脍	회	회
劃	划	그을	획
獲	获	사로잡을	획
橫	横	가로	횡
鐄	簧	큰종	횡
斅	敩	가르칠	효
驍	骁	날랠	효
曉	晓	새벽	효
梟	枭	올빼미	효
詡	诩	자랑할	후
訓	训	가르칠	훈
勳	勋	공	훈
暈	晕	무리, 멀미(운)	훈
燻	熏	불기운	훈
壎	埙	질나팔, 흙풍류	훈
諱	讳	꺼릴	휘
彙	汇	무리	휘
暉	晖	빛	휘
輝	辉	빛날	휘
煇	煇	빛날	휘
揮	挥	휘두를	휘
虧	亏	이지러질	휴
鷸	鹬	도요새	휼
譎	谲	속일	휼
洶	汹	물살세찰	흉
訖	讫	이를	흘
紇	纥	질낮은 명주실	흘
欽	钦	공경할	흠
翕	翕	합할, 모일	흡
興	兴	일어날	흥

正字	簡化	代表訓音	
禧	禧	복	희
戲	戏	희롱할	희
犧	牺	희생	희
詰	诘	힐난할	힐

17. 韓·中·日의 書體 比較

	正字	簡字	略字	韓國訓音	中國語	日本音	英 語
1	價	价	価	값 가	jià, jiè, jiė	か	price
2	幹	干		줄기 간	gàn	かん	trunk
3	揀	拣		가릴 간	jiǎn	かん	choose
4	懇	恳		정성 간	kěn	こん	sincerity
5	墾	垦		따비질할 간	kěn	こん	cultivate
6	監	监	监	볼 감	jiān, jiàn	かん	see
7	岡	冈		뫼 강	gāng	こう	hill
8	講	讲		강론할 강	jiǎng	こう	lecture
9	個	个	仚	낱 개	gè, gě	こ	piece
10	蓋	盖	盖	덮을 개	gaì, gě	かい	cover
11	開	开		열 개	kāi	かい	open
12	擧	举	挙	들 거	jǔ	きょ	hold
13	據	据	拠	의지할 거	jù, jū	きょ	depend
14	擊	击	撃	칠 격	jī	けき	hit
15	見	见		볼 견	jiàn, xiàn	けん	see
16	牽	牵		끌 견	qiān	けん	drag
17	潔	洁		깨끗할 결	jié	けつ	clean
18	驚	惊		놀랄 경	jīng	けい	surprise
19	慶	庆		경사 경	qìng	けい	happy
20	競	竞		다툴 경	jìng	きょう	quarrel
21	瓊	琼		아름다운 경	qióng	けい	jade
22	鷄	鸡	鶏	닭 계	jī	けい	chicken
23	係	系		걸릴 계	xì	けい	fasten
24	繼	継	継	이을 계	jì	けい	succeed to
25	啓	启		열 계	qǐ	けい	open
26	階	阶		섬돌 계	jiē	かい	stairs
27	顧	顾		돌아볼 고	gù	こ	look back
28	穀	谷	穀	곡식 곡	gǔ	こく	grain
29	崑	昆		산이름 곤	kūn	こん	
30	過	过		지날 과	guò, guō, guȯ	か	pass by

	正字	簡字	略字	韓國訓音	中國語	日本音	英 語
31	誇	夸		자랑할 과	kuā	か	pride
32	觀	观	観	볼 관	guān, guàn	かん	observe
33	關	关	関	빗장 관	guān	かん	bolt
34	廣	广	広	넓을 광	guǎng	こう	broad
35	掛	挂		걸 괘	guà	かい	hang
36	塊	块		덩어리 괴	kuài	かい	clod
37	壞	坏	壊	무너질 괴	huài	かい	ruin
38	喬	乔		높을 교	qiáo	きょう	high
39	膠	胶		아교 교	jiāo	こう	glue
40	舊	旧	旧	예 구	jiù	きょう	old
41	區	区		구역 구	qū, ōu	く	district
42	懼	惧		두려울 구	jù	く	fear
43	構	构		얽을 구	gòu	こう	implicate
44	溝	沟		도랑 구	gōu	こう	ditch
45	購	购		살 구	gòu	こう	buy
46	國	国	国	나라 국	guó	こく	country
47	窮	穷		궁할 궁	qióng	きゅう	poor
48	權	权	権	권세 권	quán	けん, でん	authority
49	勸	劝	勧	권할 권	quàn	かん	advise
50	龜	龟	亀	거북 귀	guī, jūn, qiū	き, きゅう	tortoise
51	歸	归	帰	돌아올 귀	guī	き	return
52	極	极		지극할 극	jí	きょく, でん	extreme
53	尅	克		이길 극	kè, kēi	こく	overcome
54	劇	剧		연극할 극, 심할 극	jù	げき	drama, violent
55	僅	仅		겨우 근	jǐn, jìn	きん	barely
56	氣	气	気	기운 기	qì	き	vapor, ether
57	幾	几		몇 기	jǐ, jī	き	secrets
58	棄	弃		버릴 기	qì	き	abandon
59	難	难	難	어려울 난	nán, nàn, nuó	なん	difficult
60	寧	宁	寧	편안 녕	níng, nìng	ねい	peaceful

	正字	簡字	略字	韓國訓音	中國語	日本音	英 語
61	農	农		농사 농	nóng	のう	agriculture
62	腦	脑	脳	뇌 뇌	nǎo	のう	brain
63	惱	恼	悩	괴로울 뇌	nǎo	のう	grieved
64	單	单	単	홑 단	dān, chán	たん	single
65	斷	断	断	끊을 단	duàn	だん	cut
66	壇	坛		제단 단	tán	だん	platform
67	達	达		통달할 달	dá, tà	たつ	reach to
68	擔	担	担	멜 담	dān, dǎn, dàn	たん	bear
69	膽	胆	胆	쓸개 담	dǎn	たん	gallbladder
70	當	当	当	마땅 당	dāng, dàng	とう	suitable
71	黨	党	党	무리 당	dǎng	とう	company
72	隊	队	隊	떼 대	duì	たい	party
73	帶	带	帯	띠 대	dài	たい	belt
74	對	对	対	대할 대	duì	たい	reply face
75	臺	台	台	누각 대	tái, tāi	だい	tower
76	擡	抬	抬	들 대	tái	たい	raise
77	導	导		인도할 도	dǎo	どう	guide
78	圖	图	図	그림 도	tú	とず	picture, draus
79	塗	涂		바를 도	tú	と	mud
80	獨	独	独	홀로 독	dú	とく	alone
81	東	东		동녘 동	dōng	とう	east
82	動	动		움직일 동	dòng	どう	move
83	頭	头		머리 두	tóu, tòu	とう	head
84	燈	灯	灯	등잔 등	dēng	とう	lamp
85	謄	誊		베낄 등	téng	とう	transcribe
86	鄧	邓		등나라 등	dèng	とう	unknown
87	羅	罗		벌릴 라	luó	ら	net
88	樂	乐	楽	즐길 락	lè, yào, yuè	がく, らい, どう	music, enjoy
89	亂	乱	乱	어지러울 란	luàn	らん	confuse
90	蘭	兰	蘭	난초 란	lán	らん	orchid

	正字	簡字	略字	韓國訓音	中國語	日本音	英 語
91	爛	烂		빛날 란	làn	らん	crumble
92	欄	栏	欄	난간 란	lán	らん	rail
93	來	来	来	올 래	lái, lài	らん	come
94	兩	两	両	둘 량	liǎng	りょう	two
95	糧	粮		양식 량	liáng	りょう	food
96	麗	丽		고울 려	lì, lí	れい	beautiful
97	慮	虑		생각할 려	lǜ	りょ	consider
98	呂	吕		등뼈 려	lǚ, lǚ	りょ	backbone
99	歷	历	歴	지날 력	lì	れき	pass
100	聯	联		잇닿을 련	lián	れん	connect
101	練	练	練	익힐 련	liàn	れん	practice
102	憐	怜		불쌍히여길 련	lián	れん	pity
103	煉	炼	煉	쇠부릴 련	liàn	れん	temper
104	簾	帘		발 렴	lián	れん	bamboo blind
105	獵	猎	猟	사냥할 렵	liè	りょう	hunting
106	嶺	岭		산고개 령	lǐng	れん	ridge
107	靈	灵	霊	신령 령	líng	れん	spirit
108	禮	礼	礼	예도 예	lǐ	れん	courtesy
109	爐	炉	炉	화로 로	lú	ろ	brazier
110	盧	卢		성 로, 밥그릇 로	lú	ろ	rice bowl
111	虜	虏		사로잡을 로	lǔ	ろ	capture
112	錄	录	録	기록할 록	lù	ろく	record
113	龍	龙	竜	용 룡	lóng	りゅう	dragon
114	婁	娄		자주 루	lóu	ろう	tear
115	淚	泪		눈물 루	lèi	るい	tear
116	類	类	類	무리 류	lèi	るい	sort
117	劉	刘		성 류, 죽일 류	liú	りゅ う	kill
118	陸	陆		뭍 육	lù, liù	りく	land
119	侖	仑		조리세울 륜	lún	ろん	logic
120	裏	里		속 리	lǐ	り	inave

	正字	簡字	略字	韓國訓音	中國語	日本音	英 語
121	離	离		떠날 리	lí	り	leave
122	臨	临		임할 림	lín	りん	front on
123	馬	马		말 마	mǎ	ば	horse
124	萬	万	万	일만 만	wàn, mò	まん	ten thousand
125	網	网		그물 망	wǎng	もう	net
126	賣	卖	売	팔 매	mài	ばい	sell
127	買	买		살 매	mài	ばい	buy
128	麥	麦	麦	보리 맥	mài	ばく	barley
129	脈	脉	脈	맥 맥	mài, mò	みゃ	vein
130	滅	灭		멸할 멸	miè	めつ	destroy
131	夢	梦		꿈 몽	mèng	む	dream
132	廟	庙		사당 묘	miào	びょう	ancestral
133	畝	亩		이랑 무	mǔ	ほ	ridge
134	務	务		힘쓸 무	wù	む	exert despise
135	霧	雾		안개 무	wù	む	fog
136	無	无		없을 무	wú, mó	む	not exist
137	門	门		문 문	mén	もん	door
138	彌	弥	弥	두루 미	mí	び, み	beat
139	撲	扑		두드릴 박	pū	ぼく	hit
140	盤	盘		소반 반	pán	ばん	tray
141	髮	发		터럭 발	fà, fā	はつ	hair
142	發	发	発	필 발	fā	はつ	spread
143	範	范		모범 범	fàn	はん	rule
144	闢	辟		열 벽	pì	へき	open
145	邊	边		갓 변	biān	へん	border
146	辯	辩	弁	말잘할 변	biàn	べん	speak
147	變	变	変	변할 변	biàn	へん	change
148	竝	并	並	아우를 병	bìng	へい	merge
149	報	报		갚을 보	bào	ほう	repay
150	補	补		도울 보	bǔ	ほ	patch

	正字	簡字	略字	韓國訓音	中國語	日本音	英 語
151	寶	宝	宝	보배 보	bǎo	ほう	treasure
152	復	复		돌아올 복	fù	ふ	restore
153	複	复		겹칠 복	fù	ふく, ふう	pile
154	鳳	凤		새 봉	fèng	ほう	phoenix
155	婦	妇		며느리 부	fù	ふ	daughter-in-law
156	膚	肤		살갗 부	fū	ふ	skin
157	墳	坟		봉분 분	fén	ふん	grave
158	奮	奋		떨칠 분	fèn	ふん	spurt
159	備	备		갖출 비	bèi	び	provide
160	飛	飞		날 비	fēi	ひ	fly
161	賓	宾		손 빈	pín	ひん	guest
162	憑	凭		의지할 빙	píng	ひょう	rely
163	師	师		스승 사	shī	し	teacher
164	寫	写	写	쓸 사	xiě	しゅ	copy
165	辭	辞	辞	말씀 사	cí	じ	words
166	捨	舍		버릴 사	shě, shè	しゅ	throw
167	產	产		낳을 산	chǎn	さん	bean
168	傘	伞		우산 산	sǎn	さん	umbrella
169	殺	杀		죽일 살	shā, shài	さつ	kill
170	薩	萨		보살 살	sā	さつ	Bodhi-sattva
171	償	偿		갚을 상	cháng	しょう	repay
172	狀	状	状	모양 상	zhuàng	じょう	shape
173	嘗	尝		맛볼 상	cháng	しょう	taste
174	傷	伤		상할 상	shāng	しょう	wound
175	喪	丧		잃을 상	sāng, sàng	そう	lose
176	雙	双	双	쌍 쌍	shuāng	そう	pair
177	書	书		글 서	shū	しょ	writing
178	棲	栖		깃들일 서	qī, xī	せい	roost
179	選	选		가릴 선	xuǎn	せん	select
180	纖	纤	繊	가늘 섬	xiān, qiàn	せん	thin

	正字	簡字	略字	韓國訓音	中國語	日本音	英 語
181	聖	圣		성인 성	shèng	せい	saint
182	聲	声	声	소리 성	shēng	せい	voice
183	歲	岁	歳	해 세	suì	さい,せい	year
184	勢	势		기세 세	shì	せい	spirit
185	掃	扫		쓸 소	sǎo, sào	そう	sweep
186	蘇	苏		깨어날 소	sū	そ	revive
187	屬	属	属	무리 속, 붙을 촉	shǔ, zhǔ	ぞく, しょく	group, belong to
188	孫	孙		손자 손	sūn	そん	grandson
189	壽	寿	寿	목숨 수	shòu	じゅ	life
190	樹	树		나무 수	shù	じゅ	tree
191	帥	帅		장수 수	shuài	すい	commander
192	隨	随	随	따를 수	suí	ずい	follow
193	雖	虽		비록 수	suī	すい	though, however
194	獸	兽	獣	짐승 수	shòu	じゅう	beast
195	繡	绣	繍	수놓을 수	xiù	しゅう	embroidery
196	肅	肃	粛	엄숙할 숙	sù	しゅく	solemn
197	筍	笋		죽순 순	sǔn	じゅん	bamboo shoot
198	術	术		재주 술	shù, zhú	じゅ	trick
199	習	习		익힐 습	xí	しゅう	practise
200	濕	湿	湿	젖을 습	shī	しつ	moist wet
201	勝	胜		이길 승	shèng, shēng	しょう	win
202	昇	升		오를 승	shēng	しょう	rise
203	時	时		때 시	shí	じ	time
204	實	实	実	열매 실	shí	じつ, し	fruit
205	審	审		살필 심	shěn	しん	deliberate
206	尋	寻	尋	찾을 심	xún	じん	visit
207	亞	亚	亜	버금 아	yà	あ	next
208	兒	儿	児	아이 아	ér, ní	じ	child
209	惡	恶	悪	악할 악	è, ě, wū, wù	あく, お	wicked, hate
210	嶽	岳		큰산 악	yuè	がく	big mountain

	正字	簡字	略字	韓國訓音	中國語	日本音	英 語
211	巖	岩	巌	바위 암	yán	がん	rock
212	壓	压	圧	누를 압	yā, yà	あつ	press
213	愛	爱		사랑 애	ài	あい	love
214	藥	药	薬	약 약	yào	やく, しゅく	drug
215	躍	跃	躍	뛸 약	yuè	やく	lead
216	陽	阳		볕 양	yáng	よう	sun shine
217	養	养		기를 양	yǎng	よう	nourish
218	樣	样	様	모양 양	yàng	よう	shape
219	讓	让	譲	사양할 양	ràng	じょう	hand over
220	魚	鱼		물고기 어	yú	ぎょ	fish
221	億	亿		억 억	yì	おく	hundred million
222	憶	忆		생각할 억	yì	おく	recall
223	嚴	严	厳	엄할 엄	yán	げん	strict
224	業	业		업 업	yè	ぎょう	business
225	餘	馀	余	남을 여	yú	よ	remain
226	與	与	与	줄 여	yǔ, yú, yù	よ	give
227	淵	渊	渕	못 연	yuān	えん	pond
228	熱	热		더울 열	rè	ねつ	hot
229	鹽	盐	塩	소금 염	yán	えん	salt
230	艶	艳		고울 염	yàn	えん	beautiful
231	葉	叶		잎 엽	yè, yié	よう しよう	leaf
232	藝	艺	芸	재주 예	yì	げい	skill
233	譽	誉	誉	기릴 예	yù	よ	praise
234	烏	乌		까마귀 오	wū, wù	お	crow
235	吳	吴		오나라 오	wú	ご	
236	奧	奥	奥	속 오	ào	おう	inside
237	穩	稳	穏	편안할 온	wěn	おん	calm
238	擁	拥		안을 옹	yōng, wěng	よう	embrace
239	堯	尧	尭	요임금 요	yáo	ぎょう	
240	湧	涌		물솟을 용	yǒng	よう	gush out

	正字	簡字	略字	韓國訓音	中國語	日本音	英 語
241	憂	忧		근심 우	yōu	ゆう	anxiety
242	優	优		넉넉할 우	yōu	ゆう	tender
243	郵	邮		우편 우	yóu	ゆう	posthouse
244	雲	云		구름 운	yún	うん	cloud
245	運	运		운전할 운	yùn	うん	turn round
246	韻	韵		운 운	yùn	うん	rhyme
247	願	愿		바랄 원	yuàn	がん	desire
248	遠	远		멀 원	yuǎn	えん	distant
249	園	园		동산 원	yuán	えん	garden
250	衛	卫		호위할 위	wèi	えい	keep
251	爲	为	為	할 위	wéi, wèi	い	do
252	韋	韦		다룸가죽 위	wéi	い	leather
253	猶	犹		오히려 유	yóu	ゆう	rather
254	隱	隐	隠	숨을 은	yǐn	いん	hide
255	陰	阴		그늘 음	yīn	いん	shadow
256	應	应	応	응할 응	yīng	おう	reply
257	義	义		옳을 의	yì	ぎ	righteous
258	擬	拟		비길 의	nǐ	ぎ	ponder
259	醫	医	医	의원 의	yī	い	doctor
260	異	异		다를 이	yì	い	different
261	認	认		인정 인	rèn	にん	recognize
262	藉	藉		방자할 자	jiè, jí	しゃ	mat
263	蠶	蚕	蚕	누에 잠	cán	さん	silkworm
264	雜	杂	雑	섞일 잡	zá	ざつ, ぞん	mixed
265	長	长		길 장	cháng, zhǎng	ちょう	long
266	壯	壮	壮	씩씩할 장	zhuàng	そう	manly
267	莊	庄	荘	장중할 장	zhuāng	そう	solemn
268	裝	装	装	꾸밀 장	zhuāng	そう	decorate
269	將	将	将	장수 장	jiāng, jiàng	しょう	general
270	獎	奖	奨	권면할 장	jiǎng	しょう	exhort

	正字	簡字	略字	韓國訓音	中國語	日本音	英語
271	臟	脏	臓	오장 장	zàng, zāng	ぞう	unknown
272	災	灾		재앙 재	zāi	さい	calamity
273	貯	贮		쌓을 저	zhù	ちょ	store up
274	適	适		맞을 적	shì	せき	go
275	積	积		쌓을 적	jī	せき	pile up
276	蹟	迹		발자취 적	jī	せき	trace
277	敵	敌		대적할 적	dí	てき	enemy
278	電	电		번개 전	diàn	でん	lightning
279	專	专		오로지 전	zhuān	せん	unknown
280	戰	战	戦	싸울 전	zhàn	せん	war
281	節	节	節	마디 절	jié, jiē	せつ	joint
282	點	点	点	점 점	diǎn	てん	dot
283	鄭	郑		나라이름 정	zhèng	てい	
284	齊	齐	斉	가지런할 제	qí, jì, zhāi	せい	
285	製	制		지을 제	zhì	せい	make
286	際	际		사이 제	jì	さい	border
287	條	条	条	가지 조	tiáo	じょう	branch
288	鳥	鸟		새 조	niǎo, diǎo	ちょう	bird
289	趙	赵		나라이름 조	zhào	ちょう	unknown
290	種	种		씨 종	zhǒng, zhòng	しゅ	seed
291	鐘	钟		쇠북 종	zhōng	しょう	bell
292	鍾	锺		술잔 종	zhōng	しょう	wine bottle
293	從	从	従	좇을 종	cóng	しょう	unknown
294	晝	昼	昼	낮 주	zhòu	ちゅう	day time
295	註	注		주낼 주	zhù	ちゅう	annotate
296	週	周		돌아올 주	zhōu	しゅう	turn
297	準	准		법도 준	zhǔn	じゅう	level
298	衆	众		무리 중	zhòng, zhōng	しゅう	multitude
299	證	证	証	증거 증	zhèng	しょう	evidence
300	遲	迟	遅	더딜 지	chí	ち	late

	正字	簡字	略字	韓國訓音	中國語	日本音	英 語
301	直	直		곧을 직	zhí	ちょく	straight
302	進	进		나아갈 진	jìn	しん	advance
303	盡	尽	尽	다할 진	jìn, jǐn	しん, じん	unknown
304	塵	尘		띠끌 진	chén	ちん, じん	mote
305	質	质		무서 질	zhì	しつ, しち	disposition
306	執	执		잡을 집	zhí	しゆう, しつ	catch
307	車	车		수레 차	chē, jū	きょ	cart
308	燦	灿		빛날 찬	càn	さん	shine
309	鑽	鉆		뚫을 찬	zuān, zuàn	さん	chisel
310	參	参	参	참여할 참	cān, cēn, shēn	そう	participate
311	倉	仓		곳집 창	cāng	しょう	warehouse
312	廠	厂		헛간 창	chǎng	しょう	open shed
313	處	处	処	곳 처	chù, chǔ	しょ	stay
314	薦	荐		천거할 천	jiàn	せん, しん	recommendation
315	遷	迁		옮길 천	qiān	せん	move
316	鐵	铁	鉄	쇠 철	tiě	てつ	iron
317	徹	彻		뚫을 철	chè	てつ	through
318	廳	厅	庁	관청 청	tīng	ちょう	public office
319	聽	听	聴	들을 청	tīng	ちょう	hear
320	體	体	体	몸 체	tǐ, tī	てい, たい	body
321	遞	递	逓	갈마들 체	dì	てい	alternate
322	礎	础		주춧돌 초	chǔ	そ	cornerstone
323	燭	烛	燭	촛불 촉	zhú	しょく	candle
324	觸	触	触	닿을 촉	chù	しょく	touch
325	總	总	総	거느릴 총	zǒng, cōng	そう	control
326	聰	聪	聡	밝을 총	cōng	そう	unknown
327	叢	丛		모을 총	cóng	そう	crowd
328	醜	丑		추할 추	chǒu	しゅう	ugly
329	築	筑		쌓을 축	zhù	ちく	plied up
330	椿	椿		참죽나무 춘	chūn	ちゅん	unknow

	正字	簡字	略字	韓國訓音	中國語	日本音	英 語
331	衝	冲		찌를 충	chōng, chòng	しょう	pierce
332	蟲	虫	虫	벌레 충	chóng	ちゅう	worm
333	層	层	層	층 층	céng	そう	story
334	齒	齿	歯	이 치	chǐ	し	teeth
335	親	亲		친할 친	qīn, qìng	しん	related
336	寢	寝	寝	잠잘 침	qǐn	しん	sleep
337	稱	称	称	일컬을 칭	chēng, chèn	しょう	call
338	墮	堕	堕	떨어질 타	duò, huī	だ	fall
339	奪	夺		빼앗을 탈	duó	だつ	rob
340	態	态		태도 태	tài	たい	attitude
341	罷	罢		파할 파	bà	はい	cease
342	辦	办		힘들일 판	bàn	べん	make efforts
343	貝	贝		조개 패	bèi	ばい	shell
345	幣	币		비단 폐	bì	へい	silk
346	標	标		표할 표	biāo	ひょう	unknown
347	豐	丰	豊	풍성할 풍	fēng	ほう	unknown
348	風	风		바람 풍	fēng	ふう	wind
349	筆	笔		붓 필	bǐ	ひつ	writing brush
350	畢	毕		마칠 필	bì	じ	altar
351	漢	汉		한수 한	hàn	かん	unknown
352	艦	舰		싸움배 함	jiàn	かん	unknown
353	鄕	乡		시골 향	xiāng	きょう	country
354	響	响		울릴 향	xiǎng	きょう	echo
355	憲	宪		법 헌	xiàn	けん	law
356	獻	献	献	드릴 헌	xiàn	けん	dedicate
357	顯	显	顕	나타날 현	xiǎn	けん	appear
358	縣	县	県	고을 현	xiàn	けん	unknown
359	懸	悬		매달 현	xuán	けん	hang
400	協	协		화합 협	xié	きょう	unite
401	脅	胁		위협할 협	xié	きょう	

	正字	簡字	略字	韓國訓音	中國語	日本音	英 語
402	號	号	号	부르짖을 호	hào, háo	ごう	call out
403	護	护		호위할 호	hù	ご	protect
404	壺	壶	壷	병 호	hú	こ	bottle
405	華	华		빛날 화	huá, huà	か	brillant
406	畫	画	画	그림 화	huà	かい	picture
407	確	确		확실 확	què	かく	hard
408	環	环		고리 환	huán	かん	ring
409	還	还		돌아올 환	hái, huán	かん	return
410	歡	欢	歓	좋아할 환	huān	かん	delight
411	奐	奂	奐	빛날 환	huàn	かん	shine
412	會	会	会	모을 회	huì, kuài	かい	meet
415	廻	回		돌아올 회	huí	かい	revolve
416	懷	怀	懐	품을 회	huái	かい	cherish
417	劃	划		그을 획	huà, huá, huái	かく	draw
418	獲	获		얻을 획	huò	かく	get
419	後	後		뒤 후	hòu	こう	back
420	興	兴		일어날 흥	xīng, xìng	こう	interest
421	戲	戏	戯	희롱할 희	xì, hū	き	play
422	犧	牺		희생 희	xī	ぎ	sacrifice

18. 口訣表

※ 옛날 懸吐한 漢文 책을 읽을 때 기본적인 「口訣(구결)」을 알고 있으면 편리하다.

1. 音을 따라 만든 것

漢字	口訣	音	漢字	口訣	音	漢字	口訣	音
隱	ㄗ	은, 는, ㄴ	乙	乙	을, 를, ㄹ	厓	厂	에, 애
刀	刀	도	面	丆	면	屎	尸	히
牙	牙	아	也	㇇	야	旀	尒	며
古	口	고	尼	ヒ	니	羅	亽	라
時	寸	시	多	夕	다	小	小	소
那	尹	나	代	弋	대	乎	乊	호
涙	户	러	奴	又	노, 로	於	亽	어
里	曰	리	舍	士, 舍	사	西	西	서
馬	馬	마	言	言	언	矣	厶	의
底	广	저	五	五	오	丁	丁	정
巨	巨	거, 커	申	申	신			

2. 訓을 따라 만든 것

漢字	口訣	音	漢字	口訣	音	漢字	口訣	音
爲	ソ	하(할 위)	是	丶	이(이 시)	飛	飞	나(날 비)
等	木	드(등급 등)	月	月	다(달 월)	加	力	더(더할 가)

3. 複合形

口訣	音	口訣	音	口訣	音	口訣	音	口訣	音	口訣	音
丶ㄗ	인	木ㄗ	든	月乙	달	寸乙	실	士丶	새	丶叱	잇
曰叱	릿	巨丶	케	飞ㄗ	난	亽丶	에	五ㄗ	온		

4. 用例

ソ口	ソヒ	ソヒ亽	ソ㇇	ソ㇇ㄗ	ソ㇇飞ㄗ	ソ尹ヒ	ソ亽	ソヒ亽	ソ寸ヒ	ソ尒	ソ寸丆	ソ寸ㄗ大	ソ申大	ソ乙士丶	ソ又亽	ソ又ヒ	ソ小西	ソ力ヒ	丶ヒ
하고	하니	하니라	하야	하야는	하야난	하나니	하라	하니라	하시니	하며	하시면	하신대	하신대	할새	하노라	하노니	하소서	하더니	이니
丶尹	丶亽	丶亽刀	丶亽ヒ	丶亽乙	丶亽木ㄗ	丶户ヒ	丶户丶夕	丶叱可	丶曰叱口	丶牙	乊弋	乊大	乊ヒ	乊曰亽	乊丶夕	乙又	又夕	又大	又丶夕
이나	이라	이라도	이어니	이어늘	이어든	이러니	이러이다	잇가	이릿고	이아	호대	호대	호니	호리라	호이다	으로	로다	로대	로이다
又小丶夕	飞ㄗ	曰五	言丁	言馬ㄗ	巨丶夕	丶寸乙士丶	ソ寸乙士丶	ソ舍	ソ士	丶ㄗ广	印大	丶ヒ丶夕							
로소이다	난	리오	언정	언마는	케이다	이실새	하실새	하사	하사	인저	인대	이니이다							

19. 教育漢字(1,800字)의 代表訓音

※ *는 高等學校 教育用 漢字

가	家	집	갑	甲	갑옷
	佳	아름다울	상	江	강 ※물, 강물
	街(:)	거리 ※街路燈, 街路樹 / 街:道, 街:頭示威		降:	내릴 ※내릴「강」/ 항복할「항」
	可:	옳을		講:	강:론할 ※욀, 익힐, 강:의할
	歌	노래		强(:)	강할 ※군셀 强國, 强力, 强化 / 억지로 强:制, 强:盜, 强:勸
	加	더할		*康	편안
	價	값		*剛	굳셀
	假:	거:짓		*鋼	강철
	*架:	시렁		*綱	벼리
	*暇:	겨를 ※틈	개	改:	고칠
각	各	각각 ※제각기		皆	다:
	角	뿔		個:	낱: ※개인
	脚	다리		開	열:
	*閣	집 ※큰집		*介:	낄 ※끼일
	*却	물리칠		*慨:	슬플 ※슬퍼할
	*覺	깨달을		*槪:	대:개
	*刻	새길		*蓋:	덮을 ※대:개
간	干	방패	객	客	손 ※손님
	間(:)	사이 ※間隔, 間隙 / 間:諜, 間:食	갱	更:	다시 ※다시「갱」/ 고칠「경」
	看	볼 ※쳐다볼, 보살필	거	去:	갈 ※버릴
	*刊	간행할 ※새길 '새길 刻, 銘'과의 辨別		巨:	클
	*肝:	간: ※肝:油, 肝:腸, 肝:臟, 肝:膽		居	살:
	*幹	줄기		車	수레 ※수레「차」
	*簡:	대쪽 ※간략할 簡:單, 簡:略, 簡:素, 簡:易, 簡:牘, 簡:紙		擧:	들 ※들어올릴
	*姦	간사할 ※(=奸) 간악할		*距:	떨어질 ※상거, 이를, 사이뜰, 거:리
	*懇:	간:절할 ※정성		*拒:	막을
갈	渴	목마를		*據:	의거할 ※근거
감	甘	달	건	建:	세울
	減:	덜: ※덜어낼		乾	하늘
	感:	느낄		*件	물건 ※조건, 가지
	敢:	구태여 ※감:히, 용:감할		*健:	굳셀 ※건:장할
	*監	볼 ※살펴볼, 살필	걸	*傑	호걸 ※뛰어날
	*鑑	거울		*乞	빌
			검	*儉:	검:소할
				*劍:	칼
				*檢:	검:사할 ※점:검할, 교:정할,

		살필		界:	지경
격	*格	격식 ※이를(至)		計:	셀: ※헤아릴, 계:교
	*擊	칠		溪	시:내
	*激	격할 ※거셀, 격동할, 과:격할,		鷄	닭
		격려할		*系:	계:통 ※맬, 이어맬
	*隔	막을		*係:	맬 ※맺을
견	犬	개:		*戒:	경:계할
	見:	볼 ※볼「견」/ 뵈올「현」		*械:	기계 ※틀
	堅	굳을		*繼:	이을
	*肩	어깨		*契:	계:약
	*絹	비:단		*桂:	계:수나무
	*遣:	보낼		*啓:	열:
	*牽	끌		*階	섬돌
결	決	결단할		*繫	맬
	結	맺을	고	古:	예:
	潔	깨끗할 ※맑을		故(:)	연고 ※까닭 故로, 故鄕 /
	*缺	이지러질 ※빠질			故:國, 故:事, 故:人, 故:障
겸	*兼	겸할 ※아우를		固	굳을 ※진실로
	*謙	겸손할		苦	쓸 ※괴로울
경	京	서울		考(:)	생각할 ※상고할, 헤아릴 考案,
	景(:)	별 ※景槪, 景氣, 景物, 景致 /			考察 / 考:古, 考:査, 考:試
		景:福宮, 景:品		高	높을
	輕	가벼울		告:	고:할
	經	글 ※경서, 날, 지날, 겪을		*枯	마를
	庚	별:		*姑	시어미 ※시어머니
	耕	밭갈		*庫	곳집
	敬:	공경		*孤	외로울
	驚	놀:랄		*鼓	북
	慶:	경:사		*稿	원고
	競:	다툴		*顧	돌아볼
	*竟:	마침내	곡	谷	골:
	*境	지경		曲	굽을
	*鏡:	거울		穀	곡식
	*頃	이랑 ※잠깐		*哭	울:
	*傾	기울 ※기울어질	곤	困:	곤:할 ※괴로울
	*硬	굳을		坤	땅
	*警:	경:계할 ※깨우칠	골	骨	뼈
	*徑	지름길	공	工	장인
	*卿	벼슬		功	공 ※공로
계	癸:	북방		空	빌:
	季:	계:절		共:	한가지

	公	공평할 ※귀인
	*孔:	구멍
	*供:	이바지할 ※바칠
	*恭	공손할
	*攻:	칠
	*恐:	두려울
	*貢:	바칠 ※이바지
과	果:	실과 ※열매, 과:실
	課	과정 ※과할, 공부할, 일과, 부과할
	科	과목
	過:	지:날
	*誇:	자:랑할
	*寡:	적:을 ※홀어미
곽	*郭	성(:)
관	官	벼슬
	觀	볼
	關	빗장 ※닫을, 관계할
	*館	집
	*管	대롱 ※관, 주관할
	*貫(:)	꿸: ※貫徹, 貫通 / 貫:珠, 貫:革
	*慣	익숙할
	*冠	갓
	*寬	너그러울
광	光	빛
	廣:	넓을
	*鑛:	쇳돌
	*狂	미칠
괘	*掛	걸:
괴	*塊	덩어리 ※덩이, 흙덩어리
	*愧:	부끄러울
	*怪(:)	괴이할 ※기이할 怪狀, 怪異 / 怪:物, 怪:變, 怪:病
	*壞:	무너질 ※무너뜨릴
교	交	사귈
	校:	학교
	橋	다리
	教:	가르칠
	*郊	들:
	*較	비:교할 ※견줄
	*巧	공교 ※공교할
	*矯:	바로잡을
구	九	아홉
	口(:)	입 ※口錢, 口文 / 口:號, 口:頭
	求	구할
	救:	구:원할
	究	연:구할 ※궁구할
	久:	오랠
	句	글귀
	舊:	예: ※옛:
	*具	갖출
	*俱	함께
	*區	구역 ※구분할, 갈피
	*驅	몰:
	*苟:	진실로 ※구:차할
	*拘	거리낄 ※잡을
	*狗	개:
	*丘	언덕
	*懼	두려울
	*構	얽을
	*球	공:
국	國	나라
	*菊	국화
	*局	판
군	君	임:금
	郡:	고을
	軍	군사
	*群	무리
굴	*屈	굽힐 ※굴복할
궁	弓	활
	*宮	집 ※궁궐
	*窮	궁할 ※궁진할, 다할
권	卷(:)	책 ※卷頭言, 卷數, 卷帙 / 卷:煙
	權	권세
	勸:	권:할
	*券	문서
	*拳:	주먹
궐	*厥	그
궤	*軌	수레바퀴
귀	貴:	귀:할
	歸:	돌아갈 ※돌아올
	*鬼:	귀:신

	*龜	거북 ※거북「구, 귀」, 人名·		*欺	속일
		地名일 경우는「구」/ 본보기		*奇	기이할 ※기특, 이:상할
		「귀」/ 터질「균」		*騎	탈
규	*叫	부르짖을 ※절규할		*寄	부칠 ※기여할, 기부할
	*規	법 ※법규		*豈	어찌
	*糾	꼴		*棄	버릴
균	均	고를		*祈	빌:
	*菌	버섯		*企	바랄 ※꾀할
극	極	극진할 ※다할		*畿	경기
	*克	이길		*飢	주:릴 ※굶:주릴
	*劇	심:할 ※연:극		*器	그릇
근	近:	가까울		*機	틀
	勤	부지런할	긴	*緊	요긴할 ※급할, 긴할
	根	뿌리	길	吉	길할 ※좋을
	*斤	도:끼 ※날, 근	나	*那:	어찌
	*僅:	겨우	낙	*諾	허락 ※허락할, 승낙할
	*謹:	삼갈	난	暖	따뜻할 ※한란계(寒暖計)
금	金	쇠 ※쇠「금」/ 姓:「김」		難(:)	어려울 ※난경(難境) / 난:처
	今	이제			(難處)
	禁:	금:할 ※금:지할	남	南	남녘
	*錦:	비:단		男	남자(사내)
	*禽	새:	납	*納	드릴
	*琴	거문고	낭	*娘	여자
급	及	미칠	내	內:	안
	給	줄		乃:	이에
	急	급할		*奈	어찌
	*級	등:급		*耐:	견딜
긍	*肯:	즐길 ※긍:정할	녀	女	여자 ※계:집
기	己	몸	년	年	해
	記	기록 ※기록할	념	念:	생각
	起	일어날	녕	*寧	편안 ※편안할 회:령(會寧),
	其	그			재:령(載寧), 무:령(武寧)
	期	기약 ※기약할, 기일	노	怒:	성:낼 ※대:로(大怒), 희로애
	基	터			락(喜怒哀樂)
	氣	기운		*奴	종:
	技	재주		*努	힘쓸
	幾	몇	농	農	농사
	旣	이미	뇌	*腦	뇌수 ※뇌, 머릿골
	*紀	벼리		*惱	번뇌할
	*忌	꺼:릴	능	能	능할 ※능력
	*旗	기 ※깃발	니	*泥	진:흙

다	多	많:을		徒	무리
	*茶	차 ※「다/차」 다식(茶食)		都	도읍
단	丹	붉을		圖	그:림
	但:	다:만		*倒:	거꾸러질 ※넘어질
	單	홑		*挑	돋울 ※집적거릴, 도발할
	短:	짧을 ※短:距離, 短:點, 短:簫,		*桃	복숭아
		短:杖		*跳	뛸
	端	끝		*逃	도망할
	*旦	아침		*渡	건:널
	*段	층계 ※조각		*陶	질그릇
	*壇	단 ※제:터, 제:단		*途:	길
	*檀	박달나무 ※박달		*稻	벼
	*斷:	끊을		*導:	인:도할 ※이끌
	*團	둥글		*盜(:)	도적 ※盜掘, 盜用 / 盜:跖
달	達	통달할(사무칠)		*塗	진흙
담	談:	말:씀	독	讀	읽을 ※읽을「독」/ 구두「두」
	*淡:	맑을			구두점(句讀點)
	*擔	멜: ※부:담할		獨	홀로
답	答	대:답 ※대:답할		*毒	독할
	*畓	논		*督	살필 ※감독할, 독촉할
	*踏	밟을		*篤	도타울
당	堂	집	돈	*豚	돼:지
	當	마땅		*敦	도타울
	*唐	당나라 ※갑자기	돌	*突	갑자기 ※우뚝할, 부딪칠
	*糖	엿	동	同	한가지
	*黨	무리		洞:	골: ※마을 골「동」/ 통할「통」
대	大(:)	큰 ※大:家, 大:國, 大:將 /		童:	아이
		大邱, 大田		冬(:)	겨울 ※冬至 / 冬:期, 冬:眠
	代:	대:신		東	동녘
	待:	기다릴 ※대:접		動:	움직일
	對:	대:할 ※대:답, 마주볼		*銅	구리
	*帶:	띠		*凍:	얼:
	*臺	집	두	斗	말
	*貸:	빌릴		豆	콩
	*隊	떼 ※무리		頭	머리
덕	德	큰 ※덕	둔	*鈍:	둔:할 ※무딜
도	刀	칼		*屯	진칠
	到:	이를	득	得	얻:을
	度:	법도 ※법도「도」/ 헤아릴「탁」	등	等:	무리 ※같을
	道:	길		登	오를
	島	섬:		燈	등불 ※등, 등잔

	*騰	오를		*裂	찢을
라	*羅	벌일 ※나열할, 벌릴		*劣	용렬할 ※열등할
락	落	떨어질	렴	*廉	청렴할
	樂	즐길 ※풍류「악」/ 좋아할「요」	렵	*獵	사냥할
	*絡	이을 ※얽을	령	令(:)	하여금 ※명령할 令旗 / 令:監
란	卵	알		領	거느릴 ※옷깃, 우두머리
	*亂:	어지러울		*嶺	고개
	*蘭	난초		*零	떨어질
	*欄	난간		*靈	신령
람	*覽	볼	례	例:	본보기 ※견줄, 전례(典例/前例)
	*濫:	넘:칠		禮	예도
랑	浪:	물결		*隷	종
	郎	사내	로	路:	길
	*廊	행랑		露(:)	이슬 ※露骨 / 露:積
래	來	올		老:	늙을
랭	冷:	찰		勞	수:고로울 ※일할, 수고할
략	*略	간:략할		*爐	화:로
	*掠	노략질할	록	綠	푸를
량	良	어질		*祿	복록(福祿) ※녹(祿), 봉록(俸祿), 녹봉(祿俸), 봉급(俸給)
	兩:	두: ※두: 짝			
	量	수:량 ※헤아릴		*錄	기록 ※기록할
	涼	서늘할		*鹿	사슴
	*梁	들보 ※돌다리	론	論	의논 ※논할, 의논할
	*糧	양식	롱	*弄:	희롱할
	*諒	헤아릴 ※믿을, 미더울, 살펴알	뢰	*雷	우레
려	旅	나그네		*賴	의뢰할
	*麗	고울	료	料(:)	헤아릴 ※料理, 料食, 料量 / 料:金, 料:給
	*慮:	생각 ※생각할			
	*勵:	힘쓸 ※가다듬을		*了:	마칠
력	力	힘		*僚	동료
	歷	지:낼 ※지날	룡	*龍	용
	*曆	책력	루	*屢:	여러 ※자주, 누:차
련	連	이을		*樓	다락
	練:	익힐		*累:	포갤 ※쌓을, 여러
	*鍊:	단련할 ※쇠불릴		*淚:	눈물
	*憐	불쌍할 ※불쌍히 여길		*漏:	샐:
	*聯	연이을 ※잇달, 이을	류	柳:	버들 ※버드나무
	*戀:	그리워할 ※생각		留	머무를
	*蓮	연꽃		流	흐를
렬	列	벌:일		*類:	무리 ※같을
	烈	매울	륙	六	여섯

	陸	뭍 ※육지	매	每(:)	매양 ※늘, 항상 每樣, 每日 / 每:年, 每:事, 每:時間, 每:回
륜	倫	인륜		買:	살
	*輪	바퀴 ※수레바퀴		賣:	팔
률	律	법칙		妹:	누이
	*栗	밤:		*梅	매화
	*率	비:율 ※비율「률」/ 거느릴「솔」		*埋	묻을
륭	*隆	높을 ※융성할		*媒	중매
릉	*陵	언덕	맥	麥	보리
리	里:	마을		*脈	줄기 ※맥
	理:	다스릴	맹	*孟:	맏
	利:	이:할 ※이:로울		*猛:	사:나울
	*梨	배 ※배나무		*盟	맹세
	李:	오얏 ※姓:		*盲	눈멀 ※소:경
	*吏:	아전 ※관리	면	免:	면:할
	*離:	떠날		勉:	힘쓸
	*裏:	속:		面:	낯
	*履:	밟을 ※신		眠	잘 ※졸:, 졸:음
린	*隣	이웃		*綿	솜:
림	林	수풀	멸	*滅	멸할 ※꺼질
	*臨	임할 ※다다를	명	名	이름
립	立	설		命:	목숨
마	馬:	말		明	밝을
	*麻	삼		鳴	울:
	*磨	갈		*銘	새길
막	莫	말:		*冥	어두울
	*幕	장:막	모	母:	어머니 ※어미
	*漠	아득할 ※사막, 막막할		毛	터럭
만	萬:	일만		暮:	저물
	晩:	늦을		*某:	아:무
	滿(:)	찰 ※가득할 滿了, 滿足, 滿洲 / 滿:面, 滿:堂, 滿:發, 滿:場		*謀	꾀할 ※꾀
	*慢:	거:만할		*模	모범 ※법, 본뜰, 본보기
	*漫:	퍼:질		*貌	모양
말	末	끝		*募	뽑을 ※모을, 부를
망	亡	망할 ※없어질		*慕:	사모할 ※사모, 생각할
	忙	바쁠		*侮	업신여길
	忘	잊을		*冒	무릅쓸
	望:	바랄	목	木	나무
	*茫	아득할		目	눈
	*妄:	망:령될		*牧	기를(칠) ※기를, 목축
	*罔:	없:을		*睦	화목할

몰	*沒	빠:질		*博	넓을
몽	*夢:	꿈		*薄	얇을 ※엷을
	*蒙	어릴 ※무릅쓸	반	反:	돌이킬
묘	卯:	토끼		飯	밥
	妙:	묘:할		半:	반: ※절반
	*苗:	싹		*般	일반
	*廟:	사당		*盤	소반 ※쟁반
	*墓:	무덤		*班	나눌 ※반열
무	戊:	별: ※(다섯째) 천간		*返:	돌아올
	茂:	무:성할		*叛:	배:반할
	武:	무:사(호반) ※군사		*伴	짝
	務:	힘쓸	발	發	필 ※출발할
	無	없:을		*拔	뺄: ※뽑을
	舞:	춤출		*髮	터럭 ※털
	*貿:	무:역할 ※살	방	方	모 ※방법, 방향
	*霧:	안:개		房	방
묵	墨	먹		防	막을
	*默	잠잠할		放(:)	놓을 ※放:談, 放:浪, 放:送 /
문	門	문			放學
	問:	물을		訪:	찾을
	聞:	들을		*芳	꽃다울 ※향기
	文	글월 ※글, 글자		*傍	곁
물	勿	말: ※금:지할		*妨	방해할 ※해:로울
	物	만:물 ※물건		*倣:	모방할 ※본받을
미	米	쌀		*邦	나라
	未:	아닐	배	拜:	절
	味	맛		杯	잔
	美(:)	아름다울 ※美:人, 美:談 / 美國		*倍:	갑절 ※곱
	尾:	꼬리		*培:	북돋울 ※배:양할
	*迷:	미:혹할		*配:	짝 ※나눌
	*微	작:을 ※적:을		*排	물리칠 ※밀:칠, 헤칠, 배척할
	*眉	눈썹		*輩:	무리
민	民	백성		*背:	등
	*敏	민첩할	백	白	흰
	*憫	민망할		百	일백
밀	密	빽빽할		*伯	맏
	*蜜	꿀	번	番	차례
박	*泊	머무를 ※배댈		*煩	번거로울
	*拍	칠		*繁	번성할 ※성:할, 번화할
	*迫	핍박할 ※다가들, 닥칠		*飜	뒤:칠 ※번역할
	朴	소박할 ※姓:	벌	伐	칠 ※정벌할

	*罰	벌줄 ※벌할
범	凡	무릇 ※평범할
	*犯:	범:할
	*範:	모범 ※법
	法	법
벽	*壁	벽
	*碧	푸를
변	變:	변:할
	*辯:	말:씀 ※말:잘할
	*辨:	분별할 ※변:별할, 분변(分辨)
	*邊	가:
별	別	다를 ※분별할(辨)
병	丙:	남녘
	病:	병: ※병:들
	兵	군사
	*竝:	아우를
	*屛	병풍
보	保(:)	보:전할 ※保:健, 保:管, 保:留 / 지킬 保證
	步:	걸음
	報:	갚을 ※알릴
	*普:	넓을 ※널리
	*譜:	족보 ※적을, 기록할, 계보, 문서
	*補:	기울 ※보:충할
	*寶:	보:배
복	福	복
	伏	엎드릴
	服	옷 ※의복
	復	돌아올 ※회복 돌아올「복」/ 다시「부:」
	*腹	배
	*複	겹칠 ※겹, 겹옷, 거듭
	*卜	점
	*覆	엎어질
본	本	근본
봉	奉:	받들
	逢	만날 ※상봉할
	*峯	봉우리
	*蜂	벌:
	*封	봉할
	*鳳:	새:

부	夫	사나이(지아비) ※사내, 사나이
	扶	붙들
	父	아버지 ※아비
	富:	부:자
	部	떼 ※부분
	婦	부인(며느리) ※부인(婦人/夫人)
	否:	아닐 ※막힐 비: 否:塞
	浮	뜰
	*付:	부칠
	*符(:)	병부 ※符:籍, 符:號 / 符節
	*附:	붙을 ※붙일
	*府:	관청(마을)
	*腐:	썩을
	*負:	질 ※짐질
	*副:	버금 ※다음
	*簿:	문서
	*赴:	다다를 ※부:임할
	*賦:	과할 ※세:금, 부:세
북	北	북녘 ※북녘「북」/ 질「배」 패:배(敗北)
분	分(:)	나눌 ※分家, 分校, 分岐點, 分配 / 分:量, 分:數
	*紛	어지러울
	*粉(:)	가루 ※粉骨碎身, 粉飾 / 粉:紅
	*奔	달아날 ※분주할
	*墳	무덤
	*憤:	분:할 ※성:낼
	*奮:	떨:칠
불	不	아닐 ※「불/부」 부당(不當), 부정(不正)
	佛	부처
	*拂	떨:칠
붕	朋	벗:
	*崩	무너질 ※붕괴할
비	比:	견줄
	非(:)	아닐 ※非:公開, 非:常, 非:情, 非:行 / 非但
	悲:	슬플
	飛	날
	鼻:	코
	備:	갖출

	*批:	비:평할 ※깎을
	*卑:	낮을 ※천:할, 비:천할
	*婢:	여자종 ※종:
	*碑	비석
	*妃	왕비
	*肥:	살찔
	*祕:	숨길 ※감출, 신비할
	*費:	쓸 ※허비할, 비:용
빈	貧	가난할 ※가난
	*賓	손 ※손님
	*頻	자주
빙	氷	얼음
	*聘	부를 ※맞을, 맞이할, 초빙할
사	四:	넉:
	巳:	뱀: ※지지(地支)
	士:	선비
	仕(:)	벼슬 ※仕:宦 / 仕官, 仕記
	寺	절
	史:	사:기 ※역사
	使:	하여금 ※시킬, 부릴
	舍	집
	射(:)	쏠 ※射擊, 射殺, 射手, 射精 / 射:場, 射:亭
	謝:	사:례할
	師	스승
	死:	죽을
	私	사사로울
	絲	실:
	思	생각 ※생각할
	事:	일:
	*司	맡을
	*詞	말:씀 ※말:, 글, 품:사
	*蛇	뱀:
	*捨:	버릴
	*邪	간사할
	*賜:	줄 ※하:사할
	*斜	비낄 ※경사(傾斜)
	*詐	속일 ※거:짓
	*社	모일 ※사직, 두레
	*沙	모래
	*似:	같을 ※비슷할

	*査	조사할 ※살필
	*寫	베낄 ※쓸
	*辭	말:씀
	*斯	이
	*祀	제:사
삭	*削	깎을
	*朔	초하루
산	山	메 ※산
	産:	낳을
	散:	흩을 ※흩어질
	算:	셈:할 ※셈:, 계:산할
살	殺	죽일 ※죽일「살」/ 감:할「쇄」
삼	三	석:
상	上:	위
	尙(:)	오히려 ※尙宮, 尙今, 尙門, 尙州 / 尙:古, 尙:文, 尙:武
	常	떳떳할 ※떳떳〈語根〉, 항상
	賞	상줄
	商	장사
	相	서로
	霜	서리
	想:	생각
	傷	상할 ※다칠
	喪(:)	잃을 ※죽을 喪家, 喪服, 喪 主 / 喪:配, 喪:夫, 喪:妻
	*嘗	일찍 ※맛볼
	*裳	치마
	*詳	자세할 ※상세할
	*祥	상서 ※상서로울
	*床	상 ※책상, 평상
	*象	코끼리
	*像	형상 ※모양, 모습
	*桑	뽕나무
	*狀	모양 ※상태 모양「상」/ 문서「장」
	*償	갚을
새	*塞	변방 ※막을「색」
색	色	빛
	*索	찾을 ※찾을「색」/ 새끼줄「삭」 索道
생	生	날 ※낳을
서	西	서녘

	序:	차례		星	별:
	書	글		聖:	성:인 ※성:스러울
	暑:	더울 ※더위		聲	소리
	*敍:	베:풀 ※지을, 서:술할	세	世:	인간 ※세상 대
	*徐:	천:천할		洗:	씻을
	*庶:	무리 ※서:민, 여러		稅:	세:금
	*恕:	용서 ※용서할		細:	가늘
	*署:	관청 ※마을, 부서		勢:	형세
	*緖:	실:마리 ※실:끝		歲:	해
	*誓	맹세할	소	小:	작:을
	*逝	갈		少:	적:을 ※젊을
석	石	돌:		所:	바
	夕	저녁		消	사라질 ※지울
	昔	옛: ※예		素(:)	본디 ※소박할 - 素朴, 素數, 素材, 素質 / 흴 - 素:服, 素:饌
	惜	아낄		笑:	웃:음
	席	자리		*召	부를
	*析	쪼갤 ※꺾을		*昭	밝을
	*釋	풀		*蘇	깨어날 ※되살아날, 차조기
선	先	먼저		*騷	시끄러울 ※소란할
	仙	신선		*燒(:)	불사를 ※燒却, 燒失, 消盡, 燒火 / 燒:紙
	線	줄		*訴	호소할
	鮮(:)	고울 ※드물 선:		*掃(:)	쓸 ※掃灑, 掃蕩 / 掃:除, 掃:地
	善:	착할		*疎	성길
	船	배		*蔬	나물 ※채소
	選:	가릴	속	俗	풍속
	*宣	베:풀		速	빠를
	*旋	돌:		續	이을
	*禪	참선		*束	묶을
설	雪	눈:		*粟	조
	說	말:씀 ※기쁠「열」/ 달랠「세」		*屬	붙일 ※붙을, 이을
	設	베:풀	손	孫(:)	손자 ※孫女, 孫婦, 孫氏, 孫子 / 孫:(後孫)
	舌	혀		*損:	덜: ※축날
섭	*涉	건:널 ※섭렵할	송	松	소나무 ※솔
	*攝	당길		送:	보낼
성	姓:	성:씨 ※姓:		*頌:	기릴 ※칭송할
	性:	성:품		*訟:	송:사 ※송사할
	成	이룰		*誦:	외울:
	城	성(재) ※성(城), 성곽	쇄	*刷:	인쇄할 ※문지를
	誠	정성			
	盛:	성:할			
	省	살필 ※살필「성」/ 덜:「생」			

쇠	*鎖:	자물쇠 ※잠글, 쇠사슬
	*衰	쇠할
수	水	물
	手(:)	손 ※手段, 手足, 手帖 / 手:巾
	受(:)	받을 ※受講, 受賞, 受信, 受業 / 受:苦
	授	줄
	首	머리 ※우두머리
	守	지킬
	收	거둘
	誰	누구
	須	모름지기 ※필수
	雖	비록
	愁	근심 ※시름
	樹	나무
	壽	목숨
	數:	셈: ※셀:, 두어 셈:「수」/ 빽빽할「촉」/ 자주「삭」
	修	닦을
	秀	빼어날 ※뛰어날
	*囚	가둘
	*需	쓰일 ※쓸, 요구할
	*帥	장:수
	*殊	다를
	*隨	따를
	*輸	굴릴 ※보낼, 실을, 실어낼
	*獸	짐승
	*睡	졸:음 ※졸
	*遂	드디어
	*垂	드리울
	*搜	찾을
숙	叔	아저씨 ※아재비
	淑	맑을
	宿	잘 ※잘「숙」/ 별자리「수」
	*孰	누구
	*熟	익을
	*肅	엄숙할
순	順:	순:할
	純	순수할
	*旬	열흘
	*殉	따라죽을 ※죽을, 몸바칠
	*循	좇을 ※순환할
	*脣	입술
	*瞬	순간 ※눈깜짝일
	*巡	돌: ※순행할, 두루다닐, 두루돌
술	戌	개:
	*述	베풀 ※지을
	*術	꾀 ※재주
숭	崇	높을
습	習	익힐 ※연습
	拾	주울 ※습득할 주울「습」/열「십」
	*濕	젖을
	*襲	엄:습할 ※덮칠, 습격할
승	乘	탈
	承	이을
	勝	이길
	*昇	오를
	*僧	중:
시	市:	저자 ※시:장
	示:	보일
	是:	이 ※옳을
	時	때
	詩	글 ※귀글, 시
	視:	볼
	施:	베:풀
	試:	시험 ※시험할
	始:	비로소
	*矢:	화살
	*侍:	모:실 ※시:중할
식	食	밥 ※먹을/밥「식/사」
	式	법
	植	심을
	識	알: ※알「식」/ 기록할「지」
	*息	쉴:
	*飾	꾸밀
신	身	몸
	申	알릴(납) ※원숭이, 거듭
	神	귀:신
	臣	신하
	信:	믿을
	辛	매울
	新	새

	*伸	펼
	*晨	새벽
	*愼:	삼갈
실	失	잃을
	室	방(집)
	實	열매
심	心	마음
	甚:	심:할
	深	깊을
	*尋	찾을
	*審:	살필
십	十	열
쌍	*雙	쌍 ※두, 둘, 짝
씨	氏	성:씨 ※姓:, 각시
아	兒	아이
	我:	나 ※우리
	*牙	어금니
	*芽	싹
	*雅(:)	맑을 ※雅淡 / 雅:俗, 雅:趣
	*亞(:)	버금 ※다음 亞:流, 亞:聖 / 亞細亞, 亞鉛
	*餓:	주:릴
악	惡	모질 ※악할「악」/ 미워할「오」
	*岳	멧부리 ※큰산
안	安	편안
	案:	책상
	顔	얼굴
	眼:	눈
	*岸:	언덕
	*鴈:	기러기
알	謁	뵐:
암	暗:	어두울
	巖	바위
압	*壓	누:를 ※억누를
	*押	수결(手決)
앙	仰:	우러를
	*央	가운데 ※중앙
	*殃	재앙
애	愛:	사랑 ※사랑할
	哀	슬플
	*涯	물가
액	*厄	재앙
	*額	이마
야	也:	어:조사 ※이끼〈古訓〉, 토
	夜:	밤
	野:	들:
	*耶	어:조사
약	弱	약할
	若	같을 ※만약
	約	언약 ※언약할, 맺을, 약속할, 검:소할
	藥	약
	*躍	뛸
양	羊	양
	洋	큰바다
	養:	기를
	揚	날릴
	陽	볕
	讓:	사양할
	*壤:	흙덩이 ※흙
	*樣	모양
	*楊	버들 ※버드나무
어	魚	고기 ※물고기
	漁	고기잡을
	於	어:조사
	語:	말:씀
	*御:	모:실 ※어:거(馭車)할
억	億	억
	憶	생각
	*抑	누:를
언	言	말:씀
	*焉	어:조사 ※어찌, 이끼〈古訓〉
엄	嚴	엄할
업	業	업
여	余	나
	餘	남을
	如	같을
	汝:	너
	與:	더불 ※더불어
	*予	나
	*輿:	수레
역	亦	또

	易	바꿀 ※바꿀「역」/ 쉬울「이」		吾	나
	逆	거스를		悟:	깨달을
	*譯	번역 ※번역할		午:	낮 ※한낮
	*驛	역 ※역말		誤:	그르칠 ※그릇
	*役	부릴		烏	까마귀
	*疫	전염병		*汚:	더러울
	*域	지경		*嗚	슬플 ※탄:식할
연	然	그럴		*娛:	즐길
	煙	연기		*傲:	거:만할 ※오만할
	研:	갈	옥	玉	구슬
	*延	뻗칠 ※늘일, 뻗을		屋	집
	*燃	불사를		*獄	옥 ※감옥
	*燕	제:비 ※연나라	온	溫	따뜻할 ※따스할, 온화할
	*沿(:)	물가 ※물따라갈 沿道, 沿岸,	옹	*翁	늙은이
		沿邊, 沿海 / 沿:革		*擁	안을
	*鉛	납	와	瓦:	기와
	*宴:	잔치		臥:	누울
	*軟:	연:할	완	完	완전할
	*演:	펼 ※넓을		*緩:	느릴
	*緣	인연	왈	曰	가로 ※가로되
열	熱	더울 ※뜨거울	왕	王	임:금
	悅	기쁠		往:	갈
	*閱	검열할	외	外:	바깥 ※밖
염	炎	불꽃 ※불길		*畏:	두려울
	*染:	물들일	요	要	요긴할 ※중요
	*鹽	소금		*腰	허리
	葉	잎 ※잎사귀		*搖	흔들
영	永:	길:		*遙	멀:
	英	꽃부리		*謠	노래
	迎	맞을	욕	欲	하고자할
	榮	영화 ※빛날		浴	몸씻을 ※목욕, 멱:감을
	*泳:	헤엄칠		*慾	욕심
	*詠:	읊을		*辱	욕될 ※욕할
	*營	경영 ※경영할	용	用:	쓸
	*影:	그:림자		勇:	날랠
	*映(:)	비칠 ※映寫, 映畵 / 映:窓		容	얼굴
예	藝:	재주		*庸	떳떳할
	*豫:	미리	우	于	어:조사 ※토
	*譽:	기릴 ※명예		宇:	집 ※우:주
	*銳:	날카로울		右:	오른(쪽) ※오를, 오른쪽
오	五:	다섯		牛	소

	友:	벗:
	雨:	비
	憂	근심
	又:	또
	尤	더욱
	遇:	만날
	*羽:	깃
	*郵	우편
	*愚	어리석을
	*偶:	짝
	*優	뛰어날 ※넉넉할
운	云	이를
	雲	구름
	運:	운:전 ※옮길, 움직일
	*韻:	운:
웅	雄	수컷
원	元	으뜸
	原	언덕
	願:	원:할
	遠:	멀:
	園	동산
	怨:	원:망할 ※怨讐
	圓	둥글
	*員	인원 ※관원
	*源	근원
	*援:	도울 ※구원할
	*院	집
월	月	달
	*越	넘을 ※건널
위	位	자리
	危	위태할
	爲(:)	할 ※爲할, 爲始, 爲人(됨됨이) / 爲:人(위:하다)/하
	偉	거:룩할 ※클, 위대할
	威	위엄
	*胃	밥통
	*謂	이를
	*圍	에울 ※에워쌀
	*緯	씨 ※씨줄, 위도
	*衛	지킬 ※호:위할
	*違	어길
	*委	맡길
	*慰	위로할
	*僞	거:짓
유	由	말미암을
	油	기름
	酉	닭
	有:	있을
	猶	오히려
	唯	오직
	遊	놀:
	柔	부드러울
	遺	남길(끼칠)
	幼	어릴
	*幽	그윽할
	*惟	생각 ※생각할
	*維	얽을 ※벼리
	*乳	젖
	*儒	선비
	*裕:	넉넉할 ※너그러울, 부유할
	*誘	달랠 ※꾈:, 꾀어낼
	*愈:	나을 ※치유할
	*悠	멀: ※유구할
육	肉	고기
	育	기를
윤	*閏:	윤:달
	*潤:	윤:택할 ※불을, 젖을
은	恩	은혜
	銀	은
	*隱	숨을
을	乙	새:
음	音	소리
	吟	읊을
	飮:	마실
	陰	그늘
	*淫	음란할
읍	邑	고을
	泣	울:
응	應:	응:할
	*凝	엉길
의	衣	옷
	依	의지할

	義:	옳을		*玆	이
	議	의논 ※의논할		*紫(:)	자줏빛 ※紫朱 / 紫:色
	矣	어:조사		*資	재물 ※밑천, 자본
	醫	의원 ※의사		*姿	모양 ※맵시, 자세
	意:	뜻		*恣:	방:자할
	*宜	마땅		*刺:	찌를
	*儀	거:동	작	作	지을
	*疑	의심 ※의심할		昨	어제
이	二:	두: ※둘:		*酌	대:작할 ※잔질할
	以:	써		*爵	벼슬
	已:	이미	잔	*殘	남을 ※쇠잔할, 잔인할
	耳:	귀	잠	*潛	잠길
	而	말:이을 ※어:조사		*暫(:)	잠깐 ※暫間, 暫定 / 暫:時
	異:	다를	잡	*雜	섞일
	移	옮길	장	長(:)	긴: ※어른 長短, 長久, 長篇 / 長:官, 長:老, 長:成, 長:者
	*夷	큰활 ※오랑캐			
익	益	더할		章	글월 ※글, 글장
	*翼	날개		場	마당
인	人	사:람		將(:)	장:수 ※장차 將軍, 將來, 將次 / 將:校, 將:帥, 將:兵, 將:星
	引:	끌: ※당길		壯:	씩씩할 ※장:할
	仁	어질		*丈:	어:른
	因	인할		*張	베풀
	忍	참을		*帳:	장:막
	認	알: ※인정할		*莊	장엄할 ※씩씩할
	寅	동방(범:)		*裝	꾸밀 ※차릴, 장식할
	印	도장		*獎:	장:려할 ※권:할
	*姻	혼인		*墻	담
일	一	한		*葬:	장:사지낼 ※장:례
	日	날		*粧	단장할
	*逸	편안할 ※편안		*掌:	손바닥
임	壬:	북방		*藏:	감출
	*任(:)	맡길 ※任:期, 任:命, 任:務, 任:員 / 任氏		*臟:	오:장
	*賃:	품삯 ※품팔, 삯		*障	막힐 ※장애
입	入	들		*腸	창자
자	子	아들	재	才	재주
	字	글자		材	재목
	自	스스로		財	재물
	者	사:람 ※놈		在:	있을
	姉	손위누이 ※누이		栽:	심을 ※재:배할
	慈	사랑		再:	두: ※다시, 두:번, 거듭

	哉	어:조사 ※이끼〈古訓〉, 토	점	店:	가:게
	*災	재앙		*占(:)	점칠 ※점령할 占卦, 占卜 /
	*裁	마를 ※옷마를, 마름질할, 재단할			占:據, 占:領
	*載:	실을		*點(:)	점 ※點檢, 點線, 點數, 點火 /
	*宰	재상			點:心
쟁	爭	다툴		*漸:	점:점
저	著:	나타날	접	接	접할
	貯:	쌓을 ※저:축할		*蝶	나비
	低:	낮을	정	丁	장:정 ※고무래
	*底:	밑		頂	정수리
	*抵:	막을		停	머무를
적	的	과:녁 ※표적		井(:)	우물 ※井華水, 井底蛙 /
	赤	붉을			井:邑詞
	適	마침 ※맞을, 적합할, 적당할		正(:)	바를 ※正:當, 正:道, 正:式,
	敵	대:적할			正:直 / 正月, 正初
	*滴	물방울		政	정사
	*摘	딸 ※적발할, 지적할		定:	정:할
	*寂	고요할		貞	곧을
	*籍	문서		精	정할 ※정밀할, 정성스러울
	*賊	도적		情	뜻
	*跡	자취 ※발자취		靜	고요할 ※고요
	*積	쌓을		淨	깨끗할
	*績	길쌈		庭	뜰
전	田	밭		*亭	정자
	全	온전 ※온전할		*訂	고칠 ※바로잡을
	典:	법		*廷	조정
	前	앞		*程	길 ※법식, 정도, 과정
	展:	펼		*征	칠
	戰:	싸움 ※싸울		*整:	가지런할
	電:	번개	제	弟:	아우
	錢:	돈:		第:	차례
	傳	전할		祭:	제:사
	*專	오로지		帝:	임:금 ※황제
	*轉:	구:를		題	제목 ※글제
	*殿	큰집		除	덜: ※제할, 덜어낼
절	節	마디		諸	모:든
	絶	끊을		製:	지을
	*切	자를 ※끊을〈絶〉, 간절할, 절실할		*提	끌: ※이끌, 제안할
		자를「절」/ 온통「체」		*堤	둑 ※언덕
	*折	꺾을		*制:	지을 ※법, 법제, 절제할
	*竊	훔칠		*際:	즈음

	*齊	가지런할 ※제나라
	*濟:	건:널
조	兆	억조
	早:	일찍 ※이를
	造:	지을
	鳥	새:
	調	고를
	朝	아침
	助:	도울
	祖	할아버지 ※할아비
	*弔:	조:상할 ※조:상
	*燥	마를 ※건조할
	*操(:)	잡을 ※操業, 操作, 操縱 / 操:心性, 操:鍊
	*照:	비출
	*條	가지
	*潮	밀:물 ※조수
	*租	조세
	*組	짤 ※조직
족	足	발
	族	겨레
존	存	있을
	尊	높을 ※높일
졸	卒	군사 ※마칠
	*拙	못:날 ※졸할, 졸렬할
종	宗	마루
	種(:)	씨 ※種犬, 種子, 種族 / 種:類, 種:目, 種:別
	鐘	쇠북
	終	마침 ※마칠
	從(:)	좇을 ※從當, 從屬, 從事, 從軍 / 從:弟, 從:祖, 從:姪, 從:兄
	*縱	세로 ※놓을
좌	左:	왼 ※왼쪽
	坐:	앉을
	*佐:	도울 ※보:좌할
	*座:	자리
죄	罪:	허물
주	主	주인(임:금) ※주인
	注:	물댈 ※부을
	住:	살: ※머무를

	朱	붉을
	宙:	집 ※宇:宙
	走	달아날 ※달릴
	酒(:)	술 ※酒店 / 酒:酊
	晝	낮
	*舟	배
	*周	두루
	*株	그루
	*州	고을
	*洲	물가
	*柱	기둥
	*奏	아뢸
	*珠	구슬
	*鑄	쇠부어만들
죽	竹	대 ※대나무
준	*準:	법 ※준:할, 표준
	*俊:	준:걸 ※뛰어날
	*遵:	좇을
중	中	가운데
	重:	무거울
	衆:	무리
	*仲(:)	버금 ※仲介, 仲媒 / 仲:氏, 仲:兄
즉	卽	곧
증	曾	일찍
	增	더할 ※불을, 불어날
	證	증거 ※증명할
	*憎	미울
	*贈	줄 ※증여할
	*症(:)	증세 ※症勢, 症候 / 症:나다
	*蒸	찔
지	只	다:만
	支	지탱할 ※고일, 견딜
	枝	가지
	止	그칠
	之	갈
	知	알:
	地	땅 ※따〈古訓〉
	指	손가락 ※가리킬
	志	뜻
	至	이를

	紙	종이		*慘	슬플 ※비참할
	持	가질		*慚	부끄러울
	*池	못	창	昌(:)	창:성 ※昌:寧, 昌:慶苑, 昌:盛, 昌:德宮 / 昌平
	*誌	기록 ※기록할		唱:	부를
	*智	지혜		窓	창문
	*遲	더딜 ※늦을, 지연할		*倉(:)	창고(곳집) ※倉庫 / 倉:卒
직	直	곧을		*創:	비롯할 ※비로소
	*職	벼슬 ※직분		*蒼	푸를
	*織	짤		*暢:	화창할
진	辰	별: ※별「신/진」, 용「진」	채	菜:	나물
	眞	참		採:	캘
	進:	나아갈		*彩:	채:색
	盡:	다할		*債:	빚
	*振:	떨:칠	책	責	꾸짖을 ※책임
	*鎭:	진:정할 ※누를, 진:압할		册	책
	*陣	진칠		*策	꾀
	*陳(:)	베:풀 ※펼칠, 묵을 陳:腐, 陳:列, 陳:設, 陳:述 / 陳外家	처	妻	아내
	*珍	보:배		處:	곳
	*震	벼락	척	尺	자
질	質	바탕		*斥	물리칠
	*秩	차례		*拓	개척할 ※열 개척할「척」/ 박을「탁」
	*疾	병:			
	*姪	조카		*戚	겨레 ※친척
집	集	모을	천	千	일천
	執	잡을		天	하늘
징	*徵	부를 ※징수		川	내: ※냇물
	*懲	징계할		泉	샘:
차	且:	또		淺:	얕을
	次	버금 ※다음		*賤:	천:할
	此	이		*踐:	밟을
	借:	빌릴		*遷:	옮길
	*差	어긋날		*薦:	천:거할 ※추천할
착	着	닿을 ※붙을	철	鐵	쇠
	*錯	섞일		*哲	밝을
	*捉	잡을 ※포:착할		*徹	통할 ※사무칠, 철저할
찬	*贊:	도울	첨	*尖	뾰족할
	*讚:	기릴 ※칭찬할		*添	더할 ※덧붙일
찰	察	살필	첩	*妾	첩
참	參	참여할 ※참여할「참」/ 석「삼」(三)	청	青	푸를
				淸	맑을

	晴	갤: ※날갤
	請	청할
	聽	들을
	*廳	관청 ※대:청
체	體	몸
	*替	바꿀 ※대:체할
	*滯	막힐
	*逮	미칠
	*遞	갈마들
초	初	처음
	草	풀
	招	부를
	*肖	닮을
	*超	뛰어넘을
	*抄	뽑을 ※베낄
	*礎	주춧돌
	*秒	초
촉	*促	재촉할
	*燭	촛불
	*觸	닿을 ※찌를
촌	寸:	마디
	村:	마을
총	*銃	총
	*總:	다: ※거느릴
	*聰	귀밝을 ※총명할
최	最:	가장
	*催	재촉할
추	秋	가을
	追	따를
	推	밀: ※밀:「추 / 퇴」
	*抽	뽑을 ※뺄:
	*醜	더러울 ※추할, 보기흉할
축	丑	소
	祝	빌:
	*畜	기를
	*蓄	쌓을 ※모을, 저:축할
	*築	쌓을
	*逐	쫓을
	*縮	줄일 ※오그라들
춘	春	봄
출	出	날

충	充	채울
	忠	충성
	蟲	벌레
	*衝	찌를
취	取:	가질
	吹:	불:
	就:	나아갈
	*臭:	냄:새
	*醉:	취:할 ※술취할
	*趣:	뜻 ※취:미
측	*側	곁
	*測	헤아릴 ※측량할
층	*層	층
치	治	다스릴
	致:	이를
	齒	이 ※치아
	*値	값
	*置:	둘
	*恥	부끄러울
칙	則	법칙 ※법, 법칙「칙」/ 곧「즉」
친	親	친할
칠	七	일곱
	*漆	옻
침	針:	바늘
	*侵	침노할 ※젖을, 침략할
	*浸:	젖을 ※잠길, 적실
	*寢:	잘 ※잠잘
	*沈:	잠길
	*枕:	베개
칭	*稱	일컬을
쾌	快	쾌할
타	他	다를
	打:	칠
	*妥:	타:당할 ※편할, 온당할, 편안할
	*墮:	떨어질 ※타:락할
탁	*濁	흐릴
	*托	의탁할
	*濯	씻을 ※세:탁할
	*卓	높을
탄	*炭:	숯
	*歎:	탄:식할

	*彈:	탄:알 ※탈, 탄:환		敗:	패:할
	*誕	탄생할	편	片	조각
탈	脫	벗을 ※탈출할		便(:)	편할 ※편할「편」/ 오줌「변」 便利, 便安, 便易 / 便:紙
	*奪	빼앗을 ※탈취할			
탐	探	더듬을 ※찾을		篇	책
	*貪	탐할 ※탐낼		*編	엮을
탑	*塔	탑		*遍	두루 ※ 두루/넓을「변/편」
탕	*湯:	끓을		*偏	치우칠
태	太	클 ※콩	평	平	평평할
	泰	클		*評:	평:론할 ※평:할
	*怠	게으를	폐	閉:	닫을
	*殆	위태할 ※거의, 자못		*肺:	허파
	*態:	태:도 ※모습		*廢:	폐:할
택	宅	집 ※집「택 / 댁」		*弊:	해:질 ※폐:단
	*澤	못		*蔽:	가릴
	*擇	가릴		*幣:	폐:백
토	土	흙	포	布(:)	베 ※펼 布木, 布網, 布衣 / 布:告, 布:敎, 布:石
	*吐:	토:할			
	*討(:)	칠 ※토론할, 토의할 討:論, 討:議 / 討伐		抱:	안:을
				*包(:)	쌀 ※包裝, 包紙, 包含 / 包:括, 包:容, 包:圍
통	通	통할			
	統:	거느릴		*胞(:)	태 ※세:포 胞衣, 胞子 / 胞:胎
	*痛:	아플		*飽:	배부를 ※포:식할
퇴	退:	물러갈		*浦	물가 ※나루
투	投	던질		*捕:	잡을
	*透	꿰뚫을	폭	暴	사:나울 ※사나울「폭 / 포」
	*鬪	싸움		*爆	불터질 ※폭발할
특	特	특별할 ※특별		*幅	폭 ※너비
파	破:	깨뜨릴 ※깰:	표	表	겉
	波	물결		*票	표 ※투표
	*派	갈래 ※물갈래		*標	표할
	*播:	뿌릴 ※씨뿌릴		*漂	뜰 ※빨래, 표류할
	*罷:	파:할	품	品:	성:품 ※물건, 품:수
	*頗	자못	풍	風	바람
	*把	잡을		豐	풍년
판	判	판단할 ※쪼갤	피	皮	가죽
	*板	널:		彼:	저
	*販	팔 ※판매할		*疲	가쁠 ※피곤할
	*版	조각 ※판목		*被:	입을
팔	八	여덟		*避:	피:할
패	貝:	조개	필	必	반드시

	匹	짝 ※필(疋)		幸:	다행
	筆	붓	향	向:	향:할
	*畢	마칠		香	향기
하	下:	아래		鄕	시골
	夏:	여름		*響:	울릴
	賀:	하:례		*享:	누릴
	何	어찌	허	虛	빌:
	河	물 ※강		許	허락 ※허락할
	*荷(:)	멜: ※연꽃 荷香, 荷花 /	헌	*軒	집
		荷:物, 荷:役		*憲:	법
학	學	배울		*獻:	드릴 ※바칠
	*鶴	학 ※두루미	험	*險:	험:할
한	閑	한가할		*驗:	시험 ※시험할, 증험할, 경험할
	寒	찰	혁	革	가죽
	恨:	한:할 ※슬플, 한:탄할	현	現:	나타날 ※보일
	限:	막을 ※한:할, 한:정		賢	어질
	韓(:)	한:국 ※나라, 한:나라, 姓:		*玄	감을 ※검을, 가물거릴
		韓:國, 韓:服 / 韓山, 韓氏		*絃	줄
	漢:	한:수 ※한강, 강이름		*縣:	고을
	*旱:	가물		*懸:	매:달 ※달
	*汗:	땀		*顯:	나타낼 ※나타날
할	*割	벨:	혈	血	피
함	*咸	다:		*穴	구멍 ※굴
	*含	머금을	혐	*嫌	싫어할
	*陷:	빠:질	협	協	협할 ※협동
합	合	합할		*脅	갈비
항	恒	항상	형	兄	맏 ※형
	*巷:	거리		刑	형벌
	*港:	항:구		形	모양 ※형상
	*項:	목		*亨	형통할
	*抗:	항:거할 ※막을		*螢	반딧불
	*航:	배		*衡	저울대
해	害:	해:할	혜	惠:	은혜
	海:	바다		*慧:	지혜
	亥:	돼:지		*兮	어:조사
	解:	풀	호	戶:	지게문 ※집, 지게
	*奚	어찌		乎	어:조사 ※온, 토
	*該	해당할 ※그, 갖출		呼	부를
핵	*核	씨		好:	좋을
행	行(:)	다닐 ※行動, 行事, 行政 /		虎(:)	범: ※虎班 / 虎:口, 虎:視眈眈,
		行:實 / 항렬「항」行列, 行伍			虎:患

	號(:)	이름 ※姓:
	湖	호수
	*互:	서로
	*胡	오랑캐 ※姓:
	*浩:	넓을
	*毫	터럭 ※털, 가는털
	*豪	호걸
	*護:	지킬 ※호위할
혹	或	혹시 ※혹
	*惑	미혹할
혼	婚	혼인
	混:	섞일 ※섞을
	*昏	어두울
	*魂	넋
홀	*忽	문득 ※홀연
홍	紅	붉을
	*洪	넓을
	*弘	클
	*鴻	기러기
화	火(:)	불 ※火:氣, 火:力, 火:病, 火:葬 / 火曜日
	化(:)	될 ※달라질 化學, 化粧 / 化:石, 化:身
	花	꽃
	貨:	재물
	和	화할
	話	말:씀
	畫:	그:림
	華	빛날
	*禾	벼
	*禍:	재앙
확	*確	굳을 ※확실할
	*穫	거둘
	*擴	넓힐
환	歡	기쁠
	患:	근심
	*丸	둥글
	*換:	바꿀
	*環	고리
	*還:	돌아올 ※還:甲, 還:曆
활	活	살:

황	黃	누를
	皇	임:금 ※황제
	*況:	하물며 ※상황
	*荒	거칠
회	回	돌아올
	會:	모일 ※모을
	*悔:	뉘우칠
	*懷	품을
획	*獲	얻:을
	*劃	그을
횡	*橫	비낄 ※가로
효	孝:	효:도
	效:	본받을
	*曉:	새벽
후	後:	뒤:
	厚:	두터울
	*侯	임:금 ※제후
	*候:	기다릴 ※기후
훈	訓:	가르칠
훼	*毁:	헐: ※훼손할
휘	*揮	휘두를 ※두를, 지휘할
	*輝	빛날
휴	休	쉴:
	*携	끌: ※가질, 휴대할
흉	凶	흉할 ※흉년
	胸	가슴
흑	黑	검을
흡	*吸	마실 ※빨
흥	興(:)	일:
희	希	바랄
	喜	기쁠
	*稀	드물
	*戲	희롱할 ※희롱

〈읽어두기〉

- 本 資料는 1999년 (社)傳統文化硏究會를 중심으로 關聯團體 및 學者들이 모여 연구 협의하여 결정한 것임.

: 表示는 長音

(:) 表示는 長·短音이 單語에 따라 다르게 쓰이는 경우

* 表示는 高等學校用 漢字

* 表示가 없는 것은 中學校用 漢字

※ 表示는 대표 訓音 이외에 자주 쓰이는 訓과 音

20. 宗族 系譜圖

※ 三族 (親族 · 妻族 · 外族)의 呼稱

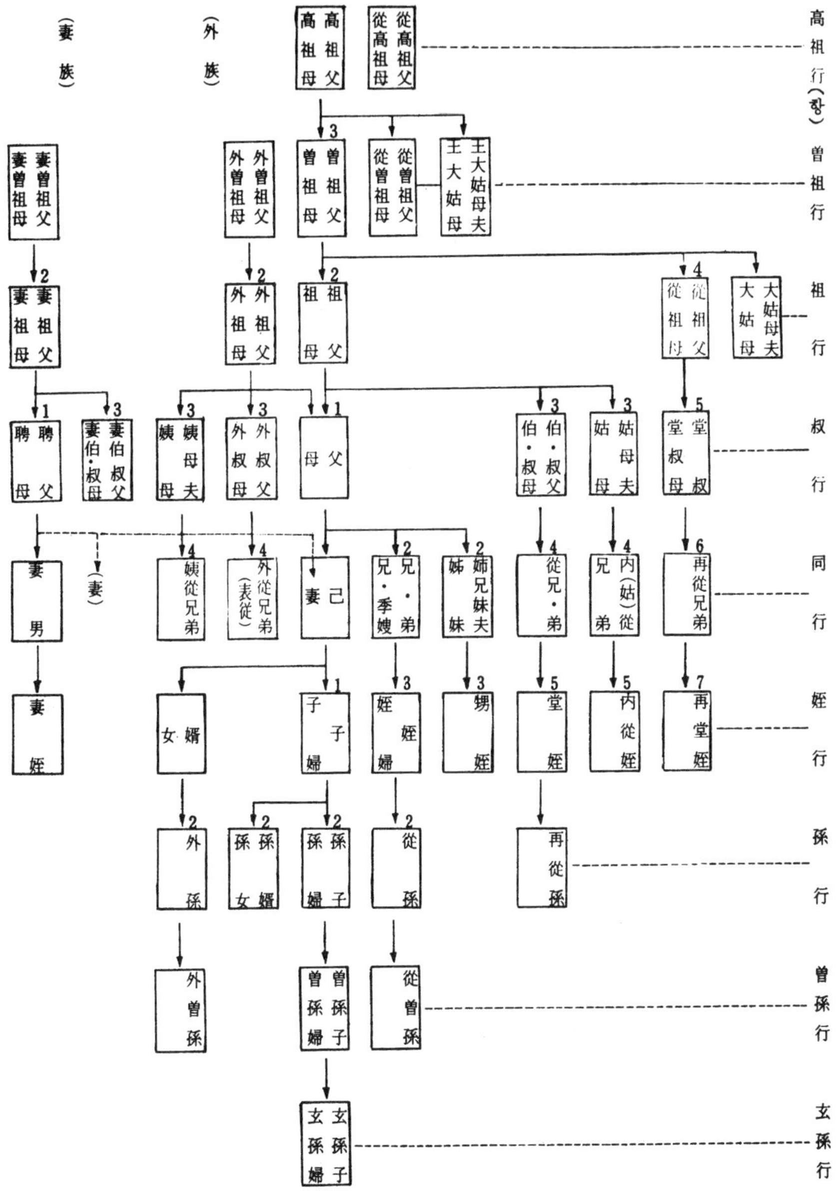

20. 北韓의 教育漢字 3,000字 一覽表

北韓에서는 힌글專用을 하고 있는 것으로 잘못 알고 있는 이가 많은데, 北韓에서도 初等學校 5학년부터 大學까지 3,000字의 漢字를 철저히 教育하고 있다. 漢字의 訓을 우리와 달리 고친 것들이 있다.

(ㄱ)		
伽	가야	가
佳	아름다울	가
假	거짓	가
價	값	가
加	더할	가
可	옳을	가
呵	꾸짖을	가
哥	형	가
嫁	시집갈	가
家	집	가
暇	겨를	가
架	시렁	가
歌	노래	가
稼	심을	가
苛	까다로울	가
街	거리	가
駕	멍에	가
刻	새길	각
却	물리칠	각
各	각각	각
恪	정성	각
殼	껍질	각
脚	다리	각
覺	깨달을	각
角	뿔	각
閣	집	각
刊	새길	간
刋	개간할	간
奸	간악할	간
干	방패	간
幹	줄기	간
懇	정성	간
揀	가릴	간
杆	지레대	간
桿	막대	간
看	볼	간
簡	대쪽	간
肝	간	간
艱	어려울	간
間	사이	간
礀	꾸짖을	간
渴	목마를	갈
竭	다할	갈
葛	칡	갈
褐	굵은베	갈
堪	견딜	감
感	느낄	감
憾	한할	감
撼	흔들	감
敢	구태여	감
橄	감람나무	감
減	덜	감
甘	달	감
監	볼	감
瞰	굽어볼	감
鑑	거울	감
匣	갑	갑
岬	산허리	갑
甲	갑옷	갑
胛	어깨죽지	갑
剛	굳셀	강
姜	성	강
崗	뫼	강
康	편안할	강
强	강할	강
慷	슬플	강
江	강	강
疆	지경	강
糠	겨	강
綱	벼리	강
腔	속빌	강
薑	생강	강
襁	보자기	강
講	익힐	강
鋼	강쇠	강
降	내릴	강
	(항복할	항)
介	낄	개
价	클	개
個	개인	개
凱	이기고돌아올	개
愾	성낼	개

慨	슬플	개
改	고칠	개
槪	대개	개
漑	물댈	개
皆	다	개
箇	낱	개
芥	겨자	개
蓋	덮을	개
開	열	개
客	손님	객
坑	구덩이	갱
倨	거만할	거
去	갈	거
居	살	거
巨	클	거
拒	막을	거
據	의거할	거
擧	들	거
距	사이뜰	거
醵	추렴	거
乾	마를	건
件	가지	건
健	건강할	건
巾	수건	건
建	세울	건
虔	공경할	건
鍵	잠을쇠	건
乞	빌	걸
傑	뛰어날	걸
儉	검박할	검
劍	칼	검
檢	살필	검
劫	겁탈할	겁
怯	겁낼	겁
揭	들	게
擊	칠	격
格	격식	격
檄	격문	격
激	격동할	격
鬲	가마	격

膈	가슴	격
隔	막힐	격
骼	뼈	격
堅	굳을	견
牽	끌	견
犬	개	견
絹	비단	견
繭	고치	견
肩	어깨	견
見	볼	견
譴	꾸짖을	견
遣	보낼	견
鵑	소쩍새	견
決	결단할	결
潔	맑을	결
結	맺을	결
缺	이지러질	결
訣	영결할	결
兼	겸할	겸
箝	자갈먹일	겸
謙	겸손할	겸
京	서울	경
傾	기우러질	경
勁	굳셀	경
境	지경	경
徑	지름길	경
慶	경사	경
憬	그리워할	경
敬	공경할	경
景	볕	경
更	고칠	경
	(다시	갱)
梗	곧을	경
涇	통할	경
痙	경련	경
硬	굳을	경
竟	마침내	경
競	다툴	경
經	날	경
耕	밭갈	경

莖	줄기	경
警	깨우칠	경
輕	가벼울	경
鏡	거울	경
頃	이랑	경
驚	놀랄	경
鯨	고래	경
黥	경칠	경
憩	쉴	계
係	맺을	계
啓	열	계
契	합할	계
季	계절	계
屆	이를	계
戒	경계할	계
桂	계수나무	계
械	틀	계
溪	시내	계
界	지경	계
稽	생각할	계
系	이어맬	계
繫	맬	계
繼	이을	계
計	헤아릴	계
誡	훈계할	계
階	섬돌	계
鷄	닭	계
古	예	고
告	고할	고
呱	울	고
固	굳을	고
姑	시어머니	고
孤	외로울	고
庫	창고	고
拷	칠	고
故	연고	고
敲	두드릴	고
枯	마를	고
痼	고질	고
稿	글	고

考	생각할	고
膏	기름	고
苦	쓸	고
藁	짚	고
辜	허물	고
錮	자물쇠	고
雇	품팔	고
顧	돌아볼	고
高	높을	고
鼓	북	고
苦	쓸	고
藁	짚	고
辜	허물	고
哭	울	곡
曲	굽을	곡
梏	수갑	곡
穀	곡식	곡
谷	골	곡
鵠	따오기	곡
困	곤할	곤
昆	맏	곤
棍	몽둥이	곤
汨	빠질	골
骨	뼈	골
供	이바지할	공
公	공평할	공
共	함께	공
功	공	공
孔	구멍	공
工	장인	공
恐	두려울	공
恭	공손할	공
控	당길	공
攻	칠	공
槓	지레대	공
空	빌	공
貢	바칠	공
鞏	굳을	공
寡	적을	과
戈	창	과
果	과실	과
棵	그루	과
瓜	외	과
科	과목	과
菓	과자	과
誇	자랑	과
課	일과	과
過	지날	과
廓	둘레	곽
郭	성	곽
冠	갓	관
官	벼슬	관
寬	너그러울	관
慣	익숙할	관
棺	널	관
款	정성	관
灌	물댈	관
管	관	관
罐	가마	관
觀	볼	관
貫	꿸	관
關	닫을	관
舘	집	관
刮	긁을	괄
恝	괄시할	괄
括	거둘	괄
光	빛	광
廣	넓을	광
曠	빌	광
狂	미칠	광
礦	돌	광
胱	오줌통	광
鑛	쇠돌	광
掛	걸	괘
乖	어그러질	괴
傀	허수아비	괴
塊	덩이	괴
壞	무너질	괴
怪	괴이할	괴
愧	부끄러울	괴
槐	괴화나무	괴
魁	우두머리	괴
宏	클	굉
交	사귈	교
僑	붙어살	교
喬	높을	교
嬌	아릿다울	교
巧	공교로울	교
攪	흔들	교
敎	가르칠	교
校	학교	교
橋	다리	교
狡	교활할	교
皎	흴	교
矯	바로잡을	교
絞	목맬	교
膠	갖풀	교
蕎	메밀	교
蛟	교룡	교
較	견줄	교
郊	들	교
驕	교만할	교
丘	언덕	구
久	오랠	구
九	아홉	구
仇	원수	구
佝	곱사등이	구
俱	함께	구
具	갖출	구
區	갈피	구
口	입	구
句	글귀	구
勾	굽을	구
嘔	게울	구
寇	도적	구
嶇	험할	구
廐	마구	구
懼	두려울	구
拘	꺼리낄	구
救	구원할	구

柩	널	구
構	얽을	구
歐	구라파	구
毆	칠	구
求	구할	구
溝	도랑	구
灸	뜸	구
狗	개	구
玖	옥돌	구
		(아홉 구)
球	공	구
矩	법	구
究	연구할	구
臼	학	구
舊	예	구
苟	진실로	구
謳	노래	구
購	살	구
軀	몸	구
邱	언덕	구
韭	달래	구
驅	몰	구
鳩	비둘기	구
鷗	갈매기	구
龜	거북	구
(터질균, 본보기귀)		
國	나라	국
局	판	국
菊	국화	국
君	임금	군
窘	구차할	군
群	무리	군
軍	군사	군
郡	고을	군
屈	굽힐	굴
掘	팔	굴
窟	굴	굴
宮	집	궁
弓	활	궁
穹	하늘	궁

窮	궁할	궁
倦	게으를	권
券	문서	권
勸	권할	권
卷	책	권
圈	동그라미	권
拳	주먹	권
捲	말	권
權	권세	권
眷	돌아볼	권
蹶	절	궐
闕	집	궐
櫃	궤	궤
潰	무너질	궤
詭	속일	궤
軌	수레바퀴	궤
歸	돌아올	귀
貴	귀할	귀
鬼	귀신	귀
叫	부르짖을	규
圭	모서리	규
珪	구슬	규
糾	얽을	규
規	법	규
均	고를	균
菌	버섯	균
橘	귤	귤
克	이길	극
剋	상극	극
劇	심할	극
戟	창	극
棘	가시	극
極	다할	극
隙	틈	극
勤	부지런할	근
懃	은근할	근
斤	날	근
根	뿌리	근
筋	힘줄	근
謹	삼가할	근

近	가까울	근
饉	주릴	근
今	이제	금
琴	거문고	금
禁	금할	금
禽	새	금
衾	이불	금
襟	옷깃	금
金	쇠	금
		(성 김)
錦	비단	금
及	미칠	급
急	급할	급
扱	거둘	급
汲	물길을	급
級	등급	급
給	줄	급
兢	조심할	긍
矜	자랑	긍
肯	즐길	긍
企	바랄	기
伎	재간	기
其	그	기
嗜	즐길	기
器	그릇	기
基	터	기
奇	기이할	기
妓	기생	기
寄	부칠	기
岐	갈림길	기
崎	험할	기
己	몸	기
幾	몇	기
忌	꺼릴	기
技	재주	기
旗	기발	기
旣	이미	기
期	기약할	기
杞	구기자	기
棄	버릴	기

棊 바둑 기
機 틀 기
欺 속일 기
氣 기운 기
汽 김 기
畸 뙈기밭 기
畿 경기 기
紀 벼리 기
羈 굴레 기
肌 살 기
記 기록할 기
譏 조롱할 기
起 일어날 기
飢 주릴 기
騎 말탈 기
麒 기린 기
緊 요긴할 긴
吉 좋을 길

(ㄴ)

懦 나약할 나
拿 잡을 나
那 어찌 나
暖 따뜻할 난
煖 더울 난
難 어려울 난
捏 꾸밀 날
捺 누를 날
南 남녘 남
娚 처남 남
男 남자 남
納 드릴 납
囊 주머니 낭
乃 이에 내
內 안 내
柰 어찌 내(나)
奶 젖 내
耐 견딜 내
女 녀자 녀
年 해 년
念 생각 념
嚀 정녕 녕
寧 편안할 녕
努 힘쓸 노
奴 종 노
怒 성낼 노
駑 둔할 노
濃 짙을 농
膿 고름 농
農 농사 농
惱 번뇌할 뇌
腦 뇌수 뇌
尿 오줌 뇨
紐 맺을 뉴
能 능할 능
泥 진흙 니
匿 숨길 닉
溺 빠질 닉

(ㄷ)

多 많을 다
茶 차 다
丹 붉을 단
但 다만 단
單 홑 단
團 둥글 단
壇 단 단
斷 끊을 단
旦 아침 단
段 쪼각 단
短 짧을 단
端 끝 단
緞 비단 단
蛋 새알 단
鍛 쇠불릴 단
撻 매칠 달
獺 수달 달
達 사무칠 달
憺 참담할 담
擔 멜 담
淡 맑을 담
潭 못 담
澹 고요할 담
膽 쓸개 담
談 말씀 담
沓 답답할 답
畓 논 답
答 대답 답
踏 밟을 답
唐 당황할 당
堂 집 당
撞 칠 당
棠 아가위 당
當 마땅할 당
糖 엿 당(탕)
黨 무리 당
代 대신 대
垈 터 대
大 큰 대
對 대할 대
帶 띠 대
待 기다릴 대
戴 일 대
擡 들 대
臺 집 대
袋 자루 대
貸 꿜 대
隊 떼 대
德 덕 덕
倒 꺼꾸러질 도
刀 칼 도
到 이를 도
圖 그림 도
堵 담 도
塗 바를 도
導 이끌 도
屠 무찌를 도
島 섬 도

度	법	도
徒	무리	도
悼	슬플	도
挑	돋을	도
桃	복숭아	도
淘	쌀일	도
渡	건널	도
滔	흐를	도
濤	물결	도
盜	도적	도
稻	벼	도
萄	포도	도
賭	내기할	도
蹈	밟을	도
逃	도망할	도
途	길	도
道	길	도
都	도시	도
鍍	도금할	도
陶	질그릇	도
毒	독할	독
瀆	더럽힐	독
獨	홀로	독
督	독촉할	독
禿	밀	독
篤	두터울	독
纛	둑	독
讀	읽을	독
敦	두터울	돈
沌	흐릴	돈
豚	돼지	돈
頓	두드릴	돈
堗	구들	돌
突	갑자기	돌
冬	겨울	동
凍	얼	동
動	움직일	동
同	한가지	동
垌	둑	동
憧	그리워할	동
東	동녘	동
桐	오동나무	동
棟	마루	동
洞	골	동
潼	물	동
疼	아플	동
瞳	눈동자	동
童	아이	동
胴	몸뚱이	동
董	감독할	동
銅	구리	동
斗	말	두
杜	막을	두
痘	종두	두
豆	콩	두
頭	머리	두
屯	둔칠	둔
鈍	둔할	둔
得	얻을	득
橙	귤	등
燈	등불	등
登	오를	등
等	무리	등
藤	등나무	등
謄	베낄	등
鐙	말등자	등
騰	날	등

(ㄹ)

懶	게으를	라
羅	벌릴	라
螺	소라	라
裸	벗을	라
樂	즐거울 (노래 악)	락
洛	강이름	락
烙	지질	락
絡	얽을	락
落	떨어질	락
諾	허락할 (승낙할 낙)	락
駱	약대	락
亂	어지러울	란
卵	알	란
欄	란간	란
欒	단란할	란
瀾	물결	란
爛	무르익을	란
蘭	란초	란
剌	발랄할	랄
辣	매울	랄
欖	감람나무	람
濫	넘칠	람
籃	대바구니	람
藍	쪽	람
襤	람루할	람
覽	볼	람
拉	꺾을	랍
廊	행랑	랑
朗	밝을	랑
浪	물결	랑
狼	이리	랑
瑯	구슬	랑
郎	사내	랑
來	올	래
冷	찰	랭
掠	노략질할	략
略	간략할	략
倆	재간	량
兩	두	량
涼	서늘할	량
喨	맑은소리	량
梁	돌다리	양
樑	들보	량
粱	기장	량
糧	양식	량
良	어질	량
諒	믿어울	량
輛	수레	량

量	헤아릴	량
侶	짝	려
勵	힘쓸	려
呂	법	려
慮	생각할	려
戾	어그러질	려
旅	나그네	려
濾	거를	려
驢	검은말	려
麗	고울	려
黎	검을	려
力	힘	력
曆	력세	력
歷	지날	력
瀝	거를	력
靂	벼락	력
憐	불상할	련
戀	생각	련
攣	맬	련
漣	고운물결	련
煉	졸일	련
練	익힐	련
聯	잇다울	련
蓮	연꽃	련
連	이을	련
鍊	쇠불릴	련
鰱	련어	련
列	벌릴	렬
劣	용렬할	렬
烈	매울	렬
裂	찢을	렬
廉	청렴할	렴
斂	거둘	렴
獵	사냥	렵
令	하여금	령
囹	옥	령
嶺	고개	령
怜	령리할	령
玲	옥소리	령
鈴	방울	령

零	떨어질	령
靈	뛰어날	령
	(신령	령)
領	거느릴	령
齡	나이	령
例	견줄	례
禮	례절	례
醴	단술	례
勞	수고할	로
撈	건질	로
擄	로략질할	로
爐	화로	로
盧	성	로
老	늙은	로
虜	사로잡을	로
路	길	로
露	이슬	로
魯	둔할	로
鷺	해오라기	로
鹵	짤	로
碌	록록할	록
綠	푸를	록
錄	기록할	록
鹿	사슴	록
麓	산기슭	록
論	의논할	논
壟	밭두등	롱
弄	희롱	롱
朧	몽롱할	롱
瓏	옥소리	롱
籠	대바구니	롱
聾	귀머거리	롱
儡	허수아비	뢰
賂	뢰물	뢰
耒	따비	뢰
賴	힘입을	뢰
雷	우뢰	뢰
了	마칠	료
僚	동료	료
料	헤아릴	료

燎	불놓을	료
療	병고칠	료
瞭	밝을	료
聊	애오라지	료
遼	멀	료
龍	룡	룡
僂	곱사등이	루
壘	보루	루
屢	자주	루
樓	다락	루
淚	눈물	루
漏	샐	루
累	여러	루
縷	실오라기	루
褸	람루할	루
陋	더러울	루
劉	죽일	류
嚠	맑은소리	류
柳	버들	류
榴	석류	류
流	흐를	류
溜	처마물	류
琉	유리	류
留	머무를	류
硫	류황	류
類	같을	류
六	여섯	륙
戮	죽일	륙
陸	뭍	륙
倫	인륜	륜
淪	빠질	륜
綸	끈	륜
輪	바퀴	륜
律	법	률
慄	떨	률
栗	밤	률
窿	하늘	륭
肋	갈비	륵
轢	깔릴	륵
凜	찰	름

凌 업신여길 릉
稜 모서리 릉
綾 비단 릉
菱 마름 릉
陵 언덕 릉
俚 속될 리
利 리로울 리
吏 아전 리
履 밟을 리
悧 령리할 리
李 오얏 리
梨 배 리
理 다스릴 리
痢 리질 리
籬 울타리 리
罹 걸릴 리
裏 속 리
里 마을 리
離 떠날 리
吝 아낄 린
燐 린 린
躪 밟을 린
隣 이웃 린
鱗 비늘 린
麟 기린 린
林 수풀 림
淋 젖을 림
臨 다다를 림
立 설 립
笠 삿갓 립
粒 낟알 립

(ㅁ)

摩 만질 마
痲 저릴 마
磨 갈 마
馬 말 마
魔 악마 마
麻 삼 마
寞 고요할 막
幕 장막 막
漠 아득할 막
膜 막 막
莫 말 막
娩 낳을 막
慢 거만할 만
挽 당길 만
晩 늦을 만
滿 찰 만
漫 넓을 만
灣 물굽이 만
瞞 속일 만
萬 일만 만
蔓 덩굴 만
蠻 오랑캐 만
饅 만두 만
抹 씻을 말
末 끝 말
沫 거품 말
襪 버선 말
亡 망할 망
妄 망녕될 망
忘 잊을 망
忙 바쁠 망
惘 멍청할 망
望 바랄 망
網 그물 망
罔 없을 망
芒 까끄라기 망
茫 아득할 망
埋 묻을 매
妹 누이 매
媒 중매 매
寐 잘 매
昧 어두울 매
枚 낱 매
梅 매화 매
每 매양 매
罵 꾸짖을 매
買 살 매
賣 팔 매
邁 갈 매
魅 매혹할 매
脈 맥 맥
麥 보리 맥
孟 맏 맹
猛 사나울 맹
盟 맹세 맹
盲 소경 맹
萌 움 맹
免 면할 면
勉 힘쓸 면
棉 목화 면
眠 졸 면
綿 솜 면
緬 멀 면
面 낯 면
麵 국수 면
滅 꺼질 멸
蔑 없신여길 멸
冥 어두울 명
名 이름 명
命 목숨 명
明 밝을 명
皿 그릇 명
銘 새길 명
鳴 울 명
侮 업신여길 모
冒 무릅쓸 모
募 부를 모
姆 보모 모
帽 모자 모
慕 생각할 모
摸 본뜰 모
暮 저물 모
某 아무 모
模 본보기 모
母 어머니 모
毛 털 모

牟	보리	모
牡	숫	모
矛	창	모
模	모호할	모
耗	축낼	모
謨	꾀	모
貌	모양	모
木	나무	목
沐	목욕할	목
牧	칠	목
目	눈	목
睦	화목할	목
穆	화할	목
歿	죽을	몰
沒	빠질	몰
夢	꿈	몽
懜	부끄러울	몽
濛	가는비	몽
朦	몽롱할	몽
蒙	어릴	몽
墓	무덤	묘
妙	묘할	묘
廟	사당	묘
描	모뜰	묘
瞄	겨눌	묘
苗	싹	묘
務	힘쓸	무
撫	어루만질	무
武	군사	무
毋	말	무
無	없을	무
舞	춤출	무
茂	성할	무
蕪	거칠	무
誣	속일	무
貿	살	무
霧	안개	무
鵡	앵무새	무
墨	먹	묵
默	잠잠할	묵

問	물을	문
文	글	문
紋	무늬	문
紊	어지러울	문
聞	들을	문
門	문	문
勿	말	물
物	만물	물
味	맛	미
尾	꼬리	미
彌	찰	미
微	작을	미
未	아니	미
眉	눈썹	미
米	쌀	미
美	아름다울	미
薇	장미	미
迷	미혹할	미
悶	답답할	민
敏	민첩할	민
憫	민망할	민
民	백성	민
閔	불쌍히여길	민
黽	힘쓸	민
	(맹꽁이 맹)	
密	빽빽할	밀
蜜	꿀	밀

(ㅂ)

剝	깍을	박
博	넓을	박
拍	칠	박
搏	두드릴	박
撲	때릴	박
朴	소박할	박
泊	대일	박
珀	호박	박
箔	발	박
粕	찌끼	박

縛	얽을	박
膊	어깨	박
舶	배	박
薄	엷을	박
迫	다가들	박
雹	무리	박
駁	논박할	박
伴	짝	반
半	절반	반
反	도리킬	반
叛	배반할	반
拌	저울	반
搬	옮길	반
班	반	반
斑	아롱질	반
畔	두둑	반
盤	쟁반	반
磐	반석	반
礬	백반	반
絆	얽어맬	반
般	일반	반
返	돌아올	반
頒	나눌	반
飯	밥	반
勃	노할	발
拔	뺄	발
撥	다스릴	발
潑	활발할	발
發	필	발
跋	밟을	발
醱	술빚을	발
鉢	바리	발
髮	털	발
魃	가물	발
倣	본받을	방
傍	곁	방
坊	동네	방
妨	해로울	방
尨	클	방
幇	도울	방

彷	헤맬	방
房	방	방
放	놓을	방
方	모	방
枋	박달나무	방
榜	표방할	방
紡	길쌈	방
肪	기름	방
膀	오줌통	방
芳	향기	방
訪	찾을	방
謗	헐뜯을	방
邦	나라	방
防	막을	방
魴	방어	방
倍	갑절	배
俳	배우	배
培	북돋울	배
徘	머뭇거릴	배
拜	절	배
排	물리칠	배
杯	잔	배
湃	부를	배
胚	아이밸	배
背	등	배
裵	성	배
褙	덧옷	배
賠	물어줄	배
輩	무리	배
配	짝	배
伯	맏	백
佰	우두머리	백
	(백	백)
柏	잣	백
白	흰	백
百	일백	백
魄	넋	백
煩	번거로울	번
番	차례	번
煩	성할	번

飜	뒤칠	번
蕃	번성할	번
伐	칠	벌
筏	떼	벌
罰	벌줄	벌
閥	문벌	벌
凡	무릇	범
帆	돛	범
氾	넘칠	범
汎	넓을	범
泛	뜰	범
犯	범할	범
範	법	범
法	법	법
琺	구슬	법
僻	궁벽할	벽
劈	쪼갤	벽
壁	벽	벽
擘	엄지손가락	벽
璧	구슬	벽
甓	벽돌	벽
癖	버릇	벽
碧	푸를	벽
闢	열	벽
霹	벼락	벽
卞	성	변
變	변할	변
辨	분별할	변
辯	말씀	변
邊	가	변
別	분별할	별
瞥	눈깜짝할	별
丙	남녘	병
倂	아우를	병
兵	군사	병
屛	병풍	병
甁	병	병
病	병들	병
竝	나란이	병
餠	떡	병

保	보전할	보
報	갚을	보
堡	작은성	보
媬	보모	보
寶	보배	보
普	넓을	보
步	걸음	보
洑	보둑	보
甫	클	보
補	기울	보
褓	포대기	보
譜	기록할	보
輔	도울	보
伏	엎드릴	복
僕	종	복
匐	길	복
卜	점	복
復	회복할	복
	(다시	부)
服	옷	복
福	복	복
腹	배	복
複	거듭	복
覆	엎어질	복
	(덮을	부)
輻	바퀴살	복
鰒	전복	복
本	근본	본
俸	록	봉
奉	받들	봉
封	봉할	봉
峯	봉우리	봉
棒	몽둥이	봉
烽	홰불	봉
縫	꿰멜	봉
蜂	벌	봉
逢	만날	봉
鋒	칼날	봉
鳳	새	봉
付	부칠	부

俯 구부릴 부
剖 쪼갤 부
副 다음 부
否 아니 부
咐 불 부
埠 선창 부
夫 사나이 부
婦 부인 부
孵 알깔 부
富 부자 부
府 마을 부
扶 붙들 부
敷 펼 부
浮 뜰 부
父 아버지 부
符 병부 부
簿 문서 부
腑 내장 부
腐 썩을 부
膚 살 부
訃 부고 부
負 질 부
賦 세금 부
赴 다다를 부
部 떼 부
釜 가마 부
阜 언덕 부
附 붙을 부
北 북녘 북
(질 배)
分 나눌 분
吩 불 분
噴 뿜을 분
墳 무덤 분
奔 달아날 분
奮 떨칠 분
忿 분할 분
憤 성낼 분
扮 꾸밀 분
焚 사를 분

盆 동이 분
粉 가루 분
糞 똥 분
紛 어지러울 분
雰 눈날릴 분
不 아니 불(부)
佛 부처 불
彿 방불할 불
拂 떨칠 불
崩 무너질 붕
硼 붕사 붕
繃 붕대 붕
備 갖출 비
匕 비수 비
非 아닐 비
卑 낮을 비
婢 종 비
庇 덮을 비
悲 슬플 비
批 칠 비
比 견줄 비
沸 끓을 비
泌 스며흐를 비
琵 비파 비
痺 저릴 비
碑 비석 비
砒 비상 비
秘 감출 비
緋 비단 비
翡 비취 비
肥 살찔 비
脾 지라 비
蜚 날아다닐 비
誹 헐뜯을 비
譬 비유할 비
費 쓸 비
鄙 더러울 비
非 아니 비
飛 날 비
鼻 코 비

瀕 물가 빈
貧 가난할 빈
賓 손님 빈
頻 자주 빈
氷 얼음 빙
憑 비길 빙
騁 빚을 빙

(ㅅ)

事 일 사
些 적을 사
仕 벼슬 사
似 같을 사
使 하여금 사
史 력사 사
司 맡을 사
唆 부추길 사
四 넉 사
士 선비 사
奢 사치할 사
寫 쓸 사
寺 절 사
射 쏠 사
巳 뱀 사
師 스승 사
徙 옮길 사
思 생각 사
捨 버릴 사
斜 비낄 사
斯 이 사
査 살필 사
死 죽을 사
沙 모래 사
瀉 쏟을 사
獅 사자 사
砂 왕모래 사
社 두레 사
祀 제사 사
私 사사로울 사

篩	체	사
紗	비단	사
絲	실	사
肆	베풀	사
舍	집	사
蛇	긴뱀	사
詞	글	사
詐	거짓	사
謝	사례할	사
赦	놓을	사
辭	말씀	사
邪	간사할	사
飼	먹일	사
麝	사향노루	사
削	깍을	삭
朔	초하루	삭
傘	우산	산
山	뫼	산
散	흩어질	산
珊	산호	산
産	낳을	산
算	셈	산
酸	실	산
撒	뿌릴	살
殺	죽일	살
煞	급살	살
三	석	삼
森	수풀	삼
滲	스밀	삼
蔘	인삼	삼
插	꽂을	삽
澁	떫을	삽
鍤	가래	삽
霎	잠간	삽
上	옷	상
傷	상할	상
像	모양	상
償	갚을	상
商	장사	상
喪	죽을	상

賞	일찍	상
尙	오히려	상
常	항상	상
想	생각	상
桑	뽕나무	상
爽	시원할	상
床	평상	상
狀	형상	상
相	서로	상
祥	상서로울	상
箱	장사	상
裳	치마	상
詳	자세할	상
象	코끼리	상
賞	상줄	상
霜	서리	상
嗇	아낄	색
塞	막을	색
	(변방	새)
索	찾을	색
	(줄	삭)
色	빛	색
牲	희생	생
生	날	생
甥	조카	생
婿	사위	서
嶼	섬	서
序	차례	서
庶	뭇	서
徐	천천히	서
恕	용서할	서
抒	당길	서
敍	지울	서
署	더울	서
曙	새벽	서
書	글	서
棲	깃들일	서
瑞	상서로울	서
緖	실마리	서
署	부서	서

舒	펼	서
西	서녘	서
誓	맹세	서(세)
逝	갈	서
黍	기장	서
鼠	쥐	서
夕	저녁	석
席	자리	석
惜	아낄	석
晳	밝힐	석
析	쪼갤	석
潟	짠땅	석
石	돌	석
釋	풀	석
錫	주석	석
仙	신선	선
先	먼저	선
善	착할	선
宣	베풀	선
扇	부채	선
旋	돌	선
煽	부채질할	선
線	줄	선
繕	기울	선
腺	반찬	선
船	배	선
選	가릴	선
銑	무쇠	선
鮮	빛날	선
屑	가루	설
泄	샐	설
渫	씻을	설
	(팔	첩)
舌	혀	설
薛	성	설
設	베풀	설
說	말씀	설
雪	눈	설
殲	죽일	섬
纖	가늘	섬

閃	번쩍거릴	섬
攝	낄	섭
涉	건널	섭
城	성	성
姓	성씨	성
性	성품	성
成	이룰	성
星	별	성
盛	성할	성
省	살필	성
	(덜	생)
聖	성스러울	성
聲	소리	성
誠	정성	성
醒	깰	성
世	세상	세
勢	형세	세
歲	해	세
洗	씻을	세
稅	세금	세
細	가늘	세
貰	세줄	세
召	부를	소
塑	빚을	소
小	작을	소
少	적을	소
巢	둥지	소
所	바	소
掃	쓸	소
沼	못	소
消	사라질	소
溯	거스릴	소
燒	불사를	소
疎	드물	소
疏	성길	소
笑	웃음	소
簫	퉁소	소
素	본디	소
紹	이을	소
蔬	나물	소
蕭	쑥	소
蘇	차조기	소
訴	하소할	소
逍	노닐	소
騷	소란할	소
俗	풍속	속
屬	부칠	속
束	묶을	속
粟	조	속
續	이을	속
贖	팔	속
速	빠를	속
孫	손자	손
損	덜	손
遜	겸손할	손
率	거느릴	솔
	(비률	률)
宋	성	송
悚	두려울	송
松	솔	송
訟	송사할	송
誦	외울	송
送	보낼	송
頌	칭송할	송
衰	쇠할	쇠
刷	문지를	쇄
碎	부서질	쇄
鎖	잠글	쇄
修	닦을	수
受	받을	수
囚	가둘	수
垂	드리울	수
壽	목숨	수
嫂	아주머니	수
守	지킬	수
帥	장수	수
愁	시름	수
戍	수자리	수
手	손	수
授	줄	수
搜	찾을	수
收	걷을	수
數	셈	수
樹	나무	수
殊	다를	수
水	물	수
狩	사냥할	수
獸	짐승	수
瘦	여윌	수
睡	졸	수
秀	뛰어날	수
粹	순수할	수
繡	수놓을	수
羞	부끄러울	수
蒐	모둘	수
袖	소매	수
竪	세울	수
輸	실을	수
遂	드디어	수
酬	갚을	수
銹	녹	수
隨	따를	수
需	쓰일	수
須	모름지기	수
首	머리	수
髓	골수	수
鬚	수염	수
叔	아저씨	숙
塾	글방	숙
夙	일찍	숙
宿	잘	숙
淑	맑을	숙
熟	익은	숙
肅	엄숙할	숙
巡	돌	순
循	좇을	순
旬	열흘	순
殉	몸바칠	순
淳	순박할	순
盾	방패	순

瞬 눈깜짝할 순
筍 대순 순
純 순수할 순
脣 입술 순
荀 풀순 순
醇 전술 순
順 순할 순
馴 길들일 순
術 꾀 술
述 지을 술
崇 높을 숭
瑟 비파 슬
膝 무릎 슬
拾 주울 습
濕 젖을 습
習 익힐 습
褶 접을 습
襲 덮칠 습
乘 탈 승
僧 중 승
勝 이길 승
承 이을 승
昇 오를 승
繩 노끈 승
匙 숟가락 시
始 비로소 시
媤 시집 시
尸 주검 시
屍 시체 시
市 시장 시
施 베풀 시
是 이 시
時 때 시
柴 섶 시
柹 감 시
猜 시기할 시
矢 화살 시
示 보일 시
視 볼 시
試 시험 시

詩 글 시
式 법 식
息 쉴 식
植 심을 식
殖 불을 식
熄 불꺼질 식
識 알 식
食 밥 식
飾 꾸밀 식
蝕 좀먹을 식
伸 펼 식
信 믿을 신
呻 신음할 신
娠 아이밸 신
愼 삼갈 신
新 새 신
申 거듭 신
神 귀신 신
紳 띠 신
腎 콩팥 신
臣 신하 신
薪 섶 신
蜃 조개 신
訊 물을 신
身 몸 신
辛 매울 신
迅 빠를 신
失 잃을 실
室 집 실
實 열매 실
審 살필 심
尋 찾을 심
心 마음 심
深 깊을 심
瀋 즙 심
甚 심할 심
十 열 십

(ㅈ)

仔 자세할 자
刺 찌를 자
姉 누이 자
姿 맵시 자
子 아들 자
字 글자 자
恣 방자할 자
慈 사랑 자
滋 불을 자
磁 자석 자
紫 검붉을 자
者 사람 자
自 스스로 자
藉 빙자할 자
諮 물을 자
資 밑천 자
赭 붉을 자
趑 주춤거릴 자
雌 암 자
作 지을 작
昨 어제 작
柞 참나무 작
灼 불탈 작
炸 터질 작
芍 함박꽃 작
酌 잔질할 작
雀 참새 작
孱 약할 잔
棧 사다리 잔
殘 남을 잔
潺 물소리 잔
盞 잔 잔
暫 잠간 잠
潛 잠길 잠
蠶 누에 잠
雜 섞일 잠
丈 어른 장
仗 짚을 장
匠 장인 장
場 마당 장

壯 장할 장
奬 권할 장
將 장수 장
帳 장막 장
張 베풀 장
掌 손바닥 장
杖 지팡이 장
欌 옷장 장
漿 즙 장
牆 담 장
章 글 장
粧 단장할 장
腸 밸 장
臟 내장 장
莊 씩씩할 장
葬 장사 장
薔 장미 장
藏 감출 장
裝 꾸밀 장
醬 장 장
長 긴 장
障 막을 장
再 다시 재
哉 토 재
在 있을 재
宰 맡을 재
才 재주 재
材 재목 재
栽 심을 재
滓 찌끼 재
災 재앙 재
裁 마를 재
財 재물 재
載 실을 재
齋 집 재
爭 다툴 쟁
琤 옥소리 쟁
箏 아쟁 쟁
錚 징 쟁
低 낮을 저

咀 씹을 저
底 밑 저
抵 이를 저
沮 그칠 저
狙 원숭이 저
箸 젓가락 저
著 나타날 저
詛 저주할 저
貯 저축할 저
趄 주춤거릴 저
躇 머뭇거릴 저
邸 집 저
寂 고요할 적
摘 딸 적
敵 원쑤 적
滴 물방울 적
炙 구울 적
狄 오랑캐 적
的 과녁 적
積 쌓을 적
笛 피리 적
籍 문서 적
績 길쌈 적
賊 도적 적
赤 붉을 적
迹 자취 적
跡 발자취 적
蹟 사적 적
適 맞을 적
傳 전할 전
全 온전할 전
典 법 전
前 앞 전
剪 벨 전
塡 메울 전
專 오로지 전
展 펼 전
廛 전 전
戰 싸움 전
栓 마개 전

殿 집 전
氈 담요 전
澱 앙금 전
煎 다릴 전
田 밭 전
甸 경기 전
纏 얽을 전
轉 구를 전
錢 돈 전
電 번개 전
顚 엎어질 전
餞 바랠 전
切 간절할 절
截 벨 절
折 꺾을 절
竊 훔칠 절
節 마디 절
絶 끊을 절
占 차지할 점
店 가게 점
漸 점점 점
粘 붙을 점
點 점 점
接 접할 접
摺 접을 접
楪 나무접할 접
丁 장정 정
井 우물 정
亭 정자 정
偵 엿볼 정
停 머무를 정
叮 정녕 정
呈 드릴 정
定 정할 정
幀 걸그림 정
庭 뜰 정
廷 조정 정
征 칠 정
情 뜻 정
珽 빼낼 정

政	정사	정
整	가지런할	정
晶	수정	정
正	바를	정
淨	깨끗할	정
町	밭두둑	정
碇	닻	정
程	길	정
穽	함정	정
精	정밀할	정
艇	배	정
訂	고칠	정
貞	곧을	정
鄭	정중할	정
釘	못	정
錠	덩이	정
靜	고요할	정
頂	정수리	정
鼎	솥	정
制	법	제
劑	약지을	제
堤	둑	제
帝	임금	제
弟	아우	제
提	이끌	제
梯	사다리	제
濟	건늘	제
祭	제사	제
第	차례	제
製	지을	제
諸	모든	제
除	덜	제
際	즈음	제
題	쓸	제
齊	가지런할	제
兆	억조	조
凋	시들	조
助	도울	조
嘲	조롱할	조
弔	조상할	조
彫	샛길	조
措	둘	조
操	잡을	조
早	일찍	조
曺	무리	조
朝	아침	조
條	가지	조
槽	구유	조
潮	밀물	조
照	비칠	조
燥	마를	조
爪	손톱	조
祖	할아버지	조
租	조세	조
稠	빽빽할	조
笊	조리	조
粗	거칠	조
組	짤	조
繰	씰뽑을	조
藻	마름	조
調	고를	조
趙	성	조
跳	뛸	조(도)
躁	조급할	조
造	지을	조
遭	만날	조
阻	막힐	조
鳥	새	조
族	겨레	족
足	발	족
存	있을	존
尊	높을	존
卒	군사	졸
拙	졸할	졸
猝	갑자기	졸
宗	마루	종
從	좇을	종
種	씨	종
終	마칠	종
綜	모을	종
縱	놓을	종
腫	헌데	종
踵	자취	종
鍾	쇠북	종
佐	도울	좌
坐	앉을	좌
左	왼	좌
座	자리	좌
挫	꺾을	좌
罪	허물	죄
主	주인	주
住	살	주
做	지을	주
呪	저주할	주
周	두루	주
奏	아뢸	주
宙	집	주
州	고을	주
廚	부엌	주
晝	낮	주
朱	붉을	주
柱	기둥	주
株	그루	주
注	부을	주
洲	물가	주
珠	구슬	주
疇	이랑	주
紬	명주	주
舟	배	주
註	주낼	주
誅	벨	주
走	달릴	주
躊	머뭇거릴	주
週	돐	주
酒	술	주
鑄	쇠녹여부을	주
駐	머무를	주
竹	대	죽
粥	죽	죽
俊	뛰어날	준

峻	높을	준
浚	깊을	준
準	표준	준
准	비준	준
竣	마칠	준
蠢	꾸물거릴	준
遵	좇을	준
駿	준마	준
中	가운데	중
仲	다음	중
衆	무리	중
重	무거울	중
則	곧	즉
櫛	빗	즐
汁	즙	즙
增	더할	증
憎	미울	증
曾	일찍	증
症	증세	증
蒸	찔	증
證	증명할	증
贈	줄	증
之	갈	지
只	다만	지
咫	지척	지
地	땅	지
址	터	지
志	뜻	지
持	가질	지
指	손가락	지
摯	잡을	지
支	고일	지
旨	맛	지
智	지혜	지
枝	가지	지
止	그칠	지
池	못	지
知	알	지
祉	복	지
紙	종이	지

肢	사지	지
脂	기름	지
至	이를	지
芝	잔디	지
誌	기록할	지
遲	더딜	지
直	곧을	지
稙	피	직
織	짤	직
職	직분	직
塵	티끌	진
振	떨칠	진
晉	성	진
津	나루	진
珍	보배	진
疹	마마	진
盡	다할	진
眞	참	진
診	병볼	진
辰	별	진
進	나갈	진
鎭	누를	진
陣	진칠	진
陳	베풀	진
震	우뢰	진
佚	늘어질	질
叱	꾸짖을	질
姪	조카	질
嫉	미워할	질
帙	책권	질
桎	족쇄	질
疾	병	질
秩	차례	질
窒	막힐	질
質	바탕	질
跌	미끄러질	질
什	세간	집
執	잡을	집
輯	모을	집
集	모둘	집

徵	부를	징
懲	징계할	징

(ㅊ)

且	또	차
借	빌	차
叉	갈래	차
岔	산갈래	차
差	어긋날	차
次	다음	차
此	이	차
車	수레	차
遮	막을	차
捉	잡을	착
搾	짤	착
窄	좁을	착
着	닿을	착
錯	섞을	착
鑿	뚫을	착
齪	악착할	착
燦	빛날	찬
簒	빼앗을	찬
纂	모을	찬
讚	칭찬할	찬
贊	도울	찬
鑽	뚫을	찬
餐	밥	찬
饌	반찬	찬
刹	절	찰
察	살필	찰
擦	문지를	찰
札	편지	찰
僭	주제넘을	참
參	참여할	참
塹	구덩이	참
嶄	산험할	참
慘	슬플	참
慙	부끄러울	참
懺	뉘우칠	참

斬	벨	참
站	참	참
讒	참소할	참
倉	창고	창
創	비로소	창
唱	부를	창
廠	공장	창
彰	드러낼	창
昌	번창할	창
暢	화창할	창
槍	창	창
滄	바다	창
猖	날릴	창
瘡	헌데	창
窓	창문	창
脹	부어오를	창
艙	부두	창
菖	창포	창
蒼	푸를	창
債	빚	채
彩	책색	채
採	캘	채
菜	나물	채
蔡	성	채
采	분별할	채
	(채색	채)
冊	책	책
策	꾀	책
責	꾸짖을	책
妻	안해	처
悽	슬플	처
處	곳	처
尺	자	척
戚	겨레	척
拓	개척할	척
擲	던질	척
斥	물리칠	척
滌	씻을	척
瘠	여윌	척
脊	등마루	척
陟	오를	척
隻	짝	척
仟	우두머리	천
	(천	천)
千	일천	천
天	하늘	천
川	내	천
泉	샘	천
淺	얕을	천
穿	뚫을	천
薦	추천할	천
賤	천할	천
踐	밟을	천
遷	옮길	천
闡	드러낼	천
哲	밝을	철
徹	사무칠	철
撤	거둘	철
綴	엮을	철
轍	수레바퀴	철
鐵	쇠	철
尖	뾰족할	첨
添	더할	첨
籤	제비	첨
諂	아첨할	첨
妾	첩	첩
帖	접을	첩
捷	빠를	첩
牒	편지	첩
疊	포갤	첩
諜	간첩	첩
貼	붙일	첩
廳	큰집	청
晴	갤	청
淸	맑을	청
聽	들을	청
請	청할	청
靑	푸를	청
替	대신	체
滯	막힐	체
締	맺을	체
逮	미칠	체
遞	갈릴	체
體	몸	체
初	처음	초
哨	망볼	초
憔	파리할	초
抄	뽑을	초
招	부를	초
梢	끝	초
楚	회초리	초
焦	탈	초
硝	화약	초
礁	암초	초
礎	주초	초
秋	분초	추
肖	같을	초
草	풀	초
蕉	파초	초
超	뛸	초
醋	초	초
隹	새	초
促	재촉할	촉
嗾	부추길	촉
囑	부탁할	촉
燭	초불	촉
觸	찌를	촉
鏃	살촉	촉
寸	마디	촌
村	마을	촌
叢	떨기	총
寵	사랑	총
怱	바쁠	총
總	다	총
聰	귀밝을	총
葱	파	총
銃	총	총
撮	모을	촬
催	재촉할	최
崔	높을	최

最	가장	최
墜	떨어질	추
抽	뺄	추
推	밀	추
椎	방망이	추
樞	지도리	추
秋	가을	추
趨	빨리걸을	추
追	따를	추
酋	우두머리	추
醜	더러울	추
錐	송곳	추
錘	저울추	추
鎚	쇠망치	추
畜	기를	축
祝	빌	축
築	쌓을	축
縮	줄어질	축
蓄	모을	축
蹴	찰	축
軸	굴대	축
逐	쫒을	축
春	봄	춘
出	날	출
黜	내칠	출
充	채울	충
忠	충성	충
虫	벌레	충
衝	찌를	충
衷	속	충
悴	파리할	췌
取	가질	취
吹	불	취
就	나아갈	취
炊	밥지을	취
翠	푸를	취
聚	모일	취
脆	연할	취
膵	취장	취
臭	냄새	취

萃	모을	취
趣	뜻	취
醉	취할	취
側	곁	측
惻	슬플	측
測	헤아릴	측
層	층	층
侈	사치할	치
値	값	치
峙	고개	치
幟	기발	치
恥	부끄러울	치
治	다스릴	치
熾	성할	치
痴	미련할	치
癡	어리석을	치
稚	어릴	치
緻	빽빽할	치
置	둘	치
致	이를	치
馳	달릴	치
齒	이	치
則	법	칙
親	친할	친
七	일곱	칠
柒	칠	칠
	(일곱	칠)
漆	옷	칠
侵	침략할	침
寢	잘	침
枕	베게	침
沈	잠길	침
沈	젖을	침
針	바늘	침
鍼	침	침
蟄	숨을	칩
稱	부를	칭

(ㅋ)

快	쾌할	쾌

(ㅌ)

他	다를	타
唾	침	타
墮	떨어질	타
妥	편안할	타
惰	게으를	타
打	칠	타
橢	길둥글	타
舵	키	타
駝	약대	타
卓	높을	탁
托	의탁할	탁
擢	뽑을	탁
濁	흐릴	탁
濯	씻을	탁
琢	다듬을	탁
託	부탁할	탁
呑	삼킬	탄
坦	평탄할	탄
彈	탄환	탄
憚	꺼릴	탄
歎	탄식할	탄
灘	여울	탄
炭	숯	탄
綻	터질	탄
誕	날	탄
奪	빼앗을	탈
脫	벗을	탈
頉	탈	탈
探	더듬을	탐
耽	즐길	탐
貪	탐낼	탐
塔	탑	탑
宕	호랑할	탕
湯	끓을	탕
盪	씻을	탕
蕩	방탕할	탕

蕩	질탕할	탕
攄	펼	터
吐	토할	토
土	흙	토
討	칠	토
桶	통	통
痛	아플	통
筒	연통	통
筩	대통	통
統	거느릴	통
通	통할	통
套	씌울	투
妒	새암	투
投	던질	투
透	꿰뚫을	투
鬪	싸움	투
特	특별	특
兌	바꿀	태
台	별	태
太	콩	태
怠	게으를	태
態	모양	태
殆	위태할	태
汰	일	태
泰	클	태
胎	태	태
颱	태풍	태
駄	실을	태
宅	집	택
擇	가릴	택
澤	못	택
撑	버틸	탱
堆	쌓일	퇴
槌	방망이	퇴
腿	넓적다리	퇴
退	물러갈	퇴
頹	무너질	퇴

(ㅍ)

坡	언덕	파
婆	할머니	파
巴	꼬리	파
把	잡을	파
播	뿌릴	파
波	물결	파
派	갈래	파
爬	긁을	파
琶	비파	파
破	깰	파
罷	파할	파
芭	파초	파
頗	자못	파
判	쪼갤	판
板	널	판
版	조각	판
辦	힘쓸	판
瓣	꽃잎	판
販	팔	판
坂	언덕	판
八	여덟	팔
捌	깨뜨릴	팔
	(여덟	팔)
佩	찰	패
悖	거스를	패
敗	패할	패
牌	패	패
狽	랑패	패
貝	조개	패
覇	으뜸	패
澎	물결칠	팽
膨	불을	팽
愎	괴벽할	퍅
便	편할	편
偏	치우칠	편
扁	작을	편
片	쪼각	편
篇	책	편
編	엮을	편
遍	두루	편
鞭	채찍	편
坪	들	평
平	평평할	평
萍	부평초	평
評	평론할	평
幣	화폐	폐
廢	폐할	폐
弊	해질	폐
斃	죽을	폐
肺	허파	폐
蔽	가릴	폐
閉	닫을	폐
包	쌀	포
匍	길	포
咆	소리지를	포
哺	먹일	포
圃	터밭	포
布	베	포
怖	두려울	포
抱	안을	포
拋	던질	포
捕	잡을	포
暴	사나울	폭
泡	거품	포
浦	물가	포
疱	물집	포
砲	대포	포
胞	태	포
脯	마른고기	포
葡	포도	포
蒲	부들	포
舖	펼	포
飽	배부를	포
幅	폭	폭
曝	쪼일	폭
瀑	폭포	폭
爆	터질	폭
剽	깎을	표
慓	급할	표
標	표할	표

漂 빨래 표
票 표 표
表 겉 표
豹 표범 표
飄 나붓길 표
品 성품 품
稟 물을 품
楓 단풍 풍
諷 풍자할 풍
豊 풍년 풍
風 바람 풍
彼 저 피
披 헤칠 피
蓖 피마주 피
疲 피곤할 피
皮 가죽 피
被 입을 피
避 피할 피
匹 짝 필
必 반드시 필
畢 다할 필
疋 필 필
筆 붓 필
乏 다할 핍
逼 다가들 핍

(ㅎ)

下 아래 하
何 어찌 하
夏 여름 하
河 강 하
荷 짐 하
蝦 새우 하
賀 축하할 하
霞 노을 하
壑 구덩이 학
學 배울 학
瘧 학질 학
虐 모질 학
謔 희롱할 학
鶴 두루미 학
寒 찰 한
恨 한할 한
旱 가물 한
汗 땀 한
漢 강이름 한
罕 드물 한
翰 글 한
閑 한가할 한
限 한정 한
韓 성 한
割 벨 할
轄 수레 할
函 함 함
含 먹음을 함
咸 다 함
喊 소리칠 함
緘 봉함 함
艦 배 함
銜 자갈 함
陷 빠질 함
鹹 짤 함
合 합할 합
盒 그릇 합
蛤 조개 합
陜 좁을 협(합)
亢 높을 항
巷 거리 항
恒 항상 항
抗 막을 항
港 항구 항
缸 항아리 항
航 배 항
項 목 항
享 누릴 향
向 향할 향
嚮 길잡을 향
鄕 시골 향
響 울릴 향
香 향기 향
噓 불 허
墟 터 허
虛 빌 허
許 허락할 허
憲 법 헌
獻 드릴 헌
歇 쉬울 헐
險 험할 험
驗 경험할 험
嚇 성낼 혁
赫 빛날 혁
革 가죽 혁
峴 고개 현
弦 활시위 현
懸 달 현
現 보일 현
玄 검을 현
眩 어지러울 현
絃 줄 현
絢 무늬 현
縣 고을 현
舷 배전 현
衒 자랑할 현
賢 어질 현
鉉 솥귀 현
顯 나타날 현
穴 구멍 혈
血 피 혈
頁 머리 혈
嫌 혐의 혐
俠 호협할 협
協 화할 협
峽 골짜기 협
挾 낄 협
狹 좁을 협
脅 갈비 협
亨 통할 형
兄 형 형
刑 형벌 형

型	형틀	형
形	모양	형
荊	싸리	형
螢	반딧불	형
衡	저울	형
乎	토	호
互	서로	호
呼	부를	호
壕	구덩	호
好	좋을	호
弧	활	호
戶	집	호
扈	클	호
毫	털	호
浩	넓을	호
湖	호수	호
狐	여우	호
琥	호박	호
瑚	산호	호
糊	풀	호
胡	성	호
虎	범	호
號	이름	호
護	호위	호
豪	호걸	호
惑	호릴	혹
或	혹	혹
酷	혹독할	혹
婚	혼인	혼
昏	어두울	혼
混	섞일	혼
渾	흐릴	혼
魂	넋	혼
忽	문득	홀
惚	황홀할	홀
洪	넓을	홍
紅	붉을	홍
虹	무지개	홍
化	될	화
和	화할	화
樺	봇나무	화
火	불	화
畫	그림	화
禍	재앙	화
禾	벼	화
花	꽃	화
華	빛날	화
話	말씀	화
貨	재물	화
靴	신	화
擴	넓힐	확
攫	움킬	확
確	굳을	확
穫	거둘	확
丸	둥글	환
喚	부를	환
幻	헛보일	환
患	근심	환
換	바꿀	환
歡	즐길	환
煥	빛날	환
環	고리	환
還	돌아올	환
活	살	활
滑	미끄러울	활
猾	교활할	활
豁	너그러울	활
闊	넓을	활
凰	새	황
徨	헤맬	황
怳	황홀할	황
恍	눈부실	황
惶	두려울	황
慌	어렴풋할	황
况	하물며	황
煌	빛날	황
皇	임금	황
荒	거칠	황
遑	겨를	황
黃	누를	황
哮	소리지를	효
嚆	부르짖을	효
孝	효성	효
效	본받을	효
爻	수효	효
酵	삭일	효
候	기후	후
厚	두터울	후
喉	목구멍	후
嗅	맡을	후
後	뒤	후
朽	썩을	후
逅	만날	후
勳	공	훈
薰	무리	훈
燻	구을	훈
薰	더울	훈
訓	가르칠	훈
休	쉴	휴
携	끌	휴
兇	흉할	흉
凶	흉년	흉
洶	물소리	흉
胸	가슴	흉
黑	검을	흑
欣	기쁠	흔
痕	흔적	흔
吃	먹을	흘
屹	높을	흘
欠	하품	흠
欽	공경할	흠
吸	빨	흡
恰	흡사할	흡
洽	흡족할	흡
興	일	흥
詰	물을	힐
偕	함께	해
咳	기침	해
奚	어찌	해
害	해할	해

海	바다	해
解	풀	해
該	갖출	해
諧	화할	해
邂	만날	해
駭	놀랄	해
骸	뼈	해
劾	꾸짖을	핵
核	씨	핵
倖	요행	행
幸	다행	행
杏	살구	행
行	다닐	행
彗	살별	혜
惠	은혜	혜
慧	슬기	혜
醯	식혜	혜
回	돌아올	회
廻	돌	회
徊	머뭇거릴	회
恢	넓을	회
悔	뉘우칠	회
懷	품을	회
會	모일	회
灰	재	회
繪	그림	회
膾	회	회
蛔	거위	회
劃	그을	획
獲	얻을	획
橫	가로	횡
毁	헐	훼
彙	모을	휘
徽	아름다울	휘
揮	두를	휘
諱	숨길	휘
輝	빛날	휘
麾	기	휘
喜	기쁠	희
希	바랄	희
戲	희롱	희
熙	밝을	희
犧	희생	희
稀	드물	희

(ㅆ)

雙	쌍	쌍
讐	원쑤	쑤(수)
氏	성	씨

(ㅇ)

亞	다음	아
兒	아이	아
啞	벙어리	아
我	나	아
牙	어금이	아
芽	싹	아
訝	의심	아
阿	언덕	아
雅	맑을	아
餓	주릴	아
岳	매부리	악
惡	악할	악
愕	놀랄	악
握	잡을	악
顎	턱	악
鰐	악어	악
齷	악착할	악
安	편안	안
岸	언덕	안
按	누를	안
案	책상	안
眼	눈	안
鞍	안장	안
顔	얼굴	안
斡	돌	알
軋	깔릴	알
岩	바위	암
暗	어두울	암
癌	암	암
闇	암둔할	암
壓	억누를	압
押	누를	압
鴨	오리	압
仰	우러를	앙
央	가운데	앙
怏	원망할	앙
昻	높이들	앙
殃	재앙	앙
秧	모	앙
鴦	원앙새	앙
哀	슬플	애
愛	사랑	애
曖	희미할	애
涯	물가	애
碍	막힐	애
隘	좁을	애
靄	아지랑이	애
厄	액	액
液	진액	액
額	이마	액
鸚	앵무새	앵
也	토	야
倻	가야	야
冶	풀무	야
夜	밤	야
惹	끌	야
揶	야유할	야
椰	야자나무	야
爺	아버지	야
耶	토	야
野	들	야
弱	약할	약
約	언약할	약
若	같을	약
藥	약	약
躍	뛸	약
龠	피리	약

壤 흙덩이 양
揚 날릴 양
楊 버들 양
樣 모양 양
洋 바다 양
瘍 헐 양
羊 양 양
襄 도울 양
讓 사양할 양
釀 빚을 양
陽 볕 양
養 기를 양
圄 옥 어
御 모실 어
於 토 어
漁 고기잡을 어
瘀 어혈 어
禦 막을 어
語 말씀 어
魚 고기 어
億 억 억
憶 생각 억
抑 누를 억
臆 가슴 억
堰 둑 언
焉 토 언
言 말씀 언
諺 속담 언
儼 엄연할 엄
嚴 엄할 엄
俺 덮을 엄
業 업 업
汝 너 여
余 나 여
如 같을 여
與 더불어 여
輿 수레 여
餘 남을 여
亦 또 역
域 지역 역

役 부릴 역
易 바꿀 역
(쉬울 이)
疫 전염병 역
繹 실뽑을 역
譯 번역 역
逆 거스릴 역
驛 역 역
延 뻗을 연
宴 잔치 연
捐 버릴 연
撚 비빌 연
椽 서까래 연
沿 따를 연
淵 못 연
演 넓을 연
然 그럴 연
煙 연기 연
燕 제비 연
然 탈 연
研 갈 연
緣 인연 연
臙 연지 연
衍 넓을 연
軟 연할 연
鉛 연 연
鳶 소리개 연
悅 기쁠 열
熱 더울 열
閱 볼 열
厭 싫을 염
染 물들일 염
炎 불길 염
焰 불꽃 염
艶 고울 염
髥 수염 염
鹽 소금 염
葉 잎 엽
影 그림자 영
暎 비칠 영

榮 빛날 영
永 길 영
泳 헤엄칠 영
營 경영할 영
盈 찰 영
英 꽃부리 영
詠 읊을 영
迎 막을 영
曳 끌 예
蘂 꽃술 예
睿 슬기 예
藝 재주 예
裔 옷깃 예
詣 이를 예
譽 기릴 예
銳 날카로울 예
隷 종 예
預 미리 예
五 다섯 오
伍 대오 오
(다섯 오)
傲 거만할 오
午 낮 오
吾 나 오
吳 성 오
嗚 슬플 오
奧 깊을 오
娛 즐길 오
寤 깰 오
悟 깨달을 오
懊 한할 오
梧 오동나무 오
汚 더러울 오
烏 까마귀 오
誤 그릇 오
屋 집 옥
沃 기름질 옥
獄 옥 옥
玉 구슬 옥
溫 따스할 온

穩 편안할 온
壅 막을 옹
擁 낄 옹
甕 독 옹
渦 소용돌이 와
瓦 기와 와
臥 누울 와
訛 거짓 와
婉 고을 완
完 완전할 완
宛 완연할 완
玩 희롱 완
緩 늦을 완
腕 팔뚝 완
莞 왕골 완
豌 완두 완
頑 억셀 완
曰 가로 왈
往 갈 왕
旺 왕성할 왕
汪 넓을 왕
王 임금 왕
倭 왜놈 왜
矮 난쟁이 왜
外 밖 외
歪 비뚜러질 외
猥 외람될 외
僥 요행 요
夭 일찍죽을 요
妖 요사할 요
拗 우길 요
搖 흔들 요
撓 휠 요
擾 시끄러울 요
耀 빛날 요
窯 기와가마 요
腰 허리 요
要 요긴할 요
謠 노래 요
邀 맞을 요

饒 넉넉할 요
慾 욕심 욕
欲 하고저할 욕
浴 목욕할 욕
辱 욕할 욕
傭 품팔 용
勇 날랠 용
容 얼굴 용
庸 떳떳할 용
湧 솟을 용
溶 풀릴 용
熔 녹일 용
用 쓸 용
茸 사슴뿔 용
踊 뛸 용
鎔 쇠녹일 용
于 토 우
偶 짝 우
優 넉넉할 우
又 또 우
友 벗 우
右 오른 우
宇 집 우
寓 붙일 우
尤 더욱 우
愚 어리석을 우
憂 근심 우
牛 소 우
禹 성 우
紆 얽힐 우
羽 깃 우
迂 에돌 우
遇 만날 우
郵 우편 우
雨 비 우
煜 빛날 욱
云 이를 운
殞 죽을 운
運 움직일 운
隕 떨어질 운

雲 구름 운
韻 운 운
鬱 답답할 울
熊 곰 웅
雄 숫 웅
元 으뜸 원
原 인덕 원
員 인원 원
園 동산 원
圓 둥글 원
怨 원망할 원
寃 원통할 원
援 도울 원
源 근원 원
猿 원숭이 원
遠 멀 원
院 집 원
願 원할 원
鴛 원앙새 원
月 달 월
越 넘을 월
位 자리 위
偉 거룩할 위
僞 거짓 위
危 위태할 위
圍 에울 위
委 맡길 위
威 위엄 위
尉 벼슬 위
慰 위로할 위
渭 땅이름 위
爲 하 위
緯 씨 위
胃 위 위
萎 시들 위
蔚 제비쑥 위
(땅이름울)
衛 호위할 위
謂 이를 위
違 어길 위

韋 가죽 위
乳 젖 유
儒 선비 유
兪 성 유
唯 오직 유
喩 깨우칠 유
宥 용서할 유
幼 어릴 유
幽 그윽할 유
悠 멀 유
惟 생각할 유
愉 즐거울 유
揄 야유할 유
有 있을 유
柚 유자 유
柔 부드러울 유
楡 느릅나무 유
油 기름 유
游 헤엄칠 유
由 말미암을 유
癒 나을 유
維 벼리 유
裕 넉넉할 유
誘 달랠 유
諭 타이를 유
諛 아첨할 유
謬 그릇 유
蹂 밟을 유
踰 넘을 유
遊 놀 유
遺 끼칠 유
酉 닭 유
毓 키울 육
肉 고기 육
育 기를 육
尹 성 윤
潤 불을 윤
閏 윤달 윤
融 녹을 융
恩 은혜 은

慇 은근할 은
殷 성 은
銀 은 은
隱 숨을 은
乙 새 을
吟 읊을 음
淫 음란할 음
陰 그늘 음
音 소리 음
飮 마실 음
邑 고을 읍
凝 엉킬 응
應 응할 응
膺 가슴 응
依 의지할 의
倚 기댈 의
儀 거동 의
宜 마땅 의
意 뜻 의
擬 비길 의
椅 의자 의
毅 굳셀 의
疑 의심 의
義 옳을 의
艤 배댈 의
衣 옷 의
誼 정 의
議 의논 의
醫 의사 의
二 두 이
以 써 이
伊 저 이
夷 오랑캐 이
姨 이모 이
已 이미 이
弛 늦출 이
栮 버섯 이
異 다를 이
移 옮길 이
而 말이을 이

耳 귀 이
貳 다음 이
(두 이)
益 더할 익
翼 날개 익
人 사람 인
仁 어질 인
印 도장 인
咽 목구멍 인
(목멜 열)
因 인할 인
姻 혼인 인
引 끌 인
忍 참을 인
湮 빠질 인
認 알 인
靷 가슴걸이 인
靭 질길 인
一 한 일
壹 갖은한 일
(한 일)
日 날 일
溢 넘을 일
逸 편안할 일
任 맡길 임
壬 북방 임
姙 아이밸 임
賃 삯 임
入 들 입
剩 남을 잉
〈以上 3,000자〉

22. 二十四節氣와 七十二候

春	立春 陽 2월4~5일	동풍에 얼음 풀리고 (東風解凍) 월동 벌레 움직이기 시작하며 (蟄蟲始振) 물고기 얼음판에 비친다. (魚上氷)
	雨水 陽 2월19~20일	수달 잡은 물고기 진설하고 (獺祭魚) 기러기 날아오며 (鴻雁來) 풀나무 새싹 나다. (草木萌動)
	驚蟄 陽 3월5~6일	복숭아꽃 피기 시작하고 (桃始花) 꾀꼬리가 울며 (倉庚鳴) 매 새끼 바뀌어 비둘기 되다. (鷹化爲鳩)
	春分 陽 3월21~22일	제비 나라오고 (玄鳥至) 우레 소리 들리며 (電發聲) 번개치기 시작하다. (始電)
	淸明 陽 4월5~6일	오동 꽃 피기 시작하고 (桐始華) 두더지가 종달새 되며 (田鼠化爲鴽) 무지개 첫 선을 보이다. (虹始見)
	穀雨 陽 4월20~21일	부평초 싹 나기 시작하고 (萍始生) 비둘기 깃 쳐 울며 (鳴鳩拂其羽) 뻐꾸기 뽕밭에 내리다. (戴勝降於桑)
夏	立夏 陽 5월6~7일	땅강아지와 청개구리 울고 (螻蟈鳴) 지렁이 나오며 (蚯蚓出) 하늘타리 나오다. (王瓜生)
	小滿 陽 5월21~22일	씀바귀 무성하고 (苦菜秀) 냉이가 시들며 (靡草死) 드디어 보리가 익는다. (麥秋至)
	芒種 陽 6월6~7일	사마귀가 나오고 (螳螂生) 왜가리 울기 시작하며 (鵙始鳴) 때까치 소리 없이 울다. (反舌無聲)
	夏至 陽 6월21~22일	사슴뿔 벗어버리고. (鹿角解) 매미 첫울음 들리며 (鵬始鳴) 반하 약초가 나오다. (半夏生)
	小暑 陽 7월7~8일	더운 바람 불기 시작하고 (溫風始至) 귀뚜라미 벽 속에서 살며 (蟋蟀居壁) 매 새끼 날개 짓 연습하다. (鷹乃學習)

	大暑 陽 7월23~24일	썩은 풀 무덤에 개똥벌레 나고(腐草爲螢) 땅이 습하고 무더우며 (土潤溽暑) 때때로 큰비 내리다. (大雨時行)
秋	立秋 陽 8월8~9일	서늘한 바람일고 (涼風至) 흰 이슬 내리며 (白露降) 가을매미 울다. (寒蟬鳴)
	處暑 陽 8월23~24일	매가 새 잡아 가을제사하고(鷹乃祭鳥) 천지 비로소 숙연하며 (天地始肅) 오곡농사 익다. (農乃登穀)
	白露 陽 9월8~9일	고니 기러기 찾아오고 (鴻雁來) 제비 돌아가며 (玄鳥歸) 새떼 베 불리다. (群鳥養羞)
	秋分 陽 9월23~24일	우레 소리 그치고 (雷始收聲) 잘 벌레 흙으로 문 바르며 (蟄蟲坏戶) 물이 마르기 시작하다. (水始涸)
	寒露 陽 10월8~9일	붉은 기러기 손맞이하고 (鴻雁來賓) 참새 바다조개 되며 (爵入大水爲蛤) 엉거시 노랗게 피다.(鞠有黃華)
	霜降 陽 10월23~24일	승냥이 금수잡아 제사하고 (豺乃祭獸戮禽) 풀나무 잎 시들니 (草木黃落) 벌레 틀어박혀 엎드리다. (蟄蟲咸俯)
冬	立冬 陽 11월7~8일	물이 처음 얼고 (水始氷) 땅이 처음 얼며 (地始凍) 꿩이 바다에 들어 대합되다. (雉入大水爲蜃)
	小雪 陽 11월22~23일	무지개 숨어 보이지 않고 (虹藏不見) 천기 오르고 지기 내되며 (天氣上騰地氣下降) 천지 꽉 막힌 겨울되다. (閉塞而成冬)
	大雪 陽 12월7~8일	할단새 울지 않고 (鶡旦不鳴) 호랑이 짝짓기 시작하며 (虎始交) 꽃창포 빼어나다. (荔挺出)
	冬至 陽 12월22~23일	지렁이 꿈틀거리고 (蚯蚓結) 사슴뿔 풀리며 (麋角解) 샘물 밑에서 움직이다. (水泉動)
	小寒 陽 1월6~7일	기러기 북으로 향하고 (雁北向) 까치 둥우리 짖기 시작하며 (鵲始巢) 장끼 울기 시작하다. (雉始雊)
	大寒 陽 1월20~21일	닭이 알을 품고 (鷄始乳) 새매 높고 날쌔며 (征鳥厲疾) 못에 얼음 굳다. (水澤腹堅)

23. 數字로 시작하는 單語

1. 二倫行實圖　조선 中宗 때 曺伸이 지은 책. ① 長幼有序와 ② 朋友有信의 도리에 관한 일을 그림으로 그리고 漢文과 한글로 설명하였음.
2. 二石八大　淸나라 때 절대 주관적인 그림을 그린 ① 石濤와 ② 石谿, 그리고 八大仙人.
3. 二星　七月 七夕날, 은하수에 놓은 烏鵲橋를 건너 만난다는 ① 牽牛星과 ② 織女星.
4. 二王　중국 晋代의 書聖. ① 王羲之와 일곱째 아들 ② 王獻之.
5. 二衆　불교의 ① 比丘와 ② 比丘尼

1.三綱　유교도덕의 기본이 되는 세 큰 벼리. ① 君爲臣綱 ② 父爲子綱 ③ 夫爲婦綱
2. 三大史庫　임진왜란 이전까지 조선왕조실록을 보관하던 세 개의 史庫. ① 忠州史庫 ② 星州史庫 ③ 全州史庫
3. 三民主義　1905년 中國의 孫文이 제창한 중국 혁명의 세 가지 기본 이념. ① 民族主義 ② 民權主義 ③ 民生主義
4. 三煞方　민속에서 세 가지 불길한 방위. ① 歲煞 ② 劫煞 ③ 災煞
5. 三牲　산 제물로 쓰이는 세 가지 짐승. ① 牛 ② 羊 ③ 猪
6. 三蘇　宋나라 때 三父子의 名文章家. ① 蘇洵 ② 蘇軾 ③ 蘇轍
7. 三神　檀君 이전의 조상으로 모시는 세 神人. ① 桓因(造化神) ② 桓雄(敎化神) ③ 桓儉(治化神)
8. 三隱　고려 말기의 세 性理學者. ① 圃隱(鄭夢周) ② 牧隱(李穡) ③ 冶隱(吉再)
9. 三益友　사귀어서 이로운 세 가지 벗. ① 心性이 곧은 벗 ② 信賴性 있는 벗 ③

見聞이 많은 벗

10. 三仁 殷나라 말기의 새 사람의 仁者. ① 微子 ② 箕子 ③ 比干

11. 三才 세상을 이루는 세 가지. ① 天 ② 地 ③ 人

12. 三政 나라 정사에 있어 중요한 세 가지. ① 田政 ② 軍政 ③ 還穀

13. 三知 道를 깨닫는 힘의 세 층. ① 生知 ② 學知 ③ 困知

14. 三竄 宣祖 16년에 李栗谷을 비난 공격한 세 사람을 三地로 귀양보낸 일. ① 宋應漑(會寧) ② 朴謹元(江界) ③ 許篈(甲山)

15. 三蒼 漢나라 초기의 세 가지 사전. ① 蒼頡篇(李斯) ② 爰歷篇(趙高) ③ 博學篇(胡毋敬)

16. 三淸 道敎에서 신선이 산다는 세 궁. ① 玉淸 ② 上淸 ③ 太淸

17. 三浦 世宗 때 倭人에 대한 회유책으로 개항한 세 곳. ① 薺浦(熊川) ② 釜山浦(東萊) ③ 鹽浦(蔚山)

18. 三學士 丙子胡亂 때 淸나라에 항복함을 반대하다가 살해당한 세 斥和臣. ① 洪翼漢 ② 尹集 ③ 吳達濟

19. 三勳臣 연산군을 내치고 中宗을 추대한 세 勳臣. ① 朴元宗 ② 成希顔 ③ 柳順汀

1. 四君子 동양화에서 고결함이 君子와 같다는 네 가지 식물의 그림 ①梅 ② 蘭 ③ 菊 ④竹

2. 四窮 의지할 곳이 없는 처지의 네 종류의 사람 ① 鰥(환) : 늙은 홀아비 ② 寡 : 늙은 홀어미 ③ 孤 : 부모 없는 어린이 ④ 獨 : 자식 없는 늙은이

3. 四氣 네 계절의 기운. ① 春→溫 ② 夏→熱 ③ 秋→冷 ④ 冬→寒

4. 四難 부처를 만나 그 가르침을 믿게 될 때까지의 네 가지 어려운 일. ① 值佛難 ② 說法難 ③ 聞法難 ④ 信受難

5. 四端 인간의 本性에서 우러나는 네 가지 마음씨 ① 惻隱之心, 仁之端 ② 羞惡之心, 義之端 ③ 辭讓之心, 禮之端, ④ 是非之心, 智之端

6. 四大奇書 明代의 네 가지 小說 ① 水滸志 ② 三國志演義 ③ 西遊記 ④ 金甁梅

7. 四大門 조선시대 서울의 네 대문 ① 東→興仁之門② 西→敦義門 ③ 南→崇禮門 ④ 北→肅靖門

8. 四大士禍 조선시대 일어난 네 차례의 士禍. ① 戊午士禍(燕山君 4년, 1498) ② 甲子士禍(燕山君 10년, 1504) ③ 己卯士禍(中宗 14년, 1519) ④ 乙巳士禍(明宗 元年, 1545)

9. 四大聖人 동서 고래로 으뜸가는 네 聖人 ① 孔子 ② 釋迦 ③ 예수 ④ 소크라테스

10. 四德　여자가 갖추어야 할 네 가지 품성 ① 마음씨 곧 婦德(順從) ② 말씨 곧 婦言(辭令) ③ 맵씨 곧 婦容(婉娩) ④ 솜씨 곧 婦功(絲麻)

11. 四瀆　조선시대 國運의 융성을 빌어 해마다 제사를 지낸 강 ① 洛東江 ② 大同江 ③ 漢江 ④ 龍興江

12. 四靈　전설상의 네 가지 신령한 動物. ① 기린 ② 봉황 ③ 거북 ④ 용

13. 四立　사계절이 시작되는 절기 ① 立春(2월 4일) ② 立夏(5월 6, 7일) ③ 立秋(8월 7일) ④ 立冬(11월 8, 9일)

14. 四物湯　네 가지 한약재로 만든 여자의 補血을 위한 湯藥. ① 熟地黃 ② 芍藥 ③ 川芎 ④ 當歸

15. 四美　네 가지 아름다운 일. ① 좋은 시절(良辰) ② 아름다운 경치(美景) ③ 구경하는 마음(賞心) ④ 즐거운 일(樂事)

16. 四寶　文人에게 꼭 필요한 文房四友를 뜻함 ① 종이(紙) ② 붓(筆) ③ 먹(墨) ④ 벼루(硯)

17. 四福音　新約聖書 중에 있는 네 가지 福音書. ① 마태福音 ② 마가福音 ③ 누가福音 ④ 요한福音

18. 四府　中國의 古典 중 네 가지 經書. ① 易經 ② 詩經 ③ 書經 ④ 春秋

19. 四部　중국의 서적을 네 부류로 나눈 것. ① 經部 ② 史部 ③ 子部 ④ 集部

20. 四書　宋代부터 일컬은 중국 古典의 네 가지. ① 大學 ② 中庸 ③ 論語 ④ 孟子

21. 四仙　신라 때의 네 花郎. ① 永郎 ② 述郎 ③ 安詳 ④ 南郎

22. 四善　옛날 中國에서 관리의 성적을 매길 때의 네 가지 표준. ① 德行 ② 淸愼 ③公平 ④ 勤勉

23. 四神獸　네 방위를 맡은 神獸 ① 東→靑龍 ② 西→白虎 ③ 南→朱雀 ④ 北→玄武

24. 四岳　옛날 中國에서 여러 山의 鎭으로 삼은 네 방향의 山. ① 東岳 → 泰山 ② 西岳 → 華山 ③ 南岳 → 衡山 ④ 北岳 → 恒山

25. 四維　나라를 유지하는데 지켜야 할 네 가지 원칙. ① 禮 ② 義 ③ 廉 ④ 恥

26. 四診　병의 증세를 진찰하는 네 가지 방법. ① 視診 ② 聽診 ③ 問診 ④ 觸診

27. 四天　사계절의 하늘. ① 春→蒼天 ② 夏→昊天 ③ 秋→旻天 ④ 冬→上天

28. 四學訓導　조선시대 사역원에 둔 정9품의 벼슬. 여기의 四學은 ① 漢學 ② 蒙學 ③ 倭學 ④ 女眞學

29. 四行　인간의 네 가지 덕행 ① 孝 ② 悌 ③ 忠 ④ 信

30. 四皓　秦始皇 때 피난하여 섬서성 商山에 들어가 숨어 산 네 사람 隱士. 모두 눈썹과 수염이 희어서 '商山四皓'라 칭함. ① 東園公 ②綺里季 ③ 夏黃

公 ④ 角里先生

31. 四患 사람이 태어나서 죽을 때 까지의 과정. ①生 ② 老 ③ 病 ④ 死

1. 五經 中國의 다섯 가지 經書. ① 詩經 ② 書經 ③ 周易 ④ 禮記 ⑤ 春秋

2. 五戒 세속의 신자들이 지켜야 할 다섯 가지 禁戒. ① 殺生 ② 偸盜 ③ 邪淫 ④ 妄語 ⑤ 飮酒

3. 五穀 다섯 가지 곡식. ① 쌀(稻) ② 보리(麥) ③ 콩(豆) ④ 조(粟) ⑤ 기장(黍)

4. 五果 다섯 가지 과일. ① 복숭아(桃) ② 자두(李) ③ 살구(杏) ④ 밤(栗) ⑤ 대추(棗)

5. 五金 ① 金 ② 銀 ③ 銅 ④ 鐵 ⑤ 錫

6. 五伎 신라 때 행해졌던 다섯 가지의 탈춤놀이. ① 金丸 ② 月顚 ③ 大面 ④ 束毒 ⑤ 狻猊(산예)

7. 五大洋 지구상에 있는 다섯 개의 큰 바다. ① 太平洋 ② 印度洋 ③ 大西洋 ④ 南氷洋 ⑤ 北氷洋

8. 五德 ⑴ 유교에서 말하는 사람의 다섯 가지 德. ① 溫和 ② 良順 ③ 恭遜 ④ 儉素 ⑤ 謙讓 ⑵ 兵家에서 말하는 다섯 가지 德. ① 智 ② 信 ③ 仁 ④ 勇 ⑤ 嚴

9. 五倫 사람으로서 지켜야할 다섯 가지의 도리. ① 君臣有義 ② 父子有親 ③ 夫婦有別 ④ 長幼有序 ⑤ 朋友有信

10. 五味 음식의 다섯 가지 맛. ① 酸味 ② 苦味 ③ 鹹味 ④ 辛味 ⑤ 甘味

11. 五方 다섯 가지 위치. ① 東 ② 西 ③ 南 ④ 北 ⑤ 中

12. 五方色 오방에 대한 다섯 가지 빛깔. ① 靑(東) ② 白(西) ③ 赤(南) ④ 黑(北) ⑤ 黃(中)

13. 五寶 다섯 가지 보물. ① 金 ② 銀 ③ 珍珠 ④ 珊瑚 ⑤ 琥珀

14. 五福 다섯 가지 福. ① 壽 ② 富 ③ 康寧 ④ 貴 ⑤ 子孫衆多(考終命)

15. 五常 사람으로서 마땅히 지켜야 할 다섯 가지 도리. ① 仁 ② 義 ③ 禮 ④ 智 ⑤ 信

16. 五聖 ⑴ 文廟에 함께 모시는 다섯 聖人. ① 孔子 ② 顔子 ③ 曾子 ④ 子思 ⑤ 孟子 ⑵ 中國 고대의 다섯 聖人. ① 黃帝 ② 堯 ③ 舜 ④ 禹 ⑤ 湯王

17. 五小京 통일신라시대의 다섯 小京. ① 金官京(金海) ② 中原京(忠州) ③ 北原京(原州) ④ 西原京(淸州) ⑤ 南原京(南原)

18. 五嶽 ⑴ 우리 나라의 다섯 名山. ① 金剛山 ② 妙香山 ③ 智異山 ④ 白頭山 ⑤ 三角山 ⑵ 中國의 다섯 名山. ① 泰山 ② 華山 ③ 衡山 ④ 恒山 ⑤

	嵩山
19. 五慾	인간의 다섯 가지 욕심. ① 財慾 ② 色慾 ③ 食慾 ④ 名譽慾 ⑤ 睡眠慾
20. 五音	동양 음악의 다섯 음계. ① 宮 ② 商 ③ 角 ④ 徵(치) ⑤ 羽
21. 五子	중국의 다섯 대학자와 그들의 저서. ① 老子 ② 莊子 ③ 荀子 ④ 楊子 ⑤ 文中子
22. 五爵	작위를 다섯 등분한 것. ① 公爵 ② 侯爵 ③ 伯爵 ④ 子爵 ⑤ 男爵
23. 五臟	사람의 다섯 가지 내장. ① 肝臟 ② 心臟 ③ 肺腸 ④ 腎臟 ⑤ 脾臟
24. 五賊	조선 말기 乙巳勒約의 체결시 참가한 다섯 매국노. ① 朴齊純 ② 李址鎔 ③ 李根澤 ④ 李完用 ⑤ 權重顯
25. 五畜	가축의 다섯 종류. ① 牛 ② 羊 ③ 豚 ④ 犬 ⑤ 鷄
26. 五蟲	형태상으로 구분한 다섯 가지 종류의 벌레. ① 鱗蟲 ② 羽蟲 ③ 毛蟲 ④ 裸蟲 ⑤ 介蟲
27. 五行	만물을 조성하는 다섯 가지의 元氣(원기). ① 木 ② 火 ③ 土 ④ 金 ⑤ 水
28. 五刑	옛날 범죄자를 처벌하던 다섯 가지의 형벌. ① 笞刑 ② 杖刑 ③ 徒刑 ④ 流刑 ⑤ 死刑
29. 五胡	중국 漢·晋나라 때, 서북방에서 중국 본토에 이주한 다섯 민족. ① 匈奴 ② 羯 ③ 鮮卑 ④ 氐 ⑤ 羌

1. 六禮	(1) 유교사회에서 행하여지던 여섯 가지 의식 ① 冠禮 ② 婚禮 ③喪禮 ④ 祭禮 ⑤ 鄕飮酒禮 ⑥ 相見禮 (2) 혼인의 여섯 가지 예법. ① 納采 ② 問名 ③ 納吉 ④ 納幣 ⑤ 請期 ⑥ 親迎
2. 六母	자식을 길러주는 관계로서 여섯 가지 어머니. ① 嫡母 ② 繼母 ③ 養母 ④ 慈母 ⑤ 庶母 ⑥ 乳母
3. 六法	여섯 가지의 기본되는 법률. ① 憲法 ② 刑法 ③ 民法 ④ 商法 ⑤ 刑事訴訟法 ⑥ 民事訴訟法
4. 六部	고려시대부터 설치한 조정의 여섯 가지 부서. ① 吏部 ② 戶部 ③兵部 ④ 禮部 ⑤ 刑部 ⑥ 工部
5. 六腑	뱃속의 여섯 가지 器官. ① 大腸 ② 小腸 ③ 胃 ④ 膽 ⑤ 膀胱 ⑥ 三膲(삼초)
6. 六書	(1) 漢字의 구조 및 사용에 관한 여섯 가지 명칭. ① 象形 ② 指事 ③ 會意 ④ 形聲 ⑤ 轉注 ⑥ 假借 (2) 漢字의 여섯 가지 書體 ① 大篆 ② 小篆 ③ 隷書 ④ 楷書 ⑤ 草書 ⑥ 行書

7. 六詩　　漢詩의 여섯 가지 體. ① 賦 ② 比 ③ 興 ④ 風 ⑤ 雅 ⑥ 頌

8. 六藝　　고대 中國의 여섯 가지 교육 과목. ① 禮 ② 樂 ③ 射 ④ 御 ⑤ 書 ⑥ 數

9. 六曹　　고려 말 조선시대 주요한 國務를 다스리던 여섯 官府. ① 吏曹 ② 戶曹 ③ 禮曹 ④ 兵曹 ⑤ 刑曹 ⑥ 工曹

10. 六朝　　中國에서 後漢이 망한 뒤 隋가 통일하기까지 여섯 조정. ① 吳 ②東晉 ③ 宋 ④ 齊 ⑤ 梁 ⑥ 陳

11. 六注比廛　　조선시대 서울의 종로에 있던 여섯 가지 상가. 六矣廛이라고도 칭함. ① 縇廛 ② 綿布廛 ③ 綿紬廛 ④ 紙廛 ⑤ 苧布廛 ⑥ 內外魚物廛

12. 六鎭　　조선 세종 때 함경북도 北邊에 설치한 여섯 鎭. ① 慶源 ② 慶興 ③ 富寧 ④ 會寧 ⑤ 穩城 ⑥ 鐘城

13. 六親　　가족의 여섯 가지 관계. ① 父 ② 母 ③ 兄 ④ 弟 ⑤ 妻 ⑥ 子

1. 七去之惡　　아내를 내칠 수 있는 일곱 가지 사항. ① 시부모에게 순종하지 않음(不順父母) ② 아들이 없음(無子) ③음탕함(不貞) ④ 질투함(嫉妬) ⑤ 나쁜 병이 있음(惡疾) ⑥ 말이 많음(多言) ⑦ 도둑질을 함(竊盜)

2. 七寶　　일곱 가지 보내. ① 金 ② 銀 ③ 玻璃(珍珠) ④ 瑪瑙(마노) ⑤ 硨磲(거거) ⑥ 琉璃 ⑦ 珊瑚(玫瑰)

3. 七書　　四書三經을 이르는 말. ① 論語 ② 孟子 ③ 中庸 ④ 大學 ⑤ 詩經⑥ 書經 ⑦ 周易

4. 七順　　사람의 덕을 높이는 일곱 가지 순종의 道. ① 順天 ② 順地 ③ 順民 ④ 順利 ⑤ 順德 ⑥ 順仁 ⑦ 順道

5. 七雄　　중국 戰國時代의 일곱 强國 즉 七國. ① 秦 ② 楚 ③ 燕 ④ 齊 ⑤ 趙 ⑥ 魏 ⑦ 韓

6. 七音　　(1) 음운 상의 일곱 가지 소리. ① 牙音 ② 舌音 ③ 脣音 ④ 齒音 ⑤ 喉音 ⑥ 半舌音 ⑦ 半齒音　(2) 동양 음악의 일곱 가지 음계. ① 4宮 ② 商 ③ 半商 ④ 角 ⑤ 徵(치) ⑥ 半徵 ⑦ 羽

7. 七情　　사람의 일곱 가지 감정. ① 喜 ② 怒 ③ 哀 ④ 樂 ⑤ 愛 ⑥ 惡(오) ⑦ 慾

8. 七賢　　論語에 逸民으로 올려진 일곱 賢人. ① 伯夷 ② 叔齊 ③ 虞仲 ④ 夷逸 ⑤ 朱張 ⑥ 柳下惠 ⑦ 少連

1. 八景 八景은 여러 곳에 있지만 다음 2가지로 대표된다. ⑴ 關東八景. 江原道 동해안에 있는 여덟 명승지 ① 淸澗亭(干城) ② 鏡浦臺(江陵) ③ 三日浦(高城) ④ 竹西樓(三陟) ⑤ 洛山寺(襄陽) ⑥ 望洋亭(蔚珍) ⑦ 叢石亭(通川) ⑧ 月松亭(平海) ⑵ 瀟湘八景 中國 瀟湘에 있는 여덟 가지 아름다운 경치. ① 平沙落雁 ② 遠浦歸帆 ③ 山市晴嵐 ④ 江天暮雪 ⑤ 洞庭秋月 ⑥ 瀟湘夜雨 ⑦ 烟寺晩鐘 ⑧ 漁村夕照

2. 八卦 중국의 伏羲氏가 지었다는 여덟 가지 괘. ① 乾(☰ 天 父 北西) ②坤(☷ 地 母 南西) ③ 震(☳ 雷 長子 東) ④ 巽(☴ 風 長女 南東) ⑤ 坎(☵ 水 次子 北) ⑥ 離(☲ 火 次女 南) ⑦ 艮(☶ 山 末子 北東) ⑧ 兌(☱ 澤 末女 西)

3. 八代家 중국 唐宋 때 뛰어난 8명의 문장가. 곧 唐宋八大家. ① 韓愈 ② 柳宗元 ③ 歐陽修 ④ 王安石 ⑤ 曾鞏 ⑥ 蘇洵 ⑦ 蘇軾 ⑧ 蘇轍

4. 八德 사람으로서 갖추어야할 여덟 가지 德. ① 仁 ② 義 ③ 禮 ④ 智 ⑤ 忠 ⑥ 信 ⑦ 孝 ⑧ 悌

5. 八仙 주로 중국 漢나라 때 8명의 仙人을 칭함. ① 鍾離權 ② 張果老 ③ 韓湘子 ④ 李鐵拐 ⑤ 曹國舅 ⑥ 呂洞賓 ⑦ 藍采和 ⑧ 何仙姑

6. 八體書 秦나라 때 쓰인 여덟 가지 書體. ① 大篆 ② 小篆 ③ 刻符 ④ 蟲書 ⑤ 摹印 ⑥ 署書 ⑦ 殳書 ⑧ 隸書

1. 九經 중국 고전의 아홉 가지 經書. ① 周禮 ② 儀禮 ③ 禮記 ④ 左傳 ⑤ 公羊傳 ⑥ 穀梁傳 ⑦ 周易 ⑧ 書經 ⑨ 詩經

2. 九寺 고려 초기 중앙의 庶政을 맡아보던 아홉 관아. ① 太常寺 ② 光祿寺 ③ 衛尉寺 ④ 太僕寺 ⑤ 大理寺 ⑥ 禮賓寺 ⑦ 司農寺 ⑧ 大府寺 ⑨宗正寺

3. 九夷 東夷族의 아홉 갈래. ① 畎夷 ② 于夷 ③ 方夷 ④ 黃夷 ⑤ 白夷 ⑥赤夷 ⑦ 玄夷 ⑧ 風夷 ⑨ 陽夷

4. 九人會 1933년 8월, 순수문학을 표방한 문단의 작가 9명이 결성한 文學同人會. ① 金起林 ② 李孝石 ③ 李鍾鳴 ④ 金幽影 ⑤ 柳致眞 ⑥ 趙容萬 ⑦ 李泰俊 ⑧ 鄭芝溶 ⑨ 李無影

5. 九天 고대 中國에서 하늘을 아홉 개로 구분한 호칭. ① 鈞天(中央) ②蒼天(東) ③ 昊天(西) ④ 炎天(南) ⑤ 玄天(北) ⑥ 變天(北東) ⑦ 陽天(南東) ⑧

朱天(南西) ⑨ 幽天(北西)

6. 九川 중국에서 옛날 九州에 흐르는 하천의 명칭. ① 揚子江 ② 黃河 ③ 漢水 ④ 濟水 ⑤ 淮水 ⑥ 渭水 ⑦ 弱水 ⑧ 洛水 ⑨ 黑水

7. 九哲 孔子의 제자 중 顔回를 제외한 아홉 제자. ① 閔子騫 ② 冉伯牛 ③ 仲弓 ④ 宰我 ⑤ 子貢 ⑥ 冉有 ⑦ 季路 ⑧ 子游 ⑨ 子夏

8. 九卿 조선시대 議政府의 左右參贊, 六朝의 六判書, 漢城府 判尹의 正三品 벼슬을 일컬음.

9. 九大家 고려 조선시대 뛰어난 아홉 명의 문장가. ① 金富軾 ② 李齊賢 ③ 張維 ④ 李植 ⑤ 金昌協 ⑥ 朴趾源 ⑦ 洪奭周 ⑧ 金邁淳 ⑨ 李建昌

1. 十干 六十甲子를 이루는 열 가지 天干. ① 甲 ② 乙 ③ 丙 ④ 丁 ⑤ 戊 ⑥ 己 ⑦ 庚 ⑧ 辛 ⑨ 壬 ⑩ 癸

2. 十長生 長生不死한다는 열 가지. ① 日 ② 山 ③ 水 ④ 石 ⑤ 雲 ⑥ 松 ⑦ 不老草 ⑧ 龜 ⑨ 鶴 ⑩ 鹿

3. 十哲 孔子의 제자 중 학행이 뛰어난 열 사람. ① 顔回 ② 閔子騫 ③ 冉伯牛 ④ 仲弓 ⑤ 宰我 ⑥ 子貢 ⑦ 冉有 ⑧ 子路 ⑨ 子游 ⑩ 子夏

1. 十二歌詞 조선 중기 널리 불리던 열 두 가지 가창 가사. ① 白鷗詞 ② 竹枝詞 ③ 漁父詞 ④ 行軍樂 ⑤ 黃鷄詞 ⑥ 春眠曲 ⑦ 相思別曲 ⑧ 勸酒歌 ⑨ 處士歌 ⑩ 襄陽歌 ⑪ 首陽山歌 ⑫ 梅花歌

2. 十二支 六十甲子를 이루는 열 두 가지 짐승을 뜻하는 地支. ① 子(鼠) ② 丑(牛) ③ 寅(虎) ④ 卯(兎) ⑤ 辰(龍) ⑥ 巳(蛇) ⑦ 午(馬) ⑧ 未(羊) ⑨ 申(猿) ⑩ 酉(鷄) ⑪ 戌(犬) ⑫ 亥(豕)

1. 十三經 중국의 열 세가지 經書. ① 易經 ② 書經 ③ 詩經 ④ 周禮 ⑤ 儀禮 ⑥ 禮記 ⑦ 春秋左氏傳 ⑧ 春秋穀梁傳 ⑨ 論語 ⑩ 孝經 ⑪ 爾雅 ⑫ 孟子

24. 日本의 常用漢字 2,136字

日本 文化審議會 國語分科會는 2010년 5월 19일 常用漢字表를 개정하였다. 기존의 1,945字에서 196字를 追加하고 5字를 除外시켜 현행보다 191字 늘려 2,136字가 되었다. 常用漢字表는 漢字사용을 제한하기 위해 1946년에 도입된 當用漢字表 대신 1981년에 法令, 新聞, 雜誌, 放送 등 일반사회의 漢字使用의 기준으로 작성되었다. 이번 개정은 컴퓨터 등의 정보기구 등의 보급으로 '憂鬱'과 같은 쓸 수는 없어도 읽을 수 있는 漢字의 사용이 늘어난 점 등을 미루어 보아 재점검하였다고 한다. 書籍이나 新聞, 웹사이트 등에서 높은 사용 빈도의 漢字를 調査하여, 熟語로 사용되거나, 漢字로 표기하는 것이 알기 쉬운 字 등을 종합적으로 檢討하였다. 常用漢字 2136字 중 初等學校에서 교육하고 있는 字는 1,006字이며 中學校用은 1,130字이다.

正字	略字	學年	代表訓音
歌		2	노래 가
家		2	집 가
街		4	거리 가
加		4	더할 가
可		5	옳을 가
價	価	5	값, 성(姓)가
假	仮	5	거짓 가
暇		中	겨를 가
苛		中	매울, 혹독할 가
架		中	시렁 가
嫁		中	시집갈 가
稼		中	심을 가
佳		中	아름다울 가
角		2	뿔 각
各		4	각각 각
刻		6	새길 각
閣		6	집 각
覺	覚	4	깨달을 각
殼	殻	中	껍질 각

正字	略字	學年	代表訓音
脚		中	다리 각
却		中	물리칠 각
間		2	사이 간
刊		5	간행할 간
幹		5	줄기 간
簡		6	간략할 간
干		6	방패 간
看		6	볼 간
肝		中	간 간
懇		中	간절할 간
墾		中	개간할 간
喝		中	꾸짖을 갈
褐		中	베옷 갈
葛		中	칡 갈
渴	渇	中	목마를, 마를 갈
感		3	느낄 감
減		5	덜 감
紺		中	감색 감
鑑		中	거울, 볼 감

正字	略字	學年	代表訓音
堪		中	견딜 감
敢		中	구태여 감
甘		中	달 감
監		中	볼 감
憾		中	섭섭할 감
勘		中	헤아릴 감
甲		中	갑옷 갑
岬		中	곶 갑
强		2	굳셀 강
康		4	편안 강
講		5	강론할 강
鋼		6	강철 강
降		6	내릴 강
江		中	강 강
剛		中	굳셀 강
綱		中	벼리 강
岡		中	산등성이 강
慨		中	슬플 개
開		3	열 개

正字	略字	學年	代表訓音
改		4	고칠 개
個		5	낱 개
槪	概	中	대개, 절개 개
介		中	낄, 굳을 개
箇		中	낱 개
皆		中	다 개
蓋		中	덮을 개
客		3	손 객
坑		中	구덩이 갱
去		3	갈 거
居		5	살 거
擧	挙	4	들 거
據	拠	中	의거할 거
距		中	떨어질 거
拒		中	막을 거
裾		中	옷자락 거
据		中	일할 거
巨		中	클 거
健		4	굳셀 건
建		4	세울 건
件		5	물건 건
巾		中	수건 건
鍵		中	열쇠 건
乾		中	하늘 건
傑		中	뛰어날 걸
乞		中	빌, 구걸할 걸
檢	検	5	검사할 검
儉	倹	中	검소할 검
劍	剣	中	칼 검
揭	掲	中	들 게
憩		中	쉴 게
格		5	격식, 궁구할 격
激		6	격할 격
擊	撃	中	칠 격
隔		中	사이뜰, 막을 격
犬		1	개 견
見		1	볼 견

正字	略字	學年	代表訓音
絹		6	비단 견
繭		中	고치 견
堅		中	굳을 견
遣		中	보낼 견
肩		中	어깨 견
決		3	결단할 결
結		4	맺을 결
潔		5	깨끗할 결
謙		中	겸손할 겸
兼		中	겸할 겸
鎌		中	낫 겸
京		2	서울 경
鏡		4	거울 경
競		4	다툴 경
景		4	볕, 우러를 경
耕		5	밭갈 경
境		5	지경(地境) 경
警		6	경계할 경
敬		6	공경 경
輕	軽	3	가벼울 경
徑	径	4	지름길 경
經	経	5	글, 다스릴 경
莖	茎	中	줄기 경
慶		中	경사 경
鯨		中	고래 경
更		中	고칠 경
硬		中	굳을 경
傾		中	기울 경
憬		中	깨달을 경
驚		中	놀랄 경
梗		中	대개, 막힐 경
頃		中	이랑 경
稽		中	상고(詳考)할 계
計		2	셀 계
係		3	맬 계
階		3	섬돌 계
界		3	지경 계

正字	略字	學年	代表訓音
季		4	계절 계
械		4	기계 계
系		6	계통 계
屆	届	6	이를 계
鷄	鶏	中	닭 계
繼	継	中	이을 계
溪	渓	中	시내 계
戒		中	경계할 계
契		中	맺을 계
啓		中	열 계
高		2	높을 고
考		2	생각할 고
古		2	예 고
庫		3	곳집 고
苦		3	쓸 고
告		4	고할 고
固		4	굳을 고
故		5	연고 고
尻		中	꽁무니 고
股		中	넓적다리 고
顧		中	돌아볼 고
錮		中	땜질할, 가둘 고
枯		中	마를 고
稿		中	볏짚, 원고 고
鼓		中	북 고
孤		中	외로울 고
拷		中	칠 고
雇		中	품살 고
谷		2	골 곡
曲		3	굽을 곡
穀		6	곡식 곡
困		6	곤할 곤
昆		中	맏, 많을 곤
骨		6	뼈 골
空		1	빌 공
公		2	공평할 공
工		2	장인 공

正字	略字	學年	代表訓音
功		4	공 공
共		4	한가지 공
供		6	이바지할 공
恭		中	공손할 공
孔		中	구멍 공
控		中	당길 공/실 상
恐		中	두려울 공
貢		中	바칠 공
攻		中	칠 공
串		中	꿸 천
科		2	과목 과
課		4	과정, 매길 과
果		4	실과 과
過		5	지날, 허물 과
菓		中	과일, 과자 과
鍋		中	노구솥, 냄비 과
誇		中	자랑할 과
寡		中	적을, 홀어미 과
郭		中	성(城), 둘레 곽
館		3	집 관
管		4	대롱 관
官		4	벼슬 관
慣		5	익숙할 관
觀	観	4	볼 관
關	関	4	빗장 관
寬	寛	中	너그러울 관
罐	缶	中	장군 부
冠		中	갓 관
貫		中	꿸 관
棺		中	널 관
款		中	정성 관
括		中	묶을 괄
光		2	빛 광
廣	広	2	넓을 광
鑛	鉱	5	쇳돌 광
狂		中	미칠 광
掛		中	걸 괘

正字	略字	學年	代表訓音
壞	壊	中	무너질 괴
怪		中	괴이할 괴
塊		中	덩어리 괴
拐		中	속일 괴
校		1	학교, 교정할 교
教		2	가르칠 교
交		2	사귈 교
橋		3	다리 교
巧		中	공교(工巧) 교
郊		中	들 교
絞		中	목맬, 두를 교
矯		中	바로잡을 교
較		中	비교할 교
九		1	아홉 구
口		1	입 구
具		3	갖출 구
球		3	공 구
究		3	연구할 구
救		4	구원할 구
求		4	구할 구
句		5	글귀 구
構		5	얽을 구
久		5	오랠 구
區	区	3	구역 구
舊	旧	5	예 구
龜	亀	中	거북 귀
歐	欧	中	구라파, 칠 구
毆	殴	中	때릴 구
驅	駆	中	몰 구
勾		中	굽을, 갈고리 구
溝		中	도랑 구
懼	惧	中	두려워할 구
駒		中	망아지 구
購		中	살 구
丘		中	언덕 구
拘		中	잡을, 거리낄 구
臼		中	절구 구

正字	略字	學年	代表訓音
局		3	판 국
國	国	2	나라 국
菊		中	국화 국
君		3	임금 군
郡		4	고을 군
軍		4	군사 군
群		5	무리 군
窟		中	굴 굴
堀		中	굴, 팔 굴
屈		中	굽힐 굴
掘		中	팔 굴
弓		2	활 궁
宮		3	집 궁
窮		中	궁할 궁
券		5	문서 권
權	権	6	권세 권
卷	巻	6	책 권
勸	勧	中	권할 권
圈	圏	中	우리, 범위 권
拳		中	주먹 권
机		6	책상 궤
潰		中	무너질 궤
軌		中	수레바퀴, 법 궤
貴		6	귀할 귀
歸	帰	2	돌아갈 귀
鬼		中	귀신 귀
規		5	법, 걸음쇠 규
糾		中	꼴, 조사할 규
叫		中	부르짖을 규
均		5	고를 균
菌		中	버섯, 균 균
極		4	극진할 극
劇		6	심할, 연극 극
克		中	이길, 능할 극
隙		中	틈 극
勤		6	부지런할 근
僅		中	겨우 근

正字	略字	學年	代表訓音
謹		中	삼갈 근
近		2	가까울 근
根		3	뿌리 근
筋		6	힘줄 근
斤		中	도끼 근
今		2	이제 금
禁		5	금할 금
琴		中	거문고 금
錦		中	비단 금
襟		中	옷깃 금
急		3	급할 급
級		3	등급 급
給		4	줄 급
及		中	미칠 급
扱		中	미칠 급
肯		中	즐길 긍
器		4	그릇 기
旣		中	이미 기
記		2	기록 기
汽		2	김 기
期		3	기약 기
起		3	일어날 기
旗		4	기 기
紀		4	벼리 기
機		4	틀 기
寄		5	부칠 기
技		5	재주 기
基		5	터 기
己		6	몸 기
氣	気	1	기운 기
岐		中	갈림길 기
畿		中	경기(京畿) 기
奇		中	기이할 기
忌		中	꺼릴 기
騎		中	말탈 기
幾		中	몇, 거의 기
棋		中	바둑 기

正字	略字	學年	代表訓音
碁		中	바둑 기
企		中	바랄 기
棄		中	버릴 기
祈		中	빌 기
肌		中	살 기
欺		中	속일 기
伎		中	재주 기
飢		中	주릴 기
埼		中	험할 기
崎		中	험할 기
緊		中	요긴할 긴
吉		中	길할 길
金		1	쇠 금
喫		中	먹을 끽
那		中	어찌 나
諾		中	허락 낙
難		6	어려울 난
暖		6	따뜻할 난
男		1	사내 남
南		2	남녘 남
納		6	들일 납
娘		中	여자 낭
內		2	안 내
耐		中	견딜 내
奈		中	어찌 나/내
匂		中	향내 내
女		1	여자 녀
年		1	해 년
念		4	생각 념
捻		中	비틀 렴
寧		中	편안할 녕
努		4	힘쓸 노
怒		中	성낼 노
奴		中	종 노
農		3	농사 농
濃		中	짙을 농
腦	脳	6	골 뇌

正字	略字	學年	代表訓音
惱	悩	中	괴로워할 뇌
尿		中	오줌 뇨
能		5	능할 능
尼		中	여승 니
泥		中	진흙 니
溺		中	빠질 닉
匿		中	숨을 닉
多		2	많을 다
茶		2	차 다/차
短		3	짧을 단
段		6	층계 단
單	単	4	홑 단
斷	断	5	끊을 단
團	団	5	둥글 단
端		中	끝 단
但		中	다만 단
壇		中	단, 제터 단
丹		中	붉을 단
鍛		中	쇠 불릴 단
旦		中	아침 단
達		4	통달할 달
談		3	말씀 담
擔	担	6	멜 담
膽	胆	中	쓸개, 담력 담
淡		中	맑을 담
曇		中	흐릴 담
答		2	대답 답
踏		中	밟을 답
堂		4	집 당
糖		6	엿 당
當	当	2	마땅 당
黨	党	6	무리 당
唐		中	당나라 당
大		1	큰 대
待		3	기다릴 대
代		3	대신 대
隊		4	떼 대

正字	略字	學年	代表訓音
貸		5	빌릴 대
對	対	3	대할 대
帶	帯	4	띠, 찰 대
戴		中	일 대
袋		中	자루 대
宅		6	집 댁
德	徳	5	큰 덕
賭		中	걸, 내기 도
道		2	길 도
刀		2	칼 도
都		3	도읍 도
度		3	법도 도
島		3	섬 도
徒		4	무리, 형벌 도
導		5	인도할 도
圖	図	2	그림 도
盜	盗	中	도적 도
稻	稲	中	벼 도
倒		中	거꾸러질 도
渡		中	건널 도
途		中	길 도
逃		中	도망할 도
挑		中	돋울 도
跳		中	뛸 도
桃		中	복숭아 도
悼		中	슬퍼할 도
到		中	이를 도
塗		中	진흙, 칠할 도
陶		中	질그릇 도
毒		4	독할 독
讀	読	2	읽을 독
獨	独	5	홀로 독
篤		中	도타울 독
督		中	살필 독
豚		中	돼지 돈
頓		中	조아릴 돈
突		中	갑자기 돌

正字	略字	學年	代表訓音
冬		2	겨울 동
東		2	동녘 동
同		2	한가지 동
童		3	아이 동
動		3	움직일 동
働		4	굼닐 동
銅		5	구리 동
洞		中	골 동
憧		中	그리워할 동
瞳		中	눈동자 동
棟		中	마룻대, 채 동
凍		中	얼 동
胴		中	큰창자 동
頭		2	머리 두
豆		3	콩 두
痘		中	마마 두
斗		中	말 두
鈍		中	둔할 둔
屯		中	진칠 둔
得		4	얻을 득
等		3	무리 등
登		3	오를 등
燈	灯	4	등불 등
藤		中	등나무 등
謄		中	베낄 등
騰		中	오를 등
羅		中	그물, 벌일 라
裸		中	벌거숭이 라
落		3	떨어질 락
絡		中	이을 락
酪		中	진한유즙(乳汁) 락
卵		6	알 란
亂	乱	6	어지러울 란
欄	欄	中	난간, 난 란
辣		中	매울 랄
覽	覧	6	볼 람
嵐		中	남기(嵐氣) 람

正字	略字	學年	代表訓音
濫		中	넘칠, 함부로 람
藍		中	쪽 람
拉		中	끌 랍
朗		6	밝을 랑
浪		中	물결 랑
郞		中	사내 랑
廊		中	사랑채 랑
來	来	2	올 래
冷		4	찰 랭
略		5	간략할 략
量		4	수량, 헤아릴 량
良		4	어질 량
兩	両	3	두 량
涼		中	서늘할 량
糧		中	양식 량
旅		3	나그네 려
勵	励	中	힘쓸 려
麗		中	고울 려
慮		中	생각 려
呂		中	음률, 땅이름 려
侶		中	짝 려
戾	戻	中	어그러질 려
力		1	힘 력
歷	歴	4	지낼 력
曆	暦	中	책력 력
連		4	이을 련
鍊	錬	中	쇠불릴 련
練	練	3	익힐 련
戀	恋	中	그리워할 련
列		3	벌일 렬
烈		中	매울 렬
劣		中	용렬할 렬
裂		中	찢을 렬
廉		中	청렴할, 값쌀 렴
獵	猟	中	사냥할 렵
令		4	하여금 령
領		5	거느릴 령

正字	略字	學年	代表訓音
齡	齢	中	나이 령
靈	霊	中	신령 령
零		中	떨어질 령
鈴		中	방울 령
例		4	본보기 례
禮	礼	3	예도 예
隷		中	종, 서체이름 례
路		3	길 로
老		4	늙을 로
勞	労	4	수고로울 로
虜	虜	中	사로잡을 로
爐	炉	中	화로 로
露		中	이슬, 드러날 로
綠	緑	3	푸를 록
錄	録	4	기록 록
鹿		中	사슴 록
麓		中	산기슭 록
論		6	의논 론
籠		中	대바구니, 쌀 롱
瀧	滝	中	비올 롱
弄		中	희롱할, 즐길 롱
瀨	瀬	中	여울 뢰
賴	頼	中	의뢰할 뢰
賂		中	뇌물 줄 뢰
雷		中	우레 뢰
料		4	헤아릴 료
僚		中	동료 료
寮		中	동료 료
了		中	마칠, 어조사 료
瞭		中	밝을 료
療		中	병 고칠 료
龍	竜	中	용 룡
淚	涙	中	눈물 루
樓	楼	中	다락 루
壘	塁	中	작은 성 루
漏		中	샐 루
累		中	포갤 루

正字	略字	學年	代表訓音
流		3	흐를 류
留		5	머무를 류
類	類	4	무리 류
柳		中	버들 류
瑠		中	유리 류
硫		中	유황(硫黃) 류
六		1	여섯 륙
陸		4	뭍 륙
輪		4	바퀴 륜
倫		中	인륜, 무리 륜
律		6	법칙 률
慄		中	두려워할 률
隆	隆	中	높을 륭
陵		中	언덕 릉
理		2	다스릴 리
里		2	마을, 속 리
利		4	이할 리
裏		6	속 리
厘		中	다스릴 리
離		中	떠날 리
履		中	밟을, 신 리
梨		中	배 리
痢		中	설사 리
吏		中	아전(衙前) 리
璃		中	유리 리
隣		中	이웃 린
林		1	수풀 림
臨		6	임할 림
立		1	설 립
粒		中	낟알 립
馬		2	말 마
磨		中	갈 마
摩		中	갈, 어루만질 마
魔		中	마귀 마
麻		中	삼 마
幕		6	장막 막
膜		中	꺼풀 막

正字	略字	學年	代表訓音
漠		中	아득할, 사막 막
晩		6	늦을 만
灣	湾	中	물굽이 만
萬	万	2	일만 만
滿	満	4	찰 만
蠻	蛮	中	벌레, 미개할 만
慢		中	게으를
漫		中	질펀할만
末		4	끝 말
抹		中	지울 말
望		4	바랄 망
亡		6	망할 망
忘		6	잊을 망
網		中	그물 망
妄		中	망령될 망
忙		中	바쁠 망
買		2	살 매
妹		2	손아랫누이 매
梅		4	매화 매
枚		6	줄기, 낱 매
每	毎	2	매양 매
賣	売	2	팔 매
魅		中	도깨비, 홀릴 매
埋		中	묻을 매
昧		中	어두울, 새벽 매
罵		中	욕할, 꾸짖을 매
媒		中	중매 매
脈		4	줄기, 맥 맥
麥	麦	2	보리 맥
盟		6	맹세 맹
盲		中	눈멀 맹
猛		中	사나울 맹
勉		3	힘쓸 면
面		3	낯 면
綿		5	솜, 얽힐 면
麵	麺	中	밀가루 면
免		中	면할 면

正字	略字	學年	代表訓音
眠		中	잘 면
滅		中	멸할, 죽을 멸
蔑		中	업신여길 멸
名		1	이름 명
明		2	밝을 명
鳴		2	울 명
皿		3	그릇 명
命		3	목숨 명
銘		中	새길 명
冥		中	어두울 명
母		2	어머니 모
毛		2	터럭 모
模		6	모범, 모호할 모
暮		6	저물 모
謀		中	꾀할 모
貌		中	모양 모
帽		中	모자 모
冒		中	무릅쓸 모
募		中	뽑을, 모을 모
慕		中	사모할, 높일 모
某		中	아무 모
侮		中	업신여길 모
耗		中	줄 모
矛		中	창 모
木		1	나무 목
目		1	눈 목
牧		4	기를, 칠 목
睦		中	화목할 목
夢		5	꿈 몽
墓		5	무덤 묘
猫		中	고양이 묘
描		中	그릴 묘
苗		中	모, 싹 묘
妙		中	묘할 묘
無		4	없을 무
武		5	무사 무
貿		5	바꿀, 무역할 무

正字	略字	學年	代表訓音
務		5	힘쓸 무
茂		中	무성할 무
霧		中	안개 무
畝		中	이랑 묘/무
舞		中	춤출 무
默	黙	中	잠잠할 묵
墨	黒	中	먹 묵
文		1	글월 문
聞		2	들을 문
門		2	문 문
問		3	물을 문
蚊		中	모기 문
紋		中	무늬 문
物		3	만물 물
謎		中	수수께끼 미
米		2	쌀 미
味		3	맛 미
美		3	아름다울 미
未		4	아닐 미
迷		5	미혹(迷惑)할 미
彌	弥	中	두루 미칠 미
尾		中	꼬리 미
眉		中	눈썹 미
微		中	작을 미
敏		中	민첩할 민
民		4	백성 민
密		6	빽빽할 밀
蜜		中	꿀 밀
剝		中	벗길 박
博		4	넓을, 노름 박
迫		中	다그칠 박
撲		中	두드릴 박
泊		中	머무를, 엷을 박
縛		中	묶을 박
舶		中	배 박
朴		中	소박할 박
薄		中	얇을 박

正字	略字	學年	代表訓音
拍		中	칠 박
半		2	반 반
返		3	돌아올 반
反		3	돌이킬 반
飯		4	밥 반
班		6	나눌 반
頒		中	나눌 반
畔		中	두둑, 물가 반
盤		中	소반(小盤) 반
斑		中	얼룩 반
搬		中	옮길 반
般		中	일반 반
伴		中	짝, 따를 반
發	発	3	필 발
拔	抜	中	뺄 발
髮	髪	中	터럭 발
鉢		中	바리때 발
勃		中	우쩍일어날 발
方		2	모, 바야흐로 방
放		3	놓을 방
防		5	막을 방
訪		6	찾을 방
傍		中	곁 방
肪		中	기름 방
芳		中	꽃다울 방
邦		中	나라 방
坊		中	동네, 저자 방
倣		中	모방할 방
房		中	방 방
妨		中	방해할 방
紡		中	자을 방
倍		3	갑절 배
配		3	짝, 귀양보낼 배
俳		6	광대, 배우 배
背		6	등 배
拜	拝	6	절 배
陪		中	모실 배

正字	略字	學年	代表訓音
輩		中	무리 배
排		中	물리칠 배
賠		中	물어줄 배
培		中	북돋울 배
杯		中	잔 배
百		1	일백 백
白		1	흰, 아뢸 백
伯		中	맏 백
番		2	갈마들 번
飜	飜	中	뒤칠, 번역할 번
煩		中	번거로울 번
繁		中	번성할 번
藩		中	울타리 번
閥		中	공훈(功勳) 벌
罰		中	벌줄 벌
伐		中	칠, 자랑할 벌
汎		中	뜰, 넓을 범
犯		5	범할 범
氾		中	넘칠 범
帆		中	돛, 돛달 범
範		中	모범 범
凡		中	무릇 범
法		4	법 법
璧		中	둥근옥 벽
壁		中	벽 벽
癖		中	적취(積聚) 벽
邊	辺	4	가 변
變	変	4	변할 변
別		4	다를 별
餠		中	떡 병
病		3	병 병
兵		4	군사 병
竝	並	6	아우를 병
甁	瓶	中	병 병
倂	併	中	아우를 병
丙		中	남녘 병
塀		中	담 병

正字	略字	學年	代表訓音
柄		中	자루 병
報		5	갚을 보
保		5	보전할 보
補		6	기울 보
步	歩	2	걸음 보
寶	宝	6	보배 보
普		中	넓을 보
譜		中	족보 보
福		3	복 복
服		3	옷 복
複		5	겹칠 복
復		5	돌아올 복
腹		6	배 복
伏		中	엎드릴 복
覆		中	엎어질 복
僕		中	종, 관리할 복
本		1	근본 본
棒		6	몽둥이 봉
縫		中	꿰맬, 솔기봉
俸		中	녹(祿) 봉
奉		中	받들 봉
奉		中	받들 봉
蜂		中	벌 봉
峰		中	봉우리 봉
封		中	봉할 봉
父		2	아버지 부
部		3	떼 부
負		3	질 부
府		4	마을, 관청 부
副		4	버금 부
付		4	부칠 부
夫		4	사나이 부
不		4	아닐 불
婦		5	부인, 며느리 부
富		5	부자 부
否		6	아닐 부
釜		中	가마 부

正字	略字	學年	代表訓音
賦		中	구실, 줄 부
赴		中	다다를 부
浮		中	뜰 부
簿		中	문서 부
訃		中	부고(訃告) 부
符		中	부신(符信) 부
扶		中	붙들 부
附		中	붙을 부
膚		中	살갗 부
腐		中	썩을 부
阜		中	언덕, 성할 부
剖		中	쪼갤 부
敷		中	펼 부
北		2	북녘 북/질 배
分		2	나눌 분
粉		4	가루 분
奮		6	떨칠 분
奔		中	달아날 분
盆		中	동이 분
墳		中	무덤 분
憤		中	분할, 힘쓸 분
噴		中	뿜을 분
雰		中	안개 분
紛		中	어지러울 분
佛	仏	5	부처 불
拂	払	中	떨칠, 닦을 불
崩		中	무너질 붕
棚		中	시렁 붕
悲		3	슬플 비
鼻		3	코 비
飛		4	날 비
費		4	쓸 비
備		5	갖출 비
比		5	견줄 비
肥		5	살찔 비
非		5	아닐 비
批		6	비평할 비

正字	略字	學年	代表訓音
秘		6	숨길 비
沸		中	끓을 비
卑		中	낮을 비
碑		中	비석 비
扉		中	사립문 비
妃		中	왕비 비
賓		中	손 빈
頻		中	자주 빈
貧		5	가난할 빈
濱	浜	中	선거(船渠) 병
氷		3	얼음 빙
社		2	모일 사
四		1	넉 사
思		2	생각 사
寺		2	절 사/관청 시
仕		3	벼슬 사
事		3	일 사
死		3	죽을 사
使		3	하여금 사
司		4	맡을 사
史		4	사기 사
士		4	선비 사
似		5	같을 사
飼		5	먹일 사
謝		5	사례할 사
師		5	스승, 본받을 사
査		5	조사할 사
舍		5	집 사
詞		6	말씀 사
砂		6	모래 사
捨		6	버릴 사
私		6	사사로울 사
射		6	쏠 사
絲	糸	1	실 사
寫	写	3	베낄 사
辭	辞	4	말씀, 사양할 사
邪		中	간사할 사

正字	略字	學年	代表訓音
沙		中	모래 사
蛇		中	뱀 사
唆		中	부추길 사
斜		中	비낄 사
詐		中	속일 사
伺		中	엿볼 사
赦		中	용서할 사
嗣		中	이을 사
賜		中	줄 사
卸		中	풀 사
削		中	깎을, 약을 삭
山		1	메 산
算		2	셈할 산
産		4	낳을 산
散		4	흩을 산
酸		5	초 산
傘		中	우산 산
殺	殺	殺	죽일 살
森		1	나무빽빽할 삼
三		1	석 삼
杉		中	삼나무 삼
澁	渋	中	떫을 삽
揷		中	꽂을 삽
祥		中	상서로울 상
上		1	위 상
箱		3	상자, 곳집 상
想		3	생각 상
相		3	서로 상
商		3	장사 상
賞		4	상줄, 감상할 상
象		4	코끼리 상
常		5	떳떳할 상
像		5	형상 상
傷		6	상할 상
狀	状	5	모양 상
償		中	갚을 상
峠		中	고개 상

正字	略字	學年	代表訓音
桑		中	뽕나무 상
床		中	상 상
霜		中	서리 상
爽		中	시원할, 밝을 상
尙		中	오히려 상
喪		中	잃을 상
詳		中	자세할 상
塞		中	변방 새
璽		中	옥새(玉璽) 새
色		2	빛 색
索		中	새끼줄 색
生		1	날 생
牲		中	희생 생
暑		3	더울 서
署		6	관청 서
書		2	글 서
西		2	서녘 서
序		5	차례 서
緖	緒	中	실마리 서
敍	叙	中	차례, 베풀 서
逝		中	갈, 죽을 서
誓		中	맹세할 서
庶		中	뭇, 바랄 서
壻		中	사위 서
徐		中	천천할 서
石		1	돌 석
夕		1	저녁 석
昔		3	옛 석
席		4	자리 석
釋	釈	中	풀, 불교 석
潟		中	개펄 석
惜		中	아낄 석
析		中	쪼갤 석
先		1	먼저 선
船		2	배 선
線		2	줄 선
選		4	가릴 선

正字	略字	學年	代表訓音
宣		6	베풀 선
善		6	착할, 친할 선
禪	禅	中	참선 선
鮮		中	고울, 적을 선
繕		中	기울 선
旋		中	돌, 빨리 선
膳		中	반찬 선
羨		中	부러워할 선
扇		中	부채 선
腺		中	샘 선
仙		中	신선 선
雪		2	눈 설
說		4	말씀 설
設		5	베풀 설
舌		5	혀 설
纖	繊	中	가늘, 잘 섬
涉	渉	中	건널, 관계할 섭
攝	摂	中	당길, 다스릴 섭
星		2	별 성
省		4	살필 성
成		4	이룰 성
性		5	성품 성
城		6	성, 재 성
聖		6	성인 성
盛		6	성할 성
誠		6	정성 성
聲	声	2	소리 성
醒		中	깰 성
姓		中	성씨 성
細		2	가늘 세
世		3	인간 세
稅		5	세금 세
勢		5	형세 세
洗		6	씻을 세
歲		中	해 세
遡		中	거슬러올라갈 소
小		1	작을 소

正字	略字	學年	代表訓音
少		2	적을 소
所		3	바 소
昭		3	밝을 소
消		3	사라질 소
笑		4	웃음 소
素		5	본디 소
巢	巣	4	보금자리 소
燒	焼	4	사를, 탈 소
騷	騒	中	시끄러울 소
沼		中	못 소
宵		中	밤 소
召		中	부를 소
掃		中	쓸 소
咲		中	웃음 소
紹		中	이을, 소개할 소
塑		中	토우 소
疎		中	트일, 멀 소
訴		中	호소할 소
速		3	빠를 속
束		4	묶을 속
續	続	4	이을 속
屬	属	5	붙일 속
俗		中	풍속 속
遜		中	겸손할 손
孫		4	손자 손
損		5	덜 손
率		5	거느릴 솔
送		3	보낼 송
松		4	소나무 송
訟		中	송사(訟事) 송
刷		4	인쇄할 쇄
碎	砕	中	부술 쇄
鎖		中	쇠사슬, 잠글 쇄
衰		中	쇠할 쇠
水		1	물 수
手		1	손 수
首		2	머리 수

正字	略字	學年	代表訓音
受		3	받을 수
守		3	지킬 수
輸		5	나를 수
修		5	닦을 수
授		5	줄 수
樹		6	나무 수
垂		6	드리울 수
數	数	2	셈 수
收	収	6	거둘 수
壽	寿	中	목숨 수
粹	粋	中	순수할 수
穗	穂	中	이삭 수
獸	獣	中	짐승 수
搜	捜	中	찾을 수
髓	髄	中	골수(骨髓) 수
隨	随	中	따를 수
囚		中	가둘, 죄인 수
酬		中	갚을, 잔돌릴 수
愁		中	근심 수
誰		中	누구 수
遂		中	드디어, 이룰 수
須		中	모름지기 수
羞		中	부끄러워할 수
秀		中	빼어날 수
狩		中	사냥할 수
袖		中	소매 수
需		中	쓰일, 기다릴 수
帥		中	장수 수
睡		中	졸, 잘 수
殊		中	죽일 수
瘦		中	파리할 수
宿		3	잘, 오랠 숙
熟		6	익을 숙
肅	粛	中	엄숙할 숙
塾		中	글방 숙
淑		中	맑을 숙
叔		中	아저씨 숙

正字	略字	學年	代表訓音
順		4	순할 순
純		6	순수할 순
瞬		中	눈깜박일 순
巡		中	돌 순
循		中	돌, 좇을 순
殉		中	따라죽을 순
盾		中	방패 순
旬		中	열흘 순
術		5	꾀 술
述		5	베풀 술
崇		中	높을 숭
膝		中	무릎 슬
習		3	익힐 습
拾		3	주울 습
濕	湿	中	젖을 습
襲		中	엄습할 습
僧		中	중 승
勝		3	이길 승
承		5	이을 승
乘	乗	3	탈 승
繩	縄	中	노끈 승
升		中	되, 오를 승
昇		中	오를 승
視		6	볼 시
時		2	때 시
市		2	저자 시
矢		2	화살 시
詩		3	글 시
始		3	비로소 시
試		4	시험 시
示		5	보일 시
柿		中	감나무 시
侍		中	모실 시
施		中	베풀 시
是		中	이 시
食		2	밥 식/사
式		3	법 식

正字	略字	學年	代表訓音
息		3	쉴 식
植		3	심을 식
識		5	알 식
飾		中	꾸밀 식
拭		中	닦을 식
殖		中	번성할, 불릴 식
神		3	귀신 신
新		2	새 신
身		3	몸 신
申		3	알릴, 납 신
信		4	믿을 신
臣		4	신하 신
愼	慎	中	삼갈, 성(姓) 신
薪		中	땔나무 신
紳		中	띠 신
辛		中	매울, 고생할 신
迅		中	빠를 신
娠		中	아이밸 신
腎		中	콩팥 신
伸		中	펼 신
室		2	방, 집 실
失		4	잃을 실
實	実	3	열매 실
心		2	마음 심
深		3	깊을 심
芯		中	등심초 심
審		中	살필 심
甚		中	심할 심
尋		中	찾을, 보통 심
十		1	열 십
雙	双	中	쌍 쌍
氏		4	성씨 씨
牙		中	어금니 아
芽		4	싹 아
我		6	나 아
兒	児	4	아이 아
亞	亜	中	버금 아

正字	略字	學年	代表訓音
雅		中	맑을, 바를 아
餓		中	주릴 아
樂	楽	2	풍류 악
惡	悪	3	모질 악
嶽	岳	中	멧부리 악
顎		中	얼굴높을 악
握		中	쥘 악
顔		2	얼굴 안
岸		3	언덕 안
安		3	편안, 어찌 안
案		4	책상 안
眼		5	눈 안
謁		中	뵐 알
闇		中	닫힌문 암
岩		2	바위 암
暗		3	어두울 암
壓	圧	5	누를 압
押		中	누를 압
央		3	가운데 앙
仰		中	우러를, 마실 앙
愛		4	사랑 애
曖		中	가릴, 흐릴 애
涯		中	물가, 끝 애
哀		中	슬플 애
崖		中	언덕 애
挨		中	칠 애
額		5	이마 액
液		5	진 액
厄		中	재앙 액
櫻	桜	5	앵두나무 앵
野		2	들, 미개할 야
夜		2	밤 야
冶		中	불릴, 꾸밀 야
弱		2	약할 약
約		4	언약 약
若		6	같을 약
藥	薬	3	약 약

正字	略字	學年	代表訓音
躍		中	뛸 약
陽		3	볕 양
羊		3	양 양
洋		3	큰바다 양
養		4	기를 양
樣	様	3	모양 양
讓	譲	中	사양할 양
釀	醸	中	술 빚을 양
孃	嬢	中	아가씨 양
壤	壌	中	흙덩이 양
揚		中	날릴 양
瘍		中	종기(腫氣) 양
魚		2	고기 어
語		2	말씀 어
漁		4	고기 잡을 어
御		中	어거(馭車)할 어
臆		中	가슴 억
億		4	억 억
抑		中	누를, 게다가 억
憶		中	생각 억
言		2	말씀 언
嚴	厳	6	엄할 엄
俺		中	나 엄
業		3	업 업
餘	余	5	나 여
與	与	中	더불 여
如		中	같을 여
役		3	부릴 역
逆		5	거스를 역
易		5	바꿀 역
域		6	지경 역
驛	駅	3	역 역
譯	訳	6	번역 역
疫		中	전염병 역
然		4	그럴 연
燃		5	불사를 연
演		5	펼 연

正字	略字	學年	代表訓音
沿		6	물따라내려갈 연
延		6	뻗칠 연
硏	研	3	갈 연
鉛		中	납 연
煙		中	연기 연
軟		中	연할 연
緣		中	인연, 까닭 연
宴		中	잔치, 편안할 연
熱		4	더울 열
悅		中	기뻐할 열
閱		中	셀 열
染		6	물들일 염
鹽	塩	4	소금 염
艶		中	고울 염
炎		中	불꽃 염
葉		3	잎 엽
泳		3	헤엄칠 영
英		4	꽃부리 영
永		5	길 영
映		6	비칠 영
榮	栄	4	영화 영
營	営	5	경영 영
影		中	그림자 영
迎		中	맞을 영
詠		中	읊을 영
預		5	미리, 맡길 예
豫	予	3	나 여
譽	誉	中	기릴, 명예 예
銳		中	날카로울 예
刈		中	벨 예
詣		中	이를 예
五		1	다섯 오
午		2	낮 오
誤		6	그르칠 오
奧	奥	中	속, 깊을 오
傲		中	거만할 오
悟		中	깨달을 오

正字	略字	學年	代表訓音
吳		中	나라이름 오
汚		中	더러울 오
娛		中	즐길 오
玉		1	구슬 옥
屋		3	집 옥
沃		中	기름질, 물댈 옥
獄		中	옥 옥
溫	温	3	따뜻할, 익힐 온
穩	穏	中	평온할 온
翁		中	늙은이 옹
擁		中	안을, 막을 옹
瓦		中	기와 와
渦		中	소용돌이 와
完		4	완전할 완
緩		中	느릴 완
頑		中	완고할 완
宛		中	완연(宛然) 완
腕		中	팔, 재주 완
玩		中	희롱할 완
王		1	임금 왕
往		5	갈 왕
旺		中	성할 왕
外		2	바깥 외
畏		中	두려울 외
曜		2	빛날 요
要		4	요긴할 요
謠	謡	中	노래 요
搖	揺	中	흔들 요
窯		中	가마 요
妖		中	아리따울 요
凹		中	오목할 요
腰		中	허리 요
浴		4	몸 씻을 욕
欲		6	하고자 할 욕
辱		中	욕될 욕
用		2	쓸 용
勇		4	날랠 용

正字	略字	學年	代表訓音
容		5	얼굴 용
溶		中	녹을 용
庸		中	떳떳할 용
踊		中	뛸, 춤출 용
湧		中	샘솟을 용
冗		中	쓸데없을 용
雨		1	비 우
右		1	오른(쪽) 우
羽		2	깃 우
友		2	벗 우
牛		2	소 우
優		6	뛰어날 우
郵		6	우편 우
宇		6	집 우
憂		中	근심 우
虞		中	근심할 우
又		中	또 우
遇		中	만날 우
隅		中	모퉁이 우
愚		中	어리석을 우
偶		中	짝, 허수아비 우
芋		中	토란 우
雲		2	구름 운
運		3	운전 운
芸	芸	藝	심을 예
韻		中	운, 울림 운
鬱		中	답답할 울
熊		中	곰 웅
雄		中	수컷, 뛰어날 웅
園		2	동산 원
遠		2	멀 원
原		2	언덕 원
元		2	으뜸 원
員		3	인원 원
院		3	집 원
願		4	원할 원
源		6	근원 원

正字	略字	學年	代表訓音
圓	圓	1	둥글 원
垣		中	담 원
援		中	도울 원
媛		中	미녀 원
怨		中	원망할 원
猿		中	원숭이 원
月		1	달 월
越		中	넘을 월
委		3	맡길 위
胃		4	밥통 위
位		4	자리 위
危		6	위태할, 바를 위
圍	囲	4	에울 위
衛	衛	5	지킬 위
僞	偽	中	거짓 위
爲	為	中	할 위
偉		中	거룩할 위
尉		中	벼슬 위
萎		中	시들 위
緯		中	씨, 짤 위
違		中	어길 위
慰		中	위로할 위
威		中	위엄 위
喩		中	깨우칠 유
油		3	기름 유
遊		3	놀 유
由		3	말미암을 유
有		3	있을 유
遺		6	남길, 끼칠 유
幼		6	어릴 유
乳		6	젖 유
幽		中	그윽할 유
諭		中	깨우칠 유
誘		中	꾈, 달랠 유
裕		中	넉넉할 유
悠		中	멀, 한가로이 유
維		中	벼리, 얽을 유

正字	略字	學年	代表訓音
癒		中	병 나을 유
柔		中	부드러울 유
儒		中	선비 유
唯		中	오직 유
猶		中	오히려 유
愉		中	즐거울 유
肉		2	고기 육
育		3	기를 육
潤		中	젖을, 윤택할 윤
融		中	화할 융
銀		3	은 은
恩		5	은혜 은
隱	隠	中	숨을 은
乙		中	새 을
淫		中	음란할 음
音		1	소리 음
飮		3	마실 음
陰		中	그늘 음
吟		中	읊을, 신음할 음
泣		4	울 읍
應	応	5	응할 응
凝		中	엉길, 모을 응
意		3	뜻 의
衣		4	옷 의
議		4	의논 의
義		5	옳을 의
疑		6	의심 의
醫	医	3	의원 의
儀		中	거동, 법 의
宜		中	마땅 의
椅		中	의자 의
依		中	의지할 의
擬		中	헤아릴, 본뜰 의
餌		中	먹이, 먹을 이
耳		1	귀 이
二		1	두 이
以		4	써, 생각할 이

正字	略字	學年	代表訓音
移		5	옮길 이
異		6	다를 이
貳	弐	中	두 이
益		5	더할 익
翌		6	다음날 익
翼		中	날개 익
人		1	사람 인
引		2	끌 인
印		4	도장 인
因		5	인할 인
認		6	알 인
仁		6	어질 인
咽		中	목구멍 인
忍		中	참을, 잔인할 인
刃		中	칼날 인
姻		中	혼인 인
日		1	날 일
一		1	한 일
壹	壱	中	한 일
逸		中	편안할 일
任		5	맡길, 맞을 임
賃		6	품삯 임
妊		中	아이 밸 임
入		1	들 입
込		中	담을 입
剩	剰	中	남을 잉
者		3	사람 자
茨		中	가시나무 자
恣		中	방자할 자
煮		中	삶을, 익힐 자
字		1	글자 자
子		1	아들 자
姉		2	손윗누이 자
自		2	스스로 자
資		5	재물 자
姿		6	모양 자
磁		6	자석 자

正字	略字	學年	代表訓音
諮		中	물을 자
滋		中	불을, 맛있을 자
慈		中	사랑 자
雌		中	암컷 자
紫		中	자줏빛 자
刺		中	찌를 자
作		2	지을 작
昨		4	어제 작
酌		中	따를, 잔질할 작
爵		中	벼슬 작
殘	残	4	해칠, 남을잔
棧	桟	中	잔도(棧道) 잔
潛	潜	中	잠길, 숨을 잠
暫		中	잠깐 잠
蠶	蚕	6	누에 잠
雜	雑	5	섞일 잡
長		2	긴 장
場		2	마당 장
章		3	글월 장
帳		3	장막 장
腸		4	창자 장
張		5	베풀 장
障		6	막힐 장
藏	蔵	6	감출 장
裝	装	6	꾸밀 장
臟	臓	6	오장(五臟) 장
將	将	6	장수 장
壯	壮	中	씩씩할 장
莊	荘	中	장엄할, 별장 장
粧		中	단장할 장
掌		中	손바닥 장
丈		中	어른 장
奬		中	장려할 장
葬		中	장사지낼 장
匠		中	장인(匠人) 장
才		2	재주 재
材		4	재목 재

正字	略字	學年	代表訓音
再		5	두 재
在		5	있을 재
財		5	재물 재
災		5	재앙 재
裁		6	마를, 헤아릴 재
齋	斎	中	재계할 자
載		中	실을 재
栽		中	심을 재
宰		中	재상 재
爭	争	4	다툴, 어찌 쟁
著		6	나타날 저
箸		中	젓가락 저
低		4	낮을 저
底		4	밑 저
貯		4	쌓을 저
抵		中	거스를 저
狙		中	원숭이, 엿볼 저
邸		中	집 저
赤		1	붉을 적
笛		3	피리 적
的		4	과녁, 확실할 적
積		4	쌓을 적
績		5	길쌈 적
敵		5	대적할 적
適		5	마침 적
寂		中	고요할 적
賊		中	도적, 죽일 적
摘		中	딸 적
籍		中	문서 적
滴		中	물방울 적
跡		中	자취 적
嫡		中	정실(正室) 적
煎		中	달일 전
塡		中	메울 전
詮		中	설명할 전
箋		中	찌지 전
田		1	밭 전

正字	略字	學年	代表訓音
電		2	번개 전
前		2	앞, 나아갈 전
全		3	온전 전
畑		3	화전(火田) 전
典		4	법, 관장할 전
展		6	펼 전
專	専	6	오로지 전
轉	転	3	구를 전
戰	戦	4	싸움 전
傳	伝	4	전할 전
錢	銭	5	돈, 성(姓) 전
栓		中	나무못 전
殿		中	큰집 전
節		4	마디 절
切		2	자를 절
折		4	꺾을 절
絶		5	끊을 절
竊	窃	中	훔칠, 몰래 절
店		2	가게 점
點	点	2	점, 점찍을 점
粘		中	붙을 점
漸		中	점점 점
占		中	점칠, 차지할 점
接		5	접할 접
正		1	바를, 바로 정
町		1	밭두둑, 구획 정
整		3	가지런할 정
庭		3	뜰 정
丁		3	장정 정
定		3	정할 정
停		4	머무를 정
程		5	길 정
情		5	뜻 정
政		5	정사 정
精		5	정할 정
頂		6	정수리 정
靜	静	4	고요할 정

正字	略字	學年	代表訓音
淨	浄	中	깨끗할 정
艇		中	거룻배 정
訂		中	고칠 정
貞		中	곧을 정
呈		中	나타낼, 드릴 정
晶		中	밝을 정
偵		中	염탐할 정
井		中	우물 정
丼		中	우물 정
亭		中	정자 정
錠		中	제기이름 정
廷		中	조정 정
征		中	칠 정
諸		6	모든 제
弟		2	아우 제
題		3	제목 제
祭		3	제사 제
第		3	차례 제
提		5	끌 제
際		5	즈음 제
制		5	지을 제
製		5	지을 제
除		6	덜 제
濟	済	6	건널 제
齊	斉	中	가지런할 제
劑	剤	中	약 지을 제
堤		中	둑 제
帝		中	임금 제
祖		5	할아버지 조
嘲		中	비웃을 조
早		1	일찍 조
鳥		2	새 조
朝		2	아침 조
組		2	짤 조
調		3	고를 조
助		3	도울 조
照		4	비출 조

正字	略字	學年	代表訓音
兆		4	억조(億兆) 조
造		5	지을 조
潮		6	밀물 조
操		6	잡을 조
條	条	5	가지 조
粗		中	거칠, 클 조
詔		中	고할 조
槽		中	구유, 물통 조
釣		中	낚시 조
措		中	둘 조/잡을 책
燥		中	마를 조
藻		中	마름(水草) 조
曹		中	마을 조
阻		中	막힐, 믿을 조
遭		中	만날 조
眺		中	바라볼 조
彫		中	새길 조
爪		中	손톱 조
繰		中	야청통견 조
弔		中	조상(弔喪)할 조
租		中	조세 조
足		1	발 족
族		3	겨레 족
尊		6	높을 존
存		6	있을 존
卒		4	군사 졸
拙		中	졸할 졸
終		3	마칠 종
種		4	씨 종
宗		6	마루 종
縱	縦	6	세로 종
從	従	6	좇을 종
腫		中	부스럼 종
鐘		中	쇠북 종
踪		中	자취 종
左		1	왼(쪽) 좌
座		6	자리 좌

正字	略字	學年	代表訓音
挫		中	꺾을 좌
佐		中	도울 좌
罪		5	허물, 죄줄 죄
走		2	달아날 주
週		2	돌 주
州		3	고을 주
柱		3	기둥 주
注		3	물댈 주
住		3	살 주
酒		3	술 주
主		3	주인, 임금 주
周		4	두루 주
株		6	그루 주
奏		6	아뢸 주
宙		6	집 주
晝	昼	2	낮 주
鑄	鋳	中	쇠 부어 만들 주
珠		中	구슬 주
駐		中	머무를 주
舟		中	배 주
朱		中	붉을 주
呪		中	빌 주
酎		中	진한술 주
肘		中	팔꿈치 주
竹		1	대 죽
準		5	법, 콧마루 준
准		中	승인할 준
遵		中	좇을 준
俊		中	준걸(俊傑) 준
中		1	가운데 중
重		3	무거울 중
仲		4	버금 중
衆		6	무리 중
卽	即	中	곧 즉
汁		中	즙 즙
憎		中	미울 증
贈		中	줄 증
蒸		6	찔 증
證	証	5	증거 증
曾		中	일찍 증
症		中	증세 증
增	増	5	더할 증
止		2	그칠 지
地		2	땅 지
池		2	못 지
知		2	알 지
紙		2	종이 지
持		3	가질 지
指		3	손가락 지
枝		5	가지 지
志		5	뜻 지
支		5	지탱할, 가를 지
誌		6	기록 지
至		6	이를 지
脂		中	기름 지
漬		中	담글 지
旨		中	뜻 지
祉		中	복 지
肢		中	사지(四肢) 지
摯		中	잡을 지
芝		中	지초(芝草) 지
遲	遅	中	더딜 지
直		2	곧을 직/값 치
職		5	벼슬 직
織		5	짤 직
進		3	나아갈, 올릴 진
津		中	나루 진
唇		中	놀랄, 입술 진
振		中	떨칠 진
陳		中	베풀 진
震		中	벼락 진
珍		中	보배 진
診		中	볼 진
陣		中	진칠 진
眞	真	3	참 진
盡	尽	中	다할 진
鎭	鎮	中	진정할 진
質		5	바탕 질
叱		中	꾸짖을 질
迭		中	갈마들 질
窒		中	막힐 질
嫉		中	미워할 질
疾		中	병, 빠를 질
秩		中	차례 질
朕		中	나 짐
集		3	모을 집
執		中	잡을 집
懲		中	징계할 징
澄		中	맑을 징
徵	徴	中	부를 징
車		1	수레 거/차
次		3	버금, 이을 차
借		4	빌릴 차
差		4	어긋날 차
且		中	또 차
遮		中	막을 차/이 자
着		3	닿을 착
錯		中	섞일, 어긋날 착
捉		中	잡을 착
搾		中	짤 착
贊	賛	5	도울 찬
察		4	살필 찰
札		4	패 찰
擦		中	비빌 찰
刹		中	절 찰
拶		中	핍박할 찰
斬		中	벨 참
參	参	4	참여할 참
慘	惨	中	참혹할 참
唱		4	부를 창
倉		4	창고(곳집) 창

正字	略字	學年	代表訓音
創		6	비롯할 창
窓		6	창문 창
彰		中	밝힐, 무늬 창
菜		4	나물 채
採		5	캘 채
債		中	빚 채
彩		中	채색 채
采		中	캘, 풍채 채
柵		中	울짱 책
責		5	꾸짖을 책
策		6	꾀, 찍질할 책
冊		6	책 책
妻		5	아내 처
凄		中	쓸쓸할 처
處	処	6	곳 처
尺		6	자 척
拓		中	개척할 척
捗		中	거둘 보
戚		中	겨레, 도끼 척
脊		中	등골뼈 척
斥		中	물리칠 척
隻		中	외짝, 척 척
川		1	내 천
千		1	일천 천
天		1	하늘 천
泉		6	샘 천
遷		中	옮길 천
薦		中	薦擧할 천
淺	浅	4	얕을 천
踐	践	中	밟을 천
撤		中	거둘 철
哲		中	밝을 철
凸		中	볼록할 철
徹		中	통할 철
鐵	鉄	3	쇠 철
添		中	더할 첨
貼		中	붙을 첩

正字	略字	學年	代表訓音
疊	畳	中	겹쳐질 첩
青		1	푸를 청
晴		2	갤 청
清		4	맑을 청
請		中	청할 청
廳	庁	6	관청 청
聽	聴	中	들을 청
諦		中	살필, 진리 체
體	体	2	몸 체
締		中	맺을, 단속할 체
逮		中	미칠 체
替		中	바꿀 체
遞	逓	中	갈마들 체
滯	滞	中	막힐, 머무를 체
草		1	풀 초
秒		3	초 초
初		4	처음 초
招		5	부를 초
抄		中	가릴, 베낄 초
焦		中	그슬, 애태울 초
肖		中	닮을 초
超		中	뛰어넘을 초
礁		中	물어잠긴바위 초
礎		中	주춧돌 초
酢		中	초 초
硝		中	초석 초
促		中	재촉할 촉
觸	触	中	닿을, 범할 촉
囑	嘱	中	부탁할 촉
村		1	마을 촌
寸		6	마디 촌
塚		中	무덤 총
銃		中	총 총
總	総	5	다 총
撮		中	취할 촬
最		4	가장 최
催		中	재촉할 최

正字	略字	學年	代表訓音
秋		2	가을 추
追		3	따를 추/갈 퇴
推		6	밀 추/퇴
醜		中	더러울 추
墜		中	떨어질 추
椎		中	몽치, 등뼈 추
抽		中	뽑을 추
樞	枢	中	지도리, 근본 추
祝		4	빌 축
築		5	쌓을 축
縮		6	줄일, 물러날 축
軸		中	굴대 축
畜		中	기를 축
蓄		中	쌓을 축
逐		中	쫓을 축
蹴		中	찰 축
春		2	봄 춘
出		1	날 출
忠		6	충성 충
衷		中	속마음 충
衝		中	찌를 충
充		中	채울 충
沖		中	화할, 어릴 충
蟲	虫	1	벌레 충
臭		中	냄새 취
取		3	가질 취
就		6	나아갈 취
趣		中	달릴 취
吹		中	불 취
炊		中	불땔 취
醉	酔	中	취할 취
側		4	곁, 뒤척거릴 측
測		5	헤아릴 측
層		6	층 층
治		4	다스릴 치
置		4	둘 치
値		6	값, 만날 치

正字	略字	學年	代表訓音
恥		中	부끄러울 치
緻		中	빽빽할 치
稚		中	어릴 치
致		中	이룰 치
齒	歯	3	이 치
癡	痴	中	어리석을 치
則		5	법칙 칙/곧 즉
勅	敕	中	조서(詔書) 칙
親		2	친할 친
七		1	일곱 칠
漆		中	옻 칠
針		6	바늘 침
浸		中	담글 침
枕		中	베개 침
沈		中	잠길 침
侵		中	침노할 침
寢	寝	中	잘 침
稱	称	中	일컬을 칭
快		5	쾌할, 빠를 쾌
他		3	다를 타
打		3	칠 타
惰		中	게으를 타
妥		中	온당(穩當)할 타
唾		中	침, 침뱉을 타
墮	堕	中	떨어질 타
卓		中	높을 탁
託		中	부탁할 탁
濯		中	씻을 탁
濁		中	흐릴 탁
嘆		中	탄식할 탄
炭		3	숯 탄
誕		6	탄생할, 거짓 탄
綻		中	옷터질 탄
彈	弾	中	탄알 탄
脫		中	벗을 탈
奪		中	빼앗을 탈
探		6	더듬을 탐

正字	略字	學年	代表訓音
貪		中	탐할 탐
搭		中	탈 탑
塔		中	탑 탑
湯		3	끓을 탕
太		2	클 태
態		5	태도 태
怠		中	게으를 태
胎		中	아이밸 태
汰		中	일 태
駄		中	짐실을 태
泰		中	클 태
台		2	별이름 태
擇	択	中	가릴 택
澤	沢	中	못, 혜택 택
土		1	흙 토
討		6	칠 토
吐		中	토할, 드러낼 토
通		2	통할 통
統		5	거느릴 통
痛		6	아플 통
筒		中	대통 통
退		5	물러갈 퇴
堆		中	흙무더기 퇴
投		3	던질 투
妬		中	샘낼 투
透		中	통할, 꿰뚫을 투
鬪	闘	中	싸울 투
特		4	특별할 특
波		3	물결 파
破		5	깨뜨릴 파
派		6	갈래 파
把		中	잡을 파
罷		中	파할 파
婆		中	할미 파
板		3	널 판
坂		3	비탈 판
版		5	조각, 널 판

正字	略字	學年	代表訓音
判		5	판단할 판
阪		中	비탈 판
販		中	팔 판
八		1	여덟 팔
貝		1	조개 패
敗		4	패할 패
唄		中	찬불노래 패
霸	覇	中	으뜸 패
膨		中	배불룩할 팽
便		4	편할 편
編		5	엮을 편
片		6	조각 편
遍		中	두루 편/변
偏		中	치우칠 편
平		3	평평할 평
評		5	평론할 평
坪		中	평평할 평
蔽		中	가릴 폐
閉		6	닫을 폐
陛		6	섬돌 폐
肺		6	허파 폐
幣		中	비단 폐
弊		中	해질, 폐단 폐
廢	廃	中	폐할 폐
包		4	쌀 포
布		5	베 포
泡		中	거품 포
砲		中	돌쇠뇌 포
怖		中	두려워할 포
哺		中	먹을, 먹일 포
浦		中	물가, 개 포
飽		中	배부를 포
抱		中	안을 포
捕		中	잡을 포
胞		中	태 포
舖		中	펼 포
褒	襃	中	기릴 포

正字	略字	學年	代表訓音
暴		5	사나울 포/폭
爆		中	불터질 폭
幅		中	폭 폭
表		3	겉 표
票		4	표 표
標		4	표할 표
俵		5	흩을 표
漂		中	떠돌, 빨래할 표
品		3	성품 품
風		2	바람 풍
豐	豊	5	풍년 풍
皮		3	가죽 피
疲		中	가쁠 피
披		中	나눌, 펼 피
被		中	입을, 덮을 피
彼		中	저 피
避		中	피할 피
筆		3	붓 필
必		4	반드시 필
泌		中	샘 비
匹		中	짝 필
乏		中	모자랄 핍
下		1	아래 하
何		2	어찌 하
夏		2	여름 하
荷		3	멜, 연(蓮) 하
河		5	물, 성(姓) 하
賀		5	하례(賀禮) 하
嚇		中	노할 혁
虐		中	모질 학
鶴		中	학 학
學	学	1	배울 학
漢		3	한수(漢水) 한
韓		中	한국 한
寒		3	찰 한
限		5	막을 한
汗		中	땀 한

正字	略字	學年	代表訓音
閑		中	한가할 한
恨		中	한할 한
割		6	벨 할
轄		中	비녀장 할
含		中	머금을 함
艦		中	싸움배 함
陷	陥	中	빠질 함
合		2	합할 합
港		3	항구 항
航		4	배 항
項		中	목 항
桁		中	차꼬항, 도리 형
抗		中	항거할, 들 항
恆	恒	中	항상 항
海		2	바다 해
骸		中	뼈, 해골 해
害		4	해할 해
解		5	풀 해
該		中	갖출, 모조리 해
楷		中	서체이름, 본 해
諧		中	화할, 농담할 해
核		中	씨 핵
劾		中	캐물을 핵
行		2	다닐 행
幸		3	다행, 바랄 행
響		中	울릴 향
向		3	향할 향
享		中	누릴 향
香		中	향기 향
鄕	郷	6	시골 향
許		5	허락 허
虛	虚	中	빌 허
憲		6	법 헌
軒		中	집, 처마 헌
獻	献	中	드릴, 어진이 헌
驗	験	4	시험 험
險	険	5	험할 험

正字	略字	學年	代表訓音
革		6	가죽, 고칠 혁
現		5	나타날 현
玄		中	감을 현
懸		中	매달 현
舷		中	뱃전 현
弦		中	시위 현
賢		中	어질 현
縣	県	3	고을 현
顯	顕	中	나타낼 현
血		3	피 혈
穴		6	구멍 혈
嫌		中	싫어할 혐
頰		中	뺨 협
協		4	화협할 협
脅		中	갈비 협
脇		中	겨드랑이 협
峽	峡	中	골짜기 협
挾	挟	中	낄 협
狹	狭	中	좁을 협
兄		2	맏 형
形		2	모양 형
型		4	거푸집 형
衡		中	저울대 형
刑		中	형벌 형
螢	蛍	中	반딧불 형
惠	恵	中	은혜 혜
戶		2	지게 호
湖		3	호수 호
好		4	좋을 호
護		5	지킬 호
呼		6	부를 호
虎		中	범 호
互		中	서로 호
豪		中	호걸(豪傑) 호
弧		中	활 호
號	号	3	이름, 울 호
酷		中	독할 혹

正字	略字	學年	代表訓音
惑		中	미혹할 혹
混		5	섞일 혼
魂		中	넋 혼
婚		中	혼인 혼
紅		6	붉을 홍
洪		中	넓을, 큰물 홍
虹		中	무지개 홍
禍		中	재앙 화
花		1	꽃 화
火		1	불 화
話		2	말씀 화
化		3	될 화
和		3	화할 화
貨		4	재물 화
靴		中	가죽신 화
桦		中	벚나무 화
華		中	빛날, 꽃 화
畫	畵	2	그림 화
確		5	굳을 확
穫		中	거둘 확
擴	拡	6	넓힐 확
丸		2	둥글 환
環		中	고리 환
患		中	근심 환
還		中	돌아올 환
換		中	바꿀 환
幻		中	변할, 미혹할 환
喚		中	부를 환
歡	歓	中	기쁠 환
活		2	살 활
滑		中	미끄러울 활
黃		2	누를 황
皇		6	임금, 클 황
荒		中	거칠, 탐닉할 황
慌		中	어리둥절할 황
況		中	하물며 황
悔		中	뉘우칠 회

正字	略字	學年	代表訓音
栃		中	상수리나무 회
回		2	돌아올 회
灰		6	재 회
賄		中	뇌물 회
繪	絵	2	그림 회
會	会	2	모일 회
懷	懐	中	품을 회
獲		中	얻을 획
横		3	비낄 횡
效		5	본받을 효
孝		6	효도 효
酵		中	술밑, 술괼 효
曉	暁	中	새벽, 밝을 효
嗅		中	냄새 맡을 후
後		2	뒤 후
候		4	기후 후
厚		5	두터울 후
后		6	임금, 황후 후
喉		中	목구멍 후
朽		中	썩을 후
侯		中	임금, 제후 후
訓		4	가르칠, 새길 훈
勳	勲	中	공(功) 훈
薰	薫	中	향풀 훈
毁		中	헐 훼
彙		中	무리 휘
揮		6	휘두를, 뿌릴 휘
輝		中	빛날 휘
休		1	쉴 휴
携		中	끌, 휴대할 휴
胸		6	가슴 흉
凶		中	흉할 흉
黑	黒	2	검을 흑
痕		中	흔적 흔
欠	欠	缺	하품, 모자랄 흠
吸		6	마실 흡
興		5	일 흥

正字	略字	學年	代表訓音
喜		4	기쁠 희
希		4	바랄 희
姬		中	성 희
戲	戯	中	희롱할 희
犧	犠	中	희생 희
詰		中	꾸짖을 힐
辨			분별할 변
辯	弁		말잘할 변
瓣			외씨 판

25. 日本 漢字使用頻度 上位 1,000字

日本 文部省은 2010년에 「漢字出現頻度表 - 順位對照表」를 발표하였다. 이 자료는 일간신문 등 인쇄매체에 사용된 漢字 4,345字의 頻度數를 조사한 것이다. 이 자료에 의하면 일본에서 제일 많이 사용하는 漢字는 '人' 자이고 '一', '日' 의 順으로 되어 있다. 한 조사에 의하면 日本의 경우 上位 頻度 漢字 500字가 新聞 및 大衆媒體에서 사용하는 漢字의 80%, 1000字는 94%, 1,500字가 98%, 2,000字만 알면 99%를 알 수가 있다고 한다. 이에 日本의 使用漢字 頻度數 上位 1,000자를 掲載한다. 대부분 常用漢字 2136자에 속하지만, 人名用漢字「★」와 제1수준의 漢字「★★」도 1000字안에 포함되어 있다.

順位	略字	正字	順位	略字	正字	順位	略字	正字	順位	略字	正字
1	人		26	会	會	51	何		76	戦	戰
2	一		27	十		52	來		77	力	
3	日		28	家		53	彼		78	名	
4	大		29	女		54	話		79	金	
5	年		30	三		55	体	體	80	性	
6	出		31	前		56	動		81	対	對
7	本		32	的		57	社		82	意	
8	中		33	方		58	知		83	用	
9	子		34	入		59	理		84	男	
10	見		35	小		60	山		85	主	
11	国	國	36	地		61	内	內	86	通	
12	言		37	合		62	同		87	関	關
13	上		38	後		63	心		88	文	
14	分		39	目		64	発	發	89	屋	
15	生		40	長		65	高		90	感	
16	手		41	場		66	実	實	91	郎	郞
17	自		42	代		67	作		92	業	
18	行		43	私		68	当	當	93	定	
19	者		44	下		69	新		94	政	
20	二		45	立		70	世		95	持	
21	間		46	部		71	今		96	道	
22	事		47	学	學	72	書		97	外	
23	思		48	物		73	度		98	取	
24	時		49	月		74	明		99	所	
25	気	氣	50	田		75	五		100	現	

順位	略字	正字
101	最	
102	化	
103	四	
104	先	
105	民	
106	身	
107	不	
108	口	
109	川	
110	東	
111	相	
112	多	
113	法	
114	全	
115	聞	
116	情	
117	野	
118	考	
119	向	
120	平	
121	成	
122	軍	
123	開	
124	教	
125	経	經
126	信	
127	近	
128	以	
129	語	
130	面	
131	連	
132	問	
133	原	
134	顔	
135	正	
136	機	
137	九	
138	次	

順位	略字	正字
139	数	數
140	美	
141	回	
142	食	
143	表	
144	八	
145	声	聲
146	水	
147	報	
148	真	眞
149	味	
150	界	
151	無	
152	少	
153	要	
154	海	
155	変	變
156	結	
157	切	
158	重	
159	天	
160	神	
161	記	
162	木	
163	集	
164	和	
165	員	
166	引	
167	公	
168	画	畵
169	死	
170	安	
171	兵	
172	親	
173	六	
174	治	
175	決	
176	太	

順位	略字	正字
177	氏	
178	衛	
179	強	强
180	使	
181	込	
182	朝	
183	受	
184	島	
185	解	
186	市	
187	期	
188	様	
189	村	
190	活	
191	頭	
192	題	
193	万	萬
194	組	
195	仕	
196	白	
197	指	
198	説	
199	七	
200	能	
201	京	
202	葉	
203	第	
204	流	
205	然	
206	初	
207	足	
208	円	
209	在	
210	門	
211	調	
212	笑	
213	品	
214	電	

順位	略字	正字
215	議	
216	直	
217	着	
218	保	
219	別	
220	夫	
221	音	
222	選	
223	元	
224	権	權
225	特	
226	義	
227	父	
228	利	
229	制	
230	続	續
231	風	
232	北	
233	石	
234	車	
235	進	
236	夜	
237	伝	傳
238	母	
239	加	
240	助	
241	点	點
242	産	
243	務	
244	件	
245	命	
246	番	
247	落	
248	付	
249	得	
250	半	
251	戸	
252	好	

順位	略字	正字
253	空	
254	有	
255	違	
256	吉	
257	殺	
258	起	
259	運	
260	置	
261	料	
262	士	
263	返	
264	藤★	
265	論	
266	楽	樂
267	際	
268	歳	歲
269	色	
270	帰	歸
271	歩	步
272	井	
273	悪	惡
274	広	廣
275	店	
276	反	
277	町	
278	形	
279	百	
280	光	
281	首	
282	勝	
283	必	
284	土	
285	係	
286	由	
287	愛	
288	都	
289	住	
290	江	

順位	略字	正字
291	西	
292	売	賣
293	放	
294	確	
295	過	
296	張	
297	約	
298	馬	
299	状	狀
300	待	
301	古	
302	想	
303	始	
304	官	
305	交	
306	読	讀
307	千	
308	米	
309	配	
310	若	
311	終	
312	資	
313	常	
314	果	
315	呼	
316	校	
317	武	
318	共	
319	計	
320	残	殘
321	判	
322	役	
323	城	
324	院	
325	他	
326	総	總
327	術	
328	支	

順位	略字	正字
329	送	
330	族	
331	両	兩
332	乗	乘
333	団	團
334	松	
335	映	
336	応	應
337	済	濟
338	線	
339	買	
340	設	
341	右	
342	供	
343	格	
344	病	
345	打	
346	視	
347	早	
348	勢	
349	御	
350	断	斷
351	式	
352	質	
353	師	
354	台	臺
355	党	黨
356	告	
357	深	
358	存	
359	争	爭
360	室	
361	覚	覺
362	史	
363	側	
364	飛	
365	参	參
366	可	

順位	略字	正字
367	態	
368	営	營
369	府	
370	突	
371	巻	
372	容	
373	姿	
374	育	
375	之★	
376	介	
377	建	
378	南	
379	構	
380	認	
381	位	
382	達	
383	転	轉
384	左	
385	皇	
386	宮	
387	守	
388	満	滿
389	消	
390	任	
391	医	醫
392	蔵	藏
393	止	
394	造	
395	居	
396	離	
397	根	
398	予	
399	路	
400	字	
401	座	
402	工	
403	寺	
404	基	

順位	略字	正字
405	客	
406	急	
407	船	
408	図	圖
409	追	
410	隊	
411	査	
412	背	
413	観	觀
414	誰★	
415	黒	黑
416	素	
417	息	
418	価	價
419	将	將
420	伊★	
421	改	
422	県	縣
423	撃	擊
424	失	
425	泉	
426	老	
427	良	
428	示	
429	振	
430	号	號
431	像	
432	職	
433	王	
434	識	
435	警	
436	花	
437	優	
438	投	
439	英	
440	細	
441	局	
442	難	

順位	略字	正字
443	種	
444	証	證
445	走	
446	念	
447	寄	
448	商	
449	青	靑
450	谷	
451	害	
452	奥	奧
453	派	
454	僕	
455	佐	
456	頼	賴
457	横	橫
458	友	
459	再	
460	増	增
461	紀	
462	統	
463	答	
464	差	
465	火	
466	苦	
467	器	
468	收	
469	段	
470	異	
471	血	
472	護	
473	紙	
474	俺★	
475	歌	
476	渡	
477	与	與
478	注	
479	条	條
480	演	

順位	略字	正字
481	算	
482	赤	
483	備	
484	独	獨
485	象	
486	清	淸
487	技	
488	州	
489	申	
490	例	
491	働	
492	景	
493	領	
494	春	
495	抜	
496	遠	
497	橋	
498	源	
499	芸	藝
500	影	
501	型	
502	絶	
503	館	
504	眼	
505	香	
506	負	
507	福	
508	企	
509	旅	
510	球	
511	酒	
512	君	
513	験	驗
514	量	
515	察	
516	写	寫
517	望	
518	久	

順位	略字	正字
519	婚	
520	単	單
521	押	
522	割	
523	限	
524	戻	
525	科	
526	求	
527	津	
528	案	
529	談	
530	降	
531	妻	
532	岡★	
533	境	
534	熱	
535	策	
536	浮	
537	階	
538	等	
539	末	
540	宗	
541	区	區
542	波	
543	提	
544	去	
545	幸	
546	研	
547	移	
548	域	
549	飲	
550	肉	
551	草	
552	周	
553	昭	
554	越	
555	服	
556	接	

順位	略字	正字
557	鉄	鐵
558	密	
559	司	
560	登	
561	頃★	
562	銀	
563	類	
564	検	
565	未	
566	材	
567	個	
568	康	
569	沢	澤
570	協	
571	茶	
572	各	
573	究	
574	帯	帶
575	規	
576	秀	
577	歴	歷
578	編	
579	興	
580	裏	
581	精	
582	洋	
583	率	
584	抱	
585	比	
586	坂	
587	評	
588	装	裝
589	監	
590	崎	
591	省	
592	鮮	
593	税	
594	激	

順位	略字	正字
595	徳	德
596	挙	擧
597	志	
598	労	勞
599	競	
600	処	處
601	退	
602	費	
603	非	
604	囲	
605	喜	
606	辺	邊
607	敷	
608	系	
609	河	
610	織	
611	製	
612	娘	
613	端	
614	逃	
615	探	
616	極	
617	遺	
618	防	
619	低	
620	犯	
621	薬	藥
622	園	
623	疑	
624	林	
625	導	
626	緒	
627	静	靜
628	具	
629	席	
630	房	
631	速	
632	街	

順位	略字	正字
633	舞	
634	宿	
635	森	
636	程	
637	丸	
638	胸	
639	陸	
640	倒	
641	寝	
642	宅	
643	兄	
644	療	
645	絵	繪
646	諸	
647	尾	
648	株	
649	破	
650	秋	
651	堂	
652	従	
653	庭	
654	管	
655	婦	
656	仲	
657	革	
658	余	
659	敵	
660	展	
661	訪	
662	担	
663	冷	
664	効	
665	暮	
666	腹	
667	賞	
668	危	
669	毎	每
670	星	

順位	略字	正字
671	許	
672	復	
673	似	
674	片	
675	业	竝
676	底	
677	険	
678	描	
679	週	
680	修	
681	財	
682	遊	
683	温	溫
684	軽	輕
685	録	錄
686	腰	
687	我	
688	著	
689	乱	亂
690	章	
691	雑	雜
692	殿	
693	載	
694	響	
695	秘	
696	布	
697	恐	
698	攻	
699	値	
700	角	
701	暗	
702	習	
703	健	
704	仏	佛
705	積	
706	裁	
707	試	
708	夏	

順位	略字	正字
709	隱	
710	永	
711	誌	
712	夢	
713	環	
714	援	
715	故	
716	幕	
717	減	
718	略	
719	準	
720	委	
721	痛	
722	富	
723	督	
724	倉	
725	弟	
726	刻	
727	鳴	
728	令	
729	刊	
730	施	
731	焼	燒
732	欲	
733	途	
734	曲	
735	耳	
736	完	
737	里	
738	願	
739	罪	
740	圧	壓
741	額	
742	印	
743	嫌	
744	池	
745	陽	
746	臣	

順位	略字	正字
747	庫	
748	継	繼
749	亡	
750	散	
751	障	
752	貴	
753	農	
754	掛	
755	板	
756	昨	
757	整	
758	怒	
759	衆	
760	恋	戀
761	羽	
762	及	
763	専	專
764	逆	
765	腕	
766	盛	
767	玄	
768	留	
769	礼	禮
770	短	
771	普	
772	岩	
773	竹	
774	児	兒
775	毛	
776	列	
777	恵	惠
778	版	
779	授	
780	雪	
781	弾	彈
782	宇	
783	養	
784	驚	

順位	略字	正字
785	払	拂
786	奈★	
787	推	
788	給	
789	況	
790	樹	
791	為	爲
792	阿★	
793	敗	
794	雄	
795	捕	
796	刀	
797	被	
798	雨	
799	岸	
800	超	
801	豊	
802	忘	
803	含	
804	弁	
805	植	
806	妙	
807	模	
808	補	
809	抗	
810	級	
811	休	
812	暴	
813	課	
814	瞬	
815	称	稱
816	跡	
817	触	
818	玉	
819	晴	
820	華	
821	因	
822	震	

順位	略字	正字
823	折	
824	億	
825	肩	
826	劇	
827	迎	
828	傷	
829	悲	
830	闘	鬪
831	港	
832	責	
833	筋	
834	訳	譯
835	除	
836	射	
837	善	
838	刺	
839	黙	默
840	柄	
841	刑	
842	節	
843	述	
844	輪	
845	困	
846	脱	
847	浅	淺
848	鳥	
849	厳	嚴
850	純	
851	犬	
852	博	
853	陣	
854	薄	
855	阪★	
856	閉	
857	吸	
858	奇	
859	忠	
860	韓★★	

順位	略字	正字
861	夕	
862	固	
863	染	
864	巨	
865	講	
866	微	
867	髪	
868	標	
869	束	
870	縁	緣
871	眠	
872	壁	
873	午	
874	般	
875	湯	
876	訊★★	
877	拾	
878	駆	驅
879	衣	
880	替	
881	麻	
882	甲	
883	央	
884	藩	
885	骨	
886	彦★	
887	齢	齡
888	易	
889	照	
890	云★	
891	迫	
892	層	
893	踏	
894	窓	
895	弱	
896	討	
897	聖	
898	典	

順位	略字	正字
899	剣	
900	症	
901	祖	
902	築	
903	納	
904	勤	
905	昔	
906	脳	腦
907	便	
908	適	
909	弥★	彌
910	融	
911	航	
912	快	
913	浜	濱
914	郷	鄉
915	翌	
916	旧	舊
917	吹	
918	惑	
919	柳	
920	據	
921	奉	
922	筆	
923	壊	壞
924	換	
925	盆	
926	群	
927	句	
928	属	屬
929	候	
930	爆	
931	功	
932	捜	
933	帝	
934	賀	
935	魚	
936	堀	

順位	略字	正字
937	油	
938	怖	
939	叫	
940	伸	
941	創	
942	辞	辭
943	泣	
944	憶	
945	幹	
946	否	
947	露	
948	矢	
949	承	
950	雲	
951	握	
952	練	
953	儀	
954	紹	
955	聴	聽
956	包	
957	庁	廳
958	測	
959	占	
960	混	
961	倍	
962	乳	
963	襲	
964	借	
965	徴	徵
966	荒	
967	詰	
968	飯	
969	栄	榮
970	床	
971	丁	
972	憲	憲
973	則	
974	禁	

順位	略字	正字
975	順	
976	駅	驛
977	閣	
978	昼	晝
979	枚	
980	救	
981	厚	
982	皮	
983	陰	
984	繰	
985	那★	
986	冬	
987	輸	
988	操	
989	智★	
990	騒	
991	己	
992	濃	
993	魔	
994	遅	遲
995	簡	
996	撮	
997	携	
998	姉	
999	隣	
1000	孫	

26. 日本 略字(新字體) 일람표(常用漢字中)

略字	正字
亜	亞
悪	惡
圧	壓
囲	圍
医	醫
為	爲
壱	壹
隠	隱
栄	榮
営	營
衛	衞
駅	驛
円	圓
塩	鹽
縁	緣
艶	艷
応	應
欧	歐
殴	毆
桜	櫻
奥	奧
横	橫
温	溫
穏	穩
仮	假
価	價
画	畫
会	會
絵	繪
壊	壞
懐	懷
概	槪
拡	擴
殻	殼
覚	覺
学	學
岳	嶽
楽	樂

略字	正字
渇	渴
缶	罐
巻	卷
陥	陷
勧	勸
寛	寬
関	關
歓	歡
観	觀
気	氣
帰	歸
亀	龜
偽	僞
戯	戲
犠	犧
旧	舊
拠	據
挙	擧
虚	虛
峡	峽
挟	挾
狭	狹
郷	鄕
暁	曉
区	區
駆	驅
勲	勳
薫	薰
径	徑
茎	莖
恵	惠
掲	揭
渓	溪
経	經
蛍	螢
軽	輕
継	繼
鶏	鷄

略字	正字
芸	藝
撃	擊
欠	缺
研	硏
県	縣
倹	儉
剣	劍
険	險
圏	圈
検	檢
献	獻
権	權
顕	顯
験	驗
厳	嚴
広	廣
効	效
恒	恆
黄	黃
鉱	鑛
号	號
国	國
黒	黑
砕	碎
済	濟
斎	齋
剤	劑
雑	雜
参	參
桟	棧
蚕	蠶
惨	慘
賛	贊
残	殘
糸	絲
歯	齒
児	兒
辞	辭

略字	正字
湿	濕
実	實
写	寫
釈	釋
寿	壽
収	收
従	從
渋	澁
獣	獸
縦	縱
粛	肅
処	處
緒	緖
叙	敍
将	將
称	稱
渉	涉
焼	燒
証	證
奨	奬
条	條
状	狀
乗	乘
浄	淨
剰	剩
畳	疊
縄	繩
壌	壤
嬢	孃
譲	讓
醸	釀
触	觸
嘱	囑
真	眞
寝	寢
慎	愼
尽	盡
図	圖

略字	正字
粋	粹
酔	醉
穂	穗
随	隨
髄	髓
枢	樞
数	數
瀬	瀨
声	聲
斉	齊
静	靜
窃	竊
摂	攝
専	專
浅	淺
戦	戰
践	踐
銭	錢
潜	潛
繊	纖
禅	禪
双	雙
壮	壯
争	爭
荘	莊
捜	搜
挿	插
巣	巢
曽	曾
痩	瘦
装	裝
総	總
騒	騷
増	增
蔵	藏
臓	臟
即	卽
属	屬

略字	正字
続	續
堕	墮
対	對
体	體
帯	帶
滞	滯
台	臺
滝	瀧
択	擇
沢	澤
担	擔
単	單
胆	膽
団	團
断	斷
弾	彈
遅	遲
痴	癡
虫	蟲
昼	晝
鋳	鑄
庁	廳
徴	徵
聴	聽
勅	敕
鎮	鎭
逓	遞
鉄	鐵
点	點
転	轉
伝	傳
灯	燈
当	當
党	黨
盗	盜
稲	稻
闘	鬪
徳	德

略字	正字
独	獨
読	讀
届	屆
弐	貳
悩	惱
脳	腦
覇	霸
拝	拜
廃	廢
売	賣
麦	麥
発	發
髪	髮
抜	拔
晩	晚
蛮	蠻
秘	祕
浜	濱
瓶	甁
払	拂
仏	佛
併	倂
並	竝
辺	邊
変	變
弁	辨
弁	瓣
弁	辯
歩	步
宝	寶
豊	豐
褒	襃
翻	飜
毎	每
万	萬
満	滿
麺	麵
黙	默

略字	正字
弥	彌
訳	譯
薬	藥
与	與
予	豫
余	餘
誉	譽
揺	搖
様	樣
謡	謠
来	來
頼	賴
乱	亂
覧	覽
竜	龍
両	兩
猟	獵
緑	綠
涙	淚
塁	壘
礼	禮
励	勵
戻	戾
霊	靈
齢	齡
暦	曆
歴	歷
恋	戀
錬	鍊
炉	爐
労	勞
郎	郞
楼	樓
録	錄
湾	灣

總 301字

27. 中國에서 가장 많이 쓰이는 500字

中國 教育部 言語文字管理局에서 발표한 보고서에 따르면, 중국의 大衆媒體에서 1년간 사용된 인어를 분석한 결과 사용된 漢字는 8,225字였으며, 인터넷이나 신문, TV, 라디오에서 사용된 漢字는 5,607字였다. 그러나 이러한 매체에서 사용된 漢字들은 중국어를 쓸 때 주로 사용되는 常用漢字 581자가 重複使用되어 581자의 漢字를 알 경우 80% 이상을 이해할 수 있으며, 934자를 알 경우 90% 이상, 2,315자를 알 경우 99%를 理解할 수 있다고 전했다.

다음의 자료는 中國 淸華大學 내 智能技術與系統國家重点研究室에서 발표한 『漢字頻度表』 중 上位 500字이다. 86,000字를 통계낸 자료 중 使用 頻度가 높은 500位까지의 글자로 전체의 78.53%를 차지한다.

〈*는 韓國에서는 얼른 알기 어려운 字〉

順位	正字	簡字
1	的	
2	一	
3	國	国
4	在	
5	人	
6	了	
7	有	
8	中	
9	是	
10	年	
11	和	
12	大	
13	業	*业
14	不	
15	爲	为
16	發	*发
17	會	会
18	工	
19	經	经
20	上	
21	地	
22	市	
23	要	
24	個	*个
25	産	*产
26	這	这
27	出	
28	行	
29	作	
30	生	
31	家	
32	以	
33	成	
34	到	
35	日	
36	民	
37	來	来
38	我	
39	部	
40	對	对
41	進	*进
42	多	
43	全	
44	建	
45	他	
46	公	
47	開	*开
48	們	*们
49	場	场
50	展	
51	時	时
52	理	
53	新	
54	方	
55	主	
56	企	
57	資	资
58	實	实
59	學	学
60	報	*报
61	制	
62	政	
63	濟	济
64	用	
65	同	
66	于	
67	法	
68	高	
69	長	长

順位	正字	簡字
70	現	现
71	本	
72	月	
73	定	
74	化	
75	加	
76	動	*动
77	合	
78	品	
79	重	
80	關	*关
81	机	
82	分	
83	力	
84	自	
85	外	
86	者	
87	區	区
88	能	
89	設	设
90	后	
91	就	
92	等	
93	體	体
94	下	
95	萬	万
96	元	
97	社	
98	過	过
99	前	
100	面	
101	農	*农
102	也	
103	得	
104	與	与
105	說	说

順位	正字	簡字
106	之	
107	員	员
108	而	
109	務	*务
110	利	
111	電	*电
112	文	
113	事	
114	可	
115	種	*种
116	總	总
117	改	
118	三	
119	各	
120	好	
121	金	
122	第	
123	司	
124	其	
125	從	*从
126	平	
127	代	
128	當	*当
129	天	
130	水	
131	省	
132	提	
133	商	
134	十	
135	管	
136	內	
137	小	
138	技	
139	位	
140	目	
141	起	

順位	正字	簡字
142	海	
143	所	
144	立	
145	已	
146	通	
147	入	
148	量	
149	子	
150	問	问
151	度	
152	北	
153	保	
154	心	
155	還	*还
156	科	
157	委	
158	都	
159	術	*术
160	使	
161	明	
162	着	
163	次	
164	將	将
165	增	
166	基	
167	名	
168	向	
169	門	门
170	應	*应
171	里	
172	美	
173	由	
174	規	规
175	今	
176	題	
177	記	记

順位	正字	簡字
178	點	点
179	計	计
180	去	
181	强	
182	兩	两
183	些	
184	表	
185	系	
186	辦	* 办
187	敎	教
188	正	
189	條	* 条
190	最	
191	達	* 达
192	特	
193	革	
194	收	收
195	二	
196	期	
197	竝	并
198	程	
199	廠	* 厂
200	如	
201	道	
202	際	* 际
203	及	
204	西	
205	口	
206	京	
207	華	* 华
208	任	
209	調	调
210	性	
211	導	* 导
212	組	组
213	東	东

順位	正字	簡字
214	路	
215	活	
216	廣	* 广
217	意	
218	比	
219	投	
220	決	
221	交	
222	統	统
223	黨	党
224	南	
225	安	
226	此	
227	領	领
228	結	结
229	營	营
230	項	项
231	情	情
232	解	
233	議	* 议
234	義	* 义
235	山	
236	先	
237	車	车
238	然	
239	價	* 价
240	放	
241	世	
242	間	间
243	因	
244	共	
245	院	
246	步	
247	物	
248	界	
249	集	

順位	正字	簡字
250	把	
251	持	
252	无	
253	但	
254	城	
255	相	
256	書	* 书
257	村	
258	求	
259	治	
260	取	
261	原	
262	處	* 处
263	府	
264	硏	
265	質	质
266	信	
267	四	
268	運	运
269	縣	* 县
270	軍	军
271	件	
272	育	
273	局	
274	干	
275	隊	* 队
276	團	团
277	又	
278	造	
279	形	
280	級	级
281	標	标
282	聯	联
283	專	* 专
284	少	
285	費	费

順位	正字	簡字
286	效	
287	* 据	
288	手	
289	施	
290	權	* 权
291	江	
292	近	
293	深	
294	更	
295	認	* 认
296	果	
297	格	
298	幾	* 几
299	看	
300	沒	
301	職	* 职
302	服	
303	臺	台
304	式	
305	益	益
306	想	
307	數	数
308	單	单
309	樣	* 样
310	只	
311	被	
312	億	* 亿
313	老	
314	受	
315	優	* 优
316	常	
317	銷	销
318	志	
319	戰	战
320	流	
321	很	

順位	正字	簡字
322	接	
323	鄉	* 乡
324	頭	* 头
325	給	给
326	至	
327	難	难
328	觀	观
329	指	
330	創	创
331	證	证
332	織	* 织
333	論	* 论
334	別	
335	五	
336	協	协
337	變	变
338	風	风
339	批	
340	見	见
341	究	究
342	支	
343	那	
344	查	
345	張	张
346	精	精
347	每	
348	林	
349	轉	* 转
350	劃	* 划
351	准	
352	做	
353	需	
354	傳	传
355	爭	争
356	稅	
357	* 构	

順位	正字	簡字
358	具	
359	百	
360	或	
361	才	
362	積	* 积
363	勢	势
364	擧	举
365	必	
366	型	
367	易	
368	視	视
369	快	
370	李	
371	參	参
372	回	
373	引	
374	鎭	镇
375	首	
376	推	
377	思	
378	完	
379	消	
380	值	值
381	該	该
382	走	
383	裝	装
384	衆	* 众
385	責	责
386	備	* 备
387	州	
388	供	
389	包	
390	副	
391	極	* 极
392	整	
393	確	* 确

順位	正字	簡字
394	知	
395	貿	贸
396	己	
397	環	* 环
398	話	话
399	反	
400	身	
401	選	* 选
402	亞	* 亚
403	麽	* 么
404	帶	
405	采	
406	王	
407	策	
408	眞	真
409	女	
410	談	谈
411	嚴	* 严
412	斯	
413	況	况
414	色	
415	打	
416	德	
417	告	
418	僅	* 仅
419	它	
420	氣	气
421	料	
422	神	神
423	率	
424	識	* 识
425	勞	劳
426	境	
427	源	
428	靑	
429	護	* 护
430	列	
431	興	兴
432	許	许
433	戶	
434	馬	马
435	港	
436	則	则
437	節	* 节
438	款	
439	拉	
440	直	直
441	案	
442	股	
443	光	
444	較	较
445	河	
446	花	
447	根	
448	布	
449	線	线
450	土	
451	克	
452	再	
453	群	
454	醫	医
455	淸	清
456	速	
457	律	
458	她	
459	族	
460	歷	* 历
461	非	非
462	感	
463	占	
464	續	续
465	師	帅
466	何	
467	影	
468	功	
469	負	负
470	驗	验
471	望	
472	財	财
473	類	类
474	貨	货
475	約	约
476	藝	* 艺
477	* 售	
478	連	连
479	紀	纪
480	按	
481	訊	讯
482	史	
483	示	
484	象	
485	養	养
486	獲	* 获
487	石	
488	食	
489	* 抓	
490	富	
491	模	
492	始	
493	住	
494	賽	赛
495	客	
496	越	
497	聞	闻
498	央	
499	席	
500	堅	坚

28. 數의 單位

清淨	0.0000000000000000000001
虛空	0.000000000000000000001
六德	0.00000000000000000001
刹那	0.0000000000000000001
彈指	0.000000000000000001
瞬息	0.00000000000000001
須臾	0.0000000000000001
逡巡	0.000000000000001
模湖	0.00000000000001
漠	0.0000000000001
渺	0.000000000001
挨	0.00000000001
塵	0.0000000001
沙	0.000000001
纖	0.00000001
微	0.0000001
忽	0.000001
絲	0.00001
毛	0.0001
厘	0.001
分	0.01
割	0.1

0의 갯수		
0	一	1
1	十	10
2	百	100
3	千	1000
4	萬	10000
8	億	100000000
12	兆	1000000000000
16	京	10000000000000000
20	垓	100000000000000000000
24	秭	1000000000000000000000000
28	穰	10000000000000000000000000000
32	溝	100000000000000000000000000000000
36	澗	1000000000000000000000000000000000000
40	正	10000000000000000000000000000000000000000
44	載	100000000000000000000000000000000000000000000
48	極	1000000000000000000000000000000000000000000000000
52	恒河沙	10000000000000000000000000000000000000000000000000000
56	阿僧祇	100000000000000000000000000000000000000000000000000000000
60	那由他	1000000000000000000000000000000000000000000000000000000000000
64	不可思議	10000000000000000000000000000000000000000000000000000000000000000
68	無量大數	100000000000000000000000000000000000000000000000000000000000000000000

29. 中國의 外來語 表記

中國의 外來語는 크게 音譯形(원래의 발음을 이용하여 번역), 意譯形(원래의 뜻을 이용하여 번역), 混合形, 復合形 등 네 가지가 있다. 이는 中國人들이 자기네들의 언어에 자부심을 가지고 中國化했다는 肯定的인 측면과 또한 改革 開放과 함께 홍수같이 밀려들어오는 外來語들을 사용하는 국민의 입장에서는 자칫 그 뜻이 歪曲되어 사용될 수 있다는 否定的인 측면을 모두 가지고 있다. 뜻글자인 漢字의 특성을 살려 外國語 단어의 발음과 비슷하게 音을 빌리는 동시에 뜻도 알맞게 붙일 수 있어 그 이름 붙이기 아이디어는 이미 많은 世界人을 감탄하게 하고 있다. 다음의 資料는 현재 중국에서 쓰이고 있는 기발한 外國語 표기이다.

韓國語	原 語	中國語
1. 人名		
고르바초프	Gorbachov	戈爾巴喬夫
괴테	Goethe	哥德
다 빈치	da Vinci	達芬奇
대처	Thatcher	撒切爾
레닌	Lenin	列寧
레이건	Reagan	里根
로댕	Rodan	羅丹
루스벨트	Roosevelt	羅斯福
링컨	Lincoln	林肯
마라도나	Maradona	馬拉多納
마이클 잭슨	Michael Jackson	麥可爾.杰 克遜
맥 라이언	Meg ryan	密淇.賴恩
모나리자	Monalisa	蒙娜麗莎
모차르트	Mozart	莫札特
모파상	Maupassant	莫泊桑
반 고흐	van Gogh	凡.高
베토벤	Beethoven	貝多芬
사담	Saddam	薩達姆
셰익스피어	Shakespeare	莎士比亞
쇼팽	Chopin	肖邦
스탈린	Stalin	斯大林
스탕달	Stendhal	斯湯達
아이젠하워	Eisenhower	艾森豪威爾
안데르센	Andersen	安徒生
엘비스 프레슬리	Elvis Presley	猫王
워싱턴	Washington	華盛頓
조디 포스터	Jodie Foster	朱薺.佛斯特
처칠	Churchill	邱吉爾
케네디	Kenedy	肯尼迪
클린턴	Clinton	克林頓
톨스토이	Tolstoi	托爾斯泰
펠레	Pele	貝利
푸슈킨	Pushkin	普希金
피카소	Picasso	畢加索
하이네	Heine	海涅
히틀러	Hitler	希特勒
2. 영화제목		
고스트	The ghost	人鬼情未了
귀여운 여인	Pretty woman	漂亮女人
대부	The godfather	教父
로마의 휴일	Roman holiday	羅馬假日
미녀와 야수	Beauty & beast	美女與野獸
스피드	Speed	生死時速
쥐라기공원	Jurassic park	侏羅紀公園

韓國語	原 語	中國語
3. 食品		
샌드위치	Sandwich	三明治
샐러드	Salad	沙拉
샴페인	Champagne	香檳
아이스크림	Ice cream	冰激凌
위스키	Whisky	威士忌
쵸콜릿	Chocalate	巧克力
카카오	Cacao	可可
칵테일	Cocktail	鷄尾酒
토스트	Toast	土司
핫도그	Hot dog	熱狗
햄버거	Hamberg	漢堡包
4. 企業, 商標		
나이키	Nike	耐克
네슬레	Nestle	雀巢
니콘	Nikon	尼康
닷지	Dodge	道奇
대우	Daewoo	大宇
도시바	Toshiba	東芝
도요타	Toyota	豊田
롤스 로이스	Rolls-Royce	勞斯萊斯
리복	Reebok	瑞步
마쓰다	Mazda	馬自達
맥도날드	Mcdonald	麥當勞
맥스웰	Maxwell	麥氏
모토로라	Motorola	摩托羅拉
베네통	Benetton	斑尼頓
벤츠	Benz	奔馳
비엠더블유	Bmw	寶馬
소니	Sony	索尼
시몬스	Simons	席夢思
시보레	Chevrolet	雪佛萊
썬키스트	Sunkist	新奇士
아디다스	Addidas	阿迪達斯
아이와	Aiwa	愛華
에너자이저	Energizer	勁量
올림푸스	Olympus	奧林匹斯
지오다노	Giodano	佐丹奴
캐논	Canon	佳能
켄터키	Kentucky	肯德基
코닥	Kodak	柯達
코카콜라	Coca cola	可口可樂
크라운	Crown	皇冠
크로커다일	Crocodile	鰐魚
파나소닉	Panasonic	松下

韓國語	原 語	中國語
펩시콜라	Pepsi cola	百事可樂
포드	Ford	福特
퓨마	Puma	彪馬
필립스	Philips	菲利浦
현대	Hyundai	現代
혼다	Honda	本田
힐튼	Hilton	希爾頓
5. 度量衡		
그램	Gramme	克
뉴턴	Newton	牛頓
데시벨	Decibel	分貝
루블	Ruble	盧布
루피	Rupee	盧比
리라	Lira	里拉
마르크	Mark	馬克
미터	Meter	米
볼트	Volt	伏特
암페어	Ampere	安培
야드	Yard	碼
온스	Ounce	盎司
와트	Watt	瓦特
타(다스)	Dozen	打
톤	Ton	吨
파운드	Pound	鎊
헤르츠	Hertz	赫玆
6. 其他		
가라오케	Karaoke	卡拉OK
골프	Golf	高爾夫球
기타	Guitar	吉他
디스코	Disco	迪斯科
로맨틱	Romantic	羅曼蒂克
로큰롤	Rock & Roll	搖滾樂
룸바	Rumba	倫巴
몽타주	Montage	夢太奇
발레	Ballet	巴蕾舞
살롱	Salon	沙龍
소파	Sofa	沙潑
시가	Cigar	雪茄
아편	Opium	鴉片
재즈	Jazz	爵士
탱크	Tank	坦克
포커	Poker	撲克

30. 中國料理에 쓰이는 漢字表記

⑴ 調理法에 따른 분류

차오(炒) : 중간 불로 기름에 볶는다.

사오(燒) : 기름에 볶은 후 삶는다.

바오(爆) : 뜨거운 기름으로 단시간에 튀기거나 뜨거운 물로 단시간에 데친다.

자(炸) : 다량의 기름으로 튀겨낸다.

젠(煎) : 약간의 기름을 두르고 지져낸다.

탕(湯), 촨(川) : 스프의 종류. 특히 촨은 찌개와 같은 조리법으로 국물이 적고 건더기가 많이 들어간 요리.

둔(燉) : 주재료에 국물을 붓고 쪄낸다.

정(蒸) : 찐다.

류(溜) : 달콤한 녹말 소스를 끼얹는다.

쉰(熏) : 재료를 연기로 찌는 일종의 훈제법으로 조리한다.

췌이(脆) : 얇은 옷을 입혀 바삭바삭하게 될 때까지 튀긴다.

펑(烹) : 삶는다.

둥(凍) : 묵처럼 응고시켜 만든다.

후이(會) : 녹말가루를 연하게 풀어 넣는다.

카오(烤) : 불에 직접 굽는다.

먼(燜) : 약한 불에서 오래 끓여 달여 낸다.

웨이(煨) : 약한 불에다 서서히 연하게 익힌다. 간장을 넣어 색을 내는 것과 백숙처럼 그냥 익히는 것이 있다.

⑵ 材料에 따른 분류

룽(龍) : 뱀고기

후(虎) : 너구리고기

로우(肉), 주로우(猪肉) : 돼지고기(소고기보다 돼지고기를 즐겨먹기 때문에 고기는 그냥 돼지고기로 통한다.)

니우로우(牛肉) : 소고기

지단(鷄蛋) : 달걀

야쯔(鴨子) : 오리

톈지(田鷄) : 개구리

펑(鳳), 지(鷄) : 닭고기(산동성 사투리로는 '기'로 읽는다. 우리 나라에서 다 '기'로 읽는 것은 개항 이후 인천과 가까운 산동성 사람들이 먼저 들어와 중국요리들을 전했기 때문이다.)

투도우(土豆) : 감자

바이차이(白菜) : 배추

칭차이(靑菜) : 푸성귀

샤(蝦) : 새우 종류

모위(墨魚) : 오징어

⑶ 調味料에 따른 분류

도우장(豆醬) : 콩물

장유(醬油) : 간장

도우푸츠(豆腐豉) : 청국장

즈마장(芝麻醬) : 참깨와 기름을 넣어 섞은 된장
도우반장(豆瓣醬) : 고추장
위쟝(魚醬) : 어류로 만든 젓갈 국물
추(醋) : 식초
탕(糖) : 설탕
도우푸유(豆腐乳) : 발효두부
라자오(辣椒) : 고추

⑷ 材料를 처리한 모양에 따른 분류

피옌(片) : 얇게 썰어 만든 모양.
딩(丁) : 눈 목(目)자 모양으로 자른 것.
모(末) : 아주 잘게 썰은 것.
쓰(絲) : 결을 따라 가늘게 찢어 놓은 모양.
콰이(塊) : 크고 두꺼운 덩어리로 썬 것.
두안(段) : 깍둑 모양으로 작게 썬 것.
완(丸) : 완자 모양으로 동그랗게 만든 것.
쥐안(卷) : 두루마리처럼 감은 것.
바오(包) : 얇은 껍질로 소를 싼 것.
니(泥) : 강판에 갈아 즙을 낸 것.
냥(釀) : 재료의 속을 비우고 그곳에 다른 재료를 넣은 것.

⑸ 材料의 배합형태에 따른 분류

싼시엔(三鮮) : 세 가지 재료를 이용하여 만든 요리.
빠바오(八寶) : 여덟 가지 진귀한 재료을 넣어서 만든 요리.
우샹(五香) : 다섯 가지 향료를 쓴 요리.
스징(十景) : 열 가지 재료를 사용하여 만든 요리.
싼딩(三丁) : 세 가지 요리를 정육면체 모양으로 썰어서 만든 요리.
바이징(白景) : 우리 나라의 신선로와 같은 모양의 훠꿔즈(火鍋子)라는 그릇을 이용하여 여러가지 귀한 재료를 넣어 만든 요리.

⑹ 代表的 料理 (韓國 內 中國料理 집에서 쓰이는 요리 명칭. 北京語 발음과는 다름)

깐풍기(乾烹鷄) : 마르게 볶은 닭요리 (튀긴 닭고기를 매콤한 소스로 볶아 먹는 요리)
깐풍육(乾烹肉) : 깐풍기와 요리법은 같지만 닭고기 대신 돼지고기를 쓴 요리
라조기(辣椒鷄) : 고추를 넣어서 맵게 한 닭요리
라조육(辣椒肉) : 고추를 넣어서 맵게 한 돼지고기요리
난자완스(南前丸子) : 기름을 적게 두르고 부친 완자요리
샤스핀(shark's fin) : 상어지느러미요리
탕수육(糖醋肉) : 설탕과 식초로 맛을 낸 돼지고기요리
마파두부(麻婆豆腐) : 麻씨 노인이 처음 만들었다는 두부 요리
팔보채(八寶菜) : 여덟 가지 진귀한 재료로 여기서는 해삼, 새우, 오징어 등의 해물과 죽순 등의 야채로 요리함
류산슬(溜三絲) : 세 가지 재료를 가늘게 썰어 전분물을 끼얹어 걸쭉하게 하는 요리
기스면(鷄絲麵) : 닭고기를 실처럼 가늘게 썰어 넣은 면
삼선짜장면(三鮮炸醬麵) : 신선한 세 가지 재료, 보통 돼지고기, 닭고기, 새우, 전복, 죽순, 표고버섯, 해삼 중 세 가지로 만들어진 요리
유니짜장(肉泥炸醬) : 돼지고기를 강판으로 갈아 다져 만드는 자장면

31. 化學 元素 韓·中 對比表

3,400년전의 殷나라 甲骨文은 4,500餘字가 발견되었으며, 漢나라 때의 許愼이 지은 최초의 字典인 『說文解字』에는 9,353字, 최근 檀國大學校에서 발간한 『漢韓大辭典』에는 53,667字가 수록되었다. 이렇듯 시대가 지날수록 新造 漢字가 늘어난다. 다음의 資料는 西洋의 化學이 東洋에 들어오면서 새롭게 만들어진 漢字들이다. 化學元素를 한 字의 漢字로 만들었다. 특히 중요한 것은 元素의 性質에 따라 气, 金, 石, 水 등의 部首字와 聲符를 결합하여 처음보는 글자라도 어떤 性質의 어떤 音이라는 것을 알 수 있도록 대부분 形聲字로 造字하고 있다.

번호	기호	正字	簡字	音	韓國名
1	H	氫	氢	경	수소
2	He	氦	氦	양	헬륨
3	Li	鋰	锂	리	리튬
4	Be	鈹	铍	피	베릴륨
5	B	硼	硼	붕	붕소
6	C	碳	碳	탄	탄소
7	N	氮	氮	담	질소
8	O	氧	氧	양	산소
9	F	氟	氟	불	불소
10	Ne	氖	氖	내	네온
11	Na	鈉	钠	납	나트륨
12	Mg	鎂	镁	미	마그네슘
13	Al	鋁	铝	려	알루미늄
14	Si	硅	硅	규	규소
15	P	磷	磷	린	인
16	S	硫	硫	류	황
17	Cl	氯	氯	록	염소
18	Ar	氬	氩	아	아르곤
19	K	鉀	钾	갑	칼륨
20	Ca	鈣	钙	개	칼슘
21	Sc	鈧	钪	항	스칸듐
22	Ti	鈦	钛	태	티탄

번호	기호	正字	簡字	音	韓國名
23	V	釩	钒	범	바나듐
24	Cr	鉻	铬	락	크롬
25	Mn	錳	锰	맹	망간
26	Fe	鐵	铁	철	철
27	Co	鈷	钴	고	코발트
28	Ni	鎳	镍	얼	니켈
29	Cu	銅	铜	동	구리
30	Zn	鋅	锌	자	아연
31	Ga	鎵	镓	가	갈륨
32	Ge	鍺	锗	타	게르마늄
33	As	砷	砷	신	비소
34	Se	硒	硒	서	셀렌
35	Br	溴	溴	추	브롬
36	Kr	氪	氪	극	크립톤
37	Rb	鉫	铷	여	루비듐
38	Sr	鍶	锶	송	스트론튬
39	Y	釔	钇	을	이트륨
40	Zr	鋯	锆	고	지르코늄
41	Nb	鈮	铌	니	니오브
42	Mo	鉬	钼	목	몰리브덴
43	Tc	鍀	锝	득	테크네튬
44	Ru	釕	钌	조	루테늄

번호	기호	正字	簡字	音	韓國名
45	Rh	銠	铑	로	로듐
46	Pd	鈀	钯	파	팔라듐
47	Ag	銀	银	은	은
48	Cd	鎘	镉	력	카드뮴
49	In	銦	铟	인	인듐
50	Sn	錫	锡	석	주석
51	Sb	銻	锑	제	안티몬
52	Te	碲	碲	제	텔루르
53	I	碘	碘	전	요오드
54	Xe	氙	氙	선	크세논
55	Cs	銫	铯	색	세슘
56	Ba	鋇	钡	패	바륨
57	La	鑭	镧	란	란탄
58	Ce	鈰	铈	시	세륨
59	Pr	鐠	镨	보	프라세오디뮴
60	Nd	釹	钕	녀	네오디뮴
61	Pm	鉕	钷	파	프로메튬
62	Sm	釤	钐	삼	사마륨
63	Eu	銪	铕	유	유로퓸
64	Gd	釓	钆	구	가돌리늄
65	Tb	鋱	铽	특	테르븀
66	Dy	鏑	镝	적	디스프로슘
67	Ho	鈥	钬	화	홀뮴
68	Er	鉺	铒	이	에르븀
69	Tm	銩	铥	주	툴륨
70	Yb	鐿	镱	의	이테르븀
71	Lu	鑥	镥	노	루테튬
72	Hf	鉿	铪	협	하프늄
73	Ta	鉭	钽	단	탄탈
74	W	鎢	钨	오	텅스텐
75	Re	錸	铼	래	레늄
76	Os	鋨	锇	철	오스뮴
77	Ir	銥	铱	의	이리듐
78	Pt	鉑	铂	박	백금
79	Au	金	金	금	금
80	Hg	汞	汞	홍	수은
81	Tl	鉈	铊	사	탈륨
82	Pb	鉛	铅	연	납
83	Bi	鉍	铋	필	비스무트
84	Po	釙	钋	박	폴로늄
85	At	砹	砹	애	아스타틴
86	Rn	氡	氡	동	라돈
87	Fr	鈁	钫	방	프랑슘
88	Ra	鐳	镭	뢰	라듐
89	Ac	錒	锕	아	악티늄
90	Th	釷	钍	토	토륨
91	Pa	鏷	镤	박	프로악티늄
92	U	鈾	铀	유	우라늄
93	Np	鎿	镎	나	넵투늄
94	Pu	鈈	钚	비	플루토늄
95	Am	鎇	镅	미	아메리슘
96	Cm	鋦	锔	국	퀴륨
97	Bk	錇	锫	부	버클륨
98	Cf	鐦	锎	개	칼리포르늄
99	Es	鎄	锿	애	아인시타이늄
100	Fm	鐨	镄	비	페르뮴
101	Md	鍆	钔	문	멘델레븀
102	No	鍩	锘	첨	노벨륨
103	Lr	鐒	铹	방	로렌슘

32. 韓 · 中 컴퓨터用語

IT産業이 發展하면서 컴퓨터가 生活의 一部分으로 자리를 잡고 있다. 컴퓨터 用語는 나날이 새롭게 나오고 있어 專門家도 쉽게 알 수 없는 경우가 많이 있다. 특히 대부분이 英語로 되어 있어 우리말로의 飜譯이 절실하다. 지금 中國과 臺灣에서는 새롭게 나오는 컴퓨터 用語를 漢字를 利用하여 飜譯, 使用하고 있다. 中國과 臺灣에서 사용하고 있는 컴퓨터 用語를 揭載함으로써 우리의 自省을 촉구한다.

개인용 컴퓨터(personal computer) : 個人電腦
검색 엔진(search engine) : 搜索器
게이트(gate) : 門 [台]閘
게임(game) : 遊戲
글꼴(font) : 字形, 字庫
내려받기(download) : 下載
네트워크(network) : 網絡
네트워크컴퓨터(NC) : 網絡計算機
네티즌(netizen) : 網民, 網際公民, 網上隣居
네티켓(netiquette) : 網規 網線禮儀 網上禮儀
넷 서핑(net surfing) : 衝浪
노트북컴퓨터(notebook) : 筆記本電腦
다운 : 死機
단축 키 : 快捷鍵
더블클릭 : 雙擊
데스크탑 : 卓面
데이터 공유 : 數據共享
도메인 이름 : 域名
드라이브 : 驅動器
드래그 : 托曳, 托拉
드래그 엔 드롭 : 托放
디스켓 : 軟磁盤 [台]軟磁片
디스크최적화 : 磁盤碎片整理
디스플레이 : 顯示器
디지털 카메라 : 數字照相機
레이저 프린터 : 激光打印機
레지스터(register) : 寄存器 [台]暫存器
로그아웃(logout) : 退出
로그오프(logoff) : 注銷
로그온(logon) : 進入, 注册
로그인(login) : 登錄
리눅스(Linux) : [台]李尼克斯
리얼타임 : 實時
마더보드 : 主板
마우스(mouse) : 鼠標, 鼠標器 [台/港]滑鼠
마이크로소프트(Microsoft) : "微軟"公司
멀티 윈도 : 多窓口
멀티 태스크 : 多任務
멀티미디어 : 多媒體
메모리 : 內存
모니터 : 監視器
모바일 : 移動弁公
무료 소프트웨어(free software) : 免費軟件
바이러스 : 病毒, 電腦病毒
백스페이스 키 : 退格鍵
백신 : 防毒疫苗
버그 : 錯誤, 臭蟲
버전 : 版本
버전 업 : 昇級
북마크 : 書簽

브라우저 : 瀏覽器
사이버 머니 : 電子貨幣
사이트 : 站點, [港]網址
서버 : 服務器, 伺服器 [台]伺服端
셰어웨어 : 共享軟件, [台]試用版軟體
소스(source) : 源 [台]原始
스캐너 : 掃描儀
스크롤 바 : 滾動條
스크린 : 屏幕
시뮬레이션 : 倣眞, 模擬
시스템 : 系統
아날로그 : 模擬, [台]類比
아이콘 : 圖標
어플리케이션 : 應用軟件
업그레이드 : 昇級
업로드 : 上載
에러 : 錯誤
온라인 : 聯機 在線, [台] 線上 [港]連線
운영체제(OS) : 操作系統 [台]作業系統
워드프로세서 : 文字處理机
월드 와이드 웹(WWW) : 環球網, 万維網
웹 페이지 : 網頁
윈도우 : 窓口
유틸리티 : 實用程序
인터넷 : 國際互聯網絡, 因特網, 互聯網
인터넷 서점 : 網上書店
인터넷 중독자 : 網蟲
인트라넷 : 內部網, 企業內部網
조이스틱(joystick) : 遊戲桿
채팅 : 聊天
칩 : 芯片
캐시 메모리 : 緩存, 高速緩存
컨트롤 키 : 控制鍵
컨트롤 패널 : 控制面板
컴퓨터 : 電腦
컴퓨터 바이러스 : 電腦病毒
케이블 모뎀 : 線纜調制解調器 [港]電纜數據機
클라이언트 : 客戶, 客戶機 客戶端 [台]用戶端
클릭 : 點擊, 單擊, [港]按(制/手) :
키보드 : 鍵盤
키워드 : 關鍵詞
텍스트 파일 : 文本文件
토너 : 墨粉
파일 : 文件
파티션 : 分區
팝업 메뉴 : 上拉菜單
패스워드(password) : 口令, 密碼
패치(patch) : 補丁程序
페인트 : 畵圖
펜티엄 : "奔騰"
포멧 : 格式化
포인터 : 指針
포털 사이트 : 入門網站 [台]門戶網站
폰트 : 字形, 字庫
폴더 : 文件夾
풀다운 메뉴 : 下拉菜單
프로그래밍 : 編寫程序
프로그래밍 언어 : 編程語言
프로그램 : 程序 [台]程式
파일 : 程序文件
프로세서 : 處理器
프로토콜(protocol) : 協議
프린터 : 打印機 [台]印表機
플래그(flag) : 標記 [台]旗號 旗標
플러그 인 : 插件, [台]外掛程式
플로피 디스크 드라이버 : 軟驅, 軟盤驅動器
픽셀(fixel) : 象素
필드(field) : 字段 [台]欄
하드디스크 : 硬盤
하드웨어 : 硬件, [台]硬體
하이퍼 미디어 : 超媒體
하이퍼 텍스트 : 超文本 [台]超文件
해커(hacker) : 黑客, 闖入者
호스트 : 主机
홈페이지 : 主頁, 網頁

33. 韓國 歷代 王朝年表

代	王名	在位기간	名
1.	東明聖王	B.C 37~B.C 19	朱蒙
2.	琉璃王	B.C 19~A.D 18	類利
3	大武神王	18~44	無恤
4	閔中王	44~48	色朱
5	慕本王	48~53	解憂
6	太祖王	53~146	宮
7	次大王	146~165	遂成
8	新大王	165~179	伯固
9	故國川王	179~197	南武
10	山上王	197~229	延優
11	東川王	227~247	憂位居
12	中川王	247~270	然弗
13	西川王	270~292	藥盧
14	烽上王	292~300	相夫
15	美川王	300~330	乙弗
16	故國原王	331~371	斯由
17	小獸林王	371~384	丘夫
18	故國壤王	384~391	伊連
19	廣開土王	391~413	談德
20	長壽王	413~490	巨連
21	文咨明王	491~519	羅雲
22	安藏王	519~531	興安
23	安原王	531~545	寶延
24	陽原王	545~559	平成
25	平原王	559~590	陽城
26	瓔陽王	590~618	元
27	榮留王	618~641	建武
28	寶藏王	642~668	臧

代	王名	在位기간	名
1	溫祚	B.C 18~A.D 29	
2	多婁王	28~77	
3	己婁王	77~128	
4	蓋婁王	128~166	
5	肖古王	166~214	
6	仇首王	214~234	
7	沙泮王	234	
8	古爾王	234~286	
9	責稽王	286~298	
10	汾西王	298~304	
11	比流王	304~344	
12	契王	344~346	
13	近肖古王	346~375	
14	近仇首王	375~384	
15	枕流王	384~385	
16	辰斯王	385~392	

17	阿莘王	392~405	
18	腆支王	405~420	
19	久爾辛王	420~427	
20	毘有王	427~454	
21	蓋鹵王	455~475	慶司
22	文周王	475~477	
23	三斤王	477~479	
24	東城王	479~501	牟大
25	武寧王	501~523	斯摩
26	聖王	523~554	明禯
27	威德王	554~598	昌
28	惠王	598~599	季
29	法王	599~600	宣
30	武王	600~641	璋
31	義慈王	641~660	義慈

代	王名	在位기간	姓 名
1.	赫居世居西干	BC57~ AD4	朴
2	南解次次雄	4~24	朴
3	儒理尼師今	24~57	朴
4	脫解尼師今	57~80	昔
5	婆娑尼師今	80~112	朴
6	祇摩尼師今	112~134	朴
7	逸聖尼師今	134~154	朴
8	阿達羅尼師今	154~184	朴
9	伐休尼師今	184~196	昔
10	奈解尼師今	196~230	昔
11	助賁尼師今	230~247	昔
12	沾解尼師今	247~261	昔
13	味鄒尼師今	262~284	金
14	儒禮尼師今	284~298	昔
15	基臨尼師今	298~310	昔
16	訖解尼師今	310~356	昔
17	柰勿麻立干	356~402	金
18	實聖麻立干	402~417	金
19	訥祇麻立干	417~458	金
20	慈悲麻立干	458~479	金
21	炤知麻立干	479~500	金
22	智證王	500~514	金 智大路
23	法興王	514~540	金 原宗
24	眞興王	540~576	金 三麥宗
25	眞智王	576~579	金 舍輪
26	眞平王	579~632	金 白淨
27	善德王	632~647	金 德曼
28	眞德王	647~654	金 勝蔓
29	武烈王	654~661	金 春秋
30	文武王	661~681	金 法敏
31	神文王	681~691	金 政明
32	孝昭王	692~702	金 理洪
33	聖德王	702~737	金 興光
34	孝成王	737~742	金 承慶
35	景德王	742~765	金 憲英
36	惠恭王	765~780	金 乾運
37	宣德王	780~785	金 良相
38	元聖王	785~798	金 敬信
39	昭聖王	798~800	金 俊邕
40	哀莊王	800~809	金 淸明
41	憲德王	809~826	金 彦昇
42	興德王	826~836	金 秀宗
43	僖康王	836~838	金 悌隆
44	閔哀王	838~839	金 明
45	神武王	839	金 祐徵
46	文聖王	839~857	金 慶膺

47	憲安王	857~861	金誼靖
48	景文王	861~875	金膺廉
49	憲康王	875~886	金晸
50	定康王	886~887	金晃
51	眞聖王	887~897	金曼
52	孝恭王	897~912	金嶢
53	神德王	913~917	朴景暉
54	景明王	917~924	朴昇英
55	景哀王	924~927	朴魏膺
56	敬順王	927~935	金傅

代	王名	在位기간	名
1	首露王	42~199	
2	居登王	199~259	
3	麻品王	259~291	
4	居叱彌王	291~346	
5	伊尸品王	346~407	
6	坐知王	407~421	吐王, 叱
7	吹希王	421~451	叱嘉
8	銍知王	451~492	
9	鉗知王	492~521	
10	仇衡王	521~532	

代	王名	在位기간	姓名	年號
1	高王	699-719	大祚榮	天統
2	武王	719~737	大武藝	仁安
3	文王	737~793	大欽茂	大興
4	廢王	793~794	大元義	
5	成王	794~795	大華與	中興
6	康王	795~809	大嵩璘	正曆
7	定王	809~812	大元瑜	永德
8	僖王	812~817	大言義	朱雀
9	簡王	817~818	大明忠	太始
10	宣王	818~830	大仁秀	建興
11	大彝震	830~858		咸和
12	大虔晃	858~871		
13	景王	871~894	大玄錫	
14	大瑋瑎	894~906		
15	哀王	906~926	大諲譔	

代	王名	在位기간	名
1	太祖	918~943	王建
2	惠宗	943~945	武
3	定宗	945~949	堯
4	光宗	949~975	昭
5	景宗	975~981	伷
6	成宗	981~997	治
7	穆宗	997~1009	誦
8	顯宗	1009~1031	詢
9	德宗	1031~1034	欽
10	靖宗	1034~1046	亨
11	文宗	1046~1083	徽
12	順宗	1083	勳
13	宣宗	1083~1094	運
14	獻宗	1094~1095	昱
15	肅宗	1095~1105	顒
16	睿宗	1105~1122	俁
17	仁宗	1122~1146	楷
18	毅宗	1146~1170	晛
19	明宗	1170~1197	皓
20	神宗	1197~1204	晫

21	熙宗	1204~1211	韺
22	康宗	1211~1213	璹
23	高宗	1213~1259	晊
24	元宗	1259~1274	禃
25	忠烈王	1274~1308	昛
26	忠宣王	1308~1313	璋
27	忠肅王	1313~30, 32-39	燾
28	忠惠王	1330~32, 39-44	禎
29	忠穆王	1344~1348	昕
30	忠定王	1348~1351	胝
31	恭愍王	1351~1374	顓
32	禑王	1374~1388	牟尼奴
33	昌王	1388~1389	昌
34	恭讓王	1389~1392	瑤

代	王名	在位기간	名
1	太祖	1392~1398	李成桂
2	定宗	1398~1400	芳果
3	太宗	1400~1418	芳遠
4	世宗	1418~1450	祹
5	文宗	1450~1452	珦
6	端宗	1452~1455	弘暐
7	世祖	1455~1468	瑈
8	睿宗	1468~1469	晄
9	成宗	1469~1494	娎
10	燕山君	1494~1506	㦕
11	中宗	1506~1544	懌
12	仁宗	1544~1545	峼
13	明宗	1545~1567	峘
14	宣祖	1567~1608	昖
15	光海君	1608~1623	琿

16	仁祖	1623~1649	倧
17	孝宗	1649~1659	淏
18	顯宗	1659~1674	棩
19	肅宗	1674~1720	焞
20	景宗	1720~1724	昀
21	英祖	1724~1776	昑
22	正祖	1776~1800	祘
23	純祖	1800~1834	玜
24	憲宗	1834~1849	奐
25	哲宗	1849~1863	昪
26	高宗	1863~1907	㷩
27	純宗	1907~1910	拓

代	王名	在位기간
1	李承晩	1948. 7~1952. 8
2	李承晩	1952. 8~1956. 8
3	李承晩	1956. 8~1960. 4
과도내각	許政	1960. 4~1960. 8
4	尹潽善	1960. 8~1963.12
5	朴正熙	1963.12~1967. 6
6	朴正熙	1967. 7~1971. 6
7	朴正熙	1971. 6~1972.12
8	朴正熙	1972.12~1978.12
9	朴正熙	1978.12~1979.10
10	崔圭夏	1979.12~1980. 8
11	全斗煥	1980. 8~1981. 2
12	全斗煥	1981. 2~1988. 2
13	盧泰愚	1988. 2~1993. 2
14	金泳三	1993. 2~1998. 2
15	金大中	1998. 2~2003. 2
16	盧武鉉	2003. 2~2008. 2

34. 中國 歷代王朝의 皇帝 諡號 및 이름

王朝		年度	皇帝의 諡號와 名	都邑
夏		21세기~ 6세기 BC	禹 → 啓 → 太康 → 仲康 → 相 → 少康 → 杼 → 槐 → 芒 → 泄 → 不降 → 扃 → 廑 → 孔甲 → 皐 → 發 → 履癸(桀王)	陽城 → 陽翟 → 安邑
殷(商)		1600~ 1066 BC	天乙(大乙, 湯王) → 外丙 → 仲任 → 大甲(太甲) → 沃丁(虎祖丁) → 太庚(大庚) → 小甲 → 雍己 → 太戊(大戊) → 中丁(仲丁) → 外壬(都壬) → 河亶甲 → 祖乙(且乙) → 祖辛(且辛) → 沃甲(羌甲) → 祖丁(且丁) → 南庚 → 陽甲(虎甲) → 盤庚(般庚) → 小辛 → 小乙 → 武丁 → 祖庚(且庚) → 祖甲(且甲) → 廩辛(兄辛) → 庚丁 → 武乙 → 文丁(太丁) → 帝乙(父乙) → 帝辛(紂王)	殷墟 (河南 安陽)
周	西周	1066~ 771 BC	文王 姬昌 → 武王 發 → 成王 誦 → 康王 釗 → 昭王 瑕 → 穆王 滿 → 共王 緊扈 → 懿王 艱 → 孝王 辟方 → 夷王 燮 → 厲王 胡 → 宣王 靜 → 幽王 宮涅	鎬高 (陝西 西安)
	東周	770~ 256 BC	平王 姬宜臼 → 桓王 林 → 莊王 佗 → 釐王 胡齊 → 惠王 閬 → 襄王 鄭 → 頃王 壬臣 → 匡王 班 → 定王 瑜 → 簡王 夷 → 靈王 泄心 → 景王 貴 → 悼王 猛 → 敬王 匄 → 元王 仁 → 貞定王 介 → 哀王 去疾 → 思王 叔 → 考王 嵬 → 威烈王 午 → 安王 驕 → 烈王 喜 → 顯王 扁 → 愼靚王 定 → 赧王 延	洛邑
秦		221~ 206 BC	始皇帝 嬴政 → 二世皇帝 胡亥 → 三世皇帝 子嬰	咸陽 (陝西 西安)
西漢 (前漢)		202 BC~	高祖 劉邦 → 惠帝 盈 → 呂后(高祖皇后) 呂雉 →	長安

王朝		年度	皇帝의 諡號와 名	都邑
西漢		8 AD	文帝(太宗) 恒 → 景帝 啓 → 武帝(世宗) 徹 → 昭帝 弗陵 → 昌邑王(廢帝) 賀 → 宣帝(中宗) 詢 → 元帝(高宗) 奭 → 成帝 驁 → 哀帝 欣 → 平帝 衎 → 孺子 嬰	(陝西 西安)
新		8~23	王莽	常安 (陝西 西安)
東漢 (後漢)		25~220	光武帝(世祖) 劉秀 → 明帝(顯宗) 莊 → 章帝(肅宗) 炟 → 和帝(穆宗) 肇 → 殤帝 隆 → 安帝(恭宗) 祜 → 少帝 懿 → 順帝(敬宗) 保 → 沖帝 炳 → 質帝 纘 → 桓帝(成宗) 志 → 靈帝 宏 → 少帝 辯 → 獻帝 協	洛陽
三國	魏	220~265	文帝 曹丕 → 明帝 叡 → 廢帝(齊王) 芳 → 廢帝(高貴鄉公) 髮 → 元帝 奐	洛陽
	蜀	221~263	昭烈帝 劉備 → 後主 禪	成都
	吳	222~280	大帝 孫權 → 廢帝(會稽王) 亮 → 景帝 休 → 末帝(歸命侯) 皓	建業 (江蘇 南京)
西晉		265~316	武帝(成祖) 司馬炎 → 惠帝 衷 → 懷帝 熾 → 愍帝 鄴	洛陽
東晉		317~420	元帝(中宗) 司馬睿 → 明帝(肅宗) 紹 → 成帝(顯宗) 衍 → 康帝 岳 → 穆帝(孝宗) 聃 → 哀帝 丕 → 廢帝 奕 → 簡文帝(太宗) 昱 → 孝武帝 曜 → 安帝 德宗 → 恭帝 德文	建康 (江蘇 南京)
五胡十六國	成漢	303~347	(氐族) 武帝(太宗) 李雄 → 哀帝 班 → 廢帝(幽公) 期 → 昭文帝(中宗) 壽 → 後主 勢	成都
	前趙	304~329	(匈奴族) 光文帝(高祖) 劉淵 → 太子 和 → 武帝(烈宗) 聰 → 靈帝 粲 → 秦王 曜	左國城 → 平陽 → 長安
	後趙	319~351	(羯族) 明帝(高祖) 石勒 → 廢帝(海陽王) 弘 → 武帝(太祖) 虎 → 廢帝(譙王) 世 → 彭城王 遵 → 義陽王 鑑 → 新興王 祗	襄國 → 鄴
	前燕	337~370	(鮮卑族) 武宣帝 慕容廆 → 太祖 皝 → 景帝 慕容儁 → 幽帝 暐	薊 → 鄴
	西燕	384~394	(鮮卑族) 濟北王 慕容泓 → 威帝 沖 → 燕王 段隨	長子

王朝		年度	皇帝의 諡號와 名	都邑
五胡十六國	西燕		→ 燕王 顗 → 燕王 忠 → 燕王 忠 → 河東王 永 (5호16국에는 미포함)	(山西 長治)
	後燕	384~407	(鮮卑族) 神武帝(世祖) 慕容垂 → 靈帝(烈宗) 寶 → 開封公 詳 → 趙王 麟 → 昭武帝(中宗) 盛 → 昭文帝 熙	中山 (河北 定縣)
	南燕	398~410	(鮮卑族) 獻武帝 慕容德 → 末主 超	滑臺 (河南 滑縣)
	北燕	409~436	(漢族) 惠懿帝 高雲 → 文成帝(太祖) 馮跋 → 昭成帝 弘	龍城 (遼寧 朝陽)
	前秦	350~394	(氐族) 惠武帝 苻洪 → 明帝(高祖) 健 → 厲王(廢帝) 生 → 宣昭帝(世祖) 堅 → 哀平帝 丕 → 太宗 登 → 後主 崇	長安 (四川 西安)
	後秦	384~417	(羌族) 太祖 姚萇 → 文桓帝(高祖) 興 → 後主 泓	長安
	西秦	385~431	(鮮卑族) 宣烈王(烈祖) 乞伏國仁 → 武元王(高祖) 乾歸 → 文昭王(太祖) 熾磐 → 後主 暮末	苑川 (甘肅 楡中)
	大夏	407~431	(匈奴族) 世祖 赫連勃勃 → 廢主 昌 → 後主 定	統萬城 (陝西 橫山)
	前涼	317~376	(漢族) 武穆王 張軌 → 昭王 寔 → 成王(成烈王) 茂 → 文王 駿 → 恒王(明王) 重華 → 哀公 曜靈 → 威王(前主) 祚 → 沖王(敬悼公) 玄靚 → 悼公(後主) 天錫 → 涼王 大豫	姑臧 (甘肅 武威)
	後涼	386~403	(氐族) 武帝(太祖) 呂光 → 隱王 紹 → 靈帝 纂 → 後主(建康公) 隆	姑臧 (甘肅 武威)
	南涼	397~414	(鮮卑族) 武威王 禿髮烏孤 → 康王 利鹿孤 → 景王 傉檀	西平 → 樂都
	北涼	401~439	(匈奴族) 武宣王 段業 → 太祖 沮渠蒙遜 → 哀王 牧犍 → 酒泉王 無諱 → 河西王 安周	張掖 → 姑臧
	西涼	400~421	(漢族) 太祖 李暠 → 後主 歆 → 冠軍侯 恂	敦煌 (甘肅 敦煌)

王朝		年度	皇帝의 諡號와 名	都邑
南北朝－南朝	宋	420~479	武帝(高祖) 劉裕 → 少帝(營陽王) 義符 → 文帝(中宗) 義隆 → 太子 劭 → 孝武帝(世祖) 駿 → 前廢帝 子業 → 明帝(太宗) 彧 → 後廢帝 昱 → 順帝 準	建康(江蘇南京)
	齊	479~502	高帝(太祖) 蕭道成 → 武帝(世祖) 賾 → 郁林王 昭業 → 海陵王(恭王) 昭文 → 明帝(高宗) 鸞 → 東昏侯 寶卷 → 和帝 寶融	建康
	梁	502~557	武帝(高祖) 蕭衍 → 臨賀王 正德 → 簡文帝(太宗) 綱 → 豫章王 棟 → 武陵王 紀 → 元帝(世祖) 繹 → 閔帝(貞陽侯) 淵明 → 敬帝 方智	建康
	陳	557~589	武帝(高祖) 陳霸先 → 文帝(世祖) 蒨 → 廢帝(臨海王) 伯宗 → 宣帝(高宗) 頊 → 後主 叔寶	建康
南北朝－北朝	北魏(後魏)	386~534	(鮮卑族) 道武帝(太祖) 拓跋珪 → 明元帝(太宗) 嗣 → 太武帝(世祖) 燾 → 南安王 余 → 文成帝(高宗) 濬 → 獻文帝(顯祖) 弘 → 馮太后(文明太皇太后) → 孝文帝(高祖) 元宏 → 宣武帝(世宗) 恪 → 孝明帝(肅宗) 詡 → 幼主 釗 → 胡太后(靈太后) 胡充華 → 孝莊帝(敬宗) 子攸 → 節閔帝(前廢帝) 恭 → 安定王(後廢帝) 朗 → 孝武帝(出帝) 脩	平成(山西大同) → 洛陽
	東魏	534~550	(鮮卑族) 孝靜帝 元善見	鄴(河北臨漳)
	北齊	550~577	文宣帝(顯祖) 高洋 → 廢帝(濟南王) 殷 → 孝昭帝(肅宗) 演 → 武成帝(世祖) 湛 → 後主 緯 → 幼主 恒 → 范陽王 紹義	鄴
	西魏	535~557	(鮮卑族) 文帝 元寶炬 → 廢帝 欽 → 恭帝 拓跋廓	長安(陝西西安)
	北周	557~581	(鮮卑族) 孝閔帝 宇文覺 → 明帝(世宗) 毓 → 武帝(高祖) 邕 → 先帝 贇 → 靜帝 衍	長安
隋		581~618	文帝 楊堅 → 煬帝 廣 → 恭帝(代王) 侑 → 秦王 浩 → 越王(皇泰帝) 侗	大興(陝西西安)
唐		618~907	高祖 李淵 → 太宗 世民 → 高宗 治 → 武周聖神皇帝(武則天) → 中宗 顯 → 殤帝 重茂 → 睿宗 旦 → 玄宗 隆基 → 肅宗 亨 → 代宗 豫 → 德宗 适	長安

王朝			年度	皇帝의 諡號와 名	都邑
唐			618~907	→ 順宗 誦 → 憲宗 純 → 穆宗 恒 → 敬宗 湛 → 文宗 昻 → 武宗 炎 → 宣宗 忱 → 懿宗 漼 → 僖宗 儇 → 昭宗 曄 → 哀帝 柷	
五代十國	五代	後梁	907~923	太祖 朱溫 → 郢王 友珪 → 末帝 友貞	卞 → 洛陽
		後唐	923~936	太祖 李克用 → 莊宗 存勗 → 明宗 嗣源 → 愍帝 從厚 → 末帝 從珂	洛陽
		後晉	936~947	高祖 石敬瑭 → 出帝 重貴	卞
		後漢	947~950	高祖 劉知遠 → 隱帝 承祐 → 湘陰公 贇	卞
		後周	951~960	太祖 郭威 → 世宗 柴榮 → 恭帝 柴宗訓	卞
	十國	吳	902~937	武帝 楊行密 → 景帝(烈祖) 渥 → 宣帝 隆演 → 睿帝 溥	江都(江蘇揚州)
		南唐	937~975	烈祖 李昇 → 元宗 璟 → 後主 煜	金陵(江蘇南京)
		前蜀	907~925	高祖 王建 → 順正公 宗衍	成都
		後蜀	934~965	高祖 孟知祥 → 楚恭孝王 昶	成都
		南漢	917~971	高祖 劉龑 → 殤帝 玢 → 中宗 晟 → 南越王 鋹	南海
		楚	907~951	武穆王 馬殷 → 衡陽王 希聲 → 文昭王 希範 → 廢王 希廣 → 恭孝王 希萼 → 後王(武安留后) 希崇	長沙
		吳越	907~978	武肅王(海龍王) 錢鏐 → 文穆王 元瓘 → 忠獻王 佐 → 忠遜王 倧 → 忠懿王 俶	杭州
		閩	909~945	太祖 王審知 → 嗣主(閩國王) 延翰 → 惠宗(太宗) 鈞 → 康宗 昶 → 景宗 羲 → 福恭懿王(天德帝) 延政	長樂(福建福州)
		南平(荊南)	907~963	武興王 高季興 → 文獻王 從誨 → 貞懿王 保融 → 侍中 保勗 → 侍中 繼沖	荊州(湖北江陵)
		北漢	951~979	世祖 劉旻 → 孝和帝(和帝) 鈞 → 少主 繼恩 → 英武帝 繼元	太原
宋	北宋		960~1127	太祖 趙匡胤 → 太宗 匡義 → 眞宗 恒 → 仁宗 禎 → 英宗 曙 → 神宗 頊 → 高太后(宣仁太后) → 哲宗 煦 → 徽宗 佶 → 欽宗 桓	汴京(河南開封)
	南宋		1127~1279	高宗 趙構 → 孝宗 愼 → 光宗 惇 → 寧宗 擴 → 理宗 昀 → 度宗 禥 → 恭帝 㬎 → 端宗 昰 →	臨安(浙江

王朝	年度	皇帝의 諡號와 名	都邑
南宋	1127~1279	帝昺(祥興帝) 昺	杭州)
遼	916~1125	太祖 耶律億 → 太宗 德光 → 世宗 阮 → 穆宗 璟 → 景宗 賢 → 聖宗 隆緒 → 興宗 宗眞 → 道宗 洪基 → 天祚帝 延禧	上京(內蒙古)
西遼	1124~1211	德宗 耶律大石 → 感天后 → 仁宗 夷列 → 承天后 普速完 → 末主 直魯古 → 屈出律 古出魯克	虎思斡爾朶
金	1115~1234	太祖 完顔旻(阿骨打) → 太宗 晟 → 熙宗 亶 → 海陵王(廢帝) 亮 → 世宗 雍 → 章宗 璟 → 廢帝(衛紹王) 永濟 → 宣宗 珣 → 哀宗 守緖 → 末帝 承麟	會寧 → 中道 → 南京(河南開封)
蒙古帝國	1206~1259	太祖 成吉思汗(칭기즈칸) → 太宗 窩闊台(오고타이) → 定宗 貴由(구유크) → 憲宗 蒙哥(몽케)	
元	1260~1370	世祖 忽必烈(쿠빌라이) → 成宗 鐵穆耳(티무르) → 武宗 海山(하이샨) → 仁宗 愛育黎拔力八達(아유르바리바드라) → 英宗 碩德八剌(시디발라) → 泰定帝 也孫鐵木耳(에센테무르) → 天順帝 阿速吉八(아수기바) → 文宗 圖帖睦耳(투크테무르) → 明宗 和世㻋(쿠살라) → 寧宗 懿璘質班(이린지발) → 順帝 妥懽帖睦爾(토곤테무르)	大都(北京)
明	1368~1644	洪武帝(高皇帝, 太祖) 朱元璋 → 建文帝(恭閔惠皇帝) 允炆 → 永樂帝(孝文皇帝, 太宗) 棣 → 洪熙帝(孝昭皇帝, 仁宗) 高熾 → 宣德帝(孝章皇帝, 宣宗) 瞻基 → 正統帝(英宗) 祁鎭 → 景帝(代宗) 祁鈺 → 成化帝(憲宗) 見深 → 弘治帝(孝宗) 祐樘 → 正德帝(武宗) 厚照 → 嘉靖帝(世宗) 厚熜 → 隆慶帝(穆宗) 載垕 → 萬曆帝(神宗) 翊鈞 → 泰昌帝(光宗) 常洛 → 天啓帝(熹宗) 由校 → 崇禎帝(毅宗) 由檢	南京 → 北京
淸	1616~1911	太祖 奴爾哈赤(누르하치) → 太宗 皇太極 → 順治帝(世祖) 福臨 → 康熙帝(聖祖) 玄燁 → 雍正帝(世宗) 胤禛 → 乾隆帝(高宗) 弘歷 → 嘉慶帝(仁宗) 顒琰 → 道光帝(宣宗) 旻寧 → 咸豊帝(文宗) 奕詝 → 同治帝(穆宗) 載淳 → 光緖帝(德宗) 載湉 → 宣統帝 溥儀	燕京(北京)

35. 中國 歷代 年號 索引表

〈가나다 順〉

嘉慶(淸)	1796~1820
嘉祐(北宋)	1056~1063
嘉定(南宋)	1208~1224
嘉靖(明)	1522~1566
嘉泰(南宋)	1201~1204
嘉平(魏)	249~254
嘉禾(吳)	232~238
嘉熙(南宋)	1237~1240
甘露(漢)	B.C. 53~B.C. 50
甘露(魏)	256~259
甘露(吳)	265~266
康定(北宋)	1040~1041
康熙(淸)	1662~1722
開慶(南宋)	1259~1259
開寶(北宋)	968~976
開成(唐)	836~840
開耀(唐)	681~682
開運(後晉)	944~946
開元(唐)	713~741
開泰(遼)	1012~1021
開平(後梁)	907~911
開皇(隋)	581~600
開興(金)	1232~1232
開禧(南宋)	1205~1207
居攝(漢)	6~8
建康(漢)	144~144
建光(漢)	121~122
建寧(漢)	168~172
乾寧(唐)	894~898
乾德(北宋)	963~968
建德(北周)	572~578
乾道(南宋)	1165~1173
建隆(北宋)	960~963
乾隆(淸)	1736~1795
建明(北魏)	530~531
乾明(北齊)	560~560
建武(東晉)	317~317
建武(齊)	494~498
建武(晉)	304~304
建武(漢)	25~56
建文(明)	1399~1402
乾封(唐)	666~668
乾符(唐)	874~879
建昭(漢)	B.C. 38~B.C. 34
建始(漢)	B.C. 32~B.C. 29
建安(漢)	196~220
建炎(南宋)	1127~1130
乾祐(後漢)	948~950
乾元(唐)	758~760
建元(漢)	B.C. 140~B.C. 135
建元(東晉)	343~344
建元(齊)	479~482
建義(北魏)	528~528
建中(唐)	780~783
建中靖國(北宋)	1101~1101
建初(漢)	76~84
乾統(遼)	1101~1110
建平(漢)	B.C. 6~B.C. 3
乾亨(遼)	979~982
建衡(吳)	269~271
建和(漢)	147~149
乾化(後梁)	911~915
乾興(北宋)	1022~1022
建興(蜀)	223~237
建興(吳)	252~253
建興(晉)	313~316
竟寧(漢)	B.C. 33~B.C. 33
景德(北宋)	1004~1007
慶曆(北宋)	1041~1048
景龍(唐)	707~710
景明(北魏)	500~503
景福(唐)	892~893
景福(遼)	1031~1031
更始(漢)	23~25
景炎(南宋)	1276~1277
景耀(蜀)	258~263
景祐(北宋)	1034~1038
景雲(唐)	710~711
慶元(南宋)	1195~1200
景元(魏)	260~264
景定(南宋)	1260~1264
景初(魏)	237~239
景泰(明)	1450~1457
景平(宋)	423~424

景和(宋)	465~465
光啓(唐)	885~888
光大(陳)	567~568
光宅(唐)	684~684
廣德(唐)	763~764
廣明(唐)	880~881
光緖(淸)	1875~1908
廣順(後周)	951~954
光化(唐)	898~901
光和(漢)	178~184
光熙(晉)	306~306
光熹(漢)	189~189
久視(唐)	700~700
端拱(北宋)	988~989
端平(南宋)	1234~1236
唐隆(唐)	710~710
大觀(北宋)	1107~1110
大德(元)	1297~1307
大同(梁)	535~546
大同(遼)	947~947
大曆(唐)	766~779
大明(宋)	457~464
大寶(梁)	550~551
大象(北周)	579~581
大成(北周)	579~579
大順(唐)	890~891
大安(金)	1209~1211
大業(隋)	605~617
大定(金)	1161~1189
大足(唐)	701~701
大中(唐)	847~860
大中祥符(北宋)	1008 ~1016
大通(梁)	527~529
大統(西魏)	535~551
德祐(南宋)	1275~1276
道光(淸)	1821~1850
同光(後唐)	923~926
同治(淸)	1862~1874
登國(北魏)	386~395
萬曆(明)	1573~1620
萬歲登封(唐)	696 ~696
萬歲通天(唐)	696~697
明道(北宋)	1032~1033
明昌(金)	1190~1196
武德(唐)	618~626
武成(北周)	559~560
武定(東魏)	543~550
武泰(北魏)	528~528
武平(北齊)	570~576
文德(唐)	888~888
文明(唐)	684~684
寶慶(南宋)	1225~1227
保寧(遼)	969~979
保大(遼)	1121~1125
寶曆(唐)	825~827
寶祐(南宋)	1253~1258
寶元(北宋)	1038~1040
寶應(唐)	762~763
保定(北周)	561~565
寶鼎(吳)	266~269
普泰(北魏)	531~531
普通(梁)	520~527
本始(漢)	B.C. 73~B.C. 70
本初(漢)	146~146
鳳凰(吳)	272~274
嗣聖(唐)	684~704
上元(唐)	674~676
上元(唐)	760~762
祥興(南宋)	1278~1279
宣德(明)	1426~1435
宣政(北周)	578~578
先天(唐)	712~713
宣統(淸)	1909~1911
宣和(北宋)	1119~1125
聖曆(唐)	698~700
成化(明)	1465~1487
昭寧(漢)	189~189
紹聖(北宋)	1094~1098
紹定(南宋)	1228~1233
紹泰(梁)	555~556
紹興(南宋)	1131~1162
紹熙(南宋)	1190~1194
垂拱(唐)	685~688
收國(金)	1115~1116
壽昌(遼)	1095~1100
綏和(漢)	B.C. 8~B.C. 7
淳祐(南宋)	1241~1252
順治(淸)	1644~1661
淳化(北宋)	990~994
淳熙(南宋)	1174~1189
崇慶(金)	1212~1212
崇寧(北宋)	1102~1106
崇德(淸)	1636~1643
崇禎(明)	1628~1644
承光(北齊)	577~577
承明(北魏)	476~476
昇明(宋)	477~479
承聖(梁)	552~555
承安(金)	1196~1200
升平(東晉)	357~361
承平(北魏)	452~452
始建國(新)	9~13

始光(北魏)	424~427
始元(漢)	B.C. 86~B.C. 81
神麍(北魏)	428~431
神功(唐)	697~697
神龜(北魏)	518~520
神龍(唐)	705~707
神鳳(吳)	252~252
神瑞(北魏)	414~415
神爵(漢)	B.C. 61~B.C. 58
神册(遼)	916~921
陽嘉(漢)	132~135
陽朔(漢)	B.C. 24~B.C. 21
如意(唐)	692~692
延康(漢)	220~220
延光(漢)	122~125
延祐(元)	1314~1320
延載(唐)	694~694
延昌(北魏)	512~515
延平(漢)	106~106
延和(北魏)	432~434
延和(唐)	712~712
延興(北魏)	471~476
延興(齊)	494~494
延熙(蜀)	238~257
延熹(漢)	158~167
炎興(蜀)	263~263
永嘉(漢)	145~145
永嘉(晉)	307~313
寧康(東晉)	373~375
永康(漢)	167~167
永康(晉)	300~301
永建(漢)	126~132
永光(漢)	B.C. 43~B.C. 39
永光(宋)	465~465
永寧(漢)	120~121
永寧(晉)	301~302
永隆(唐)	680~681
永明(齊)	483~493
永壽(漢)	155~158
永淳(唐)	682~683
永始(漢)	B.C. 16~B.C. 13
永樂(明)	1403~1424
永安(北魏)	528~530
永安(吳)	258~264
永安(晉)	304~304
永元(齊)	499~501
永元(漢)	89~105
永貞(唐)	805~805
永定(陳)	557~559
永昌(東晉)	322~323
永昌(唐)	689~690
永初(漢)	107~113
永初(宋)	420~422
永泰(齊)	498~498
永泰(唐)	765~766
永平(漢)	58~75
永平(晉)	291~291
永平(北魏)	508~512
永漢(漢)	189~189
永和(漢)	136~141
永和(東晉)	345~356
永徽(唐)	650~656
永興(漢)	153~154
永興(晉)	304~306
永興(北魏)	409~413
永興(北魏)	532~532
永熙(晉)	290~291
永熙(北魏)	532~534
五鳳(漢)	B.C. 57~B.C. 54
五鳳(吳)	254~256
雍正(淸)	1723~1735
雍熙(北宋)	984~987
龍紀(唐)	889~889
龍德(後梁)	921~923
龍朔(唐)	661~663
元嘉(漢)	151~152
元嘉(宋)	424~453
元康(漢)	B.C. 65~B.C. 62
元康(晉)	291~299
元光(漢)	B.C. 134~B.C. 129
元光(金)	1222~1223
元封(漢)	B.C. 110~B.C. 105
元鳳(漢)	B.C. 80~B.C. 75
元符(北宋)	1098~1100
元朔(漢)	B.C. 128~B.C. 123
元象(東魏)	538~539
元狩(漢)	B.C. 122~B.C. 117
元壽(漢)	B.C. 2~B.C. 1
元始(漢)	1~5
元延(漢)	B.C. 12~B.C. 9
元祐(北宋)	1086~1094
元貞(元)	1295~1297
元鼎(漢)	B.C. 116~B.C. 111
元初(漢)	114~119
元統(元)	1333~1334
元平(漢)	B.C. 74~B.C. 74
元豐(北宋)	1078~1085
元和(漢)	84~87
元和(唐)	806~820
元徽(宋)	473~477
元興(漢)	105~105
元興(吳)	264~265

元興(東晉)	402~404
元熙(東晉)	419~420
元禧(北宋)	1017~1021
隆慶(明)	1567~1572
隆安(東晉)	397~401
隆昌(齊)	494~494
隆和(東晉)	362~363
隆化(北齊)	576~577
隆興(南宋)	1163~1164
應曆(遼)	951~969
應順(後唐)	934~934
義寧(隋)	617~618
儀鳳(唐)	676~679
義熙(東晉)	405~418
麟德(唐)	664~666
仁壽(隋)	601~604
長慶(唐)	821~824
章武(蜀)	221~223
長壽(唐)	692~694
長安(唐)	701~705
章和(漢)	87~88
長興(後唐)	930~933
載初(唐)	690~690
赤烏(吳)	238~251
靖康(北宋)	1126~1127
貞觀(唐)	627~649
正光(北魏)	520~525
正大(金)	1224~1231
正德(明)	1506~1521
正隆(金)	1156~1161
禎明(陳)	587~589
貞明(後梁)	915~921
正始(魏)	240~249
正始(北魏)	504~508

貞祐(金)	1213~1217
貞元(唐)	785~805
貞元(金)	1153~1155
正元(魏)	254~256
正統(明)	1436~1449
正平(北魏)	451~452
政和(北宋)	1111~1118
征和(漢)	B.C. 92~B.C. 89
調露(唐)	679~680
中大同(梁)	546~547
中大通(梁)	529~534
中元(漢)	56~57
中統(元)	1260~1263
中平(漢)	184~189
中和(唐)	881~885
重和(北宋)	1118~1119
中興(齊)	501~502
中興(北魏)	531~532
重熙(遼)	1032~1055
證聖(唐)	695~695
至寧(金)	1213~1213
至大(元)	1308~1311
至德(陳)	583~587
至德(唐)	756~758
至道(北宋)	995~997
至順(元)	1330~1333
至元(元)	1264~1294
至元(元)	1335~1340
地節(漢)	B.C. 69~B.C. 66
至正(元)	1341~1367
至治(元)	1321~1323
至和(北宋)	1054~1056
地皇(新)	20~23
天嘉(陳)	560~566

天監(梁)	502~519
天康(陳)	566~566
天慶(遼)	1111~1120
天啓(明)	1621~1627
天眷(金)	1138~1140
天紀(吳)	277~280
天德(金)	1149~1153
天曆(元)	1328~1330
天祿(遼)	947~951
天命(淸)	1616~1626
天輔(金)	1117~1122
天寶(唐)	742~756
天保(北齊)	550~559
天復(唐)	901~904
天福(後晉)	936~944
天福(後漢)	947~947
天鳳(新)	14~19
天賜(北魏)	404~408
天璽(吳)	276~276
天成(梁)	555~555
天聖(北宋)	1023~1032
天成(後唐)	926~930
天授(唐)	690~692
天順(明)	1457~1464
天安(北魏)	466~467
天祐(唐)	904~907
天正(梁)	551~552
天贊(遼)	922~926
天册(吳)	275~276
天册萬歲(唐)	695~695
天聰(淸)	1627~1635
天統(北齊)	565~569
天平(東魏)	534~537
天漢(漢)	B.C. 100~B.C. 97

天顯(遼)	926~938
天和(北周)	566~572
天會(金)	1123~1137
天興(北魏)	398~403
天興(金)	1232~1234
淸寧(遼)	1055~1064
靑龍(魏)	233~237
淸泰(後唐)	934~936
初始(漢)	8~8
初元(漢)	B.C. 48~B.C. 44
初平(漢)	190~193
總章(唐)	668~670
治平(北宋)	1064~1067
致和(元)	1328~1328
太康(晉)	280~289
太康(遼)	1075~1084
太建(陳)	569~582
太極(唐)	712~712
太寧(東晉)	323~326
太寧(北齊)	561~561
泰常(北魏)	416~423
泰始(晉)	265~274
泰始(宋)	465~471
太始(漢)	B.C. 96~B.C. 93
太安(晉)	302~303
太安(北魏)	455~459
太安(遼)	1085~1094
太延(北魏)	435~439
泰豫(宋)	472~472
太元(吳)	251~252
太元(東晉)	376~396
泰定(元)	1324~1328
泰昌(明)	1620~1620
太昌(北魏)	532~532
太淸(梁)	547~549
太初(漢)	B.C. 104~B.C. 101
太平(吳)	256~258
太平(梁)	556~557
太平(遼)	1021~1030
太平眞君(北魏)	440~451
太平興國(北宋)	976~984
泰和(金)	1201~1208
太和(魏)	227~233
太和(東晉)	366~371
太和(北魏)	477~499
太和(唐)	827~835
太興(東晉)	318~321
太熙(晉)	290~290
統和(遼)	983~1012
河淸(北齊)	562~565
河平(漢)	B.C. 28~B.C. 25
漢安(漢)	142~144
咸康(東晉)	335~342
咸寧(晉)	275~280
咸淳(南宋)	1265~1274
咸安(東晉)	371~372
咸雍(遼)	1065~1074
咸通(唐)	860~874
咸平(北宋)	998~1003
咸豐(淸)	1851~1861
咸亨(唐)	670~674
咸和(東晉)	326~334
咸熙(魏)	264~265
顯慶(唐)	656~661
顯德(後周)	954~959
鴻嘉(漢)	B.C. 20~B.C. 17
弘道(唐)	683~684
洪武(明)	1368~1398
弘治(明)	1488~1505
洪熙(明)	1425~1425
和平(漢)	150~150
和平(北魏)	460~465
皇建(北齊)	560~561
皇慶(元)	1312~1313
黃龍(漢)	B.C. 49~B.C. 49
黃龍(吳)	229~231
黃武(吳)	222~229
皇始(北魏)	396~397
皇祐(北宋)	1049~1054
黃初(魏)	220~226
皇統(金)	1141~1149
皇興(北魏)	467~471
會同(遼)	938~947
會昌(唐)	841~846
孝建(宋)	454~456
孝昌(北魏)	525~527
後元(漢)	B.C. 88~B.C. 87
興光(北魏)	454~454
興寧(東晉)	363~365
興安(北魏)	452~453
興元(唐)	784~784
興定(金)	1217~1222
興平(漢)	194~195
興和(東魏)	539~542
熙寧(北宋)	1068~1077
熙平(北魏)	516~518
熹平(漢)	172~178

〈http://zuwon.com/ 참조〉

36. 月의 別稱 (陰曆)

1月 : 新元, 新正, 孟春, 肇春, 春寒, 峭寒, 履端, 獻發, 開歲, 歲首, 元月, 初春, 正月, 端月, 早春, 新春, 新年, 發春, 新陽, 陬月

2月 : 仲春, 春和, 殷春, 載陽, 陽月, 如月, 仲陽, 春華, 春風, 春寒, 餘寒, 春陽, 春陰, 春晴, 中和節

3月 : 季春, 和照, 和辰, 暮春, 春暄, 花雨, 嘉月, 桃月, 花月, 和煦, 花辰, 春雨, 春和, 春晚, 暄姸, 和風, 惠風, 中和

4月 : 孟夏, 梅夏, 淸和, 肇夏, 梅雨, 初炎, 槐夏, 燈月, 首夏, 始夏, 陰月, 麥涼, 維夏, 初夏

5月 : 仲夏, 榴夏, 榴月, 端陽, 麥秋, 梅月, 雨月, 午月, 皐月, 肇炎, 端炎, 早炎, 重午, 夏正, 始炎, 向炎, 向熱, 始熱, 漸熱, 溜熱, 楢炎, 天中節

6月 : 季夏, 霖熱, 亢炎, 庚炎, 溽暑, 酷炎, 流月, 暮夏, 晩夏, 伏月, 焦月, 具月, 盛熱, 酷署, 旱炎, 比熱, 蒸熱, 盛署, 盛烈, 遼烈, 比烈, 霖雨, 霖濕, 早烈, 酷烈, 極署, 劇炎, 署雨, 毒炎, 庚烈, 桃花月

7月 : 孟秋, 新涼, 殘炎, 餘暑, 老炎, 秋霖, 霜月, 梧月, 涼月, 初秋, 晩熱, 早秋, 露涼, 中元, 新月, 蘭月, 蘭秋, 上秋, 梧秋, 餘炎, 殘署, 庚炎, 晩烈, 微涼

8月 : 仲秋, 素秋, 殷秋, 淸秋, 高秋, 涼秋, 桂月, 素月, 雁月, 佳月, 秋天, 秋炎, 秋烈, 殘署, 作涼, 秋陰, 秋霖, 秋晴

9月 : 季秋, 霜冷, 深秋, 菊秋, 殘秋, 霜寒, 菊月, 重陽, 晩秋, 玄月, 高秋, 霜天, 菊辰, 霜涼, 霜辰, 秋深, 霜候, 霜風, 霜秋, 菊花月, 無射(무역)

10月 : 孟冬, 小春, 寒冷, 上冬, 坤月, 初寒, 陽月, 肇寒, 寒冱, 冱寒, 始寒, 初冬, 初雪, 峭寒

11月 : 仲冬, 復陽, 霱寒, 至寒, 至冱, 猛寒, 至月, 冬至, 子月, 暢月, 雪寒, 冰冱, 雪冱, 猝寒, 凝冱, 極寒, 大雪, 甚寒, 隆寒, 祁寒, 冬暖, 虛寒, 辜月

12月 : 季冬, 窮令, 臘月, 酷寒, 窮冱, 除月, 暮冬, 冰月, 嘉平, 暮節, 臘冱, 歲殘, 冬至, 臘寒, 嚴冱, 疑嚴, 殘臘, 殘冱

37. 世界 各國名의 漢字表記

나라 이름	漢字 표기
아시아	
그루지야	格魯吉亞(격로길아), 具琉耳(구류이)
네팔	尼泊爾(니박이), 涅巴爾(날파이)
대한민국	南韓(남한), 南朝鮮(남조선), 大韓民國(대한민국)
동티모르	東帝汶(동제문), 東的木兒(동적목아)
라오스	羅宇(나우), 老撾(노과)
레바논	黎巴嫩(여파눈)
말레이시아	馬來西亞(마래서아)
몰디브	馬爾代夫(마이대부)
몽골	蒙古(몽고), 莫臥兒(모와아)
미얀마	緬甸(면전)
바레인	巴林(파림)
방글라데시	孟加拉國(맹가랍국)
베트남	越南(월남)
부탄	不丹(부단)
브루나이	文萊(문래)
사우디아라비아	沙地亞剌比亞(사지아랄비아)
스리랑카	錫蘭(석란)
시리아	敘利亞(서리아)
싱가포르	新嘉坡(신가파), 新加坡(신가파), 昭南(소남), 星港(성항)
아랍에미리트	阿拉比亞首長國聯邦(아랍비아수장국연방)
아르메니아	亞美尼亞(아미니아)
아제르바이잔	阿塞拜疆(아새배강)
아프가니스탄	阿富汗(아부한), 阿富汗斯坦(아부한사단)
예멘	也門(야문)
오만	阿曼(아만)

나라 이름	漢字 표기
요르단	約旦(약단)
우즈베키스탄	月卽別(월즉별), 月祖別(월조별)
이라크	伊拉克(이랍극), 伊拉久(이랍구)
이란	伊蘭(이란), 以蘭(이란), 伊朗(이랑)
이스라엘	伊色列(이색렬)
인도네시아	印度尼西亞(인도니서아), 印尼(인니)
인디아	印度(인도)
일본	日本(일본), 日本國(일본국)
조선민주주의인민공화국	北朝鮮(북조선), 北韓(북한), 朝鮮民主主義人民共和國(조선민주주의인민공화국)
중화민국	中華民國(중화민국), 臺灣(대만), 台灣(대만), 中華臺北(중화대북)
중화인민공화국	中國(중국), 華夏(화하), 支那(지나), 中華人民共和國(중화인민공화국)
카자흐스탄	香佐富斯坦(향좌부사단)
카타르	華太瑠(화태류)
캄보디아	柬埔寨(간보채), 柬蒲塞(간보채)
쿠웨이트	科威特(과위특), 科威都(과위도)
키르기스스탄	黠戛斯(힐알사)
키프로스	塞浦路斯(새포로사)
타이	泰(태), 泰國(태국)
타지키스탄	塔吉克斯坦(탑길극사단), 汰爾奇斯坦(태이기사단)
투르크메니스탄	土庫曼斯坦(토고만사단), 土耳古斯坦(토이고사단)
터키	土耳古(토이고), 土耳其(토이기)
파키스탄	巴基斯坦(파기사단)

나라 이름	漢字 표기
필리핀	比律賓(비율빈), 非力彬(비력빈), 非立賓(비립빈)
아 프 리 카	
가나	加納(가납)
가봉	加蓬(가봉)
감비아	岡比亞(강비아)
기니	銀名(은명), 幾內亞(기내아)
기니비사우	幾內亞美須(기내아미수)
나미비아	納米比亞(납미비아)
나이지리아	尼日利亞(니일리아)
남아프리카 공화국	南非(남비), 南阿共(남아공) 南阿弗利加(남아불리가)
니제르	尼日爾(니일이)
라이베리아	利比里亞(이비리아)
레소토	茱索托(채색탁), 礼素戶(예소호)
르완다	盧旺達(노왕달), 路安達(노안달), 瑠湾田(유만전)
리비아	利比亞(이비아)
마다가스카르	馬達加斯加(마달가사가)
말라위	馬拉威(마랍위)
말리	麻里(마리), 馬里(마리)
모로코	摩洛哥(마락가)
모리셔스	毛利西亞(모리서아), 毛里求斯(모리구사)
모리타니	毛里塔尼亞(모리탑니아)
모잠비크	莫三鼻給(모삼비급), 莫桑比克(모상비극)
베냉	貝寧(패녕)
보츠와나	博茨瓦納(박자와납)
부룬디	布隆迪(포륭적)
부르키나파소	布基納法索(포기납법색)
상토메 프린시페	聖登米不林刺部(성등미불림자부)
세네갈	塞內牙(새내아)
세이셸	塞舌爾(새설이)
소말리아	蘇摩利亞(소마리아)
수단	蘇丹(소단)
스와질랜드	斯威士蘭(사위사란)

나라 이름	漢字 표기
시에라리온	獅子山(사자산)
알제리	阿爾及(아이급), 阿留世里屋(아류세리옥)
앙골라	諳喀剌(암객랄), 安哥拉(안가랍)
에리트레아	厄立特里亞(액립특리아)
에티오피아	哀提伯(애제백), 埃塞俄比亞(애새아비아)
우간다	宇岸陀(우안다)
이집트	埃及(애급), 阨入多(애입다), 衛士府都(위사부도)
잠비아	山美亞(산미아)
적도 기니	赤道幾內亞(적도기내아)
중앙아프리카공화국	中央阿弗利加(중앙아불리가)
지부티	吉武地(길무지)
짐바브웨	津巴布韋(진파포위), 辛巴威(신파위)
차드	乍得(사득)
카메룬	夏麥論(하맥륜)
카보베르데	邊瑠出角(변류출각)
케냐	肯尼亞(긍니아)
코모로	科摩羅(과마라)
코트디부아르	象牙海岸(상아해안)
콩고공화국	剛果共和國(강과공화국), 公額共和國(공액공화국)
콩고민주공화국	剛果民主共和國(강과민주공화국), 公額民主共和國(공액민주공화국)
탄자니아	坦桑尼亞(단상니아)
토고	多哥(다가)
튀니지	突尼斯(돌니사)
유 럽	
그리스	希臘(희랍)
네덜란드	和蘭(화란), 阿蘭陀(아란타), 和蘭陀(화란타), 荷蘭(하란)
노르웨이	諾威(낙위), 那威(나위), 能留英(능류영)
라트비아	拉脫維亞(납탈유아)

나라 이름	漢字 표기
덴마크	丁抹(정말), 嗹馬(연마), 丹麥(단맥)
도이칠란트	獨逸(독일), 德國(덕국), 德逸(덕일), 獨乙(독을), 獨國(독국), 德意志(덕의지)
러시아	露西亞(노서아),俄羅斯(아라사), 俄國(아국), 那禪(나선)
루마니아	羅馬尼亞(나마니아), 羅馬尼(나마니)
룩셈부르크	盧森堡(노삼보)
리투아니아	立陶宛(입도완)
리히텐슈타인	列支敦士登(열지돈사등)
마케도니아공화국	馬其頓(마기돈)
모나코	摩納哥(마납가)
몬테네그로	黑山(흑산)
몰도바	摩爾多瓦(마이나와)
몰타	丸田(환전), 馬耳他(마이타), 馬爾太(마이태)
바티칸	和地關(화지관), 梵蒂岡(범체강), 敎皇廳(교황청)
벨기에	白耳義(백이의), 比利時(비리시)
벨로루시	白露西亞(백노서아), 白露(백로), 西露西亞(서노서아)
보스니아 헤르체고비나	波斯尼亞黑塞哥維那(파사니아흑새가유나)
산마리노	聖馬力諾(성마력낙), 聖馬利諾(성마리낙)
불가리아	勃牙利(발아리)
세르비아	塞爾維(새이유), 塞爾維亞(새이유아)
스웨덴	瑞典(서전)
스위스	瑞西(서서), 瑞士(서사)
스코틀랜드	蘇格蘭(소격란)
슬로바키아	斯洛伐克(사락벌극)
아이슬란드	氷島(빙도), 氷州(빙주), 愛斯蘭(애사란)
안도라	安道爾(안도이)

나라 이름	漢字 표기
아일랜드	愛蘭(애란), 愛倫(애륜), 愛蘭土(애란토), 愛爾蘭(애이란)
알바니아	阿爾巴尼亞(아이파니아)
에스파냐	西班牙(서반아)
영국	英國(영국), 大不列顚(대불렬돈)
오스트리아	墺地利(오지리), 墺太利(오태리)
우크라이나	烏克蘭(오극란)
이탈리아	伊太利(이태리), 伊太利亞(이태리아), 以太利(이태리), 意大利(의대리)
잉글랜드	英格蘭(영격란), 英吉利(영길리), 英國(영국)
체코	捷克(첩극), 捷古(첩고)
크로아티아	呉呂茶(오려차), 克羅地亞(극라지아)
포르투갈	葡萄牙(포도아)
폴란드	波蘭(파란)
프랑스	佛蘭西(불란서), 佛國(불국), 法蘭西(법란서), 法郎西(법랑서), 法國(법국)
핀란드	芬蘭(분란), 芬蘭土(분란토)
헝가리	洪牙利(홍아리), 匈牙利(홍아리)
북아메리카	
과테말라	危地馬拉(위지마랍)
그레나다	格林納達(격림납달)
니카라과	尼喀拉瓜(니객랍과), 尼喀拉瓦(니객랍와)
도미니카	土彌尼加國(토미니가국)
도미니카공화국	土彌尼加共和國(토미니가공화국)
멕시코	墨西哥(묵서가)
바베이도스	巴巴多斯(파파다사)
바하마	馬濱(마빈)
벨리즈	伯利兹(백리자)
세인트 루시아	聖盧西亞(성로서아)
세인트 키츠 네비스	聖基茨和尼維斯(성기차화니비사)
아이티	海地(해지)

나라 이름	漢字 표기
아메리카 합중국	弥里界(며리계), 米國(미국), 美國(미국), 亞米利加(아미리가), 亞墨利加(아묵리가), 米利堅(미리견), 美利堅(미리견), 彌利堅(미리견)
앤티가 바부다	安提瓜巴布達(안제과파포달)
엘살바도르	救世主國(구세주국), 薩爾瓦多(살이와다)
온두라스	洪都拉斯(홍도랍사)
자메이카	牙買加(아매가)
캐나다	加那陀(가나타), 加奈陀(가나타), 加那太(가나태), 加連邦(가연방)
코스타리카	哥斯達利加(가사달리가)
쿠바	玖馬(구마)
트리니다드 토바고	特多(특다), 千里達(천리달), 特立尼達和多巴哥(특립니달화다파가)
파나마	巴奈馬(파나마)
남아메리카	
가이아나	圭亞那(규아나)
베네수엘라	委內瑞拉(안내서랍)
볼리비아	暮國(모국), 暮利比亞(모리비아), 保里備屋(보리비옥), 玻里非(파리비), 玻利維亞(파리유아)
브라질	伯剌西爾(백랄서이), 武良尻(무량고), 巴西(파서), 巴西國(파서국)
수리남	蘇里南(소리남)
아르헨티나	亞爾然丁(아이연정), 阿根廷(아근정)
에콰도르	厄瓜多(액과다)
우루과이	宇柳具(우류구)
칠레	智利(지리), 智里(지리), 知里(지리)
파라과이	巴拉圭(파랍규)

나라 이름	漢字 표기
콜롬비아	哥倫比亞(가륜비아), 古倫比亞(고륜비아), 考老比亞(고로비아)
페루	秘魯(비로), 秘露(비로), 白路(백로)
오세아니아	
나우루	瑙魯(노로)
뉴질랜드	新西蘭(신서란), 新西蘭土(신서란토)
마셜 제도	馬歇爾諸島(마헐이제도)
미크로네시아 연방	密克羅尼西亞聯邦(밀극라니서아연방)
바누아투	瓦努阿圖(와노아도)
사모아	薩摩亞(살마아)
솔로몬 제도	所羅門諸島(소라문제도)
오스트레일리아	濠太剌利(호태자리), 濠州(호주), 濠斯剌利(호사자리), 濠太剌利亞(호태자리아), 豪斯多剌利(호사다자리), 澳大利亞(오대리아)
키리바시	基里巴斯(기리파사)
통가	豚我(돈아), 湯加(탕가)
투발루	津張(진장), 圖瓦盧(도와로)
파푸아뉴기니	巴布亞新幾內亞(파포아신기내아)
팔라우	帛琉(백류)
피지	斐濟(비제)

〈한국어 위키백과(http://ko.wikipedia.org) 참조〉

38. 韓國 大學校名의 漢字 · 英文 表記

〈教育人的資源部 2002. 4. 1〉

한글 명칭	漢字 표기	로마자 · 영어 표기
〈국립대 46個校〉		
강릉대학교	江陵大學校	KANGNUNG NATIONAL UNIVERSITY
강원대학교	江原大學校	KANGWON NATIONAL UNIVERSITY
경북대학교	慶北大學校	KYUNGPOOK NATIONAL UNIVERITY
경상대학교	慶尙大學校	GYEONGSANG NATIONAL UNIVERSITY
공주대학교	公州大學校	KONGJU NATIONAL UNIVERSITY
군산대학교	群山大學校	KUNSAN NATIONAL UNIVERSITY
금오공과대학교	金烏工科大學校	KUMOH NATIONAL UNIVERSITY OF TECHNOLOGY
목포대학교	木浦大學校	MOKPO NATIONAL UNIVERSITY
목포해양대학교	木浦海洋大學校	MOKPO NATIONAL MARITIME UNIVERSITY
부경대학교	釜慶大學校	PUKYONG NATIONAL UNINERSITY
부산대학교	釜山大學校	PUSAN NATIONAL UNIVERSITY
서울대학교	서울大學校	SEOUL NATIONAL UNIVERSITY
서울시립대학교	서울市立大學校	UNIVERSITY OF SEOUL
순천대학교	順天大學校	SUNCHON NATIONAL UNIVERSITY
안동대학교	安東大學校	ANDONG NATIONAL UNIVERSITY
여수대학교	麗水大學校	YOSU NATIONAL UNIVERSITY
인천대학교	仁川大學校	UNIVERSITY OF INCHEON
전남대학교	全南大學校	CHONNAM NATIONAL UNIVERSITY
전북대학교	全北大學校	CHONBUK NATIONAL UNIVERSITY
제주대학교	濟州大學校	CHEJU NATIONAL UNIVERSITY
창원대학교	昌原大學校	CHANGWON NATIONAL UNIVERSITY
충남대학교	忠南大學校	CHUNGNAM NATIONAL UNIVERSITY
충북대학교	忠北大學校	CHUNGBUK NATIONAL UNIVERSITY
한국교원대학교	韓國教員大學校	KOREA NATIONAL UNIVERSITY OF EDUCATION
한국체육대학교	韓國體育大學校	KOREAN NATIONAL UNIVERSITY OF PHYSICAL EDUCATION
한국해양대학교	韓國海洋大學校	KOREA MARITIME UNIVERSITY
한국방송통신대학교	韓國放送通信大學校	KOREA NATIONAL OPEN UNIVERSITY

한글 명칭	漢字 표기	로마자 · 영어 표기
공주교육대학교	公州教育大學校	GONGJU NATIONAL UNIVERSITY OF EDUCATION
광주교육대학교	光州教育大學校	GWANGJU NATIONAL UNIVERSITY OF EDUCATION
대구교육대학교	大邱教育大學校	DAEGU NATIONAL UNIVERSITY OF EDUCATION
부산교육대학교	釜山教育大學校	BUSAN NATIONAL UNIVERSITY OF EDUCATION
서울교육대학교	서울教育大學校	SEOUL NATIONAL UNIVERSITY OF EDUCATION
인천교육대학교	仁川教育大學校	INCHON NATIONAL UNIVERSITY OF EDUCATION
전주교육대학교	全州教育大學校	JEONJU NATIONAL UNIVERSITY OF EDUCATION
제주교육대학교	濟州教育大學校	JEJU NATIONAL UNIVERSITY OF EDUCATION
진주교육대학교	晉州教育大學校	JINJU NATIONAL UNIVERSITY OF EDUCATION
청주교육대학교	清州教育大學校	CHONGJU NATIONAL UNINERSITY OF EDUCATION
춘천교육대학교	春川教育大學校	CHUNCHEON NATIONAL UNIVERSITY OF EDCATION
밀양대학교	密陽大學校	MIRYANG NATIONAL UNIVERSITY
삼척대학교	三陟大學校	SAMCHOK NATIONAL UNIVERSITY
상주대학교	尙州大學校	SANGJU NATIONAL UNIVERSITY
서울산업대학교	서울產業大學校	SEOUL NATIONAL UNIVERSITY OF TECHNOLOGY
진주산업대학교	晉州產業大學校	JINJU NATIONAL UNIVERSITY
충주대학교	忠州大學校	CHUNG-JU NATIONAL UNIVERSITY
한경대학교	韓京大學校	HANKYONG NATIONAL UNIVERSITY
한밭대학교	한밭大學校	HANBAT NATIONAL UNIVERSITY

한글 명칭	漢字 표기	로마자 · 영어 표기
〈사립대 148個校〉		
가야대학교	加耶大學校	KAYA UNIVERSITY
가천의과대학교	嘉泉醫科大學校	GACHON MEDICAL SCHOOL
가톨릭대학교	가톨릭大學校	THE CATHOLIC UNIVERSITY OF KOREA
감리교신학대학교	監理教神學大學校	METHODIST THEOLOGICAL SEMINARY
강남대학교	江南大學校	KANGNAM UNIVERSITY
건국대학교	建國大學校	KONKUK UNIVERSITY
건양대학교	建陽大學校	KONYANG UNIVERSITY
경기대학교	京畿大學校	KYONGGI UNIVERSITY
경남대학교	慶南大學校	KYUNGNAM UNIVERSITY
경동대학교	京東大學校	KYUNG DONG UNIVERSITY
경산대학교	慶山大學校	KYUNGSAN UNIVERSITY
경성대학교	慶星大學校	KYUNGSUNG UNIVERSITY
경원대학교	暻園大學校	KYUNGWON UNIVERSITY

한글 명칭	漢字 표기	로마자 · 영어 표기
경일대학교	慶一大學校	KYUNGIL UNIVERSITY
경주대학교	慶州大學校	KYONGJU UNIVERSITY
경희대학교	慶熙大學校	KYUNGHEE UNIVERSITY
계명대학교	啓明大學校	KEIMYUNG UNIVERSITY
고려대학교	高麗大學校	KOREA UNIVERSITY
고신대학교	高神大學校	KOSIN UNIVERSITY
관동대학교	關東大學校	KWANDONG UNIVERSITY
광신대학교	光神大學校	KWANGSHIN UNIVERSITY
광운대학교	光云大學校	KWANGWOON UNIVERSITY
광주가톨릭대학교	光州가톨릭大學校	GWANGJU CATHOLIC UNIVERSITY
광주여자대학교	光州女子大學校	KWANGJU WOMEN'S UNIVERSITY
국민대학교	國民大學校	KOOKMIN UNIVERSITY
그리스도신학대학교	그리스도神學大學校	KOREA CHRISTIAN UNIVERSITY
극동대학교	極東大學校	FAR EAST UNIVERSITY
꽃동네현도사회복지대학교	꽃동네賢都社會福祉大學校	KKOTTONGNAE HYUNDO UNIVERSITY OF SOCIAL WELFARE
나사렛대학교	나사렛大學校	KOREA NAZARENE UNIVERSITY
남부대학교	南部大學校	NAMBU UNIVERSITY
단국대학교	檀國大學校	DANKOOK UNIVERSITY
대구가톨릭대학교	大邱天主敎大學校	CATHOLIC UNIVERSITY OF DAEGU
대구대학교학교	大邱大學校	DAEGU UNIVERSITY
대구예술대학교	大邱藝術大學校	TAEGU ARTS UNIVERSITY
대불대학교	大佛大學校	DAEBUL UNIVERSITY
대신대학교	大神大學校	TAESHIN CHRISTIAN UNIVERSITY
대전가톨릭대학교	大田가톨릭大學校	TAEJON CATHOLIC UNIVERSITY
대전대학교	大田大學校	DAEJEON UNIVERSITY
대진대학교	大眞大學校	DAEJIN UNIVERSITY
덕성여자대학교	德成女子大學校	DUKSUNG WOMEN'S UNIVERSITY
동국대학교	東國大學校	DONGGUK UNIVERSITY
동덕여자대학교	同德女子大學校	DONGDUK WOMEN'S UNIVERSITY
동서대학교	東西大學校	DONGSEO UNIVERSITY
동신대학교	東新大學校	DONGSHIN UNIVERSITY
동아대학교	東亞大學校	DONG-A UNIVERSITY
동양대학교	東洋大學校	DONGYANG UNIVERSITY
동의대학교	東義大學校	DONG-EUI UNIVERSITY
동해대학교	東海大學校	DONGHAE UNIVERSITY
루터신학대학교	루터神學大學校	LUTHER THEOLOGI,CAL UNIVERSITY

한글 명칭	漢字 표기	로마자 · 영어 표기
명신대학교	明信大學校	MYUNGSHIN UNIVERSITY
명지대학교	明知大學校	MYONGJI UNIVERSITY
목원대학교	牧園大學校	MOKWON UNIVERSITY
목포가톨릭대학교	木浦가톨릭大學校	MOKPO CATHOLIC UNIVERSITY
배재대학교	培材大學校	PAICHAI UNIVERSITY
부산가톨릭대학교	釜山가톨릭大學校	PUSAN CATHOLIC COLLEGE
부산외국어대학교	釜山外國語大學校	PUSAN UNIVERSITY OF FOREIGN STUDIES
부산장신대학교	釜山長神大學校	BUSAN PRESBYTERIAN THEOLOGICAL COLLEGE AND SEMINARY
삼육대학교	三育大學校	SAHMYOOK UNIVERSITY
상명대학교	祥明大學校	SANGMYUNG UNIVERSITY
상지대학교	尙志大學校	SANGJI UNIVERSITY
서강대학교	西江大學校	SOGANG UNIVERSITY
서경대학교	西京大學校	SEOKYEONG UNIVERSITY
서남대학교	西南大學校	SEONAM UNIVERSITY
서울기독대학교	서울基督大學校	SEOUL CHRISTIAN UNIVERSITY
서울신학대학교	서울神學大學校	SEOUL THEOLOGICAL UNIVERSITY
서울여자대학교	서울女子大學校	SEOUL WOMEN'S UNIVERSITY
서울장신대학교	서울長神大學校	SEOUL JANGSIN UNIVERSITY AND THEOLOGICAL SEMINARY
서원대학교	西原大學校	SEOWON UNIVERSITY
선문대학교	鮮文大學校	SUNMOON UNIVERSITY
성결대학교	聖潔大學校	SUNGKYUL UNIVERSITY
성공회대학교	聖公會大學校	SUNGKONGHOE UNIVERSITY
성균관대학교	成均館大學校	SUNGKYUNKWAN UNIVERSITY
성신여자대학교	誠信女子大學校	SUNGSHIN WOMEN'S UNIVERSITY
세명대학교	世明大學校	SEMYUNG UNIVERSITY
세종대학교	世宗大學校	SEJONG UNIVERSITY
수원가톨릭대학교	水原가톨릭大學校	SUWON CATHOLIC UNIVERSITY
수원대학교	水原大學校	THE UNIVERSITY OF SUWON
숙명여자대학교	淑明女子大學校	SOOKMYUNG WOMEN'S UNIVERSITY
순천향대학교	順天鄕大學校	SOONCHUNHYANG UNIVERSITY
숭실대학교	崇實大學校	SOONGSIL UNIVERSITY
신라대학교	新羅大學校	SILLA UNIVERSITY
아세아연합신학대학교	亞細亞聯合神學大學校	ASIA UNITED THEOLOGICAL UNIVERSITY
아주대학교	亞洲大學校	AJOU UNIVERSITY
안양대학교	安養大學校	ANYANG UNIVERSITY
연세대학교	延世大學校	YONSEI UNIVERSITY

한글 명칭	漢字 표기	로마자 · 영어 표기
영남대학교	嶺南大學校	YEUNGNAM UNIVERSITY
영남신학대학교	嶺南神學大學校	YOUNGNAM THEOLOGICAL COLLEGE & SEMINARY
영동대학교	永同大學校	YOUNGDONG UNIVERSITY
영산원불교대학교	靈山圓佛敎大學校	YOUNGSAN WONBUDDHIST UNIVERSITY
예원대학교	藝苑大學校	YEWON UNIVERSITY
용인대학교	龍仁大學校	YONGIN UNIVERSITY
우석대학교	又石大學校	WOOSUK UNIVERSITY
울산대학교	蔚山大學校	UNIVERSITY OF ULSAN
원광대학교	圓光大學校	WONKWANG UNIVERSITY
위덕대학교	威德大學校	UIDUK UNIVERSITY
을지의과대학교	乙支醫科大學校	EULJI UNIVERSITY SCHOOL OF MEDICINE
이화여자대학교	梨花女子大學校	EWHA WOMANS UNIVERSITY
인제대학교	仁濟大學校	INJE UNIVERSITY
인천가톨릭대학교	仁川가톨릭大學校	INCHEON CATHOLIC UNIVERSITY
인하대학교	仁荷大學校	INHA UNIVERSITY
장로회신학대학교	長老會神學大學校	PRESBYTERIAN COLLEGE AND THEOLOGICAL SMINARY
전주대학교	全州大學校	JEONJU UNIVERSITY
조선대학교	朝鮮大學校	CHOSUN UNIVERSITY
중부대학교	中部大學校	JOONGBU UNIVERSITY
중앙대학교	中央大學校	CHUNGANG UNIVERSITY
중앙승가대학교	中央僧伽大學校	JOONGANG SANGHA UNIVERSITY
천안대학교	天安大學校	CHEONAN UNIVERSITY
청주대학교	淸州大學校	CHONGJU UNIVERSITY
총신대학교	總神大學校	CHONGSHIN UNIVERSITY
추계예술대학교	秋溪藝術大學校	CHUGYE UNIVERSITY FOR THE ARTS
침례신학대학교	浸禮神學大學校	CHIM RYE SHINHAKDEHAKGYO
칼빈대학교	칼빈大學校	CALVIN UNIVERSITY
탐라대학교	耽羅大學校	TAMNA UNIVERSITY
평택대학교	平澤大學校	PYONGTAEK UNIVERSITYS
포천중문의과대학교	抱川中文醫科大學校	COLEGE OF MEDICINE, POCHON CHA UNIVERSITY
포항공과대학교	浦項工科大學校	POHANG UNIVERSITY OF SCIENCE AND TECHNOLOGY
한국기술교육대학교	韓國技術敎育大學校	KOREA UNIVERSITY OF TECHNOLOGY AND EDUCATION
한국성서대학교	韓國聖書大學校	KOREAN BIBLE UNIVERSITY
한국외국어대학교	韓國外國語大學校	HANKUK UNIVERSITY OF FOREIGN STUDIES
한국정보통신대학교	韓國情報通信大學校	INFORMATION AND COMMUNICATIONS UNIVERSITY
한국항공대학교	韓國航空大學校	HANKUK AVIATION UNIVERSITY

한글 명칭	漢字 표기	로마자 · 영어 표기
한남대학교	韓南大學校	HANNAM UNIVERSITY
한동대학교	韓東大學校	HANDONG GLOBAL UNIVERSITY
한라대학교	漢拏大學校	HALLA UNIVERSITY
한림대학교	翰林大學校	HALLYM UNIVERSITY
한서대학교	韓瑞大學校	HANSEO UNIVERSITY
한성대학교	漢城大學校	HANSUNG UNIVERSITY
한세대학교	韓世大學校	HANSEI UNIVERSITY
한신대학교	한신大學校	HANSHIN UNIVERSITY
한양대학교	漢陽大學校	HANYANG UNIVERSITY
한영신학대학교	韓榮神學大學校	HANYOUNG THEOLOGICAL UNIVERSITY
한일장신대학교	韓一長神大學校	HANIL UNIVERSITY & PRESBYTERIAN THEOLOGICAL SEMINARY
협성대학교	協成大學校	HYUPSUNG UNIVERSITY
호남대학교	湖南大學校	HONAM UNIVERSITY
호남신학대학교	湖南神學大學校	HONAM THEOLOGICAL UNIVERSITY AND SEMINARY
호서대학교	湖西大學校	HOSEO UNIVERSITY
홍익대학교	弘益大學校	HONGIK UNIVERSITY
경운대학교	慶雲大學校	KYUNGWOON UNIVERSITY
광주대학교	光州大學校	KWANGJU UNIVERSITY
남서울대학교	남서울大學校	NAMSEOUL UNIVERSITY
동명정보대학교	東明情報大學校	TONGMYONG UNIVERSITY OF INFORMATION TECHNOGY
영산대학교	靈山大學校	YOUNGSAN UNIVERSITY
우송대학교	又松大學校	WOOSONG UNIVERSITY
청운대학교	靑雲大學校	CHUNGWOON UNIVERSITY
초당대학교	草堂大學校	CHODANG UNIVERSITY
한국산업 기술대학교	韓國産業技術大學校	KOREA POLYTECHNIC UNIVERSITY
한려대학교	漢麗大學校	HANLYO UNIVERSITY
호원대학교	湖原大學校	HOWON UNIVERSITY

39. 六十甲子 年表

天干 : 甲 乙 丙 丁 戊 己 庚 辛 壬 癸
地支 : 子(쥐) 丑(소) 寅(호랑이) 卯(토끼) 辰(용) 巳(뱀) 午(말) 未(양) 申(원숭이) 酉(닭) 戌(개) 亥(돼지)

1900年 = 庚子年	1938年 = 戊寅年	1976年 = 丙辰年	2014年 = 甲午年
1901年 = 辛丑年	1939年 = 己卯年	1977年 = 丁巳年	2015年 = 乙未年
1902年 = 壬寅年	1940年 = 庚辰年	1978年 = 戊午年	2016年 = 丙申年
1903年 = 癸卯年	1941年 = 辛巳年	1979年 = 己未年	2017年 = 丁酉年
1904年 = 甲辰年	1942年 = 壬午年	1980年 = 庚申年	2018年 = 戊戌年
1905年 = 乙巳年	1943年 = 癸未年	1981年 = 辛酉年	2019年 = 己亥年
1906年 = 丙午年	1944年 = 甲申年	1982年 = 壬戌年	2020年 = 庚子年
1907年 = 丁未年	1945年 = 乙酉年	1983年 = 癸亥年	2021年 = 辛丑年
1908年 = 戊申年	1946年 = 丙戌年	1984年 = 甲子年	2022年 = 壬寅年
1909年 = 己酉年	1947年 = 丁亥年	1985年 = 乙丑年	2023年 = 癸卯年
1910年 = 庚戌年	1948年 = 戊子年	1986年 = 丙寅年	2024年 = 甲辰年
1911年 = 辛亥年	1949年 = 己丑年	1987年 = 丁卯年	2025年 = 乙巳年
1912年 = 壬子年	1950年 = 庚寅年	1988年 = 戊辰年	2026年 = 丙午年
1913年 = 癸丑年	1951年 = 辛卯年	1989年 = 己巳年	2027年 = 丁未年
1914年 = 甲寅年	1952年 = 壬辰年	1990年 = 庚午年	2028年 = 戊申年
1915年 = 乙卯年	1953年 = 癸巳年	1991年 = 辛未年	2029年 = 己酉年
1916年 = 丙辰年	1954年 = 甲午年	1992年 = 壬申年	2030年 = 庚戌年
1917年 = 丁巳年	1955年 = 乙未年	1993年 = 癸酉年	2031年 = 辛亥年
1918年 = 戊午年	1956年 = 丙申年	1994年 = 甲戌年	2032年 = 壬子年
1919年 = 己未年	1957年 = 丁酉年	1995年 = 乙亥年	2033年 = 癸丑年
1920年 = 庚申年	1958年 = 戊戌年	1996年 = 丙子年	2034年 = 甲寅年
1921年 = 辛酉年	1959年 = 己亥年	1997年 = 丁丑年	2035年 = 乙卯年
1922年 = 壬戌年	1960年 = 庚子年	1998年 = 戊寅年	2036年 = 丙辰年
1923年 = 癸亥年	1961年 = 辛丑年	1999年 = 己卯年	2037年 = 丁巳年
1924年 = 甲子年	1962年 = 壬寅年	2000年 = 庚辰年	2038年 = 戊午年
1925年 = 乙丑年	1963年 = 癸卯年	2001年 = 辛巳年	2039年 = 己未年
1926年 = 丙寅年	1964年 = 甲辰年	2002年 = 壬午年	2040年 = 庚申年
1927年 = 丁卯年	1965年 = 乙巳年	2003年 = 癸未年	2041年 = 辛酉年
1928年 = 戊辰年	1966年 = 丙午年	2004年 = 甲申年	2042年 = 壬戌年
1929年 = 己巳年	1967年 = 丁未年	2005年 = 乙酉年	2043年 = 癸亥年
1930年 = 庚午年	1968年 = 戊申年	2006年 = 丙戌年	2044年 = 甲子年
1931年 = 辛未年	1969年 = 己酉年	2007年 = 丁亥年	2045年 = 乙丑年
1932年 = 壬申年	1970年 = 庚戌年	2008年 = 戊子年	2046年 = 丙寅年
1933年 = 癸酉年	1971年 = 辛亥年	2009年 = 己丑年	2047年 = 丁卯年
1934年 = 甲戌年	1972年 = 壬子年	2010年 = 庚寅年	2048年 = 戊辰年
1935年 = 乙亥年	1973年 = 癸丑年	2011年 = 辛卯年	2049年 = 己巳年
1936年 = 丙子年	1974年 = 甲寅年	2012年 = 壬辰年	2050年 = 庚午年
1937年 = 丁丑年	1975年 = 乙卯年	2013年 = 癸巳年	

범과 호랑이

국어사전에 '범'은 곧 '호랑이'라고 풀이한 사전도 있고, '호랑이'는 범을 무섭게 일컫는 말이라고 풀이한 사전도 있다. 우리는 언제부터 '호랑이'와 '범'도 구별 못하는 菽麥(숙맥)이 되었을까?

조선 초기의 자료인 〈訓民正音〉이나 〈龍飛御天歌〉와 고려시대 우리말을 살필 수 있는 〈鷄林類事〉에도 '虎'를 '범'이라고 기록된 것을 보면, 우리말에서 적어도 高麗 중엽 이전부터 '범'과 '호랑이'를 혼동하여 써 온 것 같다.

그러나 '범'과 '호랑이'는 전혀 다른 동물임을 밝히고자 한다.

'호랑이'라는 말은 '虎狼(호랑)'에 접미사 '이'를 더하여 마치 고유어처럼 변한 말이다. 中國 고문헌에 의하면 '虎狼(호랑)'이라는 말은 '호랑이'와 '이리'라는 말의 복합어가 아니라, 단순히 '호랑이'라는 말로 이른 시대부터 쓰였다. 그러므로 우리말의 '호랑이'는 漢字語의 '虎狼'에서 연원되었음이 분명하다.

'범'은 '호랑이'의 異稱이 아니라, 표범 곧 '豹(표)'를 일컫는 고유한 우리말이다. 다시 말해서 '표범'은 곧 우리말 중에 '속내의, 처갓집, 역전앞' 등과 같은 형태의 겹말인 것이다. '표범'의 '표'는 '豹'자의 音이고, '범'은 '豹'의 고유한 우리말인 것이다. '표범'이라는 말은 쓰지만 '표호랑이'라는 말은 쓰지 않는 것으로도 '범'은 곧 '豹'임을 알 수 있다.

'범' 곧 '표범'은 호랑이처럼 줄무늬가 아니라, 취잎과 같이 무늬가 둥글둥글한 형태로 되어 있기 때문에 '칡범' 이라고도 일컫는다. 또는 '갈범' 이라고 일컫는 것은 漢字로 '葛(갈)' 이라고 쓰기 때문이다.

'잎니 빠진 갈가지' 의 '갈가지' 는 곧 범의 새끼를 말한다. '갈가지' 는 '소+아지' 를 '송아지' 로 일컫는 것처럼 '갈범' 에서 '범' 이 생략되고, '갈+아지' 가 '갈가지' 로 변음되었음을 알 수 있다. 호랑이 새끼는 '개호주' 라고 일컫는다.

이상과 같이 명칭으로 고증하여 볼 때, 우리 나라에는 일찍이 '범(豹)' 는 있었지만, '호랑이' 는 훨씬 후대에 타 지역으로부터 이동하여 들어온 동물임을 알 수 있다.

호랑이를 '大蟲, 炳彪(병표), 山君' 등으로도 일컫는다.

附錄

韓國漢字地名總覽

1. 서울 特別市 ………………………… 1064
2. 釜山廣域市 ………………………… 1068
3. 大邱廣域市 ………………………… 1070
4. 仁川廣域市 ………………………… 1072
5. 光州廣域市 ………………………… 1074
6. 大田廣域市 ………………………… 1076
7. 蔚山廣域市 ………………………… 1078
8. 京畿道 ………………………… 1080
9. 江原道 ………………………… 1092
10. 忠淸南道 ………………………… 1099
11. 忠淸北道 ………………………… 1108
12. 慶尙北道 ………………………… 1115
13. 慶尙南道 ………………………… 1128
14. 全羅北道 ………………………… 1138
15. 全羅南道 ………………………… 1146
16. 濟州特別自治道 ………………………… 1158
17. (平壤特別市) ………………………… 1159

※ 本 資料는 行政自治部에서 발간한 『2006년도 지방행정구역요람』을 基礎資料로 活用하였습니다.

1. 서울 特別市

江南區(강남구)

開浦洞(개포동) 論峴洞(논현동) 大峙洞(대치동) 道谷洞(도곡동) 三成洞(삼성동)
細谷洞(세곡동) 水西洞(수서동) 新沙洞(신사동) 狎鷗亭洞(압구정동) 驛三洞(역삼동)
栗峴洞(율현동) 逸院洞(일원동) 紫谷洞(자곡동) 淸潭洞(청담동) 浦二洞(포이동)

江東區(강동구)

江一洞(강일동) 古德洞(고덕동) 吉　洞(길　동) 遁村洞(둔촌동) 明逸洞(명일동)
上一洞(상일동) 城內洞(성내동) 岩寺洞(암사동) 千戶洞(천호동)

江北區(강북구)

彌阿洞(미아동) 樊　洞(번　동) 水踰洞(수유동) 牛耳洞(우이동)

江西區(강서구)

加陽洞(가양동) 開花洞(개화동) 空港洞(공항동) 果海洞(과해동) 內鉢山洞(내발산동)
登村洞(등촌동) 麻谷洞(마곡동) 傍花洞(방화동) 鹽倉洞(염창동) 五谷洞(오곡동)
五釗洞(오쇠동) 外鉢山洞(외발산동) 禾谷洞(화곡동)

冠岳區(관악구)

南峴洞(남현동) 奉天洞(봉천동) 新林洞(신림동)

廣津區(광진구)

廣壯洞(광장동) 九宜洞(구의동) 君子洞(군자동) 老遊洞(노유동) 陵　洞(능　동)
毛陳洞(모진동) 紫陽洞(자양동) 中谷洞(중곡동) 華陽洞(화양동)

九老區(구로구)

加里峰洞(가리봉동) 開峰洞(개봉동) 高尺洞(고척동) 九老洞(구로동) 宮　洞(궁　동)
新道林洞(신도림동) 梧柳洞(오류동) 溫水洞(온수동) 天旺洞(천왕동) 航　洞(항　동)

衿川區(금천구)

加山洞(가산동) 禿山洞(독산동) 始興洞(시흥동)

蘆原區(노원구)

孔陵洞(공릉동) 上溪洞(상계동) 月溪洞(월계동) 中溪洞(중계동) 下溪洞(하계동)

道峰區(도봉구)

道峰洞(도봉동) 放鶴洞(방학동) 雙門洞(쌍문동) 倉 洞(창 동)

東大門區(동대문구)

踏十里洞(답십리동) 新設洞(신설동) 龍頭洞(용두동) 里門洞(이문동) 長安洞(장안동)
典農洞(전농동) 祭基洞(제기동) 清凉里洞(청량리동) 回基洞(회기동) 徽慶洞(휘경동)

銅雀區(동작구)

鷺梁津洞(노량진동) 大方洞(대방동) 銅雀洞(동작동) 本 洞(본 동) 舍堂洞(사당동)
上道洞(상도동) 新大方洞(신대방동) 黑石洞(흑석동)

麻浦區(마포구)

孔德洞(공덕동) 舊水洞(구수동) 老姑山洞(노고산동) 唐人洞(당인동) 大興洞(대흥동)
桃花洞(도화동) 東橋洞(동교동) 麻浦洞(마포동) 望遠洞(망원동) 上水洞(상수동)
上岩洞(상암동) 西橋洞(서교동) 城山洞(성산동) 新孔德洞(신공덕동) 新水洞(신수동)
新井洞(신정동) 阿峴洞(아현동) 延南洞(연남동) 鹽里洞(염리동) 龍江洞(용강동)
中 洞(중 동) 倉前洞(창전동) 土亭洞(토정동) 賀中洞(하중동) 合井洞(합정동)
玄石洞(현석동)

西大門區(서대문구)

南加佐洞(남가좌동) 冷泉洞(냉천동) 大新洞(대신동) 大峴洞(대현동) 渼芹洞(미근동)
奉元洞(봉원동) 北加佐洞(북가좌동) 北阿峴洞(북아현동) 新村洞(신촌동) 延禧洞(연희동)
靈泉洞(영천동) 玉川洞(옥천동) 滄川洞(창천동) 天然洞(천연동) 忠正路(충정로)
蛤 洞(합 동) 峴底洞(현저동) 弘恩洞(홍은동) 弘濟洞(홍제동)

瑞草區(서초구)

內谷洞(내곡동) 盤浦洞(반포동) 方背洞(방배동) 瑞草洞(서초동) 新院洞(신원동)
良才洞(양재동) 廉谷洞(염곡동) 牛眠洞(우면동) 院趾洞(원지동) 蠶院洞(잠원동)

城東區(성동구)

金湖洞(금호동) 道詵洞(도선동) 馬場洞(마장동) 沙斤洞(사근동) 聖水洞(성수동)
松亭洞(송정동) 玉水洞(옥수동) 龍踏洞(용답동) 鷹峰洞(응봉동) 杏堂洞(행당동)
弘益洞(홍익동) 上往十里洞(상왕십리동) 下往十里洞(하왕십리동)

城北區(성북구)

吉音洞(길음동) 敦岩洞(돈암동) 東仙洞(동선동) 東小門洞(동소문동) 普門洞(보문동)
三仙洞(삼선동) 上月谷洞(상월곡동) 石串洞(석관동) 城北洞(성북동) 安岩洞(안암동)
長位洞(장위동) 貞陵洞(정릉동) 鍾岩洞(종암동) 下月谷洞(하월곡동)

松坡區(송파구)

可樂洞(가락동) 巨餘洞(거여동) 馬川洞(마천동) 文井洞(문정동) 芳荑洞(방이동)
三田洞(삼전동) 石村洞(석촌동) 松坡洞(송파동) 新川洞(신천동) 梧琴洞(오금동)
五輪洞(오륜동) 蠶室洞(잠실동) 長旨洞(장지동) 風納洞(풍납동)

陽川區(양천구)

木 洞(목 동) 新月洞(신월동) 新亭洞(신정동)

永登浦區(영등포구)

堂山洞(당산동) 大林洞(대림동) 道林洞(도림동) 文來洞(문래동) 新吉洞(신길동)
楊坪洞(양평동) 楊花洞(양화동) 汝矣島洞(여의도동) 永登浦洞(영등포동)

龍山區(용산구)

葛月洞(갈월동) 南營洞(남영동) 桃園洞(도원동) 東氷庫洞(동빙고동) 東子洞(동자동)
文培洞(문배동) 普光洞(보광동) 山泉洞(산천동) 西界洞(서계동) 西氷庫洞(서빙고동)
新契洞(신계동) 新倉洞(신창동) 龍門洞(용문동) 龍山洞(용산동) 元曉路(원효로)
二村洞(이촌동) 梨泰院洞(이태원동) 鑄城洞(주성동) 清岩洞(청암동) 青坡洞(청파동)
漢江路(한강로) 漢南洞(한남동) 孝昌洞(효창동) 厚岩洞(후암동)

恩平區(은평구)

葛峴洞(갈현동) 龜山洞(구산동) 舊擺撥洞(구파발동) 碌磻洞(녹번동) 大棗洞(대조동)
佛光洞(불광동) 水色洞(수색동) 新寺洞(신사동) 驛村洞(역촌동) 鷹岩洞(응암동)
繒山洞(증산동) 津寬內洞(진관내동) 津寬外洞(진관외동)

鐘路區(종로구)

嘉會洞(가회동)	堅志洞(견지동)	慶雲洞(경운동)	桂 洞(계 동)	公平洞(공평동)
觀水洞(관수동)	貫鐵洞(관철동)	寬勳洞(관훈동)	橋南洞(교남동)	橋北洞(교북동)
舊基洞(구기동)	宮井洞(궁정동)	勸農洞(권농동)	樂園洞(낙원동)	內需洞(내수동)
內資洞(내자동)	樓上洞(누상동)	樓下洞(누하동)	唐珠洞(당주동)	都染洞(도염동)
敦義洞(돈의동)	東崇洞(동)숭동)	明倫洞(명륜동)	廟 洞(묘 동)	毋岳洞(무악동)
鳳翼洞(봉익동)	付岩洞(부암동)	司諫洞(사간동)	社稷洞(사직동)	三清洞(삼청동)
瑞麟洞(서린동)	世宗路(세종로)	昭格洞(소격동)	松月洞(송월동)	松峴洞(송현동)
壽松洞(수송동)	崇仁洞(숭인동)	新橋洞(신교동)	新門路(신문로)	新營洞(신영동)
安國洞(안국동)	蓮建洞(연건동)	蓮池洞(연지동)	禮智洞(예지동)	玉仁洞(옥인동)
臥龍洞(와룡동)	雲泥洞(운니동)	苑南洞(원남동)	苑西洞(원서동)	梨花洞(이화동)
益善洞(익선동)	仁寺洞(인사동)	仁義洞(인의동)	長沙洞(장사동)	齋 洞(재 동)
積善洞(적선동)	鐘 路(종 로)	中學洞(중학동)	昌成洞(창성동)	昌信洞(창신동)
清雲洞(청운동)	清進洞(청진동)	體府洞(체부동)	忠信洞(충신동)	通義洞(통의동)
通仁洞(통인동)	八判洞(팔판동)	平 洞(평 동)	平倉洞(평창동)	弼雲洞(필운동)
杏村洞(행촌동)	惠化洞(혜화동)	弘智洞(홍지동)	紅把洞(홍파동)	花 洞(화 동)
孝子洞(효자동)	孝悌洞(효제동)	薰井洞(훈정동)		

中 區(중 구)

光熙洞(광희동)	南大門路(남대문로)	南山洞(남산동)	南倉洞(남창동)	南學洞(남학동)
茶 洞(다 동)	萬里洞(만리동)	明 洞(명 동)	武橋洞(무교동)	舞鶴洞(무학동)
墨井洞(묵정동)	芳山洞(방산동)	蓬萊洞(봉래동)	北倉洞(북창동)	山林洞(산림동)
三角洞(삼각동)	小公洞(소공동)	西小門洞(서소문동)	水標洞(수표동)	水下洞(수하동)
巡和洞(순화동)	新堂洞(신당동)	雙林洞(쌍림동)	五壯洞(오장동)	藝館洞(예관동)
藝場洞(예장동)	乙支路(을지로)	仁峴洞(인현동)	笠井洞(입정동)	義州路(의주로)
長橋洞(장교동)	奬忠洞(장충동)	苧 洞(저 동)	貞 洞(정 동)	舟橋洞(주교동)
鑄字洞(주자동)	中林洞(중림동)	草 洞(초 동)	忠武路(충무로)	忠正路(충정로)
太平路(태평로)	筆 洞(필 동)	黃鶴洞(황학동)	會賢洞(회현동)	興仁洞(흥인동)

中浪區(중랑구)

忘憂洞(망우동)	面牧洞(면목동)	墨 洞(묵 동)	上鳳洞(상봉동)	新內洞(신내동)
中和洞(중화동)				

2. 釜山廣域市

江西區(강서구)

駕洛洞(가락동) 江東洞(강동동) 九浪洞(구랑동) 菉山洞(녹산동) 訥次洞(눌차동)
大渚洞(대저동) 大項洞(대항동) 東仙洞(동선동) 鳴旨洞(명지동) 美音洞(미음동)
凡方洞(범방동) 鳳林洞(봉림동) 生谷洞(생곡동) 城北洞(성북동) 松亭洞(송정동)
食滿洞(식만동) 新湖洞(신호동) 竹同洞(죽동동) 竹林洞(죽림동) 智士洞(지사동)
天加洞(천가동) 天城洞(천성동) 花田洞(화전동)

金井區(금정구)

久瑞洞(구서동) 錦絲洞(금사동) 金城洞(금성동) 南山洞(남산동) 老圃洞(노포동)
杜邱洞(두구동) 釜谷洞(부곡동) 書　洞(서　동) 仙　洞(선　동) 五倫洞(오륜동)
長箭洞(장전동) 青龍洞(청룡동) 回東洞(회동동)

南　區(남　구)

戡蠻洞(감만동) 大淵洞(대연동) 門峴洞(문현동) 龍塘洞(용당동) 龍湖洞(용호동)
牛岩洞(우암동)

東　區(동　구)

凡一洞(범일동) 水晶洞(수정동) 佐川洞(좌천동) 草梁洞(초량동)

東萊區(동래구)

樂民洞(낙민동) 明倫洞(명륜동) 鳴藏洞(명장동) 福泉洞(복천동) 社稷洞(사직동)
壽安洞(수안동) 安樂洞(안락동) 溫泉洞(온천동) 漆山洞(칠산동)

釜山鎭區(부산진구)

伽倻洞(가야동) 開琴洞(개금동) 堂甘洞(당감동) 凡田洞(범전동) 凡川洞(범천동)
釜岩洞(부암동) 釜田洞(부전동) 楊亭洞(양정동) 蓮池洞(연지동) 田浦洞(전포동)
草邑洞(초읍동)

北　區(북　구)

龜浦洞(구포동) 金谷洞(금곡동) 德川洞(덕천동) 萬德洞(만덕동) 華明洞(화명동)

沙上區(사상구)

甘田洞(감전동) 掛法洞(괘법동) 德浦洞(덕포동) 毛羅洞(모라동) 三樂洞(삼락동)
嚴弓洞(엄궁동) 周禮洞(주례동) 鶴章洞(학장동)

沙下區(사하구)

甘川洞(감천동) 槐亭洞(괴정동) 舊平洞(구평동) 多大洞(다대동) 堂里洞(당리동)
新平洞(신평동) 長林洞(장림동) 下端洞(하단동)

西　區(서　구)

南富民洞(남부민동) 東大新洞(동대신동) 富民洞(부민동) 芙蓉洞(부용동) 西大新洞(서대신동)
峨嵋洞(아미동) 岩南洞(암남동) 草場洞(초장동) 忠武洞(충무동) 土城洞(토성동)

水營區(수영구)

廣安洞(광안동) 南川洞(남천동) 望美洞(망미동) 民樂洞(민락동) 水營洞(수영동)

蓮堤區(연제구)

巨堤洞(거제동) 蓮山洞(연산동)

影島區(영도구)

南港洞(남항동) 大橋洞(대교동) 大平洞(대평동) 東三洞(동삼동) 蓬萊洞(봉래동)
新仙洞(신선동) 瀛仙洞(영선동) 青鶴洞(청학동)

中　區(중　구)

光復洞(광복동) 南浦洞(남포동) 大昌洞(대창동) 大廳洞(대청동) 東光洞(동광동)
寶水洞(보수동) 富平洞(부평동) 新昌洞(신창동) 瀛州洞(영주동) 中央洞(중앙동)
昌善洞(창선동)

海雲臺區(해운대구)

盤松洞(반송동) 盤如洞(반여동) 石坮洞(석대동) 松亭洞(송정동) 佑　洞(우　동)
栽松洞(재송동) 佐　洞(좌　동) 中　洞(중　동)

機張郡(기장군)

機張邑(기장읍) 東部, 西部, 大羅, 萬化, 校, 新川, 清江, 內, 石山, 堂社, 侍郎, 蓮花, 大邊, 竹城
長安邑(장안읍) 佐川, 佐東, 德仙, 龍沼, 奇龍, 鳴禮, 五, 盤龍, 古, 孝岩, 吉川, 月內, 林浪, 長安
日光面(일광면) 鶴, 三聖, 伊川, 冬柏, 新平, 七岩, 文中, 文東, 院, 青光, 花田, 龍川, 橫溪
鼎冠面(정관면) 禮林, 達山, 芳谷, 梅鶴, 龍峀, 茅田, 屛山, 斗明, 月坪, 林谷
鐵馬面(철마면) 瓦余, 栢吉, 態川, 連龜, 耳谷, 九七, 古村, 安坪, 長田, 送亭, 林基

3. 大邱廣域市

南　區(남　구)

大明洞(대명동)　鳳德洞(봉덕동)　梨泉洞(이천동)

達西區(달서구)

葛山洞(갈산동)　甘三洞(감삼동)　大谷洞(대곡동)　大泉洞(대천동)　桃源洞(도원동)
頭流洞(두류동)　本　洞(본　동)　本里洞(본리동)　上仁洞(상인동)　聖堂洞(성당동)
松峴洞(송현동)　新塘洞(신당동)　龍山洞(용산동)　月城洞(월성동)　月岩洞(월암동)
流川洞(유천동)　梨谷洞(이곡동)　長基洞(장기동)　壯　洞(장　동)　竹田洞(죽전동)
辰泉洞(진천동)　巴山洞(파산동)　巴湖洞(파호동)　狐林洞(호림동)

東　區(동　구)

角山洞(각산동)　檢沙洞(검사동)　槐田洞(괴전동)　琴江洞(금강동)　內谷洞(내곡동)
內　洞(내　동)　能城洞(능성동)　大林洞(대림동)　德谷洞(덕곡동)　道　洞(도　동)
道鶴洞(도학동)　東內洞(동내동)　東湖洞(동호동)　屯山洞(둔산동)　梅餘洞(매여동)
米谷洞(미곡동)　美垈洞(미대동)　芳村洞(방촌동)　百安洞(백안동)　鳳舞洞(봉무동)
釜　洞(부　동)　不老洞(불로동)　司福洞(사복동)　上梅洞(상매동)　西湖洞(서호동)
松亭洞(송정동)　淑泉洞(숙천동)　新基洞(신기동)　新龍洞(신룡동)　新武洞(신무동)
新西洞(신서동)　新岩洞(신암동)　新川洞(신천동)　新坪洞(신평동)　龍溪洞(용계동)
龍水洞(용수동)　栗岩洞(율암동)　栗下洞(율하동)　立石洞(입석동)　中大洞(중대동)
智妙洞(지묘동)　枝底洞(지저동)　眞仁洞(진인동)　坪廣洞(평광동)　孝睦洞(효목동)

北　區(북　구)

檢丹洞(검단동)　古城洞(고성동)　觀音洞(관음동)　鳩岩洞(구암동)　國優洞(국우동)
琴湖洞(금호동)　魯谷洞(노곡동)　魯院洞(노원동)　大賢洞(대현동)　道南洞(도남동)
東邊洞(동변동)　東川洞(동천동)　東湖洞(동호동)　梅川洞(매천동)　伏賢洞(복현동)
泗水洞(사수동)　山格洞(산격동)　西邊洞(서변동)　研經洞(연경동)　邑內洞(읍내동)
助也洞(조야동)　七星洞(칠성동)　砧山洞(침산동)　太田洞(태전동)　八達洞(팔달동)
鶴亭洞(학정동)

西　區(서　구)

內唐洞(내당동)　飛山洞(비산동)　上里洞(상리동)　院垈洞(원대동)　梨峴洞(이현동)
中里洞(중리동)　坪里洞(평리동)

壽城區(수성구)

佳川洞(가천동)	顧母洞(고모동)	蘆邊洞(노변동)	斗山洞(두산동)	大興洞(대흥동)
晩村洞(만촌동)	梅湖洞(매호동)	凡勿洞(범물동)	泛魚洞(범어동)	沙月洞(사월동)
三德洞(삼덕동)	上　洞(상　동)	城　洞(성　동)	壽城洞(수성동)	時至洞(시지동)
新梅洞(신매동)	蓮湖洞(연호동)	旭水洞(욱수동)	梨川洞(이천동)	中　洞(중　동)
池山洞(지산동)	巴　洞(파　동)	黃金洞(황금동)		

中　區(중　구)

桂山洞(계산동)	公平洞(공평동)	校　洞(교　동)	南山洞(남산동)	南城路(남성로)
南一洞(남일동)	達城洞(달성동)	大鳳洞(대봉동)	大新洞(대신동)	大安洞(대안동)
德山洞(덕산동)	桃園洞(도원동)	東門洞(동문동)	東山洞(동산동)	東城路(동성로)
東仁路(동인로)	東一洞(동일동)	文化洞(문화동)	鳳山洞(봉산동)	北內洞(북내동)
北城路(북성로)	射一洞(사일동)	三德洞(삼덕동)	尙德洞(상덕동)	上西洞(상서동)
西內洞(서내동)	西門路(서문로)	西城路(서성로)	西也洞(서야동)	壽　洞(수　동)
壽昌洞(수창동)	市場北路(시장북로)	莞田洞(완전동)	龍德洞(용덕동)	仁橋洞(인교동)
壯觀洞(장관동)	前　洞(전　동)	鐘　路(종　로)	太平路(태평로)	布政洞(포정동)
下西洞(하서동)	香村洞(향촌동)	華田洞(화전동)		

達城郡(달성군)

論工邑(논공읍)	金圃, 蘆耳, 三狸, 渭川, 上, 下, 南, 北, 本里, 南, 北, 本里
多斯邑(다사읍)	梅谷, 伊川, 達川, 朴谷, 坊川, 鋤齊, 世川, 竹谷, 釜谷, 汶陽, 汶山
花園邑(화원읍)	川內, 九羅, 城山, 舌化, 本里, 椧谷
嘉昌面(가창면)	龍溪, 梧, 亭垈, 冷泉, 否亭, 上院, 丹山, 大逸, 蛛, 玉盆, 三山, 友鹿
求智面(구지면)	倉, 應巖, 高峰, 加川, 坪村, 禮峴, 柳山, 牧丹, 臺巖, 內, 花山, 修理, 迲, 烏舌, 道東
玉浦面(옥포면)	本里, 新塘, 橋項, 江林, 松村, 于京, 奇世, 盤松, 金興
瑜伽面(유가면)	琴, 陰, 陽, 龍, 鳳, 雙溪, 草谷, 上, 油谷, 道義, 佳泰, 寒亭, 本末
河濱面(하빈면)	縣內, 霞山, 竗, 基谷, 大坪, 武等, 甘文, 桐谷, 鳳村
玄風面(현풍면)	釜, 上, 中, 下, 城下, 院橋, 自慕, 午山, 池, 大, 新基

4. 仁川廣域市

桂陽區(계양구)

葛峴洞(갈현동) 桂山洞(계산동) 橘峴洞(귤현동) 老吾地洞(노오지동) 多男洞(다남동)
東陽洞(동양동) 纛室洞(독실동) 木霜洞(목상동) 朴村洞(박촌동) 防築洞(방축동)
兵房洞(병방동) 上野洞(상야동) 瑞雲洞(서운동) 仙住地洞(선주지동) 梧柳洞(오류동)
龍宗洞(용종동) 梨花洞(이화동) 林鶴洞(임학동) 鵲田洞(작전동) 場基洞(장기동)
坪　洞(평　동) 下野洞(하야동) 曉星洞(효성동)

南　區(남　구)

官校洞(관교동) 道禾洞(도화동) 文鶴洞(문학동) 崇義洞(숭의동) 龍現洞(용현동)
朱安洞(주안동) 鶴翼洞(학익동)

南東區(남동구)

間石洞(간석동) 古棧洞(고잔동) 九月洞(구월동) 南村洞(남촌동) 論峴洞(논현동)
桃林洞(도림동) 萬壽洞(만수동) 西昌洞(서창동) 壽山洞(수산동) 雲宴洞(운연동)
長壽洞(장수동)

東　區(동　구)

金谷洞(금곡동) 萬石洞(만석동) 松林洞(송림동) 松峴洞(송현동) 昌榮洞(창영동)
花水洞(화수동) 花平洞(화평동)

富平區(부평구)

葛山洞(갈산동) 九山洞(구산동) 富開洞(부개동) 富平洞(부평동) 山谷洞(산곡동)
三山洞(삼산동) 十井洞(십정동) 日新洞(일신동) 淸川洞(청천동)

西　區(서　구)

佳亭洞(가정동) 佳佐洞(가좌동) 黔丹洞(검단동) 黔岩洞(검암동) 景西洞(경서동)
公村洞(공촌동) 金谷洞(금곡동) 堂下洞(당하동) 大谷洞(대곡동) 麻田洞(마전동)
不老洞(불로동) 白石洞(백석동) 石南洞(석남동) 始川洞(시천동) 新峴洞(신현동)
深谷洞(심곡동) 旺吉洞(왕길동) 連喜洞(연희동) 梧柳洞(오류동) 元堂洞(원당동)
元創洞(원창동)

延壽區(연수구)

東春洞(동춘동)	仙鶴洞(선학동)	延壽洞(연수동)	玉蓮洞(옥련동)	淸凉洞(청량동)
靑鶴洞(청학동)				

中　區(중　구)

京　洞(경　동)	官　洞(관　동)	南北洞(남북동)	內　洞(내　동)	畓　洞(답　동)
德橋洞(덕교동)	桃源洞(도원동)	舞衣洞(무의동)	北城洞(북성동)	沙　洞(사　동)
善隣洞(선린동)	仙花洞(선화동)	松月洞(송월동)	松鶴洞(송학동)	新生洞(신생동)
新浦洞(신포동)	新興洞(신흥동)	雲南洞(운남동)	雲北洞(운북동)	雲西洞(운서동)
龍　洞(용　동)	柳　洞(유　동)	栗木洞(율목동)	乙旺洞(을왕동)	仁峴洞(인현동)
錢　洞(전　동)	中山洞(중산동)	中央洞(중앙동)	港　洞(항　동)	海岸洞(해안동)

江華郡(강화군)

江華邑(강화읍)	官廳, 新門, 菊花, 南山, 甲串, 龍井, 玉林, 月串, 大山
喬桐面(교동면)	大龍, 邑內, 上龍, 鳳韶, 古龜, 東山, 三仙, 仁士, 芝石, 舞鶴, 蘭井, 西漢, 兩甲
吉祥面(길상면)	溫水, 船頭, 東檢, 草芝, 壯興, 吉稷
內可面(내가면)	古川, 外浦, 黃淸, 鳩下, 鰲上
佛恩面(불은면)	斗雲, 三成, 三同岩, 高陵, 鰲頭, 新峴, 德城, 仍城
三山面(삼산면)	席毛, 上, 下, 石浦, 煤音, 西檢, 彌法
西雁面(서안면)	注文島, 阿此島, 乶音島, 悉島
仙源面(선원면)	錦月, 烟, 智山, 神井, 倉, 仙杏, 冷井
松海面(송해면)	率丁, 申唐, 下道, 上道, 崇雷, 堂山, 陽五
良道面(양도면)	霞逸, 吉亭, 道場, 造山, 陵內, 乾坪, 三興, 仁山
兩寺面(양사면)	橋山, 鐵山, 德下, 北省, 寅火
河岾面(하점면)	新鳳, 長井, 富近, 三巨, 新三, 望月, 倉後, 梨江
華道面(화도면)	上坊, 內, 文山, 德浦, 沙器, 東幕, 興旺, 如 此, 長花

甕津郡(옹진군)

大靑面(대청면)	大靑, 小靑
德積面(덕적면)	鎭, 北, 西浦, 蘇爺, 文甲, 白牙, 蔚島, 掘業
白翎面(백령면)	鎭村, 北浦, 加乙, 蓮和, 南浦
北島面(북도면)	矢島, 信島, 茅島, 長峰
延坪面(연평면)	延坪 (舊 松林面)
靈興面(영흥면)	內, 外, 仙才
紫月面(자월면)	紫月, 伊作, 昇鳳

5. 光州廣域市

光山區(광산구)

古龍洞(고룡동)	光山洞(광산동)	南山洞(남산동)	內山洞(내산동)	大山洞(대산동)
德林洞(덕림동)	道德洞(도덕동)	道山洞(도산동)	道泉洞(도천동)	道湖洞(도호동)
東林洞(동림동)	東山洞(동산동)	東湖洞(동호동)	斗亭洞(두정동)	登任洞(등림동)
明道洞(명도동)	明花洞(명화동)	博湖洞(박호동)	伏龍洞(복룡동)	北山洞(북산동)
本德洞(본덕동)	飛鴉洞(비아동)	沙湖洞(사호동)	山幕洞(산막동)	山水洞(산수동)
山月洞(산월동)	山亭洞(산정동)	三巨洞(삼거동)	三道洞(삼도동)	西峰洞(서봉동)
仙 洞(선 동)	仙岩洞(선암동)	素村洞(소촌동)	松大洞(송대동)	松山洞(송산동)
松汀洞(송정동)	松村洞(송촌동)	松峙洞(송치동)	松鶴洞(송학동)	水莞洞(수완동)
新佳洞(신가동)	新 洞(신 동)	新龍洞(신룡동)	新昌洞(신창동)	新村洞(신촌동)
雙岩洞(쌍암동)	安清洞(안청동)	良 洞(양 동)	良山洞(양산동)	蓮山洞(연산동)
烏山洞(오산동)	鰲仙洞(오선동)	五雲洞(오운동)	玉 洞(옥 동)	旺 洞(왕 동)
堯基洞(요기동)	龍谷洞(용곡동)	龍 洞(용 동)	龍鳳洞(용봉동)	牛山洞(우산동)
雲南洞(운남동)	雲水洞(운수동)	月桂洞(월계동)	月谷洞(월곡동)	月田洞(월전동)
柳溪洞(유계동)	林谷洞(임곡동)	長德洞(장덕동)	長錄洞(장록동)	長水洞(장수동)
池山洞(지산동)	池亭洞(지정동)	芝竹洞(지죽동)	芝坪洞(지평동)	眞谷洞(진곡동)
河南洞(하남동)	下山洞(하산동)	黃龍洞(황룡동)	黑石洞(흑석동)	

南 區(남 구)

龜 洞(구 동)	九沼洞(구소동)	大支洞(대지동)	老大洞(노대동)	德南洞(덕남동)
陶琴洞(도금동)	芳林洞(방림동)	白雲洞(백운동)	鳳仙洞(봉선동)	社 洞(사 동)
西 洞(서 동)	石亭洞(석정동)	松荷洞(송하동)	昇村洞(승촌동)	新壯洞(신장동)
鴨村洞(압촌동)	良瓜洞(양과동)	楊林洞(양림동)	良村洞(양촌동)	院山洞(원산동)
月山洞(월산동)	月城洞(월성동)	泥場洞(이장동)	林岩洞(임암동)	珠月洞(주월동)
支石洞(지석동)	眞月洞(진월동)	漆石洞(칠석동)	禾場洞(화장동)	杏岩洞(행암동)

東 區(동 구)

弓 洞(궁 동)	鷄林洞(계림동)	光山洞(광산동)	錦南路(금남로)	錦 洞(금 동)
南 洞(남 동)	內南洞(내남동)	大義洞(대의동)	大仁洞(대인동)	東明洞(동명동)
不老洞(불로동)	山水洞(산수동)	瑞石洞(서석동)	仙橋洞(선교동)	所台洞(소태동)

須奇洞(수기동) 龍山洞(용산동) 龍淵洞(용연동) 雲林洞(운림동) 月南洞(월남동)
壯 洞(장 동) 芝山洞(지산동) 忠壯路(충장로) 鶴 洞(학 동) 湖南洞(호남동)
黃金洞(황금동)

北 區(북 구)

角化洞(각화동) 金谷洞(금곡동) 樓門洞(누문동) 大村洞(대촌동) 德義洞(덕의동)
東林洞(동림동) 斗岩洞(두암동) 望月洞(망월동) 梅谷洞(매곡동) 文興洞(문흥동)
本村洞(본촌동) 北 洞(북 동) 三角洞(삼각동) 生龍洞(생용동) 水谷洞(수곡동)
新安洞(신안동) 新龍洞(신용동) 陽山洞(양산동) 蓮堤洞(연제동) 五龍洞(오룡동)
梧峙洞(오치동) 龍江洞(용강동) 龍頭洞(용두동) 龍鳳洞(용봉동) 龍田洞(용전동)
牛山洞(우산동) 雲岩洞(운암동) 雲亭洞(운정동) 月出洞(월출동) 柳 洞(유 동)
日谷洞(일곡동) 林 洞(임 동) 長燈洞(장등동) 中興洞(중흥동) 芝野洞(지야동)
淸風洞(청풍동) 忠孝洞(충효동) 台領洞(태령동) 豊鄕洞(풍향동) 花岩洞(화암동)
孝領洞(효령동)

西 區(서 구)

光川洞(광천동) 金湖洞(금호동) 內防洞(내방동) 農城洞(농성동) 德興洞(덕흥동)
馬勒洞(마륵동) 梅月洞(매월동) 碧津洞(벽진동) 西倉洞(서창동) 尙武洞(상무동)
雙村洞(쌍촌동) 細荷洞(세하동) 良 洞(양 동) 龍頭洞(용두동) 柳村洞(유촌동)
治平洞(치평동) 楓岩洞(풍암동) 花亭洞(화정동)

6. 大田廣域市

大德區(대덕구)

葛田洞(갈전동)	大禾洞(대화동)	德岩洞(덕암동)	木上洞(목상동)	文坪洞(문평동)
渼湖洞(미호동)	法 洞(법 동)	芙水洞(부수동)	比來洞(비래동)	三政洞(삼정동)
上書洞(상서동)	石峰洞(석봉동)	宋村洞(송촌동)	新垈洞(신대동)	新一洞(신일동)
新灘津洞(신탄진동)	連丑洞(연축동)	梧井洞(오정동)	瓦 洞(와 동)	龍湖洞(용호동)
邑內洞(읍내동)	梨峴洞(이현동)	長 洞(장 동)	中里洞(중리동)	坪村洞(평촌동)
黃湖洞(황호동)				

東 區(동 구)

佳陽洞(가양동)	加午洞(가오동)	九到洞(구도동)	朗月洞(낭월동)	內塔洞(내탑동)
大 洞(대 동)	大別洞(대별동)	大成洞(대성동)	馬山洞(마산동)	飛龍洞(비룡동)
沙城洞(사성동)	三槐洞(삼괴동)	三省洞(삼성동)	三丁洞(삼정동)	上所洞(상소동)
城南洞(성남동)	細川洞(세천동)	蘇堤洞(소제동)	所好洞(소호동)	新上洞(신상동)
新安洞(신안동)	新村洞(신촌동)	新下洞(신하동)	新興洞(신흥동)	梧 洞(오 동)
龍溪洞(용계동)	龍雲洞(용운동)	龍田洞(용전동)	元 洞(원 동)	二沙洞(이사동)
仁 洞(인 동)	紫陽洞(자양동)	長尺洞(장척동)	貞 洞(정 동)	注山洞(주산동)
舟村洞(주촌동)	中 洞(중 동)	稷 洞(직 동)	泉 洞(천 동)	秋 洞(추 동)
板岩洞(판암동)	下所洞(하소동)	弘道洞(홍도동)	孝 洞(효 동)	孝平洞(효평동)

西 區(서 구)

佳水院洞(가수원동)	佳狀洞(가장동)	葛馬洞(갈마동)	關雎洞(관저동)	槐谷洞(괴곡동)
槐亭洞(괴정동)	內 洞(내 동)	桃馬洞(도마동)	道安洞(도안동)	屯山洞(둔산동)
萬年洞(만년동)	梅老洞(매로동)	邊 洞(변 동)	福守洞(복수동)	鳳谷洞(봉곡동)
山直洞(산직동)	三川洞(삼천동)	五 洞(오 동)	龍汶洞(용문동)	龍村洞(용촌동)
牛鳴洞(우명동)	元亭洞(원정동)	月坪洞(월평동)	壯安洞(장안동)	正林洞(정림동)
炭坊洞(탄방동)	坪村洞(평촌동)	黑石洞(흑석동)		

儒城區(유성구)

柯亭洞(가정동)	甲 洞(갑 동)	鷄山洞(계산동)	官坪洞(관평동)	校村洞(교촌동)
九龍洞(구룡동)	九城洞(구성동)	九岩洞(구암동)	弓 洞(궁 동)	今古洞(금고동)

金灘洞(금탄동)	老隱洞(노은동)	垈　洞(대　동)	大井洞(대정동)	德明洞(덕명동)
德津洞(덕진동)	道龍洞(도룡동)	屯谷洞(둔곡동)	文旨洞(문지동)	盤石洞(반석동)
芳　洞(방　동)	芳峴洞(방현동)	伏龍洞(복룡동)	鳳鳴洞(봉명동)	鳳山洞(봉산동)
上垈洞(상대동)	城北洞(성북동)	細　洞(세　동)	松江洞(송강동)	松亭洞(송정동)
水南洞(수남동)	新　洞(신　동)	新峰洞(신봉동)	新城洞(신성동)	案山洞(안산동)
魚隱洞(어은동)	外三洞(외삼동)	龍溪洞(용계동)	龍山洞(용산동)	元內洞(원내동)
元新興洞(원신흥동)	院村洞(원촌동)	自雲洞(자운동)	場垈洞(장대동)	長　洞(장　동)
田民洞(전민동)	竹　洞(죽　동)	智足洞(지족동)	秋木洞(추목동)	塔立洞(탑립동)
下基洞(하기동)	鶴下洞(학하동)	花岩洞(화암동)		

中　區(중　구)

舊完洞(구완동)	錦　洞(금　동)	大寺洞(대사동)	大興洞(대흥동)	牧　洞(목　동)
木達洞(목달동)	無愁洞(무수동)	文昌洞(문창동)	文化洞(문화동)	芙沙洞(부사동)
沙亭洞(사정동)	山城洞(산성동)	石橋洞(석교동)	宣化洞(선화동)	安永洞(안영동)
於南洞(어남동)	五柳洞(오류동)	玉溪洞(옥계동)	龍頭洞(용두동)	柳川洞(유천동)
銀杏洞(은행동)	政生洞(정생동)	中村洞(중촌동)	砧山洞(침산동)	太平洞(태평동)
虎　洞(호　동)				

7. 蔚山廣域市

南 區(남 구)

古沙洞(고사동)	開雲洞(개운동)	南化洞(남화동)	達 洞(달 동)	斗旺洞(두왕동)
梅岩洞(매암동)	無去洞(무거동)	夫谷洞(부곡동)	三山洞(삼산동)	上開洞(상개동)
仙岩洞(선암동)	城岩洞(성암동)	新亭洞(신정동)	也音洞(야음동)	呂川洞(여천동)
玉 洞(옥 동)	龍淵洞(용연동)	龍岑洞(용잠동)	長生浦洞(장생포동)	黃城洞(황성동)

東 區(동 구)

大松洞(대송동)	東部洞(동부동)	方魚洞(방어동)	西部洞(서부동)	日山洞(일산동)
田下洞(전하동)	朱田洞(주전동)	華亭洞(화정동)		

北 區(북 구)

加大洞(가대동)	舊柳洞(구유동)	達天洞(달천동)	堂舍洞(당사동)	大安洞(대안동)
梅谷洞(매곡동)	明村洞(명촌동)	舞龍洞(무룡동)	山下洞(산하동)	常安洞(상안동)
松亭洞(송정동)	時禮洞(시례동)	新明洞(신명동)	新泉洞(신천동)	新峴洞(신현동)
楊亭洞(양정동)	於勿洞(어물동)	蓮岩洞(연암동)	鹽浦洞(염포동)	亭子洞(정자동)
中山洞(중산동)	珍庄洞(진장동)	倉平洞(창평동)	泉谷洞(천곡동)	虎溪洞(호계동)
華峰洞(화봉동)	孝門洞(효문동)			

中 區(중 구)

校 洞(교 동)	南外洞(남외동)	茶雲洞(다운동)	東 洞(동 동)	伴鷗洞(반구동)
福山洞(복산동)	北亭洞(북정동)	西 洞(서 동)	城南洞(성남동)	聖安洞(성안동)
藥泗洞(약사동)	玉橋洞(옥교동)	牛亭洞(우정동)	裕谷洞(유곡동)	將峴洞(장현동)
太和洞(태화동)	鶴山洞(학산동)	鶴城洞(학성동)		

蔚州郡(울주군)

彦陽邑(언양읍)	東部, 松臺, 西部, 南部, 於音, 盤松, 九秀, 盤泉, 大谷, 盤谷, 平, 茶開, 台機, 直洞
溫山邑(온산읍)	大亭, 牛峰, 江陽, 三平, 元山, 唐月, 梨津, 華山, 德新, 方島, 處容, 學南, 山岩
斗東面(두동면)	九味, 銀片, 萬和, 三政, 鳳溪, 川前, 泥田, 月坪
斗西面(두서면)	仁甫, 西河, 九良, 次, 內瓦, 伏安, 活川, 嵋湖, 錢邑

凡西邑(범서읍)	川上, 西沙. 尺果, 斗山, 九英, 中, 望星, 泗淵, 立岩, 屈火
三南面(삼남면)	新華, 校洞, 象川, 芳基, 加川
三同面(삼동면)	荷岑, 早日, 寶隱, 金谷, 出崗, 鵲洞, 芚基
上北面(상북면)	山前, 池內, 香山, 川前, 登億, 鳴村, 吉川, 巨, 楊等, 弓根亭, 蘇湖, 德峴, 梨川
西生面(서생면)	新岩, 明山, 禾山, 渭陽, 龍, 西生, 禾亭, 鎭下, 大松, 羅士
溫陽邑(온양읍)	南倉, 東上, 望陽, 高山, 三光, 內光, 外光, 雲化, 大安, 鉢
熊村面(웅촌면)	谷泉, 檢丹, 銀峴, 古蓮, 大垈, 椒泉, 通川, 石川, 大福
青良面(청량면)	上南, 開谷, 德下, 文竹, 栗, 三亭, 中, 東川, 龍岩

8. 京畿道

高陽市(고양시)　德陽區(덕양구)

江梅洞(강매동) 高陽洞(고양동) 官山洞(관산동) 內谷洞(내곡동) 奈遊洞(내유동)
大慈洞(대자동) 大壯洞(대장동) 德隱洞(덕은동) 道乃洞(도내동) 東山洞(동산동)
碧蹄洞(벽제동) 北漢洞(북한동) 三松洞(삼송동) 仙游洞(선유동) 星沙洞(성사동)
新院洞(신원동) 新坪洞(신평동) 梧琴洞(오금동) 龍頭洞(용두동) 元堂洞(원당동)
元興洞(원흥동) 舟橋洞(주교동) 紙杻洞(지축동) 土堂洞(토당동) 幸信洞(행신동)
幸州內洞(행주내동) 幸州外洞(행주외동) 香　洞(향　동) 玄川洞(현천동) 花田洞(화전동)
花井洞(화정동) 孝子洞(효자동)

高陽市(고양시)　一山區(일산구)

加佐洞(가좌동) 九山洞(구산동) 大化洞(대화동) 德耳洞(덕이동) 馬頭洞(마두동)
文峰洞(문봉동) 白石洞(백석동) 法串洞(법곶동) 沙里峴洞(사리현동) 山黃洞(산황동)
雪門洞(설문동) 城石洞(성석동) 食寺洞(식사동) 一山洞(일산동) 獐項洞(장항동)
注葉洞(주엽동) 芝英洞(지영동) 炭峴洞(탄현동) 楓　洞(풍　동)

果川市(과천시)

葛峴洞(갈현동) 果川洞(과천동) 官門洞(관문동) 莫溪洞(막계동) 文原洞(문원동)
別陽洞(별양동) 富林洞(부림동) 原文洞(원문동) 注岩洞(주암동) 中央洞(중앙동)

光明市(광명시)

駕鶴洞(가학동) 光明洞(광명동) 老溫寺洞(노온사동) 所下洞(소하동) 玉吉洞(옥길동)
日直洞(일직동) 鐵山洞(철산동) 下安洞(하안동)

廣州市(광주시)

京安洞(경안동) 雙嶺洞(쌍령동) 驛　洞(역　동) 松亭洞(송정동) 回德洞(회덕동)
炭筏洞(탄벌동) 木峴洞(목현동) 廣南洞(광남동) 三　洞(삼　동) 中垈洞(중대동)
直　洞(직　동) 胎田洞(태전동) 墻枝洞(장지동) 木　洞(목　동)
五浦邑(오포읍) 高山, 新峴, 陵平, 文衡, 楸自, 梅山, 陽筏
南終面(남종면) 分院, 檢川, 水青, 金沙, 二石, 三成, 歸歟
都尺面(도척면) 老谷, 柳井, 芳都, 楸谷, 祥林, 陶雄, 宮坪, 鎭牛
實村面(실촌면) 昆池岩, 水陽, 新村, 鳳峴, 釜項, 二仙, 晩仙, 柳寺, 三合, 建業, 長深, 蓮谷,

	五香, 悅美, 新垈, 三
中部面(중부면)	光池院, 奄尾, 山城, 梧田, 佛堂, 黔伏, 上樊川, 下樊川
草月面(초월면)	大雙嶺, 雙東, 酸梨, 勒峴, 仙東, 龍水, 新月, 池月,武甲, 西霞, 雁坪, 鶴東
退村面(퇴촌면)	光東, 觀音,牛山, 嶺東, 陶水, 梧, 道馬, 無愁, 元堂, 亭支

九里市(구리시)

葛梅洞(갈매동) 橋門洞(교문동) 東九洞(동구동) 四老洞(사노동) 水澤洞(수택동)
水坪洞(수평동) 峨川洞(아천동) 仁倉洞(인창동) 土坪洞(토평동)

軍浦市(군포시)

光亭洞(광정동) 軍浦洞(군포동) 宮內洞(궁내동) 衿井洞(금정동) 堂 洞(당 동)
堂井洞(당정동) 渡馬橋洞(도마교동) 大夜味洞(대야미동) 屯垈洞(둔대동) 富谷洞(부곡동)
山本洞(산본동) 修理洞(수리동) 速達洞(속달동) 五禁洞(오금동) 齊宮洞(제궁동)

金浦市(김포시)

坎井洞(감정동) 傑浦洞(걸포동) 北邊洞(북변동) 沙隅洞(사우동) 雲陽洞(운양동)
場基洞(장기동) 豊舞洞(풍무동)

高村面(고촌면)	香山, 楓谷, 台, 新谷, 錢湖
大串面(대곶면)	大陵, 大碧, 樂岩, 上馬, 栗生, 草元芝, 巨勿垈, 吾尼山, 松麻, 石井, 碎岩, 新雁, 大明
陽村面(양촌면)	陽谷, 樓山, 席毛, 麻山, 九來, 大浦, 鶴雲, 柳峴, 興新
月串面(월곶면)	郡下, 古幕, 葛山, 高陽, 浦內, 城東, 甫口串, 龍康,祖江, 開谷
通津面(통진면)	道沙, 馬松, 西岩, 水站, 佳峴, 冬乙山, 歸田, 高亭, 瓮井
霞城面(하성면)	石灘, 麻谷, 後坪, 麻造, 杮岩, 麻近浦, 佳金, 楊澤,元山, 霞沙, 奉城, 顚流

南楊州市(남양주시)

加雲洞(가운동) 金谷洞(금곡동) 陶農洞(도농동) 三牌洞(삼패동) 水石洞(수석동)
二牌洞(이패동) 一牌洞(일패동) 芝錦洞(지금동) 坪內洞(평내동) 好坪洞(호평동)

瓦阜邑(와부읍)	德沼, 栗石, 月文, 陶谷, 八堂
榛接邑(진접읍)	長峴, 內谷, 內閣, 蓮坪, 富坪, 八夜, 榛伐, 金谷
和道邑(화도읍)	磨石隅, 墨峴, 鹿村, 倉峴, 車山, 琴南, 嘉谷, 九岩, 畓內, 月山
別內面(별내면)	靑鶴, 龍岩, 德松, 廣田, 花蝶
水洞面(수동면)	雲水, 松川, 芝屯, 水山, 立石, 外坊, 內坊

梧南邑(오남읍)　陽地, 梧南, 八賢
鳥安面(조안면)　鳥安, 陵內, 鎭中, 松村, 三峯, 時雨
眞乾邑(진건읍)　龍井, 思陵, 培養, 眞官, 新月, 松陵
退溪院面(퇴계원면)　退溪院

東豆川市(동두천시)

傑山洞(걸산동)　廣岩洞(광암동)　東豆川洞(동두천동)　保山洞(보산동)　佛峴洞(불현동)
上鳳岩洞(상봉암동)　上牌洞(상패동)　逍遙洞(소요동)　生淵洞(생연동)　松內洞(송내동)
安興洞(안흥동)　紙杏洞(지행동)　塔　洞(탑　동)　下鳳岩洞(하봉암동)

富川市(부천시) 素砂區(소사구)

桂壽洞(계수동)　槐安洞(괴안동)　範朴洞(범박동)　素砂本洞(소사본동)　松內洞(송내동)
深谷洞(심곡동)　玉吉洞(옥길동)

富川市(부천시) 梧亭區(오정구)

古康洞(고강동)　內　洞(내　동)　大壯洞(대장동)　三井洞(삼정동)　如月洞(여월동)
梧亭洞(오정동)　遠宗洞(원종동)　鵲　洞(작　동)

富川市(부천시) 遠美區(원미구)

陶唐洞(도당동)　上　洞(상　동)　素砂洞(소사동)　深谷洞(심곡동)　若大洞(약대동)
驛谷洞(역곡동)　遠美洞(원미동)　中　洞(중　동)　春衣洞(춘의동)

城南市(성남시) 盆唐區(분당구)

九美洞(구미동)　宮內洞(궁내동)　金谷洞(금곡동)　內亭洞(내정동)　大庄洞(대장동)
東遠洞(동원동)　梅松洞(매송동)　柏峴洞(백현동)　盆唐洞(분당동)　佛亭洞(불정동)
三坪洞(삼평동)　上塔洞(상탑동)　書堂洞(서당동)　書峴洞(서현동)　石雲洞(석운동)
藪內洞(수내동)　新基洞(신기동)　野塔洞(야탑동)　梧里洞(오리동)　雲中洞(운중동)
栗　洞(율　동)　二梅洞(이매동)　亭子洞(정자동)　中塔洞(중탑동)　板橋洞(판교동)
草林洞(초림동)　下山雲洞(하산운동)　下塔洞(하탑동)

城南市(성남시) 壽井區(수정구)

高登洞(고등동)　金土洞(금토동)　丹垈洞(단대동)　屯田洞(둔전동)　福井洞(복정동)

沙松洞(사송동)　山城洞(산성동)　上笛洞(상적동)　壽進洞(수진동)　始興洞(시흥동)
新村洞(신촌동)　新興洞(신흥동)　深谷洞(심곡동)　陽地洞(양지동)　梧野洞(오야동)
倉谷洞(창곡동)　太平洞(태평동)

城南市(성남시) 中院區(중원구)

葛峴洞(갈현동)　金光洞(금광동)　島村洞(도촌동)　上大院洞(상대원동)　城南洞(성남동)
麗水洞(여수동)　銀杏洞(은행동)　中　洞(중　동)　下大院洞(하대원동)

水原市(수원시) 勸善區(권선구)

高等洞(고등동)　古索洞(고색동)　谷伴亭洞(곡반정동)　校　洞(교　동)　區雲洞(구운동)
勸善洞(권선동)　金谷洞(금곡동)　棠樹洞(당수동)　大皇橋洞(대황교동)　梅校洞(매교동)
梅山路(매산로)　細柳洞(세류동)　笠北洞(입북동)　長芝洞(장지동)　塔　洞(탑　동)
坪　洞(평　동)　坪里洞(평리동)　好梅實洞(호매실동)

水原市(수원시) 長安區(장안구)

北水洞(북수동)　上光教洞(상광교동)　松竹洞(송죽동)　新豊洞(신풍동)　鍊武洞(연무동)
迎華洞(영화동)　栗田洞(율전동)　梨木洞(이목동)　長安洞(장안동)　亭子洞(정자동)
棗園洞(조원동)　泉川洞(천천동)　芭長洞(파장동)　下光教洞(하광교동)　華西洞(화서동)

水原市(수원시) 八達區(팔달구)

龜川洞(구천동)　南水洞(남수동)　南昌洞(남창동)　網浦洞(망포동)　梅灘洞(매탄동)
梅香洞(매향동)　莘　洞(신　동)　榮　洞(영　동)　靈通洞(영통동)　牛滿洞(우만동)
遠川洞(원천동)　二儀洞(이의동)　仁溪洞(인계동)　中　洞(중　동)　池　洞(지　동)
八達路(팔달로)　下　洞(하　동)

始興市(시흥시)

去毛洞(거모동)　桂壽洞(계수동)　果林洞(과림동)　廣石洞(광석동)　君子洞(군자동)
錦李洞(금리동)　論谷洞(논곡동)　陵谷洞(능곡동)　大也洞(대야동)　道倉洞(도창동)
梅花洞(매화동)　牧甘洞(목감동)　戊芝洞(무지동)　物旺洞(물왕동)　米山洞(미산동)
芳山洞(방산동)　山峴洞(산현동)　新川洞(신천동)　鞍峴洞(안현동)　月串洞(월곶동)
銀杏洞(은행동)　長谷洞(장곡동)　長峴洞(장현동)　正往洞(정왕동)　鳥南洞(조남동)
竹栗洞(죽율동)　浦　洞(포　동)　下上洞(하상동)　下中洞(하중동)　花井洞(화정동)

安山市(안산시) 檀園區(단원구)

古棧洞(고잔동) 木內洞(목내동) 仙甘洞(선감동) 仙府洞(선부동) 城谷洞(성곡동)
新吉洞(신길동) 瓦 洞(와 동) 元谷洞(원곡동) 元時洞(원시동) 草芝洞(초지동)
豊島洞(풍도동) 花井洞(화정동) 大阜南洞(대부남동) 大阜東洞(대부동동) 大阜北洞(대부북동)

安山市(안산시) 常綠區(상록구)

乾乾洞(건건동) 半月洞(반월동) 本五洞(본오동) 釜谷洞(부곡동) 四 洞(사 동)
沙士洞(사사동) 聲浦洞(성포동) 秀岩洞(수암동) 安山洞(안산동) 楊上洞(양상동)
月陂洞(월피동) 二 洞(이 동) 一 洞(일 동) 獐上洞(장상동) 獐下洞(장하동)
八谷洞(팔곡동)

安城市(안성시)

加士洞(가사동) 加峴洞(가현동) 桂 洞(계 동) 九苞洞(구포동) 錦山洞(금산동)
金石洞(금석동) 樂園洞(낙원동) 堂旺洞(당왕동) 大泉洞(대천동) 道基洞(도기동)
東本洞(동본동) 明倫洞(명륜동) 發花洞(발화동) 鳳南洞(봉남동) 鳳山洞(봉산동)
沙谷洞(사곡동) 西仁洞(서인동) 石井洞(석정동) 城南洞(성남동) 崇仁洞(숭인동)
新乾芝洞(신건지동) 新茅山洞(신모산동) 新蘇峴洞(신소현동) 新興洞(신흥동) 娥洋洞(아양동)
蓮池洞(연지동) 滎 洞(영 동) 玉山洞(옥산동) 玉川洞(옥천동) 仁智洞(인지동)
中里洞(중리동) 倉前洞(창전동) 玄水洞(현수동)

孔道邑(공도읍) 佛堂, 態橋, 薪頭, 龍頭, 蠅頭, 兩基, 馬井, 萬井, 乾川, 中洑, 珍沙
古三面(고삼면) 月香, 雙芝, 三隱, 鳳山, 大葛, 新倉, 佳柳
金光面(금광면) 金光, 新陽福, 五興, 四興, 三興, 玉井, 玄谷, 閑雲, 梧山, 長竹, 石下, 上中, 內隅, 開山
大德面(대덕면) 竹, 內, 新令, 茅山, 乾芝, 滐東, 蘇峴, 兎峴, 大農, 辰峴, 三閑, 舞陵, 明堂, 素內
薇陽面(미양면) 陽支, 後坪, 井洞, 馬山, 眞村, 新溪, 開井, 法田, 古地, 康德, 兩邊, 九水, 桂勒, 保體, 九禮, 葛田, 龍頭, 新基
寶蓋面(보개면) 北佐, 烏頭, 新安, 洑坪, 九士, 內芳, 東新, 陽福, 上三, 基佐, 佛峴, 曲川, 泥田, 加栗, 迪加, 新長, 南楓, 東平, 北加峴
三竹面(삼죽면) 栗谷, 德山, 龍月, 內長, 排台, 內康, 眞村, 美獐, 麻田, 基率
瑞雲面(서운면) 新基, 新陵, 梧村, 松山, 賢梅, 松井, 陽村, 仁, 東村, 新村, 新興, 北山, 山坪, 青龍
陽城面(양성면) 東恒, 舊場, 石花, 楸谷, 照日, 桃谷, 山井, 梨峴, 長西, 蘭室, 老谷, 美山, 防築, 筆山, 德峰, 名木, 三岩, 芳新

元谷面(원곡면)　外加川, 內加川, 芝文, 七谷, 聖恩, 聖住, 山下, 盤諸
一竹面(일죽면)　唐村, 菱菊, 新興, 和谷, 古銀, 芳草, 注川, 佳, 金山, 山北, 竹林, 長岩, 松川, 月井, 花鳳
竹山面(죽산면)　竹山, 梅山, 長院, 斗峴, 長陵, 長溪, 龍舌, 七長, 唐木, 斗橋

安養市(안양시) 東安區(동안구)

葛山洞(갈산동)　冠陽洞(관양동)　貴仁洞(귀인동)　達安洞(달안동)　범계洞(범계동)
富林洞(부림동)　復興洞(부흥동)　飛山洞(비산동)　新村洞(신촌동)　坪安洞(평안동)
坪村洞(평촌동)　虎溪洞(호계동)

安養市(안양시) 萬安區(만안구)

博達洞(박달동)　石水洞(석수동)　安養洞(안양동)

楊州市(양주시)

楊州洞(양주동)　南坊, 維楊, 於屯, 麻田, 山北, 廣沙, 晩松, 三崇, 古邑
檜泉洞(회천동)　德亭, 鳳陽, 檜岩, 栗亭, 玉井, 高岩, 德溪, 悔亭
白石邑(백석읍)　梧山, 防城, 福池, 加業, 弘竹, 蓮谷, 基山
廣積面(광적면)　佳納, 廣石, 遇古, 比岩, 孝村, 德道, 石隅
南　面(남　면)　莘山, 神岩, 梅谷, 龜岩, 杜谷, 庚申, 湘水, 笠岩, 閑山,篁芳
隱縣面(은현면)　仙岩, 龍岩, 雲岩, 鳳岩, 下牌, 道下
長興面(장흥면)　日迎, 橋峴, 鬱岱, 釜谷, 石峴, 三上, 三下

烏山市(오산시)

佳水洞(가수동)　佳長洞(가장동)　葛串洞(갈곶동)　高峴洞(고현동)　闕　洞(궐　동)
錦岩洞(금암동)　內三美洞(내삼미동)　樓邑洞(누읍동)　斗谷洞(두곡동)　伐音洞(벌음동)
釜山洞(부산동)　西　洞(서　동)　西廊洞(서랑동)　細橋洞(세교동)　水青洞(수청동)
陽山洞(양산동)　烏山洞(오산동)　外三美洞(외삼미동)　園　洞(원　동)　銀溪洞(은계동)
紙串洞(지곶동)　青鶴洞(청학동)　清湖洞(청호동)　塔　洞(탑　동)

龍仁市(용인시) 處仁區(처인구)

中央洞(중앙동)　金良場洞(김량장동)　南　洞(남　동)　驛三洞(역삼동)　驛北洞(역북동)
三街洞(삼가동)　柳林洞(유임동)　柳防洞(유방동)　古林洞(고임동)　東部洞(동부동)

麻坪洞(마평동)　雲鶴洞(운학동)　虎　洞(호　동)　海谷洞(해곡동)
蒲谷邑(포곡읍)　三溪, 金魚, 屯田, 英門, 麻城, 前垈, 留雲, 新院,
慕賢面(모현면)　旺山, 葛潭, 草芙, 日山, 梅山, 東林, 陵院, 吳山
南四面(남사면)　鳳舞, 北, 通三, 鳳鳴, 眞木, 元岩, 防牙, 倉, 衙谷, 完庄
二東面(이동면)　松田, 魚肥, 卯峰, 華山, 時美, 德城, 墨, 泉, 西
遠三面(원삼면)　高塘, 沙岩, 佐恒, 孟, 彌坪, 加在月, 杜倉, 篤城, 竹陵, 木新, 學日, 文村
白岩面(백암면)　白岩, 朴谷, 栢峰, 高安, 玉山, 長坪, 石川, 湧泉, 近三, 近倉, 近谷, 稼倉, 加佐
陽智面(양지면)　陽智, 南谷, 坪倉, 霽日, 秋溪, 植金, 定水, 大垈, 朱北, 松門

龍仁市(용인시) 器興區(기흥구)

新葛洞(신갈동)　舊葛洞(구갈동)　上葛洞(상갈동)　器興洞(기흥동)　書農洞(서농동)
駒城洞(구성동)　麻北洞(마북동)　御井洞(어정동)　寶亭洞(보정동)

龍仁市(용인시) 水枝區(수지구)

豊德川洞(풍덕천동)　新鳳洞(신봉동)　東川洞(동천동)　古基洞(고기동)　新鳳洞(신봉동)
上峴洞(상현동)　星福洞(성복동)　竹田洞(죽전동)　星福洞(성복동)

義王市(의왕시)

古川洞(고천동)　內蓀洞(내손동)　三　洞(삼　동)　五全洞(오전동)　旺谷洞(왕곡동)
月岩洞(월암동)　二　洞(이　동)　淸溪洞(청계동)　草坪洞(초평동)　浦一洞(포일동)
鶴儀洞(학의동)

議政府市(의정부시)

佳陵洞(가능동)　高山洞(고산동)　金梧洞(금오동)　洛陽洞(낙양동)　綠楊洞(녹양동)
民樂洞(민락동)　山谷洞(산곡동)　新谷洞(신곡동)　龍峴洞(용현동)　議政府洞(의정부동)
自逸洞(자일동)　長岩洞(장암동)　虎院洞(호원동)

利川市(이천시)

葛山洞(갈산동)　高潭洞(고담동)　官庫洞(관고동)　丹月洞(단월동)　大浦洞(대포동)
沙音洞(사음동)　松亭洞(송정동)　安興洞(안흥동)　栗峴洞(율현동)　長錄洞(장록동)
中里洞(중리동)　曾日洞(증일동)　增浦洞(증포동)　陳里洞(진리동)　倉前洞(창전동)

夫鉢邑(부발읍)	茂村, 竹堂, 新元, 高白, 大冠, 馬岩, 鷹岩, 山村, 新河, 加佐, 牙美, 水井, 松溫, 柯山
長湖院邑(장호원읍)	長湖院, 梧南, 珍岩, 於石, 大西, 松山, 方楸, 善邑, 梨黃, 羅來, 瓦峴, 豊界, 老塔
大月面(대월면)	草芝, 道理, 九時, 郡梁, 松蘿, 長坪, 夫必, 巳洞, 大垈, 大興
麻長面(마장면)	午川, 陽村, 冠, 灰億, 長岩, 木, 標橋, 梨峙, 各坪, 德坪, 泥坪, 蟹越, 芍村
慕加面(모가면)	陳加, 西坰, 山內, 松谷, 梁坪, 素沙, 院頭, 所古, 薪葛, 於農, 豆美
栢沙面(백사면)	玄方, 松末, 道立, 京沙, 新垈, 牟田, 道知, 助邑, 牛谷, 內村, 上龍, 白隅
雪星面(설성면)	金堂, 長陵, 行竹, 諸蓼, 新筆, 長泉, 自石, 岩山, 松界, 上峰, 樹山, 大竹
新屯面(신둔면)	水廣, 南井, 支石, 長洞, 道峰, 道岩, 水下, 水南, 高尺, 龍眠, 印後, 馬橋, 小亭
栗　面(율　면)	高塘, 新楸, 本竹, 北斗, 山陽, 石山, 山星, 五城, 月浦, 叢谷
戶法面(호법면)	酉山, 安坪, 厚安, 丹川, 東山, 梅谷, 珠珀, 珠美, 松葛

坡州市(파주시)

金村洞(금촌동)	衙洞, 冶洞, 檢山, 陌今, 金村洞, 金陵
交河邑(교하읍)	交河, 下支石, 上支石, 堂下, 瓦洞, 木洞, 野塘, 東牌, 西牌, 文發, 山南, 新村, 松村, 煙多山, 吾道, 多栗
坡州邑(파주읍)	坡州, 延豊, 釜谷, 白石, 烽岩, 鳳棲, 向陽
汶山邑(문산읍)	汶山, 仙遊, 梨川, 堂洞, 沙鶩, 馬井, 雲泉, 長山, 臨津, 內浦
法院邑(법원읍)	法院, 葛谷, 梧峴, 直川, 熊潭, 金谷, 東文, 加野, 大陵, 三防
條里邑(조리읍)	奉日川, 竹院, 弩造, 梧山, 獐谷, 登院, 陵案
廣灘面(광탄면)	新山, 龍尾, 汾水, 倉滿, 馬場, 發郞, 防築, 靈場, 基山
郡內面(군내면)	白蓮, 造山(亭子, 邑內, 松山, 點元, 芳木)
月籠面(월롱면)	葦田, 德隱, 英太, 都內, 陵山
積城面(적성면)	馬智, 舊邑, 客峴, 佳月, 舟月, 斗只, 雪馬, 武建, 食峴, 墻峴, 赤岩, 栗浦, 魚遊池, 紫長 (畓谷, 葬佐)
炭縣面(탄현면)	杻峴, 金繩, 洛河, 文智, 吾今, 錦山, 萬隅, 大洞, 城洞, 法興, 葛峴
坡平面(파평면)	金坡, 栗谷, 斗浦, 麻山, 訥老, 德泉, 長坡
(長湍面)(장단면)	(都羅山, 盧上, 盧下, 巨谷, 石串, 江井, 井洞)
津東面(진동면)	東坡(龍山, 下浦, 瑞谷, 哨)
(津西面)(진서면)	(金陵, 馬場, 魚龍)

平澤市(평택시)

佳才洞(가재동) 軍門洞(군문동) 道日洞(도일동) 獨谷洞(독곡동) 東朔洞(동삭동)
茅谷洞(모곡동) 碑前洞(비전동) 西井洞(서정동) 細橋洞(세교동) 素沙洞(소사동)
松北洞(송북동) 松炭洞(송탄동) 新垈洞(신대동) 新場洞(신장동) 新平洞(신평동)
龍耳洞(용이동) 原平洞(원평동) 月谷洞(월곡동) 柳川洞(유천동) 二忠洞(이충동)
獐當洞(장당동) 長安洞(장안동) 竹栢洞(죽백동) 中央洞(중앙동) 芝山洞(지산동)
芝制洞(지제동) 青龍洞(청용동) 七槐洞(칠괴동) 七院洞(칠원동) 通伏洞(통복동)
平澤洞(평택동) 蛤井洞(합정동)

安仲邑(안중읍) 安仲, 鶴峴, 金谷, 大盤, 三井, 龍城, 德佑, 城海, 玄華, 松潭

彭城邑(팽성읍) 客舍, 南山, 秋八, 老瓦, 坪宮, 新宮, 頭, 新虎, 近乃, 石峰, 院井, 東倉, 內, 大秋, 棹頭, 咸井, 新垈, 本井, 老陽, 老成, 斗井, 石斤, 大沙, 松花, 安停

梧城面(오성면) 宿城, 橋浦, 新, 安化, 梁橋, 竹, 吉音, 當巨, 倉內

古德面(고덕면) 坐橋, 當峴, 杜陵, 文谷, 東淸, 海倉, 宮, 東吉, 防築, 余染, 栗浦

西炭面(서탄면) 金岩, 寺, 水月岩, 奈川, 馬頭, 檜花, 赤峰, 長登, 金角, 黃口池

振威面(진위면) 鳳南, 馬山, 銀山, 東泉, 青湖, 葛串, 野幕, 佳谷, 見山, 下北, 新, 高峴

青北面(청북면) 玄谷, 三溪, 高棧, 玉吉, 後寺, 土津, 柏峰, 魚淵, 栗北, 閑山, 魚沼, 古念

浦升面(포승면) 內基, 道谷, 遠井, 晩湖, 希谷, 新榮, 芳林, 石井, 洪原

玄德面(현덕면) 仁光, 道垈, 雲井, 華陽, 黃山, 德睦, 新旺, 大安, 岐山, 權管, 長水, 防築

河南市(하남시)

甘北洞(감북동) 甘二洞(감이동) 甘一洞(감일동) 廣岩洞(광암동) 校山洞(교산동)
德豊洞(덕풍동) 望月洞(망월동) 渼沙洞(미사동) 拜謁尾洞(배알미동) 上司倉洞(상사창동)
上山谷洞(상산곡동) 船 洞(선 동) 新長洞(신장동) 倉隅洞(창우동) 泉峴洞(천현동)
草二洞(초이동) 草一洞(초일동) 春宮洞(춘궁동) 豊山洞(풍산동) 下司倉洞(하사창동)
下山谷洞(하산곡동) 鶴岩洞(학암동) 項 洞(항 동)

華城市(화성시)

峰潭邑(봉담읍) 上, 內, 水營, 桐化, 臥牛, 水機, 汾川, 旺林, 細谷, 堂下, 馬霞, 柳, 德, 下加等, 德佑, 上箕

台安邑(태안읍) 陳雁, 餠店, 陵, 機山, 半月, 泮亭, 黃鷄, 培養, 旗安, 松山, 安寧

南陽洞(남양동) 南陽, 新南, 長德, 安石, 活草, 溫石, 茂松, 北陽, 松林, 水花, 獐田, 新外, 文湖, 是, 遠泉

東灘面(동탄면) 梧山, 淸溪, 盤松, 石隅, 英川, 中, 新, 睦, 山尺, 長芝, 松, 防橋, 金谷
麻道面(마도면) 石橋, 斗谷, 松亭, 雙松, 靑園, 瑟項, 海門, 白谷, 錦堂, 古毛
梅松面(매송면) 漁川, 泉川, 院坪, 肅谷, 野牧, 松羅, 院
飛鳳面(비봉면) 兩老, 南田, 柳浦, 三花, 鳩浦, 雙鶴, 靑蓼, 紫安
西新面(서신면) 梅花, 前谷, 尙安, 廣坪, 墻外, 松橋, 濟扶, 弘法, 仕串, 龍頭, 宮坪, 百味
松山面(송산면) 沙江, 鳳歌, 三尊, 龍浦, 古井, 雙井, 天燈, 新天, 禿旨, 馬山, 芝花, 中松, 六一, 古浦, 漆谷
楊甘面(양감면) 新旺, 社倉, 旌門, 松山, 龍沼, 蓼塘, 大陽
雨汀面(우정면) 朝岩, 元安, 虎谷, 雲坪, 閑角, 覓祐, 花樹, 珠谷, 梨花, 石川, 梅香, 菊花, 花山
長安面(장안면) 漁隱, 石浦, 水村, 篤亭, 長安, 德多, 沙浪, 錦衣, 沙谷, 蘆眞
正南面(정남면) 鉢山, 普通, 官項, 五逸, 栢, 文學, 新, 桂香, 歸來, 諸岐, 德節, 陰陽, 望月, 水面, 內, 錦福, 古支, 龍水, 掛囊
八灘面(팔탄면) 舊場, 下楮, 昌谷, 箕川, 佳才, 栗岩, 路下, 德泉, 芝月, 德右, 西斤, 月門, 花塘, 古洲, 梅谷, 海倉
鄕南面(향남면) 坪, 發安, 提岩, 上新, 長聧, 求文川, 下吉, 禾里峴, 上斗, 白土, 吉城, 料, 水直, 葛川, 增巨, 松谷, 東梧, 官, 桃李, 杏亭, 防築

加平郡(가평군)

加平邑(가평읍) 邑內, 垈谷, 達田, 下色, 上色, 杜密, 鏡盤, 升安, 馬場, 開谷, 花, 山柳, 福長, 金垈
北 面(북 면) 沐洞, 所法, 華岳, 道大, 赤木, 栢屯, 濟寧, 梨谷
上 面(상 면) 連下, 項沙, 杏峴, 林草, 德峴, 胎封, 霜洞, 栗吉, 烽燧
雪岳面(설악면) 新川, 仙村, 檜谷, 沙龍, 松山, 彌沙, 位谷, 倉宜, 嚴沼, 雪谷, 墨安, 可逸, 訪逸, 天安, 梨泉
外西面(외서면) 淸平, 上泉, 下泉, 大成, 虎鳴, 高城, 三會
下 面(하 면) 懸, 新上, 下板, 上板, 新下, 馬日, 大報

楊平郡(양평군)

楊平邑(양평읍) 楊根, 梧濱, 新愛, 公興, 白安, 道谷, 大興, 鳳城, 元德, 會賢, 倉垈, 德坪
江上面(강상면) 交坪, 屛山, 松鶴, 新花, 花暘, 洗月, 大石
江下面(강하면) 雲心, 旺倉, 東梧, 恒今, 聖德, 全壽
介軍面(개군면) 下紫浦, 九尾, 仰德, 石墻, 貢稅, 佛谷, 釜, 自煙, 內, 香, 注邑, 癸田, 上紫浦

丹月面(단월면) 寶龍, 三加, 鳳上, 杏蘇, 德水, 富安, 明星, 石山, 山陰

西宗面(서종면) 汶湖, 道壯, 水陵, 西厚, 鼎排, 明達, 蘆門, 水入

楊東面(양동면) 雙鶴, 石谷, 梅月, 高松, 桂亭, 三山, 丹石, 金旺

楊西面(양서면) 龍潭, 兩水, 木旺, 芙蓉, 新院, 陶谷, 大心, 菊秀, 福浦, 淸溪, 登東

玉泉面(옥천면) 玉泉, 龍川, 新福, 我新

龍門面(용문면) 多文, 馬龍, 花田, 三星, 延壽, 金谷, 新店, 廣灘,望陵, 中元, 曺峴, 德村, 梧村

砥堤面(지제면) 砥平, 松峴, 月山, 望美, 茂旺, 日新, 大坪, 曲水, 水谷, 玉峴

靑雲面(청운면) 龍頭, 余勿, 飛龍, 加峴, 葛雲, 桃源, 新論, 三聖, 多大

驪州郡(여주군)

驪州邑(여주읍) 下, 弘門, 倉, 上, 校, 月松, 稼業, 煙羅, 上巨, 下巨, 三橋, 店峰, 陵峴, 覓谷, 又晩, 丹峴, 新津, 淵陽, 梅龍

加南面(가남면) 太平, 新海, 上活, 大新, 隱峰, 建章, 心石, 三軍, 五山, 鼎丹, 花坪, 本斗, 下貴, 安金, 兩貴, 蓮台, 金塘, 金谷, 松林, 三承

康川面(강천면) 看梅, 梨湖, 傑隱, 伽倻, 赤今, 窟岩, 康川, 釜坪, 道全

金沙面(금사면) 梨浦, 宮, 道谷, 長興, 箭北, 巢由, 上虎, 金沙, 外坪, 下虎, 走鹿

陵西面(능서면) 番香都, 九陽, 旺垈, 白石, 內楊, 龍穩, 梅花, 兩巨, 馬來, 廣大, 梅柳, 新池, 梧溪

大神面(대신면) 栗村, 後浦, 堂山, 加山, 川南, 下林, 上九, 長豊, 玉村, 潤村, 茂村, 道弄, 桂林, 松村, 川西, 塘南, 甫通, 草峴, 楊村

北內面(북내면) 堂隅, 新南, 川松, 外龍, 內龍, 注岩, 西院, 石隅, 德山, 長岩, 中岩, 雲村, 新接, 池內, 稼亭, 川松, 五鶴, 峴岩, 五今

山北面(산북면) 松峴, 上品, 後, 下品, 栢子, 龍潭

占東面(점동면) 淸安, 富九, 德坪, 元富, 寬閑, 雷谷, 聖莘, 唐辰, 玄水, 沙谷, 長安, 三合, 道, 欣岩, 處

興川面(흥천면) 孝池, 卜大, 桂信, 文章, 內絲, 外絲, 上大, 多大, 下多, 上白, 歸白, 栗極, 大塘, 莘根

漣川郡(연천군)

漣川邑(연천읍) 車灘, 玄加, 上, 瓦草, 玉山, 邑內, 東幕, 通峴, 古文(釜谷)

全谷邑(전곡읍) 全谷, 隱垈, 新畓, 高陵, 兩遠, 干坡, 訥木, (馬浦)

郡南面(군남면) 三巨, 進祥, 玉溪, 旺林, 仙谷, 楠溪, 黃地

嵋山面(미산면)	柳村, 峨嵋, 栢石, 東梨, 麻田, 牛井, 三和, (廣洞)
百鶴面(백학면)	斗日, 百嶺, 箭洞, 蘆谷, 鶴谷, 九尾, 石墻, 頭峴, (葛峴, 浦春, 項洞, 石柱院, 上, 中, 下, 梧陰, 沙是, 梅峴, 古邑, 杜梅), 通口
新西面(신서면)	道新, 大光, 內山, (馬田, 畓谷), 承陽, 道密, 葛峴, 德山, 薪峴
旺澄面(왕징면)	無等, 蘆洞, 北三, 東中, (高棧上, 高旺, 高棧下, 基谷,鵲洞, 臨江, 佰炭, 貴存, 古蔣, 獐鶴, 佳川, 冷井, 江內, 江西)
長南面(장남면)	元堂, 自作, (板浮, 件程, 高良浦)
中 面(중 면)	三串, 橫山, (中沙, 赤巨, 馬巨, 合水, 笛音, 辰谷, 魚積山, 積洞山, 陶淵)
靑山面(청산면)	哨城, 大田, 長灘, 宮坪, 白蟻

抱川市(포천시)

抱川洞(포천동)	新邑, 魚龍
仙壇洞(선단동)	自作, 仙壇, 雪雲, 東橋
蘇屹邑(소흘읍)	松隅, 二東橋, 茂林, 梨谷, 直洞, 古毛, 二加八, 初加八, 茂峰
加山面(가산면)	馬山, 甘岩, 坊築, 加山, 鼎橋, 金峴, 友琴, 麻田
官仁面(관인면)	炭洞, 三栗, 初果, 冷井, 中, 射亭
郡內面(군내면)	舊邑, 龍井, 柳橋, 左儀, 鳴山, 稷頭, 上城北, 下城北
內村面(내촌면)	內, 馬鳴, 奄峴, 巢鶴, 薪八, 眞木
新北面(신북면)	機池, 加采, 新坪, 萬歲橋, 深谷, 溪流, 古日, 三星堂, 三政, 葛月, 琴洞, 德屯
永北面(영북면)	雲川, 自逸, 山井, 夜味, 文岩, 大回山, 小回山
永中面(영중면)	梁文, 金珠, 居士, 城洞, 永平, 永松
二東面(이동면)	場岩, 都坪, 燕谷, 盧谷
一東面(일동면)	機山, 吉明, 柳洞, 禾垈, 社稷, 水入
蒼水面(창수면)	注院, 楸洞, 可養, 伍佳, 姑蘇城, 雲山, (新興)
花峴面(화현면)	花峴, 芝峴, 明德

9. 江原道

江陵市(강릉시)

江門洞(강문동)	見召洞(견소동)	校　洞(교　동)	錦鶴洞(금학동)	蘭谷洞(난곡동)
南門洞(남문동)	南項津洞(남항진동)	內谷洞(내곡동)	魯岩洞(노암동)	淡山洞(담산동)
大田洞(대전동)	斗山洞(두산동)	溟州洞(명주동)	博月洞(박월동)	柄山洞(병산동)
城南洞(성남동)	城內洞(성내동)	松亭洞(송정동)	申石洞(신석동)	雁峴洞(안현동)
玉川洞(옥천동)	龍岡洞(용강동)	雲山洞(운산동)	雲亭洞(운정동)	月呼坪洞(월호평동)
幼山洞(유산동)	楡川洞(유천동)	林唐洞(임당동)	笠岩洞(입암동)	長峴洞(장현동)
苧　洞(저　동)	竹軒洞(죽헌동)	池邊洞(지변동)	青良洞(청량동)	草堂洞(초당동)
浦南洞(포남동)	鶴　洞(학　동)	弘濟洞(홍제동)	淮山洞(회산동)	

注文津邑(주문진읍)　注文, 香湖, 橋項, 長德, 三橋

江東面(강동면)　上詩洞, 下詩洞, 茅田, 林谷, 大同, 安仁津, 彦別, 正東津, 深谷, 山城隅

邱井面(구정면)　余贊, 鶴山, 金光, 於丹, 德峴, 邱井, 濟飛

沙川面(사천면)　美老, 沙器幕, 蘆洞, 石橋, 板橋, 沙川津, 德實, 芳洞, 山帶月

城山面(성산면)　邱山, 觀音, 金山, 渭村, 松岩, 普光, 於屹, 五峰, 山北

連谷面(연곡면)　坊內, 領津, 冬德, 松林, 杏亭, 新旺, 柳等, 三山, 退谷

玉溪面(옥계면)　縣內, 川南, 珠樹, 南陽, 山溪, 北洞, 樂豊, 金津, 道直, 助山

旺山面(왕산면)　都麻, 木界, 旺山, 高丹, 大基, 松峴

東海市(동해시)

槐蘭洞(괴란동)	九美洞(구미동)	九湖洞(구호동)	歸雲洞(귀운동)	羅雁洞(나안동)
內　洞(내　동)	丹鳳洞(단봉동)	達芳洞(달방동)	大口洞(대구동)	大津洞(대진동)
東湖洞(동호동)	桐淮洞(동회동)	晩遇洞(만우동)	望祥洞(망상동)	墨湖洞(묵호동)
發翰洞(발한동)	釜谷洞(부곡동)	北坪洞(북평동)	飛川洞(비천동)	士文洞(사문동)
三和洞(삼화동)	松亭洞(송정동)	灑雲洞(쇄운동)	新興洞(신흥동)	深谷洞(심곡동)
於達洞(어달동)	龍井洞(용정동)	耳基洞(이기동)	梨島洞(이도동)	泥老洞(이로동)
池柯洞(지가동)	智興洞(지흥동)	泉谷洞(천곡동)	草邱洞(초구동)	湫岩洞(추암동)
平陵洞(평릉동)	香爐洞(향로동)	虎峴洞(호현동)	孝街洞(효가동)	

三陟市(삼척시)

葛川洞(갈천동)	乾芝洞(건지동)	校　洞(교　동)	近山洞(근산동)	南陽洞(남양동)

塘底洞(당저동)	桃京洞(도경동)	登鳳洞(등봉동)	麻達洞(마달동)	馬平洞(마평동)
史直洞(사직동)	城南洞(성남동)	城內洞(성내동)	城北洞(성북동)	梧粉洞(오분동)
五士洞(오사동)	禹池洞(우지동)	元堂洞(원당동)	邑上洞(읍상동)	邑中洞(읍중동)
紫元洞(자원동)	積老洞(적노동)	汀上洞(정상동)	汀下洞(정하동)	鳥飛洞(조비동)
甑山洞(증산동)	平田洞(평전동)			

道溪邑(도계읍) 道溪, 發理, 次口, 武巾, 古士, 山基, 訥口, 店, 新, 馬橋, 田頭, 興田, 上德, 黃鳥, 深浦, 九士, 汗乃

遠德邑(원덕읍) 湖山, 魯谷, 理川, 沃原, 魯耕, 月川, 沙谷, 山陽, 杞谷, 臨院, 葛南

柯谷面(가곡면) 梧底, 湯谷, 梧木, 東活, 豊谷

近德面(근덕면) 交柯, 上孟芳, 下孟芳, 橋谷, 德山, 府南, 光泰, 東幕, 宮村, 梅院, 草谷, 金鷄, 龍化, 莊湖

蘆谷面(노곡면) 下月山, 閭三, 上川基, 下班川, 上班川 字發, 古自, 開山, 上月山, 下軍川, 上軍川, 屯達, 中麻邑, 下麻邑, 上麻邑, 舟旨

未老面(미로면) 下巨老, 武士, 士屯, 上巨老, 下鼎, 上鼎, 川基, 活耆, 下士田, 上士田, 東山, 三巨, 古川, 內末老

新基面(신기면) 新基, 西下, 古武陵, 大耳, 大基, 安衣, 大坪, 馬次

下長面(하장면) 廣洞, 中峰, 番川, 宿岩, 長田, 楸洞, 葛田, 兎山, 公田, 易屯, 屯田, 大田, 於, 板門, 汗沼, 龍淵

束草市(속초시)

校 洞(교 동)	琴湖洞(금호동)	蘆鶴洞(노학동)	大浦洞(대포동)	道門洞(도문동)
東明洞(동명동)	雪嶽洞(설악동)	永郎洞(영랑동)	章沙洞(장사동)	朝陽洞(조양동)
中央洞(중앙동)	青鶴洞(청학동)	青湖洞(청호동)		

原州市(원주시)

加峴洞(가현동)	開雲洞(개운동)	觀雪洞(관설동)	丹溪洞(단계동)	丹邱洞(단구동)
明倫洞(명륜동)	茂實洞(무실동)	盤谷洞(반곡동)	鳳山洞(봉산동)	牛山洞(우산동)
園 洞(원 동)	仁 洞(인 동)	一山洞(일산동)	中央洞(중앙동)	台壯洞(태장동)
平原洞(평원동)	鶴城洞(학성동)	杏邱洞(행구동)		

文幕邑(문막읍) 文幕, 浦津, 宮村, 碑頭, 厚用, 磻溪, 翠屛, 建登, 桐華, 垈屯

貴來面(귀래면) 雲南, 雲溪, 貴來, 周浦, 龍岩

富論面(부론면) 法泉, 興湖, 蓀谷, 鼎山, 魯林, 丹江

所草面(소초면) 平庄, 長陽, 興陽, 壽岩, 衣冠, 屯屯, 橋項. 鶴谷
神林面(신림면) 神林, 金倉, 九鶴, 龍岩, 城南, 黃屯, 松桂
地正面(지정면) 艮峴, 判垈, 安昌, 普通, 佳谷, 月松, 新坪
板富面(판부면) 金垈, 瑞谷, 新村
好楮面(호저면) 珠山, 萬鍾, 茂長, 玉山, 大德. 高山, 光格. 山峴, 梅湖, 龍谷
興業面(흥업면) 興業, 沙堤, 大安, 梅芝

春川市(춘천시)

校 洞(교 동) 槿花洞(근화동) 樂園洞(낙원동) 鳳儀洞(봉의동) 司農洞(사농동)
三川洞(삼천동) 碩士洞(석사동) 昭陽路(소양로) 松岩洞(송암동) 新洞洞(신동동)
藥司洞(약사동) 玉泉洞(옥천동) 溫衣洞(온의동) 要仙洞(요선동) 牛頭洞(우두동)
雲橋洞(운교동) 朝陽洞(조양동) 竹林洞(죽림동) 中島洞(중도동) 中央路(중앙로)
漆田洞(칠전동) 退溪洞(퇴계동) 孝子洞(효자동) 後坪洞(후평동)
新北邑(신북읍) 栗文, 泉田, 柳浦, 山泉, 鉢山, 池內, 龍山
南 面(남 면) 冠川, 博岩, 柯亭, 鉢山, 後洞, 楸谷, 漢德
南山面(남산면) 通谷, 光坂, 杏村, 壽洞, 倉村, 芳谷, 江村, 西川, 白楊, 芳荷
東 面(동 면) 枝內, 萬泉, 獐鶴, 甘井, 月谷, 品安, 品傑, 莘梨, 坪村, 上傑
東內面(동내면) 擧頭, 新村, 古隱, 沙岩, 鶴谷
東山面(동산면) 朝陽, 鳳鳴, 原昌, 君子
北山面(북산면) 內坪, 淸平, 富貴, 楸谷, 吾項, 勿老, 照橋, 大同, 垈谷, 楸田
史北面(사북면) 新浦, 芝村, 梧灘, 佳日, 圓坪, 芝岩, 古呑, 古城, 松岩, 仁嵐
西 面(서 면) 玄岩, 錦山, 新梅, 西上, 悟月, 月松, 芳洞, 德斗院, 唐林, 安保
新東面(신동면) 衣岩, 八味, 穴洞, 甑, 鼎足

太白市(태백시)

黔川洞(검천동) 求文沼洞(구문소동) 銅店洞(동점동) 文曲洞(문곡동) 栢山洞(백산동)
三水洞(삼수동) 上士美洞(상사미동) 上長洞(상장동) 所道洞(소도동) 院 洞(원 동)
長省洞(장성동) 赤角洞(적각동) 助呑洞(조탄동) 蒼竹洞(창죽동) 鐵岩洞(철암동)
桶 洞(통 동) 下士美洞(하사미동) 穴 洞(혈 동) 禾田洞(화전동) 黃蓮洞(황연동)
黃池洞(황지동)

高城郡(고성군)

杆城邑(간성읍) 下, 新安, 東湖, 蓬壺, 上, 艮村, 校洞, 海上, 廣山, 魚川, 長新, 塔洞, 金水,

屹, 陳富, (塔峴, 仙遊室)

巨津邑(거진읍) 巨津, 慈山, 花浦, 源塘, 松亭, 龍下, 山北, 松江, 石門, 草溪, 梧亭, 大垈, 松竹, 盤岩, 松浦, 蓬坪, (冷泉)

土城面(토성면) 天津, 淸澗, 我也津, 橋岩, 栢村, 雲峰, 鶴也, 桃院, 龍岩, 新坪, 仁興, 星川, 元岩, 龍村, 鳳浦, 城垈, 金花亭

縣內面(현내면) 大津, 鐵桶, 草島, 竹亭, 山鶴, 禾谷, 馬達, 麻次律, 明波, 培峰, (猪津, 劍藏, 泗川, 松峴, 大康, 松島津, 明湖)

竹旺面(죽왕면) 五湖, 香木, 加津, 公峴津, 五峰, 仁亭, 九城, 三浦, 野村, 松岩, 文岩, (魔佐)

水洞面(수동면) (新垈, 外汚, 德山, 沙飛, 姑味城, 新炭, 沙泉, 上院)

楊口郡(양구군)

楊口邑(양구읍) 上, 中, 下, 松靑, 水仁, 雄津, 石峴, 恭, 鶴鳥, 泥, 安垈, 井林, 東水, 高垈, 竹谷, 閑田, 都沙, 軍糧, 公須, 月明, 上舞龍

南　面(남　면) 龍下, 笛, 佳伍作, 野村, 晴, 松隅, 黃崗, 蒼, 桃村, 九岩, 竹, 深浦, 院, 斗武(明串)

東　面(동　면) 林塘, 後谷, 支石, 德谷, 元塘, 八郞, 月雲 (比雅, 沙汰)

方山面(방산면) 縣, 五味, 金岳, 長坪, 松峴, 天尾, 漆田(古方山, 乾率)

亥安面(해안면) 縣, 五柳, 萬垈(月山, 後, 泥峴)

襄陽郡(양양읍)

襄陽邑(양양읍) 軍餉, 城內, 舊校, 連昌, 松岩, 靑谷, 浦月, 造山, 仕川, 基, 丁巽, 甘谷, 禾日, 車馬, 林泉, 奈谷, 西門, 南門, 月

降峴面(강현면) 釘岩, 沕淄, 降仙, 下福, 中福, 上福, 回龍, 長山, 石橋, 屯田, 勿甲, 沙橋, 金風, 砧橋, 積銀, 防築, 廣石, 畓, 前津, 龍湖, 間谷, 酒廳

西　面(서　면) 上坪, 凡阜, 北坪, 龍泉, 水, 內峴, 西仙, 長承, 論化, 松川, 公須田, 五色, 加羅皮, 松魚, 龍沼, 北岩, 盈德, 西林, 米川, 葛川

巽陽面(손양면) 下旺道, 松峴, 水余, 金崗, 松田, 柯坪, 鰲山, 鶴浦, 桃花, 水山, 銅湖, 祥雲, 如雲浦, 下陽穴, 上陽穴, 密陽, 舟, 牛岩, 瓦, 間 ,石界, 揷存, 夫蘇峙, 上旺道

縣南面(현남면) 仁邱, 北盆, 銅山, 斗, 昌, 市邊, 竹, 亭子, 廣津, 前浦梅, 後浦梅, 見佛, 上月川, 下月川, 酒, 笠岩, 臨湖亭, 遠浦, 池, 地境, 南涯

縣北面(현북면) 下光丁, 其士門, 棧橋, 大峙, 末谷, 中光丁, 上光丁, 明池, 漁城田, 法水峙, 綿玉峙, 元日田, 獐, 陶

寧越郡(영월군)

寧越邑(영월읍)　永興, 下松, 芳節, 德浦, 三玉, 巨雲, 文山, 蓮下, 正陽, 八槐, 興月
上東邑(상동읍)　內德, 九來, 川坪, 德邱
南　面(남　면)　淵堂, 蒼院, 土橋, 廣川, 助田, 北雙
北　面(북　면)　磨磋, 文谷, 延德, 恭基, 德上
西　面(서　면)　瓮亭, 鑛錢, 新川, 後灘, 雙龍
水周面(수주면)　武陵, 法興, 桃源, 雲鶴, 斗山
酒泉面(주천면)　酒泉, 板雲, 桃川, 新日, 金馬, 龍石
中東面(중동면)　碌田, 稷洞, 梨木, 禾院, 石項, 蓮上
下東面(하동면)　津別, 角洞, 大野, 玉洞, 禮密, 臥石, 外龍, 內, 注文

麟蹄郡(인제군)

麟蹄邑(인제읍)　上東, 南北, 合江, 德山, 德積, 加兒, 古沙, 院垈, 下楸, 加里山, 貴屯
麒麟面(기린면)　縣, 芳東, 西, 北, 鎭東
南　面(남　면)　新南, 於論, 新豊, 富坪, 藍田, 冠垈, 新月, 水山, 上水內, 下水內, 甲屯, 亭子
北　面(북　면)　元通, 月鶴, 寒溪, 龍垈
上南面(상남면)　上南, 下南, 美山, (金富)
瑞和面(서화면)　天桃, 瑞興, 瑞和, (加田, 深積)

旌善郡(정선군)

古汗邑(고한읍)　古汗
舍北邑(사북읍)　舍北, 稷田
新東邑(신동읍)　禮美, 佳士, 泉浦, 古城, 雲峙, 德川, 鳥洞, 芳堤
旌善邑(정선읍)　鳳陽, 愛山, 北實, 新月, 德雨, 余呑, 德松, 龍灘, 廣河, 橘岩, 佳水, 檜洞
南　面(남　면)　文谷, 武陵, 柳坪, 樂洞, 廣德
東　面(동　면)　畵岩, 石谷, 北洞, 沒雲, 乾川, 虎村, 栢田
北　面(북　면)　餘糧, 柳川, 高養, 九切, 南谷, 鳳亭
北坪面(북평면)　北坪, 南坪, 文谷, 羅田, 宿岩, 長悅
臨溪面(임계면)　松溪, 臨溪, 稷院, 蓬山, 樂川, 龍山, 骨只, 德岩, 盤川, 高陽, 柯木, 道田

鐵原郡(철원군)

鐵原邑(철원읍)　花地, 月下, 大馬, 官田, (四要, 外村, 栗梨, 內浦, 中, 中細, 山明, 加丹, 楡井, 洪元, 篤儉)

葛末邑(갈말읍) 新鐵原, 芝浦, 江浦, 軍炭, 文惠, 內垈, 地境, 土城, 上絲, 亭淵, 東幕

金化邑(금화읍) 鶴沙, 生昌, 淸陽, 道昌, (邑內, 岩井, 雲長, 龍楊, 甘鳳)

東松邑(동송읍) 二坪, 五德, 長興, 梧池, 上路, 大位, 陽地, 二吉, (觀雨, 下葛, 江山, 中江)

近南面(근남면) 六丹, 蠶谷, 沙谷, 馬峴, (豊岩, 陽地)

西　面(서　면) 自等, 瓦水

近北面(금서면) 楡谷, (栢德, 金谷, 栗木)

(近東面)(근동면) (光三, 芳通)

(遠東面)(원동면) (登大, 松實, 龍淵, 細峴)

(遠南面)(원남면) (開野, 慶祥, 竹垈, 白陽, 南屯, 月峰, 楓洞, 注坡, 九龍, 盧洞, 榛峴)

(任南面)(임남면) (達田, 科湖, 佐佩, 水洞)

平昌郡(평창군)

平昌邑(평창읍) 中, 上, 下, 川邊, 鍾阜, 老論, 耳谷, 烏洞, 古吉, 池洞, 柳洞, 藥水, 烏屯, 鷹岩, 馬池, 泉洞, 道敦, 大上, 大下, 入彈, 杏洞, 餘萬, 後坪, 舟津, 龍項, 林下, 溪長, 多水, 河一, 元堂, 雷雲

大和面(대화면) 大和, 新, 介水, 上安味, 下安味

道岩面(도암면) 橫溪, 車項, 水下, 龍山, 楡川, 屛內

美灘面(미탄면) 倉, 栗峙, 檜洞, 平安, 白雲, 寒灘, 琪花, 馬河, 水青

芳林面(방림면) 芳林, 桂村, 雲橋

蓬坪面(봉평면) 蒼洞, 坪村, 武夷, 興亭, 德巨, 元吉, 綿溫, 柳浦, 眞烏

龍坪面(용평면) 龍田, 梨木亭, 束沙, 路洞, 都事, 白玉浦, 長坪, 才山

珍富面(진부면) 下珍富, 上珍富, 松亭, 虎鳴, 杜日, 尺川, 塔洞, 東山, 間坪, 上月午介, 巨文, 新基, 鳳山, 水項, 馬坪, 和義, 長田, 幕洞

洪川郡(홍천군)

洪川邑(홍천읍) 希望, 津, 新場垈, 葛麻谷, 檢律, 瓦東, 決雲, 太學, 蓮峰, 下吾安, 長田坪, 三馬峙, 上吾安

南　面(남　면) 陽德院, 楡木亭, 新垈, 月川, 諸谷, 龍水, 南魯日, 花田, 明洞, 詩洞, 楡峙

內　面(내　면) 蒼村, 廣院, 明開, 栗田, 紫雲, 坊內

乃村面(내촌면) 道寬, 物傑, 瓦野, 瑞谷, 踏楓, 和尙垈, 文峴, 廣岩

東　面(동　면) 束草, 新峰, 德峙, 城壽, 三峴, 方良, 月雲, 後洞, 開運, 魯川, 坐雲

斗村面(두촌면) 自隱, 哲亭, 驛內, 泉峴, 遠洞, 長南, 掛石

北方面(북방면)	上花溪, 花洞, 中花溪, 城洞, 北方, 菱坪, 府司院, 都沙谷, 疎梅谷, 下花溪, 驛田坪, 本宮, 遠所, 九巒, 魯日, 獐項, 屈只, 田峙谷
西　面(서　면)	盤谷, 魚遊浦, 八峰, 屈業, 垈谷, 斗尾, 牟谷, 中坊垈, 吉谷, 東幕, 馬谷, 開野
瑞石面(서석면)	豊岩, 儉山, 笙谷, 上軍杜, 下軍杜, 清涼, 魚論, 水下
化村面(화촌면)	城山, 松亭, 屈雲, 九城浦, 楓川, 外三浦, 內三浦, 也是垈, 酒飮峙, 君業, 長坪

華川郡(화천군)

華川邑(화천읍)	衙, 上, 中, 下, 新邑, 豊山, 大利, 東村
看東面(간동면)	楡村, 龍湖, 看尺, 梧陰, 芳川, 都宋, 九萬
史內面(사내면)	史倉, 廣德, 龍潭, 明月, 三逸
上西面(상서면)	巴浦, 新豊, 新大, 九雲, 長村, 蘆洞, 富村, 山陽, 峰吾, 多木, 馬峴
下南面(하남면)	原川, 鋤吾芝, 論味, 安坪, 啓星, 位羅, 龍岩, 三和, 居禮

橫城郡(횡성군)

橫城邑(횡성읍)	邑下, 邑上, 北川, 柰之, 磨玉, 松田, 介田, 弓川, 玉洞, 永永浦, 馬山, 橋項, 立石, 青龍, 曲橋, 黑溪, 茅坪, 葛豊, 佳潭, 鶴谷, 鳥谷, 生雲, 南山. 楸洞, 正庵, 盤谷
甲川面(갑천면)	梅日, 中金, 花田, 舊坊, 浦洞, 上臺, 下臺, 栗洞, 秋洞, 大官垈, 三巨, 筌村, 兵之坊
講林面(강림면)	講林, 月峴, 釜谷
公根面(공근면)	鶴潭, 上洞, 富蒼, 於屯, 公根, 佳谷, 三培, 清谷, 杏停, 蒼峰, 陶谷, 草院, 梅谷, 梧山, 水白, 德村, 新村, 上蒼峰
屯內面(둔내면)	自浦谷, 玄川, 永浪, 鳥項, 右用, 斗元, 石門, 禾洞, 馬岩, 雲橋, 弓宗, 泰岐, 屯坊內
書院面(서원면)	倉村, 琴垈, 石花, 楡峴, 鴨谷, 玉溪
安興面(안흥면)	安興, 佳川, 上安, 池邱, 所思, 松寒, 城山
隅川面(우천면)	牛項, 杜谷, 法周, 白撻, 鳥原, 陽赤, 文岩, 上下佳, 上大, 下大, 龍屯, 鼎金, 下弓, 山田
晴日面(청일면)	柳洞, 鳳鳴, 粟實, 春堂, 草峴, 楡坪, 甲川, 古時, 新垈

10. 忠淸南道

公州市(공주시)

檢詳洞(검상동)	校　洞(교　동)	錦城洞(금성동)	金鶴洞(금학동)	錦興洞(금흥동)
武陵洞(무릉동)	班竹洞(반죽동)	鳳亭洞(봉정동)	鳳凰洞(봉황동)	山城洞(산성동)
上旺洞(상왕동)	雙新洞(쌍신동)	巢鶴洞(소학동)	新官洞(신관동)	新基洞(신기동)
梧谷洞(오곡동)	玉龍洞(옥룡동)	熊津洞(웅진동)	月尾洞(월미동)	月松洞(월송동)
舟尾洞(주미동)	中　洞(중　동)	中學洞(중학동)	胎封洞(태봉동)	

維鳩邑(유구읍) 石南, 白橋, 蘆洞, 維鳩, 鹿川, 新影, 新達, 立石, 鳴谷, 九溪, 連宗, 細洞, 秋鷄, 德谷, 文錦, 塔谷, 東海, 萬川

鷄龍面(계룡면) 月岩, 鳳鳴, 箕山, 花隱, 乃興, 九旺, 中壯, 下大, 陽化, 敬天, 華軒, 錦帶, 上城, 月谷, 竹谷, 香芝, 柳坪

反浦面(반포면) 孔岩, 聖岡, 松谷, 鳳岩, 菊谷, 元峰, 道南, 馬岩, 鳳谷, 上莘, 下莘, 溫泉, 鶴峰

寺谷面(사곡면) 虎溪, 新永, 花月, 桂室, 海月, 古堂, 大中, 佳橋, 雲岩, 會鶴, 月珂, 油龍, 富谷

新豊面(신풍면) 山亭, 東院, 造平, 鳳甲, 龍水, 雙大, 淸興, 大龍, 笠洞, 百龍, 仙鶴, 永井, 平所, 花興

牛城面(우성면) 銅大, 丹芝, 方文, 上西, 坪目, 道川, 新熊, 內山, 韓川, 東谷, 盤村, 貴山, 木泉, 方興, 寶興, 大城, 玉城, 龍鳳, 安陽, 鳳峴, 魚川, 竹堂, 梧桐

利仁面(이인면) 利仁, 萬樹, 五龍, 新興, 朱峰, 木洞, 發揚, 草鳳, 龍城, 九岩, 達山, 山儀, 伏龍, 盤松, 梨谷, 雲岩, 新永

儀堂面(의당면) 靑龍, 月谷, 斗滿, 要龍, 五仁, 水村, 栗亭, 柳溪, 松亭, 松鶴, 龍峴, 龍岩, 台山, 佳山, 中興, 道新, 德鶴

長岐面(장기면) 道溪, 坪基, 大橋, 鳳安, 濟川, 唐岩, 錦岩, 壯岩, 松仙, 下鳳, 東峴, 隱龍, 山鶴, 松文

正安面(정안면) 廣亭, 上龍, 花鳳, 平正, 北溪, 石松, 田坪, 雙 達, 高聖, 雲弓, 長院, 甫勿, 於勿, 內村, 沙峴, 仁豊, 台城, 大山, 月山, 文川, 內門, 山城

灘川面(탄천면) 三角, 光明, 長善, 安永, 德芝, 花井, 南山, 加尺, 鼎峙, 聖, 松鶴, 分江, 柳下, 菊洞, 雲谷, 見東, 大鶴

論山市(논산시)

薑山洞(강산동)	灌燭洞(관촉동)	奈　洞(내　동)	德池洞(덕지동)	大橋洞(대교동)
登華洞(등화동)	半月洞(반월동)	富倉洞(부창동)	芝山洞(지산동)	鷲岩洞(취암동)
花枝洞(화지동)				

江景邑(강경읍) 南校, 東興, 北玉, 西倉, 虹橋, 中央, 鹽川, 太平, 大興, 黃山, 彩山, 山陽, 彩雲

鍊武邑(연무읍) 馬山, 竹坪, 金谷, 東山, 竹本, 巢龍, 陽地, 皇華亭, 安心, 莘花, 麻田, 高內, 鳳洞

可也谷面(가야곡면) 六谷, 江淸, 木谷, 咸積, 山老, 屛岩, 釣亭, 登, 鍾淵, 斗月, 野村, 旺岩, 蔘田, 陽村

光石面(광석면) 新堂, 中, 得尹, 葛山, 光, 梨寺, 山東, 泉洞, 旺田, 恒月, 沙月, 栗, 五岡

魯城面(노성면) 邑內, 豆寺, 松堂, 校村, 下道, 竹林, 丙舍, 佳谷, 長久, 虎岩, 蘆峙, 龜岩, 禾谷, 孝竹

伐谷面(벌곡면) 汗三川, 德木, 沙亭, 大德, 檢川, 德谷, 水落, 道山, 晩木, 於谷, 鳥洞, 鳥嶺, 新陽, 陽山

夫赤面(부적면) 馬九坪, 德坪, 夫皇, 外城, 甘谷, 忠谷, 新豊, 塔亭, 新橋, 盤松, 阿湖, 夫人, 旺德

上月面(상월면) 新忠, 山城, 月午, 地境, 石宗, 上道, 大明, 大牛, 大村, 鶴塘, 酒谷, 寒川, 淑眞

城東面(성동면) 院南, 三山, 月城, 甁村, 蓋尺, 牛昆, 院北, 定止, 圓峰, 花亭, 三湖

陽村面(양촌면) 仁川, 道坪, 林花, 陽村, 新基, 梧山, 采光, 南山, 半岩, 山直, 茅村, 新興, 居士, 盤谷, 鳴岩, 石西, 中山

連山面(연산면) 靑銅, 花岳, 天護, 松亭, 莘岩, 連山, 高井, 閑田, 林, 官洞, 高陽, 表井, 德岩, 長田, 白石, 漁隱, 沙浦, 松山, 梧山, 新良

恩津面(은진면) 蓮西, 防築, 土良, 侍墓, 龍山, 校村, 瓦也, 南山, 城德, 城坪

彩雲面(채운면) 花山, 龍花, 禹基, 深岩, 花亭, 三巨, 長花, 野花

鷄龍市(계룡시)

豆磨面(두마면) 豆溪, 旺垈, 立岩, 農所

奄寺面(엄사면) 奄寺, 柳洞, 光石, 道谷, 香汗

南仙面(남선면) 南仙, 夫南, 龍洞, 石溪, 丁壯

金岩洞(금암동) 金岩

保寧市(보령시)

宮村洞(궁촌동) 藍谷洞(남곡동) 內項洞(내항동) 大冠洞(대관동) 大川洞(대천동)
東垈洞(동대동) 鳴川洞(명천동) 木場洞(목장동) 水淸洞(수청동) 新說洞(신설동)
新黑洞(신흑동) 蓼庵洞(요암동) 竹亭洞(죽정동) 花山洞(화산동)

熊川邑(웅천읍) 大昌, 水芙, 城洞, 坪, 大川, 杜龍, 九龍, 冠堂, 獨山, 小篁, 篁橋, 竹淸, 蘆川

藍浦面(남포면) 邑內, 玉東, 倉洞, 鳳德, 帝釋, 三賢, 巢松, 玉西, 達山, 新興, 梁項, 陽基, 月田

嵋山面(미산면) 平羅, 挑花潭, 豊溪, 龍水, 勒田, 都興, 鳳城, 玉峴, 隱峴, 內坪, 三溪, 大農, 豊山, 南深

聖住面(성주면) 聖住, 開花

鰲川面(오천면) 蘇城, 永保, 校成, 葛峴, 烏浦, 揷矢島, 鹿島, 外煙島, 孝子島, 元山島

舟橋面(주교면) 舟橋, 隱浦, 松鶴, 高亭, 寬倉, 新垈

珠山面(주산면) 金岩, 野龍, 珠野, 新九, 柳谷, 甑山, 倉岩, 花坪, 東五, 三谷, 篁栗

周浦面(주포면) 保寧, 馬江, 鳳堂, 館山, 蓮芝

川北面(천북면) 河滿, 鶴城, 沙湖, 長隱, 弓浦, 洛東, 新德, 新竹

青蘿面(청라면) 蘿院, 昭陽, 內峴, 蟻坪, 香泉, 長山, 玉溪, 黃龍, 新山, 奄峴, 長峴

青所面(청소면) 眞竹, 新松, 才井, 竹林, 聖淵, 井田. 野峴, 長谷

瑞山市(서산시)

葛山洞(갈산동) 德之川洞(덕지천동) 東門洞(동문동) 石南洞(석남동) 石林洞(석림동)
壽石洞(수석동) 良垈洞(양대동) 禮川洞(예천동) 吾南洞(오남동) 溫石洞(온석동)
邑內洞(읍내동) 潛紅洞(잠홍동) 獐 洞(장 동) 竹城洞(죽성동)

大山邑(대산읍) 大山, 大路, 熊島, 吾池, 其隱, 獨串, 大竹, 花谷, 雲山, 令塔

高北面(고북면) 加口, 新松, 長要, 草綠, 龍岩, 新上, 新井, 南井, 機浦, 楊川, 亭子, 鳳生, 沙器

浮石面(부석면) 柯沙, 江秀, 松柿, 月溪, 渴馬, 翠坪, 大頭, 鳳洛, 芝山, 七田, 江堂, 馬龍, 倉, 看月島

聖淵面(성연면) 日藍, 古南, 梧沙, 旺井, 坪, 葛峴, 鳴川, 禮德, 海城

雲山面(운산면) 新昌, 龍賢, 胎封, 高豊, 院坪, 臥牛, 八中, 古山, 壽坪, 壽堂, 安好, 龍獐, 葛山, 佘美, 佳佐, 小中, 上城, 元伐, 巨城

音岩面(음암면) 道堂, 塔谷, 文陽, 栗木, 富山, 上紅, 新莊, 遊溪, 星岩, 富長

仁旨面(인지면) 芚堂, 野堂, 毛越, 山東, 艾井, 南井, 花秀, 車, 成, 豊田

地谷面(지곡면) 花川, 山城, 長賢, 蓮花, 中旺, 挑星, 大要, 環城, 舞將

八峰面(팔봉면) 金鶴, 陽吉, 大黃, 黑石, 古波島, 虎, 德松, 漁松, 榛墻

海美面(해미면) 邑內, 休岩, 大谷, 山水, 皇洛, 烏鶴, 三松, 館柳, 紅泉, 冬岩, 磻陽, 雄梳城, 貴密, 億垈, 前川, 鷹坪, 良林, 機池, 堰岩, 石浦, 猪城, 造山

牙山市(아산시)

權谷洞(권곡동) 岐山洞(기산동) 南 洞(남 동) 得山洞(득산동) 毛宗洞(모종동)

防築洞(방축동) 培美洞(배미동) 法谷洞(법곡동) 信仁洞(신인동) 新　洞(신　동)
實玉洞(실옥동) 龍禾洞(용화동) 邑內洞(읍내동) 長存洞(장존동) 占梁洞(점량동)
左部洞(좌부동) 草沙洞(초사동) 豊基洞(풍기동) 溫陽溫泉洞(온양온천동)

鹽峙邑(염치읍) 鹽星, 山陽, 江淸, 書院, 中方, 雙竹, 東亭, 曲橋, 石斗, 石亭, 芳峴, 松谷, 白岩, 大洞

道高面(도고면) 新堰, 鳳農, 孝子, 金山, 柿田, 新柳, 道山, 禾川, 農隱, 梧岩, 德岩, 石堂, 鄕山, 瓦山, 新通, 基谷

屯浦面(둔포면) 屯浦, 松蓉, 市浦, 新法, 新南, 新項. 館垈, 山田, 新陽, 鳳在, 雲橋, 石谷, 雲龍, 新旺, 念作

俳芳面(배방면) 公須, 中, 水鐵, 新興, 北水, 回龍, 世出, 葛梅, 細橋, 休垈, 長在, 九靈

仙掌面(선장면) 君德, 頓浦, 新德, 大井, 獐串, 新聖, 竹山, 新洞, 仙倉, 大興, 洪串, 佳山, 薪門, 宮坪

松岳面(송악면) 驛村, 坪村, 外岩, 講堂, 馬谷, 宮坪, 楡谷, 松鶴, 鐘谷, 巨山, 江長, 首谷, 東花

新昌面(신창면) 五木, 邑內, 昌岩, 黃山, 杏木, 水長, 新達, 南城, 宮華, 佳德,新谷, 佳內

靈仁面(영인면) 牙山, 上星, 新峴, 月船, 新雲, 白石浦, 臥牛, 九星, 蒼龍, 薪峰, 城內, 新化, 驛

陰峰面(음봉면) 三巨, 東川, 新壽, 山亭, 新井, 院南, 小東, 新休, 衣食, 雙岩, 雙龍, 月朗, 山洞. 德地, 銅岩, 松村

仁州面(인주면) 密頭, 牟元, 新城, 傑梅, 貢稅, 文方, 大音, 金城, 海岩, 桃興, 觀岩, 冷井

湯井面(탕정면) 龍頭, 鳴岩, 銅山, 虎山, 梅谷, 葛山

天安市(천안시)

九龍洞(구룡동) 九星洞(구성동) 多可洞(다가동) 大興洞(대흥동) 斗井洞(두정동)
文化洞(문화동) 白石洞(백석동) 鳳鳴洞(봉명동) 富垈洞(부대동) 佛堂洞(불당동)
社稷洞(사직동) 三龍洞(삼용동) 聖城洞(성성동) 星井洞(성정동) 城隍洞(성황동)
新堂洞(신당동) 新芳洞(신방동) 新富洞(신부동) 雙龍洞(쌍용동) 安棲洞(안서동)
業成洞(업성동) 寧城洞(영성동) 五龍洞(오룡동) 瓦村洞(와촌동) 龍谷洞(용곡동)
院城洞(원성동) 留糧洞(유량동) 車岩洞(차암동) 淸堂洞(청당동) 淸水洞(청수동)

木川邑(목천읍) 西, 東, 東坪, 南化, 云田, 芝山, 交川, 新溪, 泉亭, 校村, 西興, 德田, 松田, 石川, 應院, 三省, 桃長, 所仕

聖居邑(성거읍) 天興, 松南, 五木, 五色堂, 茅田, 三谷, 貞村, 文德, 石橋, 料芳, 苧, 所牛, 新月

成歡邑(성환읍) 成歡, 成月, 梅珠, 栗金, 旺林, 新防, 松德, 牛新, 魚龍, 洑毛, 薪佳, 臥龍, 鶴井, 大弘, 水鄕, 安宮, 兩令, 都下

稷山邑(직산읍) 郡東, 郡西, 南山, 板井, 愁歇, 上德, 三隱, 富松, 毛枾, 良堂, 新葛, 自隱加, 馬井, 石谷

廣德面(광덕면) 新興, 廣德, 芝長, 寶山院, 大德, 梅堂, 舞鶴, 新德, 杏亭, 大平, 院德

東　面(동　면) 東山, 求道, 松蓮, 廣德, 花溪, 杏岩, 德星, 竹溪, 壽南, 長松, 花德

竝川面(병천면) 竝川, 佳田, 塔院, 桃源, 梅城, 冠星, 鳳項, 松亭, 龍頭

北　面(북　면) 梧谷, 延春, 上東, 銀芝, 龍岩, 命德, 沙潭, 陽谷, 典谷, 納安, 雲龍, 大坪, 梅松

城南面(성남면) 新沙, 新德, 鳳陽, 大興, 大井, 石谷, 龍院, 大花, 花城

修身面(수신면) 涑創, 新豊, 海亭, 百子, 鉢山, 長山

笠場面(입장면) 下場, 上場, 耆老, 道林, 良垈, 弘泉, 虎堂, 侍壯, 孝溪, 薪頭, 黑岩, 山井, 延谷, 可山, 柳, 獨井, 龍井, 新德

豊歲面(풍세면) 豊西, 佳松, 美竹, 斗南, 三台, 龍井, 寶城, 南館

錦山郡(금산군)

錦山邑(금산읍) 上, 中島, 新垈, 下玉, 衙仁, 上玉, 桂珍, 陽地, 陰地

郡北面(군북면) 杜斗, 寶光, 上谷, 山安, 天乙, 東片, 鳥亭, 內釜, 外釜, 虎峙

錦城面(금성면) 上佳, 陽田, 道谷, 花林, 下薪, 杜谷, 芭蕉, 下柳, 義塚, 馬首, 大岩

南二面(남이면) 下金, 上金, 乾川, 驛坪, 大陽, 黑岩, 九石, 梅谷, 石洞, 星谷

南一面(남일면) 草峴, 皇風, 馬壯, 上桐, 德川, 新亭, 新洞, 陰大, 新川

福壽面(복수면) 谷南, 龍津, 多福, 壽永, 木巢, 白岩, 九禮, 新垈, 芝良

富利面(부리면) 縣內, 倉坪, 仙源, 冠川, 不二, 陽谷, 坪村, 新村, 於在, 曳尾, 水通, 方佑

濟原面(제원면) 濟原, 鳴岩, 水塘, 明谷, 九億, 桐谷, 吉谷, 身安, 大山, 楮谷, 金姓, 龍化, 川內

珍山面(진산면) 邑內, 晩樂, 嚴亭, 浮岩, 校村, 芝芳, 斗芝, 三佳, 鳥項, 石幕, 墨山, 杏亭, 莫峴

秋富面(추부면) 馬田, 龍池, 秋井, 備禮, 自富, 西臺, 場垈, 要光, 新坪, 聖堂

唐津郡(당진군)

唐津邑(당진읍) 邑內, 彩雲, 牛頭, 元堂, 枾谷, 水淸, 大德, 杏亭, 龍淵, 沙器所, 九龍

合德邑(합덕읍) 雲山, 素素, 石隅, 城東, 大合德, 大典, 新, 新石, 玉琴, 島, 合德, 點元, 新興, 道谷

高大面(고대면) 龍頭, 瑟項, 大村, 長項, 城山, 唐津浦, 玉峴, 項谷, 眞館

大湖芝面(대호지면) 調琴, 沙城, 赤鼠, 桃李, 杜山, 長井, 馬中, 松田, 出浦

沔川面(면천면) 城上, 城下, 元東, 文峰, 自開, 栗寺, 大峙, 三雄, 松鶴, 竹東, 沙器所

石門面(석문면) 通丁, 三花, 三峰, 長古項, 橋路, 草落島, 蘭芝島

松山面(송산면)　上巨, 堂山, 松石, 梅谷, 芙谷, 明山, 道門, 三月, 無愁, 柳谷, 東谷, 佳谷, 錦岩
松嶽面(송악면)　機池市, 佳橋, 芳溪, 本堂, 青矜, 鳳橋, 光明, 盤村, 靈川, 金谷, 仝垈, 桃源, 中興, 伏雲, 梧谷, 漢津, 古垈, 月谷, 石浦, 佳鶴, 富谷, 井谷
順城面(순성면)　鳳巢, 白石, 楊柳, 蘿山, 光川, 本, 中方, 阿贊, 玉湖, 城北, 葛山
新平面(신평면)　金川, 草垈, 巨山, 上梧, 南山, 新松, 新興, 新堂, 雲井, 道城, 富壽, 梅山, 寒井
牛江面(우강면)　倉, 松山, 細柳, 元峙, 孔浦, 富長, 新村, 江門, 小班, 大浦, 內鯨, 成元
貞美面(정미면)　天宜, 升山, 大鳥, 道山, 梅坊, 愚山, 下城, 山城, 德三, 鳳城, 壽堂, 士冠, 大雲山, 德馬, 模坪, 鳳生, 臣是

扶餘郡(부여군)

扶餘邑(부여읍)　東南, 舊衙, 官北, 雙北, 舊校, 軍守, 佳塔, 旺浦, 中井, 鹽倉, 縣北, 陵山, 石木, 龍井, 佳增, 井洞, 自旺, 松谷, 上錦, 松間, 楮石, 新正
九龍面(구룡면)　太陽, 舟亭, 九鳳, 竹節, 論峙, 金寺, 玄岩, 龍塘, 竹橋, 東芳
窺岩面(규암면)　窺岩, 外, 內, 盤山, 合松, 蘆花, 扶餘頭, 秀木, 石隅, 羅福, 茅, 咸陽, 新城, 金岩, 虎岩, 合井, 新, 午水, 津邊
南　面(남　면)　檜洞, 三龍, 松鶴, 馬井, 松岩, 內谷, 新鴻, 大船, 金川
內山面(내산면)　雲峙, 天寶, 妙院, 栗岩, 珠岩, 苧洞, 痲田, 溫蟹, 芝峙, 金池
石城面(석성면)　石城, 鳳亭, 碑堂, 甑山, 正覺, 縣內
世道面(세도면)　青松, 頒詔院, 花樹, 水古, 東寺, 艮大, 菁浦, 歸德, 長山, 佳檜, 沙山
玉山面(옥산면)　安西, 上基, 鶴山, 鴻淵, 鳳山, 中陽, 大德, 新安, 內垈, 加德, 秀岩
外山面(외산면)　萬壽, 佳德, 盤橋, 葛山, 獐項, 福德, 花城, 前場, 三山, 飛岩, 芝仙, 水新, 文臣
恩山面(은산면)　新大, 恩山, 檜谷, 琴公, 佳谷, 巨田, 龍頭, 長閥, 羅嶺, 大陽, 五番, 洪山, 佳中, 敬屯, 內地, 合首, 角垈
林川面(임천면)　郡司, 舊校, 豆谷, 七山, 飛亭, 塔山, 加神, 玉谷, 鉢山, 萬社, 店
場岩面(장암면)　石東, 元門, 閤谷, 店上, 紙土, 上黃, 下黃, 長蝦, 北皐, 亭岩
良化面(양화면)　笠浦, 草旺, 五良, 足橋, 松亭, 碧龍, 水原, 上村, 時音, 內城, 元堂, 岩樹
草村面(초촌면)　鷹坪, 蓮花, 楸陽, 草坪, 松菊, 細塔, 莘岩, 松丁, 眞湖, 素沙, 山直
忠化面(충화면)　天堂, 支石, 八忠, 福金, 晩智, 玄眉, 可化, 青南, 五德
鴻山面(홍산면)　北村, 南村, 鴻良, 坐鴻, 校院, 土亭, 上川, 井洞, 務亭, 鳥峴

舒川郡(서천군)

舒川邑(서천읍)　郡司, 寺谷, 新松, 九岩, 烏石, 花城, 台月, 屯德, 同山, 斗旺, 三山, 花衿, 南山

長項邑(장항읍) 昌善, 新昌, 長岩, 和泉, 松林, 玉南, 玉山, 聖住, 元水

麒山面(기산면) 華山, 辛山, 內東, 斗南, 斗北, 院吉, 山亭, 幕洞, 月岐, 加公, 永慕, 光岩, 黃寺

馬西面(마서면) 桂東, 烽南, 玉山, 漢城, 松石, 竹山, 月浦, 南田, 玉北, 德岩, 松內, 堂仙, 道三, 新浦, 山內, 長善, 於

馬山面(마산면) 新場, 安堂, 馬鳴, 嘉陽, 堯谷, 三月, 所也, 碧梧, 新鳳, 時仙, 冠浦, 芝山, 羅弓, 軍于, 梨寺, 松林

文山面(문산면) 神農, 文章, 北山, 金福, 水岩, 支院, 九洞, 恩谷

庇仁面(비인면) 城內, 城北, 船島, 漆枝, 九福, 南唐, 栗, 城山, 冠, 多沙, 長浦

西　面(서　면) 新蛤, 元頭, 介也, 月, 扶士, 月湖, 酒缸, 都屯, 馬梁

時草面(시초면) 草峴, 仙東, 仙岩, 新興, 龍谷, 新谷, 台城, 鳳仙, 豊亭, 厚岩

鍾川面(종천면) 花山, 朗坪, 鍾川, 堂丁, 長久, 新檢, 山川, 都萬, 支石, 席村

板橋面(판교면) 玄岩, 卜大, 馬垈, 深洞, 上佐, 右羅, 文谷, 後洞, 萬德, 板橋, 苧山, 水城, 興林, 登古, 金德

韓山面(한산면) 芝峴, 童山, 城外, 虎岩, 竹村, 種芝, 松谷, 丑東, 松山, 院山, 餘士, 羅橋, 冬至, 丹上, 丹下, 馬楊, 溫洞, 蓮峰, 龍山, 新城, 九洞

華陽面(화양면) 玉浦, 保縣, 瓦草, 完浦, 花村, 竹山, 月山, 南星, 大等, 大下, 活洞, 箕福, 楸洞, 琴堂, 昌外, 叩馬, 長上, 望月, 鳳鳴

燕岐郡(연기군)

鳥致院邑(조치원읍) 元, 上, 平, 校, 貞, 明, 南, 砧山, 新興, 竹林, 磻岩, 新安, 鳳山, 瑞倉

錦南面(금남면) 龍浦, 大平, 龍潭, 鉢山, 柑城, 斗滿, 靈谷, 丑山, 金川, 永峙, 南谷, 黃龍, 永垈, 達田, 朴山, 大朴, 芙蓉, 鳳起, 石橋, 盤谷, 石三, 長在, 壺灘, 新村, 道岩, 聖德

南　面(남　면) 燕岐, 洑通, 訥旺, 水山, 高亭, 宗村, 方丑, 葛雲, 月山, 陽化, 眞儀, 松潭, 羅城, 松院

東　面(동　면) 內板, 文舟, 龍湖, 合江, 鳴鶴, 鷹岩, 老松, 禮養, 松龍

西　面(서　면) 月河, 雙錢, 性濟, 高福, 龍岩, 雙流, 青羅, 起龍, 新垈, 菊村, 釜洞, 鳳岩, 瓦村

小井面(소정면) 小井, 雲堂, 大谷, 高登

全東面(전동면) 蘆長, 鳳臺, 青松, 石谷, 寶德, 松谷, 松亭, 青藍, 美谷, 松城, 深中

全義面(전의면) 邑內, 東校, 西亭, 元省, 新興, 柳川, 觀亭, 新井, 老谷, 薪芳, 靈堂, 陽谷, 達田, 金沙, 多方

禮山郡(예산군)

禮山邑(예산읍) 禮山, 香泉, 大回, 舟橋, 山城, 勃然, 夕陽, 觀爵, 倉所, 新禮院, 間良, 宮坪, 水鐵

揷橋邑(삽교읍) 頭, 揷橋, 坪村, 水村, 二, 沐, 新, 雁峙, 松山, 驛, 上下, 倉井, 駕, 上城, 龍洞, 下浦, 城, 新佳, 方阿, 孝林, 月山

古德面(고덕면) 大川, 夢谷, 上夢, 好音, 梧楸, 紙谷, 上長, 上宮, 九萬, 用, 四, 石谷,

光時面(광시면) 光時, 蘆田, 雲山, 下場垈, 銀寺, 九禮, 馬沙, 新垈, 觀音, 東山, 長田, 月松, 瑞草井, 新興, 長信, 龍頭, 美谷, 矢目, 加德, 大

德山面(덕산면) 邑內, 北門, 玉溪, 上伽, 社洞, 新坪, 柿梁, 屯, 大峙, 廣川, 斜川, 外羅, 內羅, 福堂, 樂上, 大洞

大述面(대술면) 花川, 農, 上項, 方山, 長福, 松石, 花山, 蕨谷, 詩山, 山亭, 麻田, 梨峙

大興面(대흥면) 東西, 上中, 校村, 松池, 大也, 薪東, 蘆洞, 芝谷, 下炭防, 炭防, 金谷, 大栗, 葛申, 遜支

鳳山面(봉산면) 古道,九岩, 鳳林, 沙石,下坪, 玉田, 唐谷, 侍洞, 孝橋, 大支, 花田, 宮坪, 金峙, 雍安, 馬橋

新岩面(신암면) 宗敬, 桂村, 豆谷, 新宗, 下坪, 新宅, 龍宮, 禮林, 中禮, 烏谷, 別, 五山, 灘中

新陽面(신양면) 新陽, 黃溪, 舞鳳, 鹿門, 西界陽, 不元, 時旺, 連, 貴谷, 下泉, 竹川, 加支, 晩士, 如來味, 大德, 車洞

吾可面(오가면) 驛塔, 元坪, 新長, 新石, 月谷, 佐方, 汾川, 良幕, 內良, 元泉, 新院, 五村,

鷹峰面(응봉면) 蘆花, 支石, 乾芝花, 新, 坪村, 登村, 後寺, 笠沈, 雲谷, 曾谷, 松石, 朱令, 鷄井

青陽郡(청양군)

青陽邑(청양읍) 邑內, 栢川, 校月, 碧泉, 赤樓, 正坐, 軍糧, 長承, 松防, 學堂, 淸水

南陽面(남양면) 九龍, 新旺, 白琴, 龍馬, 大鳳, 興山, 梅谷, 溫岩, 溫直, 龍頭, 金井, 鳳岩

大峙面(대치면) 酒亭, 炭井, 廣金, 九峙, 長谷, 開谷, 鵲川, 水石, 光大, 大峙, 衡山, 五龍, 梨花, 柿田, 上甲, 農所

木　面(목　면) 池谷, 華陽, 新興, 安心, 松岩, 本義, 大平

飛鳳面(비봉면) 祿坪, 新院, 中墨, 舍店, 寬山, 長在, 江亭, 養士, 龍川, 方閑

雲谷面(운곡면) 茅谷, 位羅, 孝悌, 厚德, 新垈, 永陽, 美良, 光岩, 秋光

長坪面(장평면) 中楸, 隱谷, 美堂, 赤谷, 樂只, 之川, 竹林, 花山, 九龍, 冠峴, 分香

定山面(정산면) 西亭, 驛村, 白谷, 海南, 南泉, 松鶴, 大朴, 龍頭, 馬峙, 天庄, 內草, 新德, 瓦村, 鶴岩, 光生, 德城

青南面(청남면)　青所, 芝谷, 內直, 泉內, 東江, 中山, 汪津, 仁良, 大興, 牙山, 上場

化城面(화성면)　山亭, 長溪, 花江, 農岩, 花岩, 基德, 水汀, 龍堂, 新亭, 廣坪, 梅山, 九在

泰安郡(태안군)

泰安邑(태안읍)　東門, 南門, 長山, 南山, 松岩, 盤谷, 平川, 上玉, 仁坪, 島內, 漁隱, 山後, 朔善

安眠邑(안면읍)　承彦, 正堂, 倉基, 中場, 新野, 黃島

高南面(고남면)　古南, 樓洞, 長谷

近興面(근흥면)　斗也, 水龍, 磨金, 安基, 龍新, 道璜, 程竹, 新津島, 賈誼島

南　面(남　면)　榛山, 夢山, 新場, 達山, 兩潛, 元青, 當岩, 申溫, 居兒島

所遠面(소원면)　柿木, 法山, 新德, 令田, 所斤, 蟻項, 茅項, 波濤, 松峴

遠北面(원북면)　磻溪, 梨谷, 黃村, 防葛, 薪斗, 東海, 大基, 將台, 青山, 陽山, 馬山

梨原面(이원면)　內, 官, 棠山, 蒲地, 社倉

洪城郡(홍성군)

廣川邑(광천읍)　新津, 廣川, 淡山, 佳亭, 內竹, 雲龍, 大坪, 月林, 所岩, 梅峴, 碧溪, 湘井, 瓮岩

洪城邑(홍성읍)　五官, 大校, 昭香, 月山, 玉岩, 南長, 鶴鷄, 新城, 松月, 古岩, 內法, 龜龍

葛山面(갈산면)　上村, 內葛, 新安, 嘉谷, 葛五, 東山, 雙川, 杏山, 臥, 鰲頭, 富基, 基山, 東星, 吹笙, 大寺, 雲谷

結城面(결성면)　邑內, 星湖, 星南, 琴谷, 城谷, 無量, 橋項, 龍湖, 衡山

龜項面(구항면)　篁谷, 五鳳, 公, 南山, 長楊, 胎封, 內峴, 支井, 大井, 新谷, 青光, 麻溫

金馬面(금마면)　月岩, 鳳棲, 仁山, 佳山, 富平, 德井, 龍興, 松岩, 長城, 竹林, 新谷, 華陽, 松江

西部面(서부면)　梨湖, 廣, 宮, 上黃, 巨次, 於沙, 南塘, 新, 暘谷, 板橋, 中, 竹島

銀河面(은하면)　大川, 柳松, 長谷, 大栗, 錦菊, 鶴山, 木峴, 大板, 德實, 花峰, 長尺

長谷面(장곡면)　道山, 新豊, 花溪, 廣城, 五聖, 竹田, 佳松, 新東, 智井, 月溪, 杏亭, 天台, 山城, 玉溪, 大峴, 上松

洪東面(홍동면)　雲月, 月縣, 元川, 洪元, 花新, 文堂, 金坪, 求精, 八卦, 新基, 秀蘭, 金堂, 孝鶴, 大英

洪北面(홍북면)　中溪, 上下, 鳳新, 內德, 大東, 新耕, 石宅, 龍山, 葛山, 新井, 山水, 魯恩, 大仁

11. 忠淸北道

堤川市(제천시)

江諸洞(강제동)	高明洞(고명동)	古岩洞(고암동)	校　洞(교　동)	南泉洞(남천동)
大郎洞(대랑동)	東峴洞(동현동)	頭鶴洞(두학동)	明　洞(명　동)	明西洞(명서동)
明芝洞(명지동)	茅山洞(모산동)	山谷洞(산곡동)	西部洞(서부동)	新　洞(신　동)
新百洞(신백동)	新月洞(신월동)	榮川洞(영천동)	旺岩洞(왕암동)	龍頭洞(용두동)
義林洞(의림동)	自作洞(자작동)	中央路(중앙로)	長樂洞(장락동)	泉南洞(천남동)
靑田洞(청전동)	下所洞(하소동)	花山洞(화산동)	黑石洞(흑석동)	

鳳陽邑(봉양읍)	周浦, 長坪, 美堂, 明道, 鳳陽, 明岩, 鶴山, 玉田. 九鶴, 八松, 硯朴, 院朴, 公田, 九曲, 馬谷, 三巨
錦城面(금성면)	九龍, 榛, 積德, 社谷, 活山, 月窟, 城內, 中田, 浦前, 渭林, 月林, 陽化, 大壯, 東幕
德山面(덕산면)	道田, 城岩, 新峴, 壽山, 月岳, 仙古, 道基
白雲面(백운면)	平洞, 放鶴, 道谷, 花塘, 德洞, 雲鶴, 茅亭, 愛蓮, 院月
松鶴面(송학면)	務道, 長谷, 立石, 柴谷, 桃花, 浦田, 松寒, 五味
水山面(수산면)	水山, 內, 赤谷, 水, 大田, 鷄卵, 槐谷, 城, 院垈, 多佛, 前谷, 九谷, 道田, 栗枝, 池谷, 鋤谷, 上川, 下川, 綾江, 吾峙, 高明
淸風面(청풍면)	邑, 淵谷, 廣儀, 鷄山, 黃石, 後山, 査伍, 婦山, 長善, 丹頓, 芳興, 伍山, 眞木, 陽坪, 陶谷, 大柳, 新, 龍谷, 連論, 丹, 勿台, 道實, 利谷, 桃花, 鶴峴, 校, 北津
寒水面(한수면)	黃江, 西倉, 德谷, 寒泉, 驛, 北老, 上老, 炭枝, 洑坪, 松界

淸州市(청주시) 上黨區(상당구)

金川洞(금천동)	南門路(남문로)	南州洞(남주동)	內德洞(내덕동)	大成洞(대성동)
明岩洞(명암동)	文化洞(문화동)	方西洞(방서동)	北門路(북문로)	斜川洞(사천동)
山城洞(산성동)	西門洞(서문동)	瑞雲洞(서운동)	石橋洞(석교동)	壽　洞(수　동)
榮　洞(영　동)	永雲洞(영운동)	梧東洞(오동동)	龍岩洞(용암동)	龍亭洞(용정동)
龍潭洞(용담동)	雲東洞(운동동)	牛岩洞(우암동)	外南洞(외남동)	外坪洞(외평동)
外下洞(외하동)	月午洞(월오동)	栗陽洞(율양동)	井北洞(정북동)	井上洞(정상동)
井下洞(정하동)	酒城洞(주성동)	酒中洞(주중동)	池北洞(지북동)	塔　洞(탑　동)
坪村洞(평촌동)				

清州市(청주시) 興德區(흥덕구)

佳景洞(가경동)	開新洞(개신동)	江西洞(강서동)	南村洞(남촌동)	內谷洞(내곡동)
東幕洞(동막동)	慕忠洞(모충동)	文岩洞(문암동)	米坪洞(미평동)	福臺洞(복대동)
鳳鳴洞(봉명동)	粉坪洞(분평동)	飛下洞(비하동)	社稷洞(사직동)	司倉洞(사창동)
山南洞(산남동)	上新洞(상신동)	西村洞(서촌동)	石谷洞(석곡동)	石所洞(석소동)
聖化洞(성화동)	松節洞(송절동)	松亭洞(송정동)	秀谷洞(수곡동)	守儀洞(수의동)
新村洞(신촌동)	新城洞(신성동)	新垈洞(신대동)	新鳳洞(신봉동)	薪田洞(신전동)
外北洞(외북동)	雲泉洞(운천동)	院坪洞(원평동)	長城洞(장성동)	壯岩洞(장암동)
丁峰洞(정봉동)	竹林洞(죽림동)	池東洞(지동동)	坪　洞(평　동)	香亭洞(향정동)
玄岩洞(현암동)	花溪洞(화계동)	休岩洞(휴암동)		

忠州市(충주시)

佳州洞(가주동)	校峴洞(교현동)	金陵洞(금능동)	丹月洞(단월동)	達川洞(달천동)
木伐洞(목벌동)	牧杏洞(목행동)	文化洞(문화동)	鳳方洞(봉방동)	城南洞(성남동)
城內洞(성내동)	城西洞(성서동)	安林洞(안림동)	連守洞(연수동)	龍觀洞(용관동)
龍頭洞(용두동)	龍山洞(용산동)	龍灘洞(용탄동)	宗民洞(종민동)	芝峴洞(지현동)
直　洞(직　동)	忠仁洞(충인동)	忠義洞(충의동)	漆琴洞(칠금동)	楓　洞(풍　동)
虎岩洞(호암동)				

周德邑(주덕읍)	新陽, 倉田, 大谷, 三淸, 新中, 花谷, 社樂, 長彔, 德蓮, 堂隅, 堤內
可金面(가금면)	塔坪, 可興, 下九岩, 樓岩, 鳳凰, 長川, 龍田, 倉洞
金加面(금가면)	荷潭, 島村, 梅下, 遠浦, 梧石, 沙岩, 岑屛, 遊松, 文山, 月上
老隱面(노은면)	蓮河, 法洞, 安樂, 大德, 佳新, 文城, 新孝, 水龍
東良面(동량면)	早洞, 花岩, 荷川, 龍橋, 大田, 遜洞, 紙洞, 沙器, 鳴梧, 瑞雲, 浦灘, 咸岩, 好雲
山尺面(산척면)	松江, 永德, 明西, 石川
乷味面(살미면)	洗星, 文化, 才五介, 武陵, 新堂, 公耳, 乃沙, 龍川, 香山, 雪云, 新梅, 文江, 土界
上芼面(상모면)	溫泉, 安堡, 花泉, 寺門, 彌勒, 古雲, 中山, 水回
蘇台面(소태면)	五良, 福灘, 德隱, 周峙, 冶洞, 東幕, 陽村, 中靑, 九龍
新尼面(신니면)	龍院, 化石, 新淸, 文崇, 文樂, 廣越, 松岩, 仙堂, 院坪, 馬水, 花顔, 見鶴, 毛南, 大花
仰城面(앙성면)	龍浦, 永竹, 江泉, 丹岩, 中田, 木尾, 本坪, 馬蓮, 沙美, 敦山, 陵岩, 釣川, 毛店, 智堂, 龍垈

嚴政面(엄정면)	龍山, 栗陵, 牧溪, 論江, 美內, 槐東, 新萬, 楸坪, 院谷, 柳峯, 佳春
利柳面(이류면)	大召, 金谷, 長城, 萬井, 豆井, 炭用, 梅峴, 文周, 檢丹, 完五, 本, 永坪

槐山郡(괴산군)

槐山邑(괴산읍)	東部, 西部, 大寺, 丁用, 大德, 齊月, 儉承, 陵村, 四倉, 新基, 新項
曾坪邑(증평읍)	曾坪, 校洞, 中洞, 大洞, 楚中, 連灘, 松山, 彌岩, 射谷, 龍江, 德祥, 南次, 栗, 竹, 南下, 新洞, 昌洞, 內省, 莊洞, 曾川
甘勿面(감물면)	光田, 梅田, 五城, 五倉, 鯉潭, 九越, 伯陽
道安面(도안면)	花城, 老岩, 硯村, 松亭, 光德, 石谷, 道塘
文光面(문광면)	光德, 松坪, 大明, 柳坪, 文法, 新基, 陽谷, 方城, 黑石, 玉城
佛頂面(불정면)	牧渡, 倉山, 河文, 塔村, 楸山, 外嶺, 三訪, 雄洞, 鶯川, 新興, 細坪, 芝莊
沙梨面(사리면)	沙潭, 笑梅, 老松, 中興, 方丑, 水岩, 梨谷, 禾山
沼壽面(소수면)	壽, 笠岩, 阿城, 叩馬, 沼岩, 夢村, 沃峴, 吉善
延豊面(연풍면)	三豊, 杏村, 周棒, 盆地, 院豊, 柳上, 柳下, 葛琴, 積石
長延面(장연면)	五佳, 楸店, 方谷, 鳥谷, 松德, 墻岩, 廣陳
靑安面(청안면)	邑內, 錦新, 文芳, 孝根, 釣川, 淸龍, 文塘, 雲谷, 白峰, 富興, 長岩
靑川面(청천면)	靑川, 善坪, 後坪, 江坪, 歸晩, 平丹, 新月, 上新, 沙潭, 古聖, 桃源, 武陵, 錦坪, 月門, 三樂, 釜城, 地境, 厚永, 大峙, 華陽, 沙器幕, 松面, 梨坪, 三松, 官坪, 如思旺, 大田, 德坪, 巨鳳, 芝村, 雲橋
七星面(칠성면)	道井, 沙坪, 斐道, 雙谷, 沙隱, 栗池, 栗院, 外沙, 松洞, 杜川, 葛邑, 台城

丹陽郡(단양군)

丹陽邑(단양읍)	別谷, 道田, 上津, 島潭, 玄川, 德尙, 深谷, 甑島, 後谷, 獐峴, 磨造, 水村, 泉洞, 金谷, 基村, 古藪, 蘆洞
梅浦邑(매포읍)	梅浦, 友德, 於儀谷, 下槐, 上槐, 安東, 坪洞, 道谷, 下詩, 上詩, 令泉, 佳坪, 三谷, 高陽, 金山
佳谷面(가곡면)	沙坪, 佳大, 麗川, 德泉, 大大, 於衣谷, 寶發, 香山
丹城面(단성면)	北上, 北下, 上坊, 中坊, 下坊, 外中坊, 長淮, 斗項, 高坪, 陽堂, 伐川, 檜山, 佳山, 大岑
大崗面(대강면)	長林, 堂洞, 龍夫院, 斗音, 槐坪, 舍人岩, 稷峙, 黃庭, 城金, 未老, 德村, 長亭, 寺洞, 南泉, 南造, 無愁川, 新邱, 兀山, 傍谷
魚上川面(어상천면)	任縣, 連谷, 石橋, 大田, 德文谷, 方北, 深谷, 栗谷

永春面(영춘면) 上, 下, 南川, 栢子, 儀豊, 東大, 龍津, 吾賜, 別芳, 遊岩, 沙而谷, 滿宗, 長發, 斜只院

赤城面(적성면) 下, 上, 下津, 玄谷, 艾谷, 城谷, 角基, 所也, 大加, 波浪, 下元谷, 上元谷, 基洞

報恩郡(보은군)

報恩邑(보은읍) 三山, 竹田, 長新, 校士, 水井, 芝山, 金堀, 月松, 漁岩, 城舟, 梨坪, 吉祥, 大也, 樓淸, 江新, 聲足, 鍾谷, 鶴林, 江山, 中東, 新含, 風吹, 山城, 中草, 老峙, 龍岩, 鳳坪, 獐俗

內北面(내북면) 泥院, 西枝, 斗坪, 星峙, 積蔭, 鳳凰, 聖岩, 倉, 東山, 桃源, 花田, 鹽屯, 法住, 大安, 峨谷, 龍壽, 新宮, 上弓, 下弓, 世村

內俗離面(내속리면) 上板, 中板, 下板, 葛目, 北岩, 栢峴, 舍乃, 三街, 九屛, 大木, 萬壽

馬老面(마로면) 官基, 水門, 箕大, 梧川, 猿汀, 世中, 葛田, 卞屯, 閑中, 所余, 任谷, 赤岩, 葛坪, 松峴

山外面(산외면) 九峙, 鳳谿, 牙時, 門岩, 白石, 長甲, 新正, 大元, 東華, 濯州, 院坪, 五大, 山大, 於溫, 梨息, 中峙, 吉湯, 加古

三升面(삼승면) 元南, 內望, 川南, 彈琴, 上可, 達山, 右陳, 松竹, 屯德, 仙谷, 西原

水汗面(수한면) 竝院, 敎岩, 後坪, 鉢山, 星, 苕溪, 畝西, 巨峴, 光村, 秩新, 長善, 梧亭, 桐井, 車井, 山尺, 栗山, 老城

外俗離面(외속리면) 帳內, 書院, 下開, 荒谷, 鳳飛, 佛目, 梧倉, 壯才, 求仁

炭釜面(탄부면) 下長, 九岩, 大陽, 城池, 碧池, 德洞, 壯岩, 梅花, 士直, 高升, 坪角, 上長, 林閑

懷南面(회남면) 新谷, 龍湖, 板藏, 鳥谷, 巨橋, 金谷, 新秋, 隱雲, 書灘, 分諸, 松浦, 沙灘, 舍音, 法水, 梅山, 漁城, 南大門, 山水

懷北面(회북면) 中央, 龍村, 梧洞, 新門, 高石, 雙岩, 葛峙, 乾川, 艾谷, 富壽, 訥谷, 松坪, 竹岩, 新垈, 龍谷

永同郡(영동군)

永同邑(영동읍) 稽山, 桐井, 會同, 花新, 堂谷, 山益, 梅川, 芙蓉, 梧灘, 酸梨, 雪溪, 深源, 烽峴, 圭谷, 加, 林溪

梅谷面(매곡면) 老川, 長尺, 玉田, 楡田, 江津, 水院, 公須, 漁村

上村面(상촌면) 林山, 敦大, 下道大, 上道大, 高子, 屯田, 勿閑, 大海, 興德, 弓村, 柳谷

深川面(심천면) 深川, 丹田, 吉峴, 九灘, 獐洞, 高塘, 痲谷, 耆湖, 明川, 錦汀, 藥沐, 覺溪, 草江, 龍塘

楊江面(양강면)　槐木, 佳洞, 楊亭, 竹村, 山幕, 藍田, 芝村, 鍮店, 晩溪, 墨井, 斗坪, 九江, 雙岩, 妙洞

陽山面(양산면)　柯谷, 元塘, 鳳谷, 竹山, 松湖, 藪頭, 虎灘, 樓橋, 加仙

龍山面(용산면)　九村, 山底, 栗, 新項, 夫陵, 閑石, 詩今, 扶桑, 佳谷, 金谷, 千作, 閑谷, 法化, 米田, 青化, 梅琴, 上龍, 龍山, 栢子田,

龍化面(용화면)　肇東, 雁汀, 月田, 龍化, 龍江, 如意, 紫溪

秋風嶺面(추풍령면)　官, 沙夫, 溪龍, 秋風嶺, 竹田, 雀店, 新安, 熊北, 池鳳

鶴山面(학산면)　鋤山, 鶴山, 鵝岩, 鳳韶, 凰山, 池內, 磚溪, 鳳林, 範華, 道德

黃澗面(황간면)　南城, 新興, 馬山, 小溪, 蘭谷, 友梅, 院村, 龍岩, 金溪, 回浦, 牛川, 老斤, 西松院, 廣坪

沃川郡(옥천군)

沃川邑(옥천읍)　三陽, 竹香, 門井, 上桂, 下桂, 校洞, 東岸, 水北, 五垈, 梅花, 九逸, 書垈, 加豊, 三青, 大川, 馬岩, 兩水, 金龜, 長夜, 西亭, 玉覺

郡北面(군북면)　二栢, 自慕, 增若, 恒谷, 大亭, 環坪, 支五, 楸沼, 梨坪, 菊園, 疎亭, 龍湖, 莫只, 石湖

郡西面(군서면)　東坪, 金山, 沙亭, 上地, 銀杏, 舍楊, 上中, 下東, 梧洞, 月田

東二面(동이면)　坪山, 細山, 赤下, 金岩, 鳥嶺, 青馬, 牛山, 紙羊, 石灘, 南谷

安內面(안내면)　縣, 正芳, 桃李, 東大, 西大, 五德, 仁浦, 長溪, 方下目, 道栗, 月外, 龍村, 畓陽

安南面(안남면)　蓮舟, 從微, 池水, 道德, 清亭, 禾鶴, 道農

伊院面(이원면)　江清, 乾榛, 長贊, 潤亭, 義坪, 開心, 坪溪, 水墨, 池亭, 美洞, 伊院, 院洞, 白池, 池灘, 龍坊

青山面(청산면)　芝田, 白雲, 校坪, 下西, 新梅, 大德, 長位, 閑谷, 仁政, 板藪, 孝木, 義旨, 禮谷, 三方, 法禾, 明峙, 大城, 萬月

青城面(청성면)　山桂, 巨浦, 長首, 弓村, 小西, 三南, 鳥川, 猫金, 高堂, 合金, 兩猪, 九音, 大安, 道場, 陵月, 和城, 長連

陰城郡(음성군)

陰城邑(음성읍)　邑內, 平谷, 碩人, 閑筏, 龍山, 沙丁, 甘雨, 所余, 新泉, 草川, 冬音, 三生

金旺邑(금왕읍)　無極, 金石, 井生, 六靈, 白也, 龍溪, 蓬谷, 柳村, 新坪, 杏堤, 本垈, 內谷, 社倉, 九溪, 湖山, 雙峰, 柳浦, 梧仙, 道晴, 內松, 覺悔, 三鳳

甘谷面(감곡면)　梧杏, 舟川, 元堂, 桑坪, 月亭, 嶺山, 沙谷, 文村, 梧弓, 上隅, 旺場, 丹坪

大所面(대소면)	梧山, 泰生, 韶石, 城本, 富潤, 水台, 三井, 美谷, 三湖, 內山, 五柳, 大風
孟洞面(맹동면)	雙呈, 仁谷, 麻山, 鳳峴, 龍村, 新敦, 本城, 斗城, 通洞, 君子
三成面(삼성면)	德井, 良德, 大寺, 龍城, 上谷, 淸龍, 泉坪, 仙井, 大井, 陵山, 龍垈, 大也
笙極面(생극면)	新陽, 屛岩, 道新, 館成, 八聖, 松谷, 林谷, 防築, 車坪, 車谷, 五笙, 笙
蘇伊面(소이면)	大長, 厚美, 中洞, 文等, 甲山, 鳳田, 金古, 忠道, 碑山
遠南面(원남면)	甫川, 普龍, 馬松, 上唐, 下唐, 上老, 下老, 九安, 住鳳, 文岩, 助村, 三龍, 德亭

鎭川郡(진천군)

鎭川邑(진천읍)	邑內, 聖石, 松斗, 佳山, 上新, 山尺, 三德, 新井, 院德, 校成, 碧岩, 杏井, 長管, 建松, 蓮谷, 上桂, 文鳳, 錦岩, 士石, 芝岩
德山面(덕산면)	龍夢, 新尺, 閑川, 合牧, 山水, 花上, 仁山, 九山, 璣田, 斗村, 石帳, 玉洞
廣惠院面(광혜원면)	廣惠院, 實院, 鳩岩, 會竹, 金谷, 竹峴, 月城 (舊 萬升面)
文白面(문백면)	玉城, 鳳竹, 溪山, 道下, 銀灘, 平山, 九谷, 長月, 思陽, 文德, 台洛
栢谷面(백곡면)	石峴, 九水, 大門, 葛月, 兩白, 城大, 龍德, 明岩, 沙松
梨月面(이월면)	松林, 新溪, 長陽, 老院, 沙谷, 中山, 東城, 三龍, 新月, 美蠶, 沙堂, 內村
草坪面(초평면)	龍亭, 五甲, 中石, 畵山, 永九, 琴谷, 新通, 蓮潭, 隱岩, 陳岩, 龍山, 龍基

淸原郡(청원군)

內秀邑(내수읍)	馬山, 九城, 菊洞, 墨坊, 隱谷, 桃源, 楓井, 德岩, 荊東, 細橋, 飛上, 飛中, 楮谷, 牛山., 椒井, 鶴坪, 內秀, 新安, 源通, 立上, 立東
加德面(가덕면)	仁次, 靑龍, 杏亭, 三項, 菊田, 上垈, 蘆洞,桂山, 首谷, 柿洞, 屛岩, 金居, 內岩, 上野, 閑溪
江內面(강내면)	塔淵, 蓮亭, 弓峴, 猪山, 唐谷, 寺谷, 山壇, 台城, 多樂, 黃灘, 月灘, 石花, 俟仁, 月谷, 鶴天
江外面(강외면)	五松, 虎溪, 桑亭, 拱北, 蓮堤, 萬水, 雙淸, 宮坪, 東坪, 西坪, 峰山, 正中, 上鳳
南二面(남이면)	尺山, 外川, 尺北, 寺洞, 山幕, 飛龍, 九尾, 葛院, 八峰, 上鉢, 九岩, 石室, 石坂, 大連, 秀垈, 文東, 佳佐, 陽村, 駕馬
南一面(남일면)	孝村, 松岩, 黃淸, 文注, 銀杏, 斗山, 高隱, 雙樹, 花塘, 駕山, 新松, 佳中
琅城面(낭성면)	梨木, 官井, 歸來, 浩亭, 文博, 仁景, 葛山, 三山, 玄岩, 武城, 芝山, 楸亭
文義面(문의면)	米川, 上長, 蘆峴, 品谷, 斗毛, 桃源, 登洞, 南溪, 槐谷, 九龍, 山德, 文德, 所田, 後谷, 佳湖, 鹽峙, 妙岩, 馬東, 馬九, 文山, 德留, 薪垈,
米院面(미원면)	米院, 雙耳, 中, 九芳, 岐岩, 雲橋, 大德, 雲龍, 花源, 龍谷, 鍾岩, 大新, 禾倉,

	佳陽, 基岩, 壽山, 內山, 城坮, 雲岩, 玉花, 月龍, 錦寬, 漁岩, 桂院
芙蓉面(부용면)	芙江, 杏山, 山水, 文谷, 外川, 登谷, 蘆湖, 黔湖, 葛山
北二面(북이면)	新垈, 新基, 書堂, 大吉, 石花, 靈下, 仙岩, 虎鳴, 釜淵, 土城, 長才, 琴岩, 光岩, 松亭, 琴坮, 玉水, 內楸, 楸鶴, 長陽, 龍溪, 石城, 花上, 花下, 內屯, 大栗, 玄岩
梧倉面(오창면)	場垈, 呂川, 華山, 油, 日新 慕亭, 鶴巢, 院, 卜峴, 陽地, 倉, 主城, 松垈, 挑岩, 槐亭, 佳谷, 石隅, 上坪, 機岩, 塔, 農所, 新坪, 角, 陽青, 九龍, 星山, 厚基, 龍頭, 佳佐, 杜陵, 盛才, 栢峴, 花山, 中新
玉山面(옥산면)	烏山,德村, 新村, 歡喜, 東林, 金溪, 檣東, 沙亭, 水落, 樟南, 虎竹, 南村, 小魯, 國仕, 佳樂
賢都面(현도면)	鐥洞, 上三, 中三, 竹田, 友鹿, 時東, 下石, 老山, 達溪, 梅峰, 陽地, 中尺, 柿木, 竹岩

12. 慶尙北道

慶山市(경산시)

甲堤洞(갑제동)	桂陽洞(계양동)	南方洞(남방동)	內 洞(내 동)	大 洞(대 동)
大亭洞(대정동)	大坪洞(대평동)	栢泉洞(백천동)	巳 洞(사 동)	士亭洞(사정동)
三南洞(삼남동)	三北洞(삼북동)	三豊洞(삼풍동)	上方洞(상방동)	西上洞(서상동)
新校洞(신교동)	信川洞(신천동)	麗川洞(여천동)	玉谷洞(옥곡동)	玉山洞(옥산동)
油谷洞(유곡동)	林堂洞(임당동)	店村洞(점촌동)	正坪洞(정평동)	造永洞(조영동)
中方洞(중방동)	中山洞(중산동)	坪山洞(평산동)		

珍良邑(진량읍)	新上, 仙花, 甫仁, 鳳會, 北, 富基, 良基, 上林, 內里, 文川, 坪沙, 平沙, 多文, 阿沙, 柴門, 縣內, 麻谷, 廣石, 新堤, 大院, 東草, 雁村, 凰堤, 堂谷, 佳野
河陽邑(하양읍)	琴樂, 東西, 島里, 西沙, 沙器, 大谷, 校, 翰斯, 大鶴, 釜湖, 隱湖, 南河, 大鳥, 清泉, 陽地, 環上
南山面(남산면)	山陽, 慶, 藍谷, 葛旨, 坪基, 安心, 興政, 沙林, 蓮荷, 尤儉, 沙月, 松內, 早谷, 田旨, 盤谷, 上大, 下大, 仁興
南川面(남천면)	三省, 九日, 俠石, 山田, 大鳴, 申石, 金谷, 松栢, 新方, 興山, 院, 河圖
押梁面(압량면)	夫迪, 新垈, 押梁, 龍岩, 金龜, 賢興, 仁安, 儀松, 新村, 乃, 駕日, 唐音, 新月, 百安, 江西, 唐里
瓦村面(와촌면)	德村, 所月, 匙川, 溪堂, 上岩, 溪田, 東江, 博沙, 大閑, 新閒, 江鶴, 大同, 陰陽, 龍泉
龍城面(용성면)	堂里, 梅南, 內村, 外村, 道德, 孤竹, 美山, 古銀, 爭光, 德川, 松林, 釜堤, 谷新, 谷蘭, 龍山, 龍川, 大宗, 加尺, 龍田, 扶日
慈仁面(자인면)	北四, 東部, 西部, 校村, 邑川, 新島, 新官, 丹北, 蔚玉, 玉川, 元堂, 桂南, 鷄林, 日彦, 南村, 南新

慶州市(경주시)

光明洞(광명동)	校 洞(교 동)	九政洞(구정동)	九黃洞(구황동)	南山洞(남산동)
路東洞(노동동)	路西洞(노서동)	德 洞(덕 동)	道只洞(도지동)	東方洞(동방동)
東部洞(동부동)	東川洞(동천동)	馬 洞(마 동)	拜 洞(배 동)	排盤洞(배반동)
普門洞(보문동)	北軍洞(북군동)	北部洞(북부동)	沙正洞(사정동)	西部洞(서부동)
西岳洞(서악동)	錫杖洞(석장동)	城乾洞(성건동)	城東洞(성동동)	蓀谷洞(손곡동)
矢 洞(시 동)	時來洞(시래동)	薪坪洞(신평동)	暗谷洞(암곡동)	龍江洞(용강동)

栗　洞(율　동)　仁旺洞(인왕동)　朝陽洞(조양동)　進峴洞(진현동)　千軍洞(천군동)
忠孝洞(충효동)　塔　洞(탑　동)　坪　洞(평　동)　鰕　洞(하　동)　皇南洞(황남동)
隍城洞(황성동)　皇吾洞(황오동)　黃龍洞(황용동)　孝峴洞(효현동)

甘浦邑(감포읍)　甘浦, 五柳, 典洞, 典村, 虎洞, 魯洞, 八助, 羅亭, 坮本

乾川邑(건천읍)　乾川, 泉浦, 松仙, 薪坪, 龍明, 大谷, 花川, 牟梁, 芳內, 金尺, 棗田

安康邑(안강읍)　安康, 楊月, 六通, 老堂, 山垈, 玉山, 霞谷, 江橋, 斗流, 根溪, 甲山, 大洞, 檢丹, 士方, 青令

外東邑(외동읍)　入室, 九魚, 毛火, 汶山, 石溪, 鹿洞, 冷川, 提內, 北吐, 方於, 薪溪, 掛陵, 活城, 末方, 竹東, 開谷, 淵安

江東面(강동면)　仁洞, 毛西, 虎鳴, 吾琴, 旺信, 菊堂, 有琴, 良洞 , 安溪, 多山, 丹邱

內南面(내남면)　茸長, 蘆谷, 楡溪, 月山, 伊助, 鳧池, 德泉, 安心, 上辛, 朴達, 飛只, 花谷, 望星

山內面(산내면)　義谷, 乃日, 大賢, 日富, 新院, 外七, 牛羅, 甘山, 內七

西　面(서　면)　阿火, 道溪, 泉村, 棲梧, 深谷, 道里, 舍羅, 雲臺

陽南面(양남면)　下西, 環西, 水念, 新西, 瑞洞, 上溪, 新垈, 基邱, 石村, 石邑, 孝洞, 上羅, 羅山, 羅兒, 邑川

陽北面(양북면)　魚日, 臥邑, 龍洞, 權伊, 虎岩, 安洞, 獐項, 凡谷, 卄川, 松田, 竹田, 斗山, 龍堂, 九吉, 奉吉

川北面(천북면)　東山, 德山, 神堂, 毛兒, 吾也, 葛谷, 勿川, 聲池, 花山

見谷面(현곡면)　金丈, 上邱, 下邱, 柯亭, 南莎, 來台, 武科, 小見, 五柳, 羅原

龜尾市(구미시)

居依洞(거의동)　工團洞(공단동)　廣坪洞(광평동)　九坪洞(구평동)　龜浦洞(구포동)
金田洞(금전동)　南通洞(남통동)　道良洞(도량동)　逢谷洞(봉곡동)　釜谷洞(부곡동)
飛山洞(비산동)　沙谷洞(사곡동)　上毛洞(상모동)　善基洞(선기동)　善州洞(선주동)
松亭洞(송정동)　水店洞(수점동)　侍美洞(시미동)　新　洞(신　동)　新平洞(신평동)
陽湖洞(양호동)　吳太洞(오태동)　玉溪洞(옥계동)　元南洞(원남동)　元坪洞(원평동)
仁義洞(인의동)　臨洙洞(임수동)　林吳洞(임오동)　林隱洞(임은동)　芝山洞(지산동)
眞坪洞(진평동)　荊谷洞(형곡동)　黃桑洞(황상동)

高牙邑(고아읍)　官心, 尹禮, 吾老, 大望, 巴山, 新村, 凰山, 橫山, 外又, 內又, 元湖, 文星, 多食, 槐平, 松林, 鳳漢, 項谷, 禮江

善山邑(선산읍)　莞 田, 東部, 路上, 里門, 竹杖, 鳳谷, 浦上, 所才, 內古, 北山, 習禮, 鳳南, 校, 花鳥, 院, 禿同, 生谷, 新基

桃開面(도개면)　宮基, 加山, 東山, 龍山, 月林, 新谷, 新林, 道開, 多谷

舞乙面(무을면)　松三, 無愁, 五佳, 上松, 安谷, 茂等, 院, 栢子, 熊谷, 武夷

山東面(산동면)　積林, 東谷, 道中, 星水, 新堂, 鳳山, 林泉, 仁德, 栢峴, 松山

玉城面(옥성면)　注兒, 草谷, 農所, 九鳳, 玉冠, 山村, 台峰, 大院, 德村

長川面(장천면)　上場, 新長, 下場, 上林, 錦山, 五老, 默語, 汝南, 明谷

海平面(해평면)　洛成, 海平, 五相, 文良, 槐谷, 金山, 道文, 月湖, 金湖, 昌林, 松谷, 山陽, 月谷, 洛山, 一善

金泉市(김천시)

甘湖洞(감호동)　校　洞(교　동)　金山洞(금산동)　南山洞(남산동)　多壽洞(다수동)
大光洞(대광동)　德谷洞(덕곡동)　帽岩洞(모암동)　文唐洞(문당동)　白玉洞(백옥동)
富谷洞(부곡동)　三樂洞(삼락동)　城內洞(성내동)　新音洞(신음동)　陽川洞(양천동)
龍頭洞(용두동)　龍虎洞(용호동)　鷹鳴洞(응명동)　智佐洞(지좌동)　平和洞(평화동)
黃金洞(황금동)

牙浦邑(아포읍)　國士, 仁, 義, 禮, 智, 大新, 鳳山, 帝錫, 松川, 大聖

甘文面(감문면)　寶光, 金羅, 九野, 隱林, 道明, 文武, 南谷, 松北, 金谷, 三盛, 廣德, 德南, 台村, 星村, 大陽

甘川面(감천면)　光基, 龍虎, 武安, 道平, 金松

開寧面(개령면)　東部, 黃溪, 新龍, 德村, 西部, 楊川, 廣川, 藍田

龜城面(구성면)　上佐院, 夏江, 陽角, 興平, 松竹, 光明, 金坪, 九尾, 任坪, 林泉, 月溪, 馬山, 作乃, 龍虎, 上擧, 上院, 米坪

南　面(남　면)　玉山, 雲谷, 松谷, 月明, 扶桑, 梧鳳, 鳳川, 草谷, 龍田, 雲南

農所面(농소면)　月谷, 立石, 新村, 龍岩, 鳳谷, 延明, 老谷

大德面(대덕면)　館基, 蓮花, 德山, 外甘, 內甘, 加禮, 釣龍, 秋良, 花田, 文義, 臺, 中山

代項面(대항면)　香川, 雲水, 周禮, 大聖, 德田, 大龍, 福田

鳳山面(봉산면)　信, 仁義, 禮智, 德泉, 太和, 上金, 新岩, 廣川

釜項面(부항면)　沙等, 安磵, 斗山, 月谷, 魚田, 下垈, 海印, 大也, 巴川, 柳村, 新玉, 希谷, 智佐

禦侮面(어모면)　中旺, 玉栗 南山, 多男, 君子, 德馬, 求禮, 玉溪, 能治, 道岩, 東佐, 銀基

助馬面(조마면)　江曲, 新安, 壯岩, 新谷, 三山, 新旺, 大坊

甑山面(증산면)　柳城, 黃項, 釜項, 東安, 黃亭, 坪村, 修道, 金谷, 長田, 黃店

知禮面(지례면)　校, 上部, 大栗, 巨勿, 道谷, 觀德, 新坪, 泥田, 蔚谷, 汝培

聞慶市(문경시)

孔坪洞(공평동)	大成洞(대성동)	茅田洞(모전동)	佛井洞(불정동)	新機洞(신기동)
新興洞(신흥동)	永新洞(영신동)	牛池洞(우지동)	幽谷洞(유곡동)	允直洞(윤직동)
店村洞(점촌동)	中央洞(중앙동)	倉 洞(창 동)	興德洞(흥덕동)	

聞慶邑(문경읍) 上, 下, 校村, 堯城, 池谷, 馬院, 陳安, 各西, 上草, 下草, 古堯, 八靈, 唐浦, 葛坪, 龍淵, 平川, 中坪, 觀音

加恩邑(가은읍) 旺陵, 鵲泉, 葛田, 城底, 水曳, 泯池, 前谷, 城踰, 下槐, 猪音, 上槐, 竹門, 院北, 完章

籠岩面(농암면) 籠岩, 鍾谷, 連川, 宮基, 內西, 華山, 栗藪, 葛洞, 沙峴, 池洞, 仙谷

東魯面(동로면) 赤城, 石項, 魯隱, 生達, 鳴田, 水坪, 磨光, 仁谷, 碉松

麻城面(마성면) 茅谷, 新峴, 梧泉, 外於, 南湖, 上乃, 下乃, 鼎

山北面(산북면) 大上, 書中, 大下, 梨谷, 種谷, 內化, 藥石, 回龍, 加谷, 月川, 池內, 黑松, 巨山, 于谷, 石鳳, 金龍, 田頭, 虎岩, 蒼邱, 加佐, 昭野

山陽面(산양면) 佛岩, 存道, 鹿門, 縣, 富岩, 果谷, 兄川, 渭滿, 愚本, 辰井, 盤谷, 蓮沼, 松竹, 平地, 薪田, 鳳亭

永順面(영순면) 蟻谷, 金龍, 浦內, 沙斤, 錦林, 旺泰, 五龍, 達池, 梨木, 末應, 栗谷

虎溪面(호계면) 幕谷, 犬灘, 虎溪, 富谷, 仙岩, 芝泉, 加道, 龜山, 牛老, 鳳棲, 鱉岩

尙州市(상주시)

佳庄洞(가장동)	開雲洞(개운동)	巨洞洞(거동동)	溪山洞(계산동)	洛上洞(낙상동)
洛陽洞(낙양동)	南城洞(남성동)	南長洞(남장동)	南積洞(남적동)	冷林洞(냉림동)
道南洞(도남동)	蔓山洞(만산동)	武陽洞(무양동)	屛城洞(병성동)	釜院洞(부원동)
伏龍洞(복룡동)	書谷洞(서곡동)	西門洞(서문동)	西城洞(서성동)	城東洞(성동동)
城下洞(성하동)	新鳳洞(신봉동)	梁村洞(양촌동)	蓮院洞(연원동)	午臺洞(오대동)
外畓洞(외답동)	仁鳳洞(인봉동)	人坪洞(인평동)	竹田洞(죽전동)	中德洞(중덕동)
智川洞(지천동)	草山洞(초산동)	花開洞(화개동)	花山洞(화산동)	軒新洞(헌신동)
興角洞(흥각동)				

咸昌邑(함창읍) 舊鄕, 梧桐, 梧沙, 曾村, 校村, 羅汗, 大鳥, 允直, 德通, 尺洞, 胎封, 新興, 新德, 金谷, 下葛

恭儉面(공검면) 釜谷, 東幕, 屛岩, 五台, 楊亭, 力谷, 華洞, 栗谷, 曳丹, 支坪, 中所

功城面(공성면) 玉山, 金溪, 掌洞, 巨倉, 靈梧, 以花, 山玄, 平川, 茂谷, 龍安, 草梧, 仁昌, 龍新, 孝谷, 鳳山, 五廣, 于下, 申谷, 道谷

洛東面(낙동면) 上村, 分皇, 城洞, 新上, 花山, 內谷, 云坪, 飛龍, 龍浦, 水晶, 新梧, 柳谷, 升谷, 洛東, 長谷, 九潛, 物良
內西面(내서면) 綾岩, 新村, 北長, 古谷, 西灣, 西院, 洛西, 平地, 蘆柳
牟東面(모동면) 德谷, 梨洞, 龍湖, 琴川, 新川, 上板, 磻溪, 正陽, 新興, 壽峰
牟西面(모서면) 三浦, 道安, 召井, 大杓, 石山, 可幕, 芝山, 花峴, 得水, 白鶴, 井山, 好音
沙伐面(사벌면) 德潭, 元興, 杜陵, 木可, 德可, 龍潭, 墨上, 墨下, 梅俠, 梅湖, 退江, 嚴岩, 錦欣, 化達, 三德
外南面(외남면) 舊書, 召上, 新村, 松支, 欣坪, 素隱, 芝沙, 新上
外西面(외서면) 蓮峰, 官洞, 開谷, 伊川, 鳳岡, 柏田, 佳谷, 官峴 , 愚山, 泥村, 大田, 禮儀
銀尺面(은척면) 鳳中, 鳳上, 于基, 南谷, 文岩, 黃嶺, 下屹, 杜谷, 壯岩, 武陵
利安面(이안면) 良凡, 文昌, 安龍, 龜尾, 大峴, 雅川, 芝山, 黑岩, 小岩, 與物, 佳庄, 利安
中東面(중동면) 回上, 梧上, 竹岩, 肝上, 新岩, 金堂, 于勿
靑里面(청리면) 遠墻, 月老, 靑下, 靑上, 馬孔, 佳川, 下草, 水上, 德山, 栗, 三槐, 鶴下
化南面(화남면) 東觀, 坪溫, 壬谷, 中訥, 所谷
化東面(화동면) 以所, 仙橋, 板谷, 新村, 盤谷, 於山, 甫尾, 陽地, 平山
化北面(화북면) 龍遊, 壯岩, 上五, 立石, 中伐, 雲興
化西面(화서면) 新鳳, 上縣, 達川, 上龍, 錦山, 栗林, 鳳村, 池山, 上谷, 下松, 沙山

安東市(안동시)

廣石洞(광석동)	金谷洞(금곡동)	南門洞(남문동)	南部洞(남부동)	鷺下洞(노하동)
堂北洞(당북동)	大石洞(대석동)	東門洞(동문동)	東部洞(동부동)	明倫洞(명륜동)
木城洞(목성동)	法尙洞(법상동)	法興洞(법흥동)	北門洞(북문동)	三山洞(삼산동)
象牙洞(상아동)	西部洞(서부동)	石　洞(석　동)	城谷洞(성곡동)	松川洞(송천동)
松峴洞(송현동)	水上洞(수상동)	水下洞(수하동)	新世洞(신세동)	新安洞(신안동)
安奇洞(안기동)	安幕洞(안막동)	安興洞(안흥동)	玉　洞(옥　동)	沃野洞(옥야동)
玉井洞(옥정동)	龍上洞(용상동)	雲安洞(운안동)	雲興洞(운흥동)	栗世洞(율세동)
泥川洞(이천동)	亭上洞(정상동)	亭下洞(정하동)	泉里洞(천리동)	太華洞(태화동)
平和洞(평화동)	花城洞(화성동)			

豊山邑(풍산읍) 安郊, 上里, 下里, 水, 麻厓, 檜谷, 桂平, 幕谷, 壽谷, 魯, 竹田, 晩雲, 西薇, 新陽, 玄厓, 五美, 槐亭, 梅谷, 素山
吉安面(길안면) 泉旨, 晩陰, 栢子, 金谷, 松仕, 大寺, 古蘭, 默溪, 九水, 杯芳, 龍溪, 大谷, 縣下
南先面(남선면) 九尾, 梨泉, 申石, 新興, 道老, 峴內, 院林, 外下

南後面(남후면) 光音, 武陵, 皆谷, 儉岩, 古下, 古上, 上阿, 下阿, 丹湖
祿轉面(녹전면) 新平, 葛峴, 梅井, 元川, 沙川, 祿來, 竹松, 九松, 四新, 西三
陶山面(도산면) 土溪 汾川, 宜村, 遠川, 丹川, 佳松, 太子, 溫惠, 雲谷, 宜一, 東部, 西部, 宣陽
北後面(북후면) 瓮泉,場基, 道村, 梧山, 道津, 勿閑, 蓮谷, 斗山, 月田, 薪田, 石塔, 大峴
西後面(서후면) 廣平, 苧田, 台庄, 二松川, 金溪, 城谷, 耳開, 校, 鳴, 大豆西, 者品
禮安面(예안면) 山, 棄仕, 美質, 道木, 舟津, 川前, 浮浦, 歸團, 台谷, 九龍, 桂谷, 三溪, 東川, 道村, 新南, 仁溪
臥龍面(와룡면) 中佳邱, 佳邱, 山野, 周溪, 佳野, 池內, 台, 西枝, 伊下, 伊上, 周下, 甘厓, 西峴, 道谷, 浙江, 加流, 羅所, 烏川
一直面(일직면) 龜尾, 九川, 望湖, 院, 光淵, 明津, 坪八, 龍角, 菊谷, 造搭, 松里, 遠湖, 雲山
臨東面(임동면) 中坪, 水谷, 朴谷, 高川, 葛田, 馬嶺, 渭, 大谷, 枝, 馬, 沙月, 輞川
臨河面(임하면) 臨河, 川前, 楸木, 新德, 琴韶, 古谷, 梧垈, 老山
豊川面(풍천면) 葛田, 道陽, 九潭, 廣德, 箕山, 申城, 九湖, 屛山, 河回, 佳谷, 漁潭, 錦溪, 仁今

榮州市(영주시)

可興洞(가흥동) 古峴洞(고현동) 文亭洞(문정동) 上望洞(상망동) 上茁洞(상줄동)
阿芝洞(아지동) 榮州洞(영주동) 赤西洞(적서동) 槽岩洞(조암동) 助臥洞(조와동)
昌津洞(창진동) 下望洞(하망동) 休川洞(휴천동)
豊基邑(풍기읍) 城內, 東部, 西部, 昌樂, 金鷄, 白, 校村, 白新, 味谷, 三街, 水鐵, 山法, 郁錦, 前邱
丹山面(단산면) 玉帶, 屛山, 馬落, 丹谷, 坐石, 東元, 沙川, 九邱
文殊面(문수면) 赤東, 繩門, 萬芳, 權先, 月呼, 伐賜, 炭山, 水島, 助梯
鳳峴面(봉현면) 梧峴, 斗山, 大村, 寒泉, 魯佐, 柳田, 下村
浮石面(부석면) 韶川, 南大, 北枝, 林谷, 魯谷, 龍岩, 愚谷, 上石, 甘谷, 寶溪
順興面(순흥면) 邑內, 台庄, 池洞, 石橋, 內竹, 靑邱, 裵店, 德峴
安定面(안정면) 新田, 生峴, 鳳岩, 龍山, 汝勒, 墨, 內茁, 逸園, 安心, 甕岩, 丹村, 大坪, 梧溪, 東村
伊山面(이산면) 院里, 新岩, 池洞, 石浦, 龍上, 新川, 雲文, 內林, 斗月
長壽面(장수면) 盤邱, 豆田, 葛山, 芭芝, 星谷, 花岐, 小龍, 好文
平恩面(평은면) 金光, 平恩, 江東, 芝谷, 梧云, 川本, 龍穴

永川市(영천시)

果田洞(과전동) 槐淵洞(괴연동) 校村洞(교촌동) 金老洞(금로동) 錄田洞(녹전동)

大田洞(대전동)	道南洞(도남동)	道　洞(도　동)	道林洞(도림동)	望亭洞(망정동)
梅山洞(매산동)	門內洞(문내동)	門外洞(문외동)	泛魚洞(범어동)	本村洞(본촌동)
鳳　洞(봉　동)	瑞山洞(서산동)	城內洞(성내동)	新基洞(신기동)	雙溪洞(쌍계동)
也史洞(야사동)	彦河洞(언하동)	五味洞(오미동)	五樹洞(오수동)	完山洞(완산동)
鵲山洞(작산동)	早橋洞(조교동)	倉邱洞(창구동)	采新洞(채신동)	化龍洞(화룡동)

琴湖邑(금호읍) 橋垈, 德城, 成川, 大美, 石蟾, 元堤, 冷泉, 新月, 鳳竹, 官亭, 凰亭, 龜岩, 藥南, 大谷, 湖南, 魚隱, 五溪, 元基, 新垈, 南星, 三湖

古鏡面(고경면) 海仙, 丹浦, 倉下, 大儀, 倉上, 大成, 五柳, 古道, 釜, 龍田, 道岩, 上梨, 鶴, 前沙, 東道, 次堂, 三歸, 草日, 上德, 柯樹, 石溪, 三山, 三浦, 五龍, 德岩, 淸亭, 巴溪, 七田, 德井, 論瑟

大昌面(대창면) 大昌, 直川, 雲川, 龍田, 於方, 五吉, 龍湖, 新光, 助谷, 求芝, 大才, 沙里, 江回, 屛岩

北安面(북안면) 林浦, 上, 堂, 北, 道有, 明珠, 龍溪, 新垈, 新里, 孝, 道川, 玉泉, 書堂, 庫旨, 磻溪, 自浦, 新村, 冠, 元堂, 內浦, 半亭, 松浦, 柳下, 柳上

新寧面(신령면) 花城, 富山, 華西, 華南, 旺山, 梅陽, 莞田, 新德, 蓮亭, 佳泉, 雉山

臨皐面(임고면) 良巷, 仙源, 德淵, 三梅, 平泉, 良坪, 黃岡, 曉, 金大, 莎, 守城, 愚巷, 古川, 梅湖

紫陽面(자양면) 聖谷, 龍化, 龍山, 魯巷, 新坊, 三龜, 忠孝, 道日, 普賢

淸通面(청통면) 治日, 虎堂, 牛川, 甫城, 新德, 大平, 竹井, 松川, 院村, 新鶴, 愛蓮, 桂浦, 桂芝, 龍川, 新源

華南面(화남면) 三昌, 琴湖, 竹谷, 新湖, 沙川, 大川, 仙川, 龜湖, 安川, 溫川, 龜田, 龍溪, 月谷

華北面(화북면) 慈川, 玉溪, 立石, 龍沼, 法華, 下松, 上松, 竹田, 正覺, 橫溪, 公德, 梧桐, 梧山

花山面(화산면) 柳星, 德岩, 大安, 孝亭, 唐池, 花山, 佳上, 大基, 岩基, 三釜, 石村, 堂谷, 蓮溪, 富溪, 龍坪

浦項市(포항시) 南　區(남　구)

槐　洞(괴　동)	大島洞(대도동)	大岑洞(대잠동)	東村洞(동촌동)	上島洞(상도동)
松內洞(송내동)	松島洞(송도동)	松亭洞(송정동)	梨　洞(이　동)	仁德洞(인덕동)
日月洞(일월동)	長興洞(장흥동)	芝谷洞(지곡동)	靑林洞(청림동)	海島洞(해도동)
虎　洞(호　동)	孝子洞(효자동)			

九龍浦邑(구룡포읍) 九龍浦, 三政, 石屛, 城洞, 邱坪, 長吉, 河亭, 柄浦, 厚洞, 訥台

延日邑(연일읍) 生旨, 槐亭, 東門, 柳江, 自明, 鶴田, 中明, 中丹, 達田, 宅前, 仁珠, 牛伏, 烏川

烏川邑(오천읍) 院, 文德, 恒沙, 葛坪, 文忠, 陳田, 世界, 龍德, 舊政, 龍山, 光明

大甫面(대보면) 江沙, 大甫, 九萬, 大冬背

大松面(대송면) 南城, 公須, 長洞, 山余, 代覺, 松洞, 玉明, 洪溪, 堤內

東海面(동해면) 都邱, 藥田, 新亭, 林谷, 石, 立岩, 興串, 中興, 發山, 金光, 馬山, 上政, 中山, 孔堂

長鬐面(장기면) 邑內, 馬峴, 琴谷, 新倉, 良浦, 溪院, 水城, 林中, 芳山, 金吾, 大津, 牟浦, 鶴谷, 新溪, 倉旨, 靈岩, 斗院, 西村, 鶴溪, 大谷, 竹井, 井泉, 山西

浦項市(포항시) 北 區 (북 구)

南濱洞(남빈동) 大新洞(대신동) 大興洞(대흥동) 德山洞(덕산동) 德壽洞(덕수동)
東濱洞(동빈동) 斗湖洞(두호동) 得良洞(득량동) 上元洞(상원동) 新興洞(신흥동)
良德洞(양덕동) 汝南洞(여남동) 餘川洞(여천동) 龍興洞(용흥동) 牛峴洞(우현동)
長城洞(장성동) 竹島洞(죽도동) 中央洞(중앙동) 昌浦洞(창포동) 鶴山洞(학산동)
鶴岑洞(학잠동) 港口洞(항구동) 環湖洞(환호동)

興海邑(흥해읍) 梅山, 北松, 馬山, 藥城, 學城, 玉城, 中城, 望泉, 南松, 龍汗, 牛目, 曲江, 竹川, 龍谷, 兩白, 德成, 德壯, 龍田, 金壯, 興安, 七浦, 南城, 城內, 龍泉, 草谷, 鶴川, 城谷, 里仁, 大蓮, 烏島

杞溪面(기계면) 縣內, 芝柯, 鳳溪, 高旨, 文星, 鶴野, 星溪, 奈丹, 禾垈, 美峴, 仁庇, 九旨, 駕安, 南溪, 桂田, 禾峰

杞北面(기북면) 冠川, 大谷, 栗山, 龍基, 吾德, 塔亭, 省法

松羅面(송라면) 上松, 下松, 中山, 光川, 祖師, 芳石, 華津, 大田, 地境

新光面(신광면) 冷水, 興谷, 牛角, 上邑, 士城, 竹城, 士亭, 安德, 馬北, 萬石, 盤谷, 基日, 虎

竹長面(죽장면) 佳士, 梅峴, 針谷, 立岩, 日光, 芝洞, 亭子, 甘谷, 上舍, 下舍, 石溪, 合德, 月坪, 方興, 縣內, 鳳溪, 斗麻, 上玉, 下玉

清河面(청하면) 德成, 德泉, 美南, 筆花, 龍頭, 月浦, 方魚, 二加, 青津, 新興, 蘇洞, 古縣, 下大, 上大, 西井, 鳴安, 柳溪, 清溪

高靈郡(고령군)

高靈邑(고령읍) 快賓, 古衙, 軒門, 場基, 延詔, 池山, 本館, 楮田, 內上, 新, 中化, 內谷, 外

開津面(개진면) 開浦, 良田, 盤雲, 新安, 直, 吾士, 九谷, 玉山, 釜, 省, 仁安

茶山面(다산면) 平里, 湖村, 藿村, 上谷, 座鶴, 月城, 蘆谷, 羅亭, 伐知, 松谷

德谷面(덕곡면) 禮, 加倫, 元松, 老, 玉溪, 白, 龍興, 本里, 盤城, 後岩

雙林面(쌍림면) 貴院, 松林, 山塘, 栢山, 下車, 新村, 山州, 梅村, 合伽, 新谷, 平地, 安和, 安林, 高谷, 月幕, 龍

星山面(성산면) 於谷, 得成, 三大, 午谷, 江亭, 茂溪, 朴谷, 大興, 龍沼, 上龍, 高呑, 旗足, 箕山, 沙鳧

牛谷面(우곡면) 桃津, 禮谷, 畓谷, 鳳山, 浦, 月塢, 大谷, 客基, 蓮, 沙田, 野亭, 涑, 沙村

雲水面(운수면) 鳳坪, 大坪, 新間, 法, 柳, 八山, 雲山, 月山, 花岩

軍威郡(군위군)

軍威邑(군위읍) 東部, 西部, 金鳩, 武成, 水西, 社稷, 內良, 外良, 大興, 鈒嶺, 大北, 梧谷, 政, 下谷, 龍臺, 上谷, 廣峴

古老面(고로면) 鶴城, 華水, 華北, 槐山, 長谷, 仁谷, 陽地, 樂田, 加岩, 石山, 鶴岩

缶溪面(부계면) 昌平, 佳湖, 春山, 明山, 大栗, 東山, 南山, 新花

山城面(산성면) 花本, 白鶴, 三山, 鳳林, 武岩, 雲山, 花田

召保面(소보면) 松院, 沙里, 寶峴, 福星, 渭城, 達山, 新溪, 桃山, 西京, 平湖, 山法, 來儀, 鳳凰, 鳳韶

友保面(우보면) 梨花, 羅湖, 杜北, 仙谷, 美城, 毛山, 文德, 達山, 鳳山

義興面(의흥면) 邑內, 芭田, 新德, 水北, 水西, 梨枝, 芝湖, 蓮桂, 梅城, 錦陽, 元山

孝令面(효령면) 中九, 老杏, 梧川, 城, 竝水, 不老, 內梨, 場基, 高谷, 梅谷, 將軍, 巨梅, 錦梅, 花溪, 馬嘶

奉化郡(봉화군)

奉化邑(봉화읍) 乃城, 三溪, 酉谷, 巨村, 石坪, 海底, 赤德, 花川, 都村, 文丹

明湖面(명호면) 刀川, 三洞, 陽谷, 高甘, 豊湖, 古界, 北谷, 管漲

法田面(법전면) 法田, 楓井, 尺谷, 召川, 訥山, 於旨, 小池

鳳城面(봉성면) 鳳城, 鳳陽, 外三, 昌坪, 桐陽, 金峰, 愚谷

物野面(물야면) 梧麓, 佳坪, 皆丹, 梧田, 鴨洞, 斗文, 水息, 北枝

詳雲面(상운면) 佳谷, 雲溪, 文村, 下訥, 吐日, 九川, 雪梅, 新羅

石浦面(석포면) 石浦, 大峴, 承富

小川面(소천면) 縣洞, 古善, 林基, 斗音, 西川, 南回龍, 汾川

才山面(재산면) 縣洞, 南面, 東面, 葛山, 上里

春陽面(춘양면) 宜陽, 鶴山, 西洞, 石峴, 艾堂, 道心, 西碧, 牛口峙, 小魯

星州郡(성주군)

星州邑(성주읍) 京山, 大興, 大皇, 星山, 三山, 鶴山, 錦山, 禮山, 栢田, 龍山

伽泉面(가천면)　倉泉, 花竹, 東元, 馬水, 法田, 新界, 龍沙, 金鳳, 中山

金水面(금수면)　廣山, 明川, 漁隱, 厚平, 鳳頭, 舞鶴, 芩川

大家面(대가면)　玉星, 七峰, 龍興, 興山, 玉蓮, 金山, 玉花, 大川, 道南

碧珍面(벽진면)　樹村, 鳳溪, 梅水, 外基, 鳳鶴, 龍岩, 紫山, 雲亭, 伽岩

船南面(선남면)　官花, 龍新, 道興, 仙源, 巢鶴, 道成, 東岩, 柳西, 翠谷, 新夫, 星元, 文方, 吾道, 明浦, 壯學

修倫面(수륜면)　新坡, 白雲, 赤松, 鳳陽, 新亭, 水成, 松溪, 修倫, 聖, 午川, 溪亭, 南隱, 甫月, 鵲隱

龍岩面(용암면)　龍亭, 德坪, 本里, 上彦, 仙松, 龍溪, 泗谷, 東洛, 基山, 雲山, 文明, 中巨, 麻月, 溪上, 大鳳, 上新, 竹田

月恒面(월항면)　安浦, 大山, 柳月, 龍角, 甫岩, 長山, 水竹, 池方, 仁村

草田面(초전면)　大獐, 七仙, 龍星, 文德, 紫陽, 高山, 月谷, 韶成, 龍鳳, 鳳亭, 東浦, 漁山

盈德郡(영덕군)

盈德邑(영덕읍)　右谷, 南石, 九美, 華開, 德谷, 川前, 南山, 華水, 三溪, 梅亭, 石, 老勿, 烏保, 大灘, 菖浦, 大夫, 華川

江口面(강구면)　江口, 烏浦, 三思, 花田, 上直, 元直, 小月, 錦湖, 下渚, 金津

南亭面(남정면)　長沙, 阜境, 晦, 洋城, 鳳田, 爭岩, 士岩, 道川, 羽谷, 中禾, 南亭, 南湖, 龜溪, 元尺, 富興

達山面(달산면)　大枝, 龍坪, 梅日, 興基, 周應, 玉山, 仁谷, 龍田, 德山, 鳳山, 玉溪

柄谷面(병곡면)　柄谷, 三邑, 金谷, 白石, 榮, 居無役, 牙谷, 遠黃, 伊川, 角里, 沙川, 新坪, 松川, 德川

寧海面(영해면)　城內, 槐市, 大津, 糸津, 蓮坪, 閥榮, 元邱, 畝谷, 大

知品面(지품면)　新安, 三和, 午泉, 新陽, 訥谷, 龍德, 松 川, 洛坪, 粟谷, 栗田, 道溪, 玉柳, 信愛, 院前, 壽岩, 洑谷, 知品, 其思, 黃腸

蒼水面(창수면)　新基, 仁良, 佳山, 新里, 葛川, 蒼水, 美谷, 梧村, 三溪, 水, 仁川, 寶林, 栢青

丑山面(축산면)　陶谷, 古谷, 上元, 釜谷, 七星, 鳥項, 大谷, 奇岩, 丑山, 景汀

英陽郡(영양군)

英陽邑(영양읍)　東部, 西部, 黃龍, 縣, 前谷, 甘川, 三池, 下元, 上元, 舞鶴, 大川, 化川, 茂蒼, 羊邱, 岐山

石保面(석보면)　院里, 地境, 玉溪, 素溪, 畓谷, 新坪, 宅田, 花梅, 葡山, 三宜, 腰院, 洪溪, 做南

首比面(수비면) 發里, 桂, 五基, 新院, 水下, 新岩, 竹坡, 松下, 本新

日月面(일월면) 道溪, 注谷, 佳谷, 道谷, 梧里, 龍化, 門岩, 七星, 佳川, 剡村, 曲江

立岩面(입암면) 新邱, 良項, 蓮塘, 琴鶴, 大泉, 新泗, 山海, 橋, 三山, 屛玉, 老達, 方田, 興邱

青杞面(청기면) 青杞, 苧, 上青, 九梅, 正足, 土谷, 土邱, 山雲, 唐, 寺, 幾浦, 無盡, 杏花

醴泉郡(예천군)

醴泉邑(예천읍) 路下, 路上, 栢田, 南本, 東本, 西本, 大心, 石井, 池內, 上, 淸福, 高坪, 旺新, 葛九, 通明, 愚溪, 生川, 龍山

甘泉面(감천면) 浦, 德栗, 官峴, 泉香, 眞坪, 閼芳, 美石, 敦山, 西, 大麥, 水閑, 縣內, 增巨, 獐山, 馬村

開浦面(개포면) 新陰, 琴, 京津, 冬松, 楓井, 伊泗, 牛甘, 佳谷, 黃山, 長松, 立岩, 葛麻

普門面(보문면) 眉湖, 新月, 友來, 山城, 繩本, 澗芳, 五信, 首溪, 玉泉, 篤陽, 基谷, 鵲谷, 烏岩

上里面(상리면) 道村, 沙谷, 鳴鳳, 龍頭, 斗星, 草項, 古項, 白石, 石墓, 甫谷

龍宮面(용궁면) 邑部, 琴南, 佳野, 武夷, 鄕石, 大隱, 舞紙, 山澤, 月梧, 松岩, 德溪

龍門面(용문면) 上金谷, 下金谷, 省峴, 德新, 芳松, 蘆沙, 九溪, 竹林, 直, 杜川, 沙夫, 內地, 院流, 仙, 能川, 渚谷, 大渚, 下鶴

柳川面(유천면) 佳, 花枝, 孤山, 星坪, 廣田, 蓀基, 水深, 松田, 中坪, 竹岸, 麻川, 花田, 沙谷, 高林, 松芝, 栗峴, 梅山, 蓮泉, 龍岩, 草笛

知保面(지보면) 所華, 麻田, 知保, 道庄, 道化, 新豊, 大竹, 岩川, 漁薪, 松坪, 首月, 上月, 晩華, 梅倉, 馬山

豊壤面(풍양면) 洛上, 憂忘, 青谷, 欣孝, 興川, 青雲, 河豊, 三江, 梧枝, 豊申, 槐堂, 高山, 孝葛, 公德, 臥龍

下里面(하리면) 愚谷, 塔, 東沙, 殷山, 松月, 金谷, 五柳, 栗谷, 芙草, 矢項

虎鳴面(호명면) 浯川, 本浦, 原谷, 松谷, 金陵, 閑漁, 淡岩, 稷山, 本, 衡湖, 黃池, 白松, 山合, 宗山, 月浦, 內新

鬱陵郡(울릉군)

鬱陵邑(울릉읍) 道洞, 苧洞, 沙洞, 獨島

北　面(북　면) 天府, 羅里, 玄圃

西　面(서　면) 南陽, 南西, 台霞

蔚珍郡(울진군)

蔚珍邑(울진읍) 邑內, 邑南, 蓮池, 溫洋, 明道, 古城, 湖月, 井林, 新林, 大興

平海邑(평해읍) 平海, 鶴谷, 三達, 梧谷, 月松, 直山, 巨逸

近南面(근남면) 老音, 守山, 杏谷, 水谷, 九山, 進福, 山浦
箕城面(기성면) 尺山, 箕城, 沙洞, 望洋, 三山, 芳栗, 梨坪, 茶川, 正明, 黃堡, 邱山, 峰山
北　面(북　면) 富邱, 羅谷, 劍城, 周仁, 德邱, 新花, 古木, 德川, 下塘, 上塘, 斗川, 沙溪, 蘇谷
西　面(서　면) 三斤, 下院, 王避, 雙田, 召光,前谷, 廣回
溫井面(온정면) 蘇台, 溫井, 德山, 金川, 廣品, 仙邱, 外仙味, 操琴, 德仁
遠南面(원남면) 梅花, 金梅, 烏山, 德新, 新興, 基陽, 葛綿, 吉谷
竹邊面(죽변면) 竹邊, 後亭, 化城, 鳳坪
厚浦面(후포면) 厚浦, 三栗, 金音

義城郡(의성군)

義城邑(의성읍) 帿竹, 中里, 上里, 道東, 道西, 致仙, 五老, 飛鳳, 八城, 龍淵, 元堂, 鐵坡, 業
佳音面(가음면) 長, 梨, 陽地, 佳山, 龜川, 蓴湖, 縣里
龜川面(구천면) 酉山, 渭城, 慕興, 長局, 小湖, 龍蛇, 內山, 美泉, 造成, 靑山
金城面(금성면) 大里, 塔里, 鶴尾, 堤梧, 雲谷, 晩川, 霞, 草田, 龜蓮, 明德, 道境, 開日, 靑路, 山雲, 水浮
多仁面(다인면) 西陵, 山內, 佳院, 松湖, 陶岩, 平林, 德池, 德彌, 陽西, 龍谷, 鳳井, 達堤, 三汾, 外井, 申樂, 龍武
丹密面(단밀면) 涑岩, 龍谷, 渭中, 注仙, 書堤, 八嶝, 生松, 洛井
丹北面(단북면) 二連, 魯淵, 井安, 連堤, 星岩, 孝堤, 新下
丹村面(단촌면) 下禾, 細村, 上禾, 觀德, 併方, 後坪, 龜溪, 方下, 長林
鳳陽面(봉양면) 花田, 三山, 藏待, 豊里, 龜山, 新坪 , 桃源, 沙阜, 龜尾, 吉泉, 文興, 粉吐, 安坪
比安面(비안면) 二杜, 東部, 西部, 玉淵, 龍川, 龍南, 外谷, 自樂, 現山, 山堤, 花新, 雙溪, 道巖, 長春
舍谷面(사곡면) 陽地, 陰地, 梧上, 新甘, 梅谷, 孔亭, 禾全, 新里, 作承, 土峴
新平面(신평면) 橋安, 龍峯, 中栗, 淸雲, 檢谷, 德峯
安溪面(안계면) 龍基, 土每, 渭陽, 校村, 安定, 鳳陽, 道德, 陽谷, 柿安
安寺面(안사면) 安寺, 中河, 萬里, 新水, 月沼, 雙湖
安平面(안평면) 朴谷, 倉吉, 槐山, 石塔, 新月, 新安, 大司, 都玉, 馬轉, 箕道, 金谷, 河寧, 三春
玉山面(옥산면) 九城, 亭子, 甘溪, 實業, 五柳, 金鳳, 金鶴, 全興, 立岩, 新溪
點谷面(점곡면) 西邊, 黃龍, 龜岩, 鳴驢, 東邊, 沙村, 松內, 尹巖
春山面(춘산면) 玉井, 金梧, 新興, 大沙, 錦泉, 永溪, 思美, 孝仙

清道郡(청도군)

清道邑(청도읍) 高樹, 松邑, 舞等, 德岩, 內, 安仁, 雲山, 釜也, 元井, 龜尾, 月谷, 院, 巨淵, 楡

	湖, 新道, 上, 平陽, 內湖, 陰地, 初峴, 沙村
華陽邑(화양읍)	東上, 西上, 新奉, 校村, 東川, 古坪, 所羅, 合川, 凡谷, 松北, 訥彌, 柳等, 土坪, 茶路, 陳羅, 三新, 松金
角南面(각남면)	禮里, 七星, 華, 日谷, 九谷, 玉山, 咸博, 沙, 新堂, 鹿鳴
角北面(각북면)	三坪, 明大, 牛山, 南山, 德村, 芝瑟, 金川, 梧山
錦川面(금천면)	東谷, 四田, 金田, 葛旨, 小川, 芳旨, 林塘, 薪旨, 珀谷, 梧鳳
梅田面(매전면)	東山, 南陽, 堂湖, 金谷, 北旨, 錦川, 龍山, 溫幕, 好化, 長淵, 禮田, 內, 紙田, 松元, 龜村, 下坪, 上坪, 館下, 德山, 杜谷
雲門面(운문면)	大川, 蓴池, 芳音, 梧津, 新院, 西芝, 孔岩, 芝村, 鳳下, 亭上, 馬日, 芳旨
伊西面(이서면)	鶴山, 七葉, 大田, 佳琴, 九羅, 書院, 角溪, 水也, 琴村, 興善, 文宙, 古哲, 陽院, 新村, 七谷, 大谷, 八助
豊角面(풍각면)	松西, 鳳岐, 縣里, 聖谷, 水月, 花山, 金谷, 安山, 黑石, 月峰, 車山, 德陽

青松郡(청송군)

青松邑(청송읍)	月幕, 德, 金谷, 青雲, 松生, 橋, 巨大, 月外, 釜谷
府南面(부남면)	大前, 甘淵, 洪源, 下涑, 九川, 花場, 泥峴, 中基, 陽宿
府東面(부동면)	梨田, 上坪, 池, 下宜, 上宜, 扶日, 新店, 內龍, 羅, 項
安德面(안덕면)	明堂, 甘隱, 長田, 文居, 薪城, 斤谷, 老萊, 高臥, 福, 德城, 聖才, 紙所
珍寶面(진보면)	眞安, 理村, 後坪, 合江, 基谷, 楸峴, 釜谷, 世長, 廣德, 角山, 月田, 時良, 高峴, 新村, 槐亭
巴川面(파천면)	官, 中坪, 德川, 新興, 新基, 地境, 丙夫, 皇木, 魚川, 松江, 瓮店
縣東面(현동면)	道坪, 巨城, 訥仁, 月梅, 開日, 昌陽, 印支
縣西面(현서면)	九山, 栢子, 水洛, 武溪, 葛川, 月亭, 道, 慕溪, 泉川, 和睦, 沙村, 德溪, 豆峴

漆谷郡(칠곡군)

倭館邑(왜관읍)	倭館, 石田, 梅院, 三淸, 鳳溪, 錦山, 洛山, 錦南, 牙谷
架山面(가산면)	多富, 金華, 架山, 鷹秋, 龍峀, 泉坪, 松鶴, 審谷, 鶴下, 鶴上, 鶴山, 石隅
岐山面(기산면)	竹田, 平福, 永, 杏亭, 鳳山, 角山, 老石
東明面(동명면)	錦岩, 松山, 柯川, 鶴鳴, 南元, 得明, 箕聖, 九德, 鳳岩
北三面(북삼면)	栗, 漁蘆, 甫遜, 崇烏, 仁坪, 吾坪
石積面(석적면)	浦南, 中, 南栗, 城谷, 中旨, 磻溪, 望亭, 道開
若木面(약목면)	福星, 東安, 南溪, 校, 德山, 茂林, 觀湖
枝川面(지천면)	新, 松亭, 錦湖, 蓮花, 達西, 百雲, 昌平, 深川, 德山, 永梧, 梧山, 龍山, 蓮湖, 樂山, 黃鶴

13. 慶尙南道

巨濟市(거제시)

菱浦洞(능포동) 杜母洞(두모동) 麻田洞(마전동) 鵝陽洞(마전동) 鵝州洞(아주동)
玉浦洞(옥포동) 長承浦洞(장승포동)

新縣邑(신현읍) 古縣, 長坪, 上東, 門東, 三巨, 水月, 良井
巨濟面(거제면) 西上, 東上, 西亭, 南洞, 烏首, 法東, 小浪, 內看, 外看, 玉山, 明珍
南部面(남부면) 猪仇, 塔浦, 多浦, 多大, 乫串
東部面(동부면) 山陽, 山村, 九川, 富春, 五松, 加背, 栗浦, 鶴洞
屯德面(둔덕면) 下屯, 上屯, 柿木, 巨林, 山芳, 芳下, 於九, 逑亦, 鶴山
沙等面(사등면) 城浦, 沙谷, 沙等, 支石, 靑谷, 烏良, 德湖, 倉湖
延草面(연초면) 竹土, 汗內, 烏飛, 烟沙, 茶貢, 德峙, 明洞, 梨木, 泉谷, 松亭
一運面(일운면) 知世浦, 望峙, 舊助羅, 臥峴, 小洞, 玉林
長木面(장목면) 長木, 冠浦, 松眞浦, 農所, 柳湖, 舊永, 栗川, 大錦, 外浦, 矢方
河淸面(하청면) 河淸, 石浦, 德谷, 柳溪, 實田, 於溫, 大谷, 蓮龜

金海市(김해시)

江　洞(강　동) 龜山洞(구산동) 內　洞(내　동) 大城洞(대성동) 東上洞(동상동)
明法洞(명법동) 鳳凰洞(봉황동) 府院洞(부원동) 佛岩洞(불암동) 三溪洞(삼계동)
三芳洞(삼방동) 三政洞(삼정동) 西上洞(서상동) 安　洞(안　동) 漁防洞(어방동)
二　洞(이　동) 外　洞(외　동) 田下洞(전하동) 池內洞(지내동) 豊留洞(풍류동)
花木洞(화목동) 興　洞(흥　동)

進永邑(진영읍) 牛洞, 荷溪, 芳洞, 舍山, 佐昆, 進永, 余來, 本山, 新龍, 雪倉, 內龍, 竹谷, 蟻田
大東面(대동면) 水安, 酒中, 酒洞, 禮安, 草亭, 槐井, 大甘, 德山, 月村, 烏訥
上東面(상동면) 大甘, 梅, 甘露, 余次, 右溪, 墨方
生林面(생림면) 羅田, 沙村, 鳳林, 生林, 馬沙, 生鐵, 安養, 都要
長有面(장유면) 柳下, 內德, 釜谷, 茂溪, 新文, 三文, 大淸, 官洞, 栗下, 長有, 應達, 水佳
酒村面(주촌면) 仙池, 元支, 德岩, 泉谷, 內三, 良洞, 望德, 農所
進禮面(진례면) 晴川, 時禮, 松亭, 棗田, 新安, 山本, 新月, 松峴, 淡安, 古慕
翰林面(한림면) 明洞, 退來, 屛洞, 新泉, 龍德, 安谷, 安下, 長方, 턱山, 佳洞, 佳山, 金谷

馬山市(마산시)

架浦洞(가포동) 校坊洞(교방동) 校原洞(교원동) 龜岩洞(구암동) 南城洞(남성동)

臺內洞(대내동)	大城洞(대성동)	臺外洞(대외동)	大昌洞(대창동)	德東洞(덕동동)
東城洞(동성동)	斗月洞(두월동)	斗尺洞(두척동)	文化洞(문화동)	半月洞(반월동)
鳳岩洞(봉암동)	富林洞(부림동)	山湖洞(산호동)	上南洞(상남동)	西城洞(서성동)
石田洞(석전동)	城湖洞(성호동)	壽城洞(수성동)	新月洞(신월동)	新昌洞(신창동)
新浦洞(신포동)	新興洞(신흥동)	陽德洞(양덕동)	禮谷洞(예곡동)	午東洞(오동동)
玩月洞(완월동)	牛山洞(우산동)	月南洞(월남동)	月影洞(월영동)	月浦洞(월포동)
柳錄洞(유록동)	玆山洞(자산동)	將軍洞(장군동)	中城洞(중성동)	中央洞(중앙동)
倉 洞(창 동)	昌浦洞(창포동)	清溪洞(청계동)	騶山洞(추산동)	平和洞(평화동)
合城洞(합성동)	海雲洞(해운동)	縣 洞(현 동)	弘文洞(홍문동)	花英洞(화영동)
檜城洞(회성동)	檜原洞(회원동)			

內西邑(내서읍) 安城, 平城, 虎溪, 龍潭, 中, 上谷, 元溪, 三溪, 新甘, 甘泉

龜山面(구산면) 柳山, 麻田, 石谷, 水晶, 內浦, 玉溪, 盤洞, 龜伏, 深, 藍浦

鎭東面(진동면) 古縣, 新基, 社洞, 鎭東, 蔘場, 多求, 校洞, 仁谷, 台封, 東田

鎭北面(진북면) 智山, 禮谷, 仁谷, 大坪, 梨木, 錦山, 永鶴, 富山, 德谷, 新村, 網谷, 富坪, 秋谷, 大峙, 鼎峴

鎭田洞(진전동) 栗峙, 斤谷, 林谷, 鳳谷, 谷安, 東山, 良村, 鳳岩, 日岩, 五西, 耳明, 昌浦, 時洛, 平岩, 金岩, 姑寺, 鵌陽

密陽市(밀양시)

駕谷洞(가곡동)	校 洞(교 동)	南浦洞(남포동)	內二洞(내이동)	內一洞(내일동)
三門洞(삼문동)	龍平洞(용평동)	活城洞(활성동)		

三浪津邑(삼랑진읍) 松旨, 龍田, 美田, 三浪, 栗洞, 牛谷, 儉世, 安台, 杏谷, 林川, 崇眞, 青鶴, 龍星

下南邑(하남읍) 守山, 明禮, 栢山, 巴西, 南田, 大司, 良洞, 貴明

丹場面(단장면) 台龍, 丹場, 美村, 安法, 法興, 甘勿, 菊田, 武陵, 泗淵, 泛棹, 古禮, 九川

武安面(무안면) 武安, 新法, 三台, 華封, 竹月, 良孝, 來進, 銅山, 板谷, 雲汀, 馬屹, 鼎谷, 淵上, 城德, 慕老, 德岩, 中山, 熊洞, 佳禮, 古羅

府北面(부북면) 雲田, 前沙浦, 後沙浦, 堤大, 甘川, 五禮, 德谷, 青雲, 佳山, 大項, 退老, 月山, 位良, 舞鳶, 春化, 龍池

山內面(산내면) 松栢, 鳳儀, 龍田, 臨皐, 佳仁, 院西, 三陽, 南明

山外面(산외면) 茶竹, 金谷, 希谷, 琴川, 南沂, 嚴光

上南面(상남면) 岐山, 禮林, 淵今, 平村, 馬山, 東山, 棗音, 南山, 外山

上東面(상동면) 金山, 佳谷, 安仁, 玉山, 高亭, 道谷, 梅花, 新谷

清道面(청도면) 九奇, 小台, 杜谷, 槽川, 仁山, 古法, 要古

初同面(초동면)	五方, 帆平, 明星, 大谷, 半月, 儉岩, 金浦, 星萬, 新湖, 新月, 德山, 鳳凰

泗川市(사천시)

宮旨洞(궁지동)	魯龍洞(노룡동)	勒島洞(늑도동)	大芳洞(대방동)	大圃洞(대포동)
東錦洞(동금동)	東　洞(동　동)	東林洞(동림동)	馬島洞(마도동)	白川洞(백천동)
閥里洞(벌리동)	鳳南洞(봉남동)	沙登洞(사등동)	西　洞(서　동)	西錦洞(서금동)
仙龜洞(선구동)	松圃洞(송포동)	新碧洞(신벽동)	新樹洞(신수동)	實安洞(실안동)
臥龍洞(와룡동)	龍江洞(용강동)	梨琴洞(이금동)	耳笏洞(이홀동)	佐龍洞(좌룡동)
竹林洞(죽림동)	香村洞(향촌동)			

泗川邑(사천읍)	平和, 宣仁, 貞義, 洙石, 泗洲, 龍塘, 中宣, 龜岩, 獐田, 琴谷, 斗良
昆明面(곤명면)	松林, 楸川, 龍山, 助場, 鳳溪, 草梁, 三亭, 隱士, 麻谷, 城方, 作八, 新興, 正谷, 本村, 金城, 蓮坪
昆陽面(곤양면)	城內, 南門外, 西鼎, 松田, 大津, 還德, 默谷, 興士, 加花, 儉丁, 中項, 舞鼓, 脈社
泗南面(사남면)	花田, 竹川, 草田, 芳芝, 柳川, 月城, 牛川, 佳川, 宗川, 沙村, 界陽
西浦面(서포면)	舊坪, 金津, 內鳩, 措道, 九浪, 自惠, 多坪, 仙田, 外鳩, 飛兎
龍見面(용현면)	松旨, 船津, 通洋, 新村, 新復, 溫井, 石溪, 龜月, 龍峙, 琴文, 朱文, 德谷
正東面(정동면)	大谷, 古邑, 禮樹, 化岩, 豊井, 洙淸, 獐山, 甘谷, 鶴村, 所谷
杻東面(축동면)	吉坪, 培春, 士多, 塔, 盤龍, 駕山, 舊湖

梁山市(양산시)

校　洞(교　동)	南部洞(남부동)	多芳洞(다방동)	明谷洞(명곡동)	北部洞(북부동)
北亭洞(북정동)	山幕洞(산막동)	新基洞(신기동)	魚谷洞(어곡동)	由山洞(유산동)
中部洞(중부동)	虎溪洞(호계동)			

勿禁邑(물금읍)	勿禁, 曾山, 佳村, 凡魚
熊上邑(웅상읍)	龍塘, 三湖, 周南, 召周, 楡谷, 周津, 平山, 德溪, 梅谷
東　面(동　면)	內松, 架山, 錦山, 沙松, 余洛, 法基, 開谷, 石山
上北面(상북면)	石溪, 所土, 大石, 上森, 左森, 外石, 內石, 新田, 小石
院東面(원동면)	院, 龍塘, 內浦, 泳浦, 西龍, 花濟, 善, 大
下北面(하북면)	蓴池, 白鹿, 龍淵, 三甘, 三帥, 草山, 芝山, 畓谷

晉州市(진주시)

加佐洞(가좌동)	江南洞(강남동)	桂　洞(계　동)	貴谷洞(귀곡동)	南城洞(남성동)

大安洞(대안동)	東城洞(동성동)	望京洞(망경동)	本城洞(본성동)	鳳谷洞(봉곡동)
蓬萊洞(봉래동)	上大洞(상대동)	上鳳洞(상봉동)	上坪洞(상평동)	水晶洞(수정동)
新安洞(신안동)	玉峰洞(옥봉동)	柳谷洞(유곡동)	二峴洞(이현동)	仁寺洞(인사동)
將臺洞(장대동)	長在洞(장재동)	株藥洞(주약동)	中安洞(중안동)	草田洞(초전동)
七岩洞(칠암동)	板門洞(판문동)	平居洞(평거동)	平安洞(평안동)	下大洞(하대동)
下村洞(하촌동)	虎灘洞(호탄동)			

文山邑(문산읍)	象文, 蘇文, 三谷, 耳谷, 安全, 葛谷, 玉山, 斗山
金谷面(금곡면)	儉岩, 佳峰, 松谷, 亭子, 仁潭, 東禮, 斗文, 竹谷, 省山
琴山面(금산면)	加芳, 龍牙, 葛田, 東沙, 松栢, 中川, 長沙
奈洞面(나동면)	篤山, 新栗, 三溪, 柳樹, 內坪
大谷面(대곡면)	龍岩, 月岩, 雪梅, 廣石, 楡谷, 丹牧, 月牙, 臥龍, 佳亭, 德谷, 麻津, 大谷
大坪面(대평면)	大坪, 上村, 下村, 堂村, 內村, 新豊
鳴石面(명석면)	權旨, 王旨, 南星, 德谷, 桂垣, 新基, 外栗, 五美, 佳花, 龍山, 雨水
美川面(미천면)	梧坊, 向陽, 班池, 伐塘, 於玉, 上美, 美谷, 安澗, 孝子
寺奉面(사봉면)	馬城, 芳村, 武村, 沙谷, 鳳谷, 富溪
水谷面(수곡면)	紫梅, 士谷, 大泉, 昌村, 孝子, 元內, 元外, 元溪
二班城面(이반성면)	長安, 坪村, 荷谷, 龍岩, 佳山, 大川, 吉星, 鉢山
一班城面(일반성면)	倉村, 佳仙, 開岩, 畓川, 雲川, 南山
井村面(정촌면)	花開, 官鳳, 所谷, 禮上, 禮下, 大柤
智水面(지수면)	勝山, 青源, 金谷, 鴨寺, 龍奉, 青潭
晉城面(진성면)	上村, 龜川, 大寺, 溫水, 泉谷, 東山, 嘉津
集賢面(집현면)	池內, 鳳降, 沙村, 大岩, 亭坪, 亭水, 冷井, 長興, 新塘, 德梧

鎭海市(진해시)

佳主洞(가주동)	慶和洞(경화동)	光化洞(광화동)	槿花洞(근화동)	南門洞(남문동)
南濱洞(남빈동)	南陽洞(남양동)	大榮洞(대영동)	大壯洞(대장동)	大竹洞(대죽동)
大川洞(대천동)	大興洞(대흥동)	德山洞(덕산동)	道萬洞(도만동)	道泉洞(도천동)
東山洞(동산동)	頭　洞(두　동)	馬川洞(마천동)	明　洞(명　동)	茂松洞(무송동)
復興洞(부흥동)	北部洞(북부동)	飛鳳洞(비봉동)	西中洞(서중동)	石　洞(석　동)
城內洞(성내동)	所沙洞(소사동)	束川洞(속천동)	松竹洞(송죽동)	松鶴洞(송학동)
水島洞(수도동)	壽松洞(수송동)	崇仁洞(숭인동)	新興洞(신흥동)	安谷洞(안곡동)
安骨洞(안골동)	鶯谷洞(앵곡동)	餘佐洞(여좌동)	椽島洞(연도동)	龍院洞(용원동)
院浦洞(원포동)	泥　洞(이　동)	益善洞(익선동)	仁寺洞(인사동)	仁義洞(인의동)

自隱洞(자은동) 將川洞(장천동) 齊德洞(제덕동) 帝皇山洞(제황산동) 竹谷洞(죽곡동)
中央洞(중앙동) 中坪洞(중평동) 昌善洞(창선동) 晴安洞(청안동) 忠武洞(충무동)
忠義洞(충의동) 太白洞(태백동) 太平洞(태평동) 通信洞(통신동) 平安洞(평안동)
豊湖洞(풍호동) 行岩洞(행암동) 縣 洞(현 동) 和泉洞(화천동) 會賢洞(회현동)

昌原市(창원시)

加音洞(가음동) 加音丁洞(가음정동) 貴谷洞(귀곡동) 貴山洞(귀산동) 貴峴洞(귀현동)
南山洞(남산동) 南陽洞(남양동) 南支洞(남지동) 內 洞(내 동) 內里洞(내리동)
大方洞(대방동) 大元洞(대원동) 德亭洞(덕정동) 道溪洞(도계동) 東井洞(동정동)
斗大洞(두대동) 明谷洞(명곡동) 明西洞(명서동) 木 洞(목 동) 盤溪洞(반계동)
盤林洞(반림동) 盤松洞(반송동) 盤知洞(반지동) 鳳谷洞(봉곡동) 鳳林洞(봉림동)
北 洞(북 동) 佛母山洞(불모산동) 士林洞(사림동) 沙巴洞(사파동) 沙巴丁洞(사파정동)
沙火洞(사화동) 三東洞(삼동동) 三丁子洞(삼정자동) 上南洞(상남동) 上福洞(상복동)
西谷洞(서곡동) 西上洞(서상동) 聖住洞(성주동) 召界洞(소계동) 召畓洞(소답동)
新月洞(신월동) 新村洞(신촌동) 安民洞(안민동) 梁谷洞(양곡동) 淵德洞(연덕동)
完岩洞(완암동) 外 洞(외 동) 龍 洞(용 동) 龍池洞(용지동) 龍湖洞(용호동)
熊南洞(웅남동) 月林洞(월림동) 赤峴洞(적현동) 井 洞(정 동) 中 洞(중 동)
中央洞(중앙동) 知歸洞(지귀동) 車龍洞(차룡동) 昌谷洞(창곡동) 遷善洞(천선동)
吐月洞(토월동) 退村洞(퇴촌동) 八龍洞(팔용동)
東 邑(동 읍) 龍岡, 龍田, 南山, 德川, 德山, 鳳山, 松井, 龍岑, 丹溪, 武城, 武店, 龍井, 新方, 茶戶, 月岑, 花陽, 石山, 琴山, 鳳谷, 鳳岡, 本浦, 蘆淵, 山南, 竹洞
大山面(대산면) 葛田, 一洞, 牟山, 加述, 濟洞, 牛岩, 北部, 柳等, 大舫
北 面(북 면) 芝介, 高岩, 垈山, 月村, 月栢, 花川, 外甘, 鑑溪, 東田, 戊洞, 茂谷, 乃谷, 上川, 下川, 外山, 新村, 馬山, 月桂

統營市(통영시)

堂 洞(당 동) 道南洞(도남동) 道泉洞(도천동) 東湖洞(동호동) 明井洞(명정동)
霧田洞(무전동) 文化洞(문화동) 美修洞(미수동) 鳳坪洞(봉평동) 北新洞(북신동)
西湖洞(서호동) 仁平洞(인평동) 貞梁洞(정량동) 中央洞(중앙동) 太平洞(태평동)
坪林洞(평림동) 港南洞(항남동)
山陽邑(산양읍) 永運, 新田, 彌南, 延和, 三德, 藍坪, 豊和, 昆里, 楸島, 楮林, 烟谷
光道面(광도면) 魯山, 德浦, 牛洞, 竹林, 龍湖, 黃里, 安井
道山面(도산면) 法松, 院山, 道善, 貫德, 五倫, 猪山, 水月

蛇梁面(사량면) 琴坪, 敦池, 邑德, 良池
欲知面(욕지면) 東港, 西山, 蓮花, 老大, 頭尾
龍南面(용남면) 東達, 花三, 章門, 三和, 院坪, 長坪, 紙島, 於義
閑山面(한산면) 荷所, 頭億, 廉湖, 倉佐, 秋峰, 龍虎, 比珍, 每竹

居昌郡(거창군)

居昌邑(거창읍) 上林, 中央, 大東, 大坪, 金川, 松亭, 正莊, 長八, 西邊, 東邊, 鶴, 陽坪, 加旨
加北面(가북면) 牛惠, 朴岩, 夢石, 龍岩, 中村, 海坪, 龍山
加祚面(가조면) 馬上, 基, 大楚, 東禮, 場基, 士屛, 石岡, 水月, 一釜, 道
高梯面(고제면) 農山, 開明, 鳳溪, 鳳山, 弓項
南上面(남상면) 茂村, 五溪, 屯洞, 松邊, 大山, 月坪, 剪尺, 壬佛, 春田, 眞木
南下面(남하면) 武陵, 梁項, 屯馬, 大也, 芝山
馬利面(마리면) 迎勝, 末屹, 栗, 月溪, 皐鶴, 大東, 下高
北上面(북상면) 葛溪, 蘇井, 農山, 幷谷, 山水, 月星, 昌善
神院面(신원면) 苽亭, 陽地, 九士, 水院, 德山, 淸水, 中楡, 大峴, 臥龍
熊陽面(웅양면) 老玄, 竹林, 東湖, 山圃, 君岩, 新村, 汗基
渭川面(위천면) 場基, 南山, 上川, 薑川, 黃山, 棠山, 茅東
主尙面(주상면) 道坪, 連橋, 內吾, 玩坮, 聖基, 渠基, 南山

固城郡(고성군)

固城邑(고성읍) 城內, 西外, 東外, 水南, 松鶴, 基月, 校社, 梨堂, 大篤, 德仙, 武良, 大坪, 牛山, 竹溪, 栗垈, 月坪, 新月
介川面(개천면) 明星, 禮城, 北坪, 龍安, 鳳峙, 淸光, 羅仙, 佳川, 佐蓮
巨流面(거류면) 塘洞, 新龍, 華塘, 巨山, 佳麗, 松山, 銀月, 龍山, 甘西
九萬面(구만면) 孝洛, 酒坪, 華林, 苧蓮, 龍臥, 廣德
大可面(대가면) 柳興, 松溪, 薪田, 葛川, 楊化, 蓮芝, 岩田, 琴山, 尺亭
東海面(동해면) 章基, 陽村, 外山, 內山, 龍亭, 壯佐, 鳳岩, 外谷, 內谷
馬岩面(마암면) 道田, 頭湖, 三樂, 寶田, 禾山, 章山, 聖田, 新, 石馬
三山面(삼산면) 屛山, 豆布, 米龍, 三峰, 長峙, 板谷
上里面(상리면) 滌煩亭, 古鳳, 新村, 烏山, 東山, 望林, 武仙, 自隱, 夫浦
永吾面(영오면) 永大, 吾西, 吾東, 永山, 省谷, 蓮塘, 陽山
永縣面(영현면) 砧店, 楸溪, 鳳鉢, 大法, 永芙, 鳳林, 晨盆, 蓮花
下二面(하이면) 德湖, 德明, 月興, 沙谷, 石芝, 臥龍, 鳳峴, 蜂院

下一面(하일면)　鶴林, 洙陽, 龍台, 松川, 梧芳, 春岩, 東禾
會華面(회화면)　背屯, 堂項, 鳳東, 語新, 三德, 鹿鳴

南海郡(남해군)

南海邑(남해읍)　北邊, 西邊, 南邊, 車山, 船所, 深川, 牙山, 平峴, 平里, 笠峴
古縣面(고현면)　伊於, 大谷, 都馬, 梧谷, 浦上, 南峙, 大寺, 車面, 葛花
南　面(남　면)　唐項, 石橋, 虹峴, 仙區, 荘浦, 平山, 德月, 上加, 竹田
彌助面(미조면)　彌助, 松亭
三東面(삼동면)　靈芝, 知足, 金松, 洞天, 鳳花, 勿巾
尙州面(상주면)　尙州, 良阿
西　面(서　면)　烟竹, 大丁, 西湖, 西上, 勺長, 南上, 中峴, 蘆九, 井浦
雪川面(설천면)　飛鸞, 眞木, 文巷, 金音, 南陽, 文義, 露梁, 德申
二東面(이동면)　茶丁, 草陰, 席坪, 茂林, 薪田, 花溪, 龍沼, 蘭陰
昌善面(창선면)　上新, 東大, 堂項, 大碧, 栗島, 西大, 廣川, 只族, 玉川, 堂底, 上竹, 水山, 富潤, 五龍, 加仁, 鎭洞

山淸郡(산청군)

山淸邑(산청읍)　山淸, 玉山, 池, 慕古, 松景, 車灘, 釜, 幷亭, 內水, 正谷, 尺旨, 泛鶴, 默谷, 內
今西面(금서면)　梅村, 坪村, 向陽, 水鐵, 紙幕, 特, 舟上, 新鵝, 花溪, 自惠, 芳谷, 五峰
丹城面(단성면)　城內, 江樓, 放牧, 淸溪, 雲, 立石, 南沙, 沙月, 默谷, 召南, 官亭, 吉, 倉村, 虎, 堂山, 白雲, 紫陽
三壯面(삼장면)　大浦, 內源, 坮下, 德橋, 石南, 坪村, 油坪, 洪界
生比良面(생비량면)　道田, 道, 可溪, 諸寶, 禾峴
生草面(생초면)　於西, 老隱, 邸坪, 向陽, 月谷, 新淵, 大浦, 葛田, 坪村, 下村, 上村, 桂南
矢川面(시천면)　絲, 院, 川坪, 外公, 內公, 反川, 新川, 中山, 內大, 東堂, 中台
新等面(신등면)　丹溪, 陽前, 可述, 艮公, 射亭, 坪地, 長川, 栗峴, 慕禮
新安面(신안면)　下丁, 新基, 靑峴, 文坮, 長竹, 所耳, 外古, 葛田, 安峰, 外松, 新安, 中村
梧釜面(오부면)　陽村, 內谷, 芳谷, 一勿, 梧田, 中村, 旺村, 大峴
車黃面(차황면)　長位, 陽谷, 上中, 實梅, 長朴, 法坪, 上法, 新基, 愚仕, 鐵水, 傳

宜寧郡(의령군)

宜寧邑(의령읍)　中洞, 西洞, 東洞, 鼎岩, 上, 中, 下, 大山, 萬川, 茂田
嘉禮面(가례면)　加禮, 甲乙, 陽城, 介承, 槐津, 修誠, 雲岩, 大川, 鳳頭

宮柳面(궁유면) 土谷, 坪村, 碧溪, 雲溪, 鴨谷, 桂峴, 多峴
洛西面(낙서면) 仝火, 栗山, 井谷, 如意, 來濟, 阿近
大義面(대의면) 馬雙, 薪田, 杏亭, 中村, 下村, 多士, 秋山, 深池, 泉谷
鳳樹面(봉수면) 竹田, 淸溪, 西岩, 新峴, 森佳, 西得, 天樂
富林面(부림면) 新反, 莫谷, 甘岩, 景山, 丹原, 立山, 孫吾, 大谷, 餘背, 益口, 卷惠, 墨方
龍德面(용덕면) 雲谷, 梨木, 佳美, 瓦要, 佳樂, 竹田, 新村, 橋岩, 召湘, 井洞, 淵, 龍沼
柳谷面(유곡면) 漆谷, 上村, 上谷, 烏木, 新村, 松山, 馬場, 馬頭, 唐洞, 德川, 世干
正谷面(정곡면) 中橋, 竹田, 石谷, 五方, 上村, 城隍, 禮屯, 佳峴, 白谷, 赤谷
芝正面(지정면) 鳳谷, 梧川, 杜谷, 城山, 柳谷, 太夫, 白也, 得所, 城堂, 馬山
七谷面(칠곡면) 外槽, 內槽, 新浦, 陶山, 山南, 山北
華正面(화정면) 上井, 加樹, 德橋, 石泉, 上一, 上二, 華陽

昌寧郡(창녕군)

昌寧邑(창녕읍) 松峴, 校, 末屹, 橋上, 橋下, 述亭, 直橋, 造山, 道也, 下, 兎川, 呑下, 新村, 龍石, 外釜, 余草, 玉泉
南旨邑(남지읍) 南旨, 馬山, 鶴桂, 龍山, 新田, 成士, 阿支, 鼓谷, 樹介, 詩南, 漆峴, 泮浦, 大谷, 月下
桂城面(계성면) 明, 舍, 新堂, 桂城, 廣溪, 鳳山
高岩面(고암면) 中大, 億萬, 元村, 大岩, 澗上, 牛川, 桂上, 甘
吉谷面(길곡면) 曾山, 五湖, 吉谷, 馬川
大池面(대지면) 旺山, 牟山, 石, 蒼山, 孝亭, 本招, 九尾, 龍沼
大合面(대합면) 十二, 燈旨, 場基, 茅田, 所也, 主梅, 神堂, 兎山, 坪旨, 道介, 內鬱, 大谷, 牧丹, 伊方, 合, 大同
都泉面(도천면) 都泉, 一, 德谷, 禮, 於萬, 論, 友江, 松津
釜谷面(부곡면) 釜谷, 巨文, 社倉, 溫井, 靑岩, 魯, 鶴浦, 九山, 飛鳳, 水多
城山面(성산면) 冷泉, 丁寧, 大見, 後川, 垈山, 蓮塘, 雲峰, 芳, 加福
靈山面(영산면) 九溪, 校, 城內, 東, 西, 竹紗, 新堤, 月嶺, 鳳岩
遊漁面(유어면) 釜谷, 尾九, 加項, 世津, 大垈, 船所, 陣倉, 光山, 風槽
梨房面(이방면) 雁, 東山, 石, 玄倉, 城山, 上, 牟谷, 玉泉, 草谷, 巨南, 松谷, 長川, 登林
丈麻面(장마면) 講, 幽, 丈加, 草谷, 山旨, 新龜, 東亭, 大鳳

河東郡(하동군)

河東邑(하동읍) 邑內, 琵琶, 廣坪, 新基, 牧島, 興龍, 花心, 豆谷

古田面(고전면) 泛鵝, 城川, 新月, 錢島, 大德, 古河, 星坪, 銘橋

金南面(금남면) 露梁, 仲坪, 大峙, 松問, 大松, 鷄川, 大島, 德川, 眞正

金星面(금성면) 弓項, 高浦, 葛四, 加德

北川面(북천면) 稷田, 芳華, 沙坪, 玉亭, 西黃, 花亭

岳陽面(악양면) 亭西, 美店, 丑只, 新垈, 新星, 新興, 中大, 登村, 梅溪, 亭東, 立石, 鳳台, 平沙, 東梅

良甫面(양보면) 雲岩, 長岩, 甘棠, 愚伏, 桶井, 朴達, 知禮

玉宗面(옥종면) 青龍, 月橫, 斗陽, 宗化, 文岩, 安溪, 屛川, 法大, 大谷, 北芳, 正水, 良邱, 弓項, 葦台, 檜信

赤良面(적량면) 館, 牛溪, 東, 西, 東山, 高節

辰橋面(진교면) 辰橋, 良浦, 白蓮, 安心, 月雲, 松院, 古梨, 冠谷, 古龍, 述上

青岩面(청암면) 坪村, 明湖, 中梨, 上梨, 默溪

花開面(화개면) 塔, 富春, 德隱, 三神, 井琴, 雲樹, 龍岡, 凡旺, 大成

橫川面(횡천면) 橫川, 田垈, 艾峙, 如意, 月坪, 南山, 鶴

咸安郡(함안군)

伽倻邑(가야읍) 末山, 儉岩, 廣井, 道項, 新音, 舌谷, 春谷, 沙內, 伽倻, 苗沙, 山西

郡北面(군북면) 德垈, 中岩, 小浦, 東村, 舍村, 烏谷, 明館, 慕老, 沙道, 長池, 柳峴, 月村, 朴谷, 藪谷, 迎運, 下林, 院北

代山面(대산면) 平林, 富木, 大沙, 玉悅, 下基, 西村, 九惠, 長岩

法守面(법수면) 于巨, 江州, 輪內, 輪外, 主勿, 大松, 白山, 沙亭, 篁沙

山仁面(산인면) 入谷, 新山, 茅谷, 松汀, 內仁, 釜峰, 雲谷

艅航面(여항면) 外岩, 內谷, 主東, 主西

漆北面(칠북면) 檢丹, 化川, 德南, 二靈, 鳳村, 佳淵, 榮東

漆西面(칠서면) 天界, 會山, 武陵, 龜浦, 泰谷, 大峙, 溪內, 龍城, 二龍

漆原面(칠원면) 龜城, 龍山, 柳原, 藏岩, 梧谷, 禮谷, 龍亭, 舞沂, 雲西, 雲谷

咸安面(함안면) 鳳城, 北村, 槐山, 大山, 康命, 巴水

咸陽郡(함양군)

咸陽邑(함양읍) 雲林, 龍坪, 校山, 大德, 新泉, 新官, 白川, 三山, 栢淵, 九龍, 蘭坪, 竹谷, 熊谷, 竹林, 吏隱

馬川面(마천면) 佳興, 君子, 德田, 三丁, 江清, 楸城, 昌元, 義灘, 九揚

栢田面(백전면) 坪亭, 兩栢, 白雲, 雲山, 大安, 龜山, 五泉, 敬白

瓶谷面(병곡면) 松坪, 道川, 延德, 玉溪, 元山, 光坪, 月岩
西上面(서상면) 大南, 上南, 金塘, 道川, 玉山, 中南
西下面(서하면) 松溪, 雲谷, 鳳田, 茶谷, 黃山
水東面(수동면) 花山, 院坪, 內栢, 上栢, 下橋, 道北, 竹山, 牛鳴
安義面(안의면) 堂本, 錦川, 泥田, 石川, 校北, 貴谷, 月林, 新安, 上源, 下源, 大垈, 草東, 道林, 鳳山, 黃谷
柳林面(유림면) 花村, 柳坪, 蓀谷, 西洲, 獐項, 菊溪, 大宮, 熊坪, 玉梅
池谷面(지곡면) 倉坪, 介坪, 馬山, 柿木, 寶山, 德岩, 功培, 坪村, 南孝, 島村
休川面(휴천면) 木峴, 月坪, 大川, 台官, 金盤, 湖山, 南湖, 桐江, 雲西, 松田, 文正

陜川郡(합천군)

陜川邑(합천읍) 陜川, 金陽, 盈倉, 西山, 龍溪, 內谷, 外谷, 長溪, 仁谷
伽倻面(가야면) 黃山, 竹田, 大田, 加川, 九美, 城基, 梅花, 梅岸, 晴峴, 伊川, 蓑村, 倻川, 舊源, 緇仁
佳會面(가회면) 德村, 月溪, 道呑, 吾道, 屯內, 中村, 含芳, 將臺, 外沙
大幷面(대병면) 上川, 驛坪, 回陽, 柳田, 大枝, 城, 長端, 陽, 下金
大陽面(대양면) 德亭, 正陽, 鵝川, 大目, 茂谷, 陽山, 安金, 咸池, 道, 伯岩, 烏山
德谷面(덕곡면) 栗旨, 栗院, 本谷, 壯, 鶴, 竝背, 浦頭
妙山面(묘산면) 山際, 班浦, 沙, 光山, 佳山, 館基, 陶沃, 安城, 渠山, 華陽, 八尋
鳳山面(봉산면) 鳳溪, 金鳳, 鴨谷, 勤彬, 霜峴, 松林, 界山, 高三, 陽地, 蘆谷, 逑谷, 杏亭
三嘉面(삼가면) 一部, 東, 龍興, 外吐, 於田, 錦, 下板, 斗毛, 巢梧, 德津, 文松, 鶴, 良田
雙栢面(쌍백면) 平邱, 大谷, 陸, 安溪, 大峴, 外草, 長田, 雲谷, 栢亦, 下新, 三, 竹田, 平地
雙冊面(쌍책면) 城山, 上新, 下新, 泗陽, 巾台, 德峯, 眞定, 上浦, 多羅, 烏西
冶爐面(야로면) 冶爐, 德岩, 淸溪, 汀坮, 墨村, 金坪, 梅村, 河濱, 月光, 羅帶, 下林, 九汀
龍洲面(용주면) 龍旨, 孔岩, 黃溪, 章田, 魯, 坪山, 八山, 牛谷, 巽木, 城山, 鳳基, 佳湖, 月坪, 高品, 方谷, 竹竹
栗谷面(율곡면) 永田, 內川, 杜泗, 甲山, 樂民, 魯陽, 瓦, 栗津, 堤內, 文林, 林北, 本泉, 己里, 項谷
赤中面(적중면) 上部, 竹古, 玉斗, 頭方, 富樹, 楊林, 正吐, 樓下, 黃井
靑德面(청덕면) 豆谷, 佳峴, 赤布, 大釜, 草谷, 仰津, 畝, 省台, 尾谷, 三鶴, 所禮, 雲峯
草溪面(초계면) 草溪, 衙募, 中, 大同, 宅, 官坪, 大坪, 柳下, 元堂, 上坮, 新村

14. 全羅北道

群山市(군산시)

開福洞(개복동)	開寺洞(개사동)	開井洞(개정동)	京岩洞(경암동)	京場洞(경장동)
龜岩洞(구암동)	錦光洞(금광동)	錦　洞(금　동)	錦岩洞(금암동)	羅雲洞(나운동)
內草島洞(내초도동)	內興洞(내흥동)	大明洞(대명동)	東興南洞(동흥남동)	屯栗洞(둔율동)
明山洞(명산동)	文化洞(문화동)	米龍洞(미룡동)	米原洞(미원동)	米場洞(미장동)
飛鷹島洞(비응도동)	沙亭洞(사정동)	山北洞(산북동)	三鶴洞(삼학동)	西興南洞(서흥남동)
先陽洞(선양동)	少龍洞(소룡동)	松昌洞(송창동)	松豊洞(송풍동)	秀松洞(수송동)
新觀洞(신관동)	新榮洞(신영동)	新昌洞(신창동)	新豊洞(신풍동)	新興洞(신흥동)
榮　洞(영　동)	永和洞(영화동)	五龍洞(오룡동)	篁簹島洞(오식도동)	月明洞(월명동)
藏米洞(장미동)	藏財洞(장재동)	助村洞(조촌동)	竹城洞(죽성동)	仲　洞(중　동)
中央路(중앙로)	紙谷洞(지곡동)	昌城洞(창성동)	平和洞(평화동)	海望洞(해망동)

沃溝邑(옥구읍) 玉井, 上坪, 耳谷, 壽山, 五谷, 船堤, 魚隱

開井面(개정면) 阿東, 雲會, 峨山, 鉢山, 通使, 玉石

羅浦面(나포면) 羅浦, 將相, 玉崑, 酒谷, 富谷, 西浦

大野面(대야면) 山月, 地境, 福橋, 光橋, 蝶山, 竹山, 寶德

瑞穗面(서수면) 瑞穗, 鷲東, 官元, 馬龍, 禾登, 琴岩

聖山面(성산면) 聖德, 屯德, 高峰, 挑岩, 余方, 倉梧, 山谷, 大明

玉島面(옥도면) 開也島, 煙島, 於青島, 夜味島, 新侍島, 仙遊島, 巫女島, 壯子島, 串理島, 末島, 飛雁島

玉山面(옥산면) 玉山, 南內, 雙鳳, 堂北, 錦城

玉西面(옥서면) 玉峰, 仙緣

臨陂面(임피면) 邑內, 鷲山, 米院, 寶石, 戌山, 月下, 永昌

澮縣面(회현면) 月淵, 金光, 大政, 細長, 古寺, 學堂, 院隅, 曾石

金堤市(김제시)

劒山洞(검산동)	校　洞(교　동)	卵鳳洞(난봉동)	都莊洞(도장동)	明德洞(명덕동)
白鶴洞(백학동)	福竹洞(복죽동)	上東洞(상동동)	西菴洞(서암동)	西亭洞(서정동)
蓴　洞(순　동)	新谷洞(신곡동)	新德洞(신덕동)	新月洞(신월동)	新豊洞(신풍동)
良田洞(양전동)	蓮井洞(연정동)	梧井洞(오정동)	玉山洞(옥산동)	堯村洞(요촌동)

龍　洞(용　동)	月鳳洞(월봉동)	月城洞(월성동)	立石洞(입석동)	長華洞(장화동)
堤月洞(제월동)	下　洞(하　동)	凰山洞(황산동)	興寺洞(홍사동)	

萬頃邑(만경읍) 萬頃, 長山, 大東, 松上, 小士, 火浦, 夢山

孔德面(공덕면) 黃山, 馬峴, 孔德, 東溪, 楮山, 梯末, 回龍

廣活面(광활면) 玉浦, 銀波, 蒼堤

金溝面(금구면) 金溝, 西道, 用福, 仙岩, 月田, 五鳳, 大化, 山東, 洛城, 青雲, 龍池, 玉成, 下新

金山面(금산면) 雙龍, 院坪, 龍湖, 仙洞, 錦城, 禾栗, 長興, 金山, 淸道, 三鳳, 龍山, 星溪, 九月

白鷗面(백구면) 半月, 月鳳, 芙蓉, 柳江, 三亭, 白鷗, 石潭, 鶴洞, 麻山, 嶺上

白山面(백산면) 下亭, 上井, 上, 祖宗, 水祿, 富巨, 石橋, 下西

鳳南面(봉남면) 大松, 平沙, 花峰, 新湖, 新應, 從德, 幸村, 九井, 回成, 內光, 龍新

扶梁面(부량면) 大坪, 月昇, 新頭, 新用, 龍城, 金江, 玉亭

聖德面(성덕면) 大木, 大石, 妙羅, 石洞, 聖德, 南浦

龍池面(용지면) 龜岩, 禮村, 松山, 鳳儀, 臥龍, 孝亭, 盤橋, 龍岩, 父敎 , 新井, 龍水, 長新

竹山面(죽산면) 竹山, 洪山, 玉盛, 宗新, 大倉, 西浦, 蓮浦, 新興

進鳳面(진봉면) 淨塘, 加實, 上厥, 古沙, 深浦

青蝦面(청하면) 東之山, 莊山, 官上, 大青, 月弦

凰山面(황산면) 龍馬, 鴻亭, 鳳月, 雙坎, 南山, 眞興

南原市(남원시)

葛峙洞(갈치동)	高竹洞(고죽동)	廣峙洞(광치동)	錦　洞(금　동)	內尺洞(내척동)
鷺岩洞(노암동)	道通洞(도통동)	東忠洞(동충동)	山谷洞(산곡동)	雙橋洞(쌍교동)
植亭洞(식정동)	新正洞(신정동)	新村洞(신촌동)	漁峴洞(어현동)	王亭洞(왕정동)
龍程洞(용정동)	月洛洞(월락동)	造山洞(조산동)	竹巷洞(죽항동)	川渠洞(천거동)
下井洞(하정동)	鄕校洞(향교동)	花井洞(화정동)		

雲峯邑(운봉읍) 西川, 舟村, 德山, 孔安, 杏亭, 山德, 東川, 龍山, 北川, 準香, 長橋, 權布, 林, 新基, 梅要, 佳山, 花水

金池面(금지면) 甕井, 笠岩, 書梅, 芳村, 宅內, 昌山, 上新, 新月, 上貴, 貴石, 下島

帶江面(대강면) 沙石, 松帶, 江石, 芳洞, 月灘, 生岩, 新德, 芳山, 楓山, 水鴻, 玉宅, 坪村, 立岩

大山面(대산면) 雲橋, 金城, 水德, 大谷, 楓村, 新溪, 玉栗, 吉谷

德果面(덕과면) 高亭, 晩島, 新陽, 沙栗, 德村, 龍山

寶節面(보절면) 新波, 書峙, 槐陽, 眞基, 錦茶, 黃筏, 道龍, 沙村, 城侍

巳梅面(사매면) 梧新, 書道, 桂樹, 仁化, 花亭, 大栗, 月坪, 官豊, 大新

山內面(산내면)	大井, 白日, 中黃, 獐項, 立石, 內靈, 浮雲, 德洞
山東面(산동면)	太平, 木洞, 植連, 釜節, 大基, 月席, 大上
松洞面(송동면)	松基, 新坪, 松內, 松上, 沙村, 獎國, 黑松, 長浦, 嶺洞, 蓮山, 陽坪, 杜新, 細田
水旨面(수지면)	好谷, 南倉, 草, 山亭, 柳岩, 考坪
阿英面(아영면)	葛溪, 阿谷, 奉大, 引風, 淸溪, 月山, 城, 九相, 日台, 蟻池, 斗洛
二白面(이백면)	科笠, 草村, 尺門, 書谷, 內洞, 藍鷄, 康基, 陽街, 坪村, 孝基
引月面(인월면)	引月, 中軍, 西茂, 就岩, 乾芝, 酉谷, 上牛, 城山, 自來
周生面(주생면)	池塘, 上洞, 中洞, 貞松, 嶺川, 諸川, 樂洞, 內洞, 道山
朱川面(주천면)	長安, 周川, 盃德, 松峙, 龍潭, 虎基, 銀松, 湖景, 龍宮, 高基, 德峙

益山市(익산시)

葛山洞(갈산동)	金江洞(금강동)	南中洞(남중동)	德基洞(덕기동)	銅山洞(동산동)
馬　洞(마　동)	萬石洞(만석동)	慕縣洞(모현동)	木川洞(목천동)	富松洞(부송동)
三星洞(삼성동)	石岩洞(석암동)	石旺洞(석왕동)	石灘洞(석탄동)	松鶴洞(송학동)
新　洞(신　동)	新龍洞(신룡동)	新興洞(신흥동)	於陽洞(어양동)	永登洞(영등동)
龍堤洞(용제동)	月星洞(월성동)	隱基洞(은기동)	仁和洞(인화동)	林相洞(임상동)
鼎足洞(정족동)	珠峴洞(주현동)	中央洞(중앙동)	昌仁洞(창인동)	八峰洞(팔봉동)
平和洞(평화동)	玄永洞(현영동)			

咸悅邑(함열읍)	瓦, 南堂, 屹山, 龍池, 多松, 石梅
金馬面(금마면)	洞古都, 西古都, 新龍, 産北, 龍昬, 箕陽, 葛山
郎山面(낭산면)	三潭, 虎巖, 石泉, 朗山, 城南, 龜坪, 龍機
望城面(망성면)	新鵲, 華山, 長先, 漁梁, 內村, 茂形
三箕面(삼기면)	間村, 西豆, 吳龍, 蓮洞, 箕山, 龍淵
聖堂面(성당면)	長善, 瓦草, 大仙, 葛山, 杜洞, 聖堂, 富谷
礪山面(여산면)	礪山, 濟南, 源水, 壺山, 臺城, 斗餘
五山面(오산면)	五山, 松鶴, 長新, 永萬, 新池, 南田, 木川
王宮面(왕궁면)	興巖, 光牙, 九德, 溫水, 雙堤,鉢山, 平章, 王宮, 東村, 都巡, 龍華, 東龍, 東鳳
龍東面(용동면)	興王, 九山, 龍城, 大鳥, 花實, 花盃
龍安面(용안면)	校洞, 德用, 中新, 昌, 龍頭, 法聖, 石洞, 蘭浦, 松山, 冬至山, 七牧
熊浦面(웅포면)	態浦, 笠店, 松川, 古倉, 孟山, 帝城, 大鵬巖
春浦面(춘포면)	春浦, 德實, 三浦, 梧山, 信洞, 倉坪, 川西, 川東, 雙亭, 仁壽, 龍淵
咸羅面(함라면)	咸悅, 金城, 新岱, 多望, 新登, 新木

黃登面(황등면)　黃登, 東蓮, 竹村, 新城, 九子, 龍山, 栗村, 新基

全州市(전주시) 德津區(덕진구)

古浪洞(고랑동)　今上洞(금상동)　金岩洞(금암동)　德津洞(덕진동)　東山洞(동산동)
萬成洞(만성동)　半月洞(반월동)　山亭洞(산정동)　西老松洞(서노송동)　聖德洞(성덕동)
松川洞(송천동)　如意洞(여의동)　龍亭洞(용정동)　牛牙洞(우아동)　院　洞(원　동)
麟後洞(인후동)　長　洞(장　동)　全美洞(전미동)　鎭北洞(진북동)　八福洞(팔복동)
湖城洞(호성동)　花田洞(화전동)

全州市(전주시) 完山區(완산구)

慶園洞(경원동)　高士洞(고사동)　校　洞(교　동)　南老松洞(남노송동)　多佳洞(다가동)
大聖洞(대성동)　東棲鶴洞(동서학동)　東完山洞(동완산동)　三川洞(삼천동)　上林洞(상림동)
色長洞(색장동)　西棲鶴洞(서서학동)　西新洞(서신동)　西完山洞(서완산동)　石九洞(석구동)
龍伏洞(용복동)　院堂洞(원당동)　殿　洞(전　동)　中老松洞(중노송동)　中　洞(중　동)
中央洞(중앙동)　中仁洞(중인동)　中華山洞(중화산동)　太平洞(태평동)　平和洞(평화동)
豊南洞(풍남동)　孝子洞(효자동)

井邑市(정읍시)

公坪洞(공평동)　科橋洞(과교동)　校岩洞(교암동)　九龍洞(구룡동)　琴朋洞(금붕동)
內藏洞(내장동)　農所洞(농소동)　望帝洞(망제동)　夫田洞(부전동)　三山洞(삼산동)
上　洞(상　동)　上坪洞(상평동)　雙岩洞(쌍암동)　松山洞(송산동)　水城洞(수성동)
市其洞(시기동)　新月洞(신월동)　新井洞(신정동)　蓮池洞(연지동)　暎波洞(영파동)
龍溪洞(용계동)　龍山洞(용산동)　長明洞(장명동)　辰山洞(진산동)　下茅洞(하모동)
下北洞(하북동)　黑岩洞(흑암동)

新泰仁邑(신태인읍)　新泰仁, 九石, 蓮汀, 牛嶺, 新龍, 陽槐, 淸泉, 新德, 禾湖, 栢山
甘谷面(감곡면)　芳橋, 眞興, 大新, 通石, 桂龍, 花峰, 儒丁, 三坪, 龍郭, 勝芳, 五舟
古阜面(고부면)　長文, 古阜, 南福, 立石, 德安, 新中, 萬化, 龍興, 官淸, 新興, 江古, 白雲
德川面(덕천면)　下鶴, 上鶴, 道溪, 達川, 優德, 新月
北　面(북　면)　漢僑, 寶林, 馬亭, 台谷, 新平, 伏興, 承富, 花海, 南山, 長鶴
山內面(산내면)　宗聖, 長錦, 梅竹, 禮德, 斗月, 菱橋
所聲面(소성면)　普化, 新川, 麒麟, 化龍, 古橋, 酒川, 中光, 龍井, 艾堂, 登楻
永元面(영원면)　長才, 鶩成, 雲鶴, 豊月, 新泳, 隱仙, 後池

梨坪面(이평면) 斗池, 八仙, 下松, 馬項, 斗田, 長內, 青良, 滄東, 平嶺, 山梅, 梧琴
笠岩面(입암면) 川原, 蓮月, 登川, 下富, 新綿, 接芝, 丹谷, 鳳陽, 磨石, 芝仙
淨雨面(정우면) 水金, 山北, 大寺, 回龍, 花川, 長順, 楚江, 牛山, 垈山, 雨日
山外面(산외면) 花竹, 象頭, 貞良, 平沙, 東谷, 五公, 沐浴, 宗山
瓮東面(옹동면) 七石, 飛鳳, 山城, 梅井, 五伏, 龍虎, 象山
七寶面(칠보면) 白岩, 杻峴, 臥牛, 武城, 詩山, 盤谷, 水青
泰仁面(태인면) 朴山, 弓四, 洛陽, 五峰, 甑山, 高川, 泰興, 泰成, 泰昌, 居山, 泰西, 梅溪, 五柳, 泰南, 長夫

高敞郡(고창군)

高敞邑(고창읍) 校村, 邑內, 月谷, 月岩, 石汀, 月山, 蘆洞, 花山, 內洞, 德山, 蛛谷, 道山, 竹林, 新月, 德井, 栗溪, 石橋, 星斗
古水面(고수면) 黃山, 瓦村, 上坪, 芙谷, 長斗, 草乃, 平支, 斗坪, 隱士, 峰山, 牛坪, 南山, 禮智, 仁城
孔音面(공음면) 七岩, 斗岩, 新垈, 九岩, 石橋, 壯谷, 龍水, 扇洞, 建洞, 群儒, 禮田, 德岩
大山面(대산면) 梅山, 海龍, 渴馬, 春山, 支石, 山亭, 中山, 城南, 光大, 德川, 栗村, 蓮洞, 大壯, 回龍, 上金
茂長面(무장면) 城內, 茂長, 校興, 松峴, 院村, 江南, 牧牛, 德林, 玉山, 古羅, 白羊, 新村, 萬化, 月林, 道谷, 松溪
富安面(부안면) 中興, 鰲山, 水南, 劍山, 水東, 水央, 鳳岩, 象岩, 松峴, 仙雲, 龍山, 上嶝, 社倉, 雲陽
上下面(상하면) 下長, 壯山, 長湖, 龍井, 紫籠, 石南, 龍垈, 劍山, 松谷
星內面(성내면) 陽桂, 月城, 槽東, 富德, 德山, 新星, 東山, 月山, 玉堤, 大興, 新大, 山林, 龍橋
星松面(성송면) 板井, 岩峙, 茂松, 下古, 山水, 溪堂, 香山, 槐峙, 洛陽, 沙乃, 鶴天
新林面(신림면) 茂林, 外化, 道林, 德化, 加平, 新平, 盤龍, 細谷, 子抱, 法止, 松龍, 碧松, 扶松
心元面(심원면) 月山, 弓山, 珠山, 高田, 萬突, 斗於, 道川, 蓮花, 下田, 龍基
雅山面(아산면) 下甲, 鳳德, 中月, 木洞, 上甲, 舟津, 大東,雲谷, 龍溪, 鷄山, 九岩, 盤岩, 南山, 星山, 鶴田, 三仁
海里面(해리면) 下連, 平地, 古星, 松山, 安山, 旺村, 方築, 金坪, 光升, 冬湖, 巳盤, 羅星
興德面(흥덕면) 興德, 東沙, 堤下, 峙龍, 新松, 石隅, 下南, 龍盤, 新德, 後浦, 沙浦, 五湖, 校雲, 石橋, 沙川, 松岩

茂朱郡(무주군)

茂朱邑(무주읍)　邑內, 堂山, 吾山, 長白, 內島, 大車, 龍浦, 佳玉

茂豊面(무풍면)　懸內, 金坪, 池城, 哲木, 曾山, 銀山, 德地, 三巨

富南面(부남면)　大所, 大柳, 高昌, 長安, 柯當, 屈岩

雪川面(설천면)　所川, 基谷, 吉山, 淸凉, 大佛, 美川, 長德, 斗吉, 深谷, 三公

安城面(안성면)　場基, 貢進, 竹川, 公正, 德山, 琴坪, 沙田, 眞道

赤裳面(적상면)　斜川, 斜山, 三加, 三柳, 芳梨, 北倉, 浦內, 槐木

扶安郡(부안군)

扶安邑(부안읍)　東中, 西外, 仙隱, 新雲, 奉德, 茅山, 行中, 蓮谷, 甕中, 內蓼, 外下, 新興

界火面(계화면)　界火, 宮安, 良山, 昌北, 衣服

東津面(동진면)　鳳凰, 內基, 下長, 長登, 銅田, 安城, 本德, 曾山, 堂上

白山面(백산면)　德新, 金坂, 龍溪, 元川, 大水, 河淸, 巨龍, 大竹, 平橋, 梧谷, 竹林, 新平

邊山面(변산면)　知西, 道淸, 格浦, 馬浦, 雲山, 大項, 中溪

保安面(보안면)　英田, 上立石, 南浦, 牛東, 新福, 柳川, 下立石, 上林, 月川, 富谷

上西面(상서면)　嘉五, 甘橋, 古棧, 龍西, 長東, 通井, 靑林

蝟島面(위도면)　鎭, 井金, 雉雁, 大, 車輪, 食雁, 上旺嶝, 下旺嶝

舟山面(주산면)　葛村, 小舟, 德林, 東丁, 所山, 士山, 豚溪, 白石

茁浦面(줄포면)　茁浦, 壯洞, 牛浦, 新, 卵山, 巴山, 大東

鎭西面(진서면)　鎭西, 石浦, 雲湖

下西面(하서면)　堰毒, 晴湖, 石上, 白蓮, 長信

幸安面(행안면)　新基, 驛, 三干, 眞洞, 大草

淳昌郡(순창군)

淳昌邑(순창읍)　淳化, 南溪, 長德, 福實, 白山, 校星, 佳南, 新南

龜林面(구림면)　雲南, 龜岩, 龜山, 聖谷, 栗北, 安亭, 錦川, 金昌, 芳花, 雲北, 月亭, 紫陽, 九曲, 花岩

金果面(금과면)　茅亭, 水楊, 鉢山, 內洞, 銅田, 大星, 靑龍, 訪聖, 南溪, 勒谷, 木洞, 防築, 古禮

東溪面(동계면)　玄圃, 西湖, 龜尾, 於峙, 同心, 官田, 新興, 柳山, 理洞, 水亭, 舟月, 內靈, 壽墻

福興面(복흥면)　鼎山, 瑞馬, 華陽, 東山, 半月, 鳳德, 農岩, 芝仙, 錦月, 魚隱, 大榜, 山亭, 舟坪, 上松, 下, 畓洞, 石洑

雙置面(쌍치면)　雙溪, 芳山, 鍾谷, 新成, 宕谷, 中安, 屯田, 詩山, 玉山,鍾岩, 鶴仙, 道古, 金

坪, 楊新, 田岩, 雲岩, 龍田, 梧鳳, 金城

柳等面(유등면) 外伊, 昌申, 乾谷, 梧橋, 柳村, 無愁

仁溪面(인계면) 道龍, 甲洞, 雙岩, 塔, 深草, 細龍, 馬吃, 加成, 中山, 芝山, 蘆東

赤城面(적성면) 古院, 支北, 大山, 雲林, 內月, 平南, 槐亭, 石山

八德面(팔덕면) 龍山, 九龍, 月谷, 廣岩, 清溪, 瑞興, 山東, 長安, 昌德, 德川

豊山面(풍산면) 半月, 柳亭, 三村, 金谷, 竹田, 半谷, 閑內, 大佳, 斗升, 上村, 龍內, 竹谷

完州郡(완주군)

鳳東邑(봉동읍) 場基, 堤內, 長久, 九岩, 芚山, 龍岩, 隱下, 栗所, 洛平, 成德, 九尾, 高川, 新城, 九萬

參禮邑(삼례읍) 參禮, 後亭, 於田, 海田, 新金, 石田, 舊亙, 新卓,峀溪, 下

庚川面(경천면) 庚川, 龍伏, 佳川

高山面(고산면) 邑內, 西峰, 栗谷, 於牛, 南峰, 花亭, 陽也, 聖才, 五山, 三寄, 小向

九耳面(구이면) 亢佳, 平村, 光谷, 德川 斗峴, 元基, 桂谷, 白如, 安德

東上面(동상면) 新月, 詞峰, 水滿, 大雅

飛鳳面(비봉면) 所農, 鳳山, 內月 大峙, 百島, 泥田, 水仙

上關面(상관면) 新, 竹林, 龍岩, 衣岩, 馬峙

所陽面(소양면) 黃雲, 新橋, 明德, 竹節, 大興, 海月, 花心, 新元, 新村

龍進面(용진면) 上雲, 上三, 九億, 龍興, 澗中, 雲谷, 新池

雲州面(운주면) 長仙, 完昌, 山北, 九梯, 姑堂, 金塘

伊西面(이서면) 上開, 金坪, 葛山, 伊城, 龍棲, 銀橋, 伊門, 南溪,盤橋, 金溪

華山面(화산면) 花坪, 花月, 春山, 雲谷, 牛月, 雲山, 臥龍, 宗, 升峙, 城北, 雲梯

任實郡(임실군)

任實邑(임실읍) 二道, 城街, 五亭, 杜谷, 渴馬, 甘城, 大谷, 程月,里仁, 斗滿, 藏財, 新安, 玄谷, 金城, 新亭, 望田

江津面(강진면) 渴潭, 白蓮, 富興, 會津, 龍水, 玉井, 文方, 鶴石, 訪賢, 筆峰

館村面(관촌면) 館村, 龍山, 道峰, 屛岩, 德川, 瑟峙, 芳峴, 新田, 上月, 回鳳, 芳水, 福興, 雲水

德峙面(덕치면) 回文, 斗芝, 沙谷, 佳谷, 川潭, 長岩,日中, 勿憂

三溪面(삼계면) 三溪, 後川, 蓬峴, 洗心, 鶴亭, 竹溪, 鴻谷, 山水, 梧枝, 德溪, 斗月, 磊川, 三隱, 漁隱

聖壽面(성수면) 陽地, 道引, 三峰, 太平, 聖壽, 杻訪, 五峰, 三淸, 月坪, 鳳崗, 五柳

新德面(신덕면)　水川, 三吉, 新興, 新德, 照月, 月城, 智長, 金亭, 五弓

新平面(신평면)　元泉, 昌仁, 大, 虎岩, 加德, 德岩, 龍岩

獒樹面(오수면)　獒樹, 龍井, 新基, 屯德, 龍頭, 屯基, 大井, 大明, 梧山, 酒泉, 鰲岩, 鳳泉, 君坪, 金岩

雲岩面(운암면)　雙岩, 鶴岩 , 仙居, 月面 芝川, 思良, 立石, 龍雲, 雲岩,青雲, 馬岩, 雲鍾, 金基, 雲井

只沙面(지사면)　芳溪, 館基, 圓山, 雁下, 琴坪, 寧川, 溪山

青雄面(청웅면)　九皐, 斗福, 鄕校, 玉田, 石頭, 清溪, 南山, 玉石

長水郡(장수군)

長水邑(장수읍)　長水, 路下, 先昌, 蘆谷, 東村, 德山, 斗山, 開亭, 水分, 松川, 龍溪, 大成, 食川

溪南面(계남면)　華陰, 砧谷, 薪田, 華陽, 好德, 佳谷, 弓陽, 長安

溪北面(계북면)　於田, 月峴, 梅溪, 農所, 林坪, 院村, 陽岳

蟠岩面(반암면)　魯檀, 橋洞, 菊圃, 竹山, 紗岩,知止, 洞花, 竹林, 論谷, 大論, 柳亭

山西面(산서면)　桐花, 五聖, 雙溪, 社桂, 鳳棲, 社上, 下月, 二龍, 新昌, 五山, 乾芝, 馬下, 白雲, 鶴仙

長溪面(장계면)　長溪, 金谷, 務農, 錦德, 松泉, 月岡, 三峰, 明德, 梧洞, 大谷

天川面(천천면)　春松, 壯板, 月谷, 臥龍, 南陽, 三顧, 鳳德, 龍光, 五峰, 蓮坪

鎭安郡(진안군)

鎭安邑(진안읍)　郡上, 郡下, 丹陽, 半月, 佳林, 物谷, 龜龍, 竹山, 梧川, 加幕, 井谷, 延章, 雲山

銅鄕面(동향면)　大良, 新松, 聖山, 紫山, 能金, 鶴仙

馬靈面(마령면)　平地, 溪西, 東村, 江亭, 德川

白雲面(백운면)　白岩, 東倉, 平章, 蘆村, 雲橋, 德峴, 南溪, 盤松, 華岩

富貴面(부귀면)　巨石, 斗南, 水項, 黃金, 五龍, 鳳岩, 弓項, 新亭, 細洞

上田面(상전면)　葛峴, 珠坪, 水東, 月浦, 九龍, 龍坪

聖壽面(성수면)　外弓, 道通, 佐浦, 中吉, 龍浦, 佐山, 新基, 求臣

顔川面(안천면)　魯城, 白華, 新槐, 三樂

龍潭面(용담면)　玉渠, 壽川, 臥龍, 虎溪, 月溪, 松豊

程川面(정천면)　鳳鶴, 葛龍, 慕程, 綱花, 月坪

朱川面(주천면)　朱陽, 新陽, 雲峰, 龍德, 武陵, 大佛

15. 全羅南道

光陽市(광양시)

廣英洞(광영동)	金湖洞(금호동)	桃李洞(도이동)	馬 洞(마 동)	城隍洞(성황동)
中軍洞(중군동)	中 洞(중 동)	太仁洞(태인동)	黃吉洞(황길동)	黃金洞(황금동)

光陽邑(광양읍) 牛山, 龜山, 七星, 邑內, 木星, 仁東, 仁西, 益申, 草南, 紗谷, 竹林, 龍江, 道月, 世豊, 德禮

多鴨面(다압면) 新院, 道士, 高士, 錦川, 荷川

鳳崗面(봉강면) 石社, 紙谷, 鳳堂, 釜楮, 具書, 鳥嶺, 莘龍

玉谷面(옥곡면) 元月, 大竹, 墨栢, 新錦, 莊洞, 仙柳, 水坪

玉龍面(옥룡면) 山南, 雲坪, 秋山, 東谷, 竹川,龍谷, 栗川, 雲谷

津上面(진상면) 錦梨, 蟾居, 飛坪, 黃竹, 於峙, 旨元, 青岩

津月面(진월면) 望德, 眞亭, 車蛇, 馬龍, 船所, 新鵝, 鳥沙, 新鳩, 松琴, 月吉

羅州市(나주시)

景賢洞(경현동)	果院洞(과원동)	官丁洞(관정동)	校 洞(교 동)	錦溪洞(금계동)
錦城洞(금성동)	南內洞(남내동)	南外洞(남외동)	大基洞(대기동)	大湖洞(대호동)
東水洞(동수동)	寶山洞(보산동)	富德洞(부덕동)	山亭洞(산정동)	三都洞(삼도동)
三榮洞(삼영동)	西內洞(서내동)	石峴洞(석현동)	城北洞(성북동)	松月洞(송월동)
松村洞(송촌동)	安倉洞(안창동)	榮山洞(영산동)	五良洞(오량동)	龍山洞(용산동)
雲谷洞(운곡동)	二倉洞(이창동)	竹林洞(죽림동)	中央洞(중앙동)	津浦洞(진포동)
青 洞(청 동)	土界洞(토계동)	平山洞(평산동)		

南平邑(남평읍) 南平, 大橋, 東舍, 橋村, 校院, 書山, 五溪, 上谷, 雨山, 藍石, 楓林, 蘆洞, 光村, 水院, 光利, 平山

公山面(공산면) 今谷, 南昌, 白沙, 新谷, 中浦, 佳松, 東村, 花城, 上方, 福龍

金川面(금천면) 鳥江, 古洞, 廣岩, 新川, 竹村, 月山, 洞岳, 石田, 村谷, 新加, 院谷

老安面(노안면) 錦洞, 長洞, 鶴山, 道山, 柳谷, 桂林, 安山, 龍山, 九亭, 永平, 金安, 五亭, 良川

茶道面(다도면) 芳山, 馬山, 德林, 都洞, 新洞, 板村, 松鶴, 楓山, 德洞, 弓院, 岩亭

多侍面(다시면) 月台, 永洞, 佳雲, 會津, 伏岩, 佳興, 新石, 竹山, 文洞, 東堂, 松村, 東谷, 淸井, 雲峰, 新光

洞江面(동강면) 仁洞, 月良, 辰泉, 大田, 長洞, 曲川, 玉亭, 大池, 月松, 良池, 雲山

文平面(문평면) 安谷, 松山, 北洞, 東院, 大道, 桂老, 學橋, 國洞, 玉堂, 山湖, 鶴洞, 五龍

潘南面(반남면) 興德, 石川, 聖溪, 德山, 新村, 大安, 青松

鳳凰面(봉황면) 德林, 烏林, 萬峰, 德谷, 竹石, 鐵川, 閣洞, 松峴, 長盛, 柳谷, 玉山, 臥牛, 黃龍, 新洞, 郁谷, 雲谷, 龍谷, 龍田

山浦面(산포면) 梅城, 新道, 松林, 花池, 山齊, 等樹, 等亭, 內基, 德禮

細枝面(세지면) 五峰, 大山, 內亭, 東谷, 竹洞, 松提, 橋山, 碧山, 城山

旺谷面(왕곡면) 德山, 本良, 玉谷, 松竹, 新浦, 月川, 化丁, 杏田, 新院, 新佳, 良山, 長山

木浦市(목포시)

京　洞(경　동)	高下洞(고하동)	光　洞(광　동)	錦　洞(금　동)	錦和洞(금화동)
南橋洞(남교동)	訥島洞(눌도동)	達　洞(달　동)	達城洞(달성동)	大盤洞(대반동)
大成洞(대성동)	大安洞(대안동)	大陽洞(대양동)	大義洞(대의동)	東明洞(동명동)
萬戶洞(만호동)	明倫洞(명륜동)	務安洞(무안동)	寶光洞(보광동)	福滿洞(복만동)
北橋洞(북교동)	山亭洞(산정동)	上　洞(상　동)	常樂洞(상락동)	西山洞(서산동)
石峴洞(석현동)	壽康洞(수강동)	陽　洞(양　동)	連山洞(연산동)	榮海洞(영해동)
玉岩洞(옥암동)	溫錦洞(온금동)	龍塘洞(용당동)	龍海洞(용해동)	儒達洞(유달동)
柳　洞(유　동)	竹橋洞(죽교동)	竹　洞(죽　동)	仲　洞(중　동)	中央洞(중앙동)
昌平洞(창평동)	祝福洞(축복동)	測候洞(측후동)	港　洞(항　동)	海岸洞(해안동)
幸福洞(행복동)	湖南洞(호남동)			

順天市(순천시)

佳谷洞(가곡동)	橋良洞(교량동)	金谷洞(금곡동)	南內洞(남내동)	南亭洞(남정동)
大垈洞(대대동)	大龍洞(대룡동)	德岩洞(덕암동)	德月洞(덕월동)	東外洞(동외동)
梅谷洞(매곡동)	三巨洞(삼거동)	生木洞(생목동)	石峴洞(석현동)	安豊洞(안풍동)
也興洞(야흥동)	蓮香洞(연향동)	榮　洞(영　동)	五泉洞(오천동)	玉川洞(옥천동)
臥龍洞(와룡동)	旺之洞(왕지동)	龍堂洞(용당동)	隣蹄洞(인제동)	仁月洞(인월동)
長泉洞(장천동)	楮田洞(저전동)	稠谷洞(조곡동)	照禮洞(조례동)	中央洞(중앙동)
豊德洞(풍덕동)	幸　洞(행　동)	鴻內洞(홍내동)		

昇州邑(승주읍) 斗月, 新田, 酉興, 鳳德, 平中, 九江, 道亭, 月溪, 西平, 新星, 新鶴, 竹鶴, 柳坪, 南江

樂安面(낙안면) 東內, 南內, 西內, 城北, 上松, 下松, 檢岩, 玉山, 平村, 校村, 新基, 李谷, 龍陵, 內雲, 昌寧, 金山, 平沙, 木村, 石興

別良面(별량면)　鳳林, 雲川, 松鶴, 德亭, 牛山, 雙林, 鶴山, 大谷, 武風, 馬山, 東松, 元倉, 斗庫, 九龍, 松基, 竹山, 琴峙, 大龍

上沙面(상사면)　屹山, 鷹嶺, 龍溪, 道月, 逢萊, 雙之, 草谷, 龍岩, 飛村, 五谷, 馬輪

西　面(서　면)　鶴口, 大九, 九萬, 飛月, 東山, 雲坪, 竹坪, 船坪, 鴨谷, 九上, 興垈, 池本, 板橋, 清所

松光面(송광면)　梧峯, 新興, 新坪, 洛水, 二清, 后谷, 月山, 大谷, 牛山, 德山, 鳳山, 梨邑, 壯安, 九龍, 大興

外西面(외서면)　新德, 雙栗, 錦城, 月岩, 道新, 盤龍, 花田, 長山

月燈面(월등면)　農善, 月龍, 大坪, 新月, 雲月, 葛坪, 松泉, 月林, 望龍, 桂月

住巖面(주암면)　杏亭, 渴馬, 住岩, 五山, 倉村, 福多, 文吉, 蓼谷, 九山, 竹林, 古山, 大光, 廣川, 飛龍, 雲龍, 閑谷, 於旺, 白鹿, 大九, 弓角

海龍面(해룡면)　新垈, 大安, 南佳, 月田, 星山, 船月, 新城, 狐頭, 龍田, 道弄, 中興, 海倉, 仙鶴, 弄珠, 上內, 下沙, 福星, 上三

黃田面(황전면)　竹淸, 坪村, 水坪, 槐木, 竹內, 黃鶴, 月山, 內九, 鳳德, 仙邊, 飛村, 琴坪, 大峙, 毛田, 回龍, 德林

麗水市(여수시)

鏡湖洞(경호동)	姑蘇洞(고소동)	公和洞(공화동)	館門洞(관문동)	光武洞(광무동)
喬　洞(교　동)	菊　洞(국　동)	君子洞(군자동)	落浦洞(낙포동)	南山洞(남산동)
德忠洞(덕충동)	東山洞(동산동)	屯德洞(둔덕동)	萬興洞(만흥동)	猫島洞(묘도동)
文水洞(문수동)	美坪洞(미평동)	鳳崗洞(봉강동)	鳳溪洞(봉계동)	鳳山洞(봉산동)
上岩洞(상암동)	西校洞(서교동)	仙源洞(선원동)	蘇湖洞(소호동)	水晶洞(수정동)
柿田洞(시전동)	新基洞(신기동)	新德洞(신덕동)	新月洞(신월동)	安山洞(안산동)
麗西洞(여서동)	麗川洞(여천동)	蓮燈洞(연등동)	五林洞(오림동)	五川洞(오천동)
熊川洞(웅천동)	月內洞(월내동)	月下洞(월하동)	積良洞(적량동)	鍾和洞(종화동)
珠三洞(주삼동)	中央洞(중앙동)	中興洞(중흥동)	忠武洞(충무동)	平呂洞(평려동)
鶴　洞(학　동)	鶴龍洞(학룡동)	蟹山洞(해산동)	虎鳴洞(호명동)	花峙洞(화치동)

突山邑(돌산읍)　郡內, 新福, 錦成,金鳳, 牛頭, 平沙, 竹圃, 瑞德, 栗林, 屯田

南　面(남　면)　牛鶴, 心張, 斗母, 柳松, 鳶島, 安島, 禾太, 斗羅, 橫干

三山面(삼산면)　巨文, 德村, 西島, 東島, 草島, 巽竹

召羅面(소라면)　德陽, 竹林, 館基, 玄川, 福山, 沙谷, 鳳頭, 大浦

栗村面(율촌면)　稠禾, 月山, 山水, 佳長, 上鳳, 鳳田, 半月, 吹笛, 新豊, 麗東

華陽面(화양면) 羅陳, 龍珠, 昌武, 利川, 玉笛, 華東. 西村, 梨木, 長水, 安浦
華井面(화정면) 白也, 諸島, 下花, 上花, 積金, 早發, 狼島, 蓋島, 月湖, 汝自

康津郡(강진군)

康津邑(강진읍) 東城, 南城, 西城, 校村, 牧, 平洞, 南浦, 鶴鳴, 林川, 永波, 德南, 松田, 松德, 春田, 瑞山
郡東面(군동면) 琶山, 虎溪, 羅川, 錦江, 華山, 龍沼, 豊洞, 獐山, 德川, 石橋, 雙德, 金沙, 三新
大口面(대구면) 水洞, 沙堂, 龍雲, 桂栗, 九修, 猪頭
道岩面(도암면) 德西, 桂羅, 支石, 江亭, 德年, 萬德, 鶴掌, 龍輿, 新基, 項村, 石門, 鳳凰
馬良面(마량면) 永東, 上輿, 垣浦, 馬良, 修仁
兵營面(병영면) 上樂, 枳路, 城東, 城南, 朴東, 三仁, 翰學, 上古, 中古, 下古, 道龍, 朔羊
城田面(성전면) 月南, 月下, 永豊, 松月, 月坪, 城田, 桃林, 金塘, 松鶴, 明山, 秀陽
薪田面(신전면) 水良, 龍月, 筏亭, 松川, 沙草, 龍花, 永貫
唵川面(옴천면) 鳳林, 黃幕, 月谷, 永山, 己佐, 蓋山, 井丁
鵲川面(작천면) 坪, 內基, 三烈, 龍祥, 君子, 葛洞, 峴山, 坪基, 三棠, 冶輿, 梨南, 土馬
七良面(칠량면) 永東, 松汀, 三興, 丹月, 明珠, 興鶴, 長溪, 峴坪, 鳳凰, 永福, 冬栢, 松路

高興郡(고흥군)

高興邑(고흥읍) 姑蘇, 虎東, 城村, 登岩, 虎形, 南溪, 玉下 , 西門, 杏丁
道陽邑(도양읍) 長溪, 官, 龍井, 鳳岩, 得良, 小鹿, 詩山
過驛面(과역면) 新谷, 白日, 蓮燈, 虎德, 石鳳, 過驛, 老日, 道川
錦山面(금산면) 大興, 於田, 新田, 新村, 石井, 新平, 五泉
南陽面(남양면) 長潭, 新興, 大谷, 南陽, 中山, 月亭, 望珠, 沈橋
大西面(대서면) 金馬, 南亭, 雁南, 禾山, 松林, 松江, 上南
道德面(도덕면) 道德, 新陽, 柯也, 鳳德, 五馬, 龍洞
道化面(도화면) 加禾, 九岩, 四德, 鉢浦, 德中, 鳳山, 堂島, 新虎, 鳳龍, 支竹
東江面(동강면) 油芚, 馬輪, 大江, 梅谷, 漢泉, 梧月, 青松, 竹岩, 掌德, 魯東
東日面(동일면) 鳳榮, 白楊, 德興
豆原面(두원면) 鶴谷, 觀德, 風流, 大錦, 龍塘, 大田, 禮會, 城頭, 永梧, 龍山, 新松, 龍盤, 雲岱
蓬萊面(봉래면) 曳內, 新錦, 外草, 泗洋
影南面(영남면) 楊蛇, 錦蛇, 南悅, 牛川
占岩面(점암면) 天鶴, 莊南, 江山, 呂湖, 花溪, 聖基, 芽龍, 大禦, 沙亭, 淵鳳, 新安

浦頭面(포두면) 南星, 玉崗, 車洞, 細洞, 吉頭, 上大, 鳳林, 長水, 上浦, 梧翠, 南村, 松山

豊陽面(풍양면) 上林, 野幕, 普天, 堂頭, 沽玉, 寒東, 鳳陽, 安洞, 梅谷, 豊南, 松亭, 栗峙

谷成郡(곡성군)

谷成邑(곡성읍) 邑內, 鶴亭, 校村, 竹洞, 新月 月峰, 舊院, 西溪, 大坪, 新, 東山, 長善, 新基, 猫川

兼　面(겸　면) 南陽, 玄亭, 柯亭, 平章, 馬田, 山亭, 上德, 槐亭, 大明, 松江, 雲橋, 七峰

古達面(고달면) 牧洞, 磊竹, 帶社, 白谷, 古達, 虎谷, 杜枷

木洞面(목동면) 坪, 東岩, 九龍, 龍司, 水谷, 帆溪, 拱北, 大谷, 新基, 竹亭, 龍鳳, 薪田

三岐面(삼기면) 院嶝, 月境, 槐所, 儀岩, 金盤, 淸溪, 農所, 蘆洞, 水山, 根村, 敬岳, 金鷄

石谷面(석곡면) 石谷, 淩波, 德興, 堂月, 芳松, 蓮盤, 竹山, 溫水, 念谷, 柳亭, 九峰, 鳳田

梧谷面(오곡면) 梧枝, 德山, 寢谷, 松亭, 鳳鳥, 鴨綠, 承法, 明山, 龜城, 彌山

梧山面(오산면) 鳳洞, 栗川, 丹士, 朝陽, 善世, 柯谷, 青丹, 蓮花, 雲谷

玉果面(옥과면) 玉果, 竹林, 里門, 雪玉, 栗寺, 武昌, 舟山, 水, 巢龍, 合江, 凰山

立　面(입　면) 梅月, 黑石, 大壯, 藥川, 萬水, 琴山, 棲鳳, 霽月, 昌亭, 立石, 三梧, 松田

竹谷面(죽곡면) 太平, 華陽, 鳳停, 新豊, 蓮花, 三台, 堂洞, 南陽, 留鳳, 桐溪, 元達, 古致, 龍亭, 下汗

求禮郡(구례군)

求禮邑(구례읍) 山城, 白蓮, 鳳北, 鳳東, 鳳南, 鳳西, 元方, 新月, 桂山, 論谷

艮田面(간전면) 艮文, 陽川, 興大, 壽坪, 三山, 孝谷, 錦山, 雲川, 中大

光義面(광의면) 煙波, 芝川, 垈山, 水月, 放光, 大田, 溫堂, 九灣

馬山面(마산면) 馬山, 冷泉, 廣坪, 沙圖, 黃田, 甲山

文尺面(문척면) 月田, 竹麻, 金亭, 中山

山洞面(산동면) 院村, 桂川, 元達, 水基, 內山, 大坪, 位安, 佐沙, 官山, 塔挺, 外山, 莘鶴, 梨坪, 屯寺, 侍上

龍方面(용방면) 龍井, 四林, 龍江, 新智, 中方, 新道, 竹亭

土旨面(토지면) 九山, 把道, 五美, 龍頭, 金內, 松亭, 外谷, 內西, 內東, 文殊

潭陽郡(담양군)

潭陽邑(담양읍) 潭州, 客舍, 川邊, 紙砧, 栢洞, 南山, 鄕校, 萬成, 羊角, 雲橋, 三茶, 佳山, 江爭, 五桂, 盤龍, 錦月, 三萬, 鶴洞

古西面(고서면) 東雲, 校山, 古邑, 分香, 金峴, 聲月, 甫村, 舟山, 院江, 山德

金城面(금성면) 石峴, 元泉, 大成, 原栗, 金城, 德成, 鳳棲, 帶谷, 外楸, 鳳凰

南　面(남　면) 燕川, 鶴仙, 芝谷, 鼎谷, 京相, 茂洞, 滿月, 九山, 仁岩, 柯岩, 豊岩

大德面(대덕면) 梅山, 章山, 飛釵, 錦山, 聲谷, 雲岩, 文學, 龍坮, 葛田, 雲山, 立石

大田面(대전면) 大峙, 平章, 西玉, 中玉, 應龍, 台木, 講義, 月本, 屛風, 杏成, 城山, 甲鄕

武貞面(무정면) 鳳安, 五龍, 五峰, 靈泉, 成道, 安平, 德谷, 瑞興, 貞石, 平地, 東江, 五禮, 東山

鳳山面(봉산면) 新鶴, 大秋, 齊月, 錡谷, 淵洞, 柳山, 陽地, 臥牛, 三支

水北面(수북면) 大舫, 羅山, 開東, 井中, 黃金, 古城, 梧亭, 弓山, 斗井, 舟坪, 豊水, 南山, 大興

龍　面(용　면) 秋城, 斗長, 桶泉, 雙台, 道林, 月桂, 龍淵, 龍峙

月山面(월산면) 月山, 月平, 中月, 龍興, 龍岩, 新溪, 廣岩, 五星, 月溪 化方

昌平面(창평면) 昌平, 三川. 龍水, 柳川, 梧江, 義項, 一山, 長華, 維谷, 海谷, 廣德, 外東

務安郡(무안군)

務安邑(무안읍) 城內, 城東, 城南, 校村, 龍月, 高節, 玟谷, 星岩, 平龍, 新鶴

一老邑(일로읍) 清湖, 望月, 竹山, 九井, 義山, 月岩, 甘遯, 支壯, 龍山, 山亭, 光岩, 上新基, 伏龍

望雲面(망운면) 牧東, 牧西, 皮西, 松峴, 炭雁

夢灘面(몽탄면) 達山, 鳳鳴, 良將, 青龍, 唐湖, 明山, 夢江, 藥谷, 歸鶴, 沙川, 九山, 梨山, 內里, 大峙, 鶴山, 茶山, 社倉, 鳳山

三鄕面(삼향면) 任城, 南岳, 龍浦, 麥浦, 柳橋, 旺山, 芝山

雲南面(운남면) 荷苗, 東岩, 蓮, 奈, 城內

青溪面(청계면) 月仙, 清溪, 道林, 南星, 卜吉, 九老, 上馬, 伏龍, 江亭, 道垈, 西湖, 松峴, 清水, 台峰, 南安, 司馬, 淸川

海際面(해제면) 柳月, 龍鶴, 萬豊, 松石, 兩梅, 新井, 德山, 大士, 鶴松, 石龍, 臨水, 廣山, 山吉, 泉壯, 蒼梅, 洋月, 兩干

玄慶面(현경면) 養鶴, 東山, 平山, 外盤, 玄化, 海雲, 松亭, 垂楊, 龍井, 五柳, 馬山, 加入

寶城郡(보성군)

寶城邑(보성읍) 寶城, 牛山, 玉坪, 烽山, 快上, 玉岩, 大野, 元峰, 珠峰, 龍門

筏橋邑(벌교읍) 筏橋, 典洞, 古邑, 池洞, 洛城, 秋洞, 澄光, 沃田, 七洞, 尺嶺, 馬洞, 長佐, 永登, 長岩, 大浦, 蓮山, 鳳林, 回亭, 壯陽, 虎東, 獐島

兼白面(겸백면) 石湖, 雲林, 隱德, 平湖, 道安, 龍山, 南陽, 沙谷, 水南

蘆洞面(노동면) 廣谷, 大蓮, 甘井, 錦湖, 玉馬, 龍湖, 學石, 新泉, 鶴洞, 鳴鳳
得粮面(득량면) 五峰, 松谷, 三亭, 海坪, 飛鳳, 道村, 馬川, 正興, 禮堂
文德面(문덕면) 雲谷, 龍岩, 德峙, 竹山, 鳳甲, 陽洞, 龜山, 桐山, 鳳亭
彌力面(미력면) 道開, 彌力, 華榜, 龍亭, 德林, 盤龍, 草堂
福內面(복내면) 福內, 盤石, 龍洞, 眞鳳, 鳳川, 日鳳, 詩川, 龍田, 楡亭, 桂山, 獐川, 東橋
熊峙面(웅치면) 中山, 江山, 大山, 龍盤, 鳳山, 柳山
栗於面(율어면) 文陽, 金川, 船岩, 栗於, 七音, 古竹, 梨洞, 柳新, 長洞
鳥城面(조성면) 鳥城, 梅峴, 隱谷, 新月, 龜山, 築內, 大谷, 牛川, 鳳陵, 德山, 東村, 龍田
會泉面(회천면) 栗浦, 碧橋, 全日, 鳳崗, 會寧, 聆川, 東栗, 郡農, 花竹, 泉浦, 書堂, 客山

新安郡(신안군)

智島邑(지도읍) 邑內, 鳳, 於義, 甘井, 內揚, 廣井, 灘東, 堂村, 自東, 台川, 蟬島
都草面(도초면) 水項, 指南, 外南, 五柳, 發梅, 竹連, 古蘭, 二谷, 萬年, 水多, 牛耳島
飛禽面(비금면) 德山, 龍沼, 道古, 水雉, 光大, 池堂, 舊林, 新元, 古西, 竹林, 內月, 水大, 佳山
新衣面(신의면) 上台東, 上台西, 下台西, 下台東, 高平沙島
安佐面(안좌면) 邑洞, 琴山, 炭洞, 山斗, 大, 伏虎, 存浦, 香木, 如屹, 南江, 大尺, 唱馬, 新村, 大芋, 方月, 舊垈, 所谷, 朴只, 半月, 內湖, 閑雲, 柿西, 馬津, 馬鳴, 者羅島
岩泰面(암태면) 短庫, 道昌, 瓦村, 水谷, 五相, 基洞, 松谷, 新石, 唐沙
押海面(압해면) 鶴橋, 駕龍, 新龍, 伏龍, 東西, 大川, 宋孔, 盆梅, 新庄, 長甘, 佳蘭, 梅花島, 古耳島
荏子面(임자면) 鎭, 大機, 光山, 在遠, 三頭, 二黑岩, 道贊, 水島
慈恩面(자은면) 舊營, 鍮脚, 松山, 大栗, 柳川, 綿田, 白山, 古場, 閑雲
長山面(장산면) 道昌, 大, 五音, 公需, 彭津, 多水, 馬津島
曾島面(증도면) 曾東, 防築, 大棗, 羽田, 屛風島
八禽面(팔금면) 邑, 大深, 元山, 長村, 眞古, 梨木, 唐古
荷衣面(하의면) 熊谷, 於隱, 五林, 大, 後廣, 陵山, 玉島
黑山面(흑산면) 鎭, 曳, 比, 沙, 深, 永山, 紅島, 晩才島, 多村, 可居島, 苔島, 水, 梧

靈光郡(영광군)

靈光邑(영광읍) 武靈, 白鶴, 南川, 道東, 校村, 連城, 月坪, 丹朱, 德湖, 新月, 臥龍, 良平, 桂松, 立石, 牛坪, 綠沙, 鶴丁, 松林, 新河
白岫邑(백수읍) 大新, 九岫, 吉龍, 天定, 莊山, 論山, 學山, 竹寺, 川馬, 良城, 大田, 虹谷, 藥

水, 芝山, 上沙, 下沙, 栢岩

弘農邑(홍농읍) 上下, 七谷, 桂馬, 城山, 眞德, 月岩, 可谷, 丹德, 新石

郡南面(군남면) 浦川, 東澗, 道長, 白羊, 東月, 雪梅, 暘德, 大德, 龍岩, 南昌, 月興, 盤安

郡西面(군서면) 甫羅, 加沙, 南竹, 馬邑, 萬金, 松鶴, 梅山, 德山, 南溪, 晩谷

大馬面(대마면) 月山, 南山, 松竹, 禾坪, 元興, 洪橋, 城山, 福坪

畝良面(묘량면) 德興, 嶺陽, 雲堂, 三孝, 新川, 三鶴, 月岩, 連岩

法聖面(법성면) 法聖, 鎭內, 化千, 三堂, 大德, 龍城, 德興, 笠岩, 龍德, 月山, 新莊

佛甲面(불갑면) 順龍, 鹿山, 金鷄, 母岳, 自秘, 放馬, 雙雲, 顔孟, 富春, 生谷, 鷹峰, 建武, 牛谷

鹽山面(염산면) 丑東, 上溪, 奉南, 新星, 松岩, 野月, 斗牛, 梧桐, 玉瑟

落月面(낙월면) 上落月, 下落月, 壬丙, 松耳, 角耳, 石蔓, 月村, 嶺外, 新基, 梧島, 竹島

靈岩郡(영암군)

靈岩邑(영암읍) 東武, 會門, 校洞, 西南, 驛, 南豊, 春楊, 龍興, 開新, 松平, 望湖, 大新, 場岩, 學松, 農德, 寒大

郡西面(군서면) 月谷, 東鳩林, 西鳩林, 道岬, 茅亭, 羊場, 東湖, 省陽, 馬山, 道長, 海倉

金井面(금정면) 龍興, 連寶, 鴉川, 月坪, 臥雲, 安老, 南松, 燕巢, 雙孝, 細柳, 青龍

德津面(덕진면) 德津, 老松, 永保, 雲岩, 栢溪, 永嶝, 錦江, 長善, 龍山

都浦面(도포면) 九鶴, 元項, 鳳湖, 德化, 都浦, 永湖, 聖山, 水山

美岩面(미암면) 春洞, 斗億, 美岩, 仙皇, 南山, 採芝, 新漢, 新浦, 好浦

三湖面(삼호면) 龍仰, 西倉, 望山, 東湖, 西湖, 山湖, 羅佛, 蘭田, 三浦, 龍塘

西湖面(서호면) 長川, 夢海, 華松, 青龍, 奄吉, 雙豊, 蘇山, 聖才, 錦江, 太白

始終面(시종면) 內洞, 月松, 泰澗, 萬樹, 月弄, 錦池, 月岳, 新興, 新燕, 沃野, 臥牛, 九山, 鳳巢, 新鶴

新北面(신북면) 月坪, 茅山, 金水, 酉谷, 葛谷, 鶴洞, 兩溪, 長山, 明洞, 龍山, 梨泉, 杏亭, 月池

鶴山面(학산면) 犢川, 龍山, 上月, 墨洞, 鶴溪, 龍召, 金溪, 新德, 隱谷, 梅月

莞島郡(완도군)

莞島邑(완도읍) 郡內, 加用, 竹青, 長佐, 大也, 望石, 中道, 正道, 花興, 大新

金日邑(금일읍) 花木, 新龜, 尺峙, 莊亭, 忠東, 月松, 桐栢, 沙洞, 莊圓

盧花邑(노화읍) 梨布, 都廳, 登山, 古幕, 新良, 久石, 東泉, 忠道, 內, 防西

古今面(고금면) 農桑, 德洞, 細洞, 道南, 德岩, 駕轎, 青龍, 鳳鳴, 回龍, 上亭

郡外面(군외면) 院洞, 永豊, 佛目, 黃津, 新鶴, 大文, 三斗, 唐仁

金塘面(금당면)　車牛, 陸山, 駕鶴
甫吉面(보길면)　中桶, 禮松, 芙黃, 亭子
生日面(생일면)　柳西, 金谷, 鳳仙
所安面(소안면)　榧子, 梨月, 駕鶴, 孟仙, 珍山, 美羅, 唐寺, 橫看
薪智面(신지면)　大谷, 松谷, 新梨, 新上, 月陽, 東古
藥山面(약산면)　藏龍, 海東, 牛頭, 冠山, 得岩
青山面(청산면)　道淸, 堂洛, 邑, 淸溪, 復興, 陽中, 上洞, 東村, 新興, 菊山, 池, 麗瑞, 茅島

長城郡(장성군)

長城邑(장성읍)　壽山, 聖山, 流湯, 鈴泉, 丹光, 岐山, 長安, 安平, 扶興, 白鷄, 龍岡, 德津, 上蜈, 野隱
南　面(남　면)　芬香, 鹿津, 德星, 馬嶺, 平山, 杏亭, 月汀, 三台, 月谷
東化面(동화면)　龍亭, 東湖, 西陽, 九林, 南平, 南山, 月山, 九龍, 松溪
北二面(북이면)　四街, 院德, 莘坪, 達城, 白岩, 竹青, 晩舞, 新月, 茅峴, 水城, 鰲月, 朝陽
北一面(북일면)　新興, 泊山, 鰲山, 月桂, 星山, 聖德, 文岩
北下面(북하면)　月城, 大岳, 丹田, 龍頭, 藥水, 中坪, 星岩, 大興, 德在, 雙熊, 新城
森溪面(삼계면)　社倉, 月淵, 舟山, 上道, 綾城, 鉢山, 水玉, 德山, 秀山, 竹林, 生村, 富城, 花山, 新基, 內溪
森西面(삼서면)　大谷, 三桂, 柳平, 鶴星, 大都, 小龍, 水海, 牛峙, 禽山, 石馬, 寶生, 斗月, 紅亭, 首陽
西三面(서삼면)　莊山, 松峴, 慕岩, 大德, 鷲岩, 錦溪, 龍興
珍原面(진원면)　栗谷, 山亭, 善積, 鶴田, 珍原, 山東, 鶴林, 上林, 龍山
黃龍面(황룡면)　月坪, 臥龍, 玉井, 黃龍, 莘湖, 長山, 筆岩, 阿谷, 金狐, 通安, 麥湖, 冠東, 臥牛

長興郡(장흥군)

長興邑(장흥읍)　岐陽, 汭陽, 平化, 牛目, 巾山, 向陽, 三山, 錦山, 海堂, 上, 築內, 觀德, 元道, 杏園, 蓮山, 成佛, 沙岸, 永田, 松岩, 坪場, 德提, 蓴池, 忠烈, 校村, 南外, 南洞, 東洞
冠山邑(관산읍)　玉堂, 南松, 聖山, 夫平 , 農安, 龍田, 竹橋, 傍村, 枝亭, 新東, 松村, 外洞, 三山, 叩馬, 竹青, 下鉢
大德邑(대덕읍)　新月, 蓮亭, 蓮池, 都廳, 蠶頭, 分土, 新, 甕岩, 駕鶴
會鎭面(회진면)　眞木, 會鎭, 德山, 大, 新上

夫山面(부산면)　柳楊, 內安, 九龍, 枝川, 龍盤, 金子, 虎溪, 基洞, 富春
安良面(안량면)　雲興, 岐山, 飛東, 堂岩, 水養, 茅嶺, 芷川, 海倉, 沙村, 水門, 鶴松, 新村, 水落
蓉山面(용산면)　接亭, 雲柱, 語山, 月松, 鹿院, 觀池, 上金, 下金, 印岩, 茅山, 桂山, 德岩, 豊吉, 上鉢
有治面(유치면)　松亭, 大, 五福, 新月, 丹山, 德山, 冠洞, 半月, 朝陽, 新豊, 院嶝, 龍門, 鳳德, 大川, 雲月, 勒龍
長東面(장동면)　北橋, 鳳洞, 朝陽, 盃山, 盤山, 萬年, 霞山, 龍谷
長平面(장평면)　龍岡, 陽村, 登村, 丑內, 猪山, 鳳林, 牛山, 屛洞, 青龍, 岐洞, 船亭, 光平, 綠楊, 林, 內洞, 漁谷, 復興, 珍山, 斗峰

珍島郡(진도군)

珍島邑(진도읍)　城內, 雙井, 東外, 校洞, 南洞, 浦山, 壽域, 水流, 山月, 海倉, 念丈
古郡面(고군면)　五山, 芝幕, 古城, 道平, 五柳, 碧波, 內山, 石峴, 遠浦, 香洞, 金界
郡內面(군내면)　粉土, 鹿津, 德柄, 屯田, 細登, 龍藏, 松山, 羅里, 月加, 亭子
義新面(의신면)　敦地, 枕溪, 七田, 斜川, 玉垈, 青龍, 連珠, 草四, 茅島, 巨龍, 晩吉, 松亭, 金甲, 昌浦, 九子島
臨淮面(임회면)　石橋, 三幕, 龍虎, 高亭, 巳嶺, 鳴瑟, 鳳翔, 上萬, 竹林, 白洞, 屈浦, 南洞, 蓮洞
鳥島面(조도면)　倉柳, 新陸, 觀梅, 大馬島, 小馬島, 觀沙島, 羅拜島, 孟城, 磻尾, 城南島, 竹項島, 獨巨島, 青藤島, 茅島, 玉島, 進木島, 訥玉島, 外竝島, 內竝島, 加沙島, 西巨次島, 東巨次島, 孟骨島
智山面(지산면)　仁智, 觀馬, 三堂, 古野, 鸚鵡, 吉隱, 素浦, 巨濟, 寶田, 臥牛, 加峙, 加鶴, 深洞, 五柳, 松湖

咸平郡(함평군)

咸平邑(함평읍)　咸平, 箕閣, 內橋, 水湖, 城南, 自豊, 萬興, 長交, 玉山, 佳洞, 石成, 長年, 津良, 大德
羅山面(나산면)　三柤, 水下, 羅山, 新平, 松岩, 二門, 水上, 龍頭, 牛峙, 草浦, 月奉, 元仙, 九山, 德林
大洞面(대동면)　上玉, 金谷, 月松, 白湖, 江雲, 鄕校, 德山, 龍城, 雲橋, 金山, 西湖, 連岩
孫佛面(손불면)　鶴山, 良才, 北成, 月川, 大田, 冬岩, 竹長, 竹岩, 弓山, 石倉, 山南
新光面(신광면)　甫余, 松士, 東井, 咸井, 元山, 三德, 白雲, 伏興, 桂川, 月岩, 加德, 柳川

嚴多面(엄다면) 嚴多, 松路, 新溪, 三亭, 永興, 鶴野, 星泉, 花陽
月也面(월야면) 龍月, 陽亭, 令月, 外峙, 月也, 月岳, 桂林, 禮德, 亭山, 龍岩, 龍亭, 月溪
鶴橋面(학교면) 伏泉, 古幕, 石亭, 錦松, 月湖, 谷倉, 鶴橋, 四街, 月山, 竹亭, 馬山
海保面(해보면) 上谷, 大倉, 龍山, 文場, 琴德, 海保, 金溪, 山內, 光岩, 大角

海南郡(해남군)

海南邑(해남읍) 古道, 海, 坪洞, 邑內, 南外, 城內, 壽星, 新安, 蓮洞, 安洞, 白也, 內四, 夫湖, 南川, 龍井, 舊校, 南洞, 伏坪
溪谷面(계곡면) 星津, 法谷, 康節, 堂山, 將所, 船津, 磻溪, 芳春, 德鼎, 呂水, 士丁, 駕鶴, 鼇頭, 新坪, 篁竹
馬山面(마산면) 禾內, 長村, 孟津, 外湖, 山幕, 松石, 路下, 燕邱, 鶴儀, 龍田, 上嶝
門內面(문내면) 東外, 龍岩, 石橋, 先頭, 鶴洞, 西上, 曳洛, 蘭大, 忠坪, 武古, 古棠, 古坪
北日面(북일면) 萬樹, 金塘, 新月, 興村, 雲田, 龍日, 方山, 內東
北平面(북평면) 南倉, 梨津, 西洪, 平岩, 永田, 烏山, 東海, 臥龍
山二面(산이면) 草松, 老松, 琴松, 德湖, 禮丁, 松川, 珍山, 大津, 德松, 九星, 相公, 富洞, 錦湖
三山面(삼산면) 平活, 新興, 昌, 松汀, 鳳鏧, 院津, 忠, 九林, 上駕
松旨面(송지면) 山亭, 今江, 郡谷, 加次, 鶴加, 右近, 美也, 於蘭, 小竹, 松湖, 桶湖, 馬峰, 海元, 西亭
玉泉面(옥천면) 永春, 永信, 新溪, 新竹, 八山, 月坪, 龍山, 星山, 黑泉, 淸新, 大山, 白虎, 松山, 龍洞
縣山面(현산면) 日平, 萬安, 九市, 古縣, 德興, 挹湖, 白浦, 草湖, 黃山, 九山, 造山, 月松
花山面(화산면) 方丑, 海倉, 金豊, 蓮谷, 栗洞, 可座, 關東, 月湖, 蓮井, 富吉, 松山, 石湖, 安湖, 平湖, 三馬
花源面(화원면) 青龍, 錦坪, 新德, 靈湖, 馬山, 鳩林, 月湖, 梅月, 厚山, 仁智, 周光, 花峰, 山湖, 長春, 星山
黃山面(황산면) 南利, 日新, 院湖, 燕湖, 松湖, 虎洞, 閑子, 牛項, 蓮塘, 外笠, 富谷, 冠春, 玉洞

和順郡(화순군)

和順邑(화순읍) 校, 鄕廳, 萬淵, 新基, 訓, 洞口, 柳川, 一心, 茶智, 廣德, 三川, 二十谷, 大, 江亭, 碧蘿, 甘道, 桂所, 道熊, 細良, 蓮陽, 內坪, 西台, 鸚南, 水萬, 周道
南 面(남 면) 沙坪, 大谷, 檢山, 雲山, 院, 碧松, 長田, 節山, 泗洙, 舟山, 福橋, 南溪, 維摩, 茶山, 龍, 內

綾州面(능주면) 石庫, 南亭, 井南, 蠶亭, 內, 貫永, 千德, 萬仁, 廣思, 白岩, 萬水, 元池

道谷面(도곡면) 孝山, 大谷, 月谷, 雙玉, 坪, 德谷, 新星, 泉岩, 信德, 美谷, 竹青, 元花

道岩面(도암면) 源泉, 雲月, 道莊, 碧池, 淨川, 天台, 池月, 登光, 大草, 龍江, 虎岩, 牛峙, 鳳下, 旺亭, 杏山

東 面(동 면) 壯東, 栢龍, 彦道, 瑞城, 青弓, 馬山, 舞浦, 景峙, 福岩, 梧桐, 泉德, 雲農, 玉壺, 大浦, 菊東

同福面(동복면) 獨上, 漆井, 川邊, 楡川, 新栗, 佳水, 安城, 蓮月, 邑艾, 蓮屯, 龜岩, 寒泉

北 面(북 면) 二川, 林谷, 玉, 西酉, 孟, 藍峙, 院, 松坍, 芳, 蘆基, 吉星, 瓦川, 多谷, 水, 蘆峙, 龍谷

二西面(이서면) 西, 月山, 滄浪, 野沙, 保月, 仁溪, 永坪, 安心, 葛頭, 道石, 寶山, 獐鶴

梨陽面(이양면) 五柳, 金陵, 江聲, 品坪, 梨陽, 栗溪, 松亭, 草坊, 梅亭, 蓮花, 求禮, 雙峰, 甑, 墨谷, 龍盤, 莊峙, 玉

清豊面(청풍면) 車, 風岩, 閑池, 漁, 世清, 大庇, 白雲, 青龍, 二晩, 新石, 新

春陽面(춘양면) 石亭, 花林, 大薪, 會松, 陽谷, 龍谷, 月坪, 可東, 邊天, 山澗, 佳鳳, 龍頭, 牛峯, 富谷

寒泉面(한천면) 寒溪, 牟山, 金田, 政, 加岩, 午陰, 盤谷, 坪, 丁友, 東佳, 古侍

16. 濟州特別自治道

西歸浦市(서귀포시)

江汀洞(강정동)	大浦洞(대포동)	道順洞(도순동)	東烘洞(동홍동)	法還洞(법환동)
甫木洞(보목동)	上猊洞(상예동)	上孝洞(상효동)	穡達洞(색달동)	西歸洞(서귀동)
西好洞(서호동)	西烘洞(서홍동)	松山洞(송산동)	新孝洞(신효동)	瀛南洞(영남동)
龍興洞(용흥동)	月坪洞(월평동)	正房洞(정방동)	中文洞(중문동)	中央洞(중앙동)
天地洞(천지동)	吐坪洞(토평동)	下猊洞(하예동)	河源洞(하원동)	下孝洞(하효동)
好近洞(호근동)	廻水洞(회수동)			

南元邑(남원읍)	南元, 泰興, 漢南, 水望, 衣貴, 新興, 爲美, 下禮, 新禮
大靜邑(대정읍)	上摹, 下摹, 安城, 仁城, 馬羅, 日果, 加波, 新坪, 東日, 保城, 九億, 武陵, 新桃, 永樂
城山邑(성산읍)	城山, 吾照, 始興, 古城, 水山, 溫平, 新陽, 新山, 三達, 新豊, 新川, 蘭山
安德面(안덕면)	和順, 倉川, 柑山, 上倉, 沙溪, 德修, 西廣, 東廣, 廣坪, 上川, 大坪
表善面(표선면)	表善, 下川, 城邑, 加時, 細花, 兎山

濟州市(제주시)

健入洞(건입동)	內都洞(내도동)	老衡洞(노형동)	道南洞(도남동)	道頭洞(도두동)
道連洞(도련동)	都坪洞(도평동)	奉蓋洞(봉개동)	三徒洞(삼도동)	三陽洞(삼양동)
我羅洞(아라동)	蓮　洞(연　동)	寧坪洞(영평동)	梧登洞(오등동)	吾羅洞(오라동)
外都洞(외도동)	龍岡洞(용강동)	龍潭洞(용담동)	月坪洞(월평동)	二徒洞(이도동)
梨湖洞(이호동)	一徒洞(일도동)	海安洞(해안동)	禾北洞(화북동)	回泉洞(회천동)

舊左邑(구좌읍)	細花, 月汀, 杏源, 漢東, 坪岱, 松堂, 上道, 下道, 終達, 金寧, 東福, 德泉
翰林邑(한림읍)	翰林, 歸德, 洙源, 大林, 翰洙, 上大, 東明, 明月, 上明, 今岳, 月林, 瓮浦, 挾才, 金陵, 月令
涯月邑(애월읍)	涯月, 郭支, 錦城, 鳳城, 於音, 納邑, 上加, 下加, 新嚴, 中嚴, 舊嚴, 高內, 龍興, 下貴, 上貴, 古城, 水山, 光令, 召吉, 長田, 流水岩
朝天邑(조천읍)	朝天, 新村, 新興, 大屹, 臥山, 臥屹, 橋來, 咸德, 北村, 善屹
牛島面(우도면)	照日, 西光, 天津, 五峰
楸子面(추자면)	大西, 永興, 默, 新陽, 禮草
翰京面(한경면)	新昌, 頭毛, 今藤, 造水, 樂泉, 淸水, 楮旨, 板浦, 漢源, 龍塘, 高山, 龍水, 山陽

17. (平壤特別市)

中區域(중구역)

慶上洞(경상동) 敬臨洞(경림동) 倉田洞(창전동) 西門洞(서문동) 新岩洞(신암동) 新陽洞(신양동) 南門洞(남문동) 中城洞(중성동) 普通門洞(보통문동) 解放山洞(해방산동) 鐘路洞(종로동) 萬壽洞(만수동) 大同門洞(대동문동) 勝利大街(승리거리) 榮光大街(영광거리) 千里馬大街(천리마거리)

平川區域(평천구역)

平川洞(평천동) 北城洞(북성동) 幹城洞(간성동) 鳳池洞(봉지동) 井平洞(정평동) 鳳鶴洞(봉학동) 海運洞(해운동) 鳳南洞(봉남동) 新村洞(새마을동) 安山洞(안산동) 陸橋洞(륙교동) 平川江岸大街(평천강안거리) 千里馬大街(천리마거리) 新村大街(새마을거리)

普通江區域(보통강구역)

普通江洞(보통강동) 石岩洞(석암동) 慶興洞(경흥동) 西齋洞(서재동) 樂園洞(락원동) 運下洞(운하동) 新院洞(신원동) 鳳花洞(봉화동) 大寶洞(대보동) 紅街洞(붉은거리동) 大駝嶺洞(대타령동) 西長洞(서장동) 三街洞(세거리동) 樂園大街(락원거리) 慶興大街(경흥거리) 烽火大街(봉화거리)

牡丹峰區域(모란봉구역)

平和洞(평화동) 七星門洞(칠성문동) 北塞洞(북새동) 西興洞(서흥동) 月香洞(월향동) 進香洞(진향동) 仁興洞(인흥동) 抗米洞(항미동) 戰友洞(전우동) 琵琶洞(비파동) 興夫洞(흥부동) 戰勝洞(전승동) 凱旋洞(개선동) 民興洞(민흥동) 長峴洞(장현동) 城北洞(성북동) 凱旋大街(개선거리) 琵琶大街(비파거리)

西城區域(서성구역)

長山洞(장산동) 上興洞(상흥동) 石峰洞(석봉동) 長慶洞(장경동) 西山洞(서산동) 西川洞(서천동) 上新洞(상신동) 中新洞(중신동) 下新洞(하신동) 臥山洞(와산동) 蓮池洞(련못동) 南橋洞(남교동) 柳樹大街(버드나무거리) 革新大街(혁신거리) 西川大街(서천거리)

船橋區域(선교구역)

南新洞(남신동) 長忠洞(장충동) 栗谷洞(률곡동) 藤梅洞(등매동) 武進洞(무진동) 上嶺洞(웃매동) 永濟洞(영제동) 大興洞(대흥동) 産業洞(산업동) 江岩洞(강암동) 船橋洞(선교동) 船橋江岸大街(선교강안거리) 新生活大街(새살림거리) 青年大街(청년거리)

東大院區域(동대원구역)

新興洞(신흥동) 文新洞(문신동) 冷泉洞(랭천동) 東大院洞(동대원동) 東新洞(동신동) 三馬洞(삼마동) 大新洞(대신동) 栗 洞(률 동) 新里洞(신리동)

大同江區域(대동강구역)

紋綉洞(문수동) 北綉洞(북수동) 小龍洞(소룡동) 塔在洞(탑재동) 東門洞(동문동) 文興洞(문흥동) 衣岩洞(의암동) 四谷洞(사곡동) 寺 洞(사 동) 望日里(망일리) 大學大街(대학거리)

寺洞區域(사동구역)

梧柳里(오류리) 梨峴里(리현리) 美林洞(미림동) 青龍里(청룡리) 三骨洞(삼골동) 休岩洞(휴암동) 南山洞(남산동) 松新洞(송신동) 將泉洞(장천동) 石井洞(석정동) 東倉里(동창리) 大園里(대원리) 德洞里(덕동리)

大聖區域(대성구역)

大聖洞(대성동) 安鶴洞(안학동) 甲門洞(갑문동) 清湖洞(청호동) 林興洞(림흥동) 高山洞(고산동) 文德大街(문덕거리) 金星大街(금성거리)

萬景臺區域(만경대구역)

堂上洞(당상동) 仙內洞(선내동) 八骨洞(팔골동) 七骨洞(칠골동) 大平洞(대평동) 金泉洞(금천동) 元魯里(원로리) 龍山洞(룡산동) 萬景臺洞(만경대동) 先驅者洞(선구자동) 建國洞(건국동) 將勛洞(장훈동) 三興洞(삼흥동) 龍岳山洞(룡악산동) 青春大街(청춘거리) 光復大街(광복거리)

兄弟山區域(형제산구역)

川南里(천남리) 鶴山洞(학산동) 間 里(간 리) 弟山里(제산리) 兄山里(형산리) 新美洞(신미동) 西浦洞(서포동) 下堂洞(하당동) 中堂洞(중당동) 上堂洞(상당동) 石田洞(석전동)

恩情區域(은정구역)

林源洞(림원동) 光明洞(광명동) 梨山洞(배산동) 科學洞(과학동)

龍城區域(룡성구역)

淸溪洞(청계동) 馬山洞(마산동) 龍城洞(룡성동) 御恩洞(어은동) 和盛洞(화성동) 中二洞(중이동) 明吾洞(명오동) 大泉洞(대천동) 東北里(동북리)

三石區域(삼석구역)

廣德里(광덕리) 圓興里(원흥리) 聖文里(성문리) 元新里(원신리) 道德里(도덕리) 湖南里(호남리) 三石里(삼석리) 文榮洞(문영동) 長壽園洞(장수원동)

勝湖區域(승호구역)

勝湖洞(승호동) 勝湖里(승호리) 南江洞(남강동) 貨泉洞(화천동) 獨骨洞(독골동) 利川里(리천리) 立石里(립석리) 鳳島里(봉도리) 上淸里(상청리) 萬達里(만달리) 金玉里(금옥리) 廣庭里(광정리)

力浦區域(력포구역)

柳玄里(류현리) 陽陰里(양음리) 楸堂里(추당리) 戊辰里(무진리) 小三亭里(소삼정리) 三井里(세우물리) 小新洞(소신동) 力浦洞(력포동) 大峴洞(대현동) 林檎洞(능금동) 龍山里(룡산리)

樂浪區域(락랑구역)

松南里(송남리) 甫城里(보성리) 柳巢里(류소리) 南寺里(남시리) 今大里(금대리) 碧只島里(벽지도리) 貞柏洞(정백동) 樂浪洞(락랑동) 貞梧洞(정오동) 東山洞(동산동) 猿岩洞(원암동) 斗團洞(두단동) 龍湖里(룡호리) 統一大街(통일거리)

順安區域(순안구역)

順安里(순안리) 九瑞里(구서리) 在京里(재경리) 梧山里(오산리) 安興里(안흥리) 泉洞里(천동리) 宅庵里(택암리) 山陽里(산양리) 龍伏里(룡복리) 東山里(동산리) 大陽洞(대양동)

江南郡(강남군)

江南邑(강남읍) 東井里(동정리) 三岩里(삼암리) 古川里(고천리) 馬井里(마정리) 柳浦里(류포리) 間川里(간천리) 古邑里(고읍리) 龍谷里(룡곡리) 龍浦里(룡포리) 唐谷里(당곡리) 二山里(이산리) 石湖里(석호리) 文岩里(문암리) 新興里(신흥리) 新井里(신정리) 長橋里(장교리) 龍橋里(룡교리) 英進里(영진리)

中和郡(중화군)

中和邑(중화읍) 金山里(금산리) 馬場里(마장리) 明月里(명월리) 館峰里(관봉리) 長山里(장산리) 龍山里(룡산리) 相興里(상흥리) 三姓里(삼성리) 蔡松里(채송리) 魚龍里(어룡리) 忠龍里(충룡리) 眞廣里(진광리) 乾山里(건산리) 白雲里(백운리) 東山里(동산리) 水攏里(물동리)

江東郡(강동군)

江東邑(강동읍) 松街工人區(송가로동자구) 黑嶺工人區(흑령로동자구) 下里工人區(하리로동자구) 高飛工人區(고비로동자구) 上里工人區(상리로동자구) 飛流江工人區(비류강로동자구) 束草工人區(속초로동자구) 嶺南工人區(령남로동자구) 南江工人區(남강로동자구) 烽火里(봉화리) 文化里(문화리) 三登里(삼등리) 文興里(문흥리) 香木里(향목리) 東 里(동 리) 麥田里(맥전리) 龍興里(룡흥리) 明義里(명의리) 松石里(송석리) 九賓里(구빈리) 卵山里(란산리) 太岑里(태잠리) 花崗里(화강리) 順昌里(순창리)

祥原郡(상원군)

祥原邑(상원읍) 靈泉里(령천리) 大泉里(대천리) 大興里(대흥리) 龍谷里(룡곡리) 場里(장 리) 中 里(중 리) 獐項里(장항리) 銀口里(은구리) 新下里(신하리) 蘆洞里(로동리) 金城里(금성리) 繁洞里(번동리) 貴逸里(귀일리) 水山里(수산리) 大洞里(대동리) 黑隅里(흑우리) 錢山里(전산리) 沙器里(사기리) 新院里(신원리) 植松里(식송리) 龍盛里(룡성리) 明堂工人區(명당로동자구)

ㄱ
街 ……128
家 ……128, 321
可 ……143
哥 ……254
假名 ……80
角 ……182
刻符 ……105
墾 ……126
幹 ……126
姦 ……255
簡化字 ……116
簡化字總表 121, 123
葛藤 ……723
甘 ……227
監 ……257
甲骨文 ……93
甲骨卜辭 ……94
甲文 ……94
薑 ……126
江 ……309
康熙字典 ……116
開 ……126
車 ……190
巨 ……281
欅 ……346
居延 ……112
乾 ……126
巾 ……201
楗 ……343
綘 ……127
犬 ……176
潔 ……127
驚 ……127
慶 ……127
京 ……200
階 ……127
鷄 ……127, 143, 323
稽 ……250
計 ……254
桂 ……339
栔 ……76
啓功 ……98, 113
契文 ……94
高 ……225
蠱 ……254
杲 ……258
考 ……85
古文 ……96, 98
古隸 ……107
古韓契 ……77
谷 ……239
骨 ……175
工 ……231
孔宙 ……108
誇 ……126
果 ……155, 194, 207, 256
瓜 ……186
戈 ……190
郭沫若 ……94
款 ……101
關 ……126
棺 ……342
觀堂集林 ……97
颳 ……126
廣 ……126
廣開土王陵碑 …108
廣韻 ……83
狂草 ……115
塊 ……127
壞 ……128
槐 ……347
轟 ……128, 255
膠 ……127
喬 ……127, 346
交 ……206, 249
橋 ……346
舊 ……125
區 ……125, 127, 133, 346
口 ……171, 206
龜 ……180
九 ……218
久 ……220
鉤 ……255
矩 ……281
鳩 ……307, 323
柩 ……342
裘錫圭 ……102
國 ……125, 319
弓 ……189
勸 ……127
闕 ……319
鬮 ……319
歸 ……128
龜 ……133
鬼 ……184
極 ……127
僅 ……127
斤 ……189
琴 ……192
今隸 ……107
今草 ……115
磯 ……127
己 ……232
紀 ……232
箕 ……296
其 ……296
金生 ……113
金膺顯 ……113
ㄴ
懶 ……128
羅 ……257
羅振玉 ……94
洛書 ……90
蘭 ……128
欄 ……128, 343
卵 ……183
闌 ……343
蘭亭序 ……113
籃 ……128
藍 ……128
南 ……128, 213
瑯琊刻石 ……104
來 ……289
鹵 ……126
老 ……85, 168
錄 ……126
鹿 ……177
祿 ……321
麓 ……322
磊 ……128, 255
雷 ……160
樓 ……345
ㄷ
多 ……254
蛋 ……126
團 ……127, 133, 319
旦 ……227, 258
單語文字 ……73, 90
段玉裁 ……82
達 ……127
唐蘭 ……95
唐韻 ……83
對 ……127
隊 ……127
大 ……148, 230
大篆 ……99, 102
道 ……128
刀 ……85, 188
到 ……209

桃 ……338
陶器 ……51
陶符 ……91
獨 ……125
獨島 ……522
東……125, 210, 211
童 ……128
冬 ……235
銅 ……323
桐 ……341
童蒙先習 ……83
董作賓 ……93, 94
頭 ……128
豆 ……191
斗 ……191

ㅁ

鄧 ……127
馬 ……177
莫 ……258, 259
萬 ……125, 181
末 ……207, 225
罒 ……203
亡 ……287
買 ……128
麥 ……186, 289
盲 ……287
麵 ……126
面 ……128
宀 ……201
冕 ……275
免 ……275
滅 ……126
明 ……143, 253
名 ……75
明心寶鑑 ……83
母……156, 194, 207, 256
毛 ……182
矛 ……190
暮 ……259
摹印 ……105
目 ……170
木 ……185, 252
卯 ……231
無……125, 237, 267
務 ……126
戊 ……233
舞 ……237, 267
武 ……253, 254
武威 ……112
無形符號 ……71
門 ……125, 187
文……74, 85, 193, 243, 276, 306
紋 ……276
聞 ……319
問 ……319
文字 ……74
文字學 ……81
勿 ……246
眉 ……174
米 ……186
未 ……233
民 ……169

ㅂ

樸 ……125
雹 ……161
班 ……254
盤 ……297
搬 ……298
槃 ……298
班固 ……139
半坡 ……45
半坡遺跡址 ……91
發 ……125
跋 ……325
髮 ……125
背 ……212, 268
排 ……241
拜 ……241
柏 ……328
範 ……126
凡 ……297
범 ……964
壁 ……127
霹靂 ……324
變 ……127
竝 ……234
補 ……127
步……245, 254, 256
覆 ……126
複 ……126
復 ……126
葍 ……126
卜 ……222
攴(攵) ……243
伏 ……254
卜辭文字 ……94
本 ……207, 224
鳳 ……127, 183
奉 ……240
父 ……167
夫 ……196
阜 ……202
郙閣頌 ……108
北……212, 256, 268
奮 ……126
分 ……218
不 ……208, 223
拂 ……239
弗 ……239
飛……126, 206, 221
鼻 ……171, 294
非 ……247
妃 ……317
賓 ……127
檳榔 ……324
冫 ……242

ㅅ

師 ……128
巳 ……180
絲 ……188
四 ……216
耜 ……274
蓑 ……285
史書 ……106
史晨 ……108
史籒篇 ……97
山 ……162
三……142, 205, 216
森 ……255
杉 ……338
象 ……178
上 ……205, 219
象形文字 ……73
生 ……234
書 ……125, 75
西 ……209, 223
棲 ……209, 326
書契 ……90
徐兢 ……522
署書 ……105
西安 ……45, 91
徐中舒 ……95
西狹頌 ……108
石 ……165, 207
昔 ……229
夕 ……247
石鼓文 ……98
石門銘 ……111
石門頌 ……108
選 ……127
宣示表 ……111
雪 ……128, 161
舌 ……175

說文解字…………… …82, 139, 145, 204, 251, 308
楔形文字 ………72
纖 ………………127
攝 ………………128
聶 …………128, 255
聲 ………………125
聖 ………………128
聲韻學 …………81
世 ………………241
蘇 ………………127
小 ………………234
小篆 …99, 102, 104
小學 ……………82
孫詒讓 …………94
鬆 ………………126
松 ………………327
曬 ………………125
衰 ………………285
樹 ………………127
帥 ………………128
水 …………143, 162
手 ………………172
首 ………………172
須 …………173, 293
鬚 …………173, 293
受 …………238, 263
囚 ………………254
授 ………………263
殳 ………………244
殳書 ……………105
盾 …………196, 343
術 ………………126
乘 ………………239
時 ………………125
豕 …………183, 308
矢 ………………189
示 …………214, 224
始 ………………85
識 ………………127
植 ………………341
申 ………………152
神 ………………152
伸 ………………152
燼……237, 259, 260
信 …………85, 253
神聖文字 ………73
新韓契 …………77
失 ………………245
審 ………………127
心 ………………173
十 ………………219
雙 ………………125

ㅇ

我 ………………170
兒 ………………195
鴉 ………………323
鵝 ………………323
顎 ………………126
樂 ………………196
安 ………………254
鴨 ………………323
央 ………………269
殃 ………………269
仰韶 …………46, 47
仰韶文化 ………91
腋 …………228, 295
嚶 ………………323
櫻 ………………334
也 ………………286
陽 …………125, 126
癢 ………………127
釀 ………………127
量 ………………128
壤 ………………150
羊 ………………176
楊 ………………332
楊枝 ……………332
魚 …………142, 179
焉 ………………200
言 …………85, 240
厂 ………………201
广 ………………202
業 …………126, 245
麗 ………………126
女……154, 156, 166
予 ………………223
歷 ………………127
曆 ………………127
力 …………154, 174
易 ………………181
亦…………………… 205, 207, 228, 295
疒 ………………244
櫟 …………337, 340
繹山刻石 ………104
燕 ………………179
然 ………………260
燃 …………260, 261
簾 ………………128
炎 ………………254
寧 ………………126
永……206, 221, 264
泳 ………………264
令 ………………86
禮 ………………125
藝 …………127, 152
譽 ………………128
禮器 ……………108
隷書 ……………105
烏……155, 156, 198
午 …………200, 284
五 ………………217
梧 ………………340
玉 …………192, 311
翁方綱 …………111
瓦 ………………187
日 ………………226
王 ………………169
王國維 …………97
王隱 ……………97
王愔 ……………114
王懿榮 …………93
汪學文 …………118
王羲之 ……109, 113
瞭 ………………126
遼 ………………127
夭 ………………249
龍 ………………184
榕 ………………344
龍骨 ……………93
龍門造象二十品 111
龍山文化 ………46
龍藏寺 …………111
郵 ………………127
優 ………………127
雨 ………………159
牛 ………………176
羽 ………………181
友 ………………254
雲 …………125, 151
云 …………151, 160
圓 ………………126
源 ………………265
原 ………………265
月……142, 146, 159
月亮 ……………81
爲……125, 241, 258
衛 ………………128
胃 ………………195
乳 ………………174
酉 …………191, 279
紐 …………232, 267
幼 ………………323
柳 ………………330

榴 ……………………335
楡 ……………………337
劉德昇 …………113
流沙 ……………112
劉鶚 ……………94
乳也 ……………74
有意陶文 ………74
有形符號 ………71
劉歆 ……………310
肉 ……………………182
六 ……………………217
六書 ……………138
尹宙 ……………108
殷契 ……………94
殷墟文字 ………94
殷墟書契 ………94
乙瑛 ……………108
陰 ……………………125
音節文字 ………80
邑 ……………………242
擬 ……………………127
義 ……………………128
衣 …………85, 188
劓 ……………………257
爾 ……………………125
裏 ……………………126
二……142, 205, 216
耳 ……………………170
而 …………173, 293
以 ……………………274
匜 ……………………286
李 ……………………313
李斯 ……………104
爾雅 ……………83
爾雅注 …………83
李孝定 …………95
益 …………254, 262
認 ……………………127
人……………………
…85, 142, 154, 166, 252
刃 …………207, 225
廴 ……………………249
因 ……………………273
茵 ……………………273
引書 ……………103
日……142, 145, 158
一……142, 205, 216
溢 ……………………262
林 ……………………254
林尹 ………140, 310
入 ……………………220
立 ……………………227

ㅈ

子 ……………………166
自 …………171, 294
字………85, 306, 74
爵 ……………………193
長 ……86, 125, 240
藏 ……………………128
張猛龍 …………111
張遷碑 …………108
章草 ……………115
張懷瓘 ……106, 112
張黑女 …………111
纔 ……………………125
杵 …………200, 284
豬 ……………………308
適 ……………………127
積 ……………………127
戰 ……………………125
電……125, 152, 160
展 ……………………128
輾 ……………………128
田……151, 154, 164
顚 ……………………231
譱 ……………………255
篆文 ……………102
篆書 ……………102
錢玄同 …………82
点 ……………………128
町 ……………………126
靪 ……………………126
盯 ……………………126
釘……126, 199, 282
停 ……………………128
井 ……………………164
丁 …………199, 282
頂 ……………………231
鄭固 ……………108
程邈 ……………106
鄭文公 …………111
貞卜文字 ………94
正字體 …………117
際 ……………………126
齊 …………127, 222
弟 ……………………168
題 ……………………231
趙 ……………………127
竈 …………127, 133
棗 …………128, 254
鳥……………………
142, 156, 178, 209
俎 ……………………298
曹娥碑 …………111
曹全 ……………108
足 ……………………172
尊 ……………………280
從 ……………………125
終 ……………………235
鍾繇 ……………109
鐘鼎文 …………99
左書 ……………106
酒 …………128, 279
州 ……………………165
舟 ……………………190
朱 …………228, 266
珠 …………229, 266
晝 ……………………255
炷 ……………………272
主 ……………………272
咮 ……………………323
柎 ……………………327
周禮 ……………138
籀文 …………97, 99
주사위 …………965
朱宗萊 …………82
竹 ……………………185
樽 ……………………280
衆 ……………………125
中 ……………………229
仲秋節 …………477
中秋節 …………477
楫 ……………………344
曾 ……………………271
甑 ……………………271
識 ……………………101
遲 ……………………127
地 ……………………150
至 …………208, 221
趾 ……………………272
止 ……………………272
塵 …………127, 133
盡 …………237, 259
榛 ……………………345
晉書 ……………97
秦隸 ……………107
秦篆 ……………102
陳遵 ……………109

ㅊ

車 ……………………125
且 ……………………298
辶 ……………………243
鑽 ……………………127
餐 ……………………128
爨 ……………………255

爨寶子 ············111
爨龍顔 ············111
攙 ··················128
讒 ··················128
倉頡 ·········91, 106
菜 ··················128
採 ··················277
采 ··················277
册 ··················192
妻 ··················197
尺 ············207, 226
彳 ··················242
隻 ··················254
薦 ··················125
遷 ··················127
天 ······148, 230, 78
泉 ············153, 164
川 ··················163
千 ··················230
荐季直表 ·········111
天空 ···············81
千字文 ············83
鐵 ············125, 323
徹 ··················127
廳 ··················125
靑 ··················313
體 ··················125
艸(艹) ······202, 208
椒 ··················326
初 ··················85
草書 ···············114
矗 ··················255
寸 ············207, 226
叢 ··················127
縗 ··················285
芻 ············128, 278
秋 ············235, 253
麤 ··················255
篘 ··················278
樞 ··················345
丑 ············232, 267
春 ··················236
椿 ··················336
出 ··················220
蟲 ············179, 255
蟲書 ···············105
齒 ······156, 171, 172
雉 ··················257
親 ··················126
七 ··············荐217
七略 ···············310

ㅌ

橐 ··················210
泰 ··················126
態 ··················127
泰山刻石 ·········104
泰山金剛經 ······111
土 ············150, 163
兔 ············178, 248
吐 ··················323
鬪 ··················126

ㅍ

辦 ··················127
八 ··················218
八分 ·········106, 107
八體 ···············105
貝 ··················180
片 ··················198
葡萄 ···············324
錶 ··················126
猋 ··················255
品 ··················255
豐 ············126, 238
風 ··················127
楓 ············312, 333
筆 ··················127
畢 ············127, 238

ㅎ

蝦 ··················127
河 ············143, 309
下 ············205, 219
夏 ··················235
賀克捷表 ·········111
河圖 ···············90
瘧 ··················126
學 ············128, 133
漢 ··················127
寒 ··················254
韓契 ···············77
漢書 ···············139
漢隸 ···············107
韓仁銘 ············108
漢字 ···············74
銜 ··················319
合 ··················270
盒 ··················270
鴿 ··················308
奚 ··················143
楷書 ···············109
行 ··················233
行書 ···············112
鄕 ··················126
饗 ··················127
許愼·····················
···82, 145, 204, 308
憲 ··················127
血 ··················195
穴 ··················236
協 ··················127
夾 ··················205
兄 ··················167
鞋 ··················127
楛 ··················250
號 ············126, 133
虎 ··················177
戶 ··················187
好 ··················254
호랑이 ············964
華 ··················127
火 ··················163
禾 ············185, 250
畫 ··················255
禍 ··················322
樺 ··················335
華山 ···············108
環 ··················128
還 ··················128
黃庭經 ············111
黃河 ···············45
會 ··················125
匯 ··················126
懷 ··················128
回 ··················228
檜 ··················339
會稽刻石 ·········104
繪畫文字 ······73, 84
後 ··················125
訓詁學 ············81
訓蒙字會 ·········83
萱 ··················337
休 ··················252
胸 ··················222
凶 ··················222
欠 ··················244
興 ··················128
犧 ··················127
戲 ··················127
熹平石經 ·········10